DANISH-ENGLISH
ENGLISH-DANISH
DICTIONARY

DANISH-ENGLISH ENGLISH-DANISH DICTIONARY

REVISED BY
MARIANNE HOLMEN
CAND. MAG.

HIPPOCRENE BOOKS
New York

First Hippocrene Edition, 1990
Third Printing, 1994

Copyright© by Host & Sons, Copenhagen

For information, address;
Hippocrene Books, Inc.
171 Madison Avenue
New York, NY 10016

ISBN 0-87052-823-8(pbk.)

Printed in the United States by
Hippocene Books, Inc.

INDHOLD

FORORD

Denne ordbog foreligger nu i en stærkt revideret og fornyet udgave. I den årrække, der er gået siden sidste revision, har både det danske og det engelske sprog gennemgået en rivende udvikling. Ord er gået af brug eller har fået en anden betydning, og nye ord er kommet til. Dagligsproget har ændret karakter og spiller nu en større rolle, ikke mindst takket være massemedierne. Der er derfor taget en lang række dagligdags ord og vendinger med, som ikke fandtes i de tidligere udgaver.

Bogen indeholder ca. 32.000 opslagsord og afledninger. Der er fjernet ca. 9.400 forældede ord og udtryk og tilføjet ca. 8.500 nye. Desuden er betydningen af de ord, der er bevaret, i stor udstrækning ændret og gjort tidssvarende; i alt er der i disse ord foretaget ca. 18.000 rettelser.

Som noget nyt er alle engelske opslagsord forsynet med lydskrift. Dette er gjort i erkendelse af, at engelsk skrivemåde afviger meget fra det talte sprog, og at udtalefejl - forkert tryk og/eller forkerte vokallyde - hæmmer forståelsen mere end grammatiske fejl.

For at få så mange relevante oplysninger med som muligt er ikke alle ords afledninger i forskellige ordklasser medtaget, ligesom en del ord, der på dansk starter med u-, på engelsk med in- eller un-, er udeladt.

Høst & Søns lommeordbøger henvender sig til alle, der har brug for hurtig og lettilgængelig glosehjælp - skoleelever, studerende, turister eller forretningsrejsende. I udvalget af ordene er der lagt vægt på, at de skal være generelt anvendelige og ikke blot have interesse for en snæver fag- eller samfundsgruppe.

København, august 1988

Marianne Holmen

ENGELSK-DANSK
ORDBOG

ENGELSK-DANSK ORDBOG

A [ei], *mus.* a; ~ *flat*, as; ~ *sharp*, ais.

A1 ['ei'wʌn], *adj.* førsteklasses.

A.A. ['ei'ei], (*fk.f.* Automobile Association), *sv. t.* FDM.

a, an [ə(n), æ(n)], *ubest. art.* en, et.

aback [ə'bæk], *adv. taken* ~, forbløffet.

abaft [ə'ba(:)ft], *adv. & præp., naut.* agter, agten for.

abandon [ə'bændən], *s.* løssluppenhed; *v. t.* forlade, opgive; overlade; **-ment**, *s.* opgivelse; forladthed.

abase [ə'beis], *v. t.* fornedre, ydmyge.

abashed [ə'bæʃt], *adj.* beskæmmet; flov; forlegen.

abate [ə'beit], *v. t.* formindske; nedsætte; *v. i.* aftage;

abb|ey ['æbi], *s.* abbedi; **-ot** [-ət], *s.* abbed.

abbreviat|e [ə'bri:vieit], *v. t.* forkorte; **-ion** [-'eiʃn], *s.* forkortelse.

abdicat|e ['æbdikeit], *v. t.* abdicere; **-ion** [-'keiʃn], *s.* tronfrasigelse, abdikation.

abdomen ['æbdəmen], *s., anat.* underliv.

abduct [æb'dʌkt], *v. t.* bortføre.

aberration [ˌæbə'reiʃn], *s.* afvigelse; forvildelse.

abet [ə'bet], *v. t.* tilskynde, hjælpe (til forbrydelse).

abeyance [ə'beiəns], *s. in* ~, i bero.

abhor [əb'hɔ:], *v. t.* afsky; **-rence** [-rəns], *s.* afsky.

abide [ə'baid], *v. i.* blive, forblive; *v. t. I can't* ~ *him*, jeg kan ikke udstå ham.

ability [ə'biliti], *s.* evne; færdighed; dygtighed.

abject ['æbdʒekt], *adj.* foragtelig, ynkelig, ussel.

ablaze [ə'bleiz], *adv.* i flammer.

able [eibl], *adj.* dygtig; duelig; *be* ~ *to*, kunne; **~-bodied** [-bodid], *adj.* stærk; rask, rørig.

abnormal [æb'nɔ:ml], *adj.* abnorm; uregelmæssig.

aboard [ə'bɔ:d], *adv. & præp.* om bord (på).

abode [ə'bəud], *s.* bopæl; bolig.

aboli|sh [ə'bɔliʃ], *v. t.* afskaffe, ophæve; **-tion** [ˌæbə'liʃn], *s.* afskaffelse; ophævelse.

abomina|ble [ə'bɔminəbl], *adj.* afskyelig; **-te** [-eit], *v. t.* afsky.

aboriginal [æbə'ridʒənl], *adj.* oprindelig; *s.* (*pl.* abo'rigines), indfødt; oprindelig beboer.

abort [ə'bɔ:t], *v. i.* abortere; slå fejl; **-ion** [-ʃn], *s.* abort; misfoster; mislykket forsøg; **-ive**, *adj.* mislykket; forfejlet.

abound [ə'baund], *v. i.* findes i stor mængde; ~ *in*, være rig på.

about [ə'baut], *præp. &
adv.* om; hos; ved; om-
trent; omkring; næsten;
be ~ to, skulle til at, være
lige ved at; *bring ~*, for-
årsage, bevirke; *go ~*,
tage fat på.

above [ə'bʌv], *præp.* over,
oven på; hævet over; *adv.*
ovenpå; ovenover; *~ all*,
fremfor alt; *~ -men-
tioned*, *adj.* ovennævnt.

abreast [ə'brest], *adv.* ved
siden af hinanden.

abridge [ə'bridʒ], *v. t.* for-
korte, sammendrage.

abroad [ə'brɔːd], *adv.* i ud-
landet; i omløb; *go ~*,
rejse udenlands.

abrupt [ə'brʌpt], *adj.* plud-
selig; brat; brysk; stejl.

abscess ['æbsəs], *s., med.*
byld.

abscond [əb'skɔnd], *v. i.*
rømme; stikke af.

absen|ce ['æbsəns], *s.* fra-
værelse; mangel; *~ of
mind*, åndsfraværelse; *-t*,
adj. fraværende; [-'sent],
v. refl. ~ oneself, blive
væk; være fraværende;
~ -minded, *adj.* åndsfra-
værende.

absolute ['æbsəluːt], *adj.*
absolut; uindskrænket;
ubetinget; *-ly*, *adv.* abso-
lut, fuldstændig.

absolution [ˌæbsə'luːʃn], *s.*
syndsforladelse.

absolutism ['æbsəlutizm],
s. enevælde.

absolve [əb'zɔlv], *v. t.* tilgi-
ve; frikende; løse.

absor|b [əb'zɔːb], *v. t.* ab-
sorbere; suge til sig; op-
tage; *-bed* [-d], *adj.* fordy-
bet (i tanker); *-ption*
[-pʃn], *s.* opsugning; for-
dybelse.

abstain [əb'stein], *v. i.* af-
holde sig; *-er*, *s.* afholds-

mand; **abstinent** ['æb-
stinənt], *adj.* afholdende.

abstract ['æbstrækt], *s.* re-
sumé; sammendrag; *adj.*
abstrakt; [æb'strækt], *v. t.*
abstrahere; fjerne; stjæ-
le; *-ion* [-'strækʃn], *s.* ab-
straktion; åndsfraværel-
se.

abstruse [æb'struːs], *adj.*
uforståelig, dunkel.

absurd [əb'səːd], *adj.* tåbe-
lig; urimelig, menings-
løs; *-ity*, *s.* meningsløs-
hed, urimelighed.

abundan|ce [ə'bʌndəns], *s.*
overflod; *-t*, *adj.* rigelig, i
overflod.

abus|e [ə'bjuːs], *s.* misbrug;
[ə'bjuːz], *v. t.* misbruge;
skælde ud; mishandle;
term of ~, skældsord,
ukvemsord; grovhed;
-ive, *adj.* grov.

abys|mal [ə'bizml], *adj.*
bundløs; afgrundsdyb; *-s*
[ə'bis], *s.* afgrund, svælg.

A.C. ['ei'siː], *(fk.f.* alter-
nating current), *elek.*
vekselstrøm.

academ|ic [ækə'demik],
adj. akademisk; teore-
tisk; boglig; *-y* [ə'kædə-
mi], *s.* akademi, højere
læreanstalt; kunstaka-
demi.

accede [æk'siːd], *v. i. ~ to*,
tiltræde; gå ind på.

accelerate [æk'seləreit],
v. t. fremskynde; forøge
hastigheden (af).

accent ['æksənt], *s.* accent,
udtale; betoning, efter-
tryk; tonefald; [æk'sent],
v. t. betone; accentuere;
-uate [-'sentʃueit], *v. t.* be-
tone, fremhæve.

accept [æk'sept], *v. t.* tage
imod, godkende, accep-
tere; *-able* [-əbl], *adj.* an-
tagelig; kærkommen;

-ance [-əns], *s.* modtagelse; godkendelse; accept.
access ['ækses], *s.* adgang; tilgængelighed; **-ible** [ək'sesəbl], *adj.* tilgængelig; **-ory** [-əri], *adj.* delagtig, medskyldig; underordnet; **-ories**, *s. pl.* tilbehør; rekvisitter.
accident ['æksidənt], *s.* uheld; ulykke; tilfældighed; **-al** [-'dentl], *adj.* tilfældig; uvæsentlig; **-ally**, *adv.* tilfældigvis; ved et uheld.
acclaim [ə'kleim], *v. t.* hylde; **-mation** [-'meiʃn], *s.* hyldest, bifaldsråb.
acclimatize [ə'klaimətaiz], *v. t.* tilpasse (sig); akklimatisere (sig).
acclivity [ə'kliviti], *s.* skråning (opad); stigning.
accommodate [ə'kɔmədeit], *v. t.* tilpasse (sig); huse; gøre en tjeneste; **-ing**, *adj.* imødekommende, hjælpsom; **-ion** [-'deiʃn], *s.* tilpasning; husly; indkvartering.
accompaniment [ə'kʌmpənimənt], *s.* tilbehør; *mus.* akkompagnement; **-y**, *v. t.* ledsage; akkompagnere.
accomplice [ə'kɔmplis], *s.* medskyldig.
accomplish [ə'kɔmpliʃ], *v. t.* fuldende; udrette; opnå; **-ed** [-t], *adj.* talentfuld, dannet; fuldbyrdet; **-ment**, *s.* fuldbyrdelse; bedrift; **-ments**, *pl.* talenter; færdighed.
accord [ə'kɔːd], *s.* enighed; overensstemmelse; *v. t.* tilstå (én noget); *v. i.* stemme (overens); *with one* ~, enstemmig; *of one's own* ~, af sig selv; **-ance** [-ns], *s.* overens-

stemmelse; **-ing to**, *præp.* (alt) efter, ifølge; **-ingly**, *adv.* altså, derfor.
accordion [ə'kɔːdjən], *s.*, *mus.* harmonika.
accost [ə'kɔst], *v. t.* antaste, tiltale.
account [ə'kaunt], *s.* konto; regnskab; årsag, grund; *take into* ~, tage i betragtning; *on no* ~, på ingen måde; *on* ~ *of*, på grund af; *call to* ~, kræve til regnskab; *v. t.* ~ *for*, gøre rede for, forklare; *merk.* afregne, aflægge regnskab for; **-ancy** [-nsi], *s.* revision, bogholderi; **-ant** [-nt], *s.* revisor; bogholder.
accredit [ə'kredit], *v. t.* akkreditere; befuldmægtige.
accrue [ə'kruː], *v. i. (~ to),* tilfalde; påløbe.
accumulate [ə'kjuːmjuleit], *v. t.* dynge sammen; ophobe (sig); **-or** [-ə], *s.* akkumulator.
accuracy ['ækjurəsi], *s.* nøjagtighed, præcision; **-te** [-rət], *adj.* præcis, nøjagtig.
accursed [ə'kəːsid], *adj.* forbandet.
accusation [ækju'zeiʃn], *s.* beskyldning, anklage; **-e** [ə'kjuːz], *v. t.* anklage, beskylde.
accustom [ə'kʌstəm], *v. t.* vænne (til): **-ed** [-d], *adj.* (til)vant, sædvanlig; *be* ~ *to*, være vant til at.
ace [eis], *s.* es; *adj.* fremragende, stjerne-; *within an* ~, på nippet til.
acerbity [ə'səːbiti], *s.* bitterhed.
acetic acid [ə'siːtik 'æsid], *s.*, *kem.* eddikesyre.
ache [eik], *s.* smerte, pine;

v. i. smerte, gøre ondt.
achieve [ə'tʃi:v], *v. t.* udføre, fuldende; udrette; (op)nå; **-ment**, *s.* dåd, bedrift; præstation.
acid ['æsid], *s., kem.* syre; *S* LSD; *adj.* sur, syrlig; *fig.* skarp; **-ity** [ə'siditi], *s.* surhed, syrlighed; skarphed.
acknowledge [ək'nɔlidʒ], *v. t.* erkende; anerkende.
acme ['ækmi], *s.* top-(punkt); kulmination; højdepunkt.
acorn ['eikɔ:n], *s., bot.* agern.
acoustics [ə'ku:stiks], *s. pl.* akustik; lydlære.
acquaint [ə'kweint], *v. t.* ~ *with*, gøre bekendt med, underrette, meddele; **-ance** [-ns], *s.* bekendtskab, kendskab; bekendt.
acquiesce [ækwi'es], *v. i.* indvillige; slå sig til tåls.
acquire [ə'kwaiə], *v. t.* erhverve (sig), opnå; **-sition** [ˌækwi'ziʃn], *s.* erhvervelse, anskaffelse.
acquit [ə'kwit], *v. t.* frikende.
acre ['eikə], *s. (mål)* = 0,4 ha.
acrid ['ækrid], *adj.* besk, skarp, bitter.
acrimonious [ˌækri'məunjəs], *adj.* bitter, skarp.
across [ə'krɔs], *adv. & præp.* over(for); på den anden side af; på tværs.
act [ækt], *s.* handling; gerning; akt; „nummer"; *jur.* ~ *of Parliament*, lov; *v. t. & i.*, *teat.* opføre, optræde; spille; handle; fungere; **-ing**, *s., teat.* skuespilkunst; *adj.* fungerende; konstitueret; **-ion** ['ækʃn], *s.* handling; virkning; *mil.* kamp;

slag; *jur.* sagsanlæg.
active ['æktiv], *adj.* virksom; livlig; energisk; aktiv; **-ity** [æk'tiviti], *s.* virksomhed; livlighed; aktivitet.
actor ['æktə], *s.* skuespiller; **-ress** [-tris], *s.* skuespillerinde.
actual ['æktʃuəl], *adj.* virkelig, aktuel, faktisk; **-ly**, *adv.* virkelig, faktisk.
actuate ['æktʃueit], *v. t.* sætte i gang; drive.
acuity [ə'kjuiti], *s.* skarphed; skarpsindighed.
acumen [ə'kju:mən], *s.* skarpsindighed; kløgt.
acute [ə'kju:t], *adj.* spids; skarpsindig; heftig, voldsom. ~ *angle*, *mat.* spids vinkel.
A.D. ['ei'di:], *(fk.f.* Anno Domini), efter Kristus, e.Kr.
ad [æd] *(fk.f.* advertisement), *s.* reklame, annonce.
adage ['ædidʒ], *s.* ordsprog, talemåde.
adamant ['ædəmənt], *adj.* hård; ubøjelig.
adapt [ə'dæpt], *v. t.* tilpasse; bearbejde; **-ation** [-'teiʃn], *s.* afpasning; omarbejdelse, bearbejdelse; **-ed** [-id], *adj.* egnet; **-er**, *s., elek.* mellemstykke; omformer.
add [æd], *v. t.* tilføje; lægge sammen; ~ *up*, lægge sammen; stemme; *fig.* give mening; **-ition** [ə'diʃn], *s.* tilføjelse; sammenlægning; **-itional**, *adj.* yderligere; ekstra; **-itionally**, *adv.* desuden; yderligere.
adder ['ædə], *s., zoo.* hugorm.
addict ['ædikt], *s.* narko-

man; misbruger; **-ed**
[ə'diktid], *adj*. ~ *to*, forfalden til; misbruger af.
additive ['æditiv], *s., kem.*
tilsætningsstof.
address [ə'dres], *s.* henvendelse; tiltale; adresse;
v. t. henvende (sig til);
tiltale.
adduce [ə'dju:s], *v. t.* fremføre; anføre.
adenoids ['ædinɔidz], *s. pl., med.* polypper.
adept ['ædept], *s.* ekspert;
adj. dygtig.
adequate ['ædikwət], *adj.*
tilstrækkelig; dækkende.
adhere [əd'hiə], *v. i.* ~ *to*,
hænge 'ved, klæbe til;
tilslutte sig; **-rent** [-rənt],
s. tilhænger; **-sive** [-'hi:-siv], *s.* klæbende materiale; *adj.* fasthængende,
klæbrig.
adjacent [ə'dʒeisənt], *adj.*
tilstødende, nærliggende.
adjoining [ə'dʒɔiniŋ], *adj.*
tilstødende, nabo-.
adjourn [ə'dʒə:n], *v. t.* udsætte, hæve.
adjunct ['ædʒʌŋkt], *s.* tilbehør.
adjure [ə'dʒuə], *v. t.* besværge; bønfalde.
adjust [ə'dʒʌst], *v. t.* tilpasse; ordne; bilægge; indstille.
ad-lib [æd'lib], *s.* improvisation; *v. i.* improvisere;
adj. improviseret.
administer [əd'ministə],
v. t. forvalte; bestyre;
uddele; yde; **-ration**
[-'streiʃn], *s.* ledelse; administration; tildeling.
admirable ['ædmərəbl],
adj. beundringsværdig,
fortræffelig; **-ation** [-'reiʃn], *s.* beundring; **-e**
[-'maiə], *v. t.* beundre.

admission [əd'miʃn], *s.* adgang; optagelse; entré;
indrømmelse; **-t,** *v. t.* give
adgang; optage; indlægge; indrømme; rumme;
-ttance [-tns], *s.* adgang;
-ttedly [-tidli], *adv.* ganske vist.
admonish [əd'mɔniʃ], *v. t.*
formane; advare.
adolescent [ædə'lesnt], *s.*
ungt menneske; *adj.*
halvvoksen.
adopt [ə'dɔpt], *v. t.* antage;
adoptere; indføre.
adorable [ə'dɔ:rəbl], *adj.*
yndig; **-e,** *v. t.* tilbede; S
elske.
adorn [ə'dɔ:n], *v. t.* smykke; pryde.
adroit [ə'drɔit], *adj.* adræt;
smidig.
adult ['ædʌlt], *s.* voksen,
voksent menneske; *adj.*
voksen.
adulterate [ə'dʌltəreit],
v. t. forfalske; **-y,** *s.* ægteskabsbrud; hor.
advance [əd'va:ns], *v. t.*
rykke frem; gøre fremskridt; fremføre; give
forskud; *s.* fremrykning;
fremskridt; forskud, lån;
~ *guard, mil.* avantgarde; **-d** [-t], *adj.* fremskreden; for viderekomne;
-ment, *s.* fremgang; forfremmelse.
advantage [əd'va:ntidʒ], *s.*
fordel; fortrin; *take ~ of*,
benytte sig af; misbruge;
-ous [ˌædvən'teidʒəs], *adj.*
fordelagtig, gunstig.
advent ['ædvent], *s.* ankomst; komme; advent.
adventure [əd'ventʃə], *s.*
eventyr; vovestykke; oplevelse.
adverb ['ædvə:b], *s., gram.*
biord, adverbium.
adversary ['ædvəsəri], *s.*

modstander; fjende; **-e,** *adj.* modsat, ugunstig; **-ity** [əd'və:siti], *s.* modgang.

advertis|e ['ædvətaiz], *v. t.* bekendtgøre, annoncere; reklamere; **-ing,** *s.* reklame(branchen); **-ement** [əd'və:tismənt], *s.* reklame; annonce.

advi|ce [əd'vais], *s.* råd; **-sable** [-'vaizəbl], *adj.* tilrådelig; **-se** [-'vaiz], *v. t.* (til)råde; underrette; **-ser,** *s.* rådgiver, konsulent.

advocate ['ædvəkət], *s.* talsmand, forkæmper; advokat; [-eit], *v. t.* være talsmand for; forsvare.

aerial ['εəriəl], *s.* antenne; *adj.* luftig; æterisk; luft-.

aeroplane ['εərəplein], *s.* flyvemaskine.

afar [ə'fa:], *adv.* fjernt, langt borte.

affable ['æfəbl], *adj.* omgængelig, venlig.

affair [ə'fεə], *s.* foretagende; sag; affære; *it's none of your* ~, det kommer ikke dig ved.

affect [ə'fekt], *v. t.* påvirke, ramme; vedrøre; foregive; angribe; **-ation** [ˌæfek'teiʃn], *s.* krukkeri; skabagtighed; **-ed** [-id], *adj.* affekteret; krukket; påvirket, ramt; **-ion** [-ʃn], *s.* kærlighed, hengivenhed; **-ionate** [-ʃənət], *adj.* kærlig, hengiven.

affiliation [əfili'eiʃn], *s.* optagelse; tilslutning.

affinity [ə'finiti], *s.* slægtskab; lighed.

affirm [ə'fə:m], *v. t.* påstå; bekræfte; stadfæste.

affix [ə'fiks], *v. t.* vedhæfte.

afflict [ə'flikt], *v. t.* bedrøve; plage; **-ion** [-ʃn], *s.*

lidelse; sorg.

affluen|ce ['æfluəns], *s.* rigdom; overflod; **-t,** *adj.* rig.

afford [ə'fɔ:d], *v. t.* yde; skaffe; have råd til.

affront [ə'frʌnt], *s.* fornærmelse, krænkelse.

afoot [ə'fut], *adv.* til fods; *fig.* i gære.

afraid [ə'freid], *adj.* bange. *be* ~ *of,* være bange for; *be* ~ *for,* bekymre sig om.

afresh [ə'freʃ], *adv.* på ny.

aft [a:ft], *adv., naut.* agter.

after ['a:ftə], *præp. & adv.* efter; *konj.* efter at; ~ *all,* når alt kommer til alt; **-noon,** *s.* eftermiddag; **-s,** *s. pl., T* dessert; **-thought,** *s.* (nærmere) eftertanke; **-wards** [-wədz], *konj.* senere, bagefter.

again [ə'ge(i)n], *adv.* igen, atter; ~ *and* ~, den ene gang efter den anden; *as much* ~, dobbelt så meget.

against [ə'ge(i)nst], *præp.* (i)mod; med henblik på.

age [eidʒ], *s.* alder; tidsalder; *S* evighed; *of* ~, myndig; ~ **group,** *s.* aldersklasse; **-less,** *adj.* tidløs; ~ **limit,** *s.* aldersgrænse; **-d** ['eidʒid], *adj.* gammel; ældet; **-s** ['eidʒiz], *pl., S for* ~, i evigheder.

agency ['eidʒənsi], *s.* bureau; kontor.

agenda [ə'dʒendə], *s.* dagsorden.

agent ['eidʒnt], *s.* agent; repræsentant.

agglomeration [əglɔmə-'reiʃn], *s.* ophobning.

aggravate ['ægrəveit], *v. t.* forværre; skærpe; irritere.

aggregate ['ægrigət], *s.* totalbeløb; aggregat; sam-

let masse; [-eit], *v. t. & i.*
ophobe (sig); samle; belø-
be sig til.
aggress|ive [ə'gresiv], *adj.*
stridbar, pågående; **-or**
[-ə], *s.* angriber.
aggrieved [ə'griːvd], *adj.*
krænket, forurettet.
aghast [ə'gaːst], *adj.* for-
færdet.
agile ['ædʒail], *adj.* adræt,
behændig.
agitate ['ædʒiteit], *v. t. & i.*
ophidse; forurolige; pro-
pagandere.
aglow [ə'gləu], *adj.* gløden-
de, hed.
ago [ə'gəu], *adv. long ~,*
for længe siden; *as long
~ as 1900,* allerede i 1900.
agog [ə'gɔg], *adj. & adv.*
ivrig, opsat; *all ~,* meget
spændt.
agon|izing ['ægənaiziŋ],
adj. pinefuld; **-y,** *s.* pine,
smerte.
agree [ə'griː], *v. t. & i.*
stemme overens; enes;
indvillige; **-able** [-əbl],
adj. behagelig; *I am ~,*
det har jeg ikke noget
imod; **-d,** *adj.* afgjort;
enig; **-ment,** *s.* overens-
komst; aftale; forlig.
agriculture ['ægrikʌltʃə], *s.*
landbrug.
agronomy [ə'grɔnəmi], *s.*
landbrugsvidenskab.
ah [aː], *int.* ah; ak.
ahead [ə'hed], *adv.* for-
ud(e); foran; fremad; *go
~ !* af sted! værs'go'!
aid [eid], *s.* hjælp, bistand;
hjælpemiddel; *v. t.* hjæl-
pe, stå bi.
ailing ['eiliŋ], *adj.* skran-
tende; syg.
aim [eim], *s.* sigte,
(for)mål, hensigt; *v. t. & i.*
sigte; stræbe; have til
hensigt; **-less,** *adj.* for-

målsløs.
air [ɛə], *s.* luft; mine, ud-
seende; *mus.* melodi; *v. t.*
(ud)lufte; **-borne,** *adj.*
luftbåren; *become ~,* let-
te; **-craft,** *s.* flyvemaski-
ne; *~ carrier, s., mil.* han-
garskib; *~* **crash,** *s.* fly-
styrt; *~* **force,** *s.* luftvå-
ben; **-gun,** *s.* luftbøsse; *~*
hostess, *s.* stewardesse;
~ **letter,** *s.* aerogram;
-line, *s.* flyselskab; luft-
rute; **-mail,** *s.* luftpost;
-pocket, *s.* lufthul; *~*
raid, *s.* luftangreb; *~
shelter, s.* beskyttelses-
rum; **-ship,** *s.* luftskib;
-tight, *adj.* lufttæt; sik-
ker; **-y** [-ri], *adj.* luftig.
aisle [ail], *s.* sideskib; mid-
tergang.
ajar [ə'dʒaː], *adv.* på klem.
akimbo [ə'kimbəu], *adj.
(with) arms ~,* med hæn-
derne i siden.
akin [ə'kin], *adj.* beslægtet.
alacrity [ə'lækriti], *s.* kvik-
hed, raskhed; beredvil-
lighed.
alarm [ə'laːm], *s.* uro;
ængstelse; angst; *v. t.*
forurolige; opskræmme;
~ **(clock),** *s.* vækkeur.
alas [ə'læs], *int.* ak.
album ['ælbəm], *s.* album;
lp-plade.
album|en, -in ['ælbjumin],
s., kem. æggehvidestof.
alcohol ['ælkəhɔl], *s.* alko-
hol; **-ic** [-'hɔlik], *s.* alkoho-
liker; *adj.* alkoholisk.
alder ['ɔːldə], *s., bot.* el(le-
træ).
alderman ['ɔːldəmən], *s.*
rådmand; *U.S.* byråds-
medlem.
ale [eil], *s.* øl.
aleck ['ælik], *s. smart ~,*
vigtigper, blærerøv.
alert [ə'ləːt], *adj.* årvågen,

rask; parat; „på mærkerne".

alias ['eiljəs], s. påtaget navn; adv. også kaldet.

alien ['eiljən], s. fremmed, udlænding; adj. fremmed, udenlandsk; -ate [-eit], v. t. fremmedgøre; støde fra sig; -ation [-'neiʃn], s. fremmedgørelse.

alight [ə'lait], v. i. stige ud, stå af; dale ned; adj. oplyst, tændt.

align [ə'lain], v. t. opstille på linie; ~ (oneself) with, slutte sig til.

alike [ə'laik], adv. ens; på samme måde.

alimentary [æli'mentri], adj., med. ~ canal, fordøjelseskanal.

alimony ['æliməni], s., jur. underholdsbidrag.

alive [ə'laiv], adj. & adv. i live, levende; livlig.

all [ɔːl], s. hele, alt; adj. al, alle, alt; hele; lutter; adv. helt; ganske; ~ but, næsten; ~ in, T dødtræt; ~ right, adj. i orden; rask; adv. godt (nok); ganske vist; rigtignok; int. godt! ja ja da! for mig gerne! ~ of a sudden, ganske uventet; ~ the (better), så meget desto (bedre); ~ the same, alligevel; after ~, alligevel; at ~, i det hele taget, overhovedet; not at ~, selv tak; overhovedet ikke.

allay [ə'lei], v. t. dæmpe, dulme, lindre.

allege [ə'ledʒ], v. t. påstå, påberåbe sig.

allegiance [ə'liːdʒəns], s. troskab, lydighed.

allergic [ə'ləːdʒik], adj., med. allergisk; -y ['ælədʒi], s. allergi.

alleviate [ə'liːvieit], v. t. lette; lindre.

alley ['æli], s. gyde; stræde.

alliance [ə'laiəns], s. forbund; forbindelse; giftermål.

allied [ə'laid el. 'ælaid], adj. allieret; forbundet, beslægtet.

allocate ['æləkeit], v. t. anvise, tildele.

allot [ə'lɔt], v. t. tildele; fordele; -ment, s. andel; kolonihave.

allow [ə'lau], v. t. & i. tillade; give; lade; indrømme; -ance [-əns], s. ration; lommepenge; tilskud; make -s for, tage i betragtning.

alloy [ə'lɔi], s. legering; v. t. legere; fig. gøre skår i.

all-round ['ɔːl'raund], adj. alsidig.

allspice ['ɔːlspais], s., kul. allehånde.

all-time ['ɔːltaim], adj., T enestående, alle tiders.

allude [ə'luːd], v. i. ~ to, hentyde til; -sion [-ʒn], s. hentydning.

allure [ə'ljuə], s. charme; tiltrækning; v. t. lokke.

ally ['ælai], s. allieret, forbundsfælle; [ə'lai], v. t. forene, forbinde.

almond ['aːmənd], s., bot. mandel.

almost ['ɔːlməust], adv. næsten.

alms [aːmz], s. pl. almisse.

aloft [ə'lɔft], adv. til vejrs; højt.

alone [ə'ləun], adj. & adv. alene, ene; leave me ~, lad mig være i fred.

along [ə'lɔŋ], adv. & præp. langs (med), hen ad; af sted; -side [-said], adv. & præp. side om side; ved siden af;

aloof [ə'lu:f], *adv.* på afstand; reserveret.

aloud [ə'laud], *adv.* højt.

already [ɔ:l'redi], *adv.* allerede.

also ['ɔ:lsəu], *adv.* også.

altar ['ɔ:ltə], *s.* alter; ~ - **piece**, *s.* altertavle.

alter ['ɔ:ltə], *v. t.* ændre, forandre (sig); **-nate** [-neit], *v. i.* skifte, veksle; [ɔ:l'tə:nit], *adj.* vekslende; *on ~ nights*, hveranden aften; **-native** [ɔ:l'tə:nətiv], *s.* valg (ml. 2 ting); anden mulighed.

although [ɔ:l'ðəu], *konj.* skønt; til trods for.

altitude ['æltitju:d], *s.* højde.

altogether [ˌɔ:ltə'geðə], *adv.* tilsammen; aldeles; helt; i det hele taget.

always ['ɔ:lweiz], *adv.* altid.

a.m. ['ei'em], (*fk.f.* ante meridiem), før kl. 12; om formiddagen.

amalgamate [ə'mælgəmeit], *v. t.* sammenslutte; sammensmelte.

amass [ə'mæs], *v. t.* sammendynge, samle.

amaze [ə'meiz], *v. t.* forbløffe; forbavse.

amber ['æmbə], *s.* rav.

ambiguity [æmbi'gjuiti], *s.* flertydighed; **-ous** [æm-'bigjuəs], *adj.* flertydig, dunkel.

ambition [æm'biʃn], *s.* ærgerrighed; mål; **-ous** [-əs], *adj.* ærgerrig.

amble ['æmbl], *v. i.* slentre; gå i pasgang.

ambush ['æmbuʃ], *s.* baghold; *v. i. & t.* ligge i baghold; lokke i baghold.

ameliorate [ə'mi:liəreit], *v. t.* forbedre.

amenable [ə'mi:nəbl], *adj.* medgørlig, føjelig; ansvarlig.

amend [ə'mend], *v. t. & i.* rette, ændre; forbedre (sig); **-ment**, *s.* forbedring; ændring(sforslag); *U.S.* forfatningsændring; **-s**, *s. pl. make ~*, give oprejsning, gøre godt igen.

amenity [ə'mi:niti], *s.* behagelighed; **-ies**, *pl.* bekvemmeligheder, faciliteter.

amiable ['eimiəbl], *adj.* elskværdig.

amicable ['æmikəbl], *adj.* venskabelig; fredelig; **-y**, *adv.* i mindelighed.

amid(st) [ə'mid(st)], *præp.* midt i; imellem.

amiss [ə'mis], *adv.* forkert, galt.

amity ['æmiti], *s.* venskab.

ammonia [ə'məuniə], *s.*, *kem.* ammoniak; *household ~*, salmiakspiritus.

among(st) [ə'mʌŋ(st)], *præp.* (i)blandt; *~ them*, tilsammen; *~ themselves*, indbyrdes.

amorous ['æmərəs], *adj.* elskovs-; forelsket.

amount [ə'maunt], *s.* beløb; sum; mængde; *v. i. ~ to*, beløbe sig til; udgøre; gå ud på; *that -s to the same thing*, det kommer ud på ét.

ample ['æmpl], *adj.* vid, rigelig; tilstrækkelig.

amplifier ['æmplifaiə], *s.*, *elek.* forstærker; **-fy**, *v. t.* udvide; forstærke; **-tude** [-tju:d], *s.* rummelighed; udstrækning.

amputate ['æmpjuteit], *v. t. & i.* amputere.

amuck [ə'mʌk], *s. run ~*, gå amok.

amuse [ə'mju:z], *v. t.* more,

underholde; **-ement**, s. underholdning; morskab; **-s**, pl. forlystelser; **-ing**, adj. morsom; underholdende.

anaemi|a [ə'ni:miə], s., med. blodmangel; **-c**, adj. anæmisk, som lider af blodmangel.

anaesthetic [ænis'θetik], s., med. bedøvelsesmiddel; adj. bedøvende.

analogous [ə'næləgəs], adj. analog, lignende.

analys|e ['ænəlaiz], v. t. analysere; **-is** [ə'næləsis], s. analyse.

anarchy ['ænəki], s. anarki.

ancest|or ['ænsestə], s. stamfader; ane, forfader; **-ry**, s. forfædre, aner; herkomst.

anchor ['æŋkə], s., naut. anker; v. t. & i. ankre (op); forankre; cast ~, ankre, kaste anker; weigh ~, lette anker.

ancient ['einʃnt], adj. gammel, oldtids-; the ~ Greeks, de gamle grækere; s. the -s, oldtidsmenneskene.

and [ænd], konj. og, samt.

anew [ə'nju:], adv. på ny.

angel ['eindʒəl], s. engel; guardian ~, skytsengel; **-ic** [æn'dʒelik], adj. englelig, engle-.

anger ['æŋgə], s. vrede; v. t. gøre vred, ophidse.

angle ['æŋgl], s. vinkel; fig. synsvinkel; v. t. fiske; **-r** [-ə], s. (lyst)fisker.

Anglican ['æŋglikən], adj. anglikansk, som hører til den engelske statskirke; s. anglikaner.

angry ['æŋgri], adj. vred.

anguish ['æŋgwiʃ], s. kval, pine, smerte.

angular ['æŋgjulə], adj.

vinkeldannet; kantet.

animal ['æniml], s. dyr; adj. dyrisk; animalsk; primitiv.

animat|e ['ænimeit], v. t. oplive, opildne; ['ænimət], adj. levende; **-ed** [-eitid], adj. livlig; oprømt; ~ cartoon, tegnefilm; **-ion** [-'meiʃn], s. livlighed; liv.

animosity [æni'mositi], s. fjendskab; stærk uvilje.

ankle ['æŋkl], s., anat. ankel.

annals ['ænlz], s. pl. annaler, årbøger.

annex ['æneks], s. anneks; bilag; tilføjelse; [ə'neks], v. t. vedføje; vedlægge; annektere; indlemme.

annihilate [ə'naiəleit], v. t. tilintetgøre.

anniversary [æni'və:səri], s. årsdag; wedding ~, bryllupsdag.

announce [ə'nauns], v. t. bekendtgøre; meddele; **-ment**, s. bekendtgørelse, meddelelse; **-r** [-ə], s., TV. speaker.

annoy [ə'nɔi], v. t. plage, irritere; ærgre; **-ance** [-əns], s. ærgrelse, irritation; **-ed** [-d], adj. irriteret, ærgerlig.

annual ['ænjuəl], adj. årlig.

annuity [ə'njuiti], s. livrente; årlig ydelse; apanage.

annul [ə'nʌl], v. t. ophæve, annullere.

anodyne ['ænədain], s., med. smertestillende middel.

anoint [ə'nɔint], v. t. salve.

anomaly [ə'nɔməli], s. uregelmæssighed.

anon [ə'nɔn], adv., gl. snart; straks.

anonymous [ə'nɔniməs], adj. anonym.

another [ə'nʌðə], pron. &

adj. en anden, et andet; en, et til; *one after* ~ , den ene efter den anden; *one* ~ , hinanden.

answer ['ɑːnsə], *s.* svar; løsning; facit; *v. t. & i.* svare; besvare; svare til; passe til; ~ *back*, svare igen; ~ *the door*, lukke op.

ant [ænt], *s., zoo.* myre; **-hill**, *s.* myretue.

antacid [ænt'æsid], *s. & adj., med.* syreneutraliserende (middel).

antagon|ism [æn'tægə-nizm], *s.* strid; fjendtlig indstilling; modstand; **-ist**, *s.* modstander; **-ize** [-aiz], *v. t.* gøre fjendtlig indstillet; modarbejde.

antarctic [ænt'ɑːktik], *adj.* antarktisk; *the A* ~ , sydpolarlandene, Antarktis.

ante- ['ænti], *præfiks* for-an; før; **-cedent** [-'siː-dənt], *s.* forudgående begivenhed; **-s**, *pl.* forhistorie; *adj.* forudgående, tidligere; **-chamber**, *s.* forværelse; **-date**, *v. t.* tilbagedatere; **-diluvian** [-di-'luːviən], *adj.* meget gammeldags; oldnordisk.

antenna [æn'tenə] (*pl.* -e), *s., zoo.* følehorn; (*pl.* -s), *TV.* antenne.

anterior [æn'tiəriə], *adj.* foregående, tidligere.

anthem ['ænθəm], *s.* hymne; *national* ~ , nationalsang.

antiballistic [ˌæntibə'li-stik], *adj.* ~ *missile*, anti-raket-raket.

anticipat|e [æn'tisipeit], *v. t.* vente (sig); foregribe; komme i forkøbet; **-ion** [-'peiʃn], *s.* forventning; foregribelse; *in* ~ , på forhånd.

anticlockwise [ˌænti'klɔk-waiz], *adv.* mod uret.

antics ['æntiks], *s. pl.* tosse-streger; krumspring.

antidote ['æntidəut], *s.* modgift.

antipathy [æn'tipəθi], *s.* modvilje.

antipodes [æn'tipədiːz], *s. pl.* sted på den modsatte side af jordkloden; *fig.* direkte modsætninger.

antiqua|rian [ˌænti'kwɛə-riən], *s. & adj.* oldkyndig; ~ *bookseller*, antikvar-boghandler; **-ted** ['ænti-kweitid], *adj.* forældet; antikveret.

antique [æn'tiːk], *s.* antikvitet; *adj.* antik; gammeldags.

antiquit|y [æn'tikwiti], *s.* ælde; *A* ~ , oldtiden; **-ies**, *pl.* oldsager.

antisocial [ˌænti'səuʃl], *adj.* asocial; samfundsfjendt-lig.

antler ['æntlə], *s., zoo.* hjortetak; **-s**, *pl.* gevir.

anvil ['ænvil], *s.* ambolt.

anxi|ety [æŋ'zaiəti], *s.* angst, uro; ængstelse; bekymring; iver; **-ous** ['æŋ(k)ʃəs], *adj.* ængstelig, urolig; spændt, ivrig.

any ['eni], *adj. & pron.* nogen; enhver, hvilken som helst; **-body, -one**, *s. & pron.* nogen; enhver; **-how**, *adv. & konj.* på enhver måde; i hvert fald; alligevel; **-thing**, *pron.* noget; alt; hvad som helst; **-way**, *adv. & konj.* i hvert fald; under alle omstændigheder; alligevel; **-where**, *adv.* nogen steder; hvor som helst; overalt.

apart [ə'pɑːt], *adv.* afsides; for sig selv; bortset (fra).

apartment [ə'pa:tmənt], *s.* værelse; *U.S.* lejlighed.

apath|etic [æpə'θetik], *adj.* sløv, apatisk; **-y** ['æpəθi], *s.* apati, sløvhed.

ap|e [eip], *s.*, zoo. (menneske)abe; *v. t.* efterabe; **-ish**, *adj.* efterabende; naragtig.

aperture ['æpətʃə], *s.* åbning.

apex ['eipeks], *s.* spids, top; toppunkt.

apiece [ə'pi:s], *adv.* pr. styk, til hver.

apolog|etic [əpɔlə'dʒetik], *adj.* undskyldende; **-ize** [ə'pɔlədʒaiz], *v. i.* sige undskyld; **-y** [ə'pɔlədʒi], *s.* undskyldning.

apostrophe [ə'pɔstrəfi], *s.*, *gram.* apostrof.

appal [ə'pɔ:l], *v. t.* forfærde; **-ling**, *adj.* forfærdelig, rædselsfuld.

apparatus [æpə'reitəs], *s.* apparat(ur), instrumenter; redskab.

apparel [ə'pærəl], *s.*, *gl.* klædning, dragt.

apparent [ə'pærənt], *adj.* tilsyneladende, åbenbar, tydelig; **-ly**, *adv.* tilsyneladende.

apparition [æpə'riʃn], *s.* syn; genfærd.

appeal [ə'pi:l], *s.* henvendelse; tiltrækning; *jur.* appel, anke; *v. i.* appellere, anke; bønfalde; **-ing**, *adj.* bedende; tiltrækkende.

appear [ə'piə], *v. i.* vise sig, dukke frem; optræde; synes, fremgå; udkomme; **-ance** [-rəns], *s.* udseende, tilsynekomst; optræden; udgivelse; *put in an* ~, komme til stede, møde (op); *to all -s*, efter alt at dømme.

appease [ə'pi:z], *v. t.* berolige, pacificere; stille.

appellation [æpə'leiʃn], *s.* benævnelse.

append [ə'pend], *v. t.* vedhæfte, tilføje; **-age** [-idʒ], *s.* vedhæng; tilbehør; **-icitis** [-i'saitis], *s.*, *med.* blindtarmsbetændelse; **-ix** [-iks], *s.* tillæg; vedhæng; *anat.* blindtarm.

appertain [æpə'tein], *v. i.* ~ *to*, høre (med) til; vedrøre.

appeti|te ['æpətait], *s.* appetit; begær; **-zing**, *adj.* appetitvækkende; appetitlig.

applau|d [ə'plɔ:d], *v. t.* applaudere; klappe (ad); prise; **-se** [-z], *s.* bifald; ros.

apple [æpl], *s.*, *bot.* æble; ~ *of discord*, stridens æble; ~ *of her eye*, hendes øjesten; *upset the -cart*, stikke en kæp i hjulet; *in* ~ *pie order*, i fineste orden.

appliance [ə'plaiəns], *s.* indretning, apparat; redskab.

applica|nt ['æplikənt], *s.* ansøger; **-tion** [æpli'keiʃn], *s.* anvendelse; ansøgning; henvendelse; ~ *form*, *s.* ansøgningsskema, indmeldelsesblanket.

applied [ə'plaid], *adj.* anvendt; ~ *art*, *s.* kunstindustri.

apply [ə'plai], *v. t. & i.* anvende; ansøge; anbringe; henvende sig; ~ *oneself to*, koncentrere sig om.

appoint [ə'pɔint], *v. t.* fastsætte, aftale; udnævne; ansætte; **-ment**, *s.* ansættelse, udnævnelse; aftale.

apportion [ə'pɔ:ʃn], *v. t.* til-

dele; fordele.
apposite ['æpəzit], *adj.*
træffende; passende.
appraise [ə'preiz], *v. t.* vurdere.
appreciable [ə'pri:ʃəbl], *adj.* kendelig, mærkbar;
-iate [-ieit], *v. t.* sætte pris på, værdsætte; indse;
-iation [-i'eiʃn], *s.* påskønnelse; forståelse.
apprehend [æpri'hend], *v. t.* pågribe; forstå; frygte; **-sion** [-ʃn], *s.* frygt; pågribelse; opfattelse; **-sive**, *adj.* ængstelig.
apprentice [ə'prentis], *s.* lærling; *be* -*d to,* stå i lære hos.
approach [ə'prəutʃ], *s.* adgang; tilkørsel; fremgangsmåde; indfaldsvinkel; *v. t.* nærme sig, gribe an; henvende sig til.
approbation [æprə'beiʃn], *s.* samtykke; bifald.
appropriate [ə'prəupriət], *adj.* passende, hensigtsmæssig; [-eit], *v. t.* tilegne sig.
approval [ə'pru:vl], *s.* bifald; godkendelse; *on* ~, på prøve; **-e**, *v. t.* godkende, billige; ~ *of,* bifalde; -*d school,* optagelseshjem.
approximate [ə'prɔksimət], *adj.* omtrentlig; **-ly**, *adv.* cirka, tilnærmelsesvis.
apricot ['eiprikɔt], *s., bot.* abrikos.
April ['eiprəl], *s.* april; ~ *fool,* aprilsnar.
apron ['eiprən], *s.* forklæde.
apt [æpt], *adj.* egnet, passende; træffende; dygtig; *be* ~ *to,* være tilbøjelig til; **-itude** ['æptitju:d], *s.* evne; anlæg.

aquiline ['ækwilain], *adj.* ~ *nose,* ørnenæse.
Arab ['ærəb], *s.* araber; *adj.* (*ogs.* A'rabian, 'Arabic), arabisk.
arable ['ærəbl], *adj.* dyrkbar; ~ *land,* agerjord.
arbiter ['a:bitə], *s., jur.* dommer, voldgiftsmand; **-rary** ['a:bit(rə)ri], *adj.* vilkårlig; **-rate** [-reit], *v. t.* afgøre (ved voldgift); **-ration** [-'treiʃn], *s.* voldgift.
arc [a:k], *s.* bue; **-ade** [a:'keid], *s.* buegang.
arch [a:tʃ], *s.* bue; hvælving; *v. i.* hvælve; bue; *adj.* skælmsk; ærke-; **-er**, *s.* bueskytte; **-way**, *s.* buegang; port.
archaeology [a:ki'ɔlədʒi], *s.* arkæologi.
archaic [a:'keiik], *adj.* forældet, gammeldags.
archipelago [a:ki'peləgəu], *s.* øhav.
architecture ['a:kitektʃə], *s.* arkitektur.
archives ['a:kaivz], *s. pl.* arkiv.
arctic ['a.ktik], *adj.* arktisk; nordpols-; *the A* ~ *Circle,* den nordlige polarkreds.
ardent ['a:dənt], *adj.* brændende; ivrig.
arduous ['a:djuəs], *adj.* vanskelig, besværlig; e-nergisk.
area ['tɛəriə], *s.* areal; egn; område.
argue ['a:gju:], *v. t.* diskutere; strides om; skændes; hævde; **-ment**, *s.* bevisgrund; diskussion; skænderi.
arid ['ærid], *adj.* tør, udtørret; gold.
arise [ə'raiz] (arose, arisen), *v. t.* rejse sig; opstå.
aristocracy [æri'stɔkrəsi], *s.* aristokrati.

arithmetic [ə'riθmətik], s. regning; aritmetik.

arm [a:m], s., *anat.* arm; våben(art); *v. t. & i.* bevæbne; udruste; opruste; *keep at ~ 's length,* holde tre skridt fra livet; **-ament** [-əmənt], s. oprustning; bevæbning; **-chair** [-tʃɛə], s. lænestol; **-ed** [-d], *adj.* bevæbnet; ~ *forces,* væbnede styrker; **-istice** [-istis], s. våbenstilstand; **-our** [-ə], s. rustning; panser; **-oured** [-əd], *adj.* pansret, panser-; **-pit**, s., *anat.* armhule; **-s**, s. pl. våben.

army ['a:mi], s. hær.

around [ə'raund], *adv. & præp.* omkring; rundt (omkring); i nærheden (af); ca.

arouse [ə'rauz], *v. t.* vække.

arraign [ə'rein], *v. t., jur.* stille for retten; anklage.

arrange [ə'reindʒ], *v. t.* ordne, indrette; aftale; **-ment**, s. ordning; aftale; arrangement.

array [ə'rei], s. orden; opbud; *gl.* (klæde)dragt.

arrears [ə'riəz], s. pl. restance; *in ~,* bagud.

arrest [ə'rest], s. anholdelse; *v. t.* anholde; standse.

arriv|al [ə'raivl], s. ankomst; nyankommen; **-e**, *v. t.* ankomme; indtræffe; *fig.* skabe sig en position.

arrogan|ce ['ærəgəns], s. hovmod; overlegenhed; **-t**, *adj.* hovmodig, indbildsk; overlegen.

arrow ['ærəu], s. pil; ~ **head**, s. pilespids.

arse [a:s], s., *vulg.* røv.

arson ['a:sn], s. brandstiftelse, ildspåsættelse.

art [a:t], s. kunst; kunst-

færdighed; **-s**, *pl.* list; *the* **-s**, humaniora; *the fine* **-s**, de skønne kunster; **-ful**, *adj.* dreven, snu; **-ist**, s. kunstner; **-istic** [ar'tistik], *adj.* kunstnerisk; **-less**, *adj.* naturlig; ukunstlet; **-y**, *adj.* kunstnerisk-, kunstlet.

artefact ['a:tifækt], s. kunstprodukt; kulturgenstand.

artery ['a:təri], s., *anat.* pulsåre; hovedfærdselsåre.

article ['a:tikl], s. genstand; paragraf; vare.

articulate [a:'tikjulət], *adj.* tydelig, klar; velformuleret; [-eit], *v. t.* udtale tydeligt, artikulere.

artific|e ['a:tifis], s. list; kunstgreb; **-er** [a:'tifisə], s. håndværker, tekniker; skaber; **-ial** [-'fiʃəl], *adj.* kunstig; ~ *teeth,* protese; gebis.

artisan ['a:tizæn], s. håndværker.

as [æz], *adv. & konj.* ligesom; som; idet; da, eftersom; ~ *if,* ~ *though,* som om; ~ *to,* ~ *for,* hvad angår; angående; ~ *well,* lige så godt; også; ~ *yet,* endnu.

asbestos [æs'bestɔs], s. asbest.

ascen|d [ə'send], *v. t. & i.* stige op; bestige; **-sion** [-ʃn], s. opstigen; stigning; *A~ Day,* Kristi Himmelfartsdag; **-t**, s. opstigen; stigning.

ascertain [æsə'tein], *v. t.* konstatere, forvisse sig om.

ascetic [ə'setik], *adj.* asketisk.

ascribe [ə'skraib], *v. t.* ~ *to,* tilskrive, tillægge.

asexual ['ei'sekʃuəl], adj.
kønsløs.
ash [æʃ], s. (mest pl.) aske;
bot. ask; -en [-n], adj.
askegrå; ~ tray, s. aske-
bæger.
ashamed [ə'ʃeimd], adj.
skamfuld; be ~, skamme
sig.
ashore [ə'ʃɔ:], adv. i land;
run ~, løbe på grund.
Asia ['eiʃə], s. Asien; -n,
-tic ['eiʃn, eiʃi'ætik], s. asi-
at; adj. asiatisk.
aside [ə'said], s. afsides
replik, sidebemærkning;
adv. til side; afsides.
ask [a:sk], v. t. & i. spørge;
bede; forlange; invitere.
askance [ə'ska:ns], adv.
look ~, skotte, se skævt.
askew [ə'skju:], adv.
skævt.
aslant [ə'sla:nt], adv. &
præp. på skrå, skråt.
asleep [ə'sli:p], adj. & adv. i
søvn; fall ~, falde i søvn.
asparagus [ə'spærəgəs],
s., bot. asparges.
aspect ['æspekt], s. aspekt;
udseende; beliggenhed;
synspunkt.
aspen ['æspən], s., bot. asp.
asperity [æ'speriti], s. ru-
hed; barskhed.
aspersion [ə'spə:ʃn], s. cast
~ on, bagtale.
asphalt ['æsfælt el. 'æs-
fɔ:lt], s. asfalt; v. t. asfalte-
re.
asphyxiate [æs'fiksieit],
v. t. kvæle.
aspic ['æspik], s., kul. gelé;
sky.
aspiration [æspə'reiʃn], s.
higen; aspiration; -e
[ə'spaiə], v. i. ~ to, hige
efter; stile mod.
ass [æs], s. æsel; fjols; U.S.,
vulg. røv.
assail [ə'seil], v. t. angribe,

gå løs på.
assassin [ə'sæsin], s.
(snig)morder; attentat-
mand; -ation [-'neiʃn], s.
(snig)mord; attentat.
assault [ə'sɔ:lt], s. angreb;
overfald; v. t. angribe,
overfalde; øve vold mod.
assemble [ə'sembl], v. t.
samle, forsamle; -y, s.
forsamling; møde; ~
line, s. samlebånd; ~
room, ~ hall, s. festsal.
assent [ə'sent], s. samtyk-
ke, bifald; v. i. samtykke,
indvillige.
assert [ə'sə:t], v. t. påstå;
hævde; -tion [-ʃn], s. på-
stand.
assess [ə'ses], v. t. vurde-
re; fastsætte; beskatte.
asset ['æset], s. aktiv; gode.
assiduity [æsi'djuiti], s. flid;
ihærdighed.
assign [ə'sain], v. t. fast-
sætte; anvise; ansætte;
tildele; give 'for; -ment, s.
anvisning; tildeling; op-
gave.
assimilate [ə'simileit], v. t.
fordøje; optage (i sig);
tilegne sig.
assist [ə'sist], v. t. hjælpe;
fremme; -ance [-ns], s.
hjælp, bistand.
associate [ə'səuʃiət], s.
kollega; fælle; [-eit], v. t.
forbinde; forene; associ-
ere; v. i. ~ with, slutte sig
til; omgås (med); knytte
til; -ion [-'eiʃn], s. fore-
ning; selskab; forbindel-
se.
assortment [ə'sɔ:tmənt], s.
udvalg.
assuage [ə'sweidʒ], v. t.
lindre; berolige.
assume [ə'sju:m], v. t. an-
tage; formode; overtage;
foregive; -ption [ə'sʌmp-
ʃn], s. antagelse, formod-

ning; overtagelse; skin.

assur|ance [ə'ʃuərəns], *s.* forsikring; forvisning; selvtillid; **-e**, *v. t.* forsikre; forvisse; garantere; **-edly** [-ridli], *adv.* bestemt, helt sikkert.

asterisk ['æstərisk], *s., typ.* stjerne.

astern [ə'stəːn], *adv., naut.* agter(ud); *go* ~, bakke.

astonish [ə'stɔniʃ], *v. t.* forbavse, overraske.

astound [ə'staund], *v. t.* forbavse; lamslå.

astraddle [ə'strædl], *adv.* overskrævs.

astray [ə'strei], *adv.* på vildspor; *go* ~, fare vild.

astride [ə'straid], *adv. & præp.* skrævende, overskrævs.

astrology [ə'strɔlədʒi], *s.* astrologi.

astronaut ['æstrənɔːt], *s.* astronaut, rumpilot.

astronomy [ə'strɔnəmi], *s.* astronomi.

astute [ə'stjuːt], *adj.* snu, dreven.

asunder [ə'sʌndə], *adv.* i stykker; itu.

asylum [ə'sailəm], *s.* asyl; tilflugtssted; *lunatic* ~, *gl.* sindssygeanstalt.

at [æt], *præp.* ved; i, på; hos; over; for; ad; ~ *it again?* er du nu i gang igen? ~ **-home**, *s.* åbent hus.

atheism ['eiθiizm], *s.* ateisme.

athletics [æθ'letiks], *s. pl.* atletik; idræt.

Atlantic [ət'læntik], *adj.* atlantisk; *the* ~, Atlanterhavet.

atmosphere ['ætməsfiə], *s.* atmosfære; stemning.

atom ['ætəm], *s.* atom; ~, **-ic** [ə'tɔmik], *adj.* atom-;

-ize ['ætəmaiz], *v. t.* forstøve.

atroci|ous [ə'trəuʃəs], *adj.* oprørende; grusom; afskyelig; **-ty** [ə'trɔsiti], *s.* afskyelighed, grusomhed.

atrophy ['ætrəfi], *s., med.* hentæring; svind.

attach [ə'tætʃ], *v. t. & i.* fastgøre; knytte; ~ *importance to*, tillægge betydning; **-ment**, *s.* hengivenhed; bånd.

attack [ə'tæk], *s.* angreb; overfald; anfald; *v. t.* angribe; overfalde; tage fat på.

attain [ə'tein], *v. t.* nå; opnå.

attempt [ə'tem(p)t], *s.* forsøg; *v. t.* forsøge, prøve; ~ *on a person's life*, attentat.

atten|d [ə'tend], *v. t.* ledsage; betjene, passe, pleje; være til stede ved; deltage i; *v. i.* høre efter; ~ *to*, tage sig af; ekspedere; **-dance** [-ns], *s.* pleje; betjening; tilstedeværelse; fremmøde; **-tion** [-ʃn], *s.* opmærksomhed; omsorg; **-tive**, *adj.* opmærksom; omsorgsfuld; påpasselig.

attenuate [ə'tenjueit], *v. t.* fortynde; *fig.* svække.

attest [ə'test], *v. t.* (~ *to*), bevidne, bekræfte; **-ation** [-'steiʃn], *s.* vidnesbyrd; bekræftelse.

attic ['ætik], *s.* (kvist)værelse; pulterkammer.

attire [ə'taiə], *s.* påklædning; dragt; *v. t.* klæde.

attitude ['ætitjuːd], *s.* stilling, holdning; standpunkt; indstilling.

attorney [ə'təːni], *s.* fuldmægtig; *U.S.* advokat.

attract [ə'trækt], *v. t.* tiltrække (sig); **-ion** [-ʃn], *s.* tiltrækning(skraft); forlystelse; **-ive,** *adj.* tiltrækkende.

attribute ['ætribju:t], *s.* egenskab; særkende; [ə'tribju:t], *v. t.* ~ *to,* tilskrive, tillægge.

attrition [ə'triʃn], *s.* opslidning; slid.

auburn ['ɔ:bən], *adj.* kastaniebrun.

auction ['ɔ:kʃn], *s.* auktion; *v. t.* bortauktionere; **-eer** [-'niə], *s.* auktionarius.

audaci|ous [ɔ:'deiʃəs], *adj.* dristig, fræk; **-ty** [-'dæsiti], *s.* dristighed; frækhed.

audible ['ɔ:dibl], *adj.* hørlig, tydelig.

audience ['ɔ:diəns], *s.* audiens; publikum.

audio-visual [ˌɔ:diəu'viʒuəl], *adj.* ~ **aids,** audio-visuelle hjælpemidler.

audit ['ɔ:dit], *s.* revision; *v. t.* revidere; **-ion** [ɔ:'diʃn], *s.* hørelse; (mikrofon)prøve; **-or** ['ɔ:ditə], *s.* tilhører; revisor.

augment [ɔ:g'ment], *v. t.* forøge(s).

augur ['ɔ:gə], *v. t.* spå, varsle; **-y** ['ɔ:gjuri], *s.* varsel; spådom(skunst).

August ['ɔ:gəst], *s.* august.

august [ɔ:'gʌst], *adj.* ophøjet; ærefrygtindgydende.

auld [ɔ:ld], *adj., Skot.* gammel; ~ *lang syne,* de gode gamle dage.

aunt [a:nt], *s.* tante; faster, moster.

au pair [əu'pɛə], *s. & adj.* (person) som gør husligt arbejde mod kost, logi og lommepenge.

aura ['ɔ:rə], *s.* udstråling.

auspicious [ɔ:'spiʃəs], *adj.* lykkevarslende, gunstig.

auster|e [ɔ'stiə], *adj.* streng; spartansk; asketisk; **-ity** [-'steriti], *s.* strenghed; askese.

Austria ['ɔstriə], *s.* Østrig; **-n,** *s.* østriger; *adj.* østrigsk.

authentic [ɔ:'θentik], *adj.* ægte, autentisk; pålidelig; **-ity** [-'tisiti], *s.* ægthed.

author ['ɔ:θə], *s.* forfatter; ophavsmand.

authori|ty [ɔ:'θɔriti], *s.* autoritet, myndighed; anseelse; kilde; bemyndigelse; **-ze** ['ɔ:θəraiz], *v. t.* bemyndige; autorisere; legalisere.

autobiography [ɔ:təbai'ɔgrəfi], *s.* selvbiografi.

autocracy [ɔ:'tɔkrəsi], *s.* enevælde.

autograph ['ɔ:təgra:f], *s.* autograf; egen håndskrift; *v. t.* skrive egenhændigt.

automatic [ɔ:tə'mætik], *adj.* automatisk; *s.* automatpistol.

autonomy [ɔ:'tɔnəmi], *s.* selvstyre.

autopsy ['ɔ:təpsi], *s.* obduktion.

autumn ['ɔ:təm], *s.* efterår.

auxiliary [ɔ:g'ziliəri], *s.* hjælper; *gram.* hjælpeverbum; *adj.* hjælpe-.

avail [ə'veil], *s.* nytte, fordel; *v. i.* gavne, være til nytte, hjælpe; ~ *oneself of,* benytte sig af; **-able** [-əbl], *adj.* disponibel, til rådighed.

avalanche ['ævəla:nʃ], *s.* sneskred; lavine.

avarice ['ævəris], *s.* gerrighed; griskhed.

avenge [ə'vendʒ], *v. t.* hævne.

avenue ['ævənju:], *s.* allé; *U.S.* boulevard; *fig.* vej.

aver [ə'və:], v. t. erklære, forsikre.

average ['ævəridʒ], s. gennemsnit; adj. gennemsnits-; v. t. & i. udgøre et gennemsnit; finde et gennemsnit.

avers|e [ə'və:s], adj. uvillig; imod; **-ion** [-ʃn], s. afsky; uvilje.

avert [ə'və:t], v. t. afværge, bortvende.

avia|ry ['eiviəri], s. flyvebur, voliere; **-tion** [-'eiʃn], s. flyvning.

avidity [ə'viditi], s. griskhed, begærlighed.

avoid [ə'vɔid], v. t. undgå, undvige.

avow [ə'vau], v. t. vedkende sig; **-ed** [-d], adj. erklæret.

await [ə'weit], v. t. (af)vente.

awake [ə'weik] (awoke, awoken el. -d, -d), v. t. vække; v. i. vågne; fig. få øjnene op; adj. vågen; wide ~, lysvågen; vaks.

award [ə'wɔ:d], s. præmie, pris; v. t. tilkende; tilstå.

aware [ə'wɛə], adj. vidende; be ~ of, være opmærksom på, være klar over.

away [ə'wei], adv. bort(e); væk; af sted; sport. på udebane.

awe [ɔ:], s. ærefrygt; rædsel; v. t. indgyde ærefrygt; skræmme; imponere; **~-inspiring**, adj. respektindgydende; **~-stricken**, **~-struck**, adj. rædselsslagen.

awful ['ɔ:fl], adj. forfærdelig; **-ly** ['ɔ:fuli], adv. frygteligt; meget; thanks ~, tusind tak.

awhile [ə'wail], adv. en stund.

awkward ['ɔ:kwəd], adj. akavet, kejtet; ubehagelig; pinlig.

awl [ɔ:l], s. syl.

awning ['ɔ:niŋ], s. solsejl; markise.

awry [ə'rai], adj. & adv. skæv(t).

axe [æks], s. økse.

axiom ['æksiəm], s. grundsætning; selvindlysende sandhed.

axis ['æksis], s. akse.

axle [æksl], s. (hjul)aksel.

ay(e) [ai], adv., gl. & Skot. the -s and noes, parl. ja- og nej-stemmer.

azure ['æʒə], adj. himmelblå.

B [bi:], mus. h; ~ flat b; ~ sharp, his.

B.A. ['bi:'ei], (fk.f. Bachelor of Arts), s.d.

babble ['bæbl], v. i. pludre; sladre af skole.

baboon [bə'bu:n], s., zoo. bavian.

baby ['beibi], s. spædbarn; pattebarn; S skat.

bachelor ['bætʃələ], s. ung- karl; B~ of Arts (Science), person med universitets- grad, der svarer til bifag.

back [bæk], s. ryg; bagside; adj. bag-; ubetalt; gammel; adv. tilbage; igen; v. t. rykke tilbage; bakke; understøtte; hjælpe; vædde på; a few years ~, for nogle år siden; at the ~, bagest; get somebody's ~ up, gøre nogen vred; the ~ of the head, nakken; get off his ~! T lad ham være (i fred)! ~ up, støtte, hjælpe; **-bencher**, s., parl. menigt parlamentsmedlem; **-bite**, v. t. bagtale; **-bone**, s. rygrad; **-fire**, v. i. sætte ud; give bagslag; **-ground,** s. baggrund; miljø; forudsætninger; **-handed,** adj. med bagsiden af hånden; tvetydig, sarkastisk; **-ing,** s. støtte; opbakning; **-side,** s. bagdel; **-slide,** v. i. falde fra; få tilbagefald; **-stage,** adj. bag scenen; bag kulisserne; **-stroke,** s., sport. rygsvømning; **-talk,** (**-chat**), s. vittigt replikskifte; svaren igen; **-ward** [-wəd], adj. baglæns; tilbage; bagud; sen; retarderet; **-s,** adv. tilbage; baglæns; **-wash,** s., naut. modsø; fig. efterdønning; **-water,** s. dødvande; **-woods,** s. pl. gudsforladt sted.

bad [bæd], adj. ond, slem; slet; fordærvet; skadelig; dårlig; syg; falsk; that's too ~, det er en skam; not too ~, ikke så dårligt; ~ **hat,** s., T skidt fyr; ~**-tempered,** adj. opfarende, hidsig.

badge [bædʒ], s. tegn, emblem, mærke.

badger ['bædʒə], s., zoo. grævling; v. t. tirre, plage.

baffl|e ['bæfl], v. t. forvirre; forbløffe; **-ing,** adj. forvirrende, uforståelig.

bag [bæg], s. pose, sæk, taske; v. t. lægge i pose; samle på; stikke til sig; ~ and baggage, rub og stub; the whole ~ of tricks, hele molevitten; **-gy,** adj. poset; **-man** [-mən], s., T handelsrejsende; **-pipe,** s., mus. sækkepibe; **-s,** s. pl., T bukser; ~ of, masser af.

baggage ['bægidʒ], s. bagage; S tøs, pigebarn.

bail [beil], s. kaution; v. t. ~ out, få løsladt mod kaution; **-iff,** s. foged; forvalter.

bairn [bɛən], s., Skot. barn.

bait [beit], s. lokkemad; madding; v. t. sætte madding på; lokke; drille.

bak|e [beik], v. t. bage; stege; brænde (tegl); **-er,** s. bager; **-ery,** s. bageri; U.S. bagerbutik; **-ing powder,** s., kul. bagepulver.

balance ['bæləns], s. vægt; ligevægt; overensstemmelse; restbeløb; v. t. veje; opveje; bringe i ligevægt; merk. afslutte; v. i. være i ligevægt; ~ in our favour, saldo i vor favør, vort tilgodehavende; **-d** [-t], adj. velafbalanceret; a ~ diet, alsidig kost; ~-**sheet,** s. status(opgørelse).

balcony ['bælkəni], s. altan; balkon.

bald [bɔːld], adj. skaldet; fig. ubesmykket. **-head-ed,** adj. skaldet; go at it ~, T gå på med krum hals; **-ly,** adv. uden omsvøb, ligeud; **-pate,** s. skaldepande.

balderdash ['bɔːldədæʃ], s. vrøvl.

bale [beil], s. balle; v. t. indpakke; ~ out, springe ud med faldskærm.

baleful ['beilful], adj. skadelig, ødelæggende; ond.

balk [bɔːk], s. bjælke; hindring; v. t. hindre, skuffe, narre; ~ at, refusere; stejle over; vægre sig ved.

ball [bɔːl], s. bold; kugle; (garn)nøgle; bal; T have a ~ on, slå sig løs, have det skægt; keep the ~ rolling, holde samtalen i gang; **-bearing,** s. kugle-

leje; **-point,** *s. (~ pen),*
kuglepen; **-s,** *s. pl., vulg.*
nosser; vrøvl; kludder.
ballistic [bə'listik], *adj.* ~
missile, raketvåben.
balloon [bə'lu:n], *s.* ballon.
ballot ['bælət], *s.* hemme-
lig afstemning; stemme-
seddel; stemmetal.
ballyhoo [ˌbæli'hu:], *s.* re-
klamebrøl; ballade.
balm [ba:m], *s.* balsam; **-y,**
adj. mild; lindrende; duf-
tende.
Baltic ['bæltik], *s. & adj. the*
B~, Østersøen.
bamboo [bæm'bu:], *s., bot.*
bambus.
bamboozle   [bæm'bu:zl],
v. t. narre; forvirre.
ban [bæn], *v. t.* forbyde,
bandlyse; *s.* forbud;
band.
banana [bə'na:nə], *s., kul.*
banan; *go -s, S* gå agurk,
blive skør.
band [bænd], *s.* bånd, lin-
ning; flok; orkester; *v. t.*
forbinde; **-age** [-idʒ], *s.*
bandage,   forbinding;
bind; **-master,** *s.* dirigent;
kapelmester; **-saw,** *s.*
båndsav; **-stand,** *s.* mu-
siktribune.
bandy ['bændi], *s., sport.*
bandy; *v. t. ~ words,* ud-
veksle   bemærkninger,
diskutere; mundhugges;
fig. ~ about, slå om sig
med; fortælle videre; **~ -**
legged, *adj.* hjulbenet.
bane [bein], *s.* gift; bane-
sår; ødelæggelse, forban-
delse.
bang [bæŋ], *s.* brag; slag;
pandehår; *v. t. & i.* banke,
slå; brage; *vulg.* knalde;
go ~, sige bang; eksplo-
dere; *go off with a ~,*
blive en succes.
banish ['bæniʃ], *v. t.* lands-

forvise; forjage.
banisters ['bænistəz], *s. pl.*
gelænder.
bank [bæŋk], *s.* bred; ban-
ke; dæmning; bank; *v. t.*
inddæmme; sætte i ban-
ken; *~ on,* stole på; **-er,** *s.*
bankier; bankforbindel-
se; bankør; **B~ Holiday,**
[officiel fridag i Eng-
land]; **-note,** *s.* pengesed-
del; *~ rate, s.* officiel
diskonto; **-rupt** [-rʌpt],
adj. bankerot; *go ~,* gå
fallit; **-ruptcy** [-rəpsi], *s.*
konkurs, fallit; bankerot.
banner ['bænə], *s.* banner,
fane, transparent.
banns [bænz], *s. pl. put up*
the ~, lyse til ægteskab.
banquet ['bæŋkwit], *s.* ban-
ket; festmåltid.
banter ['bæntə], *s.* godmo-
digt drilleri; skæmt.
baptism ['bæptizm], *s.* dåb;
-st, *s.* baptist, døber; **-ze**
[-'taiz], *v. t.* døbe.
bar [ba:], *s.* slå, bom,
(tvær)stang;   tremme;
hindring; skranke; bar-
re; *mus.* takt; *the B~,*
jur. advokatstanden; *v. t.*
spærre, udelukke; for-
byde; undtage; stænge
for; **-keeper, -man, -ten-**
der, *s.* værtshusholder;
bartender; **-maid,** *s.* ser-
vitrice; barpige.
barb [ba:b], *s.* modhage;
fig. stikpille; *-ed wire,*
pigtråd.
barbarian [ba:'bɛəriən], *s.*
barbar, umenneske; *adj.*
(*el.* bar'baric), barbarisk,
rå.
barbecue ['ba:bikju:],   *s.*
stegerist; havegrill; ha-
vefest med helstegte dyr.
barber ['ba:bə], *s.* barber.
bare [bɛə], *adj.* bar; nøgen;
tom; *v. t.* blotte, afklæde;

-faced, adj. fræk; utilslø-ret; **-ly,** adv. næppe; knap; kun lige akkurat.
bargain ['ba:gin], s. handel; godt køb; aftale; v. i. forhandle, købslå, tinge; *into the ~*, oven i købet; *~ price,* spotpris; *~ with* (el. *for),* regne med.
barge [ba:dʒ], s. pram; v. i. *~ in,* brase ind.
bark [ba:k], s., bot. bark; v. t. afbarke; v. i. gø; *~ up the wrong tree,* gå galt i byen.
barley ['ba:li], s., bot. byg.
barmy ['ba:mi], adj., T skør, tosset.
barn [ba:n], s. lade; **-stormer,** s. omrejsende skuespiller; U.S. politiker på valgturné.
barometer [bə'rɔmitə], s. barometer.
baroque [bə'rəuk], adj. barok.
barracks ['bærəks], s. pl., mil. kaserne.
barrage ['bæra:ʒ], s. spær-ring; spærreild; fig. synd-flod.
barrel ['bærəl], s. tønde; tromle; bøsseløb; *~ organ,* s. lirekasse.
barren ['bærən], adj. gold, ufrugtbar.
barrier ['bæriə], s. afspær-ring; barriere; bom; skranke; hindring.
barring ['ba:riŋ], præp. undtagen.
barrister ['bæristə], s., jur. advokat.
barrow ['bærəu], s. trille-bør; gravhøj.
barter ['ba:tə], s. tuskhan-del; v. t. bytte, tinge; *~ away,* sælge for billigt.
base [beis], s. grundlag, fundament; basis; sok-kel; v. t. basere, grunde;

adj. ringe; lav, tarvelig; uædel; dyb; **-less,** adj. grundløs; **-ment,** s. kæl-deretage.
bash [bæʃ], v. t. slå, hamre; *~ in,* smadre; **-ful,** adj. genert.
basic ['beisik], adj. grund-læggende, fundamental.
basin ['beisn], s. kumme; vandfad; bassin.
basis ['beisis], s. grundlag; basis.
bask [ba:sk], v. i. sole sig; varme sig.
basket [ba:skit], s. kurv.
bass [bæs], s., zoo. aborre, bars; bot. bast; [beis], s. & adj., mus. bas; *~ drum,* s. stortromme.
bassoon [bə'su:n], s., mus. fagot.
bast [bæst], s., bot. bast.
bastard ['ba:stəd], s. barn født uden for ægteskab; T svin, skid; adj. uægte.
baste [beist], v. t. dryppe (steg); rimpe sammen; prygle.
bat [bæt], s. boldtræ; zoo. flagermus; v. t. slå; blin-ke med; *-s in the belfry,* S rotter på loftet.
batch [bætʃ], s. parti, sæt; portion.
bate [beit], v. t. formind-ske; slå af på; *with -d breath,* med tilbageholdt åndedræt.
bath [ba:θ], s. bad; bade-kar; **-e** [beið], v. t. & i. bade; **-ing** [beiðiŋ], s. bad-ning; *~ cap,* s. badehæt-te; *~ resort,* s. badested; *~ suit,* s. badedragt; *~ trunks,* s. pl. badebukser; **-robe,** s. badekåbe; **-room,** s. badeværelse; **-tub,** s. badekar.
baton ['bæt(ə)n], s. stav; taktstok; depeche.

batter ['bætə], s., *kul.* slags pandekagedej; *v. t.* hamre løs på; mishandle; **-ed** [-d], *adj.* medtaget, forslået; **-ing ram** [-riŋ'ræm], s. murbrækker.

battery ['bætəri], s. batteri; *jur.* vold, overfald; ~ **hens**, s. pl. burhøns.

battle [bætl], s. slag; kamp; *v. t.* kæmpe; ~ **axe**, s. stridsøkse; **-field**, **-ground**, s. slagmark; valplads; **-ment**, s. brystværn; **-ship**, s. slagskib.

batty ['bæti], adj., *T* tosset.

bawdy ['bɔːdi], adj. sjofel.

bawl [bɔːl], *v. i.* skråle; vræle; brøle; *v. t.* ~ **out**, skælde ud.

bay [bei], s. (hav)bugt; rum, bås; *bot.* laurbær(træ); *v. i.* halse, glamme; adj. rødbrun; *be at* ~, være hårdt trængt; *keep at* ~, holde i skak; ~ **window**, s. karnapvindue.

bayonet ['beiənit], s. bajonet.

bazaar [bə'zaː], s. basar.

B & B ['biː'ən'biː], (*fk.f.* bed and breakfast).

BBC ['biːbiː'siː], (*fk.f.* British Broadcasting Corporation), *sv. t.* Danmarks Radio.

B.C. ['biː'siː], (*fk.f.* before Christ), før Kristus, f.Kr.

be [biː], (am/is/are; was/were; been), *v. i. & aux.* være; blive; ske; vare; koste; eksistere.

beach [biːtʃ], s. strand(bred); *v. t.*, *naut.* sætte på land.

beacon ['biːkn], s. sømærke, fyr; færdselsfyr; *v. t.* (op)lyse; vejlede.

bead [biːd], s. perle; dråbe; sigtekorn.

beagle ['biːgl], s., *zoo.* harehund.

beak [biːk], s. næb; tud; *S* dommer; krum næse.

beaker ['biːkə], s. bæger.

beam [biːm], s. bjælke; stang; bom; lysstråle; *v. i.* stråle.

bean [biːn], s., *bot.* bønne.

bear [bɛə], s., *zoo.* bjørn; (bore, born(e)), *v. t. & i.* bære; overbringe; føde; støtte; fordrage; tåle; ~ *in mind*, huske (på); ~ *on*, have indflydelse på; angå; ~ *out*, støtte; bekræfte; ~ *with*, bære over med; **-able** [-rəbl], adj. tålelig, udholdelig; **-er** [-rə], s. overbringer; ihændehaver; **-ing** [-riŋ], s. opførsel; holdning; forbindelse; betydning; retning.

beard [biəd], s. skæg; *v. t.* trodse.

beast [biːst], s. dyr; umenneske; **-ly**, adj. dyrisk, bestialsk.

beat [biːt], s. slag; runde; (beat, beaten), *v. t. & i.* slå, banke; overvinde; piske (æg); ~ *it!* forsvind! skrid! *it -s me*, jeg forstår ikke, det går over min forstand; ~ *up*, piske; gennemprygle; **-ing**, s. banken; prygl; klø.

beautiful ['bjuːtif(u)l], adj. smuk, skøn; **-y**, s. skønhed; ~ *parlour*, s. skønhedssalon; ~ *spot*, s. skønhedsplet; naturskønt sted.

beaver ['biːvə], s., *zoo.* bæver.

becalmed [bi'kaːmd], adj., *naut.* i vindstille.

because [bi'kɔz], *konj.* fordi; ~ *of*, på grund af.

beck [bek], s. (bjerg)bæk;

be at someone's ~ *and call*, stå på pinde for nogen.

beckon ['bekn], *v. t.* kalde til sig, vinke ad.

becom|e [bi'kʌm], *v. i.* blive; (became, become), *v. t.* klæde, anstå; passe sig for; **-ing**, *adj.* klædelig; passende.

bed [bed], *s.* seng; leje; bed; *v. t.* lægge i seng; plante; **-ding, -clothes**, *s.* sengetøj; **-ridden**, *adj.* sengeliggende; syg; **-rock**, *s.* grundfjeld; **-room**, *s.* soveværelse; **-sitter, -sittingroom**, *s.* sove- og opholdsværelse; etværelses lejlighed; **-spread**, *s.* sengetæppe.

bedlam ['bedləm], *s.* dårekiste; galeanstalt.

bedraggle [bi'drægl], *v. t.* tilsøle.

bee [bi:], *s., zoo.* bi; *a* ~ *in one's bonnet*, en fiks idé; **-hive**, *s.* bikube; **-line**, *s.* lige linie; korteste vej; **-swax**, *s.* bivoks; *v. t.* bone.

beech [bi:tʃ], *s., bot.* bøg.

beef [bi:f], *s., kul.* oksekød; *S* muskler; **-eater**, *s.* [opsynsmand i Tower of London]; **-steak**, *s., kul.* bøf.

beer [biə], *s.* øl.

beet [bi:t], *s., bot.* roe, bede; *sugar* ~, sukkerroe; **-root**, *s.* rødbede.

beetle ['bi:tl], *s., zoo.* bille; ~ **-browed**, *adj.* med buskede bryn.

befall [bi'fɔ:l] (befell, befallen), *v. t.* hænde; overgå.

befit [bi'fit], *v. t.* passe til; sømme sig for.

befog [bi'fɔg], *v. t.* omtåge; tilsløre.

before [bi'fɔ:], *præp.* foran; i nærværelse af; fremfor; *adv. & konj.* førend, før; **-hand**, *adv.* på forhånd; forud.

befoul [bi'faul], *v. t.* tilsmudse.

befriend [bi'frend], *v. t.* vise velvilje imod; hjælpe.

beg [beg], *v. t. & i.* bede om, udbede sig; tigge; **-gar** [-ə], *s.* tigger.

beget [bi'get] (begot, begotten), *v. t., gl. & fig.* avle.

begin [bi'gin] (began, begun), *v. t. & i.* begynde; *to* ~ *with*, for det første.

begrime [bi'graim], *v. t.* tilsøle.

begrudge [bi'grʌdʒ], *v. t.* misunde; ikke unde.

beguile [bi'gail], *v. t.* narre; fordrive.

behalf [bi'ha:f], *s. on his* ~, på hans vegne.

behav|e [bi'heiv], *v. i.* opføre sig; ~ *oneself*, opføre sig ordentligt; **-iour** [-jə], *s.* opførsel, adfærd.

behead [bi'hed], *v. t.* halshugge.

behind [bi'haind], *s.* ende, bagdel; *præp. & adv.* bag, bagefter, bagved; tilbage; **-hand**, *adv.* tilbage, bagud.

behold [bi'həuld] (beheld, beheld), *v. t., gl. & litt.* skue; se; **-en** [-n], *adj., gl.* forbunden.

being ['bi:iŋ], *s.* tilværelse; væsen; *human* ~, menneske; *for the time* ~, for øjeblikket.

belated [bi'leitid], *adj.* forsinket.

belch [beltʃ], *v. t.* ræbe; bøvse.

belfry ['belfri], *s.* **klokke-**

tårn; *bats in the* ~, S
rotter på loftet.

Belgi|an ['beldʒən], *s.* bel-
gier; *adj.* belgisk; **-um**
['beldʒəm], *s.* Belgien.

belie [bi'lai], *v. t.* gøre til
løgn, modsige.

belie|f [bi'li:f], *s.* tro; over-
bevisning; tiltro; **-ve**
[-'li:v], *v. t. & i.* tro.

belittle [bi'litl], *v. t.* forklej-
ne.

bell [bel], *s.* klokke; bjæl-
de; *answer the* ~, lukke
op; **-boy**, *s.* piccolo.

bellicose ['belikəus], *adj.*
krigerisk.

belligerent [bə'lidʒərənt],
adj. krigsførende.

bellow ['beləu], *s.* brøl; *v. i.*
brøle; **-s**, *s. pl.* blæsebælg.

belly ['beli], *s., anat.* bug;
underliv; vom; **-ache**, *s.*
mavepine; *v. i.* brokke
sig.

belong [bi'lɔŋ], *v. i.* høre
hjemme; ~ *to*, tilhøre;
-ings, *s. pl.* ejendele.

beloved [bi'lʌvid], *s.* elske-
de; *adj.* elsket, afholdt.

below [bi'ləu], *adv. & præp.*
under; nede; nedenun-
der.

belt [belt], *s.* bælte; rem;
v. t., S ~ *up!* klap i! hold
mund!

bench [bentʃ], *s.* bænk;
høvlebænk; *jur.* dom-
mersæde.

bend [bend], *s.* bøjning;
krumning; vejsving;
(bent, bent), *v. t.* bøje;
bukke; *v. i.* bøje sig;
round the ~, S skør,
tosset.

beneath [bi'ni:θ], *adv. &*
præp. under; nedenun-
der.

bene|diction [beni'dikʃn],
s. velsignelse; **-factor**
[-'fæktə], *s.* velgører; **-fi-**

-cial [-'fiʃəl], *adj.* gavnlig;
velgørende; heldig.

benefit ['benifit], *s.* fordel;
nytte; gavn; ydelse,
hjælp; *v. t.* gavne; *v. i.* ~
by, nyde godt af; drage
fordel af; *unemployment*
~, arbejdsløshedsun-
derstøttelse.

benevolence [bi'nevələns],
s. velvilje; godgørenhed.

benign [bi'nain], *adj.* mild,
venlig; godartet.

bent [bent], *s.* retning; til-
bøjelighed; lyst; *adj.* ~
on, besluttet på.

beque|ath [bi'kwi:ð], *v. t.*
testamentere; **-st** [bi-
'kwest], *s.* arv.

bereave [bi'ri:v] (bereft *el.*
-ed), *v. t.* berøve; **-ment, *s.**
smerteligt tab.

beret ['berei *el.* bə'rei], *s.*
baskerhue.

berry ['beri], *s., zoo.* bær;
kaffebønne.

berserk [bə:'zə:k], *s. go* ~,
få bersærkergang.

berth [bə:θ], *s.* køje; sove-
plads; ankerplads; *fig.*
give a wide ~, gå langt
uden om.

beseech [bi'si:tʃ] (be-
sought, besought), *v. t.*
bønfalde.

beset [bi'set], *v. t.* omringe;
angribe; belejre.

beside [bi'said], *præp.* ved
siden af; ~ *oneself,* ude
af sig selv.

besides [bi'saidz], *adv. &*
præp. desuden; foruden.

besiege [bi'si:dʒ], *v. t.* be-
lejre.

best [best], *adj. & adv.*
bedst; mest; højest; *at* ~,
i bedste fald; ~ **man**, *s.*
forlover.

bestow [bi'stəu], *v. t.*
skænke; anbringe; ~
honours, vise ære.

bet [bet], s. væddemål; v. t. & i. vædde.

betoken [bi'təukn], v. t. varsle; tyde på.

betray [bi'trei], v. t. forråde; svigte; røbe; **-al** [-əl], s. forræderi.

betrothal [bi'trəuðl], s. trolovelse.

better ['betə], adj. & adv. bedre; v. t. forbedre; overgå; be ~, være i bedring; be the ~ for it, have godt af det; get the ~ of, besejre; løbe af med; you had ~, du må hellere; ~ off, bedre stillet, rigere.

between [bi'twi:n], præp. & adv. (i)mellem; ~ them, i forening, tilsammen.

betwixt [bi'twikst], præp. & adv., gl. imellem.

beverage ['bevərid3], s. drik; -s, pl. drikkevarer.

beware [bi'wɛə], v. t. & i. vogte sig (for); int. pas på!

bewilder [bi'wildə], v. t. forvirre.

bewitch [bi'witʃ], v. t. forhekse, fortrylle.

beyond [bi'jɔnd], præp. hinsides, på den anden side (af); udover; udenfor.

bias ['baiəs], s. hældning; skrå retning; forudindtagethed; partiskhed; v. t. gøre forudindtaget; påvirke; cut on the ~, klippe (skære) på skrå; **-(s)ed** [-t], adj. partisk, forudindtaget.

bib [bib], s. hagesmæk.

Bible ['baibl], s. bibel; **biblical** ['biblikl], adj. bibelsk.

bicarbonate [bai'ka:bənət], s., kem. ~ of soda, tvekulsurt natron.

biceps ['baiseps], s., anat. overarmsmuskel.

bicker ['bikə], v. i. småskændes, mundhugges.

bicycle ['baisikl], s. cykel.

bid [bid] (bade, bidden el. bid, bid), v. t. & i. byde, befale; indbyde; tilbyde; melde; s. bud; forsøg; melding; no ~, (kort) pas.

big [big], adj. stor; tyk; bred; storsindet; vigtig.

bigot ['bigət], s. blind tilhænger; **-ed** [-id], adj. fanatisk; snæversynet.

bigwig ['bigwig], s., S stor kanon; vigtig person.

bike [baik], s., T cykel; v. i. cykle.

bilateral [bai'latrəl], adj. tosidet.

bilberry ['bilbəri], s., bot. blåbær.

bile [bail], s., anat. galde; dårligt humør; **-ious** ['biljəs], adj., anat. galdesyg; galde-; fig. sur.

bilge [bild3], s., S vrøvl.

bilingual [bai'liŋgwəl], adj. tosproget.

bill [bil], s. næb; regning; veksel; plakat; lovforslag; U.S. pengeseddel; ~ of fare, spiseseddel; ~ of sale, pantebrev i løsøre; **-board**, s., U.S. plakattavle; ~ **broker**, s. vekselmægler; **-fold**, s., U.S. tegnebog; **-posting**, **-sticking**, s. opklæbning af plakater.

billet ['bilit], v. t. indkvartere.

billiards ['biljədz], s. pl., sport. billard.

billion ['biljən], s. billion; U.S. milliard.

billow ['biləu], s. stor bølge; v. i. bølge, blafre.

bin [bin], s. kasse; beholder; skraldebøtte.

binary ['bainəri], adj., edb. binær.

bind [baind] (bound, bound), v. t. binde; forbinde; indbinde; forpligte; **-ing**, s. indbinding; (bog)bind.

binge [bindʒ], s., T gilde; on a ~, på druk.

binoculars [bi'nɔkjuləz], s. pl. kikkert.

biochemistry [baiəu'kemistri], s. biokemi.

biography [bai'ɔgrəfi], s. biografi.

biology [bai'ɔlədʒi], s. biologi.

biped ['baiped], s., zoo. tobenet dyr.

birch [bə:tʃ], s., bot. birk.

bird [bə:d], s. fugl; S pige; -'s eye view, s. fugleperspektiv; -'s nest, s. fuglerede.

biro [bairəu], s., T kuglepen.

birth [bə:θ], s. fødsel; herkomst; ~ **control**, s. børnebegrænsning; prævention; svangerskabsforebyggelse; **-day**, s. fødselsdag; **-mark**, s. modermærke; **-rate**, s. fødselsprocent; fødselstal.

biscuit ['biskit], s. kiks; småkage.

bisect [bai'sekt], v. t. halvere.

bisexual [ˌbai'sekʃuəl], adj. biseksuel.

bishop ['biʃəp], s. biskop; (skak) løber.

bit [bit], s. bid; stykke; bidsel; U.S. 12 1/2 cent; edb. bit; a (little) ~, lidt, en smule; not a ~, slet ikke.

bitch [bitʃ], s. hunhund, tæve; S mær, kælling.

bite [bait], s. bid; stik; mundfuld; (bit, bitten), v. t. & i. bide; svie; stikke; tage fat; ætse; ~ the dust,

S bide i græsset; once bitten twice shy, brændt barn skyr ilden.

bitter ['bitə], s., type øl; adj. bitter; bidende.

blab [blæb], v. t. & i. plapre ud med; **-ber**, v. i. plapre; vrøvle.

black [blæk], adj. sort, mørk; v. t. & i. sværte; gøre sort; ~ **out**, mørklægge; slette; miste bevidstheden et øjeblik; **-beetle**, s., zoo. kakerlak; **-berry**, s., bot. brombær; **-bird**, s., zoo. solsort; **-board**, s. tavle; **-currant**, s., bot. solbær; **-en** [-n], v. t. sværte; bagvaske; ~ **eye**, s. blåt øje; **-guard**, s. slyngel; **-list**, v. t. sætte på den sorte liste; **-mail**, s. pengeafpresning; v. t. afpresse; ~ **Maria**, s., S salatfadet; **-smith**, s. grovsmed; **-thorn**, s., bot. slåen; **-out**, s. mørklægning; hukommelsestab; I had a ~, der gik en klap ned.

bladder ['blædə], s., anat. blære.

blade [bleid], s. græsstrå; klinge; blad.

blame [bleim], s. dadel; skyld; v. t. dadle; bebrejde; who is to ~? hvis er skylden?

blanch [bla:ntʃ], v. t. blege; blegne; blanchere.

bland [blænd], adj. blid; indsmigrende mild; **-ish**, v. t. smigre og lokke.

blank [blæŋk], s. tomrum; tom plads; blanket; nittelod; blanktegn; adj. blank, ubeskrevet; tom; udtryksløs; ren og skær; ~ **cartridge**, s. løs patron.

blanket ['blæŋkit], s. (uld)tæppe; wet ~, fig.

lyseslukker.

blare [blɛə], *v. i.* gjalde.

blarney ['blɑːni], *s.* fagre ord; smiger; *use* ~, besnakke.

blast [blɑːst], *s.* vindstød; sprængning; trykbølge; *v. t.* sprænge; brænde, svide; ødelægge; **-(ed)** [-id], *adj. & int., S* forbandet; satans.

blatant ['bleitnt], *adj.* vulgær; grov; tydelig; oplagt; larmende; skrigende (om farve).

blaze [bleiz], *s.* lue; ildebrand; flammende lys; blis; *v. i.* blusse, flamme; skinne; udbasunere; *S like -s,* som bare pokker.

bleach [bliːtʃ], *v. t. & i.* blege(s).

bleak [bliːk], *adj.* trist, råkold; forblæst.

bleary-eyed ['bliəriaid], *adj.* med rindende øjne.

bleat [bliːt], *v. i.* bræge.

bleed [bliːd] (bled, bled), *v. i.* bløde; *v. t.* årelade; *fig.* flå; afpresse; **-er**, *s.* bløder; *S* blodsuger; fyr.

bleep [bliːp], *s.* bip, blip, dyt.

blemish ['blemiʃ], *s.* skavank; skamplet; *v. t.* plette; vanære.

blend [blend], *s.* blanding; *v. t.* blande(s).

bless [bles], *v. t.* velsigne; ~ *me!* du godeste! ~ *you!* prosit! **-ed** [-id], *adj.* velsignet; salig; *T* forbistret; **-ing**, *s.* velsignelse; *a* ~ *in disguise,* held i uheld.

blether, (blather) ['bleðə, ('blæðə)], *v. i.* vrøvle, sludre.

blight [blait], *s.* plantesygdom; ruin, ødelæggelse.

blimey ['blaimi], *int., S* gudfaderbevares.

blind [blaind], *s.* rullegardin; *Venetian* ~, jalousi; persienne; *adj.* blind; hemmelig; *v. t.* gøre blind; blænde; ~ *man's buff,* blindebuk; ~ *alley,* s. blindgyde; **-fold**, *v. t.* binde for øjnene; *adj.* med bind for øjnene.

blink [bliŋk], *v. i.* plirre, blinke; lukke øjnene for; **-ers**, *s. pl.* skyklapper.

bliss [blis], *s.* lyksalighed.

blister ['blistə], *s.* vable; blære.

blithe [blaið], *adj.* livsglad, munter.

blithering ['bliðəriŋ], *adj., T* forvrøvlet, ærke-; ~ *idiot,* kraftidiot.

blizzard ['blizəd], *s.* snestorm.

bloated ['bləutid], *adj.* oppustet, opblæst.

blob [blɔb], *s.* klat; dråbe.

block [blɔk], *s.* blok; klods; karré; etageejendom; spærring, hindring; *v. t.* spærre; **-head**, *s.* dumrian.

bloke [bləuk], *s., T* fyr.

blonde [blɔnd], *s.* blondine; *adj.* lyshåret.

blood [blʌd], *s.* blod; slægt; ~ **-curdling**, *adj.* rædselsvækkende; ~ **group**, *s.* blodtype; **-shed**, *s.* blodsudgydelse; blodbad; **-shot**, *adj.* blodskudt; ~ **vessel**, *s., anat.* blodkar; **-y**, *adj.* blodig; *vulg.* helvedes, fandens; faneme; ~ **-minded**, *adj.,* kontrær; ondskabsfuld.

bloom [bluːm], *s.* blomst; blomstring; glød; *v. i.* blomstre; **-ing**, *adj.* blomstrende; *S* pokkers.

bloomer ['bluːmə], *s., S* bommert; brøler; **-s**, *s. pl.* pludderbukser; *S* underbukser.

blossom ['blɔsəm], *s.* blomst; blomsterflor.

blot [blɔt], *s.* klat; plet; skamplet; *v. t.* plette, klatte; slette; lægge trækpapir på; ~ *out*, udslette; udviske; **-ting-paper**, *s.* trækpapir.

blotch [blɔtʃ], *s.* plet; skjold.

blouse [blauz], *s.* bluse; kittel.

blow [bləu], *s.* slag, stød; (blew, blown), *v. t. & i.* blæse; puste; springe (sikring); spendere; spolere; springe ud; ~ *one's nose*, pudse næse; ~ *over*, drive over; ~ *up*, sprænge; springe i luften; puste op; forstørre.

blubber ['blʌbə], *v. i.* flæbe.

blue [blu:], *adj.* blå; melankolsk, trist; *in a ~ funk*, hundeangst; *once in a ~ moon*, så godt som aldrig; *out of the ~*, som lyn fra en klar himmel; **-bell**, *s., bot.* klokkeblomst; **-bottle**, *s., zoo.* spyflue; ~ -**collar**, *adj.* ~ *workers*, arbejdere; **-s**, *s. pl. the -s*, melankoli; dårligt humør.

bluff [blʌf], *s.* brink, skrænt; svindel; *adj.* stejl; barsk; ligefrem; *v. t. & i.* narre, bluffe; *call someone's ~*, udfordre ngn; afsløre nogens svindel.

blunder ['blʌndə], *s.* fadæse; bommert; *v. t. & i.* forkludre, begå en bommert; rave om; famle sig frem.

blunt [blʌnt], *adj.* stump, sløv; ligefrem; *v. t.* sløve; **-ly**, *adv. to put it ~*, for at

sige det ligeud.

blur [blə:], *s.* slør, uklarhed; *v. t.* sløre; tvære ud.

blurb [blə:b], *s., S* bagsidetekst (på bog).

blurt [blə:t], *v. t.* ~ *out*, buse ud.

blush [blʌʃ], *s.* rødme, blussen; *v. i.* rødme.

bluster ['blʌstə], *v. i.* storme, bruse; *fig.* bralre op.

boa ['bəuə], *s., zoo. (~ - constrictor)*, kvælerslange.

boar [bɔ:], *s., zoo.* orne; vildsvin.

board [bɔ:d], *s.* bræt; bord, tavle; kost; bestyrelse; råd; kommission; *v. t.* give kost; borde; stige på; ~ *and lodging*, kost og logi; *above ~*, åbent og ærligt; *on ~*, om bord; ~ *up*, slå brædder for; lukke; **-er**, *s.* pensionær; kostelev; **-ing-house**, *s.* pensionat; **-ing-school**, *s.* kostskole.

boast [bəust], *s.* praleri; *v. t. & i.* prale.

boat [bəut], *s.* båd; skib; sovseskål; *v. i.* sejle, ro; **-hook**, *s.* bådshage; ~ - **race**, *s., sport.* kaproning; **-swain** [bəusn], *s.* bådsmand.

bob [bɔb], *s.* ryk; pagehår; *naut.* lod; *S* shilling (svarer til 5p); *v. i.* hoppe, bevæge (sig) op og ned; klippe kort, studse; ~ *up*, dukke op; **-by socks**, *s. pl., U.S.* ankelsokker; **-tail**, *s., zoo.* kuperet hale.

bobby ['bɔbi], *s., T* politibetjent.

bode [bəud], *v. t.* varsle.

bodily ['bɔdili], *adv.* fysisk; personligt; samlet; ~ *harm*, legemsbeskadigelse.

body ['bɔdi], s. legeme, krop; lig; hele, samling; gruppe, forsamling; **-guard,** s. livvagt; ~ o-dour, s. kropslugt; armsved.

bog [bɔg], s. mose; sump; S lokum; v. i. ~ down, køre fast; gå i stå.

bogey ['bəugi], s. bussemand.

boggle ['bɔgl], v. i. ~ at, vige tilbage for.

bogus ['bəugəs], adj. forloren; humbug(s)-.

boil [bɔil], s. kog; byld; v. t. & i. koge; syde; come to the ~, komme i kog; ~ down, koge ind; sammenfatte; it all -s down to, kernen i sagen er; **-er,** s. dampkedel; varmtvandsbeholder.

boisterous ['bɔistrəs], adj. voldsom, støjende, højrøstet.

bold [bəuld], adj. dristig, kæk; frimodig; fræk; kraftig; tydelig; typ. fed.

boloney [bə'ləuni], s., U.S., S vrøvl; humbug.

bolster ['bəulstə], s. pølle; hynde; v. t., fig. ~ up, understøtte, stive af.

bolt [bəult], s. slå; bolt; nagle; lyn; v. t. skyde slåen for; stænge; sluge hel; v. i. styrte ud; stikke af; løbe løbsk; adv. ~ upright, lige op og ned.

bomb [bɔm], s. bombe; v. t. bombardere; ~ scare, ~ threat, s. telefonbombe; **-er,** s. bombefly; bombekaster.

bombastic [bɔm'bæstik], adj. højtravende, svulstig.

bond [bɔnd], s. bånd; gældsbevis; obligation; **-age** [-idʒ], s. trældom.

bone [bəun], s. ben; knogle; v. t. udbene; ~ of contention, stridens æble; make no -s about, gøre noget uden videre; ikke gøre vrøvl; have a ~ to pick, have en høne at plukke; **~-dry,** adj. knastør; ~ **-idle,** adj. luddoven.

bonfire ['bɔnfaiə], s. bål.

bonkers ['bɔŋkəz], adj., S skør; sindssyg.

bonnet ['bɔnit], s. hue; kyse; motorhjelm.

bonny ['bɔni], adj., Skot. køn; fin.

bonus ['bəunəs], s. gratiale; tillæg; cost-of-living ~, dyrtidstillæg.

bony ['bəuni], adj. knoglet; radmager.

boo [bu:], v. t. & i. pibe (ud).

boob [bu:b], s. fjols; brøler; v. i. kludre; jokke i det; **-s,** s. pl., S bryster; **-y,** s. fjog; ~ prize, s. præmie til nummer sjok; trøstpræmie; ~ trap, s. fælde.

book [buk], s. bog; hæfte; v. t. & i. bestille; reservere; notere; engagere; bogføre; by the ~, efter reglerne; -ed up, overtegnet; udsolgt; **-case,** s. reol; bogskab; **-ing office,** s. billetkontor; **-keeper,** s. bogholder; **-s,** s. pl., merk. regnskab(er); **-seller,** s. boghandler; **-worm,** s. bogorm, læsehest.

boom [bu:m], s. drøn; opsving; naut. bom; v. i. drøne; runge; dundre; tage et opsving.

boon [bu:n], s. gode; velsignelse; velgerning; adj. ~ companion, s. (bon)-kammerat.

boor [buə], s. bondeknold;

tølper.

boost [buːst], *v. t.* opreklamere; få til at stige.

boot [buːt], *s.* støvle; bagagerum; **-lace,** *s.* snørebånd; **-legger,** *s.* spritsmugler.

booth [buːθ], *s.* bod; (telefon)boks.

booty ['buːti], *s.* bytte; rov.

booze [buːz], *s.* sprut; *v. i.,* *S* bumle, svire, drikke tæt.

border ['bɔːdə], *s.* rand; kant; grænse(område); bort; bræmme; *v. t.* begrænse; indfatte; *v. i.* ~ *on,* grænse til.

bor|e [bɔː], *s.* kedelig person, plageånd; *v. t.* kede; (ud)bore; *it's a* ~, det er ærgerligt; *be -d,* kede sig; *be -d with,* være led og ked af; **-edom** [-dəm], *s.* kedsomhed; **-ing** [-riŋ], *adj.* kedelig, trættende.

borough ['bʌrə], *s.* købstad; byvalgkreds.

borrow ['bɔrəu], *v. t.* låne.

bosh [bɔʃ], *s., S* sludder.

bosom ['buzəm], *s.* bryst; barm; hjerte; ~ **friend,** *s.* hjerteven.

boss [bɔs], *s.* chef; mester, formand; *v. t. & i., T* herse med; styre; optræde som leder; ~ **shot,** *s., T* forbier; **-y,** *adj.* dominerende; diktatorisk.

botany ['bɔtəni], *s.* botanik.

botch [bɔtʃ], *s.* makværk; *v. t.* ~ *up,* forkludre; sammenflikke.

both [bəuθ], *pron. & adv.* begge; begge dele; både; ~ .. *and,* både .. og; *you can't have it* ~ *ways,* man kan ikke både blæse og have mel i munden.

bother ['bɔðə], *s.* plage; besvær; ståhej; *v. t.* pla-

ge, genere; bekymre sig; *int.* sørens! pokkers osse! *I can't be -ed,* jeg gider ikke; *don't* ~ *!* det skal du ikke tænke på; gør dig ikke ulejlighed; **-some** [-səm], *adj.* besværlig.

bottle ['bɔtl], *s.* flaske; *v. t.* aftappe; fylde på flasker; ~ *up,* tilbageholde; holde i tømme; beherske; ~ **opener,** *s.* oplukker.

bottom ['bɔtəm], *s.* bund; grund; bagdel; *adj.* lavest; nederst; underst; *at the* ~, nedenfor, forneden, nederst; **-less,** *adj.* bundløs; uundgrundelig.

bough [bau], *s.* gren.

boulder ['bəuldə], *s.* kampesten; rullesten.

bounc|e [bauns], *s.* spring(kraft); elasticitet; praleri; *v. i.* springe; prelle af; prale; blive returneret; **-er,** *s., T* kæmpeløgn; udsmider; **-ing,** *adj.* kraftig; struttende af sundhed.

bound [baund], *s.* grænse; skranke; hop; spring; *v. t.* begrænse; ~ *for,* bestemt for; på rejse til; ~ *to,* nødt til; *he is* ~ *to come,* han kommer helt sikkert; **-ary** [-(ə)ri], *s.* grænse; **-er,** *s., T* tølper; **-less,** *adj.* grænseløs; uendelig.

bounty ['baunti], *s.* gavmildhed, gave.

bourbon ['bəːbən], *s.* amerikansk whisky.

bourgeois ['buəʒwaː], *s. & adj.* (person) fra middelklassen; (spids)borgerlig (person).

bout [baut], *s.* omgang; dyst; anfald.

bovine ['bəuvain], *adj.* kvæg-; okse-, ko-.

bow [bau], *s.* buk; *v. t.* bøje; *v. i.* bukke; bøje sig.

bow [bəu], *s.* sløjfe; bue; *naut.* bov; **-legged**, *adj.* hjulbenet; ~ **tie**, *s.* butterfly; ~ **window**, *s.* karnapvindue.

bowels ['bauəlz], *s. pl.* indvolde, tarme; *have your* ~ *moved?* har De haft afføring?

bower ['bauə], *s.* lysthus, løvhytte.

bowie-knife. ['bəuinaif], *s.* skovmandskniv.

bowl [bəul], *s.* skål; terrin; kumme; pibehoved; kugle; *v. t., sport.* trille; rulle; slå; kaste; ~ *over*, vælte; slå benene væk under.

bowler ['bəulə], *s.* rundpuldet hat; *sport.* kaster.

bow-wow [ˌbau'wau], *s., T* vov-vov.

box [bɔks], *s.* æske; skrin; kasse; loge; boks; bås; vidneskranke; *bot.* buksbom; *v. t.* pakke i æske; bokse; ~ *on the ear*, ørefigen; *the* ~, *T* fjerneren, flimmeren, tv; *Christmas* ~, *s.* julegave; **B** ~ **ing Day**, *s.* anden juledag; ~ **office**, *s.* billetkontor.

boy [bɔi], *s.* dreng; fyr; **-cott**, *s.* boykot; *v. t.* boykotte; **-friend**, *s.* kæreste; ven; **-hood**, *s.* drengeår; barndom; **-ish**, *adj.* drenget; ~ **scout**, *s.* (drenge)spejder.

B.R., (*fk.f.* British Rail), de britiske statsbaner.

bra [bra:], *s., T* brystholder, bh.

brace [breis], *s.* bånd; rem; par; *v. t.* styrke; støtte; stramme, spænde; afstive; **-s** [-iz], *s. pl.* bukseseler; tandbøjle.

bracelet ['breislət], *s.* armbånd.

bracer ['breisə], *s., T* op-

strammer; **-ing**, *adj.* forfriskende, opkvikkende.

bracken ['brækn], *s., bot.* bregne(krat).

bracket ['brækit], *s.* parentes; kategori; konsol; vinkeljern.

brackish ['brækiʃ], *adj.* ~ *water*, brakvand.

brad [bræd], *s.* stift; dykkersøm; **-awl**, *s.* spidsbor.

brae [brei], *s., Skot.* bakkeskråning.

brag [bræg], *v. i.* prale, skryde; **-gart** [-ət], *s.* pralhans.

braid [breid], *s.* flettet snor; fletning; *v. t.* flette; sno.

braille [breil], *s.* blindskrift.

brain [brein], *s., anat.* hjerne; **-s**, *pl.* forstand, intelligens; **-wave**, *s.* god idé, pludseligt indfald; **-worker**, *s.* åndsarbejder.

brake [breik], *s., v. t. & i.* bremse; *s., bot.* krat; bregne.

bramble ['bræmbl], *s., bot.* brombær.

bran [bræn], *s., kul.* klid.

branch [bra:ntʃ], *s.* gren; afdeling; filial; *v. i.* forgrene sig.

brand [brænd], *s.* (vare)mærke; fabrikat; *v. t.* brandmærke; stemple; ~ **-new**, *adj.* splinterny; **-ish**, *v. t.* svinge (våben).

brandy ['brændi], *s.* cognac; brændevin.

brass [bra:s], *s.* messing; *S* penge, gysser; *T* uforskammethed; frækhed; ~ **band**, *s.* hornorkester.

brassiere ['bræsiə, *U.S.* brə'ziə], *s.* brystholder.

brat [bræt], *s., neds.* barn; unge.

brave [breiv], *adj.* modig,

tapper, gæv; prægtig; *v. t.*
trodse; **-ry** [-əri], *s.* tap-
perhed.

brawl [broːl], *s.* klammeri;
v. i. larme; slås.

brawn [broːn], *s.* sylte; mu-
skelkraft.

bray [brei], *s.* skrål; skry-
den; *v. i.* skryde; skråle.

braze [breiz], *v. t.* lodde;
hærde.

brazen ['breizn], *adj.* fræk,
skamløs, ublu; messing-.

brazil nut [brə'zilˌnʌt], *s.*,
kul. paranød.

breach [briːtʃ], *s.* overtræ-
delse; brud; breche.

bread [bred], *s.* brød; *a loaf
of ~*, et brød; **-winner**, *s.*,
T familieforsørger.

breadth [bredθ], *s.* bredde.

break [breik], *s.* afbrydel-
se, pause; brud; frem-
brud; frikvarter; chance;
(broke, broken), *v. t.*
brække; bryde; knække;
slå i stykker; ødelægge;
knuse; (af)bryde; over-
træde; sprænge; veksle;
tæmme; *v. i.* springe; bri-
ste; knække; gå i over-
gang; slå om; *~ down*,
bryde sammen; nedbry-
de; mislykkes; *~ off*, af-
bryde; gøre forbi; *~ out*,
bryde ud; opstå, udbryde;
få udslæt; **-able** [-əbl],
adj. skør, skrøbelig; **-age**
[-idʒ], *s.* brud; **-away**, *s.*
løsrivelse; **-down**, *s.* sam-
menbrud; maskinskade;
nedbrydning; **-er**, *s.*
brodsø; **-fast** [-fəst], *s.*
morgenmad; **-neck**, *adj.*
halsbrækkende;
-through, *s.* gennem-
brud; afgørende udvik-
ling; **-water**, *s.* bølgebry-
der.

breast [brest], *s.* bryst; *v. t.*
trodse; kæmpe sig igen-

nem; *make a clean ~ of
it*, gå til bekendelse.

breath [breθ], *s.* ånde; ån-
dedræt; pust; pusterum;
-e [briːð], *v. t. & i.* ånde,
trække vejret; hviske;
-ing ['briːðiŋ], *s. & adj.*
vejrtrækning(s-), ånde-
dræt(s-); **-less** ['breθləs],
adj. åndeløs; forpustet;
-taking, *adj.* åndeløst
spændende; betagende.

breeches ['britʃiz], *s. pl.*
bukser; ridebukser.

breed [briːd], *s.* race; art;
slægt; (bred, bred), *v. t.*
avle; frembringe; op-
drætte; opdrage; vække;
v. i. yngle; formere sig.

breeze [briːz], *s.* brise; **-y**,
adj. luftig; jovial.

brevity ['breviti], *s.* kort-
hed, kortfattethed.

brew [bruː], *s.* bryg; *v. t.*
brygge; lave; pønse på;
v. i. trække op; være i
gære; **-ery**, *s.* bryggeri.

bribe [braib], *s.* bestikkel-
se; *v. t.* købe, bestikke;
-ry [-əri], *s.* bestikkelse.

bric-à-brac ['brikəbræk], *s.*
nips.

brick [brik], *s.* mursten;
tegl; *S* flink fyr; knop,
knag; *T drop a ~*, træde i
spinaten; **-bats**, *s. pl.*
murbrokker; kasteskyts;
skarp kritik; **-layer**, *s.*
murer.

bride [braid], *s.* brud;
-groom, *s.* brudgom;
-smaid, *s.* brudepige.

bridge [bridʒ], *s.* bro; næ-
seryg; *v. t.* bygge bro
over; spænde over.

bridle [braidl], *s.* tøjle; ho-
vedtøj, tømme, bidsel;
v. t. tøjle; lægge tømme
og bidsel på; *~ at*, stejle
over.

brief [briːf], *s.* udtog af en

retssag; resumé; *adj.*
kort, kortfattet; *v. t.* resu-
mere; instruere; oriente-
re; **-case,** *s.* mappe; **-s,** *s.*
pl. trusser.
brier, (briar) [braiə], *s., bot.*
vildrose; tornebusk; bru-
yere(pibe).
bright [brait], *adj.* blank,
klar; lys; strålende; op-
vakt, kvik.
brilliant ['briljənt], *s.* brilli-
ant; *adj.* glimrende, strå-
lende; funklende; åndrig;
genial.
brim [brim], *s.* kant, rand;
skygge; **-ful,** *adj.* fyldt til
randen; **-stone,** *s.* svovl.
brine [brain], *s.* saltvand;
lage.
bring [briŋ] (brought,
brought), *v. t.* bringe;
tage 'med; medføre; over-
tale; ~ *about,* forårsage;
bevirke; ~ *round,* bringe
til sig selv igen; overtale;
~ *up,* opdrage; bringe på
bane.
brink [briŋk], *s.* brink,
kant.
brisk [brisk], *adj.* livlig,
rask.
bristle ['brisl], *s.* børste;
stift hår; *v. i.* stritte; rejse
børster.
Britain ['britn], *s. (Great
~),* Storbritannien; **-ish,**
adj. britisk; engelsk; ~
Rail, de engelske stats-
baner; **-on** [-n], *s.* brite;
-tany [-əni], *s.* Bretagne.
brittle [britl], *adj.* skør,
sprød; skrøbelig.
broach [brəutʃ], *v. t.* tage
hul på; bringe på bane.
broad [brɔːd], *adj.* bred;
vid; stor; tydelig; tole-
rant; generel; ~ *day-
light,* højlys dag; **-cast,** *s.,*
TV. & radio. udsendelse;
v. t. & i. udsende; optræ-

de; ~ **-minded,** *adj.* tole-
rant, frisindet; **-side,** *s.*
bredside, salve.
brogue [brəug], *s.* trave-
sko; dialekt; *(Irish ~)* irsk
accent.
broil [brɔil], *s.* klammeri;
v. t. & i. stege(s), riste.
broke [brəuk], *adj., S* rui-
neret; på spanden.
broken ['brəukn], *adj.*
brækket, brudt; ned-
brudt; gebrokken; ~ **-
hearted,** *adj.* sønder-
knust.
broker ['brəukə], *s.* mæg-
ler; vekselerer.
bronze [brɔnz], *s. & adj.*
bronze; bronzefarve(t).
brooch [brəutʃ], *s.* broche.
brood [bruːd], *s.* unger;
kuld; *v. i.* ruge; udruge;
gruble.
brook [bruk], *s.* bæk; *v. t.*
tåle, finde sig i.
broom [bruːm], *s.* fejekost;
bot. gyvel; **-stick,** *s.* ko-
steskaft.
broth [brɔθ], *s., kul.* kød-
suppe.
brothel [brɔθl], *s.* bordel.
brother ['brʌðə], *s.* bror;
-hood, *s.* broderskab; for-
ening; **-(s) and sister(s),**
søskende; ~ **-in-law,** *s.*
svoger.
brow [brau], *s., anat.* øjen-
bryn; pande; **-beat,** *v. t.*
herse med; tromle ned.
brown [braun], *adj.* brun;
-ed off, S led og ked af det;
-ie [-i], *s.* blåmejse (lille
pigespejder); alf.
browse [brauz], *v. i.* græs-
se; kigge løseligt; „ose".
bruise [bruːz], *s.* stød, slag;
blåt mærke; *v. t.* kvæste,
forslå; knuse.
brunch [brʌntʃ], *s.* kombi-
neret morgenmad og fro-
kost.

brunt [brʌnt], s. bear the ~, tage stødet; trække læsset.

brush [brʌʃ], s. børste; pensel; strejf; krat; v. t. & i. børste; strejfe; fare; ~ aside, feje til side; ~ off, afbørste; afvise; ~ up, genopfriske; -**wood**, s. krat; kvas.

brutal ['bru:tl], adj. brutal, rå; -**ality** [-'tæliti], s. brutalitet; -**e**, s. dyr; umenneske; adj. dyrisk, rå; uciviliseret.

B.Sc. ['bi:es'si:], (fk.f. Bachelor of Science), s. d.

bubble [bʌbl], s. boble; v. i. boble; sprudle; -**y**, s., S champagne.

buck [bʌk], s., zoo. dåhjort; han; S dollar; T flot fyr; v. i. stange; stritte imod; stejle; ~ up! op med humøret! skynd dig! -**shot**, s. dyrehagl; -**skin**, s. hjorteskind; -**thorn**, s., bot. slåen; -**wheat**, s., kul. boghvede.

bucket ['bʌkit], s. spand; kick the ~, S kradse af, dø.

buckle ['bʌkl], s. spænde; v. t. spænde; v. i. krølles; exe.

bud [bʌd], s. knop; v. i. skyde knopper; spire; nip in the ~, kvæle i fødslen; -**ding**, adj. vordende; spirende.

buddy ['bʌdi], s., U.S., T kammerat; makker.

budge [bʌdʒ], v. t. & i. rokke(s); røre sig; vige.

budgerigar ['bʌdʒəriga:], s., zoo. undulat.

budget ['bʌdʒit], s. budget; finanslovsforslag.

budgie ['bʌdʒi], s., zoo., T undulat.

buff [bʌf], s. bøffellæder;

blind man's ~, blindebuk; adj. brungul.

buffalo ['bʌfələu], s., zoo. bøffel; bison.

buffer ['bʌfə], s. buffer; stødpude; old ~, S gammel støder.

buffet ['bʌfit], s. stød; buffet; v. t. støde, puffe.

buffoon [bə'fu:n], s. klovn, fæ.

bug [bʌg], s. væggelus; S insekt; bakterie; skjult mikrofon; edb. fejl; v. t. aflytte; udspionere; genere, plage; -**bear** ['bʌgbɛə], s., S bussemand.

bugger ['bʌgə], s., S fyr; skid; v. t. & i., vulg. ~ off, gå ad helvede til; -**all** [-rɔ:l], S ikke en skid.

bugle ['bju:gl], s., mus. (signal)horn.

build [bild], s. bygning, skikkelse; (built, built), v. t. & i. bygge; -**ing**, s. bygning.

bulb [bʌlb], s. glaskolbe; elek. pære; bot. løg; -**ous** [-əs], adj. løgformet.

bulge [bʌldʒ], s. bule; pukkel; v. t. & i. bugne ud; bule.

bulk [bʌlk], s. omfang; masse; hovedpart; størstedel; in ~, løst stuvet; -**y**, adj. tyk, svær; uhåndterlig.

bull [bul], s., zoo. tyr; S sludder, vås; -**fight**, s. tyrefægtning; -**finch**, s., zoo. dompap; -**'s-eye**, s. centrum; plet; pletskud; pebermyntebolsje; -**shit**, s., vulg. sludder; int. lort!

bullet ['bulit], s. kugle; projektil; -**proof**, adj. skudsikker.

bullion ['buljən], s. [guld og sølv i barrer].

bullock ['bulək], s., zoo.

stud.
bully ['buli], s. tyran; plage-ånd; bølle; v. t. tyrannise-re; mobbe; herse med.
bulrush ['bulrʌʃ], s., bot. siv.
bulwark ['bulwək], s. bolværk; bastion.
bum [bʌm], s., S bagdel; vagabond; dagdriver.
bumble-bee ['bʌmblⱼbi:], s., zoo. humlebi.
bump [bʌmp], s. stød, bump; bule; v. t. støde, dunke; ~ off, S myrde, rydde af vejen; -y, adj. ujævn, knoldet.
bumper ['bʌmpə], s. svingende fuldt glas; kofanger; rekord; fuldt hus.
bumpkin ['bʌm(p)kin], s. bondeknold.
bumptious ['bʌm(p)ʃəs], adj. opblæst, indbildsk.
bun [bʌn], s., kul. bolle; (hår)knude.
bunch [bʌntʃ], s. bundt; knippe; klase; gruppe; bande.
bundle [bʌndl], s. bundt; bylt; v. t. bundte; pakke sammen; ~ off, sende af sted i en fart.
bung [bʌŋ], s. spuns; -ed up, tilstoppet.
bungle [bʌŋgl], v. t. & i. fuske, (for)kludre.
bunion ['bʌnjən], s., anat. knyst.
bunk [bʌŋk], s., naut. køje; do a ~, stikke af.
bunkum ['bʌŋkəm], s. valgflæsk.
buoy [bɔi], s., naut. bøje; v. t. afmærke med bøjer; ~ up, fig. holde oppe; opmuntre; -ant, adj. som kan flyde; fig. optimistisk.
burble [bə:bl], v. i. pludre.
burden [bə:dn], s. byrde; v. t. belæsse, bebyrde.

bureau ['bjuərəu], s. skrivebord; kontor; U.S. kommode.
burglar ['bə:glə], s. indbrudstyv.
burgundy ['bə:gəndi], s. bourgogne(vin).
burial ['beriəl], s. begravelse; ~-ground, s. begravelsesplads; kirkegård.
burlesque [bə:'lesk], adj. burlesk, lavkomisk.
burly ['bə:li], adj. kraftig; svær.
burn [bə:n], s. brandsår; forbrænding; (-t, -t el. -ed, -ed), v. t. brænde; v. i. forbrænde.
burnish ['bə:niʃ], v. t. polere.
burr [bə:], s. snurren; brummen.
burrow ['bʌrəu], v. i. grave, bore; ~ into, dykke ned i, udforske.
burst [bə:st], s. udbrud; sprængning; eksplosion; salve; kraftanstrengelse; (burst, burst), v. i. briste; revne, eksplodere; v. t. sprænge; ~ into tears, briste i gråd; ~ out laughing, briste i latter.
bury ['beri], v. t. begrave.
bus [bʌs], s. bus; U.S. rutebil.
busby ['bʌzbi], s. pelshue.
bush [buʃ], s. busk; buskads; kratskov; beat about the ~, komme med udflugter.
bushel ['buʃl], s. (mål) skæppe = 36,35 liter.
business ['biznis], s. profession; opgave; gerning; sag; ærinde; forretning(er); affære; the whole ~, hele historien; that's your ~, det må du om; it's none of your ~, det rager ikke dig; he

means ~, han mener det alvorligt; ~ **hours**, *s. pl.* åbningstid.

buss [bʌs], *s.* kys, smask.

bust [bʌst], *s.* buste; *adj. go* ~, gå fallit.

bustle [bʌsl], *s.* travlhed; *v. i.* have travlt, vimse omkring.

busy ['bizi], *adj.* optaget; beskæftiget; travl; emsig; *v. t.* ~ *oneself*, beskæftige sig; **-body**, *s.* emsig person.

but [bʌt], *konj.* men; undtagen; uden; kun; *all* ~, næsten.

butcher ['butʃə], *s.* slagter; *v. t.* slagte; mishandle.

butt [bʌt], *s.* mål; fad; tønde; (lyse)stump; (cigaret)skod; bagdel; *v. t.* støde, stange; ~ *in*, bryde ind; mase sig på.

butter ['bʌtə], *s., kul.* smør; *v. t.* smøre; ~ *up*, smigre; **-cup**, *s., bot.* smørblomst, ranunkel; ~ **-fingered**, *adj.* fummelfingret; **-fly**, *s., zoo.* sommerfugl; **-milk**, *s., kul.* kærnemælk; **-scotch**, *s., kul.* karamel.

buttock ['bʌtək], *s.* balde; **-s**, *pl.* bagdel.

button ['bʌtn], *s.* knap; *v. t.* knappe(s); ~ *up*, knappe; klappe i; **-hole**, *s.* knaphul.

buttress ['bʌtris], *s.* stræbepille; støtte.

buxom ['bʌksəm], *adj.* buttet; trivelig.

buy [bai] (bought, bought), *v. t.* købe; tro på, acceptere.

buzz [bʌz], *s.* summen; rygte; *v. i.* summe; svirre; fare; ~ *off!* *S* af sted med dig! skrid!

buzzard ['bʌzəd], *s., zoo.*

musvåge.

by [bai], *præp. & adv.* af; ved; over; ad; hos; forbi; med; ifølge; via; senest; til side; ~ *and* ~, senere; om lidt; ~ *and large,* i det store og hele; ~ *all means,* endelig; ~ *oneself,* alene; ~ *the way,* forresten; ~ *twos,* to ad gangen; ~ **-election**, *s.* suppleringsvalg; **-gone**, *adj.* svunden; *let -s be -s,* lade det være glemt; ~ **-law**, *s.* vedtægt; **-pass**, *s.* omfartsvej; ringvej; *v. t.* gå udenom; ikke tage hensyn til; **-stander**, *s.* tilskuer; *-s, pl.* omkringstående; **-street**, *s.* sidegade; **-way**, *s.* sidevej; bivej.

bye-(bye) ['bai-('bai)], *int., T* farvel, hej.

C [ci:], *mus.* c; ~ *flat*, ces; ~ *sharp*, cis.

C., *(fk.f.* centigrade), celcius.

cab [kæb], *s.* taxi; førerhus; **-by** ['kæbi], *s.* taxichauffør; **-stand**, *s.* taxiholdeplads.

cabbage ['kæbidʒ], *s., bot.* kål; kålhoved.

cabin ['kæbin], *s.* hytte; kabine; kahyt.

cabinet ['kæbinet], *s.* skab, kabinet; ministerium; ~ **council**, *s.* ministerråd; ~ **maker**, *s.* møbelsnedker; ~ **shower**, *s.* brusekabine.

cable [keibl], *s.* trosse; kabel; telegram; *v. t.* telegrafere.

caboodle [kə'bu:dl], *s., S the whole* ~, hele molevitten.

caboose [kəbu:s], *s., naut.* kabys.

cache [kæʃ], s. skjulested.
cackle ['kækl], v. i. kagle; skvadre.
cacophony [kæ'kɔfəni], s. dissonans; mislyd.
cactus ['kæktəs], s., bot. kaktus.
cad [kæd], s. sjover.
caddie ['kædi], s., T golfdreng.
caddy ['kædi], s. tedåse.
cadence ['keidns], s. kadence, rytme.
cadet [kə'det], s., mil. (officers)elev; kadet.
cadge [kædʒ], v. t., T tigge; nasse (sig til); -r [-ə], s. nasser.
caesarian [si'zɛəriən], s. & adj., med. (~ section), kejsersnit.
café ['kæfei], s. frokostrestaurant, café; -teria [-'tiəriə], s. cafeteria.
caffeine ['kæfi:n], s. koffein.
cage [keidʒ], s. bur; v. t. sætte i bur; -y, adj. hemmelighedsfuld; snu.
cajole [kə'dʒəul], v. t. lokke (ved smiger).
cake [keik], s., kul. kage; ~ of soap, stykke sæbe; v. i. kline, sidde i kager.
calamity [kə'læmiti], s. ulykke.
calculate ['kælkjuleit], v. t. & i. beregne; regne ud; -d [-id], adj. (vel)beregnet; bevidst.
calf [ka:f] (pl. calves), s., zoo. kalv; unge; kalveskind; anat. læg; ~-love, s. barneforelskelse.
call [kɔ:l], s. råb; kalden; opfordring, indkaldelse; kort besøg; signal; melding; opråb; v. t. & i. kalde (på); ringe op; råbe, sammenkalde; komme på besøg; nævne; tilkal-

de; melde; vække; be -ed, hedde; ~ for, spørge efter; hente; forlange; ~ off, aflyse; afblæse; hæve; ~ on, besøge; opfordre; kalde på; -er, s. besøgende; gæst; -ing, s. kald; profession.
callous ['kæləs], adj. hård; barket; ufølsom; hårdhudet.
calm [ka:m], s. vindstille; ro; adj. stille, rolig; v. t. berolige; -ness, s. stilhed, ro.
calorie ['kæləri], s. kalorie.
calumny ['kæləmni], s. bagvaskelse.
calve [ka:v], v. i. kælve.
camel [kæml], s., zoo. kamel.
camera ['kæmərə], s. fotografiapparat; jur., in ~, for lukkede døre; -man [-ˌmæn], s., film. fotograf.
camomile ['kæməmail], s., bot. kamille.
camp [kæmp], s. lejr; v. i. ligge i lejr; slå lejr; adj. rædselsfuldt, banalt og/eller gammeldags og derfor spændende; camp; ~ bed, s. feltseng; drømmeseng; ~ fire, s. lejrbål; -ing site, s. lejrplads; campingplads.
campaign [kæm'pein], s. felttog; kampagne; v. i. deltage i felttog el. kampagne.
campus ['kæmpəs], s., U.S. universitetsområde.
can [kæn], s. kande; dunk; U.S. dåse; U.S., S lokum; bagdel; fængsel; (could), v. aux. kan; må; v. t., U.S. fylde på dåse; S fyre; smide ud; holde op med; -ned [-d], adj. konserveret; dåse-; S fuld; ~ music, mekanisk musik.

canal [kə'næl], s. kanal.
canary [kə'nɛəri], s., zoo. kanariefugl.
cancel [kænsl], v. t. strege ud; ophæve; annullere; aflyse; afbestille; mat. forkorte; ~ out, udligne; opveje; -lation [-'leiʃn], s. udstregning; aflysning.
cancer ['kænsə], s., med. kræft; the Tropic of C~, Krebsens vendekreds.
candid ['kændid], adj. oprigtig; åben; ~ camera, skjult kamera.
candidate ['kændidət], s. kandidat; ansøger.
candied ['kændid], adj. kandiseret; ~ peel, kul. sukat.
candle [kændl], s. lys, kærte; -light, s. levende lys; -stick, s. lysestage.
candour ['kændə], s. oprigtighed; åbenhed.
candy ['kændi], s., U.S. slik; bolsjer; ~ store, s. slikbutik.
cane [kein], s. (spadsere)stok; spanskrør; sukkerrør; v. t. prygle med spanskrør; ~ chair, s. kurvestol; ~ sugar, s., kul. rørsukker.
canine ['keinain], adj. hundeagtig, hunde-.
canister ['kænistə], s. dåse.
canker ['kæŋkə], s., bot. & zoo. kræft; sår; v. t. tære, fordærve.
cannon ['kænən], s. kanon; skyts.
canny ['kæni], adj. forsigtig; snu.
canoe [kə'nu:], s. kano.
canon ['kænən], s. kannik; regel; kirkelov; skrifter der anses for ægte.
canopy ['kænəpi], s. sengehimmel; baldakin.
cant [kænt], s. hykleri;

floskler; jargon; mek. hældning, bøjning; v. t. & i. tale hyklerisk; bruge floskler; kante; hælde; skråne.
cantankerous [kæn'tæŋkərəs], adj. krakilsk; kværulantisk.
canteen [kæn'ti:n], s. marketenderi; kantine; feltflaske.
canter ['kæntə], s. kort galop; v. i. løbe i kort galop.
canvas ['kænvəs], s. lærred; sejldug; adj. lærreds-; sejldugs-.
canvass ['kænvəs], v. t. drøfte; undersøge; agitere; hverve stemmer; -ing, s. stemmehvervning; agitation.
canyon ['kænjən], s. fjeldkløft.
cap [kæp], s. hue; kasket; kappe; kapsel; hætte; dæksel; låg; v. t. sætte hue (kapsel, dæksel osv.) på; overgå.
capab|ility [keipə'biliti], s. evne; dygtighed; -le ['keipəbl], adj. egnet; dygtig; ~ of, i stand til.
capacity [kə'pæsiti], s. rumindhold; dygtighed; evne; egenskab.
cape [keip], s., geo. forbjerg; næs; cape, slag.
caper ['keipə], s. bukkespring; kul. kapers; v. i. danse; hoppe; -s, s. pl. narrestreger.
capillary [kə'piləri], s., anat. hårkar.
capital ['kæpitl], s. hovedstad; kapital; arkit. kapitæl; adj. fortræffelig; førsteklasses; hoved-; vigtigst; kapital-; som straffes med døden; -ize [-əlaiz], v. t. skrive med stort bogstav; ~ on, udnytte,

drage fordel af; ~ *letter,*
s. stort bogstav; ~ **pun-
ishment,** s. dødsstraf.
caprice [kə'pri:s], s. lune,
indfald, grille.
capsize [kæp'saiz], v. t.
kæntre.
capstan ['kæpstən], s.,
naut. (gang)spil.
captain ['kæptin], s. kap-
tajn; kommandør; leder;
anfører.
caption ['kæpʃn], s. over-
skrift; billedtekst.
captivate ['kæptiveit], v. t.
fængsle, fortrylle, bedå-
re.
captiv|e ['kæptiv], s. fange;
adj. fangen; **-ity** [-'tiviti], s.
fangenskab.
capture ['kæptʃə] s. pågri-
belse, tilfangetagelse;
v. t. fange; erobre.
car [ka:], s. bil; vogn; eleva-
torstol.
caravan ['kærəvæn], s. på-
hængsvogn; camping-
vogn; karavane; gøgler-
vogn.
caraway ['kærəwei], s., *kul.*
kommen.
carbohydrate [ˌka:bəu'hai-
dreit], s., *kem.* kulhydrat.
carbon ['ka:bən], s., *kem.*
kulstof; karbonpapir;
gennemslag; ~ **dioxide**
[-dai'ɔksaid], s., *kem.* kul-
tveilte; **-ic acid** [-'bɔni-
k'æsid], s., *kem.* kulsyre;
~ **monoxide** [-mɔ'nɔk-
said], s., *kem.* kulilte.
carcass ['ka:kəs], s. kada-
ver; ådsel.
·card [ka:d], s. kort; *T* origi-
nal, sjov fyr; v. t. karte;
-board, s. pap; karton;
~ **-index,** s. kartotek; v. t.
katalogisere.
cardigan ['ka:dign], s. trø-
je; cardigan.
cardinal ['ka:dinl], s. kardi-

nal; *(*~ *number), mat.*
mængdetal; *adj.* hoved-;
vigtigst; afgørende.
care [kεə], s. bekymring;
omsorg; omhyggelighed;
pleje; varetægt; v. i. ~
about, være interesseret
i; ~ *for,* tage sig af; holde
af; *I don't* ~, jeg er
ligeglad; *what do I* ~?
hvad kommer det mig
ved? *take* ~ *!* pas på! vær
forsigtig! *take* ~ *of,* sørge
for; ordne; **-free,** *adj.*
sorgløs; **-ful,** *adj.* omhyg-
gelig; forsigtig; **-less,** *adj.*
ligegyldig, skødesløs; u-
bekymret; **-taker,** s. vice-
vært; portner; opsyns-
mand; **-worn,** *adj.* for-
græmmet; tynget af sorg.
careen [kə'ri:n], v. t. & i.,
naut. kølhale; k](r)ænge.
career [kə'riə], s. karriere;
levevej; v. i. fare af sted;
-s master, s. erhvervsvej-
leder.
caress [kə'res], s. kærtegn;
v. t. kærtegne, kæle for.
cargo ['ka:gəu], s. ladning;
last.
caricature ['kærikətʃuə], s.
karikatur; v. t. karikere.
carnal ['ka:nl], *adj.* køde-
lig; sanselig.
carnation [ka:'neiʃn], s.,
bot. nellike.
carnival ['ka:nivl], s. karne-
val; *U.S.* omrejsende ti-
voli.
carnivorous [ka:'nivərəs],
adj. kødædende.
carol ['kærəl], s. julesang;
v. t. & i. lovsynge, synge.
carous|al [kə'rauzl], s. drik-
kegilde; **-e,** v. i. svire.
carp [ka:p], v. i. hænge sig
i småting.
carpenter ['ka:pəntə], s.
tømrer; **-'s bench,** s. høv-
lebænk.

carpet ['ka:pit], *s.* (gulv)-tæppe; *v. t.* lægge tæppe på; *T* give en skideballe; ~ **bag,** *s.* vadsæk; ~ -**bagger,** *s.* lykkeridder.

carriage ['kærid3], *s.* vogn; køretøj; befordring; (krops)holdning.

carrier ['kæriə], *s.* fragtmand; overbringer; bagagebærer; smittebærer; *mil.* hangarskib; ~ **bag,** *s.* bærepose; ~ **pigeon,** *s.,* *zoo.* brevdue.

carrion ['kæriən], *s.* ådsel.

carrot ['kærət], *s., bot.* gulerod.

carry ['kæri], *v. t.* bære; føre; 'gå med; overføre; erobre; nå; vedtage; ~ *away,* løbe af med; rive med; ~ *on,* føre; drive; fortsætte; tage på vej; komme sammen; ~ *out,* gennemføre; udføre.

cart [ka:t], *s.* kærre; arbejdsvogn; hestevogn; *v. t.* transportere med vogn; fragte.

cartilage ['ka:tilid3], *s., anat.* brusk.

cartoon [ka:'tu:n], *s.* vittighedstegning; tegneserie; udkast; *animated* ~, tegnefilm.

cartridge ['ka:trid3], *s.* patron; kassette; ~ **paper,** *s.* karduspapir.

carve [ka:v], *v. t. & i.* udskære, udhugge; skære for.

cascade [kæs'keid], *s.* vandfald; *fig.* strøm, kaskade.

case [keis], *s.* kasse; æske; skrin; etui; betræk; omslag; tilfælde; sag; *gram.* kasus; *in* ~, i tilfælde af at; hvis; -**harden,** *v. t.* hærde; -**ment,** *s.* hængselsvindue.

cash [kæʃ], *s.* rede penge; kontanter; *v. t.* hæve; indløse; ~ *down,* kontant; ~ *in,* tjene penge; *T* dø; ~ *in on,* slå mønt af, udnytte; ~ *on delivery,* pr. efterkrav; ~ **register,** *s.* kasseapparat.

cashier [kæ'ʃiə], *s.* kasserer; *v. t.* kassere; afskedige.

casing ['keisiŋ], *s.* beklædning: omslag.

cask [ka:sk], *s.* fad; tønde; *v. t.* fylde på fad.

casket ['ka:skit], *s.* skrin; (lig)kiste.

casserole ['kæsərəul], *s.* ildfast fad; *kul.* gryderet.

cassock ['kæsək], *s.* præstekjole.

cast [ka:st], *s.* afstøbning; anstrøg; præg; kast; *med.* gipsbandage; *teat.* rollebesætning; (cast, cast), *v. t.* kaste; støbe; afgive (stemme); *teat.* fordele roller; ~ *off,* kassere; forlade; lukke (masker) af; *naut.* kaste los; ~ *on,* slå (masker) op; -**away,** *s.* skibbruden; udstødt; -**ing vote,** *s.* afgørende stemme; ~ **iron,** *s.* støbejern; ~ *-iron, adj.,* støbejerns-; jernhård; uangribelig; bombesikker; -**off,** *adj.* aflagt.

caste [ka:st], *s.* kaste.

castigate ['kæstigeit], *v. t.* tugte.

castle [ka:sl], *s.* slot; borg; *(skak)*tårn; *v. i.* rokere; ~ *in the air,* ~ *in Spain,* luftkasteller.

castor ['ka:stə], *s.* strødåse; ~ **oil,** *s.* amerikansk olie; ~ **sugar,** *s., kul.* melis.

casual ['kæʒuəl], *adj.* tilfældig; henkastet; skødesløs; uformel; bekvem;

løs-; **-ty**, s. ulykke; offer, tilskadekommen; ~ *ward*, s. skadestue; **-ties**, pl. tab.

cat [kæt], s., zoo. kat; ~ **burglar**, s. klatretyv; **-fish**, s., zoo. havkat; **-gut**, s. tarmstreng; **-nap**, s., T lur; lille blund; **-ty**, adj., T ondskabsfuld; **-walk**, s. smal gang.

catalogue ['kætələg], s. katalog; liste.

catapult ['kætəpʌlt], s. slangebøsse; katapult; v. t. slynge (ud).

cataract ['kætərækt], s. vandfald; med. grå stær.

catarrh [kə'taː], s., med. forkølelse; katar.

catastrophe [kə'tæstrəfi], s. katastrofe.

catcall ['kætkɔːl], s. piben, pift; **-s**, pl. pibekoncert.

catch [kætʃ], s. fangst; greb; godt kup; krog; lukke; fælde; (caught, caught), v. t. & i. fange; gribe; overraske; opfatte; blive smittet af; nå; gå i baglås; *there is a ~ somewhere*, der må stikke noget under; ~ *(a) cold*, blive forkølet; ~ *fire*, komme i brand; **-ing**, adj. smitsom; smittende; tiltrækkende; iørefaldende; **-penny**, adj. tom, prangende; billig; ~ **phrase**, s. slagord; **-word**, s. stikord; slagord; **-y**, adj. iørefaldende; lumsk, drilagtig.

categorical [kæti'gorikl], adj. bestemt, absolut; kategorisk; **-y** ['kætigəri], s. kategori; gruppe; klasse.

cater ['keitə], v. i. levere mad; ~ *for*, ~ *to*, sørge for; levere til; **-er** [-rə], s. leverandør af mad.

caterpillar ['kætəpilə], s., zoo. kålorm; larve.

caterwaul ['kætəwɔːl], s. kattekoncert.

cathedral [kə'θiːdrəl], s. domkirke.

Catholic ['kæθəlik], s. katolik; adj. katolsk.

catkin ['kætkin], s., bot. rakle.

cattle [kætl], s. kvæg; ~ **plague**, s. kvægpest; ~ **rustler**, s., U.S. kvægtyv; ~ **show**, s. dyrskue.

caucus ['kɔːkəs], s. forberedende partimøde; partibestyrelse.

cauldron ['kɔːldrən], s. stor kedel.

cauliflower ['kɔliflauə], s., bot. blomkål.

cause [kɔːz], s. årsag; grund; sag; v. t. forårsage, bevirke; forvolde; lade; **-less**, adj. ubegrundet; **-way**, s. landevej; vej på dæmning.

caustic ['kɔːstik], adj. ætsende.

caution ['kɔːʃn], s. forsigtighed, varsomhed; advarsel; v. t. advare; tilråde; gøre opmærksom på; **-ous** [-ʃəs], adj. forsigtig, varsom.

cavalier [kævə'liə], s. rytter; ridder, kavaler; **-ry** ['kævəlri], s. kavaleri.

cave [keiv], s. hule; v. i. ~ *in*, styrte sammen.

cavern ['kævən], s. hule.

cavil [kævl], v. i. kritisere småligt.

cavity ['kæviti], s. hulhed; hulrum; hul (i tand).

cease [siːs], v. t. & i. holde op (med); ophøre; ~ **-fire**, s. våbenhvile; **-less**, adj. uophørlig.

cedar ['siːdə], s., bot. ceder.

cede [siːd], v. t. afstå; ind-

rømme.
ceiling ['si:liŋ], *s.* loft; *fly.* stigehøjde; ~ **price,** *s.* maksimalpris; *price* ~, *s.* prisstop.
celebrate ['selibreit], *v. t.* fejre, højtideligholde; prise; **-ated** [-id], *adj.* berømt; **-ation** [-'breiʃn], *s.* fest; højtideligholdelse; lovprisning; **-ity** [-'lebriti], *s.* berømthed; berømmelse.
celerity [si'leriti], *s.* hurtighed.
celery ['seləri], *s.,* *bot.* selleri.
celestial [si'lestiəl], *adj.* himmelsk; himmel-.
celibacy ['selibəsi], *s.* cølibat; **-te** [-bət], *s.* ugift person; *adj.* ugift.
cell [sel], *s.* celle; *elek.* element.
cellar ['selə], *s.* kælder.
Celt [kelt], *s.* kelter.
cement [si'ment], *s.* bindemiddel; cement; *fig.* bånd; *v. t.* sammenkitte; cementere; styrke.
cemetery ['semitri], *s.,* *U.S.* kirkegård.
censor ['sensə], *s.* censor; *v. t.* censurere; **-ious** [-'so:riəs], *adj.* fordømmende; kritisk; **-ship** [-ʃip], *s.* censur.
censure ['senʃə], *s.* dadel; kritik; *v. t.* dadle, kritisere, dømme.
census ['sensəs], *s.* folketælling.
centenary [sen'ti:nəri], *s.* hundredårsdag.
centigrade ['sentigreid], *adj.* celsius.
centipede ['sentipi:d], *s.,* *zoo.* tusindben.
centre ['sentə], *s.* centrum, midtpunkt; *v. t. & i.* koncentrere (sig); forene

(sig); ~ *of gravity, fys.* tyngdepunkt.
century ['sentʃuri], *s.* århundrede.
ceramic [si'ræmik], *adj.* keramisk; **-s,** *s. pl.* keramik.
cereal ['siəriəl], *s.,* *kul.* korn, kornsort; morgenmad (af korn).
ceremony ['seriməni], *s.* ceremoni; højtidelighed; formaliteter; *without* ~, uden videre.
certain ['sə:tn], *adj.* vis, bestemt; sikker; **-ly,** *adv.* sikkert; ganske vist; *int.* ja vel! værsgo! **-ty,** *s.* vished, sikkerhed.
certificate [sə'tifikət], *s.* attest; certifikat; bevis; **-fy** ['sə:tifai], *v. t.* bevidne, bekræfte, attestere; erklære for sindssyg; **-tude** ['sə:titju:d], *s.* vished.
cervical ['sə:vikl], *adj.,* *med.* hals-; livmoderhals-.
cessation [se'seiʃn], *s.* ophør; standsning.
cesspool ['sespu:l], *s.* sivebrønd; sump.
chafe [tʃeif], *v. t. & i.* gnave, gnide; irritere; være utålmodig.
chaff [tʃæf], *s.,* *bot.* avner; godmodigt drilleri.
chaffinch ['tʃæfintʃ], *s.,* *zoo.* bogfinke.
chain [tʃein], *s.* kæde, lænke; *v. t.* lænke; ~ **armour,** ~ **mail,** *s.* ringbrynje; ~ **reaction,** *s.* kædereaktion; ~ **smoker,** *s.* kæderyger; ~ **stitch,** *s.* kædesting; ~ **store,** *s.* kædeforretning.
chair [tʃɛə], *s.* stol; formandspost; professorat; *v. t.* være ordstyrer ved; lede; **-man** [-mən], *s.* formand, dirigent.

chalet ['ʃælei], s. hytte, feriehus.

chalice ['tʃælis], s. bæger; kalk.

chalk [tʃɔ:k], s. kridt; v. t. kridte; ~ up, skrive op, notere; not by a long ~, langt fra; overhovedet ikke; ~ pit, s. kridtbrud.

challenge ['tʃælindʒ], s. udfordring; indsigelse; v. t. udfordre; gøre indsigelse mod; drage i tvivl.

chamber ['tʃeimbə], s. mødesal; kammer; -maid, s. stuepige; ~ music, s., mus. kammermusik; -s, s. pl. ungkarlelejlighed; advokatkontor.

champ [tʃæmp], s., S mester, champion; v. t. & i. tygge, gumle (på); vise utålmodighed.

champion ['tʃæmpiən], s. forkæmper; mester; champion; v. t. forsvare, forfægte; adj., S førsteklasses; mester-; -ship, s. mesterskab.

chance [tʃa:ns], s. tilfælde; tilfældighed; mulighed; udsigt; lejlighed; risiko; udsigt; v. t. & i. hænde; risikere; adj. tilfældig; by ~, tilfældigvis; tilfældigt; ~ upon, støde på.

chancel ['tʃa:nsl], s., arkit. kor.

chancellor ['tʃa:nslə], s. kansler; U.S. universitetsrektor.

chandelier [ˌʃændə'liə], s. lysekrone.

change [tʃeindʒ], s. forandring; skifte(n), afveksling; bytte; veksling; byttepenge; småpenge; v. t. & i. forandre, skifte, bytte, veksle; forandre sig; klæde sig om; -able [-əbl], adj. foranderlig;

ustadig; -less, adj. uforanderlig.

channel ['tʃænl], s. kanal; rende; v. t. kanalisere; the C~, Den engelske Kanal.

chant [tʃa:nt], s., mus. & rel. (kirke)sang; messen; v. t. & i. messe; synge.

chanterelle [ˌtʃæntə'rel], s., bot. kantarel.

chaos ['keiɔs], s. kaos; -tic [-'ɔtik], adj. kaotisk.

chap [tʃæp], s. sprække, revne; T fyr; v. i. revne, sprække.

chapel [tʃæpl], s. kapel; mindre kirke.

chaplain ['tʃæplin], s. præst (felt-, skibs-, fængsels- etc).

chapter ['tʃæptə], s. kapitel; domkapitel.

char [tʃa:], s., T rengøringskone; S te; v. t. & i. forkulle; v. i., T gøre rent (for andre); -lady, s. rengøringsdame; -woman, s. rengøringskone.

character ['kæriktə], s. natur; art; præg; egenskab; person, rolle; karakter; viljestyrke; original; personlighed; tegn; bogstav; -istic [-'ristik], s. ejendommelighed, særpræg, kendetegn; adj. karakteristisk, betegnende; -ize ['kæriktəraiz], v. t. karakterisere; betegne; præge; kendetegne.

charade [ʃə'ra:d], s. ordsprogsleg; fig. komedie.

charcoal ['tʃa:kəul], s. trækul.

charge [tʃa:dʒ], s. pålæg, formaning; ladning; omsorg, varetægt; betroet gods; protegé; omkostning; betaling, pris; beskyldning; sigtelse; mil.

angreb; v. t. formane; pålægge; beregne sig, forlange; lade; læsse; anklage; angribe; *how much does he ~ ?* hvor meget tager han? *be in ~,* have vagt el. kommando; holde opsyn; *be in ~ of,* lede; passe, have ansvaret for; *free of ~,* gratis; -r [-ə], s. stridshest; fad.

charit|**able** ['tʃæritəbl], adj. godgørende; barmhjertig; velgørenheds-; -y, s. næstekærlighed; godgørenhed; almisse; velgørende institution.

charm [tʃɑːm], s. tryllemiddel; fortryllelse; ynde; charme; v. t. & i. fortrylle; bedåre, henrykke.

chart [tʃɑːt], s. søkort; tabel; diagram, kurve; journal; v. t kortlægge; planlægge.

charter ['tʃɑːtə], s. frihedsbrev; privilegium; rettighedsbrev; v. t. privilegere; chartre; -ed [-d], adj. ~ *accountant,* s. statsautoriseret revisor.

chary ['tʃɛəri], adj. varsom; sparsom.

chase [tʃeis], s. jagt; forfølgelse; v. t. jage, forfølge; fare; -r [-ə], s., *T* drink til at skylle efter med.

chasm [kæzm], s. kløft; svælg.

chast|**e** [tʃeist], adj. kysk, ren; -en [tʃeisn], v. t. lutre; rense; tugte, revse; lægge en dæmper på; -ise [tʃæs'taiz], v. t. tugte, revse; -ity ['tʃæstiti], s. kyskhed, renhed.

chat [tʃæt], s. snak; passiar; sludder; v. i., *T* snakke, passiare; sludre; ~ *up,* indynde sig hos med snak; flirte med.

chattels [tʃætlz], s. pl. løsøre.

chatter ['tʃætə], v. i. snakke; pludre; kvidre; klapre; -box, s. sludrechatol.

cheap [tʃiːp], adj. billig; godtkøbs-; tarvelig; -en [-n], v. t. & i. gøre billig(ere).

cheat [tʃiːt], s. snyderi; bedrageri; snyder, bedrager; v. i. & i. snyde; bedrage, narre.

check [tʃek], s. check; standsning; kontrol-(mærke); garderobenummer; bon; ternet mønster; *U.S.* regning; int. skak! v. t. & i. standse; hindre; bremse; kontrollere; afkrydse; irettesætte; sige skak; *U.S.* aflevere i garderoben; indskrive; ~ *in,* møde på arbejde; indskrive sig; ~ *off,* afkrydse; checke af; ~ *out,* betale og rejse; ~ *up on,* kontrollere, efterprøve; undersøge; -book, s., *U.S.* checkhæfte; -ed [-t], adj. ternet; -ers [-əz], s. pl., *U.S.* dam(spil); -mate, s. skakmat; *fig.* nederlag; v. t. gøre skakmat; tilføje nederlag; -room, s., *U.S.* garderobe.

cheek [tʃiːk], s., *anat.* kind; *S* frækhed, uforskammethed; -y, adj. fræk.

cheer [tʃiə], s. opmuntring; munterhed; humør; bifaldsråb; v. t. & i. opmuntre; råbe hurra (for); ~ *on,* opmuntre; tilskynde ved tilråb; heppe på; ~ *up!* op med humøret! -ful, adj. glad, munter; lys, venlig; -io [-riəu], int. farvel! -leader, s., *U.S.* leder af heppekor; -less, adj. bedrøvelig; trist; -s, int.

skål! **-y** [-ri], *adj.* glad, munter.

cheese [tʃiːz], *s., kul.* ost; **-cake,** *s., kul.* tærte med ostecreme; *S* pin-up billede; **-monger,** *s.* ostehandler; ~ **-paring,** *s., S* gerrighed; ~ **spread,** *s., kul.* smøreost.

chef [ʃef], *s.* køkkenchef; kok.

chemi|cal ['kemikl], *s.* kemikalie; *adj.* kemisk; **-st,** *s.* kemiker; apoteker; -'s *shop,* apotek; **-stry** ['kemistri], *s.* kemi.

cheque [tʃek], *s.* check; **-book,** *s.* checkhæfte; **-r** [-ə], *v. t.* gøre ternet; *fig.* gøre broget; **-red** ['tʃekəd], *adj.* ternet; broget.

cherish ['tʃeriʃ], *v. t.* værne om; pleje; sætte højt; nære.

cheroot [ʃə'ruːt], *s.* cerut.

cherry ['tʃeri], *s., bot.* kirsebær.

chervil ['tʃeːvil], *s., bot.* kørvel.

chess [tʃes], *s.* skakspil; **-board,** *s.* skakbræt; **-man,** *s.* skakbrik.

chest [tʃest], *s.* kiste; kasse; *anat.* bryst(kasse); ~ **of drawers,** *s.* kommode.

chestnut ['tʃesnʌt], *s., bot.* kastanie; *adj.* kastaniebrun.

chew [tʃuː], *v. t. & i.* tygge (på); ~ *the cud,* tygge drøv.

chick [tʃik], *s.* kylling; rolling; *S* pige.

chicken ['tʃikin], *s., zoo.* kylling; *S* tøsedreng; bangebuks; *v. i., T* ~ *out,* få kolde fødder; **-feed,** *s.* kyllingefoder; *S* småpenge; ubetydelighed; ~ **-hearted,** *adj.* forsagt; fej; **-pox,** *s., med.* skoldkop-

per.

chicory ['tʃikəri], *s., bot.* cikorie, kaffetilsætning; julesalat.

chide [tʃaid], *v. t. & i.* skænde på; irettesætte.

chief [tʃiːf], *s.* chef; overhoved; anfører; høvding; *adj.* først, vigtigst; hoved-, over-; **-ly,** *adv.* hovedsagelig; **-tain** [-tn], *s.* høvding.

child [tʃaild] (*pl.* children), *s.* barn; **-birth,** *s.* fødsel; **-hood,** *s.* barndom; **-ish,** *adj.* barnlig; barnagtig; **-like,** *adj.* barnlig.

chill [tʃil], *s.* kulde; kølighed; kuldegysen; forkølelse; *adj.* kold; kølig; *v. t. & i.* gøre kold; afkøle(s), nedslå; *take the* ~ *off,* temperere, kuldslå; **-y,** *adj.* kølig, kold.

chime [tʃaim], *s.* kimen; klokkespil; *v. i.* ringe (med); kime; harmonere; ~ *in,* falde ind; stemme i med; give sin tilslutning.

chimney ['tʃimni], *s.* skorsten; ~ **pot,** *s.* skorstenspibe; ~ **sweep,** *s.* skorstensfejer.

chimpanzee [ˌtʃimpən'ziː], *s., zoo.* chimpanse.

chin [tʃin], *s., anat.* hage; **-wag,** *v. i., S* sludre.

Chin|a ['tʃainə], *s.* Kina; **-ese** [-'niːz], *s.* kineser; *adj.* kinesisk.

china ['tʃainə], *s.* porcelæn.

chink [tʃiŋk], *s.* sprække; klirren.

chip [tʃip], *s.* flis; spån; skår; splint; jeton; stykke; *edb.* chip; *v. t. & i.* skære i stykker; hugge af; slå en flis af; gå i stykker; ~ *in,* bidrage; blande sig i samtalen; slå sig sammen, splejse;

-munk, s., zoo. jordegern;
-s, s. pl. pommes frites;
U.S. franske kartofler.
chiropodist [ki'rɔpədist], s.
fodplejer; fodlæge.
chiropractor [kairə'præk-
tə], s. kiropraktor.
chirp [tʃəːp], v. i. kvidre,
pippe; -y, adj. munter.
chisel [tʃizl], s. mejsel; v. t.
mejsle; S snyde.
chit [tʃit], s. seddel; lille
brev; gældsbevis; barn,
unge; pigebarn.
chit-chat ['tʃitˌtʃæt], s. små-
snak; lille sludder.
chitterlings ['tʃitəliŋz], s.
pl., kul. finker.
chival|rous ['ʃivəlrəs], adj.
ridderlig; -ry, s. ridder-
stand; ridderlighed.
chives [tʃaivz], s., bot. pur-
løg.
chock [tʃɔk], s. klods; kile;
v. t. kile; klodse op; ~ up,
opklodse; overfylde; ~-
full, adj. propfuld.
chocolate ['tʃɔklit], s. cho-
kolade.
choice [tʃɔis], s. valg; ud-
valg; det udvalgte, det
foretrukne; adj. udsøgt,
fortrinlig; for ~, helst;
hvis jeg kunne vælge.
choir ['kwaiə], s. kor.
choke [tʃəuk], s., mek. cho-
ker; v. t. & i. kvæle(s); få
noget i den gale hals; ~
down, tvinge ned; under-
trykke, bide i sig; ~ up,
tilstoppe; overfylde; -r
[-ə], s. stiv flip; halstør-
klæde.
choose [tʃuːz] (chose,
chosen), v. t. & i. vælge;
udvælge; foretrække;
have lyst.
chop [tʃɔp], s. hug, slag;
kul. kotelet; v. t. & i. klø-
ve; hugge; hakke; get the
~, T blive fyret; blive

dræbt; -per, s. -hugger;
økse; T helikopter; -py,
adj. krap; skiftende;
-stick, s. spisepind; -s, pl.,
mus. prinsesse toben.
choral ['kɔrəl], adj. kor-.
chord [kɔːd], s. streng;
mus. akkord.
chore [tʃɔː], s. husligt ar-
bejde; (kedelig) pligt.
choreographer [kɔri'ɔgrə-
fə], s. koreograf.
chortle ['tʃɔːtl], v. i. klukle.
chorus ['kɔrəs], s. kor; om-
kvæd.
Christ [kraist], s. Kristus;
c~en ['krisn], v. t. & i.
døbe; c~ening, s. dåb;
-ian ['kristʃən], s. kristen;
adj. kristelig; kristen; ~
name, fornavn; -ianity
[kristi'æniti], s. kristen-
dom; kristenhed; -mas
['krisməs], s. jul; ~ Day,
første juledag; ~ Eve,
juleaften.
chronic ['krɔnik], adj. kro-
nisk; S kedelig; infam.
chronicle ['krɔnikl], s. krø-
nike; årbog; v. t. optegne;
nedskrive.
chronology [krə'nɔlədʒi], s.
kronologi; tidstavle.
chubby ['tʃʌbi], adj. buttet;
rundkindet.
chuck [tʃʌk], v. t. kaste;
smide (væk); opgive; ~
out, smide ud; -er-out
[-ə'raut], s. udsmider.
chuckle ['tʃʌkl], v. i. kluk-
ke, småle.
chug [tʃʌg], s., T ~-~,
dunken; tøffen.
chum [tʃʌm], s. kammerat;
ven; en man deler værel-
se med; -my, adj. kam-
meratlig; fortrolig.
chump [tʃʌmp], s. fæho-
ved.
chunk [tʃʌŋk], s. luns;
humpel; -y, adj. firskå-

ren, tyk.
church [tʃə:tʃ], s. kirke;
C~ of England (C. of E.),
den engelske statskirke;
-yard, s. kirkegård.
churl [tʃə:l], s. tølper; -ish,
adj. ubehøvlet.
churn [tʃə:n], s. kærne;
mælkejunge; v. t. & i.
kærne; hvirvle (op);
male.
chute [ʃu:t], s. slisk; ned-
styrtningsskakt; rut-
schebane; T faldskærm.
CID ['si:ai'di:], (fk.f. Crimi-
nal Investigation De-
partment), sv. t. krimi-
nalpolitiet.
cider ['saidə], s. æblevin.
cinch [sintʃ], s. sadelgjord;
T it's a ~, det er oplagt;
det er ligetil (el. helt sik-
kert).
cinder ['sində], s. glødende
kul; slagge; -s, s. pl.
(kul)aske; sport. slagge-
bane.
cinema ['sinəmə], s. bi-
ograf.
cinnamon ['sinəmən], s.,
kul. kanel.
cipher ['saifə], s. ciffer; nul;
kode; v. t. & i. regne.
circle ['sə:kl], s. cirkel;
ring; kreds; v. t. & i. cir-
kulere; kredse (om);
-ular [-kjulə], s. cirkulæ-
re; ringvej; adj. rund,
kredsformet; -ulate, v. t.
& i. sætte i omløb; cirku-
lere.
circuit ['sə:kit], s. om-
kreds; kredsløb; rundrej-
se; runde; omvej; rets-
kreds; periferi; elek.
strømkreds; short ~, s.
kortslutning.
circumcise ['sə:kəmsaiz],
v. t. omskære.
circumference [sə'kʌmfə-
rəns], s. omkreds; perife-

ri.
circumscribe ['sə:kəm-
skraib], v. t. indskrænke,
begrænse; omskrive.
circumspect ['sə:kəm-
spekt], adj. varsom, for-
sigtig.
circumstance ['sə:kəm-
stəns], s. omstændighed;
forhold; tilfælde; skæb-
nen; -s, pl. kår; -tial
[-'stænʃl], adj. ~ evi-
dence, jur. indicier.
circumvent [,sə:rkəm-
'vent], v. t. afskære; over-
liste.
circus ['sə:kəs], s. cirkus;
rund plads; runddel.
cistern ['sistən], s. cister-
ne.
cite [sait], v. t. indstævne;
anføre; citere.
citizen ['sitizn], s. borger;
statsborger; -ship, s. bor-
gerskab; samfundssind;
indfødsret.
city ['siti], s. (stor)by; the
C~, børsverdenen; Lon-
dons centrale forret-
ningskvarter.
civic ['sivik], adj. borgerlig;
kommunal; -s, s. pl. sam-
fundslære.
civil [sivl], adj. høflig; bor-
gerlig; borger-; sam-
funds-; ~ rights, s. pl.
borgerrettigheder; ~
servant, s. tjenestemand;
embedsmand; the C~
Service, s. statsadmini-
strationen; ~ war, s. bor-
gerkrig; -ian [si'viljən], s.
civilist; adj. civil.
clack [klæk], v. i. klapre;
skramle; knevre.
claim [kleim], s. fordring;
krav; påstand; jordlod;
v. t. hævde; kræve, for-
dre; afhente; -ant, s. for-
dringshaver.
clairvoyant [klɛə'vɔiənt],

adj. synsk; klarsynet.
clam [klæm], *s., zoo.* musling; dødbider; ~ *up, v. i.* klappe i; **-my,** *adj.* klam.
clamber ['klæmbə], *v. i.* klavre; klatre.
clamorous ['klæmərəs], *adj.* skrigende, højrøstet, larmende.
clamp [klæmp], *s., mek.* skruetvinge; klampe; klemme.
clan [klæn], *s.* stamme; klan.
clandestine [klæn'destin], *adj.* smug-; hemmelig.
clang [klæŋ], *s.* klang; klirren; *v. i.* klinge, klemte.
clank [klæŋk], *s.* raslen; *v. t. & i.* rasle, skramle.
clap [klæp], *s.* skrald; slag; smæld; klap; *v. t. & i.* klappe (ad); smække; *med. the* ~, gonorré; ~ - **trap,** *s., T* fraser.
claret ['klærət], *s., kul.* rødvin.
clari|fy ['klærifai], *v. t. & i.* klare, afklare; blive klar; **-ty,** *s.* klarhed, renhed.
clash [klæʃ], *s.* klirren; sammenstød; konflikt; *v. t. & i.* klirre; støde sammen; kollidere; være i strid med.
clasp [klɑːsp], *s.* spænde; hægte; omfavnelse; *v. t.* holde fast; omfavne; knuge.
class [klɑːs], *s.* klasse; kursus; slags; årgang; hold; *v. t.* klassificere, ordne; **-ified** ['klæsifaid], *adj.* klassificeret; hemmelig; fortrolig; systematisk; ~ *ad,* rubrikannonce; **-ify** ['klæsifai], *v. t.* inddele; systematisere; **-y,** *adj.* fin, fornem.
classic ['klæsik], *s.* klassiker; *adj.* klassisk.

clatter ['klætə], *v. i.* klapre; rasle.
clause [klɔːz], *s.* klausul; paragraf; (bi)sætning.
claw [klɔː], *s.* klo; *v. t.* kradse; flå; gribe med kløerne.
clay [klei], *s.* ler; kridtpibe.
clean [kliːn], *adj.* ren; renlig; *U.S., S* pengeløs; *adv.* rent, ganske; helt; lige; *v. t.* rense; gøre rent; pudse, vaske; *come* ~, *S* tilstå; *make a* ~ *breast of it,* gå til bekendelse; ~ *out,* gøre rent i; tømme; ~ *sby out, S* blanke én af; **-ly** ['klenli], *adj.* renlig; **-se** [klenz], *v. t.* rense, pudse.
clear [kliə], *adj.* klar, lys; ren; tydelig; ryddet; fri; *adv.* ganske, aldeles; *v. t.* rense; rydde; klare; betale; klarere; opklare; indbringe; *in the* ~, renset for mistanke; ~ *away,* tage af bordet; ~ *off,* få til side; jage bort; forsvinde; ~ *one's throat,* rømme sig; ~ *out,* rense ud; forsvinde; ~ *up,* rydde op; opklare; **-ance** [-rəns], *s.* klarering; (op)rydning; åbning; ~ *sale, s.* udsalg; ophørssalg; ~-*cut, adj.* klar, skarp.
cleave [kliːv] (cleft/cleaved/clove, cleft/cloven), *v. t. & i.* kløve, spalte; klæbe; holde fast; **-r** [-ə], *s.* slagterkniv.
cleft [kleft], *s.* kløft; spalte.
clemency ['klemənsi], *s.* skånsel; mildhed.
clench [klentʃ], *v. t.* knytte; knuge; ~ *one's teeth,* bide tænderne sammen.
clergy ['kləːdʒi], *s.* gejstlighed; **-man** [-mən], *s.* gejstlig; præst.

clerical ['klerikl], adj. gejstlig; præste-; kontor-; skrive-.

clerk [kla:k], s. kontorist; fuldmægtig; U.S. ekspedient; ~ in holy orders, præst.

clever ['klevə], adj. dygtig, flink, behændig; begavet; smart.

cliché ['kli:ʃei], s. kliché; forslidt frase.

click [klik], v. i. klikke, smække; falde på plads; passe sammen.

client ['klaiənt], s. kunde; klient.

cliff [klif], s. klint; klippeskrænt; ~-hanger, s. fortsat gyser; åndeløst spændende bog, film, valg etc..

climacteric [klai'mæktərik], s. overgangsalder, klimakterium; vendepunkt; adj. overgangs-; kritisk.

climate ['klaimit], s. klima; egn; stemning.

climax ['klaimæks], s. klimaks; højdepunkt.

climb [klaim], v. t. & i. klatre (op ad); stige (op i); bestige; -er, s., fig. stræber; opkomling; bot. klatreplante.

clinch [klintʃ], v. t. besegle, afgøre endeligt; fastgøre.

cling [kliŋ] (clung, clung), v. i. klynge, klamre sig.

clink [kliŋk], s., S spjældet; v. i. klirre (med); -er, s. klinke; slagge.

clip [klip], s. clip, papirklemme; v. t. klippe; beskære; stække; klemme sammen; -pers, s. pl. billetsaks; klippemaskine; -ping, s. udklip; stump.

cloak [kləuk], s. kåbe; kappe; fig. påskud; skalke-

skjul; ~-and-dagger, adj. melodramatisk; -room, s. garderobe; toilet.

clobber ['klɔbə], v. t. slå, banke, tæve.

clock [klɔk], s. ur; klokke; S ansigt; at 4 o'~, klokken 4; -face, s. urskive; -wise, adj. med uret.

clod [klɔd], s. knold; jordklump; fjols; -hopper, s. bondeknold.

clog [klɔg], s. byrde; klods; tilstopning; træsko; v. t. & i. hindre; besvære; tilstoppe; klumpe sig.

cloister ['klɔistə], s. klostergang; søjlegang; kloster.

close [kləuz], s. (af)slutning, ende; [kləus], indhegnet plads; [kləus], adj. tæt, nær; lukket; indesluttet, tilbageholdende; skjult; påholdende; nøjeregnende; knap, begrænset; trykkende, lummer; snæver; sammentrængt; nøjagtig; nøje, grundig; næsten jævnbyrdig; adv. tæt; [kləuz], v. t. & i. lukke; afspærre; (af)slutte; lukke sig; ~ by, tæt ved, nær ved; ~ down, lukke; indstille arbejdet; ~ in, nærme sig; falde på; ~ up, lukke (sig); slutte op; -d circuit, s., elek. lukket kredsløb; ~-fisted, adj. påholdende, nærig; ~-knit, adj. fast sammentømret; ~-lipped, adj. forbeholden; tavs; ~-up, s. nærbillede; closing, s. ~ time, ~ hour, lukketid; ~ season, fredningstid; closure ['kləuʒə], s. afslutning; lukning.

closet ['klɔzit], s. kammer; U.S. vægskab; -ed with,

fig. under fire øjne med.

clot [klɔt], *s.* (størknet) klump; ~ *of blood,* blodprop; *v. i.* løbe sammen, størkne, klumpe sig sammen; **-ted** [-id], *adj.* størknet; klumpet; stoppet; sammenklistret.

cloth [klɔθ], *s.* klæde; dug; vævet stof; **-e** [kləuð], *v. t.* klæde (på); dække; **-es** [kləuðz], *s. pl.* tøj; ~ *-line,* *s.* tøjsnor; ~ *-peg,* *s.* tøjklemme; **-ing** ['kləuðiŋ], *s.* tøj; *article of* ~, beklædningsgenstand.

cloud [klaud], *s.* sky; sværm; *v. t.* formørke; blive overskyet; kaste en skygge over; *under a* ~, i unåde; mistænkt; ~ *-burst,* *s.* skybrud; **-less,** *adj.* skyfri, klar; **-y,** *adj.* (over)skyet; dunkel, uklar.

clout [klaut], *s.* klud, lap; lussing; indflydelse.

clove [kləuv], *s., bot.* kryddernellike; *a* ~ *of garlic,* et fed hvidløg.

clover ['kləuvə], *s., bot.* kløver; *be in* ~, T have det som blommen i et æg.

clown [klaun], *s.* klovn; bonde(knold).

cloy [klɔi], *v. t.* overmætte; overfylde.

club [klʌb], *s.* kølle; knippel; klub; klør; *v. t.* slå ned; ~ *(together),* splejse; slå sig sammen; **-foot,** *s., med.* klumpfod.

cluck [klʌk], *v. i.* klukke.

clue [klu:], *s.* nøgle; spor, holdepunkt; løsning; *I haven't a* ~, det aner jeg ikke.

clump [klʌmp], *s.* klump; klynge; *v. t. & i.* (få til at) klumpe sig sammen; plante i klynge; trampe.

clumsy ['klʌmzi], *adj.* klodset.

cluster ['klʌstə], *s.* klynge; sværm; klase; *v. i.* vokse i klynge; flokkes.

clutch [klʌtʃ], *s.* greb; tag; *mek.* kobling; *v. t.* gribe fat i.

clutter ['klʌtə], *s.* uorden; forvirring; *v. t. & i. (~ up),* bringe el. være i uorden.

Co., *(fk.f.* company; county), *s. d.*

coach [kəutʃ], *s.* karet; diligence; turistbus; rutebil; manuduktør; træner; *v. t.* manuducere; give undervisning; træne; **-man** [-mən], *s.* kusk.

coagulate [kəu'ægjuleit], *v. i.* størkne; koagulere.

coal [kəul], *s.* kul; ~ **mine,** ~ **pit,** *s.* kulmine.

coalesce [kəuə'les], *v. i.* vokse sammen, smelte sammen.

coalition [kəuə'liʃn], *s.* forening; forbund.

coarse [kɔ:s], *adj.* grov; rå; simpel.

coast [kəust], *s.* kyst; *v. t.* sejle i kystfart; køre i frigear; **-guardsman,** *s.* kystvagt.

coat [kəut], *s.* frakke; jakke; overtræk; lag; pels; *v. t.* beklæde; overtrække; overstryge; ~ **of arms,** *s.* våbenskjold; ~ **of mail,** *s.* ringbrynje; ~ **hanger,** *s.* bøjle; **-ed** [-id], *adj.* overtrukket; belagt; imprægneret.

coax [kəuks], *v. t. & i.* lokke; besnakke; overtale.

cob [kɔb], *s.* majskolbe; lille ridehest.

cobble ['kɔbl], *s.* rullesten; toppet brosten; **-r** [-ə], *s.* skoflikker; fusker; **-sto-**

ne, *s.* toppet brosten.

cobra ['kəubrə], *s., zoo.* brilleslange.

cobweb ['kɔbweb], *s.* spindelvæv.

cock [kɔk], *s.* hane; han(fugl); *vulg.* pik; *v. t.* sætte på snur; spænde hanen; ~ -**a-doodle-doo**, *int.* kykeliky! ~ -**a-hoop**, *adj.* jublende, triumferende; ~ -**and-bull**, *adj.* ~ *story, s.* røverhistorie; -**atoo**, *s., zoo.* kakadue; -**chafer**, *s., zoo.* oldenborre; -**crow**, *s.* hanegal; -**eyed**, *adj.* skeløjet; tosset; -**sure**, *adj.* selvsikker; -**y**, *adj.* næbbet, vigtig.

cockle [kɔkl], *s., zoo.* hjertemusling; *bot.* klinte; ~ -**shell**, *s.* muslingeskal; lille båd.

cockney ['kɔkni], *s.* londoner; londondialekt.

cockroach ['kɔkrəutʃ], *s., zoo.* kakerlak.

cocoa ['kəukəu], *s., kul.* kakao.

coconut ['kəukənʌt], *s., bot.* kokosnød.

cocoon [kə'ku:n], *s., zoo.* kokon.

COD, *(fk.f.* Cash on Delivery), *pr.* efterkrav.

cod [kɔd], *s., zoo.* torsk; *dried* ~, klipfisk; -**liver**, *s.* torskelever; ~ *oil, s.* levertran; -'**s roe**, *s., kul.* torskerogn.

coddle [kɔdl], *v. t.* forkæle; pylre om; kæle for.

code [kəud], *s.* lovsamling; lovbog; kode; regelsæt; *v. t.* omsætte til kodeskrift.

codger ['kɔdʒə], *s., T* gammel særling.

co-ed ['kəuˌed], *(fk.f.* coeducational), *s., U.S.* kvindelig student; blandet skole; *adj.* blandet, fælles-.

coerce [kəu'ə:s], *v. t.* tvinge; -**ion** [-ʃn], *s.* tvang.

co-existence [ˌkəuig'zistəns], *s.* sameksistens.

C. of E. ['si:əv'i:], *(fk.f.* Church of England), den engelske statskirke.

coffee ['kɔfi], *s.* kaffe; kop kaffe; ~ -**bean**, *s., bot.* kaffebønne; ~ -**pot**, *s.* kaffekande.

coffer ['kɔfə], *s.* pengekiste.

coffin ['kɔfin], *s.* kiste, ligkiste.

cog [kɔg], *s.* tand; lille hjul.

cogent ['kəudʒənt], *adj.* kraftig; overbevisende.

cogitate ['kɔdʒiteit], *v. i.* tænke, fundere.

cognate ['kɔgneit], *adj.* beslægtet.

cognizance ['kɔgnizəns], *s.* kundskab; *jur.* kompetence.

cognomen [kɔg'nəumən], *s.* tilnavn, øgenavn; efternavn.

cogwheel ['kɔgwi:l], *s., mek.* tandhjul.

cohabit [kəu'hæbit], *v. t.* bo sammen, leve sammen papirløst.

co-heir ['kəuˌɛə], *s.* medarving.

cohere [kəu'hiə], *v. i.* hænge sammen; -**rence** [-rəns], *s.* sammenhæng; -**sion** [-'hi:ʒn], *s.* samhørighed; sammenhæng.

coil [kɔil], *s.* ring, rulle; spiral; *TV.* spole; *v. t.* sno (sig); rulle (sig).

coin [kɔin], *s.* mønt; møntsort; *v. t.* præge; skabe; ~ *a word*, danne et nyt ord; -**er**, *s.* falskmøntner.

coincide [kəuin'said], *v. i.*

falde sammen; stemme overens; **-nce** [-'insidəns], s. sammentræf.

coke [kəuk], s. koks; T coca-cola; kokain.

colander ['kʌləndə], s. dørslag.

cold [kəuld], s. kulde; forkølelse; adj. kold; I am ~, jeg fryser; catch (a) ~, blive forkølet; ~ **-blooded**, adj. kold, følelsesløs; brutal; zoo. koldblodet; ~ **storage**, s. (opbevaring i) kølerum.

coleslaw ['kəulslɔ:], s., kul. råkost, kålsalat.

colitis [kə'laitis], s., med. tyktarmsbetændelse.

collaborator [kə'læbəreitə], s. medarbejder.

collapse [kə'læps], s. sammenfald; krak; sammenbrud; v. i. falde sammen, klappe sammen.

collar ['kɔlə], s. krave; flip; halsbånd; v. t. gribe i kraven; få fat i; S hugge; **-bone**, s., anat. kraveben.

colleague ['kɔli:g], s. kollega.

collect [kə'lekt], s. kollekt; v. t. & i. samle, indsamle; indkassere; samle på; afhente; ~ oneself, samle sig; beherske sig; **-ion** [-ʃn], s. indsamling; samling; inkasso; afhentning; tømning; **-ive**, adj. samlet; fælles; kollektiv; ~ bargaining, overenskomstforhandlinger.

college ['kɔlidʒ], s. kollegium; højere læreanstalt; universitet.

collide [kə'laid], v. i. støde sammen; kollidere.

collie ['kɔli], s., zoo. skotsk hyrdehund.

collier ['kɔliə], s. kulminearbejder; kulbåd; **-y** [-ri],

s. kulmine.

colloquial [kə'ləukwiəl], adj. som hører til daglig tale.

collusion [kə'lu:ʒn], s. hemmelig forståelse; aftalt spil.

collywobbles ['kɔliwɔblz], s. pl. nervøs mave.

colon ['kəulən], s., gram. kolon; anat. tyktarm.

colonel ['kə:nl], s., mil. oberst.

colonial [kə'ləunjəl], adj. koloni-.

colossal [kə'lɔsl], adj. kolossal.

colour ['kʌlə], s. farve; kulør; v. t. farve; kolorere; v. i. rødme; off ~, adj. ikke helt rask; ~ **bar**, s. raceskel; **-eds** ['kʌlədz], s. pl. farvede; the ~, det kulørte (tøj); **-ful**, adj. livlig, farverig; **-ing** [-riŋ], s. farve; teint; skær; kolorit; **-less**, adj. farveløs, bleg; **-s**, pl. fane, flag.

colt [kəult], s., zoo. ung hingst, plag.

coltsfoot ['kəultsfut], s., bot. følfod.

column ['kɔləm], s. søjle; spalte; kolonne.

comb [kəum], s. kam; v. t. rede; kæmme; ~ out, rede ud; finkæmme; sortere fra.

combat ['kɔmbæt], s. kamp; v. i. kæmpe; v. t. bekæmpe.

combination [kɔmbi'neiʃn], s. forbindelse; forening; sammensætning; **-e** ['kɔmbain], s. mejetærsker; merk. sammenslutning, kartel; trust; [kəm'bain], v. t. forene, forbinde; v. i. forene sig.

combustible [kəm'bʌstəbl], adj. brændbar; let at

ophidse; **-ion** [-ʃn], s. for-
brænding.

come [kʌm] (came, come),
v. i. komme; ankomme;
~, ~! nej, hør nu! how
~? hvordan kan det
være (at)? ~ to pass, ske;
~ about, hænde; ske; gå
til; ~ across, støde på; ~
along, komme (frem),
vise sig; int. kom så! ~
back with, vende tilbage
med; svare rapt; ~ by, få
fat på; komme forbi; ~
down, falde (ned); ~
down on, skælde ud; ~
for, hente; ~ in, komme
ind; komme til nytte;
komme til magten; ~
into money, arve; ~ into
being, opstå; ~ into ef-
fect, træde i kraft; ~
loose, løsne sig; ~ of age,
blive myndig; ~ off, fin-
de sted; falde af el. ud;
lykkes; ~ off it! T hold op
med det! ~ on, trives;
komme frem; int. kom
nu! la' nu vær'! åh hold
op! ~ out, komme frem;
debutere i selskabslivet;
gå op; ~ round, blive
overtalt; komme til sig
selv; ~ through, klare
den; blive frelst; rykke
ud med; ~ to, komme til
sig selv igen; beløbe sig
til; falde ud; ~ true, gå i
opfyldelse; ~ under,
høre ind under; ~ up
with, nå, indhente;
frembringe, udtænke; ~
upon, finde; falde over;
~-back, s. tilbageven-
den; come-back; -r [-ə], s.
the first ~, den først
ankomne; all -s, alle, der
melder sig; **coming,** s.
komme; ankomst; vor-
den.

comed|ian [kə'mi:djən], s.

komiker; **-y** ['kɔmidi], s.
komedie; komik.

comely ['kʌmli], adj. tæk-
kelig; pæn.

comestibles [kʌ'mestiblz],
s. pl. madvarer.

comfort ['kʌmfət], s. trøst;
velvære; bekvemmelig-
hed; behagelighed; hyg-
ge; økonomisk tryghed;
v. t. trøste; **-able** ['kʌmf-
təbl], adj. behagelig, be-
kvem, hyggelig; god;
pæn; veltilpas; -ably off,
velstillet; **-er,** s. narresut.

comfy [kʌmfi], adj., T hyg-
gelig; behagelig.

comic ['kɔmik], s. komiker;
tegneseriehæfte; ~, **-al,**
adj. komisk; **-s,** s. pl.
tegneserier; ~ **strip,** s.
tegneserie.

comma ['kɔmə], s., gram.
komma; inverted -s, an-
førselstegn.

command [kə'ma:nd], s.
befaling; kommando;
ordre; anførsel; herre-
dømme; v. t. befale;
(på)byde; overskue; be-
herske; råde over; føre
have udsigt over; nyde;
-ment, s. the Ten C~ s, rel.
de ti bud.

commemorate [kə'memə-
reit], v. t. minde(s); fejre.

commence [kə'mens], v. t.
& i. begynde.

commend [kə'mend], v. t.
rose; anbefale; prise; be-
tro.

commensura|ble [kə'men-
ʃərəbl], adj. kommensu-
rabel; **-te** [-ət], adj. be ~
with, svare til.

comment ['kɔment], s. be-
mærkning; kommentar;
v. i. kommentere, knytte
bemærkning til; ~ on,
udtale sig om; kommen-
tere; **-ary** [-ri], s. kom-

mentar; reportage; led-
sagende tekst; **-ator**, s.
kommentator; speaker.
commerc|e ['kɔmərs], s.
handel; samkvem; **-ial**
[kə'mə:ʃl], s., TV. rekla-
me(indslag); handelsrej-
sende; adj. kommerciel;
handels-, erhvervs-, for-
retnings-.
commiserate [kə'mizəreit],
v. t. ynke, have medli-
denhed med.
commission [kə'miʃn], s.
kommission; hverv; pro-
vision; officersudnæv-
nelse; bestilling; udvalg;
v. t. befuldmægtige, give
en kommission; -ed offi-
cer, mil. officer; **-aire**
[-'nɛə], s. dørvogter, porti-
er; **-er**, s. kommissær;
kommitteret.
commit [kə'mit], v. t. begå;
betro, overdrage; forplig-
te, binde; ~ for trial,
sætte under tiltale; ~
oneself, forpligte sig; tage
stilling; engagere sig; ~
to memory, lære udenad;
~ to prison, fængsle;
-ment, s. engagement;
løfte; forpligtelse; over-
dragelse; (tvangs)ind-
læggelse.
committee [kə'miti], s. ko-
mité; udvalg; bestyrelse.
commodi|ous [kə'məu-
djəs], adj. rummelig; **-ty**
[-'mɔditi], s. vare.
commodore ['kɔmədɔ:], s.,
naut. kommandør.
common ['kɔmən], s. fæl-
led; adj. almindelig; fæl-
les; simpel; menig; in ~,
(til) fælles; **-er**, s. borger-
lig; underhusmedlem; ~
gender, s., gram. fælles-
køn; ~ **law**, s. sædvane-
ret; ~ marriage, papir-
løst ægteskab; **C**~ **Mar-**

ket, s. the ~, fællesmar-
kedet; **-place**, s. banali-
tet; floskel; adj. banal; ~
room, s. lærerværelse;
opholdsstue; **-s**, s. pl. the
(House of) C~s, Under-
huset; ~ **sense**, s. sund
fornuft; **-wealth**, s. stats-
samfund; statsforbund.
commotion [kə'məuʃn], s.
bevægelse; røre; tumult.
commun|al ['kɔmjunl], adj.
fælles, offentlig; **-e**
[-ju:n], s. kollektiv.
communicat|e [kə'mju:ni-
keit], v. t. meddele; vide-
regive; v. i. stå i forbin-
delse, kommunikere, tale
sammen; gå til alters;
-ion [-'keiʃn], s. meddelel-
se; forbindelse; sam-
færdsel.
communi|on [kə'mju:njən],
s. fællesskab; samkvem;
altergang; **-ty**, s. fælles-
skab; (lokal)samfund;
gruppe; ~ centre, s. kul-
turcenter.
commut|ation [kɔmju'tei-
ʃn], s. forandring; ombyt-
ning; formildelse, ned-
sættelse; **-e** [kə'mju:t],
v. t. & i. rejse på abonne-
mentskort; ombytte; æn-
dre; **-er**, s. en der rejser
frem og tilbage dagligt;
~ traffic, nærtrafik.
compact ['kɔmpækt], s.
pagt, overenskomst;
pudderdåse; [kəm'pækt],
adj. tæt, kompakt; sam-
mentrængt; kortfattet.
companion [kəm'pænjən],
s. kammerat; ledsager;
pendant; håndbog; ~
ladder, s., naut. kahyts-
trappe; **-able** [-əbl], adj.
selskabelig, omgængelig.
company ['kʌmpəni], s. sel-
skab, følgeskab; fore-
ning; (handels)selskab;

gæst(er); *mil.* kompagni;
keep ~ *with,* omgås;
komme sammen med.
compar|ative [kəm'pærə-
tiv], *adj.* forholdsvis, rela-
tiv; **-e** [-'pɛə], *v. t.* sam-
menligne; (kunne) måle
sig; **-ison** [-'pærisn], *s.*
sammenligning.
compartment [kəm'pa:t-
mənt], *s.* afdeling; rum;
kupé.
compass ['kʌmpəs], *s.* om-
kreds; rækkevidde; om-
fang; kompas; **-es** [-iz], *s.
pl. a pair of* ~, en passer.
compassion [kəm'pæʃn], *s.*
medlidenhed, medfølel-
se.
compatible [kəm'pætibl],
adj. forenelig; forligelig;
kompatibel.
compatriot [kəm'pætriət],
s. landsmand.
compeer [kɔm'piə], *s.* lige-
mand.
compel [kəm'pel], *v. t.* tvin-
ge; fremtvinge; **-ling,** *adj.*
tvingende; uimodståelig.
compensat|e ['kɔmpən-
seit], *v. t.* erstatte; opveje;
kompensere; **-ion** [-'sei-
ʃn], *s.* kompensation,
godtgørelse; erstatning.
compet|e [kəm'pi:t], *v. i.*
konkurrere; deltage; **-i-
tion** [ˌkɔmpə'tiʃn], *s.* kon-
kurrence.
competent ['kɔmpitənt],
adj. tilstrækkelig; sag-
kyndig; kompetent; dyg-
tig.
compile [kəm'pail], *v. t.*
samle, udarbejde; *edb.*
oversætte.
complacen|cy [kəm'pleisn-
si], *s.* selvtilfredshed; **-t,**
adj. selvtilfreds.
complain [kəm'plein], *v. i.*
klage; beklage sig; **-t,** *s.*
klage; anke; reklama-

tion; sygdom; lidelse.
complaisance [kəm'plei-
zns], *s.* forekommenhed;
elskværdighed.
complement ['kɔmpli-
mənt], *s.* fuldendelse;
komplement; *gram.* om-
sagnsled; **-ary** [-'mentri],
adj. supplerende; kom-
plementær-.
complet|e [kəm'pli:t], *adj.*
fuldstændig; komplet;
fuldendt; *v. t.* fuldende;
udfylde; fuldstændiggø-
re; **-ion** [-ʃn], *s.* fuldendel-
se; fuldførelse.
complex ['kɔmpleks], *adj.*
indviklet, sammensat,
kompliceret; **-ion** [-'plek-
ʃn], *s.* teint; karakter; an-
skuelse.
compliance [kəm'plaiəns],
s. føjelighed, eftergiven-
hed; indvilligelse.
complicate ['kɔmplikeit],
v. t. komplicere; **-d** [-id],
adj. kompliceret, indvik-
let.
complicity [kəm'plisiti], *s.*
medskyld; meddelagtig-
hed.
compliment ['kɔmplimənt],
s. kompliment; hilsen;
v. t. lykønske, kompli-
mentere; **-ary** [-'mentri],
adj. smigrende; rosende;
gratis, fri-.
comply [kəm'plai], *v. i.* ind-
villige; give efter; ~ *with,*
rette sig efter; efterkom-
me.
component [kəm'pəu-
nənt], *s.* bestanddel.
comport [kəm'pɔ:t], *v. t. &
i.* ~ *with,* stemme med;
passe sig for; ~ *oneself,*
opføre sig; optræde.
compos|e [kəm'pəuz], *v. t.
& i.* sammensætte; kom-
ponere; danne; ordne;
berolige; ~ *oneself,* falde

til ro; **-er,** *s.* komponist; forfatter; **-ition** [ˌkɔmpə'-ziʃn], *s.* sammensætning; værk; stil.

composite ['kɔmpəzit], *adj.* sammensat.

compost ['kɔmpɔst], *s.* ~ *heap,* s. kompostbunke.

composure [kəm'pəuʒə], *s.* fatning, ro.

compound ['kɔmpaund], *s.* sammensætning; blanding; *gram.* sammensat ord; [kəm'paund], *v. t.* sammensætte; bilægge; blande; *v. i.* komme til forlig; komme overens; ~ **fracture,** *s., med.* åbent brud; ~ **interest,** *s.* rentes rente.

comprehen|d [ˌkɔmpri-'hend], *v. t.* indbefatte; omfatte; forstå; **-sion** [-ʃn], *s.* forståelse; fatteevne; **-sive,** *adj.* omfattende; vidtspændende; ~ *school,* s. enhedsskole, udelt kommuneskole.

compress ['kɔmpres], *s.* kompres; omslag; [kəm-'pres], *v. t.* sammentrænge; sammenpresse.

comprise [kəm'praiz], *v. t.* indbefatte; omfatte; udgøre.

compromise ['kɔmprə-maiz], *s.* forlig; kompromis; *v. t. & i.* bilægge; indgå et kompromis; sætte på spil; kompromittere.

compuls|ion [kəm'pʌlʃn], *s.* tvang; **-ive** [-siv], *adj.* tvingende; tvangs-; magtfuld; **-ory** [-s(ə)ri], *adj.* tvungen; obligatorisk.

compunction [kəm'pʌŋk-ʃn], *s.* samvittighedsnag.

compute [kəm'pjuːt], *v. t. & i.* (be)regne; **-r** [-ə], *s.* regnemaskine; datamat;

-rize [-əraiz], *v. t.* databehandle; **-d,** *adj.* edb-styret.

comrade ['kɔmreid], *s.* kammerat.

con [kɔn], *s. the pros and -s,* argumenterne for og imod; *v. t.* studere nøje; snyde, fuppe; *naut.* styre; **-man** [-mæn], *s., T*bonde-fanger; **-ning,** *s., naut.* ~ *tower,* s. kommandotårn.

conceal [kən'siːl], *v. t.* skjule, lægge skjul på.

concede [kən'siːd], *v. t. & i.* indrømme.

conceit [kən'siːt], *s.* indbildskhed; indbildning; **-ed** [-id], *adj.* indbildsk.

conceiv|able [kən'siːvəbl], *adj.* mulig, tænkelig; **-e,** *v. t. & i.* forestille sig; fatte; undfange.

concentrat|e ['kɔnsəntreit], *v. t. & i.* koncentrere; samle tankerne; **-ion** [-'treiʃn], *s.* koncentration.

concept ['kɔnsept], *s.* begreb; **-ion** [kən'sepʃn], *s.* forestilling; begreb; idé; undfangelse.

concern [kən'səːn], *s.* sag; anliggende; foretagende; virksomhed; bekymring; *v. t.* angå, vedrøre; bekymre, ængste; **-ed** [-d], *adj.* bekymret; interesseret; *as far as I am* ~, hvad mig angår; for min skyld; **-ing,** *præp.* angående; vedrørende.

concert ['kɔnsət], *s.* koncert; forståelse, overensstemmelse; aftale; [kən-'səːt], *v. i.* aftale; planlægge.

concession [kən'seʃn], *s.* indrømmelse; koncession.

conch [kɔntʃ], *s.* konkylie.

conciliate [kən'silieit], *v. t.*

mægle, forsone; vinde (for sig).

concise [kən'sais], *adj.* kortfattet; koncis.

conclu|de [kən'klu:d], *v. t.* (af)slutte; beslutte; **-sion** [-ʒn], *s.* slutning; ende; **-sive**, *adj.* afgørende.

concoct [kən'kɔkt], *v. t.* udklække; opdigte; brygge sammen.

concord ['kɔŋkɔ:d], *s.* enighed; sammenhold; overensstemmelse; *mus.* samklang, harmoni.

concourse ['kɔŋkɔ:s], *s.* sammenløb; stimmel; *U.S.* banegårdshal.

concrete ['kɔŋkri:t], *s.* beton; *adj.* konkret.

concur [kən'kə:], *v. i.* forene sig; falde sammen, indtræffe samtidig; medvirke; være enig.

concussion [kən'kʌʃn], *s.* rystelse; hjernerystelse.

condemn [kən'dem], *v. t.* dømme; fordømme; kondemnere; **-ation** [ˌkɔndem'neiʃn], *s.* fordømmelse; kondemnation.

condense [kən'dens], *v. t. & i.* fortætte(s); sammentrænge; **-r** [-ə], *s.* kondensator.

condescend [kɔndi'send], *v. i.* nedlade sig; **-ing**, *adj.* nedladende.

condition [kən'diʃn], *s.* betingelse; vilkår; forfatning; tilstand; kondition; stand; *v. t.* betinge; træne op; tilpasse, vænne; **-al** [-l], *adj.* betinget; **-s**, *pl.* forhold, omstændigheder.

condole [kən'dəul], *v. i.* kondolere; **-nces** [-nsiz], *s. pl.* kondolence.

condom ['kɔndəm], *s.* kondom, præservativ.

condominium [ˌkɔndə'minjəm], *s., U.S.* (ejendom med) ejerlejlighed(er).

condone [kən'dəun], *v. t.* tilgive, lade være glemt.

condu|ce [kən'dju:s], *v. i.* bidrage; **-ive**, *adj.* ~ *to*, som bidrager til.

conduct ['kɔndʌkt], *s.* opførsel, adfærd, optræden; ledelse; [kən'dʌkt], *v. t. & i.* føre, lede; udføre; dirigere; ~ *oneself*, opføre sig; **-or** [-'dʌktə], *s.* fører, leder; dirigent; lynafleder.

conduit ['kɔndit], *s.* rørledning.

cone [kəun], *s., bot.* kogle; kegle; kræmmerhus; vaffel.

confab ['kɔnfæb] (*fk.f.* confabulate), *v. i.* snakke, sludre.

confection [kən'fekʃn], *s.* konfekt; konditorvare; konfektion.

confederate [kən'fedərət], *s.* forbundsfælle; medskyldig; *U.S., hist.* sydstatsmand.

confer [kən'fə:], *v. t. & i.* tildele, give; konferere, rådslå; overdrage; **-ence** ['kɔnfrəns], *s.* møde, konference.

confess [kən'fes], *v. t. & i.* tilstå; indrømme; skrifte; **-ion** [-ʃn], *s.* tilståelse; skriftemål; bekendelse.

confide [kən'faid], *v. t. & i.* betro; ~ *in*, stole på; betro sig til; **-nce** ['kɔnfidns], *s.* tillid; selvtillid; fortrolighed; ~ *man*, *s.* bondefanger; **-nt** ['kɔnfidnt], *adj.* overbevist; tillidsfuld; selvsikker; **-ntial** [ˌkɔnfi'denʃl], *adj.* fortrolig; betroet.

configuration [kənˌfigju-

'reiʃn], s. form; omrids;
stilling.

confine [kən'fain], v. t. be-
grænse; indskrænke; in-
despærre, holde fangen;
-ment, s. indespærring,
arrest; barsel; **-s** ['kɔn-
fainz], s. pl. grænser.

confirm [kən'fə:m], v. t. be-
kræfte; bestyrke; rel.
konfirmere; **-ed** [-d], adj.
uforbederlig; inkarneret.

conflagration [kɔnflə'grei-
ʃn], s. brand; flammehav.

conflict ['kɔnflikt], s. kamp;
konflikt; [kən'flikt], v. i.
støde sammen; være i
modstrid.

confluence ['kɔnfluəns], s.
sammenløb; tilstrøm-
ning.

conform [kən'fɔ:m], v. t. &
i. tillempe, (til)passe; ~
to, være i overensstem-
melse med; rette sig ef-
ter.

confound [kən'faund], v. t.
forvirre; sammenblande;
forveksle; besejre; ~ it!
så for pokker! **-ed** [-id],
adj. forbistret.

confront [kən'frʌnt], v. t.
stå (lige) overfor; møde;
konfrontere.

confus|e [kən'fju:z], v. t.
forvirre; forveksle; sam-
menblande; **-ion** [-ʒn], s.
forvirring; uorden; sam-
menblanding; forlegen-
hed.

confutation [ˌkɔnfju'teiʃn],
s. gendrivelse.

congeal [kən'dʒi:l], v. i.
størkne, stivne.

congenial [kən'dʒi:njəl],
adj. sympatisk; (ånds)-
beslægtet; som passer til
én.

congestion [kən'dʒestʃn], s.
overfyldning; trængsel;
blodtilstrømning.

conglomerate [kən'glɔmə-
rət], s. sammenhobning;
konglomerat.

congratulat|e [kən'grætju-
leit], v. t. lykønske, gratu-
lere; **-ion** [-'leiʃn], s. lyk-
ønskning; -s! tillykke!

congregat|e ['kɔŋgrigeit],
v. i. samles; **-ion** [-'geiʃn],
s. forsamling; menighed.

congruent ['kɔŋgruənt],
adj. overensstemmende;
kongruent.

conifer ['kɔnifə], s., bot.
nåletræ.

conjecture [kən'dʒektʃə], s.
formodning; gisning; v. t.
& i. formode, gætte.

conjoint [kən'dʒɔint], adj.
forenet.

conjugal ['kɔndʒugl], adj.
ægteskabelig.

conjugate ['kɔndʒugeit],
v. t. & i., gram. bøje.

conjunction [kən'dʒʌŋkʃn],
s. forbindelse; gram. bin-
deord.

conjure ['kɔndʒə], v. t. tryl-
le, hekse; ~ up, fremma-
ne; **-r** [-rə], s. tryllekunst-
ner.

conk [kɔŋk], s., S tud,
næse; v. i., S ~ out, bryde
sammen; sætte ud; krad-
se af.

conker ['kɔŋkə], s., bot.
kastanje.

conman ['kɔnmæn], s. bon-
defanger.

connect [kə'nekt], v. t. for-
binde; have forbindelse;
-ion [-ʃn], s. forbindelse,
sammenhæng.

connive [kə'naiv], v. i. ~ at,
se gennem fingre med;
aftale hemmeligt.

connoisseur [ˌkɔnə'sə:], s.
kender.

connotation [ˌkɔnə'teiʃn], s.
bibetydning.

conquer ['kɔŋkə], v. t.

erobre; besejre; **-ror**
[-rə], s. sejrherre; **-st**
[-kwest], s. erobring; sejr.
conscien|ce ['kɔnʃəns], s.
samvittighed; **-tious**
[ˌkɔnʃi'enʃəs], adj. samvit-
tighedsfuld; ~ objector,
s. militærnægter.
conscious ['kɔnʃəs], adj.
bevidst; **-ness**, s. bevidst-
hed.
conscript ['kɔnskript], s.
værnepligtig; [kən-
'skript], v. t. udskrive;
indkalde; **-ion** [-'skripʃn],
s. udskrivning; værne-
pligt.
consecrate ['kɔnsekreit],
v. t. indvie; hellige.
consecutive [kən'sekjutiv],
adj. på hinanden følgen-
de; i træk.
consensus [kən'sensəs], s.
enighed.
consent [kən'sent], s. sam-
tykke; v. i. samtykke,
indvillige.
consequen|ce ['kɔnsi-
kwəns], s. følge; betyd-
ning; konsekvens; **-t**, adj.
følgende; konsekvent;
-tial [-'kwenʃl], adj. (der-
af) følgende; indbildsk;
-tly, adv. følgelig, altså.
conserv|ation [ˌkɔnsə'vei-
ʃn], s. bevarelse, vedlige-
holdelse; **-ative** [kən'sə:-
vətiv], adj. konservativ;
bevarende; forsigtig; i
underkanten; **-atory**
[-'sə:vətri], s. vinterhave,
drivhus; musikkonser-
vatorium; **-e** [-'sə:v], v. t.
bevare; sylte.
consider [kən'sidə], v. t. &
i. betragte; overveje;
anse for; mene; tage hen-
syn til; tænke sig om; all
things -ed, når alt kom-
mer til alt; **-able** [-əbl],
adj. anselig, betydelig;

vigtig; **-ate** [-rət], adj.
hensynsfuld; **-ation** [-'rei-
ʃn], s. betragtning; over-
vejelse; vigtighed; betyd-
ning; hensyn(sfuldhed);
betaling; **-ing** [-riŋ], præp.
i betragtning af; efter
omstændighederne.
consign [kən'sain], v. t.
overdrage; merk. konsig-
nere; tilsende; **-ment**, s.
parti, sending; overdra-
gelse.
consist [kən'sist], v. i. ~ of
(in), bestå af (i); **-ency**
[-nsi], s. konsekvens;
overensstemmelse; tæt-
hed; fasthed; konsistens;
-ent, adj. konsekvent; ~
with, i overensstemmel-
se med.
consol|e [kən'səul], v. t. trø-
ste; **-ation** [ˌkɔnsə'leiʃn], s.
trøst.
consolidate [kən'sɔlideit],
v. t. & i. gøre fast; konso-
lidere; fig. forene; styrke;
blive fast.
consonant ['kɔnsənənt], s.
konsonant, medlyd; adj.
overensstemmende.
consort ['kɔnsɔ:t], s. gemal,
ægtefælle; ledsageskib;
[kən'sɔ:t], v. i. omgås.
conspicuous [kən'spi-
kjuəs], adj. iøjnefalden-
de, fremtrædende; be ~
by one's absence, glimre
ved sit fravær.
conspir|acy [kən'spirəsi], s.
sammensværgelse; **-e**
[-'spaiə], v. i. sammen-
sværge sig; forene sig.
constable ['kʌnstəbl], s. po-
litibetjent.
constant ['kɔnstənt], adj.
bestandig, vedvarende;
standhaftig; stabil.
constellation [ˌkɔnstə'lei-
ʃn], s. stjernebillede.
consternation [ˌkɔnstə'nei-

ʃn], s. bestyrelse.
constipation [ˌkɔnsti'pei-
ʃn], s. forstoppelse.
constituen|cy [kən'stitju-
ənsi], s. valgkreds; -t, s.
vælger; bestanddel; adj.
grundlovgivende; væl-
gende.
constitut|e ['kɔnstitjuːt],
v. t. udgøre; fastsætte;
udnævne (til); nedsætte;
-ion [-'tjuːʃn], s. grundlov,
forfatning; konstitution;
indretning; beskaffen-
hed; -ional [-'tjuːʃənl], s.
spadseretur; motion; adj.
konstitutionel; medfødt,
naturlig.
constraint [kən'streint], s.
tvang; ufrihed.
constrict [kən'strikt], v. t.
sammenpresse, indsnø-
re; -ed [-id], adj. snæver,
begrænset; -or [-ə], s.,
zoo. kvælerslange.
construct [kən'strʌkt], v. t.
bygge, konstruere, opfø-
re; -ion [-ʃn], s. konstruk-
tion; bygning; udførelse;
fortolkning; mening.
construe [kən'struː], v. t.
konstruere; fortolke; ud-
lægge; analysere(s).
consult [kən'sʌlt], v. t.
spørge til råds; slå op i;
konsultere; tage hensyn
til; -ation [ˌkɔnsʌl'teiʃn], s.
rådslagning; samråd;
-ing, adj. rådgivende; ~
room, s. konsultations-
værelse.
consum|e [kən'sjuːm], v. t.
fortære; forbruge; -d
with, fuld af, optændt af;
-er, s. forbruger; -ption
[-'sʌm(p)ʃn], s. forbrug;
fortæring; med. tuberku-
lose; tæring.
consummate ['kɔnsəmeit],
v. t. fuldbyrde; [kən'sʌ-
mət], adj. fuldkommen.

contact ['kɔntækt], s. berø-
ring, kontakt; [kən'tækt],
v. t. sætte sig i forbindel-
se med, kontakte; ~
breaker, s., elek. strømaf-
bryder; ~ lens, s. kon-
taktlinse.
contagious [kən'teidʒəs],
adj. smitsom.
contain [kən'tein], v. t. in-
deholde; rumme; ~ one-
self, beherske sig; -er, s.
beholder.
contaminate [kən'tæmi-
neit], v. t. besmitte; foru-
rene.
contemplate ['kɔntem-
pleit], v. t. beskue, betrag-
te; påtænke; overveje.
contempora|neous [kən-
ˌtempə'reinjəs], adj. sam-
tidig; -ry [-'temprəri], adj.
samtidig; jævnaldrende;
nutids-, moderne.
contempt [kən'tem(p)t], s.
foragt; -ible [-əbl], adj.
foragtelig; ussel; -uous
[-juəs], adj. hånlig.
conten|d [kən'tend], v. i.
strides; kappes; bestride,
påstå; -tion [-ʃn], s. strid;
påstand; bone of ~, stri-
dens æble.
content ['kɔntent], s. til-
fredshed, tilfredsstillel-
se; [kən'tent], adj. tilfreds;
v. t. tilfredsstille; ~ one-
self, lade sig nøje, nøjes;
-ed [-'tentid], adj. tilfreds;
-s ['kɔntents], s. pl. ind-
hold; table of ~, ind-
holdsfortegnelse.
contest ['kɔntest], s. kon-
kurrence; [kən'test], v. t.
bestride; forsvare; stille
op til valg; v. i. kappes
om.
context ['kɔntekst], s. sam-
menhæng.
contiguous [kən'tigjuəs],
adj. tilstødende.

continent ['kɔntinənt], s. fastland; the C~, det europæiske fastland; adj. afholdende; mådeholden; kysk.

contingen|cy [kən'tindʒən-si], s. eventualitet; -t, adj. eventuel.

continu|al [kən'tinjuəl], adj. vedvarende, stadig tilbagevendende; -ation [-'ei-ʃn], s. fortsættelse; -e [-ju:], v. t. & i. fortsætte; vedvare; blive ved med; vare; -ous [-juəs], adj. sammenhængende; fortløbende; uafbrudt.

contort [kən'tɔ:t], v. t. forvride; forvrænge.

contour ['kɔntuə], s. omrids.

contraband ['kɔntrəbænd], adj. smugler-; forbudt; ulovlig.

contracep|tion [ˌkɔntrə-'sepʃn], s. svangerskabsforebyggelse; -tive, s. & adj. forebyggende (middel).

contract ['kɔntrækt], s. kontrakt; overenskomst; aftale; [kən'trækt], v. t. & i. sammentrække; trække sig sammen; indskrænke; pådrage sig; -or [-'træktə], s. entreprenør; leverandør.

contradict [ˌkɔntrə'dikt], v. t. modsige; -ion [-ʃn], s. modsigelse; uoverensstemmelse.

contralto [kən'træltəu], s. & adj., mus. (kontra)alt.

contraption [kən'træpʃn], s. indretning; tingest, dims.

contrary ['kɔntrəri], s. modsætning; adj. modsat; omvendt; kontrær; on the ~, tværtimod; ~ to, i modsætning til; i

strid med.

contrast ['kɔntra:st], s. kontrast; modsætning; [kən'tra:st], v. t. & i. sammenligne; stå i modsætning; være modsætning.

contravene [ˌkɔntrə'vi:n], v. t. overtræde; bestride.

contribut|e [kən'tribju:t], v. t. & i. bidrage; give; yde; -ion [ˌkɔntri'bju:ʃn], s. bidrag; -or [-'tribjutə], s. medarbejder; bidragyder.

contrite ['kɔntrait], adj. angerfuld.

contriv|ance [kən'traivəns], s. opfindelse; indretning; -e, v. t. & i. opfinde; udtænke; -ed [-d], adj. kunstig; konstrueret.

control [kən'trəul], s. kontrol; opsyn; tvang; magt; v. t. kontrollere, have opsyn med; beherske; styre.

controversy ['kɔntrəˌvə:si], s. polemik, uenighed.

contusion [kən'tju:ʒn], s. kvæstelse.

convalesce ['kɔnvə'les], v. i. være i bedring; -nce [-ns], s. rekonvalescens.

conven|e [kən'vi:n], v. t. & i. sammenkalde; indkalde; -tion [-'venʃn], s. forsamling; møde; konvention.

convenien|ce [kən'vi:n-jəns], s. bekvemmelighed; at your ~, når det passer dig; marriage of ~, fornuftægteskab; public ~, offentligt toilet; -t, adj. bekvem, belejlig, passende.

convent ['kɔnvent], s. nonnekloster.

converge [kən'və:dʒ], v. t. & i. løbe sammen.

conver|sant [kən'və:snt], adj. ~ with, kyndig i;

fortrolig med; **-sation** [ˌkɔnvə'seiʃn], s. samtale; konversation; **-se** [-'vəːs], v. i. samtale; konversere; ['kɔnvəːs], adj. omvendt.

conver|sion [kən'vəːʃn], s. forvandling, omdannelse; ombygning, omvendelse; **-t** ['kɔnvəːt], s. omvendt; konvertit; [kən'vəːt], v. t. forvandle; omregne; omdanne; konvertere; omvende.

convey [kən'vei], v. t. føre, transportere; overbringe; meddele; **-ance** [-əns], s. transport; befordring(smiddel); deed of ~, skøde; **-or** [-ə], s. ~ belt, s. samlebånd.

convict ['kɔnvikt], s. straffefange; [kən'vikt], v. t. kende skyldig; domfælde; **-ion** [-'vikʃn], s. overbevisning; domfældelse.

convince [kən'vins], v. t. overbevise.

convivial [kən'vivjəl], adj. selskabelig; lystig, opstemt.

convoy ['kɔnvɔi], v. t. eskortere, konvojere.

convulsion [kən'vʌlʃn], s. krampetrækning; rystelse.

coo [kuː], s. kurren; v. t. & i. kurre.

cook [kuk], s. kok; kokkepige; v. t. & i. lave mad; ~ up, brygge sammen; forfalske; **-ery**, s. madlavning; ~ book, s. kogebog; **-ie** [-i], s., kul. småkage; **-ing**, s. madlavning.

cool [kuːl], s. kølighed; adj. kølig; sval; rolig; ligegyldig; fræk; U.S., S fin, skøn; v. t. & i. afkøle; kølne.

coon [kuːn], s., U.S., S neger.

coop [kuːp], s. hønsebur; v. t. ~ up, indespærre.

co-op ['kəuɔp], s. supermarked; „brugs".

co-operat|e [kəu'ɔpəreit], v. t. samarbejde; medvirke; **-ion** [-'reiʃn], s. samarbejde; **-ive** [-'ɔpərətiv], adj. andels-; samarbejdsvillig; medvirkende.

co-opt [ˌkəu'ɔpt], v. t. supplere sig med; indvælge.

co-ordinate [ˌkəu'ɔːdinit], adj. sideordnet; [-eit], v. t. koordinere.

coot [kuːt], s., S fjols.

cop [kɔp], s., S panser; strisser; fangst; v. t., S fange, nappe; ~ out, kikse; krepere; krybe udenom; not much ~, ikke meget værd; **-shop**, s., S politistation.

cope [kəup], v. i. klare den; ~ with, hamle op med; magte, klare.

copious ['kəupjəs], adj. rigelig; ordrig.

copper ['kɔpə], s. kobber; kobbermønt; vaskekedel; S strisser; ~ beech, s., bot. rødbøg.

coppice, copse ['kɔp(i)s], s. underskov, krat.

copulate ['kɔpjuleit], v. i. parre sig.

copy ['kɔpi], s. afskrift; kopi; efterligning; eksemplar; manuskript; v. t. kopiere; efterligne; skrive af; **-book,** s. skrivebog; adj. banal, fortærsket; **-right**, s. forlagsret; forfatterret, kunstnerisk ejendomsret; adj. beskyttet; **-writer,** s. (reklame)tekstforfatter.

cord [kɔːd], s. strikke, snor; jernbanefløjl; elek. ledning; spinal ~, s., *anat.* rygmarv; *vocal* ~, *s., anat.* stemmebånd; **-age** [-idʒ], *s.* tovværk; **-ial** [-jəl], *s.* hjertestyrkning; *adj.* hjertelig; **-s,** *s. pl., T* fløjlsbukser.

cordon ['kɔːdn], *s.* kæde; afspærring.

corduroy ['kɔːdjərɔi], *s.* jernbanefløjl.

core [kɔː], *s.* det inderste, kerne; kernehus.

cork [kɔːk], *s.* kork; prop; *v. t.* tilproppe; **-ed** [-t], *adj.* tilproppet; som smager af prop; *S* plakatfuld; **-screw,** *s.* proptrækker.

corn [kɔːn], *s.* korn; sæd; *U.S.* majs; *med.* ligtorn; *v. t.* sprænge, salte; **-cob,** *s., kul.* majskolbe; **-ed** [-d], *adj., kul.* ~ *beef,* sprængt oksekød; **-y,** *adj., T* banal; sentimental.

cornea ['kɔːniə], *s., anat.* hornhinde.

corner ['kɔːnə], *s.* hjørne; krog; *sport.* hjørnespark; *v. t.* sætte til vægs; bringe i klemme.

cornice ['kɔːnis], *s.* gesims.

coronation [kɔrə'neiʃn], *s.* kroning.

coroner ['kɔrənə], *s.* ligsynsmand.

corporal ['kɔːpərəl], *s., mil.* korporal; *adj.* korporlig; legemlig.

corporate ['kɔːpərət], *adj.* forenet; fælles; **-ion** [-'reiʃn], *s.* kommunalbestyrelse; korporation; aktieselskab.

corporeal [kɔː'pɔːriəl], *adj.* legemlig; håndgribelig.

corps [kɔː], *s.* korps.

corpse [kɔːps], *s.* lig.

corral [kə'raːl], *s.* kreaturfold.

correct [kə'rekt], *v. t.* rette,

korrigere; straffe; *adj.* rigtig, korrekt; **-ion** [-ʃn], *s.* rettelse; irettesættelse.

correlate ['kɔrəleit], *s.* modstykke; *v. t. & i.* svare til; sætte i forbindelse; koordinere; **-ion** [-'leiʃn], *s.* gensidigt forhold.

correspond [kɔri'spɔnd], *v. i.* korrespondere; svare til; **-ence** [-ns], *s.* brevveksling; overensstemmelse.

corridor ['kɔridɔː], *s.* gang, korridor.

corroborate [kə'rɔbəreit], *v. t.* bekræfte, bestyrke.

corrode [kə'rəud], *v. t. & i.* tære, ætse, ruste; undergrave; **-sion** [-ʒn], *s.* ætsning, korrosion.

corrugate ['kɔrəgeit], *v. t. & i.* rynke, rifle; blive rynket; **-d** [-id], *adj.* ~ *cardboard,* bølgepap; ~ *iron,* bølgeblik.

corrupt [kə'rʌpt], *v. t.* fordærve; demoralisere; forvanske; bestikke; *v. i.* rådne, fordærves; *adj.* fordærvet; demoraliseret; bestikkelig; forvansket; **-ible** [-əbl], *adj.* bestikkelig; forgængelig; **-ion** [-ʃn], *s.* fordærvelse; bestikkelse; forrådnelse; forfalskning.

cortex ['kɔːteks], *s., bot.* bark.

cosh [kɔʃ], *s.* totenschläger; *v. t.* slå ned.

cosiness ['kəuzinəs], *s.* hygge.

cosmopolitan [ˌkɔzmə'pɔlitən], *s.* kosmopolit, verdensborger; *adj.* kosmopolitisk; verdens-.

cost [kɔst], *s.* omkostning; pris; bekostning; (cost, cost), *v. i.* koste; ~ **of living,** *s.* leveomkostninger; ~ *allowance, s.* dyrtidstillæg; ~ *index, s.* pristal; ~ **price,** *s.* indkøbspris; fremstillingspris; **-ly,** *adv.* kostbar; **-s,** *s. pl.* omkostninger; *jur.* sagsomkostninger; *at all* *-s,* for enhver pris.

costermonger ['kɔstəmʌŋgə], *s.* gadesælger.

cosy ['kəuzi], *s.* tehætte; *adj.* hyggelig; lun.

cot [kɔt], *s.* køje; barneseng; feltseng.

coterie ['kəutəri], *s.* klike.

cottage ['kɔtidʒ], *s.* mindre hus; hytte; sommerhus.

cotton ['kɔtn], *s.* bomuld; bomuldstøj; *v. t., S ~ on to,* synes godt om; fatte; ~ **waste,** *s.* tvist; ~ **wool,** *s.* vat.

couch [kautʃ], *s.* leje; sofa, seng; *v. t. & i.* udtrykke; ligge på lur.

cough ['kɔf], *s.* hoste; *v. t. & i.* hoste.

council ['kaunsl], *s.* rådsforsamling; råd; ~ **house,** *s.* kommunal (arbejder)bolig; ~ **school,** *s.* kommuneskole; **-lor** [-ə], *s.* byrådsmedlem.

counsel [kaunsl], *s.* råd; rådslagning; rådgiver; advokat; *v. t.* råde; tilråde; **-lor** [-ə], *s.* rådgiver; advokat.

count [kaunt], *s.* (be)regning; tælling; punkt; greve; *v. t. & i.* tælle; anse for; have betydning; *keep ~,* holde tal på; ~ *on,* regne med; **-less,** *adj.* utallig.

countenance ['kauntənəns], *s.* ansigtsudtryk; mine; fatning; *v. t.* bifalde, støtte.

counter ['kauntə], *s.* disk; skranke; jeton; spille-

mønt; tæller; *adv.* modsat; mod-; imod; *v. t.* imødegå; parere; svare; **-act** [-'rækt], *v. t.* modvirke; **-balance** [-'bæləns], *v. t.* opveje; **-clockwise** [-'klɔkwaiz], *adj.* mod uret; **-feit** [-fit], *v. t.* efterligne, forfalske; *adj.* uægte, falsk; **-foil,** *s.* talon; **-mand** [-'ma:nd], *v. t.* afbestille; tilbagekalde; **-move,** *s.* modtræk; **-pane,** *s.* sengetæppe; **-part,** *s.* genpart; pendant; **-point,** *s., mus.* kontrapunkt; **-poise,** *v. t.* holde i ligevægt; opveje; **-sign,** *v. t.* medunderskrive; **-sink,** *v. t.* forsænke; **-tenor,** *s., mus.* kontratenor.

country ['kʌntri], *s.* land; fædreland; egn; terræn; *in the ~,* (ude) på landet; **-side,** *s.* egn; landskab.

county ['kaunti], *s.* amt.

couple ['kʌpl], *s.* par; ægtepar; kobbel; *v. t.* forbinde; koble; parre.

courage ['kʌridʒ], *s.* mod; **-ous** [kə'reidʒəs], *adj.* modig.

course [kɔ:s], *s.* for(løb); bane; kurs, gang; kursus; vej; ret; *v. t.* jage; *v. i.* løbe (blod); *in the ~ of,* i løbet af; under; *of ~,* selvfølgelig.

court [kɔ:t], *s.* hof; gård(splads); *sport.* bane; *jur.* ret; *v. t.* gøre kur til; indbyde til; ~ *disaster,* udfordre skæbnen; **-eous** ['kə:tjəs], *adj.* høflig; **-esy** ['kə:tisi], *s.* høflighed; opmærksomhed; **-house,** *s.* ret; domstol; ~ **-martial** [-'ma:ʃl], *s.* krigsret; **-ship,** *s.* frieri, bejlen; **-yard,** *s.* gårdsplads.

cousin [kʌzn], s. fætter; kusine; *first* ~, søskendebarn.

cove [kəuv], s. vig, bugt.

covenant [ˈkʌvinənt], s., *rel.* pagt; overenskomst.

cover [ˈkʌvə], s. dække; betræk; hylster; konvolut; omslag; bind; låg; påskud; skjul; krat; *v. t.* dække; beskytte; skjule; omfatte; -**alls** [-rɔːlz], s. *pl.* kedeldragt; ~ **charge**, s. kuvertafgift; ~-**up** [-rʌp], s. tilsløring, dækken over.

covert [ˈkʌvət], s. smuthul, skjul; ly; tykning; *adj.* stjålen; skjult.

covet [ˈkʌvit], *v. t.* begære; hige efter; -**ous** [-əs], *adj.* begærlig.

covey [ˈkʌvi], s. kuld.

cow [kau], s., *zoo.* ko; *v. t.* kue; kujonere; -**boy**, s. røgter; cowboy; -**dung**, s. komøg; -**hide**, s. kohud; -**slip**, s., *bot.* kodriver.

coward [ˈkauəd], s. kujon, kryster; -**ice** [-is], s. fejhed; -**ly**, *adj.* fej.

cower [ˈkauə], *v. i.* krybe sammen.

cox [kɔks], s., *naut.* styrmand; *v. t. & i.* styre (en kaproningsbåd); -**comb** [-kəum], s. narrehue; nar, laps; -**swain** [-swein *el.* ˈkɔksn], s. styrmand.

coy [kɔi], *adj.* bly, undselig; koket.

coyote [kɔiˈəut], s., *zoo.* prærieulv.

crab [kræb], s., *zoo.* krabbe; ~ **apple**, s., *bot.* skovæble; *catch a* ~, *sport.* fange ugler; -**by**, *adj.* gnaven.

crack [kræk], s. knald, smæld, brag, knæk; sprække, revne; slag;

forsøg; vittighed; *v. t. & i.* knalde; knække; brage; revne; gå i overgang; fyre af (vits); *adj.* førsterangs; ~ *of dawn*, daggry; ~-**brained**, *adj.* halvtosset; -**er**, s. kineser; knallert; nøddeknækker; *kul.* kiks; ~-**up**, s. sammenbrud; fiasko.

crackl|e [krækl], *v. t.* knitre, knase; -**ing**, s. knitren; *kul.* flæskesvær.

cradle [kreidl], s. vugge; (telefon)gaffel.

craft [kraːft], s. fag; håndværk; dygtighed; list; fartøj(er); flyvemaskine(r); -**sman** [-smən], s. håndværker; fagmand; -**y**, *adj.* snu; listig.

crag [kræg], s. stejl klippe; -**ged** [-id], *adj.* fuld af klipper; ujævn.

cram [kræm], *v. t.* proppe, stoppe; stuve; *v. i.* terpe.

cramp [kræmp], s., *med.* krampe; *mek.* skruetvinge; *v. t.* indskrænke, hæmme; give krampetrækninger; -**ed** [-t], *adj.* trang; krampagtig.

cranberry [ˈkrænbəri], s., *bot.* tranebær.

crane [krein], s., *zoo.* trane; kran; *v. t. & i.* løfte med en kran; strække hals; ~ **fly**, s., *zoo.* stankelben.

cranial [ˈkreinjəl], *adj.*, *anat.* kranie-.

crank [kræŋk], s. krumtap, krank; særling; én med fikse idéer; ~-**shaft**, s. krumtapaksel; -**y**, *adj.* sær, excentrisk.

cranny [ˈkræni], s. sprække.

crap [kræp], s., *S* lort; sludder; *v. i.* skide.

crash [kræʃ], s. brag; sammenstød; styrt; krak; *adj.*

forceret; lyn-; *v. i.* brage;
styrte ned; støde sam-
men; krakke; brase;
komme uindbudt til; ~
barrier, s. autoværn; ~
helmet, s. styrthjelm.
crass [kræs], *adj.* grov;
dum.
crate [kreit], s. (trem-
me)kasse.
crav|e [kreiv], *v. t.* bønfalde
om; ~ *for*, hige efter; **-en**,
s. kujon; *adj.* fej; **-ing**, s.
trang; begær; higen.
crawl [krɔ:l], *v. i.* kravle;
krybe.
crayfish ['kreifiʃ], s., *zoo.*
krebs.
crayon ['kreiən], s. farve-
blyant.
craz|e [kreiz], s. mani; *the*
~, sidste skrig; **-y**, *adj.*
tosset, skør.
creak [kri:k], s. knirken;
v. i. knirke, knage.
cream [kri:m], s., *kul.* fløde;
creme; *fig.* det bedste;
v. t. ~ *off*, skumme; **-ery**
[-əri], s. mejeri.
crease [kri:s], s. fold; læg;
pressefold; rynke; *v. t. &
i.* krølle; folde; presse; **-y**,
adj. krøllet.
creat|e [kri'eit], *v. t.* skabe;
frembringe; oprette;
vække; udnævne; skabe
sig; **-ion** [-'eiʃn], s. skabel-
se; skabning; frembrin-
gelse; udnævnelse; krea-
tion; **-ure** ['kri:tʃə], s.
skabning; væsen; dyr;
menneske.
crèche [kreiʃ], s. vugge-
stue.
cred|ence ['kri:dns], s. tro;
tiltro; *give* ~ *to*, fæste lid
til; **-entials** [kri'denʃlz], s.
pl. legitimation; (ak)kre-
ditiver; **-ible** ['kredibl],
adj. troværdig; trolig;
-ulity [kri'dju:liti], s. lettro-

enhed; **-ulous** ['kredju-
ləs], *adj.* lettroende.
credit ['kredit], s. kredit;
tillid; anseelse; anerken-
delse; point; kildeangi-
velse; *v. t.* tro; stole på;
merk. kreditere; **-able**
[-əbl], *adj.* hæderlig; ære-
fuld.
creed [kri:d], s., *rel.* trosbe-
kendelse; tro.
creek [kri:k], s. vig; *U.S.*
bæk.
creep [kri:p], s. kryb; ækel
person; (crept, crept), *v. i.*
krybe; liste (sig), snige
(sig); gyse; *it gives me the*
-s, det giver mig myre-
kryb; **-er**, s. kryb; slyng-
plante; **-y**, *adj.* uhyggelig.
cremat|e [kri'meit], *v. t.*
brænde; **-ion** [-ʃn], s. lig-
brænding.
crescent [kresnt], s. halv-
måne; halvmåneformet
plads.
cress [kres], s., *bot.* karse.
crest [krest], s. kam; fjer-
dusk; hjelmbusk; bølge-
top; våbenmærke; **-fall-
en**, *adj.* slukøret.
Crete [kri:t], s. Kreta.
crevice ['krevis], s. spalte;
sprække.
crew [kru:], s. mandskab;
(arbejds)hold; flok; ~ -
cut, *adj.* plysset, karse-
klippet.
crib [krib], s. krybbe; bar-
neseng; snydeoversæt-
telse; plagiat; *v. t. & i.*
skrive af; snyde.
crick [krik], s. hold, for-
vridning.
cricket ['krikit], s., *zoo.* få-
rekylling; *sport.* kricket;
not ~, *T* usportsligt.
crikey ['kraiki], *int., S* ih du
milde!
crim|e [kraim], s. forbry-
delse; ~ *fiction*, krimi-

nalromaner; **-inal** ['kri-minl], s. forbryder; adj. forbryderisk; kriminel; straffe-.

crimp [krimp], v. t. kruse.

crimson ['krimzn], s. karmoisin; højrød; v. i. rødme.

cringe [krindʒ], v. i. krybe (sammen); ligge på maven for.

crinkle [kriŋkl], v. t. & i. krølle, kruse.

cripes [kraips], int., S vorherre bevares!

cripple [kripl], s. krøbling; v. t. lemlæste; forkrøble.

crisis ['kraisis] (pl. crises), s. vendepundt; krise.

crisp [krisp], adj. sprød, knasende; frisk; klar; kruset; ~ **bread**, s., kul. knækbrød; **-s**, s. pl., kul. franske kartofler.

criss-cross ['kris₁krɔs], adj. på kryds og tværs.

criterion [krai'tiəriən] (pl. criteria), s. kendemærke, kriterium.

critic ['kritik], s. anmelder, kritiker; **-al** [-l], adj. kritisk; afgørende; betænkelig, farlig; **-ism** [-sizm], s. kritik; **-ize** [-saiz], v. t. & i. kritisere.

critique [kri'ti:k], s. anmeldelse; kritik.

croak [krəuk], v. i. kvække.

crochet ['krəuʃei], v. t. & i. hækle; ~ **hook**, s. hæklenål.

crock [krɔk], s. lerkrukke; potteskår; zoo. øg; skrog; **-ery**, s. service, porcelæn.

crocodile ['krɔkədail], s., zoo. krokodille.

crocus ['krəukəs], s., bot. krokus.

croft [krɔft], s. toft; **-er**, s. husmand.

cron|e [krəun], s. gammel kone; **-y**, s. gammel ven, „kammesjuk".

crook [kruk], s. hage; krog; hyrdestav; krumning; S forbryder, svindler; v. t. & i. krumme (sig); bøje (sig); **-ed** [-id], adj. krum, skæv; kroget; T uhæderlig, uærlig.

croon [kru:n], v. t. nynne; **-er**, s. refrænsanger.

crop [krɔp], s. afgrøde; høst; mængde; manke; kortklippet hår; v. t. afklippe, studse; høste; v. i. ~ **up**, dukke op; vise sig; **-per**, s. come a ~, T falde; have fiasko; dumpe.

croquet ['krəukei], s. kroket.

cross [krɔs], s. kors; kryds; krydsning; lidelse; adj. tvær, gnaven; arrig; v. t. & i. gå (tværs) over; komme på tværs; krydse; modarbejde; hindre; be at ~ purposes, tale forbi hinanden; modvirke hinanden; **-bar**, s. tværstang; (cykel)stang; overligger; **-bow**, s. armbrøst; **-breed**, s. blandingsrace; ~**-examine**, v. t. krydsforhøre; ~**-eyed**, adj. skeløjet; **-ing**, s. vejkryds; overfart; overgang; ~ **reference**, s. krydshenvisning; **-road**, s. korsvej; **-s**, pl. vejkryds; ~**-section**, s. tværsnit; ~**-stitch**, s. korssting; **-word (puzzle)**, s. kryds-og-tværs(opgave).

crotch [krɔtʃ], s., anat. skridt.

crotchet ['krɔtʃit], s., mus. fjerdedelsnode; grille; **-y**, adj. lunefuld; sær.

crouch [krautʃ], v. i. krybe sammen; ligge på lur.

crow [krəu], s., zoo. krage; hanegal; v. i. gale; hovere; prale; as the ~ flies, i fugleflugtslinie; -bar, s. koben; ~'s-feet, s. pl. rynker ved øjnene; ~'s nest, s., naut. udkigstønde.

crowd [kraud], s. hob, mængde; trængsel; opløb; v. t. fylde; mase; presse; v. i. stimle sammen, flokkes; myldre; ~ out, fortrænge; -ed [-id], adj. (over)fyldt.

crown [kraun], s. krone; top; puld; isse; the C~, staten; kongemagten; jur. anklagemyndigheden; v. t. krone.

crucial ['kru:ʃl], adj. afgørende.

crucifixion [ˌkru:si'fikʃn], s. korsfæstelse; -y ['kru:sifai], v. t. korsfæste.

crude [kru:d], adj. rå, ubearbejdet; umoden, ufordøjet; primitiv; grel; utilsløret.

cruel ['kruəl], adj. grusom; forfærdelig; -ty, s. grusomhed.

cruise [kru:z], s. krydstogt; v. i. krydse; køre langsomt omkring; være på udkig; -r [-ə], s. krydser.

crumb [krʌm], s. krumme; -le [-bl], v. t. & i. smuldre.

crumpet ['krʌmpit], s., kul. slags tebrød; S hoved; kvinde.

crumple ['krʌmpl], v. t. & i. blive krøllet; ~ up, krølle sammen; synke sammen; bryde sammen.

crunch [krʌntʃ], v. t. & i. knase; knuse; -y, adj. knasende, sprød.

crusade [kru:'seid], s. korstog; kampagne.

crush [krʌʃ], s. trængsel; v. t. & i. knuse; undertrykke; tilintetgøre; presse; have a ~ on, S være varm på.

crust [krʌst], s. skorpe; -y, adj. skorpet; gnaven, vranten.

crutch [krʌtʃ], s. krykke; åregaffel; anat. skridt.

crux [krʌks], s. vanskeligt punkt; the ~ of the matter, sagens kerne.

cry [krai], s. skrig, råb; gråd; v. i. skrige, råbe; græde; ~ out against, protestere imod; ~ wolf, slå falsk alarm; ~-baby, s. skrighals; flæbehoved; -ing, adj. himmelråbende.

cryptic ['kriptik], adj. gådefuld; hemmelig.

C.S.E. ['si:es'i:], (fk.f. Certificate of Seconday Education), sv.t. tiendeklassesprøven.

cub [kʌb], s. hvalp, unge; knægt; ulveunge (spejder).

cubbyhole ['kʌbihəul], s. lille rum, hummer.

cube [kju:b], s. terning; mat. kubiktal.

cubicle ['kju:bikl], s. aflukke; sovekabine.

cuckold ['kʌkəuld], s. hanrej.

cuckoo ['kuku:], s., zoo. gøg; adj., S skør.

cucumber ['kju:kʌmbə], s., bot. agurk; cool as a ~, kold og rolig.

cud [kʌd], s. chew the ~, tygge drøv.

cuddle [kʌdl], s. knus, kæl; v. t. & i. kæle for; omfavne; ~ up to, putte sig ind til.

cudgel ['kʌdʒəl], s. knippel, kæp.

cue [kju:], s. stikord; vink;

sport. billardkø.

cuff [kʌf], *s.* dask; opslag; manchet; *-s, pl.* håndjern; *v. t.* give en lussing; daske; ~ **links,** *s. pl.* manchetknapper.

cul-de-sac [ˌkuldəˈsæk], *s.* blind vej; blindgyde.

culinary [ˈkʌlinəri], *adj.* kulinarisk; mad-, koge-.

cull [kʌl], *v. t.* udsøge; (ud)plukke; samle.

culminate [ˈkʌlmineit], *v. i.* kulminere.

culpable [ˈkʌlpəbl], *adj.* kriminel; strafskyldig.

culprit [ˈkʌlprit], *s.* forbryder, gerningsmand; *the* ~, den skyldige; *jur.* tiltalte.

cultivate [ˈkʌltiveit], *v. t.* dyrke; uddanne; forædle; kultivere.

cultural [ˈkʌltʃərəl], *adj.* kultur-, kulturel; **-e** [ˈkʌltʃə], *s.* kultur; dannelse; dyrkning, avl; **-ed** [ˈkʌltʃəd], *adj.* dannet, kultiveret.

cumber [ˈkʌmbə], *v. t.* belemre; **-some** [-səm], *adj.* byrdefuld, besværlig; uhåndterlig.

cumin [ˈkʌmin], *s., bot.* kommen.

cumulative [ˈkjuːmjulətiv], *adj.* ophobet.

cunning [ˈkʌniŋ], *s.* list; *adj.* listig; snild; *U.S., S* sød, nuttet.

cunt [kʌnt], *s., vulg.* kusse.

cup [kʌp], *s.* kop; bæger; pokal; kalk.

cupboard [ˈkʌbəd], *s.* skab.

cupidity [kjuˈpiditi], *s.* begærlighed.

cupola [ˈkjuːpələ], *s.* kuppel.

cuppa [ˈkʌpə], *s., S* kop te.

cur [kəː], *s.* køter; tølper.

curable [ˈkjuərəbl], *adj.*

helbredelig.

curate [ˈkjuərit], *s.* kapellan.

curb [kəːb], *s.* tøjle; hindring; *v. t.* tøjle, tæmme, styre; holde nede.

curd [kəːd], *s.* ostemasse; **-le** [-l], *v. t. & i.* løbe sammen; stivne; størkne.

cure [kjuə], *s.* kur, helbredelse, behandling; *v. t.* helbrede, kurere; konservere; behandle.

curfew [ˈkəːfjuː], *s.* aftenklokke; spærretid.

curiosity [ˌkjuəriˈɔsiti], *s.* nysgerrighed; seværdighed, raritet; **-us** [ˈkjuəriəs], *adj.* nysgerrig; interessant; mærkelig, besynderlig.

curl [kəːl], *s.* krølle; krusning; *v. t. & i.* krølle, kruse; sno (sig); ~ *up,* rulle sig sammen; **-y,** *adj.* krøllet.

curmudgeon [ˌkəːˈmʌdʒən], *s.* gnier.

currant [ˈkʌrənt], *s., bot.* korende; *red* ~, *s.* ribs; *black* ~, *s.* solbær.

currency [ˈkʌrənsi], *s.* omløb; gangbar mønt, valuta; udbredelse.

current [ˈkʌrənt], *s.* strøm; strømning, tendens; *adj.* gangbar, gyldig; gængs; almindelig; aktuel; løbende; **-ly,** *adv.* for tiden; hele tiden.

curry [ˈkʌri], *s., kul.* karry; karry-ret; *v. t.* garve; strigle; ~ *favour,* indsmigre sig.

curse [kəːs], *s.* forbandelse, ed; *v. t.* forbande; *v. i.* bande.

cursory [ˈkəːsəri], *adj.* flygtig, hastig.

curt [kəːt], *adj.* studs, kort.

curtail [kəːˈteil], *v. t.* for-

korte; beskære; ind-
skrænke.

curtain ['kə:tn], s. gardin;
forhæng; fortæppe; ~
pole, ~ rod, s. gardin-
stang; *behind the -s,* bag
kulisserne.

curtsey ['kə:tsi], s. kniks;
v. i. neje.

curve [kə:v], s. krumning,
kurve; vejsving; *v. t.*
krumme (sig).

cushion ['kuʃn], s. pude.

cuss [kʌs], s., *S* fyr, person;
ed; *v. i., S* bande; **-ed** [-id],
adj., S forbandet; stædig.

custard ['kʌstəd], s., *kul.*
cremesovs.

custod|ian [kə'stəudjən], s.
opsynsmand, kustode;
vogter; **-y** ['kʌstədi], s.
forvaring; arrest; vare-
tægt; forældremyndig-
hed.

custom ['kʌstəm], s. skik,
sædvane; brug; søgning;
-ary [-ri], *adj.* sædvanlig,
almindelig; **-er,** s. kunde;
T fyr; **-house,** s. toldbod;
~**-made,** *adj.* skrædder-
syet; lavet efter mål; **-s,** s.
pl. told; toldvæsen.

cut [kʌt], s. snit; skramme;
udeladelse; nedskæring;
klipning; *a ~ above,* bed-
re end; (cut, cut), *v. t. & i.*
skære, hugge, snitte;
klippe; fælde; nedsætte;
beskære; slå; tage af; ~
across, gå tværs over; gå
på tværs af; ~ *along,*
skynde sig; ~ *away,*
skære væk; stikke af; ~
back, forkorte; beskære;
~ *down,* slå ned; ned-
skære, indskrænke; ~
in, afbryde; ~ *off,* afskæ-
re; afbryde; lukke for;
isolere; ~ *out,* klippe ud;
fjerne; holde op med; ~
it out! ti stille! hold så op!

~ *up, adj.* medtaget, op-
revet; ~ *up rough,* blive
gal; ~**-and-dried,** *adj.*
fiks og færdig; rutine-
mæssig; ~**-away,** *adj.* ~
coat, jaket; ~ **glass,** s.
slebet glas; **-let,** s., *kul.*
kotelet; **-off,** s. genvej;
pause; **-ting,** s. udklip;
bot. stikling; overskæ-
ring; **-throat,** s. bandit,
morder; *adj.* morderisk;
hensynsløs.

cutaneous [kju'teinjəs],
adj., med. hud-.

cute [kju:t], *adj.* sød, nut-
tet.

cuticle ['kju:tikl], s., *anat.*
neglebånd.

cutlery ['kʌtləri], s. spise-
bestik.

cuttlefish ['kʌtlfiʃ], s., *zoo.*
blæksprutte.

cwt ['hʌndridweit], *(fk.f.*
hundredweight) = 112
lbs, *s.d.*

cyclamen ['sikləmən], s.,
bot. alpeviol.

cycle [saikl], s. kreds; cy-
klus; cykel.

cylinder ['silində], s. valse;
cylinder; tromle.

cymbal ['simbl], s., *mus.*
bækken.

cyme [saim], s., *bot.* kvast.

cynic ['sinik], s. kyniker;
adj. kynisk.

cyst [sist], s., *med.* cyste,
blære, svulst.

D [di:], *mus.* d; ~ *flat,* des;
~ *sharp,* dis.

d. *(fk.f.* denarius), penny,
pence.

dab [dæb], s. klat; klask;
zoo. slette, ising; *v. t. & i.*
slå let; duppe; *a ~ (hand)
at,* ferm til, mester i; **-s**
[-z], s. *pl., T* fingeraftryk.

dabble [dæbl], *v. t. & i.*
pjaske; fuske.

dachshund ['dækshund], s., zoo. grævlingehund, gravhund.

dad [dæd], s., T far; **-dy**, s., T far; **-dy longlegs**, s., zoo. stankelben.

daffodil ['dæfədil], s., bot. påskelilje.

daft [da:ft], adj., T skør, tosset.

dagger ['dægə], s. dolk; daggert; be at -s drawn, være uvenner.

dago ['deigəu], s., S, neds. spanier, italiener, portugiser.

daily ['deili], adj. daglig, hverdags; s. dagblad, avis; rengøringskone.

dainty ['deinti], s. lækkerbisken; adj. fin, lækker; kræsen.

dairy ['dɛəri], s. (is)mejeri; ~ **breed**, s. malkerace; **-man**, s. mejerist; mejeriejer; ~ **produce**, s. mejeriprodukter.

dais [deis], s. podium; forhøjning.

daisy ['deizi], s., bot. bellis, tusindfryd.

dale [deil], s. dal.

dall|iance ['dæliəns], s. pjank; smøleri; **-y**, v. i. pjatte, pjanke; smøle.

dam [dæm], s. dæmning, dige; v. t. inddige, opdæmme.

damage ['dæmidʒ], s. skade; beskadigelse; v. t. beskadige; **-s** [-iz], s. pl. skadeserstatning.

dame [deim], s., poet. & gl. frue, dame; U.S., S pige; D~, kvindelig ridder af en orden.

damn [dæm], v. t. fordømme; forbande; ~ (it)! pokkers også! I don't care a ~, jeg er revnende ligeglad; **-ed** [-d], adj. forbandet; satans; I'll be -ed! det var pokkers!

damp [dæmp], s. fugtighed; adj. fugtig, klam; v. t. fugte; dæmpe; **-er**, s. lyddæmper; spjæld; **-ness**, s. fugtighed, klamhed.

damsel [dæmzl], s., poet. & gl. jomfru; mø.

dance [da:ns], s. dans; bal; v. t. & i. danse.

dandelion ['dændilaiən], s., bot. løvetand, mælkebøtte.

dander ['dændə], s., T get one's ~ up, blive vred.

dandruff ['dændrəf], s., med. skæl.

dand|y ['dændi], s. laps; modeherre; adj., S glimrende; **-ified**, adj. lapset.

Dan|e [dein], s. dansker; Great ~, zoo. grand danois; **-ish**, s. & adj. dansk; ~ **pastry**, kul. wienerbrød.

danger ['deindʒə], s. fare; **-ous** [-rəs], adj. farlig.

dangle [dæŋgl], v. t. & i. dingle (med).

dank [dæŋk], adj. fugtig, klam.

dapper ['dæpə], adj. livlig; net, fiks.

dappled [dæpld], adj. skimlet, spættet.

dare [dɛə], v. t. & i. turde; vove; trodse; udfordre; I ~ say she'll come, hun kommer nok; **-devil**, s. vovehals; adj. dumdristig; **daring** [-riŋ], s. dristighed; adj. dristig.

dark [da:k], adj. mørk; dunkel; skummel; keep ~, holde skjult; **-en** [-n], v. t. & i. formørke(s); gøre mørk(ere); **-ness**, s. mørke; **-room**, s., fot. mørkekammer.

darling ['dɑːliŋ], s. yndling;
øjesten; skat.

darn [dɑːn], v. t. & i. stoppe; **-ed** [-d], adj., S fordømt; **-ing needle,** s.
stoppenål.

dart [dɑːt], s. kastepil;
pludselig bevægelse; v. t.
kaste, slynge; v. i. fare,
styrte afsted; **-board,** s.
skive; **-s,** s. pl. pilespil.

dash [dæʃ], s. slag; pludselig bevægelse; fart; plask;
stænk; anstrøg; gram.
tankestreg; v. t. kaste,
slynge; knuse; klaske;
v. i. styrte, fare; ~ off, fare afsted; **-board,** s. instrumentbræt; **-ing,** adj.
rask, flot.

data ['deitə], s. pl. materiale; data; ~ **processing,** s.,
edb. databehandling.

date [deit], s. dato; årstal;
tid; aftale; stævnemøde;
én, man har stævnemøde
med; bot. daddel; v. t. datere; stamme fra; blive
forældet; gå ud med; out
of ~, forældet; up to ~,
moderne; keep up to ~,
holde sig à jour; **-d** [-id],
adj. forældet.

daub [dɔːb], v. t. & i. oversmøre; klatte.

daughter ['dɔːtə], s. datter;
~**-in-law** [-rin'lɔː], s. svigerdatter.

daunt [dɔːnt], v. t. skræmme; **-less,** adj. uforknyt.

davenport ['dævnpɔːt], s.
skrivepult; U.S. sofa.

davit ['dævit], s., naut. david.

dawdle [dɔːdl], v. i. smøle;
drive; **-r** [-ə], s. smøl.

dawn [dɔːn], s. daggry; v. t.
dages; dæmre.

day [dei], s. dag; tid; døgn;
vejr; one fine ~, en skønne dag; the ~ before

yesterday, i forgårs; the
~ after tomorrow, i overmorgen; the other ~, forleden dag; every other ~,
hveranden dag; call it a
~, holde fyraften; carry
the ~, gå af med sejren;
by ~, om dagen; ~ by ~,
dag for dag; for -s, i
dagevis; in my ~, i min
tid; to this ~, den dag i
dag; **-dream,** v. i. dagdrømme; **-light,** s. dagslys; in broad ~, ved højlys dag; ~ saving sommertid; **-time,** s. in the ~,
om dagen.

daze [deiz], s. in a ~,
fortumlet; v. t. gøre fortumlet; bedøve.

dazzle [dæzl], s. stråleglans; v. t. blænde.

D.C. ['diːsiː], (fk.f. direct
current), elek. jævnstrøm.

dead [ded], adj. død, livløs;
uvirksom; vissen; mat;
følelsesløs; øde, tom; adv.
stik, ret; ganske, fuldstændig; død-; **-beat,** adj.
dødtræt; ~ calm, s. blikstille; **-en** [-n], v. t. dæmpe, døve; ~ **end,** s. blindgade; ~ **heat,** s. dødt løb;
-line, s. sidste frist; **-lock,**
s. stilstand; reach a ~, gå
i hårdknude; **-ly,** adj. dødelig; dræbende; død(s)-.

deaf [def], adj. døv; ~ and
dumb, døvstum; **-en** [-n],
v. t. overdøve; **-ening** [-ə-
niŋ], adj. øredøvende;
~**-mute,** s. døvstum.

deal [diːl], s. del; mængde;
handel; kortgivning; fyrreplanke; bot. fyrretræ;
(dealt, dealt), v. t. tildele,
give; handle; a great ~,
en hel del; ~ in, handle
med; beskæftige sig med;
~ out, uddele; ~ with,

have at gøre med; be-
handle; handle om; **-er,** s.
handlende; forhandler;
kortgiver.
dean [di:n], s. provst; de-
kan.
dear [diə], adj. dyr; dyre-
bar, kær; **-ly,** adv. dyrt;
inderligt.
dearth [də:θ], s. dyrtid;
mangel.
death [deθ], s. død; døds-
fald; put to ~, aflive;
-bed, s. dødsleje; ~ **duty,**
s. arveafgift; **-ly,** adj. dø-
delig; ~ pale, adj. ligbleg;
~ **rate,** s. dødelighed; ~
sentence, s. dødsdom.
debar [di'ba:], v. t. udeluk-
ke.
debase [di'beis], v. t. for-
nedre; forringe.
debat|able [di'beitəbl], adj.
diskutabel; **-e,** s. debat;
diskussion; v. t. & i. de-
battere; diskutere; drøf-
te.
debauch [di'bɔ:tʃ], s. svir;
udskejelse; v. t. forføre;
fordærve.
debility [di'biliti], s. svag-
hed.
debit ['debit], s. debet;
gæld; v. t. debitere.
debonair [,debə'nɛə], adj.
venlig, høflig.
debris ['de(i)bri], s. (mur)-
brokker.
debt [det], s. gæld; **-or** [-ə],
s. skyldner, debitor.
debug [di:'bʌg], v. t. fjerne
skjulte mikrofoner fra;
rette fejl (i).
debunk [di:'bʌŋk], v. t. af-
romantisere.
debut ['de(i)bju:], s. debut.
decade ['dekeid], s. årti.
decadence ['dekədəns], s.
forfald, dekadence.
decamp [di'kæmp], v. i.
bryde op; stikke af.

decant [di'kænt], v. t. om-
hælde; **-er,** s. karaffel.
decapitate [di'kæpiteit],
v. t. halshugge.
decay [di'kei], s. forfald;
forrådnelse; v. i.forfalde;
visne; rådne; gå i opløs-
ning.
decease [di'si:s], s.død; v. i.
dø; the -d, den afdøde.
decei|t [di'si:t], s. be-
drag(eri), svig; **-tful,** adj.
bedragerisk, falsk, uær-
lig; **-ve** [-'si:v], v. t. bedra-
ge; narre.
December [di'sembə], s.
december.
decen|cy ['di:snsi], s. søm-
melighed; anstændig-
hed; offence against pub-
lic ~, blufærdigheds-
krænkelse; have the ~
to, være så flink at; **-t,**
adj. sømmelig, anstæn-
dig; passende; ordentlig;
flink; hæderlig; pæn.
decep|tion [di'sepʃn], s. be-
drag; svig; **-ive,** adj. vild-
ledende.
deci|de [di'said], v. t. & i.
afgøre, bestemme; be-
slutte (sig); **-ded** [-id], adj.
afgjort; bestemt; **-sion**
[-'siʒn], s. afgørelse; be-
slutning; kendelse; be-
slutsomhed; **-sive** [-'sai-
siv], adj. afgørende; be-
stemt.
deciduous [di'sidjuəs], adj.,
bot. løvfældende.
decima|l ['desiml], adj. de-
cimal-; go ~, gå over til
decimalsystemet; **-te**
[-eit], v. t.reducere; tynde
ud i.
decipher [di'saifə], v. t. de-
chifrere, tyde.
deck [dek], s. dæk; etage;
spil (kort); v. t. ~ out,
smykke, pynte; ~ **-chair,**
s. liggestol; ~ **-house,** s.,

naut. ruf.

decla|im [di'kleim], *v. t. & i.*
deklamere; ~ *against*,
protestere imod; **-ma-
tion** [,deklə'meiʃn], *s.* de-
klamation; protesttale.

declar|ation [,deklə'reiʃn],
s. erklæring; deklaration;
-e [di'klɛə], *v. t.* erklære;
bekendtgøre; tage parti;
fortolde.

declension [di'klenʃn], *s.*
hældning; *gram.* bøjning.

decline [di'klain], *s.* forfald;
aftagen; nedgang; dalen;
on the ~, på retur; *v. t.*
afslå; fralægge sig;
(af)bøje; aftage; forfalde;
nægte; *v. i.* nægte, vægre
sig; hælde; gå tilbage.

declivity [di'kliviti], *s.* hæld-
ning.

declutch ['di:'klʌtʃ], *v. t.* ud-
koble.

decode ['di:'kəud], *v. t.* de-
chifrere.

decompose [,di:kəm'pəuz],
v. t. & i. opløse; gå i op-
løsning.

decontaminate [,di:kən-
'tæmineit], *v. t.* desinfice-
re; rense.

décor ['deikɔ:], *s.* dekora-
tion(er); **-ate** ['dekəreit],
v. t. pynte, dekorere,
smykke; gøre i stand,
male *etc.*; **-ation** [dekə-
'reiʃn], *s.* udsmykning;
istandsættelse; **-ator**
['dekəreitə], *s. interior ~*,
s. indretningsarkitekt.

decor|ous ['dekərəs], *adj.*
sømmelig; **-um** [di'kɔ:-
rəm], *s.* sømmelighed.

decoy ['di:kɔi], *s.* lokkedue;
lokkemad.

decrease ['di:kri:s], *s.* afta-
gen; formindskelse; [di-
'kri:s], *v. t. & i.* aftage;
formindske(s).

decree [di'kri:], *s.* forord-

ning; kendelse; *v. t. & i.*
påbyde; forordne.

decrepit [di'krepit], *adj.* af-
fældig.

decry [di'krai], *v. t.* fordøm-
me; rakke ned på.

dedicate ['dedikeit], *v. t.*
(ind)vie; tilegne; hellige.

deduce [di'dju:s], *v. t.* udle-
de, slutte.

deduct [di'dʌkt], *v. t.* fra-
drage; trække fra; **-ion**
[-ʃn], *s.* fradrag, rabat;
slutning.

deed [di:d], *s.* dåd; gerning;
dokument; skøde.

deem [di:m], *v. t.* anse for;
v. i. mene.

deep [di:p], *s.* dyb; *adj.* dyb;
dybsindig; grundig; ud-
spekuleret; mørk; *go off
the ~ end*, blive rasende;
-freeze, *s.* fryser; *v. t.*
dybfryse; **~-fry**, *v. t.* fri-
turestege; **~-rooted**, *adj.*
indgroet.

deer [diə], *s., zoo.* hjort.

deface [di'feis], *v. t.* øde-
lægge; skæmme; skam-
fere.

defalcation [,di:fæl'keiʃn],
s. underslæb.

defame [di'feim], *v. t.* bag-
vaske.

default [di'fɔ:lt], *s.* forsøm-
melse; mangel; mislig-
holdelse.

defeat [di'fi:t], *s.* nederlag;
v. t. overvinde; slå; forka-
ste.

defect [di'fekt], *s.* mangel,
fejl; *v. i.* hoppe af; falde
fra; **-ive**, *adj.* defekt;
mangelfuld; *mentally ~*,
åndssvag; **-or** [-ə], *s.* af-
hopper.

defen|ce [di'fens], *s.* for-
svar; værn; beskyttelse;
-d, *v. t.* forsvare; **-dant**
[-dənt], *s.* sagsøgte; an-
klagede.

defer [di'fə:], *v. t.* opsætte; udsætte; **-red** [-d], *adj.* udsat; ~ *payment*, afbetaling.

defian|ce [di'faiəns], *s.* udfordring; trods; *in* ~ *of*, stik imod; **-t**, *adj.* trodsig, udfordrende.

deficient [di'fiʃnt], *adj.* mangelfuld; utilstrækkelig.

deficit ['defisit], *s.* underskud.

defile ['di:fail], *s.*, *geo.* pas; [di'fail], *v. t.* besudle; besmitte; forurene; *v. i.* defilere.

defin|e [di'fain], *v. t.* definere; afgrænse; præcisere; **-ite** ['definit], *adj.* bestemt, afgrænset; **-ition** [ˌdefi'niʃn], *s.* forklaring; definition.

deflate [di'fleit], *v. t.* slippe luften ud af; skabe deflation; pille ned.

deflect [di'flekt], *v. t. & i.* afbøje; aflede; bøje af.

deform [di'fɔ:m], *v. t.* misdanne; **-ity**, *s.* misdannelse.

defraud [di'frɔ:d], *v. t.* bedrage, besvige.

defray [di'frei], *v. t.* bestride; afholde; bekoste.

defrost ['di:'frɔst], *v. t.* afrime; tø op.

deft [deft], *adj.* behændig.

defy [di'fai], *v. t.* trodse, udfordre.

degenerate [di'dʒenərət], *adj.* degenereret; [-eit], *v. i.* udarte; degenerere.

degrad|ation [ˌdegrə'deiʃn], *s.* nedværdigelse, fornedrelse; **-e** [di'greid], *v. t.* degradere; nedværdige, fornedre.

degree [di'gri:], *s.* grad; eksamen; rang; *by -s*, gradvis; *third* ~, T tredje-

grads forhør.

dehydrate [di:'haidreit], *v. t.* tørre; dehydrere.

deify ['di:ifai], *v. t.* forgude; gøre til gud.

deign [dein], *v. t.* nedlade sig til.

deity ['di:iti], *s.* guddom(melighed).

deject [di'dʒekt], *v. t.* nedslå; gøre modløs.

delay [di'lei], *s.* opsættelse; forhaling; forsinkelse; *without* ~, straks; *v. t. & i.* opsætte, udsætte; forhale, forsinke.

delectable [di'lektəbl], *adj.* liflig.

delegate ['deligət], *s.* delegeret; [-geit], *v. t.* delegere; overdrage.

delete [di'li:t], *v. t.* slette, stryge.

deleterious [ˌdeli'tiəriəs], *adj.* skadelig.

deliberate [di'libərət], *adj.* velovervejet; overlagt; bevidst; [-eit], *v. t. & i.* overveje; rådslå; **-ly**, *adv.* med overlæg; med vilje.

delica|cy ['delikəsi], *s.* delikatesse; lækkerbisken; finfølelse, takt; sarthed; finhed; **-te** [-ət], *adj.* fin; svagelig; vanskelig; delikat.

delicious [di'liʃəs], *adj.* lækker; liflig; delikat; herlig.

delight [di'lait], *s.* fryd, glæde; *v. t. & i.* fryde; glæde (sig); **-ed** [-id], *adj.* glad, henrykt; *I'll be* ~, det vil være mig en glæde; **-ful**, *adj.* yndig; dejlig.

delineate [di'linieit], *v. t.* skitsere; skildre.

delinquen|cy [di'liŋkwənsi], *s.* lovovertrædelse; *juvenile* ~, ungdomskriminalitet; **-t**, *s.* forbryder.

deliri|ous [di'liriəs], *adj.* i vildelse; i ekstase; **-um** [-əm], *s.* delirium; vildelse.

deliver [di'livə], *v. t.* (af)levere, indlevere; overgive; befri; frelse; forløse; fremsige; ombære; **-y** [-ri], *s.* levering; nedkomst; ~ *van, s.* varevogn.

delude [di'lu:d], *v. t.* bedrage; narre.

deluge ['delju:dʒ], *s.* oversvømmelse; syndflod.

delusion [di'lu:ʒn], *s.* (selv)bedrag; vildfarelse; illusion.

delve [delv], *v. i.* ~ *into*, fordybe sig i; kulegrave.

demand [di'ma:nd], *s.* fordring; forlangende, krav; begæring; efterspørgsel; *v. t.* kræve, fordre, forlange.

demean [di'mi:n], *v. t.* ~ *oneself*, nedværdige sig; **-our** [-ə], *s.* opførsel; holdning.

demented [di'mentid], *adj.* afsindig, gal.

demerit [,di:'merit], *s.* mangel; fejl.

demi ['demi], *præfiks* halv-.

demise [di'maiz], *s.* dødelig afgang, død; overdragelse.

demist ['di:'mist], *v. t.* fjerne dug fra.

demo ['deməu], *s., T* demonstration.

demob [,di:'mɔb], *v. t.* demobilisere, hjemsende.

democra|cy [di'mɔkrəsi], *s.* demokrati; **-t** ['deməkræt], *s.* demokrat; **-tic** [,demə'krætik], *adj.* demokratisk.

demoli|sh [di'mɔliʃ], *v. t.* nedrive, sløjfe; ødelæg-

ge; **-tion** [,demə'liʃn], *s.* nedrivning.

demon ['di:mən], *s.* dæmon; djævel.

demonstrat|e ['demənstreit], *v. t. & i.* bevise; vise, demonstrere; **-ion** [-'streiʃn], *s.* demonstration.

demur [di'mə:], *s.* nølen; indsigelse; *v. t.* nøle; have betænkeligheder; gøre indsigelse.

demure [di'mjuə], *adj.* ærbar; from; knibsk.

den [den], *s.* hule; hybel.

denial [di'naiəl], *s.* (be)nægtelse; afslag; dementi.

denim ['denim], *s.* cowboystof; **-s**, *s. pl.* overalls, cowboybukser.

denizen ['denizn], *s.* beboer; udlænding med visse rettigheder.

Denmark ['denma:k], *s.* Danmark.

denominat|e [di'nɔmineit], *v. t.* benævne; **-ion** [-'neiʃn], *s.* benævnelse; sekt; klasse; pålydende.

denote [di'nəut], *v. t.* betegne; tyde på.

denounce [di'nauns], *v. t.* angive; anklage; opsige.

dense [dens], *adj.* tæt, kompakt; dum, tykhovedet.

dent [dent], *s.* bule; fordybning; *v. t.* slå bule i.

dent|al [dentl], *adj.* tand-; ~ *floss, s.* tandtråd; ~ *surgeon, s.* tandlæge; **-i-frice** [-ifris], *s.* tandpasta el. -pulver; **-ist**, *s.* tandlæge; **-ition** [-'tiʃn], *s.* tandstilling; tandbrud; **-ure** [-ʃə], *s.* gebis; protese.

denuclearized [,di:'nju:kliəraizd], *adj.* atomvåben-fri.

denude [di'nju:d], *v. t.* blotte.

denunciation [ˌdinʌnsi'ei-ʃn], *s.* fordømmelse; angivelse.

deny [di'nai], *v. t.* nægte; fornægte; afvise; dementere.

deodorant [di:'əudərənt], *s.* deodorant.

depart [di'pa:t], *v. i.* afgå; afrejse; gå bort; dø; ~ *from,* afvige fra; **-ment,** *s.* afdeling; branche; område; fag; institut; departement; ministerium; ~ *store,* *s.* stormagasin; **-mental** [-'mentl], *adj.* ministeriel; afdelings-; **-ure** [-ʃə], *s.* afgang; afrejse; bortgang; afvigelse; død.

depend [di'pend], *v. i.* *it* -s, det kommer an på; ~ *on,* afhænge af; være afhængig af; stole på; regne med; **-able** [-əbl], *adj.* pålidelig; **-ant,** *s.* person som forsørges af en anden; **-ent,** *adj.* afhængig.

depict [di'pikt], *v. t.* afbilde, skildre.

deplete [di'pli:t], *v. t.* (ud)tømme.

deplor|able [de'plɔ:rəbl], *adj.* sørgelig; elendig; **-e,** *v. t.* beklage; begræde.

deploy [di'plɔi], *v. t. & i.,* *mil.* deployere; sprede; indsætte.

depopulate [ˌdi:'pɔpjuleit], *v. t.* affolke.

deport [di'pɔ:t], *v. t.* deportere; udvise; ~ *oneself,* opføre sig; **-ment,** *s.* holdning; adfærd; opførsel.

depose [di'pəuz], *v. t. & i.* afsætte; vidne.

deposit [di'pɔzit], *s.* depositum; pant; indskud; udbetaling; *kem.* bundfald; *geo.* aflejring; *v. t.* lægge;

anbringe; aflejre; indskyde; deponere; **-or** [-ə], *s.* indskyder.

depot ['depəu], *s.* depot; pakhus; remise; garage; *U.S.* jernbane- el. rutebilstation.

deprave [di'preiv], *v. t.* fordærve.

deprecate ['deprikeit], *v. t.* misbillige.

depreciate [di'pri:ʃieit], *v. t. & i.* forklejne; forringe; nedskrive; falde i værdi.

depress [di'pres], *v. t.* trykke (ned); nedslå; deprimere; hæmme; **-ion** [-ʃn], *s.* nedtrykthed; depression; sænkning, fordybning; lavtryk; *merk.* lavkonjunktur.

depriv|ation [ˌdepri'veiʃn], *s.* berøvelse; tab; afsavn; nød; **-e** [di'praiv], *v. t.* ~ *of,* berøve, fratage.

depth [depθ], *s.* dybde; dyb; *be out of one's* ~, være ude at svømme; ~ **charge,** *s.* dybvandsbombe; ~ **gauge,** *s.* dybdemåler.

deputy ['depjuti], *s.* stedfortræder, vice-; repræsentant; deputeret.

derail [di'reil], *v. t. & i.* afspore(s).

derange [di'reindʒ], *v. t.* forvirre, forstyrre; *mentally -d,* sindsforvirret.

derelict ['derilikt], *s.* dødt skib; menneskevrag; *adj.* forladt.

deri|de [di'raid], *v. t.* håne, spotte; **-sion** [-'riʒn], *s.* hån, spot; **-sive** [-'raisiv], *adj.* hånlig.

deriv|ation [ˌderi'veiʃn], *s.* oprindelse; afledning; afstamning; **-ative** [di'rivətiv], *s., kem.* derivat; afledning; **-e** [di'raiv], *v. t. &*

i. aflede; udlede; opnå;
gram. ~ *from,* være af-
ledt af; stamme fra.
derma|titis [ˌdəːmə'taitis],
s., med. hudbetændelse;
-tologist [-'tɔlədʒist], *s.*
dermatolog, hudlæge.
derogatory [di'rɔgətri], *adj.*
nedsættende.
derrick ['derik], *s.* kran;
boretårn.
descant ['deskænt], *s., mus.*
diskant.
descen|d [di'send], *v. t. & i.*
stige ned (i); gå ned (ad);
skråne; nedstamme; ~
to, nedværdige sig til; ~
upon, slå ned på; ramme;
-dant [-ənt], *s.* efterkom-
mer; **-t**, *s.* nedstigning;
dalen; fald; afstamning.
descri|be [di'skraib], *v. t.*
beskrive; betegne; **-ption**
[-'skripʃn], *s.* beskrivelse;
signalement; art, slags.
descry [di'skrai], *v. t.* få øje
på.
desecrate ['desikreit], *v. t.*
vanhellige.
desegregate [ˌdiː'segrigeit],
v. t. ophæve raceadskil-
lelse.
desert ['dezət], *s.* ørken;
adj. øde, ubeboet.
desert [di'zəːt], *s.* fortje-
neste; *v. t. & i.* forlade;
svigte; desertere; **-er**, *s.*
desertør.
deserv|e [di'zəːv], *v. t.* for-
tjene; **-ing**, *adj.* værdig;
fortjenstfuld.
desiccate ['desikeit], *v. t. &*
i. tørre; blive tør.
design [di'zain], *s.* tegning;
udkast; plan; mønster;
projekt; formgivning;
hensigt; *v. t. & i.* skitsere,
udtænke; tegne; plan-
lægge; udse; formgive;
konstruere; *by* ~, med
vilje; **-er**, *s.* tegner; form-

giver.
designate ['dezigneit], *v. t.*
betegne; udpege.
desir|able [di'zaiərəbl], *adj.*
attråværdig; ønskelig; **-e,**
s. begær; lyst; attrå; øn-
ske; *v. t.* attrå, ønske; be-
gære; anmode.
desist [di'zist], *v. i.* holde
op; afstå.
desk [desk], *s.* skrivebord;
pult; kateder.
desolat|e ['desələt], *adj.*
øde, forladt, trøstesløs;
ulykkelig; **-ion** [-'leiʃn], *s.*
forladthed; ødelæggelse;
trøstesløshed.
despair [di'spɛə], *s.* fortviv-
lelse; *v. i.* fortvivle; opgi-
ve håbet.
desperado [ˌdespə'raːdəu],
s. bandit.
desperate ['desprit], *adj.*
desperat; fortvivlet; elen-
dig.
despi|cable [di'spikəbl],
adj. foragtelig; **-se**
[-'spaiz], *v. t.* foragte.
despite [di'spait], *præp.*
trods; til trods for.
desponden|cy [di'spɔndən-
si], *s.* modløshed; **-t**, *adj.*
modløs, forknyt.
despot ['despɔt], *s.* despot.
dessert [di'zəːt], *s., kul.*
dessert, efterret.
destin|ation [ˌdesti'neiʃn], *s.*
mål; bestemmelsessted;
-ed ['destind], *adj.* skæb-
nebestemt; **-y** ['destini], *s.*
skæbne.
destitute ['destitjuːt], *adj.*
fattig, nødlidende; ~ *of,*
blottet for.
destroy [di'strɔi], *v. t.* øde-
lægge; tilintetgøre; **-er,**
s., naut. destroyer, torpe-
dojager.
destructi|on [di'strʌkʃn], *s.*
tilintetgørelse; ødelæg-
gelse; **-ve**, *adj.* ødelæg-

gende, destruktiv.

desultory ['desəltri], *adj.* planløs.

detach [di'tætʃ], *v. t.* skille; løsrive, løsgøre; **-ed** [-t], *adj.* afsondret; distanceret; upartisk; **-ment,** *s.* afdeling; isolation; objektivitet; adskillelse.

detail ['di:teil], *s.* enkelthed, detalje; *v. t. & i.* specificere; *mil.* beordre; *in* ~, indgående; **-ed** [-d], *adj.* detaljeret, udførlig.

detain [di'tein], *v. t.* tilbageholde; anholde; sinke; opholde; lade sidde efter.

detect [di'tekt], *v. t.* opdage; påvise; **-ive,** *s.* opdager, detektiv; kriminal-.

detention [di'tenʃn], *s.* tilbageholdelse; detention; arrest; eftersidning.

deter [di'tə:], *v. t.* afskrække; **-gent** [-dʒənt], *s.* vaskepulver; **-rent** [-rənt], *s.* afskrækkende middel; afskrækkelsesvåben.

deteriorate [di'tiəriəreit], *v. t. & i.* forværre(s).

determin|ation [di,tə:mi-'neiʃn], *s.* bestemmelse; beslutsomhed, bestemthed; målbevidsthed; **-e** [-'tə:min], *v. t. & i.* bestemme; beslutte sig, afgøre; **-ed** [-'tə:mind], *adj.* bestemt, beslutsom; målbevidst.

detest [di'test], *v. t.* afsky.

detonation [,detə'neiʃn], *s.* eksplosion; detonation.

detour ['di:tuə], *s.* omvej.

detract [di'trækt], *v. t. & i.* ~ *from*, forringe; nedsætte; ~ *attention*, bortlede opmærksomheden.

detriment ['detrimənt], *s.* skade; **-al** [-'mentl], *adj.* skadelig.

deuce [dju:s], *s.* djævlen;

toer; *sport.* lige; *what the* ~ *?* hvad pokker?

Deuteronomy [,dju:tə'rɔnəmi], 5. Mosebog.

devaluate [,di:'væljueit], *v. t. & i.* devaluere; nedvurdere.

devastat|e ['devəsteit], *v. t.* hærge; ødelægge; **-ing,** *adj.* voldsom, tilintetgørende.

develop [di'veləp], *v. t. & i.* udvikle (sig), udfolde (sig); opstå; få; bebygge; *fot.* fremkalde; **-ing country,** *s.* udviklingsland; **-ment,** *s.* udvikling.

deviate ['di:vieit], *v. i.* afvige.

device [di'vais], *s.* opfindelse; indretning, anordning, apparat; plan.

devil ['devl], *s.* djævel; (frisk) fyr; **-ish,** *adj.* forbandet; djævelsk; ~**-may-care,** *adj.* fandenivoldsk.

devious ['di:vjəs], *adj.* afsides; snoet; vildsom; upålidelig; *by* ~ *means,* ad omveje; med uærlige midler.

devise [di'vaiz], *v. t.* udtænke; opfinde; testamentere.

devoid [di'vɔid], *adj.* ~ *of,* blottet for.

devolve [di'vɔlv], *v. t. & i.* ~ *upon,* tilfalde; påhvile; overdrage til.

devot|e [di'vəut], *v. t.* hellige, vie, ofre; **-ed** [-id], *adj.* hengiven; **-ee** [,devə'ti:], *s.* tilhænger, entusiast; **-ion** [-'vəuʃn], *s.* andagt; opofrelse; hengivenhed; helligelse.

devour [di'vauə], *v. t.* sluge.

devout [di'vaut], *adj.* andægtig; religiøs, from; inderlig; ivrig.

dew [dju:], s. dug; **-drop**, s. dugdråbe.

dexter|ity [dek'steriti], s. behændighed; **-ous** ['dekstrəs], adj. behændig.

diabet|es [ˌdaiə'bi:ti:z], s., med. sukkersyge; **-ic** [-'betik], s. diabetiker; adj. sukkersyge-.

diabolic(al) [ˌdaiə'bɔlik(l)], adj. djævelsk.

diagnos|e ['daiəgnəuz], v. t. stille en diagnose for; **-is** [-'nəusis], s. diagnose.

diagonal [dai'ægənl], s. & adj. diagonal.

diagram ['daiəgræm], s. diagram, figur, plan.

dial ['daiəl], s. solur; urskive; nummerskive; TV. skala; v. t. dreje; stille ind; **-ling code**, s. områdenummer; **-ling tone**, s. summetone, klartone.

dialect ['daiəlekt], s. dialekt; **-ics** [-'lektiks], s. pl. dialektik.

dialogue ['daiəlɔg], s. samtale; dialog.

diamet|er [dai'æmitə], s., mat. diameter; **-rical** [ˌdaiə'metrikl], adj. diametral.

diamond ['daiəmənd], s. diamant; ruder; mat. rombe.

diaper ['daiəpə], s., U.S. ble.

diaphragm ['daiəfræm], s. membran; anat. mellemgulv; med. pessar; fot. blænde.

diarrhoea [ˌdaiə'riə], s., med. diarré.

diary ['daiəri], s. dagbog; lommekalender.

diatribe ['daiətraib], s. voldsom kritik.

dibble [dibl], v. t. prikle.

dibs [dibz], s. pl., S gysser.

dice [dais] (sg. die), s. pl.

terninger; **-box**, s. raflebæger.

dictat|e ['dikteit], s. befaling; [dik'teit], v. t. & i. diktere; **-ion** [-'teiʃn], s. diktat; **-or** [-'teitə], s. diktator; **-orship**, s. diktatur.

diction ['dikʃn], s. diktion, sprogbehandling.

dictionary ['dikʃənri], s. ordbog.

dictum ['diktəm], s. udtalelse; sentens.

didactic [d(a)i'dæktik], adj. belærende; didaktisk.

diddle [didl], v. t., T snyde.

die [dai] (pl. dice), s. terning; mek. matrice; møntstempel; v. t. dø; visne; **-hard**, adj. stokkonservativ.

diet ['daiət], s. diæt, kost; rigsdag; kongres; v. i. spise; holde diæt.

differ ['difə], v. i. afvige; være uenig; ~ from, adskille sig fra; **-ence** ['difrəns], s. forskel; afvigelse; mellemværende; uenighed; mat. differens; **-ent** ['difrənt], adj. forskellig; anderledes; that's ~! det er noget andet! **-ential** [-'renʃl], s., mek. differentiale(-gear); **-entiate** [-'renʃieit], v. t. & i. skelne.

difficult ['difiklt], adj. svær, vanskelig; **-y**, s. vanskelighed; forlegenhed.

diffident ['difidənt], adj. frygtsom, forsagt.

diffuse [di'fju:s], adj. vidtløftig; spredt; diffus. [-'fju:z], v. t. & i. udbrede; sprede.

dig [dig], s. stød, puf; (dug, dug), v. t. & i. grave; U.S., S forstå; ~ into, grave sig ned i; gøre indhug i; kaste sig over; **-s**, s. pl., T logi.

digest ['daidʒest], s. over-sigt; sammendrag; [dai-'dʒest], v. t. & i. fordøje; gennemtænke; ordne; **-ible** [-'dʒestəbl], adj. (let)fordøjelig; **-ion** [-'dʒestʃn], s., med. fordøjelse; **-ive** [-'dʒestiv], adj. fordøjelses-; god for fordøjelsen.

digit ['didʒit], s. finger; tå; ciffer; encifret tal; **-al** [-l], adj. finger-; digital.

dignified ['dignifaid], adj. værdig.

dignity ['digniti], s. værdighed.

digress [dai'gres], v. i. afvige; lave sidespring; **-ion** [-ʃn], s. afvigelse; sidespring.

dike [daik], s. grøft; dæmning; dige; S, neds. lesbisk.

dilapidated [di'læpideitid], adj. faldefærdig.

dilate [dai'leit], v. i. udvide (sig); udbrede sig.

dilemma [di'lemə], s. dilemma.

diligence ['dilidʒəns], s. flid; diligence; **-t**, adj. flittig.

dill [dil], s., bot. dild.

dilly-dally ['dilidæli], v. i., S smøle.

dilute [dai'l(j)u:t], v. t. fortynde; udvande.

dim [dim], adj. mat; tåget; sløret; T dum; v. t. & i. dæmpe; blænde ned; sløre; blive mat.

dime [daim], s., U.S., T ticent.

dimension [d(a)i'menʃn], s. mål; omfang; **-s**, s. pl. størrelse.

diminish [di'miniʃ], v. t. & i. formindske(s).

dimple [dimpl], s. smilehul.

din [din], s. bulder, spektakel.

dine [dain], v. i. spise til middag; **-er**, s. middagsgæst; spisevogn; **-ing-room**, s. spisestue; **-ner** ['dinə], s. middag(smad); ~ -jacket, s. smoking.

dingy ['dindʒi], adj. snusket, lurvet.

dinosaur ['dainəsɔ:], s., zoo. dinosaurus.

dint [dint], s. by ~ of, ved hjælp af.

diocese ['daiəsis], s., rel. stift, bispedømme.

dip [dip], s. dukkert; hældning; sænkning; fald; kul. sovs; v. t. & i. dyppe; dykke; dukke; skråne; hælde; sænke; blænde ned.

diphtheria [dif'θiəriə], s., med. difteritis.

diphthong ['difθɔŋ], s., fon. diftong.

diploma [di'pləumə], s. diplom; eksamensbevis.

diplomacy [di'pləuməsi], s. diplomati; **-t** ['dipləmæt], s. diplomat; **-tic** [-'mætik], adj. diplomatisk.

dipper ['dipə], s., zoo. vandstær; øse; nedblændingskontakt.

dire ['daiə], adj. skrækkelig, sørgelig.

direct [d(a)i'rekt], adj. lige; direkte; ligefrem; v. t. & i. lede, styre; henvende; dirigere; anvise; befale; adressere; iscenesætte; ~ current, elek. jævnstrøm; ~ hit, fuldtræffer; **-ion** [-ʃn], s. retning; ledelse; bestyrelse; **-s**, pl. adresse; instruktion; **-ly**, adv. straks; umiddelbart; lige, direkte; **-or** [-ə], s. direktør; bestyrelsesmedlem; instruktør; **-ory** [-eri], s.

vejviser; telefonbog.

dirt [də:t], s. smuds, snavs; svineri; v. t. & i. svine til; blive snavset; ~ *cheap*, til spotpris; ~ *track*, s. slaggebane; **-y,** *adj.* snavset, smudsig; sjofel; tarvelig, gemen.

disabled [dis'eibld], *adj.* indvalid; handicappet.

disadvantage [ˌdisəd'va:ntidʒ], s. skade; uheldigt forhold; ulempe; **-ous** [ˌdisˌædvən'teidʒəs], *adj.* ufordelagtig.

disaffection [ˌdisə'fekʃn], s. misfornøjelse.

disagree [ˌdisə'gri:], v. i. være uenig; ikke stemme overens; *coffee -s with me*, jeg kan ikke tåle kaffe; **-able** [-əbl], *adj.* ubehagelig; **-ment,** s. uenighed; uoverensstemmelse.

disappear [ˌdisə'piə], v. i. forsvinde; **-ance** [-rəns], s. forsvinden.

disappoint [ˌdisə'pɔint], v. t. skuffe; forpurre; **-ment,** s. skuffelse.

disapprobation [ˌdisæprə'beiʃn], s. misbilligelse.

disapprove [ˌdisə'pru:v], v. t. & i. ~ *of*, misbillige.

disarm [dis'a:m], v. t. & i. afvæbne; nedruste.

disarrange [ˌdisə'reindʒ], v. t. bringe i uorden.

disast|er [di'za:stə], s. ulykke; katastrofe; **-rous** [-rəs], *adj.* katastrofal.

disavow [ˌdisə'vau], v. t. fornægte; underkende.

disband [dis'bænd], v. t. opløse; hjemsende.

disbelieve [ˌdisbi'li:v], v. t. & i. tvivle på; ikke tro på; **-r** [-ə], s. vantro.

disburse [dis'bə:s], v. t. & i. udbetale.

disc [disk], s. skive; grammofonplade; *anat.* diskus; *edb.* diskette; ~ **jockey,** s. pladevender.

discard [di'ska:d], v. t. afkaste; aflægge, kassere; opgive.

discern [di'sə:n], v. t. & i. skelne; **-ing,** *adj.* skarpsindig; **-ment,** s. dømmekraft; skelnen.

discharge ['distʃa:dʒ], s. udledning; afløb; afskydning; afsondring; hjemsendelse; udskrivning; losning; udførelse; løsladelse; [dis'tʃa:dʒ], v. t. losse; udføre; afgive; affyre; løslade; afskedige; hjemsende; udskrive.

disciple [di'saipl], s. discipel, elev.

disciplin|ary ['disiplinəri], *adj.* disciplinær; **-e,** s. disciplin.

disclaim [dis'kleim], v. t. fralægge sig; fornægte.

disclose [dis'kləuz], v. t. røbe; åbenbare.

discolour [dis'cʌlə], v. t. & i. misfarve(s).

discomfiture [dis'kʌmfitʃə], s. forvirring; forstyrrelse; skuffelse.

discomfort [dis'kʌmfət], s. ubehag(elighed); gene.

discompo|se [ˌdiskəm'pəuz], v. t. bringe ud af fatning; forstyrre; **-sure** [-ʒə], s. uro; forvirring.

disconcert [ˌdiskən'sə:t], v. t. forstyrre; forpurre; **-ed** [-id], *adj.* befippet.

disconnect [ˌdiskə'nekt], v. t. koble fra; afbryde; **-ed** [-id], *adj.* afbrudt; usammenhængende.

disconsolate [dis'kɔnsələt], *adj.* trøstesløs; utrøstelig.

discontent [ˌdiskən'tent], s.

utilfredshed; **-ed** [-id], *adj*. misfornøjet.

discontinue [ˌdiskən'tinju:], *v. t. & i.* afbryde; standse; nedlægge; opsige.

discord ['diskɔ:d], *s*. uenighed; splid; *mus*. disharmoni.

discotheque ['diskətek] (*fk*. disco), *s*. diskotek.

discount ['diskaunt], *s*. rabat; [dis'kaunt], *v. t.* diskontere; trække fra; give rabat på; ignorere; ∼ **rate,** *s*. diskonto.

discourage [di'skʌridʒ], *v. t.* afskrække; fratage lysten; **-ing,** *adj*. nedslående.

discourse ['diskɔ:s], *s*. samtale; tale; foredrag; [dis'kɔ:s], *v. i.* ∼ *on*, udbrede sig om; holde foredrag om.

discover [di'skʌvə], *v. t.* opdage; **-y** [-ri], *s*. opdagelse; fund.

discredit [di'skredit], *s*. miskredit; mistro; *v. t.* ikke tro; bringe i miskredit; **-able** [-əbl], *adj*. skammelig, vanærende.

discreet [di'skri:t], *adj*. diskret; taktfuld; **-tion** [-'skreʃn], *s*. diskretion; konduite; skøn; takt.

discrepancy [di'skrepənsi], *s*. uoverensstemmelse.

discriminate [di'skrimineit], *v. t. & i.* skelne; gøre forskel på; **-ing,** *adj*. skarpsindig; kræsen; diskriminerende; **-ion** [-'neiʃn], *s*. skelnen; forskelsbehandling.

discuss [di'skʌs], *v. t.* drøfte; diskutere; behandle; **-ion** [-ʃn], *s*. diskussion.

disdain [dis'dein], *s*. foragt; *v. t.* foragte, ringeagte.

disease [di'zi:z], *s*. sygdom; sygelighed.

disembark [ˌdisim'ba:k], *v. t. & i.* gå fra borde; landsætte.

disengage [ˌdisin'geidʒ], *v. t.* frigøre, løse; **-d,** *adj*. fri, ledig.

disentangle [ˌdisin'tæŋgl], *v. t.* udrede.

disfavour [dis'feivə], *s*. unåde.

disfigure [dis'figə], *v. t.* skamfere; skæmme; vansire.

disgorge [dis'gɔ:dʒ], *v. t.* gylpe op.

disgrace [dis'greis], *s*. unåde; skam, vanære; *v. t.* bringe i unåde; vanære; **-ful,** *adj*. vanærende; skændig, skammelig.

disgruntled [dis'grʌntld], *adj*. misfornøjet; sur.

disguise [dis'gaiz], *s*. forklædning; *v. t.* forklæde; maskere, skjule.

disgust [dis'gʌst], *s*. væmmelse, afsky; *v. t.* vække afsky; *be -ed*, føle afsky; være forarget; **-ing,** *adj*. modbydelig, væmmelig.

dish [diʃ], *s*. fad; ret; *v. t.* anrette; *T* ødelægge; *do the -es*, vaske op; ∼ *out*, uddele; ∼ *up*, servere; diske op; **-cloth,** *s*. viskestykke; karklud; **-towel,** *s*. viskestykke; **-washer,** *s*. opvaskemaskine; **-water,** *s*. opvaskevand.

dishearten [dis'ha:tn], *v. t.* gøre modløs; **-ing,** *adj*. nedslående.

dishevelled [di'ʃevld], *adj*. uordentlig; pjusket.

dishonest [dis'ɔnist], *adj*. uærlig.

dishonour [dis'ɔnə], *s*. vanære; *v. t.* vanære; **-able** [-rəbl], *adj*. vanærende;

uhæderlig.

disillusion [ˌdisi'luːʒn], v. t. desillusionere.

disinclination [ˌdisinkli-'neiʃn], s. ulyst.

disinfect [ˌdisin'fekt], v. t. desinficere.

disingenuous [ˌdisin'dʒen-juəs], adj. perfid; falsk.

disinherit [ˌdisin'herit], v. t. gøre arveløs.

disintegrate [dis'intəgreit], v. t. & i. opløse (sig); falde fra hinanden.

disinter [ˌdisin'təː], v. t. op-grave; bringe for dagen.

disinterested [dis'intristid], adj. uegennyttig.

disjoin [dis'dʒɔin], v. t. skille, splitte; **-t**, v. t. vri-de af led; **-ted** [-tid], adj. usammenhængende.

dislike [dis'laik], s. modvil-je; antipati; v. t. ikke kunne lide.

dislocate ['disləkeit], v. t. forvride; bringe af led.

dislodge [dis'lɔdʒ], v. t. for-drive; flytte.

disloyal [dis'lɔiəl], adj. tro-løs; illoyal.

dismal ['dizməl], adj. trist; sørgelig.

dismantle [dis'mæntl], v. t. demontere; nedlægge.

dismay [dis'mei], s. mod-løshed; skræk.

dismember [dis'membə], v. t. sønderlemme.

dismiss [dis'mis], v. t. sen-de bort; afskedige; give fri; afvise; skubbe fra sig.

dismount [dis'maunt], v. t. & i. stå af; demontere.

disobey [ˌdisə'bei], v. t. & i. være ulydig mod; ikke adlyde.

disobliging [ˌdisə'blaidʒiŋ], adj. uvillig; uelskværdig.

disorder [dis'ɔːdə], s. uor-den; rod; urolighed; syg-dom; **-ly**, adj. uordentlig.

disorganize [dis'ɔːgənaiz], v. t. opløse; bringe i uor-den.

disown [dis'əun], v. t. for-nægte; forstøde.

disparage [di'spæridʒ], v. t. omtale nedsættende; for-klejne.

disparate ['dispərət], adj. ulig; forskelligartet; **-ity** [-'spæriti], s. ulighed.

dispassionate [dis'pæʃə-nət], adj. rolig, liden-skabsløs.

dispatch [di'spætʃ], s. af-sendelse; ekspedition; mil. depeche; hurtighed; aflivelse; melding; v. t. afsende; ekspedere; afli-ve.

dispel [di'spel], v. t. fordri-ve.

dispensable [di'spensəbl], adj. undværlig; **-ation** [-'seiʃn], s. uddeling; dis-pensation; **-e** [-'spens], v. t. & i. uddele; ~ with, undvære, klare sig uden; dispensere fra; **-ing**, adj. ~ chemist, farmaceut; apoteker.

disperse [di'spəːs], v. t. & i. sprede (sig); splitte.

dispirited [di'spiritid], adj. forstemt.

displace [dis'pleis], v. t. flytte: afsætte, fordrive; forskyde; **-d** [-t], adj. ~ person, flygtning; **-ment**, s. forskydning; fortræn-gelse.

display [di'splei], s. udstil-ling; udfoldelse; edb. skærmbillede; v. t. ud-stille; udfolde; (frem)vi-se; fremhæve.

displease [dis'pliːz], v. t. mishage.

disposal [di'spəuzl], s. rådighed; disposition;

merk. afhændelse; bortskaffelse; **-e,** *v. t.* opstille; ordne; anbringe; ~ *of,* ekspedere; ordne; skaffe sig af med; afhænde; disponere over; **-ed** [-d], *adj.* tilbøjelig, villig; ~ *to,* modtagelig for; stemt for; **-ition** [ˌdispə'ziʃn], *s.* natur, temperament; ordning; anbringelse; afhændelse; anlæg; tilbøjelighed.

dispossess [ˌdispə'zes], *v. t.* fordrive, sætte ud; ~ *of,* fratage.

disproportion [ˌdisprə'pɔ:ʃn], *s.* misforhold; **-ate** [-ət], *adj.* uforholdsmæssig.

disprove [dis'pru:v], *v. t.* modbevise, gendrive.

dispute [di'spju:t], *s.* stridighed, ordstrid; *v. t. & i.* strides; bestride; **-d** [-id], *adj.* omstridt.

disqualify [dis'kwɔlifai], *v. t.* diskvalificere.

disquiet [dis'kwaiət], *s.* uro; *v. t.* forurolige.

disregard [ˌdisri'ga:d], *s.* ringeagt; ligegyldighed; *v. t.* se bort fra; ignorere; overse.

disreputable [dis'repjutəbl], *adj.* berygtet.

disrupt [dis'rʌpt], *v. t.* sprænge; splitte; afbryde; **-ion** [-ʃn], *s.* opløsning, opbrud; sprængning; splittelse.

dissatisfaction [ˌdisætis-'fækʃn], *s.* utilfredshed; **-ied** [-'sætisfaid], *adj.* misfornøjet; utilfreds.

dissect [di'sekt], *v. t.* dissekere.

dissemble [di'sembl], *v. t. & i.* forstille sig; skjule.

disseminate [di'semineit], *v. t.* udbrede; så.

dissent [di'sent], *s.* meningsforskel; afvigelse; *v. i.* være af en anden mening; afvige; **-er,** *s.* afviger fra statskirken.

dissertation [ˌdisə'teiʃn], *s.* afhandling.

disservice [dis'sə:vis], *s.* bjørnetjeneste.

dissident ['disident], *adj.* uenig.

dissimilar [di'similə], *adj.* ulig.

dissimulate [di'simjuleit], *v. t. & i.* hykle, forstille sig.

dissipate ['disipeit], *v. t. & i.* sprede; forøde; sprede sig; **-d** [-id], *adj.* udsvævende.

dissoluble [di'sɔljubl], *adj.* opløselig; **-ute** ['disəlju:t], *adj.* udsvævende; **-ution** [ˌdisə'lu:ʃn], *s.* opløsning; ophævelse; **-ve** [di'zɔlv], *v. t. & i.* opløse(s), ophæve; overtone.

dissuade [di'sweid], *v. t.* fraråde.

distaff ['dista:f], *s. on the* ~ *side,* på spindesiden.

distance ['distəns], *s.* afstand; strækning; distance; fjernhed; *at a* ~, på afstand; noget borte; *in the* ~, i det fjerne; **-t,** *adj.* (langt) borte; fjern; vag; *fig.* reserveret.

distaste [dis'teist], *s.* afsmag, ulyst.

distemper [dis'tempə], *s.* limfarve; hundesyge.

distil [di'stil], *v. t. & i.* destillere; **-ler,** *s.* destillationsapparat; spritfabrikant; **-lery,** *s.* brænderi; spritfabrik.

distinct [di'stiŋkt], *adj.* forskellig; tydelig; udpræget; særskilt; udtrykkelig; **-ion** [-ʃn], *s.* forskel;

skelnen; anseelse; ud-mærkelse; **-ive**, *adj.* sær-lig, karakteristisk.

distinguish [di'stiŋwiʃ], *v. t. & i.* skelne; adskille; skimte; kendetegne; ud-mærke; **-ed** [-t], *adj.* an-erkendt; fremragende; distingveret.

distort [di'stɔːt], *v. t.* for-vride; *fig.* fordreje, for-vrænge.

distract [di'strækt], *v. t.* af-lede; distrahere; forvirre; gøre afsindig; **-ion** [-ʃn], *s.* adspredelse; (sinds)for-virring; vanvid.

distraught [di'strɔːt], *adj.* vanvittig.

distress [di'stres], *s.* nød, kval, pine; *v. t.* pine; be-drøve.

distribut|e [di'stribjuːt], *v. t.* uddele, fordele; distribu-ere; sprede; **-ion** [-'bjuː-ʃn], *s.* fordeling; uddeling; udbredelse; udlejning; **-or** [-'stribjutə], *s.* forde-ler; uddeler; filmudlejer; *elek.* strømfordeler.

district ['distrikt], *s.* di-strikt; kvarter; område, egn; ~ **nurse**, *s.* hjemme-sygeplejerske.

distrust [dis'trʌst], *s.* mis-tillid; *v. t.* mistro.

disturb [di'stəːb], *v. t.* for-styrre; forurolige; bringe i uorden; **-ance** [-əns], *s.* forstyrrelse.

disuse [dis'juːs], *s. fall into* ~, gå af brug.

ditch [ditʃ], *s.* grøft; grav; *v. t. & i.* grave grøft(er); køre i grøften; *S* droppe; lade i stikken.

dither ['diðə], *s. all of a* ~, *T* forfjamsket, befippet.

ditto ['ditəu], *s.* ditto, det samme.

ditty ['diti], *s.* vise.

diuretic [ˌdaiju'retik], *s. & adj., med.* vanddrivende (middel).

diurnal [dai'əːnl], *adj.* dag-; daglig.

divan [di'væn], *s.* divan.

dive [daiv], *s.* dukkert; ud-spring; *fly.* styrtdykning; *v. i.* dykke; fordybe sig.

divergence [dai'vəːdʒəns], *s.* afvigelse.

diver|sion [d(a)i'vəːʃn], *s.* adspredelse; afledning; omkørsel; **-t**, *v. t.* aflede, bortlede; omdirigere; ad-sprede, more.

divest [d(a)i'vest], *v. t.* ~ *of,* afklæde; berøve; ~ *one-self of,* frigøre sig for.

divide [di'vaid], *v. t. & i.* dele; inddele; fordele; splitte; dele sig; stemme; *mat.* dividere; **-rs** [-əz], *s. pl. a pair of* ~, en passer.

dividend ['dividend], *s.* di-vidende; udbytte.

divin|e [di'vain], *s.* gejstlig; *adj.* guddommelig; *v. t.* gætte; spå; **-ing-rod**, *s.* ønskekvist; **-ity** [-'viniti], *s.* guddom(melighed); teo-logi.

divis|ible [di'vizəbl], *adj.* delelig; **-ion** [-ʒn], *s.* (ind)deling; afstemning; afdeling; skel; splittelse; *mil. & mat. & sport.* divi-sion.

divorce [di'vɔːs], *s.* skils-misse; *v. t.* skille; lade sig skille fra.

divulge [d(a)i'vʌldʒ], *v. t.* røbe.

D.I.Y, (*fk.f.* do-it-yourself), gør-det-selv.

dizzy ['dizi], *adj.* svimmel; svimlende.

do [duː], *s., S* fest, gilde; (does; did, done), *v. t. & i. & aux.* gøre; lave; udføre; udrette; ordne; tilberede;

bese; handle; gå an; have det; være nòk; bære sig ad; foretage sig; klare sig; snyde; *how* ~ *you* ~! god dag! ~ *one's hair*, rede sig; ordne hår; ~ *or die*, sejre eller dø; *that will* ~, det er nok; det kan bruges; *that won't* ~, den går ikke; det kan vi ikke have *el.* bruge; ~ *away with*, afskaffe; fjerne; ~ *for*, T gøre rent for; gøre det af med; ~ *in*, T slå ihjel; ~ *over*, gøre i stand; male *etc.*; ~ *up*, istandsætte; knappe, hægte; pakke ind; sætte op; ~ *with*, nøjes med; trænge til; ~ *without*, undvære.

dobbin ['dɔbin], *s., zoo.* arbejdshest.

docile ['dəusail], *adj.* føjelig; lærenem.

dock [dɔk], *s.* dok; anklagebænk; *bot.* skræppe; *zoo.* halestump; *v. t. & i.* dokke; kupere; trække fra; **-s**, *s. pl.* havneanlæg; **-yard**, *s.* skibsværft.

doctor ['dɔktə], *s.* læge, doktor; *v. t.* kurere på; forfalske; reparere.

document ['dɔkjument], *s.* dokument, akt, bevis; **-ary** [-'mentri], *s., film.* dokumentarfilm; *adj.* dokumentarisk.

dodder ['dɔdə], *v. i.* vakle; **-er** [-rə], *s.* olding.

dodge [dɔdʒ], *s.* kneb, list; *v. t. & i.* springe tilside; bruge kneb; sno sig; undgå; knibe udenom.

doe [dəu], *s., zoo.* hunhare; hunkanin; dådyr.

doff [dɔf], *v. t.* afføre sig.

dog [dɔg], *s., zoo.* hund; *v. t.* følge i hælene; jage; ~ **collar**, *s.* hundehalsbånd;

S præstekrave; ~ **-ear**, *s.* æseløre; **-ged** [-id], *adj.* stædig, udholdende; **-gone**, *adj.*, *U.S.*, *S* forbistret; ~ **tag**, *s.* hundetegn; identitetsmærke; ~ **-tired**, *adj.* dødtræt; **-trot**, *s.* luntetrav.

doily ['dɔili], *s.* mellemlægsserviet.

dole [dəul], *s.* arbejdsløshedsunderstøttelse; *be on the* ~, være på dagpenge; *v. t.* ~ *out*, uddele; **-ful**, *adj.* sørgelig; melankolsk.

doll [dɔl], *s.* dukke; *S* pige; *v. t.* ~ *up*, pynte (sig).

dollop ['dɔləp], *s.* klat; portion.

dolorous ['dɔlərəs], *adj.* sørgelig.

dolphin ['dɔlfin], *s., zoo.* delfin.

dolt [dəult], *s.* dumrian.

domain [də'mein], *s.* enemærker; domæne.

dome [dəum], *s.* kuppel.

domestic [də'mestik], *adj.* hus-, huslig; tam; indenrigs-; ~ **animal**, *s.* husdyr; ~ **industry**, *s.* husflid; ~ **science**, *s.* husholdningslære; hjemkundskab.

domicile ['dɔmisail], *s.* bopæl.

domin|ant ['dɔminənt], *adj.* dominerende; (frem)herskende; **-ate** [-eit], *v. t. & i.* dominere; (be)herske; have udsyn over; **-eering** [-'niəriŋ], *adj.* herskesyg; tyrannisk; **-ion** [də'minjən], *s.* herredømme; dominion.

don [dɔn], *s.* universitetslærer; *v. t.* iføre sig.

donat|e [də'neit], *v. t.* skænke; **-ion** [-ʃn], *s.* gave.

done [dʌn], *adj.* færdig; lavet; kogt, stegt; forbi; udmattet; snydt; *int.* det er en aftale! *it's not ~,* det kan man ikke; *~ for,* helt færdig; *well-~, kul.* gennemstegt.

donkey ['dʌŋki], *s., zoo.* æsel.

donor ['dəunə], *s.* giver; donor.

doodle [du:dl], *v. i.* tegne kruseduller.

doom [du:m], *s.* skæbne; undergang; *v. t.* (for)-dømme; **-ed** [-d], *adj.* (for)dømt; **-sday,** *s.* dommedag.

door [dɔ:], *s.* dør; *next ~,* ved siden af; **~-keeper,** *s.* dørvogter; **~-nail,** *s. dead as a ~,* død som en sild; **-plate,** *s.* navneskilt; **-step,** *s.* trappetrin; dørtrin; **-way,** *s.* døråbning.

dope [dəup], *s., mek.* smørelse; *S* narkotika; idiot; staldfiduser; *v. t.* bedøve; bruge narkotiske midler; *~* **fiend,** *s., S* narkoman; *~* **pedlar,** *s.* forhandler af narkotika.

dormant ['dɔ:mənt], *adj.* slumrende; sovende; passiv.

dormer ['dɔ:mə], *s. ~ window,* kvistvindue.

dormitory ['dɔ:mitri], *s.* sovesal.

dormouse ['dɔ:maus], *s.* syvsover.

dorsal ['dɔ:sl], *adj., med.* ryg-.

dose [dəuz], *s.* dosis; portion.

dot [dɔt], *s.* prik; punkt; *on the ~,* præcis; *v. t.* sætte prik over; prikke; **-ted** [-id], *adj.* prikket; punkteret; *~ line,* stiplet linie.

dotage ['dəutidʒ], *s.* senili-tet; *he's in his ~,* han går i barndom; **-e,** *v. i.* gå i barndom; *~ on,* forgude.

dotty ['dɔti], *adj., T* bims; tosset.

double [dʌbl], *s.* det dobbelte; dobbeltgænger; stand-in; *on the ~,* i løb; *adj.* dobbelt; *v. t. & i.* fordoble(s); folde sammen; dublere; løbe; *~ up,* bukke sammen; krumme (sig) sammen; **~-barrelled,** *adj.* dobbeltløbet; tvetydig; *~* **bass,** *s., mus.* kontrabas; **~-breasted,** *adj.* toradet; **~-cross,** *v. t.* forråde; snyde; **~-dealing,** *s.* dobbeltspil; **~-decker,** *s.* toetages bus; *~* **Dutch,** *s., T* volapyk; **~-quick,** *adj., S* så hurtigt som muligt; **-s,** *s. pl., sport.* double.

doubt [daut], *s.* tvivl; *v. t. & i.* tvivle, betvivle; **-ful,** *adj.* tvivlsom; tvivlrådig; problematisk; **-less,** *adv.* utvivlsomt.

dough [dəu], *s.* dej; *S* gysser; **-nut,** *s., kul.* berlinerpfannkuchen.

dour [duə], *adj.* indædt; dyster; streng; hård.

douse [daus], *v. t.* slukke; gennemvæde.

dove [dʌv], *s., zoo.* due; **-cot(e),** *s.* dueslag; **-tail,** *s.* sinke.

dowager ['dauədʒə], *s.* fornem enke.

dowdy ['daudi], *adj.* gammeldags; ufiks.

dowel ['dauəl], *s., mek.* dyvel.

dower ['dauə], *s.* medgift.

down [daun], *s.* dun; fnug; klit; *v. t.* slå ned; hælde i sig; nedlægge; *præp., adj. & adv.* ned, nede, ned ad; aftagende; udmattet;

nedtrykt; kontant; *upside* ~, med bunden i vejret; *ups and -s*, medgang og modgang; **-cast**, *adj.* nedslået; nedslagen; **-fall**, *s.* fald; ruin; **-grade**, *s.* skråning; fald; *v. t.* degradere; forklejne; *on the* ~, på retur; **-hearted**, *adj.* modfalden; **-pour**, *s.* skylregn; **-right**, *adv.* ligefrem; *adj.* komplet, ren; **-stairs**, *adv.* ned; nedenunder; ~ **-to-earth**, *adj.* nøgtern, jordbunden; **-town**, *adv.* ind til centrum; inde i centrum; ~ **-trodden**, *adj.* undertrykt; **-ward** [-wəd], *adj.* nedadgående; *-s*, *adv.* nedad.

dowry ['dauəri], *s.* medgift.

doze [deuz], *v. i.* døse, slumre; blunde.

dozen ['dʌzn], *s.* dusin.

drab [dræb], *adj.* gråbrun; ensformig, trist.

draft [dra:ft], *s.* plan; udkast, kladde; *U.S., mil.* værnepligt; *v. t.* tegne; lave udkast til; *U.S.* indkalde; **-sman** [-smən], *s.* tegner; forfatter af udkast.

drag [dræg], *s.* slæben; vod; harve; bremseklods; hiv, sug; kvindetøj båret af mand; *fig.* hæmsko; dødkedelig person *el.* ting; *v. t. & i.* trække, slæbe, hale; trække vod; slæbe sig af sted; ~ *on*, slæbe sig hen; ~ *out*, trække i langdrag.

dragon ['drægən], *s.* drage; **-fly**, *s.*, *zoo.* guldsmed.

dragoon [drə'gu:n], *s.* dragon; *v. t.* tvinge.

drain [drein], *s.* afløb; dræn(ing); nedløbsrør; tømning; *v. t. & i.* lede bort; tørlægge; dræne; tømme; flyde væk; **-age** [-idʒ], *s.* afledning; dræning; kloakering; **-ing**, *s.* ~ *-board*, ~ *-tray*, *s.* opvaskebakke; **-pipe**, *s.* drænrør; nedløbsrør.

drake [dreik], *s.*, *zoo.* andrik.

drama ['dra:mə], *s.* drama; skuespil; **-tic** [drə'mætik], *adj.* dramatisk.

drape [dreip], *s.*, *U.S.* gardin; *v. t.* drapere; **-r** [-ə], *s.* manufakturhandler; **-ry** [-əri], *s.* manufakturvarer; gardiner.

drastic ['dræstik], *adj.* drastisk.

drat [dræt], *int.* ~ *him!* gid pokker havde ham!

draught [dra:ft], *s.* (gennem)træk; slurk; drik; *at a* ~, i ét drag; *there's a* ~, det trækker; **-board**, *s.* dambræt; ~ **beer**, *s.* fadøl; ~ **-horse**, *s.* arbejdshest; **-s**, *s. pl.* damspil; **-sman** [-smən], *s.* dambrik; **-y**, *adj.* utæt; *a* ~ *house*, et hus hvor det trækker.

draw [drɔ:], *s.* (lod)trækning; trækplaster; remis; sug, drag; *sport.* uafgjort kamp; (drew, drawn), *v. t. & i.* trække (op, ud, for); drage; fremkalde; tappe; suge; tegne; hæve; tiltrække; „pumpe"; udfærdige; *sport.* spille uafgjort; ~ *level with*, indhente; ~ *near*, nærme sig; ~ *on*, trække veksler på; øse af, bruge; ~ *up*, stille op; affatte; **-back**, *s.* ulempe; minus; **-bridge**, *s.* vindebro. **-n**, *adj.* stram; fortrukket; anspændt.

drawer ['drɔ:(ə)], *s.* skuffe;

tegner; **-s**, *s. pl.* underbenklæder; *chest of* ~, kommode.

drawing ['drɔːiŋ], *s.* tegning; trækning; ~ **pin**, *s.* tegnestift; ~ **room**, *s.* dagligstue.

drawl [drɔːl], *s.* dræven; *v. i.* dræve.

dray [drei], *s.* arbejdsvogn; ølvogn.

dread [dred], *s.* angst, skræk; frygt; *v. t. & i.* frygte; **-ful**, *adj.* frygtelig; skrækkelig.

dream [driːm], *s.* drøm; (-t, -t *el.* -ed, -ed), *v. t. & i.* drømme; ~ *up*, finde på.

dreary ['driəri], *adj.* trist, trøstesløs.

dredge [dredʒ], *v. t.* mudre op; drysse.

dregs [dregz], *s. pl.* bundfald; *drink to the* ~, tømme til bunden.

drench [drentʃ], *v. t.* gennembløde.

dress [dres], *s.* kjole; påklædning; dragt; *v. t. & i.* ordne; tilberede; rense; afpudse; hælde dressing over; *med.* forbinde; garve; pynte; behandle; klæde (sig) (på); ~ *up*, fikse op; klæde sig ud; ~ **circle**, *s., teat.* balkon; **-er**, *s.* påklæder; køkkenskab; *U.S.* toiletbord; **-ing**, *s., kul.* marinade; sovs; fyld; *med.* forbinding; ~ *gown*, *s.* slåbrok; ~ *room*, *s.* påklædningsværelse; garderobe; ~ *table*, *s.* toiletbord; **-maker**, *s.* dameskrædderinde; ~ **rehearsal**, *s.* generalprøve; **-y**, *adj.* (over)pyntet.

dribble [dribl], *v. t. & i.* dryppe; savle; *sport.* drible.

drier ['draiə], *s.* tørrehjelm.

drift [drift], *s., naut.* drift; drive; dynge; retning; tendens; hensigt; mening; *v. t. & i.* drive; fyge (sammen); flyde; lade sig føre; **-wood**, *s.* drivtømmer.

drill [dril], *s., mek.* drilbor; rille; fure; *mil.* eksercits; *fig.* rutine; fremgangsmåde; *v. t. & i.* bore; radså; eksercere; indøve; **-ing rig**, *s.* boreplatfrom.

drink [driŋk], *s.* drik; drikke; (drank, drunk), *v. t. & i.* drikke; opsuge.

drip [drip], *s.* dryp; *med.* drop; *T* kedelig person; *v. t. & i.* dryppe; **-ping**, *s., kul.* stegefedt; ~ *wet*, drivvåd.

drive [draiv], *s.* køretur; indkørsel; energi; handlekraft; fremstød; slag; (drove, driven), *v. t. & i.* køre; jage; drive; tvinge; styre; føre; slå; ~ *at*, sigte til; mene; *four-wheel* ~, firhjulstræk; *right-hand* ~, højrestyring; ~ **-in**, *s.* biograf, restaurant o.lign. for bilister; **-r** [-ə], *s.* chauffør, bilist; drivhjul; golfkølle; **-way**, *s., U.S.* indkørsel; **driving**, *s.* kørsel; *adj.* driv-; køre-; ~ *licence*, *s.* kørekort.

drivel [drivl], *s.* vrøvl, vås; savl; *v. i.* vrøvle; savle.

drizzle [drizl], *s.* støvregn; *v. t. & i.* støvregne.

droll [drəul], *adj.* pudsig, løjerlig.

drone [drəun], *s., zoo.* drone; summen; dagdriver; *v. i.* tale monotont; summe.

drool [druːl], *v. i.* savle.

droop [druːp], *v. i.* hænge ned; lude; synke sammen.

drop [drɔp], s. dråbe; dryp; stænk; fald; faldhøjde; bolsje; v. t. & i. lade falde; tabe; opgive; sætte af; udelade; droppe; dryppe; sænke; afbryde; falde (ned); segne; styrte; synke; aftage; falde tilbage; *his face -ped*, han blev lang i ansigtet; *at the ~ of a hat*, pludselig; *~ it!* hold op! glem det! *~ in*, kigge indenfor; *~ off*, aftage; falde i søvn; *~ out*, trække sig ud; falde fra; **-out**, s. frafald(en); social taber; *edb.* udfald; **-pings**, s. pl. ekskrementer.

dropsy ['drɔpsi], s., *med.* vattersot.

dross [drɔs], s. slagger; bundfald.

drought [draut], s. tørke.

drove [drəuv], s. hjord, flok.

drown [draun], v. t. & i. drukne; overdøve; *be -ed*, drukne.

drowse [drauz], v. i. døse, slumre; **-y**, adj. søvnig, døsig.

drubbing ['drʌbiŋ], s. klø; prygl.

drudge [drʌdʒ], v. i. trælle, slide; **-ry** [-əri], s. slid, slæb; slavearbejde.

drug [drʌg], s. medicin; apotekervare; narkotisk middel; v. t. forgifte; forgive, bedøve; *~ addict*, s. narkoman; **-gist**, s. materialist; **-s**, s. pl. narkotika; *be on ~*, være på stoffer; **-store**, s., *U.S.* apotek (m. fødevarer og kioskvarer).

drum [drʌm], s. tromme; tromle; *anat.* trommehinde; v. t. & i. tromme; *kettle ~*, *mus.* pauke; *~ up*, tromme sammen;

-**mer**, s. trommeslager; -**stick**, s. trommestik; *T* kyllingelår.

drunk [drʌŋk], adj. fuld, beruset; **-ard** [-əd], s. drukkenbolt; **-en** [-n], adj. fordrukken; **-enness**, s. fuldskab.

dry [drai], s. tørvejr; tørke; tørhed; adj. tør; tørlagt; udtørret; v. t. & i. tørre(s); *~ out*, udtørre; *S* nedtrappe; *~ up*, udtørre(s); gå i stå; *~ cleaning*, s. kemisk rensning; *~ goods*, s. pl., *U.S.* manufakturvarer; *~ rot*, s., *bot.* (hus)svamp; *~-shod*, adj. tørskoet.

D.S.T., (*fk.f.* Daylight Saving Time), sommertid.

dual ['djuəl], adj. dobbelt, tvedelt; *~ carriageway*, s. adskilte kørebaner.

dub [dʌb], v. t. titulere; kalde; *film.* eftersynkronisere.

dubious ['djuːbiəs], adj. tvivlsom; tvivlende.

duch|ess ['dʌtʃəs], s. hertuginde; **-y**, s. hertugdømme.

duck [dʌk], s., *zoo.* and; bomuldslærred; *S* snut, pus; v. t. & i. dukke (sig); *like water off a ~*, som at slå vand på en gås; *play -s and drakes*, slå smut; **-ing**, s. dukkert; **-ling**, s., *zoo.* ælling; **-weed**, s., *bot.* andemad.

duct [dʌkt], s. kanal; gang.

ductile ['dʌktail], adj. smidig, plastisk.

dud [dʌd], s., *S* fuser; fiasko; **-s**, s. pl., *S* tøj.

dude [djuːd], s. laps; bybo.

dudgeon ['dʌdʒən], s. *in a ~*, fortørnet.

due [djuː], s. skyldighed;

ret; afgift; *adj.* skyldig;
forfalden; passende; be-
hørig; ~ *south*, stik syd;
in ~ *course*, til sin tid; ~
to, på grund af.

duffer ['dʌfə], *s.* dumrian,
fjols.

dug-out ['dʌgaut], *s.* be-
skyttelsesrum; kano af
udhulet træstamme.

duke [dju:k], *s.* hertug.

dulcet ['dʌlsit], *adj.* melo-
diøs; sød.

dull [dʌl], *adj.* sløv; mat;
dum; kedelig; dump; *v. t.*
sløve; dulme.

duly ['dju:li], *adv.* tilbørligt;
behørigt; i rette tid.

dumb [dʌm], *adj.* stum;
målløs; dum; **-bell**, *s.*
håndvægt; **-founded**
[-'faundid], *adj.* lamslået,
paf.

dummy ['dʌmi], *s.* dukke;
narresut; blind makker;
stråmand; attrap; voks-
mannequin.

dump [dʌmp], *s.* losse-
plads; depot; *T* bule, hul;
v. t. læsse af, smide; dum-
pe; **-ling**, *s.*, *kul.* melbolle;
indbagt æble; **-s**, *s. pl.*, *T*
in the ~, deprimeret; **-y**,
adj. buttet.

dun [dʌn], *v. t.* kræve, ryk-
ke.

dunce [dʌns], *s.* dumrian,
fæ.

dunderhead ['dʌndəhed],
s. fæhoved.

dune [dju:n], *s.* klit.

dung [dʌŋ], *s.* staldgød-
ning; møg; **-hill**, *s.* mød-
ding.

dungarees [ˌdʌŋgə'ri:z], *s.*
pl. overalls.

dungeon ['dʌndʒən], *s.* fan-
gehul.

dupe [dju:p], *s.* nar; *v. t.*
narre.

duplicate ['dju:plikət], *s.*

genpart; duplikat; *adj.*
dobbelt; *in* ~, i to eksem-
plarer; [-eit], *v. t.* fordob-
le; duplikere; **-ity** [dju'pli-
siti], *s.* falskhed; dobbelt-
spil.

durable ['djuərəbl], *adj.*
varig; holdbar; **-s**, *pl.*
varige forbrugsgoder;
-tion [dju'reiʃn], *s.* varig-
hed.

duress [dju'res], *s.* tvang.

during ['djuəriŋ], *præp.* un-
der; i løbet af.

dusk [dʌsk], *s.* skumring;
tusmørke; **-y**, *adj.* mørk,
dunkel.

dust [dʌst], *s.* **støv**; *v. t.*
tilstøve; støve af; pudre;
-bin, *s.* skraldebøtte; ~
cart, *s.* skraldevogn; ~
cover, *s.* smudsomslag;
-er, *s.* støveklud; **-man**
[-mən], *s.* skraldemand;
-pan, *s.* fejebakke; **-y**,
adj. støvet.

Dutch [dʌtʃ], *s. & adj.* hol-
landsk; *the* ~, hollæn-
derne; *get up* ~ *courage*,
drikke sig mod til; *double*
~, volapyk; **-man** [-mən],
s. hollænder; ~ **treat**, *s.*
sammenskudsgilde.

duty ['dju:ti], *s.* pligt, skyl-
dighed; afgift, told; tjene-
ste, vagt; ~ **-free**, *adj.*
toldfri.

dwarf [dwɔ:f], *s.* dværg;
v. t. forkrøble, hæmme;
rage op over.

dwell [dwel] (dwelt, dwelt),
v. i. bo; dvæle; **-ing**, *s.*
bolig.

dwindle [dwindl], *v. i.* svin-
de (ind).

dye [dai], *s.* farve; farve-
stof; *v. t. & i.* farve(s); **-d**
in the wool, gennemfar-
vet; vaskeægte.

dying [daiiŋ], *adj.* døende;
døds-; sidste; *be* ~, ligge

for døden; *T* ~ *for*, vild
efter; ~ *to*, vild efter at.
dynamic [dai'næmik], *s.*
drivkraft; *adj.* dynamisk;
-s, *s. pl.* dynamik.
dynamite ['dainəmait], *s.*
dynamit; *v. t.* sprænge
med dynamit.
dyspepsia [dis'pepsiə], *s.,*
med. fordøjelsesbesvær.

E [i:], *mus.* e; ~ *flat*, es; ~
sharp, eis.
each [i:tʃ], *pron. & adv.*
hver; hver enkelt; pr.
styk; ~ *other*, hinanden.
eager ['i:gə], *adj.* ivrig; be-
gærlig; spændt; utålmo-
dig.
eagle [i:gl], *s., zoo.* ørn; ~ -
eyed, *adj.* med falkeøjne;
skarpsynet.
ear [iə], *s., anat.* øre; hank;
mus. gehør; *bot.* aks; *I'm*
all -s, jeg er lutter øre; ~ -
ache, *s.* ørepine; ~ -
drum, *s., anat.* tromme-
hinde; **-lobe,** *s., anat.* øre-
flip; **-mark,** *v. t.* øremær-
ke; bestemme; afsætte;
-phone, *s.* hovedtelefon;
-ring, *s.* ørering; **-shot,** *s.*
hørevidde; ~ **-splitting,**
adj. øredøvende; **-wax,** *s.*
ørevoks; **-wig,** *s., zoo.* ø-
rentvist.
earl [ə:l], *s.* jarl.
early ['ə:li], *adj. & adv.*
tidlig; snarlig; første; for
tidlig(t); *at your -iest con-*
venience, snarest belej-
ligt.
earn [ə:n], *v. t.* tjene; for-
tjene; erhverve; opnå;
skaffe; **-ings,** *s. pl.* fortje-
neste, indtægt.
earnest ['ə:nist], *adj.* alvor-
lig; indtrængende; *in* ~,
for alvor; ~ *money*, pen-
ge på hånden.
earth [ə:θ], *s.* jord; jord-

klode; jorden; *elek.* jord-
forbindelse; *v. t. & i.*
dække med jord; hyppe;
jordforbinde; *how on* ~ ?
hvordan i alverden? **-en-**
ware [-nwɛə], *s.* fajance;
lervarer; **-ly,** *adj.* jordisk,
verdslig; tænkelig, mu-
lig; **-quake,** *s.* jordskælv;
-worm, *s., zoo.* regnorm;
-y, *adj.* jord-, jordagtig;
fig. jordbunden.
ease [i:z], *s.* velvære, ro;
magelighed; utvungen-
hed; lindring, lettelse;
lethed; lempelse; *v. t. & i.*
lette; lindre; fire (på);
slække; løsne; aftage;
lempe; ~ *up*, slappe af; *at*
~, i ro og mag; *be at* ~,
slappe af, være godt til-
pas; *ill at* ~, ilde til
mode; *stand at* ~, *mil.* stå
rør.
easel [i:zl], *s.* staffeli.
easily ['i:zili], *adv.* med let-
hed, let; nemt; sagtens;
langt.
east [i:st], *s.* øst; *the E*~,
Østen; Orienten; *U.S.* øst-
staterne; *adj.* østlig; øst-;
adv. østpå; mod øst; *the*
Far E~, Det fjerne
Østen; *the Middle E*~,
Mellemøsten; *E*~ *End*,
arbejderkvarter i Østlon-
don; **-bound,** *adj.* øst-
gående; **-ern** [-ən], *adj.*
østerlandsk; orientalsk;
øst-; østre.
Easter ['i:stə], *s.* påske; ~
Day, påskedag; ~ *Mon-*
day, anden påskedag.
easy ['i:zi], *adj.* let, nem;
rolig; behagelig; fri;
utvungen, naturlig; ma-
gelig; veltilpas; slap; *take*
it ~ *!* tag det roligt! slap
af! *be in E*~ *Street*, sidde
godt i det; ~ **chair,** *s.*
lænestol; ~ **-going,** *adj.*

sorgløs; magelig; som tager tingene let.
eat [i:t] (ate, eaten), *v. t. & i.* spise; æde; fortære; *what's -ing you?* hvad går der af dig? **-able** [-əbl], *adj.* spiselig; **-ables**, *s. pl.* levnedsmidler, madvarer.
eaves [i:vz], *s. pl.* tagskæg; **-drop**, *v. i.* lytte; lure.
ebb [eb], *s.* ebbe; nedgang; *v. i.* ebbe; synke; svinde.
ebony ['ebəni], *s.* ibenholt.
eccentric [ik'sentrik], *s.* excentrisk person; *adj.* excentrisk; sær; **-ity** [ˌek-sen'trisiti], *s.* excentricitet; særhed.
ecclesiastic [iˌkli:zi'æstik], *s.* gejstlig, præst; **-al** [-l], *adj.* kirkelig.
echo ['ekəu], *s.* genlyd; ekko; efterklang; ~ **sounder,** *s.* ekkolod.
eclipse [i'klips], *s.* formørkelse; fordunkling; *v. t.* formørke, fordunkle; overgå.
ecolog|ical [ˌi:kə'lodʒikl], *adj.* økologisk; **-y** [i'kolə-dʒi], *s.* økologi.
econom|ic [ˌi:kə'nomik], *adj.* økonomisk; erhvervs-; **-ical** [-l], *adj.* sparsommelig; **-ics**, *s. pl.* (national)økonomi; **-ize** [i'konəmaiz], *v. t. & i.* spare; **-y** [i'konəmi], *s.* økonomi; sparsommelighed; besparelse.
ecstacy ['ekstəsi], *s.* henrykkelse; ekstase.
eczema ['eksimə], *s., med.* eksem.
eddy ['edi], *s.* hvirvel, malstrøm.
edema [i'di:mə], *s., med.* ødem, væskeansamling.
edge [edʒ], *s.* æg; kant; rand; udkant; skarphed;

brod; forspring; fordel; *v. t. & i.* skærpe; kante; trænge; skubbe; lempe; rykke; kante sig; *give an* ~ *to,* skærpe; *my nerves are on* ~ mine nerver står på højkant; *set one's teeth on* ~, få det til at hvine i tænderne; gå én på nerverne; **-ways,** *adv.* på siden; sidelæns; på højkant; **edg|ing** ['edʒiŋ], *s.* kant, rand; bort; kantebånd; **-y,** *adj.* irritabel.
edible ['edibl], *adj.* spiselig.
edif|ication [ˌedifi'keiʃn], *s.* opbyggelse; **-ice** ['edifis], *s.* bygning; **-y** ['edifai], *v. t.* opbygge, belære; virke opbyggelig på.
edit ['edit], *v. t.* udgive; redigere; klippe; **-ion** [i'diʃn], *s.* udgave; oplag; **-or** ['editə], *s.* redaktør; udgiver; **-orial** [ˌedi'tɔ:ri-əl], *s.* leder; ledende artikel; *adj.* redaktionel; ~ *office,* redaktion.
EDP ['i:di:'pi:], *(fk.f.* electronic data processing), edb.
educat|e ['edjukeit], *v. t.* opdrage; oplære; uddanne; **-ion** [-'keiʃn], *s.* opdragelse; uddannelse; undervisning; skolegang; pædagogik.
EEC [ˌi:i:'si:], *(fk.f.* European Economic Community), EF.
eel [i:l], *s., zoo.* ål.
eerie ['iəri], *adj.* sær, uhyggelig.
efface [i'feis], *v. t.* udslette; udviske.
effect [i'fekt], *s.* virkning; resultat; indtryk; effekt; *v. t.* bevirke; fremkalde; udrette; gennemføre; effektuere; *in* ~, faktisk; *carry into* ~, *bring into*

~, fyldbyrde; virkeliggøre; *come into* ~, *take* ~, træde i kraft; *to this* ~, med dette indhold; som går ud på; *to no* ~, forgæves; **-ive**, *adj.* virkningsfuld; effektiv; virksom; **-s**, *s. pl.* ejendele; effekter; **-uate** [-jueit], *v. t.* gennemføre; effektuere.

effeminate [i'feminət], *adj.* kvindagtig.

effervescent [ˌefə'vesnt], *adj.* mousserende, brusende; munter, kåd.

effete [e'fiːt], *adj.* udslidt; udtjent.

efficien|cy [i'fiʃnsi], *s.* dygtighed; effektivitet; **-t**, *adj.* dygtig; effektiv.

effigy ['efidʒi], *s.* billede; afbildning.

effort ['efət], *s.* anstrengelse; præstation; bestræbelse; besvær; indsats; forsøg; **-less**, *adj.* ubesværet.

effrontery [i'frʌntəri], *s.* frækhed; uforskammethed.

effusive [i'fjuːsiv], *adj.* overstrømmende.

e.g. ['iː'dʒiː], (*fk.f.* exempli gratia), for eksempel.

egg [eg], *s., kul.* æg; *v. t.* ægge, tilskynde; *bad* ~, *T* skidt fyr; *good* ~ *! S* den er fin! ~ **-beater**, *s.* hjulpisker, piskeris; ~ **-cup**, *s.* æggebæger; **-plant**, *s., bot.* aubergine; ~ **-shell**, *s.* æggeskal; ~ **white**, *s.* æggehvide; ~ **yolk**, *s.* æggeblomme.

eglantine ['egləntain], ·*s., bot.* vild rose.

ego ['iːgəu], *s.* ego; *the* ~, jeg'et; **-centric** [ˌegəu-'sentrik], *adj.* egocentrisk, selvoptaget; **-ism** ['egəu-izm], *s.* egoisme; **-tism**

['egəutizm], *s.* selvoptagethed; indbildskhed.

eh [ei], *int.* ikke? hvad?

eiderdown ['aidədaun], *s.* edderdun; dyne.

eight [eit], *num.* otte; **-h** [-θ], *s.* ottendedel; *num.* ottende.

eighteen ['eiti:n], *num.* atten.

eighty ['eiti], *num.* firs.

Eire ['ɛərə], *s.* republikken Irland.

either ['aiðə], *pron.* en (af to); hver; begge; *adv.* heller; *she can't come* ~, hun kan heller ikke komme; *konj.* ~ .. *or*, enten .. eller.

ejaculate [i'dʒækjuleit], *v. t.* udbryde; ejakulere.

eject [i'dʒekt], *v. t.* udstøde; kaste ud; udvise; sætte ud; fordrive.

eke [iːk], *v. t.* ~ *out*, få til at strække; supplere; forøge.

elaborate [i'læbərət], *adj.* detaljeret; udførlig; omstændelig; kunstfærdig; [-eit], *v. t.* udarbejde; udføre i detaljer; forklare nærmere; uddybe.

elapse [i'læps], *v. i.* forløbe; gå.

elastic [i'læstik], *s.* elastik; *adj.* elastisk; spændstig.

elate [i'leit], *v. t.* sætte i godt humør; **-d** [-id], *adj.* opstemt; glad.

elbow ['elbəu], *s., anat.* albue; bøjning, knæk; *v. t.* skubbe, puffe; ~ *one's way*, albue sig frem; ~ *grease*, *s., T* knofedt.

elder ['eldə], *s.* ældste; ældre person; *adj.* ældre; ældst (af to); ~ *brother, (sister)*, storebror, (-søster); **-ly**, *adj.* aldrende, ældre.

elect [i'lekt], *v. t.* vælge; kåre; foretrække; *adj.* kåret, udvalgt; **-ion** [-ʃn], *s.* valg; **-or** [-ə], *s.* vælger; **-orate** [-ərət], *s.* vælgermasse; *the ~*, vælgerne.

electric [i'lektrik], *adj.* elektrisk; **~ bell**, *s.* ringeapparat; **~ mains**, *s. pl.* lysnet; **~ torch**, *s.* lommelygte; **-al** [-l], *adj.* **~ engineer**, elektroingeniør; **-ian** [ˌilek'triʃn], *s.* elektriker; **-ity** [ˌilek'trisiti], *s.* elektricitet.

electrocute [i'lektrəkju:t], *v. t.* henrette i den elektriske stol.

electronic [ˌilek'trɔnik], *adj.* elektronisk; elektron-; **-s**, *s. pl.* elektronik.

elegan|ce ['eligəns], *s.* elegance; **-t**, *adj.* elegant; smagfuld; flot.

elegy ['elədʒi], *s.* sørgedigt.

element ['elimənt], *s.* element; grundstof; bestanddel; faktor; **-al** [-'mentl], *adj.* elementær; usammensat; element-; **-ary** [-'mentri], *adj.* elementær; simpel; **~ school**, grundskole; underskole.

elephant ['elifənt], *s.*, *zoo.* elefant; *fig. white ~*, besværlig, uønsket gave; **-ine** [ˌeli'fæntain], *adj.* elefantagtig; kæmpestor.

elevat|e ['eliveit], *v. t.* ophøje; løfte; hæve; gøre munter; **-ed** [-id], *adj.* ophøjet; opstemt; **-ing**, *adj.* opløftende; **-or** [-ə], *s.*, *U.S.* elevator; hejseapparat.

eleven [i'levn], *num.* elleve; *s.*, *sport.* hold; **-ses** [-siz], *s. pl.* formiddagskaffe el. -te; **-th** [-θ], *s.* ellevtedel; *num.* ellevte.

elf [elf] (*pl.* elves), *s.* alf.

elicit [i'lisit], *v. t.* fremkalde, få frem.

eligible ['elidʒəbl], *adj.* valgbar; ønskelig; kvalificeret.

eliminate [i'limineit], *v. t.* fjerne; eliminere; lade ude af betragtning.

elk [elk], *s.*, *zoo.* elsdyr; elg.

elocution [ˌelə'kju:ʃn], *s.* foredragskunst; talekunst.

elongate ['i:lɔŋgeit], *v. t. & i.* forlænge(s).

elope [i'ləup], *v. i.* løbe bort (med en elsker); **-ment**, *s.* bortførelse; flugt.

eloquent ['eləkwənt], *adj.* veltalende.

else [els], *adv.* ellers; anden, andet; **-where**, *adv.* andetsteds.

elucidate [i'lu:sideit], *v. t.* belyse, forklare.

elu|de [i'lu:d], *v. t.* undgå, undvige; smutte fra; unddrage sig; **-sive**, *adj.* undvigende; flygtig; snu.

emaciated [i'meiʃieitid], *adj.* udtæret; afmagret.

emanate ['eməneit], *v. i.* udspringe; strømme ud.

emancipate [i'mænsipeit], *v. t.* frigøre, emancipere.

embalm [im'ba:m], *v. t.* balsamere.

embankment [im'bæŋkmənt], *s.* dæmning; vold.

embargo [im'ba:gəu], *s.* beslaglæggelse; forbud.

embark [im'ba:k], *v. t. & i.* indskibe (sig); **~ on**, *fig.* indlade sig på, gå i gang med; **-ation** [-'keiʃn], *s.* indskibning.

embarrass [im'bærəs], *v. t.* forvirre; gøre forlegen; bringe i vanskeligheder; **-ing**, *adj.* pinlig; **-ment**, *s.* forlegenhed; vanskelighed.

embassy ['embəsi], *s.* ambassade.

embellish [im'beliʃ], v. t. forskønne; udsmykke.

ember ['embə], s. glød.

embezzle [im'bezl], v. t. begå underslæb.

embitter [im'bitə], v. t. gøre bitter.

embody [im'bɔdi], v. t. udtrykke; indeholde; optage; personificere; legemliggøre.

embolden [im'bəuldn], v. t. give mod.

embrace [im'breis], s. omfavnelse; v. t. omfavne (hinanden); indbefatte; omfatte; tage imod; gribe.

embrasure [im'breiʒə], s. skydeskår.

embroider [im'brɔidə], v. t. & i. brodere; fig. pynte på.

embroil [im'brɔil], v. t. indblande; indvikle.

embryo ['embriəu], s. foster; spire.

emend [i'mend], v. t. rette; korrigere.

emerald ['emərəld], s. smaragd.

emerge [i'mə:dʒ], v. i. dukke op; komme frem; opstå; **-ncy** [-ənsi], s. nødsfald; ~ brake, s. nødbremse; ~ exit, s. nødudgang; state of ~, undtagelsestilstand.

emetic [i'metik], s., med. brækmiddel.

emigr|ant ['emigrənt], s. udvandrer; emigrant; **-ate** [-eit], v. i. emigrere.

eminent ['eminənt], adj. højtstående; fremragende; **-ly**, adv. i høj grad; særdeles.

emissary ['emisəri], s. udsending.

emit [i'mit], v. t. udsende; udstråle; udstede; ytre.

emotion [i'məuʃn], s. følelse; sindsbevægelse; rørelse; **-al** [-l], adj. følelsesmæssig; stemningsfuld; følelsesfuld; følsom.

empathy ['empəθi], s. indlevelse, indføling.

emperor ['empərə], s. kejser.

empha|sis ['emfəsis], s. eftertryk; betoning; vægt; **-size** [-saiz], v. t. lægge vægt på; fremhæve; understrege; **-tic** [-'fætik], adj. eftertrykkelig; kategorisk; bestemt.

empire ['empaiə], s. kejserrige; imperium.

empiric [em'pirik], adj. erfaringsmæssig; empirisk.

employ [im'plɔi], s. tjeneste; beskæftigelse; v. t. beskæftige; give arbejde, ansætte; anvende; **-ee** [,emplɔi'i:], s. arbejder el. funktionær; **-s**, pl. personale, ansatte; **-er**, s. arbejdsgiver; **-ment**, s. arbejde; beskæftigelse; ansættelse; anvendelse; ~ exchange, s. arbejdsformidling(skontor).

emporium [im'pɔ:riəm], s. handelscentrum; varehus; stormagasin.

empower [im'pauə], v. t. bemyndige; sætte i stand til.

empress ['empres], s. kejserinde.

empty ['em(p)ti], adj. tom; ~ of, blottet for; uden; v. t. & i. tømme(s).

emulate ['emjuleit], v. t. kappes med; efterligne; søge at overgå.

enable [i'neibl], v. t. sætte i stand til.

enact [i'nækt], v. t. vedtage; opføre, spille.

enamel [i'næml], s. emalje; v. t. emaljere.

encamp [in'kæmp], v. t. & i. slå lejr; ligge i lejr.

encase [in'keis], v. t. indhylle; emballere; indkapsle.

enchain [in'tʃein], v. t. lænke; fig. fængsle.

enchant [in'tʃɑ:nt], v. t. fortrylle; henrykke.

encircle [in'sə:kl], v. t. omringe, indkredse.

enclos|e [in'kləuz], v. t. omgive; indelukke; indeslutte; vedlægge; medsende; **-ure** [-ʒə], s. indhegning, indelukke; bilag.

encompass [in'kʌmpəs], v. t. omfatte; omringe; omgive.

encore [ɔŋ'kɔ:], s. da capo; ekstranummer.

encounter [in'kauntə], s. møde; sammenstød; v. t. & i. møde; støde på; træffe sammen med.

encourage [in'kʌridʒ], v. t. opmuntre; støtte; fremme; **-ment**, s. opmuntring; støtte.

encroach [in'krəutʃ], v. i. ~ on, gøre indgreb i; trænge sig ind på.

encumber [in'kʌmbə], v. t. belemre; besvære, bebyrde.

encyclop(a)edia [in‚saiklə-'pi:diə], s. (konversations)leksikon.

end [end], s. ende; slutning; død; endeligt; stump; afslutning; hensigt; mål; v. t. & i. ende, slutte; ophøre; afslutte; at an ~, til ende; forbi; in the ~, til sidst; make both -s meet, få det til at løbe rundt; no ~ (of), en vældig masse; umådelig,

uhyre; on ~, i træk; ~ up, havne, ende; **-ing**, s. slutning; gram. endelse; **-less**, adj. endeløs; uendelig.

endanger [in'deindʒə], v. t. bringe i fare.

endearment [in'diəmənt], s. kærtegn; term of ~, kæleord.

endeavour [in'devə], s. bestræbelse; v. t. bestræbe sig for; stræbe efter.

endorse [in'dɔ:s], v. t. påtegne; skrive bag på; godkende.

endow [in'dau], v. t. udstyre; begave; **-ment**, s. gave; legat; **-ments**, s. pl. evner.

endur|able [in'djuərəbl], adj. udholdelig; **-ance** [-rəns], s. udholdenhed; varighed; **-e** [-'djuə], v. t. udholde, tåle; v. i. holde ud; (ved)vare; leve.

enema ['enimə], s., med. lavement.

enemy ['enimi], s. fjende; adj. fjendtlig.

energ|etic [‚enə'dʒetik], adj. energisk; virksom; **-y** ['enədʒi], s. energi, kraft.

enervate ['enəveit], v. t. enervere; udmarve; svække.

enfeeble [in'fi:bl], v. t. svække; afkræfte.

enforce [in'fɔ:s], v. t. fremtvinge; håndhæve; gennemtvinge.

engag|e [in'geidʒ], v. t. & i. forpligte; engagere; antage; bestille; lægge beslag på; beskæftige; angribe; ~ in, indlade sig på; give sig af med; **-ed** [-d], adj. optaget; forpligtet; forlovet; **-ement**, s. forpligtelse; aftale; løfte; engagement; forlovelse;

træfning; **-ing**, *adj.* vindende, indtagende.

engine ['endʒin], *s.* maskine; motor; lokomotiv; **-er** [,endʒi'niə], *s.* maskinarbejder; ingeniør; tekniker; maskinmester; *v. t. & i.* bygge, konstruere; manøvrere; arrangere.

English ['iŋgliʃ], *s. & adj.* engelsk; *in* ~, på engelsk; *the* ~, *pl.* englænderne; **-man** [-mən], *s.* englænder.

engrave [in'greiv], *v. t.* gravere, stikke; (ind)præge; (ind)prente.

engross [in'grəus], *v. t.* optage; *-ed in*, opslugt af; fordybet i.

engulf [in'gʌlf], *v. t.* opsluge.

enhance [in'ha:ns], *v. t.* forhøje; forøge.

enigma [i'nigmə], *s.* gåde.

enjoin [in'dʒɔin], *v. t.* pålægge; påbyde; indskærpe.

enjoy [in'dʒɔi], *v. t.* nyde; glæde sig over; ~ *oneself*, more sig; **-able** [-əbl], *adj.* morsom, fornøjelig; behagelig; **-ment**, *s.* nydelse; fornøjelse.

enlarge [in'la:dʒ], *v. t. & i.* forstørre(s); udvide (sig); forøge(s); ~ *on*, gå nærmere ind på; udbrede sig om; **-ment**, *s.* forstørrelse; udvidelse.

enlighten [in'laitn], *v. t.* oplyse.

enlist [in'list], *v. t. & i.* hverve; sikre sig; lade sig hverve; melde sig.

enliven [in'laivn], *v. t.* oplive, sætte liv i.

enmity ['enmiti], *s.* fjendskab.

ennoble [i'nəubl], *v. t.* forædle.

enorm|ity [i'nɔ:miti], *s.* uhyrlighed; afskyelighed; stort omfang; **-ous** [-əs], *adj.* overordentlig, umådelig; enorm.

enough [i'nʌf], *adj. & adv.* nok; tilstrækkelig; *would you be kind* ~ *to?* ville De være så venlig at? *sure* ~, helt sikkert.

enrage [in'reidʒ], *v. t.* gøre rasende.

enrapture [in'ræptʃə], *v. t.* henrykke; henrive.

enrich [in'ritʃ], *v. t.* berige; forskønne; forbedre.

enrol [in'rəul], *v. t. & i.* indskrive (sig); indmelde (sig).

ensconce [in'skɔns], *v. t.* forskanse (sig).

ensemble [a:n'sa:mbl], *s.* hele; helhedsvirkning; ensemble.

enshrine [in'ʃrain], *v. t.* gemme i et skrin; hæge om.

enshroud [in'ʃraud], *v. t.* indhylle.

ensign ['ensain *el.* ensn], *s., mil.* fane; flag; tegn; fænrik; *U.S.* sekondløjtnant.

enslave [in'sleiv], *v. t.* gøre til slave.

ensnare [in'snɛə], *v. t.* fange ved list; besnære.

ensue [in'sju:], *v. i.* følge, påfølge.

ensure [in'ʃuə], *v. t.* sikre (sig); garantere (for).

entail [in'teil], *v. t.* medføre; båndlægge.

entangle [in'tæŋgl], *v. t.* forvikle, indfiltre.

enter ['entə], *v. t.* indføre; indskrive; indmelde (sig) (i); melde sig til; *v. i.* gå ind (i), træde ind (i), komme ind (i); trænge ind (i); ~ *into*, forstå, sætte sig ind i; indlade sig på;

indgå (i); indtræde i; ~
upon, tage fat på, begyn-
de på.
enterprise ['entəpraiz], *s.*
foretagende; virksom-
hed; initiativ.
entertain [,entə'tein], *v. t.*
& *i.* underholde; have
gæster; nære, have; over-
veje; **-ing**, *adj.* morsom,
underholdende; **-ment**, *s.*
underholdning, mor-
skab; forlystelse; selska-
belighed.
enthrall [in'θrɔ:l], *v. t.*
fængsle, betage.
enthuse [in'θju:z], *v. i.*
være begejstret; **-iasm**
[-iæzm], *s.* begejstring;
-iastic [-'æstik], *adj.* be-
gejstret.
entice [in'tais], *v. t.* lokke,
forlede.
entire [in'taiə], *adj.* hel,
udelt; fuldstændig; **-ly**,
adv. ganske, helt; ude-
lukkende.
entitle [in'taitl], *v. t.* beret-
tige.
entity ['entiti], *s.* væsen.
entrails ['entreilz], *s. pl.*,
anat. indvolde.
entrance ['entrəns], *s.* ind-
gang; indkørsel; adgang;
entré; indrejse; indmel-
delse; optagelse; *naut.*
indløb.
entrap [in'træp], *v. t.* lokke
i fælden; fange.
entreat [in'tri:t], *v. t.* bøn-
falde, bede.
entrust [in'trʌst], *v. t.* betro.
entry ['entri], *s.* indgang;
indtræden; ankomst;
indrejse; entré; adgang;
indtog; post(ering); an-
meldelse; notat; indmel-
delse; optagelse.
entwine [in'twain], *v. t.*
sammenflette.
enumerate [i'nju:məreit],

v. t. opregne.
enunciate [i'nʌnsieit], *v. t.*
& *i.* udtale; artikulere;
formulere; bekendtgøre.
envelop [in'veləp], *v. t.* ind-
hylle; indpakke; **-e**
['envələup], *s.* konvolut;
kuvert.
enviable ['enviəbl], *adj.*
misundelsesværdig;
-ous [-əs], *adj.* misunde-
lig.
environment [in'vairən-
mənt], *s.* miljø; omgivel-
ser; **-al** [-'mentl], *adj.* mil-
jøbestemt; miljømæssig;
miljø-; **environs**, *s. pl.*
omgivelser; omegn.
envisage [in'vizidʒ], *v. t.* fo-
restille sig; danne sig et
billede af.
envoy ['envoi], *s.* gesandt;
udsending.
envy ['envi], *s.* misundelse;
v. t. misunde.
enzyme ['enzaim], *s., kem.*
enzym.
ephemeral [i'femərəl], *adj.*
flygtig; døgn-.
epic ['epik], *s.* epos; *adj.*
episk; *fig.* storslået.
epidemic [epi'demik], *s.*
epidemi; *adj.* epidemisk.
epidermis [epi'də:mis], *s.,*
anat. overhud.
epiglottis [epi'glɔtis], *s.,*
anat. strubelåg.
epilepsy ['epilepsi], *s., med.*
epilepsi; **-tic** [-'leptik], *s.*
epileptiker; *adj.* epilep-
tisk.
epilogue ['epilɔg], *s.* efter-
skrift; epilog.
episcopal [i'piskəpl], *adj.,*
rel. biskoppelig.
episode ['episəud], *s.* epi-
sode.
epistle [i'pisl], *s.* skrivelse;
epistel.
epitaph ['epita:f], *s.* grav-
skrift.

epithet ['epiθet], *s.* tilnavn; tillægsord; epitet.

epitome ['i'pitəmi], *s.* udtog; sammenfatning.

epoch ['i:pɔk], *s.* epoke; *adj.* ~ *-making*, epokegørende; skelsættende.

equable ['ekwəbl], *adj.* jævn; rolig; ligevægtig.

equal ['i:kwəl], *s.* ligemand; *adj.* lige; ens; samme; ensartet; jævn; *v. t.* være lig med; kunne måle sig med; *on an ~ footing, on ~ terms*, på lige fod; ~ *pay*, ligeløn; ~ *to*, lig med; svarende til; jævnbyrdig med; i stand til; *be ~ to*, kunne klare; **-ity** ['i'kwɔliti], *s.* lighed; **-ize** ['i:kwəlaiz], *v. t. & i.* udjævne; gøre lige.

equanimity [ˌekwə'nimiti], *s.* sindsligevægt.

equation ['i'kwei∫n], *s., mat.* ligning; udligning.

equator ['i'kweitə], *s., geo. the ~*, ækvator.

equestrian ['i'kwestriən], *s.* rytter; *adj.* rytter-.

equilateral [ˌi:kwi'lætərəl], *adj., mat.* ligesidet.

equilibrium [ˌi:kwi'libriəm], *s.* ligevægt.

equine ['ekwain], *adj.* heste-.

equinox ['i:kwinɔks], *s.* jævndøgn.

equip ['i'kwip], *v. t.* udruste, udstyre; ekvipere; **-ment**, *s.* udstyr; udrustning; ekvipering.

equipoise ['ekwipɔiz], *s.* ligevægt; modvægt.

equitable ['ekwitəbl], *adj.* rimelig; retfærdig; **-y**, *s.* billighed; retfærdighed.

equivalent ['i'kwivələnt], *s.* noget tilsvarende; ensbetydende ord; ækvivalent; *adj.* tilsvarende; ækviva-

lent; *be ~ to*, svare til.

equivocal ['i'kwivəkl], *adj.* tvetydig; tvivlsom.

era ['iərə], *s.* tidsalder, æra.

eradiate ['i'reidieit], *v. i.* udstråle.

eradicate ['i'rædikeit], *v. t.* oprykke; udrydde.

erase ['i'reiz], *v. t.* udviske; slette; **-r** [-ə], *s.* viskelæder.

ere [εə], *præp. & konj., gl. & poet.* før, førend; inden; ~ *long*, snart.

erect ['i'rekt], *v. t.* rejse, opføre; *adj.* opret(stående); rank; oprejst; **-tion** [-∫n], *s.* opførelse; bygning; rejsning; *anat.* erektion.

ermine ['ə:min], *s., zoo.* hermelin; lækat.

erode ['i'rəud], *v. t.* erodere, tære, ætse; undergrave; **-sion** [-ʒn], *s.* erosion; afslidning; tæring, ætsning; undergravning.

erotic ['i'rɔtik], *adj.* erotisk; **-cism** [-sizm], *s.* erotik.

err [ə:], *v. i.* fejle; tage fejl; **-atic** ['i'rætik], *adj.* uberegnelig; ustadig; uregelmæssig; excentrisk; **-oneous** ['i'rəunjəs], *adj.* fejlagtig; **-or** ['erə], *s.* fejltagelse; fejl; *you are in ~*, du tager fejl.

errand ['erənd], *s.* ærinde; ~ *boy*, *s.* bydreng.

errant ['erənt], *adj.* omvandrende; omflakkende.

erupt ['i'rʌpt], *v. i.* komme i udbrud; bryde frem; **-ion** [-∫n], *s.* udbrud.

escalate ['eskəleit], *v. t. & i.* stige gradvis; optrappe(s); **-or** [-ə], *s.* rullende trappe.

escapade [ˌeskə'peid], *s.* gal streg; eskapade.

escap|e [i'skeip], *s.* undvigelse, flugt; undgåelse; redning; udslip, udstrømning; *v. t. & i.* undgå; undvige; sive ud; strømme ud; flygte, slippe bort; *it -s me*, jeg kan ikke huske det; **-ism** [-izm], *s.* eskapisme; flugt fra virkeligheden.

escarpment [i'ska:pmənt], *s.* skråning.

escort ['eskɔ:t], *s.* eskorte; ledsager; [i'skɔ:t], *v. t.* eskortere; ledsage.

especial [i'speʃl], *adj.* særlig; speciel; **-ly,** *adv.* især.

espionage ['espiəna:ʒ], *s.* spionage.

esplanade [,esplə'neid], *s.* strandpromenade.

espouse [i'spauz], *fig.* give støtte til; gå ind for.

espy [i'spai], *v. t.* få øje på.

esquire [i'skwaiə], *s.* hr. (på breve, *fk.* Esq.).

essay ['esei], *s.* forsøg; essay; stil; *v. t. & i.* forsøge, prøve.

essence ['esns], *s.* væsen; essens; kerne; ekstrakt.

essential [i'senʃl], *adj.* væsentlig; afgørende; nødvendig; grundlæggende.

establish [i'stæbliʃ], *v. t.* oprette; grundlægge; etablere; fastsætte; konstatere; slå fast; ~ *oneself,* slå sig ned; etablere sig; **-ed** [-t], *adj.* anerkendt; etableret; fastslået; bestående; **-ment,** *s.* etablissement; institution; foretagende; virksomhed; grundlæggelse; oprettelse; fastsættelse; påvisning; skabelse; *the E~,* det etablerede samfundssystem; systemet; de ledende kredse.

estate [i'steit], *s.* bebyggel-se; ejendom; gods; formue; bo; *real* ~, fast ejendom; ~ **agent,** *s.* ejendomsmægler.

esteem [i'sti:m], *s.* agtelse; *v. t.* skatte; sætte stor pris på; agte.

estimat|e ['estimət], *s.* skøn; overslag; vurdering; beregning; [-eit], *v. t. & i.* vurdere; anslå; beregne; **-ion** [-'meiʃn], *s.* vurdering; skøn; overslag; agtelse.

estrange [i'streindʒ], *v. t.* ~ *from,* gøre fremmed for; støde bort fra.

estuary ['estjuəri], *s.* flodmunding.

etc. [it'setrə], *(fk.f.* et cetera), osv.

etch [etʃ], *v. t. & i.* radere; ætse.

etern|al [i'tə:nl], *adj.* evig; evindelig; **-ity,** *s.* evighed.

ether ['i:θə], *s.* æter; **-eal** [i'θiəriəl], *adj.* flygtig; æterisk; overjordisk.

ethics ['eθiks], *s. pl.* etik, morallære.

Ethiopia [,i:θi'əupiə], *s.* Etiopien; **-n,** *s. & adj.* etiopisk; etioper.

ethnic ['eθnik], *adj.* race-; folke-; etnisk.

eulogy ['ju:lədʒi], *s.* lovtale.

eunuch ['ju:nək], *s.* eunuk; kastrat.

euphemism ['ju:fəmizm], *s.* eufemisme; omskrivning; besmykkelse.

euphony ['ju:fəni], *s.* vellyd.

euphoria [,ju:'fɔ:riə], *s.* eufori; opstemthed.

Europe ['juərəp], *s.* Europa; **-an** [-'pi:ən], *s.* europæer; *adj.* europæisk; ~ *Economic Community,* fællesmarkedet.

eurythmics [,ju:'riθmiks], *s. pl.* rytmisk gymnastik og bevægelse.

evacuate [i'vækjueit], v. t. rømme; tømme; evakuere.

evade [i'veid], v. t. undgå; undvige; unddrage sig; omgå; undslippe.

evaluate [i'væljueit], v. t. vurdere.

evanescent [ˌiːvə'nesnt], adj. forsvindende; flygtig.

evaporate [i'væpəreit], v. t. & i. fordampe, fordufte; inddampe.

evas|ion [i'veiʒn], s. undvigelse, omgåelse; tax ~, skattesnyd; **-ive** [-siv], adj. undvigende; flygtig.

eve [iːv], s., poet. aften; Christmas E~, juleaften(sdag); on the ~ of, lige før.

even [iːvn], adj. lige, jævn; glat; flad; ligetil; jævnbyrdig; rolig; kvit; præcis; adv. lige, netop, just; endog; selv; allerede; endnu; v. i. (ud)jævne; ~ if, ~ though, selv om; ~ now, selv nu; også nu; ~ so, alligevel; not ~, ikke engang; odd and ~, ulige og lige; I'll get ~ with you, det skal du få betalt.

evening ['iːvniŋ], s. aften; this ~, i aften; yesterday ~, i (går) aftes; in the ~, om aftenen; ~ dress, s. kjole (og hvidt); selskabstøj.

evensong ['iːvnsɔŋ], s. aftenandagt.

event [i'vent], s. begivenhed; tilfælde; sport. konkurrence; øvelse; at all -s, i hvert fald; in any ~, hvad der end sker; in that ~, i så fald; in the ~, da det kom til stykket; in the ~ of, i tilfælde af; **-ual**

[-ʃuəl], adj. endelig; mulig; **-ually**, adv. endelig, til sidst.

ever ['evə], adv. altid; nogensinde; overhovedet; dog; i alverden; ~ so, T mægtig, mange, meget; så; noget så; for ~ (and ~), for evigt; **-green**, s. & adj., bot. stedsegrøn; **-lasting**, adj. evig; evindelig; **-more**, adv. stedse.

every ['evri], pron. enhver; hver; alle; al mulig; ~ now and then, ~ so often, nu og da; hvert andet øjeblik; **-body, -one**, pron. enhver; alle; **-thing**, pron. alt; alting; **-where**, adv. overalt, alle vegne.

evict [i'vikt], v. t. sætte ud.

eviden|ce ['evidns], s. vidnesbyrd; bevis; vidneudsagn; tegn, spor; **-t**, adj. indlysende; tydelig; åbenbar.

evil [iːvl], s. onde; ondskab; adj. ond, slem, dårlig; skadelig; hæslig; **-doer**, s. ugerningsmand; misdæder; ~ **-minded**, adj. ondsindet, ondskabsfuld.

evince [i'vins], v. t. (ud)vise, røbe.

evoke [i'vəuk], v. t. fremkalde, vække.

evol|ution [ˌiːvə'luːʃn], s. udvikling; evolution; **-ve** [i'vɔlv], v. t. & i. udfolde (sig); udvikle (sig); udklække(s).

ewe [juː], s., zoo. (hun)får; ~ **lamb**, s. gimmerlam.

exact [ig'zækt], adj. nøjagtig; præcis; eksakt; v. t. kræve, fordre; inddrive; aftvinge; **-ing**, adj. krævende; fordringsfuld; **-ly**, adv. netop; nøjagtig; præcis; egentlig; not ~, ikke ligefrem, ikke just.

exaggerat|e [ig'zædʒəreit], v. t. & i. overdrive; -ion [-'reiʃn], s. overdrivelse.

exalt [ig'zɔ:lt], v. t. opløfte; ophøje; forherlige; -ed [-id], adj. ophøjet; eksalteret; opstemt.

exam [ig'zæm], s. eksamen; -ination [ˌigzæmi-'neiʃn], s. eksamen; undersøgelse; gennemgang; eftersyn; -ine [-in], v. t. undersøge; gennemgå; efterse; forhøre; eksaminere.

example [ig'za:mpl], s. eksempel; forbillede.

exasperate [ig'za:spəreit], v. t. irritere; gøre rasende.

excavate ['ekskəveit], v. t. udgrave.

exceed [ik'si:d], v. t. overskride; overgå; overstige; gå for vidt; -ing, adj. meget stor; usædvanlig; -ly, adv. overordentlig; yderst.

excel [ik'sel], v. t. & i. overgå; udmærke sig; være dygtig; -lence ['eksələns], s. fortræffelighed; fortrin(lighed); E~lency, s. Excellence; -lent ['eksələnt], adj. udmærket; fortræffelig; fortrinlig.

except [ik'sept], v. t. & i. undtage; gøre indsigelse; præp. undtagen; med mindre; uden; ~ for, på nær; bortset fra; -ing, præp. undtagen; med undtagelse af; -ion [-ʃn], s. undtagelse; indsigelse; take ~ to, tage afstand fra; gøre indsigelse mod; tage ilde op; -ionable [-ʃnəbl], adj. uheldig; stødende; forkastelig; -ional [-ʃənl], adj. usædvanlig; særlig; enestående.

excerpt ['eksə:pt], s. uddrag.

excess [ik'ses], s. overskridelse; overmål; overskud; umådeholdenhed; in ~ of, ud over; -es [-iz], s. pl. udskejelser; -ive, adj. overdreven; umådeholden; alt for.

exchange [iks'tʃeindʒ], s. (ud)veksling; bytte; kurs; børs; valuta; (telefon)central; v. t. udveksle; veksle; bytte.

exchequer [iks'tʃekə], s. finanshovedkasse.

excise ['eksaiz], s. (~ duty), (forbrugs)afgift.

excit|e [ik'sait], v. t. ophidse; ægge; stimulere; vække, fremkalde; -ed [-id], adj. spændt; ophidset; opstemt; begejstret; -e-ment, s. ophidselse; spænding; sindsbevægelse; uro; opstemthed; -ing, adj. spændende; ophidsende.

exclai|m [ik'skleim], v. t. & i. udbryde; -mation [ˌek-sklə'meiʃn], s. udbrud; udråb; ~ mark, s., gram. udråbstegn.

exclude [iks'klu:d], v. t. udelukke; undtage.

exclusive [iks'klu:siv], adj. eksklusiv; fornem; ene-; eneste; sær-; ~ of, ikke medregnet; -ly, adv. udelukkende, kun.

excrement ['ekskrimənt], s. ekskrement, afføring.

excrete [iks'kri:t], v. t. afsondre; udskille.

excruciat|e [iks'kru:ʃieit], v. t. pine, martre; -ing, adj. ~ pain, ulidelige smerter.

exculpate ['eksklʌlpeit], v. t. rense (for skyld).

excursion [iks'kə:ʃn], s. tur,

udflugt; afstikker.

excuse [iks'kju:s], s. undskyldning; påskud; afbud; [-z], v. t. undskylde; fritage; give fri.

execrable ['eksikrəbl], adj. afskyelig; elendig.

execut|e ['eksikju:t], v. t. udføre; effektuere; udstede; henrette; **-ion** [-'kju:ʃn], s. henrettelse; udførelse; udfærdigelse; **-ioner**, s. bøddel; **-ive** [ig-'zekjutiv], s. overordnet person; udøvende myndighed; ledelse; adj. udøvende; eksekutiv; overordnet; ledende; leder-; ~ committee, hovedbestyrelse; forretningsudvalg.

exempl|ary [ig'zempləri], adj. eksemplarisk; forbilledlig; **-ify** [-ifai], v. t. eksemplificere, illustrere; tjene som eksempel på.

exempt [ig'zem(p)t], v. t. fritage; adj. fritaget; **-ion** [-ʃn], s. fritagelse.

exercise ['eksəsaiz], s. øvelse; idræt; motion, konditræning; udøvelse; stil; opgave; v. t. & i. øve; bruge; anvende; (ud)vise; udøve; beskæftige; få motion, konditræne.

exert [ig'zə:t], v. t. udøve; anspænde, anstrenge; **-ion** [-ʃn], s. anstrengelse.

exhal|ation [ˌekshə'leiʃn], s. udånding; uddunstning; **-e** [-'heil], v. t. & i. udånde; uddunste; udsende.

exhaust [ig'zɔ:st], s. udblæsning, udstødning; v. t. udtømme; udmatte; opbruge; **-ed** [-id], adj. udmattet; **-ing**, adj. anstrengende; **-ion** [-ʃn], s. udtømmelse; udmattelse; **-ive**, adj. udtømmen-

de; ~ **pipe**, s., mek. udstødningsrør.

exhibit [ig'zibit], s. udstillingsgenstand; bilag; v. t. udstille; (frem)vise; jur. fremlægge; **-ion** [ˌeksi'biʃn], s. udstilling; fremvisning; studielegat; make an ~ of oneself, blamere sig.

exhilarate [ig'ziləreit], v. t. oplive, opmuntre.

exhort [ig'zɔ:t], v. t. formane; tilskynde.

exhume [eks'hju:m], v. t. opgrave.

exigency ['eksidʒənsi], s. tvingende nødvendighed; kritisk situation.

exile ['eksail], s. landflygtighed; eksil; adj. landflygtig; v. t. landsforvise.

exist [ig'zist], v. i. være (til); eksistere; leve; findes; bestå; **-ence**, s. tilværelse, liv; væsen; come into ~, blive til; **-ent**, adj. bestående; nuværende; **-tial** [ˌegzi'stenʃl], adj. eksistentiel.

exit ['eksit], s. udgang; bortgang; frakørselsvej.

exodus ['eksədəs], s. udvandring; E~, 2. Mosebog.

exonerate [ig'zɔnəreit], v. t. frifinde; fritage.

exorbitant [ig'zɔ:bitənt], adj. ublu; urimelig; overdreven.

exorcise ['eksɔ:saiz], v. t. uddrive; mane bort; besværge.

exotic [ig'zɔtik], adj. eksotisk; fremmedartet.

expan|d [ik'spænd], v. t. & i. udbrede; udvide (sig); udfolde (sig); ~ on, gå nærmere ind på; **-se**, s. flade, udstrækning; **-sion** [-ʃn], s. udfoldelse;

udvidelse; ekspansion; stor flade; **-sive,** *adj.* udvidende; ekspansiv; omfattende; vidtstrakt; meddelsom.

expatriate [eks'pætrieit], *v. t.* landsforvise; *v. refl.* ~ *oneself,* emigrere.

expect [ik'spekt], *v. t.* vente (sig); forvente; forlange; formode; tro; regne med; *she is -ing,* hun venter sig; **-ancy** [-ənsi], *s.* forventning; **-ant,** *adj.* forventningsfuld; afventende; **-ation** [-'teiʃn], *s.* forventning; forhåbning.

expectorate [ik'spektəreit], *v. t.* hoste op; spytte op.

expedient [ik'spi:djənt], *s.* middel, udvej; råd; *adj.* hensigtsmæssig; passende.

expedit|e ['ekspidait], *v. t.* udføre hurtigt; fremskynde; **-ion** [-'diʃn], *s.* ekspedition; hurtighed.

expel [ik'spel], *v. t.* udstøde; fordrive; forjage; ekskludere; bortvise.

expend [ik'spend], *v. t.* bruge; anvende; opbruge; **-able** [-əbl], *adj.* som kan undværes; som kan ofres; **-iture** [-itʃə], *s.* udgift(er); forbrug.

expens|e [ik'spens], *s.* udgift; omkostning; bekostning; **-ive,** *adj.* dyr.

experience [ik'spiəriəns], *s.* erfaring; oplevelse; *v. t.* erfare; gennemgå; komme ud for; opleve; **-d** [-t], *adj.* erfaren, rutineret.

experiment [ik'sperimənt], *s.* forsøg; eksperiment; *v. t.* eksperimentere.

expert ['ekspə:t], *s.* ekspert, fagmand, specialist; *adj.* øvet; erfaren; kyndig, dygtig; **-ise** [-'ti:z], *s.* sagkundskab.

expiate ['ekspieit], *v. t.* sone, bøde for.

expir|ation [,ekspi'reiʃn], *s.* udløb; ophør; udånding; **-e** [ik'spaiə], *v. t.* udånde; udløbe; ophøre; gå ud.

expla|in [ik'splein], *v. t.* forklare; **-nation** [,eksplə'neiʃn], *s.* forklaring.

expletive [ik'spli:tiv], *s.* ed; fyldeord.

explicable [ek'splikəbl], *adj.* forklarlig.

explicit [ik'splisit], *adj.* tydelig, klar, udtrykkelig; åben.

explode [ik'spləud], *v. t.* & *i.* spræne; eksplodere; springe; afsløre.

exploit ['eksplɔit], *s.* bedrift; dåd; [ik'splɔit], *v. t.* udnytte; udbytte; **-ation** [-'teiʃn], *s.* udnyttelse; udbytning.

explor|ation [,eksplə'reiʃn], *s.* udforskning; undersøgelse; **-e** [ik'splɔ:], *v. t.* udforske; undersøge.

explosi|on [ik'spləuʒn], *s.* sprængning, eksplosion; **-ve** [-siv], *s.* sprængstof; *adj.* eksplosiv; sprængfarlig.

exponent [ik'spəunənt], *s.* repræsentant; talsmand; fortolker.

export ['ekspɔ:t], *s.* eksport; udførsel; eksportvare; [ik'spɔ:t], *v. t.* eksportere; udføre.

expos|e [ik'spəuz], *v. t.* udsætte; fremvise; udstille; blotte, afsløre, røbe; *fot.* eksponere; **-ition** [,ekspə'ziʃn], *s.* fremstilling; redegørelse; udstilling; **-ure** [-ʒə], *s.* udsættelse; fremvisning; blottelse, afsløring; *fot.* eksponering; belysning; optagelse.

expound [ik'spaund], v. t.
udlægge, forklare, gøre
rede for.

express [ik'spres], s. eks-
presbud; eksprestog; adj.
udtrykkelig; tydelig; eks-
pres-; v. t. udtrykke; sen-
de ekspres; udpresse;
-ion [-ʃn], s. udtryk; **-ion-
less**, adj. udtryksløs;
-ive, adj. udtryksfuld.

expropriate [ik'sprəupri-
əit], v. t. ekspropriere.

expulsion [ik'spʌlʃn], s. ud-
stødelse; fordrivelse; ud-
visning; relegation.

exquisite ['ekskwizit], adj.
udsøgt.

extant [ik'stænt], adj. ek-
sisterende, bevaret.

extemporize [ik'stempə-
raiz], v. t. & i. improvise-
re.

exten|d [ik'stend], v. t. & i.
række frem; udstrække;
udvide; forøge; yde,
skænke; strække sig;
forlænge; **-ded** [-id], adj.
udstrakt; lang(varig);
forlænget; langtrukken;
fremstrakt; omfattende;
-sion [-ʃn], s. udvidelse;
udstrækning; forlængel-
se; tilbygning; lokaltele-
fon; **-sive** [-siv], adj. vid,
stor, omfattende, ud-
strakt; **-t**, s. udstrækning;
omfang; grad; område; to
a certain ~, til en vis
grad; to a great ~, i vid
udstrækning.

extenuate [ik'stenjueit],
v. t. formilde; undskylde.

exterior [ik'stiəriə], s. ydre;
adj. ydre; udvendig;
udenrigs-.

exterminate [ek'stə:mi-
neit], v. t. udrydde.

external [ik'stə:nl], adj. ud-
vortes; udvendig; ydre.

extinct [ik'stiŋkt], adj. ud-
slukt; uddød; ophævet.

extinguish [ik'stiŋgwiʃ],
v. t. (ud)slukke; udslette;
-er, s. ildslukker.

extirpate ['ekstəpeit], v. t.
udrydde, fjerne.

extol [ik'stəul], v. t. prise;
berømme.

extort [ik'stɔ:t], v. t. (~
from), aftvinge; afpresse.

extra ['ekstrə], s. ekstraud-
gave; statist; tillæg; adj.
& adv. ekstra; som er
udenfor; ~ pay, s. tillæg,
ekstrabetaling.

extract ['ekstrækt], s. ud-
drag; ekstrakt; essens;
[ik'strækt], v. t. trække
ud; uddrage; udvinde;
-ion [-ʃn], s. afstamning;
udtræk; udvinding.

extradition [ˌekstrə'diʃn], s.
udlevering.

extramarital [ˌekstrə'mæ-
ritl], adj. uden for ægte-
skabet.

extraneous [ik'streinjəs],
adj. fremmed; uvedkom-
mende.

extraordinary [ik'strɔ:dn-
ri], adj. overordentlig; ek-
straordinær, usædvan-
lig.

extrasensory [ˌekstrə'sen-
səri], adj. oversanselig; ~
perception (ESP), over-
sanselige bevidstheds-
indtryk.

extravagant [ik'strævə-
gənt], adj. ødsel; overdre-
ven.

extrem|e [ik'stri:m], s. yder-
lighed; yderste grænse;
adj. yderst; sidst; yder-
lig(gående); voldsom; ra-
dikal; ekstrem; meget
stor; **-ity** [-'stremiti], s. y-
dergrænse; ende; yder-
ste nød; **-ities**, s. pl. yder-
ligheder; anat. ekstremi-

teter.

extricate ['ekstrikeit], *v. t.*
vikle ud; udfri, hjælpe
ud.

extrovert ['ekstrəvəːt], *adj.*
udadvendt.

exuberant [ig'zjuːbərənt],
adj. yppig; frodig; over-
strømmende.

exude [ig'zjuːd], *v. t. & i.*
udsvede; afsondre.

exult [ig'zʌlt], *v. i.* juble;
triumfere.

eye [ai], *s.*, *anat.* øje; blik;
øsken; *v. t.* betragte; se
på; måle; *hook and ~*,
hægte og malle; *a black
~*, et blåt øje; *have an ~
for*, have sans for; *the
apple of my ~*, min øje-
sten; *see ~ to ~ with*,
være enig med; **-ball**, *s.*,
anat. øjeæble; **-brow**, *s.*,
anat. øjenbryn; **-catch-
ing**, *adj.* iøjnefaldende;
-glass, *s.* monokel; **-es**, *pl.*
lorgnetter; **-lash**, *s.*, *anat.*
øjenvippe; **-lid**, *s.*, *anat.*
øjenlåg; **-shot**, *s.* synsvid-
de; **-sight**, *s.* syn(sevne);
~-socket, *s.*, *anat.* øjen-
hule; **-sore**, *s.*, *fig.* torn i
øjet; **~-tooth**, *s.*, *anat.*
hjørnetand; **~-witness**,
s. øjenvidne.

eyrie ['aiəri], *s.* ørnerede.

F [ef], *mus.* f; *~ flat*, fes; *~
sharp*, fis.

F., (*fk. f.* Fahrenheit).

fable [feibl], *s.* fabel; sagn.

fabric ['fæbrik], *s.* stof;
struktur; *fig.* væv; **-ate**
[-eit], *v. t.* opfinde; fabri-
kere; forfalske.

fabulous ['fæbjuləs], *adj.*
fabelagtig.

facade [fə'saːd], *s.* facade.

face [feis], *s.* ansigt; ud-
seende; yderside; over-
flade; forside, facade;

mine; urskive; *v. t.* vende
ansigtet imod; stå (lige)
overfor; vende (ud) mod;
se i øjnene; beklæde; **-d
with**, (stillet) over for;
have the ~ to, have den
frækhed at; *the ~ of*, over
for; på trods af; *make -s*,
skære ansigter; *on the ~
of it*, tilsyneladende; *to
my ~*, op i mit åbne
ansigt; **~ value**, *s.* påly-
dende (værdi).

facetious [fə'siːʃəs], *adj.*
(anstrengt) spøgefuld;
spøgende.

facial ['feiʃl], *s.* ansigtsbe-
handling; *adj.* ansigts-.

facile ['fæsail], *adj.* let; let-
købt; behændig.

facilitate [fə'siliteit], *v. t.*
lette; fremme; **-y**, *s.* let-
hed; færdighed; mulig-
hed; hjælpemiddel.

facing ['feisiŋ], *s.* opslag;
besætning; beklædning.

fact [fækt], *s.* kendsger-
ning; omstændighed;
forhold; faktum; *in ~*,
faktisk, i virkeligheden;
the ~ is, sagen er (den)
at.

faction ['fækʃn], *s.* klike;
strid; **-us** [-ʃəs], *adj.* op-
rørsk; klike-.

factitious [fæk'tiʃəs], *adj.*
kunstig, uægte.

factor ['fæktə], *s.* faktor;
agent.

factory ['fæktəri], *s.* fabrik.

factotum [fæk'təutəm], *s.*
altmuligmand.

factual ['fæktʃuəl], *adj.* fak-
tisk; saglig.

faculty ['fæklti], *s.* evne;
talent; fakultet; *U.S.* læ-
rerstab.

fad [fæd], *s.* kæphest; gril-
le.

fade [feid], *v. t. & i.* falme;
visne; *~ away*, forsvinde

lidt efter lidt; fortone sig; ~ *in*, optone; ~ *out*, udtone; forsvinde lidt efter lidt.

fag [fæg], *s.*, *S* cigaret, smøg; *U.S.*, *S*, *neds.* bøsse; mindre kostskoledreng som opvarter de større.

faggot ['fægət], *s.* brændeknippe; *U.S.*, *S*, *neds.* bøsse.

fail [feil], *v. t. & i.* svigte; slå fejl; fejle; udeblive; dumpe (i); lade dumpe; blive svag(ere); mislykkes; ~ *in*, mangle, savne; mislykkes; ~ *to*, ikke kunne; undlade at; forsømme at; mislykkes; *without* ~, med garanti; helt bestemt; **-ing**, *s.* fejl; svaghed; *præp.* i mangel af; **-ure** [-jə], *s.* svigten; nederlag; fiasko; konkurs.

faint [feint], *s.* besvimelse; *adj.* svag; mat; kraftløs; *I haven't the -est idea*, jeg har ingen anelse; *v. i.* besvime.

fair [fɛə], *s.* marked, basar; *adj.* retfærdig; reel; ren, blond, lys; gunstig; fri; ærlig; rimelig; god; jævn; **-ly**, *adv.* retfærdigt; temmelig, ganske; ordentlig, helt; ~ **-minded**, *adj.* rettænkende; retsindig; **-ness**, *s.* retfærdighed, rimelighed, ærlighed; *in* ~, retfærdigvis; ~ **play**, *s.* ærligt spil; retfærdig behandling; ~ **-sized**, *adj.* mellemstor; **-way**, *s.* sejlløb.

fairy ['fɛəri], *s.* fe; alf; *S*, *neds.* bøsse; ~ **-tale**, *s.* eventyr.

faith [feiθ], *s.* tro; tillid; troskab; løfte; **-ful**, *adj.* tro, trofast; troende.

fake [feik], *s.* forfalskning;

efterligning; *v. t.* forfalske; efterligne; simulere.

falcon ['fɔːlkən], *s.*, *zoo.* falk.

fall [fɔːl], *s.* fald; nedgang; vandfald; *U.S.* efterår; (fell, fallen), *v. i.* falde; ~ *down on*, ikke klare, ikke overholde; ~ *in*, styrte sammen; udløbe; forfalde; ~ *in love*, forelske sig; ~ *in with*, træffe; stemme overens med; efterkomme; gå ind på; ~ *off*, falde fra, svigte; aftage; gå tilbage; ~ *on*, overfalde; tilfalde; ~ *out*, blive uenig; blive uvenner; ~ *short*, ikke slå til; ikke nå målet; slippe op; ~ *short of*, ikke opfylde; ~ *sick*, blive syg; **-out**, *s.* (radioaktivt) nedfald; biprodukt.

fallacy ['fæləsi], *s.* vildfarelse; fejlslutning.

fallible ['fæləbl], *adj.* som kan tage fejl; fejlbarlig.

fallow ['fæləu], *s.* brakmark; *adj.* gråbrun; brak; *lie* ~, ligge brak; ~ **deer**, *s.*, *zoo.* dådyr.

false [fɔːls], *adj.* falsk, uægte; urigtig; uærlig; utro; **-ehood**, *s.* usandhed; **-ify** [-ifai], *v. t.* forfalske; skuffe; gøre til skamme.

falsetto [fɔːl'setəu], *s.*, *mus.* falset.

falter ['fɔːltə], *v. t. & i.* vakle; stamme; hakke i det.

fame [feim], *s.* berømmelse; ry; **-ous** [-əs], *adj.* berømt.

familiar [fə'miljə], *s.* fortrolig ven; *adj.* velkendt; fortrolig, intim; familiær; **-ity** [fəmili'æriti], *s.* fortrolighed; velkendthed; lighed; **-ize** [-raiz], *v. t.* gøre kendt; gøre fortrolig med.

family [ˈfæmili], *s.* familie; slægt; børn; *be in the ~ way, T* være gravid.

fam|ine [ˈfæmin], *s.* hungersnød; **-ish**, *v. t. & i.* udsulte; sulte; *I'm -ed, T* jeg er skrupsulten.

fan [fæn], *s.* vifte; *mek.* blæser; ventilator; *T* entusiast; beundrer; tilhænger; *v. t.* vifte; rense.

fanatic [fəˈnætik], *s.* fanatiker; *adj.* fanatisk.

fanciful [ˈfænsif(u)l], *adj.* fantasifuld; lunefuld.

fancy [ˈfænsi], *s.* indbildning; fantasi; indfald; lune; forkærlighed; tilbøjelighed; sværmeri; *v. t.* tro, mene; indbilde sig; forestille sig; synes om, kunne lide; have lyst til; *int.* tænk (engang)! **~ dress**, *s.* kostume; karnevalsdragt; **~ man**, *s., S* kæreste, elsker, fyr; **~ price**, *s.* pebret pris; **~ work**, *s.* fint håndarbejde.

fang [fæŋ], *s.* hugtand; gifttand.

fanny [ˈfæni], *s., U.S., S* bagdel.

fantas|tic [fænˈtæstik], *adj.* fantastisk, forunderlig; grotesk; **-y** [ˈfæntəsi], *s.* fantastisk idé; fantasi.

far [faː], *adj.* fjern; langt borte; *adv.* fjernt, langt (borte); meget; vidt; **~ and wide**, vidt og bredt; **as ~ as**, indtil; så vidt (som); **by ~**, langt; alt (for); **in so ~ as**, for så vidt som; **~-away** [-rəwei], *adj.* fjern; **~-fetched**, *adj.* søgt; usandsynlig; **~-flung**, *adj.*

vidtstrakt; **~-off** [-rɔf], *adj.* fjerntliggende; svunden; **~-out** [-raut], *adj.* fantastisk, outreret, ekstrem; **~-sighted**, *adj.* langsynet; fremsynet.

farc|e [faːs], *s.* farce; **-ical** [-ikl], *adj.* farceagtig.

fare [fɛə], *s.* billetpris, takst; betaling; kost; *v. i.* klare sig, leve; **bill of ~**, spiseseddel; **-stage**, *s.* takstgrænse; **-well**, *s. & int.* farvel; afsked; *adj.* afskeds-.

farm [faːm], *s.* (bonde)gård; *v. t. & i.* drive landbrug; **-er**, *s.* landmand; bonde; **-hand**, *s.* landbrugsmedhjælper, karl; **-house**, *s.* stuehus; **-ing**, *s.* landbrug; **-yard**, *s.* gårdsplads.

Faroe [ˈfɛərəu], *adj. the ~ Islands, the -s,* Færøerne; **-se** [ˌfɛərəˈiːz], *s.* færing; *s. & adj.* færøsk.

farrow [ˈfærəu], *s.* kuld grise; *v. i.* fare; få grise.

fart [faːt], *s., vulg.* fis, prut; *v. i.* fise, prutte.

fascinat|e [ˈfæsineit], *v. t.* fortrylle; fængsle; **-ing**, *adj.* fængslende; spændende.

fascist [ˈfæʃist], *s.* fascist; *adj.* fascistisk.

fashion [ˈfæʃn], *s.* mode; snit; facon; måde; manér; *v. t.* danne, forme; tilpasse; **after a ~**, på en måde; på sin vis; sådan da; **-able** [-əbl], *adj.* moderne; mode-; mondæn; **~ parade, ~ show**, *s.* mannequinopvisning.

fast [faːst], *s.* faste; *adj. & adv.* hurtig, rask; fast; foran; *v. i.* faste; *my watch is ~*, mit ur går for stærkt; *she is a ~ girl*, hun lever livet stærkt.

fasten [fa:sn], *v. t. & i.* fæstne, fastgøre; lukke; binde, knappe; **-er,** *s.* lukke, lås.

fastidious [fə'stidjəs], *adj.* kræsen.

fat [fæt], *s.* fedt; fedme; *adj.* fed; tyk; svær; **-ness,** *s.* fedme; **-ten** [-n], *v. t. & i. (~ up),* fede; blive fed; **-ty,** *s.* tyksak; *adj.* fed; fedtagtig.

fatal [feitl], *adj.* skæbnesvanger; dødelig; dræbende; **-ism** [-əlizm], *s.* fatalisme; **-ity** [fə'tæliti], *s.* dødelighed; farlighed; ulykke; skæbne.

fate [feit], *s.* skæbne; **-d** [-id], *adj.* skæbnebestemt.

father ['fa:ðə], *s.* far; *F~ Christmas,* julemanden; **-hood,** *s.* faderskab; **~-in-law** [-rin'lo:], *s.* svigerfar; **-land,** *s.* fædreland.

fathom ['fæðəm], *s. (mål)* favn = 1,828 m; *v. t.* måle dybden af; *fig.* udgrunde; fatte; **-less,** *adj.* bundløs; uudgrundelig.

fatigue [fə'ti:g], *s.* træthed; udmattelse; *v. t.* trætte, udmatte.

fatuous ['fætʃuəs], *adj.* tom, enfoldig, dum.

faucet ['fo:sit], *s., U.S.* vandhane; tap.

fault [fo:lt], *s.* fejl; forseelse; skyld; *find ~ with,* kritisere, dadle; **-finder,** *s.* kværulant; **-less,** *adj.* fejlfri; **-y,** *adj.* defekt, mangelfuld.

fauna ['fo:nə], *s.* dyreverden, fauna.

favour ['feivə], *s.* tjeneste; partiskhed; velvilje; *v. t.* være stemt for; begunstige; støtte; favorisere; fo-retrække; *T* ligne; *those in ~,* de der stemmer for; *in ~ of,* stemt for; til fordel for; *out of ~,* i unåde; **-able** [-rəbl], *adj.* gunstig; imødekommende; **-ite** [-rit], *s.* yndling; favorit; *adj.* yndlings-; *~ dish,* livret; **-itism** [-ritizm], *s.* partiskhed; protektion.

fawn [fo:n], *adj.* lysebrun; *v. t. & i.* logre; *~ on, fig.* krybe for, fedte for.

fear [fiə], *s.* frygt, angst; *no ~ !* ikke tale om! aldrig i livet! *v. t. & i.* frygte; være bange (for); *~ for,* være bekymret for; **-ful,** *adj.* ængstelig; skrækkelig; **-less,** *adj.* uforfærdet.

feasib|ility [,fi:zə'biliti], *s.* mulighed; gennemførlighed; **-le** ['fi:zəbl], *adj.* mulig, gennemførlig; rimelig.

feast [fi:st], *s.* fest; festmåltid; gilde; *v. t. & i.* beværte, traktere; feste; *~ one's eyes on,* fryde sig ved synet af.

feat [fi:t], *s.* dåd; bedrift; kunststykke.

feather ['feðə], *s.* fjer; *v. t.* sætte fjer i; *a ~ in one's cap,* en fjer i hatten; *birds of a ~ flock together,* krage søger mage; *in high ~,* i løftet stemning; *~ one's nest,* mele sin egen kage; **~-brained,** *adj.* tankeløs; tomhjernet; **~-weight,** *s., sport.* fjervægt.

feature ['fi:tʃə], *s.* ansigtstræk; særpræg; træk; indslag; film; stor artikel; *v. t.* kendetegne; fremhæve; byde på, bringe.

February ['februəri], *s.* februar.

fecundity [fi'kʌnditi], s. frugtbarhed.

fed [fed], part. ~ up with, led og ked af.

federal ['fedərəl], adj. forbunds-; føderativ; U.S., hist. nordstats-.

fee [fi:], s. betaling, honorar, salær, gebyr; afgift; skolepenge.

feeble [fi:bl], adj. svag; mat; ~-**minded**, adj. svagt begavet.

feed [fi:d], s. foder; føde; næring; portion; måltid; tilførsel; (fed, fed), v. t. (er)nære; fodre; amme; made; spise, æde; ~ on, leve af; go off one's ~, T miste appetitten; -**back**, s. tilbagemelding, feedback; -**er**, s. biflod, sidelinie; sutteflaske; hagesmæk; -**ing**, adj. ~ bottle, sutteflaske.

feel [fi:l], s. følelse, fornemmelse; I like the ~ of it, det føles rart; (felt, felt), v. t. & i. føle; mærke; have på fornemmelsen; føle på; synes; føles; føle sig, befinde sig; ~ cold, fryse; ~ like, have lyst til, gide; ~ up to, have kræfter til, have mod på; -**er**, s. følehorn; føler; prøveballon; -**ing**, s. følelse; fornemmelse; stemning; -s ran high, bølgerne gik højt.

feign [fein], v. t. & i. foregive; hykle; simulere.

feint [feint], s. finte; kneb.

felicitous [fi'lisitəs], adj. lykkelig; heldig; -**y**, s. lyksalighed.

feline ['fi:lain], adj. katte-.

fell [fel], s. højdedrag; skind; hud; adj. fæl, grusom; v. t. fælde, slå ned.

fellow ['feləu], s. fyr; fælle, kollega; universitetslærer; stipendiat; medlem; lige; mage; adj. med-; ~ **citizen**, s. medborger; ~ **creature**, s. medskabning; medmenneske; ~- **feeling**, s. medfølelse; fællesfølelse; -**ship**, s. fællesskab; kammeratskab; stipendium; lærerstilling ved universitet; forening; selskab.

felon ['felən], s. forbryder; -**y**, s., jur. forbrydelse.

felt [felt], s. filt; ~ **roof**, s. paptag.

female ['fi:meil], s. kvinde; kvindemenneske; hun; adj. kvindelig; hun-.

feminine ['feminin], adj. kvindelig, feminin; gram. the ~ gender, hunkøn, femininum; -**sm** [-zm], s. feminisme, kvindebevægelse.

fen [fen], s. mose; sump.

fence [fens], s. gærde; hegn; plankeværk, stakit; S hæler; v. t. & i. indhegne; fægte; komme med udflugter; sit on the ~, fig. være neutral; -**ing**, s. fægtning; indhegning.

fend [fend], v. t. & i. ~ off, afværge, afbøde; ~ for oneself, sørge for sig selv; -**er**, s. kamingitter; kofanger; U.S. (bil)skærm.

fennel ['fenl], s., bot. fennikel.

ferment ['fə:mənt], s. gær; gæring; [fə'ment], v. t. & i. gære; få til at gære; -**ation** [-'teiʃn], s. gæring.

fern [fə:n], s., bot. bregne.

ferocious [fə'rəuʃəs], adj. glubsk, vild; -**ty** [-'rɔsiti], s. glubskhed; vildhed.

ferret ['ferit], s., zoo. fritte; ~ **out**, opsnuse; opspore.

ferry ['feri], s. færge; færgested; *v. t.* overføre, færge.

fertile ['fə:tail], *adj.* frugtbar; **-ity** [-'tiliti], *s.* frugtbarhed; **-ize** ['fə:tilaiz], *v. t.* befrugte; gøre frugtbar; gøde; **-izer,** *s.* (kunst)gødning.

fervent ['fə:vənt], *adj.* brændende; hed; glødende; inderlig; **-vid,** *adj.* brændende; heftig; **-vour** [-və], *s.* glød; ildhu; inderlighed.

fester ['festə], *v. t.* & *i.* bulne; afsondre materie.

festival ['festivl], *s.* festival; fest; højtid; *adj.* fest-; festlig; **-e,** *adj.* festlig, glad.

festoon [fə'stu:n], *s.* guirlande.

fetch [fetʃ], *v. t.* & *i.* hente; indbringe; **-ing,** *adj.* indtagende.

fête [feit], *s.* stor fest; *v. t.* fejre, feste for.

fetid ['fetid], *adj.* stinkende.

fetish ['fi:tiʃ], *s.* fetich.

fetter ['fetə], *s.* (fod)lænke; *v. t.* lænke; **-s,** *s. pl., fig.* bånd, lænker.

fettle [fetl], *s. in fine* ~, i fin form; veloplagt.

fetus ['fi:təs], *s.* foster.

feud [fju:d], *s.* fejde; len; **-al** [-l], *adj.* lens-; feudal.

fever ['fi:və], *s.* feber; **-ish** [-riʃ], *adj.* febril; feber-; feberagtig; febrilsk.

few [fju:], *adj.* få; *a* ~, nogle få; enkelte; *quite a* ~, en hel del; ~ *and far between,* få og spredte.

fey [fei], *adj.* dødsmærket; visionær, klarsynet.

fiancé(e) [fi'a:ŋsei], *s.* forlovede.

fib [fib], *s.* usandhed, (lille) løgn; *v. i.* lyve; **-ber,** *s.*

løgnhals.

fibre [faibə], *s.* fiber, trævl; karakter, støbning; ~ **glass,** *s.* glasfiber.

fickle [fikl], *adj.* vægelsindet, vaklende.

fiction [fikʃn], *s.* opspind; (op)digt; skønlitteratur; fiktionsprosa.

fictitious [fik'tiʃes], *adj.* opdigtet.

fiddle [fidl], *s., mus.* violin; *v. t.* & *i.* spille violin; fingerere, nusse; *S* forfalske, lave fup; *fit as a* ~, frisk som en fisk; **-sticks,** *int.* sludder!

fidelity [fi'deliti], *s.* troskab; nøjagtighed.

fidget ['fidʒit], *v. t.* & *i.* være rastløs; ~ *with,* pille ved; fingerere nervøst; **-y,** *adj.* rastløs nervøs.

field [fi:ld], *s.* mark; ager; område, felt; bane; ~ *of battle,* slagmark; ~ *of vision,* synsfelt; ~**-mouse,** *s., zoo.* markmus; ~ **sports,** *s. pl.* friluftsidrætter; **-work,** *s.* studier i marken.

fiend [fi:nd], *s.* djævel; *T* entusiast; *dope* ~, narkoman.

fierce ['fiəs], *adj.* vild, voldsom; heftig; bister; modbydelig.

fiery ['faiəri], *adj.* ild-; brændende, heftig; fyrig.

fifteen ['fif'ti:n], *num.* femten.

fifth [fifθ], *s.* femtedel; *mus.* kvint; *num.* femte.

fifty ['fifti], *num.* halvtreds.

fig [fig], *s., bot.* figen(træ); *I don't care a* ~, det rager mig en døjt.

fight [fait], *s.* kamp, strid; slagsmål; kampvilje; (fought, fought), *v. t.* & *i.* kæmpe, slås; strides; bekæmpe; ~ *shy of*, gå uden om; undgå; *show* ~, vise mod; sætte sig til modværge; **-er**, *s.* slagsbror; bokser; fighter; jagerfly.

figment ['figmənt], *s.* opspind; påfund; ~ *of the imagination*, hjernespind.

figurative ['figjurətiv], *adj.* overført, billedlig, symbolsk.

figure ['figə], *s.* figur, form; skikkelse; tal, ciffer; pris; *-s, pl.* regning, aritmetik; *v. t. & i.* fremstille; (be)regne; forestille sig; spille en rolle; optræde; *U.S.* regne med; betragte som; formode; ~ **-head**, *s.* galionsfigur; *fig.* topfigur.

filament ['filəmənt], *s.* fiber, tråd; glødetråd.

filch [filtʃ], *v. t., S* rapse, hugge.

file [fail], *s.* fil; arkiv; brevordner; kartotek; register; sag; akter; række; *edb.* fil; *v. t.* arkivere; ordne, registrere; indgive; indlevere; defilere; file; *walk in single* ~, gå i gåsegang; *on* ~, arkiveret.

filial ['filjəl], *adj.* sønlig; datterlig.

filibuster ['filibʌstə], *s.* sørøver; *pol.* obstruktionsmager.

filigree ['filigri:], *s.* filigran.

fill [fil], *v. t. & i.* fylde; mætte; udfylde; plombere; fyldes; ~ *in*, fylde op; udfylde; indføje; ~ *in for*, vikariere for; ~ *in on*, orientere om; ~ *up*, fylde helt; påfylde; udfylde; *eat one's* ~, spise sig mæt; *a* ~ *of tobacco*, et stop; **-ing**, *s.* (ud)fyldning;

plombe, plombering; ~ *station*, *s.* tankstation.

fillet ['filit], *s.* bånd, pandebånd; *kul.* mørbrad, filet.

fillip ['filip], *s., fig.* knips; stimulans.

filly ['fili], *s., zoo.* ung hoppe.

film [film], *s.* hinde; film; *v. t. & i.* filme, filmatisere.

filter ['filtə], *s.* filter; filtrerapperat; *v. t. & i.* filtrere(s); sive (igennem); ~ **-tipped**, *adj.* med filter (om cigaret).

filth [filθ], *s.* snavs, skidt; sjofelhed(er); **-y**, *adj.* snavset, smudsig; beskidt; sjofel.

fin [fin], *s.* (svømme)finne.

final [fainl], *s.* (*ogs.* -s), afsluttende eksamen; *sport.* slutkamp, finale; *adj.* endelig, afgørende; afsluttende; **-e** [fi'na:li], *s.* finale; **-ly**, *adv.* til sidst, til slut, endelig.

finance ['fainæns], *s.* finans(videnskab); **-es** [-iz], *s. pl.* financer; **-ial** [-'nænʃl], *adj.* finansiel, finans-; penge-; **-ier** [-'nænsiə], *s.* finansmand.

finch [fintʃ], *s., zoo.* finke.

find [faind], *s.* fund; (found, found), *v. t.* finde, opdage; erfare; skaffe; *jur.* afsige kendelse; kende; ~ *oneself*, befinde sig; gribe sig i; ~ *out*, opdage; **-ing**, *s., jur.* kendelse; **-s**, *pl.* resultater.

fine [fain], *s.* bøde; afgift; *adj.* fin, prægtig; smuk; skøn; spids; skarp; subtil; glimrende; *v. t. & i.* idømme en bøde; *the* ~ *arts*, de skønne kunster; *one* ~ *day*, en skønne dag; **-drawn**, *adj.* fint tegnet;

tynd; hårfin; ~ -grained, *adj.* finkornet; -ry [-əri], *s.* pynt, stads.

finesse [fi'nes], *s.* finesse; list; behændighed; diplomati.

finger ['fiŋgə], *s., anat.* finger; *v. t.* fingerere; berøre let; rapse; *put one's* ~ *on,* udpege; *put the* ~ *on,* angive; ~ **alphabet,** *s.* fingersprog; **-ing** [-riŋ], *s., mus.* fingersætning; strømpegarn; **-print,** *s.* fingeraftryk; *v. t.* tage fingeraftryk; ~ **-tip,** *s.* fingerspids.

finicky ['finiki], *adj.* pertentlig.

finish ['finiʃ], *s.* (af)slutning; efterbehandling; opløb; lak; *v. t.* & *i.* afslutte; fuldende; blive færdig (med); holde op; slutte, færdigbehandle; ~ *third,* komme ind som nr. 3; ~ *off,* ~ *up,* spise op; gøre færdig; *T* tage livet af, gøre det af med; ~ *up with,* slutte af med; **-ing,** *adj.* ~ *line,* mållinie; ~ *touches,* afpudsning; sidste hånd.

finite ['fainait], *adj.* begrænset.

Finland ['finlənd], *s.* Finland; **Finn** [fin], *s.* finne; **-ish,** *s.* & *adj.* finsk.

fir [fə:], *s., bot.* gran; ~ **cone,** *s.* grankogle.

fire [faiə], *s.* ild; brand; ildebrand; bål; flamme; lidenskab; skydning; *v. t.* & *i.* tænde; sætte i brand; affyre; opildne; fyre; afskedige; antændes; *catch* ~, fænge, komme i brand; *light a* ~, tænde op; *set on* ~, *set* ~ *to,* sætte ild på; ~ *away,* fyre løs; klemme på;

spørge løs; ~ *off,* affyre; ~ *up,* fare op; blive rasende; ~ **alarm,** *s.* brandalarm; ~ **-arms,** *s. pl.* skydevåben; ~ **-brick,** *s.* ildfast sten; ~ **brigade,** *s.* brandvæsen; ~ **engine,** *s.* brandsprøjte; ~ **escape,** *s.* brandtrappe; ~ **extinguisher,** *s.* ildslukningsapparat; **-fly,** *s., zoo.* ildflue; **-guard,** *s.* kamingitter; **-man** [-mən], *s.* brandmand; fyrbøder; **-place,** *s.* kamin; ildsted; **-proof,** *adj.* ildfast; brandsikker; **-side,** *s.* arne; hjem; *adj.* kamin-; uformel; **-wood,** *s.* brænde; **-works,** *s. pl.* fyrværkeri; **firing-squad,** *s.* henrettelsespeloton.

firm [fə:m], *s.* firma; *adj.* fast; bestemt.

first [fə:st], *s.* førstepræmie; førsteplads; førstekarakter; første gear; *adj.* & *adv.* først; for det første; før, hellere; *at* ~, i begyndelsen; ~ *and foremost,* først og fremmest; *in the* ~ *place,* for det første; ~ *thing,* straks; ~ *of all,* allerførst; ~ **aid,** *s.* første hjælp; ~ **finger,** *s.* pegefinger; ~ **floor,** *s.* første sal; *U.S.* stueetagen; **-hand,** *adj.* førstehånds; **-ly,** *adv.* for det første; ~ **name,** *s., U.S.* fornavn; ~ **night,** *s.* premiere; ~ **-rate,** ~ **-class,** *adj.* førsteklasses; udmærket.

firth [fə:θ], *s.* fjord.

fiscal ['fiskl], *adj.* finans-; *the* ~ *year,* finansåret.

fish [fiʃ], *s., zoo.* fisk; *v. t.* & *i.* fiske; *have other* ~ *to fry,* have andet at tage sig til; **-er, -erman,** *s.* fisker;

~ **-hook,** *s.* fiskekrog; **-ing,** *s.* fiskeri; ~ *line, s.* fiskesnøre; ~ *rod, s.* fiskestang; **-monger,** *s.* fiskehandler; **-y,** *adj.* fiske-; mistænkelig, tvivlsom.

fiss|ion ['fiʃn], *s.* spaltning; **-ure** [-ʃə], *s.* spalte, revne.

fist [fist], *s.* næve; „klo".

fit [fit], *s.* pasform; anfald; *adj.* egnet, passende; dygtig; rask, frisk, sund; i god form; *v. t.* gøre egnet; tilpasse; montere; indrette; udstyre; passe til; *v. i.* passe; sidde; ~ *of laughter,* latteranfald; *as is* ~ *and proper,* som sig det hør og bør; *by -s and starts,* rykvis; nu og da; *have a* ~, *T* få en prop; *keep* ~, holde sig i form; *see* ~, *think* ~, finde for godt, finde passende; ~ *for,* egnet til; ~ *in,* passe ind; få plads til; ~ *in with,* passe sammen med; passe ind i; indrette efter; ~ *out,* udruste; ekvipere; ~ *to,* egnet til; lige ved at; stærk nok til at; ~ *up,* indrette; udstyre; **-ful,** *adj.* rykvis; ustadig; **-ness,** *s.* kondi(tion), sundhed, god fysisk form; egnethed; ~ **-out,** *s.* udrustning; udstyr; **-ter,** *s., mek.* montør, maskinarbejder; tilskærer; **-ting,** *s.* prøvning; montering; udrustning; armatur; *adj.* passende.

five [faiv], *num. & s.* fem; femmer; femtal; **-r** [-ə], *s.* fempundsseddel; *U.S.* femdollarseddel.

fix [fiks], *s.* knibe, klemme, forlegenhed; *S* fix, skud; *v. t. & i.* fæstne, gøre fast; sætte op; hæfte; fastsætte; bestemme; ordne, kla-

re; reparere, lave; tilberede; *S* tage et skud (heroin); ~ *up,* arrangere; ordne; kvikke op; **-ed** [-t], *adj.* fast, stift; **-ture** [-tʃə], *s.* fast tilbehør, inventar.

fizz [fiz], *s., S* champagne; brus(en); *v. i.* bruse; syde; moussere; **-le** [-l], *v. i.* hvisle; sprutte; falde igennem; ~ *out,* fuse ud; **-y,** *adj.* mousserende, brusende.

flabbergast ['flæbəgɑ:st], *v. t.* forbløffe; **-ed** [-id], *adj.* lamslået, paf.

flabby ['flæbi], *adj.* slap, slatten; blegfed, lasket.

flaccid ['flæksid], *adj.* slap; hængende.

flag [flæg], *s.* flag; flise; *v. i.* slappes; dø hen; **-ged** [-d], *adj.* flisebelagt; **-pole,** **-staff,** *s.* flagstang; **-stone,** *s.* flise.

flagrant ['fleigrənt], *adj.* åbenbar; skamløs, skrigende.

flair [flɛə], *s.* sans, „næse".

flake [fleik], *s.* flage; skive; skal; spåne; fnug; *v. i.* ~ *off,* skalle af; ~ *out, S* falde i søvn; besvime; **-s,** *pl. soap* ~, sæbespåner.

flamboyant [flæm'bɔiənt], *adj.* spraglet, farvestrålende.

flam|e [fleim], *s.* flamme; lue; sværmeri; *v. i.* flamme; **-ing,** *adj.* flammende, brændende; skamløs; *T* fandens, forbandet.

flan [flæn], *s., kul.* frugttærte.

flank [flæŋk], *s.* side; *mil.* flanke; *v. t.* flankere.

flannel ['flænl], *s.* flonel; flannel; vaskeklud.

flap [flæp], *s.* klap; lem; lap; flig; klask; *in a* ~, forfjamsket; *v. t.* daske;

slå; *v. i.* baske; blafre; *S* blive forfjamsket; **-per**, *s.* fluesmækker; fugleunge; teenage-pige; klap.

flare [flɛə], *s.* flakkende lys; nødblus; *v. i.* flakke, flamme; ~ *up*, blusse op; *fig.* fare op.

flash [flæʃ], *s.* glimt, blink, lyn; kort nyhed; blitz; *adj.* flot; smagløs; *v. t. & i.* glimte; blinke, lyne; fare; lade glimte; vise frem, prale med; sende, vise; **-back**, *s.* tilbageblik; **-bulb**, *s.* blitzpære; **-er**, *s.* blinklys; *S* blotter; ~**- light**, *s.* lommelygte; blitzlampe; **-y**, *adj.* blændende; prangende.

flask [flɑ:sk], *s.* lommelærke; feltflaske.

flat [flæt], *s.* lejlighed; flade; *T* punktering; *adj.* flad, jævn; mat; fast; flov; klangløs; pure; direkte; *adv.* direkte, rent ud; *mus.* med b for; *fall* ~, falde til jorden; ~ *out*, helt udkørt; for fuldt tryk; ~**-footed**, *adj.* platfodet; direkte, ligeud; **-iron**, *s.* strygejern; **-ten** [-n], *v. t.* gøre flad; udjævne; *mus.* sætte b for.

flatter ['flætə], *v. t.* smigre; **-y** [-ri], *s.* smiger.

flaunt [flɔ:nt], *v. t. & i.* flagre; prale med.

flavour ['fleivə], *s.* smag; aroma; smagsstof; *v. t.* krydre; give aroma; **-ing** [-riŋ], *s.*, *kem.* aromastof.

flaw [flɔ:], *s.* revne, sprække; fejl; skavank; brist.

flax [flæks], *s.*, *bot.* hør.

flea [fli:], *s.*, *zoo.* loppe.

fleck [flek], *s.* plet; stænk.

fledged [fledʒd], *adj.* flyvefærdig; *fully-*~, *fig.* udlært.

flee [fli:] (fled, fled), *v. i.* flygte (fra).

fleece [fli:s], *s.* uld; skind; *v. t.* klippe; flå; plukke.

fleet [fli:t], *s.* flåde.

flesh [fleʃ], *s.* kød; *in the* ~, i levende live; **-y**, *adj.* kødfuld.

flex [fleks], *s.*, *elek.* ledning; *v. t.* bøje; **-ible** [-əbl], *adj.* bøjelig; smidig; fleksibel.

flick [flik], *s.* knips; snert; *S* film; *v. t.* knipse; snerte; *go to the -s*, *S* gå i biografen; ~ **knife**, *s.* springkniv.

flicker ['flikə], *s.* flimren; flagren; glimt; *v. i.* blafre, flagre; flimre.

flight [flait], *s.* flugt; flyvning; sværm; ~ *of steps*, ~ *of stairs*, trappe; **-y**, *adj.* forfløjen; flygtig.

flimsy ['flimzi], *adj.* tynd; svag; spinkel.

flinch [flintʃ], *v. i.* krympe sig; vige tilbage; *without -ing*, uden at blinke.

fling [fliŋ], *s.* kast; *have a* ~, gøre et forsøg; *have one's* ~, slå sig løs; (flung, flung), *v. t. & i.* slynge, kaste; kyle, smide; fare; ~ *the door open*, slå døren op.

flint [flint], *s.* flint; (lighter)sten; ~**-stone**, *s.* flintesten.

flip [flip], *v. t. & i.* knipse; slå, smække; ~ *out*, *S* flippe ud; ~ *a coin*, slå plat og krone; **-ping**, *adj.*, *T* pokkers, sørens.

flippant ['flipənt], *adj.* rapmundet; flabet.

flipper ['flipə], *s.* luffe; **-s**, *pl.* svømmefødder.

flirt [flə:t], *s.* flirt; *v. i.* flirte.

flit [flit], *v. i.* flytte hemmeligt; flagre.

float [flǝut], s. flåd; (tømmer)flåde; flyder; v. t. oversvømme; få til at flyde; flåde; bringe flot; v. i. flyde; svæve; drive.

flock [flɔk], s. flok; hob; hjord; uldtot; menighed; v. i. flokkes, strømme.

flog [flɔg], v. t. piske; prygle.

flood [flʌd], s. oversvømmelse; højvande, flod; strøm; the F~, syndfloden; v. t. & i. oversvømme; ~-light, s. projektørlys.

floor [flɔ:], s. gulv; etage; bund; v. t. lægge gulv i; slå i gulvet; sætte til vægs; ~-board, s. gulvbræt; -ing [-riŋ], s. gulvbelægning; ~-walker, s. inspektør.

flop [flɔp], s. fald; klask; fiasko; v. t. & i. baske; sp'ælle; plumpe ned; lade falde; have fiasko; -py, adj., T slapt nedhængende; slatten.

florid ['flɔrid], adj. blomstrende; rødmosset.

florist ['flɔrist], s. blomsterhandler.

flossy ['flɔsi], adj. dunet; silkeagtig.

flotsam ['flɔtsǝm], s., naut. drivgods.

flounce [flauns], v. i. sp'ælle; svanse.

flounder ['flaundǝ], s., zoo. flynder; skrubbe; v. i. sp'ælle; begå fejl.

flour [flauǝ], s., kul. mel.

flourish ['flʌriʃ], s. fanfare; forsiring; snirkel; sving; v. t. & i. blomstre; trives; florere; svinge; prale med.

flout [flaut], v. t. & i. håne, spotte.

flow [flǝu], s. strøm; flod; v. i. flyde; strømme; flagre.

flower ['flauǝ], s. blomst; fig. det bedste; v. i. blomstre; **-pot**, s. urtepotte; **-y** [-ri], adj. blomstrende.

flu [flu:], s., med., T the ~, influenza.

fluctuate ['flʌktʃueit], v. i. svinge; variere.

flue [flu:], s. røgkanal.

fluent ['flu:ǝnt], adj. flydende.

fluff [flʌf], s. dun; fnug.

fluid ['flu:id], s. væske; adj. flydende; omskiftelig.

fluke [flu:k], s. slumpetræf; svineheld.

flummox ['flʌmǝks], v. t., S forvirre.

flunk [flʌŋk], v. t. & i., U.S., T (lade) dumpe.

flunkey ['flʌŋki], s. lakaj.

fluorescent [ˌfluǝ'resnt], adj. fluorescerende; ~ lamp, lysstofrør; **-ine** ['fluǝri:n], s., kem. fluor.

flurry ['flʌri], s. befippelse; vindstød.

flush [flʌʃ], s. rødme; opbrusen; udskylning; v. i. rødme; blusse; skylle ud; v. t. spule, skylle; adj. plan; jævn; S velbeslået; ødsel.

fluster ['flʌstǝ], v. t. gøre forfjamsket, forvirre.

flute [flu:t], s., mus. fløjte; fure; v. t. rifle.

flutter ['flʌtǝ], s. flagren; viften; uro; forvirring; in a ~, ude af flippen; S væddemål; v. i. flagre; vimse; sitre, banke.

flux [flʌks], s. strøm; flyden; skiften.

fly [flai], s., zoo. flue; gylp; (flew, flown), v. i. & t. flyve; vifte, vaje; flygte; ~ at, fare løs på; ~ high, *fig.* være ambitiøs; *I must ~ !* jeg må løbe! *a ~ in the ointment,* et skår i glæden; **-leaf,** *s.* forsatsblad; **-paper,** *s.* fluepapir; **~-swatter,** *s.* fluesmækker; **-weight,** *s., sport.* fluevægt; **-wheel,** *s.* svinghjul.

F.O. ['ef'əu], *(fk.f.* Foreign Office), udenrigsministeriet.

foal [fəul], *s., zoo.* føl.

foam [fəum], *s.* skum; fråde; skumgummi; *v. i.* skumme; fråde.

focus ['fəukəs], *s.* fokus, brændpunkt; *in ~,* skarp; *out of ~,* uskarp; *v. t. & i.* indstille, fokusere; koncentrere, samle.

fodder ['fɔdə], *s.* foder.

foe [fəu], *s., poet.* fjende.

fog [fɔg], *s.* tåge; **-gy,** *adj.* tåget; *I haven't got the -giest,* det har jeg ikke anelse om.

fogey ['fəugi], *s. old ~,* gammel støder.

foible [fɔibl], *s.* svaghed.

foil [fɔil], *s.* folie; spejlbelægning; baggrund; fleuret; *v. t.* narre; forpurre.

foist [fɔist], *v. t. ~ sth on sby,* prakke en noget på.

fold [fəuld], *s.* fold; ombøjning; fals; *v. t.* lægge sammen; folde; kunne foldes; *~ up,* folde sammen; bryde sammen; **-away,** *adj. ~ bed,* klapseng; **-er,** *s.* sammenfoldet tryksag; mappe, charteque; **-ing,** *adj. ~ chair,* *s.* klapstol; *~ door,* *s.* fløjdør; *~ table, s.* klapbord.

foliage ['fəuliidʒ], *s., bot.* løv.

folk [fəuk], *s.* folk, mennesker; *adj.* folke-; *my -s, T*

de gamle, min familie; *~-lore, s.* folklore.

follow ['fɔləu], *v. t. & i.* følge (efter); komme efter; fatte, forstå; *~ out,* fuldføre; *~ suit,* bekende kulør; *~ up,* forfølge; følge op; **-er,** *s.* ledsager, følgesvend; tilhænger; **-ing,** *s.* tilslutning; tilhængere; følge; *adj.* følgende; *præp.* efter.

folly ['fɔli], *s.* dårskab, dumhed.

fond [fɔnd], *adj.* kærlig; øm; svag; *~ hope,* dristig forventning; *be ~ of,* holde af.

fondle [fɔndl], *v. t. & i.* kæle for.

font [fɔnt], *s.* døbefont.

food [fu:d], *s.* mad, føde, næring; *adj.* føde-; (er)-nærings-; *~ for thought, fig.* stof til eftertanke; **-stuffs,** *s. pl.* fødevarer.

fool [fu:l], *s.* tåbe, nar, fjols; *v. t.* narre; pjatte; lege; *apple ~,* æblegrød; *April F~,* aprilsnar; *make a ~ of oneself,* dumme sig; *~ about, ~ around,* fjolle rundt, pjatte; **-hardy,** *adj.* dumdristig; **-ish,** *adj.* tåbelig, dum; naragtig, latterlig; **-proof,** *adj.* idiotsikker; **-scap,** *s.* folioark.

foot [fut], *s.* fod; bund; sokkel; fodende; *(mål)* ≈ 30,48 cm; *v. t.* betræde; *~ the bill,* betale regningen; *~ it,* rejse til fods; *my ~ !* vrøvl! *on ~,* til fods; *put one's ~ down,* sige sin mening; slå i bordet; *put one's ~ in it,* træde i spinaten; **-ball,** *s., sport.* fodbold; **-board,** *s.* trinbræt; **-fall,** *s.* fodtrin; **-hold,** *s.* fodfæste; **-ing,** *s.* fodfæste; sokkel; funda-

ment; *on an equal* ~, på
lige fod; **-lights**, *s. pl.*
rampelys; **-loose**, *adj.*
omstrejfende; fri; **-man**
[-mən], *s.* tjener; **-mark**, *s.*
fodspor; **-note**, *s.* fodnote;
-path, *s.* gangsti; **-print**, *s.*
fodspor; ~ **rule**, *s.* tom-
mestok; **-sore**, *adj.* ømfo-
det; **-step**, *s.* fodspor;
-stool, *s.* fodskammel;
-wear, *s.* fodtøj.
foozle [fu:zl], *v. t.*, T
(for)kludre.
fop [fɔp], *s.* laps.
for [fɔ:], *præp.* for; til;
efter; i; på grund af;
trods; *konj.* for; thi; ~ *all
we know*, så vidt vi ved;
what ~ ? hvorfor det?
forage ['fɔridʒ], *s.* foder;
forurage.
foray ['fɔrei], *s.* plyndrings-
togt.
forbear [fɔ:'bɛə] (-bore,
-borne), *v. t. & i.* undlade,
afholde sig fra; have tål-
modighed; **-ance** [-rəns],
s. overbærenhed, skån-
somhed; **-s** ['fɔ:bɛəz], *s.
pl.* forfædre.
forbid [fə'bid] (-bade, -bid-
den), *v. t.* forbyde; for-
hindre; forvise; **-ding**,
adj. frastødende.
force [fɔ:s], *s.* kraft; styrke;
magt; tvang; *v. t.* tvinge;
drive; presse; tiltvinge
sig; bryde op; forcere;
voldtage; *come into* ~,
træde i kraft; **-d** [-t], *adj.*
tvunget; forceret; an-
strengt; **-ful**, *adj.* kraftig;
energisk; stærk; overbe-
visende; **-s** [-iz], *s. pl., mil.*
tropper.
forceps ['fɔ:seps], *s. pl.*
tang.
forcibl|e ['fɔ:səbl], *adj.*
kraftig; virkningsfuld;
tvangs-; **-y**, *adv.* med

magt.
ford [fɔ:d], *s.* vadested; *v. t.*
vade over.
fore [fɔ:], *s.* forreste del;
adj. forrest; *adv.* foran,
forud.
forearm ['fɔ:ra:m], *s., anat.*
underarm.
forebod|e [fɔ:'bəud], *v. t.*
varsle; ane; **-ing**, *s.* anel-
se; varsel.
forecast ['fɔ:ka:st], *s.* for-
udsigelse; vejrudsigt.
forecastle [fəuksl], *s., naut.*
folkelukaf; bak.
foreclose [fɔ:'kləuz], *v. t.*
overtage (pant); udeluk-
ke.
forefather ['fɔ:fa:ðə], *s.*
stamfader.
forefinger ['fɔ:fiŋgə], *s.,
anat.* pegefinger.
fore|going [fɔ:'gəuiŋ], *adj.*
forudgående; føromtalte;
-gone, *adj. a* ~ *conclu-
sion*, en given sag.
foreground ['fɔ:graund], *s.*
forgrund.
forehead ['fɔrid], *s., anat.*
pande.
foreign ['fɔrin], *adj.* frem-
med, udenlandsk; uden-
rigs-; uvedkommende; ~
exchange, fremmed valu-
ta; *F* ~ *Office*, udenrigs-
ministeriet; **-er**, *s.* ud-
lænding, fremmed.
foreman ['fɔ:mən], *s.* for-
mand; værkfører.
foremast ['fɔ:ma:st], *s.,
naut.* fokkemast.
foremost ['fɔ:məust], *adv.*
forrest, først; *first and* ~,
først og fremmest.
forenoon ['fɔ:nu:n], *s.* for-
middag.
forensic [fə'rensik], *adj.,
jur.* rets-; ~ *medicine*,
retsmedicin.
foresee [ˌfɔ:'si:] (-saw,
-seen), *v. t.* forudse.

foresight ['fɔ:sait], s. frem-syn; forudseenhed; sigte-korn.

foreskin ['fɔ:skin], s., anat. forhud.

forest ['fɔrist], s. skov; adj. forst-, skov-; ~ supervi-sor, skovrider; -ry, s. forstvæsen, skovbrug.

forestall [fɔ:'stɔ:l], v. t. komme i forkøbet.

foretaste ['fɔ:teist], s. for-smag.

foretell [fɔ:'tel], v. t. spå; forudsige.

forethought ['fɔ:θɔ:t], s. forudseenhed; omtanke.

forever [fə'revə], adv. for altid; i al evighed.

foreword ['fɔ:wə:d], s. for-ord.

forfeit ['fɔ:fit], s. bøde; pant; v. t. forspilde, mi-ste; sætte over styr.

forge [fɔ:dʒ], s. esse; smed-je; v. t. & i. smede; skabe; forfalske; skrive falsk; -r [-ə], s. forfalsker, fals-kner; -ry [-əri], s. dokumentfalsk; falskne-ri; forfalskning.

forget [fə'get] (-got, -got-ten), v. t. & i. glemme; ~ it! skidt med det! åh jeg be'r! -ful, adj. glemsom; ~-me-not, s., bot. for-glemmigej.

forgive [fə'giv] (-gave, -giv-en), v. t. tilgive; eftergive.

forgo [fɔ:'gəu] (-went, -gone), v. t. give afkald på, opgive; undvære.

fork [fɔ:k], s. gaffel; fork; høtyv; skillevej; gren, arm; v. i. dele sig; ~ out, S punge ud.

forlorn [fə'lɔ:n], adj. for-tabt; hjælpeløs; ulykke-lig.

form [fɔ:m], s. form, skik-kelse; formalitet; formu-lar, blanket; klasse; for-mel; manerer; v. t. danne, forme; udgøre; formere; indrette; indvikle; dan-nes, forme sig; -al [-l], adj. formel; højtidelig; afmålt, stiv; ydre; -ality [-'mæliti], s. formalitet; højtidelighed; stivhed; -ation [-'meiʃn], s. dannel-se; formation.

former ['fɔ:mə], adj. fore-gående, forrige; først-nævnte (af to); tidligere, forhenværende; -ly, adv. tidligere.

formidable ['fɔ:midəbl], adj. frygtelig; frygtind-gydende.

formula ['fɔ:mjulə], s. for-mel; formular.

formulate ['fɔ:mjuleit], v. t. formulere.

fornication [ˌfɔ:ni'keiʃn], s. utugt, hor.

forsake [fɔ:'seik] (-sook, -saken), v. t. forlade; svigte; opgive.

forsooth [fɔ:'su:θ], adv., gl. i sandhed.

forsythia [fɔ:'saiθjə], s., bot. forsythia.

fort [fɔ:t], s. fæstning; borg.

forth [fɔ:θ], adv. ud; vide-re, fremad; and so ~, og så videre; back and ~, frem og tilbage; -coming [-'kʌmiŋ], adj. forestående; imødekommende; -right, adj. oprigtig; -with [-'wið], adv. straks, omgående.

fortification [ˌfɔ:tifi'keiʃn], s. befæstning; forstærk-ning; -y ['fɔ:tifai], v. t. styrke, befæste.

fortitude ['fɔ:titju:d], s. mod; sjælsstyrke.

fortnight ['fɔ:tnait], s. fjor-ten dage.

fortress ['fɔ:trəs], s. fort, fæstning.

fortuitous [,fɔ:'tju:itəs], adj. tilfældig.

fortunate ['fɔ:tʃnit], adj. heldig, lykkelig; **-ly,** adv. heldigvis.

fortune ['fɔ:tʃən], s. skæbne; lykke; formue; ~ **hunter,** s. lykkejæger; ~ **teller,** s. spåkone.

forty ['fɔ:ti], num. fyrre; ~ winks, en lille lur.

forward ['fɔ:wəd], s., sport. forward, angriber; adj. fremadgående; forrest; fremrykket; fremmelig; fremskreden; progressiv; næsvis; v. t. fremskynde, befordre; eftersende; begunstige; ~**(s),** adv. fremad, videre; forlæns; forover; forud(e); fremme; **-ing,** adj. ~ agent, s. speditør.

fossil ['fɔsl], s. forstening; fossil; fortidslevning; **-ize** [-aiz], v. t. & i. forstene(s).

foster ['fɔstə], v. t. opfostre; nære; begunstige; støtte; ~**-child,** s. plejebarn.

foul [faul], adj. beskidt; uhumsk; rådden; hæslig; modbydelig; stinkende; sjofel, svinsk; v. t. svine til, forurene; forpeste; a ~ breath, dårlig ånde; ~ play, ureglementeret spil; ~**-mouthed,** adj. grov i munden.

found [faund], v. t. grundlægge; stifte, oprette; støbe; **-ation** [-'deiʃn], s. grundlæggelse; stiftelse; fundament; grundlag; fond; **-er,** s. grundlægger; støber; v. i., naut. synke; strande; styrte; **-ling,** s. hittebarn; **-ry,** s. støberi.

fount [faunt], s. kilde(væld).

fountain ['fauntin], s. springvand; ~ **pen,** s. fyldepen.

four [fɔ:], num. & s. fire; firtal; firer; ~ **-letter word,** s. uartigt ord; ~ **-poster,** s. himmelseng; ~**-stroke,** adj. firetakts-; **-th** [-θ], s. fjerdedel; mus. kvart; num. fjerde.

fourteen ['fɔ:'ti:n], num. fjorten.

fowl [faul], s., zoo. fugl; fjerkræ; **-ing piece,** s. haglbøsse.

fox [fɔks], s., zoo. ræv; v. t. snyde; **-glove,** s., bot. fingerbøl; **-hole,** s., mil. skyttehul; **-hound,** s., zoo. rævehund; **-tail,** s., bot. rævehale; **-y,** adj. ræve-; snedig.

fraction ['frækʃn], s. brøk; brøkdel; smule.

fractious ['frækʃes], adj. gnaven; vanskelig.

fracture ['fræktʃə], s. brud; v. t. brække.

fragile ['frædʒail], adj. skør, skrøbelig.

fragment ['frægmənt], s. brudstykke; stump; v. i. gå i stykker; dele op, splitte.

fragrant ['freigrənt], adj. vellugtende, duftende.

frail [freil], adj. skrøbelig, svagelig.

frame [freim], s. ramme; karm; stillads, stel; indfatning; form; legeme; bygning; legemsbygning; v. t. indramme; forme, danne, bygge, udfærdige; indrette; udtænke; udforme; S henlede mistanke på; ~ of mind, sindsstemning; ~**-up,** s. falsk anklage; sammensværgelse; **-work**, s. skelet; struktur; ramme.

France [fra:ns], s. Frankrig.

franchise ['fræntʃaiz], s. frihed, rettighed; valgret, stemmeret.

frank [fræŋk], adj. åben; frimodig; oprigtig; v. t. frankere; **-furter**, s., kul. bayersk pølse; **-incense**, s. røgelse; **-ly**, adv. ærlig talt; rent ud sagt.

frantic ['fræntik], adj. afsindig; rasende.

fratern|al [frə'tə:nl], adj. broderlig; **-ity**, s. broderskab; studenterforening; **-ize** ['frætənaiz], v. t. fraternisere.

fraud [fro:d], s. svig, bedrageri; bedrager, svindler; **-ulent** [-julənt], adj. bedragerisk.

fraught [fro:t], adj. ~ with, fyldt med.

fray [frei], s. slagsmål; kamp, strid; v. t. & i. flosse(s); blive tyndslidt.

frazzle [fræzl], s. udmattelse.

freak [fri:k], s. lune, grille; original; adj. underlig; usædvanlig; v. i. ~ out, S flippe ud.

freckle [frekl], s. fregne.

free [fri:], adj. fri; utvungen; åben; frimodig; gavmild; gratis; ledig; uafhængig; familiær; v. t. befri; fritage; ~ and easy, utvungen; **-dom**, s. frihed; privilegium; ~ **house**, s. pub der ikke ejes af et bryggeri; **-kick**, s., sport. frispark; ~ **labour**, s. uorganiseret arbejdskraft; **-lance**, s. & adj. løsgænger(-); løst ansat (journalist); **-ly**, adv. frit; villigt; **-mason**,

s. frimurer; ~ **speech**, s. ytringsfrihed; **-way**, s., U.S. motorvej; **-wheel**, v. i. køre på frihjul.

freez|e [fri:z] (froze, frozen), v. t. & i. fryse; stivne; være iskold; nedfryse; merk. spærre, indefryse; **-er**, s. (dyb)fryser; **-ing**, adj. iskold; ~ point, s. frysepunkt.

freight [freit], s. fragt; gods; ladning; v. t. fragte.

French [frentʃ], s. & adj. fransk; the ~, pl. franskmændene; ~ **fries**, s. pl., kul. pommes frites; ~ **letter**, s., T kondom; **-man** [-mən], s. franskmand; ~ **window**, s. glasdør.

frenzy ['frenzi], s. vanvid, raseri.

frequen|cy ['fri:kwənsi], s. hyppighed; TV. & radio. frekvens; **-t**, adj. hyppig; **-ly**, adv. tit, hyppigt; [fri'kwent], v. t. besøge, komme tit i.

fresco ['freskəu], s. freskomaleri, kalkmaleri.

fresh [freʃ], adj. frisk; ny; fersk; sund; kølig; livlig; uerfaren; S fræk; **-en** [-n], v. t. & i. friske (sig) op; **-man** [-mən], s. rus; **-water**, adj. ferskvands-.

fret [fret], s. irritation, ærgrelse; v. t. & i. irritere; ærgre (sig); græmme sig; **-ful**, adj. pirrelig; ~ **saw**, s. løvsav; **-work**, s. løvsavsarbejde.

friar ['fraiə], s. munk, klosterbroder.

friction ['frikʃn], s. gnidning; friktion.

Friday ['fraid(e)i], s. fredag; Good ~, langfredag.

fridge [fridʒ], s., T køleskab.

friend [frend], *s.* ven; veninde; *make* -s, gøre sig gode venner; **-ly**, *adj.* venlig; hjælpsom; venskabelig; **-ship**, *s.* venskab.

frieze [fri:z], *s.* frise.

frigate ['frigət], *s.* fregat.

fright [frait], *s.* skræk; forskrækkelse; *you look a ~ !* du ser farlig ud! **-en** [-n], *v. t.* skræmme; forskrække; **-ened** [-nd], *adj.* bange; **-ful**, *adj.* skrækkelig.

frigid ['fridʒid], *adj.* kold; frigid; formel; **-ity** [-'dʒiditi], *s.* kulde; frigiditet.

frill [fril], *s.* rynket strimmel; flæse; **-s**, *s. pl., fig.* pynt; udenomsnak; dikkedarer.

fringe [frindʒ], *s.* frynse, bræmme; pandehår; *fig.* udkant; *~ benefits, s. pl.* frynsegoder.

frisk [frisk], *v. t. & i.* hoppe, springe; *S* kropsvisitere; **-y**, *adj.* livlig, sprælsk.

fritter ['fritə], *v. t. ~ away*, klatte bort.

frivollity [fri'voliti], *s.* overfladiskhed; **-ous** ['frivələs], *adj.* pjanket; overfladisk.

frizzle [frizl], *v. t. & i.* krølle; kruse; stege; sprutte.

fro [frəu], *adv. to and ~*, frem og tilbage.

frock [frɔk], *s.* kjole; kittel; *~ coat, s.* diplomatfrakke.

frog [frɔg], *s., zoo.* frø.

frolic ['frolik], *s.* lystighed; sjov; *v. i.* boltre sig, lege.

from [frɔm], *præp.* fra; af; på grund af.

front [frʌnt], *s.* forside, facade; forreste række; ydre; frækhed; *adj.* for-, forrest; *in ~ (of)*, foran.

frontier ['frʌntiə], *s.* grænse.

frost [frɔst], *s.* frost; rim; **~-bite**, *s.* forfrysning; **-ed** [-id], *adj.* matteret; glaseret.

froth [frɔθ], *s.* skum, fråde; *v. i.* skumme, fråde.

frown [fraun], *s.* panderynken; truende blik; *v. t. & i.* rynke panden; se truende ud.

frugal ['fru:gl], *adj.* mådeholden; nøjsom.

fruit [fru:t], *s.* frugt; **-erer** [-ərə], *s.* frugthandler; **~-fly**, *s., zoo.* bananflue; **-ful**, *adj.* frugtbar.

fruition [fru'iʃn], *s.* opfyldelse, virkeliggørelse.

frustrate [frʌ'streit], *v. t.* forhindre, forpurre; frustrere.

fry [frai], *s.* fiskeyngel; *v. t. & i.* stege; brase; blive stegt; *small ~*, unger; småfisk; *fried egg, kul.* spejlæg; **-ing pan**, *s.* stegepande.

ft., *(fk.f.* foot, feet), *s.d.*

fuck [fʌk], *v. t. & i., vulg.* kneppe; *~ it!* satans osse! *~ off!* gå ad helvede til! *~ up*, ødelægge; **-er**, *s.* skiderik; **-ing**, *adj.* satans, forpulet.

fuddled [fʌdld], *adj.* omtåget, beruset.

fudge [fʌdʒ], *s., kul.* blød karamel; *v. t.* fuske; krybe udenom.

fuel ['fjuəl], *s.* brændsel; brændstof; *~ oil, s.* brændselsolie.

fug [fʌg], *s.* indelukkethed; dårlig luft.

fugitive ['fju:dʒitiv], *s.* flygtning; *adj.* flygtig.

fulfil [ful'fil], *v. t.* opfylde; fuldbyrde; udføre.

full [ful], *adj.* fuld; mæt;

udførlig, fuldstændig; vid; *adv.* fuldt, ganske; lige; ~ **-blooded**, *adj.* fuldblods; lidenskabelig; kraftig; ~ **-blown**, *adj.* udsprunget; fuldt udviklet; ~ **-length**, *adj.* i hel figur; uforkortet; **-ness**, *s.* fylde; **-scale**, *adj.* i naturlig størrelse; total; **-size**, *adj.* i legemsstørrelse; **-time**, *adj.* heltids-; *-r*, *s.* heltidsbeskæftiget; **-y**, *adv.* fuldstændig, ganske, fuldt.

fulminate ['fʌlmineit], *v. t. & i.* tordne; rase.

fulsome ['fulsəm], *adj.* vammel; overdreven.

fumble [fʌmbl], *v. t. & i.* famle, fumle (med), rode, pille (ved); forkludre.

fum|e [fju:m], *s.* dunst; damp; røg; *v. i.* ryge; skumme, fnyse; **-ing**, *adj.* rygende; rasende, skummende; **-igate**, *v. t.* ryge ud; desinficere ved røg.

fun [fʌn], *s.* morskab; skæg; sjov; *have* ~, *more sig*; *make* ~ *of*, gøre grin med; ~ **-fair**, *s.* tivoli; **-nies** [-iz], *s. pl.*, *U.S.*, *S* tegneserier; **-ny**, *adj.* morsom, sjov, pudsig; sær, besynderlig, mærkelig; mistænkelig; utilpas; ~ *bone*, *s.*, *anat.* snurreben.

function ['fʌŋ(k)ʃn], *s.* funktion; hverv; højtidelighed; *v. i.* fungere; virke; **-al** [-l], *adj.* funktionel; **-ary** [-əri], *s.* funktionær; *adj.* funktionel.

fund [fʌnd], *s.* fond; **-s**, *s. pl.* penge; kapital; statsobligationer; offentlige midler.

fundamental [ˌfʌndə'mentl], *s.* grundregel;

grundprincip; *adj.* principiel, fundamental; grund-; **-ly**, *adv.* principielt; inderst inde.

Funen ['fju:nən], *s.* Fyn.

funer|al ['fju:nərəl], *s.* begravelse; *adj.* begravelses-; **-eal** [fju'niəriəl], *adj.* begravelsesagtig; sørgelig, trist.

fungus ['fʌŋgəs], *s.*, *bot.* svamp.

funicular [fju'nikjulə], *adj.* *(~ railway)*, tovbane, svævebane.

funk [fʌŋk], *s.*, *T* skræk; bangebuks; *in a (blue)* ~, hundeangst; *v. t. & i.* være bange for; vige tilbage for; ~ *out*, stikke af.

funnel [fʌnl], *s.* tragt; skorsten.

fur [fə:], *s.* pels; skind; pelsværk; belægning; *v. t. & i.* fore (med pelsværk); blive belagt; **-coat**, *s.* pels, pelskåbe; **-rier** [-riə], *s.* buntmager; **-ry** [-ri], *adj.* pels-; lådden.

furbish ['fə:biʃ], *v. t.* pudse (op).

furious ['fjuəriəs], *adj.* rasende.

furl [fə:l], *v. t. & i.* rulle sammen.

furlough ['fə:ləu], *s.* orlov.

furnace ['fə:nis], *s.* smelteovn; fyr.

furnish ['fə:niʃ], *v. t.* møblere; give, skaffe, levere; ~ *with*, forsyne med.

furniture ['fə:nitʃə], *s.* møbler; *a piece of* ~, et møbel.

furrow ['fʌrəu], *s.* fure; rynke; *v. t.* fure; rynke.

further ['fə:ðə], *adj. & adv.* fjernere, videre; længere (borte); yderligere; mere; endvidere; *v. t.* fremme, befordre; **-more**, *adv.* desuden, endvidere.

furtive ['fə:tiv], *adj.* stjålen, snigende.

fury ['fjuəri], *s.* raseri; furie.

furze [fə:z], *s., bot.* tornblad.

fuse [fju:z], *s.* lunte; *elek.* sikring; *v. t. & i.* sammensmelte; brænde over; *fig.* sammenslutte; *the lights have -d*, der er sprunget en sikring.

fusilier [,fju:zə'liə], *s., mil.* musketer.

fusion ['fju:ʒn], *s.* sammensmeltning.

fuss [fʌs], *s.* blæst, ståhej; *v. i.* kværulere, gøre vrøvl; vimse omkring; *make a ~*, skabe sig, kværulere; *make a ~ of*, gøre stads af; **~-pot**, *s.* pernittengryn; pylrehoved; **-y**, *adj.* pertentlig; forvirret; emsig.

fusty ['fʌsti], *adj.* muggen; jordslået.

futile ['fju:tail], *adj.* unyttig, forgæves; **-ity** [fju:'tiliti], *s.* frugtesløshed; tomhed.

future ['fju:tʃə], *s.* fremtid; *gram.* futurum; *adj.* fremtidig; tilkommende.

fuzz [fʌz], *s.* dun, trævler; *S* strømer; *the ~*, politiet; **-y**, *adj.* dunet; kruset; uklar.

G [dʒi:], *mus.* g; *~ flat*, ges; *~ sharp*, gis.

gab [gæb], *s., S* snak; *the gift of the ~*, et godt snakketøj.

gabble ['gæbl], *s.* japperi; *v. t. & i.* jappe; sludre.

gable ['geibl], *s.* gavl.

gad [gæd], *v. i., S ~ about*, farte omkring; **~-fly**, *s., zoo.* bremse.

gadget ['gædʒit], *s.* indretning; tingest; dims.

gaff [gæf], *s. blow the ~*, *S* plapre ud; **-er**, *s.* arbejdsformand, sjakbajs.

gag [gæg], *s.* knebel; improviseret spøg; trick; *v. t. & i.* kneble; improvisere.

gaiety ['geiəti], *s.* munterhed.

gain [gein], *s.* vinding; profit; gevinst; fremgang; forøgelse; stigning; *v. t. & i.* opnå; vinde; (for)tjene; nå; tiltage; gå fremad; vinde (om ur); *~ admission*, skaffe sig adgang; *~ the upper hand*, få overtaget; *~ weight*, tage på.

gainsay [gein'sei], *v. t.* modsige.

gait [geit], *s.* gang, gangart.

gaiter ['geitə], *s.* gamache.

gal [gæl], *s., S* pige.

gal. ['gælən], (*fk.f.* gallon), *s.d.*

galaxy ['gæləksi], *s., astr.* mælkevej; *fig.* strålende selskab.

gale [geil], *s.* storm; stærk blæst.

gall [gɔ:l], *s., anat.* galde; bitterhed; *v. t. & i.* gnave; ærgre; **-bladder**, *s., anat.* galdeblære; **-stone**, *s., med.* galdesten.

gallant ['gælənt], *s.* elsker; flot ung mand; *adj.* tapper; prægtig; galant; **-ry**, *s.* ridderlighed; tapperhed.

gallery ['gæləri], *s.* galleri; malerisamling; svalegang; pulpitur; korridor; loge; *teat.* galleri.

galley ['gæli], *s.* kabys; galej.

gallivant [,gæli'vænt], *v. t.* farte omkring, more sig.

gallon ['gælən], *s. (mål)* = 4,54 liter; (*U.S.* 3,8 l).

gallop ['gæləp], *s.* galop; *v. t. & i.* (få til at) galopere.

gallows ['gæləuz], *s. pl.* galge.

galore [gə'lɔ:], *adv.* i massevis.

galosh [gə'lɔʃ], *s.* galoche.

gamble [gæmbl], *v. t. & i.* spille (hasard); ~ *on,* løbe an på; **-r** [-ə], *s.* spiller.

gambol [gæmbl], *v. i.* springe omkring; boltre sig.

game [geim], *s.* leg; spil; parti; kamp; plan; hensigt; regler; vildt; *adj.* modig; oplagt; parat; *give the ~ away,* røbe det hele; *play the ~,* spille fair, følge spillets regler; *the ~ is up,* spillet er tabt; ~ **cock,** *s.* kamphane; **-keeper,** *s.* skovløber; **-s,** *s. pl.* boldspil; lege; ~ *master,* *s.* gymnastiklærer.

gammon ['gæmən], *s., kul.* røget skinke.

gamut ['gæmət], *s.* skala; omfang.

gander ['gændə], *s., zoo.* gase.

gang [gæŋ], *s.* bande; hob; hold; sjak; *v. i.* ~ *up,* slutte sig sammen; ~ *up on,* rotte sig sammen mod.

gangling ['gæŋgliŋ], *adj.* ranglet.

gangrene ['gæŋgri:n], *s., med.* koldbrand.

gangster ['gæŋstə], *s.* bandit; gangster.

gangway ['gæŋwei], *s., naut.* landgangsbro; *teat.* (midter)gang.

gantry ['gæntri], *s.* signal-

bro; servicetårn.

gaol [dʒeil], *s.* fængsel; *v. t.* fængsle; **-bird,** *s.* (vane)-forbryder; **-er,** *s.* fangevogter.

gap [gæp], *s.* åbning; spalte, kløft; pas; afbrydelse; hul; svælg; *bridge (fill, stop) a ~,* udfylde et hul.

gape [geip], *v. i.* gabe; glo; måbe.

garage ['gæra:ʒ *el.* 'gæridʒ], *s.* garage; benzintank; servicestation.

garb [ga:b], *s.* dragt; klædning.

garbage ['ga:bidʒ], *s.* (køkken)affald; bras; ~ **can,** *s., U.S.* skraldespand; ~ **chute,** *s.* nedstyrtningsskakt.

garble [ga:bl], *v. t.* forvanske, „pynte på".

garden [ga:dn], *s.* have; *adj. common or ~,* almindelig; **-er,** *s.* gartner; **-ing,** *s.* havearbejde.

garfish ['ga:fiʃ], *s., zoo.* hornfisk.

gargle [ga:gl], *v. t. & i.* gurgle.

garish ['gɛəriʃ], *adj.* skrigende; prangende; grel.

garland ['ga:lənd], *s.* krans.

garlic ['ga:lik], *s., bot.* hvidløg.

garment ['ga:mənt], *s.* klædningsstykke.

garnish ['ga:niʃ], *s.* pynt; *v. t.* garnere, pynte.

garret ['gærət], *s.* kvistværelse.

garrison ['gærisn], *s.* garnison.

garrulous ['gæruləs], *adj.* snakkesalig.

garter ['ga:tə], *s.* strømpebånd; hosebånd; *U.S.* sokkeholder.

gas [gæs], *s.* gas; luftart;

U.S. benzin; *T* sludder;
v. t. gasse; *v. i.*, *S* snakke,
ævle; ~ **cooker,** ~ **stove,**
s. gaskomfur; ~ **fire,** *s.*
gaskamin; ~ **jet,** *s.* gas-
blus; ~ **meter,** *s.* gasmå-
ler; ~ **station,** *s.*, *U.S.*
benzintank.

gash [gæʃ], *s.* flænge.

gasket ['gæskit], *s.* pak-
ning.

gasoline ['gæsəliːn], *s.*, *U.S.*
benzin.

gasp [gaːsp], *v. i.* gispe.

gastric ['gæstrik], *adj.,*
med. mave-; ~ *ulcer,* *s.*
mavesår.

gastronomy [gæ'strɔnəmi],
s. gastronomi.

gate [geit], *s.* port; indkør-
sel; indgang; ~-**crasher,**
s. uinviteret gæst; -**way,**
s. indkørsel.

gather ['gæðə], *v. t. & i.*
samle, indsamle, forsam-
le; plukke; rynke; forstå,
opfatte; samle sig; vokse;
-**ing,** *s.* (for)samling.

gaudy ['gɔːdi], *adj.* pran-
gende; spraglet, udmajet.

gauge [geidʒ], *s.* mål(ered-
skab); -måler; målestok;
omfang; sporvidde; *v. t.*
måle; vurdere.

gaunt [gɔːnt], *adj.* udtæret,
mager.

gauze [gɔːz], *s.* gaze.

gawky ['gɔːki], *adj.* klodset.

gay [gei], *adj.* munter; liv-
lig; broget; *T* homoseksu-
el.

gaze [geiz], *s.* blik; stirren;
v. i. stirre.

gazette [gə'zet], *s.* (stats)ti-
dende.

G.B. ['dʒiː'biː], (*fk.f.* Great
Britain), Storbritannien.

G.C.E. ['dʒiːsiː'iː], (*fk.f.*
General Certificate of
Education), *s. d.*

gear [giə], *s.* udstyr;

grej(er), sager; mekanis-
me, apparat; *mek.* gear;
v. t. & i. sætte i gear; ~ *to,*
indstille på, afpasse ef-
ter; -*ed to,* beregnet til;
~-**box,** *s.* gearkasse; ~
lever, ~ **shift,** ~ **stick,** *s.*
gearstang; ~-**wheel,** *s.*
tandhjul.

gee! [dʒiː], *int.* ih! nå da!
hyp!

geezer ['giːzə], *s.* gammel
knark.

gelatine [ˌdʒelə'tiːn], *s., kul.*
husblas.

gelding ['geldiŋ], *s., zoo.*
kastrering; vallak.

gem [dʒem], *s.* ædelsten;
fig. perle.

gender ['dʒendə], *s., gram.*
køn.

gene [dʒiːn], *s., bio.* gen;
-**alogy** [ˌdʒiː'niːælədʒi], *s.*
slægtshistorie; -**tic** [dʒi-
'netik], *adj.* genetisk, ar-
veligheds-; ~ *engineer-
ing,* gensplejsning; -**tics,**
s. pl. genetik.

general ['dʒenrəl], *s.* gene-
ral; *adj.* almindelig; al-
men; generel; hoved-; *in*
~, i almindelighed; *G*~
Certificate of Education,
(A-level), *sv. t.* studenter-
eksamen; *(O-level),* *sv. t.*
realeksamen; ~ **practi-
tioner** (*fk.* GP), *s.* prakti-
serende læge; ~-**pur-
pose,** *adj.* til alle formål;
~ **store,** *s.* landhandel.

generat|e ['dʒenəreit], *v. t.*
avle; frembringe; udvik-
le; -**ion** [-'reiʃn], *s.* genera-
tion; udvikling, avl.

generic [dʒi'nerik], *adj.*
fælles-; slægts-.

generous ['dʒenrəs], *adj.*
ædelmodig; gavmild; lar-
ge; rundhåndet; rigelig.

genesis ['dʒenisis], *s.* ska-
belse; *G*~, 1. Mosebog.

genial ['dʒiːnjəl], *adj.* ven-
lig; gemytlig; elskværdig;
mild.
genital ['dʒenitl], *adj., anat.*
genital-, køns-; **-s**, *s. pl.*
(ydre) kønsorganer.
genitive ['dʒenitiv], *s.,*
gram. genitiv, ejefald.
genius ['dʒiːnjəs], *s.* geni;
genialitet; skytsånd.
genre [ʒaːnrə], *s.* genre.
gent [dʒent], *s., T* herre; **-s**,
pl. herretoilet.
genteel [dʒen'tiːl], *adj.*
dannet, fornem.
gentile ['dʒentail], *s.* ikke-
jøde; *adj.* ikke-jødisk.
gentle ['dʒentl], *adj.* mild,
blid; svag, dæmpet; næn-
som; jævn; ædel; **-man**
[-mən], *s.* herre; mand;
gentleman; **-manlike**,
adj. fin, dannet; beleven.
genuflect ['dʒenjuflekt],
v. i. falde på knæ, knæle.
genuine ['dʒenjuin], *adj.*
ægte; original; virkelig.
geo|graphy [dʒi'ogrəfi], *s.*
geografi; **-logy** [-lədʒi], *s.*
geologi; **-metry** [-mətri], *s.*
geometri; **-physics** [dʒiə-
'fiziks], *s.* geofysik.
geriatric [dʒeri'ætrik], *adj.,*
med. alder(dom)smedi-
cinsk.
germ [dʒeːm], *s.* kim; spi-
re; *med.* bakterie; ~
warfare, bakteriologisk
krigsførelse; **-inate**, *v. t.*
& i. (få til at) spire; **-icide**
[-isaid], *s., kem.* desinfek-
tionsmiddel.
German ['dʒeːmən], *s.* ty-
sker; tysk; *adj.* tysk; ~
measles, *s. pl., med.* røde
hunde; **-y**, *s.* Tyskland.
gesticulate [dʒe'stikjuleit],
v. i. gestikulere.
gesture ['dʒestʃə], *s.* ge-
stus; håndbevægelse; **-s**,
pl. fagter.

get [get] (got, got/ *U.S.* got-
ten), *v. t. & i.* få; opnå;
skaffe (sig); hente, brin-
ge; forstå, opfatte; nå;
komme (til) (at); blive; *T*
it -s me, det forstår jeg
ikke; det irriterer mig; ~
about, komme omkring;
spredes; ~ *along,* gøre
fremskridt; klare sig;
komme godt ud af det; ~
(a)round, overtale; omgå;
få tid, nå; ~ *at,* få fat i; få
ram på; bestikke; stikle
til; hentyde til; ~ *away,*
slippe bort; *int.* åh hold
op! ~ *back,* få tilbage;
komme tilbage; ~ *by,*
klare sig; blive accepte-
ret; ~ *down,* rejse sig (fra
bordet); deprimere; slu-
ge; nedskrive; ~ *down*
to, tage fat på; ~ *in,* stige
ind; blive valgt; ~ *off,*
tage af sted; slippe; holde
op; sende; stå af; *int.*
væk! ~ *on,* stige på; kom-
me videre; blive ældre;
fig. gøre fremskridt;
komme godt ud af det; ~
out, stå ud; slippe ud; ~
rid of, blive af med; ~
over, komme over; kom-
me sig; ~ *it over with,* få
det overstået; ~ *well,*
komme sig; ~ *through,*
komme igennem; få for-
bindelse; bestå; nå frem;
~ *to know,* lære at ken-
de; få at vide; ~ *up,* stå
op; få op; klæde ud; orga-
nisere; ~ *up to,* lave, nå;
~ **-at-able** [-'ætəbl], *adj.,*
T tilgængelig; **-away**, *s., T*
flugt; start; ~ **-together**,
s., T komsammen; ~ **-up,**
s. udstyr; antræk.
g., gm(s), *(fk.f.* gramme(s)),
gram.
ghastly ['gaːstli], *adj.* ræd-
som, gyselig; frygtelig;

uhyggelig; dødbleg.
gherkin ['ge:kin], s., bot.
sylteagurk.
ghost [gəust], s. spøgelse;
ånd; skygge; ~ writer, s.
„neger"; the Holy G~, rel.
Helligånden.
giant ['dʒaiənt], s. kæmpe;
adj. kæmpe-.
gibberish ['dʒibəriʃ], s. vo-
lapyk.
gibbet ['dʒibit], s. galge.
gibe [dʒaib], s. skose; hån.
giblets ['dʒibləts], s. pl.,
zoo. indmad; kråser.
giddy ['gidi], adj. svimmel;
svimlende; letsindig; for-
fløjen; play the ~ goat,
fjante, pjatte.
gift [gift], s. gave; begavel-
se; talent; -ed [-id], adj.
begavet.
gigantic [dʒai'gæntik], adj.
enorm, gigantisk.
giggle [gigl], s. fnisen; v. i.
fnise.
gild [gild] (gilt, gilt), v. t.
forgylde.
gill [gil], s. (mål)1/4 pint =
0,142 liter; (U.S. 0,118 l);
lamel; rille; zoo. gælle;
green about the -s, T bleg
om næbbet.
gilt [gilt], s. forgyldning;
adj. guld-, forgyldt; ~-
edged, adj. guldrandet.
gimcrack ['dʒimkræk], adj.
værdiløs; tarvelig.
gimlet ['gimlət], s., mek.
vridbor.
gimmick ['gimik], s. dims;
kneb; reklametrick.
gin [dʒin], s. snare; naut.
hejseværk; kul. gin; ge-
never.
ginger ['dʒindʒə], s., kul.
ingefær; liv, fut; adj. rød-
håret; v. t. ~ up, sætte fut
i; ~ ale [-'reil], s., kul. so-
davand m. ingefærsmag;
-bread, s., kul. (slags)

honningkage; ~ **nut**, s.,
kul. ingefærsmåkage;
-ly, adj. & adv. forsig-
tig(t), varsom(t).
gipsy ['dʒipsi], s. sigøjner.
giraffe [dʒi'ra:f], s., zoo. gi-
raf.
gird [gə:d] (-ed el. girt),
v. t. omgive; spænde; om-
gjorde; **-er**, s. bærebjæl-
ke, overligger.
girdle ['gə:dl], s. bælte;
hofteholder; v. t. omgive,
indhegne, omgjorde.
girl [gə:l], s. pige; ~-
friend, s. veninde; kæres-
te; ~ **guide**, s. pigespej-
der.
girth [gə:θ], s. (bug)gjord;
omfang.
gist [dʒist], s. kerne, poin-
te; the ~ of the story, det
væsentlige i historien.
give [giv] (gave, given), v. t.
& i. give; udstede; skæn-
ke; volde; udstøde;
(af)holde; give efter; tø;
I'll ~ you this, det må
man lade dig; ~ away,
give bort; røbe; ~ in,
opgive; indlevere; give
efter; ~ off, udsende; af-
give; ~ on to, føre ud til,
have udsigt til; ~ out,
uddele; meddele; slippe
op; ~ over, holde op
(med); opgive; overlade;
~ up, opgive; afstå; udle-
vere; tilstå; ~ oneself up
to, hellige sig; ~ way to,
vige for; blive erstattet
af; give efter for; **-away**, s.
blottelse, afsløring; foræ-
ring; vareprøve.
gizzard ['gizəd], s., zoo.
kro, kråse, mave.
glacier ['gleisjə], s. bræ,
gletscher.
glad [glæd], adj. glad; glæ-
delig; **-den** [-n], v. t. glæ-
de; **-ly**, adv. gerne, med

glæde.

glade [gleid], *s.* lysning.

glamour ['glæmə], *s.* fortryllelse; glans.

glance [gla:ns], *s.* glimt; øjekast, blik; *v. t. & i.* se, kikke; strejfe; *at a ~, at first ~,* ved første øjekast.

gland [glænd], *s., anat.* kirtel.

glare [glɛə], *s.* skarpt lys; *v. i.* skinne, blænde; stirre, glo; **-ing** [-riŋ], *adj.* blændende; skærende, grel.

glass [gla:s], *s.* glas; spejl; rude; kikkert; barometer; ~ **-blower**, *s.* glaspuster; **-es** [-iz], *s. pl.* briller; ~ **-house**, *s.* drivhus.

glaze [gleiz], *v. t. & i.* sætte glas i; glasere; glitte; polere; **-ier** [-jə], *s.* glarmester.

gleam [gli:m], *s.* lysskær; glimt; *v. i.* glimte, stråle.

glean [gli:n], *v. t. & i.* sanke, indsamle.

glee [gli:], *s.* lystighed; glæde; **-ful**, *adj.* glad; triumferende.

glen [glen], *s., Skot.* bjergdal.

glib [glib], *adj.* glat; raptunget.

glide [glaid], *v. i.* glide; svæve; snige sig; **-r** [-ə], *s.* svæveplan.

glimmer ['glimə], *s.* svagt lys; glimt; anelse; *v. i.* flimre, lyse svagt.

glimpse [glim(p)s], *s.* glimt; *v. t. & i.* skimte.

glint [glint], *s.* glimt, blink; *v. i.* lyse; glimte.

glisten ['glisn], *v. i.* glinse, skinne.

glitter ['glitə], *s.* glans; *v. i.* funkle; glitre.

gloat [gləut], *v. i.* hovere,

være skadefro.

globe [gləub], *s.* klode; kugle; kuppel; globus.

globule ['glɔbju:l], *s.* lille kugle; dråbe.

gloom [glu:m], *s.* mørke; tungsindighed; **-y**, *adj.* mørk; nedtrykt; tungsindig.

glorify ['glɔ:rifai], *v. t.* forherlige; **-ous** [-əs], *adj.* herlig; strålende; ærefuld; berømmelig.

glory ['glɔ:ri], *s.* hæder; ære; glans; pragt; glorie; **-hole**, *s., T* pulterkammer; rodeskuffe.

gloss [glɔs], *s.* glans; *v. t.* give glans; ~ *over,* besmykke; dække over; **-y**, *s., T* ugeblad; *adj.* skinnende, blank.

glossary ['glɔsəri], *s.* ordliste, glosar.

glove [glʌv], *s.* handske; *fit like a ~,* passe som hånd i handske.

glow [gləu], *s.* glød; skær; varme; *v. i.* gløde, blusse.

glower ['glauə], *v. i.* skule, stirre vredt.

glowworm ['gləuwə:m], *s., zoo.* sankthansorm.

glue [glu:], *s.* lim; *v. t.* lime; klæbe.

glum [glʌm], *adj.* nedtrykt; mut.

glut [glʌt], *s.* overflod; **-ton** [-n], *s.* slughals, grovæder.

glutionus ['glu:tinəs], *adj.* klæbrig.

G.M.T., (*fk.f.* Greenwich Mean Time).

gnarled [na:ld], *adj.* knastet, knudret.

gnash [næʃ], *v. t.* ~ *one's teeth,* skære tænder.

gnat [næt], *s., zoo.* myg.

gnaw [nɔ:], *v. t. & i.* gnave; nage.

gnome [nəum], s. dværg; gnom.

GNP, (fk.f. Gross National Product), bruttonationalprodukt, BNP.

go [gəu], s. historie, affære; redelighed; energi, fart; chance, forsøg; tur; omgang; (went, gone), v. t. & i. gå; rejse, tage (af sted); starte; afgå; køre; forløbe; sige; lyde; dø; gælde; kunne være; have sin plads; int. afsted! løb! it's no ~, T det går ikke; have a ~! prøv engang! ~ about, gå omkring; tage fat på; gribe an; passe; ~ by, gå forbi; gå, forløbe; gå efter, dømme efter; ~ down, synke; gå ned; falde; lægge sig; blive husket; ~ far, række langt; blive til noget; ~ for, gå efter, hente; angribe; regnes for; sælges til; gælde; ~ in for, dyrke; støtte; melde sig til; ~ into, undersøge; ~ off, eksplodere; forløbe; stikke af; falde i søvn; (begynde at) ringe; blive dårlig; miste interessen for; ~ on, fortsætte(s), blive ved; foregå; opføre sig; gå efter; int. åh hold op! ~ on about, blive ved at snakke om; ~ out, slukkes; dø; gå i strejke; ~ round, strække, nå rundt; gå uden om; ~ shares, dele; splejse; ~ to great lengths, bestræbe sig energisk; ~ to sleep, falde i søvn; ~ together, passe sammen; ~ with, ledsage; følge med; passe til; komme sammen med; ~ without, undvære; klare sig uden; it -es without saying, det er en

selvfølge; ~-ahead, s. startsignal, „grønt lys"; adj. fremadstræbende; energisk; ~-as-you-please, adj. planløs, vilkårlig; ~ ticket, partoutkort; ~-between, s. mellemmand; mægler; ~-cart, s. gangkurv; klapvogn; trækvogn; ~-getter, s., S stræber; -ing, s. gang; afrejse; føre; fart; adj. gående; i gang; som findes; be ~ to, skulle til at; -s on, pl. leben; rod(eri); ballade.

goad [gəud], s. pigkæp; spore; v. t. anspore.

goal [gəul], s., sport. & fig. mål; -keeper, s. målmand; -kick, s. målspark.

goat [gəut], s., zoo. ged; get one's ~, gøre én vred el. irriteret.

gobble [gɔbl], v. t. (~ up), sluge, hugge i sig; v. i. pludre, klukke.

goblet ['gɔblət], s. bæger, pokal; vinglas.

goblin ['gɔblin], s. nisse.

god [gɔd], s. gud, Gud; int. good G~! oh, my G~! åh Gud! ih du milde! thank G~! gudskelov! -child, s. gudbarn; -damn, adj., S fandens, fordømt; -dess [-is], s. gudinde; -father, s. fadder; gudfar; -forsaken, adj. gudsforladt; -send, s. uventet held.

goggle [gɔgl], v. i. gøre store øjne; måbe; ~-box, s., S dummekasse, tv; -s, s. pl. (beskyttelses)briller.

gold [gəuld], s. guld; -en [-n], adj. gylden; guld-; -finch, s., zoo. stillids; -fish, s., zoo. guldfisk; -mine, s. guldmine; -smith, s. guldsmed.

golf [gɔlf], s., sport. golf;

v. i. spille golf; ~ **-club,** *s.* golfklub; golfkølle; **-er,** *s.* golfspiller; ~ **links,** ~ **course,** *s.* golfbane.

golly! ['gɔli], *int.* ih du store! død og pine!

gone [gɔn], *adj.* væk; ødelagt; ovre; henne (i svangerskab); ~ *on,* forelsket i; **-r** [-ə], *s. he's a* ~, han er færdig.

good [gud], *s.* bedste; gode; vel; nytte; (better, best), *adj.* god; flink, dygtig; sød, artig; rar; sund; ægte; egnet; rigelig; *a* ~ *deal, a* ~ *many,* en hel del; ~ *luck!* held og lykke! *I've a* ~ *mind to,* jeg har faktisk lyst til (at); *it's no* ~, det kan ikke nytte noget; *it's a* ~ *thing,* det er godt (at); *have a* ~ *time,* more sig; ~ *turn,* tjeneste; ~ *at,* god til, dygtig til; *for* ~, for bestandig; ~ *for,* godt for; god for; *be* ~ *for,* kunne klare; kunne holde; gælde; ~ *for you!* bravo! ~ *afternoon,* goddag; ~ *evening,* godaften; goddag; ~ *morning,* godmorgen; ~ *night,* godnat; farvel; ~ **-bye,** *s. & int.* farvel; ~ **-for-nothing,** *s.* døgenigt; *adj.* uduelig; **G**~ **Friday,** Langfredag; ~ **-humoured,** *adj.* godmodig; elskværdig; **-ie** [-i], *s.* pænt menneske, „helt"; *-s, pl.* slik; *-s and baddies,* S gode og onde; ~ **-looking,** *adj.* køn; nydelig; ~ **-natured,** *adj.* godmodig; godhjertet; **-ness,** *s.* godhed; *my G*~*! G*~ *Gracious!* du godeste! **-s,** *s. pl.* gods; varer; bohave; *piece of* ~, S pige, „god-

te"; ~ *train,* s. godstog; **-will,** *s.* velvilje; kundekreds.

goof [guːf], *s.* fjols, kvaj; **-y,** *adj.* fjoget, dum.

goose [guːs], *s., zoo.* gås; ~ **-flesh,** ~ **pimples,** *s. (pl.)* gåsehud.

gooseberry ['guːzbəri], *s., bot.* stikkelsbær.

gore [gɔː], *s.* størknet blod; kile; *v. t.* gennembore; stange.

gorge [gɔːdʒ], *s.* svælg; dyb kløft; *anat.* strube; *v. i. & t.* sluge, proppe (sig); frådse.

gorgeous ['gɔːdʒəs], *adj.* pragtfuld, vidunderlig.

gorse [gɔːs], *s., bot.* tornblad.

gory ['gɔːri], *adj.* bloddryppende.

gosling ['gɔzliŋ], *s., zoo.* gæsling.

gospel [gɔspl], *s.* evangelium.

gossamer ['gɔsəmə], *s.* flyvende sommer; flor; gaze; tyndt stof.

gossip ['gɔsip], *s.* sludder, sladder; sladrekælling; *v. i.* sladre, snakke.

got [gɔt], *part. I have* ~, jeg har; *I have* ~ *to,* jeg skal, jeg er nødt til.

gouge [gaudʒ], *s.* huljern; *v. t.* udhule.

gourd [guəd], *s., bot.* græskar.

gout [gaut], *s., med.* podagra, gigt.

govern [gʌvən], *v. t. & i.* regere; styre, lede; **-ess** [-is], *s.* guvernante; **-ment,** *s.* regering; ledelse; *adj.* regerings-; stats-; **-or** [-ə], *s.* guvernør; kommandant; direktør; inspektør; *T*(den) gamle; chef; far.

Govt., (fk.f. government).
gown [gaun], s. kjole; kappe.
G.P. ['dʒiː'piː], (fk.f. general practitioner), s. praktiserende læge.
GPO, (fk.f. General Post Office).
grab [græb], s. greb; fangst; grab; gribeklo; v.t. & i. gribe (efter); snappe; snuppe; rage til sig; gøre indtryk på.
grabble [græbl], v. i. famle; gramse.
grace [greis], s. ynde; gratie; gunst, velvilje, nåde; frist, henstand; bordbøn; v.t. & i. begunstige, smykke; hædre; benåde; -ful, adj. yndefuld, skøn; graciøs; -less, adj. skamløs; ugraciøs.
gracious ['greiʃəs], adj. nådig; tiltalende, venlig.
grade [greid], s. rang; trin; grad; sort, kvalitet; stigning; U.S. klasse; karakter; v.t. sortere; gradere; U.S. give karakter; rette; ~ school, underskole.
gradient ['greidjənt], s. stigning; fald; mat. hældningsvinkel.
gradual ['grædjuəl], adj. gradvis; -ly, adv. efterhånden, gradvis.
graduate ['grædjuət], s. kandidat; dimittend; [-eit], v.t. & i. tage embedseksamen; blive dimitteret; inddele, gradere.
graffiti [grəˈfiːti], s. pl. skrift og tegninger på offentlige mure o.lign.
graft [graːft], s. podekvist; podning; med. transplanteret væv; T korruption; v.t. & i. pode; med. transplantere.

grain [grein], s. korn; kerne; gran; narv; åre; fiber, struktur; smule.
gram [græm], s. gram; T grammofon.
grammar ['græmə], s. grammatik; bad ~, dårligt sprog; ~ school, s. gymnasium; U.S. mellemskole.
gramophone ['græməfəun], s. grammofon.
granary ['grænəri], s. kornlade.
grand [grænd], s., U.S., S tusind dollars; adj. stor; hoved-; storartet; fornem; flot; storslået; stor på den; -child, s. barnebarn; -daughter, s. sønnedatter; datterdatter; -eur [-ʒə], s. storslåethed; storhed, pragt; -father, s. bedstefar; ~ clock, s. bornholmerur; -mother, s. bedstemor; ~ piano, s., mus. flygel; ~ slam, s., (kort) storeslem; -son, s. sønnesøn; dattersøn; ~ stand, s. tilskuertribune; første parket.
grange [greindʒ], s. avlsgård.
grant [graːnt], s. bevilling; gave; tilskud; stipendium; v.t. give, skænke; bevillige; indrømme, tilstå; take for -ed, forudsætte, tage for givet; ~ - aided, adj. med statstilskud.
granulated ['grænjuleitid], adj. kornet; nopret; ru; ~ sugar, kul. stødt melis.
grape [greip], s., bot. vindrue; -fruit, s., bot. grapefrugt; ~ sugar, s. druesukker; -vine, s. vinranke; fig. jungletelegraf.
graph [graːf], s. kurve; diagram; -ic(al) ['græfik(l)],

adj. grafisk; skrive-; malende.

grapple [græpl], *v. t. & i.* brydes; gribe; klamre sig til; ~ *with*, kæmpe med.

grasp [gra:sp], *s.* greb; tag; magt; vold; forståelse; *v. t. & i.* gribe, tage fat i; forstå, fatte.

grass [gra:s], *s., bot.* græs; græsgang; *S* marihuana; *v. t.* dække med græs; *S* angive, stikke; **-hopper**, *s., zoo.* græshoppe; ~**-roots**, *adj.* græsrods-, folkelig; fundamental; ~**-snake**, *s., zoo.* snog; ~ **widow(er)**, *s.* græsenke(mand).

grate [greit], *s.* gitter; rist; kaminrist; *v. t. & i.* tilgitre; gnide, rive; skurre; hvine; irritere; ~ *one's teeth*, skære tænder; **-r** [-ə], *s.* rivejern.

grateful ['greitful], *adj.* taknemmelig; **-ify** ['grætifai], *v. t.* tilfredsstille; opfylde; glæde; **-itude** ['grætitju:d], *s.* taknemmelighed.

gratuitous [grə'tju:itəs], *adj.* gratis; frivillig; unødvendig; **-y**, *s.* drikkepenge; gratiale.

grave [greiv], *s.* grav; *adj.* alvorlig; værdig, højtidelig; dyb; sørgelig; vægtig; ~**-digger**, *s.* graver; **-stone**, *s.* gravsten; **-yard**, *s.* kirkegård.

gravel [grævl], *s.* grus; ~ **pit**, *s.* grusgrav.

gravity ['græviti], *s.* alvor; højtidelighed; tyngde; tyngdekraft; vægt; *centre of* ~, *fys.* tyngdepunkt; *(specific* ~*), fys.* vægtfylde.

gravy [greivi], *s., kul.* kødsaft; skysovs; ~ *boat*, *s.*

sovseskål.

graze [greiz], *s.* hudafskrabning; strejfsår; græsning; *v. t.* strejfe; skrabe; *v. i.* græsse.

grease [gri:s], *s., kul.* fedt; smørelse; *T* smiger; bestikkelse; [gri:z], *v. t.* fedte; smøre; *T* smigre; bestikke; ~**-paint**, *s.* sminke; ~**-proof paper**, *s.* pergamentpapir; **greasy** [gri:zi *el.* -si], *adj.* fedtet; glat, smattet; slesk.

great [greit], *adj.* stor; betydelig, fremragende; vældig; *T* skøn, dejlig; **G~ Britain**, *s.* Storbritannien; **-coat**, *s.* vinterfrakke; ~**-grandfather**, *s.* oldefar; **-ly**, *adv.* i høj grad, meget; **-ness**, *s.* storhed; størrelse; ~**-uncle**, *s.* grandonkel.

Greece [gri:s], *s.* Grækenland.

greed [gri:d], *s.* grådighed; begærlighed; **-y**, *adj.* grådig; begærlig.

Greek [gri:k], *s.* græker; græsk; *adj.* græsk.

green [gri:n], *s.* grønt; grønning; *adj.* grøn; frisk; ung; ny; umoden; uerfaren; **-back**, *s., U.S., S* pengeseddel; ~ **belt**, *s.* grønt område; **-fly**, *s., zoo.* bladlus; **-gage**, *s., bot.* reineclaude; **-grocer**, *s.* grønthandler; **-horn**, *s.* grønskolling; **-house**, *s.* drivhus; **-s**, *s. pl.* grøntsager.

greet [gri:t], *v. t.* hilse; **-ing**, *s.* hilsen.

gregarious [gri'gɛəriəs], *adj.* selskabelig.

grey [grei], *adj.* grå; **-hound**, *s., zoo.* mynde.

grid [grid], *s.* rist; *elek.* højspændingsnet; *TV.*

gitter; **-iron**, *s.* (stege)-rist.

grie|f [gri:f], *s.* sorg; *come to* ~, komme til skade; gå til grunde; **-vance** [-vns], *s.* klage(punkt); **-ve**, *v. t. & i.* volde sorg, bedrøve; sørge; **-vous** [-vəs], *adj.* alvorlig; hård.

grill [gril], *s.* grill; (stege)rist; *kul.* grillret; *v. t.* stege (på rist), grillere; *T* krydsforhøre; **-e**, *s.* gitter; billetluge.

grim [grim], *adj.* streng; grum; uhyggelig; barsk.

grimace [gri'meis *el.* 'grimis], *s.* grimasse; *v. t.* lave grimasser.

grime [graim], *s.* smuds, snavs; *v. t.* snavse til.

grin [grin], *s.* grin; *v. t. & i.* grine, smile; ~ *and bear it*, gøre gode miner til slet spil.

grind [graind], *s.* slid; eksamensterperi; (ground, ground), *v. t. & i.* knuse; male; slibe; rive; skære (tænder); **-er**, *s.* kindtand; kværn; skærsliber; slider; **-ing**, *adj.* hård, tyngende; skurrende; **-stone**, *s.* slibesten.

grip [grip], *s.* tag; greb; magt; håndtag; håndkuffert; *v. t. & i.* gribe, tage fat i; få tag i; fængsle; *fig. come to -s with*, give sig i lag med.

gripe [graip], *v. i., S* beklage sig; brokke sig; **-s**, *s. pl., med.* mavekneb.

grisly ['grizli], *adj.* fæl, uhyggelig.

gristle [grisl], *s., anat.* brusk.

grit [grit], *s.* sand, grus; *fig.* ben i næsen; *v. t.* ~ *one's teeth*, bide tænderne sammen.

grizz|led ['grizld], *adj.* gråsprængt; **-ly**, *s., zoo.* gråbjørn.

groan [grəun], *s.* stønnen; *v. i.* sukke; stønne.

grocer ['grəusə], *s.* købmand; kolonialhandler; **-ies** [-riz], *s. pl.* kolonialvarer.

groggy ['grɔgi], *adj.* usikker, vaklende; omtåget.

groin [grɔin], *s., anat.* lyske.

groom [gru:m], *s.* staldkarl; brudgom; *v. t.* passe; strigle; oplære; *well -ed*, velsoigneret.

groov|e [gru:v], *s.* rille; not; fals; fure; *fig.* fast skure; **-y**, *adj.* vanebundet; *S* skøn, helt fin, „in"; „høj".

grope [grəup], *v. i.* famle; ~ *one's way*, famle sig frem.

gross [grəus], *adj.* stor, tyk; grov, plump; brutto.

grotesque [grəu'tesk], *adj.* grotesk; besynderlig.

grotto ['grɔtəu], *s.* grotte.

grouch [grautʃ], *v. i.* surmule.

ground [graund], *s.* jord; grund; terræn; område; jordledning; årsag; begrundelse; *sport.* bane; *v. t. & i.* grunde; grundlægge; indføre; basere, bygge; jorde; give jordforbindelse; *fly.* give startforbud; *naut.* grundstøde; grundsætte; ~ **floor**, *s.* stueetage; **-s**, *s. pl.* have, park, jorder; grums.

group [gru:p], *s.* gruppe; *v. t. & i.* gruppere (sig); **-ie** [-i], *s., S* pige der følger popmusikere i hælene.

grouse [graus], *s., zoo.* rype; *v. i., S* mukke, brokke sig.

grove [grəuv], *s.* lund.

grovel [grɔvl], *v. i.* krybe; ligge på maven.

grow [grəu] (grew, grown), *v. t. & i.* gro, vokse; tiltage; dyrke; blive; ~ *a beard*, lade skægget stå; ~ *out of*, vokse fra; opstå af; ~ *to*, efterhånden komme til at; ~ *up*, blive voksen; vokse frem; **-ing**, *s.* avl; dyrkning; *adj.* voksende; tiltagende; ~ *pains*, vokseværk; **-n**, *part.* ~ *(up)*, voksen; **-th** [-θ], *s.* vækst; vegetation; stigning, tiltagen; dyrkning; *med.* svulst.

growl [graul], *s.* knurren, brummen; *v. t. & i.* knurre, brumme.

grub [grʌb], *s., zoo.* maddike; *S* føde, mad; *v. t. & i.* grave; rode; fodre; æde; pukle; **-by**, *adj.* snavset.

grudge [grʌdʒ], *s.* nag; *v. t.* ikke unde; misunde; **-ing**, *adj.* modstræbende.

gruel ['gruəl], *s., kul.* havresuppe; **-ling**, *adj.* udmattende, hård.

gruesome ['gruːsəm], *adj.* uhyggelig.

gruff [grʌf], *adj.* bister, barsk.

grumble [grʌmbl], *v. t. & i.* knurre, brumme; brokke sig; **-r** [-ə], *s.* gnavpotte.

grumpy ['grʌmpi], *adj.* gnaven, sur.

grunt [grʌnt], *v. t. & i.* grynte.

guarantee [ˌgærən'tiː], *s.* garanti; kaution; *v. t.* garantere.

guard [gaːd], *s.* vagt; garde; togfører; fangevogter; beskyttelse; bevogtning; *v. t. & i.* (be)vogte; beskytte; værne; ~ *against*, gardere sig mod;

be off one's ~, være uforsigtig, ikke tage sig i agt; *on* ~, på vagt; **-ed** [-id], *adj.* bevogtet; forsigtig; **-ian** [-jən], *s.* beskytter; formynder; vogter; ~ *angel*, skytsengel; **-sman** [-zmən], *s.* gardist.

guerilla [gə'rilə], *s.* guerillasoldat; ~ **warfare,** *s.* guerillakrig.

guess [ges], *s.* gæt; *v. t. & i.* gætte (på); formode; *U.S. I* ~, jeg regner med, jeg tror; formodentlig, sikkert; ~ **-work,** *s.* gætteri.

guest [gest], *s.* gæst; ~ **house,** *s.* pensionat, hotelpension.

guffaw [gʌ'fɔː], *s.* bragende latter; *v. i.* skraldgrine.

guid|ance ['gaidns], *s.* vejledning; styring; ledelse; **-e** [gaid], *s.* fører; vejleder; omviser; vejledning; *v. t.* vejlede; styre; lede; føre; **-ebook,** *s.* rejseforer; **-elines,** *s. pl.* retningslinier; **-epost,** *s.* vejskilt.

guild [gild], *s.* lav.

guile [gail], *s.* svig; list; **-less,** *adj.* naiv, troskyldig.

guilt [gilt], *s.* skyld; **-less,** *adj.* uskyldig; **-y,** *adj.* skyldig; skyldbevidst.

guinea ['gini], *s.* [tidl. mønt = 21 shillings]; ~ **fowl,** *s., zoo.* perlehøne; ~ **pig,** *s., zoo.* marsvin; *fig.* forsøgskanin.

guise [gaiz], *s.* dragt; skikkelse; udseende.

gulf [gʌlf], *s.* havbugt; golf; svælg; afgrund.

gull [gʌl], *s., zoo.* måge.

gullet ['gʌlit], *s., anat.* spiserør; svælg.

gullible ['gʌləbl], *adj.* lettroende, blåøjet.

gully ['gʌli], s. kløft; rende.

gulp [gʌlp], s. slurk; synke-bevægelse.

gum [gʌm], s. gummi; harpiks; lim; *anat.* gumme; *(chewing ~)* tyggegummi.

gumption ['gʌm(p)ʃn], s., *T* gåpåmod.

gun [gʌn], s. bøsse; kanon; gevær; revolver; *v. t. (~ down)*, skyde ned; *fig. stick to one's ~*, holde fast ved sin mening; *~ barrel*, s. bøsseløb; *-boat*, s. kanonbåd; *-fire*, s. skydning, (kanon)ild; *-man* [-mən], s. revolvermand; lejemorder; *-ner*, s. artillerist; *-powder*, s. krudt.

gurgle ['gə:gl], s. gurglen; kluk; *v. i.* gurgle; skvulpe, klukke.

gush [gʌʃ], s. strøm; udgydelse; *v. i.* strømme; bruse; fosse, vælde; strømme over.

gust [gʌst], s. vindstød; udbrud.

gusto ['gʌstəu], s. velbehag; nydelse; oplagthed.

gut [gʌt], s., *anat.* tarm; *v. t.* tage indvolde ud af; plyndre, rasere; *-s*, *pl.* indvolde; *fig.* indre; kraft; karakterstyrke; mod.

gutter ['gʌtə], s. tagrende; rendesten; *v. t. & i.* fure; løbe, dryppe; *~ press*, s. smudspresse; *-snipe*, s. gadedreng.

guttural ['gʌtərəl], s., *fon.* strubelyd; *adj.* strube-.

guy [gai], s., *T* fyr; *naut.* bardun.

guzzle [gʌzl], *v. t. & i.* bælle i sig; fylde sig; *-r* [-ə], s. dranker; grovæder.

gym [dʒim], s. gymnastik;

gymnastiksal; *-nasium* [-'neizjəm], s. gymnastiksal.

gynaecologist [gaini'kɔlədʒist], s., *med.* gynækolog.

gyrate [dʒai'reit], *v. i.* rotere, hvirvle.

haberdasher ['hæbədæʃə], s. manufakturhandler.

habit ['hæbit], s. vane; dragt; *be in the ~ of*, pleje at; *-able* [-əbl], *adj.* beboelig; *-at* [-æt], s. hjemsted; bosted; miljø; *-ation* [-'teiʃn], s. bolig; beboelse; *-ual* [hə'bitʃuəl], *adj.* sædvanlig; vanemæssig; *-ué* [hə'bitʃuei], s. stamgæst.

hack [hæk], s. lejehest; „neger"; *v. t. & i.* hakke; *-ing cough*, hård tør hoste; *-ney* [-ni], s. hyrevogn; *zoo.* ridehest; *-neyed* [-nid], *adj.* fortærsket; *-saw*, s., *mek.* nedstryger.

haddock ['hædək], s., *zoo.* kuller.

haft [ha:ft], s. skæfte, skaft.

hag [hæg], s. heks; gammel kælling; *~-ridden*, *adj.* plaget, forpint.

haggard ['hægəd], *adj.* udtæret, forgræmmet.

haggle [hægl], *v. i.* prutte, tinge.

Hague [heig], s. *the ~*, Haag.

hail [heil], s. hagl; hilsen; praj; *v. t. & i.* hagle; praje; hilse; råbe; *int.* hil! vel mødt! *-stone*, s. hagl; *-storm*, s. haglvejr.

hair [hɛə], s. hår; *keep your ~ on! S* bare rolig! *split -s*, være ordkløver; *she never turned a ~*, hun fortrak ikke en mine; *let one's ~ down*,

slå håret ud; *fig.* slå sig
løs, slappe af; ~-**cut,** *s.*
klipning; frisure; **-do,** *s.,*
T frisure; **-dresser,** *s.* fri-
sør; **-pin,** *s.* hårnål; ~-
raiser, *s., T* gyser; **-style,**
s. frisure.
hake [heik], *s., zoo.* kulmu-
le.
halcyon ['hælsiən], *s., zoo.*
isfugl; *adj.* fredelig.
hale [heil], *adj.* sund, frisk;
~ *and hearty,* rask og
rørig.
half [ha:f], *s.* halvdel; *adj.*
halv; *by* ~, alt for; *cut in*
~, skære midt over; *I*
have ~ *a mind to,* jeg
kunne godt have lyst til;
not ~, slet ikke; det kan
du bande på! *one and a*
~, halvanden; ~-**breed,**
s. halvblods; ~-**crown,** *s.*
[tidl. mønt = 2 1/2 shil-
lings]; ~-**hearted,** *adj.*
lunken; valen; ~-**tim-**
bering, *s.* bindingsværk;
-way, *adv.* midtvejs; *meet*
trouble ~, tage bekym-
ringerne på forskud; ~-
witted, *adj.* åndssvag, tå-
belig.
halibut ['hælibət], *s., zoo.*
helleflynder; *Greenland*
~, hellefisk.
hall [hɔ:l], *s.* hal, forstue;
sal; herregård; kollegi-
um; *fig.* stempel, adels-
mærke.
hallow ['hæləu], *v. i.* helli-
ge, indvie, ære; **H~e'en**
[,hæləu'i:n], *s.* allehel-
gensaften (31. okt.).
hallucination [hə,lu:si'nei-
ʃn], *s.* sansebedrag.
halo ['heiləu], *s.* glorie.
halt [hɔ:lt], *v. t. & i.* stand-
se, holde stille; tøve; **-er,**
s. strikke; grime; **-ing,**
adj. usikker, tøvende.
halve [ha:v], *v. t.* halvere.

ham [hæm], *s., kul.* skinke;
T frikadelle, dårlig skue-
spiller; **-burger,** *s., kul.*
bøfsandwich; hakkebøf;
~-**handed,** *adj., T* klod-
set.
hamlet ['hæmlət], *s.* lille
landsby.
hammer ['hæmə], *s.* ham-
mer; geværhane; *v. t. & i.*
hamre; banke; ~ *(away)*
at, slå løs på; slide med.
hammock ['hæmək], *s.*
hængekøje.
hamper ['hæmpə], *s.* låg-
kurv; *v. t.* hæmme.
hamstring ['hæmstriŋ], *v. t.*
skære haserne over på;
lamme.
hand [hænd], *s.* hånd;
håndsbred; viser; hånd-
skrift; håndsrækning;
arbejder; mand; *v. t.*
(over)række; *get the up-*
per ~ *of,* få magt over;
shake -*s,* give (hinanden)
hånden; *at* ~, ved hån-
den; nært forestående;
by ~, i hånden; ~ *down,*
række ned; lade gå i arv;
first-~, *adj.* førstehånds;
~ *in,* indlevere; aflevere;
well in ~, under kontrol;
cash in ~, kassebehold-
ning; *off* ~, på stående
fod; -*s off!* fingrene væk!
~ *on,* lade gå videre; *on*
~, på lager; til rådighed;
on the other ~, på den
anden side; ~ *out,* udle-
vere, uddele; tildele; *out*
of ~, ud(e) af kontrol;
straks; ~ *over,* aflevere;
~ *it to,* tage hatten af for;
-*s up!* hænderne op! **-bag,**
s. håndtaske; **-bill,** *s.* lø-
beseddel; **-cuff,** *s.* hånd-
jern; *v. t.* give håndjern
på; **-ful,** *s.* håndfuld;
-made, *adj.* håndlavet;
-out, *s.* almisse; tildeling;

duplikat; reklamebro-chure; **-shake**, *s.* hånd-tryk; **-writing**, *s.* hånd-skrift.

handicap ['hændikæp], *s.* handicap; hindring; *v. t.* handicappe; hæmme.

handicraft ['hændikra:ft], *s.* håndværk; håndarbejde.

handiwork ['hændiwə:k], *s.* værk, arbejde.

handkerchief ['hæŋkətʃif], *s.* lommetørklæde.

handle [hændl], *s.* hånd-tag; skaft; hank; *v. t.* håndtere, tage (fat) på; røre ved; behandle; ma-nøvrere; have at gøre med; tumle, styre; klare; *fly off the ~*, *T* blive gal, fare op; **-bars**, *s. pl.* cykel-styr.

handsome ['hænsəm], *adj.* køn, smuk, pæn; anselig.

handy ['hændi], *adj.* prak-tisk; bekvem; behændig; ved hånden; **-man**, *s.* alt-muligmand.

hang [hæŋ], *s. get the ~ of*, forstå, fatte; (hung, hung *el.* -ed, -ed), *v. t. & i.* hænge; hænge op; ~ *about*, ~ *around*, drive om; stå og hænge; ~ *back*, tøve; ~ *on*, holde ud; hænge på; være af-hængig af; ~ *out*, læne sig ud; *T* bo, holde 'til; ~ *together*, hænge sam-men; holde sammen; ~ *up*, lægge røret på; for-sinke; hænge op; **-er**, *s.* bøjle; strop; **-man** [-mən], *s.* bøddel; **-over**, *s.*, *S* tøm-mermænd.

hangar ['hæŋə], *s.* hangar.

hanker ['hæŋkə], *v. i.* hige, længes.

hanky, (hankie) ['hæŋki], *s.*, *T* lommetørklæde.

hanky-panky [ˌhæŋki-'pæŋki], *s.* fiksfakserier.

haphazard [ˌhæp'hæzəd], *adj. & adv.* på slump, på må og få; tilfældig.

hapless ['hæpləs], *adj.* ulykkelig.

happen [hæpn], *v. i.* ske, hænde; *I ~ to know*, jeg ved tilfældigvis; **-ing**, *s.* hændelse; begivenhed.

happiness ['hæpinəs], *s.* lykke; **happy** ['hæpi], *adj.* lykkelig; heldig; **~-go-lucky**, *adj.* sorgløs.

harangue [hə'ræŋ], *s.* sva-da; præk.

harass ['hærəs *el.* hə'ræs], *v. t.* plage, pine; hærge.

harbinger ['ha:bindʒə], *s.* bebuder.

harbour ['ha:bə], *s.* havn; *v. t.* huse; give ly; nære; ~ **master**, *s.* havnefoged.

hard [ha:d], *adj.* hård; streng; vanskelig, svær; *adv.* hårdt, strengt; ener-gisk; af al magt; stift, nøje; tæt, umiddelbart; ~ *and fast*, ufravigelig; ~ *by*, tæt ved; ~ *of hearing*, tunghør; ~ *up*, i pengevanskeligheder; ~ *cash*, kontanter; ~ *la-bour*, tvangsarbejde; ~ *liquor*, spiritus; ~ *luck*, uheld; hårde betingelser; **~-earned**, *adj.* surt tjent; dyrekøbt; **-back**, *s.* indbundet bog; **~-cover**, *adj.* indbundet.

harden [ha:dn], *v. t. & i.* gøre hård; blive hård; hærde(s); **-ed** [-d], *adj.* (for)hærdet; ufølsom.

hardly ['ha:dli], *adv.* strengt; næppe; næsten ikke; knap.

hardpan ['ha:dpæn], *s.* al.

hardship ['ha:dʃip], *s.* byr-de; lidelse; prøvelse; **-s**, *pl.* modgang, strabadser.

hardware ['ha:dwɛə], s. i-senkram; *edb.* maskinel.

hardy ['ha:di], *adj.* dristig; robust, hårdfør.

hare [hɛə], s., *zoo.* hare; **-bell**, s., *bot.* blåklokke; **-lip**, s., *anat.* hareskår.

hark [ha:k], *v. i.* høre efter; lytte; *fig.* ~ *back to,* vende tilbage til.

harlot ['ha:lət], s. skøge.

harm [ha:m], s. skade, fortræd; *v. t.* skade; gøre fortræd; *I mean no* ~, jeg mener det ikke så slemt; **-ful**, *adj.* skadelig; **-less**, *adj.* uskadelig, uskyldig.

harmonica [ˌha:'mɔnikə], s., *mus.* mundharmonika.

harmonious [ha:'məunjəs], *adj.* harmonisk; *fig.* fredelig, venskabelig; **-ize** ['ha:mənaiz], *v. t. & i.* harmonisere; afstemme; harmonere; **-y** ['ha:məni], s. harmoni.

harness ['ha:nis], s. seletøj; sele; *v. t.* lægge seletøj på; spænde for.

harp [ha:p], s., *mus.* harpe; ~ *on,* vende tilbage til, tærske langhalm på.

harpoon [ha:'pu:n], s. harpun.

harpsichord ['ha:psikɔrd], s., *mus.* cembalo.

harrier ['hæriə], s., *zoo.* støver.

harrow ['hærəu], s. harve; *v. t.* harve; pine.

harry ['hæri], *v. t.* hærge.

harsh [ha:ʃ], *adj.* hård; barsk, streng; skurrende; ru, grov.

hart [ha:t], s., *zoo.* (kron)hjort; **-shorn**, s. hjortetak; *salt of* ~, *kul.* hjortetaksalt.

harvest ['ha:vist], s. høst; afgrøde; *v. t.* høste; **-er**, s. høstarbejder; selvbinder.

hash [hæʃ], s., *T* biksemad; kludder; *S* hash.

hasp [ha:sp], s. haspe.

hassock ['hæsək], s. bedeskammel.

haste [heist], s. hast-(værk); *make* ~, skynde sig; *more* ~, *less speed,* hastværk er lastværk; **-en** [heisn], *v. t. & i.* skynde sig; fremskynde; **-y**, *adj.* hastig; overilet.

hat [hæt], s. hat; **-ter**, s. hattemager; *mad as a* ~, skrupskør.

hatch [hætʃ], s. udrugning; kuld; luge; lem; *v. t. & i.* (ud)ruge, udklække(s).

hatchet ['hætʃit], s. lille økse; *bury the* ~, begrave stridsøksen.

hate [heit], s. had; *v. t.* hade; afsky; *T* være ked af; **-eful**, *adj.* afskyelig; **-red** ['heitrid], s. had.

haughty ['hɔ:ti], *adj.* hovmodig, overlegen.

haul [hɔ:l], s. fangst; dræt; halen; *v. t. & i.* hale, slæbe; **-age** [-idʒ], s. transport(omkostninger).

haunch [hɔ:ntʃ], s. (dyre)-kølle; **-es** [-iz], *pl.* bagfjerding; bagdel.

haunt [hɔ:nt], s. tilholdssted; *v. t. & i.* besøge ofte; plage, forfølge; spøge i; hjemsøge.

have [hæv] (has; had, had), *v. t. & i. & aux.* have; være; eje; få; spise, drikke; have til at; få til at; lade; ~ *it,* hævde; ~ *to,* skulle, være nødt til.

haven [heivn], s. havn; *tax* ~, skattely.

havoc ['hævək], s. ødelæggelse, ravage.

hawk [hɔ:k], s., *zoo.* høg; *v. t.* sælge ved døren; **-er,** s. bissekræmmer; gadehandler.

hawthorn ['hɔ:θɔ:n], *s.,*
bot. hvidtjørn.

hay [hei], *s., bot.* hø; *hit the*
~, *S* krybe til køjs; **-cock,**
s. høstak; ~**-fever,** *s.,*
med. høfeber; ~**-fork,** *s.*
høtyv; **-stack,** *s.* høstak;
-wire, *adj., S* tosset.

hazard ['hæzəd], *s.* tilfæl-
de; træf; fare; vovestyk-
ke; hasardspil; *at all -s,*
koste hvad det vil; *v. t.*
sætte på spil, vove.

hazle [heiz], *s.* dis; **-y,** *adj.*
diset; vag, ubestemt.

hazel [heizl], *s., bot.* hassel;
adj. nøddebrun; ~ **nut,** *s.,*
bot. hasselnød.

H-bomb ['eitʃbɔm], *s.*
brintbombe.

he [hi:], *pron.* han; ~ *who,*
~ *that,* den som.

head [hed], *s.* hoved; for-
stand; leder; chef; over-
hoved; rektor; duks;
over-; *v. t. & i.* lede; anfø-
re; stå i spidsen for; stå
øverst på; *sport.* heade; *I*
can't make ~ *or tail of it,*
jeg forstår ikke et muk; *-s*
or tails, plat eller krone;
at the ~ *of,* øverst på; i
spidsen for; *come to a* ~,
trække sammen, nærme
sig et kritisk punkt; ~
for, styre imod; være på
vej til; *keep one's* ~,
holde hovedet koldt; *lose*
one's ~, blive forvirret;
tabe besindelsen; *make*
~ *against,* gøre mod-
stand mod; ~ *off,* dirige-
re væk; afværge; *off one's*
~, fra forstanden; ~
over ears, til op over beg-
ge ører; *per* ~, pro perso-
na, pr. næse; **-ache,** *s.*
hovedpine; **-er,** *s.* duk-
kert; hovedspring; ho-
vedstød; **-ing,** *s.* over-

skrift; opslagsord; **-land,**
s. næs, odde; **-light,** *s.*
forlygte; **-line,** *s.* over-
skrift; *-s, pl.* nyhedsresu-
mé; **-long,** *adv.* hoved-
kuls; ubesindigt; **-mas-**
ter, *s.* rektor; skolein-
spektør; ~**-on,** *adj.* di-
rekte; ~ *collision,* fron-
talt sammenstød; **-quar-**
ters, *s. pl.* hovedkvarter;
~ **start,** *s.* forspring;
-strong, *adj.* hidsig; stæ-
dig; **-way,** *s.* bevægelse
fremad; fremskridt;
-wind, *s.* modvind; **-y,**
adj. berusende; overilet;
egensindig.

heal [hi:l], *v. t. & i.* hele(s);
læge(s); kurere.

health [helθ], *s.* helbred;
sundhed; ~ **centre,** *s.*
lægehus; ~**-food,** *s.* hel-
sekost; ~ **insurance,** *s.*
sygesikring; ~ **resort,** *s.*
kursted; sanatorium; **-y,**
adj. sund; rask.

heap [hi:p], *s.* hop, dynge;
bunke, masse; *v. t. (~ up),*
ophobe, dynge sammen;
a ~ of, mange, en bunke;
-s, s. pl., T meget, masser.

hear [hiə] (heard, heard),
v. t. & i. høre; få at vide;
høre på; *jur.* afhøre; **-ing**
[-riŋ], *s.* hørelse; påhør;
behandling; høring; ~
aid, s. høreapparat; **-say,**
s. rygte; omtale.

hearse [hə:s], *s.* rustvogn.

heart [ha:t], *s., anat.* hjer-
te; centrum; mod; *-s, pl.,*
(kort) hjerter; *have a ~!*
vær nu lidt flink! *the ~ of*
the matter, sagens kerne;
I haven't the ~ *to,* jeg
nænner ikke at; *at* ~,
inderst inde; på sinde; *by*
~, udenad; **-beat,** *s.* hjer-
teslag; hjertebanken;
-breaking, *adj.* hjerte-

skærende; **-broken,** *adj.*
med knust hjerte; **-burn,**
s. halsbrand; **-en** [-n], *v. t.*
& *i.* opmuntre; ~**-fail-**
ure, *s., med.* hjertesvigt;
-felt, *adj.* inderlig; **-y,** *adj.*
hjertelig; sund; kraftig.

hearth [ha:θ], *s.* arne; ka-
min.

heat [hi:t], *s.* hede, varme;
ophidselse; *zoo.* brunst;
sport. heat, løb; *v. t.* & *i.*
varme, ophede; opvarme;
fig. ophidse; blive hed; *in*
~, i løbetid; **-ed** [-id], *adj.*
opvarmet; heftig; **-er,** *s.*
varmeapparat; **-ing,** *s.*
opvarmning; *adj.* var-
mende; ophidsende; *cen-*
tral ~, centralvarme;
-stroke, *s.* hedeslag; ~-
wave, *s.* hedebølge.

heath [hi:θ], *s.* hede.

heathen [hi:ðn], *s.* hed-
ning; *adj.* hedensk.

heather ['heðə], *s., bot.*
lyng.

heave [hi:v], *s.* hævning,
svulmen; dønning; bøl-
gen; *v. t.* & *i.* løfte hæve;
hejse; hale; stige og syn-
ke; svulme; *naut.* hive; ~
a sigh, drage et suk; ~ *'to,*
naut. lægge bi.

heaven [hevn], *s.* himmel;
good -s! du godeste! **-ly,**
adj. himmelsk.

heavy [hevi], *adj.* tung,
svær; stor, stærk, kraftig;
hård; kedelig; ~ *price,*
høj pris; **-weight,** *s., sport.*
sværvægt; sværvægts-
bokser.

heckle [hekl], *v. t.* komme
med forstyrrende tilråb.

hectic ['hektik], *adj.* hek-
tisk.

hector ['hektə], *v. t.* & *i.*
tyrannisere, herse med.

hedge [hedʒ], *s.* hæk;
hegn; *v. t.* & *i.* indhegne;

tøve, gå uden om; dække
sig ind; **-hog,** *s., zoo.*
pindsvin; **-row,** *s., bot.*
levende hegn.

heed [hi:d], *s.* agt, op-
mærksomhed; *v. t.* & *i.*
give agt på, ænse; *take* ~
of, ænse; lægge mærke
til; **-less,** *adj.* uagtsom.

heel [hi:l], *s., anat.* hæl; *v. t.*
& *i., naut.* krænge over;
bagflikke; *take to one's*
-s, stikke af.

hefty ['hefti], *adj.* kraftig,
muskuløs.

heifer ['hefə], *s., zoo.* kvie.

height [hait], *s.* højde; top-
punkt; **-en** [-n], *v. t.* for-
høje; hæve.

heinous ['heinəs], *adj.* af-
skyelig, grufuld.

heir [ɛə], *s.* arving; **-loom,**
s. arvestykke.

helix ['hi:liks], *s.* spiral.

hell [hel], *s.* helvede; *like*
~, som bare fanden; *for*
the ~ *of it,* for sjov; **-bent,**
adj. fast besluttet.

helm [helm], *s., naut.* ror;
-sman [-zmən], *s.* ror-
gænger.

helmet ['helmit], *s.* hjelm.

help [help], *s.* hjælp; hjæl-
pemiddel; bistand; støt-
te; *v. t.* & *i.* hjælpe, frem-
me; forsyne; ~ *yourself!*
tag selv! *I can't* ~ *it,* jeg
kan ikke gøre for det; *I*
can't ~ *smiling,* jeg kan
ikke lade være med at
smile; *it can't be -ed,* der
er ikke noget at gøre ved
det; *domestic* ~, hus-
hjælp; ~ *out,* hjælpe i en
krise, træde til.

helter-skelter ['heltə'skel-
tə], *adj.* i huj og hast;
hulter til bulter.

hem [hem], *s.* søm; *v. t.*
sømme; ~ *in,* omringe;
v. i. rømme sig; ~ *and*

haw, hakke og stamme; **-stitch,** *s.* hulsøm.

hemisphere ['hemisfiə], *s.* halvkugle.

hemlock ['hemlɔk], *s., bot.* skarntyde.

hemorrhage ['heməridʒ], *s., med.* blødning.

hemp [hemp], *s., bot.* hamp.

hen [hen], *s., zoo.* høne; hun(fugl); **-bane,** *s., bot.* bulmeurt; **~ house, ~ coop,** *s.* hønsebur; **~ party,** *s.* dameselskab; **-pecked,** *adj.* under tøflen.

hence [hens], *adv.* fra nu af; derfor; **-forth,** *adv.* fra nu af.

hepatitis [‚hepə'taitis], *s., med.* leverbetændelse.

her [hə:], *pron.* hende; sig; **-(s),** hendes; sin, sit, sine.

herald ['herəld], *s.* budbringer; *v. t.* forkynde, varsle om; **-ry,** *s.* heraldik.

herb [hə:b], *s., bot.* urt; plante; **-al** [-l], *adj.* urte-.

herd [hə:d], *s.* hjord; flok; *v. t. & i.* vogte, genne; samle sig; **-sman** [-zmən], *s.* hyrde.

here [hiə], *adv.* her; herhen(ne); *from ~,* herfra; **~ you are!** vær så god! **-about(s)** [-rə'baut(s)], *adv.* her omkring; **-after** [-'ra:ftə], *s.* livet efter døden; *adv.* herefter; **-by,** *adv.* herved; **-of** [-rɔv], *adv.* herfra; herom; **-upon** [-rə'pɔn], *adv.* herefter; herpå; **-with,** *adv.* hermed.

heredi|tary [hi'reditri], *adj.* arvelig; **-ty,** *s.* arvelighed.

here|sy ['herəsi], *s.* kætteri; **-tic,** *s.* kætter; **-tical** [hi'retikl], *adj.* kættersk.

hermetic [‚hə:'metik], *adj.* hermetisk.

hermit ['hə:mit], *s.* eremit, eneboer.

hernia ['hə:njə], *s., med.* brok.

hero ['hiərəu], *s.* helt; **-ic** [hi'rəuik], *adj.* heroisk, heltemodig; helte-; **-ine** ['herəuin], *s.* heltinde; **-ism** ['herəuizm], *s.* heltemod.

heroin ['herəuin], *s., kem.* heroin.

heron ['herən], *s., zoo.* hejre.

herring ['heriŋ], *s., zoo.* sild; *red ~, fig.* falsk spor; **~-bone,** *s.* sildebensmønster.

hesita|nt ['hezitənt], *adj.* tøvende; ubeslutsom; **-te** [-eit], *v. i.* tøve, vakle; **-tion** [-'teiʃn], *s.* tøven.

heterogeneous [‚hetərə-'dʒi:njəs], *adj.* heterogen, ensartet.

heterosexual [‚hetərə'sek-ʃuəl], *adj.* heteroseksuel.

hew [hju:] (-ed *el.* hewn), *v. t.* hugge.

hexagon ['heksəgən], *s.* sekskant.

hey-day ['heidei], *s.* blomstringstid; velmagtsdage.

hibernate ['haibəneit], *v. i.* overvintre; ligge i dvale.

Hibernian [hai'bə:njən], *s.* irlænder.

hiccough, hiccup ['hikʌp], *s.* hikke; *v. i.* hikke.

hickory ['hikəri], *s., bot.* nordamerikansk valnøddetræ.

hide [haid], *s.* skind, hud; (hid, hidden), *v. t. & i.* skjule (sig), gemme (sig); **~-and-seek,** *s.* skjul; **-away,** *s.* skjulested; **-bound,** *adj.* forstokket, snæversynet; **-out,** *s., T* skjulested.

hideous ['hidjəs], *adj.* hæslig, styg.

hiding ['haidiŋ], *s.* prygl; *go into* ~, krybe i skjul.

hierarchy ['haiəˌraːki], *s.* hierarki.

hi-fi ['hai'fai], *s., radio.* stereoanlæg.

higgledy-piggledy [ˌhigldi-'pigldi], *adj.* hulter til bulter.

high [hai], *adj.* høj; højtliggende; højtstående; fornem; *S „høj“;* ~ *and dry,* på grund; hjælpeløs; ~ *and mighty,* storsnudet; *on* ~, i det høje; ~ *time,* på høje tid; ~ *-brow, s.* intellektuel person; åndssnob; *adj.* intellektuel; åndssnobbet; *-falutin(g), adj.* bombastisk; højtravende; ~ *-grade, adj.* førsteklasses; ~ *-handed, adj.* egenmægtig; *-land, s.* højland; *-light, s.* højdepunkt; *v. t.* fremhæve; *-ly, adv.* højt; højst; i høj grad; ~ *strung,* overspændt; *-ness, s.* højhed; ~ *-pitched, adj.* skinger; højstemt; ~ *-powered, adj.* stærk, kraftig; dynamisk; ~ *-pressure, adj.* højtryks-; ~ *-rise, s.* højhus; *adj.,* ~ *flat,* lejlighed i højhus; *-road, s.* landevej; ~ *school, s., U.S.* gymnasium; ~ *-spirited, adj.* livlig; fyrig; ~ *tea, s.* kold aftensmad med te; ~ *tension, s.* højspænding; ~ *treason, s.* højforræderi; *-way, s.* (hoved)landevej.

hijack ['haidʒæk], *s.* flykapring; *v. t.* bortføre; kapre.

hike [haik], *s.* vandretur; *v. i.* vandre; *-r* [-ə], *s.*

vandrer.

hilari|ous [hi'lɛəriəs], *adj.* munter, lystig; *-ty, s.* munterhed, lystighed.

hill [hil], *s.* høj, bakke; bjerg; *-billy, s., U.S., T* bondeknold; *-ock* [-ək], *s.* lille høj; tue; *-side, s.* skrænt; skråning.

hilt [hilt], *s.* fæste.

him [him], *pron.* ham; sig; *-self, pron.* han selv; ham selv; sig selv; sig.

hind [haind], *s., zoo.* hind; *adj.* bag-, bagest; *-sight, s.* bagklogskab.

hind|er ['hində], *v. t.* hindre; forsinke; *-rance* [-rəns], *s.* hindring.

hinge [hindʒ], *s.* hængsel; *v. t. & i.* forsyne med hængsler; *off the -s,* af lave; over gevind; ~ *on, fig.* bero på.

hint [hint], *s.* vink; antydning, hentydning; *v. t. & i.* antyde; insinuere; give et vink.

hip [hip], *s., anat.* hofte; *bot.* hyben; *adj., U.S., S* med på noderne; ~ *-bath, s.* siddebadekar.

hippopotamus [ˌhippə'potəməs], *s., zoo.* flodhest.

hire [haiə], *s.* leje; løn; *v. t.* leje, hyre; ansætte; ~ *out,* udleje; ~ *-purchase, s.* køb på afbetaling.

his [hiz], *pron.* hans; sin; sit; sine.

hiss [his], *v. t. & i.* hvæse; hysse, hvisle, pibe.

histor|ian [hi'stɔːriən], *s.* historiker; *-y* ['histəri], *s.* historie.

histrionic [ˌhistri'ɔnik], *adj.* teatralsk; teater-; *-s, s. pl.* skuespilkunst.

hit [hit], *s.* slag; træffer; succes; (hit, hit), *v. t. & i.* ramme, træffe; slå, støde;

~ *the road*, tage af sted; ~ *back*, slå igen; ~ *off*, tage på kornet; komme godt ud af det; ~ *(up)on*, finde på; falde over; ~ *-and-run driver, s.* flugtbilist.

hitch [hitʃ], *s.* hindring; standsning; *naut.* stik; *v. t. & i.* gøre fast; hænge fast; *-hike, v. i.* rejse på tommelfingeren, blaffe.

hither ['hiðə], *adv.* hid, her; ~ *and thither*, hid og did; *-to, adv.* hidtil.

hive [haiv], *s.* bikube.

H.M.S., *(fk.f.* Her (His) Majesty's Ship).

H.O. ['eidʒ'əu], *(fk.f.* Home Office), indenrigsministeriet.

hoard [hɔːd], *s.* forråd; sparepenge; *v. t. & i.* samle sammen, hamstre; puge penge sammen; *-ing, s.* plankeværk.

hoarfrost ['hɔːfrɔst], *s.* rimfrost.

hoarse [hɔːs], *adj.* hæs.

hoary ['hɔːri], *adj.* hvidgrå af ælde; ældgammel.

hoax [həuks], *s.* spøg; puds; *v. t.* lave numre med, narre.

hob [hɔb], *s.* kaminplade.

hobble [hɔbl], *v. i.* humpe, halte.

hobby ['hɔbi], *s.* fritidsbeskæftigelse, hobby; ~ *-horse, s.* gyngehest; kæphest.

hobgoblin [ˌhɔb'gɔblin], *s.* nisse.

hobnail ['hɔbneil], *s.* skosøm.

hobnob ['hɔbnɔb], *v. i.* fraternisere; omgås.

hobo ['həubəu], *s.* landstryger, vagabond.

hock [hɔk], *s., zoo.* hase; *kul.* rhinskvin; *v. t., S*

pantsætte; ~ *-shop, s., S* lånekontor.

hockey ['hɔki], *s., sport.* hockey.

hocus-pocus [ˌhəukəs'pəukəs], *s.* fup, hokus-pokus.

hodge-podge ['hɔdʒpɔdʒ], *s.* ruskomsnusk.

hoe [həu], *s.* hakke; lugejern; *v. t. & i.* hakke, hyppe, skuffe.

hog [hɔg], *s., zoo.* svin; orne; *v. t.* rage til sig; *go the whole* ~, tage skridtet fuldt ud.

hoist [hɔist], *s.* hejs; spil; *v. t.* hejse.

hoity-toity [ˌhɔiti'tɔiti], *adj.* vigtig, storsnudet.

hold [həuld], *s.* hold, tag, greb; støtte; last(rum); *get* ~ *of*, få fat i; (held, held), *v. t. & i.* holde; indeholde, rumme; eje; have; beklæde; forsvare; holde stand; anse for; tilbageholde; styre; vare, blive ved; gælde; ~ *it!* bliv stående sådan; lige et øjeblik; ~ *the line!* et øjeblik! ~ *against*, lægge til last; ~ *back*, holde igen; holde (sig) tilbage; ~ *forth*, præke, holde tale; ~ *off*, holde (sig) borte; udskyde; forsinke; ~ *on*, holde sig fast; holde ud; *int.* stop lige lidt! et øjeblik! ~ *out*, stille i udsigt; holde stand; ~ *up*, række op; holde oppe; standse; forsinke; holde op (*v.* røveri); ~ *water*, være vandtæt; holde stik; hænge sammen; ~ *with*, være enig med; synes om; *-all, s.* vadsæk, weekendtaske; *-er, s.* indehaver; forpagter; holder; cigaretrør; fatning; *-ing, s.* beholdning; landbrug; husmandssted; **-up,** s. trafikstandsning; væbnet røveri.

hole [həul], s. hul; v. t. & i., Slave huller i; få en bold i hul; *pick -s in,* finde fejl ved.

holiday ['hɔlidei], s. helligdag; fridag; ferie.

holler ['hɔlə], v. i., S skrige (op).

hollow ['hɔləu], s. hulning; fordybning; *adj.* hul; dump; falsk; v. t. udhule; ~-**cheeked,** *adj.* hulkindet.

holly ['hɔli], s., *bot.* kristtjørn; **-hock,** s., *bot.* stokrose.

holocaust ['hɔləkɔːst], s. massakre; kæmpebrand; ragnarok.

holster ['həulstə], s. pistolhylster.

holy ['həuli], *adj.* hellig; *the* H~ *Ghost,* helligånden; ~ **orders,** s. pl. præsteembede; ~ **terror,** s. frygtindgydende person; rædsomt barn; ~ **water,** s. vievand.

homage ['hɔmidʒ], s. hyldest; *do (pay)* ~ *to,* hylde.

home [həum], s. hjem; mål; *adj.* hjemlig; indenrigs; v. i. finde hjem; finde målet; *at* ~ , hjemme; på hjemmebane; *make yourself at* ~ , lad som om du er hjemme; ~ **affairs,** s. pl. indre anliggender; ~ **counties,** s. pl. the ~ , grevskaberne omkring London; ~ **economics,** s. pl., U.S. hjemkundskab; H~ **Guard,** s. hjemmeværn; ~ **help,** s. hjemmehjælper; **-ly,** *adv.* hjemlig; hyggelig; jævn; ~**made,** *adj.* hjemmelavet;

H~ **Office,** s. indenrigsministerium; H~ **Rule,** s. selvstyre; H~ **Secretary,** s. indenrigsminister; **-sickness,** s. hjemve; **-spun,** *adj.* hjemmevævet; jævn; **-stead,** s. bosted; hjem; gård; **-ward(s)** [-wəd(z)], *adv.* hjemad; **-work,** s. lektier.

homeopath ['həumiə‚pæθ], s., *med.* homøopat.

homicide ['hɔmisaid], s. drab.

homily ['hɔmili], s. prædiken.

homing ['həumiŋ], *adj.* målsøgende; ~ *pigeon,* s., *zoo.* brevdue.

hominy ['hɔmini], s., *kul.* majsgrød.

homogeneity [‚hɔmədʒi'niːəti], s. ensartethed; **-ous** [-'dʒiːnjəs], *adj.* ensartet.

homonym ['hɔmənim], s. enslydende ord.

homosexual [‚həuməu'sekʃuəl], s. & *adj.* homoseksuel.

homy ['həumi], *adj.* hjemlig, hyggelig.

hone [həun], v. t. hvæsse.

honest ['ɔnist], *adj.* ærlig, redelig; retskaffen; hæderlig; brav; **-ly,** *adv.* ærligt; ærlig talt; **-y,** s. ærlighed.

honey ['hʌni], s., *kul.* honning; T skat, elskede; **-comb,** s. bikage; v. t. gennemhulle; **-moon,** s. hvedebrødsdage; bryllupsrejse; **-suckle,** s., *bot.* kaprifolium.

honorary ['ɔnərəri], *adj.* æres-; ~ *secretary,* ulønnet sekretær.

honour ['ɔnə], s. ære; hæder; *mil.* honnør; v. t. ære; beære; hædre; op fylde; honorere; **-able** [-rəbl], *adj.* hæderlig; ærefuld; velbåren; **-s,** *s. pl.* æresbevisninger; første karakter, udmærkelse.

hood [hud], *s.* hætte; motorhjelm; røgfang; emhætte; *S* gangster.

hoodlum ['hudləm], *s., S* gangster; bølle.

hoodoo ['hu:du:], *s., U.S., S* ulykkesfugl; uheld.

hoodwink ['hudwiŋk], *v. t.* narre, føre bag lyset.

hooey ['hu:i], *s., S* vrøvl.

hoof [hu:f], *s., zoo.* hov; klov.

hook [huk], *s.* hægte; krog; hage; knage; *v. t. & i.* hægte; få på krogen; *S* hugge, stjæle; ~ *it, S* forsvinde, stikke af; **-ed** [-t], *adj.* kroget, krum; ~ *on, S,* afhængig af; vild med; **-er,** *s., U.S., S* luder.

hooky ['huki], *s., U.S., T play* ~, skulke, pjække.

hooligan ['hu:ligən], *s.* bølle, bisse.

hoop [hu:p], *s.* (tønde)bånd; bøjle; bue; *v. t.* lægge bånd om.

hoot [hu:t], *s.* tuden; skrig; hujen; *v. t. & i.* tude; skrige; huje; pibe ud; *I don't care a* ~, jeg er revnende ligeglad; **-er,** *s., mek.* bilhorn; fabriksfløjte.

hoover ['hu:və], *s.* støvsuger; *v. t.* støvsuge.

hop [hɔp], *s., bot.* humle; hop; dans; *v. t. & i.* hoppe; hinke; danse; ~ *it!* skrid! ~, *skip, and jump, sport.,* trespring; **-scotch,** *s.* hinkeleg, paradis.

hope [həup], *s.* håb; *v. t. & i.* håbe; ~ *for,* håbe på; **-ful,** *adj.* forhåbningsfuld; lovende; **-less,** *adj.* håbløs.

horde ['hɔ:d], *s.* horde.

horizon [hə'raizn], *s.* horisont; synskreds; **-tal** [,hɔri'zɔntl], *adj.* vandret, horisontal.

hormone ['hɔ:məun], *s., anat.* hormon.

horn [hɔ:n], *s.* horn; *v. i., S* ~ *in (on),* mase sig (ind) på; **-beam,** *s., bot.* avnbøg; **-et** [-it], *s., zoo.* gedehams, hveps; **-y,** *adj.* hornagtig; hornet; barket; *S* liderlig.

horoscope ['hɔrəskəup], *s.* horoskop.

horrible ['hɔrəbl], *adj.* skrækkelig, grufuld; forfærdelig; gyselig; **-rid,** *adj.* afskyelig, rædsom; væmmelig; modbydelig; **-rific** [-'rifik], *adj.* rædselsvækkende; skræk-; **-rify** ['hɔrifai], *v. t.* forfærde; **-ror** ['hɔrə], *s.* rædsel; ~ *film, s.* gyser; ~-*stricken,* ~-*struck, adj.* rædselsslagen.

horse [hɔ:s], *s., zoo.* hest; buk, stativ; *mil.* kavaleri; **-back,** *s.* hesteryg; *on* ~, til hest; **-breaking,** *s.* tilridning; **-fly,** *s., zoo.* hestebremse; **-hair,** *s.* hestehår, krølhår; **-leech,** *s., zoo.* igle; **-man** [-mən], *s.* rytter; *-ship, s.* ridekunst; ridefærdighed; **-play,** *s.* grove løjer; ~-*power, s.* hestekraft; hestekræfter; **-race,** *s.* hestevæddeløb; ~-*radish, s., bot.* peberrod; **-shoe,** *s.* hestesko; **-whip,** *s.* ridepisk.

horticulture ['hɔ:tikʌltʃə], *s.* havebrug; havekunst.

hose [həuz], *s.* strømper; (vand)slange.

hosiery ['həuziəri], *s.* trikotage.

hospita|ble ['hɔspitəbl], *adj.* gæstfri; **-l** ['hɔspitl], *s.* hospital; **-lity** [-'tæliti], *s.* gæstfrihed; **-lize** ['hɔspitəlaiz], *v. t.* indlægge på hospital.

host [həust], *s.* vært; hær, hærskare; **-ess** [-is], *s.* værtinde; *air* ~, *s.* stewardesse.

hostage ['hɔstidʒ], *s.* gidsel.

hostel ['hɔstl], *s.* herberg; hjem; *youth* ~, *s.* vandrerhjem.

hostile ['hɔstail], *adj.* fjendtlig.

hot [hɔt], *adj.* hed, varm; hidsig, heftig; stærk, krydret, skarp; lidenskabelig; ivrig; frisk; spændende; populær; ~ **air**, *s.* pral; gas; **-bed**, *s.* mistbænk; ~ **dog**, *s., kul.* pølse med brød; **-headed**, *adj.* hidsig; **-house**, *s.* drivhus; ~ **-tempered**, *adj.* hidsig; ~ **-water**, *adj.* varmtvands-; ~ *bottle*, *s.* varmedunk.

hotchpotch ['hɔtʃpɔtʃ], *s.* miskmask.

hotel [həu'tel], *s.* hotel; **-ier**, **-keeper**, *s.* hotelejer.

hound [haund], *s., zoo.* jagthund; *v. t.* forfølge, jage.

hour ['auə], *s.* time; tidspunkt, tid; *a quarter of an* ~, et kvarter; *an* ~ *and a half*, halvanden time; *by the* ~, pr. time; *for -s*, i timevis; ~ *of need*, nødens stund; *on the* ~, klokken hel; **-glass**, *s.* timeglas; ~ **hand**, *s.* lille viser; **-ly**, *adv.* hver time; pr. time; ~ *wage*, timeløn; **-s**, *s. pl.* arbejdstid; åbningstid; kontortid; *after* ~; efter lukketid.

house [haus], *s.* hus; slægt; firma; *v. t. & i.* huse; bringe under tag; skaffe bolig til; ~ *together*, bo sammen; *on the* ~, på husets regning; *keep* ~, holde hus; **H** ~ **of Commons**, *s.* Underhuset; **H** ~ **of Lords**, *s.* Overhuset; ~ **agent**, *s.* ejendomsmægler; **-boat**, *s.* husbåd; **-breaker**, *s.* indbrudstyv; **-broken**, *adj.* stueren; **-hold**, *s.* husstand; husholdning; **-holder**, *s.* husejer; **-keeper**, *s.* husholderske; **-maid**, *s.* stuepige; ~ **-warming**, *s.* indflytningsfest; **-wife**, *s.* husmor.

housing ['hauziŋ], *s.* boliger; boligbyggeri; ~ *conditions*, boligforhold; ~ *shortage*, bolignød.

hovel ['hɔvl], *s.* rønne, skur.

hover ['hɔvə], *v. i.* svæve; kredse; tøve; **-craft**, *s.* luftpudefartøj.

how [hau], *adv. & konj.* hvordan; hvor; ~ *are you?* hvordan har du det? ~ *come?* hvordan kan det være? ~ *do you do?* goddag; ~ *much is that?* hvor meget koster det? ~ *'s things?* ~ *'s tricks?* hvordan går det? ~ *ever*, hvordan i alverden; **-ever** [-'evə], *adv. & konj.* hvordan end; hvor .. end; imidlertid; dog.

howl [haul], *s.* hyl; *v. t. & i.* hyle; tude; brøle; **-er**, *s.* bommert; **-ing**, *adj.* hylende; dundrende.

H.P., *(fk.f.* hire purchase), afbetaling.

h.p., *(fk.f.* horse-power), hestekræfter.

H.Q. ['eidʒ'kju:], *(fk.f.* headquarters), hovedkvarter.

hub [hʌb], *s.* hjulnav; midtpunkt.

hubbub ['hʌbʌb], *s.* hurlumhej.

hubby ['hʌbi], *s.*, *S* (ægte)mand.

huckleberry ['hʌklbəri], *s.*, *U.S.*, *bot.* blåbær.

huckster ['hʌkstə], *s.* gadehandler; høker.

huddle [hʌdl], *s.* dynge; trængsel; *v. t. & i.* stimle sammen; dynge sammen; *-d up*, sammenkrøbet.

hue [hju:], *s.* farve, lød; *raise a ~ and cry*, gøre anskrig.

huff [hʌf], *s.* fortørnelse, fornærmelse; *in a ~*, smækfornærmet.

hug [hʌg], *s.* omfavnelse; favntag; *v. t.* omfavne, knuge; holde sig tæt ved.

huge [hju:dʒ], *adj.* uhyre, umådelig.

hulk [hʌlk], *s.*, *naut.* skrog; depotskib; *-ing, adj.* tyk, klodset.

hull [hʌl], *s.*, *naut.* (skibs)-skrog; *bot.* bælg.

hullabaloo [ˌhʌləbə'lu:], *s.* ståhej.

hum [hʌm], *s.* summen; nynnen; *v. t. & i.* summe, surre; nynne; brumme; *~ and haw*, hakke og stamme.

human ['hju:mən], *adj.* menneskelig; menneske-; *~ being, s.* menneske; *-e* [hju'mein], *adj.* menneskekærlig; human; *-ism* ['hju:mənizm], *s.* humanisme; *-ist* ['hju:mənist], *s.* humanist; *-itarian* [hju,mæni'tɛəriən], *s.* menneskeven; *adj.* menneskekærlig; humanitær; *-ity* [hju'mæniti], *s.* menneskelighed;

menneskehed(en); menneskene.

humble [hʌmbl], *adj.* ydmyg; beskeden; ringe; *v. t.* ydmyge; *eat ~ pie*, krybe til korset.

humbug ['hʌmbʌg], *s.* humbug; vås; pebermyntebolsje.

humdrum ['hʌmdrʌm], *adj.* dagligdags, kedelig.

humid ['hju:mid], *adj.* fugtig; *-ity* [-'miditi], *s.* fugt; fugtighed.

humili|ate [hju'miljeit], *v. t.* ydmyge; *-ation* [-i'eiʃn], *s.* ydmygelse; *-ty, s.* ydmyghed.

humming [hʌmiŋ], *s.* summen; *~ -bird, s., zoo.* kolibri.

hummock ['hʌmək], *s.* lille høj.

humor|ist ['hju:mərist], *s.* humorist; *-ous* [-rəs], *adj.* humoristisk.

humour ['hju:mə], *s.* humor; humør; lune; stemning; *v. t.* føje; *out of ~*, i dårligt humør; *sense of ~*, humoristisk sans.

hump [hʌmp], *s.* pukkel; tue; dårligt humør; *-back, s.* pukkel; pukkelrygget person.

hunch [hʌntʃ], *s.* anelse, fornemmelse; pukkel; *~ -back, s.* pukkel; pukkelrygget person; *-ed* [-t], *adj.* ludende.

hundred ['hʌndrid], *num.* hundrede; *by -s*, i hundredvis.

Hungar|ian [hʌŋ'gɛəriən], *s.* ungarer; ungarsk; *adj.* ungarsk; *-y* ['hʌŋgəri], *s.* Ungarn.

hung|er ['hʌŋgə], *s.* sult, hunger; *v. i.* sulte; hungre; *-ry* [-gri], *adj.* sulten.

hunk [hʌŋk], *s.* humpel.

hunt [hʌnt], *s.* jagt; forfølgelse; søgen; *v. t. & i.* jage (efter); gå på jagt; søge; ~ *down*, jage og indhente; ~ *out*, opsnuse, opspore; **-er**, *s.* jæger; *zoo.* jagthest; jagthund; **-ing**, *s.* jagt.

hurdle [həːdl], *s.* risgærde; *sport.* hæk; *fig.* forhindring.

hurdy-gurdy ['həːdigəːdi], *s., mus.* lirekasse.

hurl [həːl], *v. t.* slynge, kaste.

hurly-burly ['həːliˈbəːli], *s.* tumult; postyr.

hurricane ['hʌrikən *el.* -ein], *s.* orkan; ~**-lamp**, ~**-lantern**, *s.* stormlygte.

hurry ['hʌri], *s.* hastværk; *v. t.* skynde på; forcere; *v. i.* skynde sig; *in a* ~, i en fart; *be in a* ~, have travlt; ~ *up*, skynde sig; sætte fart i.

hurt [həːt], *s.* skade; sår, stød; (hurt, hurt), *v. t. & i.* gøre ondt; skade; såre.

hurtle [həːtl], *v. t. & i.* hvirvle, suse; slynge.

husband ['hʌzbənd], *s.* (ægte)mand; *v. t.* holde hus med, spare på; **-ry**, *s.* landbrug; sparsommelighed.

hush [hʌʃ], *s.* stilhed; *int.* tys! stille! *v. t. & i.* bringe til tavshed, berolige; tie; ~ *up*, dysse ned, hemmeligholde; ~-~, *adj.* hemmelig, tys-tys; ~**-money**, *s., S* penge for at holde mund.

husk [hʌsk], *s.* avne; skal; *v. t.* afbælge, skrælle.

husky ['hʌski], *s., zoo.* grønlandsk hund; *adj.* hæs, grødet; kraftig.

hussy ['hʌsi], *s.* tøs; tøjte.

hustle [hʌsl], *v. t. & i.* puffe, skubbe, trænge; skynde sig; trække; **-r**, [-ə], *s., S* bondefanger; luder.

hut [hʌt], *s.* hytte; skur; *mil.* barak.

hutch [hʌtʃ], *s.* kaninbur.

hyacinth ['haiəsinθ], *s., bot.* hyacint.

hybrid ['haibrid], *s.* bastard, krydsning.

hydrangea [haiˈdreindʒə], *s., bot.* hortensia.

hydrant ['haidrənt], *s.* brandhane.

hydraulic [haiˈdrɔːlik], *adj.* hydraulisk.

hydro ['haidrəu], *adj.* -brinte; hydro-; ~**-electric**, *adj.* ~ *power station*, vandkraftværk; **-foil**, *s.* flyvebåd; **-gen** ['haidrədʒən], *s., kem.* brint; ~ *peˈroxide*, brintoverilte; **-phobia** [-ˈfəubjə], *s.* hundegalskab; vandskræk.

hyena [haiˈiːnə], *s., zoo.* hyæne.

hygien|e ['haidʒiːn], *s.* hygiejne; **-ic** [-ˈdʒiːnik], *adj.* hygiejnisk.

hymen ['haimən], *s., anat.* jomfruhinde.

hymn [him], *s.* salme; hymne.

hyperbole [haiˈpəːbəli], *s.* overdrivelse.

hypertension [ˌhaipəˈtenʃn], *s., med.* for højt blodtryk.

hyphen [haifn], *s., gram.* bindestreg; **-ate** [-eit], *v. t.* sætte bindestreg mellem.

hypno|sis [hipˈnəusis], *s.* hypnose; **-tic** [-ˈnɔtik], *adj.* hypnotisk; søvndyssende; **-tize** ['hipnətaiz], *v. t.* hypnotisere.

hypochondriac [ˌhaipəˈkɔndriæk], *s., med.* hypo-

konder.
hypocri|sy [hi'pɔkrəsi], s. hykleri; **-te** ['hipəkrit], s. hykler.
hypodermic [ˌhaipə'də:-mik], adj., med. ~ syringe, injektionssprøjte.
hypothetic(al) [ˌhaipə'θetik(l)], adj. hypotetisk.
hyster|ia [hi'stiəriə], s. hysteri; **-ical** [-'sterikl], adj. hysterisk; **-ics** [-'steriks], s. pl. hysteri.

I [ai], pron. jeg.
ice [ais], s. is; kul. (~ cream) flødeis; iskage; v. t. afkøle; glasere; cut no ~, ikke gøre noget indtryk; ~ **age**, s. istid; **-berg**, s. isbjerg; **-bound**, adj. indefrosset; tilfrosset; **-box**, s., U.S. køleskab; **-breaker**, s. isbryder; ~ **cream**, s. flødeis; ~ **lolly**, s. ispind; sodavandsis; ~ **rink**, s. skøjtebane.
Iceland ['aislənd], s. Island; **-er**, s. islænding; **-ic** [-'lændik], s. & adj. islandsk.
icicle ['aisikl], s. istap.
icing ['aisiŋ], s. overisning; glasur; ~ sugar, kul. flormelis.
icy ['aisi], adj. iskold; isnende; isglat.
idea [ai'diə], s. idé; begreb; forestilling; tanke; that's the ~, sådan skal det være; what's the (big) ~? hvad er meningen?
ideal [ai'diəl], adj. ideal; adj. ideal-; ideel; **-ism** [-izm], s. idealisme; **-istic** [ˌaidiə'listik], adj. idealistisk.
identi|cal [ai'dentikl], adj. ens; identisk; selv samme; **-fy** [-fai], v. t. & i.

identificere; legitimere; indleve sig; **-ty**, s. identitet.
ideolog|ical [ˌaidiə'lɔdʒikl], adj. ideologisk; **-y** [-'ɔlə-dʒi], s. ideologi.
idiom ['idiəm], s. sprogvending; sprog; **-atic** [-'mætik], adj. mundret; idiomatisk.
idiosyncrasy [ˌidiə'siŋkrə-si], s. ejendommelighed; idiosynkrasi; karakteristisk tankegang.
idiot ['idiət], s. idiot; **-ic** [-'ɔtik], adj. idiotisk.
idle [aidl], adj. ledig, ubeskæftiget; doven; unyttig; forgæves; tom; grundløs; tilfældig; v. t. & i. gå ledig, drive; gå tomgang; **-ness**, s. lediggang, dovenskab.
idol [aidl], s. afgud(sbillede); idol.
idyllic [ai'dilik], adj. idyllisk.
i.e. ['ai'i: el. 'ðæt'i:z], (fk.f. id est, that is), det vil sige, dvs.
if [if], konj. hvis; om; om end; skønt; om så; as ~, som om; even ~, selv om; ~ not, ellers; om ikke; ~ only, bare; ~ so, i så fald.
ignit|e [ig'nait], v. t. & i. antænde; fænge; **-ion** [-'niʃn], s. antændelse; mek. tænding.
ignoble [ig'nəubl], adj. lav; gemen.
ignomin|ious [ˌignə'min-jəs], adj. forsmædelig; ydmygende; **-y** ['ignəmi-ni], s. vanære.
ignor|ance ['ignərəns], s. uvidenhed; **-ant**, adj. uvidende; **-e** [ig'nɔ:], v. t. ignorere, overhøre.
ill [il], s. onde; ulykke; adj. syg; dårlig; ond; slet; adv.

ilde; ~-**advised**, *adj.*
uklog, ubetænksom; ~-
bred, *adj.* uopdragen; ~-
disposed, *adj.* ildesindet;
vrangvillig; ~-**fated**, *adj.*
ulyksalig; ~ **feeling**, *s.*
fjendskab; bitterhed; ~-
gotten, *adj.* uretmæssigt
erhvervet; ~-**judged**,
adj. uoverlagt; malplace-
ret; ~-**mannered**, *adj.*
uopdragen; ~-**natured**,
adj. gnaven; ondskabs-
fuld; -**ness**, *s.* sygdom;
~-**tempered**, *adj.* sur;
gnaven; ~-**timed**, *adj.*
utidig; malplaceret; ~-
treat, *v. t.* mishandle; ~-
use, *v. t.* mishandle; ~-
will, *s.* nag; fjendskab.
illegal [i'li:gl], *adj.* ulovlig.
illegible [i'ledʒəbl], *adj.*
ulæselig.
illegitimate [,ili'dʒitimət],
adj. uretmæssig; født
uden for ægteskab.
illicit [i'lisit], *adj.* ulovlig,
forbudt.
illiteracy [i'litrəsi], *s.* anal-
fabetisme; uvidenhed;
-**te** [-ət], *s.* analfabet; *adj.*
analfabetisk; uvidende.
illogical [i'lodʒikl], *adj.* ulo-
gisk.
illuminate [i'lu:mineit], *v. t.*
belyse; oplyse; -**ion**
[-'neiʃn], *s.* oplysning; be-
lysning.
illusion [i'lu:ʒn], *s.* illusion;
blændværk; -**ist**, *s.* trylle-
kunstner.
illusive [i'lu:siv], *adj.* illu-
sorisk.
illustrate ['iləstreit], *v. t.* il-
lustrere; belyse; -**ation**
[-'streiʃn], *s.* illustration;
eksempel; -**ious** [i'lʌstri-
əs], *adj.* ophøjet; berømt.
image ['imidʒ], *s.* billede;
spejlbillede; -**ry** [-əri], *s.*
billeder; billedsprog.

imaginary [i'mædʒinri],
adj. indbildt; imaginær;
-**ation** [-'neiʃn], *s.* indbild-
ningskraft; fantasi; fore-
stilling(sevne); -**ative**
[-ətiv], *adj.* fantasi-; op-
findsom; -**e** [i'mædʒin],
v. t. forestille sig; *just ~ !*
tænk engang!
imbecile ['imbəsi:l], *s.* im-
becil; åndssvag; *adj.* sløv,
åndssvag.
imbibe [im'baib], *v. t.* ind-
suge; drikke.
imbue [im'bju:], *v. t.* gen-
nemtrænge; mætte.
imitate ['imiteit], *v. t.* efter-
ligne; imitere; -**ion**
[-'teiʃn], *s.* efterligning;
imitation; *adj.* kunstig;
imiteret.
immaculate [i'mækjulət],
adj. uplettet; ulastelig.
immanent ['imənənt], *adj.*
iboende.
immaterial [,imə'tiəriəl],
adj. uvæsentlig; ulegem-
lig.
immature [,imə'tjuə], *adj.*
umoden.
immeasurable [i'meʒə-
rəbl], *adj.* umådelig; umå-
lelig.
immediate [i'mi:djət], *adj.*
nærmest; direkte; om-
gående; umiddelbar; -**ly**,
adv. straks; omgående;
med det samme; direkte.
immemorial [,imi'mɔ:riəl],
adj. umindelig.
immense [i'mens], *adj.*
umådelig; uhyre.
immerse [i'mə:s], *v. t.* dyp-
pe; dukke, sænke; fordy-
be.
immigrant ['imigrənt], *s.*
indvandrer; -**te** [-eit], *v. i.*
indvandre; -**tion** [-'grei-
ʃn], *s.* indvandring.
imminent ['iminənt], *adj.*
overhængende; forestå-

ende.

immitigable [i'mitigəbl], *adj.* uforsonlig.

immobili|ty [,imə'biliti], *s.* ubevægelighed; **-ze** [i-'məubilaiz], *v. t.* sætte ud af funktion; gøre ubevægelig.

immoderate [i'mɔdərət], *adj.* umådeholden; overdreven.

immodest [i'mɔdəst], *adj.* ubeskeden; usømmelig.

immoral [i'mɔrəl], *adj.* umoralsk; **-ity** [,imə'ræliti], *s.* usædelighed.

immortal [i'mɔ:tl], *adj.* udødelig; **-ality** [,imɔ:'tæliti], *s.* udødelighed.

immovable [i'mu:vəbl], *adj.* urokkelig; ubevægelig.

immune [i'mju:n], *adj.* uimodtagelig; immun.

immutable [i'mju:təbl], *adj.* uforanderlig.

imp [imp], *s.* djævleunge; gavstrik.

impact ['impækt], *s.* sammenstød; anslag; indtryk; [im'pækt], *v. t.* presse; trykke ind i.

impair [im'pɛə], *v. t.* svække, skade.

impale [im'peil], *v. t.* spidde.

impalpable [im'pælpəbl], *adj.* ufattelig; uhåndgribelig.

impart [im'pa:t], *v. t.* meddele; bibringe; tildele.

impartial [im'pa:ʃl], *adj.* upartisk.

impassable [im'pa:səbl], *adj.* ufarbar; uoverstigelig; ufremkommelig.

impasse ['æmpa:s], *s.* blindgyde.

impass|ible [im'pæsəbl], *adj.* ufølsom, kold, upåvirket; **-ive,** *adj.* ufølsom;

uanfægtet.

impatient [im'peiʃnt], *adj.* utålmodig.

impeach [im'pi:tʃ], *v. t.* anklage; mistænkeliggøre; bestride.

impeccable [im'pekəbl], *adj.* fejlfri; ulastelig.

impecunious [,impi'kju:njəs], *adj.* pengeløs; ubemidlet.

imped|e [im'pi:d], *v. t.* hindre, sinke, besværliggøre; **-iment** [-'pedimənt], *s.* hindring; talefejl.

impel [im'pel], *v. t.* drive, tilskynde.

impending [im'pendiŋ], *adj.* overhængende; nært forestående.

impenetrable [im'penitrəbl], *adj.* uigennemtrængelig; uudgrundelig.

imperative [im'perətiv], *s., gram.* bydemåde, imperativ; *adj.* bydende; tvingende nødvendig.

imperceptible [,impə'septəbl], *adj.* umærkelig; forsvindende lille.

imperfect [im'pə:fikt], *adj.* ufuldkommen.

imperial [im'piəriəl], *adj.* rigs-; kejserlig; **-ism** [-izm], *s.* imperialisme; **-ist,** *s.* imperialist; *adj.* imperialistisk.

imperil [im'peril], *v. t.* bringe i fare.

imperious [im'piəriəs], *adj.* bydende.

imperishable [im'periʃəbl], *adj.* uforgængelig.

impermeable [im'pə:miəbl], *adj.* uigennemtrængelig; tæt.

imperson|al [im'pə:sənl], *adj.* upersonlig; **-ate** [-eit], *v. t.* fremstille; spille; udgive sig for.

impertinent [im'pə:tinənt],

adj. uforskammet; næsvis.

imperturbable [ˌimpə'tə:-bəbl], *adj.* uforstyrrelig.

impervious [im'pə:vjəs], *adj.* uigennemtrængelig; uimodtagelig.

impetuous [im'petjuəs], *adj.* voldsom, heftig.

impetus ['impitəs], *s.* drivkraft.

impinge [im'pindʒ], *v. t. & i.* ~ *(up)on,* ramme; berøre.

implacable [im'plækəbl], *adj.* uforsonlig.

implausible [im'plɔ:zəbl], *adj.* usandsynlig.

implement ['implimənt], *s.* redskab; værktøj; instrument; [-mənt], *v. t.* udføre; fuldføre; føre ud i livet.

implicat|e ['implikeit], *v. t.* inddrage, implicere; indebære; **-ion** [-'keiʃn], *s.* indblanding; underforståelse; antydning.

implicit [im'plisit], *adj.* underforstået; ubetinget.

implore [im'plɔ:], *v. t.* bønfalde, trygle.

imply [im'plai], *v. t.* forudsætte; antyde; indebære.

impolite [ˌimpə'lait], *adj.* uhøflig.

impolitic [im'politik], *adj.* uklog.

imponderable [im'pondərəbl], *adj.* uberegnelig.

import ['impɔ:t], *s.* betydning; vigtighed; import(vare); [im'pɔ:t], *v. t.* indføre; importere; betyde.

importan|ce [im'pɔ:tns], *s.* vigtighed; betydning; **-t** [-'pɔ:tnt], *adj.* vigtig; betydningsfuld.

importun|ate [im'pɔ:tjunət], *adj.* påtrængende, besværlig; **-e** [-'pɔ:tju:n],

v. t. plage; antaste.

impos|e [im'pəuz], *v. t. & i.* pålægge; påtvinge; ~ *oneself,* trænge sig på; ~ *(up)on,* udnytte; narre; trænge sig på; **-ing,** *adj.* imponerende.

impossible [im'pɔsəbl], *adj.* umulig.

impostor [im'pɔstə], *s.* bedrager.

impoten|ce ['impətəns], *s.* afmagt; *med.* impotens; **-t,** *adj.* afmægtig; impotent.

impoverish [im'pɔvəriʃ], *v. t.* gøre fattig.

impracticable [im'præktikəbl], *adj.* uigennemførlig; vanskelig; ufarbar.

impregna|ble [im'pregnəbl], *adj.* uindtagelig; uangribelig; **-te** ['impregneit], *v. t.* besvangre; imprægnere; gennemtrænge; mætte.

impresario [ˌimprə'sa:riəu], *s.* impresario, manager.

impress ['impres], *s.* aftryk; præg; [im'pres], *v. t.* stemple; præge; *fig.* imponere; gøre indtryk; **-ion** [-'preʃn], *s.* indtryk, oplag; **-ionable** [-'preʃnəbl], *adj.* let påvirkelig; **-ionism** [-'preʃənizm], *s.* impressionisme; **-ive,** *adj.* imponerende.

imprint ['imprint], *s.* aftryk; præg; stempel; [-'print], *v. t.* præge; påtrykke.

imprison [im'prizn], *v. t.* fængsle.

improbable [im'prɔbəbl], *adj.* usandsynlig.

improper [im'prɔpə], *adj.* upassende; usømmelig.

improve [im'pru:v], *v. t.* forbedre; forædle; *v. i.* blive bedre; **-ment,** *s.* for-

bedring; fremskridt.
improvident [im'prɔvi-
dənt], *adj.* uforudseende;
letsindig.
improvise ['imprəvaiz], *v. t.*
& *i.* improvisere.
imprudent [im'pru:dnt],
adj. uklog; uforsigtig,
ubetænksom.
impudent ['impjudənt], *adj.*
uforskammet, næsvis.
impugn [im'pju:n], *v. t.*
bestride, drage i tvivl.
impuls|e ['impʌls], *s.* frem-
stød; skub; impuls; ind-
skydelse; *act on* ~, hand-
le spontant; **-ive** [-'pʌlsiv],
adj. impulsiv.
impunity [im'pju:niti], *s.*
with ~, ustraffet; uden
risiko.
impur|e [im'pjuə], *adj.*
uren; ukysk; **-ity** [-riti], *s.*
urenhed.
impute [im'pju:t], *v. t.* ~ *to*,
tilskrive, tillægge.
in [in], *adv.* ind; inde;
hjemme; ved magten;
med på noderne, moder-
ne; *præp.* i; om; på; un-
der; til; efter; med; ~
three days, om tre dage;
~ *English,* på engelsk; *be*
~ *for,* kunne vente sig; ~
on, indviet i; med i; ~ *so*
far as, for så vidt som; ~
that, eftersom, fordi, der-
ved at.
inability [,inə'biliti], *s.*
manglende evne.
inaccessible [,inæk'se-
səbl], *adj.* utilgængelig;
uopnåelig; utilnærmelig.
inaccuracy [in'ækjurəsi], *s.*
unøjagtighed.
inactive [in'æktiv], *adj.*
uvirksom; træg.
inadequate [in'ædikwət],
adj. utilstrækkelig.
inadmissible [,inəd'mi-
səbl], *adj.* uantagelig;

utilladelig.
inadvertently [,inəd'və:-
təntli], *adv.* af vanvare; af
uagtsomhed; utilsigtet.
inane [i'nein], *adj.* tom,
indholdsløs; flad.
inanimate [in'ænimət], *adj.*
livløs.
inappropriate [,inə'prəu-
priət], *adj.* malplaceret;
upassende.
inapt [in'æpt], *adj.* malpla-
ceret; uegnet; **-itude,** *s.*
uegnethed.
inarticulate [,ina:'tikjulət],
adj. uartikuleret; stum.
inasmuch [,inəz'mʌtʃ], *adv.*
~ *as,* for så vidt som;
eftersom.
inattentive [,inə'tentiv],
adj. uopmærksom.
inaudible [in'ɔ:dəbl], *adj.*
uhørlig.
inaugurate [i'nɔ:gjureit],
v. t. indvie, åbne; ind-
varsle.
inborn ['inbɔ:n], *adj.* med-
født.
inbred ['inbred], *adj.* med-
født, naturlig; indavlet.
incapable [in'keipəbl], *adj.*
uduelig; ikke i stand til.
incarnat|e [in'ka:neit], *adj.*
personificeret; inkarne-
ret; *the devil* ~, den skin-
barlige djævel; **-ion**
[-'neiʃn], *s.* legemliggørel-
se, inkarnation.
incautious [in'kɔ:ʃəs], *adj.*
uforsigtig.
incendiary [in'sendiəri], *s.*
brandstifter; agitator;
adj. brandstiftelses-; op-
hidsende; ~ *bomb,*
brandbombe.
incense ['insens], *s.* røgel-
se; [in'sens], *v. t.* ophidse.
incentive [in'sentiv], *s.* spo-
re; opmuntring; tilskyn-
delse.
incessant [in'sesnt], *adj.*

uophørlig.

incest ['insest], *s.* blodskam.

inch [intʃ], *s. (mål)* tomme = 2,54 cm; *fig.* bagatel; *within an ~ of*, lige ved; *every ~ a lady*, dame til fingerspidserne.

incident ['insidənt], *s.* begivenhed; hændelse; **-al** [-'dentl], *adj.* tilfældig; **-ally**, *adv.* i øvrigt; forresten; tilfældigt.

incinerat|e [in'sinəreit], *v. t.* brænde til aske; **-or** [-ə], *s.* forbrændingsovn.

incipient [in'sipiənt], *adj.* begyndende.

incision [in'siʒn], *s.* indsnit; indskæring.

incite [in'sait], *v. t.* anspore, ægge, tilskynde; **-ment,** *s.* tilskyndelse, incitament.

inclement [in'klemənt], *adj.* barsk.

inclin|ation [,inkli'neiʃn], *s.* hældning; tilbøjelighed; lyst; **-e** [in'klain], *v. t. & i.* hælde; bøje; være tilbøjelig til; **-ed** [-'klaind], *adj.* *be ~ to*, være tilbøjelig til; have lyst til.

includ|e [in'kluːd], *v. t.* omfatte; indeholde; medregne; **-ing,** *præp.* inklusive; medregnet; deriblandt.

incoherent [,inkə'hiərənt], *adj.* usammenhængende.

incombustible [,inkəm-'bʌstəbl], *adj.* uforbrændelig.

income ['inkəm], *s.* indtægt; indkomst; *~ tax, s.* indkomstskat; *~ return, s.* selvangivelse.

incommensurate [,inkə-'menʃərət], *adj.* utilstrækkelig; usammenlignelig.

incommod|e [,inkə'məud],

v. t. ulejlige, besvære; **-ious** [-jəs], *adj.* ubekvem; besværlig; trang.

incomparable [in'kɔmprəbl], *adj.* uforlignelig, enestående.

incompatible [,inkəm'pætəbl], *adj.* uforenelig.

incompetent [in'kɔmpətənt], *adj.* ukvalificeret; inkompetent; *jur.* inhabil.

incomplete [,inkəm'pliːt], *adj.* ufuldstændig.

incomprehensible [in-,kɔmpri'hensəbl], *adj.* ubegribelig, uforståelig.

inconceivable [,inkən'siːvəbl], *adj.* ufattelig.

inconclusive [,inkən'kluːsiv], *adj.* ikke afgørende.

incongruous [in'kɔŋgruəs], *adj.* afstikkende.

inconsequent [in'kɔnsəkwənt], *adj.* ulogisk, inkonsekvent.

inconsider|able [,inkən'sidərəbl], *adj.* ubetydelig; **-ate** [-ət], *adj.* hensynsløs.

inconsistent [,inkən'sistənt], *adj.* inkonsekvent; selvmodsigende; *~ with,* i modstrid med.

inconsolable [,inkən'səuləbl], *adj.* utrøstelig.

inconspicuous [,inkən'spikjuəs], *adj.* uanselig; ikke iøjnefaldende.

inconstancy [in'kɔnstənsi], *s.* flygtighed; omskiftelighed.

incontestable [,inkən'testəbl], *adj.* ubestridelig.

incontinent [in'kɔntinənt], *adj.* tøjlesløs; ukysk; *med.* som lider af ufrivillig vandladning.

incontrovertible [in,kɔntrə'vəːtəbl], *adj.* uomtvistelig.

inconvenien|ce [ˌinkən-ˈviːnjəns], *s.* ulejlighed; gene; *v. t.* ulejlige, besvære; **-t**, *adj.* ubelejlig.

incorporate [inˈkɔːpəreit], *v. t. & i.* indføje; indlemme; indkorporere; omfatte.

incorrect [ˌinkəˈrekt], *adj.* fejlagtig; ukorrekt.

incorrigible [inˈkɔridʒəbl], *adj.* uforbederlig.

incorruptible [ˌinkəˈrʌptəbl], *adj.* ubestikkelig; uforgængelig.

increas|e [ˈinkriːs], *s.* stigning; vækst, forøgelse; forhøjelse; [inˈkriːs], *v. t. & i.* øge(s); vokse, stige; forhøje; **-ingly**, *adv.* mere og mere.

incredible [inˈkredəbl], *adj.* utrolig.

incredulous [inˈkredjuləs], *adj.* vantro, skeptisk.

increment [ˈinkrimənt], *s.* tilvækst; lønstigning.

incriminate [inˈkrimineit], *v. t.* inddrage; anklage.

incubat|e [ˈinkjubeit], *v. t. & i.* (ud)ruge, udklække; **-or** [-ə], *s.* rugemaskine; kuvøse.

inculcate [ˈinkʌlkeit], *v. t.* indprente.

incumbent [inˈkʌmbənt], *adj.* siddende; *be ~ (up)on*, påhvile.

incur [inˈkəː], *v. t.* pådrage sig; udsætte sig for; *~ debts*, stifte gæld.

incurable [inˈkjuərəbl], *adj.* uhelbredelig.

indebted [inˈdetid], *adj.* i gæld; forbunden.

indecent [inˈdiːsnt], *adj.* uanstændig; usømmelig.

indecision [ˌindiˈsiʒn], *s.* ubeslutsomhed.

indecorous [inˈdekərəs], *adj.* upassende; usømme-lig.

indeed [inˈdiːd], *adv.* virkelig, sandelig; ganske vist; *int.* nå! ja så! nej virkelig!

indefatigable [ˌindiˈfætigəbl], *adj.* utrættelig.

indefensible [ˌindiˈfensəbl], *adj.* uforsvarlig; utilgive-lig.

indefinable [ˌindiˈfainəbl], *adj.* udefinerlig.

indefinite [inˈdefinit], *adj.* ubestemt; ubegrænset; vag; **-ly**, *adv.* på ubestemt tid.

indelible [inˈdeləbl], *adj.* uudslettelig.

indelicate [inˈdelikət], *adj.* ufin; taktløs.

indent [ˈindent], *s.* hak, bule; rekvisition; [inˈdent], *v. t. & i.* lave bule i; indskære; afgive ordre; rekvirere; *typ.* indrykke; **-ation** [-ˈteiʃn], *s.* indskæring; hak; *typ.* indryk-ning; **-ure** [inˈdentʃə], *s.* kontrakt; lærekontrakt; hak, bule.

independen|ce [ˌindiˈpendəns], *s.* uafhængighed; selvstændighed; **-t**, *adj.* selvstændig; uafhængig.

indescribable [ˌindiˈskrai-bəbl], *adj.* ubeskrivelig.

indestructible [ˌindiˈstrʌk-təbl], *adj.* uforgængelig.

indeterminable [ˌindiˈtəː-minəbl], *adj.* ubestemme-lig.

index [ˈindeks] (*pl.* indices), *s.* viser; indeks; register; katalog; pristal; tegn; *v. t.* forsyne med register; *~ finger, s., anat.* pegefinger.

India [ˈindjə], *s.* Indien; **-n**, *s.* inder; indianer; *adj.* indisk; indianer-; *Red ~, American ~*, indianer; *~ file*, gåsegang; *~ sum-*

mer, sen blomstring; genopblussen; ~ **-rubber,** s. viskelæder.

indicat|e ['indikeit], *v. t.* vise, angive; tilkendegive; antyde; tyde på; **-ion** [-'keiʃn], *s.* antydning; tegn; symptom.

indict [in'dait], *v. t.* tiltale, anklage.

indifferent [in'difrənt], *adj.* ligegyldig; ligeglad; middelmådig.

indigenous [in'didʒinəs], *adj.* indfødt; ~ *to,* hjemmehørende i.

indigest|ible [,indi'dʒestəbl], *adj.* ufordøjelig; **-ion** [-ʃn], *s., med.* dårlig fordøjelse.

indign|ant [in'dignənt], *adj.* harmfuld; indigneret; **-ation** [-'neiʃn], *s.* forargelse; harme; **-ity,** *s.* ydmygelse, krænkelse.

indirect [,indi'rekt], *adj.* indirekte.

indiscre|et [,indi'skri:t], *adj.* indiskret; **-tion** [-'skreʃn], *s.* uforsigtighed; taktløshed.

indiscrimate [,indi'skriminət], *adj.* vilkårlig; **-ly,** *adv.* i flæng.

indispensable [,indi'spensəbl], *adj.* uundværlig.

indispo|sed [,indi'spəuzd], *adj.* uoplagt; utilpas; utilbøjelig; **-sition** [,indispə-'ziʃn], *s.* ildebefindende; utilbøjelighed.

indisputable [,indi'spju:-təbl], *adj.* uomtvistelig.

indissoluble [,indi'sɔljubl], *adj.* uopløselig.

indistinct [,indi'stiŋkt], *adj.* utydelig, uklar.

individual [,indi'vidʒuəl], *s.* individ; person; *adj.* enkelt; individuel; personlig; særskilt; **-ly,** *adv.* en-

keltvis, hver for sig.

indivisible [,indi'vizəbl], *adj.* udelelig.

Indo-China ['indəu'tʃainə], *s.* Indokina.

indoctrinate [in'dɔktrineit], *v. t.* oplære; indoktrinere.

indolent ['indələnt], *adj.* magelig; lad.

indomitable [in'dɔmitəbl], *adj.* ukuelig.

Indonesia [,indəu'ni:ziə], *s.* Indonesien.

indoor ['indɔ:], *adj.* indendørs; **-s,** *adv.* ind(e); inden døre.

indubitable [in'dju:bitəbl], *adj.* utvivlsom.

induce [in'dju:s], *v. t.* bevirke; forårsage; formå; **-ment,** *s.* lokkemiddel; bevæggrund.

indulge [in'dʌldʒ], *v. t. & i.* føje; forkæle; give efter for; tilfredsstille; ~ *in,* nyde, tillade sig, unde sig; forfalde til; være optaget af; **-nce** [-əns], *s.* overbærenhed; svaghed; fornøjelse; nydelse; last; **-nt** [-nt], *adj.* mild, overbærende.

industr|ial [in'dʌstriəl], *adj.* industriel; industri-; fabriks-; arbejds-; ~ *action,* strejke; **-ious** [-iəs], *adj.* flittig; **-y** ['indəstri], *s.* flid, arbejdsomhed; industri; erhverv.

inebriate [in'i:briət], *s.* dranker; [-eit], *v. t.* beruse.

inedible [in'edəbl], *adj.* uspiselig.

ineffable [in'efəbl], *adj.* ubeskrivelig.

ineffec|tive [,ini'fektiv], *adj.* virkningsløs; uduelig; **-tual** [-tʃuəl], *adj.* frugtesløs; virkningsløs.

inefficiency [,ini'fiʃnsi], s.
udygtighed; uduelighed.
ineligible [in'elidʒəbl], adj.
uegnet; ikke valgbar.
inept [i'nept], adj. malpla-
ceret; tåbelig.
inequality [ini'kwɔliti], s.
ulighed.
inequity [in'ekwiti], s. uret-
færdighed.
inert [i'nə:t], adj. træg; -ia
[i'nə:ʃə], s. træghed.
inestimable [in'estiməbl],
adj. uvurderlig.
inevitable [in'evitəbl], adj.
uundgåelig; -y, adv. uvæ-
gerlig.
inexact [,inig'zækt], adj.
unøjagtig.
inexcusable [,iniks'kju:-
zəbl], adj. utilgivelig.
inexhaustible [,inig'zɔ:s-
təbl], adj. uudtømmelig.
inexorable [in'eksərəbl],
adj. ubønhørlig.
inexpensive [,inik'spensiv],
adj. billig.
inexperienced [,inik'spiə-
riənst], adj. uerfaren.
inexpert [in'ekspə:t], adj.
ukyndig.
inexplicable [,inik'spli-
kəbl], adj. uforklarlig.
inexpressible [,inik'spre-
səbl], adj. ubeskrivelig.
inextricable [in'ekstri-
kəbl], adj. uløselig; som
ikke kan redes ud.
infallible [in'fæləbl], adj.
ufejlbarlig.
infamous ['infəməs], adj.
skændig; infam; beryg-
tet.
infancy ['infənsi], s. barn-
dom; -t, s. spædbarn,
barn; mindreårig; adj.
barne-; ~ mortality,
spædbørnsdødelighed;
-tile [-tail], adj. børne-;
barnlig; ~ paralysis, s.,
med. børnelammelse;

-try [-tri], s., mil. infante-
ri.
infatuation [in,fætʃu'eiʃn],
s. forgabelse; forblindel-
se.
infect [in'fekt], v. t. smitte;
inficere; -ion [-'fekʃn], s.
smitte; infektion; -ious
[-'fekʃəs], adj. smitsom.
infer [in'fə:], v. t. slutte;
drage en slutning; -ence
['infərəns], s. (logisk) slut-
ning.
inferior [in'fiəriə], adj. la-
vere; ringere; underord-
net; dårlig; -ity [-'ɔriti], s.
mindreværd; underle-
genhed; lavere rang; ~
complex, s. mindre-
værdskompleks; -s, s. pl.
underordnede.
infernal [in'fə:nl], adj. djæ-
velsk, infernalsk; helve-
des.
infertile [in'fə:tail], adj.
ufrugtbar.
infest [in'fest], v. t. plage;
befænge.
infidelity [,infi'deliti], s.
utroskab; vantro.
infiltrate ['infiltreit], v. t. in-
filtrere, trænge ind i.
infinite ['infinit], adj. uen-
delig; -esimal [-'tesiml],
adj. uendelig lille; -ive
[-'finitiv], s., gram. navne-
måde, infinitiv; -y [-'fini-
ti], s. uendelighed.
infirm [in'fə:m], adj. svag,
svagelig; skrøbelig; -ary,
s. sygehus; -ity, s. svage-
lighed; svaghed.
inflame [in'fleim], v. t. & i.
ophidse, opflamme; med.
gøre betændt; -mable
[-'flæməbl], adj. brandfar-
lig; -mation [-flə'meiʃn], s.
betændelse.
inflate [in'fleit], v. t. puste
op; pumpe op; drive pri-
serne i vejret; -ed [-id],

adj. oppustet; opblæst;
-ion [-ʃn], *s.* oppustning;
opblæsthed; inflation.

infle|ct [in'flekt], *v. t., gram.*
bøje; modulere; **-ction**
[-ʃn], *s., gram.* bøjning;
tonefald; **-xible** [-səbl],
adj. ubøjelig.

inflict [in'flikt], *v. t.* ~ *on*,
tilføje, bibringe; tildele.

inflow ['infləu], *s.* tilgang;
tilførsel.

influen|ce ['influəns], *s.*
indflydelse; påvirkning;
v. t. påvirke; have indfly-
delse på; **-tial** [-'enʃl], *adj.*
indflydelsesrig.

influenza [,influ'enzə], *s.,*
med. indfluenza.

influx ['inflʌks], *s.* tilførsel;
tilgang.

inform [in'fɔ:m], *v. t. & i.*
underrette, oplyse; med-
dele; angive; **-al** [-l], *adj.*
uformel, tvangfri; **-ation**
[-'meiʃn], *s.* underretning;
oplysning, besked; med-
delelse; **-ed** [-d], *adj.* op-
lyst, kultiveret; velun-
derrettet; **-er**, *s., T* stik-
ker.

infraction [in'frækʃn], *s.*
brud; krænkelse.

infrared ['infrə'red], *adj.*
infrarød.

infrequent [in'fri:kwənt],
adj. sjælden.

infringe [in'frindʒ], *v. t.*
overtræde, bryde; ~
upon, gøre indgreb i.

infuriat|e [in'fjuərieit], *v. t.*
gøre rasende; **-ing**, *adj.*
meget irriterende, til at
blive gal over.

infuse [in'fju:z], *v. t.* indgy-
de.

inge|nious [in'dʒi:njəs], *adj.*
snedig, snild; begavet;
-nuity [,indʒi'nju:iti], *s.*
sindrighed; snildhed; op-
findsomhed; genialitet.

ingenuous [in'dʒenjuəs],
adj. naiv; åbenhjertig.

inglenook ['inglnuk], *s.* ka-
minkrog.

ingot ['iŋgət], *s.* barre,
blok.

ingrained [in'greind], *adj.*
indgroet; gennemført.

ingratiat|e [in'greiʃieit], *v. t.*
~ *oneself with*, indynde
sig hos; **-ing**, *adj.* ind-
smigrende.

ingratitude [in'grætitju:d],
s. utaknemmelighed.

ingredient [in'gri:djənt], *s.*
bestanddel, ingrediens.

inhabit [in'hæbit], *v. t.*
bebo; bo i; **-able** [-əbl],
adj. beboelig; **-ant**, *s.* ind-
bygger; beboer.

inhale [in'heil], *v. t. & i.*
indånde; inhalere.

inherent [in'hiərənt], *adj.*
iboende.

inherit [in'herit], *v. t. & i.*
arve; **-ance**, *s.* arv.

inhibit [in'hibit], *v. t.* hæm-
me; forhindre; **-ion**
[-'biʃn], *s.* hæmning.

inhospitable [in'hɔspitəbl],
adj. ugæstfri.

inhuman [in'hju:mən], *adj.*
umenneskelig.

inimical [i'nimikl], *adj.*
fjendtlig.

inimitable [i'nimitəbl], *adj.*
uforlignelig.

iniquity [i'nikwiti], *s.* synd.

initial [i'niʃl], *s.* forbogstav;
adj. først; begyndelses-;
v. t. underskrive med for-
bogstaver; **-ly**, *adv.* til at
begynde med.

initiate [i'niʃieit], *v. t.* ind-
vie; indlede; åbne.

initiative [i'niʃətiv], *s.* ini-
tiativ.

inject [in'dʒekt], *v. t.* ind-
sprøjte; indgyde; **-ion**
[-ʃn], *s.* indsprøjtning.

injunction [in'dʒʌŋkʃn], *s.*

forbud, pålæg; *jur.* tilhold.

injur|e ['indʒə], *v. t.* beskadige; kvæste; krænke; forurette; **-y** [-ri], *s.* kvæstelse; skade; uret.

injustice [in'dʒʌstis], *s.* uretfærdighed; uret.

ink [iŋk], *s.* blæk; tryksværte; tusch.

inkling ['iŋkliŋ], *s.* anelse.

inland ['inlənd], *adj.* indland; indre; indenrigs-; inde i landet; ~ *revenue*, skatter og afgifter.

in-laws ['inlɔ:z], *s. pl.* svigerfamilie.

inlet ['inlet], *s.* fjord, vig; *mek.* indsugnings-; indløbs-.

inmate ['inmeit], *s.* beboer; patient; indsat.

inmost ['inməust], *adj.* inderst.

inn [in], *s.* kro; **-keeper,** *s.* krovært.

innards ['inədz], *s. pl., anat., T* indvolde; indre dele.

innate [i'neit], *adj.* medfødt.

inner ['inə], *adj.* indre; indvendig; **-most,** *adj.* inderst.

innocen|ce ['inəsns], *s.* uskyld; uskyldighed; troskyldighed; **-t,** *adj.* uskyldig; troskyldig, enfoldig; uskadelig.

innocuous [i'nɔkjuəs], *adj.* uskadelig.

innovation [ˌinə'veiʃn], *s.* nyhed; fornyelse.

innuendo [ˌinju'endəu], *s.* hentydning, insinuation.

innumerable [i'nju:mərəbl], *adj.* utallig.

inoculate [i'nɔkjuleit], *v. t.* (ind)pode; vaccinere.

inoffensive [ˌinə'fensiv], *adj.* uskadelig; skikkelig.

inopportune [in'ɔpətju:n], *adj.* ubelejlig.

inordinate [in'ɔ:dinət], *adj.* overdreven; ubehersket.

inorganic [ˌinɔ:'gænik], *adj., kem.* uorganisk.

input ['input], *s., edb.* indlæsning, inddata; tilført mængde.

inquest ['inkwest], *s.* undersøgelse; ligsyn.

inqui|re [in'kwaiə], *v. t. & i.* spørge (om), forhøre sig; ~ *into,* undersøge; **-ry,** *s.* undersøgelse; forespørgsel; **-sition** [ˌinkwi-'ziʃn], *s.* undersøgelse; inkvisition; **-sitive** [-'kwizitiv], *adj.* nysgerrig.

inroad ['inrəud], *s.* indhug; indgreb.

in(s)., *(fk.f.* inch(es)), *s.d.*

insan|e [in'sein], *adj.* sindssyg; **-ity** [-'sæniti], *s.* sindssyge.

insanitary [in'sænitri], *adj.* uhygiejnisk.

insatiable [in'seiʃəbl], *adj.* umættelig.

inscri|be [in'skraib], *v. t.* indskrive; indgravere; **-ption** [-'skripʃn], *s.* indskrift, inskription.

inscrutable [in'skru:təbl], *adj.* uransagelig.

insect ['insekt], *s., zoo.* insekt; **-icide** [-'sektisaid], *s.* insektdræbende middel.

insecure [ˌinsi'kjuə], *adj.* usikker, utryg.

inseminat|e [in'semineit], *v. t.* inseminere; **-ion** [-'neiʃn], *s.* insemination; *artificial* ~ , kunstig befrugtning.

insensible [in'sensəbl], *adj.* bevidstløs; ufølsom; ligegyldig; umærkelig.

insensitive [in'sensitiv], *adj.* ufølsom; upåvirkelig.

inseparable [in'seprəbl], *adj.* uadskillelig.

insert [in'sə:t], *v. t.* indrykke; indskyde; indføre.

inshore ['in'ʃɔ:], *adj. & adv.* nær kysten; kyst-.

inside ['in'said], *s.* indreside; indvendige del; *adj.* indre; inder-; indvendig; *adv.* ind(e); indenfor; indeni; *præp.* indeni; indenfor; ~ *out*, med indersiden ud; *fig.* ud og ind.

insidious [in'sidjəs], *adj.* lumsk, snigende.

insight ['insait], *s.* indblik; indsigt.

insignificant [,insig'nifikənt], *adj.* ubetydelig; betydningsløs.

insincere [,insin'siə], *adj.* uoprigtig.

insinuate [in'sinjueit], *v. t.* insinuere; antyde; indynde.

insipid [in'sipid], *adj.* flov, fad; åndløs.

insist [in'sist], *v. t.* hævde, påstå; ~ *on*, holde på, insistere; kræve; **-ent**, *adj.* vedholdende.

insofar [,insəu'fa:], *adv.* ~ *as*, for så vidt som.

insolent ['insələnt], *adj.* uforskammet.

insoluble [in'sɔljubl], *adj.* uopløselig; uløselig.

insolvent [in'sɔlvənt], *adj.* konkurs; insolvent.

insomnia [in'sɔmniə], *s., med.* søvnløshed.

inspect [in'spekt], *v. t.* eftertse, syne, undersøge; inspicere; **-ion** [-ʃn], *s.* eftersyn; kontrol.

inspir|ation [,inspi'reiʃn], *s.* inspiration; indskydelse; **-e** [-'spaiə], *v. t.* inspirere; indgyde; **-ing** [-'spaiəriŋ], *adj.* inspirerende.

inst., (*fk.f.* instant), dennes.

install [in'stɔ:l], *v. t.* anbringe; installere; indsætte; **-ation** [,instə'leiʃn], *s.* anbringelse; opstilling; anlæg.

instalment [in'stɔ:lmənt], *s.* afdrag; rate; afsnit.

instance ['instəns], *s.* tilfælde; eksempel; *jur.* instans.

instant ['instənt], *s.* øjeblik; *adj.* øjeblikkelig; som kan laves på et øjeblik; dennes; **-aneous** [-'teinjəs], *adj.* øjeblikkelig.

instead [in'sted], *adv.* i stedet.

instep ['instep], *s., anat.* vrist.

instigate ['instigeit], *v. t.* anspore, tilskynde; ophidse (til).

instil [in'stil], *v. t., fig.* indgyde.

instinct ['instiŋkt], *s.* instinkt; **-ive** [-'stiŋktiv], *adj.* instinktiv.

institute ['institju:t], *s.* institut; *v. t.* oprette; indlede; fastsætte; indføre.

instruct [in'strʌkt], *v. t.* undervise; instruere; underrette; **-ion** [-ʃn], *s.* undervisning; vejledning; **-s** *for use*, brugsanvisning.

instrument ['instrumənt], *s.* instrument; redskab; **-al** [-'mentl], *adj.* medvirkende; instrumental.

insubordinate [,insə'bɔ:dinət], *adj.* opsætsig.

insubstantial [,insəb'stænʃl], *adj.* svag; tynd; uvirkelig.

insufferable [in'sʌfrəbl], *adj.* utålelig.

insufficient [,insə'fiʃnt],

adj. utilstrækkelig.

insular ['insjulə], *adj.* ø-; afsondret; snæversynet.

insulate ['insjuleit], *v. t.* isolere.

insult ['insʌlt], *s.* fornærmelse; [in'sʌlt], *v. t.* fornærme.

insuperable [in'sju:prəbl], *adj.* uovervindelig.

insupportable [ˌinsə'pɔ:-təbl], *adj.* uudholdelig.

insurance [in'ʃuərəns], *s.* forsikring; ~ *policy,* s. forsikringspolice; **-e,** *v. t.* forsikre.

insurgent [in'sə:dʒənt], *s.* oprører; *adj.* oprørsk.

insurmountable [ˌinsə-'mauntəbl], *adj.* uoverstigelig.

insurrection [ˌinsə'rekʃn], *s.* opstand; oprør.

intact [in'tækt], *adj.* uskadt; uberørt.

intake ['inteik], *s.* tilgang; indtagelse; optagelse; hold; *mek.* indsugning.

intangible [in'tændʒəbl], *adj.* uhåndgribelig.

integer ['intidʒə], *s., mat.* helt tal.

integral ['intigrəl], *adj.* hel; uadskillelig.

integrate ['intigreit], *v. t.* integrere; indpasse; ophæve raceskel i.

integrity [in'tegriti], *s.* integritet; hæderlighed.

intellect ['intəlekt], *s.* forstand; intellekt; **-ual** [-'lektʃuəl], *adj.* intellektuel.

intelligence [in'telidʒəns], *s.* forstand, intelligens; efterretning(svæsen); **-t,** *adj.* intelligent.

intelligible [in'telidʒəbl], *adj.* forståelig.

intend [in'tend], *v. t.* have i sinde; agte; **-ed** [-id], *adj.*

påtænkt; tilsigtet; med vilje; *s.* tilkommende; ~ *for,* tiltænkt.

intense [in'tens], *adj.* intens, voldsom; stærk; følelsesbetonet; **-ify** [-ifai], *v. t. & i.* skærpe; forstærke; **-ity,** *s.* intensitet; styrke; **-ive,** *adj.* intensiv.

intent [in'tent], *s.* hensigt; *adj.* spændt; koncentreret; ~ *on,* opsat på; *to all -s and purposes,* praktisk talt; **-tion** [-ʃn], *s.* hensigt; **-tional** [-ʃnl], *adj.* forsætlig; tilsigtet; **-tionally,** *adv.* med vilje.

inter [in'tə:], *v. t.* begrave.

interact [ˌintə'rækt], *v. i.* virke gensidigt; påvirke hinanden.

intercede [ˌintə'si:d], *v. i.* gå i forbøn.

intercept [ˌintə'sept], *v. t.* opsnappe, opfange; afskære, hindre.

interchange [ˌintə'tʃeindʒ], *s.* veksling; udveksling; ombytning; *v. t.* ombytte, udskifte; **-able** [-əbl], *adj.* udskiftelig; udbyttelig.

intercom ['intəkɔm], *s.* samtaleanlæg.

intercourse ['intəkɔ:s], *s.* omgang; forbindelse; samkvem; samleje.

interdict [ˌintə'dikt], *v. t.* forbyde.

interest ['intrist], *s.* interesse; andel; *merk.* rente; *v. t.* interessere; *rate of* ~, rentefod; **-ed** [-id], *adj.* interesseret; **-ing,** *adj.* interessant.

interfere [ˌintə'fiə], *v. i.* gribe ind; blande sig i; kollidere; forstyrre; genere.

interim ['intərim], *s.* mellemtid; *adj.* interimistisk; midlertidig.

interior [in'tiəriə], *s.* indre;

interiør; *adj.* indenrigs-; indre; *Department of the I~*, *U.S.* indenrigsministerium; ~ *decorator, s.* indretningsarkitekt.

interject [ˌintə'dʒekt], *v. t.* indskyde; **-ion** [-ʃn], *s.* udråb; *gram.* udråbsord, interjektion.

interlace [ˌintə'leis], *v. t. & i.* sammemflette(s).

interlard [ˌintə'la:d], *v. t., fig.* spække.

interlock [ˌintə'lɔk], *v. i.* gribe ind i hinanden.

interloper ['intələupə], *s.* ubuden person.

interlude ['intəlju:d], *s.* mellemspil; episode.

intermediary [ˌintə'mi:djəri], *s.* mellemmand; mellemled; mægler; *adj.* mellem-; mellemliggende; **-ate** [-ət], *adj.* mellem-; ~ *-range, adj.* mellemdistance-.

interminable [in'tə:minəbl], *adj.* uendelig.

intermingle [ˌintə'miŋgl], *v. t. & i.* blande (sig).

intermission [ˌintə'miʃn], *s.* afbrydelse; pause.

intermittent [ˌintə'mitənt], *adj.* periodisk; uregelmæssig.

intern [in'tə:n], *s.* kandidat; *v. t.* internere.

internal [in'tə:nl], *adj.* indre; indvendig; indenrigs-; *for* ~ *use*, til indvortes brug; ~ *combustion engine*, forbrændingsmotor.

international [ˌintə'næʃnl], *adj.* international.

interplay ['intəplei], *s.* samspil.

interpose [ˌintə'pəuz], *v. t.* lægge (sig) imellem.

interpret [in'tə:prit], *v. t.* fortolke; tolke; **-ation**

[-'teiʃn], *s.* fortolkning; **-er**, *s.* fortolker; tolk; *edb.* oversætter.

interrogate [in'terəgeit], *v. t.* spørge; forhøre; **-ion** [-'geiʃn], *s.* spørgen; forhør; ~ *mark, s., gram.* spørgsmålstegn.

interrupt [ˌintə'rʌpt], *v. t.* afbryde; **-ion** [-ʃn], *s.* afbrydelse.

intersection [ˌintə'sekʃn], *v. t.* skæringspunkt; vejkryds.

intersperse [ˌintə'spə:s], *v. t.* anbringe hist og her.

intertwine [ˌintə'twain], *v. t. & i.* sammenslynge.

interval ['intəvl], *s.* mellemrum; *teat.* mellemakt, pause; frikvarter; *at -s*, med mellemrum.

intervene [ˌintə'vi:n], *v. i.* komme imellem; gribe ind; **-tion** [-'venʃn], *s.* indgriben; intervention.

interview ['intəvju:], *s.* interview; *v. t.* tale med; interviewe; udspørge.

intestate [in'testət], *adj.* uden testamente.

intestine [in'testin], *s., anat.* tarm; *-s, pl.* indvolde.

intimacy ['intiməsi], *s.* fortrolighed; intimitet; **-te** [-ət], *adj.* fortrolig; intim; indgående; *v. t.* antyde, tilkendegive.

intimidate [in'timideit], *v. t.* skræmme.

into ['intu], *præp.* ind i; ned i; ud i; til; på.

intolerable [in'tɔlərəbl], *adj.* utålelig; **-ance** [-rəns], *s.* intolerance.

intoxicate [in'tɔksikeit], *v. t.* beruse.

intractable [in'træktəbl], *adj.* umedgørlig.

intransigent [in'trænsidʒənt], *adj.* uforsonlig.

intravenous [ˌintrəˈviːnəs], *adj., med.* ~ *injection*, indsprøjtning i en åre.

intrepid [inˈtrepid], *adj.* frygtløs; uforfærdet.

intricate [ˈintrikət], *adj.* indviklet.

intrigue [inˈtriːg], *s.* intrige; *v. t. & i.* intrigere; tiltrække, fængsle; **-ing**, *adj.* spændende; interessant.

intrinsic [inˈtrinsik], *adj.* indre; egentlig.

introduce [ˌintrəˈdjuːs], *v. t.* indføre; indlede; præsentere; forestille; lancere; **-tion** [-ˈdʌkʃn], *s.* præsentation; indførelse; indledning.

introspection [ˌintrəˈspekʃn], *s.* selvbeskuelse; indadvendthed.

introvert [ˈintrəvəːt], *s.* indadvendt person.

intrude [inˈtruːd], *v. t. & i.* trænge sig på; komme til besvær; forstyrre; **-der**, *s.* ubuden gæst; **-sion** [-ʒn], *s.* indtrængen; forstyrrelse.

intuition [ˌintjuˈiʃn], *s.* intuition; **-ve** [-ˈtjuːitiv], *adj.* intuitiv.

inure [iˈnjuə], *v. t.* be -d to, være hærdet imod.

invade [inˈveid], *v. t.* overfalde; trænge ind i; krænke.

invalid [ˈinvəlid], *s.* patient, invalid; [inˈvælid], *adj.* ugyldig; **-ate** [-ˈvælideit], *v. t.* gøre ugyldig.

invaluable [inˈvæljuəbl], *adj.* uvurderlig.

invariable [inˈvɛəriəbl], *adj.* uforanderlig; **-y**, *adv.* uvægerlig.

invasion [inˈveiʒn], *s.* indtrængen; invasion; ind-

greb, krænkelse.

invective [inˈvektiv], *s.* skældsord.

inveigle [inˈviːgl], *v. t.* lokke.

invent [inˈvent], *v. t.* opfinde; opdigte; **-ion** [-ʃn], *s.* opfindelse; påfund; løgn; opfindsomhed.

inventory [inˈventri], *s.* lageropgørelse; inventarliste; katalog.

inverse [ˈinˈvəːs], *adj.* omvendt; **-ion** [-ˈvəːʃn], *s., gram.* omvendt ordstilling.

invert [inˈvəːt], *v. t.* vende op og ned på; **-ed** [-id], *adj.* omvendt; ~ *commas, gram.* anførselstegn.

invertebrate [inˈvəːtibrət], *s., zoo.* hvirvelløst dyr.

invest [inˈvest], *v. t. & i.* investere; indsætte; udstyre, give; ~ *in*, sætte penge i; *T* købe (sig); **-ment**, *s.* investering; pengeanbringelse.

investigate [inˈvestigeit], *v. t.* undersøge, efterforske.

inveterate [inˈvetrət], *adj.* indgroet; uforbederlig.

invidious [inˈvidjəs], *adj.* uretfærdig; odiøs.

invigorate [inˈvigəreit], *v. t.* styrke.

invincible [inˈvinsəbl], *adj.* uovervindelig.

inviolable [inˈvaiələbl], *adj.* ukrænkelig.

invisible [inˈvizəbl], *adj.* usynlig.

invitation [ˌinviˈteiʃn], *s.* indbydelse; opfordring; **-e** [inˈvait], *v. t.* indbyde; invitere; opfordre; udbede sig; udsætte sig for.

invoice [ˈinvɔis], *s.* faktura.

invoke [inˈvəuk], *v. t.* påkalde; anråbe.

involuntary [in'vɔləntri],
adj. uvilkårlig; ufrivillig.
involve [in'vɔlv], *v. t.* med-
føre; involvere; indvikle;
omfatte; implicere; ind-
drage; **-d**, *adj.* indviklet;
impliceret; engageret.
invulnerable [in'vʌlnə-
rəbl], *adj.* usårlig.
inward ['inwəd], *adj.* indre;
indvendig; **-ly**, *adv.* ind-
vendigt; i ens stille sind;
adv. indad; **-s**, *s. pl., anat.*
indvolde; indre dele.
iodine ['aiədi:n], *s., med.*
jod.
iota [ai'əutə], *s.* tøddel.
IOU ['aiəu'ju:], (*fk.f.* I owe
you), *s.* gældsbrev.
IQ ['ai'kju:], (*fk.f.* intelli-
gence quotient).
I.R.A. ['aiə'rei], (*fk.f.* Irish
Republican Army).
Iran [i'ra:n], *s.* Iran; **-ian**
[-'reinjən], *s.* iraner; *s. &*
adj. iransk.
Iraq [i'ra:k], *s.* Irak; **-i** [-i], *s.*
iraker; *s. & adj.* irakisk.
irascible [i'ræsəbl], *adj.*
opfarende, hidsig.
ire [aiə], *s.* vrede, harme.
Ireland ['aiələnd], *s.* Irland.
iridescent [,iri'desnt], *adj.*
spillende i regnbuens
farver.
iris ['airis], *s., bot.* sværdlil-
je; *anat.* regnbuehinde.
Irish ['airiʃ], *s. & adj.* irsk;
the ~, irerne.
irksome ['ə:ksəm], *adj.*
trættende.
iron ['aiən], *s.* jern; styrke;
hårdhed; strygejern; *S*
skyder; *adj.* hård; jern-;
stærk; fast; *v. t.* stryge;
the ~ *curtain*, jerntæp-
pet; *strike while the* ~ *is*
hot, smede mens jernet
er varmt; ~ *out*, glatte
ud; fjerne; **-bound**, *adj.*
jernbeslået; jernhård;

-clad, *adj.* pansret; *fig.*
skudsikker; **-ing**, *s.*
strygning; strygetøj; ~ -
board, *s.* strygebræt;
-monger, *s.* isenkræm-
mer; **-s**, *s. pl.* lænker.
ironical [ai'rɔnikl], *adj.* iro-
nisk; **-y** ['airəni], *s.* ironi.
irradiate [i'reidieit], *v. t.*
kaste lys over; udstråle;
bestråle.
irrational [i'ræʃnl], *adj.*
ufornuftig; irrationel.
irreconcilable [i,rekən'sai-
ləbl], *adj.* uforsonlig.
irrecoverable [,iri'kʌvə-
rəbl], *adj.* som ikke kan
fås tilbage; uoprettelig.
irrefutable [,iri'fju:təbl],
adj. uigendrivelig.
irregular [i'regjulə], *adj.*
uregelmæssig; uregle-
menteret.
irrelevant [i'reləvənt], *adj.*
uvedkommende; irrele-
vant.
irreparable [i'reprəbl], *adj.*
ubodelig; uoprettelig.
irreplaceable [,iri'pleisəbl],
adj. uerstattelig.
irreproachable [,iri'prəu-
tʃəbl], *adj.* ulastelig.
irresistible [,iri'zistəbl],
adj. uimodståelig.
irresolute [i'rezəl(j)u:t],
adj. ubeslutsom.
irrespective [,iri'spektiv],
adj. ~ *of*, uanset; uden
hensyn til.
irresponsible [,iri'spon-
səbl], *adj.* ansvarsløs;
uansvarlig.
irretrievable [,iri'tri:vəbl],
adj. uoprettelig.
irrevocable [i'revəkəbl],
adj. uigenkaldelig.
irrigate ['irigeit], *v. t.* over-
risle; vande; udskylle.
irritable ['iritəbl], *adj.* pir-
relig; irritabel; **-te** [-eit],
v. t. irritere; **-tion** [-'teiʃn],

s. irritation.

isinglass ['aizɪŋglaːs], *s.*, *kul.* husblas.

island ['ailənd], *s.* ø; helle; **-er**, *s.* øbo.

isle [ail], *s.*, *poet.* ø; *the British I~s*, De britiske Øer; **-t** [-it], *s.* lille ø, holm.

isolate ['aisəleit], *v. t.* afsondre, isolere.

issue ['iʃu: *el.* 'isju:], *s.* problem, spørgsmål; stridspunkt; resultat, udfald; afkom; udstrømning; udstedelse; udgivelse; oplag; nummer, udgave; *v. i.* udgå; løbe ud, flyde ud; *v. t.* udstede; udgive; udsende; hidrøre, stamme; *the matter at ~*, den sag der er under debat.

isthmus ['isməs], *s.* landtange.

it [it], *pron.* den, det.

Italian [i'tæljən], *s.* italiener; *s. & adj.* italiensk.

italics [i'tæliks], *s. pl.* kursiv.

Italy ['itəli], *s.* Italien.

itch [itʃ], *s.* kløe; *fig.* længsel; *v. t. & i.* klø.

item ['aitəm], *s.* post; punkt; nummer; *~ of news*, nyhed; **-ize** [-aiz], *v. t.* specificere.

iterate ['itəreit], *v. t.* gentage.

itinera|nt [i'tinərənt], *adj.* (om)rejsende, (om)vandrende; **-ry** [ai'tinərəri], *s.* rejseplan, rute.

its [its], *pron.* dens, dets; sin, sit, sine.

itself [it'self], *pron.* sig selv; sig; selv; selve.

ITV ['aiti:'vi:], *(fk.k.* Independent Television), reklame-TV-kanal.

I.U.D., *(fk.f.* intra-uterine device), *med.* spiral.

ivory ['aivəri], *s. & adj.* elfenben.

ivy ['aivi], *s.*, *bot.* vedbend, efeu.

jab [dʒæb], *s.* stød, stik; *v. t.* støde, stikke.

jabber ['dʒæbə], *v. i.* lade munden løbe; pludre.

jack [dʒæk], *s.*, *mek.* donkraft; *(kort)* knægt; *v. t. ~ off*, *vulg.* onanere; *~ up*, løfte med donkraft; *every man ~*, alle (og enhver); *Union J~*, det engelske flag; *~-of-all-trades*, tusindkunstner; **-anapes**, *s.* Per Næsvis; **-ass**, *s.*, *zoo.* hanæsel; *fig.* fjols; **-in-the-box**, *s.* trold i en æske; **-knife**, *s.* foldekniv; **-pot**, *s.* pulje; jackpot; *fig.* den store gevinst.

jackal ['dʒækɔːl], *s.*, *zoo.* sjakal.

jackdaw ['dʒækdɔː], *s.*, *zoo.* allike.

jacket ['dʒækit], *s.* jakke, trøje; smudsomslag; *kul.* (kartoffel)skræl.

jade [dʒeid], *s.* jade; *S* krikke; tøs; **-d** [-id], *adj.* udkørt, sløvet.

jag [dʒæg], *s.* spids; tak; skår; flænge; *v. t.* flænge; lave takker i; **-ged** [-id], *adj.* forrevet; takket.

jail [dʒeil], *s.*, *U.S.* fængsel.

jam [dʒæm], *s.*, *kul.* marmelade; syltetøj; trængsel; trafikprop; *v. t. & i.* klemme, presse; mase; stoppe; blokere; binde, sætte sig fast; improvisere; *in a ~*, i knibe.

jamb [dʒæm], *s.* dørstolpe; sidekarm.

jangle [dʒæŋgl], *v. t. & i.* skændes; skurre; skramle; rasle.

janitor ['dʒænitə], *s.* portner; pedel; *U.S.* vicevært.

January ['dʒænjuəri], s. januar.

Japan [dʒə'pæn], s. Japan; **-ese** [ˌdʒæpə'niːz], s. japaner; s. & adj. japansk.

jar [dʒaː], s. skurren; rystelse; chok; stød; krukke, glas; v. t. & i. skurre; ryste; støde; ikke harmonere; ~ on, irritere, gå 'på; ~ with, være i modstrid med; on the ~, på klem.

jargon ['dʒaːgən], s. jargon; kaudervælsk.

jaundice ['dʒɔːndis], s., med. gulsot; fig. misundelse.

jaunt [dʒɔːnt], s. tur, udflugt; **-y**, adj. kæk, kry.

javelin ['dʒævlin], s., sport. kastespyd; spydkast.

jaw [dʒɔː], s., anat. kæbe; S kæft; snakken; moralprædiken; v. i. skræppe op; præke; sludre; his ~ fell, han blev lang i ansigtet; **-bone**, s., anat. kæbeben.

jay [dʒei], s., zoo. skovskade.

jaywalk ['dʒeiwɔːk], v. i. gå over gaden uden at se sig for el. i strid m. færdselsreglerne.

jazz [dʒæz], s. jazz; T fut; sludder; v. t. ~ up, sætte fut i; pifte op.

jealous ['dʒeləs], adj. jaloux, skinsyg; misundelig; nidkær; **-y**, s. jalousi, skinsyge; nidkærhed; misundelse.

jeans ['dʒiːnz], s. pl. cowboybukser.

jeer ['dʒiə], v. t. & i. håne, spotte; vrænge.

jelly ['dʒeli], s. gelé; frugtgelé; frugtgrød; **-fish**, s., zoo. vandmand; fig. skvat.

jemmy ['dʒemi], s. brækjern.

jeopardize ['dʒepədaiz], v. t. sætte på spil, bringe i fare; **-y**, s. in ~, i fare.

jerk ['dʒəːk], s. ryk, stød, sæt, spjæt; U.S. fjols; v. t. & i. støde, rykke; give et sæt; spjætte; ~ along, bevæge sig i ryk; ~ off, vulg. onanere; **-y**, adj. stødvis, i ryk; skumplende.

jerkin ['dʒəːkin], s. vams.

jerry ['dʒeri], s. natpotte; J~, S tysker; **~-built**, adj. smækket op; bygget på spekulation.

jersey ['dʒəːzi], s. sweater, bluse, trøje; jersey; zoo. jerseyko.

jest [dʒest], s. spøg; vits; v. i. skæmte, spøge; in ~, for spøg; **-er**, s. (hof)nar; spøgefugl.

jet [dʒet], s. stråle; sprøjt; dyse; jetfly; **~-black**, adj. kulsort; ~ engine, s. jetmotor; ~ fighter, s. jetjager; ~ plane, s. jetfly; ~ set, s., S toneangivende velhavere, der rejser rundt i jetfly til feriesteder.

jetsam ['dʒetsəm], s. drivgods; vraggods.

jettison ['dʒetisn], v. t. kaste over bord; lette sig for; befri sig for.

jetty ['dʒeti], s., naut. mole, anløbsbro.

Jew [dʒuː], s. jøde; **-ish**, adj. jødisk.

jewel ['dʒuːəl], s. juvel; ædelsten; smykke; klenodie; ~ case, s. smykkeskrin; **-ler**, s. juvelér; guldsmed; **-lery** [-ri], s. smykker.

jib [dʒib], s., naut. klyver; fok; kranarm; v. t. & i.,

naut. gibbe; bomme; *v. i.*
standse brat; stejle; pro-
testere; ~ *at*, vægre sig
ved.

jibe [dʒaib], *s.* spydighed;
-s, pl. hån, spot.

jiffy ['dʒifi], *s.* øjeblik; *in a*
~ *!* lige (om) et sekund!

jig [dʒig], *s.* livlig dans; *v. i.*
danse; vippe; hoppe op og
ned; **-gery-pokery** [ˌdʒi-
gəri'pəukəri], *s.* snyd; fup;
-saw puzzle, *s.* puslespil.

jilt [dʒilt], *v. t.* svigte; slå op
med.

jingle ['dʒiŋgl], *v. t. & i.*
klirre; rasle.

jingo ['dʒiŋgəu], *s.* chauvi-
nist; *by* ~ *!* død og pine!

jitter ['dʒitə], *v. t.* være
nervøs; ryste; **-s**, *s. pl. the*
~, nervøsitet.

job [dʒɔb], *s.* stilling, ar-
bejde, job; opgave; ak-
kordarbejde; mas, slid; *S*
bræk; *v. t. & i.* arbejde;
spekulere, handle med
aktier; **-ber**, *s.* akkordar-
bejder; spekulant.

jockey ['dʒɔki], *s.* jockey;
v. t. & i. snyde, narre.

jocular ['dʒɔkjulə], *adj.*
spøgefuld.

jog [dʒɔg], *s.* puf; stød; *v. t.*
puffe; støde; skumple;
lunte; jogge; ~**-trot**, *s.*
luntetrav.

john ['dʒɔn], *s., S* wc.

join [dʒɔin], *v. t. & i.* fore-
ne; forbinde; sammenfø-
je; samle; slutte sig til;
melde sig ind i; støde til;
møde(s); ~ *in*, stemme i;
deltage i; ~ *forces*, gøre
fælles sag; ~ *up*, *T* melde
sig som frivillig til hæ-
ren; **-er**, *s.* snedker.

joint [dʒɔint], *s.* sammen-
føjning; fuge; *kul.* steg;
anat. led; *S* bule, knejpe;
marihuanacigaret; *adj.*

fælles; forenet; samlet;
out of ~, af led; af lave;
-ly, *adv.* i fællesskab; so-
lidarisk.

joist [dʒɔist], *s.* bjælke,
strø.

joke [dʒəuk], *s.* vittighed;
spøg; *v. i.* spøge; **-r** [-ə], *s.*
spøgefugl; joker; ukendt
faktor.

jolly ['dʒɔli], *adj.* jovial;
munter; i løftet stem-
ning; *adv., T* meget; væl-
dig; ~ *good!* fint!

jolt [dʒəult], *s.* stød; bump;
rystelse; chok; *v. t. & i.*
skumple; støde; ryste.

jostle [dʒɔsl], *v. t. & i.*
skubbe; puffe.

jot [dʒɔt], *s.* tøddel; *v. t.* ~
down, notere; kradse
ned.

journal ['dʒəːnl], *s.* dag-
blad; tidsskrift; journal;
-ism [-izm], *s.* journali-
stik; **-ist**, *s.* journalist.

journey ['dʒəːni], *s.* rejse;
v. i. rejse.

jovial ['dʒəuvjəl], *adj.*
munter; gemytlig; sel-
skabelig.

jowl [dʒaul], *s., anat.* kæbe;
kind.

joy [dʒɔi], *s.* glæde; fryd; ~
of living, livsglæde; **-ful**,
adj. glad, lystig; **-less**,
adj. glædesløs; **-stick**, *s.,*
fly. & edb. styrepind.

jubilant ['dʒuːbilənt], *adj.*
jublende; **-ation** [-'leiʃn],
s. jubel; **-ee** [-liː], *s.* jubi-
læum.

judge [dʒʌdʒ], *s., jur.* dom-
mer; kender; *v. t. & i.*
(be)dømme; fælde dom;
skønne; anse for; ~ *by*,
dømme efter; **-ment**, *s.*
dom; kendelse; dømme-
kraft; omdømme; vurde-
ring.

judicial [dʒuˈdiʃl], *adj., jur.*

retslig, rets-; kritisk; upartisk; ~ *murder*, justitsmord; ~ *power*, dømmende magt; **-ary**, *s. the* ~, den dømmende magt; domstolene; dommerstanden; **-ous** [-əs], *adj.* klog; skønsom.

jug [dʒʌg], *s.* kande; *S* fængsel.

juggle [dʒʌgl], *v. t. & i.* jonglere; lave tryllekunster; narre; forfalske; **-r** [-ə], *s.* jonglør, tryllekunstner; taskenspiller.

jugular ['dʒʌgjulə], *adj., anat.* hals-.

juice [dʒuːs], *s.* saft; væske; *S* benzin, olie, elektricitet; **-er**, *s.* saftpresser; **-y**, *adj.* saftig.

juke-box ['dʒuːkbɔks], *s.* grammofonautomat.

July [dʒu'lai], *s.* juli.

jumble [dʒʌmbl], *s.* virvar; rod(eri); miskmask; *v. t. & i.* ~ *(up)*, blande sammen; rode sammen; ~ **sale**, *s.* loppemarked.

jump [dʒʌmp], *s.* spring; hop; sæt; *v. t. & i.* springe, hoppe; fare sammen; springe over; lade stige; **-er**, *s.* jumper, bluse, sweater; **-y**, *adj.* springende; irritabel, nervøs.

junction [dʒʌŋkʃn], *s.* forening; forbindelse; knudepunkt.

juncture ['dʒʌŋktʃə], *s.* afgørende tidspunkt; *at this* ~, netop nu.

June [dʒuːn], *s.* juni.

jungle [dʒʌŋgl], *s.* jungle; vildnis.

junior ['dʒuːnjə], *adj.* yngre, yngst; junior-; underordnet.

juniper ['dʒuːnipə], *s., bot.* ene(bær).

junk [dʒʌŋk], *s.* skrammel,

ragelse; sludder; *S* narkotika; *v. t.* kassere; ~ **food**, *s.* usund mad; ~ **shop**, *s.* marskandiserbutik; **-ie** [-i], *s., S* narkoman.

jur|idical [dʒuə'ridikl], *adj., jur.* retslig; juridisk; **-isdiction** [,dʒuəris'dikʃn], *s.* retskreds; myndighed; **-or** ['dʒuərə], *s.* nævning; **-y** ['dʒuəri], *s.* nævninge.

just [dʒʌst], *adj.* retfærdig; rigtig; retskaffen; rimelig; berettiget; nøjagtig; *adv.* lige, netop; bare; simpelthen; noget så; ~ *about*, sådan omtrent; lige ved; ~ *as*, idet; netop som; ~ *now*, lige nu; lige før.

justi|ce ['dʒʌstis], *s.* retfærdighed; berettigelse; *jur.* dommer; *J~ of the Peace*, fredsdommer; **-fy** [-fai], *v. t.* retfærdiggøre; berettige; begrunde; motivere.

jut [dʒʌt], *v. i.* ~ *out*, rage frem.

Jutland ['dʒʌtlənd], *s.* Jylland; *adj.* jysk; **-er**, *s.* jyde.

juvenile ['dʒuːvənail], *s.* ungt menneske; *adj.* ungdommelig; ungdoms-; ~ *de'linquency*, ungdomskriminalitet.

juxta|pose ['dʒʌkstəpəuz], *v. t.* sidestille; sammenstille.

kangaroo [,kæŋgə'ruː], *s., zoo.* kænguru.

karate [kə'raːti], *s., sport.* karate.

keel [kiːl], *s., naut.* køl; **-haul**, *v. t.* kølhale.

keen [kiːn], *adj.* ivrig; skarp, hvas; bidende; stærk, intens; ~ *on*, ivrig efter, opsat på; interesseret i.

keep [ki:p], s. underhold; forplejning; borgtårn; (kept, kept), v. t. & i. holde; beholde; bevare; opbevare; overholde; underholde, forsørge; opholde; drive; føre; holde sig; blive ved med; ~ off, holde fra livet, afværge; holde (sig) væk; ~ on, blive ved, fortsætte; ~ up, holde oppe; holde ud; vedligeholde; blive ved; S ~ your hair on! tag det med ro! -er, s. vogter; dyrepasser; sport. målmand; -ing, s. forvaring; varetægt; overensstemmelse; harmoni; -s, s. pl., T for ~, for bestandig; -sake, s. erindring; souvenir.

keg [keg], s. lille tønde.

ken [ken], v. t., Skot. kende; vide.

kennel [kenl], s. hundehus; -s, pl. kennel.

kerb [kə:b], s. kantsten; rendesten.

kernel [kə:nl], s., bot. & fig. kerne.

kerosene ['kerəsi:n], s. petroleum.

kettle [ketl], s. kedel; a pretty ~ of fish, en køn suppedas; -drum, s., mus. pauke.

key [ki:], s. nøgle; forklaring; facitliste; tangent; tast; klap; kile; mus. toneart; tone; v. t. kile; mus. stemme; ~ up, fig. stramme op; gøre nervøs; -ed up, adj. anspændt, nervøs; opsat; -board, s. tastatur; mus. klaviatur; -hole, s. nøglehul; -note, s., mus. grundtone; -stone, s. slutsten; -word, s. nøgleord.

kick [kik], s. spark; tilbageslag; S spænding; skæg, fornøjelse; v. t. & i. sparke; slå; gøre vrøvl; stritte imod; ~ about, S koste med; mishandle; ~ against, gøre vrøvl over; stritte imod; ~ the bucket, S krepere, dø; ~ the habit, vænne sig af med det; ~ off, sport. give bolden op; sætte i gang; I get a ~ out of it, jeg nyder det; jeg morer mig; ~ up a row, lave ballade; -s, s. pl. for -s, S for sjov.

kid [kid], s. barn; unge; rolling; zoo. gedekid; v. t., S narre; gøre nar af; drille; you're -ding! det kan da ikke passe! are you -ding? er du tosset!

kidnap ['kidnæp], v. t. bortføre; -per, s. barnerøver, kidnapper.

kidney ['kidni], s., anat. nyre; ~-bean, adj., bot. snittebønne.

kill [kil], v. t. & i. dræbe, slå ihjel; tilintetgøre, ødelægge; it -s me! det er for meget! -er, s. morder; -joy, s. lyseslukker.

kiln [kiln], s. (tørre)ovn.

kin [kin], s. slægt; slægtning(e); next of ~, nærmeste familie; -dred [-drid], s. slægtninge; slægtskab; lighed; adj. beslægtet;

kind [kaind], s. art; slags; adj. venlig; rar; god; pay in ~, betale i naturalier; ~ of, nærmest, næsten; ligesom; sth of the ~, noget i den retning; -ly, adj. venlig, velvillig; adv. venligt; -ness, s. venlighed.

kindergarten ['kindəga:-tn], s. børnehave.

kindl|e [kindl], *v. t. & i.*
(an)tænde; fænge; *fig.*
vække, tænde; **-ing,** *s.* op-
tændingsbrænde.

king [kiŋ], *s.* konge; **-dom,**
s. kongerige; **-fisher,** *s.,*
zoo. isfugl; **-size,** *adj.* ek-
stra stor.

kink [kiŋk], *s.* karakter-
brist; særhed, fiks idé.

kiosk ['kiɔsk], *s.* kiosk; (te-
lefon)boks.

kipper ['kipə], *s., kul.* røget
sild.

kirk [kəːk], *s., Skot.* kirke.

kiss [kis], *s.* kys; *v. t. & i.*
kysse(s); **~ of life,** mund-
til-mund-metoden.

kit [kit], *s.* udstyr; *mil. &*
naut. mundering; **-bag,** *s.*
rejsetaske; vadsæk.

kitchen ['kitʃin], *s.* køkken;
-ette [-'net], *s.* tekøkken.

kite [kait], *s.* drage; *zoo.*
glente.

kith [kiθ], *s.* **~ and kin,**
slægt og venner.

kitten [kitn], *s., zoo.* katte-
killing.

knack [næk], *s.* færdighed;
tag, håndelag; kneb; *get*
the ~ of it, få taget på det.

knapsack ['næpsæk], *s.*
rygsæk; tornyster.

knave [neiv], *s.* kæltring,
slyngel; (kort) knægt,
bonde.

knead [niːd], *v. t.* ælte;
-ing-trough, *s.* dejtrug.

knee [niː], *s., anat.* knæ; **~**
cap, *s.* knæskal; **~-deep,**
adj. til knæene.

kneel [niːl] (knelt, knelt),
v. i. knæle.

knell [nel], *s.* ringning (til
begravelse).

knickers ['nikəz], *s. pl.*
knickers, knæbukser; *S*
(dame)underbukser.

knick-knack ['niknæk], *s.*
nipsgenstand.

knife [naif], *s.* kniv; *v. t.*
stikke med kniv; **~ edge,**
s. knivsæg.

knight [nait], *s.* ridder;
(skak) springer; *v. t.* slå til
ridder; adle.

knit [nit] (-ted *el.* knit), *v. t.*
& i. strikke; knytte; bin-
de; forene; **~** *one's*
brows, rynke panden;
-ting, *s.* strikketøj; **~**
needle, *s.* strikkepind;
-wear, *s.* strikvarer.

knob [nɔb], *s.* knop; greb;
håndtag; knap.

knock [nɔk], *s.* slag; ban-
ken; *v. t. & i.* banke; slå;
hamre; **~ about,** strejfe
om; mishandle; **~ a-**
gainst, støde på; **~ down,**
slå i gulvet; vælte; rive
ned; prutte ned; **~ off,**
holde fyraften; holde op
med; **~ it off!** hold op! **~**
over, vælte; **~-kneed,**
adj. kalveknæet; **~-out,**
s. knock-out; succes.

knoll [nəul], *s.* høj; bakke-
top.

knot [nɔt], *s.* knude; knast;
fig. vanskelighed; *naut.*
knob; *v. t. & i.* binde en
knude (på); **-ty,** *adj.*
knudret; *fig.* vanskelig,
indviklet.

know [nəu] (knew,
known), *v. t. & i.* kende;
vide; genkende; kunne;
forstå; *get to ~,* lære at
kende; *you ~,* jo; skam;
ikke? **~-all,** *s., T* bedre-
vidende person; **~-how,**
s. sagkundskab; eksper-
tise; **-ing,** *adj.* kyndig;
erfaren; medvidende; si-
gende; snu; **-ledge**
['nɔlidʒ], *s.* viden; kund-
skab; kendskab; lærdom;
vidende.

knuckle [nʌkl], *s., anat.*
kno; *v. i.* **~ down to,** tage

fat på; ~ *under*, give efter; **-duster,** s. knojern.
kudos ['kju:dɔs], s. hæder; berømmelse.

L, (*fk.f.* learner), skolevogn.
l., (*fk.f.* litre), liter.
label ['leibl], s. mærke(seddel); etiket; skilt; *v. t.* mærke, etikettere; *fig.* stemple.
laboratory [lə'bɔrətri], s. laboratorium.
laborious [lə'bɔːriəs], *adj.* møjsommelig.
labour ['leibə], s. arbejde; møje, besvær; arbejdskraft; arbejderklassen; fødselsveer; *v. t. & i.* arbejde; stræbe; slide; *L~ Exchange,* s. arbejdsformidling; ~ *market,* s. arbejdsmarked; ~ *movement,* s. arbejderbevægelse; *L~ Party,* s. arbejderpartiet, socialdemokratiet; **-ed** [-d], *adj.* anstrengt; **-er** [-rə], s. arbejder; arbejdsmand.
laburnum [lə'bə:nəm], s., *bot.* guldregn.
labyrinth ['læbərinθ], s. labyrint.
lace [leis], s. blonde, knipling(er); snørebånd; *v. t. & i.* snøre; *T ~ beer with whisky,* blande whisky i øl.
lacerate ['læsəreit], *v. t.* flænge, sønderrive.
lack [læk], s. mangel; nød; (af)savn; *v. t. & i.* mangle.
lackey ['læki], s. lakaj; *fig.* spytslikker.
laconic [lə'kɔnik], *adj.* kortfattet; lakonisk.
lacquer ['lækə], s. lak; lakfernis; *v. t.* lakere, fernisere.
lactic ['læktik], *adj.* mæl-

ke-.
lad [læd], s. knægt, dreng.
ladder ['lædə], s. stige; løbet maske i strømpe.
ladle [leidl], s. slev; øse; *v. t.* øse.
lady ['leidi], s. dame; frue; *Our L~*, Jomfru Maria; **~-bird,** s., *zoo.* mariehøne; **~-in-waiting,** s. hofdame; **~-killer,** s. hjerteknuser; **-like,** *adj.* fin, elegant; fornem; **-ship,** s. *Your L~*, Deres Nåde.
lag [læg], s. forsinkelse; efterslæb; *v. i.* smøle; sakke bagud; **-gard** [-gəd], s. efternøler, smøl.
lager ['la:gə], s. pilsner.
lagoon [lə'gu:n], s. lagune.
lair [lɛə], s. leje; hule; hi.
laird [lɛəd], s., *Skot.* godsejer.
laity ['leiəti], s. lægfolk.
lake [leik], s. sø; indsø.
lamb [læm], s., *zoo.* lam; *kul.* lammekød.
lame [leim], *adj.* halt; mangelfuld.
lament [lə'ment], s. klage; *v. t. & i.* klage; jamre; sørge over; begræde; **-able** [-əbl], *adj.* ynkelig; sørgelig.
lamp [læmp], s. lampe; lygte; lys; **~-post,** s. lygtepæl; **~-shade,** s. lampeskærm.
lance [la:ns], s. lanse, spyd.
land [lænd], s. land; jord; gods; *by ~* , til lands; *v. t. & i.* lande; havne; landsætte; kapre, skaffe; **-ed** [-id], *adj.* som ejer jord; jord-, grund-, gods-; **-ing,** s. trappeafsats; landing; landgang; ~ *stage,* s. landgangsbro; **-lady,** s. værtinde; kvindelig ejer; **~-locked,** *adj.* lukket; indesluttet (af land);

-lord, s. vært; ejer; godsejer; **-lubber**, s. landkrabbe; **-mark**, s. landmærke; milepæl; **-owner**, s. godsejer; **-scape**, s. landskab; **-slide**, s. jordskred; **~-tax**, s. grundskyld; **~ wind**, fralandsvind.

lane [lein], s. smal vej el. gade; kørebane; bane.

language ['læŋgwidʒ], s. sprog; bad ~, skældsord, bandeord.

languid ['læŋgwid], adj. træg, sløv, slap; **-sh** [-ʃ], v. i. vansmægte, sygne hen.

lank [læŋk], adj. glat; høj og tynd; **-y**, adj. ranglet; opløben.

lantern ['læntən], s. lanterne; lygte.

lap [læp], s. skød; flig; runde; sport. omgang; v. t. labbe, slikke; v. i. skvulpe; ~ up, labbe i sig, sluge råt; ~ over, overlappe; **-dog**, s., zoo. skødehund.

lapel [lə'pel], s. revers.

lapse [læps], s. lapsus; fejltrin; ~ of time, stykke tid; v. i. begå en fejl; gå, forløbe; ~ into, henfalde til; falde tilbage til.

lapwing ['læpwiŋ], s., zoo. vibe.

larceny ['lɑ:sni], s. tyveri.

larch [lɑ:tʃ], s., bot. lærk-(etræ).

lard [lɑ:d], s., kul. svinefedt; spæk; v. t. spække.

larder ['lɑ:də], s. spisekammer.

large [lɑ:dʒ], adj. stor; udstrakt; vidtspændende; omfattende; rummelig; storsindet; at ~, på fri fod; i almindelighed; udførligt; **-ly**, adv. i høj grad; i det store og hele;

overvejende; **~-minded**, adj. storsindet; **~-scale**, adj. storstilet, omfattende.

lark [lɑ:k], s., zoo. lærke; T sjov, løjer; for a ~, for sjov; **-spur**, s., bot. ridderspore.

laryngitis [ˌlærin'dʒaitis], s., med. halsbetændelse; **-x** [-ks], s., anat. strubehoved.

lascivious [lə'siviəs], adj. liderlig.

laser ['leizə], s. laser; ~ beam, s. laserstråle.

lash [læʃ], s. piskeslag; snert; anat. (eye-~) øjenvippe; v. t. & i. piske; slå (med); binde fast; ~ out, lange ud; **-ings**, s. pl. ~ of, T masser af.

lass [læs], s. pige.

lasso ['læsəu], s. lasso; v. t. fange med lasso.

last [lɑ:st], s. læst; adj. & adv. sidst; yderst; forrige; v. t. & i. vare; holde; vedvare; at ~, til sidst; endelig; at long ~, langt om længe; ~ but one, næstsidst; ~ night, i aftes; i går nat; **-ing**, adj. holdbar, varig; **-ly**, adv. til sidst.

latch [lætʃ], s. smæklås; klinke; **-key**, s. gadedørsnøgle.

late [leit], adj. sen; forsinket; afdød; forhenværende; nylig; for sent; **-ly**, adv. fornylig; i den senere tid.

latent ['leitnt], adj. latent; skjult.

later ['leitə], adj. senere, nyere, yngre; ~ on, senere; sooner or ~, før eller siden.

lath [lɑ:θ], s. liste; lægte.

lathe [leið], s. drejebænk.

lather ['la:ðə], *s.* skum; *v. t. & i.* indsæbe; skumme.

Latin ['lætin], *s.* latin; *adj.* latinsk.

latitude ['lætitju:d], *s., geo.* bredde; *fig.* spillerum; *degree of* ~, breddegrad.

latrine [le'tri:n], *s.* latrin.

latter ['lætə], *adj.* sidstnævnte (af to).

lattice ['lætis], *s.* gitter; **-work**, *s.* gitterværk.

Latvia ['lætviə], *s.* Letland.

laud [lɔ:d], *v. t.* lovprise; **-able** [-əbl], *adj.* rosværdig; **-atory** [-ətri], *adj.* rosende.

laugh [la:f], *s.* latter; *v. i.* le; grine; ~ *at*, le ad; grine ad; *no -ing matter*, ikke noget at grine ad; **-ing-stock**, *s.* skive for latter; **-ter** ['la:ftə], *s.* latter.

launch [lɔ:ntʃ], *v. t. & i., naut.* søsætte; sætte i vandet; udskyde; opsende; (ud)slynge; *fig.* starte, indlede.

laund|er ['lɔ:ndə], *v. t.* vaske; **-erette** [-'ret], *s.* møntvask; **-ry**, *s.* vaskeri; vasketøj.

laurel ['lɔrəl], *s., bot.* laurbær; *v. t.* laurbærkranse; *rest on one's -s*, hvile på laurbærrene.

lavatory ['lævətri], *s.* toilet, wc.

lavender ['lævində], *s., bot.* lavendel.

lavish ['læviʃ], *adj.* ødsel; flot; rigelig; *v. t.* ødsle med; **-ly**, *adv.* rundhåndet; ødselt.

law [lɔ:], *s.* lov; ret; jura; *the* ~, *T* politiet; ~ **-abiding**, *adj.* lovlydig; ~ **-court**, *s.* ret; domstol; **-ful**, *adj.* lovlig; retmæssig; lovformelig; **-less**, *adj.* lovløs; ulovlig; **-suit**, *s.,*

jur. retssag; proces; sagsanlæg; **-yer** ['lɔ:jə], *s.* advokat; jurist.

lawn [lɔ:n], *s.* græsplæne; ~ **-mower**, *s.* græsslåmaskine.

lax [læks], *adj.* slap; løs; **-ative** [-ətiv], *s., med.* afføringsmiddel; **-ity**, *s.* slaphed.

lay [lei], *s., S* knald; samlejepartner; (laid, laid), *v. t. & i.* lægge; sætte; stille; dæmpe; slå ned; lægge på; omlægge; dække; *S* bolle; *adj.* læg(mands-); ~ *the table*, dække bord; ~ *down*, fastsætte; nedlægge; bygge; ~ *off*, holde op (med); afskedige; lade slippe, lade være i fred; ~ *on*, lægge på; smøre på; indlægge; arrangere, ordne; *laid up*, sengeliggende; **-by**, *s.* rasteplads; vigeplads; **-man** [-mən], *s.* lægmand; **-out**, *s.* opsætning; anlæg; indretning; *typ.* layout.

layer ['leiə], *s.* lag; aflægger; æglægger; ~ *cake*, *s., kul.* lagkage.

laz|e [leiz], *v. i.* dovne; **-y**, *adj.* doven; **-bones**, *s. pl.* dovenlars.

lb(s). [paund(z)], *(fk.f.* libra*)*, pund = 454 gram.

lead [led], *s.* bly; blylod; stift; **-en** [-n], *adj.* af bly; tung.

lead [li:d], *s.* føring; forspring; ledelse; fingerpeg; *teat.* hovedrolle; *elek.* ledning; snor; (led, led), *v. t. & i.* føre, anføre; lede; spille ud; føre (an); være i spidsen; føre hen; ~ *off*, begynde, lægge for; ~ *on*, opmuntre; forlede; **-er**, *s.* anfører; le-

der; ledende artikel;
-ership, *s.* førerskab, le-
delse.
leaf [li:f], *s., bot.* blad; løv;
klap; plade; *v. i.* blade;
-let, *s.* brochure.
league [li:g], *s.* forbund;
liga; *in ~ with,* allieret
med.
leak [li:k], *s.* læk, lækage;
indiskretion; *v. i.* lække;
røbe; *take a ~, S* tisse; *~
out,* sive ud.
lean [li:n], *adj.* mager; (-ed,
-ed *el.* -t, -t), *v. t. & i.* læne
(sig); hælde; *~ on,* støtte
sig til; **-ing,** *s.* tilbøjelig-
hed; hældning; *~ -to, s.*
halvtag; skur.
leap [li:p], *s.* spring; (-ed,
-ed *el.* -t, -t), *v. t. & i.*
springe, hoppe; springe
over; *~ -frog, s. play ~,*
springe buk; *~ year, s.*
skudår.
learn [lə:n] (-ed, -ed *el.* -t,
-t), *v. t. & i.* lære; få at
vide; høre; erfare; *~ by
heart,* lære udenad; **-ed**
[-id], *adj.* lærd; **-er,** *s.*
begynder, elev; *L~,* sko-
levogn; **-ing,** *s.* lærdom.
lease [li:s], *s.* leje; forpagt-
ning; lejemål; langtidsle-
je; lejekontrakt; *v. t.* leje;
leje ud; forpagte; bortfor-
pagte.
leash [li:ʃ], *s.* rem; snor.
least [li:st], *adj. & adv.*
mindst; *at ~,* i det
mindste; *not in the ~,*
ikke spor.
leather [ˈleðə], *s.* læder;
skind.
leave [li:v], *s.* lov; tilladel-
se; *mil.* orlov; (left, left),
v. t. forlade; (af)gå; rejse;
efterlade (sig); glemme;
fraflytte; lade ligge; lev-
ne; anbringe; overlade;
take one's ~, sige farvel;

tage sin afsked; *ask ~,*
bede om lov; *~ alone,*
lade være (i fred); *~ it at
that,* nøjes med det; *~
off,* holde op (med); af-
lægge; *~ open,* lade stå
(hen); *~ out,* overspring-
ge; udelade.
leaven [ˈlevn], *s., kul.* sur-
dej; *v. t.* syre; gennemsy-
re.
lecherous [ˈletʃərəs], *adj.*
liderlig.
lecture [ˈlektʃə], *s.* fore-
drag; forelæsning; *v. t. &
i.* holde foredrag; holde
forelæsning; skælde ud;
-r [-rə], *s.* foredragshol-
der; lektor.
ledge [ledʒ], *s.* klippeaf-
sats; liste.
ledger [ˈledʒə], *s., merk.*
hovedbog; protokol.
lee [li:], *s.* ly; læ; læside.
leech [li:tʃ], *s., zoo.* igle; *fig.*
blodsuger.
leek [li:k], *s., bot.* porre.
leer [liə], *s.* ondt (lumsk,
sjofelt) sideblik; *v. i.*
skæve, skotte.
leeward [ˈli:wəd], *s., adj. &
adv.* læ; læside; i læ.
leeway [ˈli:wei], *s., naut.*
afdrift; spillerum, mar-
gin; *make up ~,* indhen-
te det forsømte.
left [left], *adj.* venstre; til
venstre; *~ -handed, adj.*
venstrehåndet; venstre-
hånds-; **-ist,** *s. & adj., pol.*
venstreorienteret; *~ -o-
ver,* *s.* rest; *-s, pl.* levnin-
ger; **-wing,** *adj., pol.* ven-
streorienteret.
leg [leg], *s., anat.* ben; *kul.*
lår, kølle; *pull one's ~,*
gøre grin med én, tage
gas på én.
legacy [ˈlegəsi], *s.* arv.
legal [ˈli:gl], *adj.* lovlig; ju-
ridisk; lovformelig; til-

ladt; **-ize** [-aiz], *v. t.* stadfæste; legalisere; tillade.
legend ['ledʒənd], *s.* legende; sagn; myte; indskrift, tekst; **-ary** [-ri], *adj.* legendarisk.
legible ['ledʒəbl], *adj.* læselig, tydelig.
legion ['liːdʒən], *s.* legion; mængde.
legislat|e ['ledʒisleit], *v. i.* lovgive; **-ion** [-'leiʃn], *s.* lovgivning; **-ive,** *adj.* lovgivende; **-ure** [-tʃə], *s.* lovgivningsmagt.
legitimate [lə'dʒitimət], *adj.* ægtefødt; retmæssig; lovlig; legitim; berettiget; [-eit], *v. t.* gøre lovlig; legitimere.
leisure ['leʒə], *s.* fritid; *at* ~ , i ro og mag; *at your* ~ , når du får tid; **-ly,** *adj.* magelig; rolig; *adv.* i ro og mag.
lemon ['lemən], *s.*, *bot.* citron; **-ade** [-'neid], *s.* limonade, citronvand; ~ **-squeezer,** *s.* citronpresser.
lend [lend] (lent, lent), *v. t.* låne; udlåne; give; ~ *(us) a hand!* giv et nap med!
length [leŋθ], *s.* længde; varighed; strækning; stykke; *at* ~ , omsider, til sidst; udførligt; længe; *go to great -s,* strække sig vidt; **-en** [-n], *v. t. & i.* forlænge; lægge 'ned; blive længere; **-wise, -ways,** *adv.* på langs.
lenient ['liːnjənt], *adj.* lemfældig; mild.
lens [lenz], *s.* linse; *fot.* objektiv.
Lent [lent], *s.* faste(tid); fastelavn.
lentil ['lentl], *s.*, *bot.* linse.
leopard ['lepəd], *s.*, *zoo.* leopard.

leotard ['liːtaːd], *s.*, *U.S.* trikot.
lep|er ['lepə], *s.*, *med.* spedalsk; **-rosy** ['leprəsi], *s.* spedalskhed.
lesbian ['lezbiən], *s.* lesbisk kvinde; *adj.* lesbisk.
lesion ['liːʒn], *s.*, *med.* læsion, skade.
less [les], *adj.*, *adv. & præp.* mindre; ringere; færre; minus; på nær; *none the* ~ , ikke desto mindre; **-en** [-n], *v. t. & i.* formindske(s); nedsætte; aftage.
lesson [lesn], *s.* lektie; lektion, time; lærestreg.
lest [lest], *konj.* for at ikke; (for) at; af frygt for at.
let [let], *s.*, *gl.* hindring; *sport.* netbold; (let, let), *v. t. & i.* lade, tillade; udleje; bortforpagte; udlejes; ~ *alone,* lade være (i fred); endsige, for slet ikke at tale om; ~ *down,* svigte; sænke; lægge 'ned; ~ *go,* give slip (på); slippe; give los; ~ *oneself go,* give sine følelser frit løb; ~ *in,* lukke ind, slippe ind; ~ *in for,* udsætte for; ~ *in on,* indvie i; ~ *off,* lade slippe; affyre; futte af; ~ *on,* sladre; lade sig mærke med; ~ *out,* lukke ud; løslade; røbe; udstøde; leje ud; lægge ud.
lethal ['liːθl], *adj.* dødelig; dødbringende.
lethargic [li'θaːdʒik], *adj.* sløv; døsig; apatisk.
letter ['letə], *s.* bogstav; brev; *capital* ~ , stort bogstav; *to the* ~ , til punkt og prikke; ~ **box,** *s.* brevkasse; postkasse; **-s,** *s. pl.* lærdom; litteratur.
lettuce ['letis], *s.*, *bot.* (ho-

ved)salat.

level ['levl], *s.* plan; niveau; flade; stade; *adj.* jævn; flad; vandret; plan; nøgtern; jævnbyrdig; *v. t.* jævne; planere; gøre lige; sigte, rette; *do your* ~ *best*, gør hvad du kan; *on the* ~, *T* ærligt; regulært; ~**-headed**, *adj.* besindig; ligevægtig.

lever ['li:və], *s.* løftestang; vægtstang; *gear* ~, *s.* gearstang; *v. t.* løfte (med løftestang).

Leviticus [li'vitikəs], 3. Mosebog.

levity ['leviti], *s.* letsindighed; overfladiskhed.

levy ['levi], *s.* udskrivning; opkrævning; *v. t.* udskrive; opkræve.

lewd [lju:d], *adj.* liderlig; sjofel.

liab|ility [ˌlaiə'biliti], *s.* tilbøjelighed; ansvar; passiv; forpligtelse; *third party* ~ *insurance*, ansvarsforsikring; **-le** ['laiəbl], *adj.* forpligtet; pligtig; ansvarlig; *be* ~ *to*, udsætte sig for; have tendens til; være tilbøjelig til.

liaison [li'eizn], *s., mil.* forbindelse(sled); kærlighedsforhold.

liar ['laiə], *s.* løgner.

libel [laibl], *s.* bagvaskelse; injurie(r); **-lous** [-əs], *adj.* ærekrænkende.

libera|l ['libərəl], *adj.* gavmild, flot; rigelig; fordomsfri; frisindet, liberal; **-te** [-'eit], *v. t.* frigive; sætte fri; befri; frigøre; **-tion** [-'reiʃn], *s.* befrielse; frigørelse.

liberty ['libəti], *s.* frihed; *at* ~, fri; *you are at* ~, det står dig frit for; du har lov til; **-ies**, *pl.* privilegier;

take ~, tage sig friheder.

librar|ian [lai'brɛəriən], *s.* bibliotekar; **-y** ['laibrəri], *s.* bibliotek.

licen|ce ['laisns], *s.* bevilling; licens; tilladelse; udskænkningsret; tøjlesløshed; *driving* ~, *s.* kørekort; **-se**, *v. t.* autorisere; tillade; give bevilling; **-tious** [-'senʃəs], *adj.* udsvævende; liderlig.

lichen ['laikən], *s., bot.* lav.

lick [lik], *s.* slik; slikken; *S* fart; *v. t. & i.* slikke (på); *T* prygle; slå, vinde over; **-ing**, *s.* prygl, klø.

licorice ['likəris], *s., kul.* lakrids.

lid [lid], *s.* låg; dæksel; *anat. (eye-*~*)* øjenlåg.

lie [lai], *s.* løgn; beliggenhed; (lying; lied, lied), *v. t. & i.* lyve; (lying; lay, lain), *v. i.* ligge; *fig. know the* ~ *of the land*, vide hvordan landet ligger; ~ *about*, ligge og flyde; ~ *down*, ligge ned; lægge sig; ~ *in*, sove længe om morgenen; ~ *with*, tilkomme; bero på.

lieutenant [lef'tenənt], *s., mil.* løjnant; *first* ~, premierløjtnant; ~*-colonel*, *s.* oberstløjtnant.

life [laif], *s.* liv; levetid; levned; biografi; *for* ~, på livstid; for livet; *true to* ~, virkelighedstro; ~**-belt**, *s.* redningsbælte; ~**-boat**, *s.* redningsbåd; ~ **insurance**, *s.* livsforsikring; ~ **jacket**, *s.* redningsvest; **-less**, *adj.* livløs; ~**-like**, *adj.* naturtro; livagtig; **-line**, *s.* redningsline; livline; forsyningslinie; **-long**, *adj.* livsvarig; for livet; ~**-preserver**, *s.* knippel; *U.S.*

redningsvest; ~ **sentence**, *s.* dom på livsvarigt fængsel; ~**-size(d)**, *adj.* i legemsstørrelse; **-time**, *s.* levetid; helt liv; *chance of a* ~, alle tiders chance; ~**-work**, *s.* livsværk.

lift [lift], *s.* løft(en); elevator; hjælp, skub; *v. t. & i.* løfte; hæve; stjæle; indfri; lette; *get a* ~, få kørelejlighed.

light [lait], *s.* lys; belysning; lampe; ild, tændstik; skær; *naut.* fyr; *adj.* let; mild; munter; ubetydelig; (-ed, -ed *el.* lit, lit), *v. t. & i.* lyse; lyse op; (an)tænde; *in the* ~ *of*, i betragtning af, i lyset af; *make* ~ *of*, gå let hen over; tage sig let; *bring to* ~, bringe for dagen; ~ *(up)on*, støde på, falde over; **-en** [-n], *v. t. & i.* gøre lettere; blive lettere; opmuntre(s); oplyse; lysne; **-er**, *s.* lighter, tænder; pram; ~**-headed**, *adj.* svimmel; kåd; ~**-hearted**, *adj.* munter; **-house**, *s.* fyrtårn; **-ing**, *s.* belysning; **-ly**, *adv.* let; muntert; skødesløst; **-weight**, *s., sport.* letvægt; letvægter; ~ *year*, *s.* lysår.

lightning ['laitniŋ], *s.* lyn; *like* ~, som lyn og torden; ~ *conductor*, ~ *rod*, *s.* lynafleder.

lignite ['lignait], *s.* brunkul.

likable ['laikəbl], *adj.* tiltalende.

like [laik], *s.* lige, mage; *the* ~, noget lignende; *adj. & adv.* lig; lignende; ligesom; *v. t. & i.* kunne lide; synes om; *and the* ~, og så videre; og den slags; *be* ~, ligne; *what's he* ~?

hvordan er han? hvordan ser han ud? *feel* ~, have lyst til; gide; *look* ~, se ud som (om); *sth* ~, noget i retning af; **-lihood**, *s.* sandsynlighed; **-ly**, *adj. & adv.* sandsynlig; *very* ~, meget muligt; *it is* ~ *to rain*, det bliver nok regnvejr; **-n**, *v. t.* sammenligne; **-ness**, *s.* lighed; portræt; **-s**, *s. pl. the* ~ *of me*, sådan nogle som mig; ~ *and dislikes*, sym- og antipatier; **-wise**, *adj.* ligeledes; *konj.* endvidere, også; **liking** ['laikiŋ], *s.* smag; sympati; behag; *to my* ~, efter min smag.

lilac ['lailək], *s., bot.* syren; *adj.* lilla.

lilt [lilt], *s.* munter vise; rytme; *v. t. & i.* tralle.

lily ['lili], *s., bot.* lilje; ~ *of the valley*, liljekonval; *water* ~, åkande.

limb [lim], *s., anat.* lem; ben; gren; *out on a* ~, for langt ude; i en farlig situation.

limber ['limbə], *adj.* smidig; bøjelig; *v. t.* gøre smidig; ~ *up*, varme op.

lime [laim], *s., bot.* lind; lime-frugt; kalk(sten); ~**-kiln**, *s.* kalkbrænderi; **-light**, *s., teat.* rampelys; **-stone**, *s.* kalksten.

limit ['limit], *s.* grænse; sidste frist; begrænsning; *v. t.* indskrænke; begrænse; *that's the* ~*!* det er dog den stiveste! så er det nok! **-ed** [-id], *adj.* begrænset; snæver; ~ *company*, aktieselskab; **-less**, *adj.* ubegrænset, grænseløs; **-s**, *s. pl.* grænser; område; rammer; *off* ~, forbudt område; *within* ~, til en vis grad.

limp [limp], *s.* halten; *v. i.* humpe; halte; *adj.* slap; blød; svag.

limpid ['limpid], *adj.* gennemsigtig, klar.

line [lain], *s.* linie; streg; snor, snøre, line; ledning; grænse; rynke, fure; rute; række; kø; selskab; slægt; spor; *teat.* replik; *merk.* artikel; parti; branche; specialitet, fag; *v. t. & i.* liniere; stå langs; fure; *v. t.* fore; beklæde; ~ *of action*, fremgangsmåde; *get a* ~ *on*, få noget at vide om; *hard -s! S* det var synd for dig! *on the* ~, på grænsen; i telefonen; *take a strong* ~, være streng; ~ *out*, skitsere; ~ *up*, stille på linie; stille sig i kø; arrangere.

lineage ['liniidʒ], *s.* afstamning.

linen ['linin], *s.* lærred; (senge)linned; dækketøj; undertøj; hvidevarer.

liner ['lainə], *s.* rutebåd; rutefly; godstog.

linesman ['lainzmən], *s.*, *sport.* linievogter.

linger ['liŋgə], *v. i.* blive hængende, dvæle, tøve; leve videre; ~ *on*, (for)blive; holde sig i live; ~ *out*, henslæbe; ~ *over*, smøle med; dvæle ved.

linguistic [liŋ'gwistik], *adj.* sproglig; sprog-; lingvistisk.

lining ['lainiŋ], *s.* for; foring; belægning.

link [liŋk], *s.* led; forbindelse(sled); bånd; *v. t. & i.* forbinde; kæde sammen; koble; *cuff -s*, manchetknapper; *golf -s*, golfbane.

linnet ['linit], *s.*, *zoo.* irisk.

lino ['lainəu], *s.*, *T* linoleum; **-cut**, *s.* linoleumssnit; **-leum** [li'nəuljəm], *s.* linoleum.

linseed ['linsi:d], *s.*, *bot.* hørfrø; ~ *oil*, linolie.

lion ['laiən], *s.*, *zoo.* løve; *the* ~ *'s share*, broderparten; **-ize** [-aiz], *v. t.* gøre stads af; fetere.

lip [lip], *s.*, *anat.* læbe; rand; kant; *S* næsvished; ~ **-reading**, *s.* mundaflæsning; ~ **service**, *s.* tomme ord; hykleri; **-stick**, *s.* læbestift.

liquefy ['likwifai], *v. t.* gøre flydende; **-id** ['likwid], *s.* væske; *adj.* flydende; likvid.

liqueur [li'kjuə], *s.* likør; **-or** ['likə], *s.* spiritus; brændevin; **-orice** ['likəris], *s.*, *kul.* lakrids; ~ *allsorts*, lakridskonfekt.

liquidate ['likwideit], *v. t.* betale; afvikle; udrydde; likvidere.

lisp [lisp], *s.* læspen; *v. t. & i.* læspe.

list [list], *s.* liste; fortegnelse; *naut.* slagside; *v. t.* katalogisere; lave en liste over.

listen [lisn], *v. i.* lytte; høre efter; **-er**, *s.* lytter; tilhører.

listless ['listləs], *adj.* ugidelig; ligeglad; apatisk.

literal ['litərəl], *adj.* bogstavelig; ordret; prosaisk; **-ly** ['litrəli], *adv.* bogstavelig talt.

literary ['litrəri], *adj.* boglig, litterær; litteratur-; **-te** ['litrət], *adj.* som kan læse og skrive; boglig dannet; **-ture** ['litrətʃə], *s.* litteratur.

lithe [laið], *adj.* smidig.

lithography [li'θɔgrəfi], *s.*

litografi.
litigation [liti'geiʃn], *s.*, *jur.* proces.
litmus ['litməs], *s.*, *kem.* lakmus.
litter ['litə], *s.* affald; roderi; strøelse; båre; *zoo.* kuld; *v. t.* be -ed with, flyde med; ~ bin, *s.* affaldskurv; ~ lout, *s.* skovsvin.
little [litl], *adj.* lille; lidt; *a* ~, lidt; et øjeblik; en smule; ~ by ~, lidt efter lidt.
littoral ['litərəl], *adj.* kyst-, strand-.
liturgy ['litədʒi], *s.* liturgi.
live [laiv], *adj.* levende; direkte; [liv], *v. t. & i.* leve; bo; ~ by, leve af, ernære sig ved; ~ down, komme over; glemme; ~ on, leve af; ~ out, overleve; udleve; **-lihood** [-lihud], *s.* levebrød; **-ly**, *adj.* livlig; livfuld; levende; **-n**, *v. t. & i.* ~ up, sætte liv i; muntre op; blive livlig.
liver ['livə], *s.*, *anat.* lever; ~ paste, ~ paté, *s.*, *kul.* leverpostej; **-ish** [-riʃ], *adj.* irritabel.
livestock ['laivstɔk], *s.* kvæg(bestand).
livid ['livid], *adj.* blygrå; bleg af raseri.
living ['liviŋ], *s.* liv; levebrød; udkomme; præsteembede; *adj.* levende; livagtig; *earn one's* ~, tjene til føden; *way of* ~, levevis, levemåde; ~ room, *s.* opholdsstue; ~ wage, *s.* løn som man kan leve af.
lizard ['lizəd], *s.*, *zoo.* firben.
llama ['laːmə], *s.*, *zoo.* lama.
load [ləud], *s.* læs, ladning; belastning; byrde, vægt; masse, mængde; *v. t.*

(be)læsse; (be)laste; overfylde; lade; **-ed** [-id], *adj.* belæsset; belastet; ladet; ladt; *S* rig.
loaf [ləuf] (*pl.* loaves), *s.* brød; *S* hoved; *a* ~ *of* bread, et brød; *v. i.* drive; **-er**, *s.* dagdriver.
loam [ləum], *s.* lerjord.
loan [ləun], *s.* lån; *v. t.* udlåne; *on* ~, til låns.
loath [ləuθ], *adj.* uvillig; nødig.
loath|e [ləuð], *v. t.* afsky; være led ved; **-ing**, *s.* væmmelse, lede, afsky; **-some** [-səm], *adj.* afskyelig; væmmelig.
lobby ['lɔbi], *s.* forværelse; vestibule; foyer; (afstemnings)korridor; pressionsgruppe; *v. t. & i.* lægge pres på, forsøge at påvirke; **-ing**, *s.* korridorpolitik.
lobe [ləub], *s.* flig; *anat.* (ear-~) øreflip.
lobster ['lɔbstə], *s.*, *zoo.* hummer.
local [ləukl], *s.* lokal nyhed; lokaltog; som hører til egnen, „indfødt"; *adj.* lokal; stedlig; *the* ~, den lokale pub; **-ity** [lə'kæliti], *s.* lokalitet; egn; beliggenhed.
locat|e [ləu'keit], *v. t.* stedfæste; anbringe; *be -d*, være beliggende; **-ion** [-ʃn], *s.* sted; beliggenhed; *on* ~, *film.* uden for studiet.
loch [lɔk], *s.*, *Skot.* sø.
lock [lɔk], *s.* lås; sluse; lok; *v. t.* låse(s); lukke; ~, *stock, and barrel,* rub og stub; ~ up, låse inde, låse af; spærre inde; ~ gate, *s.* sluseport; **-smith**, *s.* klejnsmed.
locker ['lɔkə], *s.* lille skab;

~ *room, s.* omklædnings-
rum.
locket ['lɔkit], *s.* medaljon.
locomoti|on [ˌləukə'məuʃn],
s. bevægelse; *means of* ~ ,
befordringsmiddel; **-ve**
[-tiv], *s.* lokomotiv.
locust ['ləukəst], *s., zoo.*
græshoppe; ~ *bean, s.,*
bot. johannesbrød.
lodg|e [lɔdʒ], *s.* portnerbo-
lig; (jagt)hytte; loge; *v. t.*
& i. give logi; huse; indlo-
gere; anbringe; logere, bo
(til leje); sætte sig fast;
deponere; indsende; **-er,**
s. logerende, lejer; **-ing,** *s.*
board and ~ , kost og logi;
-s, pl. logi, lejet værelse.
loft [lɔft], *s.* loft; galleri;
pulpitur; **-y,** *adj.* ophøjet;
høj; overlegen.
log [lɔg], *s.* træstamme;
brændeknude; *naut.* log;
logbog; *sleep like a* ~ ,
sove som en sten; ~
cabin, s. bjælkehytte;
-ger, *s.* skovhugger;
-rolling, *s.* studehandel;
korruption; gensidig ros.
loggerhead ['lɔgəhed], *s. be*
at -s, være i totterne på
hinanden.
logic ['lɔdʒik], *s.* logik; **-al**
[-l], *adj.* logisk.
loin [lɔin], *s., anat.* lænd;
kul. mørbrad; **-cloth,** *s.*
lændeklæde.
loiter ['lɔitə], *v. i.* stå og
hænge; drive, nøle; op-
holde sig ulovligt; *no*
-ing, ophold forbudt.
loll [lɔl], *v. i.* sidde hen-
slægt; hænge.
loll|ipop ['lɔlipɔp], *s.* slikke-
pind; **-y,** *s., T* slikkepind;
S penge.
lone [ləun], *adj.* ene; en-
som; enlig; **-liness,** *s.* en-
somhed; **-ly,** *adj.* ensom;
-r [-ə], *s.* enspænder(na-

tur); **-some** [-səm], *adj.*
ensom.
long [lɔŋ], *adj.* lang; lang-
varig; *adv.* længe; *v. i.*
længes; *a* ~ *time,* længe;
he won't be ~ , han kom-
mer snart; *for* ~ , længe, i
lang tid; *no -er,* ikke læn-
gere, ikke mere; *so* ~ *!*
farvel! på gensyn! *take*
~ , vare længe; **-dis-**
tance, *adj.* fjern; lang-;
udenbys; ~ **-drawn-out,**
adj. langtrukken; langva-
rig; **-ing,** *s.* længsel; **-i-**
tude [-itjuːd], *s., geo.*
længde; *degree of* ~ ,
længdegrad; ~ **-range,**
adj. langtrækkende;
langdistance-; ~ *shot, s.*
usikker chance; *not by a*
~ *shot,* ikke på langt
nær; ~ **-sighted,** *adj.*
langsynet; vidtskuende;
~ **-standing,** *adj.* mange-
årig; ~ **-term,** *adj.* lang-
fristet; langsigtet; ~ **-**
winded, *adj.* kedsomme-
lig; langtrukken.
look [luk], *s.* blik; mine;
udseende; *v. t. & i.* se; se
ud (til at være); vende
mod; *have a* ~ *!* se lige
her! se selv! ~ *after,* se
efter; passe; ~ *at,* be-
tragte; overveje; ~ *down*
on, se ned på; ~ *for,* lede
efter, søge; ~ *forward to,*
se hen til; glæde sig til; ~
into, undersøge; ~ *on,*
være tilskuer; anse for;
~ *on to,* vende ud mod;
~ *out,* se ud; passe på;
finde frem; ~ *out for,*
holde udkig efter; tage
sig i agt for; ~ *out on,*
vende ud til; ~ *sharp,*
skynde sig; ~ *up,* se
opad; besøge; opsøge; slå
op; **-er,** *s.* seer; *be a*
good-~ , *S* se godt ud; ~ -

on, tilskuer; **-ing-glass,** *s.* spejl; ~ **-out,** *s.* udkig; *that's your* ~, det må være din sag.

loom [lu:m], *s.* vævestol; *v. i.* dukke utydeligt frem; rejse sig truende; ~ *large,* tårne sig op; dominere.

loop [lu:p], *s.* løkke; strop; sløjfe; bue; ~ **-hole,** *s.* skydeskår; *fig.* smuthul.

loose [lu:s], *adj.* løs; vid; slap; ledeløs; nøjagtig; løsagtig; *break* ~, bryde ud; **-n,** *v. t. & i.* løsne, løse op; blive løs.

loot [lu:t], *s.* rov; (ud)bytte; *v. t. & i.* plyndre.

lop [lɔp], *v. t.* afhugge; kappe.

lope [ləup], *v. i.* løbe fjedrende.

lop-sided [lɔp'saidid], *adj.* skæv.

loquacious [lə'kweiʃəs], *adj.* snakkesalig.

lord [lɔ:d], *s.* herre; hersker; medlem af overhuset; *v. t.* ~ *it,* spille herre; ~ *it over,* tyrannisere; *int. Oh L~!* åh Gud! *Good L~!* du godeste! *the L~,* Gud; Jesus; *the L~ 's Prayer,* fadervor; **House of L~s,** *s.* Overhuset; **L~ Mayor,** *s.* (over)borgmester.

lore [lɔ:], *s.* kendskab; overlevering.

lorgnette [lɔ:'njet], *s.* stanglorgnet.

lorry ['lɔri], *s.* lastbil; lastvogn.

lose [lu:z] (lost, lost), *v. t. & i.* tabe; miste; gå glip af; (for)spilde; skille sig af med; komme for sent til; ~ *face,* tabe ansigt; ~ *heart,* miste modet; ~ *one's way,* fare vild; ~

oneself, fare vild; fortabe sig; fordybe sig; ~ *time,* spilde tid.

loss [lɔs], *s.* tab; spild; *naut.* forlis; *at a* ~, rådvild.

lost [lɔst], *adj.* tabt, mistet; faret vild; forsvundet; forspildt; fortabt; glemt; *int. get* ~ *!* skrid! ~ **property,** *s.* hittegods(kontor).

lot [lɔt], *s.* mængde, masse; lod(trækning); parcel; jordlod; parti, sending; skæbne; *a* ~, en masse, meget; *a bad* ~, en skidt fyr; *the* ~, det hele; hele bundtet; *-s of,* masser af; *draw -s,* trække lod; **-tery** [-əri], *s.* lotteri; ~ *ticket, s.* lodseddel.

loud [laud], *adj.* høj; kraftig; højrøstet; støjende; skrigende; **-speaker,** *s.* højttaler.

lounge [laundʒ], *s.* vestibule, salon; opholdsstue; *v. i.* stå og hænge; ligge henslængt.

lous|e [laus] (*pl.* lice), *s., zoo.* lus; **-y** ['lauzi], *adj.* luset; elendig, møg-; modbydelig.

lout [laut], *s.* lømmel; bondeknold.

lovable ['lʌvəbl], *adj.* elskelig.

love [lʌv], *s.* kærlighed; elskov; elskede, skat; *sport.* nul; *v. t. & i.* elske; holde af; ~ *all,* 0-0; *(with)* ~ *(from),* kærlig hilsen; *in* ~ *with,* forelsket i; *make* ~, elske, have samleje; *give her my* ~, hils hende fra mig; *I'd* ~ *to,* det vil jeg meget gerne; **-ly,** *adj.* dejlig; yndig; herlig; **-r** [-ə], *s.* elsker, kæreste.

low [ləu], *adj.* lav; svag,

dæmpet; dyb; ringe; ned-
rig; tarvelig, simpel; *v. i.*
brøle; *feel* ~, være depri-
meret, være langt nede;
lie ~, holde sig skjult; ~ -
cut, *adj.* nedringet,
udringet; **-er,** *v. t. & i.*
sænke, nedsætte; forrin-
ge; ydmyge; hejse ned;
synke, dale; ~ *oneself,*
ydmyge sig; **-ly,** *adj.* rin-
ge, simpel; beskeden.
loyal ['lɔiəl], *adj.* tro; loyal;
trofast; **-ty,** *s.* loyalitet.
lozenge ['lɔzindʒ], *s.* rude;
mat. rombe; pastil, tablet.
Ltd., *(fk.f.* limited), A/S.
lubrica|nt ['lu:brikənt], *s.*
smørelse; **-te** [-eit], *v. t.*
smøre.
lucid ['lu:sid], *adj.* klar;
lysende.
luck [lʌk], *s.* held; lykke;
skæbne; *good* ~ *!* held og
lykke! *bad* ~, uheld,
ulykke; **-ily,** *adv.* heldig-
vis; **-y,** *adj.* heldig; lyk-
ke-.
lucrative ['lu:krətiv], *adj.*
indbringende.
ludicrous ['lu:dikrəs], *adj.*
latterlig.
lug [lʌg], *v. t.* slæbe.
luggage ['lʌgidʒ], *s.* bagage;
~ *rack,* s. bagagehylde.
lugubrious [lu'gu:briəs],
adj. bedrøvelig; trist.
lukewarm ['lu:kwɔ:m], *adj.*
lunken.
lull [lʌl], *s.* vindstille; stil-
stand, pause; *v. t. & i.*
berolige, dysse i søvn;
tage af; **-aby** [-əbai], *s.*
vuggevise.
lumber ['lʌmbə], *s.* tøm-
mer; skrammel; **-jack,** *s.*
skovhugger; ~ **room,** *s.*
pulterkammer.
luminous ['lu:minəs], *adj.*
(selv)lysende.
lump [lʌmp], *s.* klump;

bule; stor tamp; *v. t. & i.*
klumpe; slå sammen; ~
sum, samlet beløb; ~
sugar, hugget sukker; **-y,**
adj. klumpet.
lunacy ['lu:nəsi], *s.* sinds-
syge.
lunar ['lu:nə], *adj.* måne-.
lunatic ['lu:nətik], *s. & adj.*
sindssyg.
lunch [lʌntʃ], *s.* frokost;
-eon [-n], *s.* (forret-
nings)frokost; ~ **hour,** *s.*
frokostpause.
lung [lʌŋ], *s.,* anat. lunge.
lunge [lʌndʒ], *s.* udfald; *v. i.*
gøre udfald; kaste sig
fremad.
lurch [lə:tʃ], *s.* ryk; sling-
ren; *leave sby in the* ~,
lade en i stikken.
lure [l(j)uə], *s.* lokkemad;
v. t. lokke; ~ *into,* forlede
til.
lurid ['l(j)uərid], *adj.* uhyg-
gelig; brandrød.
lurk [lə:k], *v. i.* lure; ligge
skjult.
luscious ['lʌʃəs], *adj.* fyl-
dig; delikat.
lush [lʌʃ], *adj.* frodig; saf-
tig.
lust [lʌst], *s.* lyst; liderlig-
hed; begær; *v. i.* ~ *for,* ~
after, begære.
lustre ['lʌstə], *s.* glans.
lusty ['lʌsti], *adj.* sund;
kraftig.
luxur|ious [lʌg'ʒuəriəs],
adj. overdådig; luksuriøs;
-y ['lʌkʃəri], *s.* luksus;
overdådighed.
lye [lai], *s.* lud.
lynch [lintʃ], *v. t.* lynche.
lynx [links], *s., zoo.* los.
lyric ['lirik], *s.* digt; *adj.*
lyrisk; **-s,** *pl.* lyrik; sang-
tekst.

m., *(fk.f.* metre; mile; milli-
on).

M.A. ['em'ei], (fk.f. Master of Arts), s.d.

ma'am [mæm] (fk.f. madam), frue.

mac [mæk] (fk.f. mackintosh), s., T regnfrakke.

macabre [mə'ka:brə], adj. makaber.

macaroon [mækə'ru:n], s., kul. makron.

mace [meis], s., bot. muskatblomme; scepter.

machination [,mæki'neiʃn], s. intrige, rænkespil.

machine [mə'ʃi:n], s. maskine; ~ **gun**, s. maskingevær; **-ery** [-əri], s. maskinel; maskineri.

mackerel ['mækrəl], s., zoo. makrel.

mackintosh ['mækintoʃ], s. regnfrakke.

mad [mæd], adj. gal, vanvittig; T rasende; tosset, skør; ~ about, vild med; gal over; drive ~, drive til vanvid; like ~, som en vild; af alle kræfter; **-den** [-n], v. t. gøre rasende; drive til vanvid; **-dening** [-əniŋ], adj. irriterende; **-house**, s., T galeanstalt; **-man** [-mən], s. sindssyg; **-ness**, s. sindssyge; vanvid.

madam ['mædəm], s. frue.

magazine [,mægə'zi:n], s. magasin; tidsskrift.

maggot ['mægət], s., zoo. maddike.

magic ['mædʒik], s. magi, trolddom; adj. magisk; **-ian** [mə'dʒiʃn], s. troldmand; tryllekunstner.

magistrate ['mædʒistreit], s., jur. fredsdommer; underretsdommer.

magnanimous [mæg'næniməs], adj. storsindet; ædelmodig.

magnate ['mægneit], s.

stormand, magnat.

magnet ['mægnit], s. magnet; **-ic** [-'netik], adj. magnetisk; tiltrækkende; **-ism** ['mægnətizm], s. tiltrækningskraft, magnetisme.

magnificent [mæg'nifisnt], adj. storslået; pragtfuld.

magnify ['mægnifai], v. t. forstørre; **-ing glass**, s. lup, forstørrelsesglas.

magnitude ['mægnitju:d], s. størrelse; størrelsesorden; vigtighed.

magnum ['mægnəm], s. stor flaske.

magpie ['mægpai], s., zoo. skade.

mahogany [mə'hogəni], s. mahogni.

maid [meid], s. husassistent; pige; jomfru; old ~, pebermø; **-en** [-n], adj. ugift; jomfru-; pige-; **-hair**, s., bot. venushår; **-head**, s., anat. jomfruhinde; mødom; **-hood**, s. jomfruelighed; ~ name, s. pigenavn; ~ voyage, s. jomfrurejse.

mail [meil], s. post; brynje; v. t. poste; sende med posten.

maim [meim], v. t. lemlæste.

main [mein], s. hovedledning; adj. hoved-; vigtigst; **-land**, s. fastland; **-ly**, adv. hovedsagelig; **-s**, s. pl. offentligt ledningsnet (gas, vand, el, kloak); **-spring**, s., mek. drivfjeder; **-stay**, s., naut. storstag; fig. støtte, bærende kraft.

main|tain [mein'tein], v. t. (opret)holde; forsørge; underholde; vedligeholde; hævde, fastholde; **-tenance** ['meintənəns], s.

vedligeholdelse; opretholdelse; underholdsbidrag.

maisonette [ˌmeizəˈnet], s. lejlighed i to etager; lille hus.

maize [meiz], s., bot. majs.

majesty [ˈmædʒisti], s. majestæt.

major [ˈmeidʒə], s., mil. major; mus. dur; jur. myndig person; U.S. hovedfag; adj. større; vigtigst; stor; v. t. ~ in, have (få) hovedfag i; the ~ share, størstedelen; -ity [məˈdʒɔriti], s. flertal; fuldmyndighed.

make [meik], s. fabrikat, mærke; forarbejdning; (made, made), v. t. & i. lave; udføre; fremstille; gøre (til); være; blive; tjene; nå; få til at; lade; ~ away with, stikke af med; skaffe sig af med; ~ believe, bilde (sig) ind; foregive; lege; ~ do, nøjes; klare sig; ~ for, styre hen imod; bidrage til; ~ good, få succes; erstatte; bevise; udføre; ~ it, klare den; nå frem; ~ out, skelne; forstå; udfylde; foregive; klare sig; ~ up, lave; ordne; sætte sammen; opdigte; slutte fred; udgøre; sminke (sig); ~ up one's mind, beslutte sig; ~ up for, indhente; erstatte; ~ up to, give erstatning; lægge an på; ~ -shift, s. nødhjælp; erstatning; adj. midlertidig; improviseret; -up, s. sminke; sammensætning; **making** [meikiŋ], s. fremstilling; in the ~, ved at blive til.

maladjusted [ˌmæləˈdʒʌstid], adj. dårligt tilpasset;

miljøskadet.

male [meil], s. mand(sperson); handyr, han; adj. mandlig; mands-; han-.

malevolent [məˈlevələnt], adj. ondskabsfuld.

malfunction [mælˈfʌŋkʃn], s. funktionsfejl; maskinfejl.

malice [ˈmælis], s. ondskab; nag; skadefryd; -ious [məˈliʃəs], adj. ondskabsfuld.

malign [məˈlain], v. t. bagtale.

malignant [məˈlignənt], adj., med. ondartet; ondskabsfuld.

malingerer [məˈliŋgərə], s. simulant.

malleable [ˈmæliəbl], adj. som kan bearbejdes; bøjelig; føjelig.

mallet [ˈmælit], s. træhammer; kølle; kødhammer.

malnutrition [ˌmælnjuˈtriʃn], s. underernæring; -practice [mælˈpræktis], s. forsømmelse; embedsmisbrug.

malt [mɔːlt], s., bot. malt.

maltreat [mælˈtriːt], v. t. mishandle.

mammal [ˈmæml], s., zoo. pattedyr.

man [mæn] (pl. men), s. mand; menneske; menneskeheden; tjener; brik; v. t. bemande; ~ about town, levemand; best ~, forlover; the ~ in the street, menigmand; ~ of the world, verdensmand; to a ~, alle som en; -ful, adj. mandig; tapper; -hood, s. manddom; mandighed; -kind [-ˈkaind], s. menneskehed(en); -ly, adj. mandig; -made, adj. kunstig; syntetisk.

manacle ['mænəkl], *s.* håndjern.

manage ['mænidʒ], *v. t. & i.* lede; styre; administrere; overkomme; klare (sig); håndtere; manøvrere; bære sig ad (med); *he -d to,* det lykkedes ham at; **-able** [-əbl], *adj.* medgørlig; håndterlig; **-ment,** *s.* ledelse; direktion; behandling; klogskab; **-r** [-ə], *s.* direktør; bestyrer; chef; *sport. & teat.* manager; **managing,** *adj.* ledende; ~ *director, s.* administrerende direktør.

mandate ['mændeit], *s.* mandat; fuldmagt.

mane [mein], *s.* manke.

manger ['meindʒə], *s.* krybbe.

mangle [mæŋgl], *v. t.* rulle; lemlæste; ødelægge.

mangy ['meindʒi], *adj.* ussel.

manhandle ['mænhændl], *v. t.* bakse med; mishandle.

mania ['meinjə], *s.* galskab; mani; **-c** [-æk], *s. & adj.* gal, sindssyg (person).

manifest ['mænifest], *adj.* tydelig; åbenbar; *v. t. & i.* (be)vise; manifestere; lægge for dagen; **-ation** [-'steiʃn], *s.* tilkendegivelse; demonstration; udslag.

manifold ['mænifəuld], *adj.* mangfoldig.

manipulate [mə'nipjuleit], *v. t.* håndtere; manipulere (med); forfalske.

manner ['mænə], *s.* måde; væsen; væremåde; stil; *all ~ of,* al slags; **-s,** *s. pl.* optræden; manerer; levemåde; skikke; *it is bad ~,* det er uopdragent.

mannerism ['mænərizm],

s. manér; affekterethed.

manoeuvre [mə'nu:və], *s.* manøvre; *v. t. & i.* manøvrere (med).

man-of-war [ˌmænəv'wɔ:], *s., mil.* krigsskib.

manor ['mænə], *s.* gods; ~ *house, s.* herregård.

manpower ['mænpauə], *s.* arbejdskraft.

mansion ['mænʃn], *s.* palæ; **-s,** *pl.* boligkompleks.

manslaughter ['mænslɔ:tə], *s.* manddrab.

mantelpiece ['mæntlpi:s], *s.* kaminhylde.

mantle [mæntl], *s.* kappe, kåbe; *fig.* tæppe.

manual ['mænjuəl], *s.* håndbog; lærebog; *adj.* hånd-; manuel; ~ *labour,* legemligt arbejde.

manufacture [ˌmænju-'fæktʃə], *s.* fabrikation; fabrikat; produkt; *v. t.* fremstille, fabrikere; opdigte; **-r** [-rə], *s.* fabrikant.

manure [mə'njuə], *s.* gødning; *liquid ~,* ajle.

manuscript ['mænjuskript] (*fk.* MS, *pl.* MSS), *s.* manuskript.

many [meni], *adj.* mange; *a great ~,* en mængde, en hel del.

map [mæp], *s.* (land)kort; *v. t.* kortlægge; ~ *out,* planlægge, tilrettelægge.

maple [meipl], *s., bot.* ahorn, løn.

mar [ma:], *v. t.* skæmme, spolere.

marble [ma:bl], *s.* marmor; kugle; **-s,** *pl.* kuglespil.

March [ma:tʃ], *s.* marts.

march [ma:tʃ], *s.* march; *the ~ of time,* tidens gang; *v. i.* marchere; udvikle sig.

mare [mɛə], *s., zoo.* hoppe;

~ **'s nest**, *s.* afbrænder; vildmand.

margarine [ˌmaːdʒəˈriːn], *s., kul.* margarine.

marge [maːdʒ], *s., T kul.* margarine.

margin ['maːdʒin], *s.* margen; rand; kant; spillerum; overskud; **-al** [-l], *adj.* marginal-; rand; grænse-; underordnet.

marigold ['mærigəuld], *s., bot.* morgenfrue.

marine [məˈriːn], *s., mil.* marine; flåde; landgangssoldat; *adj.* sø-, hav-, marine-; **-r** ['mæriːnə], *s.* sømand; **-s** [məˈriːnz], *s. pl.* landgangstropper.

marital ['mæritl], *adj.* ægteskabelig.

maritime ['mæritaim], *adj.* sø-, søfarts-.

marjoram ['maːdʒərəm], *s., bot.* merian.

mark [maːk], *s.* mærke; tegn; kendetegn; stempel; karakter; mål; skydeskive; præg, spor; *(trade-~)* varemærke; *v. t.* mærke; afmærke; markere; bedømme; lægge mærke til; kendetegne, præge; ~ *time*, marchere på stedet; stå i stampe; *up to the ~*, tilfredsstillende; oppe på mærkerne; ~ **book**, *s.* karakterbog; **-ed** [-t], *adj.* udpræget, tydelig.

market ['maːkit], *s.* marked; torv; *v. t. & i.* afsætte; bringe på markedet; handle; *black* ~, sort børs; **-able** [-əbl], *adj.* salgbar; kurant; ~ **gardener**, *s.* handelsgartner; **-ing**, *s.* torvehandel; afsætning; markedsføring; **-place**, *s.* torv, mar-

kedsplads; ~ **price**, *s.* dagspris; ~ **town**, *s.* købstad; ~ **value**, *s.* salgsværdi.

marking ['maːkiŋ], *s.* aftegning; mærkning; retning, bedømmelse.

marksman ['maːksmən], *s.* skarpskytte.

marl [maːl], *s.* mergel.

marmalade ['maːməleid], *s., kul.* orangemarmelade.

maroon [məˈruːn], *adj.* rødbrun; *v. t.* lade i stikken; **-ed** [-d], *adj.* strandet.

marquee [maːˈkiː], *s.* stort telt.

marquess, marquis ['maːkwis], *s.* markis.

marriage ['mæridʒ], *s.* ægteskab; bryllup; ~ **certificate**, *s.* vielsesattest; ~ **settlement**, *s.* ægtepagt.

married ['mærid], *adj.* gift; ægteskabelig.

marrow ['mærəu], *s.* marv; kerne; livskraft; *vegetable* ~, *s., bot.* græskar; squash.

marry ['mæri], *v. t. & i.* gifte sig (med); vie.

marsh [maːʃ], *s.* marsk; sump; mose; ~ **marigold**, *s., bot.* engkabbeleje.

marshal ['maːʃl], *s.* marskal; *U.S.* sherif; politimester; *v. t.* opstille; ordne; føre.

mart [maːt], *s.* handelscentrum.

martial ['maːʃl], *adj.* krigerisk; krigs-; ~ **law**, *s.* undtagelsestilstand.

martyr ['maːtə], *s.* martyr; *be a* ~ *to*, være plaget af; lide af og udholde; **-dom** [-dəm], *s.* martyrium.

marvel ['maːvl], *s.* vidunder; *v. i.* ~ *at*, forundres over; **-lous** [-əs], *adj.* vidunderlig.

marzipan [ˌmɑːziˈpæn], *s., kul.* marcipan.

masculine [ˈmæskjulin], *s., gram.* hankøn; *adj.* maskulin; hankøns-; mandlig; mandig.

mash [mæʃ], *s.* mos; mæsk; *v. t.* mase; mose; *-ed potatoes, kul.* kartoffelmos.

mask [mɑːsk], *s.* maske; *v. t.* maskere (sig); tilsløre; **-ed** [-t], *adj.* maskeret; ~ *ball*, maskebal.

mason [ˈmeisn], *s.* murer; *(free-)* frimurer; **-ry,** *s.* murerarbejde; frimureri.

masquerade [ˌmæskəˈreid], *s.* maskerade; komediespil; ~ *as, v. i.* forklæde sig som.

mass [mæs], *s.* masse; mængde; *rel.* messe; *v. t. & i.* ophobe(s); samle(s) (sig); ~ **media,** *s. pl.* massemedier; ~ **production,** *s.* masseproduktion; **-es** [-iz], *s. pl.* the ~, mængden, masserne.

massacre [ˈmæsəkə], *s.* blodbad, massakre; *v. t.* nedslagte, massakrere.

massage [ˈmæsɑːdʒ], *s.* massage; *v. t.* massere.

massive [ˈmæsiv], *adj.* massiv; omfattende.

mast [mɑːst], *s.* mast; *bot.* olden.

master [ˈmɑːstə], *s.* mester; herre; lærer; hersker; *adj.* mester-; over-; *v. t.* mestre, beherske; magte; få bugt med; **M** ~ **of Arts** *(fk.* M.A.), cand.mag.; mag.art.; **M** ~ **of Science** *(fk.* M.Sc.), cand.scient.; mag.scient.; **-ful,** *adj.* bydende; myndig; mesterlig; ~ *key, s.* hovednøgle;

-ly, *adj.* mesterlig; mester-; **-mind,** *s.* leder, „hjerne"; *v. t.* lede, stå bag; **-piece,** *s.* mesterværk; **-stroke,** *s.* mesterstykke; ~ **switch,** *s., elek.* hovedkontakt; **-y** [-ri], *s.* herredømme; beherskelse.

masturbate [ˈmæstəbeit], *v. i.* onanere.

mat [mæt], *s.* måtte; bordskåner; *v. t.* sammenfiltre.

match [mætʃ], *s.* tændstik; mage; lige(mand); modstykke; parti; ægteskab; *sport.* kamp; *v. t. & i.* passe til; passe sammen; kunne måle sig med; afprøve; *to* ~, som passer til; *she's a* ~ *for him*, hun kan måle sig med ham; ~ **box,** *s.* tændstikæske; **-less,** *adj.* mageløs; **-maker,** *s.* Kirsten Giftekniv; **-wood,** *s.* pindebrænde.

mate [meit], *s.* mage; ægtefælle; arbejdskammerat, makker; (skak)mat; *naut.* styrmand; -mat; *v. t. & i.* parre (sig); gøre skakmat.

material [məˈtiəriəl], *s.* stof; materiale; *adj.* materiel; fysisk; væsentlig; **-ize** [-aiz], *v. i.* åbenbare sig; blive til virkelighed.

mater|nal [məˈtəːnl], *adj.* moderlig; mødrene; **-nity,** *s.* moderskab; *adj.* barsels-; føde-; ~ *clothes,* ~ *wear,* ventetøj; ~ *benefit,* barselshjælp; ~ *home, s.* fødeklinik; ~ *leave, s.* barselsorlov; ~ *ward, s.* fødeafdeling.

mathematic|al [ˌmæθəˈmætikl], *adj.* matematisk; **-ian** [-ˈtiʃn], *s.* matemati-

ker; **-s** [-'mætiks], *s. pl.*
matematik; **maths**
[mæθs], *s. pl.,* *T* matematik.
matinée ['mætinei], *s., teat.*
eftermiddagsforestilling.
matins ['mætinz], *s.* morgengudstjeneste.
matrimony ['mætriməni], *s.*
ægtestand; ægteskab.
matron ['meitrən], *s.* økonoma; forstanderinde.
matter ['matə], *s.* sag, anliggende, spørgsmål; indhold; materie, stof; *v. i.*
være af betydning; *it
doesn't* ~, det gør ikke
noget; *no* ~, det gør ikke
noget; *no* ~ *what,* uanset
hvad; ~ *of fact,* kendsgerning; *as a* ~ *of fact,*
faktisk; ~ *of course,* selvfølge; *printed* ~, tryksag(er); *what's the* ~*?*
hvad er der i vejen? ~ **-
of-fact** [-rɔv'fækt], *adj.*
nøgtern, prosaisk.
mattress ['mætrəs], *s.* madras.
matur|e [mə'tjuə], *adj.* moden; *v. t. & i.* modne(s);
-ity [-riti], *s.* modenhed.
maudlin ['mɔ:dlin], *adj.*
sentimental; rørstrømsk.
maul [mɔ:l], *v. t.* mishandle.
Maundy Thursday ['mɔ:ndi'θə:zdi], *s.* skærtorsdag.
mauve [məuv], *adj.* lilla.
maxim ['mæksim], *s.*
grundsætning; leveregel.
maximum ['mæksiməm], *s.*
maksimum, højdepunkt;
adj. maksimal-; højeste.
May [mei], *s.* maj; ~ *Day,*
første maj.
may [mei], *s., bot.* hvidtjørn; (might), *v. aux.* må
(gerne); har lov til; kan
(måske); **-be** [-bi:], *adv.*
måske; **-day**, *s.* SOS; **-fly,**

s., zoo. døgnflue.
mayonnaise [ˌmeiə'neiz],
s., kul. mayonnaise.
mayor [mɛə], *s.* borgmester.
maypole ['meipəul], *s.* majstang.
maze [meiz], *s.* labyrint; *in
a* ~, forvirret.
M.D. ['em'di:], (*fk.f.* Doctor
of Medicine), dr.med.;
læge.
me [mi:], *pron.* mig.
meadow ['medəu], *s.* eng.
meagre ['mi:gə], *adj.* mager; tarvelig.
meal [mi:l], *s.* måltid; usigtet mel; **-time,** *s.* spisetid.
mean [mi:n], *s.* middeltal;
adj. dårlig, ringe; simpel;
ussel; tarvelig; gemen;
nærig; ondskabsfuld;
mat. mellem-, middel-;
gennemsnits-; (meant,
meant), *v. t.* betyde;
mene; agte, have i sinde;
the golden ~, den gyldne
middelvej; **-ing,** *s.* mening; tanke; hensigt; betydning; **-ingless,** *adj.*
meningsløs; **-s,** *s. pl.* middel; midler; formue; *by
all* ~, naturligvis; endelig; *by no* ~, på ingen
måde; *by* ~ *of,* ved hjælp
af; **-time,** ~ **-while,** *adv.*
imidlertid; i mellemtiden; imens.
meander [mi'ændə], *v. i.*
slentre, vandre; bugte
sig.
measles ['mi:zlz], *s. pl.,
med.* mæslinger; *German*
~, røde hunde.
measly ['mi:zli], *adj., T* sølle.
measure ['meʒə], *s.* mål;
grad; målebånd; målestok; skridt; forholdsregel; *v. t.* måle; tage mål af;
-d, *adj.* velovervejet; af-

målt; taktfast; **-ment**, *s.* mål; måling.

meat [mi:t], *s.* kød; **-ball**, *s.*, *kul.* frikadelle; ~ **loaf**, *s.*, *kul.* farsbrød; ~ **pie**, *s.*, *kul.* kødpostej, kødtærte.

mechani|c [mi'kænik], *s.* mekaniker; **-cal** [-l], *adj.* mekanisk; maskin-; **-cs**, *s. pl.* mekanik; **-sm** ['mekənizm], *s.* mekanisme; **-zation** [ˌmekənai'zeiʃn], *s.* mekanisering.

medal [medl], *s.* medalje.

meddle [medl], *v. i.* blande sig; ~ *in*, blande sig i; ~ *with*, pille ved; rode i; beskæftige sig med; **-some** [-səm], *adj.* geskæftig.

media ['mi:djə], *s. pl.* medier.

mediaeval [ˌmedi'i:vl], *adj.* middelalderlig.

mediate ['mi:dieit], *v. t. & i.* mægle; formidle.

medic|al ['medikl], *adj.* læge-; medicinsk; **-ament**, *s.* lægemiddel; **-ation** [-'keiʃn], *s.* behandling; *T* medicin; **-ine** ['medsin], *s.* medicin; lægevidenskab.

mediocre [ˌmi:di'əukə], *adj.* middelmådig.

meditate ['mediteit], *v. t. & i.* tænke (på); gruble (over); meditere; **-d** [-id], *adj.* påtænkt.

Mediterranean [ˌmeditə'reinjən], *s. the* ~, Middelhavet; *adj.* middelhavs-.

medium ['mi:djəm] (*pl.* -s, media), *s.* middel; medie; materiale; miljø; *psyk.* medium; *adj.* mellem-; middel-; mellemstor; *the happy* ~, den gyldne middelvej.

medley ['medli], *s.* blanding; miskmask.

meek [mi:k], *adj.* ydmyg, spag.

meet [mi:t], *s.* samlingssted; stævne; (met, met), *v. t. & i.* møde(s), træffe(s); imødekomme; opfylde; dække; klare; *make both ends* ~, få det til at løbe rundt; ~ *with*, komme ud for; støde på; **-ing**, *s.* møde; forsamling; stævne.

megalomania [ˌmegələ'meinjə], *s., med.* storhedsvanvid.

megaphone ['megəfəun], *s.* råber, megafon.

melancholy ['melənkəli], *s.* melankoli; *adj.* tungsindig, melankolsk.

mellow ['meləu], *adj.* mild; moden; blød; fyldig; *v. t. & i.* modne(s); mildne(s).

melody ['melədi], *s.* melodi.

melon ['melən], *s., bot.* melon.

melt [melt], *v. t. & i.* smelte; blive opløst; **-ing pot**, *s.* smeltedigel; støbeske.

member ['membə], *s.* medlem; *anat.* lem; **-ship**, *s.* medlemskab; medlemstal.

membrane ['membrein], *s.* hinde, membran.

memento [mi'mentəu], *s.* erindring; minde; souvenir.

memo ['meməu] (*fk.f.* memorandum), *s.* notat.

memoir ['memwa:], *s.* biografi; **-s**, *pl.* erindringer.

memor|able ['memərəbl], *adj.* mindeværdig; **-ial** [mi'mɔ:riəl], *s.* mindesmærke; *adj.* minde-; **-ize** ['meməraiz], *v. t.* lære udenad; **-y** ['meməri], *s.* hukommelse; minde; *in* ~ *of*, til minde om; *within living* ~, i mands

minde.
menace ['menəs], s. trus-
sel; v. t. true (med).
mend [mend], v. t. & i.
reparere; lappe; stoppe;
forbedre(s); ~ one's
ways, forbedre sig; on the
~, i bedring.
mendacious [men'deiʃəs],
adj. løgnagtig.
menial ['miːnjəl], s. tyende;
adj. ussel; tjenende.
meningitis [ˌmenin'dʒaitis],
s., med. hjernehindebe-
tændelse, meningitis.
menopause ['menəpɔːz],
s., med. overgangsalder.
menstruate ['menstrueit],
v. i. have menstruation.
mental [mentl], adj. sinds-;
ånds-; mental; åndelig;
intellektuel; T skør; -ity
[-'tæliti], s. mentalitet.
menthol ['menθɔl], s. men-
tol.
mention [menʃn], s. omta-
le; v. t. nævne, omtale;
don't ~ it! åh jeg be'r!
menu ['menjuː], s. spise-
kort.
mercantile ['məːkəntail],
adj. handels-; merkantil.
mercenary ['məːsinəri], s.
lejesoldat; adj. bereg-
nende.
mercer ['məːsə], s. manu-
fakturhandler.
merchan|dise ['məːtʃən-
daiz], s. varer; -t, s. gros-
serer, købmand; ~ ma-
rine, s. handelsflåde.
merciful ['məːsif(u)l], adj.
barmhjertig.
mercury ['məːkjuri], s.,
kem. kviksølv.
mercy ['məːsi], s. nåde;
barmhjertighed; benåd-
ning; at his ~, i hans
vold; have ~ on, forbar-
me sig over; without ~,
uden skånsel; ~ killing,

medlidenhedsdrab.
mere [miə], adj. lutter; ren;
-ly, adv. kun, blot.
merge [məːdʒ], v. t. & i.
slutte (sig) sammen; for-
ene(s); -r [-ə], s., merk.
sammenslutning.
meridian [mə'ridjən], s.
meridian; højdepunkt.
meringue [mə'ræŋ], s., kul.
marengs.
merit ['merit], s. fortjene-
ste; fortrin; værd(i); v. t.
fortjene; -orious [-'tɔːri-
əs], adj. fortjenstful.
mermaid ['məːmeid], s.
havfrue.
merry ['meri], adj. lystig,
munter; ~ Christmas!
glædelig jul! ~ -go-
round, s. karrusel; ~ -
making, s. lystighed.
mesh [meʃ], s. maske; -es,
pl. net, garn; snare; v. i.,
mek. gribe ind i.
mesmerize ['mezməraiz],
v. t. hypnotisere.
mess [mes], s. rod(eri),
uorden; griseri; mil. mes-
se; in a ~, rodet; i knibe;
v. i. ~ about, rode rundt;
fumle; ~ about with, gå
og rode med; forgribe sig
på; v. t. ~ up, svine til;
forkludre; -y, adj. rodet;
snavset, griset.
mess|age ['mesidʒ], s. bud-
skab; besked; meddelel-
se; get the ~, fatte me-
ningen; -enger ['me-
sindʒə], s. (sende)bud; ~
boy, bydreng.
metabolism [mə'tæbə-
lizm], s., med. stofskifte.
metal [metl], s. metal;
skærver; -lic [mi'tælik],
adj. metallisk; metal-.
mete [miːt], v. t. ~ out,
uddele.
meteorological [ˌmiːtiərə-
'lɔdʒikl], adj. meteorolo-

gisk.

meter ['mi:tə], s. måler.

method ['meθəd], s. metode; system; **-ical** [mi'θɔdikl], adj. metodisk.

meths [meθs], (fk.f. methylated spirits), s. pl., kem. denatureret sprit.

meticulous [mi'tikjuləs], adj. pertentlig.

metre ['mi:tə], s. meter; versemål.

metric ['metrik], adj. metrisk; go ~, gå over til metersystemet.

metropoli|s [mi'trɔpəlis], s. storstad; the M~, London; **-tan** [ˌmetrə'pɔlitən], adj. hovedstads-.

mettle [metl], s. kraft; fyrighed; on one's ~, anspændt, oppe på mærkerne.

mew [mju:], v. i. mjave.

mews [mju:z], s. ombygget staldbygning.

miaow [mi'au], v. i. mjave.

micro|phone ['maikrəfəun], s. mikrofon; **-scope**, s. mikroskop; **-scopical** [-'skɔpikl], adj. mikroskopisk; **-wave**, s. mikrobølge.

mid [mid], adj. midt-; midt i.

midday ['middei], s. middag.

middle [midl], s. midte; adj. middel-; mellem-; midterst; midt-; the M~ Ages, middelalderen; the M~ East, Mellemøsten; ~-aged, adj. midaldrende; ~-class, adj. borgerlig; the ~ classes, middelstanden; ~ watch, s., naut. hundevagt.

middling ['midliŋ], adj. jævn; middelmådig.

midge [midʒ], s., zoo. myg.

midget ['midʒit], s. dværg;

gnom.

midnight ['midnait], s. midnat.

midriff ['midrif], s., anat. mellemgulv.

midshipman ['midʃipmən], s., mil. kadet.

midst [midst], s. midte; in the ~ of, midt i.

midsummer ['midsʌmə], s. midsommer; M~ Day, skt. hansdag.

midway ['midwei], adv. midtvejs.

midwife ['midwaif], s. jordemoder.

might [mait], s. magt, kraft; **-y**, adj. & adv. vældig; gevaldig, mægtig; high and ~, storsnudet.

migraine ['mi:grein], s., med. migræne.

migra|nt ['maigrənt], s. trækfugl; **-te** [-eit], v. i. udvandre; trække bort.

mike [maik] (fk.f. microphone), s., T mikrofon.

mild [maild], adj. mild, let; blid; to put things -ly, mildest talt.

mildew ['mildju:], s., bot. meldug; mug.

mile [mail], s. (mål) = 1609 m; -s better, T langt bedre; for -s, milevidt; **-age** [-idʒ], s. afstand i miles; befordringsgodtgørelse; antal km/l; **-stone**, s. milesten; milepæl.

mili|tant ['militənt], adj. krigerisk; **-tary** [-tri], s. & adj. militær; ~ service, værnepligt; **-tia** [mi'liʃə], s. milits.

milk [milk], s., kul. mælk; v. t. malke; ~ chocolate, s. flødechokolade; ~ tooth, s. mælketand; **-y**, adj. mælkeagtig; mælke-; the M~ Way, astr. mælkevejen.

mill [mil], *s.* mølle; kværn; fabrik; spinderi; værk; *v. t.* male; *mek.* valse, fræse; **-er**, *s.* møller; **-stone**, *s.* møllesten.

millennium [mi'lenjəm], *s.* årtusinde.

millet ['milit], *s., bot.* hirse.

milliner ['milinə], *s.* modehandler; modist.

million ['miljən], *s.* million; **-aire** [₁miljə'nɛə], *s.* millionær.

mim|e [maim], *s., v. t. & i.* mime; **-ic** ['mimik], *s.* parodist; mimiker; (-ked), *v. t.* efterabe; parodiere; **-cry** ['mimikri], *s.* efterabelse.

min., (*fk.f.* minute(s); minimum).

mince [mins], *s., kul.* hakket kød; *v. t. & i.* hakke; tale el. gå affekteret; *don't ~ matters*, sig det lige ud; **-d** [-t], *adj. ~ meat*, hakket kød; **-meat**, *s.* blandede, tørrede frugter; ~ **pie**, *s.* tærte med *mincemeat*; **-r** [-ə], *s.* kødhakkemaskine.

mind [maind], *s.* sind; sindelag; tankegang; mening; lyst; sjæl; ånd; forstand; *v. t. & i.* passe; passe på; bryde sig om; have noget imod; *bear in ~*, *keep in ~*, huske på; *change one's ~*, skifte mening; *I don't ~ if I do*, ja, hvorfor ikke? *have a good ~ to*, have lyst til; *make up one's ~*, beslutte sig (til); *never ~ !* skidt med det! det gør ikke noget! *a piece of one's ~*, ren besked; *of the same ~*, enige; *out of one's ~*, fra forstanden; *to my ~*, efter min mening; *be in two -s*, tøve; være i syv

sind; **-ed** [-id], *adj.* interesseret; indstillet; **-sin**det; **-ful**, *adj. ~ of*, opmærksom på; **-less**, *adj. be ~ of*, ikke ænse.

mine [main], *s.* mine; grube; *pron.* min, mit, mine; *v. t.* udvinde; drive miner; udlægge miner i; **-r** [-ə], *s.* minearbejder.

mineral ['minərəl], *s.* mineral; *adj.* mineralsk; mineral-.

mingle [miŋgl], *v. t. & i.* blande (sig).

minim|ize ['minimaiz], *v. t.* reducere til det mindst mulige; bagatellisere; **-um** [-əm], *s.* minimum; *adj.* minimums-; minimal-; mindste-.

mining ['mainiŋ], *s.* minedrift; *adj.* mine-.

minion ['minjən], *s.* håndlanger.

minist|er ['ministə], *s.* minister; præst; *v. t. & i. ~ to*, hjælpe; sørge for; pleje; **-ry**, *s.* ministerium.

minium ['minjəm], *s.* mønje.

mink [miŋk], *s., zoo.* mink; nertz.

minor ['mainə], *s. & adj., jur.* mindreårig; umyndig; *s., mus.* mol; *adj.* mindre; underordnet; lille; **-ity** [mai'nɔriti], *s.* mindretal, minoritet.

minstrel ['minstrəl], *s.* skjald, sanger.

mint [mint], *s., bot.* mynte; pebermynte; mønt; *v. t.* præge; mønte.

minus ['mainəs], *s.* minus(tegn); *præp.* minus.

minute ['minit], *s.* minut; øjeblik; *just a ~ !* lige et øjeblik! ~ **hand**, *s.* minutviser; **-s**, *s. pl.* mødeprotokol; referat.

minute [mai'nju:t], *adj.* meget lille; nøjagtig; **-ly**, *adv.* minutiøst.

minx [miŋks], *s.* tøs.

miracle ['mirəkl], *s.* mirakel; **-ulous** [-'rækjuləs], *adj.* mirakuløs.

mirage ['mira:ʒ], *s.* fata morgana, luftspejling.

mire [maiə], *s.* sump, dynd, mudder; mose.

mirror ['mirə], *s.* spejl; *v. t.* (af)spejle.

mirth [mə:θ], *s.* munterhed, latter.

misadventure [,misəd'ventʃə], *s.* ulykke; uheld.

misapprehension [,misæpri'henʃn], *s.* misforståelse.

misappropriation [,misæprəupri'eiʃn], *s.* uretmæssig tilegnelse; underslæb.

misbehave [,misbi'heiv], *v. i.* være uartig; opføre sig dårligt.

miscarriage [mis'kæridʒ], *s.* abort; ~ *of justice*, justitsmord; **-y**, *v. i.* abortere; slå fejl.

miscellaneous [,misə'leinjəs], *adj.* blandet; diverse.

mischief ['mistʃif], *s.* fortræd, skade; spilopper; ~ -*maker*, *s.* urostifter; **-vous** [-vəs], *adj.* skadelig; ondsindet; drilagtig; skælmsk.

misdemeanour [,misdi'mi:nə], *s.* forseelse; lovovertrædelse.

miser ['maizə], *s.* gnier.

miserable ['mizrəbl], *adj.* elendig; ulykkelig; ynkelig; **-y** [-əri], *s.* elendighed; fortvivlelse.

misfire [mis'faiə], *v. i.* ikke gå af, klikke; sætte ud; mislykkes.

misfit ['misfit], *s.* ngt el. ngn der passer dårligt (sammen).

misfortune [mis'fɔ:tʃn], *s.* ulykke.

misgiving [mis'giviŋ], *s.* tvivl; betænkelighed; *-s*, *pl.* bange anelser.

mishap ['mishæp], *s.* lille uheld.

misinform [,misin'fɔ:m], *v. t.* fejlunderrette.

misinterpret [,misin'tə:prit], *v. t.* fejlfortolke.

misjudge [mis'dʒʌdʒ], *v. t.* fejlbedømme.

mislay [mis'lei], *v. t.* forlægge.

mislead [mis'li:d], *v. t.* vildlede; forlede.

misplace [mis'pleis], *v. t.* anbringe forkert.

misprint ['misprint], *s.* trykfejl.

Miss, miss [mis], *s.* frøken.

miss [mis], *s.* forbier, kikser; *v. t. & i.* savne; ikke ramme; ikke nå; forpasse; komme for sent til; forsømme; udelade; ikke opfatte; undgå; gå glip af; ~ *out*, springe over; ~ *out on*, U.S. gå glip af; **-ing**, *adj.* manglende; fraværende; savnet; *be* ~, savnes; mangle.

missile ['misail], *s.* projektil; missil, raket.

mission [miʃn], *s.* mission; opgave; ærinde; **-ary** [-ri], *s.* missionær.

missive ['misiv], *s.* skrivelse.

misspell [mis'spel], *v. t.* stave forkert.

mist [mist], *s.* tåge; dis; *v. t. & i. (~ over)*, dugge; sløre(s).

mistake [mi'steik], *s.* fejl(tagelse); misforståelse; (mistook, mistaken), *v. t. & i.* tage fejl af; forveksle;

misforstå; *make a* ~,
tage fejl, begå en fejl; **-n**,
adj. be ~, tage fejl; **-nly**
[-nli], *adv.* fejlagtigt.

mister ['mistə] (*fk.* Mr), *s.*
hr.

mistletoe ['mislteu], *s., bot.*
mistelten.

mistress ['mistris], *s.* el-
skerinde; frue; lærerin-
de; mester; herskerinde.

mistrust [mis'trʌst], *v. t.*
mistro.

misunderstand [ˌmisʌndə-
'stænd], *v. t.* misforstå.

misuse [mis'ju:s], *s.* mis-
brug.

mite [mait], *s., zoo.* mide;
lille smule; lille kræ.

mitigate ['mitigeit], *v. t.*
formilde; lindre.

mitre ['maitə], *s.* bispehue;
mek. gering; ~ *box*, skæ-
rekasse.

mitt(en) [mit(n)], *s.* luffe,
vante; **-s**, *pl.* bokse-
handsker.

mix [miks], *s.* blanding;
rod; *v. t. & i.* blande(s); ~
up, forveksle; blande
sammen; *get -ed up with*,
blive indblandet i; ~
with, omgås; blande sig
med; **-ed** [-t], *adj.* blan-
det; fælles; ~ *-up*, forvir-
ret; **-ture** [-tʃə], *s.* blan-
ding; *med.* mikstur; ~ *-
up*, *s.* roderi; forvirring.

moan [məun], *s.* klage;
stønnen; *v. i.* stønne, kla-
ge sig, jamre.

moat [məut], *s.* voldgrav.

mob [mɔb], *s.* pøbel; hob;
flok; *v. t.* overfalde i flok;
mobbe.

mobile ['məubail], *s.* uro,
mobile; *adj.* bevægelig;
kørende; ~ *home*, *s.* cam-
pingvogn brugt til bebo-
else.

mocha ['mɔkə], *s., kul.*
mocca.

mock [mɔk], *adj.* falsk,
uægte; fingeret; *v. t. & i.*
spotte; håne; latterliggø-
re; trodse; ~ *at*, gøre nar
af; **-ery**, *s.* spot; parodi;
-ing-bird, *s., zoo.* spotte-
fugl; ~ *turtle*, *s., kul.* for-
loren skildpadde.

mode [məud], *s.* måde;
mode; *mus.* toneart.

model [mɔdl], *s.* model;
forbillede; *adj.* mønster-
værdig, eksemplarisk;
model-; *v. t. & i.* modelle-
re, forme; stå model.

moderate ['mɔdərət], *adj.*
moderat; mådeholden;
rimelig; [-eit], *v. t. & i.*
moderere; dæmpe(s); be-
herske; **-ly**, *adv.* med
måde.

modern ['mɔdən], *adj.* mo-
derne; nutids-; ny; **-iza-
tion** [ˌmɔdənai'zeiʃn], *s.*
modernisering.

modest ['mɔdist], *adj.* be-
skeden; blufærdig; mo-
derat.

modify ['mɔdifai], *v. t.* (til)-
lempe; omdanne; modi-
ficere.

modulate ['mɔdjuleit], *v. t.
& i.* modulere.

module ['mɔdju:l], *s.* mo-
dul.

moist [mɔist], *adj.* fugtig;
-en [mɔisn], *v. t. & i.* fug-
te; blive fugtig; **-ure**
['mɔistʃə], *s.* fugtighed;
-urizer [-ʃəraizə], *s.* fug-
tighedscreme.

molar ['məulə], *s., anat.*
kindtand.

molasses [mə'læsiz], *s.,
kul.* sirup.

mole [məul], *s., zoo.* muld-
varp; mole; modermær-
ke; **-hill**, *s.* muldvarpe-
skud; *make a mountain
out of a* ~, gøre en myg til

en elefant.
molecule ['mɔlikjuːl], *s.*,
kem. molekyle.
molest [məˈlest], *v. t.* for-
ulempe; antaste.
mollify ['mɔlifai], *v. t.* blød-
gøre; formilde.
mollusc ['mɔləsk], *s.*, *zoo.*
bløddyr.
molten [məultn], *adj.* smel-
tet.
moment ['məumənt], *s.*
øjeblik; vigtighed; *just a
~ !* lige et øjeblik! *the ~*,
straks, i samme øjeblik;
-ary [-ri], *adj.* kortvarig;
forbigående; **-ous** [mə-
ˈmentəs], *adj.* skæbne-
svanger; betydningsfuld;
-um [məˈmentəm], *s.* fart;
fys. bevægelsesmængde;
impuls.
monarch ['mɔnək], *s.* her-
sker; fyrste; **-y**, *s.* monar-
ki; *absolute ~*, enevælde.
monastery ['mɔnəstri], *s.*
kloster.
Monday ['mʌnd(e)i], *s.*
mandag.
monetary ['mɔnitri], *adj.*
penge-; mønt-; valuta-.
money ['mʌni], *s.* penge;
make ~, tjene penge;
much ~, mange penge;
~ order, *s.* postanvis-
ning.
mongrel ['mʌŋgrəl], *s.*, *zoo.*
køter.
monitor ['mɔnitə], ordens-
duks; kontrolmodtager;
TV-skærm; *v. t.* overvå-
ge; aflytte.
monk [mʌŋk], *s.* munk.
monkey ['mʌŋki], *s.*, *zoo.*
abe; *~ wrench*, *s.*, *mek.* u-
niversalnøgle, svensk-
nøgle.
monochrome ['mɔnə-
krəum], *adj.* ensfarvet; *~
television*, sort-hvid TV.
monogram ['mɔnəgræm],

s. navnetræk; mono-
gram.
monologue ['mɔnəlɔg], *s.*
enetale.
monopolize [məˈnɔpəlaiz],
v. t. monopolisere; **få**
monopol på; **-y**, *s.* mono-
pol, eneret; matador-
(spil).
monosyllable ['mɔnəsilə-
bl], *s.* enstavelsesord.
monotonous [məˈnɔtənəs],
adj. ensformig, monoton.
monsoon [mɔnˈsuːn], *s.*
monsun; regntid.
monster ['mɔnstə], *s.* uhy-
re; monstrum; **-rosity**
[mɔnˈstrɔsiti], *s.* uhyre;
uhyrlighed; skrummel;
-rous ['mɔnstrəs], *adj.*
uhyre; afskyelig; uhyrlig.
month [mʌnθ], *s.* måned;
-ly, *s.* månedsblad; *adj.*
månedlig; måneds-.
monument ['mɔnjumənt],
s. mindesmærke; monu-
ment; **-al** [-ˈmentl], *adj.*
storslået.
mood [muːd], *s.* stemning;
humør; *in the ~ for*,
oplagt til; **-y**, *adj.* lune-
fuld; irritabel.
moon [muːn], *s.* måne;
-beam, *s.* månestråle;
-light, *s.* måneskin;
-lighting, *s.* måneskins-
arbejde; **-shine**, *s.* måne-
skin; hjemmebrændt
whisky; smuglersprit.
moor [muə], *s.* hede; *v. t.*
fortøje; **-age** [-ridʒ], *s.* for-
tøjning(splads); **-hen**, *s.*,
zoo. rørhøne.
moose [muːs], *s.*, *zoo.* elg.
moot [muːt], *adj.* omstridt;
kilden.
mop [mɔp], *s.* svaber, mop;
v. t. moppe; tørre.
mope [məup], *v. t.* hænge
med næbbet.
moped ['məuped], *s.* knal-

lert.

moral ['mɔrəl], *s.* morale; *adj.* moralsk; moral-; **-e** [mə'ra:l], *s.* (kamp)moral; **-ity** [-'ræliti], *s.* moral, dyd; **-s** [-z], *s. pl.* moral; sæder.

morass [mə'ræs], *s.* morads, sump.

morbid ['mɔ:bid], *adj.* sygelig; makaber.

more [mɔ:], *adj. & adv.* mere; flere; *no ~*, aldrig mere; ikke mere; *once ~*, en gang til; *~ or less*, mere eller mindre; **-over** [-'rəuvə], *adv.* desuden.

morgue [mɔ:g], *s.* lighus.

moribund ['mɔribʌnd], *adj.* døende.

morn [mɔ:n], *s., poet.* morgen.

morning ['mɔ:niŋ], *s.* morgen; formiddag; *in the ~*, om formiddagen; *this ~*, nu til morgen, i morges; *tomorrow ~*, i morgen formiddag; i morgen tidlig; *~ coat*, *s.* jaket.

moron ['mɔ:rɔn], *s.* sinke.

morose [mə'rəus], *adj.* gnaven.

morphia, morphine ['mɔ:-fiə, -fi:n], *s., med.* morfin.

morsel ['mɔ:sl], *s.* bid.

mortal ['mɔ:tl], *s.* menneske; dødelig; *adj.* dødelig; døds-; *T* forfærdelig; **-ity** [-'tæliti], *s.* dødelighed.

mortar ['mɔ:tə], *s.* mørtel; kalk; mortér; morter; **~ board**, *s.* mørtelbræt; akademisk hat.

mortgage ['mɔ:gidʒ], *s.* prioritet; pant; *v. t.* belåne, pantsætte; prioritere; **~ deed**, *s.* pantebrev.

mortician [mɔ:'tiʃn], *s., U.S.* bedemand.

mortification [,mɔ:tifi'kei-ʃn], *s.* krænkelse; sorg; skuffelse; ydmygelse.

mortuary ['mɔ:tʃuəri], *s.* lighus.

mosaic [mə'zeiik], *s.* mosaik.

Moscow ['mɔskəu], *s.* Moskva.

Moslem ['mɔzləm], *s.* muhamedaner; *adj.* muhamedansk.

mosque [mɔsk], *s.* moské.

mosquito [mə'ski:təu], *s., zoo.* moskito; myg.

moss [mɔs], *s., bot.* mos; **~ stitch**, *s.* perlestrikning; **-y**, *adj.* mosbegroet.

most [məust], *adj. & adv.* mest, det meste; flest; de fleste; særdeles; højst; yderst; *at (the) ~*, højst; **-ly**, *adv.* for det meste; hovedsagelig.

MOT, *(fk.f.* Ministry of Transport), trafikministeriet; *~ test*, tvungent årligt bilsyn.

motel [məu'tel], *s.* motel.

moth [mɔθ], *s., zoo.* møl; natsværmer; **~-ball**, *s.* mølkugle; **~-eaten**, *adj.* mølædt; **-proof**, *adj.* mølægte.

mother ['mʌðə], *s.* mor, moder; *v. t.* være (som en) mor for; **~-in-law** [-rinlɔ:], *s.* svigermor; **~-of-pearl**, *s.* perlemor; **~ tongue**, *s.* modersmål.

motif [məu'ti:f], *s.* motiv.

motion [məuʃn], *s.* bevægelse; tegn; forslag; *in ~*, i gang; *v. t. & i.* vinke (til), gøre tegn (til); **-less**, *adj.* ubevægelig; **~ picture**, *s.* film.

motiv|ate ['məutiveit], *v. t.* motivere; begrunde; **-ation** [-'veiʃn], *s.* motivering; **-e** ['məutiv], *s.* motiv, bevæggrund; *adj.* bevægende; driv-.

motley ['mɔtli], *adj.* broget;

spraglet; blandet.

motor ['məutə], *s.* bil; motor; *adj.* motor-; bil-; motorisk; ~ **bike**, ~ **cycle**, *s.* motorcykel; ~ **boat**, *s.* motorbåd; **-car**, *s.* bil; **-ing** [-riŋ], *s.* bilisme; bilkørsel; *adj.* bil-; ~ **vehicle**, *s.* motorkøretøj; ~ **way**, *s.* motorvej.

mottled [mɔtld], *adj.* marmoreret, spraglet.

motto ['mɔtəu], *s.* valgsprog, motto.

mould [məuld], *s.* (stø-be)form; skabelon; *bot.* skimmel, mug; muld; *v. t.* forme; støbe; mugne; **-ing**, *s.* støbning; pynteliste; **-y**, *adj.* muggen.

mound [maund], *s.* jordhøj; vold.

mount [maunt], *s.* bjerg; fjeld; indfatning; ramme; *zoo.* ridehest; *v. t. & i.* stige, vokse; bestige; indfatte; montere; anbringe; beslå; **-ed** [-id], *adj.* ridende, til hest; **-ing**, *s.* montering; opklæbning; indfatning.

mountain ['mauntin], *s.* bjerg; ~ **ash**, *s.*, *bot.* røn; **-eer** [-'niə], *s.* bjergbestiger; **-ous** [-əs], *adj.* bjergrig; ~ **range**, *s.* bjergkæde.

mountebank ['mauntibæŋk], *s.* charlatan.

mourn [mɔ:n], *v. t. & i.* sørge (over); **-er**, *s.* sørgende; **-ing**, *s.* sørgedragt, sorg.

mouse [maus] (*pl.* mice), *s.*, *zoo.* mus; **-trap**, *s.* musefælde.

moustache [mə'sta:ʃ], *s.* overskæg.

mouth [mauθ], *s.*, *anat.* mund; munding; åbning; *by word of* ~, mundtlig;

-ful, *s.* mundfuld; ~ **organ**, *s.*, *mus.* mundharmonika; **-piece**, *s.* mundstykke; pibespids; telefontragt.

movable ['mu:vəbl], *adj.* bevægelig, flytbar; **-s**, *pl.* løsøre.

move [mu:v], *s.* bevægelse; skridt; træk; *v. t.* flytte (sig); bevæge (sig); sætte i gang; færdes; røre, bevæge; foreslå; *on the* ~, på farten; *get a* ~ *on*, få fart på; **-ment**, *s.* bevægelse; *mus.* sats.

movie ['mu:vi], *s.*, *U.S.* film; biograf; *go to the -s*, gå i biografen.

moving ['mu:viŋ], *adj.* bevægende; ~ **staircase**, rulletrappe.

mow [məu] (mowed, mown), *v. t. & i.* slå; meje; **-er**, *s.* (græs)slåmaskine.

M.P. ['em'pi:], (*fk.f.* Member of Parliament; Military Police).

m.p.g., (*fk.f.* miles per gallon), *sv.t.* km/l.

m.p.h., (*fk.f.* miles per hour), *sv.t.* km/t.

Mr ['mistə] (*fk.f.* mister), *s.* hr.

Mrs ['misiz], *s.* fru.

Ms [miz], *s.* fr., (fællesbetegnelse for fru og frøken).

M.Sc., (*fk.f.* Master of Science), *s. d.*

much [mʌtʃ], *adj. & adv.* megen; meget; langt; absolut; ~ *the same*, omtrent det samme; *he said as* ~, det var netop hvad han sagde; *I thought as* ~, jeg tænkte det jo nok.

muck [mʌk], *s.* møg; *v. i.* ~ *about (with)*, rode med; nusse omkring; *v. t.* ~ *up*, ødelægge, spolere.

mucous ['mjuːkəs], *adj.* slimet; ~ **membrane**, *s.*, *anat.* slimhinde; **-us** [-əs], *s.* slim.

mud [mʌd], *s.* mudder, dynd; **-guard**, *s.* stænkeskærm; **-slinging**, *s.*, *T* bagtalelse.

muddle [mʌdl], *s.* kludder; roderi; *v. t.* ~ *(up)*, forvirre; forkludre; *in a* ~, forvirret.

muff [mʌf], *s.* muffe; *v. t.* forkludre.

muffin ['mʌfin], *s.*, *kul.* tebolle.

muffle [mʌfl], *v. t.* dæmpe; indhylle; **-r** [-ə], *s.* halstørklæde; lyddæmper.

mug [mʌg], *s.* krus; *S* tåbe; fjæs; **-ging**, *s.* røverisk overfald; **-gy**, *adj.* lummer, fugtig.

mulatto [mjuˈlætəu], *s.* mulat.

mulberry ['mʌlbəri], *s.*, *bot.* morbær(træ).

mule [mjuːl], *s.*, *zoo.* muldyr; tøffel.

multifarious [ˌmʌltiˈfɛəriəs], *adj.* mangfoldig; **-form**, *adj.* mangeartet; **-lateral** [-ˈlætərəl], *adj.* flersidig; mangesidet; **-ple** [-pl], *s.* mangefold; *adj.* mangfoldig; ~ *store*, kædeforretning; **-plication** [-pliˈkeiʃn], *s.* multiplikation; mangfoldiggørelse; **-plicity** [-ˈplisiti], *s.* mangfoldighed; **-ply** [-plai], *v. t. & i.* multiplicere, gange; mangfoldiggøre; forøge; formere (sig); **-storey**, *adj.* fleretages; ~ *carpark*, parkeringshus; **-tude** [-tjuːd], *s.* mængde; vrimmel.

mum [mʌm], *s.*, *T* mor; *adj.*, *S* tavs; ~ *'s the word!* ikke et ord!

mumble [mʌmbl], *s.* mumlen; *v. i.* mumle.

mummery ['mʌməri], *s.* pantomime; *fig.* tom komedie.

mummify ['mʌmifai], *v. t.* balsamere; mumificere; **-y**, *s.* mumie.

mummy ['mʌmi], *s.*, *T* mor.

mumps [mʌmps], *s.*, *med.* fåresyge.

munch [mʌntʃ], *v. t. & i.* gnaske, tygge.

mundane ['mʌndein], *adj.* verdslig.

municipal [mjuˈnisipl], *adj.* kommune-; by-; kommunal; ~ *town*, købstad; **-ity** [-ˈpæliti], *s.* kommune; magistrat.

munitions [mjuˈniʃnz], *s. pl.* krigsmateriel.

mural ['mjuərəl], *s.* vægmaleri; *adj.* væg-; mur-.

murder ['məːdə], *s.* mord; *v. t.* myrde; **-er** [-rə], *s.* morder.

murky ['məːki], *adj.* mørk, skummel.

murmur ['məːmə], *s.* mumlen; *v. i.* mumle; knurre; bruse.

muscle [mʌsl], *s.*, *anat.* muskel; muskelkraft; **-ular** ['mʌskjulə], *adj.* muskuløs; muskel-.

muse [mjuːz], *v. i.* gruble, fundere.

museum [mjuˈziəm], *s.* museum; ~ **piece**, *s.* museumsgenstand.

mush [mʌʃ], *s.* grød; blød masse; *fig.* sentimentalitet.

mushroom ['mʌʃrum], *s.*, *bot.* paddehat; svamp; champignon; *v. i.* skyde op og brede sig som paddehatte.

music ['mjuːzik], *s.* musik; noder; **-al** [-l], *s.* musical, operette; *adj.* musikalsk; musik-; ~ *box, s.* spilledåse; ~ *instrument, s.* musikinstrument; ~ **hall,** *s.* varieté; **-ian** [mju-'ziʃn], *s.* musiker.

musk [mʌsk], *s.* moskus.

mussel [mʌsl], *s., zoo.* musling.

must [mʌst], *s.* absolut nødvendighed; (must), *v. aux.* må; måtte; skal; skulle; er (var) nødt til.

mustard ['mʌstəd], *s., kul.* sennep.

muster ['mʌstə], *s.* mønstring; *v. t.* samle; mønstre; opdrive; *pass* ~, gå an, passere.

musty ['mʌsti], *adj.* muggen.

muta|ble ['mju:təbl], *adj.* foranderlig; **-tion** [mju-'teiʃn], *s.* mutation.

mute [mju:t], *s.* stum person; *gram.* stumt bogstav; *mus.* sordin, dæmper; *adj.* stum; *v. t., mus.* dæmpe.

mutilate ['mju:tileit], *v. t.* lemlæste; skamfere.

mutiny ['mju:tini], *s.* mytteri; *v. i.* gøre mytteri.

mutter ['mʌtə], *v. i.* mumle; brumme.

mutton [mʌtn], *s., kul.* fårekød; ~ **-head,** *s.* dumrian.

mutual ['mju:tʃuəl], *adj.* gensidig; indbyrdes; fælles.

muzzle [mʌzl], *s.* snude; mule; mundkurv; munding; *v. t.* give mundkurv på.

my [mai], *pron.* min, mit, mine; *int.* ih du store!

myopia [mai'əupiə], *s., med.* nærsynethed.

myriad ['miriəd], *s.* utal.

myrrh [mə:], *s., bot.* myrra.

myrtle [mə:tl], *s., bot.* myrte.

myself [mai'self], *pron.* jeg selv; selv; mig; *by* ~, alene.

myster|ious [mi'stiəriəs], *adj.* gådefuld, mystisk; **-y** ['mistri], *s.* gåde; mysterium.

mysti|c ['mistik], *s.* mystiker; *adj.* mystisk; **-cism** [-sizm], *s.* mystik; **-fy** [-fai], *v. t.* mystificere.

myth [miθ], *s.* myte; sagn; **-ology** [mi'θɔlədʒi], *s.* mytologi.

nab [næb], *v. t., S* nappe, snuppe; arrestere.

nag [næg], *s.* krikke; øg; *v. t.* ~ *at,* plage; hakke på; skænde på; **-ging,** *adj.* nagende; murrende.

nail [neil], *s.* negl; søm; *v. t.* sømme; nagle; *S* fange; „negle"; ~ **polish,** ~ **var- nish,** *s.* neglelak; ~ **scis- sors,** *s. pl.* neglesaks.

naïve [na:'i:v], *adj.* naiv; troskyldig.

naked ['neikid], *adj.* nøgen; bar; blottet; utilsløret.

namby-pamby ['næmbi-'pæmbi], *s., T* blødsøden person; *adj.* blødsøden; sentimental.

name [neim], *s.* navn; ry, berømmelse; berømt person; *v. t.* nævne; kalde; opkalde; bestemme; udnævne; *his* ~ *is,* han hedder; *call -s,* skælde ud; **-ly,** *adv.* nemlig; **-sake,** *s.* navnefælle.

nanny ['næni], *s.* barnepige; ~ **goat,** *s., zoo.* hunged.

nap [næp], *s.* blund; lur; *catch sby -ping,* overrumple en;

nape [neip], *s., anat. the* ~

of the neck, nakken.

nap|kin ['næpkin], *s.* serviet; ble; **-py,** *s.,* *T* ble.

narcotic [‚na:'kɔtik], *s. & adj.* bedøvende (middel); **-s,** *pl.* narkotika.

nark [na:k], *s., S* stikker; *v. t.* angive, stikke; irritere.

narrat|e [nə'reit], *v. t.* berette; fortælle; **-ive** ['nærətiv], *s.* fortælling; *adj.* fortællende; **-or** [-'reitə], *s.* fortæller.

narrow ['nærəu], *adj.* smal; snæver; trang; kneben; smålig; nøje; ~ **-minded,** *adj.* snæversynet.

nasal [neizl], *adj.* nasal; snøvlende.

nascent [næsnt], *adj.* opdukkende; begyndende.

nasty ['na:sti], *adj.* ækel; væmmelig; grim; styg.

natal [neitl], *adj.* føde-, fødsels-;

nation [neiʃn], *s.* nation; folk; **-al** ['næʃnl], *s.* statsborger; *adj.* lands-; folke-; stats-; national; landsdækkende; *N~ Health (Service),* sygesikringen; *N~ Insurance,* syge- og arbejdsløshedsforsikring; **-wide,** *adj.* landsomfattende.

nativ|e ['neitiv], *s.* indfødt; *adj.* indfødt; hjem-; føde-; medfødt; hjemmehørende; ~ **country,** *s.* fædreland; **-ity** [nə'tiviti], *s.* fødsel; *the N~,* Kristi fødsel.

natter ['nætə], *v. i.* snakke; mukke.

natty ['næti], *adj., S* net, fiks, smart.

natural ['nætʃrəl], *adj.* naturlig; natur-; selvfølgelig; medfødt; ~ **history,** *s.* naturhistorie; ~ **sci-**

ence, *s.* naturvidenskab; **-ize** [-aiz], *v. t.* give statsborgerret; integrere; akklimatisere; **-ly,** *adv.* naturligt; naturligvis; af naturen.

nature ['neitʃə], *s.* natur; naturen; art; slags; beskaffenhed; *by* ~ , af naturen; *in the* ~ *of,* i retning af.

naughty ['nɔ:ti], *adj.* uartig.

nausea ['nɔ:siə], *s.* kvalme; væmmelse; **-te** [-eit], *v. t.* give kvalme.

nautical ['nɔ:tikl], *adj.* sø-; nautisk; sømands-; ~ **mile,** *s.* sømil.

naval [neivl], *adj.* flåde-; sø-.

nave [neiv], *s.* nav; *arkit.* kirkeskib.

navel [neivl], *s., anat.* navle.

naviga|ble ['nævigəbl], *adj.* farbar, sejlbar; **-te,** *v. t. & i.* sejle; besejle; navigere; styre.

navvy ['nævi], *s.* jord- og betonarbejder.

navy ['neivi], *s.* flåde; marine.

near [niə], *adj.* nær; *adv. & præp.* nær; nær ved; i nærheden (af); *the N~ East,* Den nære Orient; **-by,** *adv.* nærliggende; **-ly,** *adv.* omtrent; næsten; nær(t); *not* ~ , langt fra; **-sighted,** *adj.* nærsynet.

neat [ni:t], *adj.* net, proper; ordentlig; pæn, nydelig; fiks, behændig; flink; ublandet.

necess|arily [‚nesə'serəli], *adv.* nødvendigvis; **-ary** ['nesəsri], *adj.* nødvendig; **-aries of life,** livsfornødenheder; **-ity** [ni'sesiti], *s.* nødvendighed; nød; fornødenhed.

neck [nek], *s., anat.* hals; *v. i., S* kæle; **-lace** [-ləs], *s.* halskæde; halsbånd; **-tie,** *s.* slips.

née [nei], *adj.* født; *Mrs X,* ~ *Y,* fru X, født Y.

need [ni:d], *s.* brug; behov; nødvendighed; mangel; nød; savn; *v. t. & i.* behøve; være nødt til; trænge til; *there's no* ~, der er ingen grund til; det behøves ikke; *be in* ~ *of,* mangle; **-ful,** *adj.* nødvendig; fornøden; **-less,** *adj.* unødvendig; overflødig; **-s,** *adv.* nødvendigvis; absolut; **-y,** *adj.* trængende.

needle [ni:dl], *s.* nål; synål; stift; viser; kanyle; *v. t.* stikke til, drille; tirre; *knitting* ~, *s.* strikkepind; **-work,** *s.* håndarbejde; broderi; sytøj.

ne'er-do-well ['nɛədu:wel], *s.* døgenigt.

negative ['negətiv], *s.* benægtelse; afslag; negativ; *adj.* negativ; (be)nægtende; *v. t.* forkaste, stemme ned; afslå; modbevise; *in the* ~, benægtende.

neglect [ni'glekt], *s.* forsømmelse; vanrøgt; ligegyldighed; *v. t.* forsømme; negligere.

neglig|ence ['neglidʒəns], *s.* forsømmelighed; uagtsomhed; skødesløshed; **-ent,** *adj.* skødesløs; efterladende; **-ible** [-dʒəbl], *adj.* ubetydelig; forsvindende lille.

negotia|ble [ni'gəuʃəbl], *adj.* som der kan forhandles om; farbar; som kan klares; **-te** [-ʃieit], *v. t. & i.* forhandle (om); om-

sætte; bringe i stand; (af)slutte; klare; **-tion** [-ʃi'eiʃn], *s.* forhandling.

negr|ess ['ni:gres], *s.* negerinde; **-o** ['ni:grəu], *s.* neger.

neigh [nei], *v. i.* vrinske.

neighbour ['neibə], *s.* nabo; sidemand; næste; **-hood,** *s.* nabolag; kvarter; nærhed; **-ing** [-riŋ], *adj.* nærliggende; nabo-; **-ly,** *adj.* elskværdig, omgængelig; nabo-.

neither ['neiðə], *adj., adv. & pron.* ingen; ingen af delene; *konj.* heller ikke; ~ .. *nor,* hverken .. eller.

neo- ['ni:əu], *adj.* neo-; ny.

neon ['ni:ən], *s.* neon; ~ *light, s.* neonlys; ~ *sign, s.* lysreklame.

nephew ['nefju:], *s.* nevø.

nerv|e [nə:v], *s., anat.* nerve; *fig.* mod; frækhed; *v. t.* ~ *oneself for,* samle mod til; *have the* ~ *to,* have mod til at; være fræk nok til at; **-ous** [-əs], *adj.* nervøs; nerve-; ~ *breakdown, s., med.* nervesammenbrud; **-y,** *adj., T* nervøs; fræk.

nescience ['nesiəns], *s.* uvidenhed.

ness [nes], *s.* forbjerg; næs.

nest [nest], *s.* rede; *v. t. & i.* bygge rede; søge efter fuglereder; ~ **egg,** *s., fig.* spareskilling.

nestle [nesl], *v. t. & i.* putte (sig) ind til.

net [net], *s.* net; garn; *adj.* netto; *v. t.* fange i net; *merk.* tjene netto.

nether ['neðə], *adj.* nedre; under-.

nettle [netl], *s., bot.* (brænde)nælde; *v. t.* irritere, ærgre; tirre; ~ **rash,** *s.,* *med.* nældefeber.

network ['netwə:k], *s.* net; netværk; kæde.

neuralgia [nju'rældʒə], *s., med.* nervesmerter, neuralgi.

neurotic [njuə'rɔtik], *s., med.* neurotiker; *adj.* neurotisk.

neuter ['nju:tə], *s., gram.* intetkøn, neutrum.

neutral ['nju:trəl], *s., mek.* frigear; *adj.* neutral; **-ity** [nju'træliti], *s.* neutralitet; **-ize** ['nju:trəlaiz], *v. t.* neutralisere; ophæve; modvirke.

never ['nevə], *adv.* aldrig; ~ *mind!* skidt med det! *well, I* ~ *!* nu har jeg hørt det med! ~ - ~ , *s.* drømmeland; *buy on the* ~ - ~ , *T* købe på afbetaling; **-theless,** *adv. & konj.* ikke desto mindre.

new [nju:], *adj.* ny; frisk; moderne; *N~ Year,* nytår; **-ly-weds,** *s. pl.* nygifte; brudepar.

news [nju:z], *s.* nyhed(er); *the* ~ , radioavisen, tvavisen; *a piece of* ~ , en nyhed; ~ **agency,** *s.* telegrambureau; **-agent,** *s.* bladhandler; **-paper,** *s.* avis; blad; **-print,** *s.* avispapir; **-reel,** *s.* filmsjournal; ugerevy; **-sheet,** *s.* løbeseddel; **-stand,** *s.* aviskiosk.

newt [nju:t], *s., zoo.* salamander.

next [nekst], *adj.* næste; nærmest; nabo-; *adv.* derefter; så; *they live* ~ *door,* de bor ved siden af; *what* ~ *?* hvad nu? nu har jeg hørt det med! ~ **-of-kin,** *s.* nærmeste pårørende.

N.H.S., *(fk.f.* National

Health Service), *sv. t.* sygesikringen.

nibble [nibl], *v. t.* ~ *at,* nippe til.

nice [nais], *adj.* pæn; rar; flink; dejlig; tiltalende; **-ty** [-əti], *s.* nøjagtighed; *to a* ~ , på en prik.

nick [nik], *s.* snit; hak; skår; kærv; *v. t.* snitte; hugge; *in the* ~ , *S* i spjældet; *in the* ~ *of time,* i sidste øjeblik.

nickel [nikl], *s.* nikkel; *U.S.* femcentstykke.

nickname ['nikneim], *s.* øgenavn.

niece [ni:s], *s.* niece.

niggardly ['nigədli], *adj.* nærig.

niggle [nigl], *v. i.* ~ *(at),* nusse (med); hakke (på).

nigh [nai], *adv. & adj., gl. & poet.* nær; næsten.

night [nait], *s.* nat; aften; *at* ~ , om natten; *last* ~ , i går aftes; *stay the* ~ , overnatte; **-cap,** *s.* nathue; godnatdrink; ~ **-dress,** ~ **-gown,** *s.* natkjole; **-fall,** *s.* mørkets frembrud; **-ie** [-i], *s., T* natkjole; **-ingale** [-iŋgeil], *s., zoo.* nattergal; **-mare,** *s.* mareridt; **-shade,** *s., bot.* natskygge; **-shift,** *s.* nathold; ~ **-shirt,** *s.* natskjorte; ~ **watchman,** *s.* natvægter.

nil [nil], *s.* nul.

nimble [nimbl], *adj.* adræt; kvik; rap.

nincompoop ['niŋkəmpu:p], *s.* fjols.

nine [nain], *num.* ni; ~ **-pin,** *s.* kegle; **ninth** [nainθ], *s.* niendedel; *num.* niende.

nineteen ['nainti:n], *num.* nitten.

ninety ['nainti], *num.* halv-

fems.
ninny ['nini], *s.* dumrian.
nip [nip], *s.* nap; bid; slurk,
tår; *v. t. & i.* nappe; nive;
klemme; svide;. nippe;
skynde sig; smutte; *fig.* ~
in the bud, kvæle i føds-
len; *there's a* ~ *in the air,*
der er frost i luften; **-py,**
adj. rap; adræt; skarp,
bidende.
nipple [nipl], *s., anat.*
brystvorte.
nitric ['naitrik], *adj., kem.*
~ *acid,* salpetersyre.
nitrogen ['naitrədʒən], *s.,*
kem. kvælstof.
nitwit ['nitwit], *s.* fjols; tåbe.
No. ['nʌmbə], (*fk.f.* num-
ber), nummer, nr.
no [nəu], *adv. & pron.* nej;
ikke; ingen, intet; ~
more, ikke mere; aldrig
mere.
nob [nɔb], *s., S* burgøjser;
the -s, de fine.
nobility [nə'biliti], *s.* adel.
noble [nəubl], *adj.* ædel;
fornem; distingveret;
prægtig; adelig; **-man**
[-mən], *s.* adelsmand.
nobody ['nəubədi], *s. &*
pron. ingen; *a* ~, et rent
nul.
nocturnal [nɔk'tə:nl], *adj.*
natlig; natte-; nat-.
nod [nɔd], *s.* nik; *v. i.* nik-
ke; *-ding acquaintance,*
flygtigt bekendtskab.
node [nəud], *s.* knude;
knudepunkt.
nois|e [nɔiz], *s.* støj; lyd;
spektakel; *a big* ~, *S* en
stor kanon; **-y,** *adj.* lar-
mende, støjende.
nomad ['nəuməd], *s.* no-
made.
nomina|l ['nɔminl], *adj.* no-
minel; ubetydelig; ~ *val-*
ue, pålydende værdi; **-te**
[-eit], *v. t.* nominere; ud-

nævne; indstille.
non-alcoholic ['nɔnælkə-
'hɔlik], *adj.* alkoholfri.
nonchalant ['nɔnʃələnt],
adj. uinteresseret; skø-
desløs.
non-commissioned ['nɔn-
kə'miʃnd], *adj.* ~ *officer,*
mil. underofficer.
non-committal ['nɔnkə-
'mitl], *adj.* uforbindende;
forbeholden.
non-conductor ['nɔnkən-
'dʌktə], *s., elek.* isolator.
non-conformist ['nɔnkən-
'fɔ:mist], *s.* frikirkelig
person.
nondescript ['nɔndiskript],
adj. ubestemmelig.
none [nʌn], *pron.* ingen;
ikke nogen; intet; *it's* ~
of your business, det
kommer ikke dig ved; ~
the less, ikke desto min-
dre; *I was* ~ *the wiser,* jeg
blev ikke spor klogere; ~
too good, ikke særlig god.
nonentity [nɔ'nentiti], *s.*
nul; ubetydelighed; fan-
tasifoster.
nonesuch ['nʌnsʌtʃ], *s.*
uforlignelig person el.
ting.
nonfiction ['nɔnfikʃn], *s.*
faglitteratur; sagprosa.
noniron ['nɔnaiən], *adj.*
strygefri.
nonplus [,nɔn'plʌs], *v. t.*
gøre rådvild; forbløffe.
nonprofit ['nɔnprɔfit], *adj.*
almennyttig; som ikke
giver overskud.
nonsens|e ['nɔnsns], *s.*
vrøvl; sludder; pjat; *what*
utter ~ *!* det er det værste
sludder! *talk* ~, vrøvle;
-ical [-'sensikl], *adj.* me-
ningsløs, tåbelig.
nonsmoker ['nɔnsməukə],
s. ikke-ryger(kupé).
non-stick [nɔn'stik], *adj.*

slip-let.

nonstop ['nɔn'stɔp], *adj.*
uden ophold; ~ *train*,
gennemkørende tog.

non-U ['nɔn'juː], *adj.* ikke
tilhørende overklassen;
udannet.

non-union ['nɔn'juːnjən],
adj. ~ *labour*, uorganise-
ret arbejdskraft.

non-violence ['nɔn'vaiə-
ləns], *s.* ikke-vold.

noodle [nuːdl], *s.*, *kul.* nu-
del; *T* tossehoved.

nook [nuk], *s.* krog, hjørne.

noon [nuːn], *s.* middag, kl.
12.

noose [nuːs], *s.* løkke.

nor [nɔː], *konj.* heller ikke;
ej heller; neither .. ~,
hverken .. eller.

Nordic ['nɔːdik], *adj.* nor-
disk.

norm [nɔːm], *s.* norm; **-al**
[-l], *adj.* normal; *back to*
~, som det plejer.

Norman ['nɔːmn], *s.* nor-
manner; *adj.* norman-
nisk. **-dy**, *s.* Normandiet.

Norse [nɔːs], *adj.*, *hist.*
norsk; nordisk; *Old* ~,
oldnordisk; **-man** [-mən],
s., *hist.* nordbo.

north [nɔːθ], *s.* nord; *adj.*
nord-; nordlig; *adv.* mod
nord, nordpå; *the N*~,
Norden; *U.S.* nordstater-
ne; *the N*~ *Sea*, Nord-
søen, Vesterhavet; **-erly**
['nɔːðəli], *adj.* & *adv.*
nordlig; mod nord; **-ern**
['nɔːðən], *adj.* nordisk;
nordlig.

Norway ['nɔːwei], *s.* Norge;
-wegian [-'wiːdʒən], *s.*
nordmand; norsk; *adj.*
norsk.

nose [nəuz], *s.* næse; snu-
de; tud; lugtesans; *v. t. &*
i. lugte, vejre; snuse; ~
out, opsnuse; *blow one's*
~, pudse næse; *look*
down one's ~ *at*, se ned
på; *turn up one's* ~ *at*,
rynke på næsen af; *pay*
through the ~, betale i
dyre domme; ~**-bag**, *s.*
mulepose; **-bleed**, *s.* næ-
seblod; **-gay**, *s.* buket.

nostalgia [nɔ'stældʒə], *s.*
hjemve; nostalgi.

nostril ['nɔstril], *s.*, *anat.*
næsebor.

nosy ['nəuzi], *adj.* nysger-
rig; *N*~ *Parker*, *T* nys-
gerrigper.

not [nɔt], *adv.* ikke; ~ *at*
all, slet ikke; åh jeg be'r!

notable ['nəutəbl], *s.* nota-
bilitet; *adj.* bemærkel-
sesværdig; mærkbar; **-y**,
adv. især; navnlig.

notch [nɔtʃ], *s.* hak; ind-
snit.

note [nəut], *s.* optegnelse;
notat; note; seddel; *mus.*
node; tone; *(bank-~)*
pengeseddel; *v. t.* lægge
mærke til; bemærke;
tage notits af; notere sig;
a person of ~, en betyd-
ningsfuld person; **-book**,
s. notesbog; **-pad**, *s.* no-
tesblok; **-paper**, *s.* brev-
papir; **-worthy**, *adj.* be-
mærkelsesværdig.

nothing ['nʌθiŋ], *s. & pron.*
ingenting; intet; nul; ~
but, ikke andet end; kun;
~ *doing!* du kan tro nej! *I*
can make ~ *of it*, jeg kan
ikke forstå det; *for* ~,
gratis; forgæves; uden
grund; *there's* ~ *for it but*
to, der er ikke andet at
gøre end at; *it came to* ~,
det blev ikke til noget;
there's ~ *to it*, det er let
nok.

notice ['nəutis], *s.* medde-
lelse; notits; bekendtgø-
relse; opslag; opmærk-

somhed; opsigelse; *v. t.*
lægge mærke til; tage no-
tits af; bemærke; *give ~*,
sige op; *take no ~ of him*,
tag dig ikke af ham; *at
short ~*, med kort varsel;
-able [-əbl], *adj.* bemær-
kelsesværdig; mærkbar;
~ board, s. opslagstavle.
notify ['nəutifai], *v. t.* un-
derrette; bekendtgøre;
anmelde.
notion [nəuʃn], *s.* begreb;
idé; forestilling; *I haven't
a ~*, jeg har ingen anelse.
notori|ety [,nəutə'raiəti], *s.*
kendt person; **-ous** [nəu-
'tɔ:riəs], *adj.* berygtet; no-
torisk.
notwithstanding [,nɔtwið-
'stændiŋ], *adv., præp. &
konj.* (til) trods (for); ikke
desto mindre; uanset.
nought [nɔ:t], *s.* intet; nul;
come to ~, ikke blive til
noget; *~ point nine (0.9)*,
nul komma ni (0,9).
noun [naun], *s., gram.* nav-
neord, substantiv.
nourish ['nʌriʃ], *v. t.* ernæ-
re; nære; **-ment**, *s.* næ-
ring.
novel [nɔvl], *s.* roman; *adj.*
ny; ualmindelig; **-ty**, *s.*
nyhed.
November [nəu'vembə], *s.*
november.
novice ['nɔvis], *s.* begyn-
der.
now [nau], *adv.* nu; *~ and
then, ~ and again*, nu og
da, af og til; **-adays** [-ə-
deiz], *adv.* nutildags.
nowhere ['nəuwɛə], *adv.*
ingen steder; intetsteds.
noxious ['nɔkʃəs], *adj.* ska-
delig; usund.
nozzle [nɔzl], *s.* tud; mund-
stykke; dyse; *spray ~*,
strålespids.
nub [nʌb], *s.* klump; kerne,

hovedpunkt.
nucle|ar ['nju:kliə], *adj.*
kerne-; atom-; *~ phys-
ics, s. pl.* atomfysik; *~
power, s.* atomkraft; *~
plant, ~ station, s.* atom-
kraftværk; **-us** [-əs], *s.*
kerne; grundstamme.
nude [nju:d], *s.* nøgen fi-
gur; nøgenmodel; *adj.*
nøgen; blottet; *in the ~*,
nøgen.
nudge [nʌdʒ], *v. t.* puffe til.
nugget ['nʌgit], *s.* (guld)-
klump.
nuisance ['nju:sns], *s.* pla-
ge; ubehagelighed; ulem-
pe; gene; irritationsmo-
ment; *what a ~!* hvor
irriterende!
nuke [nju:k], *s., U.S., S*
atomvåben.
null [nʌl], *s.* ugyldig; vær-
diløs; *~ and void, jur.*
ugyldig.
numb [nʌm], *adj.* stiv; fø-
lelsesløs; *fig.* lammet; *v. t.*
gøre følelsesløs; lamme.
number ['nʌmbə], *s.* num-
mer; tal; antal; *v. t. & i.*
nummerere; regne; tæl-
le, beløbe sig til; *look
after ~ one, T* mele sin
egen kage; *his ~ is up*,
det er ude med ham;
-less, *adj.* talløs; utallig;
-s, *s. pl.* regning; *N~ s*, 4.
Mosebog.
numer|al ['nju:mərəl], *s.* tal;
talord; **-ically** [-'merikli],
adv. talmæssigt; **-ous**
['nju:mərəs], *adj.* tal-
stærk; talrig.
numismatist [nju:'mizmə-
tist], *s.* møntsamler, nu-
mismatiker.
numskull ['nʌmskʌl], *s.*
kvajhoved, fæ.
nun [nʌn], *s.* nonne; **-nery**,
s. nonnekloster.
nuptial ['nʌpʃl], *adj.* bryl-

lups-; ægteskabelig.

nurse [nə:s], s. barnepige; barneplejerske; amme; v. t. & i. amme; pleje, passe; pusle om; værne om; nære; **-maid,** s. barnepige; **-ry** [-əri], s. børneværelse; planteskole; ~ *garden,* s. planteskole; ~ *rhyme,* s. børnerim; ~ *school,* s. børnehave-(klasse); **nursing** ['nə:-siŋ], s. sygepleje; barnepleje; ~ *home,* s. plejehjem; privatklinik.

nurture ['nə:tʃə], v. t. nære; opfostre.

nut [nʌt], s., *bot.* nød; *mek.* møtrik; **-cracker,** s. nøddeknækker; **-hatch,** s., *zoo.* spætmejse; ~ **-house,** s., S galeanstalt; **-meg,** s., *bot.* muskat(nød); **-s,** adj., S skør; vrøvl! **-shell,** s. nøddeskal.

nutrilent ['nju:triənt], s. næringsstof; adj. nærende; **-tion** [-'triʃn], s. ernæring; **-tive,** adj. nærende, nærings-.

nuzzle [nʌzl], v. t. & i. trykke snuden mod; ~ *up,* putte sig ind.

nymph [nimf], s. nymfe; puppe.

oaf [əuf], s. fjols.

oak [əuk], s., *bot.* eg(etræ); **-en** [-n], adj. ege-.

OAP, *(fk.f.* old-age pensioner), pensionist.

oar [ɔ:], s. åre.

oasis [əu'eisis] *(pl.* oases), s. oase.

oath [əuθ], s. ed; bandeord.

oatmeal ['əutmi:l], s., *kul.* havregryn.

oats [əuts], s. *pl.* havre; *sow one's wild* ~, løbe

hornene af sig.

obdurate ['ɔbdjurət], adj. stædig; forstokket.

obedien|ce [ə'bi:djəns], s. lydighed; **-t,** adj. lydig.

obes|e [əu'bi:s], adj. smækfed; **-ity,** s. fedme.

obey [ə'bei], v. t. & i. adlyde.

obituary [ə'bitjuəri], s. nekrolog.

object ['ɔbdʒikt], s. genstand; hensigt, (for)mål; *gram.* objekt, genstandsled; [əb'dʒekt], v. t. & i. gøre indvendinger; indvende; ~ *to,* ikke kunne lide; protestere imod; **-ion** [-'dʒekʃn], s. indvending; protest; **-ionable** [-'dʒekʃnəbl], adj. stødende; ubehagelig; **-ive** [-'dʒektiv], s. mål; *fot.* objektiv; adj. saglig, objektiv; **-or** [-'dʒektə], s. modstander; *conscientious* ~, s. militærnægter.

obligat|ion [ˌɔbli'geiʃn], s. forpligtelse; taknemmelighedsgæld; **-ory** [ə'bligətri], adj. obligatorisk.

oblig|e [ə'blaidʒ], v. t. tvinge; nøde; forpligte; gøre en tjeneste; **-ed** [-d], *be* ~ *to,* være nødt til, måtte; *much* ~ *!* mange tak! **-ing,** adj. imødekommende, elskværdig.

oblique [ə'bli:k], adj. skrå; hældende; forblommet.

obliterate [ə'blitəreit], v. t. udslette, tilintetgøre.

oblivio|n [ə'bliviən], s. glemsel; **-us** [-əs], adj. glemsom; *be* ~ *of,* være ligeglad med; ikke ænse.

oblong ['ɔblɔŋ], s. aflang figur; adj. aflang.

obnoxious [əb'nɔkʃəs], adj. afskyelig; utiltalende; anstødelig.

oboe ['eubeu], s., mus. obo.

obscene [eb'si:n], adj. obskøn; sjofel.

obscure [eb'skjue], adj. mørk; utydelig; dunkel; ubemærket; v. t. formørke; skjule; tilsløre; -ity [-riti], s. mørke; uklarhed.

observ|ance [eb'zə:vns], s. overholdelse; iagttagelse; -ant, adj. opmærksom; -ation [,obzə'veiʃn], s. iagttagelse; -e [eb'zə:v], v. t. iagttage; bemærke; (over)holde.

obsess [eb'ses], v. t. besætte; plage; -ion [-ʃn], s. besættelse; tvangstanke.

obsolete ['obsəli:t], adj. forældet.

obstacle ['obstəkl], s. hindring; ~ race, s., sport. forhindringsløb.

obstetrician [,obsti'triʃn], s., med. fødselslæge.

obstinate ['obstinət], adj. stædig.

obstreperous [eb'strepərəs], adj. uregerlig; larmende.

obstruct [eb'strʌkt], v. t. spærre (for); tilstoppe; standse; (for)sinke; -ion [-ʃn], s. spærring; tilstopning; hindring.

obtain [eb'tein], v. t. & i. få; opnå; vinde; skaffe (sig); herske; findes; -able [-əbl], adj. til at skaffe; opnåelig.

obtrusive [eb'tru:siv], adj. påtrængende.

obtuse [eb'tju:s], adj. stump; sløv; dum; ~ angle, mat. stump vinkel.

obviate ['obvieit], v. t. undgå; forebygge.

obvious ['obviəs], adj. indlysende; klar; tydelig; åbenbar.

occasion [ə'keiʒn], s. til-

fælde; lejlighed; anledning; begivenhed; v. t. foranledige, bevirke; forårsage; -al [-l], adj. tilfældig; lejligheds-; -ally [-əli], adv. af og til; lejlighedsvis.

Occidental [,oksi'dentl], adj. vestlig.

occult [o'kʌlt], adj. okkult; overnaturlig; skjult.

occu|pant ['okjupənt], s. besidder; beboer; -pation [-'peiʃn], s. beskæftigelse; erhverv; besiddelse; mil. besættelse; -pational [-'peiʃnl], adj. erhvervsmæssig; beskæftigelses-; ~ therapy, ergoterapi; -py ['okjupai], v. t. bebo; besidde; indehave; optage; beskæftige; mil. besætte; be -pied with, være optaget af.

occur [ə'kə:], v. i. forekomme; hænde; it -red to me, det faldt mig ind; -rence [-rəns], s. hændelse; forekomst.

ocean [euʃn], s. hav, ocean; -s of, T masser af.

ochre ['eukə], s. okker.

o'clock [ə'klok], klokken; at two ~, klokken to.

octagon ['oktəgən], s. ottekant.

October [ok'təubə], s. oktober.

octopus ['oktəpəs], s., zoo. blæksprutte.

oculist ['okjulist], s., med. øjenlæge.

odd [od], adj. ulige; sær, mærkelig; underlig; umage; at ~ moments, af og til; twenty ~ pounds, nogle og tyve pund; -ity, s. besynderlighed.

odds [odz], s. fordel; chancer; odds; it makes no ~, det gør ingen forskel; ~

and ends, småting; tilfældige stumper.

odious ['əudjəs], *adj.* forhadt; modbydelig.

odour ['əudə], *s.* duft; lugt.

of [ɔv], *præp.* af: i: for; *22 years ~ age*, 22 år gammel; *proud ~*, stolt af; *guilty ~*, skyldig i; *~ late*, for nylig; *a glass ~ water*, et glas vand; *the 3rd ~ March*, den 3. marts.

off [ɔf], *adj., adv. & præp.* afsted; bort(e); af; fjern; fri; forbi; slukket; dårlig; ned fra; *~ you go!* af sted med dig! *day ~*, fridag; *well ~*, rig, velhavende; *where is he ~ to?* hvor skal han hen? *~-beat*, *adj.* utraditionel; *~-chance, s.* svag mulighed; *~-day, s.* dårlig dag; *~-hand, adj.* improviseret; henkastet; *adv.* på stående fod; *-ing, s., fig. in the ~*, på trapperne; *~-licence, s.* ret til at sælge spiritus ud af huset; vinforretning; *-set, s., typ.* offset; *bot.* aflægger; *v. t.* opveje; danne modvægt til; *-shoot, s., bot.* sideskud; *fig.* udløber; *-shore, adj.* fralands-; kyst-; *-spring, s.* afkom; *fig.* resultat; *~-stage, adj.* i kulissen; *~-the-record, adj.* uofficiel.

offal ['ɔfl], *s.* affald; *kul.* indmad.

offen|ce [ə'fens], *s.* fornærmelse; forbrydelse; *give* (el. *cause) ~*, vække anstød; *take ~*, blive fornærmet; *-d, v. t. & i.* fornærme; støde; begå en forseelse; *-sive, s.* angreb, offensiv; *adj.* anstødelig; modbydelig; offen-

siv.

offer ['ɔfə], *s.* tilbud; *merk.* bud; *v. t.* byde (på); tilbyde; udlove; yde; opgive (til eksamen); *-ing* [-riŋ], *s.* offer.

office ['ɔfis], *s.* kontor; embede; ministerium; *hold an ~*, beklæde et embede; *in ~*, ved magten; *-r* [-ə], *s.* embedsmand; officer; politibetjent.

official [ə'fiʃl], *s.* funktionær; tjenestemand; embedsmand; *adj.* officiel; embeds-; offentlig.

officiate [ə'fiʃieit], *v. i.* fungere; virke.

officious [ə'fiʃəs], *adj.* geskæftig.

often [ɔf(tə)n], *adv.* ofte, tit.

ogre ['əugə], *s.* trold; umenneske.

oil [ɔil], *s.* olie; *v. t.* smøre; *S* bestikke; *-cloth, s.* voksdug; *~ heater, s.* oliefyr; *~ painting, s.* oliemaleri; *~ rig, s.* boreplatform; *-s, s. pl.* oliefarver; *-skins, s. pl.* olietøj; *~-stove, s.* petroleumsovn; *~ strike, s.* oliefund; *~ tanker, s.* olietankskib; *-y, adj.* olieret; fedtet; *fig.* slesk.

ointment ['ɔintmənt], *s.* salve.

O.K. ['əu'kei], *v. t.* godkende; *int.* i orden, o.k.

old [əuld], *adj.* gammel; *~-age pensioner* (*fk.* OAP), *s.* pensionist; *~-fashioned, adj.* gammeldags; *~ maid, s.* gammeljomfru; *~-timer, s.* veteran.

olive ['ɔliv], *s., bot.* oliven; *~-branch, s.* oliegren.

omelet ['ɔmlit], *s., kul.* æggekage; omelet.

omen ['əumən], *s.* varsel;

bird of ill ~ , ulykkesfugl.
ominous ['ɔminəs], *adj*. il-
devarslende.
omi|ssion [ə'miʃn], *s*. und-
ladelse; udeladelse; **-t**,
v. t. undlade; udelade.
omnipotence [ɔm'nipə-
tǝns], *s*. almagt.
on [ɔn], *præp*. på; om; over;
ved; *adj*. frem; videre; på;
tændt; åben; i gang; ~
and off, nu og da; *later* ~ ,
senere (hen); *be* ~ *about*,
snakke om hele tiden; *go*
~ , blive ved med, fort-
sætte; *what's* ~ *tonight?*
hvad sker der i aften?
hvad spilles der i aften?
-coming, *adj*. forestående;
~ *traffic*, modgående
trafik; **-going**, *adj*. igang-
værende; ~ **-line**, *adj*.,
edb. direkte styret; til-
koblet; **-looker**, *s*. tilsku-
er; **-rush**, *s*. fremstød;
-set, *s*. anfald; begyndel-
se; **-slaught**, *s*. stormløb;
-ward(s) [-wǝd(z)], *adv*.
fremad; videre; *from now*
~ , fra nu af.
once [wʌns], *adv*. en gang;
engang; *konj*. når bare,
når først; ~ *and for all*,
én gang for alle; *at* ~ ,
straks; på én gang; *for* ~ ,
for en gangs skyld; ~ *in a*
while, en gang imellem;
~ *more*, én gang til; ~
upon a time, der var en-
gang.
one [wʌn], *num. & pron*.
én, ét; man; ~ *another*,
hinanden; ~ *after anoth-*
er, den ene efter den
anden; ~ *by* ~ , enkelt-
vis; en og en; ~ *of these*
days, en skønne dag, en
af dagene; *this* ~ , denne
(her); *the* ~ *thing*, det
eneste; ~ **-man**, *adj*. en-
mands-; **-self**, *pron*. sig

(selv); en selv; *by* ~ ,
alene; ~ **-sided**, *adj*. ensi-
dig; **-track**, *adj*. ensporet;
~ **-way**, *adj*. ~ *traffic*,
ensrettet kørsel.
onerous ['ɔnǝrǝs], *adj*.
byrdefuld.
onion ['ʌnjǝn], *s., bot*. løg.
only ['ǝunli], *adj*. eneste;
adv. kun; alene; blot;
bare; først; endnu; *konj*.
men; ~ *child, s*. enebarn;
if ~ , hvis bare, gid; ~
just, kun lige akkurat;
først lige.
onto ['ɔntu], *præp*. op på;
ned på, over på.
onus ['ǝunǝs], *s*. byrde.
ooze [u:z], *s*. dynd; *v. t. & i*.
sive; afsondre; pible
frem.
opa|city [ǝ'pæsiti], *s*. uigen-
nemsigtighed; **-que** [ǝu-
'peik], *adj*. uigennemsig-
tig.
open [ǝupn], *adj*. åben;
åbenhjertig; fri; offent-
lig; åbenlys; *v. t. & i*.
åbne; lukke op; åbnes;
åbne sig; begynde; *in the*
~ *(air)*, i det fri; *have an*
~ *mind*, være upartisk;
~ *on to*, føre ud til; ~ *out*,
brede ud; udbrede sig; ~
up, åbne; gøre el. blive
tilgængelig; ~ **-air**, *adj*.
frilufts-; ~ **-handed**, *adj*.
rundhåndet; **-ing**, *s*. åb-
ning; indledning; chan-
ce; ledig stilling; *adj*. åb-
nings-; første; ~ **-mind-**
ed, *adj*. fordomsfri.
opera ['ɔpǝrǝ], *s*. opera; ~
glasses, *pl*. teaterkikkert.
operate ['ɔpǝreit], *v. t. & i*.
virke; arbejde; betjene;
operere; **-ing**, *adj*. ~ *the-*
atre, *s*. operationsstue;
-ion [-'reiʃn], *s*. operation;
gang; *mek*. funktion;
drift; **-or** [-ǝ], *s*. maskin-

arbejder; operatør; telefonist.

opinion [ə'pinjən], s. mening; opfattelse; skøn; udtalelse; *in my* ~, efter min mening; ~ **poll**, s. opinionsundersøgelse; -**ated** [-eitid], adj. påståelig.

opponent [ə'pəunənt], s. modstander.

opportun|e ['ɔpətjuːn], adj. belejlig; opportun; -**ity** [-'tjuːniti], s. lejlighed; chance; *take the* ~, benytte lejligheden.

oppos|e [ə'pəuz], v. t. modsætte sig; sætte op imod; gøre modstand mod; -**ite** ['ɔpəzit], s. modsætning; adj. modsat; *præp.* over for; -**ition** [-'ziʃn], s. modsætning; modstand; *parl. the* ~, oppositionen.

oppress [ə'pres], v. t. undertrykke; tynge; -**ion** [-ʃn], s. undertrykkelse; nedtrykthed; -**ive**, adj. trykkende; tyngende; tyrannisk.

opt [ɔpt], v. i. ~ *for*, vælge; ~ *out*, T bakke ud, stå af.

optic(al) ['ɔptik(l)], adj. syns-; optisk; ~ **illusion**, s. synsbedrag; -**ian** [ɔp-'tiʃn], s. optiker.

optimis|m ['ɔptimizm], s. optimisme; -**tic** [-'mistik], adj. optimistisk.

option ['ɔpʃn], s. valg; valgmulighed; forkøbsret; -**al** [-l], adj. valgfri; frivillig.

opulen|ce ['ɔpjuləns], s. overflod; rigdom; -**t**, adj. overdådig; rig.

or [ɔː], konj. eller; ellers.

oracle ['ɔrəkl], s. orakel.

oral ['ɔrəl], s. mundtlig eksamen; adj. mundtlig; oral.

orange ['ɔrindʒ], s., bot.

appelsin; adj. orange; -**ade** [-eid], s. orangeade; ~ **peel**, s. appelsinskal; ~ **stick**, s. neglerenser.

orang-outang [ɔ:'ræŋuː-'tæŋ], s., zoo. orangutang.

orator ['ɔrətə], s. taler.

orb [ɔːb], s. klode; kugle; rigsæble.

orbit ['ɔːbit], s., astr. bane; fig. virkefelt, sfære; *in* ~, i kredsløb.

orchard ['ɔːtʃəd], s. frugthave.

orchestra ['ɔːkistrə], s. orkester.

orchid ['ɔːkid], s., bot. orkidé.

ordain [ɔː'dein], v. t., rel. præstevie; bestemme.

ordeal [ɔː'diːl], s. prøvelse.

order ['ɔːdə], s. orden; befaling, ordre; bestilling; rækkefølge, opstilling; rang, klasse; v. t. ordne; indrette; befale; beordre; bestille; *postal* ~, s. postanvisning; ~ *about*, koste rundt med; *in* ~, i orden; *in* ~ *to*, for at; *out of* ~, i uorden; *to* ~, på bestilling; ~ **form**, s. bestillingsseddel; -**ly**, s., mil. ordonnans; portør; sygepasser; adj. ordentlig; stille.

ordinal ['ɔːdinl], s., mat. (~ *number*), ordenstal.

ordinar|ily ['ɔːdnrili], adv. sædvanligvis; -**y**, adj. almindelig; sædvanlig; ordinær; tarvelig; *out of the* ~, usædvanlig.

ordnance ['ɔːdnəns], s., mil. materiel.

ore [ɔː], s. malm, erts.

organ [ɔːgən], s., anat. organ; avis, blad; mus. orgel; *mouth* ~, s. mundharmonika; *barrel* ~, s. lirekasse; ~ -*grinder*, s.

lirekassemand; **-ic** [-'gæ-nik], *adj.* organisk; **-ism** ['o:gənizm], *s.* organisme.

organiz|ation [,o:gənai-'zeiʃn], *s.* organisation; organisering; **-e** ['o:gənaiz], *v. t. & i.* organisere (sig); indrette; arrangere.

orgasm ['o:gæzm], *s.* orgasme.

orgy ['o:dʒi], *s.* orgie.

orient ['o:riənt], *s. the O~*, Orienten; Østen; **-al** [,o:-ri'entl], *adj.* orientalsk, østerlandsk.

orientat|e ['o:riənteit], *v. t.* orientere; *fig.* indstille.

orifice ['orifis], *s.* åbning; munding.

origin ['oridʒin], *s.* oprindelse; kilde; **-al** [ə'ridʒinl], *adj.* original; oprindelig; ægte; **-ate** [ə'ridʒineit], *v. i. ~ from*, stamme fra; have sin oprindelse i; **-ator**, *s.* ophavsmand.

ornament ['o:nəmənt], *s.* prydelse; nipsgenstand; ornament; *v. t.* (ud)-smykke; dekorere; **-al** [-'mentl], *adj.* dekorativ, ornamental.

ornate [o:'neit], *adj.* ud-smykket, pyntet.

ornithologist [,o:ni'θolə-dʒist], *s.* ornitolog.

orphan ['o:fn], *s.* forældre-løst barn; *v. t.* gøre for-ældreløs; **-age** [-idʒ], *s.* vajsenhus.

orthodox ['o:θədoks], *adj., rel.* ortodoks, rettroende.

orthography [o:'θogrəfi], *s.* retskrivning.

oscillate ['osileit], *v. i.* svin-ge, oscillere.

osier ['əuʒə], *s., bot.* pil; vidie.

ostensible [o'stensəbl], *adj.* tilsyneladende; an-givelig.

ostentatious [,osten'tei-ʃəs], *adj.* pralende; de-monstrativ.

ostracism ['ostrəsizm], *s.* boykotning.

ostrich ['ostritʃ], *s., zoo.* struds.

other ['ʌðə], *adj.* anden; andet; andre; *each ~*, hinanden; *every ~*, hver anden; *the ~ day*, forle-den dag; *~ than*, ander-ledes end; andet end; ud over, på nær; **-wise**, *adv.* anderledes; ellers.

otter ['otə], *s., zoo.* odder.

ought [o:t] (ought), *v. aux.* bør; burde; skulle.

ounce [auns] (*fk.* oz.), *s. (mål)* = 28,35 gr; *not an ~*, ikke en smule.

our(s) [auə(z)], *pron.* vor; vort; vore; vores; **our-selves**, *pron.* os; selv; os selv; *by ~*, alene.

oust [aust], *v. t.* fordrive; fortrænge.

out [aut], *adv.* ud; ude; forbi, omme; opbrugt; udløbet; slukket; ikke hjemme; bevidstløs; *~ of mind*, glemt; *~ of petrol*, løbet tør for benzin; *~ of pity*, af medlidenhed; **-er**, *adj.* ydre, yder-; *~ space*, det ydre rum.

outbreak ['autbreik], *s.* ud-brud; opstand.

outburst ['autbə:st], *s.* ud-brud.

outcast ['autca:st], *s. & adj.* hjemløs; udstødt.

outcome ['autkʌm], *s.* re-sultat.

outcry ['autkrai], *s.* (rama)skrig.

outdated [aut'deitid], *adj.* forældet.

outdo [aut'du:], *v. t.* overgå.

outdoor ['autdo:], *adj.* udendørs; frilufts-; **-s,**

adv. udendørs.
outfit ['autfit], *s.* udstyr.
outgrow [aut'grəu], *v. t.*
vokse fra.
outhouse ['authaus], *s.* ud-
hus.
outing ['autiŋ], *s.* udflugt.
outlandish [aut'lændiʃ],
adj. aparte; fremmedar-
tet; eksotisk.
outlast [aut'la:st], *v. t.* vare
længere end; overleve.
outlaw ['autlɔ:], *s.* fredløs.
outlay ['autlei], *s.* udgift;
udlæg.
outlet ['autlet], *s.* udløb;
afløb.
outline ['autlain], *s.* kontur;
omrids; oversigt; resu-
mé; *v. t.* skitsere.
outlive [aut'liv], *v. t.* overle-
ve.
outlook ['autluk], *s.* udsigt;
livsanskuelse.
outlying ['autlaiiŋ], *adj.* af-
sidesliggende.
outnumber [aut'nʌmbə],
v. t. være overlegen i an-
tal.
out-of-date ['autəv'deit],
adj. forældet; gammel-
dags.
out-of-the-way ['autəvðə-
'wei], *adj.* afsides(liggen-
de).
out-of-work ['autəv'wə:k],
adj. arbejdsløs.
out-patient ['autpeiʃnt], *s.*
ambulant patient.
outpost ['autpəust], *s.* for-
post.
output ['autput], *s.* produk-
tion; udbytte; *edb.* udda-
ta.
outrage ['autreidʒ], *s.* vold;
krænkelse; skandale;
-ous [-'reidʒəs], *adj.* skan-
daløs; skændig; uhyrlig.
outright ['autrait], *adj.*
fuldstændig; direkte;
[aut'rait], *adv.* fuldstæn-

digt; uforbeholdent; på
stedet.
outset ['autset], *s.* begyn-
delse; *from the* ~, fra
første færd.
outside ['autsaid], *s.* yder-
side; ydre; *on the* ~,
udenpå; *adj.* ydre; ud-
vendig; maksimal; ude-
fra kommende; *adv.*
udenfor; udenpå; **-r** [-ə],
s. udenforstående; outsi-
der.
outsize ['autsaiz], *s.* stor
størrelse.
outskirts ['autskə:ts], *s. pl.*
udkant.
outspoken [aut'spəukn],
adj. djærv; frimodig.
outstanding [aut'stændiŋ],
adj. udestående; frem-
trædende; fremragende.
outstrip [aut'strip], *v. t.*
løbe fra; distancere.
outward ['autwəd], *adj.*
ydre, udvendig; udgåen-
de; **-ly,** *adv.* udadtil; ~**(s),**
adv. ud; udad.
outweigh [aut'wei], *v. t.*
veje tungere end.
outwit [aut'wit], *v. t.* overli-
ste; narre.
oval [əuvl], *s. & adj.* oval.
ovary ['əuvəri], *s., anat.*
æggestok.
ovation [əu'veiʃn], *s.* hyl-
dest.
oven [ʌvn], *s.* (bage)ovn.
over ['əuvə], *adj.* over-; alt
for; *adv.* over; ovre; forbi;
via; *præp.* over; ud over;
på den anden side af; *all*
~, overalt; overstået; ~
and ~ *(again),* igen og
igen; gang på gang.
overall ['əuvərɔ:l], *s.* kittel;
adj. total, samlet; **-s,** *s. pl.*
overalls.
overbalance [,əuvə'bæ-
ləns], *v. i.* få overbalance.
overbearing [,əuvə'bɛəriŋ],

adj. bydende; overlegen;
hovmodig.

overboard ['əuvəbɔ:d],
adv. over bord; uden-
bords.

overburden [ˌəuvə'bə:dn],
v. t. overbebyrde.

overcast ['əuvəka:st], *adj.*
overskyet.

overcharge ['əuvətʃa:dʒ],
v. t. tage overpris (af).

overcoat ['əuvəkəut], *s.*
overfrakke.

overcome [ˌəuvə'kʌm], *v. t.*
overvinde; besejre; *part.*
~ *by*, overvældet af; ud-
mattet af.

overdo [ˌəuvə'du:], *v. t.*
overdrive; koge (stege)
for længe; overanstrenge
sig; ~ *it*, gå for vidt.

overdose ['əuvədəuz], *s.*
overdosis.

overdraft ['əuvədra:ft], *s.*
overtræk.

overdue [ˌəuvə'dju:], *adj.*
for længst forfalden; for-
sinket.

overestimate [ˌəuvə'resti-
meit], *v. t.* overvurdere.

overexpose [ˌəuvərek-
'spəuz], *v. t., fot.* overbe-
lyse.

overflow [ˌəuvə'fləu], *s.*
overflod; ~ *pipe*, over-
løbsrør; *v. i.* flyde over.

overgrown [ˌəuvə'grəun],
adj. opløben.

overhang ['əuvəhæŋ], *s.*
fremspring.

overhaul [ˌəuvə'hɔ:l], *v. t.*
efterse, undersøge; ho-
vedreparere.

overhead [ˌəuvə'hed], *adv.*
ovenover; i luften; luft-;
-s ['əuvəhedz], *s. pl.* faste
udgifter.

overhear [ˌəuvə'hiə], *v. t.*
komme til at høre; lytte
til.

overjoyed [ˌəuvə'dʒɔid],

adj. himmelhenrykt.

overland [ˌəuvə'lænd], *adv.*
til lands.

overlap [ˌəuvə'læp], *v. t.*
overlappe.

overleaf [ˌəuvə'li:f], *adv.* på
næste side.

overload ['əuvələud], *v. t.*
overbelaste.

overlook [ˌəuvə'luk], *v. t.*
vende ud mod; overse, se
gennem fingre med; føre
opsyn med.

overnight [ˌəuvə'nait], *adv.*
natten over; i nattens løb;
fra den ene dag til den
anden.

overpower [ˌəuvə'pauə],
v. t. overvælde.

overrate [ˌəuvə'reit], *v. t.*
overvurdere.

override [ˌəuvə'raid], *v. t.*
negligere; underkende.

overrule [ˌəuvə'ru:l], *v. t.*
forkaste.

overseas ['əuvə'si:z], *adj.*
oversøisk.

overseer ['əuvəsiə], *s.* til-
synsførende.

oversight ['əuvəsait], *s.* for-
glemmelse.

oversize ['əuvəsaiz], *adj.*
ekstra stor; overdimensi-
oneret.

oversleep [ˌəuvə'sli:p], *v. i.*
sove over sig.

overstate [ˌəuvə'steit], *v. t.*
overdrive.

overstay ['əuvəstei], *v. t.* ~
one's welcome, blive for
længe.

overstrung ['əuvəstrʌŋ],
adj. overspændt.

overt [əu'və:t], *adj.* åben;
åbenlys.

overtake [ˌəuvə'teik], *v. t.*
overhale; indhente; over-
rumple.

overthrow [ˌəuvə'θrəu],
v. t. styrte; kuldkaste.

overtime ['əuvətaim], *s.*

overarbejde; overar-
bejdsbetaling.

overture ['əuvətʃə], s., mus.
ouverture; tilnærmelse.

overturn [ˌəuvə'tə:n], v. t.
vælte; v. i., naut. kæntre.

overweight ['əuvəweit], s.
overvægt; adj. overvæg-
tig.

overwhelm [ˌəuvə'welm],
v. t. overvælde; **-ing**, adj.
overvældende.

overwork ['əuvəwə:k], s.
overanstrengelse; over-
arbejde.

overwrought ['əuvərɔ:t],
adj. overspændt.

ovum ['əuvəm], s., anat.
æg.

ow|e [əu], v. t. & i. skylde;
-ing, adj. skyldig; udestå-
ende; ~ to, på grund af;
be ~ to, skyldes.

owl [aul], s., zoo. ugle.

own [əun], pron. egen,
eget, egne; v. t. eje; ind-
rømme; vedkende sig; a
room of my ~, (mit) eget
værelse; on one's ~, på
egen hånd; ~ up, tilstå;
-er, s. ejer.

ox [ɔks], s., zoo. okse.

oxygen ['ɔksidʒən], s., kem.
ilt.

oyster ['ɔistə], s., zoo. øs-
ters.

oz. [auns(iz)], (fk.f. oun-
ce(s)) = 28,35 gram.

p. [pi:], (fk.f. penny, pence).

pa [pa:], s., T far.

p.a. ['pi:'ei], (fk.f. per an-
num), om året.

pace [peis], s. skridt; gang;
fart; v. i. skride, gå; gå
frem og tilbage; keep ~
with, holde trit med; set
the ~, bestemme farten;
give tonen an.

paci|fic [pə'sifik], adj. fre-
delig; the P~ (Ocean),

Stillehavet; **-fy** ['pæsifai],
v. t. pacificere; berolige.

pack [pæk], s. pakke; ban-
de; flok; (kort) spil; v. t.
pakke; stuve; emballere;
~ up, pakke sammen;
-age [-idʒ], s. pakke; bal-
le; ~ deal, samlet over-
enskomst; **-ed** [-t], adj.
stopfuld; emballeret; **-et**
[-it], s. (lille) pakke; ~-
ice, s. pakis; **-ing**, s. ind-
pakning; ~ case, s. pak-
kasse.

pact [pækt], s. pagt.

pad [pæd], s. pude; hynde;
underlag; indlæg; stem-
pelpude; blok; T hybel;
zoo. trædepude; sport.
benskinne; v. t. udstop-
pe; polstre; **-ding**, s. ud-
stopning; fyld.

paddle [pædl], s. padleåre,
pagaj; v. t. & i. padle;
soppe; ~ **steamer,** s.
hjuldamper.

paddock ['pædək], s. ind-
hegning; sadelplads.

paddy ['pædi], s. P~, øge-
navn for irer; ~ field, s.
rismark; ~ wagon, s., T
salatfad.

padlock ['pædlɔk], s. hæn-
gelås.

padre ['pa:dri], s., T
(felt)præst.

paediatrician [ˌpi:diə'triʃn],
s. børnelæge.

pagan ['peigən], s. hed-
ning; adj. hedensk.

page [peidʒ], s. side; ~ **boy,**
s. piccolo.

pageant ['pædʒənt], s. fest-
spil; prunk.

pail [peil], s. spand.

pain [pein], s. smerte; pine;
~ in the neck, plage,
pestilens; v. t. smerte,
gøre ondt; bedrøve; **-ful,**
adj. smertefuld; **-killer,** s.
smertestillende middel;

-s, *s. pl.* lidelser; fødsels-veer; umage; *take ~ to, be at ~ to*, gøre sig umage for at; **-staking**, *adj.* omhyggelig; samvittighedsfuld.

paint [peint], *s.* maling; farve; sminke; *v. t. & i.* male; sminke; **~-box**, *s.* farvelade; malerkasse; **~-brush**, *s.* malerpensel; **~ roller**, *s.* malerulle; **-er**, *s.* (kunst)maler; **-ing**, *s.* maleri; malerkunst.

pair [pɛə], *s.* par; *v. t. & i.* parre; parres; parre sig; *a ~ of shoes*, et par sko; *a ~ of scissors*, en saks.

pajamas [pə'dʒaːməz], *s. pl.* pyjamas.

Paki ['pæki], *s., S* pakistaner; **-stan** [ˌpæki'staːn], *s.* Pakistan; **-stani** [-'staːni], *s.* pakistaner; *adj.* pakistansk.

pal [pæl], *s., T* kammerat.

palace ['pælis], *s.* palads, slot.

palat|able ['pælətəbl], *adj.* velsmagende; tiltalende; **-e**, *s., anat.* gane; *fig.* smag.

pale [peil], *s.* pæl; *adj.* bleg; *v. i.* blegne, blive bleg; **~ ale**, *s.* lyst øl m. alkohol; **~-face**, *s.* blegansigt.

Palestin|e ['pælistain], *s.* Palæstina; **-ian** [-'stin-jən], *s.* palæstinenser; *adj.* palæstinensisk.

palette ['pælit], *s.* palet.

paling ['peiliŋ], *s.* stakit.

pall [pɔːl], *s.* ligklæde; tæppe.

pall|id ['pælid], *adj.* bleg; **-or** [-ə], *s.* bleghed.

palm [paːm], *s., anat.* håndflade; *bot.* palme; *v. t.* beføle; **-istry**, *s.* kiromanti.

palpable ['pælpəbl], *adj.* håndgribelig.

palpitat|e ['pælpiteit], *v. i.* banke; skælve; **-ion** [-'teiʃn], *s.* hjertebanken.

palsy ['pɔːlzi], *s., med.* lamhed.

paltry ['pɔːltri], *adj.* sølle; ussel.

pamper ['pæmpə], *v. t.* forkæle.

pamphlet ['pæmflət], *s.* brochure; pjece.

pan [pæn], *s.* pande; kasserolle; wc-kumme; vægtskål; *v. i., film.* panorere; **~ out**, *fig.* udvikle sig; spænde af; lykkes; **-cake**, *s., kul.* pandekage.

panacea [ˌpænə'siə], *s.* universalmiddel.

pandemonium [ˌpændi-'məunjəm], *s.* kaos; vild forvirring.

pander ['pændə], *v. i. ~ to*, lefle for.

pane [pein], *s.* (vindues)-rude.

panel [pænl], *s.* panel; fyldning; instrumentbræt; udvalg; **~ doctor**, *s.* sygesikringslæge; **-ling**, *s.* paneler, træværk.

pang [pæŋ], *s.* smerte, stik; **-s of conscience**, samvittighedskvaler.

panic ['pænik], *s.* panik; **(-ked)**, *v. t. & i.* blive grebet af panik; fremkalde panik hos; **-ky**, *adj.* panikagtig; paniksagen; **-stricken**, *adj.* panikslagen.

pannier ['pæniə], *s.* bærekurv; cykeltaske.

pansy ['pænzi], *s., bot.* stedmoderblomst; *S* bøsse.

pant [pænt], *v. i.* puste, stønne; hive efter vejret.

panther ['pænθə], *s., zoo.* panter.

panties ['pæntiːz], *s. pl.*

trusser.

pantry ['pæntri], *s.* spise-kammer; anretterværelse.

pants [pænts], *s. pl.* bukser.

panty ['pænti], *s.* ~ *hose*, strømpebukser.

pap [pæp], *s., fig.* barnemad.

papal [peipl], *adj.* pavelig.

paper ['peipə], *s.* papir; avis, blad; tapet; eksamensopgave; foredrag; *v. t.* tapetsere; *adj.* papir(s)-; skrivebords-; **-back**, *s.* billigbog; **-bag**, *s.* papirspose; ~ **-clip**, *s.* clips; ~ **money**, *s.* seddelpenge; ~ **pushing**, *s., T* papirnusseri; **-weight**, *s.* brevpresser.

par [pa:], *s.* pari; ligestilling; *on a* ~ *with*, på linie med.

parable ['pærəbl], *s., rel.* lignelse.

parachute ['pærəʃu:t], *s.* faldskærm; **-ist**, *s.* faldskærmsudspringer.

parade [pə'reid], *s.* parade; optog; promenade; *v. t. & i.* gå i optog; vise frem.

paradise ['pærədais], *s.* paradis.

paradox ['pærədɔks], *s.* paradoks.

paraffin ['pærəfin], *s.* petroleum; ~ *wax*, *s.* paraffin.

paragon ['pærəgən], *s.* mønster.

paragraph ['pærəgra:f], *s.* paragraf; afsnit; artikel.

parallel ['pærəlel], *s.* parallel; sammenligning; *geo.* breddegrad.

paralyse ['pærəlaiz], *v. t., med.* lamme; **-is** [pə'rælisis], *s.* lammelse.

paramount ['pærəmaunt],

adj. højest; øverst; størst.

parapet ['pærəpit], *s.* brystværn.

paraphernalia [ˌpærəfə'neiljə], *s. pl.* ting og sager; tilbehør.

paraphrase ['pærəfreiz], *v. t.* omskrive.

parasite ['pærəsait], *s.* snylter.

paratrooper ['pærətru:pə], *s., mil.* faldskærmssoldat.

parboil ['pa:bɔil], *v. t.* koge delvis.

parcel [pa:sl], *s.* pakke; parcel; *v. t.* ~ *out*, udstykke.

parch [pa:tʃ], *v. t. & i.* tørre ind; (af)svide; *be -ed*, *T* være ved at dø af tørst; **-ment**, *s.* pergament.

pardon [pa:dn], *s.* tilgivelse; benådning; *v. t.* tilgive; benåde; ~ *me!* undskyld! *I beg your* ~ *!* om forladelse! undskyld! *I beg your* ~ *?* hvad behager?

pare [pɛə], *v. t.* klippe; skrælle.

parent ['pɛərənt], *s.* far el. mor; **-al** [pə'rentl], *adj.* forældre-; **-s**, *s. pl.* forældre.

parenthesis [pə'renθəsis] (*pl.* -es), *s.* parentes.

paring ['pɛərin], *s.* skræl; spån; skorpe; afklippede stumper.

parish ['pæriʃ], *s.* sogn; *adj.* sogne-; ~ *clerk*, *s.* degn; ~ *register*, *s.* kirkebog; **-ioner** [pə'riʃənə], *s.* sognebarn.

park [pa:k], *s.* park, anlæg; *(car* ~ *-)* parkeringsplads; *v. t.* parkere; **-ing**, *s.* parkering; ~ *lot*, ~ *place*, *s.* parkeringsplads; ~ *meter*, *s.* parkometer; ~ *ticket*, *s.* parkeringsbøde.

parliament ['pa:ləmənt], s.
parlament; folketing;
-ary [-'mentri], adj. parla-
mentarisk; parlaments-.
parlour ['pa:lə], s., gl. dag-
ligstue; salon; ~ **-maid**, s.
stuepige.
parochial [pə'rəukjəl], adj.
sogne-; provinsiel,
parody ['pærədi], s. parodi.
parole [pə'rəul], s. æres-
ord; prøveløsladelse.
parquet ['pa:kei], s. (~
flooring), parket(gulv).
parrot ['pærət], s., zoo. pa-
pegøje.
parry ['pæri], v. t. parere.
parsimonious [,pa:si-
'məunjəs], adj. sparsom-
melig, påholdende.
parsley ['pa:sli], s., bot. per-
sille.
parsnip ['pa:snip], s., bot.
pastinak.
parson [pa:sn], s. præst;
-age [-idʒ], s. præstegård.
part [pa:t], s. del; part;
mus. parti; teat. rolle;
(spare ~) reservedel; v. t.
& i. dele (sig); skille(s); ~
company, skilles; ~
with, tage afsked med;
skille sig af med; for my
~, hvad mig angår; in ~,
delvis; on my ~, fra min
side; take sby's ~, tage
éns parti; take ~ in,
deltage i; **-s**, s. pl. egn,
kanter; private ~, køns-
dele.
partake [pa:'teik] (partook,
partaken), v. t. & i. delta-
ge (i); ~ of, nyde.
partial [pa:ʃl], adj. delvis;
partisk; be ~ to, have en
svaghed for; kunne lide;
-ity [-ʃi'æliti], s. partisk-
hed; forkærlighed.
participat|e [pa:'tisipeit],
v. i. deltage; **-ion** [-'peiʃn],
s. deltagelse; medbe-

stemmelse, -demokrati.
participle ['pa:tisipl], s.,
gram. participium, til-
lægsform.
particle ['pa:tikl], s. parti-
kel, lille del.
particular [pə'tikjulə], s.
detalje; adj. særlig; spe-
ciel; bestemt; nøjereg-
nende; kræsen; in ~,
særligt; især; **-ly**, adv.
især, navnlig; not ~, ikke
særlig; ikke specielt; **-s**, s.
pl. (nærmere) oplysnin-
ger.
parting ['pa:tiŋ], s. afsked;
skilning; adskillelse, de-
ling; adj. afskeds-.
partition [pa:'tiʃn], s. skil-
levæg; v. t. ~ off, skille
fra.
partly ['pa:tli], adv. dels, til
dels, delvis.
partner ['pa:tnə], s. med-
spiller, makker; deltager;
merk. kompagnon; med-
indehaver.
partridge ['pa:tridʒ], s., zoo.
agerhøne.
part-time ['pa:ttaim], adj.
deltids-.
party ['pa:ti], s. selskab,
fest; parti; gruppe; part;
be (a) ~ to, være med-
skyldig i.
pass [pa:s], s. (bjerg)pas;
passerseddel; passage,
overgang; sport. afleve-
ring; v. t. & i. passere, gå
forbi; forløbe, gå; gå
'over; foregå; forbigå;
række; vedtage; overgå;
bestå; melde pas; v. i. ~
away, dø; ~ by, gå (etc.)
forbi; ignorere; ~ down,
lade gå i arv; ~ for, gå for
at være; ~ on, (lade) gå
videre; ~ out, uddele;
besvime; ~ up, lade gå
fra sig; make a ~ at, T
lægge an på; **-able** [-əbl],

adj. farbar; antagelig;
-port ['pɑ:spɔ:t], *s.* pas;
-word, *s.* løsen; feltråb.
passage ['pæsidʒ], *s.* gang;
korridor; gennemgang;
afsnit; (gennem)rejse;
overfart; overgang.
passenger ['pæsndʒə], *s.*
passager.
passer-by [ˌpɑ:sə'bai] (*pl.*
passers-by), *s.* forbipas-
serende.
passing ['pɑ:siŋ], *adj.* for-
bigående; flygtig; *in* ~, i
forbifarten.
passion ['pæʃn], *s.* liden-
skab; sindsbevægelse;
vrede; **-ate** [-ət], *adj.* li-
denskabelig; passione-
ret.
passive ['pæsiv], *adj.* pas-
siv; uvirksom.
past [pɑ:st], *s.* fortid; *adj.*
forløben; svunden; tidli-
gere; forbi, ovre; *the* ~
week, sidste uge; *adv. &*
præp. forbi; over; *gram.*
the ~ *(tense),* datid; *half*
~ *six,* klokken halv syv.
paste [peist], *s.* klister; dej;
masse; puré; simili; *v. t.*
klistre, klæbe.
pastime ['pɑ:staim], *s.* tids-
fordriv.
pastoral ['pɑ:stərəl], *adj.*
hyrde-; idyllisk; græs-
nings; præste-.
pastry [peistri], *s., kul.* bag-
værk; kager; *Danish* ~,
wienerbrød.
pasture ['pɑ:stʃə], *s.* græs-
gang.
pasty ['peisti], *s.* kødpostej;
adj. blegfed; dejagtig.
pat [pæt], *s.* klap; *adv.* i
rette øjeblik; tilpas; på
rede hånd; udenad; *v. t. &*
i. klappe.
patch [pætʃ], *s.* lap; klud;
jordstykke, plet; (øje)-
klap; *v. t.* lappe; flikke; ~

up, lappe sammen; sam-
menstykke; *fig.* bilægge
(strid); ~ **-work,** *s.* ~
quilt, s. kludetæppe; **-y,**
adj. sammmenflikket;
uensartet.
pâté ['pætei], *s., kul.* postej.
patent [peitnt], *s.* patent;
adj. åben; åbenbar; ~
leather shoes, laksko.
pater|nal [pə'tə:nl], *adj.* fa-
derlig; fader-; **-nity,** *s.*
faderskab.
path [pɑ:θ], *s.* sti; have-
gang; *fig.* bane, vej; **-way,**
s. (gang)sti; *fig.* vej, bane.
pathetic [pə'θetik], *adj.* pa-
tetisk; rørende; ynkelig.
pathology [pə'θɔlədʒi], *s.,*
med. sygdomslære; pato-
logi.
patien|ce ['peiʃns], *s.* tål-
modighed; kabale; **-t,** *s.*
patient; *adj.* tålmodig.
patio ['pætiəu], *s.* atrium,
gårdhave.
patriot ['peitriət], *s.* patriot;
-ism ['pætriətizm], *s.* fæd-
relandskærlighed, patri-
otisme.
patrol [pə'trəul], *s.* patrul-
je; runde; *v. t. & i.* (af)pa-
truljere.
patron ['peitrən], *s.* kunde;
mæcen; protektor; **-age**
['pætrənidʒ], *s.* støtte; pro-
tektion; beskyttelse;
nedladenhed; kunde-
kreds; **-ize** ['pætrənaiz],
v. t. støtte, protegere;
handle hos; behandle
nedladende; **-izing,** *adj.*
nedladende; ~ **saint,** *s.*
skytshelgen.
patter ['pætə], *s.* trippen;
trommen; snakken; *v. i.*
tromme; trippe; lire af
sig.
pattern ['pætən], *s.* møn-
ster; model; prøve; strik-
keopskrift.

paunch [pɔːntʃ], s. vom; stor mave.

pauper ['pɔːpə], s. fattig person; **-ize** [-raiz], v. t. forarme.

pause [pɔːz], s. afbrydelse; pause; v. i. holde pause; standse.

pav|e [peiv], v. t. brolægge; ~ *the way*, *fig.* bane vejen; **-ement**, s. fortov; brolægning; **-ing**, s. vejbelægning; ~ *-stone*, s. brosten.

paw [pɔː], s. pote; lab; v. t. & i. skrabe (i), stampe (på); *fig.* gramse på.

pawn [pɔːn], s. pant; *(skak)* bonde; v. t. pantsætte; *in* ~, pantsat; **-broker**, s. pantelåner; ~ **shop**, s. lånekontor; **-ticket**, s. låneseddel.

pay [pei], s. betaling; løn; gage; hyre; (paid, paid), v. t. & i. betale; (af)lønne; betale sig; yde, vise; ~ *attention to*, lægge mærke til; ~ *back*, gøre gengæld; ~ *down*, betale kontant, give i udbetaling; ~ *for*, betale for; undgælde for; ~ *off*, indfri; betale og fyre; betale sig; ~ *up*, punge ud; ~ *a visit*, aflægge besøg; **-able** [-əbl], *adj.* betalbar; forfalden; ~ **day**, s. lønningsdag; ~ *-down*, s. udbetaling; **-ment**, s. betaling; indfrielse; *part* ~, afdrag; **-roll**, s. lønningsliste; *be on the* ~, være ansat.

P.A.Y.E. ['peiazju'əːn], s. *(fk.f.* pay as you earn), kildeskat.

P.C. ['piː'siː], *(fk.f.* police constable), politibetjent.

p.c., *(fk.f.* per cent), procent.

pea [piː], s., *bot.* ært; *as like as two -s*, som to dråber vand; ~ **-pod**, s. ærtebælg; ~ **-soup**, s., *kul.* gule ærter; *-er*, s., *T* tæt, gul tåge.

peace [piːs], s. fred; *make* ~, slutte fred; **-ful**, *adj.* fredelig.

peach [piːtʃ], s., *bot.* fersken.

peacock ['piːkɔk], s., *zoo.* påfugl.

peak [piːk], s. spids; tinde; *fig.* kulminationspunkt; maksimum; v. i. kulminere; ~ *hour*, myldretid; ~ *load*, spidsbelastning.

peal [piːl], s. ringen, kimen; ~ *of thunder*, tordenskrald; ~ *of laughter*, lattersalve.

peanut ['piːnʌt], s., *bot.* jordnød; *-s*, *pl. T* småpenge.

pear [pɛə], s., *bot.* pære.

pearl [pəːl], s. perle; ~ **-barley**, s., *bot.* perlegryn; ~ **oyster**, s., *zoo.* perlemusling.

peasant [peznt], s. bonde; ~ **blue**, *adj.* almueblå; **-ry**, s. almue.

peat [piːt], s. tørv; ~ **-bog**, s. tørvemose.

pebble [pebl], s. lille, rund sten; **-s**, s. *pl.* småsten.

peck [pek], s. hak(ken); pikken; let kys; v. t. & i. hakke; pikke; ~ *at*, *fig.* hakke på; **-ing order**, s. hakkeorden; **-ish**, *adj.* småsulten.

peculiar [pi'kjuːljə], *adj.* sær; mærkelig; besynderlig, ejendommelig; ~ *to*, særegen for; **-ity** [pi-ˌkjuːli'æriti], s. ejendommelighed, særhed.

pedagog|ic(al) [ˌpedə'gɔ-dʒik(l)], *adj.* pædagogisk;

-ue ['pedəgɔg], s. pæda-
gog.

pedal [pedl], s. pedal; v. i.
cykle, træde.

peddle [pedl], v. t. & i.
sælge ved dørene el. på
gaden; **-r** [-ə], s. omvan-
drende handelsmand;
drug ~, narkohandler.

pedestal ['pedistl], s. pie-
destal; sokkel.

pedestrian [pi'destriən], s.
fodgænger; ~ **crossing**,
s. fodgængerovergang; ~
street, s. gågade.

pedigree ['pedigri:], s.
stamtavle; ~ *dog*, s. race-
hund.

pee [pi:], v. i., *T* tisse.

peek [pi:k], v. i. kigge.

peel [pi:l], s. skræl; skal;
skind; v. t. & i. skrælle;
afbarke; pille; v. i. skalle
af.

peep [pi:p], s. kig, glimt;
pip; v. i. pippe; titte
(frem); kigge; **-hole**, s.
kighul; **P~ing Tom**, s.
lurer; vindueskigger.

peer [piə], s. overhusmed-
lem; højadelig person; li-
gemand; v. i. stirre; **-age**
[-ridʒ], s. adelsrang; høja-
del; **-less**, adj. uforligne-
lig.

peev|ed [pi:vd], adj. irrite-
ret; **-ish**, adj. irritabel;
sur.

peewit ['pi:wit], s., *zoo.* vibe.

peg [peg], s. pind; knage;
pløk; *(clothes* ~ *)* tøjklem-
me; v. t. & i. pløkke; nag-
le; ~ *away*, *S* klemme på.

pejorative [pi'dʒɔrətiv], s.
nedsættende ord.

peke [pi:k] *(fk.f.* pekinese),
s., *zoo.* pekingeser.

pellet ['pelit], s. lille kugle;
hagl.

pell-mell ['pel'mel], adj.
uordentlig; adv. hulter til

bulter.

pelmet ['pelmit], s. gardin-
kappe.

pelt [pelt], s. pels; skind;
full ~, fuld fart; v. t. over-
dænge; bombardere; v. i.
øse ned; piske ned.

pel|vic ['pelvik], adj., *anat.*
bækken-; **-vis**, s. bæk-
ken(parti).

pen [pen], s. pen; fold, bås;
fig. stil; *(play-*~ *)* kravle-
gård; **-knife**, s. lomme-
kniv; ~-**name**, s. pseu-
donym; ~ **pal**, s. penne-
ven.

penal ['pi:nl], adj., *jur.*
strafbar; straffe-; ~
code, s. straffelov; ~ *ser-
vitude*, s. strafarbejde;
-ize, v. t. straffe; gøre
strafbar; **-ty** ['penlti], s.
straf; bøde; *sport.* straffe-
spark el. -kast.

penance ['penəns], s. bod.

penchant ['pentʃənt], s.
hang; tilbøjelighed.

pencil [pensl], s. blyant;
~-**case**, s. penalhus; ~
sharpener, s. blyantspid-
ser.

pend|ant ['pendənt], s. pen-
dant; vedhæng, hænge-
smykke; hængelampe;
-ent, adj. hængende; uaf-
gjort; **-ing**, adj. verseren-
de; uafgjort; *præp.* under;
indtil; **-ulum** [-'djuləm], s.
pendul.

penetrat|e ['penitreit], v. t.
& i. gennembore; gen-
nemtrænge; trænge ind
(i); **-ing**, adj. gennem-
trængende; skarpsindig.

penguin ['pengwin], s., *zoo.*
pingvin.

penicillin [peni'silin], s.,
med. penicillin.

peninsula [pə'ninsjulə], s.
halvø; **-r**, adj. halvø-.

penis ['pi:nis], s., *anat.* penis.

peniten|ce ['penitəns], *s.* anger; **-t,** *s.* skriftebarn; *adj.* angerfuld, angrende; **-tiary** [-'tenʃəri], *s.* fængsel.

pennant ['penənt], *s.* stander; vimpel; *mus.* (node)-fane.

penny ['peni] (*pl.* pence; pennies), *s.* penny; *a ~ for your thoughts!* hvad tænker du på? *spend a ~, T* gå på wc; **-worth,** *s.* det man kan få for en penny.

pension ['penʃn], *s.* pension; *v. t.* pensionere; *~ off,* afskedige med pension; **-er,** *s.* pensionist.

pensive ['pensiv], *adj.* tankefuld.

pentagon ['pentəgən], *s.* femkant; *P~,* USAs forsvarsministerium.

Pentateuch ['pentətjuːk], *s. the ~,* de fem Mosebøger.

penthouse ['penthaus], *s.* halvtag; taglejlighed.

pent-up ['pent'ʌp], *adj.* indeklemt; indestængt; undertrykt.

penultimate [pen'ʌltimət], *adj.* næstsidst.

penury ['penjuri], *s.* armod.

peony ['piəni], *s., bot.* pæon.

people [piːpl], *s.* folk; folkeslag; mennesker; man; *v. t.* befolke.

pep [pep], *s.* fut; kraft; *~ pill, s.* ferietablet; *~ talk, s.* opildnende tale.

pepper ['pepə], *s., bot.* peber; peberfrugt; **-mint,** *s.* pebermynte; **~-pot,** *s.* peberbøsse.

per [pəː], *præp.* pr., pro, om; igennem; ved; *~ annum,* om året; *~ cent,* procent.

perambulator ['præmbju-

leitə], *s.* barnevogn.

perceive [pə'siːv], *v. t.* erkende; bemærke, opfatte; fornemme;

percentage [pə'sentidʒ], *s.* procent(del).

percepti|ble [pə'septəbl], *adj.* mærkbar; synlig; **-on** [-ʃn], *s.* erkendelse; opfattelse(sevne); **-ve,** *adj.* klartseende; hurtigt opfattende.

perch [pəːtʃ], *s., zoo.* aborre; siddepind; *v. i.* sidde og balancere; sætte sig.

percolat|e ['pəːkəleit], *v. i.* sive igennem; **-or** [-ə], *s.* kaffekolbe.

percussion [pə'kʌʃn], *s.* slag; stød; sammenstød; *mus.* slagtøj; *~ cap, s.* fænghætte; *~ instrument, s.* slaginstrument.

perdition [pəː'diʃn], *s.* fortabelse.

peremptory [pə'remtəri], *adj.* afgørende; kategorisk.

perennial [pə'renjəl], *s., bot.* staude; *adj.* flerårig; evig.

perfect ['pəːfikt], *s., gram. the ~ (tense),* førnutid, perfektum; *adj.* fuldendt; fuldkommen; komplet; [pə'fekt], *v. t.* fuldende; perfektionere; **-ion** [-'fekʃn], *s.* fuldkommenhed.

perfidious [pə'fidjəs], *adj.* perfid; troløs.

perforate ['pəːfəreit], *v. t.* perforere; gennembore.

perform [pə'fɔːm], *v. t. & i.* udføre; foretage; yde; opføre, spille; opfylde; optræde; medvirke; fungere; **-ance** [-əns], *s.* udførelse; optræden; præstation; forestilling; ydeevne.

perfume ['pəːfjuːm], *s.* parfume; vellugt.

perfunctory [pə'fʌŋktri], *adj.* overfladisk; mekanisk.

perhaps [præps *el.* pə- 'hæps], *adv.* måske.

peril ['perəl], *s.* fare; risiko; *at one's own* ~, på eget ansvar; **-ous** [-əs], *adj.* farlig.

perimeter [pə'rimitə], *s.* omkreds.

period ['piəriəd], *s.* tidsrum; tid; punktum; lektion, time; menstruation; **-ical** [-'ɔdikl], *s.* tidsskrift; *adj.* periodisk.

peripheral [pə'rifərəl], *adj.* perifer; mindre væsentlig; **-y**, *s.* periferi; omkreds; udkant.

periscope ['periskəup], *s.* periskop.

perish ['periʃ], *v. i.* omkomme; forgå; forulykke; gå til grunde; **-able** [-əbl], *adj.* fordærvelig; forgængelig; **-ing**, *adj.* ~ *cold, T* hundekoldt.

perjury ['pə:dʒəri], *s., jur.* mened.

perk [pə:k], *v. t. & i.* ~ *up,* kvikke op; komme sig; knejse; **-y**, *adj.* kry; munter.

perm [pə:m], *s.* permanent; *she had a* ~, hun blev permanentet.

permanent ['pə:mənənt], *adj.* fast; varig; permanent.

permeate ['pə:mieit], *v. t. & i.* gennemtrænge.

permissible [pə'misibl], *adj.* tilladelig; **-on** [-ʃn], *s.* tilladelse; lov; **-ve**, *adj.* (for) tolerant; eftergivende, slap.

permit ['pə:mit], *s.* tilladelse; [pə'mit], *v. t. & i.* tillade; lade.

permutation [ˌpə:mju'tei- ʃn], *s.* ombytning; kombination.

pernicious [pə'niʃəs], *adj.* ødelæggende; skadelig.

pernickety [pə'nikiti], *adj.* pertentlig; kilden.

peroxide [pə'rɔksaid], *s., kem. hydrogen* ~, brintoverilte.

perpendicular [ˌpə:pən- 'dikjulə], *adj.* lodret.

perpetrate ['pə:pitreit], *v. t.* begå, forøve; **-or** [-ə], *s.* gerningsmand.

perpetual [pə'petʃuəl], *adj.* bestandig; evindelig; **-te** [-eit], *v. t.* forevige.

perplex [pə'pleks], *v. t.* forvirre; sætte i forlegenhed; **-ed** [-t], *adj.* forvirret; betuttet.

persecute ['pə:sikju:t], *v. t.* forfølge; plage; **-ion** [-'kju:ʃn], *s.* forfølgelse; ~ *mania, med.* forfølgelsesvanvid.

persevere [ˌpə:si'viə], *v. i.* vedblive; holde ud.

persist [pə'sist], *v. i.* vedvare; ~ *in,* fastholde; fremture med; **-ent**, *adj.* ihærdig; udholdende; vedvarende.

person [pə:sn], *s.* person; *in* ~, personlig, selv; **-able** [-əbl], *adj.* net; præsentabel; **-age** [-idʒ], *s.* person; personlighed; **-al** [-l], *adj.* personlig; **-ality** [-'næliti], *s.* personlighed; **-ify** [pə'sɔnifai], *v. t.* legemliggøre; personificere; **-nel** [ˌpə:sə'nel], *s.* personale; *mil.* personel.

perspective [pə'spektiv], *s.* perspektiv.

perspicacity [ˌpə:spi'kæsi- ti], *s.* skarpsindighed.

perspiration [ˌpə:spi'reiʃn], *s.* sved, transpiration; **-e**

[-'spaiə], v. i. svede.

persua|de [pə'sweid], v. t.
overtale; overbevise;
-sion [-ʒn], s. overtalel-
se(sevne); tro; overbevis-
ning; **-sive**, adj. overbevi-
sende.

pert [pə:t], adj. næsvis.

per|tain [pə'tein], v. i. ~ to,
angå, vedrøre; høre til;
-tinacious [ˌpə:ti'neiʃəs],
adj. hårdnakket, ihær-
dig; **-tinent** ['pə:tinənt],
adj. relevant; rammende.

perturb [pə'tə:b], v. t. for-
urolige; forstyrre. **-ed**
[-d], adj. forvirret.

peruse [pə'ru:z], v. t. gen-
nemlæse.

perva|de [pə'veid], v. t. gen-
nemtrænge; præge;
-sive, adj. gennemtræn-
gende; udbredt.

perver|se [pə'və:s], adj.
fordærvet; stædig, for-
stokket; kontrær; **-sion**
[-ʃn], s. forvrængning;
fordærvelse; perversion;
-sity, s. forstokkethed;
urimelighed; **-t** ['pə:və:t],
s. perverst menneske;
[pə'və:t], v. t. forvrænge;
fordærve; **-ted** [-'və:tid],
adj. forvrænget; fordær-
vet; pervers.

pessimist ['pesimist], s.
pessimist; **-ic** [-'mistik],
adj. pessimistisk.

pest [pest], s. pest, plage;
plageånd; skadedyr; **-er**,
v. t. plage; besvære; **-i-
cide** [-isaid], s. middel
mod skadedyr; **-ilence**
[-iləns], s. pest, pestilens.

pestle [pesl], s. støder.

pet [pet], s. kæledyr; ynd-
ling; adj. kæle-; ynd-
lings-; v. t. kæle for; for-
kæle; he's a ~, han er
smaddersød; ~ **name**, s.
kælenavn; ~ **shop**, s. dy-

rehandel.

petal [petl], s., bot. kron-
blad.

peter ['pi:tə], v. i. ~ out, dø
hen; løbe ud i sandet;
slippe op.

petition [pə'tiʃn], s. bøn;
ansøgning; andragende;
v. t. ansøge; andrage;
bede.

petrify ['petrifai], v. t. & i.
forstene; forstenes.

petrol ['petrəl], s. benzin;
~ **station**, s. tankstation;
~ **tank**, s. benzintank (i
bil); **-eum** [pi'trəuljəm], s.
råolie.

petticoat ['petikəut], s. un-
derskørt.

pettifogging ['petifogiŋ],
adj. pedantisk; ligegyl-
dig; smålig.

petting ['petiŋ], s. kæleri.

pettish ['petiʃ], adj. gna-
ven, pirrelig.

petty ['peti], adj. ubetyde-
lig; lille; underordnet;
smålig; ~ **cash**, s. småbe-
løb; ~ **officer**, s., naut.
underofficer.

petulant ['petjulənt], adj.
gnaven; pirrelig.

pew [pju:], s. kirkestol;
take a ~! T sid ned!

pewter ['pju:tə], s. tin; tin-
tøj.

phantom ['fæntəm], s. spø-
gelse; fantasibillede.

pharmacy ['fa:məsi], s.
apotek; apotekerkunst.

phase [feiz], s. fase; stadi-
um; v. t. ~ in, indføre
gradvis; ~ out, afskaffe
gradvis.

Ph.D. ['pi:eitʃ'di:], (fk.f.
Doctor of Philosophy),
sv. t. dr. phil.

pheasant ['feznt], s., zoo.
fasan.

phenomen|on [fi'nominən]
(pl. -a), s. fænomen.

phial ['faiǝl], s. flakon; medicinflaske.

philanderer [fi'lændǝrǝ], s. kurmager.

philanthropy [fi'lænθrǝpi], s. menneskekærlighed, filantropi.

philatelist [fi'lætǝlist], s. frimærkesamler.

Philippines ['filipi:nz], s. pl. the ~, Filippinerne.

philology [fi'lolǝdʒi], s. sprogvidenskab.

philosophy [fi'losǝfi], s. filosofi; livsanskuelse.

phlegm [flem], s. slim; flegma; **-atic** [fleg'mætik], adj. flegmatisk.

phone [fǝun], s., T telefon; v. t. & i. ringe (til); be on the ~, have telefon; ~ booth, s. telefonboks.

phonetic [fǝ'netik], adj. lyd-; fonetisk.

phony ['fǝuni], s. svindler; svindel; adj. falsk, forloren; humbugs-.

phosphate ['fosfeit], s., kem. fosfat.

phosphor|escent [,fosfǝ'resnt], adj. fosforescerende, selvlysende; **-us** ['fosfǝrǝs], s., kem. fosfor.

photo ['fǝutǝu], s. fotografi; **-genic** [-'dʒenik], adj. fotogen; **-graph** [-gra:f], s. fotografi; v. t. fotografere; **-grapher** [fǝ'togrǝfǝ], s. fotograf.

phrase [freiz], s. udtryk; talemåde, frase; ~ book, s. parlør.

physi|cal ['fizikl], adj. fysisk; legems-; legemlig; ~ training, gymnastik; **-cian** [fi'ziʃn], s. læge; **-cist** ['fizisist], s. fysiker; **-cs** ['fiziks], s. pl. fysik; **-ology** [fizi'olǝdʒi], s. fysiologi; **-otherapist** [,fiziǝ'θherǝpist], s. fysiotera-

peut; **-que** [fi'zi:k], s. legemsbygning; fysik.

pianist ['piǝnist], s. pianist.

piano [pi'ænǝu], s., mus. klaver, piano; ~ tuner, s. klaverstemmer.

piccolo ['pikǝlǝu], s., mus. piccolofløjte.

pick [pik], s. hakke; valg, udvalg; v. t. & i. plukke; hakke; (ud)vælge; the ~ of, det bedste af; ~ a lock, dirke en lås op; ~ a quarrel, yppe kiv; ~ to pieces, ~ holes in nedrakke; kritisere; ~ up, samle op; hente; lære; skaffe sig; opfatte; komme sig; **-axe**, s. hakke; **-ed** [-t], adj. udsøgt; elite-; **-ings**, s. pl. rester; ~-me-up, s., S opstrammer; **-pocket**, s. lommetyv; ~-up, s. pick-up; tilfældigt bekendtskab.

picket ['pikit], s. pæl; strejkevagt; mil. feltvagt; v. t. gå strejkevagt (ved).

pickle ['pikl], s. lage; T klemme, knibe; v. t. sylte; marinere; lægge i lage; a pretty ~, T en køn suppedas; **-d**, adj. syltet; S fuld.

picnic ['piknik], s. skovtur.

pictorial [pik'to:riǝl], adj. billed-; malerisk; illustreret.

picture ['piktʃǝ], s. billede; v. t. afbilde; forestille sig; **-s**, s. pl. go to the ~, gå i biografen.

picturesque [,piktʃǝ'resk], adj. pittoresk; malerisk.

piddle [pidl], v. i., T tisse.

pidgin ['pidʒin], adj. ~ English, kineserengelsk.

pie [pai], s., kul. pie; postej; **-bald**, adj. broget.

piece [pi:s], s. stykke; v. t. ~ together, sammenstykke; go to -s, gå i stykker; *fig.* bryde sammen; *take to* -s, skille ad; **-meal**, *adj.* stykkevis; **-work**, *s.* akkordarbejde.

pier [piə], *s.* anløbsbro, mole.

pierce [piəs], *v. t.* gennemtrænge; spidde; gennembore; **-ing**, *adj.* gennemtrængende; skarp, bidende.

piety ['paiəti], *s.* fromhed; pietet.

pig [pig], *s.*, *zoo.* gris; svin; ~ **-headed**, *adj.* stivnakket; **-skin**, *s.* svinelæder; **-sty**, ~ **pen**, *s.* svinesti; **-tails**, *s. pl.* rottehaler.

pigeon ['pidʒən], *s.*, *zoo.* due; *homing* ~, brevdue; ~ **-hole**, *s.* rum i reol; *v. t.* lægge til side; rubricere; sortere.

pigment ['pigmənt], *s.* farve, pigment.

pike [paik], *s.* spyd; *zoo.* gedde.

pilchard ['piltʃəd], *s.*, *zoo.* sardin.

pile [pail], *s.* dynge; bunke; stabel; atomreaktor; luv; (grund)pæl; *v. t. & i. (~ up)*, dynge (op), stable (op); hobe sig op; ~ **-driver**, *s.* rambuk; **-s**, *s. pl.*, *med.* hæmorroider.

pilfer ['pilfə], *v. t.* rapse; **-ing** [-riŋ], *s.* rapseri.

pilgrim ['pilgrim], *s.* pilgrim; **-age** [-idʒ], *s.* valfart, pilgrimsrejse.

pill [pil], *s.* pille; *the* ~, *T* p-pillen.

pillage ['pilidʒ], *s.* plyndring; *v. t.* plyndre; røve.

pillar ['pilə], *s.* søjle; pille; støtte; ~ **box**, *s.* fritstående postkasse.

pillion ['piljən], *s.* bagsæde.

pillory ['piləri], *s.* gabestok.

pillow ['piləu], *s.* (ho-

ved)pude; ~ **-case**, ~ **-slip**, *s.* pudevår, pudebetræk.

pilot ['pailət], *s.*, *naut.* lods; *fly.* pilot; *v. t.* styre; flyve; lodse; *adj.* forsøgs-, prøve-, pilot-.

pimento [pi'mentəu], *s.*, *kul.* allehånde, piment.

pimp [pimp], *s.* alfons.

pimple [pimpl], *s.* filipens, bums; **-y**, *adj.* bumset.

pin [pin], *s.* knappenål; nål; stift; *v. t.* fastgøre; fæste; fastnagle; spidde; ~ *down*, *fig.* binde; holde fast; **-cushion**, *s.* nålepude.

pinafore ['pinəfɔː], *s.* (barne)forklæde.

pincers ['pinsəz], *s. pl.* knibtang; *a pair of* ~, en knibtang.

pinch [pintʃ], *s.* kniben; klemme, nød; *v. t.* knibe; klemme; *S* rapse; stjæle; ~ *and scrape*, spinke og spare; *at a* ~, til nød; *a* ~ *of salt*, en knivspids salt; *with a* ~ *of salt*, med forbehold; **-ed** [-t], *adj.* hærget, udtæret; klemt.

pine [pain], *s.*, *bot.* fyr(retræ); *v. i. (~ away)*, hentæres; ~ *for*, længes efter; **-apple**, *s.*, *bot.* ananas; **-wood**, *s.* fyrreskov; fyrretræ.

pinfold ['pinfəuld], *s.* kvægfold.

pinion ['pinjən], *s.*, *mek.* drev; *v. t.* bagbinde.

pink [piŋk], *s.*, *bot.* nellike; *adj.* lyserød; rosa.

pinnacle ['pinəkl], *s.* tinde; spids.

pinpoint ['pinpoint], *s.* nålespids; prik; *v. t.* ramme præcist.

pint [paint], *s. (mål)* = 0,57 liter.

pioneer [‚paiə'niə], s. pionér; banebryder; nybygger.

pious ['paiəs], adj. gudfrygtig, from.

pip [pip], s., bot. frugtkerne.

pipe [paip], s. pibe; rør; mus. fløjte; v. i. pippe; fløjte; pibe; ~ down, holde mund, dæmpe (sig) lidt; ~-cleaner, s. piberenser; ~-dream, s. ønskedrøm; -line, s. rørledning; -r [-ə], s. fløjtespiller; sækkepibespiller.

piping ['paipiŋ], s. piben; rouleau; rørsystem; adj. pibende; ~ hot, rygende varm.

piquant ['pi:kənt], adj. pikant; pirrende.

pique [pi:k], s. fornærmelse; krænkelse; v. t. såre; fornærme; pikere; -d [-t], adj. stødt; pikeret; såret.

pira|cy ['paiərəsi], s. sørøveri; plagiat; -te ['paiərət], s. sørøver, pirat.

piss [pis], s., vulg. pis; v. i. pisse; v. t. ~ off, røvkede; irritere meget; int. skrid! -ed [-t], adj. skidefuld.

pistil [pistl], s., bot. støvvej.

pistol [pistl], s. pistol.

piston [pistn], s., mek. stempel; ~ rod, s. stempelstang; ~ valve, s. stempelventil; pumpeventil.

pit [pit], s. grube, skakt, mine; hule; kule; teat. gulv, parterre; orkestergrav; -fall, s. faldgrube; . -head, s. minenedgang.

pitch [pitʃ], s. beg; højde; højdepunkt; hældning; mus. tonehøjde; stemmeleje; sport. bane; kast; v. t. kaste; opstille, rejse; falde; skråne; slå lejr; ~ -

black, adj. kulsort; ~- **dark**, adj. bælgmørk; -er, s. kande; krukke; ~- **fork**, s. høtyv.

piteous ['pitiəs], adj. ynkelig.

pith [piθ], s. marv; kraft; -y, adj. fyndig; kraftig.

piti|ful ['pitifl], adj. jammerlig; ynkværdig; -less, adj. ubarmhjertig; hård.

pittance ['pitns], s. smule; ringe løn.

pity ['piti], s. medlidenhed, medynk; v. t. ynke; ynkes over; have medlidenhed med; it's a ~, det er en skam; take ~ on, forbarme sig over.

pivot ['pivət], s. midtpunkt; akse; mek. (dreje)tap; v. i. dreje om en tap; fig. dreje sig.

pixie ['piksi], s. alf; fe.

placa|ble ['plækəbl], adj. forsonlig; -te [plə'keit], v. t. forsone.

placard ['plæka.d], s. plakat.

place [pleis], s. plads; sted; stilling; hus, hjem; kuvert; v. t. placere; anbringe; stille; sætte; lægge; identificere; at our ~, hos os; in the first ~, for det første; out of ~, malplaceret; ~ mat, s. dækkeserviet; ~ name, s. stednavn.

placenta [plə'sentə], s., anat. moderkage.

placid ['plæsid], adj. rolig; fredsommelig.

plagiarism ['pleidʒərizm], s. plagiat.

plague [pleig], s. pest; v. t. plage, pine.

plaice [pleis], s., zoo. rødspætte.

plaid [plæd], s. plaid; skotskternet stof; klanmønster.

plain [plein], s. slette; adj.
tydelig, klar; åbenlys; en-
kel; ligefrem; jævn; ens-
farvet; grim; ~ and purl,
ret og vrang; ~ -clothes,
adj. civilklædt; ~ -spok-
en, adj. åben, ligefrem.

plaintiff ['pleintif], s., jur.
sagsøger; klager.

plaintive ['pleintiv], adj.
klagende.

plait [plæt], s. fletning;
læg; v. t. flette; plissere.

plan [plæn], s. plan; ud-
kast; hensigt; v. t. plan-
lægge; påtænke.

plane [plein], s. høvl; ni-
veau; flade; fly. (bære)-
plan; vinge; flyvemaski-
ne; v. t. høvle; jævne; ~ -
tree, s., bot. platan.

planet ['plænit], s., astr.
planet.

plank [plæŋk], s. planke.

plant [pla:nt], s., bot. plan-
te; fabrik, anlæg; materi-
el; T aftalt svindel; v. t.
plante; placere; -ation
[plæn'teiʃn], s. plantage;
plantning; -er, s. planta-
geejer; farmer; ~ louse,
s., zoo. bladlus.

plaque [plæk], s. platte;
mindeplade.

plash [plæʃ], v. t. & i. pla-
ske (i); stænke (på).

plaster ['pla:stə], s. pudse-
kalk; gips; (sticking ~)
hæfteplaster; v. t. pudse;
kalke; fig. overdænge;
overklistre; ~ cast, s.
gipsafstøbning; gipsban-
dage; -ed [-d], adj., S
pløret, fuld.

plastic ['plæstik], s. plastic,
plast; adj. plastisk; som
kan formes; plastic-; -ine
[-si:n], s. modellervoks.

plate [pleit], s. (metal)pla-
de; tallerken; planche;

protese; (silver ~) plet;
v. t. pansre; plettere; ~
glass, s. spejlglas.

plateau ['plætəu], s. høj-
slette.

platform ['plætfɔ:m], s.
perron; forhøjning; ta-
lerstol; politisk program.

platinum ['plætinəm], s.
platin.

platitude ['plætitju:d], s.
banalitet.

Platonic [plə'tɔnik], adj.
platonisk.

platoon [plə'tu:n], s., mil.
deling.

platter ['plætə], s. trætal-
lerken; fad.

plausible ['plɔ:zəbl], adj.
sandsynlig; tilsynela-
dende rigtig.

play [plei], s. spil; leg; sku-
espil; v. t. & i. spille; lege;
optræde; ~ around, flir-
te; ~ back, afspille; ~
down, bagatellisere; ~ -
act, v. i. spille teater; fig.
spille komedie; -er, s.
spiller; deltager; teat.
skuespiller; musiker;
-ful, adj. kåd; spøgefuld;
-ground, s. legeplads;
-ing-card, s. spillekort;
-mate, s. legekammerat;
-pen, s. kravlegård;
-thing, s. legetøj; -wright,
s. dramatiker, skuespil-
forfatter.

plea [pli:], s. bøn; påstand;
on the ~ of, under på-
skud af.

plead [pli:d], v. t. & i. plæ-
dere; bede indtrængen-
de; undskylde sig med; ~
guilty, erkende sig skyl-
dig.

pleasant ['pleznt], adj. be-
hagelig; elskværdig; hyg-
gelig; rar; -ry, s. spøg;
spøgefuldhed.

please [pli:z], v. t. & i. behage; tiltale; tilfredsstille; glæde; have lyst (til); *int.* vær (så) venlig (at); *yes,* ~ *!* ja tak! **-d,** *adj.* tilfreds; fornøjet.

pleasure ['pleʒə], *s.* fornøjelse; nydelse; lyst; ønske; *with* ~, gerne; med fornøjelse.

pleat [pli:t], *s.* læg; plissé; *v. t.* folde; plissere.

plebiscite ['plebisit], *s., pol.* folkeafstemning.

pledge [pledʒ], *s.* pant; løfte; *v. t.* pantsætte; forpligte; love; ~ *one's word,* give sit æresord.

plentiful ['plentifl], *adj.* rigelig; **-y,** *s.* overflod; velstand; *adj.* rigelig; masser.

pleurisy ['pluərisi], *s., med.* lungehindebetændelse.

pliable ['plaiəbl], *adj.* bøjelig; smidig.

pliers ['plaiəz], *s. pl. a pair of* ~, en niptang.

plight [plait], *s.* forfatning, tilstand.

plimsoll ['plimsəl], *s.* gummisko.

plinth [plinθ], *s.* sokkel.

plod [plɔd], *v. i.* traske; slide.

plonk [plɔŋk], *v. t., T* lade falde tungt; smække ned.

plop [plɔp], *v. i.* plumpe.

plot [plɔt], *s.* stykke jord, grund; parcel; intrige, handling; sammensværgelse; *v. t. & i.* udtænke; smede rænker; plotte; *lay -s,* smede rænker; *divide into -s,* udstykke.

plough [plau], *s.* plov; *v. t.* pløje; ~ **share,** *s.* plovjern.

plover ['plʌvə], *s., zoo.* brokfugl; hjejle.

pluck [plʌk], *s.* mod; ryk; tag; *v. t.* plukke; rykke,

trække; ~ *up courage,* tage mod til sig; **-y,** *adj.* modig.

plug [plʌg], *s.* prop; tap; pløk; *elek.* stik(prop); *v. t.* stoppe; sætte en prop i; ~ *away,* slide i det; ~ *in,* tilslutte, stikke i kontakt; *sparking* ~, *s.* tændrør; ~ *tobacco,* skråtobak.

plum [plʌm], *s., bot.* blomme.

plumage ['plu:midʒ], *s.* fjerbeklædning.

plumb [plʌm], *s.* (bly)lod; *adj.* lodret; i lod; *v. t.* plombere; lodde; **-er,** *s.* gas- og vandmester; blikkenslager; **-ing,** *s.* sanitære installationer; blikkenslagerarbejde; vandrør; **-line,** *s.* lodlinie.

plume [plu:m], *s.* fjer; fjerbusk; *borrowed -s,* lånte fjer.

plump [plʌmp], *adj.* trind; buttet; *adv.* pladask; uden videre; *v. i.* plumpe; falde tungt; stemme på; ~ *for,* støtte; vælge.

plunder ['plʌndə], *s.* bytte, rov; plyndring; *v. t.* plyndre; røve.

plunge [plʌndʒ], *s.* dukkert; spring; *v. i.* styrte; kaste sig; dykke.

plunk [plʌŋk], *v. t. & i.* knipse; lade dumpe.

pluperfect ['plu:pə:fikt], *s., gram. the* ~ *(tense),* førdatid, pluskvamperfektum.

plural ['pluərəl], *s., gram.* flertal, pluralis.

plus [plʌs], *s.* plus; *adj.* og derover.

plush [plʌʃ], *s.* plys; *adj.* luksus-.

ply [plai], *s.* tråd; lag; *fig.* tendens; *v. t.* besejle; gå i fast rutefart; ~ *with* *questions,* udspørge, bombardere; *two-~, adj.* totrådet; **-wood,** *s.* krydsfinér.

P.M. ['pi:'em], (*fk.f.* Prime Minister; post-mortem).

p.m., (*fk.f.* post meridiem), efter kl. 12, om eftermiddagen.

pneumatic [nju'mætik], *adj.* luft-; pneumatisk.

pneumonia [nju'məunjə], *s., med.* lungebetændelse.

P.O., (*fk.f.* post office; postal order).

poach [pəutʃ], *v. t. & i.* pochere; drive krybskytteri; **-er,** *s.* krybskytte.

pocket ['pɔkit], *s.* lomme; fordybning; sæk; *zoo.* pung; *air ~, s.* lufthul; *v. t.* putte i lommen; stikke til sig; *out of ~,* uden penge; ~ **book,** *s.* billigbog; ~ **money,** *s.* lommepenge.

pockmarked ['pɔkmɑːkt], *adj.* koparret.

pod [pɔd], *s., bot.* bælg.

poe|m ['pəuim], *s.* digt; **-t** ['pəuit], *s.* digter; **-try** ['pəuitri], *s.* poesi.

poignant ['pɔinənt], *adj.* skarp; skærende; intens.

point [pɔint], *s.* punkt; spids; prik; punktum; sag; hensigt; mening; pointe; point; *v. t. & i.* pege; sigte; spidse; vende (mod); ~ *of view,* synspunkt; ~ *of honour,* æressag; *when it comes to the ~,* når det kommer til stykket; *on the ~ of,* lige ved, på nippet til; *come (get) to the ~,* komme til sagen; *nought ~ four (0.4),* nul komma fire (0,4); ~ *out,* udpege; fremhæve; pointere; **~-blank,** *adj.* rent ud; di-

rekte; **-ed** [-id], *adj.* spids; *fig.* tydelig; demonstrativ; **-less,** *adj.* meningsløs; **-s,** *s. pl.* skiftespor.

poise [pɔiz], *s.* balance; holdning; ro; *v. i.* balancere; svæve; være i ligevægt; **-d,** *adj.* rolig, afbalanceret; svævende; balancerende.

poison ['pɔizn], *s.* gift; *v. t.* forgifte; **-ing,** *s.* forgiftning; **-ous** [-əs], *adj.* giftig; skadelig; *T* væmmelig.

poke [pəuk], *s.* puf; stød; *v. t. & i.* stikke; støde; puffe; rode op i; famle; ~ *fun at,* gøre nar af; **-r** [-ə], *s.* ildrager; poker.

Poland ['pəulənd], *s.* Polen.

polar ['pəulə], *adj.* polar; pol-; ~ **bear,** *s., zoo.* isbjørn; ~ **circle,** *s.* polarcirkel.

Pole [pəul], *s.* polak.

pole [pəul], *s.* pæl, stang; elmast; pol; *the North P~,* Nordpolen; ~ **star,** *s.* nordstjerne; ~ **vault,** *s., sport.* stangspring.

police [pə'li:s], *s.* politi; politifolk; *v. t.* føre opsyn med; ~ **constable,** *s.* politibetjent; ~ **force,** *s.* politistyrke; **-man** [-mən], *s.* politibetjent; ~ **woman,** *s.* kvindelig politibetjent.

policy ['pɔlisi], *s.* politik; fremgangsmåde; *(insurance ~)* (forsikrings)police.

polio ['pəuliəu], *s., med.* børnelammelse, polio.

Polish ['pəuliʃ], *s. & adj.* polsk.

polish ['pɔliʃ], *s.* politur, pudsecreme; glans; *shoe ~, s.* skocreme; *nail ~, s.* neglelak; *floor ~, s.* bonevoks; *v. t.* pudse; polere; slibe; bone; blanke; ~ *off*, gøre det af med, ekspedere; **-ed** [-t], *adj.* glat, sleben.

polite [pə'lait], *adj.* høflig; dannet.

politic ['pɔlitik], *adj.* klog; velovervejet; **-al** [pə'litikl], *adj.* politisk; stats-; ~ *science*, statsvidenskab; **-ian** [ˌpɔli'tiʃn], *s.* politiker; **-s** ['pɔlitiks], *s. pl.* politik.

poll [pəul], *s.* afstemning; valgdeltagelse; *(opinion ~)* opinionsundersøgelse; *v. i.* stemme; **-ing- booth**, *s.* valglokale.

poll|en ['pɔlən], *s., bot.* blomsterstøv, pollen; **-inate** [-ineit], *v. t.* bestøve.

pollu|tant [pə'luːtənt], *s.* forureningskilde; **-te**, *v. t.* forurene; besmitte; **-tion** [-ʃn], *s.* forurening.

polo neck ['pəuləuˌnek], *s.* rullekrave(sweater).

polytechnic [pɔli'teknik], *s.* teknisk skole; *adj.* teknisk.

pomegranate ['pɔmigrænət], *s., bot.* granatæble.

pomp [pɔmp], *s.* pragt; pomp; **-ous** [-əs], *adj.* opblæst; højtravende.

pond [pɔnd], *s.* dam; gadekær.

ponder ['pɔndə], *v. t. & i.* overveje; grunde; ~ *over*, spekulere på; **-ous** [-rəs], *adj.* svær; tung.

pontoon [pɔn'tuːn], *s.* ponton.

pony ['pəuni], *s., zoo.* pony; **-tail**, *s.* hestehale(frisure).

poodle ['puːdl], *s., zoo.* pudel.

pool [puːl], *s.* pyt, pøl; *(swimming ~)* svømme-

bassin; *merk.* sammenslutning; pulje; *sport.* slags billard; *football -s*, tipstjenesten; *do the -s*, tippe; *v. t.* slå sammen i en pulje.

poor [puə], *adj.* fattig; stakkels; dårlig; ringe; ussel; **-ly**, *adj.* sløj.

pop [pɔp], *s.* knald; *T* sodavand; *mus.* pop; *v. t & i.* knalde, smælde; affyre; ~ *in*, smutte ind; kigge indenfor; ~ *off*, stikke af; *S* dø; ~ *out*, smutte ud; ~ *the head out*, stikke hovedet ud; ~ *up*, dukke op.

pope [pəup], *s.* pave.

popeyed ['pɔpaid], *adj.* med udstående øjne.

popgun ['pɔpgʌn], *s.* luftbøsse; propgevær.

popinjay ['pɔpindʒei], *s.* laps.

poplar ['pɔplə], *s., bot.* poppel.

poppy ['pɔpi], *s., bot.* valmue; **-cock**, *s., T* pjat, vrøvl; ~ **seed**, *s., kul.* birkes.

popu|lar ['pɔpjulə], *adj.* populær; folkelig; folke-; **-larity** [-'læriti], *s.* popularitet; **-late** [-leit], *v. t.* befolke; **-lation** [-'leiʃn], *s.* befolkning; bestand; antal.

porcelain ['pɔːslin], *s.* porcelæn.

porch [pɔːtʃ], *s.* overdækket indgang; *U.S.* veranda.

porcupine ['pɔːkjupain], *s., zoo.* hulepindsvin.

pore [pɔː], *s.* pore; *v. t.* stirre; ~ *over*, fordybe sig i; hænge over.

pork [pɔːk], *s., kul.* flæsk; svinekød; *roast ~*, flæskesteg; ~ **chop**, *s.* svinekotelet.

porn [pɔːn], *s.*, *T* porno; -ographic [ˌpɔːnəˈgræfik], *adj.* pornografisk; -ography [pɔːˈnɔgrəfi], *s.* pornografi.

porous [ˈpɔːrəs], *adj.* porøs.

porpoise [ˈpɔːpəs], *s.*, *zoo.* marsvin (hval).

porridge [ˈpɔridʒ], *s.*, *kul.* (havre)grød.

port [pɔːt], *s.* havn; *kul.* portvin; *naut.* bagbord; -able [-əbl], *adj.* transportabel; -al [-l], *s.* portal; -hole, *s.*, *naut.* køøje.

portend [pɔːˈtend], *v. t.* varsle, spå; -t [ˈpɔːtent], *s.* varsel; -tous [-ˈtentəs], *adj.* ildevarslende.

porter [ˈpɔːtə], *s.* drager; dørvogter; portier; portner; porter.

portfolio [pɔːtˈfəuliəu], *s.* mappe; portefølje.

portico [ˈpɔːtikəu], *s.* søjlegang.

portion [ˈpɔːʃn], *s.* andel; del; portion; *v. t. (~ out)*, dele; uddele.

portly [ˈpɔːtli], *adj.* svær; statelig.

portrait [ˈpɔːtrit], *s.* portræt; -y [pɔːˈtrei], *v. t.* portrættere; skildre.

Portugal [ˈpɔːtjugl], *s.* Portugal; -guese [-ˈgiːz], *s.* portugiser; *s. & adj.* portugisisk.

pose [pəuz], *s.* positur; stilling; attitude; *v. t. & i.* opstille, placere; stå model, posere; stille sig an; ~ *as*, give sig ud for at være; ~ *a question*, stille et spørgsmål.

posh [pɔʃ], *adj.*, *T* flot, smart; overklasse-.

position [pəˈziʃn], *s.* stilling; position; *fig.* standpunkt; *v. t.* anbringe; *in a*

~ *to*, i stand til at.

positive [ˈpɔzitiv], *adj.* positiv; bestemt; sikker; afgørende; komplet; *I am* ~, jeg er helt sikker; -ly, *adv.* bogstavelig talt, ligefrem.

posse [ˈpɔsi], *s.* bevæbnet styrke.

possess [pəˈzes], *v. t.* besidde; eje; have; -ion [-ʃn], *s.* besiddelse, eje; ejendom; ejendel; -ive, *s.*, *gram.* ejestedord; ejefald, genitiv; *adj.* besiddende; dominerende.

possibility [pɔsiˈbiliti], *s.* mulighed; -le [ˈpɔsibl], *adj.* mulig; -ly, *adv.* muligvis; eventuelt; *not* ~, umuligt.

post [pəust], *s.* stolpe; pæl; stilling; embede; post; *v. t. & i.* opslå; anbringe, postere; afsende; lægge i postkassen; indføre; bogføre; *by return of* ~, omgående; *keep sby -ed*, holde én underrettet; -age [-idʒ], *s.* porto; ~ *stamp*, *s.* frimærke; -al [-l], *adj.* post-; ~ *order*, *s.* postanvisning; -box, *s.* postkasse; -card, *s.* postkort; -code, *s.* postnummer; -er, *s.* plakat; ~-free, ~-paid, *adj.* portofri; ~-haste, *adj.* sporenstregs; -humous [ˈpɔstjuməs], *adj.* posthum; -man [-mən], *s.* postbud; -mark, *s.* poststempel; ~-mortem [-ˈmɔːtəm], *s.* obduktion; ~-office, *s.* postkontor; -script, *s.* efterskrift; ~-war, *adj.* efterkrigs-.

posterior [pɔˈstiəriə], *s.*, *anat.* bagdel; bagparti; *adj.* senere; bag-; -ty, *s.* eftertid(en).

postpone [pəs'pəun], v. t. &
i. udsætte; opsætte.
postulate ['postjuleit], v. t.
& i. postulere; hævde;
gøre krav på.
posture ['postʃə], s. stil-
ling; positur; attitude.
posy ['pəuzi], s. buket.
pot [pot], s. potte; gryde;
krukke; S marihuana;
v. t. plante i potte; **-ash**,
s., kem. kali; potaske; ~-
bellied [-bəlid], adj. tyk-
mavet; ~-**boiler**, s., S
venstrehåndsarbejde;
~-**luck**, s. take ~, tage til
takke med hvad huset
formår; ~ **roast**, s., kul.
grydesteg; **-ter**, s. potte-
mager; v. i. pusle; nusle;
-tery, s. lertøj; pottema-
gerværksted.
potable ['pəutəbl], adj.
drikkelig.
potassium [pə'tæsiəm], s.,
kem. kalium.
potato [pə'teitəu], s., bot.
kartoffel; ~ **chips**, s. pl.,
kul. pommes frites; U.S.
franske kartofler; ~
crisps, s. pl., kul. franske
kartofler; ~ **flour**, s., kul.
kartoffelmel.
poten|cy ['pəutənsi], s. po-
tens; kraft; **-t**, adj. stærk;
mægtig; potent; **-tate**
[-teit], s. fyrste; **-tial**
[pə'tenʃl], s. mulighed; po-
tentiel; ydeevne; elek.
spænding; adj. mulig; po-
tentiel.
potion ['pəuʃn], s. drik; (do-
sis) medicin.
potty ['poti], adj., S småtos-
set.
pouch [pautʃ], s. pose; etui;
lomme; zoo. kæbepose;
pung.
poultry ['pəultri], s., zoo. &
kul. fjerkræ; ~ **farm**, s.
hønseri.

pounce [pauns], v. t. & i. ~
on, slå ned på; kaste sig
over.
pound [paund], s. pund
(vægt = 454 g; mønt =
100 newpence); indheg-
ning; fold; v. t. &. i. dund-
re; støde; hamre; stampe.
pour [po:], v. t. & i. hælde;
skænke; øse; strømme;
it's -ing, det styrter ned.
pout [paut], v. i. surmule;
lave trutmund.
poverty ['povəti], s. fattig-
dom; ~-**stricken**, adj.
forarmet.
powder ['paudə], s. pudder;
pulver; krudt; v. t. pudre;
pulverisere; bestrø; ~
compact, s. pudderdåse;
~ **puff**, s. pudderkvast; ~
room, s. dametoilet.
power ['pauə], s. magt;
kraft, styrke; evne; jur.
fuldmagt; mat. potens;
elek. strøm; effekt; be in
~, være ved magten; v. t.
drive frem; atom-pow-
ered, atomdrevet; ~ **cut**,
s. strømafbrydelse; ~
failure, s. strømsvigt;
-ful, adj. kraftig; stærk;
-less, adj. magtesløs;
kraftløs; ~ **plant**, ~ **sta-
tion**, s. kraftværk.
pox [poks], s., med., T the
~, syfilis.
PR ['pi:'a:], (fk.f. public re-
lations).
practi|cable ['præktikəbl],
adj. mulig; gennemførlig;
anvendelig; **-cal** [-kl], adj.
praktisk; ~ joke, grov
spøg; **-cally** [-kli], adv. så
godt som, næsten, prak-
tisk talt; **-ce** ['præktis], s.
praksis; øvelse; praktik;
skik, fremgangsmåde; be
in ~, have øvelsen; være
i træning; praktisere;
make a ~ of sth, gøre

noget til en vane; **-se**
[-tis], *v. t. & i.* øve sig;
praktisere; udøve, drive;
indøve; **-sed** ['præktist],
adj. øvet; erfaren; **-tioner**
[-'tiʃənə], *s. general* ~,
praktiserende læge.

prairie ['prɛəri], *s.* prærie.

praise [preiz], *s.* ros; *v. t.*
rose; prise; **-worthy**, *adj.*
prisværdig.

pram [præm], *s.* barne-
vogn; *naut.* pram.

prance [pra:ns], *v. t. & i.*
spankulere; danse; stej-
le.

prank [præŋk], *s.* sjov; *be
up to* -s, lave spilopper.

prattle [prætl], *v. i.* sludre;
snakke; pludre.

prawn [prɔ:n], *s., zoo.* reje.

pray [prei], *v. t. & i.* bede;
-er ['prɛə], *s.* bøn; *the
Lord's P*~, fadervor; **-er-
book**, *s.* bønnebog.

preach [pri:tʃ], *v. t. & i.*
prædike; ~ *a sermon*,
holde en prædiken; **-er**, *s.*
prædikant.

preamble [pri'æmbl], *s.* for-
tale.

precarious [pri'kɛəriəs],
adj. usikker; prekær.

precaution [pri'kɔ:ʃn], *s.*
forsigtighed; forholdsre-
gel.

preced|e [pri'si:d], *v. t. & i.*
gå foran; gå forud (for);
rangere over; **-ence** ['pre-
sidəns], *s.* forrang; *order
of* ~, rangfølge; **-ent**
['presidənt], *s.* præcedens;
fortilfælde; **-ing**, *adj.* for-
udgående.

precept ['pri:sept], *s.* for-
skrift; regel.

precinct ['pri:siŋkt], *s.*
grænse; område; **-s**, *s. pl.*
enemærker; omgivelser.

precious ['preʃəs], *adj.*
kostbar; dyrebar; køn,

nydelig; ~ *stone*, ædel-
sten; ~ *little*, *T* meget
lidt.

precipice ['presipis], *s.* af-
grund, skrænt.

precipi|tate [pri'sipitət], *s.*
bundfald; *adj.* forhastet;
hovedkuls; overilet; [-eit],
v. t. fremskynde; styrte;
bundfælde; **-tous**, *adj.*
brat, stejl.

précis ['preisi:], *s.* resumé.

precis|e [pri'sais], *adj.* præ-
cis; nøjagtig; korrekt;
-ely, *adv.* netop; nøjag-
tigt; egentlig; **-ion** [-'siʒn],
s. præcision; nøjagtig-
hed.

preclude [pri'klu:d], *v. t.*
udelukke; forhindre.

precocious [pri'kəuʃəs],
adj. fremmelig; gammel-
klog.

preconce|ive [,pri:kən'si:v],
v. t. opfatte på forhånd;
udtænke på forhånd;
-ption [-'sepʃn], *s.* forud-
fattet mening.

preconcerted [,pri:kən'sə:-
tid], *adj.* forud aftalt.

predatory ['predətri], *adj.*
plyndrings-; røverisk; ~
animal, rovdyr.

predecessor ['pri:disesə], *s.*
forgænger.

predestination [,pri:desti-
'neiʃn], *s.* forudbestem-
melse.

predetermine [,pri:di'tə:-
min], *v. t.* forudbestem-
me.

predicament [pri'dikə-
mənt], *s.* knibe; forlegen-
hed.

predicate ['predikət], *s.,
gram.* prædikat.

predict [pri'dikt], *v. t.* for-
udsige; **-able** [-əbl], *adj.*
forudsigelig.

predilection [,pri:di'lekʃn],
s. forkærlighed.

predisposition [ˌpriːdispə-'ziʃn], s. tilbøjelighed.

predominant [pri'dominənt], adj. dominerende, overvejende; **-te** [-eit], v. i. dominere; være fremherskende.

pre-eminence [pri:'eminəns], s. overlegenhed.

pre-emption [pri:'em(p)-ʃn], s. forkøb(sret).

preen [priːn], v. t. ~ oneself, pudse sig; pynte sig.

prefab ['priːfæb] (fk.f. prefabricated), adj., T præfabrikeret; element-.

preface ['prefis], s. forord.

prefer [pri'fəː], v. t. foretrække; I'd ~ to, jeg vil hellere; **-ably** ['prefrəbli], adv. helst; fortrinsvis; **-ence** ['prefrəns], s. forkærlighed; fortrinsret.

prefix ['priːfiks], s., gram. forstavelse, præfiks; [-'fiks], v. t. sætte foran.

pregnancy ['pregnənsi], s. graviditet; svangerskab; **-t**, adj. gravid; vægtig, prægnant.

prehistoric [ˌpriːhi'storik], adj. forhistorisk.

prejudice ['predʒudis], s. fordom; v. t. forudindtage; skade; **-ed** [-t], adj. forudindtaget; fordomsfuld; **-ial** [-'diʃl], adj. skadelig.

preliminary [pri'liminəri], adj. indledende; forberedende.

prelude ['preljuːd], s., mus. forspil; indledning.

premature [ˌpremə'tʃuə], adj. for tidlig; forhastet.

premeditated [ˌpriː'mediteitid], adj. overlagt, forsætlig.

premier ['premjə], s. statsminister.

premise ['premis], s. præ-

mis; **-s** [-iz], s. pl. lokaliteter; on the ~, på stedet.

premium ['priːmjəm], s. præmie; bonus; forsikringspræmie.

premonition [ˌpriːmə'niʃn], s. forudanelse; varsel.

preoccupation [ˌpriːɔkju-'peiʃn], s. optagethed; distraktion; **-ied** [-'ɔkjupaid], adj. optaget; distræt.

prep [prep] (fk.f. preparatory), adj., T ~ school, s. forberedelsesskole.

preparation [prepə'reiʃn], s. forberedelse; tilberedelse; præparat; lektielæsning; **-atory** [pri'pærətri], adj. forberedende; **-e** [pri'pɛə], v. t. & i. forberede (sig); tilberede; præparere; udarbejde; be -d to, være indstillet på.

preponderance [pri'pondərəns], s. overvægt; overvejende del.

preposition [prepə'ziʃn], s., gram. forholdsord, præposition.

prepossessing [ˌpriːpə'zesiŋ], adj. indtagende.

preposterous [pri'postrəs], adj. urimelig; meningsløs; latterlig.

prerequisite [pri:'rekwizit], s. forudsætning.

prerogative [pri'rogətiv], s. forrettighed.

presage ['presidʒ], s. varsel; tegn; v. t. varsle om.

prescience ['preʃiəns], s. forudviden.

prescribe [pri'skraib], v. t., med. ordinere; skrive recept på; foreskrive; **-bed**, adj. foreskreven; **-ption** [-'skripʃn], s. recept; forskrift.

presence ['prezns], s. nærværelse; tilstedeværelse;

~ *of mind*, åndsnærvæ-
relse.
present ['preznt], *s.* gave;
gram. the ~ *(tense)*, nutid,
præsens; *adj.* til stede;
nærværende; nuværen-
de; [pri'zent], *v. t. & i.*
overrække; forære; fore-
stille, præsentere; udgø-
re; frembyde; *at* ~, nu,
for tiden; **-able** [-'zen-
təbl], *adj.* præsentabel;
-ation [-'teiʃn], *s.* over-
rækkelse; ~-**day**, *adj.*
nutidig; **-ly**, *adv.* snart;
om lidt; *U.S.* for tiden.
presentiment [pri'zenti-
mənt], *s.* forudanelse.
preserv|ation [prezə'veiʃn],
s. bevarelse; konserve-
ring; henkogning; fred-
ning; **-ative** [pri'zə:vətiv],
s. konserveringsmiddel;
adj. bevarende, beskyt-
telses-; **-e** [-'zə:v], *s.* sylte-
tøj; jagtdistrikt; *v. t.* be-
vare; beskytte; frede;
konservere; henkoge.
preside [pri'zaid], *v. i.* præ-
sidere; ~ *at*, lede; ~
over, være vidne til.
president ['prezidnt], *s.*
præsident; formand; di-
rektør; rektor; dirigent.
press [pres], *s.* presse;
pres, tryk; klædeskab;
v. t. & i. presse; trykke
(på); nøde; mase; presse
'på; haste; *be hard* -*ed*,
være hårdt trængt; ~
agent, *s.* pressesekretær;
~ **cutting**, *s.* avisudklip;
-ing, *adj.* presserende;
indtrængende; ~ **notice**,
s. anmeldelse; presse-
meddelelse; ~ **stud**, *s.*
trykknap (i tøj).
pressur|e ['preʃə], *s.* tryk;
pres; ~ **cooker**, *s.* tryk-
koger; ~ **group**, *s.* pressi-
onsgruppe; **-ize** [-'raiz],

v. t. sætte under tryk;
lægge pres på.
prestige [pre'sti:ʒ], *s.* pre-
stige.
presum|ably [pri'zju:məb-
li], *adv.* formodentlig; **-e,**
v. t. & i. formode, antage;
forudsætte; tage sig fri-
heder; **-ption** [-'sʌm(p)-
ʃn], *s.* forudsætning; an-
tagelse; dristighed; for-
mastelighed; **-ptive**
[-'sʌm(p)tiv], *adj.* sand-
synlig.
presuppos|e [ˌpri:sə'pəuz],
v. t. forudsætte; **-ition**
[-'ziʃn], *s.* forudsætning.
preten|ce [pri'tens], *s.* på-
skud, foregivende; ind-
bildskhed; krav; *false* -*s*,
falske forudsætninger;
-d, *v. t. & i.* foregive; lade
som om; lege; **-tious**
[-ʃəs], *adj.* prætentiøs.
pretext ['pri:tekst], *s.* på-
skud; foregivende.
pretty ['priti], *adj.* køn,
pæn; nydelig; *adv.* tem-
melig; ~ *cold*, ret koldt;
~ *well*, næsten.
preva|il [pri'veil], *v. i.* få
overhånd; være fremher-
skende; ~ *on*, overtale,
formå; **-iling**, *adj.* (frem)-
herskende; **-lence** ['pre-
vələns], *s.* forekomst, ud-
bredelse.
prevent [pri'vent], *v. t.* for-
hindre; forebygge; **-ion**
[-ʃn], *s.* forhindring; fore-
byggelse; **-ive**, *s.* forebyg-
gende middel; *adj.* hin-
drende; forebyggende.
preview ['pri:vju:], *s.* for-
premiere.
previous ['pri:vjəs], *adj.*
forudgående; tidligere;
-ly, *adv.* før, tidligere.
prewar ['pri:wɔ:], *adj.* før-
krigs-.
prey [prei], *s.* rov, bytte;

v. i. ~ *on*, leve af; plyndre; tynge, nage.

price [prais], *s.* pris; værdi; kurs; *v. t.* prismærke; fastsætte prisen på; **-less**, *adj.* uvurderlig; kostelig; **-y**, *adj.*, *T* dyr.

prick [prik], *s.* stik, prik; *vulg.* pik; *v. t.* stikke; prikke; punktere; *-s of conscience*, samvittighedsnag.

prickl|e [prikl], *s.* prikken; torn; pig; *v. t. & i.* prikke; stikke; **-y**, *adj.* tornet, pigget; stikkende; *fig.* kilden.

pride [praid], *s.* stolthed; hovmod; *v. t.* ~ *oneself on*, rose sig af.

priest [pri:st], *s.* præst; **-hood**, *s.* præsteembede; gejstlighed.

prig [prig], *s.* indbildsk person; **-gish**, *adj.* selvretfærdig.

prim [prim], *adj.* pertentlig; sippet.

primar|ily ['praimərili], *adv.* først og fremmest; **-y**, *adj.* primær; grundlæggende; størst; først; ~ *colour*, grundfarve; ~ *school*, grundskole, underskole.

prime [praim], *s.* blomstring; bedste del; *mat.* primtal; *adj.* prima; hoved-; oprindelig; ur-; *v. t.* grunde; fylde 'på; *fig.* instruere; *in the* ~ *of life*, i sin bedste alder; ~ *beef*, fineste oksekød; **-r** [-ə], *s.* grundbog; begynderbog.

primeval [prai'mi:vl], *adj.* ur-.

primitive ['primitiv], *adj.* ur-; primitiv; oprindelig.

primordial [prai'mɔ:diəl], *adj.* oprindelig; ur-.

primrose ['primrəuz], *s.*,

bot. kodriver; primula.

primus ['praiməs], *s.* primusapparat.

prince [prins], *s.* prins; fyrste; **-ss** [prin'ses], *s.* prinsesse; fyrstinde.

principal ['prinsipl], *s.* chef; hovedmand; rektor; bestyrer; forstander; hovedstol, kapital; *adj.* vigtigst; hoved-; **-ly**, *adv.* hovedsagelig, især.

principle ['prinsipl], *s.* grundsætning; princip; *in* ~, principielt; *on* ~, af princip.

print [print], *s.* tryk; aftryk; spor; mærke; *fot.* kopi; *out of* ~, udsolgt fra forlaget; *v. t.* trykke; offentliggøre; skrive med blokbogstaver; *fot.* kopiere; **-ed matter**, *s.* tryksager; **-er**, *s.* bogtrykker; *-er's error*, trykfejl; **-ing office**, *s.* trykkeri; **-out**, *s.*, *edb.* udskrift.

prior ['praiə], *s.* prior; *adj. & adv.* tidligere; ældre; ~ *to*, før; **-ity** [prai'ɔriti], *s.* prioritet; forret; **-y** [-ri], *s.* munkekloster.

prism [prizm], *s.* prisme.

prison [prizn], *s.* fængsel; **-er**, *s.* fange; arrestant; ~ *of war*, krigsfange.

prissy ['prisi], *adj.*, *T* sippet.

priva|cy ['privəsi], *s.* privatliv; uforstyrrethed; **-te** ['praivit], *s.*, *mil.* menig; *in* ~, under fire øjne; *adj.* privat; fortrolig; ~ *eye*, *s.* privatdetektiv; ~ *parts*, *pl.* kønsdele; **-tion** [prai-'veiʃn], *s.* afsavn; nød.

privilege ['privilidʒ], *s.* privilegium; **-d**, *adj.* privilegeret.

privy ['privi], *s.*, *gl.* toilet; *adj.* privat; hemmelig; ~ *to*, indviet i.

prize [praiz], s. gevinst;
præmie; pris; v. t. sætte
pris på; bryde, brække;
lirke; adj. præmie-; præ-
mieret; T ærke-; ~ idiot,
kraftidiot; ~ winner, s.
pristager.

pro [prəu], s., sport. profes-
sionel; ~-, adj. pro-;
-venlig; præp. pro; for; -s
and cons, fordele og
ulemper; for og imod.

probability [prɔbə'biliti], s.
sandsynlighed; -le ['prɔ-
bəbl], adj. sandsynlig;
-ly, adj. sandsynligvis,
sikkert.

probate ['prəubeit], s., jur.
~ court, skifteret; -ion
[-'beiʃn], s. prøve; released
on ~, prøveløsladt; ~
officer, s. tilsynsvær ge;
-ioner, s. aspirant; elev.

probe [prəub], s. sonde;
v. t. sondere; undersøge.

probity ['prəubiti], s. ret-
skaffenhed.

problem ['prɔbləm], s. pro-
blem; opgave; spørgsmål;
-atic [-'mætik], adj. pro-
blematisk; tvivlsom.

procedure [prə'si:dʒə], s.
fremgangsmåde.

proceed [prə'si:d], v. i. gå
fremad; begive sig vide-
re; fortsætte; udvikle sig;
gå til værks; ~ to, gå over
til (at); -ings, s. pl. for-
handlinger; mødeproto-
kol; jur. proces; sagsan-
læg.

process ['prəuses], s. for-
løb; metode; proces; v. t.
forarbejde; behandle; in
the ~ of, i færd med at.

procession [prə'seʃn], s.
procession; optog.

proclaim [prə'kleim], v. t.
bekendtgøre; forkynde;
erklære; -mation [prɔklə-
'meiʃn], s. bekendtgørel-

se; proklamation.

proclivity [prə'kliviti], s. til-
bøjelighed.

procrastinate [prə'kræsti-
neit], v. i. opsætte; træk-
ke tiden ud.

procreate ['prəukrieit], v. t.
avle.

procure [prə'kjuə], v. t. & i.
opdrive; fremskaffe; -r
[-rə], s. ruffer.

prod [prɔd], s. stik; stød;
v. t. & i. stikke; pirke; fig.
tilskynde.

prodigal ['prɔdigl], adj. ød-
sel; the ~ son, den for-
tabte søn.

prodigious [prə'didʒəs],
adj. uhyre, vældig; fæno-
menal; -y ['prɔdidʒi], s.
vidunder.

produce ['prɔdju:s], s. pro-
dukt(er); udbytte; [prə-
'dju:s], v. t. producere,
fremstille; tage frem,
fremvise; skabe; avle;
fremkalde; teat. iscene-
sætte; -er [-'dju:sə], s.
producent; instruktør; -t
['prɔdʌkt], s. fabrikat,
produkt; -tion [prə'dʌk-
ʃn], s. fremstilling; dyrk-
ning; produktion; frem-
læggelse; iscenesættelse;
værk; ~ line, samlebånd;
-tive [-'dʌktiv], adj. pro-
duktiv; skabende; frugt-
bar; be ~ of, forårsage.

profane [prə'fein], adj.
blasfemisk; verdslig; v. t.
vanhellige; misbruge.

profess [prə'fes], v. t. & i.
erklære; udtale; udøve;
give sig ud for; rel. be-
kende sig til; -ed [-t], adj.
erklæret; -ion [-ʃn], s.
profession; (liberalt) er-
hverv; stand; -ional [-ʃnl],
adj. faglig; professionel;
~ man, mand der har li-
beralt erhverv; -or [-ə], s.

professor; lærer.

proffer ['prɔfə], v. t. tilbyde.

proficien|cy [prə'fiʃnsi], s. færdighed; dygtighed; **-t,** adj. dygtig; kyndig.

profile ['prəufail], s. profil; omrids.

profit ['prɔfit], s. udbytte, profit; fordel; vinding; fortjeneste; v. t. & i. gavne; ~ by, have gavn af, drage nytte af; tjene på; **-able** [-əbl], adj. gavnlig; indbringende; lønnende.

pro|found [prə'faund], adj. dyb; dybsindig; **-fundity** [-'fʌnditi], s. dybde; dybsindighed.

profus|e [prə'fju:s], adj. rigelig; overstrømmende; gavmild; **-ion** [-ʒn], s. overflod.

progen|itor [prə'dʒenitə], s. stamfader; **-y** ['prɔdʒini], s. afkom.

prognosis [prɔg'nəusis], s. prognose.

prognosticate [prɔg'nɔstikeit], v. t. forudsige.

programme ['prəugræm], s. program; v. t., edb. programmere; **-r** [-ə], s., edb. programmør.

progress ['prəugres], s. fremskridt; fremgang; gang, forløb; [prə'gres], v. i. gøre fremskridt; gå fremad; udvikle sig; in ~, i gang; **-ion** [-'greʃn], s. fremskriden; række; **-ive,** adj. fremskridtsvenlig; tiltagende, voksende; fremadskridende; **-ively,** adv. mere og mere.

prohibit [prə'hibit], v. t. forbyde; **-ion** [-'biʃn], s. forbud; **-ive,** adj. afskrækkende; ~ prices, voldsomme priser.

project ['prɔdʒekt], s. plan, projekt; [prə'dʒekt], v. t. & i. planlægge, projektere; stikke ud, rage frem; udskyde, kaste; film. projicere; **-ile** [-'dʒektail], s. projektil; **-ion** [-'dʒekʃn], s. planlæggelse; fremspring; projektion; ~ room, operatørrum; **-or** [-'dʒektə], s. planlægger; projektør; filmsapparat; lysbilledapparat.

proletarian [prəuli'tɛəriən], s. proletar; adj. proletarisk.

prolif|erate [prə'lifəreit], v. t. & i., fig. sprede sig hurtigt; **-ic** [-'lifik], adj. frugtbar; produktiv.

prologue ['prəulɔg], s. fortale, prolog.

prolong [prə'lɔŋ], v. t. forlænge; **-ed** [-d], adj. lang(varig); længere.

prom [prɔm], s., T promenadekoncert.

promenade ['prɔmina:d], s. promenade; spadseretur.

prominent ['prɔminənt], adj. fremstående; fremtrædende; fremragende.

promiscuous [prə'miskjuəs], adj. blandet; tilfældig; som har tilfældige seksuelle forhold.

promis|e ['prɔmis], s. løfte; v. t. love; he -s well, man kan forvente sig noget af ham; the P~ d Land, det forjættede land; **-ing,** adj. lovende.

promontory ['prɔməntri], s. kap, forbjerg.

promot|e [prə'məut], v. t. fremme; forfremme; støtte; reklamere for; **-er,** s., sport. promotor; **-ion** [-ʃn], s. fremme; forfremmelse; reklame.

prompt [prɔmpt], adj. om-

gående; prompte; hurtig;
v. t. tilskynde; fremkal-
de; *teat.* sufflere; **-er,** *s.,*
teat. sufflør; **-itude** [-i-
tju:d], *s.* raskhed.
prone [prəun], *adj.* tilbøje-
lig; liggende på maven;
he lay ~, han lå udstrakt.
prong [prɔŋ], *s.* gren; tand;
spids.
pronoun ['prəunaun], *s.,*
gram. stedord, prono-
men.
pronounce [prə'nauns],
v. t. & i. udtale; erklære;
~ *judgement,* afsige
dom; **-d** [-t], *adj.* tydelig,
udpræget; **-ment,** *s.* udta-
lelse.
pronto ['prɔntəu], *adj., S*
omgående.
pronunciation [prəˌnʌnsi-
'eiʃn], *s.* udtale.
proof [pru:f], *s.* bevis; prø-
ve; styrke(grad); korrek-
tur; *adj.* sikker; tæt; ui-
modtagelig; *put to the* ~,
sætte på prøve; ~ **-read-
ing,** *s.* korrekturlæsning.
prop [prɔp], *s.* støtte; *v. t.* ~
up, afstive; støtte; **-s,** *s.*
pl., teat. rekvisitter.
propaganda [ˌprɔpə'gæn-
də], *s.* propaganda, agita-
tion.
propagate ['prɔpəgeit], *v. t.*
& i. forplante (sig); ud-
brede; brede sig.
propel [prə'pel], *v. t.* drive
frem; **-lant,** *s.* drivmid-
del; **-ler,** *s.* propel; skibs-
skrue.
propensity [prə'pensiti], *s.*
hang, tilbøjelighed.
proper ['prɔpə], *adj.* egnet;
passende; rigtig; korrekt;
egentlig; anstændig; *T*
eftertrykkelig; komplet;
~ **name,** *s., gram.* egen-
navn; **-ly,** *adv.* egentlig;
rigtigt; ordentligt.

property ['prɔpəti], *s.* ejen-
dom; ejendele; egenskab;
lost ~, hittegods.
prophe|cy ['prɔfisi], *s.* spå-
dom, profeti; **-sy** [-sai],
v. t. & i. forudsige; spå;
profetere; **-t** ['prɔfit], *s.*
profet.
prophylactic [ˌprɔfi'læktik],
s. & adj. forebyggende
(middel).
propinquity [prə'piŋkwiti],
s. nærhed.
propiti|ate [prə'piʃieit], *v. t.*
forsone; **-ous** [-ʃəs], *adj.*
gunstig.
proportion [prə'pɔːʃn], *s.*
del; forhold; proportion;
in ~ *to,* i forhold til; **-al**
[-l], *adj.* forholdsmæssig;
-s, *s. pl.* omfang.
propos|al [prə'pəuzl], *s.* for-
slag; frieri; **-e,** *v. t. & i.*
foreslå; have i sinde; fri;
-ition [ˌprɔpə'ziʃn], *s.* for-
slag; sag; tilbud.
propound [prə'paund], *v. t.*
fremlægge.
propriet|ary [prə'praiətri],
adj. ejendoms-; navnebe-
skyttet; **-or** [-ə], *s.* inde-
haver; ejer; **-y,** *s.* beretti-
gelse; sømmelighed.
propulsion [prə'pʌlʃn], *s.*
fremdrivning.
prosaic [prə'zeiik], *adj.*
prosaisk.
prose [prəuz], *s.* prosa.
prosecut|e ['prɔsikjuːt], *v. t.*
& i., jur. sagsøge; rejse
tiltale (mod); forfølge;
udøve; **-ion** [-'kjuːʃn], *s.*
forfølgelse; udøvelse; *jur.*
retsforfølgelse; anklage-
myndighed; **-or** ['prɔsi-
kjuːtə], *s., jur.* anklager;
sagsøger.
prospect ['prɔspekt], *s.* ud-
sigt; emne, mulighed;
-ive [prə'spektiv], *adj.*
vordende, fremtidig; e-

ventuel, ventet; **-or**
[-'spekta], s. guldgraver;
olieborer; **-us** [-'spektas],
s. program.

prosper ['prɔspa], v. i.
have fremgang; trives;
blomstre; **-ity** [prə'speri-
ti], s. velstand; held;
fremgang; **-ous** [-rəs],
adj. velhavende; blom-
strende.

prostitut|e ['prɔstitju:t], s.
skøge; prostitueret; v. t.
prostituere; **-ion** [-'tju:ʃn],
s. prostitution.

prostrate ['prɔstreit], adj.
henstrakt; liggende; yd-
myg; knust; [-'streit], v. t.
fælde; kuldkaste; ~ one-
self, bøje sig dybt.

protagonist [prə'tægənist],
s. hovedperson.

protect [prə'tekt], v. t. be-
skytte; værne; **-ion** [-ʃn],
s. beskyttelse; værn;
fredning; **-ive**, adj. be-
skyttende; beskyttelses-.

protein ['prəuti:n], s. pro-
tein.

protest ['prəutest], s. pro-
test; indsigelse; [prə'test],
v. t. & i. protestere; ind-
vende; påstå, forsikre.

Protestant ['prɔtistənt], s.
protestant; adj. prote-
stantisk.

prototype ['prəutətaip], s.
prototype; forbillede.

protract [prə'trækt], v. t.
trække ud; forhale; **-ed**
[-id], adj. langtrukken.

protrude [prə'tru:d], v. i.
stikke frem; skyde frem.

protuberance [prə'tju:bə-
rəns], s. udvækst.

proud [praud], adj. stolt;
hovmodig.

prove [pru:v], v. t. & i. bevi-
se; påvise; vise sig (at
være).

provenance ['prɔvənəns],

s. oprindelse.

provender ['prɔvində], s.
foder.

proverb ['prɔvə:b], s. ord-
sprog.

provid|e [prə'vaid], v. t. & i.
forsyne; skaffe; jur. fore-
skrive; ~ against, sikre
sig mod; ~ for, sørge for;
tage hensyn til; **-ed** [-id],
konj. på betingelse af;
forudsat; **-er**, s. forsør-
ger; **-ing**, konj. forudsat.

providen|ce ['prɔvidns], s.
forsyn; **-tial** [-'denʃl], adj.
bestemt af forsynet.

provinc|e ['prɔvins], s. pro-
vins; område; fig. fag,
felt; **-ial** [-'vinʃl], adj. pro-
vinsiel; provins-.

provision [prə'viʒn], s. an-
skaffelse; forsørgelse;
bestemmelse; **-al** [-l], adj.
provisorisk, midlertidig;
-s, pl. forsyninger; pro-
viant, levnedsmidler;
make -s for, sørge for.

proviso [prə'vaizəu], s. for-
behold, klausul.

provo|cation [ˌprɔvə'keiʃn],
s. udfordring; on the
slightest ~, for et godt
ord; **-cative** [prə'vɔkətiv],
adj. udfordrende; **-ke**
[-'vəuk], v. t. fremkalde;
udfordre; tirre; ærgre;
-king, adj. provokeren-
de; irriterende.

provost ['prɔvəst], s. borg-
mester; (universitets)-
rektor.

prow [prau], s., naut. for-
stavn.

prowl [praul], v. i. luske
om; strejfe om.

proximity [prɔk'simiti], s.
nærhed.

proxy ['prɔksi], s. stedfor-
træder; fuldmagt.

prud|e [pru:d], s. snerpe;
-ery, s. snerperi; **-ish**, adj.

snerpet.

pruden|ce ['pru:dns], s. forsigtighed; klogskab; **-t**, adj. klog; forsigtig; **-tial** [-'denʃl], adj. klogskabs-.

prune [pru:n], s., bot. sveske; v. t. beskære.

Prussia ['prʌʃə], s. Preussen.

prussic ['prʌsik], adj., kem. ~ acid, blåsyre.

pry [prai], v. i. snuse, spionere; ~ into, snage i; v. t. ~ open, lirke op.

psalm [sɑːm], s., rel. (davids)salme.

pseudo ['sjuːdəu], adj. falsk; pseudo-; **-nym** ['sjuːdənim], s. pseudonym.

psych|e ['saiki], s. psyke; **-iatrist** [sai'kaiətrist], s. psykiater; **-ic(al)** ['sai kik(l)], adj. psykisk; med åndelige evner.

psycho|analysis [ˌsaikəuə-'nælisis], s. psykoanalyse; **-logist** [sai'kɔlədʒist], s. psykolog; **-path** ['saikəu-pæθ], s. psykopat; **-sis** [sai'kəusis], s. psykose; **-somatic** [ˌsaikəsə'mæ tik], adj. psykosomatisk; **-therapy** [ˌsaikəu'θerəpi], s. psykoterapi; **-tic** [sai'kɔtik], adj. psykotisk.

P.T.O., (fk.f. please turn over), vend!

pub [pʌb], s. værtshus; ~ crawl, s., T, værtshusrundtur.

puberty ['pjuːbəti], s. pubertet.

public ['pʌblik], s. offentlighed; publikum; adj. offentlig; almen; samfunds-; folke-; in ~, offentligt; ~ **address system**, s. højttaleranlæg; ~ **library**, s. folkebibliotek; ~ **opinion poll**, s. opini-

onsundersøgelse; ~ **relations**, s. pl. reklame, PR; ~ **school**, s. kostskole; ~ **servant**, s. embedsmand; ~ **utility**, s. almennytte; almennyttigt foretagende; **-an** [-n], s. værtshusholder; **-ation** [-'keiʃn], s. offentliggørelse; udgivelse; skrift; bog; **-ity** [-'blisiti], s. offentlig omtale; reklame; **-ize** ['pʌblisaiz], v. t. opreklamere.

publish ['pʌbliʃ], v. t. offentliggøre; udgive; bringe, trykke; **-er**, s. forlægger; **-ing**, s. forlagsvirksomhed; ~ house, forlag.

puce [pjuːs], adj. blommefarvet.

puck [pʌk], s. nisse; sport. puck.

pucker ['pʌkə], v. t. rynke.

pudding ['pudiŋ], s., kul. budding; efterret, dessert.

puddle [pʌdl], s. pyt, pøl.

pudgy ['pʌdʒi], adj. buttet, firskåren.

puerile ['pjuərail], adj. barnagtig.

puff [pʌf], s. pust; vindpust; tøf, fut; røgsky; drag, sug; pudderkvast; v. t. & i. puste; bakke, dampe; tøffe; ~ **paste**, s., kul. butterdej; **-ed** [-t], adj. forpustet; -ed up, opblæst.

puffin ['pʌfin], s., zoo. søpapegøje.

pug [pʌg], s., zoo. moppe; S bokser; ~ nose, s. braknæse.

pugilist ['pjuːdʒilist], s. bokser.

pugnacious [pʌg'neiʃəs], adj. stridslysten.

puke [pjuːk], v. i., T brække sig.

pull [pul], s. ryk; tag; træk;

tiltrækning; drag, slurk;
v. t. & i. trække, hale (i,
af, op, frem, ud); for-
strække; ~ *faces*, skære
ansigter; ~ *to pieces*, kri-
tisere; ~ *strings*, trække
i trådene, bruge sin ind-
flydelse; ~ *down*, rive
ned; styrte; ydmyge; ~
in, køre ind (til siden); ~
off, have succes med, kla-
re; ~ *round*, komme sig;
kurere; ~ *through*, kom-
me sig; klare sig; hjælpe
igennem; ~ *up*, standse;
~ -over, *s.* pullover.

pullet ['pulit], *s., zoo.* ung
høne.

pulley ['puli], *s.* trisse; rem-
skive.

pulmonary ['pʌlmənəri],
adj., med. lunge-.

pulp [pʌlp], *s.* masse; frugt-
kød; -**wood**, *s.* cellulose.

pulpit ['pulpit], *s.* prædike-
stol.

pulsate [pʌl'seit], *v. i.* pul-
sere.

pulse [pʌls], *s.* puls.

pulverize ['pʌlvəraiz], *v. t.*
pulverisere.

puma ['pju:mə], *s., zoo.*
puma.

pumice ['pʌmis], *s.* pimp-
sten.

pummel [pʌml], *v. t.* slå løs
på.

pump [pʌmp], *s.* pumpe;
vandpost; *v. t. & i.* pum-
pe.

pumpkin ['pʌm(p)kin], *s.*,
bot. græskar.

pun [pʌn], *s.* ordspil.

punch [pʌntʃ], *s.* dorn; slag,
stød; kraft, energi;
punch; billettang; *v. t.*
støde, slå; stanse, hulle;
P ~ and Judy show, Me-
ster Jakel-teater; -**ball**, *s.*
boksebold; ~ **bowl**, *s.*
punchebolle.

punctilious [pʌŋk'tiljəs],
adj. overpertentlig; kor-
rekt.

punctual ['pʌŋktʃuəl], *adj.*
punktlig, præcis.

punctuate ['pʌŋktʃueit],
v. t. sætte tegn (i); pointe-
re; -**ion** [-'eiʃn], *s.* tegn-
sætning.

puncture ['pʌŋktʃə], *s.*
punktering; *v. t. & i.*
punktere.

pungent ['pʌndʒnt], *adj.*
skarp; svidende; kras.

punish ['pʌniʃ], *v. t.* straffe;
-**shment**, *s.* straf; *capital*
~, dødsstraf; -**tive** ['pju:-
nitiv], *adj.* straffe-.

punk [pʌŋk], *s., S* skvat;
sludder; skidt; punker.

punt [pʌnt], *s.* pram, punt;
v. t. stage (sig) (frem).

puny ['pju:ni], *adj.* lille,
svag.

pup [pʌp], *s., zoo.* hvalp.

pupil [pju:pl], *s.* elev; *anat.*
pupil.

puppet ['pʌpit], *s.* dukke;
marionet.

puppy ['pʌpi], *s., zoo.* hun-
dehvalp.

purblind ['pə:blaind], *adj.*
svagsynet.

purchase ['pə:tʃəs], *s.* køb;
erhvervelse; indkøb; *v. t.*
købe; anskaffe sig; er-
hverve; ~ *tax*, omsæt-
ningsafgift.

pure [pjuə], *adj.* ren; ægte;
~ *nonsense*, det rene
vrøvl; ~ *silk*, helsilke;
-**ly**, *adv.* rent; udeluk-
kende, helt.

purée ['pjuərei], *s., kul.*
puré.

purgatory ['pə:gətri], *s.*
skærsild.

purge [pə:dʒ], *s.* udrens-
ning; *v. t.* (ud)rense.

purify ['pjuərifai], *v. t.* ren-
se; -**tan** [-tn], *s.* puritaner;

adj. puritansk; **-ty,** *s.* ren-
hed.
purl [pə:l], *s.* vrangmaske;
v. i. strikke vrang.
purlin ['pə:lin], *s.* hane-
bjælke.
purloin [pə:'lɔin], *v. t.* rap-
se.
purple [pə:pl], *s. & adj.*
purpur, rødviolet.
purport ['pə:pət], *s.* me-
ning; betydning; [pə-
'pɔ:t], *v. i.* betyde; foregi-
ve.
purpose ['pə:pəs], *s.* for-
mål; hensigt; øjemed; *on*
~, med vilje; *to no* ~, til
ingen nytte; **-ful,** *adj.*
målbevidst.
purr [pə:], *v. i.* spinde (om
kat).
purse [pə:s], *s.* pung; *U.S.*
håndtaske; *v. t.* snerpe
sammen; ~ *one's lips,*
spidse munden.
pursue [pə'sju:], *v. t. & i.*
forfølge; fortsætte; ud-
øve; **-it** [-'sju:t], *s.* forføl-
gelse; jagt; udøvelse; er-
hverv; *in* ~ *of,* under
udøvelse af; på jagt efter;
-its, *s. pl.* sysler.
purveyor [pə'veiə], *s.* le-
verandør.
pus [pʌs], *s.* materie; pus.
push [puʃ], *s.* stød; skub;
puf; tryk; *fig.* kraftan-
strengelse; energi; *v. t. &
i.* støde; skubbe; puffe;
trykke (på); forcere; op-
reklamere; presse på
(med); ~ *along,* ~ *off,*
komme af sted; ~ *a-
round,* koste med; ~
over, vælte omkuld; ~
through, gennemføre;
komme frem; ~ **button,**
s. trykknap; ~ **chair,** *s.*
klapvogn; **-er,** *s.* stræber;
S narkohandler; **-ing,**
adj. foretagsom; pågåen-

de; **-y,** *adj., T, neds.* frem-
adstræbende, tromlende.
pusillanimous [,pju:si'læ-
niməs], *adj.* fej; forsagt.
puss [pus], *s., T* mis(sekat);
S fjæs; *vulg.* kusse.
put [put] (put, put), *v. t. & i.*
anbringe; sætte; stille;
putte; lægge; komme;
fremsætte; udtrykke; ~
by, lægge til side; ~
down, lægge fra sig; no-
tere; kvæle; anse; ~
down to, tilskrive; ~ *for-
ward,* stille frem; foreslå;
~ *in,* indsende; tilbringe;
~ *off,* udsætte; holde
hen; tage modet fra;
slukke; tage på; sætte på;
tænde; åbne for; sætte
over; lave numre med; ~
out, række frem; forvir-
re; slukke; ~ *through,*
underkaste; stille om; ~
to death, dræbe; ~ *up,*
opføre; hænge op; give
husly; ~ **-up,** *adj.* aftalt; *a*
~ *job,* aftalt spil.
putrefaction [,pju:tri'fæk-
ʃn], *s.* forrådnelse; **-id,**
adj. rådden; *T* ækel.
putty ['pʌti], *s.* kit.
puzzle [pʌzl], *s.* gåde; *jig-
saw* ~, *s.* puslespil; *v. t. &
i.* forvirre; bringe i forle-
genhed; **-d,** *adj.* rådvild.
pygmy ['pigmi], *s.* pygmæ.
pyjamas [pə'dʒa:məz], *s.
pl.* pyjamas.
pylon ['pailən], *s.* lysmast.
pyramid ['pirəmid], *s.* pyra-
mide.
pyre [paiə], *s. funeral* ~,
ligbål.
pyrotechnics [,pairə'tek-
niks], *s. pl.* fyrværkeri.
python [paiθn], *s., zoo.* py-
thon(slange).

quack [kwæk], *s.* kvaksal-
ver; rap; *v. i.* rappe; snad-

re.

quad|rangle ['kwɔdræŋgl],
s. firkantet gård(splads);
-ruped ['kwɔdrupəd], *s.*,
zoo. firbenet dyr; **-ruple**
[-dru:pl], *adj.* firsidet; fi-
redobbelt; *v. t. & i.* fir-
doble; **-ruplet** [-'dru:plit],
s. firling; **-ruplicate**
[-'dru:plikət], *s. in ~*, i fire
eksemplarer.

quagmire ['kwægmaiə], *s.*
hængedynd.

quail [kweil], *s., zoo.* vagtel.

quaint [kweint], *adj.* gam-
meldags og morsom;
særpræget.

quake [kweik], *s.* skælven;
T, jordskælv; *v. i.* ryste;
skælve; bæve.

Quaker ['kweikə], *s.* kvæ-
ker.

qualification [,kwɔlifi'kei-
ʃn], *s.* kvalifikation; be-
grænsning, indskrænk-
ning; betingelse; egnet-
hed; **-ied** ['kwɔlifaid], *adj.*
egnet, kvalificeret; ud-
dannet; betinget; **-y** [-fai],
v. t. & i. kvalificere (sig);
dygtiggøre (sig); *fig.* mo-
dificere.

quality ['kwɔliti], *s.* kvali-
tet; egenskab; karakter.

qualm [kwɑ:m], *s.* kvalme;
have -s, nære skrupler.

quandary ['kwɔndəri], *s.* di-
lemma; knibe; forlegen-
hed.

quantity ['kwɔntiti], *s.*
kvantitet; kvantum;
mængde; *an unknown
~,* en ubekendt størrel-
se.

quarantine ['kwɔrənti:n], *s.*
karantæne.

quarrel ['kwɔrəl], *s.* strid;
skænderi; uenighed; *v. i.*
trættes; skændes, kives.

quarry ['kwɔri], *s.* bytte;
stenbrud.

quart [kwɔ:t], *s., (mål) Brit.*
= 1,136 liter; *U. S.* = 0,946
liter.

quarter ['kwɔ:tə], *s.* kvart,
fjerdedel; kvartal; kvar-
ter; egn, kant; side; *U.S.*
kvartdollar; **-deck,** *s.*,
naut. agterdæk; **-final,** *s.*
kvartfinale; **-ly,** *adv.*
kvartals-; kvartalsvis; **-s,**
s. pl. logi; *at close -s,* på
nært hold.

quarto ['kwɔ:təu], *s.* kvart-
format.

quartz [kwɔ:ts], *s.* kvarts.

quash [kwɔʃ], *v. t.* under-
trykke; *jur.* omstøde.

quaver ['kweivə], *s.*, *mus.*
ottendedelsnode; *v. i.*
dirre, skælve.

quay [ki:], *s.* kaj.

queasy ['kwi:zi], *adj.* som
har kvalme; kvalmende.

queen [kwi:n], *s.* dronning;
(kort) dame; *S* bøsse; *~*
mother, *s.* enkedronning.

queer [kwiə], *s.*, *T* homo-
seksuel, bøsse; *adj.* un-
derlig; sær; mærkelig; *T*
homoseksuel; *I'm feeling
~,* jeg har det halvskidt.

quell [kwel], *v. t.* under-
trykke; dæmpe; slå ned.

quench [kwentʃ], *v. t.* sluk-
ke.

querulous ['kweruləs], *adj.*
klynkende; klagende.

query ['kwiəri], *s.* spørgs-
mål; forespørgsel; *v. t. &
i.* spørge om; sætte
spørgsmålstegn ved.

quest [kwest], *s.* søgen.

question [kwestʃn], *s.*
spørgsmål; sag; tvivl; *v. t.
& i.* spørge; udspørge;
forhøre; drage i tvivl; *out
of the ~!* ikke tale om!
open to ~, tvivlsom; *the
book in ~,* den pågæl-
dende bog; **-able** [-əbl],
adj. tvivlsom; *~* **mark,** *s.*,

gram. spørgsmålstegn;
-naire [-'nɛə], *s.* spørge-
skema.

queue [kju:], *s.* kø; *v. i. (~
up)*, stå i kø; stille sig i kø.

quibble [kwibl], *v. i.* kvæ-
rulere, kløve ord; komme
med udflugter.

quick [kwik], *s. the ~*, de
levende; *cut to the ~*,
ramme et ømt punkt; *adj.*
livlig; rask; hurtig; kvik;
kort; hidsig; **-en** [-n], *v. t.
& i.* sætte fart på; frem-
skynde; blive hurtigere;
-ly, *adv.* hurtigt; **-sand**, *s.*
kviksand; **-silver**, *s.* kvik-
sølv; **~-tempered**, *adj.*
hidsig; **~-witted**, *adj.*
snarrådig.

quid [kwid], *s.* skrå(tobak);
S pund (sterling).

quiescent [kwai'esnt], *adj.*
passiv; i ro.

quiet ['kwaiət], *s.* ro, stil-
hed; *adj.* stille, rolig; fre-
delig; dæmpet; **(-en)**, *v. t.
& i.* berolige; blive rolig;
~ down, falde til ro.

quill [kwil], *s.* vingefjer;
fjerpen; pig.

quilt [kwilt], *s.* quiltet sen-
getæppe, vattæppe.

quince [kwins], *s., bot.*
kvæde.

quintessence [kwin'tesns],
s. indbegreb.

quintuplet [kwin'tju:plit], *s.*
femling.

quip [kwip], *s.* spydighed.

quirk [kwə:k], *s.* særhed;
spidsfindighed.

quit [kwit], *v. t. & i.* opgive;
forlade; holde op med; gå
sin vej; fratræde.

quite [kwait], *adv.* helt;
aldeles; fuldkommen;
temmelig, ret; *int.* netop!
ja (vist)! *~ a few*, temme-
lig mange.

quits [kwits], *adj.* kvit; *call*

it ~, lade det gå lige op.

quiver ['kwivə], *s.* kogger;
v. i. dirre; skælve.

quiz [kwiz], *s.* quiz, spørge-
leg; *v. t.* udspørge; **-zical**
[-ikl], *adj.* drilagtig; ko-
misk; spørgende.

quod [kwɔd], *s., S* spjældet.

quorum ['kwɔːrəm], *s.* be-
slutningsdygtig forsam-
ling.

quota ['kwəutə], *s.* kvota.

quot|ation [kwə'tei∫n], *s.* ci-
tat; *merk.* prisnotering;
~ marks, s. pl., gram. an-
førselstegn, gåseøjne; **-e**
[kwəut], *s.* citat; anfør-
selstegn; *int.* anførsels-
tegn begynder; *v. t.* cite-
re; anføre; *merk.* notere;
opgive pris.

quotient [kwəu∫nt], *s., mat.*
kvotient.

rabbi ['ræbai], *s.* rabbiner.

rabbit ['ræbit], *s., zoo.* ka-
nin.

rabble [ræbl], *s.* pøbel, pak.

rabid ['ræbid], *adj.* rasen-
de, gal; rabiat.

rabies ['reibii:z], *s., med.*
hundegalskab.

ra(c)coon [rə'ku:n], *s., zoo.*
vaskebjørn.

race [reis], *s.* race; *sport.*
væddeløb, kapløb; *v. t. &
i.* jage; race; løbe om kap
(med); *I'll ~ you home!*
hvem kommer først
hjem? **-course, -track,** *s.*
væddeløbsbane; **-r** [-ə], *s.*
væddeløbshest; racerbil;
racercykel; væddeløbs-
kører; *~ riots, s. pl.* race-
optøjer.

raceme [ræ'si:m], *s., bot.*
klase.

raci|al [rei∫l], *adj.* race-;
-sm, -alism ['reisizm, -∫ə-
lizm], *s.* racisme; **-st, -al-
ist,** *s.* racist.

racing ['reisiŋ], *s.* vædde-
løb, motorsport; ~ *car, s.*
racerbil.
rack [ræk], *s.* pinebænk;
stativ; holder; knage-
række; bagagenet; *v. t.*
martre; pine; ~ *one's
brains*, bryde sit hoved.
racket ['rækit], *s.* hurlum-
hej; spektakel; svindel;
fidus; *sport.* ketsjer.
racy ['reisi], *adj.* kraftig;
saftig, vovet.
radar ['reida:], *s.* radar.
radia|nce ['reidiəns], *s.*
stråleglans; udstråling;
-nt, *adj.* strålende; **-te**
[-eit], *v. t. & i.* udstråle;
bestråle; skinne; **-tion**
[-'eiʃn], *s.* udstråling;
(be)stråling; **-tor** ['reidiei-
tə], *s.* varmeapparat, ra-
diator; *mek.* køler.
radical ['rædikl], *adj.* radi-
kal; gennemgribende;
fundamental; yderliggå-
ende; *mat.* rod-.
radio ['reidiəu], *s.* radio; ~
play, *s.* hørespil; **-activ-
ity,** *s.* radioaktivitet;
-therapy, *s.* røntgenbe-
handling.
radish ['rædiʃ], *s., bot.* radi-
se; ræddike.
radium ['reidiəm], *s., kem.*
radium.
radius ['reidiəs], *s., mat.* ra-
dius.
R.A.F. ['a:rei'ef], *(fk.f.* Roy-
al Air Force), det engel-
ske flyvevåben.
raffle [ræfl], *s.* lotteri; *v. t.*
bortlodde.
raft [ra:ft], *s.* tømmerflåde;
redningsflåde.
rafter ['ra:ftə], *s.* tagspær.
rag [ræg], *s.* pjalt, las, klud;
T avis, sprøjte; grove lø-
jer; *v. t., S* drille, gøre grin
med; skælde ud; ~ **-and-
bone man,** *s.* kludesam-

ler.
rage [reidʒ], *s.* raseri; *fig.*
mani; *the* ~, højeste
mode; *v. i.* rase.
ragged ['rægid], *adj.* laset,
lurvet; forreven; takket.
raid [reid], *s.* strejftog; an-
greb; razzia; *v. t.* foretage
en razzia i; plyndre; an-
gribe.
rail [reil], *s.* tremme; ge-
lænder; ræling; skinne;
rækværk; *v. t.* ~ *in*, ind-
hegne, sætte stakit om;
~ *off*, sætte hegn for; *v. i.*
skælde ud; *by* ~, med
toget; *British R* ~, de bri-
tiske statsbaner; *off the
-s*, på afveje; **-ing,** *s.* ræk-
værk; stakit; **-lery,** *s.*
skæmt; drilleri; **-road,** *s.,
U.S.* jernbane; **-way,** *s.*
jernbane.
rain [rein], *s.* regn; *v. i.*
regne; **-bow,** *s.* regnbue;
-coat, *s.* regnfrakke;
-drop, *s.* regndråbe; **-fall,**
s. nedbør; regn; **-s,** *s. pl.*
regntid; **-y,** *adj.* regn-
vejrs-; regnfuld.
raise [reiz], *s.* lønforhøjel-
se; *v. t.* rejse; hæve, løfte;
forhøje; ophøje; højne;
opdrætte; dyrke; ~ *mon-
ey*, skaffe penge; ~ *the
alarm*, slå alarm.
raisin [reizn], *s., kul.* rosin.
rake [reik], *s.* rive; ildra-
ger; skørtejæger; *v. t.*
rive; rage op i; gennem-
støve; ~ *up*, rode op i.
rally ['ræli], *s.* samling;
stævne; *sport.* rally, løb;
v. t. & i. samle (sig); kom-
me sig; ~ *round*, samles
om.
ram [ræm], *s., zoo.* vædder;
v. t. vædre; støde; stoppe.
rambl|e [ræmbl], *s.* strejf-
tur, udflugt; *v. i.* strejfe
om; *fig.* komme bort fra

emnet, væve; **-ing,** *adj.*
spredt, usammenhæn-
gende; *bot.* slyng-.
ramification [ˌræmifiˈkei-
ʃn], *s.* forgrening.
ramp [ræmp], *s.* rampe;
opkørsel; *v. i.* storme om-
kring.
rampage [ˈræmpeidʒ], *s.*
rasen; stormen omkring;
[-ˈpeidʒ], *v. i.* storme om-
kring; *go on a* ~, løbe
grassat.
rampant [ˈræmpənt], *adj.*
som breder sig voldsomt.
rampart [ˈræmpaːt], *s.* vold.
ramshackle [ˈræmʃækl],
adj. faldefærdig.
ranch [ræntʃ], *s.* kvæg-
farm, ranch.
rancid [ˈrænsid], *adj.*
harsk.
rancour [ˈræŋkə], *s.* nag.
random [ˈrændəm], *adj.* til-
fældig; vilkårlig; *at* ~, på
må og få.
randy [ˈrændi], *adj.,* T li-
derlig.
range [reindʒ], *s.* række,
kæde; skudvidde; ræk-
kevidde; skydebane;
komfur; omfang; områ-
de; *v. t.* ordne; stille i
række; strejfe om; *v. i.*
svinge, strække sig; *at
close* ~, på nært hold; ~
finder, *s.* afstandsmåler.
ranger [ˈreindʒə], *s.* skov-
foged.
rangy [ˈreindʒi], *adj.* rang-
let.
rank [ræŋk], *s.* række;
grad; rang; klasse; taxa-
holdeplads; *mil.* geled;
adj. frodig, yppig, over-
groet; stinkende; sur;
harsk; ram; stram; (det)
argeste; *v. t. & i.* rangere,
placere; stille på række;
stå i række; *the* ~ *and
file,* menigmand.

rankle [ˈræŋkl], *v. i.* nage;
gnave.
ransack [ˈrænsæk], *v. t.*
gennemsøge; plyndre.
ransom [ˈrænsəm], *s.* løse-
penge; *v. t.* løskøbe.
rant [rænt], *v. i.* skråle;
skvaldre op; ~ *and rave,*
tale højtravende.
rap [ræp], *s.* slag, rap;
banken; *v. t.* banke; slå.
rapacious [rəˈpeiʃəs], *adj.*
rovlysten; grisk.
rape [reip], *s.* voldtægt; *v. t.*
voldtage.
rapid [ˈræpid], *adj.* hurtig;
rask; rivende; **-ity** [rəˈpi-
diti], *s.* hurtighed.
rapport [ræˈpoː], *s.* nært
forhold; „bølgelængde“.
rapscallion [ræpˈskæljən],
s. skurk.
rapt [ræpt], *adj.* henført,
betaget; ~ *in thought,*
fordybet i tanker; **-ure**
[-ʃə], *s.* henrykkelse; eks-
tase; *in* -s, vildt begej-
stret.
rare [rɛə], *adj.* sjælden;
usædvanlig; tynd; halv-
stegt, rød; **-efy** [-rifai], *v. t.*
fortynde; **-ity** [-riti], *s.*
sjældenhed.
rascal [raːskl], *s.* slyngel;
slubbert.
rash [ræʃ], *s.,* *med.* udslæt;
adj. ubesindig; overilet.
rasher [ˈræʃə], *s.,* *kul.* skive
(bacon).
rasp [raːsp], *s.* rasp; ras-
pen; skurrende lyd; *v. t.*
& *i.* raspe, skurre.
raspberry [ˈraːzbəri], *s.,*
bot. hindbær.
rat [ræt], *s.,* *zoo.* rotte;
overløber; *v. i.* løbe over
til fjenden; *smell a* ~,
lugte lunten; ~ *race, s.*
jag; stræben; rotteræs;
-sbane, *s.* rottegift.
rate [reit], *s.* sats; takst;

pris; fart; -procent; -tal; *v. t. & i.* taksere; vurdere; regne(s); rangere; irettesætte; *at any* ~, i hvert fald; ~ *of exchange*, valutakurs; vekselkurs; ~ *of interest*, rentefod; **-es**, *s. pl.* kommuneskat; **-ing**, *s.* rang, grad; klassificering; vurdering; beskatning; skældud.

rather ['ra:ðə], *adv.* snarere; hellere; temmelig, ret; *int.* meget gerne! ih ja! ja mon ikke!

ratify ['rætifai], *v. t.* bekræfte; stadfæste.

ratio ['reiʃəu], *s.* forhold.

ration [ræʃn], *s.* ration; *v. t.* rationere.

rational [ræʃnl], *adj.* fornuftig; fornuft-; rationel; **-ize** [-əlaiz], *v. t.* (efter)rationalisere.

rattle [rætl], *s.* skralde; raslen; rallen; skramlen; *v. t. & i.* rasle (med); klapre (med); skramle (med); ralle; *T* gøre nervøs; **-snake**, *s., zoo.* klapperslange.

raucous ['rɔːkəs], *adj.* hæs.

ravage ['rævidʒ], *v. t.* hærge; plyndre.

rav|e [reiv], *v. i.* rase; fantasere; ~ *about*, være vild med; fable om; **-ing**, *adj.* rasende; ~ *mad*, splittergal.

raven [reivn], *s., zoo.* ravn; **-ous** ['rævnəs], *adj.* skrupsulten; glubende.

ravine [rə'vi:n], *s.* bjergkløft.

ravish ['ræviʃ], *v. t.* henrykke; henrive; **-ing**, *adj.* henrivende.

raw [rɔ:], *adj.* rå; rå-; umoden; uerfaren; hudløs; ~ **materials**, *s. pl.* råstoffer.

ray [rei], *s.* (lys)stråle; *zoo.*

rokke; *a* ~ *of sunshine*, en solstråle; *a* ~ *of hope*, et glimt af håb.

rayon ['reiɔn], *s.* rayon, kunstsilke.

raze [reiz], *v. t.* ødelægge; rasere; jævne med jorden.

razor ['reizə], *s.* barberkniv; barbermaskine; ~ **blade**, *s.* barberblad.

re [ri:], *præp.* vedrørende; angående; *præfiks* igen; gen-; om-.

reach [ri:tʃ], *s.* rækkevidde; strækning; *fig.* horisont; evner; *v. t. & i.* række; strække; nå; kontakte.

react [ri'ækt], *v. i.* reagere; **-ion** [-ʃn], *s.* reaktion; modvirkning; **-ionary** [-ʃnri], *s. & adj.* reaktionær.

read [ri:d] (read, read), *v. t. & i.* læse; oplæse; tyde; studere; lyde; ~ *aloud*, læse højt; **-able** [-əbl], *adj.* læselig; læseværdig; **-er**, *s.* læser; lektor; litterær konsulent; læsebog; **-ership**, *s.* lektorat; **-ing**, *s.* læsning; læsestof; fortolkning.

readily ['redili], *adv.* gerne; let, beredvilligt.

ready ['redi], *adj.* færdig; parat; rede; villig; ~ *to*, på nippet til at; ~ *cash*, rede penge, kontanter; ~ **-made**, *adj.* færdigsyet.

real ['riəl], *adj.* virkelig; ægte; *for* ~, *T* for alvor; ~ *estate*, fast ejendom; **-istic** [-'listik], *adj.* realistisk; nøgtern; **-ity** [ri'æliti], *s.* realitet, virkelighed; *in* ~, i virkeligheden; **-ly**, *adv.* virkelig; egentlig; faktisk; ~ *?* nå? nej da! ~

Pat! men Pat dog!

realize ['riəlaiz], *v. t.* virke-
liggøre; realisere; fatte;
forstå; indse; sælge; om-
sætte i penge;

realm [relm], *s.* rige; *fig.*
område.

reap [ri:p], *v. t.* meje; hø-
ste; **-er**, *s.* høstarbejder;
mejemaskine.

reappear ['ri:ə'piə], *v. i.*
vende tilbage; komme til
syne igen.

rear [riə], *s.* bagtrop; bag-
del; bagside; *adj.* bag-;
v. i. stejle; *v. t. & i.* rejse;
hæve; opfostre; opdræt-
te; dyrke; ~-**admiral**, *s.*
kontreadmiral; **-guard**,
s., mil. bagtrop; **-most**,
adj. bagest; **-view mirror**,
s. bakspejl.

rearm [ˌri:'a:m], *v. t. & i.*
opruste; **-ament**, *s.* op-
rustning.

rearrange [ˌri:ə'reindʒ],
v. t. flytte om på.

reason [ri:zn], *s.* fornuft;
forstand; grund, årsag;
rimelighed; ret; *v. t. & i.*
tænke, slutte; ræsonne-
re; ~ *with*, argumentere
med, prøve at overtale;
-able [-əbl], *adj.* rimelig;
fornuftig; **-ing**, *s.* ræson-
nement.

reassemble [ˌri:ə'sembl],
v. t. samle(s) igen.

reassure [ˌri:ə'ʃuə], *v. t.* be-
rolige.

rebate ['ri:beit], *s., merk.*
rabat.

rebel ['rebl], *s.* oprører; *adj.*
oprørsk; oprørs-; [ri'bel],
v. i. gøre oprør; **-lion**
[-'beljən], *s.* oprør, op-
stand.

rebound ['ri:baund], *s.* af-
prellen; tilbageslag; [ri-
'baund], *v. i.* prelle af,
springe tilbage.

rebuff [ri'bʌf], *s.* afslag; af-
visning; *v. t.* afvise; slå
tilbage.

rebuild [ˌri:'bild], *v. t.* gen-
opbygge.

rebuke [ri'bju:k], *s.* irette-
sættelse; *v. t.* dadle; iret-
tesætte.

rebut [ri'bʌt], *v. t.* gendri-
ve; modsige; tilbagevise.

recalcitrant [ri'kælsitrənt],
adj. genstridig.

recall [ri'kɔ:l], *s.* tilbage-
kaldelse; erindring; *past*
~, uigenkaldelig; *v. t.* til-
bagekalde; mindes, erin-
dre; minde om.

recant [ri'kænt], *v. t. & i.*
tilbagekalde; tage sine
ord tilbage.

recapitulate [ˌri:kə'pitʃu-
leit], *v. t. & i.* resumere;
rekapitulere.

recapture [ri:'kæptʃə], *v. t.*
generobre.

reced|e [ri'si:d], *v. i.* vige
tilbage; falde, dale; **-ing**,
adj. vigende.

receipt [ri'si:t], *s.* modta-
gelse; kvittering; **-s**, *pl.*
indtægter.

receive [ri'si:v], *v. t.* modta-
ge; få; **-r** [-ə], *s.* modtager;
telefonrør; hæler.

recent ['ri:snt], *adj.* ny,
frisk; nylig; **-ly**, *adv.* for-
nylig; i den senere tid.

receptacle [ri'septəkl], *s.*
beholder.

recepti|on [ri'sepʃn], *s.*
modtagelse; reception;
-onist, *s.* klinikdame; re-
ceptionschef; **-ve** [-tiv],
adj. modtagelig; lære-
nem.

recess [ri'ses *el.* 'ri:ses], *s.*
fordybning; niche; *U.S.*
frikvarter; *parl.* ferie;
-ion [-ʃn], *s.* tilbagetræ-
den.

recipe ['resipi], *s.* opskrift.

recipient [ri'sipiənt], *s.* modtager.

reciprocal [ri'siprəkl], *adj.* gensidig; indbyrdes; **-ate** [-eit], *v. t. & i.* gøre gengæld; gengælde; **-ity** [re-si'prositi], *s.* gensidighed; vekselvirkning.

recital [ri'saitl], *s.* koncert; recitation; deklamation; beretning; **-e**, *v. t.* foredrage; oplæse; fortælle; deklamere.

reckless ['rekləs], *adj.* hensynsløs; dumdristig.

reckon ['rekən], *v. t. & i.* regne; beregne; anse for; formode; ~ *on*, regne med, stole på; ~ *with*, tage i betragtning, regne med; **-ing**, *s.* regning; afregning; opgør.

reclaim [ri'kleim], *v. t.* genvinde; dræne; opdyrke; kræve tilbage.

recline [ri'klain], *v. i.* læne sig tilbage, hvile.

recluse [ri'klu:s], *s.* eneboer; *adj.* afsondret; ensom.

recognition [,rekəg'niʃn], *s.* genkendelse; anerkendelse; påskønnelse; **-ze** ['rekəgnaiz], *v. t.* genkende; anerkende; vedkende sig.

recoil [ri'kɔil], *v. i.* fare tilbage; rekylere; *fig.* vige tilbage.

recollect [,rekə'lekt], *v. t.* erindre; mindes.

recommend [,rekə'mend], *v. t.* anbefale; foreslå; **-ation** [-'deiʃn], *s.* anbefaling; henstilling.

recompense ['rekəmpens], *v. t.* erstatte; belønne.

reconcile ['rekənsail], *v. t.* forsone; forlige; forene.

reconnaissance [ri'kɔnisns], *s.* rekognoscering.

reconsider ['ri:kən'sidə],

v. t. genoptage; overveje igen.

reconstruct [,ri:kən'strʌkt], *v. t.* rekonstruere; ombygge.

record ['rekɔ:d], *s.* optegnelse; dokument; journal; protokol; fortid, generalieblad; grammofonplade; *sport.* rekord; [ri'kɔ:d], *v. t.* nedskrive; protokollere; optegne; optage; indspille; vise; *off the* ~, uofficielt; **-er** [ri-'kɔ:də], *s.*, *mus.* blokfløjte; referent; *(tape-~)* båndoptager; **-ing** [ri'kɔ:diŋ], *s.* optagelse; indspilning.

recount [ri'kaunt], *v. t.* berette (om); **re-count** ['ri:-kaunt], *v. t.* tælle 'om.

recourse [ri'kɔ:s], *s.* tilflugt.

recover [ri'kʌvə], *v. t.* genvinde; få igen; komme sig; ~ *consciousness*, komme til sig selv; **-y** [-ri], *s.* helbredelse; bedring; generhvervelse.

recreation [,rekri'eiʃn], *s.* adspredelse; morskab.

recrimination [ri,krimi'neiʃn], *s.* modbeskyldning.

recruit [ri'kru:t], *s.* rekrut; *v. t.* rekruttere, hverve.

rectangle ['rektæŋgl], *s.* rektangel.

rectify ['rektifai], *v. t.* rette; berigtige; råde bod på.

rectitude ['rektitju:d], *s.* retskaffenhed.

rector ['rektə], *s.* sognepræst; rektor; **-y** [-ri], *s.* præstegård.

rectum ['rektəm], *s.*, *anat.* endetarm.

recumbent [ri'kʌmbənt], *adj.* tilbagelænet; liggende.

recuperate [ri'k(j)u:pəreit], *v. t. & i.* komme sig; genvinde.

recur [ri'kə:], *v. i.* komme igen; gentage sig; **-rent** [-rənt], *adj.* tilbagevendende.

recycle [،ri:'saikl], *v. t.* genbruge; **-ing,** *s.* genbrug.

red [red], *s.* rødt; *adj.* rød; ~-**breast,** *s., zoo.* rødkælk; ~-**brick,** *adj.* rødstens-; ~ *university,* nyere universitet; **-cap,** *s.* militærpolitibetjent; ~ **currant,** *s., bot.* ribs; ~ **deer,** *s., zoo.* kronhjort; **-den,** *v. t. & i.* rødme; gøre rød; ~-**haired,** *adj.* rødhåret; ~-**handed,** *adj.* catch ~, tage på fersk gerning; **-head,** *s.* rødhåret person; ~ **herring,** *fig.* falsk spor; ~-**hot,** *adj.* rødglødende; ~ **lead,** *s.* mønje; ~-**letter,** *adj.* ~ *day,* mærkedag; **-skin,** *s.* rødhud; ~ **tape,** *s., fig.* kontoriusseri; bureaukrati; **-wing,** *s., zoo.* vindrossel.

redecorate [،ri:'dekəreit], *v. t. & i.* gøre i stand; male og tapetsere.

redeem [ri'di:m], *v. t.* løskøbe; indløse; forløse; frelse; tilbagekøbe; **-ing,** *adj. a ~ feature,* et forsonende træk; **redemption** [ri'dempʃn], *s.* løskøbelse; indløsning; forløsning.

redo [،ri:'du:], *v. t.* ordne igen; istandsætte.

redolent ['redələnt], *adj.* duftende; *fig.* der minder om.

redouble [ri'dʌbl], *v. t.* forstærke.

redoubtable [ri'dautəbl], *adj.* frygtindgydende.

redress [ri'dres], *s.* oprejsning; afhjælpning; *v. t.* afhjælpe; genoprette.

reduce [ri'dju:s], *v. t.* formindske; indskrænke; nedsætte; ~ *weight,* slanke (sig); **-tion** [-'dʌkʃn], *s.* nedsættelse; indskrænkning; *at a ~,* til nedsat pris.

redundant [ri'dʌndənt], *adj.* overflødig; arbejdsløs.

reed [ri:d], *s., bot.* rør; *mus.* rørblad; ~-**warbler,** *s., zoo.* rørsanger.

reef [ri:f], *s. naut.* reb; rev; ~-**knot,** *s.* råbåndsknob.

reefer ['ri:fə], *s.* pjækkert; *S* marihuanacigaret.

reek [ri:k], *s.* stank; dunst; *v. i.* dampe; stinke; ose.

reel [ri:l], *s.* rulle; spole; garnvinde; *v. t.* vinde; spole; *v. i.* vakle; slingre; løbe rundt.

reelection [،ri:i'lekʃn], *s.* genvalg.

refashion [،ri:'fæʃn], *v. t.* omforme.

refectory [ri'fektri], *s.* spisesal.

refer [ri'fə:], *v. t. & i.* ~ *to,* henvise til; henføre til; tilskrive; angå; hentyde til; **-ence** ['refrəns], *s.* henvisning; forbindelse; omtale; hentydning; anbefaling; *with ~ to,* angående; ~ *book, s.* opslagsbog.

referee [،refə'ri:], *s.* opmand; *sport.* dommer.

referendum [،refə'rendəm], *s.* folkeafstemning.

refill ['ri:fil], *s.* patron; påfyldning; [،ri:'fil], *v. t.* fylde igen.

refine [ri'fain], *v. t.* rense; raffinere; forædle; forfine; **-d,** *adj.* forfinet; raffineret; kultiveret; **-ment,** *s.* raffinering; forædling; spidsfindighed; **-ry** [-əri], *s.* raffinaderi.

refit [ˌriːˈfit], *v. t.* reparere; udruste på ny.

reflect [riˈflekt], *v. t. & i.* afspejle; genspejle; reflektere; overveje; tænke (over); **-ion** [-ʃn], *s.* afspejling; genspejling; eftertanke; overvejelse; *on* ~, ved nærmere eftertanke; **-or** [-ə], *s.* katteøje.

reflex [ˈriːfleks], *s.* refleks; *adj.* refleks-; **-ive** [-ˈfleksiv], *adj.* refleksiv; tilbagevirkende.

reform [riˈfɔːm], *s.* reform; forbedring; *v. t. & i.* omdanne; reformere; forbedre (sig); **-ation** [-ˈmeiʃn], *s.* reformation; forbedring; omvendelse.

refract [riˈfrækt], *v. t.* bryde (lyset); **-ory** [-əri], *adj.* uregerlig; hårdnakket.

refrain [riˈfrein], *s.* refræn, omkvæd; *v. i.* ~ *from*, afholde sig fra.

refresh [riˈfreʃ], *v. t. & i.* forfriske (sig); opfriske; **-ment**, *s.* forfriskning.

refrigerate [riˈfridʒəreit], *v. t.* afkøle; nedkøle; **-or** [-ə], *s.* køleskab.

refuel [ˌriːˈfjuːəl], *v. t.* tanke op.

refuge [ˈrefjuːdʒ], *s.* tilflugt(ssted); asyl; helle; **-e** [ˌrefjuˈdʒiː], *s.* flygtning.

refund [ˈriːfʌnd], *s.* tilbagebetaling; [riˈfʌnd], *v. t.* tilbagebetale.

refusal [riˈfjuːzl], *s.* afslag; nægtelse; forkøbsret; *have first* ~, have på hånden; **-e** [ˈrefjuːs], *s.* affald; skrald; ~ *dump*, *s.* losseplads; [riˈfjuːz], *v. t.* afslå; nægte.

refute [riˈfjuːt], *v. t.* gendrive.

regain [riˈgein], *v. t.* genvinde; nå tilbage til.

regal [riːgl], *adj.* kongelig.

regard [riˈgaːd], *s.* blik; agtelse; hensyn; opmærksomhed; *v. t. & i.* betragte; anse; se på; agte; *with* ~ *to*, med hensyn til; med henblik på; **-ing**, *præp.* angående; **-less**, *adv.* ligegyldig; *T* uden hensyn til følgerne; ~ *of*, uanset; **-s**, *s. pl.* hilsen(er).

regen|cy [ˈriːdʒənsi], *s.* regentskab; **-t**, *s.* regent.

regenerate [riˈdʒenəreit], *v. t.* genføde; frembringe på ny.

regime [reiˈʒiːm], *s.* regime; regering.

regimen [ˈredʒimən], *s.* levemåde; diæt.

regiment [ˈredʒimənt], *s.* regiment; **-ation** [-ˈteiʃn], *s.* ensretning.

region [ˈriːdʒən], *s.* region; område; egn; strøg.

regist|er [ˈredʒistə], *s.* fortegnelse; register; liste; kirkebog; *cash* ~, *s.* kasseapparat; *v. t.* optegne; registrere; nedskrive; indskrive; tinglyse; **-ered** [-əd], *adj.* (ind)registreret; autoriseret; anbefalet (brev); **-rar** [-raː], *s.* giftefoged; reservelæge; **-ration** [-ˈstreiʃn], *s.* indskrivning; (ind)registrering; indmeldelse; **-ry** [-ri], *s.* registreringskontor; ~ *office, s.* folkeregister.

regression [riˈgreʃn], *s.* tilbagegang; tilbagevenden.

regret [riˈgret], *s.* beklagelse; sorg; fortrydelse; *v. t.* beklage; fortryde; **-table** [-əbl], *adj.* beklagelig.

regula|r ['regjulə], *s.* stamgæst; fastansat; *adj.* regelmæssig; fast; rigtig; egentlig; regulær; *T* ordentlig; **-rity** [-'læriti], *s.* regelmæssighed; **-te** [-eit], *v. t.* regulere; styre; **-tion** [-'leiʃn], *s.* regulering; reglement; vedtægt, regel.

rehabilitate [,ri:ə'biliteit], *v. t.* give oprejsning; rehabilitere; revalidere; genoptræne.

rehash ['ri:hæʃ], *s.* opkog.

rehears|al [ri'hə:sl], *s.* prøve; indstudering; **-e**, *v. t.* indstudere; holde prøve på.

reign [rein], *s.* regering; *v. i.* regere; herske.

reimburse [,ri:im'bə:s], *v. t.* dække; tilbagebetale.

rein [rein], *s.* tømme; tøjle.

reincarnation [,ri:inka:-'neiʃn], *s.* reinkarnation.

reindeer ['reindiə], *s.*, *zoo.* rensdyr, ren.

reinforce [,ri:in'fɔ:s], *v. t.* forstærke; **-d** *concrete*, armeret beton.

reinstate [,ri:in'steit], *v. t.* genindsætte.

reiterate [ri:'itəreit], *v. t.* gentage.

reject [ri'dʒekt], *v. t.* forkaste; afvise; **-ion** [-'dʒekʃn], *s.* forkastelse; afvisning; afslag.

rejoice [ri'dʒɔis], *v. i.* glæde sig.

rejoin [ri'dʒɔin], *v. t.* genforene; replicere; **-der**, *s.* replik, svar.

rejuvenate [ri'dʒu:vəneit], *v. t. & i.* forynge(s).

rekindle ['ri:'kindl], *v. t. & i.* tænde igen; få til at blusse op igen.

relapse [ri'læps], *s.* tilbagefald; *v. i.* falde tilbage.

relat|e [ri'leit], *v. t.* fortælle, berette; ~ *to*, angå; sætte i forbindelse med; forholde sig til; **-ed** [-id], *adj.* beslægtet; **-ion** [-ʃn], *s.* slægtning; beretning; forhold; relation; **-ionship**, *s.* slægtskab; forhold; forbindelse.

relativ|e ['relətiv], *s.* pårørende; slægtning; *adj.* relativ; ~ *to*, som står i forbindelse med; som angår; **-ely**, *adv.* forholdsvis; **-ity** [-'tiviti], *s.* relativitet.

relax [ri'læks], *v. t. & i.* afslappe; slappes; slappe af; mildnes; **-ation** [-'seiʃn], *s.* adspredelse; afslapning; afspænding; lempelse.

relay ['ri:lei], *s.* skift; hold; *sport.* stafetløb; *elek.* relæ; [ri'lei], *v. t.* viderebringe.

release [ri'li:s], *s.* løsladelse; befrielse; udslip; udsendelse; pressemeddelelse; *v. t.* løslade; løse; frigøre; befri; udsende; slå fra.

relegate ['reləgeit], *v. t.* henvise; degradere.

relent [ri'lent], *v. i.* give efter; formildes; **-less**, *adj.* ubøjelig; ubarmhjertig.

relevant ['reləvənt], *adj.* sagen vedkommende, relevant.

reliable [ri'laiəbl], *adj.* pålidelig; driftsikker.

relic ['relik], *s.* relikvie; levn; minde.

relie|f [ri'li:f], *s.* lettelse; lindring; understøttelse; socialhjælp; befrielse; afløsning; afveksling; skifte; relief; *adj.* hjælpe-; ekstra-; som skal afløse; relief-; **-ve**, *v. t.* lette;

lindre; understøtte; aflaste; afløse.

religio|n [ri'lidʒən], s. religion; **-us** [-əs], adj. religiøs; from; samvittighedsfuld.

relinquish [ri'liŋkwiʃ], v. t. slippe; frafalde; opgive.

relish ['reliʃ], s. velsmag; smag; krydderi; v. t. & i. synes om; goutere; smage.

reload ['ri:ləud], v. t. lade igen; fot. sætte ny film i.

reluctan|ce [ri'lʌktəns], s. modvillighed; **-t**, adj. modstræbende.

rely [ri'lai], v. i. ~ on, stole på, fæste lid til.

remain [ri'mein], v. i. blive tilbage; forblive; blive; vedblive; **-der**, s. rest.

remand [ri'ma:nd], v. t. opretholde fængslingen af.

remark [ri'ma:k], s. bemærkning; iagttagelse; v. t. & i. bemærke; iagttage; ytre; **-able** [-əbl], adj. bemærkelsesværdig; u-sædvanlig; mærkelig.

remedy ['remədi], s. (hjælpe)middel; lægemiddel; hjælp; v. t. afhjælpe; råde bod på.

rememb|er [ri'membə], v. t. huske; erindre; mindes; **-rance** [-brəns], s. minde; erindring; souvenir.

remind [ri'maind], v. t. erindre; minde om; **-er**, s. påmindelse; rykkerbrev.

reminiscen|ce [remi'nisns], s. mindelse, erindring; levning; **-t**, adj. som minder.

remiss [ri'mis], adj. forsømmelig; **-ion** [-ʃn], s. eftergivelse; tilgivelse; bedring.

remit [ri'mit], v. t. eftergive; tilsende; formilde; **-tance** [-ns], s. fremsen-

delse af penge.

remnant ['remnənt], s. rest; levning.

remonstra|nce [ri'monstrəns], s. protest; formaning; **-te** ['remənstreit], v. t. & i. protestere; ~ with, bebrejde; foreholde.

remorse [ri'mɔ:s], s. anger; **-less**, adj. skånselsløs.

remote [ri'məut], adj. fjern; afsondret; a ~ chance, en svag chance; ~ control, fjernstyring.

remov|able [ri'mu:vəbl], adj. som kan fjernes; flyttelig; **-al** [-l], s. flytning; fjernelse; ~ van, s. flyttevogn; **-e** [ri'mu:v], v. t. & i. flytte; fjerne; afskedige; **-er**, s. flyttemand; -fjerner.

remuneration [ri,mju:nə-'reiʃn], s. løn; vederlag.

renaissance [ri'neisns], s. renæssance.

rend [rend] (rent, rent), v. t. sønderrive; rive.

render ['rendə], v. t. yde; give; gøre; fortolke; oversætte.

rendezvous ['rondivu:], s. (stævne)møde; mødested.

renegade ['renigeid], s. overløber.

renew [ri'nju:], v. t. forny; udskifte.

renounce [ri'nauns], v. t. frasige sig; give afkald på; forsage.

renovate ['renəveit], v. t. forny; reparere.

renown [ri'naun], s. berømmelse; **-ed** [-d], adj. navnkundig; berømt.

rent [rent], s. leje; husleje; rift; flænge; v. t. & i. leje; forpagte; leje ud; **-al** [-l], s. lejeindtægt; abonnementsafgift.

renunciation [ri͵nʌnsi'eiʃn], s. afkald.

reorganize [͵ri:'ɔ:gənaiz], v. t. reorganisere, omordne.

repair [ri'pɛə], s. istandsættelse; reparation; v. t. istandsætte; reparere; udbedre; fig. gøre god igen; *in good* ~, i god stand; **-rable** ['repərəbl], adj. som kan repareres; **-ration** [͵repə'reiʃn], s. reparation.

repartee [͵repa:'ti:], s. rask svar.

repatriate [ri:'pætrieit], v. t. hjemsende.

repay [ri'pei], v. t. & i. tilbagebetale.

repeal [ri'pi:l], s. tilbagekaldelse; annullering; v. t. ophæve; annullere.

repeat [ri'pi:t], s. gentagelse; genudsendelse; v. t. & i. gentage; fortælle videre; repetere; **-edly** [-idli], adv. gentagne gange.

repel [ri'pel], v. t. tilbagevise; frastøde; **-lent**, s. imprægneringsmiddel; beskyttelsesmiddel; adj. frastødende.

repent [ri'pent], v. t. & i. (~ *of*), angre; **-ance**, s. anger; **-ant**, adj. angerfuld.

repercussion [͵ri:pə'kʌʃn], s. bagslag; følge.

repertory ['repətri], s. repertoire; forråd.

repetition [repə'tiʃn], s. gentagelse; kopi; **-ve** [ri-'petitiv], adj. som gentager sig; monoton.

repine [ri'pain], v. i. græmme sig.

replace [ri'pleis], v. t. lægge (sætte, stille) tilbage; erstatte; afløse.

replay ['ri:plei], s. genud-sendelse; *sport.* omkamp; [͵ri:-'plei], v. t. gentage; spille (sende) igen.

replenish [ri'pleniʃ], v. t. fylde igen; supplere op.

replete [ri'pli:t], adj. fuld; fyldt; propfuld.

replica ['replikə], s. kopi.

reply [ri'plai], s. svar; besvarelse; v. t. & i. svare.

report [ri'pɔ:t], s. rapport; beretning; redegørelse; rygte; vidnesbyrd; knald; v. t. & i. berette; fortælle; meddele; referere; melde; indberette; *it is -ed*, det forlyder; **-er**, s. journalist, reporter.

repose [ri'pəuz], s. & v. t. & i. hvile.

repository [ri'pɔzitri], s. opbevaringssted.

reprehend [͵repri'hend], v. t. dadle; **-sible**, adj. forkastelig.

represent [͵repri'zent], v. t. forestille; fremstille; repræsentere; stå for; **-ative**, s. repræsentant; adj. repræsentativ; typisk.

repress [ri'pres], v. t. undertrykke; betvinge; hæmme; fortrænge.

reprieve [ri'pri:v], s. udsættelse; benådning; v. t. benåde.

reprimand ['reprima:nd], s. irettesættelse; *T* næse; v. t. give en reprimande.

reprint ['ri:print], s. optryk; [-'print], v. t. (gen)optrykke.

reprisal [ri'praizl], s. gengældelse; **-s**, *pl.* repressalier.

reproach [ri'prəutʃ], s. bebrejdelse; v. t. bebrejde; *beyond* ~, hævet over al kritik; **-ful**, adj. bebrejdende.

reprobate ['reprəbeit], s.

skurk; synder; *adj.* ryggesløs.

reproduc|e [ˌriːprə'djuːs], *v. t.* reproducere; genskabe; formere sig; gengive; **-tion** [-'dʌkʃn], *s.* reproduktion; gengivelse; formering.

repro|of [ri'pruːf], *s.* irettesættelse; **-val** [-vl], *s.* irettesættelse; **-ve,** *v. t.* irettesætte.

reptile ['reptail], *s.,* zoo. krybdyr.

republic [ri'pʌblik], *s.* republik; **-an** [-n], *s.* republikaner; *adj.* republikansk.

repudiate [ri'pjuːdieit], *v. t.* afvise; fornægte; tilbagevise.

repugnan|ce [ri'pʌgnəns], *s.* ulyst; afsky; **-t,** *adj.* frastødende.

repuls|e [ri'pʌls], *v. t.* drive tilbage; afvise; **-ion** [-ʃn], *s.* afsky; tilbagestød; frastødning; **-ive,** *adj.* frastødende.

reput|able ['repjutəbl], *adj.* agtværdig; agtet; anerkendt; **-ation** [-'teiʃn], *s.* omdømme, ry; anseelse; **-e** [ri'pjuːt], *s.* omdømme, ry; **-edly** [ri'pjuːtidli], *adv.* efter sigende.

request [ri'kwest], *s.* anmodning; efterspørgsel; *v. t.* bede om; anmode om; *by ~,* på opfordring.

requi|re [ri'kwaiə], *v. t.* kræve; behøve; trænge til; forlange; **-rement,** *s.* behov; betingelse; krav; **-site** ['rekwizit], *s.* fornødenhed; *adj.* fornøden; **-sition** [-'ziʃn], *s.* forlangende; rekvisition; *v. t.* rekvirere.

requite [ri'kwait], *v. t.* gengælde, lønne.

rescue ['reskjuː], *s.* red-

ning; undsætning; *v. t.* frelse; redde; **-r** [-ə], *s.* redningsmand.

research [ri'səːtʃ], *s.* forskning; *v. i.* foretage undersøgelser; *do ~,* forske; ~ **worker,** *s.* forsker; videnskabsmand.

resembl|ance [ri'zembləns], *s.* lighed; **-e** [-bl], *v. t.* ligne.

resent [ri'zent], *v. t.* tage ilde op; harmes over; **-ful,** *adj.* fornærmet, krænket; **-ment,** *s.* krænkelse; fortørnelse; vrede.

reservation [rezə'veiʃn], *s.* forbehold; reservat; (forud)bestilling; reservation.

reserve [ri'zəːv], *s.* forbehold; tilbageholdenhed; reserve; reservat; *v. t.* reservere; (forud)bestille; forbeholde (sig); spare; **-d,** *adj.* reserveret.

reshuffle [ˌriː'ʃʌfl], *v. t.* blande igen; reorganisere.

reside [ri'zaid], *v. i.* bo; opholde sig; **-nce** ['rezidns], *s.* bolig; bopæl; ophold; residens; **-nt** ['rezidnt], *s.* beboer; *adj.* bosat; fastboende; **-ntial** [ˌrezi'denʃl], *s.* beboelses-; bolig-.

residu|al [ri'zidjuəl], *adj.* tiloversbleven; **-e** ['rezidjuː], *s.* rest.

resign [ri'zain], *v. t. & i.* opgive; træde tilbage; gå af; fratræde; resignere; ~ *oneself to,* slå sig til tåls med; affinde sig med; **-ation** [ˌrezig'neiʃn], *s.* opgivelse; tilbagetræden; resignation; afskedsbegæring; **-ed** [ri'zaind], *adj.* resigneret.

resilient [ri'ziliənt], *adj.* spændstig; elastisk; ukuelig.

resin ['rezin], *s*. harpiks.

resist [ri'zist], *v. t. & i.* gøre modstand (imod); stritte imod; modstå; modvirke; **-ance** [-ns], *s.* modstand; modstandskraft; modstandskamp.

resolut|e ['rezəl(j)u:t], *adj.* bestemt; beslutsom; **-ion** [-'l(j)u:ʃn], *s.* beslutning; bestemthed; beslutsomhed.

resolve [ri'zɔlv], *v. t. & i.* beslutte; bestemme; løse; opløse(s); **-d,** *adj.* fast besluttet.

resonan|ce ['rezənəns], *s.* genlyd; resonans; **-t,** *adj.* som giver genlyd; rungende.

resort [ri'zɔ:t], *s.* udvej; tilflugt(ssted); opholdssted; kursted; feriested; *v. i.* ~ *to,* ty til; gribe til.

resound [ri'zaund], *v. i.* genlyde; **-ing,** *adj.* rungende; eklatant.

resource [ri'sɔ:s], *s.* hjælpekilde; udvej; adspredelse; **-ful,** *adj.* snarrådig; **-s,** *s. pl.* (penge)midler; ressourcer; naturrigdomme; forråd.

respect [ri'spekt], *s.* respekt, agtelse; hensyn; henseende; *v. t.* respektere, agte; tage hensyn til; angå; *in that* ~, i den henseende; *with* ~ *to,* med hensyn til; **-able** [-əbl], *adj.* respektabel, pæn; ret stor; **-ful,** *adj.* ærbødig; **-ive,** *adj.* hver sin, respektive; **-ively,** *adv.* henholdsvis.

respiration [ˌrespi'reiʃn], *s.* åndedræt; *artificial* ~, kunstigt åndedræt.

respite ['respait], *s.* frist; henstand; pusterum; ud-

sættelse.

resplendent [ri'splendnt], *adj.* strålende.

respon|d [ri'spɔnd], *v. t.* svare; reagere; **-se,** *s.* svar; reaktion; **-sive,** *adj.* forstående; lydhør; svar-.

responsi|bility [riˌsponsi-'biliti], *s.* ansvar; **-ble** [-'spɔnsəbl], *adj.* ansvarlig; ansvarsbevidst.

rest [rest], *s.* hvile; ro; rest; støtte, læn; *mus.* pause; *v. t. & i.* støtte; stille; læne; (lade) hvile; *set sby's mind at* ~, berolige én; ~ *with,* påhvile; **-ive,** *adj.* uregerlig; utålmodig; **-less,** *adj.* nervøs; rastløs.

restaurant ['restərənt *el.* -rɔ:ŋ], *s.* restaurant.

restitution [ˌresti'tju:ʃn], *s.* genoprettelse; erstatning.

restor|ation [ˌrestə'reiʃn], *s.* restaurering; genoprettelse; **-e** [ri'stɔ:], *v. t.* give tilbage; genindsætte; restaurere; genoprette; ~ *to health,* helbrede; restituere.

restrain [ri'strein], *v. t.* holde tilbage; styre; beherske; forhindre; **-t,** *s.* tilbageholdenhed; tvang; betvingelse; *under* ~, tvangsindlagt.

restrict [ri'strikt], *v. t.* indskrænke; begrænse; **-ed** [-id], *adj.* begrænset; ~ *area,* område m. hastighedsbegrænsning; **-ion** [-ʃn], *s.* begrænsning; restriktion; forbehold.

result [ri'zʌlt], *s.* resultat; følge; udfald; virkning, facit; *v. i.* resultere; ~ *from,* hidrøre fra; ~ *in,* resultere i; ende med.

resum|e [ri'zju:m], *v. t. & i.* genoptage; begynde igen; **-ption** [-'zʌmpʃn], s. genoptagelse, fortsættelse.

resurgence [ri'sə:dʒəns], s. genopståen.

resurrection [‚rezə'rekʃn], s. opstandelse; genrejsning.

resuscitate [ri'sʌsiteit], v. t. & i. genoplive(s).

retail ['ri:teil], s. detail-(salg); adj. detail-; [ri'teil], v. t. & i. sælge en detail; bringe videre; **-er** [-'teilə], s. detailhandler.

retain [ri'tein], v. t. beholde; tilbageholde; engagere; **-er**, s. forskudshonorar.

retaliate [ri'tælieit], v. t. & i. gengælde; **-ion** [-'eiʃn], s. gengæld; repressalier.

retard [ri'ta:d], v. t. & i. forsinke, forhale; **-ed** [-id], adj. retarderet.

retch [retʃ], v. i. kaste op; forsøge at kaste op.

retenti|on [ri'tenʃn], s. tilbageholdelse; **-ve** [-tiv], adj. ~ of, som holder på; ~ memory, klæbehjerne.

reticent ['retisnt], adj. fåmælt; tilbageholden.

retina ['retinə], s., anat. nethinde.

retinue ['retinju:], s. følge; ledsagere.

retire [ri'taiə], v. t. & i. trække sig tilbage; gå i seng; tage sin afsked; pensionere; **-d**, adj. pensioneret; forhenværende; tilbagetrukket; **-ment**, s. fratræden; pensionering; tilbagetrukkethed.

retort [ri'tɔ:t], s. svar; v. t. give svar på tiltale; replicere.

retrace [ri:'treis], v. t. spore tilbage; genkalde sig.

retract [ri'trækt], v. t. & i. trække tilbage; ~ one's words, tage sine ord i sig igen.

retread ['ri:tred], s. slidbanedæk.

retreat [ri'tri:t], s. tilbagetog; tilflugtssted; v. i. trække sig tilbage; fjerne sig.

retrench [ri'trentʃ], v. i. indskrænke sig; spare.

retribution [‚retri'bju:ʃn], s. gengældelse; straf.

retrieve [ri'tri:v], v. t. & i. genfinde; redde; få tilbage; **-r** [-ə], s., zoo. støver.

retrospect ['retrəspekt], s. tilbageblik.

return [ri'tə:n], s. tilbagekomst; hjemkomst; udbytte; tilbagelevering; selvangivelse; returbillet; v. t. & i. vende tilbage; komme igen; returnere, sende tilbage; tilbagebetale; gengælde; by ~ of post, omgående; in ~, til gengæld; **-s**, s. pl. valgresultat; statistik; udbytte; returvarer; many happy ~! til lykke!

reunion [‚ri:'ju:njən], s. genforening; sammenkomst.

rev [rev], v. t. ~ up, give gas, speede op.

Rev. ['revərənd], (fk.f. Reverend), pastor.

revaluation [‚ri:vælju'eiʃn], s. omvurdering.

reve|al [ri'vi:l], v. t. afsløre; åbenbare; **-lation** [revə-'leiʃn], s. åbenbaring; afsløring.

revel [revl], s. gilde; v. i. svire; holde gilde; ~ in, svælge i; sole sig i.

revenge [ri'vendʒ], s. hævn; revanche; v. t. & i. hævne; **-ful**, adj. hævngerrig.

revenue ['revənju:], *s.* indtægt(er).

reverberate [ri'və:bəreit], *v. i.* give resonans; genlyde.

revere [ri'viə], *v. t.* holde i ære.

reveren|ce ['revərəns], *s.* ærbødighed; ærefrygt; **-d**, *adj.* ærværdig; *the R~ J. Smith,* pastor J. Smith.

reverie ['revəri], *s.* drømmeri.

revers|al [ri'və:sl], *s.* omslag; forandring; *jur.* omstødelse; **-e**, *s.* modsætning; modsat side; bagside; vrang; *mek.* bakgear; *adj.* omvendt; baglæns; *v. t. & i.* sætte i bakgear; vende om; *mek.* bakke; omstøde.

revert [ri'və:t], *v. i.* vende tilbage.

review [ri'vju:], *s.* gennemgang; tilbageblik; anmeldelse; tidsskrift; *mil.* mønstring; *v. t.* gennemgå; anmelde; inspicere.

revile [ri'vail], *v. t.* håne; overfuse.

revis|e [ri'vaiz], *v. t.* revidere; repetere; **-ion** [-'viʒn], *s.* gennemsyn; revision; repetition.

reviv|al [ri'vaivl], *s.* genoplivelse; *teat.* genoptagelse; reprise; *rel.* vækkelse; **-e**, *v. t. & i.* genoplive; forny; opfriske; genoptage; vågne, få nyt liv.

revoke [ri'vəuk], *v. t. & i.* tilbagekalde; ophæve.

revolt [ri'vəult], *s.* opstand; oprør; revolte; *v. t. & i.* gøre oprør; væmmes; oprøre; **-ing**, *adj.* afskyelig.

revolution [,revə'lu:ʃn], *s.* omdrejning; omløb, omgang; omvæltning; revolution; **-ary** [-ri], *s. & adj.* revolutionær; *adj.* revolutionerende.

revolv|e [ri'vɔlv], *v. t. & i.* rotere, dreje rundt; overveje; **-er**, *s.* revolver; **-ing**, *adj.* roterende; drejelig; sving-.

revue [ri'vju:], *s.* revy.

revulsion [ri'vʌlʃn], *s.* omsving; omslag; afsky, lede.

reward [ri'wɔ:d], *s.* belønning; dusør; *v. t.* belønne; lønne.

rewind ['ri:'waind], *v. t.* spole tilbage.

rhetoric ['retərik], *s.* retorik; veltalenhed; **-al** [ri'tɔrikl], *adj.* retorisk.

rheumati|c [ru'mætik], *adj., med.* reumatisk, gigt-; **-sm** ['ru:mətizm], *s.* gigt, reumatisme.

rhinocerous [rai'nɔsərəs], *s., zoo.* næsehorn.

rhomb(us) ['rɔm(bəs)], *s.* rombe.

rhubarb ['ru:ba:b], *s., bot.* rabarber.

rhyme [raim], *s.* rim; vers; *v. t. & i.* rime; sætte på rim.

rhythm [riðm], *s.* rytme; **-ic(al)**, *adj.* rytmisk.

rib [rib], *s., anat* ribben; ribbe; stiver; **-bed** [-d], *adj.* ribstrikket; ribbet; riflet.

ribbon [ribn], *s.* bånd; strimmel; *(typewriter ~)* farvebånd.

rice [rais], *s., bot.* ris; **~ paddy,** *s.* rismark.

rich [ritʃ], *adj.* rig; frugtbar; fed; **-es,** *s. pl.* rigdom(me); **-ly,** *adv.* rigeligt.

rick [rik], *s.* (hø)stak; *v. t.* stakke.

rickets ['rikits], *s., med.* engelsk syge.

rickety ['rikiti], adj. vakkelvorn; skrøbelig.

rid [rid] (rid el. -ded, rid), v. t. frigøre; befri; get ~ of, skaffe sig af med; blive af med; **-dance** [-ns], s. befrielse; good ~! gudskelov vi slap af med ..!

riddle [ridl], s. sigte; gåde; v. t. & i. sigte; gennemhulle.

ride [raid], s. ridetur, køretur, cykeltur etc.; (rode, ridden), v. t. & i. ride (på); køre (på, i); sidde; **-r** [-ə], s. rytter; passager.

ridge [ridʒ], s. ryg; kam; ås; højdedrag; tagryg.

ridicule ['ridikju:l], s. spot; latterliggørelse; v. t. latterliggøre; spotte; håne; hold up to ~, latterliggøre; **-ous** [-'dikjuləs], adj. latterlig.

riff-raff ['rifræf], s. pak; pøbel.

rifle [raifl], s. riffel, gevær; v. t. røve, plyndre; ~ **range,** s. skydebane; skudhold.

rift [rift], s. revne; kløft; fig. uenighed.

rig [rig], s., naut. takkelage; rig; T udstyr; (oil ~) boreplatform; v. t. & i. rigge (til); ~ out, udmaje; ~ up, rigge til; improvisere.

right [rait], s. ret; rettighed; højre; adj. ret; rigtig; højre; adv. ret; lige; nøjagtig; til højre; v. t. & i. rette; ordne; gøre godt igen; he is ~, han har ret; all ~, godt! det er i orden! he is all ~, han har det godt; in his ~ mind, ved sine fulde fem; that'll serve you ~! det har du rigtig godt af! ~ away,

straks; be in the ~, have ret; on the ~, til højre; to the ~ of, til højre for; ~ **-angled,** adj. retvinklet; **-eous** [-ʃəs], adj. retfærdig; retskaffen; **-ful,** adj. retmæssig; ~ **-hand,** adj. højre; højrehånds-; **-ly,** med rette; ~ **-minded,** adj. rettænkende; ~ **-of-way,** s. forkørselsret.

rigid ['ridʒid], adj. stiv, streng.

rigmarole ['rigmərəul], s. remse, smøre.

rigorous ['rigərəs], adj. streng; hård. **-ur** ['rigə], s. strenghed.

rile [rail], v. t. irritere.

rim [rim], s. kant; rand; fælg; brilleindfatning.

rime [raim], s. rim; rimfrost.

rind [raind], s. skorpe; svær; skal; skræl; bark.

ring [riŋ], s. ring; kreds; ringen; klang; (rang, rung), v. t. & i. ringe; klinge; lyde; ringe op; ringe på; I'll give you a ~, jeg ringer til dig; **-leader,** s. anfører; **-let,** s. krølle.

rink [riŋk], s. skøjtebane.

rinse [rins], v. t. skylle.

riot ['raiət], s. optøjer, uroligheder; v. i. lave optøjer; run ~, løbe grassat; ~ **squad,** s. uropatrulje; **-ous** [-əs], adj. tøjlesløs.

rip [rip], s. rift; v. t. & i. sprætte op; rive (op); ~ along, fare af sted.

ripe [raip], adj. moden; **-n,** v. i. modne(s).

ripping ['ripiŋ], adj., S storartet, mægtig.

ripple [ripl], s. krusning; v. i. kruse; risle.

rise [raiz], s. stigning; stigen; tiltagen; skråning;

lønforhøjelse; (rose, risen), *v. t. & i.* rejse sig; hæve sig; stå 'op; lette; stige (op); gøre oprør; *give ~ to*, give anledning til; **-ing,** *s.* oprør, opstand; *adj.* stigende; lovende; opvoksende; opgående.

risk [risk], *s.* risiko; fare; *v. t.* risikere; sætte på spil; *take -s*, tage chancer; *at the ~ of* med fare for; **-y,** *adj.* risikabel; vovet.

rissole ['risəul], *s.*, *kul.* frikadelle.

rite [rait], *s.* ceremoni; ritus.

ritual ['ritʃuəl], *s.* ritual; *adj.* rituel.

rival [raivl], *s.* rival(inde); konkurrent; *adj.* konkurrerende; *v. t.* rivalisere med; kappes med; komme på højde med; **-ry,** *s.* rivalisering; kappestrid.

river ['rivə], *s.* flod; **-bed,** *s.* flodleje; **-side,** *s.* flodbred.

rivet ['rivit], *s.* nitte; nagle; *v. t.* nitte; nagle; *fig.* fastholde.

rivulet ['rivjulit], *s.* bæk; å.

R.N. ['a:'ren], (*fk.f.* Royal Navy), det engelske søværn.

roach [rəutʃ], *s.*, *zoo.* skalle; *U.S.* kakerlak.

road [rəud], *s.* vej; *one for the ~*, afskedsdrink; **~ accident,** *s.* trafikulykke; **~ hog,** *s.* motorbølle; **~ map,** *s.* bilkort; **-side,** *s.* vejkant; **~ sign,** *s.* færdselsskilt; **-way,** *s.* kørebane.

roam [rəum], *v. t. & i.* flakke om (i); strejfe om (i); vandre om (i).

roar [rɔ:], *s.* brøl; brus; drøn; larm; *v. t. & i.* brøle;

buldre; bruse; drøne.

roast [rəust], *s.*, *kul.* steg; *v. t. & i.* stege; riste; brænde; **~ beef,** *kul.* oksesteg.

rob [rɔb], *v. t.* røve; (ud)plyndre; stjæle fra; **-ber,** *s.* røver; tyv; **-bery** [-əri], *s.* røveri; tyveri.

robe [rəub], *s.* embedsdragt; slåbrok; **-s,** *s. pl.* gevandter.

robin ['rɔbin], *s.*, *zoo.* rødkælk; rødhals.

robot ['rəubɔt], *s.* robot.

robust [rəu'bʌst], *adj.* robust; kraftig.

rock [rɔk], *s.* klippe; skær; *S* ædelsten; *v. t. & i.* vugge; gynge; rokke; **~ -bottom,** *s.* allerlaveste punkt; **-ing-chair,** *s.* gyngestol; **-ing-horse,** *s.* gyngehest.

rocket ['rɔkit], *s.* raket; **~ -propelled,** *adj.* raketdrevet.

rod [rɔd], *s.* stang; stav; kæp.

rodent ['rəudnt], *s.*, *zoo.* gnaver.

roe [rəu], *s.*, *zoo.* rådyr; *cod's ~*, *kul.* torskerogn; **~ -buck,** *s.*, *zoo.* råbuk; **~ -deer,** *s.*, *zoo.* rådyr.

rogue [rəug], *s.* kæltring; skælm; slyngel.

rôle [rəul], *s.* rolle.

roll [rəul], *s.* rulle; valse; (navne)liste; *kul.* rundstykke; *v. t. & i.* rulle; trille; tromle; *-ed into one*, samlet under ét; *-ed gold*, gulddublé; **~ -call,** *s.* navneopråb; **-er,** *s.* valse; havetromle; damptromle; **~ -coaster,** *s.* rutschebane; **~ -skate,** *s.* rulleskøjte; **-ing,** *adj.* rullende; bølgeformet; bølgende; **~ mill,** *s.* valse-

værk; ~ *pin*, *s.* kagerulle.
rollick ['rɔlik], *v. i.* more
sig, have det sjovt; **-ing**,
adj. lystig.
Rom|an ['rəumən], *s.* ro-
mer; *adj.* romersk; **-e**,
Rom.
roman|ce [rəu'mæns], *s.*
kærlighedsaffære; rid-
derroman; romantik;
R~, *adj.* romansk; **-tic**,
adj. romantisk.
Romania [rə'meinjə], *s.*
Rumænien; **-n**, *s.* rumæ-
ner; *s. & adj.* rumænsk.
romp [rɔmp], *v. i.* boltre
sig; lege.
roof [ru:f], *s.* tag; *v. t.* dæk-
ke med tag; ~ *of the
mouth*, gane; **-ing**, *s.* tag-
belægning; ~ *felt*, tag-
pap; ~ **rack**, *s.* tagbaga-
gebærer.
rook [ruk], *s.*, *zoo.* råge;
(skak) tårn.
rookie ['ruki], *s.*, *S* rekrut.
room [ru:m], *s.* værelse;
stue; rum; plads; *v. i.* bo;
~ *together*, dele lejlig-
hed; **-iness**, *s.* rummelig-
hed; **-s**, *s. pl.* logi; **-y**, *adj.*
rummelig.
roost [ru:st], *s.* siddepind;
-er, *s.*, *zoo.* hane.
root [ru:t], *s.* rod; *square ~*,
s., *mat.* kvadratrod.
rope [rəup], *s.* reb; tov;
line; *fig. know the -s*,
kende reglerne.
rosary ['rəuzəri], *s.* rosen-
krans; rosenhave.
rose [rəuz], *s.*, *bot.* rose;
rosa; bruser; **-ate** [-iət],
adj. rosenfarvet; **-bud**, *s.*
rosenknop; **-mary** [-mə-
ri], *s.*, *bot.* rosmarin.
roster ['rəustə], *s.* navneli-
ste.
rostrum ['rɔstrəm], *s.* taler-
stol.
rot [rɔt], *s.* forrådnelse;

råddenskab; svamp; *S*
vrøvl; vås; *v. i.* rådne;
-ten [-n], *adj.* rådden; for-
dærvet; **-ter**, *s.* skidt fyr;
skiderik.
rota ['rəutə], *s.* navneliste.
rota|ry ['rəutəri], *adj.* rote-
rende; dreje-; **-te** [-'teit],
v. i. rotere; gå efter tur.
rotund [rə'tʌnd], *adj.* rund.
rough [rʌf], *adj.* ru; ujævn;
rå; barsk; grov; omtrent-
lig, løselig; ~ **-and-tum-
ble**, *s.* håndgemæng; ~ **-
cast**, *s.* grov puds; **-en**
[-n], *v. t.* gøre ujævn; **-ly**,
adv. omtrent, cirka; ~ **-
neck**, *s.* bølle.
round [raund], *s.* kreds;
ring; skive; *sport.* om-
gang; runde; *adj.* rund;
adv. & præp. rundt; rundt
om; omkring; om; uden
om; *v. t. & i.* afrunde; gøre
rund; *all ~ the clock*,
døgnet rundt; ~ *these
parts*, heromkring; ~ *a
corner*, runde et hjørne;
rundt om et hjørne; ~
up, indkredse; runde op;
drive sammen; **-about**, *s.*
karrusel; rundkørsel;
adj. in a ~ way, indi-
rekte; **-ers**, *s. pl.* rund-
bold; **-ly**, *adv.* med rene
ord; i store træk.
rouse [rauz], *v. t.* vække;
opildne.
rout [raut], *v. t.* jage på
flugt.
route [ru:t], *s.* rute, vej.
routine [ru:'ti:n], *s.* rutine.
rove [rəuv], *v. i.* strejfe om;
vandre; flakke om; **-r**
[-ə], *s.* omstrejfer; vand-
rer.
row [rəu], *s.* rotur; række,
rad; pind; [rəu], *v. t.* ro;
-ing-boat, *s.* robåd;
-lock, *s.* åregaffel.
row [rau], spektakel;

skænderi.
rowan ['rəuən], s., bot. røn;
 -berry, s. rønnebær.
rowdy ['raudi], s. bølle.
royal ['rɔiəl], adj. kongelig;
 konge-; **-ty**, s. kongelige
 personer; kongelighed;
 kongeværdighed; afgift;
 procenter; honorar.
r.p.m., (fk.f. revolutions
 per minute), omdrejnin-
 ger i minuttet.
R.S.P.C.A. ['aːres'piːsiː'ei],
 (fk.f. Royal Society for
 the Prevention of Cruelty
 to Animals), sv. t. Dyre-
 nes Beskyttelse.
R.S.V.P., (fk.f. répondez s'il
 vous plaît), svar udbedes,
 S.U.
rub [rʌb], v. t. & i. gnide;
 smøre; massere; skure;
 skrabe; ~ **down**, frotte-
 re; ~ **in**, indprente; ~ **it**
 in, T træde i det; ~ **off**,
 viske ud; ~ **off on**, smitte
 af på; ~ **out**, viske ud;
 udslette; ~ **up**, polere.
rubber ['rʌbə], s. gummi;
 viskelæder; T kondom;
 ~ **band**, s. elastik; ~
 stamp, s. gummistempel.
rubbish ['rʌbiʃ], s. affald;
 ragelse; skrammel; T
 sludder; talk ~, vrøvle;
 ~ **bin**, s. skraldespand;
 ~ **dump**, s. losseplads.
rubble [rʌbl], s. murbrok-
 ker.
rubicund ['ruːbikənd], adj.
 rødmosset; rødlig.
ruby ['ruːbi], s. rubin.
rucksack ['rʌksæk], s. ryg-
 sæk.
ructions [rʌkʃnz], s. pl. bal-
 lade; vrøvl.
rudder ['rʌdə], s., naut. &
 fly. ror.
ruddy ['rʌdi], adj. rødmos-
 set; S forbandet.
rude [ruːd], adj. uhøflig;

uforskammet; grov; pri-
 mitiv; ubearbejdet.
rudiment ['ruːdimənt], s.
 anlæg; begyndelse; **-ary**
 [-'mentri], adj. rudimen-
 tær; begyndelses-.
rue [ruː], v. t. angre; **-ful,**
 adj. bedrøvelig.
ruffian ['rʌfjən], s. bølle,
 bandit.
ruffle [rʌfl], s. flæse; v. t.
 bringe i uorden; kruse;
 bringe ud af fatning.
rug [rʌg], s. lille tæppe.
rugged ['rʌgid], adj. ujævn;
 knudret; forreven; mar-
 keret; barsk.
rugger ['rʌgə], s., sport., T
 rugbyfodbold.
ruin ['ruːin], s. ruin; under-
 gang; ødelæggelse; v. t. &
 i. ruinere; ødelægge.
rule [ruːl], s. regering; sty-
 re; regel; forskrift; lineal;
 tommestok; v. t. & i. her-
 ske; styre; regere; afgøre;
 liniere; as a ~, som regel;
 ~ **of** thumb, tommelfin-
 gerregel; ~ **out**, udeluk-
 ke; **-r** [-ə], s. hersker, re-
 gent; lineal; **ruling,** s. af-
 gørelse; jur. kendelse;
 adj. herskende; gælden-
 de.
rum [rʌm], s., kul. rom;
 adj., S løjerlig; snurrig.
rumble [rʌmbl], v. i. buld-
 re; rumle.
rumina|nt ['ruːminənt], s.,
 zoo. drøvtygger; adj. ef-
 tertænksom; **-te** [-eit],
 v. t. & i. tygge drøv; fig.
 gruble.
rummage ['rʌmidʒ], v. t. &
 i. gennemsøge; rode (i);
 ~ **sale**, s. loppemarked.
rumour ['ruːmə], s. rygte;
 v. t. be -ed, rygtes.
rump [rʌmp], s. bagdel;
 halestykke.
rumple [rʌmpl], v. t. pju-

ske; purre op i.

rumpus ['rʌmpəs], *s., T* ballade; slagsmål.

run [rʌn], *s.* løb; tilløb; løbetur; køretur; tur; strækning; eftersporgsel; (ran, run), *v. t. & i.* løbe, rende; flygte; flyde, strømme; regere; styre; gå; sejle; køre; fungere; smugle; lyde; deltage; blive; *in the long* ~, i længden; *in the short* ~, på kort sigt; *have the* ~ *of*, have fri adgang til; *on the* ~, på farten; ~ *across*, løbe 'på; ~ *against*, støde på; stride imod; ~ *down*, rakke ned (på); køre over; indhente; *be* ~ *down*, være sløj el. udmattet; ~ *for election*, lade sig opstille til valg; ~ *in*, *T* sætte fast, arrestere; køre 'til; *it -s in the family*, det ligger til familien; ~ *into*, støde på; støde sammen med; ~ *off*, trykke; stikke af; ~ *on*, fortsætte; snakke u-afbrudt; ~ *out*, slippe op; løbe ud; løbe tør; ~ *out on*, svigte; ~ *over*, køre over; gennemgå; løbe igennem; ~ *through*, gennembore; gennemlæse; **-ner**, *s.*, *bot.* udløber; ranke; løber; **-ning**, *adj.* i træk; uafbrudt; **-way**, *s.* startbane.

rung [rʌŋ], *s.* trin; sprosse; ege.

rupture ['rʌptʃə], *s.* brud; sprængning; *med.* brok; *v. t. & i.* sprænge; briste.

rural ['ruərəl], *adj.* landlig; land-.

ruse [ru:z], *s.* list.

rush [rʌʃ], *s.*, *bot.* siv; jag; stormløb; bølge, brus; eftersporgsel; *v. t. & i.* fare af sted; styrte; jage; strømme; sende af sted i en fart; *adj.* haste-; hast-værks-; travl; ~ **hour**, *s.* myldretid.

rusk [rʌsk], *s.*, *kul.* tvebak.

russet ['rʌsit], *adj.* rød-brun.

Russia ['rʌʃə], *s.* Rusland; **-n**, *s.* russer; *s. & adj.* russisk.

rust [rʌst], *s.* rust; *v. i.* ruste; **-y**, *adj.* rusten.

rustic ['rʌstik], *adj.* landlig; almue-.

rustle [rʌsl], *v. t. & i.* rasle (med); **-r** [-ə], *s.* kvægtyv.

rut [rʌt], *s.* hjulspor; *fig.* skure.

ruthless ['ru:θləs], *adj.* skånselsløs, ubarmhjer-tig.

rye [rai], *s.*, *bot.* rug; *kul.* amerikansk whisky; ~ **bread**, *s.*, *kul.* rugbrød.

sabbath ['sæbæθ], *s.* sab-bat; **-ical** [sə'bætikl], *adj.* (~ *year*), sabbatår.

sable [seibl], *s.*, *zoo.* zo-bel(skind); *adj.* mørk; sort.

sabotage ['sæbəta:ʒ], *s.* sa-botage; *v. t.* sabotere.

sabre ['seibə], *s.* ryttersa-bel.

sachet ['sæʃei], *s.* lille pose.

sack [sæk], *s.* sæk, pose; *v. t.* plyndre; *S* fyre; *get the* ~, blive fyret; **-cloth**, *s.* sækkelærred.

sacred ['seikrid], *adj.* hel-lig; indviet.

sacrifice ['sækrifais], *s.* of-fer; ofring; opofrelse; *v. t.* ofre.

sacrilege ['sækrilidʒ], *s.* helligbrøde; **-ious** [-'li-dʒəs], *adj.* profan.

sacrosanct ['sækrəsæŋkt], *adj.* hellig; ukrænkelig.

sad [sæd], *adj.* bedrøvet; trist; vemodig; sørgelig; **-den,** *v. t.* bedrøve.

saddle [sædl], *s.* sadel; *kul.* ryg; *v. t.* sadle; *fig.* bebyrde.

sadism ['seidizm], *s.* sadisme.

S.A.E., (*fk.f.* stamped and addressed envelope), frankeret svarkuvert.

safe [seif], *s.* pengeskab; *adj.* sikker; i sikkerhed; uskadt; tryg; ufarlig; pålidelig; ~ *and sound,* i god behold; **-guard,** *s.* beskyttelse, værn; *v. t.* beskytte, sikre; **-keeping,** *s.* varetægt.

safety ['seifti], *s.* sikkerhed; ~ **belt,** *s.* sikkerhedssele; sikkerhedsbælte; ~ **pin,** *s.* sikkerhedsnål; ~ **valve,** *s.* sikkerhedsventil.

saffron ['sæfrən], *s., kul.* safran.

sag [sæg], *v. i.* synke ned; hænge slapt; dale.

saga|cious [sə'geiʃəs], *adj.* klog; kløgtig; **-city** [-'gæsiti], *s.* klogskab; skarpsindighed.

sage [seidʒ], *s.* vismand; *bot.* salvie; *adj.* klog.

said [sed], *adj. the* ~ omtalte; førnævnte.

sail [seil], *s.* sejl; sejltur; *v. t. & i.* sejle; besejle; *in full* ~, for fulde sejl; **-cloth,** *s.* sejldug; **-ing,** *s.* sejlads; sejlsport; **-or** [-ə], *s.* sømand, matros.

saint [seint], *s.* helgen; *adj.* sankt.

sake [seik], *s. for his* ~, for hans skyld; *for the* ~ *of,* af hensyn til.

salacious [sə'leiʃəs], *adj.* lysten, slibrig.

salad ['sæləd], *s., kul.* salat;

~ **cream,** ~ **dressing,** *s.* dressing, marinade.

salami [sə'la:mi], *s., kul.* spegepølse.

salary ['sæləri], *s.* løn; gage.

sale [seil], *s.* salg; udsalg; **-sgirl, -swoman,** *s.* ekspeditrice; **-sman** [-zmən], *s.* sælger; ekspedient; handelsrejsende.

salient ['seiljənt], *adj.* fremspringende; fremtrædende.

saliva [sə'laivə], *s.* spyt.

sallow ['sæləu], *s., bot.* pil; *adj.* gusten.

sally ['sæli], *s., mil.* udfald; *fig.* vittighed.

salmon ['sæmən], *s., zoo.* laks; ~ **trout,** *s.* laksørred.

saloon [sə'lu:n], *s.* salon; sedan; ~ **bar,** *s.* [dyrere afdeling af pub end *public bar*].

salt [sɔ(:)lt], *s.* salt; *v. t.* salte; nedsalte; *a pinch of* ~, en knivspids salt; *et gran salt;* **-cellar,** *s.* saltkar.

salutary ['sæljutri], *adj.* gavnlig; sund.

salute [sə'lu:t], *s.* hilsen; *mil.* honnør; salut; *v. t. & i.* hilse; salutere; gøre honnør.

salvage ['sælvidʒ], *s.* bjærgning; bjærggods; *v. t.* bjærge.

salvation [sæl'veiʃn], *s.* frelse.

salver ['sælvə], *s.* (præsenter)bakke.

same [seim], *adj.* samme; *the very* ~, den selvsamme; *all the* ~, alligevel; *the* ~ *to you!* i lige måde! **-ness,** *s.* ensformighed; ensartethed.

sample [sa:mpl], *s.* prøve;

smagsprøve; *v. t.* prøve; smage på; **-r** [-ə], *s.* navneklud.

sanctify ['sæŋktifai], *v. t.* hellige; indvie; **-imonious** [-'məunjəs], *adj.* skinhellig; **-ity**, *s.* hellighed; **-uary**, *s.* helligdom; tilflugtssted; asyl; reservat.

sanction ['sæŋkʃən], *s.* godkendelse; sanktion; stadsfæstelse.

sand [sænd], *s.* sand; **-bar**, *s.* revle; ~ **dune**, *s.* klit; **-paper**, *s.* sandpapir; **-pit**, *s.* sandgrav; sandkasse.

sandal [sændl], *s.* sandal.

sandwich ['sænwitʃ], *s.*, *kul.* sandwich; *v. t.* klemme inde mellem to andre; *open* ~, stykke smørrebrød; **-man**, *s.* plakatbærer.

sane [sein], *adj.* normal; mentalt sund.

sanguinary ['sæŋgwinəri], *adj.* blodig.

sanitary ['sænitri], *adj.* sanitær; sanitets-; ~ *towel*, *s.* hygiejnebind; **-tion** [-'teiʃn], *s.* hygiejne; sanitet; kloaksystem.

sanity ['sæniti], *s.* tilregnelighed; fornuft.

sap [sæp], *s.* plantesaft; *fig.* vitalitet; kraft; *S* fjols; *v. t. & i.* tappe for saft; underminere; **-ling**, *s.*, *bot.* ungt træ.

sapper ['sæpə], *s.*, *mil.* ingeniør, pioner.

sapphire ['sæfaiə], *s.* safir.

sarcasm ['sa:kæzm], *s.* sarkasme; spydighed; **-tic** [-'kæstik], *adj.* sarkastisk.

sardine [sa:'di:n], *s.*, *zoo.* sardin.

sardonic [sa:'dɔnik], *adj.* spottende; sardonisk.

sash [sæʃ], *s.* bælte; skærf;

vinduesramme; ~ **window**, *s.* skydevindue.

satchel ['sætʃl], *s.* skoletaske; skuldertaske.

satellite ['sætəlait], *s.* biplanet; satellit; drabant; ~ **country**, *s.* vasalstat; ~ **town**, *s.* planetby.

satiate ['seiʃieit], *v. t.* mætte.

satin ['sætin], *s.* atlask; ~ **stitch**, *s.* fladsyning.

satire ['sætaiə], *s.* satire; **-ical** [-'tirikl], *adj.* satirisk.

satisfaction [,sætis'fækʃn], *s.* tilfredshed; tilfredsstillelse; oprejsning; **-factory**, *adj.* tilfredsstillende; **-fy** ['sætisfai], *v. t. & i.* tilfredsstille; overbevise.

saturate ['sætʃəreit], *v. t.* gennembløde; mætte.

Saturday ['sætəd(e)i], *s.* lørdag.

sauce [sɔ:s], *s.*, *kul.* sovs; *S* næsvished; **-boat**, *s.* sovseskål; **-pan**, *s.* kasserolle.

saucer ['sɔ:sə], *s.* underkop; underskål; *a cup and* ~, et par kopper.

saunter ['sɔ:ntə], *v. i.* slentre; spadsere.

sausage ['sɔsidʒ], *s.*, *kul.* pølse.

savage ['sævidʒ], *s. & adj.* vild; brutal; rasende (person).

save [seiv], *v. t.* frelse, redde; spare; gemme; bevare; *præp. & konj.* undtagen; bortset fra; ~ *up for*, spare sammen til.

saving ['seiviŋ], *s.* besparelse; *adj.* sparsommelig; besparende; frelsende; **-s**, *pl.* opsparing; ~ *bank*, *s.* sparekasse.

saviour ['seivjə], *s.* frelser.

savour ['seivə], *s.* smag; duft; anstrøg; *v. t. & i.*

smage; nyde; goutere; **-y** [-ri], *s.*, *kul.* lille varm ret; let anretning; *adj.* velsmagende.

saw [sɔ:], *s.* sav; (sawed, sawn), *v. t. & i.* save; kunne saves; **-dust**, *s.* savsmuld; **-mill**, *s.* savværk.

Saxon ['sæksn], *s.* (angel)sakser; *adj.* (angel)saksisk.

say [sei], *s.* have one's ~ , sige sin mening; *have a* ~ , have et ord at skulle have sagt; (said, said), *v. t. & i.* sige; fremsige; stå; vise; *inf.* lad os sige, for eksempel; *I* ~ *!* hør (engang)! **-ing**, *s.* udtalelse; ordsprog.

scab [skæb], *s.* skorpe; *bot.* skurv; *T* skruebrækker.

scabbard ['skæbəd], *s.* skede.

scaffold ['skæfəuld], *s.* stillads; skafot; **-ing**, *s.* stillads.

scald [skɔ:ld], *v. t.* skolde; **-ing**, *adj.* skoldende hed.

scale [skeil], *s.* skala; målestok; vægt(skål); *zoo.* skæl; *v. t. & i.* bestige; skalle af; *a pair of -s*, en vægt.

scallop ['skæləp], *s.*, *zoo.* kammusling; *kul.* gratinskal.

scallywag ['skæliwæg], *s.* slyngel.

scalp [skælp], *s.* skalp; *v. t.* skalpere.

scalpel [skælpl], *s.*, *med.* skalpel.

scamp [skæmp], *s.* rad; slambert; *-ed work*, sjusk, hastværk.

scamper ['skæmpə], *v. i.* løbe omkring; fare af sted; ~ *off*, flygte, stikke af.

scan [skæn], *v. t. & i.* se

nøje på; afsøge; skandere; skanne.

scandal [skændl], *s.* skandale; sladder; **-ize** ['skændəlaiz], *v. t.* forarge; **-monger**, *s.* sladdertaske; **-ous** [-əs], *adj.* forargelig.

Scandinavia [‚skændi'neivjə], *s.* Skandinavien; **-n**, *s.* skandinav; nordbo; *adj.* skandinavisk; nordisk.

scant [skænt], *adj.* knap; ringe; **-y**, *adv.* kneben; utilstrækkelig.

scapegoat ['skeipgəut], *s.* syndebuk.

scar [ska:], *s.* ar; skramme; klippe.

scarc|e [skɛəs], *adj.* knap; sjælden; **-ely**, *adv.* næppe; knap; næsten ikke; **-ity**, *s.* mangel; knaphed.

scar|e [skɛə], *s.* forskrækkelse; panik; *v. t.* skræmme; forskrække; **-ecrow** [-krəu], *s.* fugleskræmsel; **-y** [-ri], *adj.* skræmmende; opskræmt.

scarf [ska:f], *s.* halstørklæde.

scarlet ['ska:lət], *adj.* skarlagensrød; purpurrød; ~ **fever**, *s.*, *med.* skarlagensfeber.

scathing ['skeiðiŋ], *adj.* svidende, knusende.

scatter ['skætə], *v. t. & i.* sprede; strø; spredes; ~**-brained**, *adj.* tankeløs; forvirret.

scavenger ['skævindʒə], *s.* klunser; *zoo.* ådselæder.

scenario [si'na:riəu], *s.* drejebog.

scen|e [si:n], *s.* skueplads; scene; kulisse; opgør; *behind the -es*, bag kulisserne; **-ery**, *s.* kulisser; landskab; **-ic**, *adj.* malerisk, naturskøn; teater-.

scent [sent], *s.* duft; lugt;

parfume; fært, spor; lug-
tesans; *v. t.* lugte; spore;
vejre; parfumere.

sceptic ['skeptik], *s.* skepti-
ker; **-al** [-l], *adj.* skeptisk;
-ism [-sizm], *s.* skepsis.

sceptre ['septə], *s.* scepter.

schedule ['ʃedjuːl *el.* 'skə-],
s. skema; plan; køreplan;
tabel; *v. t.* planlægge;
fastsætte; *according to*
~, planmæssigt; *behind*
~, forsinket.

scheme [skiːm], *s.* plan;
udkast; system; ordning;
intrige; *v. i.* lægge planer;
smede rænker; **-ing,** *adj.*
beregnende.

schism [sizm], *s.* skisma;
splid.

scholar ['skɔlə], *s.* viden-
skabsmand; lærd; sti-
pendiat; **-ship,** *s.* stipen-
dium; legat; lærdom.

school [skuːl], *s.* skole; ret-
ning; fakultet; *v. t.* oplæ-
re, skole; **-master,** *s.*
(skole)lærer.

schooner ['skuːnə], *s.*
skonnert.

sciatica [sai'ætikə], *s., med.*
iskias.

science ['saiəns], *s.* viden-
skab; *(natural* ~ *)* natur-
videnskab; **-tific** [-'tifik],
adj. videnskabelig; **-tist,**
s. videnskabsmand.

scintillate ['sintileit], *v. i.*
funkle; tindre; gnistre.

scion ['saiən], *s., bot.* pode-
kvist; ætling; efterkom-
mer.

scissors ['sisəz], *s. pl.* saks;
a pair of ~, en saks.

scoff [skɔf], *v. i.* spotte,
håne; *T* æde, hugge i sig.

scold [skəuld], *v. t. & i.*
skælde (ud på); skænde
(på).

scone [skəun *el.* skɔn], *s.,*
kul. tebolle.

scoop [skuːp], *s.* øse; skovl;
fig. kup; fangst; *v. t.* (~
out), skovle; øse; udhule.

scoot [skuːt], *v. i., T* flygte,
pille af; stryge af sted;
-er, *s.* løbehjul; scooter.

scope [skəup], *s.* spille-
rum; rækkevidde; om-
fang; fatteevne; frihed.

scorch [skɔːtʃ], *v. t. & i.*
svide(s); brænde; blive
forbrændt; **-er,** *s., T* me-
get varm dag.

score [skɔː], *s.* snes; hak;
ridse; regnskab; mellem-
værende; *sport.* pointtal,
points; scoring; *mus.* par-
titur; *v. t. & i.* ridse, mær-
ke; score; holde regn-
skab; få point; have suc-
ces; *on this* ~, på dette
punkt; **-board,** *s.* måltav-
le; pointstavle.

scorn [skɔːn], *s.* foragt;
hån; *v. t.* foragte; håne;
forsmå.

Scot [skɔt], *s.* skotte; *the*
-(s), skotterne; **-ch** [-tʃ], *s.*
kul. (skotsk) whisky; *adj.*
skotsk; **-land** [-lənd], *s.*
Skotland; **-s,** *s. & adj.*
skotsk; **-tish** [-iʃ], *adj.*
skotsk.

scot-free ['skɔt'friː], *adj.*
helskindet; *get off* ~, gå
ustraffet, slippe uskadt.

scoundrel ['skaundrəl], *s.*
skurk; slyngel.

scour ['skauə], *v. t. & i.*
skure; rense; gennem-
strejfe.

scourge [skəːdʒ], *s.* svøbe;
plage.

scout [skaut], *s.* spejder;
v. i. (ud)spejde.

scowl [skaul], *s.* skulende
blik; *v. i.* skule.

scraggy ['skrægi], *adj.* rad-
mager.

scram [skræm], *int., S*
skrub af!

scramble [skræmbl], *v. t. &*
i. klatre; fare af sted; **-d**
eggs, *kul.* røræg.

scrap [skræp], *s.* stump;
bid, smule; udklip; *S*
slagsmål; affald; *v. t.* kas-
sere; smide væk; *v. i.*
slås; ~ *of paper*, lap pa-
pir; **-book**, *s.* scrapbog;
-dealer, *s.* produkthand-
ler; ~ **heap**, *s.* affalds-
bunke; losseplads; brok-
kasse. ~ **iron**, *s.* gammelt
jern, skrot.

scrape [skreip], *s.* hudaf-
skrabning; knibe; *v. t. &*
i. skrabe; kradse.

scratch [skrætʃ], *s.* skram-
me; rift; kradsen; *v. t. & i.*
kradse; rive; klø; slette;
stryge; udgå; aflyse; *start*
from ~, begynde helt
forfra.

scrawl [skrɔ:l], *s.* kragetæ-
er; *v. t. & i.* kradse ned;
skrive utydeligt.

scrawny ['skrɔ:ni], *adj.*
splejset; mager.

scream [skri:m], *s.* skrig;
v. t. & i. skrige; *-ingly*
funny, hylende komisk.

screech [skri:tʃ], *s.* skrig;
v. t. & i. skrige.

screen [skri:n], *s.* skærm;
skærmbræt; *film.* lær-
red; *v. t.* skærme; skjule;
filmatisere; søge oplys-
ninger om.

screw [skru:], *s.* skrue; *v. t.*
& i. skrue; dreje; *vulg.*
knalde; ~ *up*, *S*, forklud-
re; **-driver**, *s.* skruetræk-
ker; **-y**, *adj.*, *T* skør.

scribble [skribl], *v. t. & i.*
skrible; skrive sjusket;
kradse ned.

scrimmage ['skrimidʒ], *s.*
forvirret slagsmål.

script [skript], *s.* manu-
skript; håndskrift; *film.*
drejebog; **-ure** [-ʃə], *s.*

bibelhistorie; *the S~(s)*,
bibelen; **-writer**, *s.* manu-
skriptforfatter; tekstfor-
fatter.

scroll [skrəul], *s.* (perga-
ment)rulle; snirkel.

scrounge [skraundʒ], *v. t.*
& i., *T* nasse; hugge, red-
de sig; **-r** [-ə], *s.* nasserøv,
snylter.

scrub [skrʌb], *s.* skrubben;
krat; *v. t.* skrubbe, skure;
-bing brush, *s.* skurebør-
ste.

scruff [skrʌf], *s.* nakke; ~
of the neck, nakke-
(skind); **-y**, *adj.*, *S* lurvet.

scrumptious ['skrʌmpʃəs],
adj., *T* lækker; prima.

scrunch [skrʌntʃ], *v. i.* kna-
se.

scrup|le [skru:pl], *s.* skru-
pel, betænkelighed; **-u-**
lous [-pjuləs], *adj.* om-
hyggelig, samvittigheds-
fuld.

scrutin|ize ['skru:tinaiz],
v. t. granske, ransage; **-y**,
s. gransken, nøje under-
søgelse.

scud [skʌd], *v. i.* fare af
sted.

scuffle [skʌfl], *s.* håndge-
mæng.

scullery ['skʌləri], *s.* bryg-
gers; vaskerum.

sculp|tor ['skʌlptə], *s.* bil-
ledhugger; **-ture** [-tʃə], *s.*
skulptur; billedhugger-
kunst; *v. t. & i.* udhugge;
være billedhugger.

scum [skʌm], *s.* skum; ud-
skud, rak.

scurrilous ['skʌriləs], *adj.*
grovkornet; plat.

scurry ['skʌri], *v. i.* jage;
haste.

scurvy ['skə:vi], *s.*, *med.*
skørbug; *adj.* simpel,
lumpen.

scuttle [skʌtl], *s.* luge; kul-

kasse; hastig flugt; *v. i.*
flygte; pile afsted; *v. t.*
sænke.
scythe [saið], *s.* le; *v. t.*
meje.
sea [si:], *s.* hav; sø; *at* ~, til
søs; *by* ~, ad søvejen;
-going, *adj.* søgående;
-gull, *s., zoo.* måge; ~
level, *s.* havets overflade;
~ **lion,** *s., zoo.* søløve;
-man [-mən], *s.* sømand;
matros; **-plane,** *s.* flyve-
båd; **-port,** *s.* havn; hav-
neby; **-shell,** *s., zoo.* kon-
kylie; **-shore,** *s.* strand-
(bred); **-sick,** *adj.* søsyg;
-side, *s.* strand; kyst;
-worthy, *adj.* sødygtig.
seal [si:l], *s., zoo.* sæl; segl;
v. t. forsegle; besegle;
plombere; **-ing-wax,** *s.*
lak.
seam [si:m], *s.* søm; sam-
ling; lag, åre; *v. t.* sømme;
-stress ['semstrəs], *s.*
syerske.
sear [siə], *v. t.* svide, bræn-
de.
search [sə:tʃ], *s.* søgen;
eftersøgning; ransag-
ning; *v. t. & i.* søge; gran-
ske; ransage; undersøge;
gennemsøge; ~ *for,* lede
efter; **-ing,** *adj.* gennem-
trængende; forskende;
-light, *s.* lyskaster; pro-
jektør; ~ **warrant,** *s., jur.*
ransagningskendelse.
season [si:zn], *s.* årstid;
sæson; *v. t.* modne; lagre;
hærde; krydre; ~ *ticket,*
s. togkort; abonnements-
kort; **-ing,** *s., kul.* krydde-
ri.
seat [si:t], *s.* sæde; stol;
bænk; *anat.* bagdel; bag;
parl. mandat; *v. t.* sætte;
anbringe; have plads til,
rumme; *take a* ~! sid
ned! *country* ~, land-

sted.
secede [si'si:d], *v. i.* udtræ-
de; trække sig tilbage.
seclu|de [si'klu:d], *v. t.* af-
sondre; udelukke; **-sion**
[-ʒn], *s.* afsondrethed; en-
somhed.
second ['sekənd], *s.* se-
kund; nummer to; andet
gear; *v. t.* sekundere;
støtte; *adj.* anden; næst-;
-ary [-ri], *adj.* underord-
net; efterfølgende; ~
education, undervisning
for 10-17 årige; ~ **hand,** *s.*
sekundviser; ~ **-hand,**
adj. antikvarisk; brugt;
andenhånds; ~ **-rate,**
adj. andenrangs; ~ **-to-**
none, *adj.* uovertruffen.
secre|cy ['si:krəsi], *s.* hem-
melighed; hemmelig-
hedsfuldhed; **-t** [-krit], *s.*
hemmelighed; *adj.* hem-
melig; skjult; **-te** [si'kri:t],
v. t. skjule; udskille; af-
sondre; **-tive,** *adj.* hem-
melighedsfuld.
secretary ['sekrətri], *s.* se-
kretær; *S~ of State,* mi-
nister.
sect [sekt], *s.* sekt.
section ['sekʃn], *s.* afde-
ling; udsnit; afsnit; del;
jur. paragraf; *cross* ~,
tværsnit.
sector ['sektə], *s.* afsnit;
sektor.
secular ['sekjulə], *adj.*
verdslig.
secur|e [si'kjuə], *adj.* sik-
ker; tryg; *v. t.* sikre; fast-
gøre; få; sikre sig; **-ity**
[-riti], *s.* sikkerhed; kau-
tion; *pl.* obligationer;
værdipapirer;
sedat|e [si'deit], *adj.* sindig;
sat; *v. t.* berolige; **-ive**
['sedətiv], *s. & adj., med.*
beroligende (middel).
sedge [sedʒ], *s., bot.* star-

græs, siv.

sediment ['sedimənt], *s.*
bundfald; aflejring.

sedition [si'diʃn], *s.* oprørsk
agitation.

seduc|e [si'dju:s], *v. t.* forfø-
re; forlede; **-tion** [-'dʌkʃn],
s. forførelse; tillokkelse;
-tive [-'dʌktiv], *adj.* forfø-
rende; forførerisk; tillok-
kende.

sedulous ['sedjuləs], *adj.*
flittig.

see [si:], *s.* bispesæde;
(saw, seen), *v. t. & i.* se;
forstå, indse; søge, gå til;
modtage; besøge; tale
med; ~ *home*, følge
hjem; ~ *through*, gen-
nemskue; hjælpe igen-
nem; være med lige til
det sidste; ~ *to*, sørge
for; *I* ~ *!* nå sådan! javel!
~ *you later!* på gensyn!

seed [si:d], *s., bot.* sæd; frø;
-ling, *s., bot.* frøplante; **-y**,
adj., S sløj; lurvet.

seek [si:k] (sought,
sought), *v. t. & i.* søge;
forsøge.

seem [si:m], *v. i.* synes;
lade til at være; forekom-
me; **-ing**, *adj.* tilsynela-
dende; **-ly**, *adj.* sømme-
lig.

seep [si:p], *v. i.* sive.

seer ['si:ə], *s.* profet, seer.

seersucker ['si:əsʌkə], *s.*
bæk og bølge.

seesaw ['si:sɔ:], *s.* vippe.

seethe [si:ð], *v. i.* koge;
syde.

segment ['segmənt], *s.* ud-
snit; stykke.

segregat|e ['segrigeit], *v. t.
& i.* udskille (sig); afsond-
re; **-ion** [-'geiʃn], *s.* afson-
dring; (race)adskillelse.

seine [sein], *s.* vod.

seiz|e [si:z], *v. t. & i.* gribe;
bemægtige sig; beslag-

lægge, konfiskere; an-
holde; **-ure** [-ʒə], *s.* be-
slaglæggelse; *med.* an-
fald.

seldom ['seldəm], *adv.*
sjælden.

select [si'lekt], *adj.* udvalgt,
udsøgt; *v. t.* (ud)vælge;
-ion [-ʃn], *s.* udvælgelse;
udvalg; **-ive,** *adj.* selek-
tiv; kræsen.

self [self] (*pl.* selves), *s.*
selv; jeg; ~ **-appointed,**
adj. selvbestaltet; ~ **-**
centred, *adj.* egocentrisk;
~ **-confident,** *adj.* selv-
sikker; ~ **-conscious,**
adj. selvoptaget; genert;
~ **-control,** *s.* selvbeher-
skelse; ~ **-defence,** *s.*
selvforsvar; ~ **-evident,**
adj. (selv)indlysende;
-ish, *adj.* selvisk, egois-
tisk; **-less,** *adj.* uselvisk;
~ **-made,** *adj.* selvlært;
~ **-possessed,** *adj.* fattet;
behersket; ~ **-righteous,**
adj. selvretfærdig; ~ **-**
service, *s.* selvbetjening;
~ **-taught,** *adj.* selvlært.

sell [sel] (sold, sold), *v. t. &
i.* sælge; sælges; ~ *out*,
sælge ud; *T* svigte, forrå-
de.

semblance ['sembləns], *s.*
udseende; skin.

semen ['si:mən], *s., anat.*
sæd(væske).

semi ['semi], *præfiks* se-
mi-; halv-; ~ **-breve,** *s.,
mus.* helnode; **-circle,** *s.*
halvkreds; **-colon,** *s.,
gram.* semikolon; ~ **-**
conscious, *adj.* halvt be-
vidstløs; ~ **-detached,**
adj. ~ *house*, halvt dob-
belthus; ~ **-quaver,** *s.,
mus.* sekstendedelsnode.

Semite ['si:mait], *s.* semit.

senat|e ['senət], *s.* senat;
konsistorium; **-or** [-ə], *s.*

senator.

send [send] (sent, sent), *v. t. & i.* sende; ~ *back*, returnere; ~ *for*, sende bud efter; ~ *down*, bortvise; ~ *in*, indsende; ~ *off*, afsende; udvise; **-er**, *s.* afsender; sender; ~**- off**, *s.* start; afskedsfest.

senile ['si:nail], *adj.* senil; **-ity** [si'niliti], *s.* senilitet.

senior ['si:njə], *s.* senior; *adj.* senior-; ældre; **-ity** [,si:ni'oriti], *s.* anciennitet.

sensation [sen'seiʃn], *s.* fornemmelse; følelse; opsigt; sensation; **-al** [-l], *adj.* opsigtsvækkende; sensations-.

sense [sens], *s.* fornuft; mening; betydning; sans; følelse; *v. t.* sanse; fornemme; ~ *of humour*, humoristisk sans; *make* ~, give mening; lyde fornuftigt; **-less**, *adj.* meningsløs; bevidstløs.

sensibility [,sensi'biliti], *s.* følsomhed; **-ble** ['sensibl], *adj.* fornuftig; mærkbar; **-tive**, *adj.* følsom; sart; ømtålelig; **-tivity** [-'tiviti], *s.* følsomhed; overfølsomhed.

sensual ['senʃuəl], *adj.* vellystig; sanselig.

sentence ['sentens], *s.*, *gram.* sætning; *jur.* dom; *v. t.* dømme; ~ *to death*, idømme dødsstraf; **-tious** [-'tenʃəs], *adj.* docerende.

sentiment ['sentimənt], *s.* sentimentalitet; følelse; indstilling, synspunkt; **-al** [-'mentl], *adj.* sentimental.

sentinel ['sentinl], *s.* skildvagt.

sentry ['sentri], *s.* skildvagt; ~ *box*, *s.* skilderhus.

separate ['seprit], *adj.* adskilt; særskilt; ['sepəreit], *v. t. & i.* adskille; skille(s); gå fra hinanden; **-ely**, *adv.* hver for sig; **-ion** [-'reiʃn], *s.* adskillelse; separation.

September [sep'tembə], *s.* september.

septic ['septik], *adj.* inficeret, betændt; *S* modbydelig.

sepulchre ['seplkə], *s.* grav; gravminde.

sequel ['si:kwəl], *s.* følge; resultat; fortsættelse;

sequence ['si:kwəns], *s.* rækkefølge; række; *film.* scene; sekvens.

serenade [,serə'neid], *s.* serenade.

serene [si'ri:n], *adj.* klar; rolig; fredfyldt; skyfri; **-ity** [-'reniti], *s.* klarhed; sindsro.

sergeant ['sa:dʒənt], *s.*, *mil.* sergent; overbetjent.

serial ['siəriəl], *s.* føljeton; *adj.* række-; ~ *number*, *s.* løbenummer.

series ['siəri:z] (*pl.* d.s.), *s.* række; serie.

serious ['siəriəs], *adj.* alvorlig; seriøs.

sermon ['sə:mən], *s.* prædiken.

serpent ['sə:pənt], *s.*, *zoo.* slange; **-ine** [-ain], *adj.* bugtet.

servant ['sə:vənt], *s.* tjener; tjenestepige.

serve [sə:v], *v. t. & i.* tjene; ekspedere; gøre tjeneste; servere; afsone; *sport.* serve; *-s you right!* det har du rigtig godt af! ~ *time*, afsone sin straf, sidde inde.

service ['sə:vis], *s.* tjeneste; service, spisestel; opvartning; betjening;

sport. serve; in ~, i brug; of ~, til nytte; -able [-əbl], adj. brugbar.

serviette [ˌsəːviˈet], s. serviet.

servile ['səːvail], adj. krybende.

servitude ['səːvitjuːd], s. slaveri; penal ~, strafarbejde.

sesame ['sesəmi], s., bot. sesam.

session ['seʃn], s. samling; møde; semester; jur. session.

set [set], s. sæt; stel; apparat; omgangskreds; klike; teat. sætstykke, dekoration; adj. fast; stiv; fastsat, bestemt; foreskreven; parat; (set, set), v. t. & i. sætte; bestemme; fastsætte; indfatte; indstille; regulere; opsætte; stille; stivne; gå ned; ~ about, gå i gang med; ~ down, nedskrive; fastsætte; ~ off, tage af sted; fremhæve; ~ on fire, sætte ild på; ~ up, oprette; nedsætte; udstyre; -back, s. tilbageslag; hindring.

settee [seˈtiː], s. sofa.

setting ['setiŋ], s. nedgang; stivnen, hærdning; baggrund; ramme; omgivelser, miljø.

settle [setl], v. t. & i. bestemme; ordne; afgøre; bringe i orden; arrangere; afregne; afslutte; bundfælde; bosætte sig; kolonisere; ~ down, sætte sig til rette; slå sig ned; falde til ro; falde 'til; ~ for, nøjes med; affinde sig med; ~ in, finde sig til rette; komme i orden; ~ up, afregne; -d, adj. bestemt, afgjort; betalt;

-ment, s. boplads; koloni; afregning; betaling; opgørelse; afgørelse; ordning; marriage ~, jur. ægtepagt; -r [-ə], s. nybygger; kolonist.

seven ['sevn], num. syv; -th, s. syvendedel; mus. septim; num. syvende.

seventeen ['sevntiːn], num. sytten.

seventy ['sevnti], num. halvfjerds.

sever ['sevə], v. t. & i. afskære; skille(s); løsrive (sig); kløve; splitte.

several ['sevrəl], adj. adskillige; flere; -ly, adv. hver for sig.

severe [siˈviə], adj. streng; hård; slem; alvorlig; -ity [-ˈveriti], s. strenghed; voldsomhed.

sew [səu] (sewed, sewn), v. t. & i. sy; -ing, s. syning; sytøj; ~ -machine, s. symaskine.

sewage ['sjuːidʒ], s. spildevand; -er, s. kloak; -erage [-əridʒ], s. kloakering.

sex [seks], s. køn; erotik; sex; adj. sexual-; køns-; -ism, s. kønsdiskrimination; -ual [-ʃuəl], adj. kønslig; seksuel; seksual-; køns-; -y, adj. sexet.

sexton ['sekstn], s. graver; kirkebetjent.

shabby ['ʃæbi], adj. lurvet.

shack [ʃæk], s. hytte; skur; v. i. ~ up with, flytte sammen med.

shackle [ʃækl], s. lænke.

shade [ʃeid], s. skygge; farvetone; skærm; v. t. & i. skygge (for); afskærme; skravere; -y, adj. skyggefuld; T lyssky.

shadow ['ʃædəu], s. skygge; v. t. skygge for; skygge.

shaft [ʃaːft], s. skaft; skakt; (lys)stråle; mek. aksel.

shaggy ['ʃægi], adj. strid; langhåret; lådden.

shak|e [ʃeik] (shook, shaken), v. t. & i. ryste; få til at ryste; ~ hands, give hånden; ~ off, ryste af sig; -y, adj. skrøbelig; rystende.

shall [ʃæl] (should), v. aux. skal; vil.

shallot [ʃə'lɔt], s., bot. skalotteløg.

shallow ['ʃæləu], adj. lavvandet; fig. overfladisk, tom.

sham [ʃæm], s. humbug; forstillelse; humbugmager; adj. simuleret; uægte; v. t. & i. simulere.

shamble [ʃæmbl], v. i. sjokke.

shambles [ʃæmblz], s. pl. kaos; rodebutik.

shame [ʃeim], s. skam; v. t. & i. beskæmme; vanære; gøre til skamme; put to ~, få til at skamme sig; **-faced**, adj. skamfuld; **-ful**, adj. skammelig; **-less**, adj. skamløs.

shampoo [ʃæm'puː], s. hårvask; shampoo; v. t. vaske med shampoo.

shamrock ['ʃæmrɔk], s., bot. kløverblad.

shank [ʃæŋk], s., zoo. skank; ben; S ~ 's mare, apostlenes heste.

shanty ['ʃænti], s. hytte; skur; sømandssang.

shape [ʃeip], s. form; skikkelse; facon; v. t. & i. danne; forme (sig).

share [ʃɛə], s. andel; part; merk. aktie; v. t. & i. dele; deltage; **-holder**, s. aktionær.

shark [ʃaːk], s., zoo. haj; S svindler.

sharp [ʃaːp], s., mus. kryds;

adj. skarp; spids; dygtig; kvik; skarpsindig; gennemtrængende; adv. præcis; look ~! skynd dig! **-en** [-n], v. t. & i. skærpe; spidse; hvæsse.

shatter ['ʃætə], v. t. & i. knuse; splintre; ødelægge; gå i stykker.

shav|e [ʃeiv], s. barbering; v. t. & i. barbere (sig); a close ~, fig. på et hængende hår; **-ing**, s. barbering; ~ brush, s. barberkost; ~ cream, s. barbercreme.

shavings ['ʃeiviŋz], s. pl. (høvl)spåner.

shawl [ʃɔːl], s. sjal.

she [ʃiː], s. hun(dyr); adj. hun-; pron. hun; den, det.

sheaf [ʃiːf], s. neg; knippe; bundt.

shear [ʃiə] (-ed, shorn), v. t. & i. klippe; **-s**, s. pl. (have)saks.

sheath [ʃiːθ], s. skede; kondom; **-e** [ʃiːð], v. t. stikke i skeden.

shed [ʃed], s. skur; (shed, shed), v. t. udgyde; fælde; kaste; tabe; miste.

sheen [ʃiːn], s. glans.

sheep [ʃiːp], s., zoo. får; **-dog**, s. fårehund; **-ish**, adj. fåret; genert; **-skin**, s. fåreskind.

sheer [ʃiə], adj. & adv. ren og skær; absolut; lutter; stejl, brat; v. i. ~ off, vige til siden; stikke af.

sheet [ʃiːt], s. lagen; ark; plade; ~ **metal**, s. blik; metalplade.

sheik(h) [ʃiːk], s. sheik.

shel|f [ʃelf] (pl. shelves), s. hylde; afsats; revle; **-ve** [ʃelv], v. t. skrinlægge; henlægge.

shell [ʃel], s. skal; konkylie; mil. patronhylster;

granat; *v. t. & i.* bælge;
afskalle; *mil.* bombarde-
re; -fish, *s., zoo.* skaldyr.

shelter ['ʃeltə], *s.* ly, læ;
beskyttelse(srum); *v. t. &
i.* beskytte, give ly; søge
læ; *take* ~, søge tilflugt;
søge læ.

shepherd ['ʃepəd], *s.* (få-
re)hyrde; *v. t.* vogte; lede;
-ess, *s.* hyrdinde.

sherbet ['ʃəːbət], *s., kul.*
sorbet.

sheriff ['ʃerif], *s.* sherif;
amtmand.

shield [ʃiːld], *s.* skjold;
skærm; *v. t.* skærme, be-
skytte.

shift [ʃift], *s.* forandring;
omslag; arbejdshold; ar-
bejdstid; chemise; *v. t. &
i.* skifte; flytte; ~ *for
oneself, T* klare sig selv;
~ **work**, *s.* skifteholdsar-
bejde; -y, *adj.* lusket;
upålidelig.

shilling ['ʃiliŋ], *s.* [tidligere
engelsk mønt] = 5 *new-
pence.*

shilly-shally ['ʃiliʃæli], *s.*
ubeslutsomhed.

shimmer ['ʃimə], *s.* svagt
skin; flimren; *v. i.* skinne
svagt; flimre.

shin [ʃin], *s., anat.* skinne-
ben.

shindy ['ʃindi], *s.* spektakel;
kick up a ~, lave ballade.

shin|e [ʃain], *s.* glans; skin;
(shone, shone), *v. t. & i.*
skinne; lyse; glimre; bril-
lere; pudse; -y, *adj.* skin-
nende, blank.

shingle [ʃiŋgl], *s.* tagspån;
rullesten; -s, *pl., med.*
helvedesild.

ship [ʃip], *s.* skib; *v. t. & i.*
afskibe; indskibe (sig);
(for)sende; -broker, *s.*
skibsmægler; -ment, *s.*
indskibning; sending,

parti; -owner, *s.* reder;
-per, *s.* afskiber, spedi-
tør; -ping, *s.* søfart; for-
sendelse; ~ *company*, *s.*
rederi; -shape, *adj.* i fine-
ste orden; -wreck, *s.*
skibbrud, forlis; -yard, *s.*
skibsværft.

shire [ʃaiə], *s.* amt, grev-
skab.

shirk [ʃəːk], *v. t.* skulke
(fra); undgå; -er, *s.* skul-
ker.

shirt [ʃəːt], *s.* skjorte.

shit [ʃit], *s., vulg.* skid; lort;
v. i. skide.

shiver ['ʃivə], *s.* skælven;
gys; kuldegysning; *v. i.*
dirre; skælve; gyse; *v. t. &
i.* slå i stykker; splintre.

shoal [ʃəul], *s.* stime;
sværm; grund; grundet
sted.

shock [ʃɔk], *s.* chok; *elek.*
stød; rystelse; *v. t. & i.*
forarge; chokere; støde; *a*
~ *of hair*, filtret hår; ~
absorber, *s.* støddæmper;
-ing, *adj.* forargelig; cho-
kerende; *T* rædselsfuld,
frygtelig; elendig.

shoddy ['ʃɔdi], *adj.* dårlig;
billig; uægte.

shoe [ʃuː], *s.* sko; (shod,
shod), *v. t.* sko; beslå;
-horn, *s.* skohorn; -lace,
s. snørebånd; -maker, *s.*
skomager; ~ **polish**, *s.*
skosværte.

shoo [ʃuː], *v. t.* kyse bort.

shoot [ʃuːt], *s.* skud; jagt;
jag; (shot, shot), *v. t. & i.*
skyde; affyre; styrte (af
sted); *film.* filme, fotogra-
fere; *bot.* spire.

shop [ʃɔp], *s.* butik; forret-
ning; værksted; *v. i.* gøre
indkøb; købe ind; *talk* ~,
snakke fag; ~ **assistant**,
s. ekspedient; -keeper, *s.*
butiksindehaver; -lifter,

s. butikstyv; **-ping,** *s.* indkøb; *go -ping,* gå i butikker; ~ **steward,** *s.* tillidsmand; **-walker,** *s.* inspektør.

shore [ʃɔ:], *s.* kyst; strand; strandbred.

short [ʃɔ:t], *adj.* kort; kortvarig; kortfattet; brysk; *be* ~ *of,* mangle; *in* ~, kort sagt; *cut* ~, afbryde; afkorte; **-bread,** *s., kul.* slags sprød småkage; ~ - **circuit,** *s.* kortslutning; *v. t.* kortslutte; **-coming,** *s.* fejl; skavank; mangel; **-cut,** *s.* genvej; **-en** [-n], *v. t. & i.* forkorte; blive kortere; **-hand,** *s.* stenografi; ~ **-handed,** *adj.* underbemandet; **-lived,** *adj.* kortvarig; **-ly,** *adv.* om lidt, snart; **-sighted,** *adj.* kortsynet; nærsynet; ~ **story,** *s.* novelle; ~ **-tempered,** *adj.* hidsig; opfarende; ~ **-term,** *adj.* kortfristet.

shot [ʃɔt], *s.* skud; skytte; *film.* optagelse; *T* forsøg; indsprøjtning; *like a* ~, lynhurtig; **-gun,** *s.* haglgevær.

shoulder ['ʃəuldə], *s., anat.* skulder; *kul.* bov; rabat; vejkant; ~ **blade,** *s., anat.* skulderblad.

shout [ʃaut], *s.* råb; *v. t. & i.* råbe; ~ *for joy,* juble.

shove [ʃʌv], *s.* skub, puf; *v. t. & i.* skubbe; puffe.

shovel [ʃʌvl], *s.* skovl; *v. t.* skovle.

show [ʃəu], *s.* skue; syn; forestilling; udstilling; opvisning; skin; (-ed, shown), *v. t. & i.* vise; udvise; fremvise; udstille; påvise; opvise; kunne ses; blive vist; ~ *off,* vise sig; prale; ~ *up,* afsløre;

ses tydeligt; dukke op; **-bill,** *s.* reklameplakat; ~ **business,** *s.* underholdningsbranchen; **-case,** *s.* montre; **-down,** *s., S* opgør; styrkeprøve; **-room,** *s.* udstillingslokale.

shower ['ʃauə], *s.* byge; skylle; brusebad; *v. t. & i.* tage styrtebad; *fig.* overøse.

shrapnel ['ʃræpnəl], *s.* granatsplinter.

shred [ʃred], *s.* strimmel; trævl; *v. t.* skære i fine strimler; **-der,** *s.* råkostjern.

shrew [ʃru:], *s., zoo.* spidsmus; *fig.* havgasse, harpe.

shrewd [ʃru:d], *adj.* kløgtig; skarpsindig; snu.

shriek [ʃri:k], *s.* skrig; hvin; *v. t. & i.* skrige; hvine.

shrill [ʃril], *adj.* skinger; gennemtrængende.

shrimp [ʃrimp], *s., zoo.* reje.

shrine [ʃrain], *s.* skrin; helligdom.

shrink [ʃriŋk] (shrank, shrunk), *v. i.* krympe; skrumpe ind; vige tilbage; **-age** [-idʒ], *s.* svind; krympning.

shrivel [ʃrivl], *v. t. & i.* skrumpe ind; blive rynket.

shroud [ʃraud], *s.* ligklæde; svøb; *v. t.* tilhylle.

Shrove [ʃrəuv], ~ *Tuesday,* dagen før askeonsdag; **-tide,** *s.* fastelavn.

shrub [ʃrʌb], *s., bot.* busk; krat; **-bery,** *s.* buskads.

shrug [ʃrʌg], *s.* skuldertræk; *v. t. (~ one's shoulders),* trække på skuldrene.

shudder ['ʃʌdə], *v. i.* gyse; skælve.

shuffle [ʃʌfl], *v. t. & i.* sjokke; blande; ~ *cards*, blande kort; ~ *one's feet*, slæbe på fødderne.

shun [ʃʌn], *v. t.* sky; undgå.

shunt [ʃʌnt], *v. t. & i.* rangere; skifte spor.

shut [ʃʌt] (shut, shut), *v. t. & i.* lukke; lukke sig; ~ *down*, lukke, nedlægge; ~ *off*, lukke for; lukke ude; ~ *up*, (få til at) tie stille; lukke inde; ~ *up!* hold kæft!

shutter ['ʃʌtə], *s.* skodde; *fot.* lukker.

shuttle [ʃʌtl], *s.* skyttel; spole; pendulfart; ~-**cock**, *s.*, *sport.* fjerbold.

shy [ʃai], *adj.* sky, genert; (shied, shied), *v. t. & i.* blive skræmt; stejle; vige tilbage; *fight ~ of*, prøve at undgå.

sick [sik], *adj.* syg; sygelig; *be ~*, kaste op; *be ~ of*, være led og ked af; *feel ~*, have kvalme, være dårlig; -**en** [-n], *v. t. & i.* blive syg; give kvalme; gøre led; -**ening**, *adj.* kvalmende; ækel; -**ly**, *adj.* sygelig; usund, bleg; kvalmende; -**ness**, *s.* sygdom; kvalme.

sickle [sikl], *s.* segl.

side [said], *s.* side; parti; gruppe; *v. i.* ~ *with*, tage parti for; holde 'med; *on the ~*, ved siden af; ekstra; *put on ~*, være vigtig; *take -s*, tage parti; -**board**, *s.* skænk; buffet; -**burns**, *s. pl.* korte bakkenbarter; -**car**, *s.* sidevogn; ~ **effect**, *s.* bivirkning; -**line**, *s.* bijob, ben; *sport.* sidelinie; -**long**, *adj. & adv.* sidelæns; -**step**, *v. .t. & i.* vige til side; undgå; -**track**, *v. t.* lede ind på sidespor; ~

the issue, komme væk fra sagen; -**walk**, *s.*, *U.S.* fortov; -**ways**, *adv.* sidelæns; ~ **whiskers**, *s. pl.* bakkenbarter.

sidle [saidl], *v. i.* gå sidelæns; kante sig.

siege [si:dʒ], *s.* belejring.

sieve [si:v], *s. & v. t.* si, sigte.

sift [sift], *v. t. & i.* si; strø; *fig.* undersøge nøje.

sigh [sai], *s.* suk; *v. i.* sukke.

sight [sait], *s.* syn; seværdighed; sigtekorn; *v. t.* få i sigte; indstille; observere; sigte på; *at ~*, straks; *mus.* fra bladet; *at first ~*, ved første blik; *by ~*, af udseende; *in ~*, i sigte; *on ~*, på stedet; uden varsel; *out of ~*, ude af syne; *within ~*, indenfor synsvidde; -**seeing**, *s.* det at se på seværdigheder; ~ *tour*, *s.* turistrundtur.

sign [sain], *s.* tegn; skilt; *v. t. & i.* underskrive; signere; give tegn; ~ *on*, ansætte; tage ansættelse; ~ *up*, melde sig; *mil.* lade sig hverve; -**board**, *s.* skilt; -**post**, *s.* vejviser; skilt.

signal ['signəl], *s.* tegn; signal; *adj.* enestående; *v. t. & i.* gøre tegn; signalere.

signatory ['signətri], *s.* underskriver; -**ture** [-ʃə], *s.* underskrift; ~ *tune*, *s.* kendingsmelodi.

significance [sig'nifikəns], *s.* betydning; -**ficant**, *adj.* betegnende; betydningsfuld; -**fy** ['signifai], *v. t. & i.* betyde; betegne.

silence ['sailəns], *s.* stilhed; tavshed; *v. t.* bringe til tavshed; *keep ~*, tie; -**cer** [-ə], *s.* lyddæmper;

-t, *adj.* stille; tavs; stiltiende; stum.

silhouette [ˌsiluˈet], *s.* silhouet.

silicon [ˈsilikən], *s., kem.* silicium.

silk [silk], *s.* silke; **-worm,** *s., bot.* silkeorm; **-y,** *adj.* silkeagtig.

sill [sil], *s.* vindueskarm.

silly [ˈsili], *adj.* dum; tåbelig; fjollet.

silt [silt], *s.* mudder; bundfald; slam.

silver [ˈsilvə], *s.* sølv; sølvtøj; *v. t. & i.* forsølve; ~ **foil,** *s.* sølvfolie; **-ing,** *s.* forsølvning; ~ **plate,** *s.* sølvplet; **-smith,** *s.* sølvsmed.

similar [ˈsimilə], *adj.* lignende; **-ity** [-ˈlæriti], *s.* lighed.

simile [ˈsimili], *s.* lignelse; sammenligning.

simmer [ˈsimə], *v. t. & i.* småkoge, snurre.

simper [ˈsimpə], *v. t. & i.* smile affekteret; smiske.

simple [simpl], *adj.* enkel; simpel; usammensat; klar; enfoldig; jævn; ukunstlet; **-ton** [-tn], *s.* dumrian; tosse; **-eminded,** *adj.* enfoldig; **-icity** [-ˈplisiti], *s.* enkelhed; jævnhed; simpelhed; **-ify** [-ifai], *v. t.* forenkle; **-y,** *adv.* simpelthen; kun.

simulate [ˈsimjuleit], *v. t.* simulere.

simultaneous [ˌsiməlˈteinjəs], *adj.* samtidig; simultan-.

sin [sin], *s.* synd; *v. i.* synde; forsynde sig; *original* ~, arvesynd; **-ful,** *adj.* syndig; syndefuld; **-ner,** *s.* synder.

since [sins], *præp. & konj.* siden; eftersom; da; *ever*

~, lige siden.

sincere [sinˈsiə], *adj.* ærlig; oprigtig; *yours -ly,* med venlig hilsen; **-ity** [-ˈseriti], *s.* oprigtighed.

sinew [ˈsinjuː], *s., anat.* sene.

sing [siŋ] (sang, sung), *v. t. & i.* synge; **-er,** *s.* sanger(inde); **-ing,** *s.* sang; *adj.* syngende.

singe [sindʒ], *v. t. & i.* svide; brænde.

single [siŋgl], *adj.* enkelt; ene; eneste; alene; enlig, ugift; *v. t.* ~ *out,* udvælge; ~-**handed,** *adj.* på egen hånd; ~-**minded,** *adj.* målbevidst.

singlet [ˈsiŋglit], *s.* undertrøje; sportstrøje.

singly [ˈsiŋgli], *adj.* enkeltvis.

singular [ˈsiŋgjulə], *s., gram.* ental; *adj.* besynderlig; enestående; **-ity** [-ˈlæriti], *s.* særegenhed.

sinister [ˈsinistə], *adj.* uhyggelig; truende; ond.

sink [siŋk], *s.* (køkken)vask; (sank, sunk), *v. t. & i.* synke; dale; sænke.

sinuous [ˈsinjuəs], *adj.* bugtet.

sinus [ˈsainəs], *s., anat.* bihule; **-itis** [-ˈsaitis], *s., med.* bihulebetændelse.

sip [sip], *s.* nip; *v. t.* nippe til.

siphon [ˈsaifən], *s.* sifon.

sir [səː], *s.* hr.; herre; **S~,** engelsk adelstitel.

siren [ˈsaiərən], *s.* sirene.

sirloin [ˈsəːloin], *s., kul.* mørbrad.

sissy [ˈsisi], *s., S* tøsedreng.

sister [ˈsistə], *s.* søster; nonne; afdelingssygeplejerske; ~-**in-law,** *s.* svigerinde.

sit [sit] (sat, sat), *v. t. & i.*

sidde; holde møde; være oppe til; ~ *down*, sætte sig.

site [sait], *s.* beliggenhed; sted; byggegrund.

sitter ['sitə], *s.* model; babysitter.

sitting ['sitiŋ], *s.* møde; samling; ~ **-room**, *s.* dagligstue.

situated ['sitʃueitid], *adj.* beliggende; stillet, situeret.

situation [ˌsitʃu'eiʃn], *s.* situation; sted; beliggenhed; stilling, plads.

six [siks], *num.* seks; **-th**, *s.* sjettedel; *mus.* sekst; *num.* sjette.

sixteen ['siksˌtiːn], *num.* seksten.

sixty ['siksti], *num.* tres.

size [saiz], *s.* størrelse; format; nummer; *v. t.* ~ *up*, tage mål af, vurdere; **-able** [-əbl], *adj.* betragtelig, anselig.

sizzle [sizl], *s.* syden; *v. i.* syde.

skate [skeit], *s.* skøjte; *zoo.* rokke; *v. i.* løbe på skøjter; **-eboard**, *s.* rullebræt; **-ing**, *s.* skøjteløb; ~ **-rink**, *s.* (rulle)skøjtebane.

skedaddle [ski'dædl], *v. t.*, *T* fordufte; flygte.

skein [skein], *s.* fed (garn).

skeleton ['skelitn], *s.*, *anat.* skelet; *fig.* skitse, udkast; ~ *key*, *s.* hovednøgle, dirk.

sketch [sketʃ], *s.* skitse; rids; udkast; *teat.* sketch; *v. t. & i.* skitsere; opridse; **-y**, *adj.* overfladisk; skitseret.

skew [skjuː], *adj.* skæv; *on the* ~, på skrå.

skewer ['skjuːə], *s.* stegespid.

ski [ski], *s.* ski; *v. t. & i.* stå

på ski; **-er**, *s.* skiløber; **-ing**, *s.* skiløb.

skid [skid], *s.* udskridning; bremseklods; *v. i.* skride (ud); glide; ~ **chain**, *s.* snekæde; ~ **mark**, *s.* bremsespor.

skiff [skif], *s.*, *naut.* jolle.

skilful ['skilfl], *adj.* dygtig; øvet.

skill [skil], *s.* færdighed; dygtighed; **-ed** [-d], *adj.* faglært; dygtig.

skim [skim], *v. t.* skumme; glide hen over; skimme; **-med** [-d], *adj.* ~ *milk*, *kul.* skummetmælk.

skimp [skimp], *v. t. & i.* være nærig; spinke, spare; **-y**, *adj.* knap, kneben; stumpet.

skin [skin], *s.* hud; skind; skræl; *v. t.* flå; skrælle; ~ **-deep**, *adj.* overfladisk; **-flint**, *s.* fedthas; **-ny**, *adj.* radmager.

skip [skip], *s.* hop; spring; *T* container; *v. t. & i.* hoppe; springe; sjippe; springe over; *-ping rope*, *s.* sjippetov.

skirmish ['skəːmiʃ], *s.* skærmydsel; træfning.

skirt [skəːt], *s.* skørt, nederdel; *v. t.* gå langs kanten af; **-ing board**, *s.* fodpanel.

skit [skit], *s.* parodi; satire; **-tish**, *adj.* kåd; overstadig.

skittle [skitl], *s.*, *sport.* kegle; ~ **alley**, ~ **ground**, *s.* keglebane; **-s**, *pl.* keglespil.

skulk [skʌlk], *v. i.* lure; snige sig.

skull [skʌl], *s.*, *anat.* hjerneskal; kranium; **-cap**, *s.* kalot.

skunk [skʌŋk], *s.*, *zoo.* stinkdyr.

sky [skai], *s.* himmel; -**jack**, *v. t.* kapre (fly); -*er*, *s.* flykaprer. -**lark**, *s., zoo.* (sang)lærke; -**light**, *s.* o-venlys; tagvindue; -**line**, *s.* horisont; synskreds; silhuet; -**scraper**, *s.* sky-skraber.

slab [slæb], *s.* flise; sten-plade.

slack [slæk], *adj.* slap; løs; efterladende; doven; træg; *v. t. & i.* slappe(s); slække; ~ *rope,* slap line; -**en** [-n], *v. t. & i.* slap-pe(s); slække; sagtne; løje af; -**er**, *s., S* drivert.

slag [slæg], *s.* slagge.

slam [slæm], *s.* smæld; slag; *v. t. & i.* smække (i).

slander ['slɑ:ndə], *s.* bag-vaskelse; bagtalelse; *v. t.* bagtale.

slant [slɑ:nt], *s.* skråning; hældning; *fig.* tendens; synsvinkel; *v. t. & i.* skrå-ne; hælde; give en drej-ning; -**ed** [-id], *adj.* skrå; *fig.* tendentiøs; -**ing**, *adj.* skrå, hældende.

slap [slæp], *s.* klaps, dask; smæk; *adv.* lige, direkte, pladask; *v. t.* daske; slå; smække; -**dash**, *adj.* sju-sket, jasket; -**stick**, *s.* lav-komedie; *adj.* lavkomisk.

slash [ʃlæʃ], *s.* flænge; hug; slids; *v. t. & i.* flænge; hugge; nedskære kraf-tigt.

slat [slæt], *s.* tremme; liste; lamel.

slate [sleit], *s.* skifer; tavle; *a clean* ~, et uplettet rygte.

slattern ['slætən], *s.* sju-skedorte.

slaughter ['slɔ:tə], *s.* slagt-ning; blodbad; *v. t.* slagte; myrde; -**house**, *s.* slagte-ri.

Slav [slæv], *s.* slaver; (*el.* -ic, -onic), *adj.* slavisk.

slave [sleiv], *s.* slave; træl; *v. i.* slave; trælle; -**driver**, *s.* slavepisker; -**ry** [-əri], *s.* slaveri.

slaver ['slævə], *v. i.* savle; smiske for.

slavish ['sleiviʃ], *adj.* sla-visk.

slay [slei] (slew, slain), *v. t.* dræbe; ihjelslå.

sledge [sledʒ], *s.* slæde; kane; kælk; *v. t. & i.* kæl-ke; transportere på slæ-de; -**hammer**, *s.* forham-mer.

sleek [sli:k], *adj.* glat; glin-sende.

sleep [sli:p], *s.* søvn; (slept, slept), *v. t. & i.* sove; *go to* ~, falde i søvn; -**er**, *s.* sovende person; sove-vogn; svelle; -**ing bag**, *s.* sovepose; *S~ ing Beauty,* Tornerose; -**less**, *adj.* søvnløs; -**walker**, *s.* søvn-gænger; -**y**, *adj.* søvnig.

sleet [sli:t], *s.* slud.

sleeve [sli:v], *s.* ærme; pla-deomslag; *have sth up one's* ~, have noget i baghånden.

sleigh [slei], *s.* slæde; kane; kælk.

sleight [slait], *s.* list; kneb; ~ -**of-hand**, *s.* behændig-hedskunst; kunstgreb.

slender ['slendə], *adj.* slank; spinkel; knap, rin-ge; tynd, svag.

sleuth [slu:θ], *s., T* detek-tiv.

slice [slais], *s.* skive; styk-ke; paletkniv; spatel; *v. t.* skære i skiver; snitte.

slick [slik], *adj.* glat; be-hændig; smart; *adv.* lige.

slide [slaid], *s.* glidebane; rutschebane; skred; gli-den; *fot.* lysbillede; (slid,

slid), *v. t. & i.* glide; skride; rutsche; liste, smutte; ~ **rule,** *s., mat.* regnestok; **sliding,** *adj.* glide-; skyde-.

slight [slait], *s.* ringeagt; fornærmelse; *adj.* svag; flygtig; let; ubetydelig; spinkel; *v. t.* ringeagte; negligere; *not the -est idea,* ikke den fjerneste anelse; **-ly,** *adv.* let; lidt.

slim [slim], *adj.* slank; tynd; *v. i.* slanke (sig); *a ~ chance,* en svag chance.

slim|e [slaim], *s.* slim; dynd; slam; **-y,** *adj.* slimet; *fig.* modbydelig.

sling [sliŋ], *s.* slynge; armbind; geværrem; (slung, slung), *v. t. & i.* slynge, kaste; hænge op.

slink [sliŋk] (slunk, slunk), *v. i.* luske; snige sig.

slip [slip], *s.* gliden; fejltrin; lap, seddel; pudevår; underkjole; *v. t. & i.* glide; smutte; liste (sig); snuble; blive ringere; *give the ~,* smutte fra; *~ of the tongue,* fortalelse; *~ away,* slippe bort; lade glide, liste; *~ up,* begå en fejl; snuble; **-knot,** *s.* slipstik; **-per,** *s.* tøffel; morgensko; **-pery** [-əri], *adj.* glat, fedtet; *fig.* slibrig; ~ **road,** *s.* frakørselsvej; **-shod,** *adj.* skødesløs, sjusket; ~ **-up,** *s.* fejltrin; **-way,** *s., naut.* bedding.

slit [slit], *s.* revne; flænge; spalte; slids: (slit, slit), *v. t. & i.* flænge; flække; sprætte op; revne.

slither ['sliðə], *v. i.* glide.

sliver ['slivə], *s.* strimmel; splint.

slobber ['slɔbə], *v. t. & i.* savle.

sloe [sləu], *s., bot.* slåen.

slog [slɔg], *v. t. & i.* slå; ase; pukle.

slop [slɔp], *v. t. & i.* spilde; løbe over; **-py,** *adj.* sjasket; sjusket; sentimental, rørstrømsk; **-s,** *pl.* spildevand; opvaskevand; søbemad.

slope [sləup], *s.* skråning; hældning; skrænt; *v. i.* skråne, hælde.

slosh [slɔʃ], *v. t., S* slå; sjaske.

slot [slɔt], *s.* spalte; sprække; rille; ~ **machine,** *s.* automat.

sloth [sləθ], *s.* dorskhed; ladhed; *zoo.* dovendyr.

slouch [slautʃ], *s.* slentren; luden; *v. t. & i.* slentre; sjokke; lude; ~ *hat,* blød hat.

slough [slau], *s.* sump; [slʌf], *bot.* ham; *v. t. & i.* skyde ham; skalle af.

slovenly ['slʌvnli], *adj.* sjusket.

slow [sləu], *adj.* langsom; sen; tung; tungnem; *v. t. & i.* ~ *down,* sætte farten ned; **-coach,** *s.* drys; ~ **-witted,** *adj.* tung; tungnem; **-worm,** *s., zoo.* stålorm.

sludge [slʌdʒ], *s.* søle; sjap; mudder.

slug [slʌg], *s., zoo.* snegl; *v. t., S* slå; **-gard** [-əd], *s.* dovendidrik; **-gish,** *adj.* træg; doven.

sluice [slu:s], *s.* sluse; *v. t. & i.* forsyne med sluse; sluse; spule; **-gate,** *s.* sluseport.

slum [slʌm], *s.* slumkvarter; ~ **clearance,** sanering; **-lord,** *s.* bolighaj.

slumber ['slʌmbə], *s.* slummer; *v. i.* slumre.

slump [slʌmp], *s.* prisfald;

lavkonjuktur; *v. i.* falde
brat; falde sammen.

slur [slə:], *s.* utydelig tale;
skamplet; *mus.* binde-
bue; *v. t. & i.* tale utyde-
ligt; glide let hen over.

slush [slʌʃ], *s.* søle, pløre;
snesjap.

slut [slʌt], *s.* sjuske; tøjte.

sly [slai], *adj.* snu; snedig;
on the ~, T i smug.

smack [smæk], *s.* smask;
smæk, klask; smag; *v. t.
& i.* smække; *adv.* lige,
direkte; *~ one's lips*,
smække med tungen;
-er, *s.* smækkys.

small [smɔ:l], *s., anat.* smal
del; *~ of the back*, lænd;
adj. lille; mindre; smålig;
~-arms, *s. pl.* håndvå-
ben; *~* **change**, *s.* små-
penge; *~* **fry**, *s.* ubetyde-
lig(e) person(er); *~* **hold-
er**, *s.* husmand; *~* **hold-
ing**, *s.* husmandssted; **~-
minded**, *adj.* smålig;
-pox, *s., med.* kopper; **-s**,
s. pl., T undertøj; klat-
vask; *~* **talk**, *s.* overfla-
disk samtale, småsnak.

smart [smɑ:t], *s. & v. i.*
svie; smerte; *adj.* fiks;
kvik, rask; vaks; dygtig;
~ aleck, *s.* vigtigper; **-en**
[-n], *v. t. & i. (~ up)*, pyn-
te; fikse (sig) op.

smash [smæʃ], *s.* sammen-
stød; brag; slag; *v. t. & i.*
slå i stykker; smadre;
knuse; slå; **-er**, *s., S* pragt-
eksemplar; **-ing**, *adj., S*
brandgod, fantastisk.

smattering ['smætəriŋ], *s.*
overfladisk kendskab.

smear [smiə], *s.* plet; *v. t. &
i.* smøre; oversmøre; *fig.*
rakke ned på.

smell [smel], *s.* lugt; lugte-
sans; (smelt, smelt), *v. t.
& i.* lugte; *~ out*, opsnu-

se; **-y**, *adj.* ildelugtende.

smile [smail], *s.* smil; *v. t. &
i.* smile.

smirch [smə:tʃ], *v. t.* tilsø-
le; plette.

smirk [smə:k], *v. i.* smiske,
grine smørret.

smite [smait] (smote, smit-
ten), *v. t. & i., gl.* slå;
ramme.

smith [smiθ], *s.* smed; **-y**
['smiði], *s.* smedje.

smithereens [ˌsmiðə'ri:nz],
s. pl., T smash to ~, slå i
stumper og stykker.

smock [smɔk], *s.* kittel;
busseronne; **(-ing)**, *s.*
smocksyning.

smog [smɔg], *s. (smoke +
fog)*, røgblandet tåge.

smoke [sməuk], *s.* røg; *v. t.
& i.* ryge; røge; *have a ~*,
tage sig en smøg; **-er**, *s.*
ryger; rygekupé; **-e-
screen**, *s.* røgslør; **-e-
stack**, *s.* skorstensrør;
-ing, *s.* rygning; *no ~*,
tobaksrygning forbudt;
-y, *adj.* rygende; tilrøget;
røgfarvet.

smooth [smu:ð], *adj.* glat;
jævn; *v. t. & i.* glatte;
jævne; *~ down*, berolige;
blive rolig; *~ over*, glatte
ud; besmykke.

smother ['smʌðə], *v. t. & i.*
kvæle(s); undertrykke;
overvælde, overøse.

smoulder ['sməuldə], *v. i.*
ulme.

smudge [smʌdʒ], *s.* (ud-
tværet) plet; *v. t. & i.*
plette; smudse; tvære ud;
blive smudsig.

smug [smʌg], *adj.* selv-
glad; selvtilfreds.

smuggle [smʌgl], *v. t.*
smugle; **-r** [-ə], *s.* smug-
ler.

smut [smʌt], *s.* smudsplet;
sodplet; smudsighed,

sjofelhed(er).

snack [snæk], *s., kul.* bid mad; mellemmåltid.

snag [snæg], *s.* hindring; vanskelighed; „hage".

snail [sneil], *s., zoo.* snegl.

snake [sneik], *s., zoo.* slange; snog.

snap [snæp], *s.* snappen; lås; knæk; smæld; knips; amatørfoto; *v. t. & i.* snappe; knække; brække over; knipse; smælde; klikke; bide, snerre; ~ *at,* snappe efter; bide ad; ~ *up,* snuppe; **-dragon,** *s., bot.* løvemund; ~ **fastener,** *s.* lynlås; ~ **lock,** *s.* smæklås; **-py,** *adj.* arrig; **-shot,** *s.* amatørfoto.

snare [snɛə], *s.* snare; *v. t.* fange i snare; besnære.

snarl [snɑːl], *s.* snerren; knurren; *v. t. & i.* snerre; knurre.

snatch [snætʃ], *s.* snappen; brudstykke; *v. t. & i.* snappe; gribe.

sneak [sniːk], *s., S* sladrehank; luskepeter; *v. t. & i.* snige sig; luske; *S* sladre; **-ers,** *s. pl.* gummisko; gymnastiksko; **-ing,** *adj.* snigende; lusket; lumsk.

sneer [sniə], *s.* spotsk smil, vrængen; *v. i.* spotte; rynke på næsen.

sneeze [sniːz], *s.* nys(en); *v. i.* nyse.

sniff [snif], *s.* snøft; snusen; *v. t. & i.* snøfte; ~ *at,* snuse til; rynke på næsen ad; *not to be -ed at,* ikke til at kimse ad.

sniffle [snifl], *s.* snøvlen; *v. i.* snøvle.

snigger ['snigə], *s.* fnisen; *v. i.* fnise.

snip [snip], *s.* klip; stump; *v. t. & i.* klippe.

snipe [snaip], *s., zoo.* snep-

pe, bekkasin.

sniper ['snaipə], *s.* snigskytte.

snivel [snivl], *s.* snot; flæberi; *v. i.* flæbe; klynke; snøfte.

snob [snɔb], *s.* snob; **-bery,** *s.* snobberi; **-bish,** *adj.* snobbet.

snooker ['snuːkə], *s., sport.* slags billardspil.

snoop [snuːp], *v. t. & i.* snuse; spionere; **-er,** *s.* nysgerrigper.

snooty [snu(ː)ti], *adj., T* storsnudet, højrøvet.

snooze [snuːz], *s.* lur; blund; *v. i.* blunde.

snore [snɔː], *s.* snork; *v. i.* snorke.

snort [snɔːt], *s.* fnys(en); *v. t. & i.* fnyse; pruste.

snot [snɔt], *s.* snot; ~ **-rag,** *s., S* snotklud; **-ty,** *adj.* snottet; storsnudet.

snout [snaut], *s.* snude; tryne.

snow [snəu], *s.* sne; snevejr; *S* kokain; *v. t. & i.* sne; *fig.* strømme (ind med); *-ed under, fig.* overvældet, begravet; **-ball,** *s.* snebold; **-berry,** *s., bot.* snebær; **-bound,** *adj.* indesneet; spærret af sne; **-drift,** *s.* snedrive; **-drop,** *s., bot.* vintergæk; **-flake,** *s.* snefnug; **-man** [-mən], *s.* snemand; **-y,** *adj.* snehvid; snevejrs-.

snub [snʌb], *s.* næse; afvisning; *v. t.* bide 'af; afvise; ~ *nose,* opstoppernæse.

snuff [snʌf], *s.* snus(tobak); *v. t. & i.* snuse; ~ *out,* slukke.

snuffle [snʌfl], *v. i.* snøvle; snøfte.

snug [snʌg], *adj.* lun; rar; hyggelig.

snuggle [snʌgl], *v. t. & i.*

lægge sig til rette; trykke
ind til sig; ~ *down*, krybe
ned; putte sig; ~ *up*,
putte sig ind.

so [səu], *adv. & konj.* så;
sådan; derfor; altså;
~-~, så som så; nogen-
lunde; *I think* ~, det tror
jeg; *if* ~, i så fald; ~ *long*,
farvel; ~ *long as*, bare;
når blot; ~ *what?* og
hvad så? ~-**and**-~, *s.*
noksagt.

soak [səuk], *v. t. & i.* ligge i
blød; lægge i blød; ~ *in*,
sive ind; ~ *up*, opsuge;
-ed [-t], *adj.* gennem-
blødt; *S* skidefuld.

soap [səup], *s.* sæbe; *v. t.*
indsæbe; sæbe af; -**box**, *s.*
sæbekasse; ~ **flakes**, *s.
pl.* sæbespåner; ~ **opera**,
s., *T* sentimental TV-se-
rie; ~ **powder**, *s.* vaske-
pulver; -**suds**, *s. pl.* sæbe-
vand.

soar [sɔ:], *v. i.* stige (højt);
flyve højt; svæve; *fig.*
ryge i vejret.

sob [sɔb], *s.* hulken; *v. i.*
hulke; ~ **story**, *s.* senti-
mental historie.

sober ['səubə], *adj.* ædru;
nøgtern; *v. t. & i.* ~ *up*,
gøre ædru; blive ædru.

sobriety [sə'braiəti], *s.* nøg-
ternhed; ædruelighed.

soccer ['sɔkə], *s.*, *sport.*
fodbold.

sociable ['səuʃəbl], *adj.*
selskabelig; omgængelig.

social ['səuʃl], *s.* komsam-
men; *adj.* samfunds-; so-
cial; selskabelig; ~
climber, *s.* stræber; -**ism**,
s. socialisme; -**ist**, *s.* soci-
alist; *adj.* socialistisk; ~
science, *s.* samfundsvi-
denskab; ~ **security**, *s.*
bistandshjælp; ~ **serv-
ice**, *s.* socialt arbejde; ~

worker, *s.* socialrådgiver.
society [sə'saiəti], *s.* sam-
fund; selskab; forening.
sock [sɔk], *s.* sok; *S* slag;
v. t., *S* slå.
socket ['sɔkit], *s.*, *elek.* fat-
ning; stikdåse; *anat.*
øjenhule; ledskål; for-
dybning; holder.
sod [sɔd], *s.* græstørv;
vulg. skiderik.
soda ['səudə], *s.* soda; *T,
kul.* sodavand; *bicarbon-
ate of* ~, *kem.* tvekulsurt
natron; ~ **fountain**, *s.* is-
bar; ~ **pop**, ~ **water**, *s.*,
kul. sodavand.
sodden [sɔdn], *adj.* gen-
nemblødt; blød; klæg.
sodium ['səudiəm], *s.*, *kem.*
natrium.
sodomite ['sɔdəmait], *s.* so-
domit, homofil.
sofa ['səufə], *s.* sofa.
soft [sɔft], *adj.* blød; dæm-
pet; sagte; blid; *T* slap; *S*
dum; ~ **drink**, *s.*, *kul.*
alkoholfri drink; -**en**
[sɔfn], *v. t. & i.* blødgøre;
formilde; blive blød; ~-
spoken, *adj.* blid; -**ware**,
s., *edb.* programmel.
soggy ['sɔgi], *adj.* opblødt.
soil [sɔil], *s.* jord; jord-
bund; *v. t. & i.* tilsmøle;
svine til; blive snavset.
sojourn ['sɔdʒən], *s.* op-
hold.
solace ['sɔləs], *s.* trøst; *v. t.*
trøste.
solar ['səulə], *adj.* sol-; ~
eclipse, *s.* solformørkelse.
solder ['sɔldə], *s.* loddeme-
tal; *v. t.* lodde; -**ing** [-riŋ],
s. lodning; ~ *iron*, *s.* lod-
dekolbe.
soldier ['səuldʒə], *s.* soldat.
sole [səul], *s.* sål; *zoo.* sø-
tunge; *adj.* eneste; *v. t.*
forsåle; -**ly**, *adv.* udeluk-
kende.

solemn ['sɔləm], *adj.* højtidelig.

solicit [sə'lisit], *v. t. & i.* bede; anmode; ansøge om; **-or** [-ə], *s.* advokat; **-ous** [-əs], *adj.* bekymret; omsorgsfuld; ivrig; **-ude** [-tju:d], *s.* omsorg; bekymring.

solid ['sɔlid], *adj.* solid; fast; massiv; pålidelig; **-arity** [-'dæriti], *s.* solidaritet; **-ify** [-'lidifai], *v. t. & i.* størkne; styrke; **-ity**, *s.* fasthed; pålidelighed.

soliloquy [sə'liləkwi], *s.* monolog.

soli|tary ['sɔlitri], *adj.* ensom; eneste; enlig; afsides; isoleret; ~ *confinement*, isolationsfængsel; **-tude** [-tju:d], *s.* ensomhed.

soloist ['səuləuist], *s.* solist.

solstice ['sɔlstis], *s.* solhverv.

sol|uble ['sɔljubl], *adj.* opløselig; som kan løses; **-ution** [sə'lu:ʃn], *s.* opløsning; løsning; **-ve** [sɔlv], *v. t.* løse; **-vent** ['sɔlvənt], *s., kem.* opløsningsmiddel; *adj., merk.* solvent, i stand til at betale.

sombre ['sɔmbə], *adj.* dyster; mørk.

some [sʌm], *adj., adv. & pron.* nogen; noget; nogle; en eller anden; et eller andet; visse; omtrent, cirka; **-body, -one**, *pron.* nogen; en eller anden; **-how**, *adv.* på en eller anden måde; **-thing**, *pron.* noget; et eller andet; **-time**, *adj.* tidligere; *adv.* engang; **-times**, *adv.* undertiden, somme tider; **-what**, *adv.* noget; temmelig; i nogen grad; **-where**, *adv.* et eller andet sted; ~ *else*, andetsteds.

somersault ['sɔməsɔ:lt], *s.* saltomortale; kolbøtte.

somnambulist [sɔm'næmbjulist], *s.* søvngænger.

son [sʌn], *s.* søn; ~ **-in-law**, *s.* svigersøn.

sonata [sə'na:tə], *s., mus.* sonate.

song [sɔŋ], *s.* sang; vise; *for a* ~, for en slik.

sonorous [sə'nɔ:rəs], *adj.* klangfuld.

soon [su:n], *adv.* snart; tidligt; **-er**, *adv.* tidligere; snarere; hellere; ~ *or later*, før eller senere.

soot [sut], *s.* sod; *v. t.* sode; **-y**, *adj.* sodet.

sooth [su:θ], *s., gl.* sandhed; **-sayer**, *s.* spåmand; sandsiger.

soothe [su:ð], *v. t.* berolige; dulme; lindre.

sop [sɔp], *s., kul.* opblødt stykke brød; *S* skvat, pjok; *v. t.* dyppe; ~ *up*, tørre op; **-ping**, *adj.* (~ *wet),* dyngvåd; **-py**, *adj., T* sentimental; fjoget.

sophisticated [sə'fistikeitid], *adj.* raffineret; avanceret, kompliceret.

sophomore ['sɔfəmɔ:], *s., U.S.* andetårs student.

soporific [ˌsɔpə'rifik], *s., med.* sovemiddel; *adj.* søvndyssende.

soprano [sə'pra:nəu], *s., mus.* sopran.

sorcer|er ['sɔ:sərə], *s.* troldmand; **-ess**, *s.* troldkvinde; **-y**, *s.* trolddom.

sordid ['sɔ:did], *adj.* smudsig, beskidt; snavset; ussel, luset.

sore [sɔ:], *s.* ømt sted; sår; *adj.* øm; smertende; ømtålelig; *T* fornærmet; *a* ~ *throat*, ondt i halsen.

sorrel ['sɔrəl], *s.*, *zoo.* fuks; *bot.* skovsyre.

sorrow ['sɔrəu], *s.* sorg; *v. i.* sørge; **-ful**, *adj.* sørgelig; sorgfuld.

sorry ['sɔri], *adj.* sørgelig; bedrøvet; elendig; ussel; ked af det; *int.* undskyld! *I'm* ~, jeg beklager; *feel* ~ *for*, have medlidenhed med.

sort [sɔ:t], *s.* slags; sort; art; *v. t. & i.* sortere; ordne; ~ *of*, ligesom; *a good* ~, en flink fyr.

sot [sɔt], *s.* dranker, drukkenbolt.

sough [sau], *v. i.* sukke, suse.

soul [səul], *s.* sjæl; *not a* ~, ikke en levende sjæl.

sound [saund], *s.* lyd; klang; *geo.* sund; *adj.* sund; god; solid; sikker; ordentlig; *v. t. & i.* lyde; klinge; lade lyde; ringe på; *v. t. & i.* prøve; lodde; pejle; *the S*~, Øresund; *be* ~ *asleep*, sove fast; *safe and* ~, i god behold; ~ **barrier**, *s.* lydmur; **-ing board**, *s.*, *mus.* sangbund; resonansbund; **-ing line**, *s.* lodline; **-proof**, *adj.* lydisoleret; **-track**, *s.*, *film.* lydspor; tonebånd.

soup [su:p], *s.*, *kul.* suppe; *be in the* ~, *S* være i vanskeligheder; ~ **plate**, *s.* dyb tallerken.

sour [sauə], *adj.* sur; syrlig; gnaven; *v. t. & i.* syrne; gøre sur, blive sur.

source [sɔ:s], *s.* kilde; udspring.

souse [saus], *s.*, *kul.* lage; dukkert.

south [sauθ], *s.* syd; *adj.* sydlig; syd-; *adv.* sydpå; mod syd; **-east**, *s.* sydøst;

adj. sydøstlig; **-ern**, **-erly** ['sʌðən, 'sʌðəli], *adj.* sydlig; syd-; **-ward(s)** [-wəd(z)], *adj. & adv.* mod syd; sydpå; **-west**, *s.* sydvest; *adj.* sydvestlig.

souvenir ['su:vəniə], *s.* souvenir, erindring.

sou'wester [sau'westə], *s.* sydvestlig vind; sydvest.

sovereign ['sɔvrin], *s.* hersker; regent; *adj.* suveræn; ophøjet.

Soviet ['səuvjet], *s.* Sovjet; *adj.* sovjetisk; *the* ~ *Union*, Sovjetunionen.

sow [sau], *s.*, *zoo.* so; [səu] (-ed, sown *el.* -ed), *v. t.* så; tilså.

soy [sɔi], *s.*, *kul.* soya; ~ **bean**, *s.*, *bot.* sojabønne.

space [speis], *s.* plads; rum; mellemrum; tidsrum; *astr.* rummet; **-craft**, *s.* rumfartøj; ~- **saving**, *adj.* pladsbesparende; **-ship**, *s.* rumskib; ~ **shuttle**, *s.* rumfærge; **spacing**, *s.* mellemrum; *typ.* spatiering; **spacious** ['speiʃəs], *adj.* rummelig.

spade [speid], *s.* spade; spar; **-work**, *s.* hårdt forberedende arbejde.

Spain [spein], *s.* Spanien.

spam [spæm], *s.*, *kul.*, T dåsekød; minutkød.

span [spæn], *s.* spand; tidsrum; *arkit.* spændvidde; *v. t.* spænde om; strække sig over; brofag.

Spani|ard ['spænjəd], *s.* spanier; **-sh** ['spæniʃ], *s. & adj.* spansk.

spank [spæŋk], *v. t. & i.* smække, klapse; **-ing**, *s.* endefuld; *adj.*, T flot; pragtfuld.

spanner ['spænə], *s.*, *mek.* skruenøgle; *adjustable* ~, *s.* svensknøgle.

spar [spɑ:], *v. i.* træne; bokse; *-ring partner, s.* træningspartner.

spare [spɛə], *s.* reservedel; *adj.* sparsom, mager; reserve-; ekstra; *v. t. & i.* spare; skåne; undvære; afse; ~ **parts,** *s. pl.* reservedele; **-rib,** *s., kul.* ribbenssteg; ~ **room,** *s.* gæsteværelse; ~ **time,** *s.* fritid; **sparing** [-riŋ], *adj.* sparsom.

spark [spɑ:k], *s.* gnist; *v. i.* gnistre; *fig.* anspore; ~ *off,* sætte i gang, udløse; **(-ing) plug,** *s., mek.* tændrør.

sparkl|e [spɑ:kl], *s.* funklen; tindren; glans; *v. i.* funkle, gnistre; **-er,** *s.* stjernekaster; **-ing,** *adj.* funklende; mousserende.

sparrow ['spærəu], *s., zoo.* spurv; ~ **hawk,** *s.* spurvehøg.

sparse [spɑ:s], *adj.* spredt; tynd; sparsom.

spasm [spæzm], *s., med.* krampetrækning; spasme; **-odic** [-'mɔdik], *adj.* krampagtig; *fig.* rykvis; spredt.

spastic ['spæstik], *s., med.* spastiker; *adj.* spastisk.

spate [speit], *s.* oversvømmelse; *fig.* flom, strøm.

spatial ['speiʃl], *adj.* rumlig.

spatter ['spætə], *v. t. & i.* overstænke; sprøjte.

spatula ['spætjulə], *s.* spatel.

spawn [spɔ:n], *s., zoo.* yngel; rogn; *bot.* mycelium; *v. t. & i.* yngle; gyde.

speak [spi:k] (spoke, spoken), *v. t. & i.* tale; sige; *so to* ~ , så at sige; ~ *up,* tale højere; sige sin mening;

strictly -ing, strengt taget; **-er,** *s.* taler; *the S~,* formanden i Underhuset.

spear [spiə], *s.* spyd; lanse; *v. t.* spidde.

special ['speʃl], *s.* ekstraudgave; *adj.* speciel; særlig; sær-; ekstra-; **-ity** [-ʃi'æliti], *s.* speciale; specialitet; **-ize** [-aiz], *v. t. & i.* specialisere (sig).

species ['spi:ʃiz], *s., bio.* art; slags.

speci|fic [spə'sifik], *adj.* bestemt; speciel; konkret; ~ *gravity, fys.* vægtfylde; **-fy** ['spesifai], *v. t.* specificere; definere nærmere.

specimen ['spesimən], *s.* prøve; eksemplar.

specious ['spi:ʃəs], *adj.* besnærende.

speck [spek], *s.* plet; gran; **-le** [-l], *s.* plet; prik; *v. t.* plette; **-led** [-ld], *adj.* broget; plettet.

specs [speks], *s. pl., T* briller.

spectac|le ['spektəkl], *s.* syn; skue; **-les** [-z], *pl.* briller; **-ular** [-'tækjulə], *adj.* flot; iøjnefaldende.

spectator [spek'teitə], *s.* tilskuer.

spectre ['spektə], *s.* genfærd, spøgelse.

speculate ['spekjuleit], *v. i.* spekulere.

speech [spi:tʃ], *s.* tale; sprog; **-less,** *adj.* stum; målløs.

speed [spi:d], *s.* fart, hastighed; gear; *S* amfetamin; (sped, sped), *v. t. & i.* fremskynde; ile; jage afsted; køre (for) hurtigt; ~ *up,* sætte farten op; fremskynde; **-ing,** *s.* overskridelse af fartgrænsen; ~ *ticket, s.* fartbøde; ~ **limit,** *s.* hastighedsbegrænsning; **-ometer** [-'dɔmitə], *s.* speedometer; **-y**, *adj.* hurtig; prompte.

spell [spel], *s.* periode; stykke tid; omgang, tørn; trylleformular; fortryllelse; (spelt *el.* -ed), *v. t. & i.* stave(s); betyde, medføre; ~ *out*, stave sig igennem; forstå; *T* skære ud i pap; **-bound**, *adj.* tryllebundet; **-ing**, *s.* stavning; stavemåde.

spend [spend] (spent, spent), *v. t. & i.* give ud; bruge; tilbringe; udmatte; bruge op; **-er**, *s.* ødeland; *-ing power*, købekraft; **-thrift**, *s.* ødeland.

sperm [spə:m], *s., anat.* sæd; sperma; ~ *whale*, *s.*, *zoo.* kaskelot.

spew [spju:], *v. t. & i.* udspy; brække sig.

sphagnum ['sfægnəm], *s., bot.* tørvemos.

spher|e [sfiə], *s.* kugle; klode; område, felt; sfære; **-ical** [-rikl], *adj.* kugleformet.

spic|e [spais], *s., kul.* krydderi; *v. t.* krydre; **-y**, *adj.* krydret; *fig.* vovet.

spick-and-span ['spiknspæn], *adj.* splinterny; i fineste orden.

spider ['spaidə], *s., zoo.* edderkop; *-'s web*, *s.* spindelvæv.

spike [spaik], *s.* spids; pig; spiger; spyd; *bot.* aks.

spill [spil], *s.* fidibus; fald; (spilt *el.* -ed), *v. t. & i.* spilde(s); udgyde; løbe ud; *S* røbe; ~ *the beans*, *S* røbe en hemmelighed.

spin [spin], *s.* snurren; hvirvlen; lille tur; spin; (span *el.* spun, spun), *v. t. & i.* spinde; hvirvle; snurre rundt; spinne; ~ *out*,

trække ud; ~ **-drier**, *s.* tørrecentrifuge; **-ner**, *s.* spinder; spindemaskine; **-ning mill**, *s.* spinderi; **-ning wheel**, *s.* rok.

spinach ['spinitʃ], *s., bot.* spinat.

spin|al ['spainl], *adj., anat.* rygrads-; ~ *column*, *s.* rygrad; ~ *cord*, *s.* rygmarv; **-e**, *s., anat.* rygrad; *bot.* torn; **-eless**, *adj.* slap, holdningsløs.

spindl|e [spindl], *s.* spindel; tén; **-y**, *adj.* ranglet.

spinney ['spini], *s.* lille skov; krat.

spinster ['spinstə], *s.* ugift kvinde; gammeljomfru.

spiral ['spaiərəl], *s.* spiral; *adj.* spiralformet; *v. i.* bevæge sig i spiral; stige hastigt; ~ *staircase*, *s.* vindeltrappe.

spire [spaiə], *s.* spir; spids.

spirit ['spirit], *s.* ånd; sjæl; mod; *v. t.* ~ *away (off)*, trylle væk; skaffe af vejen; **-ed** [-id], *adj.* livlig; ~ **level**, *s.* vaterpas; **-s**, *pl.* sprit; alkohol; spiritus; humør; **-ual** [-ʃuəl], *adj.* åndelig; sjælelig; ånds-; **-ualism**, *s.* spiritisme.

spit [spit], *s.* spyt; stegespid; landtange; (spat, spat), *v. t. & i.* spytte; sprutte; spidde; **-ting image**, udtrykte billede.

spite [spait], *s.* nag; ondskab; trods; *v. t.* ærgre; chikanere; trodse; *in* ~ *of*, til trods for; **-ful**, *adj.* ondsindet.

spittle [spitl], *s.* spyt.

splash [splæʃ], *s.* plask; stænk; sprøjt; *v. t. & i.* plaske; sprøjte; overstænke.

spleen [spli:n], *s., anat.* milt; *fig.* tungsind; livslede.

splend|id ['splendid], *adj.* glimrende; strålende; **-our** [-də], *s.* glans; pragt.

splice [splais], *s.* splejsning; *v. t.* splejse.

splint [splint], *s.*, *med.* benskinne; **-er,** *s.* splint; flis; *v. t. & i.* splintre(s).

split [split], *s.* revne, spalte; splittelse; (split, split), *v. t. & i.* spalte; kløve; splitte; revne; dele; ~ *hairs, fig.* være ordkløver; *a* ~ *second,* en brøkdel af et sekund; ~ *up,* gå fra hinanden, skilles; dele (op); **-ting,** *adj.* dundrende.

splutter ['splʌtə], *v. t. & i.* sprutte.

spoil [spɔil] (-t, -t *el.* -ed. -ed), *v. t. & i.* ødelægge(s); forkæle; fordærve; spolere; **-s,** *s. pl.* bytte, rov; **-sport,** *s.* lyseslukker.

spoke [spəuk], *s.* ege (i hjul); trin; **-sman** [-smən], *s.* talsmand.

sponge [spʌndʒ], *s.* svamp; *v. t. & i.* afvaske med svamp; *T* nasse; *fig. throw in the* ~, opgive; give fortabt; ~ **bag,** *s.* toilettaske; ~ **cake,** *s.,* *kul.* sandkage; **-r** [-ə], *s., T* nasserøv; snylter.

sponsor ['spɔnsə], *s.* kautionist, garant; *film. & sport.* sponsor; *v. t.* være sponsor for.

spontaneous [spɔn'teinjəs], *adj.* spontan.

spook [spuːk], *s.* spøgelse; **-y,** *adj.* uhyggelig.

spool [spuːl], *s. & v. t.* spole; rulle.

spoon [spuːn], *s.* ske; *v. t.* øse; ~ **-feed,** *v. t.* made med ske; **-ful,** *s.* skefuld.

sporadic [spə'rædik], *adj.*

spredt; sporadisk.

spore [spɔː], *s.,* *bot.* spore.

sport [spɔːt], *s.* . sport, idræt; sjov, morskab; *T* flink fyr; *v. t. & i.* more sig; tumle sig; gå med; vise frem; *make* ~ *of,* lave sjov med; **-ing,** *adj.* fair, reel; sports-; **-sman** [-smən], *s.* idrætsmand; sportsmand; **-smanship,** *s.* sportsånd.

spot [spɔt], *s.* plet; sted; prik, knop; smule, bid; bums; *v. t. & i.* plette; opdage; få øje på; *on the* ~, på stedet; ~ **check,** ~ **test,** *s.* stikprøve; **-less,** *adj.* pletfri; **-light,** *s.* søgelys; projektørlys; **-ted** [-id], *adj.* plettet; **-ty,** *adj.* plettet; bumset.

spouse [spauz], *s.* ægtefælle.

spout [spaut], *s.* tud; sprøjt; stråle; nedløbsrør; *v. t. & i.* sprøjte; *T* deklamere.

sprain [sprein], *v. t.* forstrække; forstuve; forvride.

sprat [spræt], *s.,* *zoo.* brisling.

sprawl [sprɔːl], *v. i.* sprede sig; ligge henslængt.

spray [sprei], *s.* dusk; gren, kvist; sprøjt; sprøjte; spray; bruser; *v. t.* sprøjte, spraye.

spread [spred], *s.* udbredelse; udstrækning; opslag; *kul.* smørepålæg; *T* festmåltid; opdækning; (spread, spread), *v. t. & i.* sprede; udbrede; brede sig; *kul.* smøre.

spree [spriː], *s.* soldetur; *go on the* ~, gå ud og more sig.

sprig [sprig], *s.,* *bot.* kvist; lille buket.

sprightly ['spraitli], *adj.*

kvik; livlig.

spring [spriŋ], s. forår; spring; kilde; fjeder; (sprang, sprung), v. t. & i. springe; sprænge; spire; **-board**, s. springbræt; ~ - **cleaning**, s. hovedrengøring; ~ **tide**, s. springflod; **-y**, adj. elastisk; fjedrende; spændstig.

sprinkle [spriŋkl], v. t. & i. stænke; (be)strø; drysse.

sprint [sprint], s. spurt; v. i. sprinte, spurte.

sprite [sprait], s. ånd; fé, alf.

sprocket ['sprɔkit], s., mek. tand; kædehjul.

sprout [spraut], s. spire; skud; v. t. & i. spire; skyde; Brussels -s, pl., kul. rosenkål.

spruce [spru:s], s., bot. gran; adj. net; fiks; v. t. ~ up, nette sig; fikse op.

spry [sprai], adj. livlig; kry; rask.

spud [spʌd], s., S kartoffel.

spume [spju:m], s. skum.

spunk [spʌŋk], s., T mod; bot. fyrsvamp.

spur [spə:], s. spore; fig. ansporelse; v. t. & i. spore; (~ on) anspore; on the ~ of the moment, på stående fod.

spurious ['spjuəriəs], adj. uægte, falsk.

spurn [spə:n], v. t. forsmå; afvise hånligt.

spurt [spə:t], s. kraftanstrengelse; spurt; v. i. spurte; sprøjte.

sputter ['spʌtə], v. t. & i. sprutte; snuble over ordene.

spy [spai], s. spion; v. t. & i. spionere; spejde, se; opdage; ~ on, udspionere; ~ out, udspejde; **-glass**, s. lille kikkert.

sq., (fk.f. square), s.d.

squab [skwɔb], adj. tyk, kvabset.

squabble [skwɔbl], s. kævl; mundhuggeri; v. i. kævles; skændes.

squad [skwɔd], s. hold; patrulje; mil. gruppe; **-ron** [-rən], s., mil. eskadron; fly. eskadrille; naut. eskadre.

squalid ['skwɔlid], adj. ussel; beskidt.

squall [skwɔ:l], s. vræl; vindstød; byge; v. t. & i. vræle.

squalor ['skwɔlə], s. snavs; elendighed.

squander ['skwɔndə], v. t. ødsle; sætte over styr.

square [skwɛə], s. firkant, kvadrat; plads, torv; vinkellineal; adj. firkantet, kvadratisk; firskåren; opgjort, kvit; reel, ærlig; v. t. & i., mat. gøre firkantet; kvadrere; opløfte til 2. potens; gøre op; rette op; passe; ~ **metre**, s., mat. kvadratmeter; ~ **root**, s., mat. kvadratrod.

squash [skwɔʃ], s. masen; trængsel; bot. courgette; v. t. & i. mase; trykke flad; fig. undertrykke.

squat [skwɔt], adj. kort og tyk, undersætsig; v. t. & i. sidde på hug; være slumstormer; **-ter**, s. slumstormer, BZ'er.

squawk [skwɔ:k], v. i. skræppe; hyle.

squeak [skwi:k], s. piben; hvin; v. t. & i. pibe; hvine; knirke; S sladre.

squeal [skwi:l], s. hvin; skrig; v. t. & i. hvine; skrige; S angive, stikke.

squeamish ['skwi:miʃ], adj. sart; som let får kvalme.

squeeze [skwi:z], s. tryk;

klem; pres; klemme; v. t. & i. trykke; klemme; presse.

squelch [skweltʃ], v. t. & i. svuppe; skvulpe; slå ned, knuse.

squid [skwid], s., zoo. blæksprutte.

squiggle [skwigl], s. krusedulle.

squint [skwint], v. i. skele; skæve, skotte.

squire [skwaiə], s. herremand; godsejer.

squirm [skwə:m], v. i. vride sig, krympe sig.

squirrel ['skwirəl], s., zoo. egern.

squirt [skwə:t], s. sprøjt; stråle; v. t. & i. sprøjte.

stab [stæb], s. stik; stød; v. t. & i. dolke; gennembore.

stabili|ty [stə'biliti], s. stabilitet; **-ze** ['steibəlaiz], v. t. stabilisere.

stable [steibl], s. stald; adj. stabil; fast; standhaftig; **-s**, pl. stald.

stack [stæk], s. stak; stabel; (chimney ~) skorsten; v. t. & i. stable; sætte i stak; kunne stables.

stadium ['steidiəm], s. stadion.

staff [sta:f], s. stav, stok; stab, personale; pl., mus. nodesystem.

stag [stæg], s., zoo. kronhjort; ~ **beetle**, s., zoo. eghjort; ~ **party**, s. mandfolkegilde.

stage [steidʒ], s. scene; trin, stadium; etape; platform; v. t. & i. opføre; iscenesætte; arrangere; **-coach**, s. diligence; ~ **fright**, s. lampefeber.

stagger ['stægə], v. t. & i. vakle; rave; forskyde; forbløffe, ryste; **-ing**

[-riŋ], adj. rystende, forbløffende.

stagn|ant ['stægnənt], adj. stillestående; **-ate** [-'neit], v. i. stagnere.

staid [steid], adj. sat; adstadig.

stain [stein], s. plet; farve; v. t. & i. plette(s); farve(s); bejdse(s); **-less**, adj. pletfri; ~ **steel**, rustfrit stål.

stair [stɛə], s. trappetrin; **-case**, **-way**, s. trappe; **-s**, pl. trappe.

stake [steik], s. stage; pæl; indsats; v. t. sætte på spil; ~ **a claim**, gøre krav på; **at** ~, på spil; ~ **out**, udstikke.

stale [steil], adj. gammel; flov, doven; hengemt; forslidt; **-mate**, s. (skak) pat; fig. hårdknude.

stalk [stɔ:k], s., bot. stilk; stængel; v. i. spankulere; skride.

stall [stɔ:l], s. stade; bås; bod; korstol; teat. parketplads; v. t. & i. opstalde; standse, gå i stå; søge at vinde tid; ~ **off**, holde hen med snak.

stallion ['stæljən], s., zoo. hingst.

stalwart ['stɔ:lwət], s. kraftkarl; adj. kraftig; gæv; støt.

stamina ['stæminə], s. modstandskraft; udholdenhed.

stammer ['stæmə], s. stammen; v. t. & i. stamme; hakke i det.

stamp [stæmp], s. stempel; præg; frimærke; stampen; v. t. & i. stampe, trampe; stemple; frankere; præge; ~ **out**, udrydde; slå ned; ~ **collector**, s. frimærkesamler; ~ **duty**, s. stempelafgift.

stampede [stæm'pi:d], *s.*
panik; vild flugt; *v. i.*
styrte i vild flugt; bisse.
stance [stæns], *s.* stilling;
fig. holdning.
stanchion ['stænʃn], *s.* sti-
ver; opstander.
stand [stænd], *s.* stands-
ning; stade, tribune; sta-
tiv; holder; *fig.* stand-
punkt; (stood, stood), *v. t.*
& i. stå; rejse sig; ligge;
udstå, tåle; holde sig;
gælde; finde sig i; byde
på; *make a* ~, holde
stand; tage kampen op;
~ *by*, stå 'ved; hjælpe;
holde sig parat; ~ *on*,
holde på; ~-**by**, *s.* støtte,
hjælpemiddel; hjælper;
adj. reserve-; ~-**offish**,
adj. kølig; afvisende;
-**point**, *s.* standpunkt;
-**still**, *s.* stilstand; *come to*
a ~, gå i stå.
standard ['stændəd], *s.*
standard; norm; fane;
adj. standard; normal-;
-**ize**, *v. t.* standardisere.
standing ['stændiŋ], *s.* stil-
ling; anseelse; position;
rang; *adj.* stående; fast;
løbende.
stanza ['stænzə], *s.* strofe,
vers.
staple [steipl], *s.* krampe,
hæfteklamme; *adj.* ho-
ved-; *v. t.* hæfte sammen;
-**r** [-ə], *s.* hæftemaskine.
star [sta:], *s.* stjerne; *v. i.*
film. & teat. spille hoved-
rolle; -**board**, *s., naut.*
styrbord; -**fish**, *s., zoo.*
søstjerne; -**ry**, *adj.* stjer-
ne-; stjernebesat; stjer-
neklar; ~ **turn**, *s.* glans-
nummer.
starch [sta:tʃ], *s.* stivelse;
v. t. stive.
stare [stɛə], *s.* stirren; *v. t.*
& i. stirre; glo.

stark [sta:k], *adj.* fuld-
stændig; utilsløret; *adv.*
komplet; ~ *staring mad*,
skruptosset; ~ *naked*,
splitternøgen.
starling ['sta:liŋ], *s., zoo.*
stær.
start [sta:t], *s.* start; be-
gyndelse; afrejse; sæt,
ryk; *v. t. & i.* starte, be-
gynde; tage af sted; fare
sammen; igangsætte; *for*
a ~, til at begynde med;
~ *off*, begynde, indlede;
~ *out*, tage af sted; gå i
gang; ~ *up*, fare op; star-
te; -**er**, *s.* startknap; løbs-
deltager; *kul.* forret; -**ing**
point, *s.* udgangspunkt.
startle [sta:tl], *v. t.* for-
skrække; skræmme.
starv|ation [sta:'veiʃn], *s.*
sult; -**e**, *v. t. & i.* sulte; lide
nød; udhungre; sulte; *I'm*
-ing! jeg er ved at dø af
sult!
state [steit], *s.* tilstand;
stat; pragt; stand; *v. t.*
meddele; anføre; erklæ-
re; opgive; fastslå; -**less**,
adj. statsløs; -**ly**, *adj.* sta-
telig; anselig; -**ment**, *s.*
erklæring; udtalelse; ud-
sagn; fremstilling; ~ *of*
account, kontoudskrift;
opgørelse; -**sman**
[-smən], *s.* statsmand.
static ['stætik], *adj.* statisk;
stillestående; -**s**, *s. pl., fys.*
ligevægtslære, statik; at-
mosfæriske forstyrrel-
ser.
station [steiʃn], *s.* station,
banegård; stilling; stand;
post; *v. t.* stationere; an-
bringe; postere; -**ary** [-ri],
adj. stationær; stillestå-
ende; -**er**, *s.* papirhand-
ler; -**ery** [-ri], *s.* papirva-
rer; ~ **master**, *s.* sta-
tionsforstander.

statistic(al) [stə'tistik(l)], *adj.* statistisk; **-s,** *s. pl.* statistik.

statue ['stætʃu:], *s.* statue.

stature ['stætʃə], *s.* højde; vækst.

status ['steitəs], *s.* stilling; position.

statute ['stætʃu:t], *s., jur.* lov; statut; ~ *book,* *s.* lovsamling; **-ory** [-tʃutri], *adj.* lovbefalet.

staunch [stɔ:ntʃ], *adj.* trofast; standhaftig.

stave [steiv], *s.* stav; *v. t.* ~ *in,* slå hul i; ~ *off,* afværge.

stay [stei], *s.* ophold; støtte, stiver; *naut.* stag; bardun; *v. t. & i.* blive; forblive; opholde sig, bo; standse; *-ing power,* *s.* udholdenhed. **-s,** *pl.* korset;

stead [sted], *s.* sted; *in good* ~, til nytte; til god hjælp; *in his* ~, i hans sted; **-fast,** *adj.* urokkelig; fast; **-y,** *adj.* støt; fast; stabil; stadig; sindig; *v. t. & i.* berolige; stabilisere; blive rolig; *int.* rolig! forsigtig! *go* ~, komme fast sammen.

steak [steik], *s., kul.* bøf.

steal [sti:l] (stole, stolen), *v. t. & i.* stjæle; liste; **-th** [stelθ], *s.* hemmelighed; *by* ~, ubemærket; i smug; **-thy** ['stelθi], *adj.* hemmelig; snigende.

steam [sti:m], *s.* damp; dug; em; *v. t. & i.* dampe; dampkoge; *under my own* ~, *T* for egen kraft; *get* ~ *up,* få dampen op; *let off* ~, afreagere; ~ *up,* dugge; blive tildugget; ~ *engine,* *s.* dampmaskine; **-er,** *s.* damper; **-roller,** *s.* damptromle.

steed [sti:d], *s., gl.* ganger.

steel [sti:l], *s.* stål; *v. t.* (stål)hærde; *fig.* stålsætte.

steep [sti:p], *adj.* brat; stejl; *fig.* overdreven, skrap; *v. t.* lægge i blød.

steeple [sti:pl], *s.* tårn med spir; **-chase,** *s., sport.* forhindringsløb til hest.

steer [stiə], *s., zoo.* ung tyr; ung stud; *v. t. & i.* styre; **-age** [-ridʒ], *s.* tredje klasse; dæksplads; **-ing wheel,** *s.* rat.

stellar ['stelə], *adj.* stjerne-.

stem [stem], *s., bot.* stamme; stængel, stilk; *naut.* forstavn; *v. t.* opdæmme; stoppe; ~ *from,* stamme fra.

stench [stentʃ], *s.* stank.

step [step], *s.* trin; skridt; trappetrin; fodspor; takt; *v. t. & i.* træde, gå; *watch your* ~ *!* se dig for! **-father,** *s.* stedfar; **-ladder,** *s.* trappestige; **-mother,** *s.* stedmor; **-ping-stone,** *s.* vadesten; *fig.* springbræt; **-s,** *pl.* trappe; *take* ~, træffe foranstaltninger.

sterile ['sterail], *adj.* steril.

stern [stə:n], *s., naut.* agterstavn; *adj.* streng; bister.

stethoscope ['steθəskəup], *s., med.* stetoskop.

stew [stju:], *s., kul.* ragout; gryderet; *v. t. & i.* småkoge; *in a* ~, *S* ude af flippen; **-ed fruit,** kompot; **-ed beef,** bankekød.

steward ['stjuəd], *s.* forvalter; intendant; kontrollør; *naut.* hovmester; **-ess,** *s.* stewardesse; kahytsjomfru.

stick [stik], *s.* stok: kæp;

pind; stang; (stuck, stuck), *v. t. & i.* hænge fast; klæbe; stikke; lægge; holde ud; ~ *around,* holde sig i nærheden; ~ *to,* holde fast ved; holde sig til; ikke svigte; klæbe til; ~ *up for,* forsvare; **-er,** *s.* etiket; klistermærke; **-ing plaster,** *s.* hæfteplaster; ~**-in-the-mud,** *s.,* T dødbider; tørvetriller; ~**-up,** *s.,* S røveri; hold-up; **-y,** *adj.* klæbrig, klistret; lummer.

stickler ['stiklǝ], *s.* pedant.

stiff [stif], *adj.* stiv; strid; hårdnakket; skrap; hård; *bore s by* ~, kede én ihjel; **-en** [-n], *v. t. & i.* stivne; gøre stiv.

stifle [staifl], *v. t. & i.* kvæle; *fig.* undertrykke.

stile [stail], *s.* stente.

stiletto [sti'letǝu], *s.* stilet, dolk; ~ *heel,* *s.* stilethæl.

still [stil], *s.* brænderi; stilhed; *film. & foto.* filmsbillede; fotografi; *adj.* stille; tavs; rolig; *adv.* endnu, stadig; alligevel; dog; *v. t. & i.* berolige; lindre; stille; **-born,** *adj.* dødfødt; ~ *life,* *s.* stilleben.

stilt [stilt], *s.* stylte; **-ed** [-id], *adj.* opstyltet.

stimul|ant ['stimjulǝnt], *s.* stimulans; opstrammer; **-ate** [-eit], *v. t.* stimulere; kvikke op; **-us** [-ǝs], *s.* spore; tilskyndelse.

sting [stiŋ], *s.* stik; svie; brod; (stung, stung), *v. t. & i.* stikke; svie; *fig.* såre; **-ing nettle,** *s., bot.* brændenælde.

stingy ['stindʒi], *adj.* gerrig; fedtet.

stink [stiŋk], *s.* stank; (stank, stunk), *v. t. & i.* stinke; *fig.* være beryg-

tet; *raise a* ~, S lave ballade; *it -s!* S sikke noget lort! **-ing,** *adj.,* T skide-.

stint [stint], *s.* karrighed; opgave; stykke arbejde; *v. t.* være karrig med.

stipend ['staipend], *s.* gage.

stipulate ['stipjuleit], *v. t. & i.* stille som betingelse; fastsætte.

stir [stǝ:], *s.* omrøring; røre; bevægelse; oprør; *v. t. & i.* røre; røre sig; røre rundt; vække, ophidse; ~ *up,* opildne; fremkalde; **-ring,** *adj.* rørende, gribende.

stirrup ['stirǝp], *s.* stigbøjle.

stitch [stitʃ], *s.* sting; maske; sting i siden; *v. t. & i.* sy; ~ *up,* sy sammen.

stoat [stǝut], *s., zoo.* hermelin, lækat.

stock [stɔk], *s.* stok; skæfte; skaft; forråd; varelager; obligationer; stamme, æt; besætning; *kul.* kraft, afkog; *v. t. & i.* forsyne; have på lager, føre; *adj.* stående, standard-; *take* ~, gøre lager op; *fig.* gøre status; **-ade** [-eid], *s.* pæleværk; ~**-breeder,** *s.* kvægavler; **-broker,** *s.* vekselmægler; ~ *exchange,* *s.* børs; **-holder,** *s.* aktionær; ~ *phrase,* *s.* fast udtryk; ~**-still,** *adj.* bomstille; **-y,** *adj.* firskåren.

stocking ['stɔkiŋ], *s.* strømpe.

stodgy ['stɔdʒi], *adj.* ufordøjelig; tung; kedelig.

stoke [stǝuk], *v. t. & i.* fyre (op); **-r** [-ǝ], *s.* fyrbøder.

stole [stǝul], *s.* stola.

stolid ['stɔlid], *adj.* upåvirket; flegmatisk.

stomach ['stʌmək], s., anat. mave; fig. lyst, appetit; v. t. tolerere; tåle; ~ **ache**, s. mavepine.

stone [stəun], s. sten; (mål) = 6,348 kg; v. t. stene; tage stenene ud af; ~ **cold**, adj. iskold; **-d**, adj., T døddrukken; „skæv". ~ **-deaf**, adj. stokdøv; **-mason**, s. stenhugger; **-ware**, s. stentøj; **stony**, adj. stenet; ~ **broke**, S flad; på spanden.

stooge [stu:dʒ], s. prügelknabe; håndlanger.

stool [stu:l], s. taburet; skammel; med. afføring; ~ **pigeon**, s. lokkedue; stikker.

stoop [stu:p], s. foroverbøjet stilling; luden; v. t. & i. bøje sig; lude; fig. nedlade sig; have a ~, have en ludende gang.

stop [stɔp], s. stop; standsning; stoppested; (full ~) punktum; v. t. & i. standse, stoppe; opholde sig; ~ it! hold op! ~ up, tilstoppe; ~ **-gap**, s. midlertidig foranstaltning; stedfortræder; **-over**, s. ophold; afbrydelse; **-page** [-idʒ], s. standsning; afbrydelse; **-per**, s. prop; stopper; ~ **press**, ~ **news**, s. sidste nyt; ~ **watch**, s. stopur.

storage ['stɔ:ridʒ], s. oplagring; opbevaring; lagerrum; lagerafgift.

store [stɔ:], s. forråd; lager; depot; pakhus; stormagasin; v. t. oplagre; opbevare; in ~, på lager; be in ~, forestå, vente; set ~ by, sætte pris på; **-house**, s. lager, pakhus; **-keeper**, s. lagerforvalter; detailhandler.

storey ['stɔ:ri], s. etage.

stork [stɔ:k], s., zoo. stork.

storm [stɔ:m], s. stærk storm; uvejr; mil. stormangreb; v. t. & i. rase; storme; **-y**, adj. stormfuld.

story ['stɔ:ri], s. historie; fortælling; lille løgn; short ~, s. novelle; the ~ goes, det siges; rygtet går.

stout [staut], s., kul. porter(øl); adj. kraftig; svær; korpulent; standhaftig.

stove [stəuv], s. kakkelovn; komfur; ovn.

stow [stəu], v. t. stuve (sammen); pakke (ned); **-age** [-idʒ], s. stuvning; pakning; anbringelse; **-away**, s. blind passager.

straddle [strædl], v. t. & i. skræve; sidde overskrævs på.

strafe [streif], s. beskydning; v. t. beskyde.

straggl|e [strægl], v. i. strejfe om; være spredt; brede sig; **-er**, s. efternøler; omstrejfer; **-ing**, adj. spredt; uregelmæssig; **-y**, adj. pjusket.

straight [streit], adj. lige; ret; glat; retskaffen; ærlig; ligefrem; i orden; ublandet, tør; S borgerlig; heteroseksuel; adv. lige, direkte; keep a ~ face, holde masken; ~ ahead, lige ud; ~ away, straks, med det samme; **-en** [-n], v. t. & i. (~ out), rette ud; glatte; bringe i orden; **-forward**, adj. ligefrem; ærlig; ligetil.

strain [strein], s. anspændelse; overanstrengelse; belastning; forstrækning; anstrøg; mus. melodi; v. t. & i. spænde; anstrenge (sig); stræbe; belaste; overanstrenge; forstrække; filtrere; **-ed** [-d], *adj.* anstrengt; (an)spændt; **-er**, *s.* dørslag, si; filter.

strait [streit], *s., geo.* stræde; **-s**, *pl. in dire* ~, i store vanskeligheder; **-jacket**, *s.* spændetrøje; ~ **-laced**, *adj.* snæversynet; snerpet.

strand [strænd], *s.* streng; tråd, fiber; strand; *v. t. & i.* strande; **-ed** [-id], *adj., fig.* på bar bund; kørt fast.

strange [streindʒ], *adj.* fremmed; mærkelig; underlig; sælsom; sær; **-r** [-ə], *s.* fremmed.

strangle [stræŋgl], *v. t.* kvæle; strangulere.

strap [stræp], *s.* stop; rem; *v. t.* spænde fast; slå med rem; **-less**, *adj.* stropløs.

strapping ['stræpiŋ], *adj.* velvoksen; stor og stærk.

stratagem ['strætədʒəm], *s.* krigslist; kneb.

strategic [strə'ti:dʒik], *adj.* strategisk; **-y** ['strætədʒi], *s.* strategi.

stratum ['stra:təm] (*pl.* strata), *s.* lag.

straw [strɔ:], *s.* strå; sugerør; *the last* ~, dråben der får bægeret til at flyde over.

strawberry ['strɔ:bri], *s., bot.* jordbær.

stray [strei], *adj.* vildfaren; herreløs; omstrejfende; spredt; *v. i.* fare vild; strejfe om.

streak [stri:k], *s.* streg; stribe; antydning; *like a* ~, lynhurtigt; **-y**, *adj.* stribet.

stream [stri:m], *s.* vandløb, strøm; å, bæk; niveau; *v. t. & i.* strømme; flagre; niveaudele; **-er**, *s.* vimpel; serpentine; klister-

mærke; **-ing**, *s.* inddeling af elever efter niveau; **-lined**, *adj.* strømliniet.

street [stri:t], *s.* gade; *right up my* ~, lige noget for mig; **-car**, *s., U.S.* sporvogn; **-light**, *s.* gadelygte.

strength [streŋθ], *s.* styrke; kræfter; *in* ~, talstærkt; **-en** [-n], *v. t. & i.* forstærke(s); styrke(s).

strenuous ['strenjuəs], *adj.* anstrengende; ihærdig.

stress [stres], *s.* pres; tryk; *gram.* betoning, eftertryk; *mek.* spænding; *med.* stress; *v. t.* lægge eftertryk på; fremhæve.

stretch [stretʃ], *s.* strækning; stræk; periode; *v. t. & i.* strække (sig); spænde; række; ~ *a point*, gøre en indrømmelse; *at a* ~, ud i én køre.

stretcher ['stretʃə], *s.* båre; ~ **-bearer**, *s.* portør.

strew [stru:] (-ed, strewn *el.* -ed), *v. t.* strø.

stricken [strikn], *adj.* ramt, slagen.

strict [strikt], *adj.* streng; striks; nøje; **-ly**, *adv.* ~ *speaking*, strengt taget.

stricture ['striktʃə], *s.* kritik.

stride [straid], *s.* langt skridt; (strode, stridden), *v. t. & i.* skride; skridte ud; skræve over; *make -s*, gøre fremskridt.

strident ['straidnt], *adj.* skingrende.

strife [straif], *s.* strid.

strike [straik], *s.* slag; strejke; kup; fund; angreb; (struck, struck), *v. t. & i.* slå (på); ramme; strejke; slå 'til; finde; stryge; **-ing**, *adj.* slående; rammende.

string [striŋ], *s.* snor, bånd;

sejlgarn; række; *mus.* streng; stryger; (strung, strung), *v. t. & i.* trække på snor; sætte strenge på; *pull -s, fig.* trække i trådene; ~ *along with, S* slutte sig til; følge med.

stringent ['strindʒənt], *adj.* streng; stram.

strip [strip], *s.* strimmel; *v. t. & i.* tage af; trække af; klæde (sig) af; ~ *down,* skille ad; *comic* ~, *s.* tegneserie; **-per,** *s.* nøgendanser; ~ **-tease,** *s.* afklædningsnummer.

stripe [straip], *s.* stribe.

stripling ['striplin], *s.* yngling, grønskolling.

strive [straiv] (strove, striven), *v. t.* stræbe; kæmpe.

stroke [strəuk], *s.* slag; stød; tag; strøg; streg; *med.* slagtilfælde; *v. t.* stryge; glatte; klappe; ~ *of genius,* genistreg; ~ *of luck,* lykketræf.

stroll [strəul], *s.* spadseretur; *v. i.* slentre, spadsere.

strong [strɔŋ], *adj.* stærk; kraftig; **-box,** *s.* pengeskab; **-hold,** *s.* fæstning; borg; ~ **-willed,** *adj.* viljestærk; stædig.

strop [strɔp], *s.* strygerem.

structure ['strʌktʃə], *s.* struktur; bygning.

struggle [strʌgl], *s.* kamp; anstrengelse; *v. i.* kæmpe; slide.

strum [strʌm], *v. t. & i.* klimpre (på).

strumpet ['strʌmpit], *s.* skøge.

strut [strʌt], *s., arkit.* stiver, stræber; knejsen; *v. i.* spankulere; knejse.

strychnine ['strikni:n], *s., kem.* stryknin.

stub [stʌb], *s.* stub; stump; talon; *T* skod; *v. t.* rydde; opgrave; ~ *one's toe,* støde sin tå.

stubble [stʌbl], *s.* stubbe.

stubborn ['stʌbən], *adj.* stædig; hårdnakket.

stubby ['stʌbi], *adj.* kort og tyk.

stucco ['stʌkəu], *s.* kalkpuds, stuk.

stuck [stʌk], *adj. be* ~, sidde fast; ~ **-up,** *S* højrøvet; vigtig.

stud [stʌd], *s.* søm, dup; kraveknap; stutteri; *zoo.* avlshingst; *v. t.* beslå med søm; overså, bestrø.

student ['stju:dnt], *s.* student; studerende; elev.

studied ['stʌdid], *adj.* tilstræbt; gennemtænkt; udsøgt; belæst.

studio ['st(j)u:diəu], *s.* atelier; *film. & radio.* studie.

studious ['st(j)u:diəs], *adj.* flittig; omhyggelig.

study ['stʌdi], *s.* arbejdsværelse; studium; studie, udkast; undersøgelse; *v. t. & i.* studere; læse; undersøge; *in a brown* ~, i dybe tanker.

stuff [stʌf], *s.* stof; materiale; ting; ragelse; *v. t. & i.* stoppe; fylde; proppe; polstre; *S* guffe i sig; *kul.* farsere; *do your* ~! vis hvad du kan! ~ *and nonsense!* sludder og vrøvl! **-ing,** *s., kul.* fyld; fars; polstring; **-y,** *adj.* indelukket; kvalm; stiv, forstokket.

stultify ['stʌltifai], *v. t.* ødelægge virkningen af; latterliggøre.

stumble [stʌmbl], *v. t. & i.* snuble; ~ *(up)on,* tilfældigt opdage; **-ing block,** *s.* vanskelighed, anstødssten.

stump [stʌmp], *s.* stub; stump; *v. t. & i.* humpe; forvirre; ~ *up*, *S* punge ud.

stun [stʌn], *v. t.* lamme; overvælde; gøre fortumlet; **-ning**, *adj.* lammende; bedøvende; *T* fantastisk, pragtfuld.

stunt [stʌnt], *s.* kunststykke; nummer; *v. t.* forkrøble; standse i væksten; *v. i.* gøre kunster; *fly.* lave kunstflyvning.

stupefy ['stju:pifai], *v. t.* bedøve; lamslå.

stupendous [stju:'pendəs], *adj.* formidabel, vældig.

stupid ['stju:pid], *adj.* dum; **-ity**, *s.* dumhed, stupiditet.

stupor ['stju:pə], *s.* sløvhed; bedøvet tilstand.

sturdy ['stə:di], *adj.* robust; kraftig; stærk.

sturgeon ['stə:dʒən], *s.*, *zoo.* stør.

stutter ['stʌtə], *s.* stammen; *v. t. & i.* stamme; hakke.

sty [stai], *s.* svinesti; ~(**e**), *med.* bygkorn (på øjet).

style [stail], *s.* stil; måde; slags; mode; *v. t.* benævne; kalde; titulere; formgive; *in* ~, flot, med manér; **-ish**, *adj.* smart; stilfuld; **-ist**, *s.* stilist; modetegner; **-ize** [-aiz], *v. t.* stilisere.

stymie ['staimi], *s.*, *fig.* hindring; *v. t.* forpurre; skabe forhindringer.

suable ['s(j)u:əbl], *adj.*, *jur.* som kan sagsøges.

suave [swa:v], *adj.* mild; sleben, glat.

sub- [sʌb], *præfiks* under-; sub-.

subaltern ['sʌbəltən], *s.*,

mil. (sekond)løjtnant.

subconscious [sʌb'kɔn-ʃəs], *adj.* underbevidst; *the* ~, underbevidstheden.

subdivide [ˌsʌbdi'vaid], *v. t.* underinddele.

subdue [səb'dju:], *v. t.* betvinge; kue; undertrykke; dæmpe; **-d**, *adj.* stilfærdig; dæmpet; kuet.

subject ['sʌbdʒikt], *s.* emne; genstand; fag; statsborger; *gram.* subjekt, grundled; *adj.* ~ *to*, underkastet; udsat for; på betingelse af; [səb-'dʒekt], *v. t.* kue, underkaste; ~ *to*, udsætte for; ~ **matter**, *s.* emne, indhold; **-ivity** [-'tiviti], *s.* subjektivitet.

subjunctive [səb'dʒʌŋktiv], *s.*, *gram.* konjunktiv.

sublet [sʌb'let], *v. t.* fremleje.

sublimate ['sʌblimeit], *v. t.* sublimere.

sublime [sə'blaim], *adj.* ophøjet, sublim.

submachine gun [ˌsʌbmə-'ʃi:ngʌn], *s.*, *mil.* maskinpistol.

submarine ['sʌbməri:n], *s.* undervandsbåd; *adj.* undervands-; undersøisk.

submerge [səb'mə:dʒ], *v. t. & i.* dykke; sænke ned i vand.

submission [səb'miʃŋ], *s.* lydighed; underkastelse; **-ve** [-siv], *adj.* underdanig.

submit [səb'mit], *v. t. & i.* underkaste sig; henstille; forelæggge; ~ *to*, indordne sig; underkaste sig; finde sig i.

subordinate [sə'bɔ:dinət], *s. & adj.* underordnet; [-eit], *v. t.* underordne.

suborn [sə'bɔ:n], *v. t., jur.*
bestikke; forlede.

subpoena [səb'pi:nə], *s.,*
jur. stævning; *v. t.* stævne.

subscri|be [səb'skraib], *v. t.*
& *i.* abonnere; bidrage;
underskrive; **-ber**, *s.* a-
bonnent; bidragyder;
underskriver; **-ption**
[-'skripʃn], *s.* abonnement;
kontingent; bidrag.

subsequent ['sʌbsikwənt],
adj. efterfølgende; **-ly**,
adv. senere; siden; derefter.

subservient [səb'sə:viənt],
adj. underdanig.

subside [səb'said], *v. i.* stilne af; synke.

subsid|iary [səb'sidiəri],
adj. hjælpe-; støtte-; **-ize**
['sʌbsidaiz], *v. t.* understøtte; give tilskud til; **-y**
['sʌbsidi], *s.* statstilskud.

subsist [səb'sist], *v. t.* & *i.*
ernære sig; bestå; eksistere; **-ence**, *s.* udkomme;
eksistens.

substance ['sʌbstəns], *s.*
stof; hovedindhold; substans; **-tial** [səb'stænʃl],
adj. solid; større; væsentlig; virkelig.

substitute ['sʌbstitju:t], *s.*
vikar; stedfortræder; erstatning; *v. t.* sætte i stedet, erstatte.

subterfuge ['sʌbtəfju:dʒ], *s.*
udflugt; påskud.

subterranean [ˌsʌbtə'reinjən], *adj.* underjordisk.

subtitle ['sʌbtaitl], *s.* undertitel; *film.* undertekst.

subtle [sʌtl], *adj.* fin; let;
spidsfindig; skarpsindig;
listig; **-ty**, *s.* spidsfindighed; finhed; listighed.

subtract [səb'trækt], *v. t.*
trække fra.

suburb ['sʌbə:b], *s.* for-

stad; **-an** [-'bə:bn], *adj.*
forstads-; småborgerlig;
provinsiel.

subvention [səb'venʃn], *s.*
understøttelse, tilskud.

subversive [səb'və:siv],
adj. nedbrydende; undergravende.

subway ['sʌbwei], *s.* fodgængertunnel; *U.S.* undergrundsbane.

succeed [sək'si:d], *v. t.* & *i.*
være heldig; have succes;
lykkes; efterfølge, afløse;
did he ~ *?* lykkedes det
ham?

success [sək'ses], *s.* succes; held; **-ful**, *adj.* vellykket; som har medgang; heldig; **-ion** [-ʃn], *s.*
række(følge); arvefølge;
-or [-ə], *s.* efterfølger.

succinct [sək'siŋkt], *adj.*
kortfattet; koncis.

succour ['sʌkə], *v. t.* undsætte; komme til hjælp.

succulent ['sʌkjulənt], *adj.*
saftig.

succumb [sə'kʌm], *v. i.*
bukke under.

such [sʌtʃ], *adj.* sådan; så;
den slags; ~ *and* ~, den
og den; ~ *as*, såsom;
-like, *adj.* den slags.

suck [sʌk], *s.* sugen; *v. t.* &
i. suge; sutte (på); die,
patte; *give* ~, give die;
-er, *s.* sugeskive; *S* naiv
person.

suckle [sʌkl], *v. t.* amme,
give bryst.

suction ['sʌkʃn], *s.* sugning;
adj. suge-.

sudden [sʌdn], *adj.* pludselig; brat; *all of a* ~, lige
pludselig; **-ly**, *adv.* pludselig.

suds [sʌdz], *s. pl.* sæbeskum; sæbevand.

sue [s(j)u:], *v. t.* & *i., jur.*
sagsøge, lægge sag an

(mod).

suède [sweid], *s.* ruskind.

suet ['su:it], *s., kul.* nyrefedt.

suffer ['sʌfə], *v. t. & i.* lide; tage skade; tillade; gennemgå, tåle; **-ing** [-riŋ], *s.* lidelse.

suffice [sə'fais], *v. t. & i.* slå til; være tilstrækkelig; **-ient** [-'fiʃnt], *adj.* tilstrækkelig; nok.

suffix ['sʌfiks], *s., gram.* endelse.

suffocate ['sʌfəkeit], *v. t. & i.* kvæle(s).

suffrage ['sʌfridʒ], *s.* stemmeret; **-fragette** [ˌsʌfrə-'dʒet], *s.* stemmeretskvinde.

suffuse [sə'fju:z], *v. t.* overgyde; brede sig over.

sugar ['ʃugə], *s., kul.* sukker; *v. t.* sukre; søde; *granulated ~*, stødt melis; *lump ~*, hugget sukker; *icing ~*, flormelis; *~* **beet,** *s., bot.* sukkerroe; **-cane,** *s., bot.* sukkerrør; **-y** [-ri], *adj.* sød; *fig.* sukkersød.

suggest [sə'dʒest], *v. t.* foreslå; tyde på; lade ane; antyde; minde om; **-ion** [-ʃn], *s.* forslag; antydning; mindelse; **-ive,** *adj.* suggestiv, tankevækkende.

suicide ['su:isaid], *s.* selvmord; selvmorder; *commit ~*, begå selvmord.

suit [su:t], *s.* sæt tøj, habit; dragt; (kort)farve; ansøgning; *jur.* (rets)sag; *v. t. & i.* passe (til); klæde; *~ yourself!* gør som det passer dig! **-able** [-əbl], *adj.* passende; egnet; **-case,** *s.* kuffert; **-ed** [-id], *adj. ~ to*, egnet til.

suite [swi:t], *s.* suite; følge;

møblement.

suitor ['su:tə], *s.* frier; bejler.

sulk [sʌlk], *v. i.* surmule; **-y,** *adj.* gnaven, sur.

sullen ['sʌlən], *adj.* dyster; mørk; gnaven, sur.

sulphur ['sʌlfə], *s., kem.* svovl; **-ic** [-'fjuərik], *adj. ~ acid, s., kem.* svovlsyre.

sultana [sʌl'ta:nə], *s., kul.* lille rosin.

sultry ['sʌltri], *adj.* lummer, trykkende.

sum [sʌm], *s.* sum; regnestykke; *v. t. & i. ~ up*, resumere; tælle sammen; *jur.* give retsbelæring; **-marily** ['sʌmərəli], *adj.* uden videre; summarisk; **-marize,** *v. t.* resumere; sammenfatte; **-mary,** *s.* resumé; oversigt; *adj.* summarisk; **-ming-up,** *s.* resumé; optælling; *jur.* retsbelæring.

summer ['sʌmə], *s.* sommer; **-house,** *s.* sommerhus; lysthus.

summit ['sʌmit], *s.* bjergtop; *fig.* højdepunkt; *pol.* topmøde.

summon ['sʌmən], *v. t.* stævne; tilkalde; *~ up*, opbyde; **-s,** *s. pl., jur.* stævning.

sumptuous ['sʌm(p)tʃuəs], *adj.* overdådig; luksuriøs.

sun [sʌn], *s.* sol; **-bathe,** *v. i.* tage solbad; **-beam,** *s.* solstråle; **-burn|ed, -t,** *adj.* solbrændt; solskoldet; **-dae** [-dei], *s., kul.* flødeis med frugt; **-dial,** *s.* solur; **-down,** *s.* solnedgang; **-fast,** *adj.* solægte; **-flower,** *s., bot.* solsikke; **-glasses,** *s. pl.* solbriller; **-light,** *s.* sollys; **-ny,** *adj.* solskins-; solbeskinnet;

glad; **-rise,** s. solopgang;
-set, s. solnedgang;
-shade, s. parasol; solskærm; **-shine,** s. solskin; **-stroke,** s. solstik;
-tan, s. solbrændthed.

Sunday ['sʌnd(ə)i], s. søndag; ~ **best,** søndagstøj.

sunder ['sʌndə], v. t. & i.,
gl. & poet. skille(s).

sundry ['sʌndri], adj. diverse; adskillige; forskellige.

sunken ['sʌŋkn], adj. sunket, sænket; indfalden.

sup [sʌp], v. t. & i. spise aftensmad.

super ['su:pə], adj., T superfin; skøn; præfiks over-; super-; **-annuation,** s. pension; afgang.

superb [su'pə:b], adj. herlig; fortrinlig.

supercilious [ˌsu:pə'siljəs],
adj. overlegen; storsnudet.

superficial [ˌsu:pə'fiʃl], adj.
overfladisk.

superfluous [su'pə:fluəs],
adj. overflødig.

superhuman [ˌsu:pə'hju:mən], adj. overmenneskelig.

superimpose [ˌsu:pərim'pəuz], v. t. lægge ovenpå.

superintend [ˌsu:pərin'tend], v. t. & i. tilse; lede;
-ent, s. politikommissær; tilsynsførende; forstander.

superior [su'piəriə], s.
overordnet; adj. overlegen; højere; over-; fortrinlig, udmærket; be ~
to, overgå; mother ~, priorinde; **-ity** [-'ɔriti], s.
overlegenhed.

superman ['su:pəmæn], s.
overmenneske.

supernatural [ˌsu:pə'nætʃrəl], adj. overnaturlig.

supernumerary [ˌsu:pə

'nju:mərəri], s., teat. statist.

supersede [ˌsu:pə'si:d], v. t.
fortrænge; afløse.

supersensitive [ˌsu:pə'sensitiv], adj. overfølsom.

supersonic [ˌsu:pə'sɔnik],
adj. overlyds-.

superstition [ˌsu:pə'stiʃn],
s. overtro; **-ous** [-ʃəs], adj.
overtroisk.

superstructure ['su:pəstrʌktʃə], s. overbygning.

supervise ['su:pəvaiz], v. t.
have opsyn med; overvåge; **-or** [-ə], s. tilsynsførende; inspektør.

supine [s(j)u'pain], adj.
dvask; liggende på ryggen.

supper ['sʌpə], s. aftensmad; **Last S~,** rel. nadver.

supplant [sə'pla:nt], v. t.
fortrænge.

supple [sʌpl], adj. smidig, bøjelig.

supplement ['sʌplmənt], s.
supplement; tillæg; v. t.
supplere; udfylde; **-ary**
[-'mentri], adj. tillægs-;
ekstra.

supplicate ['sʌplikeit], v. t.
& i. bønfalde.

supply [sə'plai], s. forsyning; forråd; v. t. skaffe; forsyne; levere.

support [sə'pɔ:t], s. støtte; underhold; v. t. (under)støtte; bære; forsørge; **-er,** s. tilhænger; forsørger.

suppose [sə'pəuz], v. t. antage; formode; **-edly** [-idli], adv. formodentlig;
-ing, konj. hvis nu; **-ition**
[ˌsʌpə'ziʃn], s. formodning; antagelse.

suppository [sə'pɔzitri], s.,
med. stikpille.

suppress [sə'pres], v. t. un

dertrykke; tilbageholde.

supra- ['su:prə], *præfiks* over-.

suprem|acy [su'preməsi], *s.* overhøjhed; **-e** [-'pri:m], *adj.* øverst; højest; *S~ Court, jur.* højesteret.

surcharge ['sə:tʃa:dʒ], *s.* ekstragebyr; strafporto; *v. t.* overstemple; overlæsse.

sure [ʃuə], *adj. & adv.* sikker; vis; *make* ~, sørge for; sikre sig; **-ly**, *adv.* uden tvivl; sikkert; **-ty**, *s.* sikkerhed; kaution.

surf [sə:f], *s.* brænding; ~ - **board**, *s.* bræt til surfriding.

surface ['sə:fis], *s.* overflade; *v. i.* komme op til overfladen; ~ **mail**, *s.* almindelig post (ikke luft-).

surfeit ['sə:fit], *s.* overmål; overmættelse.

surge [sə:dʒ], *s.* bølge; *v. i.* bølge; strømme.

surg|eon ['sə:dʒən], *s., med.* kirurg; **-ery** [-əri], *s.* kirurgi; konsultation(sværelse); ~ *hours*, konsultationstid; **-ical** [-ikl], *adj.* kirurgisk.

surly ['sə:li], *adj.* gnaven; sur.

surmise [sə'maiz], *v. t. & i.* formode; gisne.

surmount [sə'maunt], *v. t.* overvinde.

surname ['sə:neim], *s.* efternavn.

surpass [sə'pa:s], *v. t.* overgå.

surplice ['sə:plis], *s.* messeskjorte.

surplus ['sə:pləs], *s.* overskud; *adj.* overskuds-; overskydende.

surprise [sə'praiz], *s.* overraskelse; *v. t.* overraske;

forbavse.

surrender [sə'rendə], *v. t. & i.* overgive (sig); opgive; afstå.

surreptitious [ˌsʌrəp'tiʃəs], *adj.* stjålen, hemmelig.

surround [sə'raund], *v. t.* omgive; omringe; **-ings**, *s. pl.* omgivelser; miljø.

surtax ['sə:tæks], *s.* ekstraskat.

surveillance [sə'veiləns], *s.* opsyn.

survey ['sə:vei], *s.* overblik; oversigt; opmåling; besigtigelse; [sə'vei], *v. t.* overskue; bese, besigtige; efterse; opmåle, kortlægge; **-or** [-'veiə], *s.* landmåler; bygningsinspektør; synsmand.

surviv|al [sə'vaivl], *s.* overlevelse; levn; **-e**, *v. t. & i.* overleve; **-or** [-ə], *s.* overlevende.

susceptible [sə'septəbl], *adj.* følsom; modtagelig.

suspect ['sʌspekt], *s.* mistænkt person; *adj.* suspekt, mistænkelig; [sə'spekt], *v. t.* mistænke; formode.

suspen|d [sə'spend], *v. t.* ophænge; standse; afbryde; udsætte; suspendere; **-ded** [-id], *adj.* afbrudt; hængende; ~ *sentence, jur.* betinget dom; **-der**, *s.* sokkeholder; ~ *belt, s.* hofteholder; **-ders**, *pl., U.S.* seler; **-se** [-s], *s.* spænding; **-sion** [-ʃn], *s.* ophængning; *mek.* affjedring; suspendering; ophævelse; ~ *bridge, s.* hængebro; ~ *of payments*, betalingsstandsning.

suspicio|n [sə'spiʃn], *s.* mistanke; anelse; **-us** [-ʃəs], *adj.* mistænksom;

mistænkelig.
sustain [sə'stein], *v. t.* opretholde; støtte; lide, tåle; **-ed** [-d], *adj.* vedvarende; langvarig.
sustenance ['sʌstinəns], *s.* næring; underhold.
suture ['s(j)u:tʃə], *s., med.* sutur; søm.
swab [swɔb], *s.* svaber; vatpind; tampon; *v. t.* tørre (op); pensle; ~ *down*, svabre.
swaddle [swɔdl], *v. t.* svøbe.
swag [swæg], *s., S* tyvekoster.
swagger ['swægə], *v. i.* prale; blære sig; være storsnudet.
swain [swein], *s., gl.* knøs; ungersvend.
swallow ['swɔləu], *s., zoo.* svale; synken; slurk; *v. t. & i.* synke; sluge; *fig.* hoppe 'på, sluge råt.
swamp [swɔmp], *s.* mose, sump; *v. t.* overskylle; oversvømme; **-y,** *adj.* sumpet.
swan [swɔn], *s., zoo.* svane.
swap, *se* swop.
swarm [swɔ:m], *s.* sværm; *v. i.* sværme; vrimle; myldre.
swarthy ['swɔ:ði], *adj.* mørk; mørklødet; sortsmudset.
swat [swɔt], *v. t.* smække.
swathe [sweið], *s.* svøb; *v. t.* svøbe.
sway [swei], *s.* svajen; *v. t. & i.* svaje; svinge; påvirke; *hold* ~ *over,* styre, beherske; ~ **-backed,** *adj.* svajrygget.
swear [sweə] (swore, sworn), *v. t. & i.* sværge; bande; *jur.* aflægge ed; ~ *by,* sværge på; sværge til; ~ *off,* forsværge; **-word,**

s. bandeord.
sweat [swet], *s.* sved; *T* slid; *v. t. & i.* svede; **-y,** *adj.* svedt; møjsommelig.
Swede [swi:d], *s.* svensker; **-en** [-n], *s.* Sverige; **-ish,** *s. & adj.* svensk.
sweep [swi:p], *s.* fejen; fejning; strækning; fejende bevægelse; *(chimney* ~*)* skorstensfejer; (swept, swept), *v. t. & i.* feje; skride; stryge hen over; *make a clean* ~, gøre rent bord; **-er,** *s.* gadefejer; tæppefejemaskine; **-ing,** *adj.* fejende; radikal, omfattende; lovlig flot; **-ings,** *s. pl.* fejeskarn.
sweet [swi:t], *s., kul.* dessert; bolsje; skat; *adj.* sød; *be* ~ *on,* være lun på; *have a* ~ *tooth,* være slikken; **-bread,** *s., kul.* brissel; ~ **briar,** *s., bot.* æblerose; **-corn,** *s., bot.* majs; **-en** [-n], *v. t. & i.* gøre sød; forsøde; **-heart,** *s.* skat; elskede; **-meat,** *s., kul.* stykke konfekt; ~ **pea,** *s., bot.* lathyrus; **-s,** *s. pl.* slik; **-shop,** *s.* chokoladeforretning; slikbutik.
swell [swel], *s.* svulmen; dønning; *mus.* crescendo; stormand; flot fyr; laps; *adj.* flot, smart; *T* skøn, mægtig, alle tiders; (-ed, swollen *el.*-ed), *v. t. & i.* svulme (op); bugne; hæve sig; blæse sig op; få til at svulme; **-ing,** *s.* hævelse; bule.
swelter ['sweltə], *v. i.* gispe af varme; **-ing** [-riŋ], *adj.* kvælende, smeltende.
swerve [swə:v], *v. i.* dreje (vige) til siden.
swift [swift], *s., zoo.* mursejler; *adj.* hurtig; rask; rap.

swig [swig], *s.*, *S* slurk; *v. t. & i.* drikke i slurke.

swill [swil], *s.* slurk; svineæde; *v. t. & i.* skylle; ~ *down*, tylle i sig.

swim [swim], *s.* svømmetur; (swam, swum), *v. t. & i.* svømme; flyde; svæve; svømme over; **-mer,** *s.* svømmer; **-ming,** *s.* svømning; ~ *baths, pl.* svømmehal; ~ *pool, s.* svømmebassin; ~ *suit, s.* badedragt.

swindle [swindl], *s.* bedrageri, svindel(nummer); *v. t. & i.* bedrage, snyde; **-r** [-ə], *s.* bedrager, svindler.

swine [swain], *s.*, *zoo. & vulg.* svin.

swing [swiŋ], *s.* sving; svingning; gynge; gyngetur; (swung, swung), *v. t. & i.* gynge; svinge; dingle; hænge; *T* blive hængt; *in full* ~, i fuld gang.

swipe [swaip], *s.* slag; *v. t.* slå hårdt; lange ud efter; *T* rapse.

swirl [swə:l], *s.* hvirvlen; *v. t. & i.* hvirvle.

swish [swiʃ], *s.* hvislen; susen; svirp; *v. t. & i.* suse; hvisle; svirpe (med).

Swiss [swis], *s.* schweizer; *adj.* schweizisk; *the* ~, *pl.* schweizerne; ~ *roll, s., kul.* roulade.

switch [switʃ], *s.* pisk; kæp; *elek.* kontakt; afbryder; omstilling; omslag; skift; *radio.* omskifter; *(railway* ~ *)* sporskifte; *v. t. & i.* skifte; dreje; svinge; bytte; slå med; ~ *on (off),* *elek.* tænde (slukke); starte (stoppe); **-back,** *s.* rutschebane; **-board,** *s.* omstillingsbord.

Switzerland ['switsələnd],

s. Schweiz.

swivel ['swivl], *v. t. & i.* dreje (sig); ~ **chair,** *s.* drejestol.

swollen ['swəuln], *adj.* opsvulmet; *fig.* opblæst.

swoon [swu:n], *s.* besvimelse; dånen; *v. i.* besvime; dåne.

swoop [swu:p], *s.* pludseligt angreb; nedslag; *v. t. & i.* slå ned (på); *at one* ~, med ét slag.

swop (swap) [swɔp], *s.* bytten; bytning; dublet; *v. t. & i.* bytte; udveksle.

sword [sɔ:d], *s.* sværd; sabel; **-fish,** *s., zoo.* sværdfisk; **-sman** [-zmən], *s.* fægter.

swot [swɔt], *s.*, *S* slider; *v. i.* slide; terpe.

sycamore ['sikəmɔ:], *s.*, *bot.* morbærfigentræ.

sycophant ['sikəfənt], *s.* spytslikker.

syllable ['siləbl], *s., gram.* stavelse.

syllabus ['siləbəs], *s.* pensum; undervisningsplan.

symbol ['simbl], *s.* symbol; tegn; **-ic(al)** [-'bɔlikl], *adj.* symbolsk; **-ize** ['simbəlaiz], *v. t.* symbolisere.

symmetr|ical [si'metrikl], *adj.* symmetrisk; **-y** ['simətri], *s.* symmetri.

sympath|etic [ˌsimpə'θetik], *adj.* medfølende; deltagende; velvilligt indstillet; **-ize** ['simpəθaiz], *v. i.* sympatisere; **-y** ['simpəθi], *s.* medfølelse; sympati; velvillig indstilling.

symphony ['simfəni], *s.,* *mus.* symfoni.

symptom ['simtəm], *s.* symptom; tegn; **-atic** [-'mætik], *adj.* symptomatisk; karakteristisk.

synagogue ['sinəgɔg], s. synagoge.

sync [siŋk], v. t., T synkronisere; in ~, synkront.

synchronize ['sinkrənaiz], v. t. synkronisere.

syndicate ['sindikət], s. syndikat; konsortium.

synonym ['sinənim], s. synonym; **-ous** [-'nɔniməs], adj. synonym.

synopsis [si'nɔpsis], s. resumé; oversigt.

syntax ['sintæks], s., gram. sætningslære.

synthesis ['sinθəsis], s. syntese.

synthetic [sin'θetik], adj. kunst-; syntetisk, kunstig.

syphilis ['sifilis], s., med. syfilis.

Syria ['siriə], s. Syrien; **-n**, s. & adj. syrisk.

syringe [si'rindʒ], s., med. sprøjte.

syrup ['sirəp], s., kul. sirup.

system ['sistm], s. system; metode; organisme; **-atic** [-'mætik], adj. systematisk.

ta [ta:], int., T tak!

tab [tæb], s. strop; mærke; keep -s on, T holde kontrol med.

tabby ['tæbi], s., zoo. stribet kat; hunkat.

table [teibl], s. bord; tavle; tabel; at ~, ved bordet; lay the ~, dække bordet; **-cloth**, s. dug; **-land**, s. højslette; ~ **mat**, s. bordskåner; ~ **of contents**, s. indholdsfortegnelse; **-spoon**, s. spiseske; ~-**tennis**, s. bordtennis; ~ **top**, s. bordplade.

tablet ['tæblit], s. tablet; tavle; skriveblok.

tabloid ['tæblɔid], s. sensa-tionsblad; frokostavis.

taboo [tə'bu:], s. & adj. tabu.

tabulate ['tæbjuleit], v. t. ordne i tabelform; tabulere.

tacit ['tæsit], adj. stiltiende; tavs; **-urn** [-ə:n], adj. fåmælt; ordknap.

tack [tæk], s. (tegne)stift; ri-sting; v. t. & i. fæstne, hæfte med stifter; ri; naut. stagvende; krydse; get down to brass -s, komme til sagen.

tackle [tækl], s. udstyr, grejer; talje; takkel; sport. tackling; v. t. & i., naut. (til)takle; sport. tackle; fig. gå løs på; give sig i kast med; **-ing**, s., naut. tovværk; sport. tackling.

tacky ['tæki], adj. klæbrig; T billig; vulgær.

tact [tækt], s. takt(følelse); **-ful**, adj. taktfuld; **-less**, adj. taktløs.

tactics ['tæktiks], s. pl. taktik.

tadpole ['tædpəul], s., zoo. haletudse.

taffeta ['tæfitə], s. taft.

tag [tæg], s. mærkeseddel, etiket; prisskilt; dup; løs ende; stump; tagfat; v. t. & i. mærke; ~ along with, følge; rende i hælene på; ~ on (to), hæfte ved.

tail [teil], s. hale; ende; bagende; v. t. & i., T skygge; følge efter; ~ off, dø hen, svinde; turn ~, luske af; **-back**, s. bilkø; **-coat**, s. (herre)kjole; ~ **end**, s. bageste ende; **-gate**, s. bagsmæk; bagagerumsklap; **-s**, pl. white tie and -s, kjole og hvidt; heads or -s? plat eller krone? ~ **wind,** *s.* medvind.

tailor ['teilə], *s.* skrædder; *v. t. & i.* sy efter mål; *fig.* tilpasse; lave efter ønske; ~**-made,** *adj.* skræddersyet.

taint [teint], *s.* plet, skamplet; smitte; *v. t. & i.* plette; smitte; fordærve.

take [teik], *s.* fangst; indtægt, kasse; *film.* optagelse; (took, taken), *v. t. & i.* tage; fange; indtage; bringe; gribe; modtage; kræve; rumme; tage med; slå an; *I* ~ *it,* jeg går ud fra; ~ *after,* slægte på; ~ *apart,* skille ad; ~ *away,* fjerne; trække fra; tage med hjem; ~ *back,* tage tilbage; tage i sig igen; ~ *down,* rive ned; skrive ned; ~ *in,* narre; opfatte; modtage, huse; ~ *off,* lette; parodiere; tage af; ~ *on,* påtage sig; ansætte; gå i lag med; ~ *it out on,* lade det gå ud over; ~ *over,* overtage; afløse; ~ *place,* finde sted; ~ *to,* få smag for; fatte sympati for; ~ *up,* tage op; genoptage; begynde på; optage; fylde; slå sig på; **-away,** *adj.* udaf-huset; **-off,** *s.* start; **-over,** *s.* overtagelse.

talc [tælk], *s.* talkum.

tale [teil], *s.* fortælling; historie; eventyr; *tell -s,* sladre.

talent ['tælənt], *s.* talent; begavelse; **-ed** [-id], *adj.* begavet.

talk [tɔ:k], *s.* samtale, snak; foredrag; forhandling; drøftelse; *v. t. & i.* snakke; tale; ~ *back,* svare igen; ~ *over,* diskutere; overtale; **-ative,**

adj. snakkesalig; **-ing-to,** *s. a good* ~, en opsang.

tall [tɔ:l], *adj.* høj; lang; stor; *T* usandsynlig; overdreven; *a* ~ *story,* en utrolig historie.

tallow ['tæləu], *s.* tælle, talg.

tally ['tæli], *s.* regnskab; *v. t. & i.* ~ *with,* stemme med.

tambourine [ˌtæmbə'ri:n], *s., mus.* tamburin.

tame [teim], *adj.* tam; mat; spag; *v. t.* tæmme.

tamp [tæmp], *v. t.* tilstoppe.

tamper ['tæmpə], *v. i.* ~ *with,* pille ved; rode med; forfalske; påvirke.

tan [tæn], *s.* solbrændthed; *adj.* gyldenbrun; *v. t. & i.* gøre el. blive solbrændt; garve.

tang [tæŋ], *s.* skarp smag el. lugt; bismag.

tangent ['tændʒənt], *s., mat.* tangent; *go off at a* ~, *fig.* komme væk fra emnet.

tangerine [ˌtændʒə'ri:n], *s., bot.* mandarin.

tangible ['tændʒəbl], *adj.* håndgribelig.

Tangier [tæn'dʒiə], *s.* Tanger.

tangle [tæŋgl], *s.* sammenfiltret masse; forvirring; *v. t. & i.* sammenfiltre(s), indvikle; *get into a* ~, komme i urede; *fig.* komme i vanskeligheder.

tango ['tæŋgəu], *s.* tango; *v. i.* danse tango.

tank [tæŋk], *s., mil.* kampvogn; beholder; tank; cisterne; *v. i.* ~ *up,* tanke op; **-er,** *s.* tankskib.

tankard ['tæŋkəd], *s.* ølkrus.

tan|nery ['tænəri], *s.* garveri; **-nic,** adj. ~ acid, garvesyre.

tantalize ['tæntəlaiz], v. t. pine; plage.

tantamount ['tæntəmaunt], adj. ~ to, ensbetydende med.

tantrum ['tæntrəm], s. raserianfald.

tap [tæp], s. (vand)hane; let slag, dask; v. t. & i. slå let, banke på; tappe; steppe; aflytte; on ~, på fad; fig. til rådighed; ~ **dance,** s. stepdans; **-ping,** s. aftapning; ~ -**room,** s. skænkestue; **-ster,** s. øltapper; vintapper.

tape [teip], s. bånd; strimmel; klæbestrimmel; bændel; v. t. måle; forsyne med bånd; optage på bånd; ~ **measure,** s. målebånd; ~ -**recorder,** s. båndoptager; **-worm,** s., zoo. bændelorm.

taper ['teipə], s. kerte; v. t. & i. spidse til; ~ off, gradvis aftage; -**ing** [-riŋ], adj. spids; konisk.

tapestry ['tæpistri], s. gobelin; tapet.

tar [ta:], s. tjære; S matros; v. t. tjære; -**board,** s. tjærepap; -**brush,** s. tjærekost.

tardy ['ta:di], adj. langsom, sendrægtig.

tare [tɛə], s., merk. tara.

target ['ta:git], s. skydeskive; mål.

tariff ['tærif], s. tarif; prisliste.

tarmac ['ta:mæk], s. asfaltbelægning; landingsbane.

tarn [ta:n], s. lille fjeldsø.

tarnish ['ta:niʃ], v. t. & i. løbe an; falme; fig. plette.

tarpaulin [ta:'pɔ:lin], s. presenning; sydvest.

tarragon ['tærəgən], s., kul. esdragon.

tart [ta:t], s., kul. tærte; S tøjte; tøs; adj. sur; bidende.

tartan [ta:tn], s. skotskternet mønster; adj. skotskternet.

task [ta:sk], s. opgave; pligt; arbejde; lektie; v. t. anstrenge; sætte på prøve; -**master,** s. krævende lærer; streng arbejdsgiver.

tassel [tæsl], s. kvast, dusk.

tast|e [teist], s. smag; v. t. & i. smage; prøve; in good ~, smagfuld; to my ~, i min smag; -**eful,** adj. smagfuld; -**eless,** adj. uden smag; smagløs; -**y,** adj. velsmagende; smagfuld.

tatter ['tætə], s. las; pjalt; in -s, i laser.

tattle [tætl], s., T sludder, snak; v. t. & i. sludre, snakke; -**r** [-ə], s. sludrechatol.

tattoo [tə'tu:], s. tatovering; mil. tattoo, militæropvisning; v. t. & i. tatovere; tromme.

tatty ['tæti], adj., S snusket; tarvelig.

taunt [tɔ:nt], s. hån, spot; spydighed; v. t. håne; spotte.

taut [tɔ:t], adj. stram; (an)spændt; naut. tot; -**en** [-n], v. t. & i. stramme(s).

tavern ['tævən], s. værtshus; kro.

tawdry ['tɔ:dri], adj. spraglet; tarvelig.

tawny ['tɔ:ni], adj. gyldenbrun; solbrun; ~ **owl,** s., zoo. natugle.

tax [tæks], s. skat; byrde; v. t. beskatte; bebyrde;

stille store krav til; **-able** [-əbl], *adj.* skattepligtig; **-ation** [-'seiʃn], *s.* beskatning; ~ **collector,** *s.* skatteopkræver; ~ **-free,** *adj.* skattefri; **-payer,** *s.* skatteyder; ~ **return,** *s.* selvangivelse.

taxi ['tæksi], *s.* taxa, hyrevogn; ~ **rank,** *s.* taxaholdeplads.

tea [ti:], *s., kul.* te; *not my cup of* ~, ikke mit nummer; ikke min type; ~ **bag,** *s.* tepose; tebrev; ~ **-caddy,** *s.* tedåse; ~ **cosy,** *s.* tehætte; **-cup,** *s.* tekop; **-pot,** *s.* tepotte; **-spoon,** *s.* teske; ~ **towel,** *s.* viskestykke.

teach [ti:tʃ] (taught, taught), *v. t. & i.* lære; undervise (i); **-er,** *s.* lærer(inde); ~ *training college,* *s.* seminarium; **-ing,** *s.* undervisning.

team [ti:m], *s., sport.* hold; (for)spand; *v. t.* spænde sammen; ~ *up,* danne et hold, samarbejde; **-work,** *s.* samarbejde.

tear [tɛə], *s.* rift; flænge; (tore, torn), *v. t. & i.* flå; rive; revne; jage, fare; ~ *along,* fare af sted; ~ *off,* rive af; *T* lave i en fart; ~ *up,* rive i stykker; **-ing,** *adj., T* voldsom.

tear [tiə], *s.* tåre; *in -s,* opløst i gråd; **-ful,** *adj.* grædende; tårevædet.

tease [ti:z], *v. t.* drille; plage; **-r** [-ə], *s.* drillepind; vanskeligt problem.

teat [ti:t], *s.* brystvorte, patte; sut.

techni|cal ['teknikl], *adj.* teknisk; faglig; **-cality** [-'kæliti], *s.* teknisk detalje; **-cian** [-'niʃn], *s.* tekniker; **-que** [-'ni:k], *s.* tek-

nik, fremgangsmåde.

technolog|ical [ˌteknə'lɔdʒikl], *adj.* teknologisk; **-y** [-'nɔlədʒi], *s.* teknologi.

tedi|ous ['ti:diəs], *adj.* kedsommelig; langtrukken; kedelig; **-um** [-əm], *s.* lede; kedsommelighed.

teem [ti:m], *v. t. & i.* vrimle; myldre.

teen|-age ['ti:neidʒ], *s. & adj.* (i) alderen fra 13 til 19; **-ager,** *s.* dreng el. pige mellem 13 og 19; **-s,** *pl. in one's* ~, mellem 13 og 19 år gammel.

teeny(-weeny) ['t:ni('wi:ni)], *adj., T* lillebitte.

teeter ['ti:tə], *v. i.* vippe; vakle.

teeth|e [ti:ð], *v. i.* få tænder; **-ing,** *s.* tandgennembrud; ~ *troubles, fig.* begyndervanskeligheder.

teetotal [ti:'təutl], *adj.* afholds-; **-ler,** *s.* afholdsmand.

tele|cast ['telika:st], *s.* fjernsynsudsendelse; **-gram** [-græm], *s.* telegram; **-graph** [-gra:f], *s.* telegraf; *v. t. & i.* telegrafere; **-pathy** [ti'lepəθi], *s.* telepati; **-phone** [-fəun], *s.* telefon; *v. t. & i.* telefonere (til); ~ *booth, s.* telefonkiosk; ~ *call, s.* opringning; ~ *directory, s.* telefonbog; **-printer** [-printə], *s.* fjernskriver; **-scope** [-skəup], *s.* kikkert; teleskop; **-viewer** [-vju:ə], *s.* (fjern)seer; **-vise** [-vaiz], *v. t. & i.* udsende i fjernsyn; **-vision** [-'viʒn], *s.* fjernsyn; *s.* ~ *set, s.* fjernsynsapparat.

tell [tel] (told, told), *v. t. & i.* fortælle; berette; sige (til); give besked (om); kunne mærkes; afgøre;

røbe; kende; skelne; sladre; *I told you not to!* jeg sagde du skulle lade være! ~ *tales*, sladre; **-er**, *s.* fortæller; kasserer; stemmeoptæller; **-ing**, *adj.* sigende; træffende, virkningsfuld; **-ing-off**, *s., S* balle; irettesættelse.

tell-tale ['telteil], *s.* sladderhank; tegn, bevis; *adj.* afslørende.

telly ['teli], *s., T* fjernsyn.

temerity [ti'meriti], *s.* dumdristighed.

temper ['tempə], *s.* humør; sind; stemning; temperament; hidsighed; *v. t. & i.* temperere; hærde; dæmpe, mildne; afpasse; *lose one's* ~, blive hidsig; miste selvbeherskelsen; *in a good (bad)* ~, i godt (dårligt) humør; **-ament** ['temprəmənt], *s.* gemyt; temperament; **-amental** [-'mentl], *adj.* temperamentsfuld; **-ance** [-rəns], *s.* afholdenhed; mådehold; **-ate** [-rət], *adj.* mådeholden; behersket; ~ *climate*, tempereret klima; **-ature** ['temprətʃə], *s.* temperatur; *run a* ~, have feber.

tempest ['tempist], *s.* storm; **-uous** [-'pestʃuəs], *adj.* stormfuld.

temple [templ], *s.* tempel; *anat.* tinding.

temporal ['temprəl], *adj.* verdslig; tids-.

temporary ['tempreri], *adj.* midlertidig, foreløbig.

temporize ['tempəraiz], *v. i.* nøle.

tempt [temt], *v. t.* friste; lokke; **-ation** [-'teiʃn], *s.* fristelse.

ten [ten], *num.* ti; **-th** [-θ], *s.* tiendedel; *num.* tiende.

tenable ['tenəbl], *adj.* holdbar; logisk.

tenacious [ti'neiʃəs], *adj.* fast; sej; klæbrig; hårdnakket, stædig; **-ty** [-'næsiti], *s.* hårdnakkethed.

tenant ['tenənt], *s.* lejer; forpagter; beboer.

tend [tend], *v. t. & i.* passe; pleje; betjene; ~ *to*, være tilbøjelig til at; gå i retning af; tendere imod; bidrage til; **-ency**, *s.* tendens; retning; tilbøjelighed.

tender ['tendə], *s.* tilbud; tender; passer, plejer; *adj.* øm; følsom; blid; sart; spæd; *kul.* mør; *v. t. & i.* tilbyde; fremføre; indgive; *legal* ~, lovligt betalingsmiddel; *invite* **-s**, udbyde i licitation; **-foot**, *s.* grønskolling; **-loin**, *s., kul.* mørbrad; filet.

tendon ['tendən], *s., anat.* sene.

tendril ['tendril], *s., bot.* slyngtråd.

tenement ['tenəmənt], *s.* beboelsesejendom.

tenor ['tenə], *s.* indhold; ånd; bane; forløb; *mus.* tenor.

tense [tens], *s., gram.* tid; *adj.* spændt; stram; anspændt; *v. t. & i.* spænde.

tension ['tenʃn], *s.* spænding, spændkraft; *fig.* anspændthed; spændt forhold.

tent [tent], *s.* telt.

tentacle ['tentəkl], *s., zoo.* fangarm.

tentative ['tentətiv], *adj.* prøvende; foreløbig; prøve-.

tenterhook ['tentəhuk], *s.* *be on* **-s**, sidde som på nåle; *keep on* **-s**, holde i

spænding.
tenuous ['tenjuəs], *adj.*
tynd; fin.
tenure ['tenj(u)ə], *s.* besid-
delse; ~ *of office*, tjene-
stetid.
tepid ['tepid], *adj.* lunken.
term [tə:m], *s.* termin; pe-
riode; frist; semester; ud-
tryk, vending; betegnel-
se; *v. t.* benævne; kalde;
-s, *pl.* betingelser; vilkår;
pris; *come to -s with*,
affinde sig med; *in -s of*,
udtrykt i; *on good (bad) -s*,
gode venner (uvenner);
on speaking -s, på tale-
fod; **-inology** [,tə:mi'nɔlə-
dʒi], *s.* termimologi.
termi|nal ['tə:minl], *s.* en-
depunkt; endestation;
terminal; *elek.* pol; *adj.*
endelig; ende-; yder-; af-
sluttende; **-nate** [-neit],
v. t. & i. afslutte; ophøre;
ophæve; opsige; **-nus**
[-nəs], *s.* endestation.
termite ['tə:mait], *s., zoo.*
termit.
tern [tə:n], *s., zoo.* terne.
terrace ['terəs], *s.* terrasse;
husrække; **-d**, *adj.* ~
houses, rækkehuse.
terrestrial [tə'restriəl], *adj.*
jord-; jordisk.
terri|ble ['terəbl], *adj.* fryg-
telig; forfærdelig; **-fic**
[tə'rifik], *adj.* frygtelig; *S*
enorm; fantastisk; **-fy**
['terifai], *v. t.* gøre bange;
forfærde.
territory ['teritri], *s.* territo-
rium; landområde.
terror ['terə], *s.* rædsel;
skræk; **-ism** [-rizm], *s.*
terrorisme; **-ist**, *s.* terro-
rist; **-ize** [-raiz], *v. t.* terro-
risere.
terry ['teri], *s.* frotté.
terse [tə:s], *adj.* fyndig,
koncis.

tertiary ['tə:ʃəri], *adj.* terti-
ær.
test [test], *s.* prøve; under-
søgelse; *v. t.* prøve; un-
dersøge, kontrollere; *put
to the* ~, stille på prøve;
~ **match**, *s.* kricket-
landskamp; **~-tube**, *s.*
reagensglas; **-y**, *adj.* gna-
ven; irritabel.
test|ament ['testəmənt], *s.*
testamente; **-ator** [-'stei-
tə], *s.* testator, arvelader.
testicle ['testikl], *s., anat.*
testikel.
testi|fy ['testifai], *v. t. & i.*
(be)vidne; bekræfte;
-monial [-'məunjəl], *s.* at-
test; vidnesbyrd; **-mony**
[-məni], *s.* vidneudsagn;
vidnesbyrd; bevis.
tetanus ['tetənəs], *s., med.*
stivkrampe.
tether ['teðə], *s.* tøjr; *v. t.*
tøjre; binde; *be at the end
of one's* ~, ikke kunne
mere.
text [tekst], *s.* tekst; **-book**,
s. lærebog; **-ual** [-ʃuəl],
adj. tekst-.
text|ile ['tekstail], *s.* tekstil;
-ure [-tʃə], *s.* vævning;
struktur.
Thames [temz], *s. the* ~,
Themsen.
than [ðæn], *konj.* end.
thank [θæŋk], *v. t.* takke;
~ *you (very much)!*
(mange) tak! ~ *God!*Gud
være lovet! gudskelov!
-ful, *adj.* taknemmelig;
-less, *adj.* utaknemme-
lig; **-s**, *s. pl.* tak; ~ *very
much! many* ~*!* mange
tak! ~ *to*, takket være;
-sgiving, *s.* taksigelse.
that [ðæt], *pron.* den, det;
som, der; *konj.* at; fordi;
så at; for at; *adv.* så.
thatch [θætʃ], *s.* stråtag;
v. t. tække; **-ed** [-t], *adj.*

stråtækt.

thaw [θɔ:], *s.* tø; tøvejr; *v. t.
& i.* tø; tø op.

the [ðə, ði], *best. art.* den,
det; de; jo, desto.

theatre ['θiətə], *s.* teater;
skueplads; auditorium;
~**-goer**, *s.* teatergænger.

theatrical [θi'ætrikl], *adj.*
teatralsk; teater-.

theft [θeft], *s.* tyveri.

their [ðɛə], *pron.* deres; **-s**,
deres.

them [ðem], *pron.* dem;
sig; **-selves** [-'selvz], *pron.*
sig; (sig) selv.

them|atic [θi'mætik], *adj.*
tematisk; **-e** [θi:m], *s.*
emne; tema; stil, opgave;
kendingsmelodi.

then [ðen], *adv.* da; den-
gang; så; derpå; derfor;
adj. daværende; ~ *and
there*, på stedet; *(every)
now and* ~, nu og da.

theolog|ian [ˌθiə'ləudʒn], *s.*
teolog; **-y** [θi'ɔlədʒi], *s.*
teologi.

theo|retical [ˌθiə'retikl],
adj. teoretisk; **-ry** ['θiəri],
s. teori.

thera|pist ['θerəpist], *s.* te-
rapeut; *occupational* ~,
ergoterapeut; **-py**, *s.* te-
rapi.

there [ðɛə], *adv.* der; der-
hen; deri; dertil; *int.* så!
~ *we are!* det var det! **-a-
bout(s)**, *adv.* derom-
kring; omtrent; **-after**,
adv. derefter; **-fore**, *adv.*
derfor; **-upon**, dermed;
derpå.

therm|al [θə:ml], *adj.* var-
me-; varm; **-ometer** [θə-
'mɔmitə], *s.* termometer;
-os ['θə:mɔs], *s.* termofla-
ske; **-ostat** ['θə:məˌstæt],
s. termostat.

these [ði:z], *pron.* disse;
one of ~ *days*, snart.

thesis ['θi:sis] (*pl.* theses),
s. afhandling; disputats;
tese.

they [ðei], *pron.* de; man.

thick [θik], *adj.* tyk; tæt;
uklar; dum; grødet; *they
are very* ~, de er fine
venner; *through* ~ *and
thin*, gennem tykt og
tyndt; *in the* ~ *of*, midt i;
-en [-n], *v. t. & i.* gøre tyk;
blive tyk; jævne; ~**-
headed**, ~**-witted**, *adj.*
tykhovedet; **-ness**, *s.* tyk-
kelse; **-set**, *adj.* firskåren.

thicket ['θikit], *s.* krat; tyk-
ning.

thie|f [θi:f], *s.* tyv; **-ve** [θi:v],
v. t. & i. stjæle.

thigh [θai], *s., anat.* lår.

thimble [θimbl], *s.* finger-
bøl.

thin [θin], *adj.* tynd; smal;
mager, spinkel; *v. t. & i.*
gøre tyndere; fortynde;
~ *out*, tynde ud.

thing [θiŋ], *s.* ting; tingest;
sag; *first* ~, straks; *just
the* ~, det helt rigtige; **-s**,
pl. sager; tøj, kluns; *how
are* ~ ? hvordan går det?
take first ~ *first*, starte
med det væsentligste; *it's
just one of those* ~, sådan
er der så meget.

thingummy, -bob, -jig
['θiŋəmi, -bɔb, -dʒig], *s.*
tingest; dims; duppedit.

think [θiŋk] (thought,
thought), *v. t. & i.* tænke;
tro; mene; synes; fore-
stille sig; ~ *about*, tænke
på; tænke over; ~ *of*,
tænke på; tænke om; fin-
de på; huske; ~ *out*,
udtænke; gennemtænke;
~ *over*, overveje; ~ *up*,
hitte på.

third [θə:d], *s.* tredjedel;
mus. terts; *num.* tredje;
~ *party insurance*, an-

svarsforsikring; **-ly,** *adv.*
for det tredje; **~-rate,**
adj. tredjeklasses.
thirst [θəːst], *s.* tørst; *v. i.*
tørste; **-y,** *adj.* tørstig.
thir|teen [ˌθəˈtiːn], *num.*
tretten; **-ty** [ˈθəːti], *num.*
tredive.
this [ðis] (*pl.* these), *pron.*
denne, dette; ~ *one,* denne her; *like* ~, sådan her;
~ *day,* i dag; dags dato.
thistle [θisl], *s., bot.* tidsel.
tholepin [ˈθəulpin], *s., naut.*
åretold.
thorax [ˈθɔːræks], *s., anat.*
brystkasse.
thorn [θɔːn], *s.* torn; *bot.*
tjørn.
thorough [ˈθʌrə], *adj.*
grundig; fuldstændig;
omhyggelig; indgående;
-bred, *s.* fuldblodshest;
adj. raceren; fuldblods-;
kultiveret; **-fare,** *s.* færdselsåre; *no* ~, gennemkørsel forbudt; **-going,**
adj. omfattende; grundig; **-ly,** *adv.* helt igennem; fuldkommen.
those [ðəuz], *pron.* de,
dem.
though [ðəu], *konj. & adv.*
selv om; skønt; alligevel;
dog; *as* ~, som om; *even*
~, selv om.
thought [θɔːt], *s.* tanke;
tænkning; omtanke; o-
vervejelse; *on second* -*s,*
ved nærmere eftertanke;
-ful, *adj.* tankeful; be-
tænksom; alvorlig; **-less,**
adj. tankeløs; ubetænk-
som; ~-**reading,** *s.* tan-
kelæsning.
thousand [ˈθauznd], *num.*
tusind.
thrall [θrɔːl], *s.* træl; slave.
thrash [θræʃ], *v. t. & i.*
tærske; slå, prygle; ~
out, gennemdrøfte, dis-

kutere til bunds; **-ing,** *s.*
dragt prygl.
thread [θred], *s.* tråd; *mek.*
gevind; *v. t.* tråde; *fig.*
lose the ~, tabe tråden;
~ *one's way,* sno sig
frem; **-bare,** *adj.* luvslidt.
threat [θret], *s.* trussel; **-en**
[-n], *v. t. & i.* true (med);
-ening, *adj.* truende.
three [θriː], *s. & num.* tre;
tretal; treer; **-score,** tres.
thresh [θreʃ], *v. t. & i.* tær-
ske; **-er,** *s.* tærsker; **-ing**
machine, *s.* tærskeværk.
threshold [ˈθreʃəuld], *s.*
tærskel.
thrice [θrais], *adv., gl.* tre
gange.
thrift [θrift], *s.* sparsom-
melighed; **-y,** *adj.* spar-
sommelig.
thrill [θril], *s.* gys; gysen;
spænding; *v. t. & i.* gyse;
begejstre; **-er,** *s.* gyser;
-ing, *adj.* spændende.
thriv|e [θraiv] (throve,
thriven), *v. i.* trives; have
heldet med sig; **-ing,** *adj.*
blomstrende.
throat [θrəut], *s., anat.*
hals; strube; svælg; *a sore*
~, ondt i halsen.
throb [θrɔb], *s.* slag; pulse-
ren; dunken; *v. i.* slå;
banke; pulsere.
throe [θrəu], *s.* smerte;
kval.
throne [θrəun], *s.* trone.
throng [θrɔŋ], *s.* trængsel;
vrimmel; *v. t. & i.* stimle
sammen; trænges.
throstle [θrɔsl], *s., zoo.*
sangdrossel.
throttle [θrɔtl], *s.* strube;
spjæld; gashåndtag; *v. t.*
& i. kvæle(s); ~ *down,*
tage farten af.
through [θruː], *præp. &*
adv. & adj. (i)gennem;
ved; på grund af; færdig;

gennemgående; ~ *and*
~, fuldstændig, helt i-
gennem; *all* ~ *you*, tak-
ket være dig; *wet* ~, gen-
nemblødt; *are you* ~ *?* er
du færdig? ~ *train*, gen-
nemgående tog; **-out**,
præp. & adv. helt igen-
nem.

throw [θrəu], *s.* kast;
(threw, thrown), *v. t. & i.*
kaste; smide; ~ *a fit*, få
en prop; ~ *a party*, holde
en fest; *a stone's* ~, et
stenkast; ~ *away*, smide
væk; forspilde; ~ *in*, give
ekstra; indskyde; ~
open, åbne (på vid gab);
~ *out*, smide ud; ~ *up*,
kaste op; **-away**, *s.* rekla-
metryksag; *adj.* en-
gangs-.

thrum [θrʌm], *v. t. & i.*
klimpre; ~ *on the table*,
tromme på bordet.

thrush [θrʌʃ], *s., zoo.* dros-
sel; *med.* trøske.

thrust [θrʌst], *s.* stød, puf;
stik; *fig.* udfald; *mek.*
tryk; (thrust, thrust), *v. t.
& i.* støde; jage, stikke;
skubbe, mase (sig).

thud [θʌd], *s.* bump; dump
lyd.

thug [θʌg], *s., T* bølle, ban-
dit.

thumb [θʌm], *s., anat.*
tommmelfinger; *v. t.* fin-
gerere ved; bladre; *rule of*
~, tommelfingerregel;
be all -s, have ti tommel-
fingre; ~ *a lift*, *S* blaffe;
~ **-screw**, *s.* tommel-
skrue; ~ **-stall**, *s.* finger-
tut.

thump [θʌmp], *s.* dunk;
tungt slag; *v. t. & i.* dun-
ke; hamre; **-ing**, *adj.*
mægtig, gevaldig.

thunder ['θʌndə], *s.* tor-
den; *fig.* bragen, buldren;

v. t. & i. tordne; buldre;
drøne; **-clap**, *s.* torden-
skrald; **-storm**, *s.* torden-
vejr; **-struck**, *adj.* him-
melfalden, lamslået.

Thursday ['θəːzd(e)i], *s.*
torsdag.

thus [ðʌs], *adv.* således;
derfor; ~ *far*, indtil nu.

thwack [θwæk], *s.* slag; *v. t.*
slå; banke.

thwart [θwɔːt], *v. t.* forpur-
re; forhindre.

thyme [taim], *s., bot.* timi-
an.

thyroid ['θairɔid], *adj.*
skjoldbrusk-; ~ **gland**, *s.,*
anat. skjoldbruskkirtel.

tibia ['tibiə], *s., anat.* skin-
neben.

tic [tik], *s.* tic; nervøs træk-
ning.

tick [tik], *s.* hak, mærke;
tik; tikken; *v. t. & i.* tikke;
dikke; mærke; *just a* ~ *!*
lige et sekund! *what ma-
kes him* ~ *?* hvordan er
han indrettet? *buy on* ~,
købe på klods; ~ *off*,
krydse af; *S* skælde ud;
-er, *s.* børs-telegraf; *S*
lommeur; hjerte.

ticket ['tikit], *s.* billet;
(mærke)seddel; bøde;
lottery ~, *s.* lodseddel;
that's the ~ *! T* sådan skal
det være! ~ **collector**, *s.*
billetkontrollør; ~ **office**,
s. billetkontor.

tickle ['tikl], *s.* kildren; *v. t.
& i.* kilde, kildre; pirre;
smigre; more; fornøje;
-ish, *adj.* kilden; penibel.

tidal [taidl], *adj.* tide-
vands-; ~ **wave**, flodbøl-
ge.

tide [taid], *s.* tidevand; *fig.*
tendens, strømning; *v. t.
& i., naut.* drive med
strømmen; *high* ~, flod;
low ~, ebbe; ~ *over*,

klare sig igennem.

tidiness ['taidines], *s.* orden; ordentlighed.

tidings ['taidiŋz], *s. pl.* tidende, nyheder; efterretninger.

tidy ['taidi], *adj.* ordentlig; ryddelig; pæn; *v. t.* rydde op; ordne; gøre i stand; *a ~ sum*, et pænt beløb; *keep ~*, holde i orden; *~ up*, rydde op.

tie [tai], *s.* slips; bånd; *(bow-~)* butterfly; *mus.* bindebue; *sport.* uafgjort kamp; lige antal points; (tying), *v. t. & i.* binde; *sport.* spille uafgjort; *black ~*, smoking; *white ~*, kjole og hvidt; *~ down, fig.* binde; forpligte; *~ up*, binde; afslutte; *be tied up*, være ophængt; *~ beam, s.* hanebjælke.

tiff [tif], *s.* skænderi; kurre på tråden; *be in a ~*, være sur.

tig [tig], *s.* tagfat.

tiger ['taigə], *s., zoo.* tiger.

tight [tait], *adj.* fast; tæt; snæver, stram; *T* fuld; nærig; **-en** [-n], *v. t. & i.* stramme(s); spænde(s); *~ up*, skærpe; *~-fisted, adj.* nærig, påholdende; **-rope,** *s.* line; *~ dancer,* linedanser; **-s,** *s. pl.* strømpebukser; trikot.

tile [tail], *s.* tegl; tagsten; flise; kakkel; *out on the -s, T* ude og bumle.

till [til], *s.* pengeskuffe; *præp. & konj.* til; indtil; *v. t.* dyrke; *not ~*, først, ikke før; **-age** [-idʒ], *s.* dyrkning; **-er,** *s., naut.* rorpind.

tilt [tilt], *s.* hældning; hæld; *v. t. & i.* vippe; tippe; hælde; *at full ~*, for fuld fart.

timbal ['timbl], *s., mus.* pauke.

timber ['timbə], *s.* tømmer; *naut.* spant; **-ed** [-d], *adj.* tømret; *half-~, adj.* bindingsværks-; *~ yard, s.* tømmerplads.

timbre ['tæmbə], *s.* klangfarve.

timbrel ['timbrəl], *s., mus.* tamburin.

time [taim], *s.* tid; gang; periode; tidspunkt; takt; *v. t. & i.* vælge tidspunktet for; beregne; tage tid (på); *~ will show*, det vil tiden vise; *any ~*, når som helst; *for the ~ being*, for tiden; *~ and ~ again*, gang på gang; *do ~*, sidde i fængsel; *have a good ~*, more sig; *about ~*, på tide; *keep ~, mus.*, holde takten; *at -s*, sommetider, undertiden; *~ bomb, s.* tidsindstillet bombe; *~-honoured, adj.* hævdvunden; *~ lag, s.* tidsforskel; *~ limit, s.* tidsbegrænsning; **-ly,** *adj.* betimelig; i rette tid; **-r** [-ə], *s.* stopur; minutur; **-table,** *s.* tidsplan; skema; køreplan.

timid ['timid], *adj.* sky; genert; frygtsom.

timing ['taimiŋ], *s.* tidtagning; tidsberegning; valg af tidspunkt.

timorous ['timərəs], *adj.* frygtsom; bange.

tin [tin], *s.* blik; tin; (bage)form; (konserves)dåse; *v. t.* fortinne; komme på dåse; *~ can, s.* blikdåse; *~ foil, s.* stanniol; **-ned** [-d], *adj.* dåse-; *~-opener, s.* dåseåbner.

tincture ['tiŋkʃə], *s.* nuance, skær; anstrøg.

tinder ['tində], *s.* fyrsvamp; ~ -**box**, *s.* fyrtøj.

tinge [tindʒ], *s.* skær; anstrøg; tone.

tingle [tiŋgl], *v. t. & i.* krible; prikke.

tinker ['tiŋkə], *s.* kedelflikker; *v. t. & i.* ~ *with*, rode med.

tinkle [tiŋkl], *s.* klingren; klirren; *v. i.* klirre; ringe; *give sby a* ~ , ringe én op.

tinsel [tinsl], *s.* glimmer; flitterstads.

tint [tint], *s.* farveskær; nuance; *v. t.* give farveskær; farve.

tiny [taini], *adj.* lillebitte; ~ *tots*, småbørn.

tip [tip], *s.* spids; drikkepenge; fidus; losseplads; mundstykke, filter; *v. t. & i.* vælte; tippe over; sætte filter på; give drikkepenge; give en fidus; ~ *off*, advare; give et vink; ~ *over*, vælte; -**ped** [-t], *adj.* med filter.

tipple [tipl], *v. i.* pimpe; drikke; -**r** [-ə], *s.* dranker.

tipsy ['tipsi], *adj.* let beruset; *be* ~ , have en lille fjer på.

tiptoe ['tiptəu], *s.* tåspids; *v. i.* liste; gå på tåspidserne; *on* ~ , på tå.

tiptop ['tip'top], *adj.* førsteklasses.

tirade [ti'ra:d], *s.* tirade; ordstrøm.

tire [taiə], *v. t. & i.* trætte; blive træt; udmatte; -**ed**, *adj.* træt; -**eless**, *adj.* utrættelig; -**esome**, *adj.* besværlig; trættende; -**ing** [-riŋ], *adj.* trættende.

tissue ['tiʃuː], *s.* stof; papirlommetørklæde; *anat.* væv; ~ -**paper**, *s.* silkepapir.

tit [tit], *s., zoo.* mejse; *T*

brystvorte; ~ *for tat*, lige for lige; *give him* ~ *for tat*, give ham svar på tiltale.

titbit ['titbit], *s.* lækkerbisken.

tithe [taið], *s.* tiende.

titillate ['titileit], *v. t.* kildre; pirre.

title [taitl], *s.* titel; navn; ret; krav; *v. t. & i.* titulere; give titel; benævne; ~ **deed**, *s., jur.* skøde; ~ **page**, *s.* titelblad.

titmouse ['titmaus] (*pl.* titmice), *s., zoo.* mejse.

titter ['titə], *s.* fnis; *v. i.* fnise.

tittle [titl], *s., fig.* tøddel; ~ -**tattle**, *s.* plidderpladder; snak.

titular ['titʃulə], *adj.* titulær; nominel.

to [tu, tə], *præp. & konj.* til; for; at; for at; mod; i sammenligning med; ~ *and fro*, frem og tilbage; *come* '~ , komme til bevidsthed.

toad [təud], *s., zoo.* tudse; -**stool**, *s., bot.* paddehat; -**y**, *s.* spytslikker.

toast [təust], *s., kul.* ristet brød; skål; *v. t. & i.* riste; udbringe en skål for; -**er**, *s.* brødrister; ~ **rack**, *s.* holder til ristet brød.

tobacco [tə'bækəu], *s.* tobak; -**nist**, *s.* tobakshandler; ~ **pouch**, *s.* tobakspung.

toboggan [tə'bogən], *s.* kælk; slæde.

today [tə'dei], *s. & adv.* i dag; (i) vore dage.

toddler ['todlə], *s.* rolling.

to-do [tə'duː], *s.* ståhej, postyr.

toe [təu], *s., anat.* tå; *v. t.* røre med tæerne; ~ *the line*, *fig.* holde sig på måtten.

toffee ['tɔfi], *s., kul.* fløde-
karamel.

tog [tɔg], *v. t.,* *T* ~ *out,*
rigge ud, klæde på; **-s,** *pl.,*
T tøj; kluns.

together [tə'geðə], *adv.*
sammen; tilsammen;
samtidig.

toil [tɔil], *s.* slid; hårdt
arbejde; *v. i.* slide; arbej-
de hårdt; **-some** [-səm],
adj. møjsommelig.

toilet ['tɔilit], *s.* toilet, wc;
toilette; ~ **paper,** *s.* toi-
letpapir.

token [təukn], *s.* tegn;
mærke; polet; gavekort;
minde; *in* ~ *of,* som tegn
på.

tolerable ['tɔlərəbl], *adj.*
tålelig; nogenlunde; ud-
holdelig; **-nce,** *s.* toleran-
ce; frisindethed; **-nt,** *adj.*
tolerant; frisindet; *be* ~
of, kunne tåle; **-ate** [-eit],
v. t. tolerere; finde sig i.

toll [təul], *s.* bompenge;
afgift; told; *v. t. & i.* ringe
(med); ~ *call,* *s.* udenbys
(telefon)samtale; ~ *of*
the *road,* trafikkens
dødsofre.

tom [tɔm], *s.* han; *adj.*
han-; *every T*~, *Dick and*
Harry, hvem som helst;
alle og enhver; **-cat,** *s.,*
zoo. hankat; **-boy,** *s.* vil-
tert pigebarn.

tomato [tə'ma:təu], *s., bot.*
tomat.

tomb [tu:m], *s.* grav;
-stone, *s.* gravsten.

tome [təum], *s.* stor, tyk
bog; digert bind.

tomfoolery [tɔm'fu:ləri], *s.*
pjank; narrestreger.

tommygun ['tɔmigʌn], *s.*
maskinpistol; **-rot** [-rɔt],
s., S sludder.

tomorrow [tə'mɔrəu], *s. &*

adv. i morgen; ~ *week,* i
morgen otte dage; ~
morning, i morgen tidlig;
i morgen formiddag; *the*
day after ~, i overmor-
gen.

tomtit ['tɔmtit], *s., zoo.* mej-
se.

ton [tʌn], *s.* ton; *fig.* -s *of,*
masser af; **-nage** [-idʒ], *s.*
tonnage(afgift).

tone [təun], *s.* tone; klang;
v. t. & i. tone; give nuan-
ce; ~ *of voice,* tonefald;
set the ~, angive stem-
ningen; ~ *down,* dæm-
pe(s); mildne(s).

tongs [tɔŋz], *s. pl.* tang; *a*
pair of ~, en tang.

tongue [tʌŋ], *s., anat.* tun-
ge; tungemål; pløs; kne-
bel; *geo.* landtunge; ~ *in*
cheek, ironisk; *a slip of*
the ~, en fortalelse; *stick*
one's ~ *out,* række tun-
ge; ~-**tied,** *adj.* stum; *he*
was ~, han tabte mælet;
~-**twister,** *s.* halsbræk-
kende ord el. sætning.

tonic ['tɔnik], *s., med.* styr-
kende middel; opstram-
mer; *mus.* grundtone;
adj. styrkende.

tonight [tə'nait], *s. & adv.* i
aften; i nat.

tonsil [tɔnsl], *s., anat.* man-
del; **-litis** [-'laitis], *s., med.*
halsbetændelse.

too [tu:], *adv.* også; tilmed;
alt for; for; meget; *not* ~
happy, ikke særlig glad;
not ~ *bad,* ikke værst.

tool [tu:l], *s.* værktøj; red-
skab; ~-**box,** *s.* værktøjs-
kasse.

toot [tu:t], *s.* trut; **-er,** *s.*
horn.

tooth [tu:θ], (*pl.* teeth), *s.,*
anat. tand; tak; spids;
have a sweet ~, være
slikken; ~ *and nail,* med

næb og kløer; *in the teeth of*, på trods af; *false teeth*, gebis; *by the skin of his teeth*, med nød og næppe; **-ache**, *s.* tandpine; **-brush**, *s.* tandbørste; **-paste**, *s.* tandpasta; **-pick**, *s.* tandstikker.

top [top], *s.* top; øverste stykke; overdel; låg; kapsel; *adj.* øverst; bedst; top-; *v. t.* sætte top på; stå øverst på; overgå; *at the ~ of*, øverst på; *on ~ of*, oven på; *~ up*, fylde helt op; **~-coat**, *s.* overfrakke; **~ hat**, *s.* høj hat; **~-heavy**, *adj.* be ~, have overbalance; **~-level**, *adj.* på højeste niveau; **-most**, *adj.* øverst; **-per**, *s., S* høj hat; flink fyr; **-ping**, *adj., S* knippelgod.

toper ['təupə], *s.* svirebroder.

topic ['topik], *s.* emne; **-al** [-l], *adj.* aktuel.

topograghy [tə'pogrəfi], *s.* topografi, egnsbeskrivelse.

topple [topl], *v. t. & i.* vakle; vælte.

topsy-turvy [ˌtopsi'tə:vi], *adj.* på hovedet; endevendt.

tor [to:], *s.* klippe.

torch [to:tʃ], *s.* fakkel; lommelygte; **-light**, *s.* fakkelskær.

torment ['to:ment], *s.* pine; plage; kval; [to:'ment], *v. t.* pine; plage; **-or** [-'mentə], *s.* plageånd.

tornado [to:'neidəu], *s.* tornado; hvirvelstorm.

torpedo [to:'pi:dəu], *s.* torpedo; *v. t.* torpedere.

torpid ['to:pid], *adj.* sløv; træg; *lie ~*, ligge i dvale; **-or** [-pə], *s.* dvale; sløvhedstilstand.

torrent ['to:rənt], *s.* strøm; skybrud; **-ial** [-'renʃl], *adj.* strømmende; rivende.

torrid ['torid], *adj.* brændende hed; *the ~ zone*, den tropiske zone.

tortoise ['to:təs], *s., zoo.* skildpadde.

tortuous ['to:tjuəs], *adj.* bugtet; snoet; besværlig.

torture ['to:tʃə], *s.* tortur; pine; *v. t.* pine; tortere; **-r** [-rə], *s.* bøddel.

Tory ['to:ri], *s. & adj., pol.* konservativ.

tosh [toʃ], *s., S* vrøvl.

toss [tos], *s.* kast; lodtrækning ved møntkast; *v. t. & i.* kaste; smide; kaste (sig) hid og did; sove uroligt; vende (i luften); *~ off*, ryste ud af ærmet; udslynge; drikke i én slurk; *~ up for*, slå plat og krone om; *a ~ of the head*, et kast med hovedet; **~-up**, *s.* lodkastning; *fig.* lotterispil.

tot [tot], *s.* rolling; slurk; dram; *v. t. & i. ~ up*, lægge sammen; beløbe sig til; blive.

total ['təutl], *s.* facit; sum; total; *adj.* total; fuldstændig; *v. t. & i.* beløbe sig til; udgøre; sammentælle; *the ~ amount*, det samlede beløb; **-itarian** [ˌtəutæli'tɛəriən], *adj.* totalitær; **-izator** [-ai'zeitə], *s.* totalisator; **-ly**, *adv.* helt; totalt; fuldkommen.

tote [təut], *s., S* totalisator; *v. t.* bære.

totter ['totə], *v. i.* vakle; stavre; stolpre.

toucan ['tu:kən], *s., zoo.* peberfugl, tukan.

touch [tʌtʃ], *s.* berøring; kontakt; anelse, antydning; anstrøg; *v. t. & i.*

røre (ved); berøre; føle
(på); bevæge; være på
højde med; nå; *a ~ of
fever*, et let anfald af
feber; *keep in ~ with*,
bevare kontakten med;
~ for money, slå (for
penge); *~ on*, omtale;
strejfe; *~ up*, retouche-
re; pynte på; *~ -and-go*,
adj. usikker, risikabel;
~ -down, *s.* landing;
sport. scoring; *-ed* [-t],
adj. rørt; *S* småtosset;
-ing, adj. rørende; *-line,
s., sport.* sidelinie; *-y, adj.*
sart; prikken; ømtålelig.

tough [tʌf], *adj.* sej; van-
skelig; hård; barsk; *a ~
customer*, en skrap fyr; *a
~ nut to crack*, en hård
nød at knække; *talk ~*,
være stor i munden; *-en*
[-n], *v. t. & i.* gøre sej; bli-
ve sej.

tour [tuə], *s.* (rund)rejse;
omvisning; *teat.* turné;
(lecture ~) foredragstur-
né; *v. t. & i.* rejse; ture
rundt (i); *-ist* [-rist], *s.*
turist; *-nament, s.* turne-
ring.

tousle [tauzl], *v. t.* rode op
i; *-d, adj.* forpjusket, ug-
let.

tout [taut], *s.* billethaj; *v. t.
& i.* falbyde; kapre kun-
der.

tow [təu], *s.* blår; bugse-
ring; *v. t.* bugsere, tage på
slæb; *in ~*, på slæb; *-ing,
s.* bugsering; *~ -cable. s.*
bugsertrosse; *-line, s.*
slæbetov; *~ -rope, s.* bug-
sertrosse.

toward(s) [tə'wɔːdz], *præp.*
imod; henimod; som
hjælp til.

towel ['tauəl], *s.* håndklæ-
de; *sanitary ~, s.* hygiej-
nebind.

tower ['tauə], *s.* tårn; *v. i.*
hæve sig; knejse; rage
op; *~ block, s.* højhus;
-ing [-riŋ], *adj.* tårnhøj.

town [taun], *s.* by; *(market
~)* købstad; *man about
~*, levemand; *the talk of
the ~*, det hele byen taler
om; *~ council, s.* byråd;
~ hall, s. rådhus; *-sfolk,
-speople, pl.* bybefolk-
ning, byboere.

toxic ['tɔksik], *adj.* giftig.

toy [tɔi], *s.* legetøj; *v. i. ~
with*, lege med, pusle
med; *-shop, s.* legetøjs-
butik.

trace [treis], *s.* spor; mær-
ke; sti; antydning; *v. t. &
i.* efterspore; følge; op-
spore; skrive; kalkere;
tegne; *~ back*, føre tilba-
ge; kunne føres tilbage;
without ~, sporløst; *-ry*
[-əri], *s.* fletværk.

tracing ['treisiŋ], *s.* kalke-
ring; *~ -paper, s.* kalker-
papir.

track [træk], *s.* spor; fod-
spor; hjulspor; sti; *U.S.*
atletik; *sport.* bane; *film.
(sound ~)* tonespor, lyd-
strimmel; *(race ~)* væd-
deløbsbane; *(railway ~)*
jernbanelinje; *v. t. & i.*
(efter)spore; *keep ~ of*,
have føling med; holde
sig à jour med; *lose ~ of*,
miste følingen med; *~
down*, opspore; *~ suit, s.*
træningsdragt.

tract [trækt], *s.* pjece,
skrift; egn; strækning;
traktat; *the respiratory
~, anat.* luftvejene.

tractable ['træktəbl], *adj.*
medgørlig.

tractor ['træktə], *s.* traktor.

trade [treid], *s.* håndværk;
fag; profession; erhverv;
handel; *v. t. & i.* handle;

bytte; udveksle; *adj.* faglig; handels-; erhvervsmæssig; ~ *in*, give i bytte; **-mark**, *s.* firmamærke; varemærke; **-name**, *s.* varemærke; **-r** [-ə], *s.* handelsmand; handelsskib; **-sman** [-zmən], *s.* næringsdrivende; handlende; ~ **union**, *s.* fagforening; ~ **wind**, *s.* passatvind.

trading ['treidiŋ], *s.* handel; *adj.* handels-.

tradition [trə'diʃn], *s.* tradition; overlevering; **-al** [-l], *adj.* traditionel.

traffic ['træfik], *s.* trafik; færdsel; handel; *v. i.* ~ *in*, handle med; *no through* ~, gennemkørsel forbudt; ~ **jam**, *s.* trafikprop; ~ **lights**, *s. pl.* lyskurv; **-ator** [-eitə], *s.* retningsviser.

trage|dian [trə'dʒi:djən], *s.* tragedieforfatter; tragedieskuespiller; **-dy** ['trædʒədi], *s.* tragedie.

tragi|c(al) ['trædʒik(l)], *adj.* tragisk; sørgelig.

trail [treil], *s.* spor; hale; sti; stribe; *v. t. & i.* slæbe efter sig; trække; efterspore; *on the* ~ *of*, på sporet af; **-er**, *s.* påhængsvogn; anhænger; forreklame; *bot.* udløber, slyngplante.

train [trein], *s.* tog; optog; række; følge; slæb; *v. t. & i.* uddanne (sig); oplære(s); træne; dressere; ~ *of thought*, tankegang; **-ed** [-d], *adj.* uddannet; faglært; dresseret; **-ee** [-i:], *s.* elev; praktikant; **-ing**, *s.* uddannelse; træning; ~ *college*, *s.* seminarium.

traipse [treips], *v. i.* traske

om; føjte om.

trait [treit], *s.* ansigtstræk; karaktertræk.

traitor ['treitə], *s.* forræder.

trajectory [trə'dʒektəri], *s.* (projektil)bane; kurs.

tram [træm], *s.* sporvogn; ~ **-car**, *s.* sporvogn; ~ **-conductor**, *s.* sporvognskonduktør; ~ **-line**, *s.* sportvognslinie.

trammel [træml], *s.* hindring.

tramp [træmp], *s.* landstryger; vagabond; trampen; *v. t.* trampe; vandre til fods (gennem); **-le** [-l], *v. t. & i.* trampe; nedtrampe.

trance [tra:ns], *s.* trance.

tranquil ['træŋkwil], *adj.* rolig; stille; **-lity** [-'kwiliti], *s.* ro; stilhed; **-lize** ['træŋkwilaiz], *v. t.* berolige; **-lizer**, *s.*, *med.* beroligende middel.

transact [træn'zækt], *v. t. & i.* udføre; gøre; **-ion** [-ʃn], *s.* forretning; transaktion.

transatlantic ['trænzət-'læntik], *adj.* atlanterhavs-.

transcend [træn'send], *v. t. & i.* overskride; overgå.

transcri|be [træn'skraib], *v. t.* afskrive; kopiere; **-ption** [-'skripʃn], *s.* udskrift; kopi.

transept ['trænsept], *s.* tværskib; korsarm.

transfer ['trænsfə:], *s.* overførsel; overdragelse; overføring; overføringsbillede; forflyttelse; [-'fə:], *v. t.* overføre; overdrage; forflytte; girere.

transfix [træns'fiks], *v. t.* spidde; få til at stivne.

transform [træns'fo:m], *v. t.* omdanne; forvandle;

-ation [-'meiʃn], s. forvandling; omskabelse; **-er**, s., elek. transformator.

transfusion [træns'fju:ʒn], s., med. transfusion.

transgress [trænz'gres], v. t. overtræde; forse sig mod; **-ion** [-ʃn], s. overtrædelse; overskridelse.

transient ['trænziənt], adj. flygtig; forbigående.

transit ['trænsit], s. gennemrejse; in ~, på gennemrejse; **-ion** [-'ziʃn], s. overgang; **-ory** [-ri], adj. flygtig; forbigående.

translat|e [trænz'leit], v. t. oversætte; fortolke; omsætte; **-ion** [-'leiʃn], s. oversættelse; **-or** [-ə], s. oversætter; translatør.

translucent [trænz'lu:snt], adj. (halv)gennemsigtig.

transmi|ssion [trænz'miʃn], s. forsendelse; overføring; radio. & TV. transmission, udsendelse; **-t**, v. t. overføre; (ud)sende.

transom ['trænsəm], s. tværstykke; dørbjælke.

transparent [træns'pεərənt], adj. gennemsigtig, transparent.

transpir|ation [,trænspi'reiʃn], s. transpiration, sved; **-e** [-'spaiə], v. t. & i. svede, transpirere; vise sig; sive ud.

transplant ['trænspla:nt], s., med. transplantation; [-'pla:nt], v. t. omplante; overflytte; med. transplantere.

transport ['trænspɔ:t], s. transport; forsendelse; [træn'spɔ:t], v. t. transportere; forsende; -ed with joy, himmelhenrykt.

transverse ['trænzvə:s],

adj. tvær-; tværgående.

trap [træp], s. fælde; faldgrube; vandlås; v. t. & i. fange (i fælde); fig. få i saksen; stille fælder for; sætte vandlås på; ~ door, s. lem; faldlem.

trapeze [trə'pi:z], s. trapez.

trapper ['træpə], s. pelsjæger.

trappings ['træpiŋz], s. pl. pynt; stads.

traps [træps], s. pl. sager; bagage; pakkenelliker.

trash [træʃ], s. bras, skidt, møg; sludder; kulørt litteratur; **-y**, adj. værdiløs.

trauma ['trɔ:mə], s., med. trauma.

travel [trævl], s. rejse; v. t. & i. rejse; bevæge sig; forplante sig; ~ **agency**, s. rejsebureau; **-ler**, s. rejsende; commercial ~, s. handelsrejsende; ~ 's cheque, s. rejsecheck; **-ling**, s. det at rejse.

traverse ['trævə:s], v. t. & i. gennemrejse, berejse.

travesty ['trævəsti], s. parodi, travesti.

tray [trei], s. bakke; ~ **cloth**, s. bakkeserviet.

treacher|ous ['tretʃərəs], adj. forræderisk; lumsk; **-y**, s. forræderi.

treacle [tri:kl], s., kul. sirup.

tread [tred], s. gang; skridt; slidbane; (trod, trodden), v. t. & i. træde; betræde; trampe (på); **-mill**, s. trædemølle.

treason [tri:zn], s. forræderi; high ~, højforræderi; landsforræderi; **-able** [-əbl], adj. forræderisk.

treasur|e ['treʒə], s. skat; fig. klenodie; perle; v. t. samle på; bevare; sætte stor pris på; **-er** [-rə], s.

kasserer; **-y** [-ri], *s.* skat-kammer; kasse; *the T~*, finansministeriet; stats-kassen.

treat [tri:t], *s.* nydelse; for-nøjelse; lækkert trakte-ment; *v. t. & i.* behandle; betragte; traktere; give; *~ oneself to,* flotte sig med; *~ sby to,* spendere på ngn.

treatise ['tri:tiz], *s.* afhand-ling.

treatment ['tri:tmənt], *s.* behandling; *med.* kur.

treaty ['tri:ti], *s.* traktat.

treble [trebl], *s., mus.* dis-kant; drengesopran; *adj.* tredobbelt; diskant-; skinger; *v. t. & i.* tredoble.

tree [tri:], *s., bot.* træ; *(shoe-~)* skolæst; blok; *family ~, s.* stamtræ; *~* **trunk,** *s.* træstamme.

trefoil ['trefɔil], *s., bot.* klø-ver.

trek [trek], *s.* rejse; van-dring; *v. i.* rejse; vandre.

trellis ['trelis], *s.* gitter; tremmer; espalier.

tremble [trembl], *s.* skæl-ven, bæven, rysten, dir-ren; *v. i.* skælve, bæve, ryste, dirre.

tremendous [tri'mendəs], *adj.* enorm; voldsom; mægtig.

tremlor ['tremə], *s.* skæl-ven; gys; **-ulous** [-mjuləs], *adj.* skælvende; frygt-som.

trench [trentʃ], *s.* grøft; rende; *mil.* skyttegrav; *v. t. ~ upon,* gøre indgreb i; **-ant,** *adj., gl. & fig.* skarp; tydelig, klar; **-er,** *s.* smørebræt; spække-bræt.

trend [trend], *s.* tendens; retning; mode; **-y,** *adj.* moderne.

trepidation [,trepi'deiʃn], *s.* skælven; angst.

trespass ['trespəs], *s.* over-trædelse; *v. i.* forse sig; *~ on,* trænge ind på; gøre indgreb i; *"-ers will be prosecuted",* „al uved-kommende færdsel for-budt".

tress [tres], *s.* (hår)lok.

trestle [tresl], *s.* buk; *~ table, s.* bukkebord.

trial ['traiəl], *s.* prøve, for-søg; prøvelse; *jur.* rets-sag, proces; *on ~,* på prøve; anklaget; *adj.* prø-ve-.

trianlgle ['traiæŋgl], *s.* tre-kant; *mus.* triangel; **-gu-lar** [-'æŋgjulə], *adj.* tre-kantet.

tribe [traib], *s.* stamme.

tribulation [,tribju'leiʃn], *s.* modgang, trængsel.

tribunlal [trai'bju:nl], *s.* domstol; nævn; **-e** ['tri-bju:n], *s.* tribune; taler-stol.

tributary ['tribjutri], *s.* bi-flod; *adj.* skatskyldig; bi-.

tribute ['tribju:t], *s.* skat; hyldest; *pay ~ to,* hylde.

trice [trais], *s. in a ~,* i en håndevending.

trick [trik], *s.* kneb; puds; nummer; trick; *(kort)* stik; *v. t. & i.* narre; spille et puds; **-ster,** *s.* fidusma-ger; **-y,** *adj.* listig; drilag-tig; vanskelig.

trickle [trikl], *s.* piblen; *v. i.* pible; sive; trille.

tricycle ['traisikl], *s.* trehju-let cykel.

trident [traidnt], *s.* trefork.

trifl|e [traifl], *s.* bagatel; ubetydelighed; smule; *kul.* trifli; *v. t. & i. ~ with,* lege med; *not to be -d with,* ikke til at spøge med; **-ing,** *adj.* ubetydelig.

trifolium [trai'fouljəm], *s.*, *bot.* kløver.

trigger ['trigə], *s.* aftrækker; udløser; *v. t.* ~ *off*, udløse.

trilateral [trai'lætrəl], *adj.* tresidet.

trilby ['trilbi], *s.* blød filthat.

trill [tril], *s.* trille; *v. t. & i.* trille; slå triller.

trillion ['triljən], *s.* trillion; *U. S.* billion.

trilogy ['trilədʒi], *s.* trilogi.

trim [trim], *s.* orden; studsning; tilstand; *v. t. & i.* bringe i orden; trimme; studse; klippe; *adj.* pæn; ordentlig; velbygget; *in good (poor)* ~, i god (dårlig) stand; ~ *oneself up*, gøre sig i stand; **-mings**, *s. pl.* pynt; garnering.

Trinity ['triniti], *s.*, *rel.* treenighed.

trinket ['triŋkit], *s.* smykke; nipsgenstand.

trip [trip], *s.* udflugt; rejse; sviptur; snublen; fejltrin; *v. t. & i.* snuble; begå en fejl; vælte; *on a* ~, på rejse; *S* „høj"; ~ *up*, spænde ben for; gribe i en fejl; **-per**, *s.* turist; **-ping**, *s.* trippen.

trip|artite [,trai'pa:tait], *adj.* tredelt; tresidig; trekantet; **-le** [tripl], *adj.* tredobbelt; *v. t.* tredoble; **-let** ['triplət], *s.* trilling; *litt.* treliniet strofe; **-licate** ['triplikət], *s. in* ~, i tre eksemplarer; **-od** ['traipod], *s.* trefod; stativ.

tripe [traip], *s.*, *zoo.* kallun; *S* møg, bras; sludder.

trite [trait], *adj.* fortærsket; banal.

triumph ['traiʌmf], *s.* triumf; sejr; *v. i.* triumfere; sejre; hovere; **-ant**

[-'ʌmfənt], *adj.* triumferende; hoverende.

trivial ['triviəl], *adj.* triviel; ubetydelig; *a* ~ *offence*, en mindre forseelse; **-ity** [-'æliti], *s.* ubetydelighed; bagatel.

troll [troul], *s.* trold.

trolley ['troli], *s.* (træk)-vogn; rullebord; indkøbsvogn.

trollop ['troləp], *s.* sjuske; tøjte.

trombone [trom'boun], *s.*, *mus.* basun; *slide* ~, *s.* trækbasun.

troop [tru:p], *s.* trop; flok; *mil.* eskadron; *v. i.* flokkes; myldre; **-er**, *s.*, *mil.* kavalerist; *U.S.* bereden politibetjent; **-s**, *pl.*, *mil.* tropper.

trophy ['troufi], *s.* trofæ; præmie.

tropic ['tropik], *s.*, *geo.* vendekreds; **-al** [-l], *adj.* tropisk; **-s**, *pl. the* ~, troperne.

trot [trot], *s.* trav; *v. t. & i.* trave; lunte; ~ *out*, fremføre; skilte med.

trotter ['trotə], *s.*, *zoo.* traver; *pig's -s, pl.* grisetæer.

trouble [trʌbl], *s.* besvær; vrøvl; vanskelighed; bekymring; sygdom; *v. t. & i.* besvære; ulejlige (sig); bekymre (sig); forstyrre; **-s**, *pl.* genvordigheder; trængsler; besværligheder; **-some** [-səm], *adj.* besværlig; vanskelig.

trough [trof], *s.* trug; rende.

troupe [tru:p], *s.* trup; teaterselskab; **-r** [-ə], *s.* medlem af skuespillertrup.

trousers ['trauzəz], *s. pl.* bukser.

trout [traut], *s.*, *zoo.* ørred; forel.

trowel ['trauəl], *s.* murske;

garden ~, *s.* planteske; *lay it on with a* ~, *fig.* smøre tykt på.

truant ['tru:ənt], *s.* pjækker; *play* ~, pjække (den), skulke.

truce [tru:s], *s.* våbenstilstand.

truck [trʌk], *s.* lastvogn; lastbil; trækvogn; *have no* ~ *with him!* hav ikke noget med ham at gøre!

truculence ['trʌkjuləns], *s.* stridbarhed.

trudge [trʌdʒ], *v. t. & i.* traske; trave.

true [tru:], *adj.* sand; sandfærdig; rigtig; trofast, tro; ægte; *it is* ~, det passer; *come* ~, gå i opfyldelse.

truffle [trʌfl], *s., kul.* trøffel.

truism ['tru:izm], *s.* banalitet, selvfølgelighed.

truly ['tru:li], *adv.* sandt; virkelig; oprigtig; *yours* ~, med venlig hilsen; Deres ærbødige.

trump [trʌmp], *s.* trumf; knag; *v. t. & i.* stikke med trumf; *turn up* -*s*, falde heldigt ud; *no* -*s, (kort)* sans; ~ *up*, opdigte.

trumpet ['trʌmpit], *s., mus.* trompet; *blow one's own* ~, rose sig selv; *ear* ~, *s.* hørerør.

truncate ['trʌŋkeit], *v. t.* afkorte; afskære.

truncheon ['trʌntʃn], *s.* knippel; politistav.

trundle [trʌndl], *v. t. & i.* trille; rulle.

trunk [trʌŋk], *s.* træstamme; kuffert; snabel; krop; bagagerum; ~ *call, s.* udenbys samtale; ~ *road, s.* hovedvej; -*s, pl.* badebukser; underbukser.

truss [trʌs], *v. t.* ~ *up*,

binde; opsætte.

trust [trʌst], *s.* tillid; fortrøstning; betroet formue; *merk.* trust, sammenslutning; *v. t. & i.* stole på; have tillid til; betro; *in* ~, i forvaring; -**ee** [-'sti:], *s.* formynder; -**ing**, *adj.* tillidsfuld; -**worthy**, *adj.* pålidelig; -**y**, *adj.* trofast, tro.

truth [tru:θ], *s.* sandhed; *tell the* ~, sige sandheden; *to tell the* ~, sandt at sige; -**ful**, *adj.* sanddru; sand(færdig).

try [trai], *s.* forsøg; (tried, tried), *v. t. & i.* prøve; forsøge; sætte på prøve; *jur.* behandle; stille for retten; *have a* ~, gøre et forsøg; ~ *out*, gennemprøve; -**ing**, *adj.* trættende; ubehagelig.

tsar [za:], *s.* zar.

tub [tʌb], *s.* balje; bøtte; *(bath-~)* badekar; -**by** [-i], *adj.* tyk; buttet.

tub|e [tju:b], *s.* tube; rør; slange; *T* undergrundsbane; -**ing**, *s.* rørsystem; ventilgummi; -**ular** [-bjulə], *adj.* rørformet.

tuber ['tju:bə], *s., bot.* rodknold.

tuberculosis [tju͵bə:kju-'ləusis], *s., med.* tuberkulose.

tub-thumper ['tʌbθʌmpə], *s.* helvedesprædikant; agitator.

TUC ['ti:ju:'si:], *(fk.f.* Trade Union Congress), *sv. t.* LO.

tuck [tʌk], *s.* læg; godter; slik, guf; *v. t. & i.* stoppe; putte; proppe; ~ *in, T* guffe i sig; putte i seng; ~ *up*, smøge op; -**er**, *s. in his best bib and* ~, *T* i sit stiveste puds.

Tuesday ['tju:zd(e)i], *s.* tirsdag.

tuft [tʌft], *s., bot.* dusk; kvast; **-ed** [-id], *adj.* med duske.

tug [tʌg], *s.* ryk; træk; *(~-boat)* bugserbåd; *v. t. & i.* trække; hale; bugsere; **~-of-war**, *s.* tovtrækning.

tuition [tju:'iʃn], *s.* undervisning.

tulip ['tju:lip], *s., bot.* tulipan.

tulle [tju:l], *s.* tyl.

tumble [tʌmbl], *s.* fald; koldbøtte; roderi; *v. t. & i.* tumle; falde (omkuld); vælte; bringe i uorden; **~ to**, fatte; begribe; **-down**, *adj.* forfalden; **-r** [-ə], *s.* vandglas; akrobat; tørremaskine.

tummy ['tʌmi], *s., T* mave; mavse.

tumour ['tju:mə], *s., med.* svulst.

tumult ['tju:mʌlt], *s.* oprør; forvirring; **-uous** [-'mʌl-tʃuəs], *adj.* larmende; stormende.

tumulus ['tju:mjuləs], *s.* gravhøj.

tun [tʌn], *s.* kar; fad; tønde.

tuna ['tju:nə], *s., zoo.* tunfisk.

tune [tju:n], *s.* melodi; harmoni; *v. t. & i.* stemme; afstemme; *mek.* tune; *radio.* indstille; *be in ~*, stemme; synge rent; *out of ~*, forstemt; falsk; *to the ~ of*, til et beløb af; **-ful**, *adj.* melodiøs; **-less**, *adj.* umelodisk; **-r** [-ə], *s.* klaverstemmer; *radio.* tuner.

tunic ['tju:nik], *s.* kjortel; tunika; *gym ~*, gymnastikdragt.

tuning ['tju:niŋ], *s., radio.*

afstemning; *mus.* stemning; **~-fork**, *s.* stemmegaffel.

tunnel ['tʌnl], *s.* tunnel; *v. i.* bygge en tunnel.

tunny ['tʌni], *s., zoo.* tunfisk.

tup [tʌp], *s., zoo.* vædder.

turban ['tə:bən], *s.* turban.

turbid ['tə:bid], *adj.* uklar; plumret.

turbine ['tə:bain], *s.* turbine.

turbot ['tə:bət], *s., zoo.* pighvar.

turbulent ['tə:bjulənt], *adj.* urolig; oprørt.

turd [tə:d], *s., vulg.* lort.

tureen [tə'ri:n], *s.* terrin.

turf [tə:f], *s.* græstørv; grønsvær; *the ~*, væddeløbsbanen.

turgid ['tə:dʒid], *adj.* opsvulmet; *fig.* svulstig; bombastisk.

Turk [tə:k], *s.* tyrk; **-ey** [-i], *s.* Tyrkiet; **-ish**, *s. & adj.* tyrkisk.

turkey ['tə:ki], *s., zoo.* kalkun.

turmeric ['tə:mərik], *s., kul.* gurkemeje.

turmoil ['tə:mɔil], *s.* oprør; tummel.

turn [tə:n], *s.* drejning; vending; sving; omslag; vending; tilbøjelighed; tur; forskrækkelse; *v. t. & i.* dreje; vende; forvandle; forandre; blive (til); blive sur; *a good ~*, en tjeneste; *let's take -s*, lad os skiftes; *without -ing a hair*, uanfægtet; **~ a-bout**, vende om; **~ a-gainst**, vende (sig) imod; **~ away**, jage bort; afvise; vende sig bort; **~ down**, forkaste; folde ned; skrue ned; **~ in**, bukke om; gå i seng;

melde til politiet; *in ~,
by -s,* efter tur; *~ off,*
lukke for; slukke for; *~
on,* lukke op for; åbne for;
tænde; vende sig mod;
begejstre; gøre ophidset;
gøre „høj“; *~ one's back
on,* vende ryggen til; *~
over,* blade om; have en
omsætning på; overdra-
ge; gruble over; *~ out,*
slukke; producere; rykke
ud; møde op; vise sig (at
være); tømme; gøre rent
i; vise bort, jage bort; *~
up,* dukke op; skrue op;
smøge op; *-coat, s.* vende-
kåbe; *-er, s.* drejer; *-ing,
s.* drejning; vejsving; si-
degade; *~-point, s.* ven-
depunkt; *-key, s.* fange-
vogter; *adj.* nøglefærdig;
-off, s., U.S. sidevej; *-out,
s.* udrykning; rengøring;
fremmøde; udstyr; pro-
duktion; *-over, s.* omsæt-
ning; udskiftning; *-pike,
s.* vejbom; *-stile, s.* tælle-
apparat; *-table, s.* dreje-
skive; pladetallerken;
-tail, s. desertør; *~-up, s.*
opslag.
turnip ['tə:nip], *s., bot.* maj-
roe; kålroe.
turpentine ['tə:pəntain], *s.,
kem.* terpentin.
turps [tə:ps], *s., kem., T*
terpentin.
turquoise ['tə:kwɔiz], *s.*
turkis.
turret ['tʌrit], *s.* lille tårn;
mil. kanontårn.
turtle [tə:tl], *s., zoo.* hav-
skildpadde; *turn ~,*
kæntre; *-dove, s., zoo.*
turteldue; *-neck, s.*
(sweater med) rullekra-
ve.
tusk [tʌsk], *s.* stødtand;
-er, s., zoo. fuldvoksen
elefant.

tussle [tʌsl], *s.* kamp; *v. i.*
slås.
tussock ['tʌsək], *s.* græstot.
tutelage ['tju:tilidʒ], *s.* for-
mynderskab.
tutor ['tju:tə], *s.* manuduk-
tør; huslærer; universi-
tetslærer; *v. t. & i.* oplæ-
re; manuducere.
tuxedo ['tʌksi:dəu], *s., U.S.*
smoking.
TV ['ti:'vi:], *s. (fk.f.* televi-
sion), fjernsyn, tv.
twaddle [twɔdl], *s., S* ævl,
bavl.
twang [twæŋ], *s.* klang;
knips; snøvlen; *v. t. & i.*
klinge; lyde; klimpre.
tweak [twi:k], *v. t.* knibe;
trække i.
tweezers ['twi:zəz], *s. pl.*
pincet; *a pair of ~,* en
pincet.
twelfth [twelfθ], *s.* tolvte-
del; *num.* tolvte; *T~
Night,* helligtrekongers-
aften.
twelve [twelv], *num.* tolv.
twenty ['twenti], *num.* tyve.
twerp [twe:p], *s., S* skvat.
twice [twais], *adv.* to gan-
ge; *once or ~,* et par
gange; *~ as good,* dob-
belt så godt.
twiddle [twidl], *v. t. & i.*
lege med; dreje; *~ one's
thumbs,* trille tommel-
fingre.
twig [twig], *s., bot.* kvist;
v. t., S forstå, fatte.
twilight ['twailait], *s.* tus-
mørke; skumring.
twin [twin], *s.* tvilling;
identical -s, enæggede
tvillinger; *~ beds, s. pl.* to
enkeltsenge; *~ set, s.*
cardigansæt.
twine [twain], *s.* sejlgarn;
snoning; *v. t. & i.* sno;
slynge sig.
twinge [twindʒ], *s.* stik;

stikkende smerte; ~ *of conscience*, anfald af samvittighedsnag.

twinkle [twiŋkl], *s.* blink; glimt; *v. t. & i.* blinke; glimte; **-ing**, *in the ~ of an eye*, i et nu.

twirl [twəːl], *v. t. & i.* svinge (med); snurre (rundt); hvirvle (rundt).

twist [twist], *s.* vridning; snoning; forvridning; drejning; *v. t. & i.* sno; dreje; vride; forvride; vride sig; forvrænge; ~ *and turn*, vende og dreje (sig).

twit [twit], *v. t.* bebrejde; drille.

twitch [twitʃ], *s.* trækning; ryk; *v. t. & i.* rykke; spjætte; fortrække sig.

twitter ['twitə], *s.* kvidren; *v. t. & i.* kvidre.

two [tuː], *s. & num.* to; total; toer; *put ~ and ~ together*, lægge to og to sammen; *in ~*, i to stykker, over; *by -s*, to og to; **~-edged**, *adj.* tveægget; **~-faced**, *adj., fig.* falsk; **-pence** ['tʌpəns], *s.* to pence; *I don't care ~*, det rager mig en fjer; **~-seater**, *s.* topersoners bil; **~-stroke**, *adj.* totakts-; **~-way**, *adj.* i begge retninger; gensidig; tovejs-.

tycoon [tai'kuːn], *s.* matador; finansfyrste.

tyke [taik], *s.* køter.

type [taip], *s.* type; slags; skrift; forbillede; *v. t.* skrive på maskine; **-script**, *s.* maskinskrevet manuskript; **-setter**, *s.* typograf; sættemaskine; **-writer**, *s.* skrivemaskine.

typhoid ['taifɔid], *s., med.* (*~ fever)*, tyfus.

typhoon [tai'fuːn], *s.* tyfon.

typhus ['taifəs], *s., med.* plettyfus.

typical ['tipikl], *adj.* typisk; **-fy** [-fai], *v. t.* være et typisk eksempel på.

typing ['taipiŋ], *s.* maskinskrivning; **-ist**, *s.* maskinskriver(ske).

tyrannical [ti'rænikl], *adj.* tyrannisk; **-nize** ['tirənaiz], *v. t.* tyrannisere; **-ny** ['tirəni], *s.* tyranni; **-t** ['taiərənt], *s.* tyran.

tyre [taiə], *s.* dæk; ~ *chain*, *s.* snekæde; ~ *lever*, *s.* dækjern.

tyro ['taiərəu], *s.* begynder.

ubiquitous [ju'bikwitəs], *adj.* allestedsnærværende.

udder ['ʌdə], *s.* yver.

ugly ['ʌgli], *adj.* grim; slem; styg.

UK ['juː'kei], (*fk.f.* United Kingdom), Storbritannien og Nordirland.

ulcer ['ʌlsə], *s., med.* mavesår.

ulterior [ʌl'tiəriə], *adj.* yderligere; fjernere; ~ *motive*, bagtanke.

ultimate ['ʌltimət], *adj.* endelig; sidst; yderst; **-ly**, *adv.* til syvende og sidst.

ultimatum [,ʌlti'meitəm], *s.* ultimatum.

ultra ['ʌltrə], *adj.* yderliggående; ultra-; hyper-.

umbilical [ʌm'bilikl], *adj., med.* navle-; ~ *cord*, *s., anat.* navlestreng.

umbrage ['ʌmbridʒ], *s.* krænkelse; anstød; *give ~*, krænke; *take ~*, blive stødt.

umbrella [ʌm'brelə], *s.* paraply; *fig.* beskyttelse; ~ *stand*, *s.* paraplystativ.

umpire ['ʌmpaiə], *s.* op-

mand; *sport.* dommer.
umpteen ['ʌmptiːn], *s.*, *S*
„hundrede og sytten".
UN ['juː'en], (*fk.f.* United
Nations), FN.
unabashed [ˌʌnə'bæʃt],
adj. uforknyt.
unabated [ˌʌnə'beitid], *adj.*
uformindsket.
unable [ʌn'eibl], *adj.* ude af
stand.
unabridged [ˌʌnə'bridʒd],
adj. uforkortet.
unaccountable [ˌʌnə-
'kauntəbl], *adj.* uforklar-
lig.
unadulterated [ˌʌnə'dʌltə-
reitid], *adj.* uforfalsket.
unaided [ʌn'eidid], *adj.*
uden hjælp.
unanimous [ju'næniməs],
adj. enstemmig; enig.
unarmed [ʌn'aːmd], *adj.*
ubevæbnet.
unashamed [ˌʌnə'ʃeimd],
adj. som ikke skammer
sig; skamløs.
unasked [ʌn'aːskt], *adj.*
uopfordret.
unassuming [ˌʌnə'sjuːmiŋ],
adj. beskeden, fordrings-
løs.
unattached [ˌʌnə'tætʃt],
adj. uafhængig; ugift, u-
forlovet.
unattainable [ˌʌnə'tein-
əbl], *adj.* uopnåelig.
unattended [ˌʌnə'tendid],
adj. uden opsyn; forsømt.
unaware [ˌʌnə'wɛə], *adj.*
uvidende; **-s**, *adv.* ufor-
varende; *he took me ~*,
han overrumplede mig.
unbalanced [ʌn'bælənst],
adj. uligevægtig.
unbearable [ʌn'bɛərəbl],
adj. utålelig; uudholde-
lig.
unbecoming [ˌʌnbi'kʌmiŋ],
adj. uklædelig; upassen-
de.

unbend [ʌn'bend], *v. t. & i.*
rette ud; rette op; slappe
af; **-ing**, *adj.* streng; ubø-
jelig.
unbiassed [ʌn'baiəst], *adj.*
fordomsfri; saglig.
unbroken [ʌn'brəukn], *adj.*
hel; uafbrudt; ubrudt.
unburden [ʌn'bəːdn], *v. t.*
lette; *~ oneself*, lette sit
hjerte.
unbutton [ʌn'bʌtn], *v. t.*
knappe op.
uncalled-for [ʌn'kɔːldfɔː],
adj. malplaceret; uberet-
tiget.
uncanny [ʌn'kæni], *adj.*
overnaturlig; uhyggelig.
uncared-for [ʌn'kɛədfɔː],
adj. uplejet, forsømt.
unceasing [ʌn'siːsiŋ], *adj.*
uophørlig.
unceremonious [ˌʌnˌseri-
'məunjəs], *adj.* uformel;
ligefrem.
uncertain [ʌn'səːtn], *adj.*
usikker, uvis; omskifte-
lig; ubestemmelig.
uncharitable [ʌn'tʃæri-
təbl], *adj.* fordømmende,
hård.
uncle [ʌŋkl], *s.* onkel.
uncomfortable [ʌn'kʌmf-
təbl], *adj.* ubehagelig; u-
bekvem; utilpas.
uncommitted [ˌʌnkə'mitid],
adj. uforpligtet; neutral.
uncommon [ʌn'kɔmən],
adj. ualmindelig.
uncommunicative [ˌʌnkə-
'mjuːnikətiv], *adj.* umed-
delsom, reserveret.
uncompromising [ʌn'kɔm-
prəmaiziŋ], *adj.* kompro-
misløs; ubøjelig, hård.
unconcerned [ˌʌnkən-
'səːnd], *adj.* ligeglad; uin-
teresseret.
unconditional [ˌʌnkən'di-
ʃnl], *adj.* ubetinget; betin-
gelsesløs.

unconscious [ʌnˈkɔnʃəs], *adj.* bevidstløs; ubevidst; underbevidst.

uncontrollable [ˌʌnkənˈtrəuləbl], *adj.* ustyrlig; ubehersket.

uncork [ʌnˈkɔːk], *v. t.* ~ *a bottle*, trække en flaske op.

uncover [ʌnˈkʌvə], *v. t. & i.* afdække, blotte; afsløre.

unction [ʌŋkʃn], *s.* salve; salvelse; **-uous** [-ʃuəs], *adj.* fedtet; salvelsesfuld.

undaunted [ʌnˈdɔːntid], *adj.* uforknyt; ufortrøden.

undeceive [ˌʌndiˈsiːv], *v. t.* rive ud af vildfarelsen.

undecided [ˌʌndiˈsaidid], *adj.* ubeslutsom; uafgjort; ubestemt.

undeniable [ˌʌndiˈnaiəbl], *adj.* ubestridelig; **-ly**, *adv.* unægtelig.

under [ˈʌndə], *præp.* under; neden for; mindre end; *adv.* nede; nedenunder.

under-age [ˈʌndəˈreidʒ], *adj.* umyndig.

undercarriage [ˈʌndəkæridʒ], *s.* understel.

under|clothes, -clothing [ˈʌndəkləuðz, -kləuðiŋ], *s. (pl.)* undertøj.

undercoat(ing) [ˈʌndəkəut(iŋ)], *s.* mellemstrygning; grundmaling.

undercover [ˌʌndəˈkʌvə], *adj.* hemmelig; ~ *agent*, spion.

undercurrent [ˈʌndəkʌrənt], *s.* understrøm.

undercut [ˌʌndəˈkʌt], *v. t.* underbyde.

underdeveloped [ˈʌndədiˈveləpt], *adj.* underudviklet.

underdog [ˈʌndədɔg], *s.* den svageste part.

underdone [ˌʌndəˈdʌn], *adj.* stegt (kogt) for lidt.

underestimate [ˌʌndəˈrestimeit], *v. t.* undervurdere.

underexpose [ˌʌndriksˈpəuz], *v. t., fot.* undereksponere, underbelyse.

undergo [ˌʌndəˈgəu], *v. t.* gennemgå; lide.

undergraduate [ˌʌndəˈgrædjuət], *s.* student; studerende.

underground [ˈʌndəgraund], *s.* undergrundsbane; undergrundsbevægelse. *adj.* underjordisk; undergrunds-.

undergrowth [ˈʌndəgrəuθ], *s.* underskov.

underhand [ˈʌndəhænd], *adj.* hemmelig; lumsk; underhånds-; under hånden.

underlay [ˈʌndəlei], *s.* underlag.

underlie [ˌʌndəˈlai], *v. t. & i.* ligge under; ligge til grund (for).

underline [ˌʌndəˈlain], *v. t.* understrege.

underling [ˈʌndəliŋ], *s.* underordnet.

undermanned [ˌʌndəˈmænd], *adj.* underbemandet.

undermine [ˌʌndəˈmain], *v. t.* underminere; nedbryde.

underneath [ˌʌndəˈniːθ], *præp.* under; *adv.* nede(n) under; på bunden.

underpaid [ˈʌndəpeid], *adj.* underbetalt.

underpants [ˈʌndəpænts], *s. pl., U.S.* underbukser.

underpass [ˈʌndəpaːs], *s.* viadukt; fodgængertunnel.

underrate [ˌʌndəˈreit], *v. t.* undervurdere.

underscore [ˌʌndə'skɔː],
v. t. understrege.

undersell [ˌʌndə'sel], *v. t. &*
i. sælge billigere end.

undersized [ˌʌndə'saizd],
adj. i understørrelse; un-
dermåls-.

understand [ˌʌndə'stænd]
(-stood, -stood), *v. t. & i.*
forstå; opfatte; indse;
høre, få at vide; **-ing,** *s.*
forståelse; forstand; *adj.*
forstående; *on the ~,* på
den betingelse.

understatement [ˌʌndə-
'steitmənt], *s.* underdri-
velse.

understudy ['ʌndəstʌdi], *s.*
dubleant.

undertak|e [ˌʌndə'teik]
(-took, -taken), *v. t.* påta-
ge sig; foretage; **-er**
['ʌndəteikə], *s.* bede-
mand; **-ing** [-'teikiŋ], *s.*
foretagende; forpligtel-
se; tilsagn.

undertone ['ʌndətəun], *s.*
undertone; dæmpet
stemme.

undertow ['ʌndətəu], *s.* un-
derstrøm.

underwear ['ʌndəwɛə], *s.*
undertøj.

underweight ['ʌndəweit],
adj. undervægtig.

underwriter ['ʌndəraitə], *s.*
assurandør.

undeserved [ˌʌndi'zəːvd],
adj. ufortjent; uforskyldt.

undesigned [ˌʌndi'zaind],
adj. utilsigtet.

undesirable [ˌʌndi'zaiə-
rəbl], *adj.* uønsket.

undisputed [ˌʌndi'spjuːtid],
adj. ubestridt.

undo [ʌn'duː] (-did, -done),
v. t. & i. åbne; knappe op;
løse; *fig.* ødelægge.

undoubted [ʌn'dautid], *adj.*
utvivlsom.

undreamt-of [ʌn'dremtɔv],

adj. ~ possibilities, ua-
nede muligheder.

undress [ʌn'dres], *v. t. & i.*
klæde (sig) af.

undue [ʌn'djuː], *adj.* util-
børlig; overdreven.

undulate ['ʌndjuleit], *v. i.*
bølge.

undying [ʌn'daiiŋ], *adj.*
evig; udødelig.

unearned [ʌn'əːnd], *adj.*
ufortjent; ikke tjent.

unearth [ʌn'əːθ], *v. t.* gra-
ve op; *fig.* bringe for da-
gen; **-ly,** *adj.* overnatur-
lig; ukristelig.

uneasy [ʌn'iːzi], *adj.* usik-
ker; urolig; betænkelig.

uneducated [ʌn'edjukei-
tid], *adj.* udannet; uud-
dannet.

unemploy|ed [ˌʌnim'plɔid],
adj. arbejdsløs; **-ment,** *s.*
arbejdsløshed; *~ bene-
fit,* *s.* arbejdsløshedsun-
derstøttelse.

unending [ʌn'endiŋ], *adj.*
endeløs; evig; uendelig.

unequal [ʌn'iːkwəl], *adj.*
ulige; ujævn; **-led** [-d],
adj. uforlignelig; uover-
truffen.

unerring [ʌn'əːriŋ], *adj.*
usvigelig; sikker; ufejl-
barlig.

unethical [ʌn'eθikl], *adj.*
umoralsk; uetisk.

uneven [ʌn'iːvn], *adj.*
ujævn.

unfailing [ʌn'feiliŋ], *adj.*
ufejlbarlig; uudtømme-
lig.

unfair [ʌn'fɛə], *adj.* uret-
færdig; urimelig; ufin.

unfaithful [ʌn'feiθfl], *adj.*
utro; upålidelig.

unfamiliar [ˌʌnfə'miljə],
adj. fremmed; ukendt;
uvant.

unfasten [ʌn'fɑːsn], *v. t.*
lukke op; åbne; løsne.

unfeeling [ʌn'fi:liŋ], adj. ufølsom, hård.

unfinished [ʌn'finiʃt], adj. ufuldendt.

unfit [ʌn'fit], adj. uegnet; uanvendelig; ikke i form.

unflinching [ʌn'flintʃiŋ], adj. uforfærdet.

unfold [ʌn'fəuld], v. t. & i. folde (sig) ud; fig. røbe(s).

unfortunate [ʌn'fɔ:tʃnət], adj. uheldig; beklagelig; **-ly**, adv. desværre.

unfounded [ʌn'faundid], adj. ubegrundet; uberettiget.

unfurnished [ʌn'fə:niʃt], adj. umøbleret.

ungainly [ʌn'geinli], adj. klodset; uskøn.

unget-at-able [ʌnget'ætəbl], adj. utilgængelig; utilnærmelig.

ungodly [ʌn'gɔdli], adj. ugudelig; T ukristelig.

ungrateful [ʌn'greitfl], adj. utaknemmelig.

unguarded [ʌn'ga:did], adj. ubevogtet; overilet.

unhampered [ʌn'hæmpəd], adj. uhindret; uhæmmet.

unhandy [ʌn'hændi], adj. uhåndterlig.

unhappy [ʌn'hæpi], adj. ulykkelig; elendig; uheldig.

unharmed [ʌn'ha:md], adj. uskadt.

unhealthy [ʌn'helθi], adj. usund; sygelig.

unheard-of [ʌn'hə:dɔv], adj. uhørt; enestående.

unheeded [ʌn'hi:did], adj. upåagtet.

unhinged [ʌn'hindʒd], adj. mentally ~, sindsforvirret.

unholy [ʌn'həuli], adj. ugudelig; T rædselsfuld.

unhook [ʌn'huk], v. t. tage

af krogen; haspe af.

unhoped-for [ʌn'həuptfɔ:], adj. uventet.

unhurt [ʌn'hə:t], adj. uskadt.

unicorn ['ju:nikɔ:n], s., zoo. enhjørning.

uniform ['ju:nifɔ:m], s. uniform; adj. ensartet; jævn.

unify ['ju:nifai], v. t. samle; forene.

unilateral [,ju:ni'lætrəl], adj. ensidig.

unimaginative [,ʌni'mædʒinətiv], adj. fantasiløs.

unimpeachable [,ʌnim'pi:tʃəbl], adj. uangribelig.

uninhabited [,ʌnin'hæbitid], adj. ubeboet.

uninhibited [,ʌnin'hibitid], adj. uhæmmet; hæmningsløs.

union ['ju:njən], s. sammenslutning; forening; forbund; (trade ~) fagforening; U~ Jack, det britiske nationalflag.

unique [ju:'ni:k], adj. enestående.

unison ['ju:nizn], s., mus. harmoni; fig. in ~, enstemmigt.

unit ['ju:nit], s. enhed; gruppe; afdeling; element.

unite [ju'nait], v. t. & i. forene(s); samle(s). **-ed** [-id], adj. forenet; fælles; **-y** ['ju:niti], s. enhed; helhed.

universal [,ju:ni'və:sl], adj. universel; universal-; almindelig; almen; almengyldig; **-se** ['ju:nivə:s], s. univers.

university [,ju:ni'və:siti], s. universitet; ~ man, akademiker.

unjust [ʌn'dʒʌst], adj. uretfærdig; **-ifiable** [ʌn,dʒʌsti'faiəbl], adj. uberettiget.

unkempt [ʌn'kem(p)t], *adj.* usoigneret; uredt.

unkind [ʌn'kaind], *adj.* uvenlig.

unknown [ʌn'nəun], *adj.* ukendt; ubekendt.

unless [ən'les], *konj.* medmindre; hvis ikke.

unlike [ʌn'laik], *adj.* forskellig; uens; *præp.* i modsætning til; **-ly**, *adj.* usandsynlig.

unlimited [ʌn'limitid], *adj.* grænseløs; ubegrænset.

unload [ʌn'ləud], *v. t.* læsse af; losse.

unlock [ʌn'lɔk], *v. t.* låse op.

unlucky [ʌn'lʌki], *adj.* uheldig.

unmanageable [ʌn'mænidʒəbl], *adj.* uhåndterlig; uregerlig.

unmistakable [ˌʌnmis'teikəbl], *adj.* umiskendelig.

unmitigated [ʌn'mitigeitid], *adj.* ubetinget; rendyrket.

unnatural [ʌn'ætʃrəl], *adj.* unaturlig.

unnecessary [ʌn'nesəsri], *adj.* unødvendig.

unnerve [ʌn'nə:v], *v. t.* tage modet fra.

unnoticeable [ʌn'nəutisəbl], *adj.* umærkelig.

unobtainable [ˌʌnəb'teinəbl], *adj.* uopnåelig.

unobtrusive [ˌʌnəb'tru:siv], *adj.* stilfærdig; tilbageholdende.

unoccupied [ʌn'ɔkjupaid], *adj.* ledig; ubeboet; ubeskæftiget.

unoffending [ˌʌnə'fendiŋ], *adj.* uskadelig, harmløs.

unpack [ʌn'pæk], *v. t.* pakke op; pakke ud.

unpaid [ʌn'peid], *adj.* ubetalt; ulønnet.

unpalatable [ʌn'pælətəbl],

adj. ubehagelig; usmagelig.

unparallelled [ʌn'pærəleld], *adj.* uden sidestykke, uden lige.

unperturbed [ˌʌnpə'tə:bd], *adj.* uforstyrret.

unpleasant [ʌn'pleznt], *adj.* utiltalende; ubehagelig.

unplug [ʌn'plʌg], *v. t.* trække (stik) ud.

unpopular [ʌn'pɔpjulə], *adj.* upopulær.

unprecedented [ʌn'presidəntid], *adj.* uden fortilfælde; uhørt.

unpredictable [ˌʌnpri'diktəbl], *adj.* uberegnelig; uforudsigelig.

unprejudiced [ʌn'predʒudist], *adj.* fordomsfri.

unqualified [ʌn'kwɔlifaid], *adj.* ukvalificeret; ubetinget.

unquestionable [ʌn'kwestʃnəbl], *adj.* ubestridelig.

unravel [ʌn'rævl], *v. t.* trævle op; udrede.

unreasonable [ʌn'ri:znəbl], *adj.* urimelig; overdreven.

unrelenting [ˌʌnri'lentiŋ], *adj.* uforsonlig; ubøjelig.

unreliable [ˌʌnri'laiəbl], *adj.* upålidelig.

unreserved [ˌʌnri'zə:vd], *adj.* uforbeholden.

unrest [ʌn'rest], *s.* uro; røre.

unrivalled [ʌn'raivld], *adj.* uden lige; uovertruffen.

unroll [ʌn'rəul], *v. t. & i.* rulle (sig) ud.

unruffled [ʌn'rʌfld], *adj.* uanfægtet.

unruly [ʌn'ru:li], *adj.* uregerlig.

unsafe ['ʌn'seif], *adj.* usikker; farlig.

unsatisfactory [ˌʌnsætis-

'fæktri], *adj.* utilfredsstillende.

unsavoury [ʌn'seivəri], *adj.* usmagelig; ulækker.

unscrew [ʌn'skru:], *v. t.* skrue af; skrue løs.

unscrupulous [ʌn'skru:pjuləs], *adj.* hensynsløs.

unseemly [ʌn'si:mli], *adj.* upassende.

unseen [ʌn'si:n], *s.* ekstemporaltekst; *adj.* uset; ubeset.

unselfish [ʌn'selfiʃ], *adj.* uegennyttig; uselvisk.

unserviceable [ʌn'sə:visəbl], *adj.* ubrugelig.

unsettle [ʌn'setl], *v. t.* gøre usikker; gøre nervøs; **-d,** *adj.* ustabil; usikker; nervøs; ikke betalt; ikke afgjort.

unsightly [ʌn'saitli], *adj.* styg; grim.

unskilled ['ʌn'skild], *adj.* ufaglært.

unsolicited [ˌʌnsə'lisitid], *adj.* uopfordret.

unsophisticated [ˌʌnsə'fistikeitid], *adj.* naturlig; ukunstlet.

unsound [ʌn'saund], *adj.* usund; uholdbar; dårlig; *of* ~ *mind,* sindsforvirret.

unspeakable [ʌn'spi:kəbl], *adj.* usigelig; ubeskrivelig; under al kritik.

unstable [ʌn'steibl], *adj.* ustabil.

unsteady [ʌn'stedi], *adj.* usikker; vaklende; ustadig.

unsuitable [ʌn's(j)u:təbl], *adj.* uegnet; upassende.

unsurpassed [ˌʌnsə'pa:st], *adj.* uovertruffen.

unsuspected [ˌʌnsə'spektid], *adj.* uanet; ukendt; **-ing,** *adj.* intetanende; troskyldig.

untangle [ʌn'tæŋgl], *v. t.* rede ud.

untenable [ʌn'tenəbl], *adj.* uholdbar.

unthinkable [ʌn'θiŋkəbl], *adj.* utænkelig.

untidy [ʌn'taidi], *adj.* uordentlig; sjusket; rodet.

untie [ʌn'tai], *v. t.* løse; binde op.

until [ən'til], *præp. & konj.* til; indtil; førend; *not* ~, ikke før, først.

untimely [ʌn'taimli], *adj.* alt for tidlig; malplaceret; uheldig.

untiring [ʌn'taiəriŋ], *adj.* utrættelig.

unto ['ʌntu], *præp., gl.* til.

untold [ʌn'təuld], *adj.* utallig; umådelig; ikke fortalt.

unusual [ʌn'ju:ʒuəl], *adj.* ualmindelig; usædvanlig.

unveil [ʌn'veil], *v. t.* afsløre; afdække.

unwarranted [ʌn'wɔrəntid], *adj.* uberettiget.

unwary [ʌn'wɛəri], *adj.* ubesindig.

unwavering [ʌn'weivəriŋ], *adj.* urokkelig.

unwell [ʌn'wel], *adj.* utilpas.

unwieldy [ʌn'wi:ldi], *adj.* uhåndterlig.

unwilling [ʌn'wiliŋ], *adj.* modstræbende.

unwind [ʌn'waind], *v. t.* vikle(s) af; rulle(s) ud; slappe af.

unwitting [ʌn'witiŋ], *adj.* uden at vide det; **-ly,** *adv.* uforvarende.

unworthy [ʌn'wə:ði], *adj.* uværdig.

unwrap [ʌn'ræp], *v. t.* pakke ud.

unwritten [ʌn'ritn], *adj.* uskrevet.

unyielding [ʌn'jiːldiŋ], *adj.* ubøjelig.

unzip [ʌn'zip], *v. t.* lyne op.

up [ʌp], *adv. & præp.* op; oppe; op ad; forbi; på færde; ~ *to sth,* ude på noget; *-s and downs,* medgang og modgang.

up-and-coming [ˌʌpən'kʌmiŋ], *adj.* energisk; lovende; på vej frem.

upbraid [ʌp'breid], *v. t.* skælde ud.

upbringing ['ʌpbriŋiŋ], *s.* opdragelse.

update [ʌp'deit], *v. t.* ajourføre.

upgrade [ʌp'greid], *v. t.* forfremme; forbedre.

upheaval [ʌp'hiːvl], *s.* omvæltning.

uphill ['ʌp'hil], *adj.* opadgående; *fig.* vanskelig; *adv.* op ad bakke.

uphold [ʌp'həuld], *v. t.* holde oppe; hævde; opretholde.

upholster [ʌp'həulstə], *v. t.* polstre; betrække; **-er** [-strə], *s.* møbelpolstrer; **-y** [-stri], *s.* polstring; betræk.

upkeep ['ʌpkiːp], *s.* vedligeholdelse.

upon [ə'pɔn], *præp.* på.

upper ['ʌpə], *adj.* øverst; over-; højere.

uppish ['ʌpiʃ], *adj., T* storsnudet.

upright ['ʌprait], *s.* klaver; stander; *adj.* opretstående; lodret; *fig.* retlinet; retskaffen.

uprising ['ʌpraiziŋ], *s.* opstand.

uproar ['ʌprɔː], *s.* larm; tumult.

uproot [ʌp'ruːt], *v. t.* rykke op med rode.

upset ['ʌpset], *s.* forstyrrelse; uorden; fald; [ʌp'set],

adj. ked af det; bestyrtet, chokeret; *v. t. & i.* vælte; ødelægge; bringe ud af ligevægt.

upshot ['ʌpʃɔt], *s.* resultat, udfald.

upside-down ['ʌpsaid-'daun], *adj. & adv.* med bunden i vejret; på hovedet.

upstairs ['ʌp'stɛəz], *adj. & adv.* ovenpå; op ad trappen.

upstart ['ʌpstaːt], *s.* opkomling.

upstream ['ʌpstriːm], *adj.* mod strømmen; *adv.* op ad floden.

uptake ['ʌpteik], *s. quick on the* ~, hurtig i opfattelsen.

uptight ['ʌptait], *adj., S* nervøs, anspændt.

up-to-date ['ʌptə'deit], *adj.* à jour; moderne.

upward ['ʌpwəd], *adj.* opadgående; **-(s)**, *adv.* opad; i vejret; derover.

uranium [ju'reinjəm], *s., kem.* uran.

urban ['əːbən], *adj.* by-; bymæssig.

urbane [ə'bein], *adj.* høflig, kultiveret.

urchin ['əːtʃin], *s.* gadedreng; knægt.

uretic [juə'retik], *s. & adj., med.* vanddrivende (middel).

urge [əːdʒ], *s.* trang; drift; *v. t.* henstille indtrængende; opfordre ivrigt; ~ *not to,* fraråde.

urgen|cy ['əːdʒnsi], *s.* pres, tryk; påtrængende nødvendighed; *a matter of* ~, en presserende sag; **-t**, *adj.* haste-; presserende; indtrængende.

urin|ate ['juərineit], *v. i.* lade vandet; **-e**, *s.* urin.

urn [ə:n], *s.* urne.

us [ʌs], *pron.* os.

US(A) ['ju:es('ei)], *(fk.f.* United States (of America)), USA.

us|able ['ju:zəbl], *adj.* brugbar; **-age** [-idʒ], *s.* brug; behandling; sædvane; sprogbrug.

use [ju:s], *s.* brug; skik; [ju:z], *v. t. & i.* bruge, benytte; behandle; *make* ~ *of*, bruge; gøre brug af; *it's no* ~, det nytter ikke; *be -d to*, være vant til; *he -d to come*, han plejede at komme; *it -d to rain often*, engang regnede det ofte; **-ful**, *adj.* nyttig; gavnlig; **-less**, *adj.* unyttig; ubrugelig; nytteløs.

usher ['ʌʃə], *s.* dørvogter; kontrollør; kirkebetjent; *v. t.* føre på plads; ~ *in*, *fig.* bebude; indvarsle.

usual ['ju:ʒuəl], *adj.* sædvanlig; almindelig; *as* ~, som sædvanlig; **-ly**, *adv.* sædvanligvis; som regel; i reglen.

usur|er ['ju:ʒərə], *s.* ågerkarl; **-y**, *s.* åger.

usurper [ju'zə:pə], *s.* tronraner.

utensil [ju'tensl], *s.* redskab; *kitchen -s*, *pl.* køkkentøj.

uterus ['ju:tərəs], *s., anat.* livmoder.

utili|ty [ju'tiliti], *s.* nytte; anvendelighed; *public -ties*, *pl.* offentlige foretagender; **-ze** ['ju:tilaiz], *v. t.* gøre brug af; udnytte.

utmost ['ʌtməust], *adj.* højeste; yderste; *do one's* ~, gøre sit bedste.

utter ['ʌtə], *v. t.* ytre; udtrykke; udtale; fremkomme med; *adj.* komplet; fuldstændig; fuld-

kommen; ærke-; **-ance** [-rəns], *s.* udtalelse; ytring; **-ly**, *adv.* aldeles; fuldstændig; komplet.

vaca|ncy ['veiknsi], *s.* tomhed; tomrum; ledig stilling; ledigt værelse; **-nt**, *adj.* tom; ledig, ubesat; **-te** [və'keit], *v. t.* fraflytte: **-tion** [-'keiʃn], *s.* ferie; fraflytning.

vaccin|ate ['væksineit], *v. t.* vaccinere; **-ation** [-'neiʃn], *s.* vaccination; **-e** ['væksi:n], *s.* vaccine.

vacillate ['væsileit], *v. i.* vakle; svinge.

vacuity [və'kju:iti], *s.* tomrum; tomhed.

vacuum ['vækjuəm], *s.* vakuum; *fig.* tomrum; *(~ cleaner)* støvsuger; *v. t. & i.* støvsuge.

vagina [və'dʒainə], *s., anat.* skede, vagina.

vagrant ['veigrənt], *s.* landstryger; *adj.* omstrejfende.

vague [veig], *adj.* ubestemt; uklar; svævende; vag.

vain [vein], *adj.* forfængelig; tom; forgæves; *in* ~, forgæves; **-glorious**, *adj.* forfængelig; pralende.

vale [veil], *s., poet.* dal.

valediction [væli'dikʃn], *s.* afskedshilsen.

valentine ['væləntain], *s.* kæreste; *(~ card)* gækkebrev (sendes 14.2.).

valet ['vælit *el.* -lei], *s.* kammertjener.

valiant ['væliənt], *adj.* tapper.

valid ['vælid], *adj.* gyldig; velbegrundet; **-ate** [-eit], *v. t.* gøre gyldig; **-ity** [və'liditi], *s.* gyldighed.

valise [və'li:z], *s.* rejsetaske.

valley ['væli], *s.* dal.

valour ['vælə], *s.* tapperhed; mod.

valu|able ['væljuəbl], *adj.* værdifuld; **-ables** [-z], *s. pl.* værdigenstande; **-e** ['vælju:], *s.* værdi; *v. t.* vurdere; værdsætte; sætte pris på; **-e-added tax** (*fk.* VAT), moms.

valve [vælv], *s.* ventil; *anat. & bot.* klap.

vamp [væmp], *s.* vamp; overlæder; **-ire** [-aiə], *s.* vampyr.

van [væn], *s.* varevogn; lastvogn; godsvogn; *mil.* fortrop.

vane [vein], *s.* vinge; blad; fane; *(weather-~)* vejrhane.

vanguard ['vænga:d], *s.* fortrop.

vanilla [və'nilə], *s.*, *kul.* vanille.

vanish ['væniʃ], *v. i.* forsvinde.

vanity ['væniti], *s.* forfængelighed; ~ **case**, *s.* kosmetikpung.

vanquish ['væŋkwiʃ], *v. t.* besejre.

vantage ['va:ntidʒ], *s.* fordel; ~ **point**, *s.* fordelagtig stilling.

vapid ['væpid], *adj.* fad; flov.

vapo|rize ['veipəraiz], *v. t. & i.* fordampe; forstøve; **-ur** [-ə], *s.* damp; em.

variable ['vɛəriəbl], *adj.* foranderlig; skiftende.

vari|ance ['vɛəriəns], *s.* forandring; uoverensstemmelse; *at* ~ *with*, i strid med; **-ant**, *s.* variant; *adj.* afvigende; **-ation** [-'eiʃn], *s.* forandring; afvigelse; variation; **-ed** [-d], *adj.* varieret; afvekslende;

-egated [-geitid], *adj.* broget; afvekslende; **-ety** [və'raiəti], *s.* afveksling; variation; mangfoldighed; slags; sort; *bio.* afart; varietet; varietéforestilling; **-ous** [-əs], *adj.* forskellige; adskillige; forskelligartede.

varicose ["værikəus], *adj.*, *med.* ~ *veins*, åreknuder.

varnish ['va:niʃ], *s.* fernis; lakere; *fig.* glans; *v. t.* fernisere; *fig.* pynte på; **-ing**, *s.* fernisering.

vary ['vɛəri], *v. t. & i.* forandre (sig); veksle; variere; ~ *from*, afvige fra.

vase [va:z], *s.* vase.

vast [va:st], *adj.* vældig; umådelig; *the* ~ *majority*, det overvejende flertal.

VAT [væt], (*fk.f.* value-added tax), *sv. t.* moms.

vault [vɔ:lt], *s.* hvælving; bankboks; *sport.* spring; *v. t. & i.* hvælve sig; bygge hvælving over; springe (over).

vaunt [vɔ:nt], *v. t. & i.* prale med.

VD ['vi:di:], (*fk.f.* venereal disease), kønssygdom.

veal [vi:l], *s.*, *kul.* kalvekød.

veer [viə], *v. t. & i.* vende (sig); dreje; *fig.* svinge; skifte mening.

veg [vedʒ] (*fk.f.* vegetable), *s.*, *bot.*, *T* grøntsag.

vegeta|ble ['vedʒtəbl], *s.*, *bot.* grøntsag; *adj.* grøntsags-; vegetabilsk; ~ *marrow*, *s.*, *bot.* squash; **-rian** [vedʒi'tɛəriən], *s.* vegetar; **-tion** [-'teiʃn], *s.* plantevækst; vegetation; **-tive** ['vedʒitətiv], *adj.* vækst-; vegeterende.

vehemen|ce ['vi:əməns], *s.* heftighed; voldsomhed;

-t, adj. heftig; voldsom.
vehicle ['vi:ikl], s. køretøj;
vogn; fig. middel.
veil [veil], s. slør; v. t. tilsløre; tilhylle; take the ~,
blive nonne; **-ed** [-d], adj.
tilsløret, skjult; utydelig.
vein [vein], s., anat. åre;
vene; fig. retning; stemning.
velocity [vi'lositi], s. hastighed.
velvet ['velvit], s. fløjl; adj.
fløjls-; be on ~, T have
det som blommen i et æg.
venal ['vi:nl], adj. bestikkelig.
veneer [və'niə], s. finér; fig.
fernis, skin.
venerable ['venrəbl], adj.
ærværdig; **-tion** [venə'reiʃn], s. ærbødighed.
venereal [vi'niəriəl], adj.
kønslig, venerisk; ~ disease, med. kønssygdom.
vengeance ['vendʒəns], s.
hævn; take ~ on, hævne
sig på; with a ~, så det
forslår.
Venice ['venis], s. Venedig.
venison ['venizn], s., kul.
dyrekød.
venom ['venəm], s. gift;
-ous [-əs], adj. giftig;
ondskabsfuld.
vent [vent], s. aftræk; lufthul; afløb; v. t. & i. slippe
ud; give luft; give frit løb;
give ~ to, give frit løb
(for); **-ilate,** v. t. ventilere; udlufte; bringe på
bane; **-ilation** [-'leiʃn], s.
ventilation.
ventriloquist [ven'trilə-kwist], s. bugtaler.
venture ['ventʃə], s. foretagende; vovestykke; v. t.
& i. vove (sig); driste sig
til; nothing ~, nothing
win, hvo intet vover intet
vinder; **-some** [-səm],

adj. dumdristig; dristig;
vovelig.
veracious [və'reiʃəs], adj.
sanddru; sandfærdig;
-city [-'ræsiti], s. sanddruhed; sandfærdighed.
verb [və:b], s., gram. verbum, udsagnsord; **-al** [-l],
adj. verbal-; ord-; sproglig; ordret; **-atim** [-'beitim], adj. ordret; **-iage** [-i-idʒ], s. ordflom; **-ose**
[-'bəus], adj. vidtløftig.
verdict ['və:dikt], s., jur.
kendelse; afgørelse, dom.
verge [və:dʒ], s. rand; kant;
grænse; rabat; v. i. ~ on,
grænse til; on the ~ of
tears, grædefærdig.
verger ['və:dʒə], s. kirkebetjent.
verify ['verifai], v. t. bekræfte; verificere; efterprøve; **-ly,** adv., gl. sandelig; **-table** [-təbl], adj.
sand; formelig.
vermilion [və'miljən], s. &
adj. cinnober(rød).
vermin ['və:min], s., zoo.
skadedyr; utøj.
vernacular [və'nækjulə], s.
modersmål; egnsdialekt;
adj. folkelig; dialekt-.
versatile ['və:sətail], adj.
alsidig.
verse [və:s], s. vers; poesi;
-d [-t], adj. kyndig.
version ['və:ʃn], s. fremstilling; version; oversættelse.
versus ['və:səs], præp.
mod; kontra.
vertebra ['və:tibrə] (pl. -s
el. -e), s., anat. ryghvirvel;
-te [-ət], s., zoo. hvirveldyr.
vertical ['və:tikl], adj. lodret.
vertigo ['və:tigəu], s., med.
svimmelhed.
verve [və:v], s. kraft; liv-

fuldhed.

overwhelm [ˌəuvə'welm], *v. t.* overvælde.

very ['veri], *adj. & adv.* meget; aller-; selve, netop; *the ~ day*, selve dagen; *the ~ man*, netop manden; *from the ~ start*, lige fra starten; *not ~ good*, ikke særlig god.

vessel [vesl], *s.* beholder; kar; skib; fartøj.

vest [vest], *s.* undertrøje; *v. t. & i. ~ in*, overdrage til; **-ed** [-id], *adj., jur.* sikker.

vestibule ['vestibjuːl], *s.* forhal.

vestige ['vestidʒ], *s.* spor; levn; *not the slightest ~*, ikke den mindste smule; **-ial** [və'stidʒəl], *adj.* rudimentær.

vestry ['vestri], *s.* sakristi.

vet [vet], *s., T* dyrlæge; *v. t.* undersøge; *fig.* gennemgå kritisk.

veteran ['vetrən], *s.* veteran; *adj.* erfaren; prøvet.

veterinary ['vetrinəri], *s.* dyrlæge; *adj.* veterinær; *~ surgeon, s.* dyrlæge.

veto ['viːtəu], *s.* veto; *v. t.* nedlægge veto mod.

vex [veks], *v. t.* ærgre; irritere; **-ation** [-'seiʃn], *s.* ærgrelse; irritation.

via [vaiə], *præp.* via, over.

viable ['vaiəbl], *adj.* levedygtig; gennemførlig.

viaduct ['vaiədʌkt], *s.* viadukt.

vial ['vaiəl], *s.* lille medicinflaske.

viands ['vaiəndz], *s. pl.* levnedsmidler.

vibes [vaibz] (*fk.f.* vibrations), *s. pl., T* vibrationer.

vibrate [vai'breit], *v. t. & i.* vibrere; svinge; dirre;

-ion [-ʃn], *s.* vibration; svingning.

vicar ['vikə], *s.* sognepræst; **-age** [-ridʒ], *s.* præstegård.

vicarious [vai'kɛəriəs], *adj.* stedfortrædende.

vice [vais], *s.* last; synd; skruestik; *præfiks* vice-; **~-chancellor**, *s.* universitetsrektor; **-roy**, *s.* vicekonge; *~ squad, s.* sædelighedspoliti.

vicinity [vi'siniti], *s.* nærhed.

vicious ['viʃəs], *adj.* ondskabsfuld; *~ circle*, ond cirkel; *a ~ headache*, en væmmelig hovedpine.

vicissitude [vi'sisitjuːd], *s.* omskiftelse.

victim ['viktim], *s.* offer.

victorious [vik'tɔːriəs], *adj.* sejrende; **-y** ['viktri], *s.* sejr.

victuals [vitlz], *s. pl.* levnedsmidler.

video ['vidiəu], *s.* fjernsyn; video; *~ game, s.* TV-spil; *~ tape, s.* billedbånd.

vie [vai], *v. i.* kappes.

Vienna [vi'enə], *s.* Wien; **-nese** [-'niːz], *s.* wiener; *adj.* wiener-.

Vietnam [ˌvjet'naːm], *s.* Vietnam; **-ese** [-nə'miːz], *s.* vietnameser; *adj.* vietnamesisk.

view [vjuː], *s.* udsigt; udsyn; opfattelse, syn; synspunkt; *v. t.* bese; *fig.* betragte; overveje; *in ~*, for øje; i syne; *in my ~*, efter min mening; *in ~ of*, i betragtning af; *on ~*, udstillet; *with a ~ to*, med henblik på; **-point**, *s.* synspunkt.

vigil ['vidʒil], *s.* nattevagt; *keep ~ over*, våge over; **-ance**, *s.* årvågenhed.

vigour ['vigə], *s.* kraft; energi; styrke.

viking ['vaikiŋ], *s.* viking.

vile [vail], *adj.* nederdrægtig; gemen; ækel; skammelig; **-ification** [ˌvilifi-'keiʃn], *s.* bagvaskelse.

village ['vilidʒ], *s.* landsby; *adj.* landsby-; ~ *hall, s.* forsamlingshus.

villain ['vilən], *s.* skurk; **-ous** [-əs], *adj.* skurkagtig; ond.

vim [vim], *s.* energi.

vindicate ['vindikeit], *v. t.* hævde; forsvare; retfærdiggøre; **-tive** [vin'diktiv], *adj.* hævngerrig.

vine [vain], *s., bot.* vin(ranke); **-yard** ['vinjəd], *s.* vinhave.

vinegar ['vinigə], *s., kul.* eddike.

vintage ['vintidʒ], *s.* årgang; ~ *car, s.* veteranbil.

viola [vi'əulə], *s., mus.* bratsch.

violate ['vaiəleit], *v. t.* krænke; overtræde; bryde; voldtage; **-ion** [-'leiʃn], *s.* brud; krænkelse; voldtægt.

violence ['vaiələns], *s.* vold; voldsomhed; **-t**, *adj.* voldsom; kraftig; volds-.

violet ['vaiələt], *s., bot.* viol; *s. & adj.* violet.

violin [vaiə'lin], *s., mus.* violin.

VIP ['vi:ai'pi:], *(fk.f.* very important person), *s.* prominent person.

viper ['vaipə], *s., zoo.* hugorm.

virago [vi'ra:gəu], *s., gl.* rappenskralde.

virgin ['və:dʒin], *s.* jomfru; *adj.* jomfrulig; uberørt.

virile ['virail], *adj.* mandlig; maskulin; viril.

virtual ['və:tʃuəl], *adj.* virkelig; faktisk; **-ly**, *adv.* i realiteten; faktisk; praktisk talt.

virtue ['və:tʃu:], *s.* dyd; fortrin; *by* ~ *of,* i kraft af; **-ous** [-əs], *adj.* dydig; retskaffen.

virtuosity [ˌvə:tʃu'ɔsiti], *s.* virtuositet; **-o** [-'əuzəu], *s.* virtuos.

virus ['vaiərəs], *s., med.* virus; *fig.* gift.

visa ['vi:zə], *s.* visum.

visage ['vizidʒ], *s.* ansigt.

visibility [ˌvizi'biliti], *s.* synlighed; sigtbarhed; **-le** ['vizibl], *adj.* synlig.

vision [viʒn], *s.* synsevne; syn; klarsyn; vision; **-ary** [-ri], *s.* visionær; fantast; drømmer.

visit ['vizit], *s.* besøg; visit; *v. t. & i.* besøge; **-or** [-ə], *s.* besøgende, gæst.

visor ['vaizə], *s.* skygge; solskærm; visir.

vista ['vistə], *s.* udsigt; udsyn.

visual ['viʒuəl], *adj.* visuel; syns-; **-ize** [-aiz], *v. t.* forestille sig, danne sig et billede af.

vital ['vaitl], *adj.* livs-; livsvigtig; væsentlig; afgørende; vital; **-ity** [-'tæliti], *s.* livskraft; vitalitet; **-s**, *s. pl.* ædlere dele.

vitamin ['v(a)itəmin], *s.* vitamin; ~ *A,* A-vitamin.

vituperate [vi'tju:pəreit], *v. t.* skælde ud.

vivacious [vi'veiʃəs], *adj.* livlig; levende; **-ty** [-'væsiti], *s.* livlighed; liv.

vivid ['vivid], *adj.* levende; livlig.

viviparous [vi'vipərəs], *adj.* som føder levende unger.

vixen [viksn], *s., zoo.* hunræv; *fig.* rappenskralde.

vocabulary [və'kæbjuləri],

s. ordforråd; glossar, ord-liste.

vocal [vəukl], *adj.* stem-me-; vokal-; sang-; **-ist,** *s.* sanger(inde).

vocation [və'keiʃn], *s.* kald; levevej; erhverv; **-al** [-l], *adj.* erhvervs-.

vociferous [və'sifərəs], *adj.* højrøstet; råbende; skrå-lende.

vogue [vəug], *s.* mode; *in* ~, på mode.

voice [vɔis], *s.* stemme; *v. t.* udtrykke; give udtryk for; udtale stemt; *have a* ~, være medbestem-mende.

void [vɔid], *s.* tomrum; *adj., fig.* tom; ledig; *jur.* ugyl-dig.

volatile ['vɔlətail], *adj.* flyg-tig; letbevægelig.

volcano ['vɔlkeinəu], *s.* vul-kan.

volition [və'liʃn], *s.* vilje; villen.

volley ['vɔli], *s.* salve; strøm; *sport.* flugtning; *v. t. & i.* affyre en salve; *sport.* flugte.

volt [vəult], *s., elek.* volt; **-age** [-idʒ], *s.* spænding.

voluble ['vɔljubl], *adj.* tun-gerap; meget talende.

volum|e ['vɔlju:m], *s.* bind; årgang; volumen, rum-fang; mængde; omfang; masse; *radio.* lydstyrke; **-inous** [və'lju:minəs], *adj.* omfangsrig.

volun|tary ['vɔləntri], *s., mus.* orgelsolo; *adj.* frivil-lig; **-teer** [ˌvɔlən'tiə], *s.* fri-villig; *v. t. & i.* melde sig frivilligt; tilbyde; frem-sætte; komme med.

voluptuous [və'lʌptʃuəs], *adj.* vellystig; yppig.

vomit ['vɔmit], *s.* opkast-ning, bræk; *v. t. & i.* kaste

op, brække sig.

voraci|ous [və'reiʃəs], *adj.* grådig; **-ty** [-'ræsiti], *s.* grådighed.

votary ['vəutəri], *s.* tilhæn-ger; tilbeder.

vote [vəut], *s.* stemme; af-stemning; stemmeret; *v. t. & i.* stemme; vedtage; erklære for; ~ *of confi-dence,* tillidsvotum; ~ *of no confidence,* mistillids-votum.

vouch [vautʃ], *v. t. & i.* ~ *for,* indestå for; garante-re for; **-er,** *s.* regnskabs-bilag; bon; kvittering; kupon; gavekort.

vouchsafe [vautʃ'seif], *v. t.* værdige; forunde.

vow [vau], *s.* løfte; *v. t.* love; aflægge løfte om.

vowel ['vauəl], *s., gram.* vo-kal, selvlyd.

voyage ['vɔiidʒ], *s.* sørejse; *v. t. & i.* rejse; gennem-rejse.

vulcanize ['vʌlkənaiz], *v. t.* vulkanisere.

vulgar ['vʌlgə], *adj.* vul-gær; simpel; ~ *fraction,* almindelig brøk.

vulnerable ['vʌlnərəbl], *adj.* sårbar; angribelig.

vulture ['vʌltʃə], *s., zoo.* grib.

wad [wɔd], *s.* klump; styk-ke; tot; ~ *of money,* sed-delbundt.

wadding ['wɔdiŋ], *s.* plade-vat; vattering.

waddle [wɔdl], *v. i.* vralte; stolpre.

wade [weid], *v. t. & i.* vade; ~ *into,* T kaste sig over; ~ *through, fig.* pløje sig igennem.

wafer ['weifə], *s., kul.* vaf-fel; *rel.* oblat.

waffle [wɔfl], *s., kul.* vaffel;

T vrøvl; *v. i.* vrøvle; ~ **i-ron**, *s.* vaffeljern.

waft [wɔft], *v. t.* føre gennem luften; ~ *away*, vejre bort.

wag [wæg], *s.* logren; spasmager; *v. t. & i.* virre med; vippe med; logre (med).

wage [weidʒ] *(mest pl. -s* [-iz]), *s.* (arbejds)løn; *v. t.* ~ *war*, føre krig; ~ **earner**, *s.* lønmodtager; ~ **freeze**, *s.* lønstop.

wager ['weidʒə], *s.* væddemål; *v. t.* vædde.

waggle [wægl], *v. t. & i.* vrikke (med); logre (med); bevæge (sig) frem og tilbage.

wa(g)gon ['wægən], *s.* vogn; godsvogn; transportvogn; *on the* ~, *T* på vandvognen.

wagtail ['wægteil], *s., zoo.* vipstjert.

wail [weil], *s.* jammer, klage; *v. t. & i.* klage; jamre sig; begræde.

wainscot(ing) ['weinskət-(iŋ)], *s.* panel; vægbeklædning.

waist [weist], *s., anat.* liv, talje; **-coat**, *s.* vest; **-line**, *s.* talje; taljemål.

wait [weit], *s.* venten; ventetid; *v. t. & i.* vente; vente på; varte op; ~ *for*, vente på; ~ *on*, servere for; **-er**, *s.* tjener; **-ing**, *s.* venten; ventetid; **-ress**, *s.* servitrice.

waive [weiv], *v. t.* give afkald på; frafalde; affærdige.

wake [weik], *s.* kølvand; gravøl; (woke, woken), *v. t. & i. (~ up)*, vågne; vække; **-ful**, *adj.* vågen; **-n** [-n], *v. t. & i.* vågne; vække.

walk [wɔːk], *s.* spadseretur; gang; sti; *v. t. & i.* gå; spadsere; gå tur med; ~ *of life*, livsstilling; social position; ~ *off with*, *T* stikke af med; **-out**, *s.* arbejdsnedlæggelse; **-over**, **-away**, *s.* let sejr.

wall [wɔːl], *s.* mur; væg; vold; *v. t.* befæste; ~ *up*, indemure; ~ **bar**, *sport.* ribbe; ~ **-eyed**, *adj.* skeløjet; **-flower**, *s., bot.* gyldenlak; *fig.* bænkevarmer; **-paper**, *s.* tapet.

wallet ['wɔlit], *s.* tegnebog.

wallop ['wɔləp], *s.* hårdt slag; *v. t.* tæve; tæske; **-ing**, *s.* klø; tæv; *adj.*, *S* vældig.

wallow ['wɔləu], *v. i.* vælte sig; *fig.* ~ *in*, vade i; svælge i.

walnut ['wɔːlnʌt], *s., bot.* valnød.

walrus ['wɔːlrəs], *s., zoo.* hvalros.

waltz [wɔːlts], *s.* vals; *v. t. &* *i.* danse vals, valse.

wan [wɔn], *adj.* bleg; gusten.

wand [wɔnd], *s.* tryllestav.

wander ['wɔndə], *v. t. & i.* vandre (i); strejfe om (i); ~ *from the point*, komme bort fra emnet; **-er** [-rə], *s.* vandringsmand.

wane [wein], *s.* aftagen; *v. i.* aftage; dale; svinde hen; *the moon is on the* ~, månen er aftagende.

wangle [wæŋgl], *s.* kneb, fif; *v. t. & i.* bruge kneb; luske sig til.

want [wɔnt], *s.* mangel; savn; fornødenhed; *v. t. & i.* ønske; gerne ville (have); mangle; behøve; have brug for; søge; lide nød; *be in* ~ *of*, trænge til; mangle; *be -ing*, mangle; være lidt tilbage, være smådum.

wanton ['wɔntən], *adj.* uansvarlig; formålsløs; letsindig.

war [wɔ:], *s.* krig; *fig.* kamp; *v. i.* føre krig; kæmpe; *be at ~ with,* være i krig med; **-fare,** *s.* krig; krigsførelse; **-head,** *s.* sprængladning; **-like,** *adj.* krigerisk; **-monger,** *s.* krigsmager; ~ **paint,** *s.* krigsmaling; **-path,** *s. be on the ~,* være på krigsstien; **-rior** [-riə], *s.* kriger; *the Unknown W~,* den ukendte soldat; **-ship,** *s.* krigsskib; **-time,** *s.* krigstid.

warble [wɔ:bl], *v. t. & i.* slå triller; synge; ~ **fly,** *s., zoo.* bremse.

ward [wɔ:d], *s.* afdeling; stue; myndling; formynderskab; forvaring; bevogtning; *v. t.* ~ *off,* afparere; afværge; **-en** [-n], *s.* bestyrer; forstander; **-er,** *s.* fængselsbetjent; **-robe,** *s.* klædeskab; garderobe; **-room,** *s., naut.* officersmesse; ~ **sister,** *s.* afdelingssygeplejerske.

warehouse ['wɛəhaus], *s.* pakhus; lager; ~ *keeper,* lagerchef; **-s,** *s. pl.* varer.

warm [wɔ:m], *adj.* varm; ivrig; heftig; frisk; *v. t. & i.* varme; blive varm; ~ *up,* opvarme; **-th** [θ], *s.* varme; begejstring; indignation.

warn [wɔ:n], *v. t.* advare; underrette om; *I must ~ you that,* jeg må gøre dig opmærksom på at; **-ing,** *s.* advarsel; varsel; meddelelse.

warp [wɔ:p], *v. t. & i.* slå sig; blive skæv; forkvak-

le; fordreje.

warrant ['wɔrənt], *s., jur.* fuldmagt; hjemmel; garanti; arrestordre; *v. t.* berettige; garantere (for).

warren ['wɔrən], *s.* kaningård; *fig.* tætbefolket kvarter, rotterede.

wart [wɔ:t], *s.* vorte.

wary ['wɛəri], *adj.* varsom; forsigtig.

wash [wɔʃ], *s.* vask; vasketøj; skvulpen; *v. t. & i.* vaske (sig); kunne vaskes; skvulpe; *have a ~,* vaske sig; *I ~ my hands, fig.* jeg fralægger mig ethvert ansvar; ~ *down,* spule; skylle ned; ~ *up,* vaske op; ~ **basin, s.** vaskekummme; vandfad; **-er,** *s.* vaskemaskine; *mek.* spændskive; pakning; **-ing,** *s.* vask; vasketøj; ~ *-machine,* **s.** vaskemaskine; ~ *powder,* ~ *soda,* **s.** vaskepulver; ~ *-up,* **s.** opvask; **-leather,** vaskeskind; ~ *-out,* **s.** fiasko; **-y,** *adj.* bleg; udvandet.

wasp [wɔsp], *s., zoo.* hveps.

wastage ['weistidʒ], *s.* spild; svind.

waste [weist], *s.* spild; svind; affald; ødemark; *(cotton ~)* tvist; *v. t. & i.* spilde; bortødsle; gå til spilde; hærge; ødelægge; ~ **disposal (unit),** *s.* affaldskværn; **-ful,** *adj.* ødsel; uøkonomisk; **-paper basket,** *s.* papirkurv.

wastrel ['weistrəl], *s.* døgenigt.

watch [wɔtʃ], *s.* ur; vagt; *v. t. & i.* se på, iagttage; passe (på); holde øje med; vogte; våge; *keep ~,* holde udkig; ~ *TV,* se

fjernsyn; ~ *out,* passe
på; **-ful,** *adj.* årvågen; på-
passelig; **-man** [-mən], *s.*
vægter; **-tower,** *s.* vagt-
tårn; **-word,** *s.* kendeord;
parole; slagord.

water ['wɔ:tə], *s.* vand; *v. t.*
& i. vande; fortynde; løbe
i vand; ~ **closet,** *s.* wc;
-colour, *s.* vandfarve; a-
kvarel; **-course,** *s.* vand-
løb; **-cress,** *s., bot.* brønd-
karse; **-fall,** *s.* vandfald;
-ing [-riŋ], *s.* vanding; ~
can, s. vandkande; ~ **lev-**
el, vandstand; ~ **lily,** *bot.*
åkande; **-mark,** *s.* vand-
mærke; **-mill,** *s.* vand-
mølle; **-proof,** *s.* regn-
frakke; *adj.* vandtæt; **-s,**
pl. farvand; **-shed,** *s.*
vandskel; **-spout,** *s.* sky-
pumpe;   nedløbsrør;
-tight, *adj.* vandtæt;
-works, *s. pl.* vandværk;
-y [-ri], *adj.* våd; fugtig;
(ud)vandet; rindende.

wav|e [weiv], *s.* bølge; vin-
ken; fald (i hår); *v. t.* vin-
ke; ondulere; bølge; vifte
(med); vaje; **-elength,** *s.*
bølgelængde; **-y,** *adj.* bøl-
gende; bølget.

waver ['weivə], *v. i.* vakle;
dirre; skælve.

wax [wæks], *s.* voks; *v. t.*
behandle   med   voks;
bone; smøre; *v. i.* tiltage;
vokse; blive.

way [wei], *s.* vej; retning;
afstand; måde; skik; fa-
con, væsen; *if I had my*
~, hvis jeg fik min vilje;
by the ~, forresten; *be in*
the ~, stå i vejen; *in this*
~, således; *be in the*
family ~, *T* være gravid;
lead the ~, vise vej; *the*
Milky W~, mælkevejen;
-bill, *s.* pasagerliste;
fragtbrev; **-farer,** *s.* vejfa-

rende; **-lay** [-'lei], *v. t.*
overfalde; passe op; ligge
på lur efter; **-side,** *s.* vej-
kant; ~ **-out,** *adj., T* fan-
tastisk; **-ward** [-wəd], *adj.*
egensindig.

we [wi:], *pron.* vi.

weak [wi:k], *adj.* svag; veg;
skrøbelig; tynd; **-en** [-n],
v. t. & i. afkræfte(s);
svække(s); **-ling,** *s.* svæk-
ling; **-ly,** *adj.* svagelig;
-ness, *s.* svaghed.

weal [wi:l], *s.* strime; vel;
velfærd; *the common* ~,
samfundets vel.

weald [wi:ld],   *s.*   åben
strækning.

wealth [welθ], *s.* rigdom;
fig. væld; **-y,** *adj.* rig;
velhavende.

wean [wi:n], *v. t.* vænne
'fra (om barn).

weapon ['wepən], *s.* våben.

wear [wεə], *s.* brug; slid;
-tøj; *v. t. & i.* gå med; have
på; slide; holde (sig); ~
and tear, slitage; ~
away, ~ *on,* slæbe sig
hen; ~ *down,* slide ned;
udmatte; ~ *off,* slides af;
fortage sig; ~ *out,* slide
op; udmatte; slippe op.

wear|isome   ['wiərisəm],
adj. trættende; **-y,** *adj.*
træt; kedelig; trættende;
v. t. & i. trætte; kede,
blive træt.

weasel [wi:zl], *s., zoo.* væ-
sel.

weather ['weðə], *s.* vejr;
v. t. & i. klare sig igen-
nem; overstå; forvitre;
under the ~, sløj; uop-
lagt; ~ **-beaten,** *adj.* vejr-
bidt; ~ **cock,** ~ **vane,** *s.*
vejrhane; ~ **forecast,** *s.*
vejrmelding.

weave [wi:v], *s.* vævning;
(wove, woven), *v. t. & i.*
væve; flette; **-r** [-ə], *s.* væ-

ver.

web [web], *s.* væv; net; spind; svømmehud; *spider's* ~, *s.* edderkoppespind.

wed [wed], *v. t. & i.* vie; gifte sig (med); ægte; **-ding,** *s.* bryllup; *adj.* bryllups-; **-lock,** *s.* ægtestand; *born in (out of)* ~, født i (uden for) ægteskab.

wedge [wedʒ], *s.* kile; stykke (kage); *v. t.* kløve; fastkile.

Wednesday ['wenzd(ə)i], *s.* onsdag.

wee [wi:], *adj.* lille; *v. i., T* tisse; *do a* ~, tisse.

weed [wi:d], *s., bot.* ukrudtsplante; *v. t. & i.* luge; rense; udrense; ~- **killer,** *s.* ukrudtsmiddel; **-s,** *pl.* ukrudt.

week [wi:k], *s.* uge; *tomorrow* ~, i morgen 8 dage; *a 40 hour* ~, en 40 timers arbejdsuge; **-day,** *s.* hverdag; **-end,** *s.* weekend; *v. i.* holde weekend; **-ly,** *s.* ugeblad; *adj.* ugentlig; *adv.* en gang om ugen.

weeny ['wi:ni], *adj.* meget lille; *teeny-*~, lillebitte.

weep [wi:p] (wept, wept), *v. t. & i.* græde; **-ing,** *s.* gråd; ~ *willow, bot.* grædepil, hængepil.

weevil [wi:vl], *s., zoo.* snudebille.

wee-wee ['wi:wi:], *s., T* tis; *v. i.* tisse.

weigh [wei], *v. t. & i.* veje; *fig.* bedømme; overveje; ~ *down,* tynge ned; ~ *out,* veje af; **-t,** *s.* vægt; tyngde; *fig.* byrde; *v. t.* gøre tung; tynge; *pull one's* ~, tage sin tørn; ~- *lifting, s., sport.,* vægtløftning; **-ty,** *adj.* tung;

tungtvejende.

weir [wiə], *s.* dæmning; fiskegård.

weird [wiəd], *adj.* uhyggelig; overnaturlig; mærkelig.

welcome ['welkəm], *s.* velkomst; modtagelse; *v. t.* byde velkommen; tage imod; *adj.* velkommen; kærkommen; *you're* ~! selv tak!

weld [weld], *v. t.* svejse (sammen); *fig.* smede sammen.

welfare ['welfɛə], *s.* velfærd; *social* ~, socialforsorg; ~ **state,** *s.* velfærdsstat.

well [wel], *s.* brønd; kilde; (better, best), *adj.* rask; god; vel; (better, best), *adv.* godt; vel; ordentligt; nok; *v. i.* vælde; strømme; *int.* nå; jo ser du; altså; *very* ~! godt! *do* ~, klare sig godt; ~-**behaved,** *adj.* velopdragen; ~-**being,** *s.* velvære; vel; ~-**done,** *adj.* gennemstegt; ~-**earned,** *adj.* velfortjent; ~-**established,** *adj.* solid; anerkendt; godt underbygget; ~- **founded,** *adj.* velfunderet; ~-**meaning,** *adj.* velment; velmenende; ~- **off,** *adj.* velhavende; ~- **preserved,** *adj.* velbevaret; ~-**read,** *adj.* belæst; ~-**thought-out,** *adj.* velgennemtænkt; ~-**to-do,** *adj.* velhavende; ~- **worn,** *adj.* slidt; fortærsket.

wellingtons ['weliŋtənz], *s. pl.* gummistøvler.

Welsh [welʃ], *v. t. & i.* walisisk; **-man** [-mən], *s.* waliser; ~ **rarebit,** *kul.* smeltet ost på ristet brød.

welter ['weltə], *s.* roderi, forvirring; virvar.

wench [wentʃ], *s.* pige; tøs.

werewolf ['wiəwulf], *s.* varulv.

west [west], *s.* vest; *adj.* vest-; vestlig; *adv.* vestpå; *to the ~ of*, vest for; **-bound**, *adj.* på vej vestpå; **-ern** [-ən], *s.* cowboyfilm; *adj.* vestlig; **-ward(s)** [-wəd(z)], *adv.* vestpå.

wet [wet], *adj.* våd; regnfuld; *v. t.* væde; gøre våd; tisse i; *~ through*, gennemblødt; *~ blanket*, *s.*, *T* lyseslukker.

whack [wæk], *s.* slag; *S* andel; **-ing**, *s.* dragt prygl; *adj.*, *S* mægtig; stor.

whale [weil], *s.*, *zoo.* hval; **-ebone**, *s.* hvalbarde; **-ing**, *s.* hvalfangst.

wharf [woːf] (*pl.* wharves), *s.* kaj; bolværk.

what [wot], *pron.* hvad; hvilken (hvilket, hvilke); sikke(n); hvad for; *int.* hvad? hvad for noget? *~ a day!* sikken en dag! *~ nonsense!* sikke noget vrøvl! *I know ~!* nu ved jeg det! **-ever**, *pron.* hvad .. end; hvad i alverden; hvad som helst; alt hvad; overhovedet.

what-not ['wotnot], *s.*, *T* tingest.

wheat [wiːt], *s.*, *bot.* hvede.

wheedle [wiːdl], *v. t.* smigre; lokke; besnakke.

wheel [wiːl], *s.* hjul; *(steering-~)* rat; *naut.* ror; *v. t. & i.* køre (med); svinge; dreje; *at the ~*, bag rattet; **-barrow**, *s.* trillebør; **-chair**, *s.* kørestol.

wheeze [wiːz], *v. t. & i.* hive efter vejret; pibe; hvæse.

whelp [welp], *s.*, *zoo.* hvalp; unge.

when [wen], *adv. & konj.* hvornår; når; da; hvor; **-ever**, *adv.* når som helst; hver gang; hvornår i alverden.

where [wɛə], *adv. & konj.* hvor; hvorhen; hvortil; der hvor; *adv.* hvor omtrent; **-abouts**, *s. pl.* opholdssted; **-as**, *konj.* hvorimod; mens; *jur.* eftersom; **-upon**, *adv. & konj.* hvorpå; **-ver** [wɛə'revə], *adv.* hvor .. end; hvor som helst; hvorhen .. end; hvor i alverden.

whet [wet], *v. t.* hvæsse; slibe; *fig.* skærpe; **-stone**, *s.* slibesten.

whether ['weðə], *konj.* om; hvorvidt; *~ .. or*, hvad enten .. eller.

whey [wei], *s.* valle.

which [witʃ], *pron.* hvad; hvem; hvilken, (hvilket, hvilke); som, der; hvad der; *of ~*, hvis; **-ever**, *pron.* hvilken .. end; hvilken som helst.

whiff [wif], *s.* pust; drag; lugt.

while [wail], *s.* tid; øjeblik; *konj.* mens; selv om; *a ~*, et stykke tid; *for some ~*, nogen tid; *worth ~*, umagen værd; *the ~*, sålænge; imens; *v. t. ~ away*, fordrive.

whilst [wailst], *konj.* så længe som, mens.

whim [wim], *s.* lune; indfald; grille; **-sical**, *adj.* lunefuld.

whimper ['wimpə], *s.* klynken; *v. t. & i.* klynke; klage sig.

whine [wain], *s.* klynken; jamren; *v. t. & i.* klynke; jamre (sig).

whinny ['wini], *s.* vrinsk-

(en); *v. i.* vrinske.
whip [wip], *s.* pisk; *parl.*
indpisker; *v. t. & i.* piske;
prygle; fare; snappe;
rive; *have the* ~ *hand,*
have overmagten; ~ *up,*
oppiske; opflamme; *T* få
lavet i en fart; **-cord,** *s.*
piskesnor; **-ped** [-t], *adj.*
~ *cream, kul.* flødeskum;
-persnapper, *s.* spirre-
vip; **-stitch,** *s.* kastesting.
whirl [wə:l], *s.* hvirvel;
tummel; *v. t. & i.* hvirvle;
my head was in a ~, det
hele løb rundt for mig;
-pool, *s.* strømhvirvel;
malstrøm; **-wind,** *s.* hvir-
velvind.
whirr [wə:], *s.* svirren;
snurren; *v. i.* svirre;
snurre.
whisk [wisk], *v. t. & i.* vifte;
viske; feje; piske; fare af
sted; ~ *off,* forsvinde
med; snuppe.
whiskers ['wiskəz], *s. pl.*
bakkenbarter; knurhår.
whisk|ey ['wiski], *s., kul.*
irsk whisky; **-y,** *s.* skotsk
whisky; ~ *-and-soda, s.,*
(whisky)sjus.
whisper ['wispə], *s.* hvi-
sken; *v. t. & i.* hviske.
whistle [wisl], *s.* fløjte; fløj-
ten; pift; *v. t. & i.* fløjte;
pifte.
whit [wit], *s. not a* ~, ikke
spor; *every* ~, absolut,
fuldkommen.
white [wait], *s.* hvid(t); *kul.*
(ægge)hvide; *adj.* hvid;
bleg; ren; ~ *hot, adj.*
hvidglødende; ~ **-collar,**
adj. kontor-; ~ *workers,*
funktionærer; **-n,** *v. t. & i.*
gøre hvid; blive hvid;
-wash, *s.* hvidtekalk; *v. t.*
hvidte, kalke.
whither ['wiðə], *adv., poet.*
hvorhen.

whiting ['waitiŋ], *s., zoo.*
hvilling; hvidtekalk.
Whitsun ['witsn], *s.* pinse.
whittle [witl], *v. t.* snitte;
skære ud; ~ *down,* ned-
skære.
who [hu:], *pron.* hvem;
som, der.
whodunit [ˌhu:'dʌnit], *s., T*
detektivroman.
whoever [ˌhu:'evə], *pron.*
hvem der end; enhver
som; hvem i alverden.
whole [həul], *s.* hele; hel-
hed; *adj.* hel; velbehol-
den; *on the* ~, stort set; i
det store og hele; ~ **-**
hearted, *adj.* uforbehol-
den; **-sale,** *adj.* en gros;
-some [-səm], *adj.* sund;
wholly, *adv.* helt; ganske.
whom [hu:m], *pron.* hvem;
som.
whoop [hu:p], *s.* hujen;
råb; *v. i.* huje; råbe; hive
efter vejret; **-ing-cough,**
s., med. kighoste.
whop [wɔp], *v. t.* tæve;
banke; **-ping,** *adj., T* væl-
dig; kæmpestor.
whore [hɔ:], *s.* luder.
whorl [wə:l], *s.* spiral; sno-
ning.
whose [hu:z], *pron.* hvis.
why [wai], *adv.* hvorfor;
int. jamen! ih! nå! *that is*
~, det er derfor; *the rea-*
son ~, grunden til at.
wick [wik], *s.* væge.
wicked ['wikid], *adj.* ond;
slem; modbydelig.
wicker-work ['wikəwə:k],
s. kurvearbejde.
wicket ['wikit], *s.* låge; luge;
sport. gærde.
wide [waid], *adj.* vid; bred;
stor; udstrakt; *adv.* vidt;
ved siden af, forbi; *far*
and ~, vidt og bredt; ~ **-**
awake, *adj.* lysvågen; **-n,**
v. t. & i. udvide(s); gøre el.

blive bredere; **-spread,** *adj.* udbredt; omfattende; vidtstrakt.

widow ['widəu], *s.* enke; **-er,** *s.* enkemand; **-hood,** *s.* enkestand.

width [widθ], *s.* bredde; vidde; *fig.* spændvidde.

wield [wi:ld], *v. t.* håndtere; bruge; øve; udøve.

wife [waif] (*pl.* wives), *s.* kone, hustru.

wig [wig], *s.* paryk.

wigging ['wigiŋ], *s.*, *S* overhaling, balle.

wiggle [wigl], *v. t. & i.* vrikke (med); sprælle; sno sig.

wild [waild], *adj.* vild; afsindig; rasende; uopdyrket; **-cat,** *s.*, *zoo.* vildkat; prøveboring; **-erness** ['wildənis], *s.* ødemark; vildnis; **-life,** *s.* dyreliv.

wilful ['wilfl], *adj.* forsætlig; egenrådig.

will [wil], *s.* vilje; testamente; ønske; (would), *v. t.* ville; (-ed, -ed), *v. t. & i.* testamentere; *at* ~, efter behag; efter ønske; **-ing,** *adj.* villig; **-ingly,** *adv.* gerne; **-power,** *s.* viljestyrke.

willies ['wiliz], *s. pl. it gives me the* ~, det går mig på nerverne.

willow ['wiləu], *s.*, *bot.* pil; piletræ; **-y,** *adj.* smidig, smækker.

willy-nilly ['wilinili], *adv.* enten man vil eller ej.

wilt [wilt], *v. t. & i.* visne; (begynde at) hænge.

win [win], *s.* sejr; gevinst; (won, won), *v. t. & i.* vinde; sejre; ~ *'over,* få over på éns side; **-ner,** *s.* vinder; **-ning,** *adj.* vindende; *fig.* indtagende; ~ *post,* *s.*, *sport.* mål; **-some**

[-səm], *adj.* vindende; indtagende.

wince [wins], *v. i.* krympe sig.

winch [wintʃ], *s.* spil; håndsving.

wind [wind], *s.* vind; blæst; fært; prut; *v. t.* få færten af; tage pusten fra; *get the* ~ *up,* blive bange; **-bag,** *s.*, *T* blærerøv; **-break,** *s.* læbælte; læhegn; **-ed** [-id], *adj.* forpustet; **-fall,** *s.* nedfaldsfrugt; *fig.* uventet held; ~ **instrument,** *s.*, *mus.* blæseinstrument; **-less,** *adj.* stille; **-mill,** *s.* vejrmølle; **-pipe,** *s.*, *anat.* luftrør; **-screen,** *s.* vindskærm; forrude; vindfang; ~ *wiper,* *s.* vinduesvisker; **-swept,** *adj.* forblæst, stormomsust; **-ward** [-wəd], *s.*, *naut.* luvart, vindside; **-y,** *adj.* blæsende; *fig.* opblæst.

wind [waind] (wound, wound), *v. t. & i.* vikle; sno (sig); dreje; trække op; spole; vinde; ~ *up,* trække op; afslutte; afvikle; **-ing,** *adj.* snoet, bugtet.

window ['windəu], *s.* vindue; *French* ~, *s.* glasdør; **-pane,** *s.* rude; **-sill,** *s.* vindueskarm; *go* ~ - *shopping,* se på butiksvinduer.

wine [wain], *s.* vin; ~ **cellar,** *s.* vinkælder; ~ **merchant,** *s.* vinhandler.

wing [wiŋ], *s.* vinge; fløj; *on the* ~, i flugten; **-s,** *pl.,* *teat.* kulisser.

wink [wiŋk], *s.* blink; *v. i.* blinke; *forty -s,* en lille lur.

winkle ['wiŋkl], *s.*, *zoo.* strandsnegl.

wint|er ['wintə], *s.* vinter;
-ry, *adj.* vinteragtig.

wipe [waip], *v. t. & i.* tørre
(af); viske; ~ *out,* slette;
viske ud; tilintetgøre; ~
up, tørre op.

wire [waiə], *s.* (metal)tråd;
ledning; telegram;
barbed ~, pigtråd; *v. t. &
i.* trække ledninger i; te-
legrafere.

wireless ['waiəlis], *s.* radio;
trådløs telegraf; ~ *set, s.*
radioapparat.

wiry [waiəri], *adj.* stritten-
de, stiv; sej.

wisdom ['wizdəm], *s.* vis-
dom; klogskab; ~ *tooth,
s., anat.* visdomstand.

wise [waiz], *adj.* klog; for-
standig; vis; **-crack,** *s., S*
kvik bemærkning.

wish [wiʃ], *s.* ønske; *v. t. & i.*
ønske; ville gerne; *as you*
~, som du vil; ~ *for,*
ønske sig; **-ful,** *adj.* læng-
selsfuld; ~ *thinking,* øn-
sketænkning.

wishy-washy ['wiʃiwɔʃi],
adj. tynd; vandet.

wisp [wisp], *s.* tjavs; tot.

wistful ['wistfl], *adj.* læng-
selsfuld; tankefuld; ve-
modig.

wit [wit], *s.* vid; åndfuld-
hed; forstand; vittigt ho-
ved; *scared out of one's -s,*
skræmt fra vid og sans;
be at one's -s' end, ikke
ane sine levende råd;
-less, *adj.* tåbelig; **-ti-
cism,** *s.* vits; vittighed;
-ty, *adj.* vittig; åndrig.

witch [witʃ], *s.* heks; **-craft,**
s. hekseri; ~ *doctor,* hek-
sedoktor.

with [wið], *præp.* med;
sammen med; hos; af;
trods; *be* ~ *it, T* være
med på noderne.

withdraw [wið'drɔ:]

(-drew, -drawn), *v. t. & i.*
trække (sig) tilbage; til-
bagekalde; hæve; ind-
drage; ~ *from,* træde ud
af; **-al** [-əl], *s.* tilbage-
trækning; ~ *symptoms,
med.* abstinenser.

wither ['wiðə], *v. i.* visne;
sygne hen; **-ing,** *adj.* knu-
sende.

withhold [wið'həuld]
(-held, -held), *v. t.* tilba-
geholde; nægte.

within [wið'in], *adv.* ind-
vendig; indenfor; *præp.*
inden for; inden i; inden;
from ~, indefra; ~ *reach,*
inden for rækkevidde; ~
an hour, inden der er
gået en time.

without [wið'aut], *præp.* u-
den; uden for; *from* ~, u-
defra.

withstand [wið'stænd]
(-stood,-stood), *v. t.* mod-
stå.

withy ['wiði], *s., bot.* pil;
vidje.

witness ['witnis], *s.* vidne;
vidneudsagn; vidnes-
byrd; *v. t. & i., jur.* (be)-
vidne; være vidne til;
overvære; *bear* ~, aflæg-
ge vidnesbyrd; vidne; ~
box, s. vidneskranke.

wizard ['wizəd], *s.* trold-
mand; *a financial* ~, et
finansgeni.

wizened ['wiznd], *adj.* ind-
skrumpet; indtørret.

wobb|le [wɔbl], *v. t. & i.*
vakle; rokke; slingre; **-y,**
adj. vakkelvorn; vaklen-
de.

woe [wəu], *s.* sorg; kval;
ulykke; *int.* ve! **-ful,** *adj.*
sorgfuld; sørgelig; ynke-
lig.

wold [wəuld], *s.* åben slette.

wolf [wulf] (*pl.* wolves), *s.,
zoo.* ulv; *v. t.* sluge grå-

digt; guffe i sig; *cry* ~, slå falsk alarm.

woman ['wumən] (*pl.* women ['wimin]), *s.* kvinde; kone; dame; *adj.* kvindelig; **-izer,** *s.* skørtejæger; **-kind,** *s.* kvinderne; kvindekønnet; **-ly,** *adj.* kvindelig.

womb [wu:m], *s., anat.* livmoder; *fig.* skød.

wonder ['wʌndə], *s.* forundring; under; vidunder; mirakel; *v. t. & i.* undres; undre sig; spekulere over; *no* ~, intet under; *work* -s, gøre underværker; *I* ~, jeg gad vide; *I* ~ *if,* mon; *I don't* ~, det forbavser mig ikke; **-ful,** *adj.* vidunderlig; dejlig; **wondrous,** *adj., poet.* vidunderlig; forunderlig.

wonky ['wɔnki], *adj.,* S vakkelvorn; skrøbelig.

wont [wəunt], *s.* (sæd)vane; *adj.* vant; **-ed** [-id], *adj.* sædvanlig.

woo [wu:], *v. t. & i.* bejle (til); fri (til); **-er,** *s.* bejler; frier.

wood [wud], *s.* skov; træ; brænde; *touch* ~, banke under bordet; **-cut,** *s.* træsnit; **-ed** [-id], *adj.* skovbevokset; **-en** [-n], *adj.* træ-; *fig.* stiv; **-pecker,** *s., zoo.* spætte; **-pile,** *s.* brændestabel; **-shed,** *s.* brændeskur; **-wind,** *s., mus.* træblæser; **-work,** *s.* træværk; tømrerarbejde; træsløjd.

wool [wul], *s.* uld; uldent tøj; ~ **-gathering,** *s., fig.* åndsfraværelse; **-len** [-n], *adj.* ulden; uld-; *-s, s. pl.* strikvarer; **-ly,** *s.* sweater; *adj.* ulden; *fig.* uklar, tåget.

word [wə:d], *s.* ord; be-

sked; løfte; *v. t.* udtrykke; formulere; *keep one's* ~, holde sit løfte; *by* ~ *of mouth,* mundtlig; **-ing,** *s.* ordlyd; formulering; ~ **-play,** *s.* ordspil; **-y,** *adj.* ordrig; vidtløftig.

work [wə:k], *s.* arbejde; gerning; værk; *v. t. & i.* arbejde; fungere; drive; virke; lade arbejde; udrette; bearbejde; udnytte; *go to* ~, gå på arbejde; *out of* ~, arbejdsløs; ~ *against,* modvirke; modarbejde; ~ *on,* arbejde med; udnytte; ~ *out,* udarbejde; finde ud af; beregne; ordne; lykkes; *sport.* træne; **-ability,** *s.* gennemførlighed; **-aday,** *adj.* hverdags-; triviel; **-er,** *s.* arbejder; **-ing,** *adj.* arbejdende; arbejds-; drifts-; ~ *class,* arbejderklasse; **-man** [-mən], *s.* arbejder; **-manlike,** *adj.* godt udført; håndværksmæssig; **-manship,** *s.* håndværksmæssig udførelse; dygtighed; **-s,** *s.* fabrik; værk; **-shop,** *s.* værksted; seminar; ~ **-to-rule,** *s.* arbejd-efter-reglerne aktion.

world [wə:ld], *s.* verden; folk; *think the* ~ *of,* have høje tanker om; *-s apart,* himmelvidt forskellige; **-ly,** *adj.* verdslig; **-lywise,** *adj.* verdensklog; ~ **-wide,** *adj.* verdensomspændende.

worm [wə:m], *s., zoo.* orm; *v. t. & i.* ~ *out of,* lirke ud af; ~ **-eaten,** *adj.* ormædt; antikveret; ~ **-wood,** *s., bot.* malurt.

worn [wɔ:n], *adj.* træt; ~ **-out,** *adj.* udslidt.

worried ['wʌrid], *adj.* bekymret; plaget; **-ry,** *s.* bekymring; ærgrelse; *v. t. & i.* bekymre sig; være urolig; plage; forurolige; volde bekymring; *don't ~,* det skal du ikke være ked af! tag det roligt!

worse [wə:s], *adj.* værre; dårligere; *the ~ for wear,* slidt; medtaget; *be the´~ for,* have taget skade af; *from bad to ~ ,* værre og værre; **-n** [-n], *v. t. & i.* blive el. gøre værre.

worship ['wə:ʃip], *s.* tilbedelse; dyrkelse; *v. t. & i.* tilbede; dyrke.

worst [wə:st], *adj.* værst; dårligst; *at ~,* i værste fald; *get the ~ of it,* trække det korteste strå.

worsted ['wustid], *s.* kamgarn; *adj.* kamgarns-.

worth [wə:θ], *s.* værd; værdi; *adj.* værd; *~ doing,* værd at gøre; *for all he's ~,* alt hvad han kan; **-less,** *adj.* værdiløs; uduelig; **-while,** *adj.* som er umagen værd; **-y** ['wə:ði], *s.* fremtrædende person; brav mand; *adj.* værdig; agtværdig.

would-be ['wudbi:], *adj.* vordende; som gerne vil være.

wound [wu:nd], *s.* sår; *v. t.* såre, krænke.

wrack [ræk], *s., bot.* tang.

wraith [reiθ], *s.* genfærd; ånd.

wrangle [ræŋgl], *s.* mundhuggeri; *v. i.* skændes; mundhugges.

wrap [ræp], *s.* sjal; rejsetæppe; indpakning; *v. t.* pakke ind; svøbe (ind); *~ up,* pakke (sig) ind; hylle ind; *T* afslutte; **-per,** *s.* indpakning; smudsomslag.

wrath [rɔθ], *s.* vrede; **-ful,** *adj.* vred.

wreak [ri:k], *v. t. ~ vengeance on,* hævne sig på.

wreath [ri:θ], *s.* krans; **-e** [ri:ð], *v. t. & i.* bekranse; sno sig; binde, flette.

wreck [rek], *s.* skibbrud; forlis; vrag; *fig.* ødelæggelse; undergang; *v. t. & i.* få til at forlise; ødelægge; gøre til vrag; *a nervous ~,* et nervevrag; **-age** [-idʒ], *s.* vraggods; ødelæggelse.

wren [ren], *s., zoo.* gærdesmutte.

wrench [rentʃ], *s.* forvridning; ryk; smerte; *mek.* skruenøgle; *v. t.* vride; vriste; rykke; forvride.

wrest [rest], *s.* vrid; ryk; *v. t.* vride; vriste; *~ from,* fravriste.

wrestl|e [resl], *v. i.* brydes; slås; **-er,** *s.* bryder; **-ing,** *s.* brydning.

wretch [retʃ], *s.* stakkel; usling; **-ed** [-id], *adj.* ulykkelig; stakkels; elendig; forbandet.

wrick [rik], *v. t.* forvride; forstrække.

wriggle [rigl], *v. t. & i.* vrikke; vride; sno sig.

wring [riŋ] (wrung, wrung), *v. t.* vride; fordreje; *~ out,* vride op; **-ing,** *adv. ~ wet,* drivvåd.

wrinkle [riŋkl], *s.* rynke; fold; *v. t. & i.* rynke; krølle; blive rynket; blive krøllet.

wrist [rist], *s., anat.* håndled; *~ watch,* *s.* armbåndsur.

writ [rit], *s., jur.* ordre; stævning; *Holy W~,* den hellige skrift.

write [rait] (wrote, written), *v. t. & i.* skrive; *~*

down, skrive ned; notere; ~ *off*, afskrive; ~ *out*, udfærdige; renskrive; ~ *up*, skrive udførligt om; føre à jour; rose; **-r** [-ə], *s.* skribent; forfatter; ~ **-up**, *s., U.S.* anmeldelse.
writhe [raið], *v. t. & i.* vride sig; krympe sig; sno sig.
writing ['raitiŋ], *s.* skrift; skriveri; skrivning; *in* ~, skriftligt; ~ **desk**, *s.* skrivebord; ~ **paper**, *s.* skrivepapir.
wrong [rɔŋ], *s.* uret; *adj.* forkert; *adv.* forkert; galt; *v. t.* forurette; krænke; *be (in the)* ~, have uret; *do* ~, bære sig forkert ad; *go* ~, slå fejl; gå galt; *get sth* ~, få galt fat på noget; **-doing**, *s.* forseelse.
wrought [rɔːt], *adj.* forarbejdet; *highly* ~, overspændt; ~ **iron**, smedejern; ~ **-up**, *adj.* ophidset; eksalteret.
wry [rai], *adj.* skæv; *a* ~ *remark*, en tør bemærkning; *he made a* ~ *face*, han skar grimasser.

xerox ['ziərɔks], *s., T* fotokopi; *v. t.* fotokopiere.
Xmas ['eksməs] (*fk.f.* Christmas), *s.* jul.
X-ray ['eksrei], *s.* røntgenbillede; røntgenstråle; *v. t.* røntgenfotografere.
xylophone ['zailəfəun], *s., mus.* xylofon.

yacht [jɔt], *s.* lystbåd; yacht; **-ing**, *s.* sejlsport.
yank [jæŋk], *s.* ryk; *v. t.* rykke; trække voldsomt.
Yank(ee) ['jæŋk(i)], *s., S* amerikaner.
yap [jæp], *v. i.* gø; bjæffe; *S* kæfte op.

yard [jaːd], *s. (mål)* = 0,914 meter; gård; (gårds)-plads; *the Y*~ = Scotland Yard; **-stick**, *s., fig.* målestok.
yarn [jaːn], *s.* garn; *T* historie.
yarrow ['jærəu], *s., bot.* røllike.
yawl [jɔːl], *s.* jolle.
yawn [jɔːn], *s.* gaben; *v. i.* gabe.
yd(s)., (*fk.f.* yard(s)) = 0,914 m.
yea [jei], *s.* ja; jastemme.
yeah [jɛə], *int., U.S., T* ja.
year [jiə], *s.* år; årgang; *last* ~, i fjor; *for -s*, i årevis; **-ly**, *adj. & adv.* årlig; års-.
yearn [jəːn], *v. i.* ~ *for*, længes efter; **-ing**, *s.* længsel.
yeast [jiːst], *s.* gær.
yell [jel], *s.* hyl; *v. t. & i.* hyle.
yellow ['jeləu], *s.* gult; *adj.* gul; *S* fej; ~ **fever**, *med.* gul feber; **-hammer**, *s., zoo.* gulspurv; ~ **pages**, *s. pl.* (telefon)fagbog.
yelp [jelp], *s.* bjæf; hyl; *v. i.* bjæffe.
yes [jes], *s. & int.* ja; jo; **-man**, *s.* jasiger.
yesterday ['jestəd(e)i], *s.* i går; ~ *evening*, i går aftes.
yet [jet], *adv.* endnu; alligevel; dog; *as* ~, endnu.
yew [juː], *s., bot.* taks.
yiddish ['jidiʃ], *s. & adj.* jiddisch.
yield [jiːld], *s.* udbytte; *v. t. & i.* yde; afkaste; overgive; give; bære; vige; give sig; **-ing**, *adj.* eftergivende; veg.
YMCA ['waiemsiː'ei], (*fk.f.* Young Men's Christian Association), KFUM.
yodel ['jəudl], *v. i.* jodle.

yoghurt ['joget *el.* 'jəuget], *s., kul.* yoghurt.

yoke [jəuk], *s.* åg.

yokel ['jəukl], *s.* bondeknold.

yolk [jəuk], *s., kul.* æggeblomme.

yonder ['jondə], *adv., gl.* derhenne.

yore [jɔː], *s., gl. days of ~*, fordums dage.

you [juː], *pron.* du; dig; De; Dem; I; jer; man.

young [jʌŋ], *adj.* ung; uerfaren; lille; *my ~ brother*, min lillebror; *with ~*, drægtig, med unger; **-ish**, *adj.* temmelig ung; **-ster**, *s.* ungt menneske; knægt.

your [juə], *pron.* din; dit; dine; Deres; jeres; ens; sin; sit; sine; **-s**, din; dit; dine; Deres; jeres; **-self** (*pl.* -selves), dig selv; Dem selv; dig; Dem; selv.

youth [juːθ], *s.* ungdom; ungt menneske; unge mennesker; **-ful**, *adj.* ungdommelig; *~ hostel*, *s.* vandrerhjem.

yowl [jaul], *v. i.* hyle klagende.

Yugoslav ['juːgəuslaːv], *s.* jugoslav(er); *adj.* jugoslavisk; **-ia** [-'slaːvjə], *s.* Jugoslavien.

yukky ['jʌki], *adj., T* ulækker, ækel.

yule [juːl], *s., gl.* jul; **-tide**, *s.* juletid.

yummy ['jʌmi], *adj., T* lækker.

YWCA ['waiˈdʌbljuːsiːˈei], (*fk.f.* Young Women's Christian Association), KFUK.

zeal [ziːl], *s.* iver; tjenstivrighed; **-ot** ['zelət], *s.* fanatiker; **-ous** ['zeləs], *adj.* ivrig; nidkær.

Zealand ['ziːlənd], *s.* Sjælland.

zebra ['ziːbrə], *s., zoo.* zebra; *~ crossing*, *s.* fodgængerfelt.

zenith ['zeniθ], *s.* højdepunkt; zenit; toppunkt.

zero ['ziərəu], *s.* nul; nulpunkt; frysepunkt.

zest [zest], *s.* krydderi; iver; lyst.

zigzag ['zigzæg], *s.* siksaklinie; *adj.* siksak-; *v. i.* gå i siksak.

zinc [ziŋk], *s.* zink.

zip [zip], *v. t.* lyne; *~ open*, lyne op; *~ up*, lyne; *~ code*, *s., U.S.* postnummer; **-per**, *~ fastener*, *s.* lynlås.

zither ['ziðə], *s., mus.* citar.

zodiac ['zəudiæk], *s., astr. the ~*, dyrekredsen; *sign of the ~*, himmeltegn.

zombie ['zombi], *s., S* robot; åndssvag.

zone [zəun], *s.* zone; bælte; **-d**, *adj.* inddelt i zoner.

zoo [zuː], *s.* zoologisk have; **-logical** [ˌzəuəˈlodʒikl], *adj.* zoologisk; **-logy** [-ˈolədʒi], *s.* zoologi.

zoom [zuːm], *v. i., fot.* zoome. [-ˈolədʒi], *s.* zoologi.

zoom ['] 3 *ZOO 19/06/87*

DANSK-ENGELSK
ORDBOG

DANSK-ENGELSK ORDBOG

A, *s., mus.* A; ~ *-dur,* A major; ~ *-mol,* A minor.
à, *præp.* at, of .. each; ~ 2, *sport.* 2 all.
abbed, *s.* abbot; **-i,** *s.* abbey.
abe, *s., zoo.* monkey, ape; **-kat,** *s.* jackanapes, fool; copycat.
abnorm, *adj.* abnormal.
abonnement, *s.* subscription; **-skort,** *s.* season ticket;
abonne|nt, *s.* subscriber; **-re,** *v. i.* ~ *på,* subscribe to.
aborre, *s., zoo.* perch.
abort, *s.* abortion, miscarriage; *få foretaget en* ~, have an abortion; **-ere,** *v. i.* abort; miscarry.
abrikos, *s., bot.* apricot.
absolut, *adj.* absolute; *adv.* absolutely, certainly, definitely.
absorbere, *v. t. & i.* absorb.
abstinenser, *s. pl.* withdrawal symptoms.
abstrakt, *adj.* abstract.
absurd, *adj.* absurd.
accelerere, *v. i.* accelerate.
accent, *s.* accent.
accep|tabel, *adj.* acceptable; **-tere,** *v. t.* accept.
ad, *præp.* along; by; at; through.
adel, *s.* nobility; **-ig,** *adj.* noble, titled.
adfærd, *s.* conduct, behaviour; **-svanskelig,** *adj.* maladjusted.
adgang, *s.* admittance; ac-cess, approach, admission; **-sbegrænsning,** *s.* restricted admission; numerus clausus; **-seksamen,** *s.* entrance examination; **-skort,** *s.* admission card, pass.
adjektiv, *s., gram.* adjective.
adjunkt, *s.* master, teacher; lecturer.
adkomst, *s.* right, claim, title.
adlyde, *v. t. & i.* obey; *ikke* ~, disobey.
administr|ation, *s.* administration; **-ere,** *v. t.* manage; *-nde direktør,* managing director.
adoptere, *v. t.* adopt.
adress|at, *s.* addressee; **-e,** *s.* address; **-ere,** *v. t.* address, direct.
adræt, *adj.* agile, nimble.
adskille, *v. t.* separate; segregate; distinguish; **-lse,** *s.* separation.
adskillig|e, *adj.* several, various, many; **-t,** *adv.* considerably.
adskilt, *adj.* separate; distinct; apart.
adspred|e, *v. t.* divert, amuse; distract; **-else,** *s.* diversion, distraction; amusement; **-t,** *adj.* absent-minded; preoccupied.
adstadig, *adj.* sedate.
advar|e, *v. t.* warn; **-sel,** *s.* warning, caution.
adverbium, *s., gram.* adverb.

advokat, s. lawyer; solicitor; U.S. attorney.

ae, v. t. & i. caress; stroke.

af, præp. of; by; off; from; adv. off; ~ og til, now and again.

afart, s. variety.

afbenyttelse, s. use.

afbestille, v. t. cancel.

afbetaling, s. instalment; på ~, on the hire purchase (el. never-never, el. H.P.) system.

afbilde, v. t. picture, portray, depict.

afbleget, adj. bleached; faded.

afblæse, v. t. & i. call off.

afbryde, v. t. & i. interrupt; stop; elek. switch (turn) off; cut off, disconnect; **-lse,** s. interruption, break; **-r,** s., elek. switch.

afbud, s. sende ~, cancel; send one's apologies; **-srejse,** s. stand-by ticket.

afbøde, v. t. ward off; soften; make good.

afdeling, s. division, section; department; ward; branch; mil. unit.

afdrag, s. part-payment; instalment; **-e,** v. t. pay by instalments.

afdække, v. t. uncover, expose.

afdæmpe, v. t. subdue, soften.

afdød, adj. deceased; -e hr. B, the late Mr B.

affald, s. waste; rubbish; garbage; litter; **-sdynge,** s. rubbish heap, scrap pile; **-skurv,** s. litter bin; **-spose,** s. waste bag; **-sprodukt,** s. waste product; residual produce; by-product; **-sskakt,** s. rubbish chute; **-sspand,** s. rubbish bin; dustbin;

U.S. trash can; **-sstoffer,** s. pl. waste products.

affarve, v. t. bleach.

affatte, v. t. draw up; write; compose.

affekteret, adj. affected.

affektionsværdi, s. sentimental value.

affinde, v. refl. ~ sig med, put up with; resign oneself to.

affjedring, s. suspension.

affyre, v. t. fire, let off; launch.

affældig, adj. decrepit, infirm; frail.

affærdige, v. t. put off; dismiss; snub; brush aside.

affære, s. affair; business; tage ~, step in; take action; intervene.

afføde, v. t. give rise to.

afføring, s. bowel movement; stools; **-smiddel,** s., med. laxative.

afgang, s. departure; retirement; resignation; **-sbevis,** s. diploma; **-seksamen,** s. (school) leaving examination; **-sperron,** s. departure platform.

afghan|er, s. Afghan; **-sk,** adj. Afghan.

afgift, s. tax, duty; customs; fee; charge.

afgive, v. t. give up; make; submit; hand over.

afgjort, adj. settled; definite, decided; adv. decidedly, certainly, definitely.

afgrund, s. abyss; precipice.

afgrænse, v. t. bound, demarcate, define.

afgrøde, s. crop; yield.

afgud, s. idol.

afgøre, v. t. decide, determine; settle; make out, tell; **-lse,** s. decision; settlement; **-nde,** adj. final, conclusive; decisive.

afgå, *v. i.* depart, set off, leave; retire; ~ *ved dø-den*, pass away, die.

afhandling, *s.* treatise, thesis, dissertation, paper.

afhent|e, *v. t.* call for, fetch; collect; **-ning**, *s.* collection; *til* ~, to be called for.

afhjælpe, *v. t.* repair; relieve; meet; gratify.

afhold|e, *v. t.* prevent, restrain; hold; give; defray; ~ *sig fra*, refrain from; **-ende**, *adj.* abstemious; **-smand**, *s.* teetotaller; **-t**, *adj.* popular.

afhoppe, *v. i.* defect; **-r**, *s.* defector.

afhænde, *v. t.* dispose of, sell.

afhæng|e, *v. i.* depend; **-ig**, *adj.* dependent.

afhør|e, *v. t.* examine; hear; question; **-ing**, *s.* questioning; interrogation.

afkald, *s.* give ~ *på*, give up; renounce.

afklare, *v. t.* clarify.

afkog, *s.* extract, decoction.

afkom, *s.* offspring, issue, progeny.

afkorte, *v. t.* shorten, abridge, abbreviate.

afkrog, *s.* out-of-the-way place, remote corner, backwater.

afkræfte, *v. t. & i.* weaken; deny, disprove; **-t**, *adj.* weakened; feeble.

afkræve, *v. t.* demand from, charge.

afkøle, *v. t.* cool, chill.

aflagt, *adj.* discarded, cast-off.

aflang, *adj.* oblong.

aflaste, *v. t.* relieve.

aflede, *v. t.* divert; deflect; distract; derive; **-r**, *s., fys.* conductor.

aflejre, *v. t.* deposit; ~ *sig*, settle.

aflevere, *v. t.* deliver; give up, hand over; return; *sport.* pass.

aflive, *v. t.* kill; put down.

aflukke, *s.* cubicle.

aflys|e, *v. t.* cancel, call off; **-ning**, *s.* cancellation.

aflytte, *v. t.* listen in on; bug; tap.

aflægge, *v. t.* make; drop; leave off; ~ *besøg hos*, call on; **-r**, *s., bot.* cutting, layer.

afløb, *s.* outlet; drain; *få* ~ *for*, give vent to.

aflønne, *v. t.* pay.

afløs|e, *v. t.* relieve; succeed; replace; commute; **-er**, *s.* relief; successor; **-ning**, *s.* relief; replacement; succession.

aflåse, *v. t.* lock.

afmagr|et, *adj.* thin, emaciated; **-ing**, *s.* loss of weight; slimming; *-skur*, *s.* slimming diet.

afmagt, *s.* powerlessness, impotence.

afmærke, *v. t.* mark; label; chalk out.

afmønstre, *v. t.* discharge, pay off; sign off.

afmålt, *adj.* measured; formal; distant, reserved.

afparere, *v. t.* parry, ward off.

afpasse, *v. t.* adapt; fit; adjust; time.

afpres|ning, *s.* blackmail; **-se**, *v. t.* extort from; ~ *penge*, blackmail.

afprøve, *v. t.* test; go over; check.

afrakket, *adj.* worn(-out), shabby.

afreagere, *v. t. & i.* let off

steam; work off.

afregne, *v. t.* settle accounts.

afrejse, *s.* departure.

afrette, *v. t.* train; break (in); level (off); adjust; smooth.

Afrika, *s.* Africa; **afrika-n|er,** *s.* African; **-sk,** *adj.* African.

afrime, *v. t.* defrost.

afrive, *v. t.* tear off; strike.

afrunde, *v. t.* round off.

afrustning, *s.* disarmament.

afsats, *s.* landing; ledge.

afse, *v. t.* spare, afford; ~ *tid,* find time.

afsende, *v. t.* send (off), despatch; post, mail; remit; **-r,** *s.* sender.

afsides, *adj.* out-of-the-way; remote.

afsindig, *adj.* mad, crazy; frantic; *adv.* madly; frightfully.

afskaffe, *v. t.* abolish, do away with, repeal; **-lse,** *s.* abolition.

afsked, *s.* dismissal; retirement, resignation; leave; parting; **-ige,** *v. t.* dismiss; fire, sack.

afskrift, *s.* copy, transcript.

afskrække, *v. t.* deter; put off; **-lse,** *s.* determent; **-svåben,** *s.* deterrent; **-n-de,** *adj.* deterrent; forbidding.

afskum, *s.* rascal; scum.

afsky, *s.* disgust; aversion; loathing; *v. t.* detest, loathe; **-elig,** *adj.* abominable; disgusting; hateful.

afskygning, *s.* shade, nuance.

afskære, *v. t.* cut off, intercept.

afskærme, *v. t.* screen.

afskåret, *adj.* cut (off); sliced.

afslag, *s.* refusal; discount, reduction.

afslappet, *adj.* relaxed.

afslut|ning, *s.* end, finish, conclusion, close, termination; **-te,** *v. t.* end, close, terminate, finish, conclude.

afsløre, *v. t.* unveil; disclose; reveal.

afslå, *v. t. & i.* refuse; decline; turn down.

afsmag, *s.* after-taste; distaste; dislike.

afsnit, *s.* section; period; segment; passage; part; paragraph; episode.

afsondre, *v. t.* isolate; separate; *med.* secrete; **-t,** *adj.* isolated.

afsone, *v. t.* serve; ~ *en straf, T* do time.

afspejle, *v. t.* reflect.

afspore, *v. t.* derail.

afspænding, *s.* relaxation; *pol.* detente.

afspærre, *v. t.* bar, close; rope off, cordon off; barricade, blockade.

afstamning, *s.* descent, extraction; origin.

afstand, *s.* distance; *på ~,* at a distance; *tage ~ fra,* dissociate oneself from; take exception to.

afstemning, *s.* voting, vote; division; ballot.

afstikke, *v. t.* stake off; line out; trace out; lay down; **-r,** *s.* trip; detour; digression.

afstive, *v. t.* support, shore up; prop up.

afstraffe, *v. t.* punish.

afstumpet, *adj.* blunted; obtuse; callous.

afstøbning, *s.* cast, casting.

afstå, *v. t.* give up; make over; desist; abstain.

afsæt|ning, s. sale; marketing; **-te,** v. t. dismiss; depose, dethrone; sell.

aftage, v. t. & i. buy; remove; decrease; ease off, abate; decline.

aftale, s. agreement; appointment; arrangement; v. t. arrange; agree (on); appoint, fix; *det er en ~,* that's a deal.

aften, s. evening; night; *god ~,* good evening; *i ~,* tonight; **-skole,** s. night school; evening classes; **-smad,** s. supper.

aftjene, v. t. *~ sin værnepligt,* do one's military service.

aftryk, s. impression; print; copy.

aftrækker, s. trigger.

aftvinge, v. t. extort; force.

afvej, s. *komme på -e,* go astray; **-e,** v. t. weigh.

afveks|le, v. t. change, alternate; **-lende,** adj. varied; alternating; adv. alternately, by turns; **-ling,** s. change, variation, variety.

afvente, v. t. await, wait for.

afvige, v. i. deviate; differ; **-lse,** s. deviation; difference; **-nde,** adj. different; divergent; **-r,** s. deviant; dissident.

afvikle, v. t. get through; wind up, liquidate, settle.

afvis|e, v. t. reject; turn away; refuse; repudiate; turn down; **-ende,** adj. unsympathetic; negative; reserved; **-er,** s. signpost; trafficator; direction indicator; **-ning,** s. refusal; rejection; rebuff, repudiation.

afvæbne, v. t. disarm; **-nde,** adj. disarming.

afvænne, v. t. wean; cure; dry out.

afværge, v. t. head off; avert, prevent; **-nde,** adj. *fig.* deprecating.

agent, s. agent; **-ur,** s. agency.

agere, v. t. & i. act, play.

agerhøne, s., zoo. partridge.

agerland, s. arable land.

agern, s., bot. acorn.

agitere, v. i. agitate; make propaganda, canvass.

agt, s. intention, purpose; *giv ~!* attention! look out! *tag dig i ~!* beware! look out! **-e,** v. t. mind, heed; intend; respect; **-else,** s. respect, esteem, regard; **-pågivende,** adj. mindful, attentive; careful; **-værdig,** adj. respectable.

agter, adv., naut. aft, abaft, astern; **-stavn,** s. stern(post); **-ud,** adv. astern; *sakke ~, fig.* fall behind.

agurk, s., bot. cucumber; gherkin; *gå ~, S* go bananas.

ahorn, s., bot. maple.

ajle, s. liquid manure.

ajourføre, v. t. bring up to date; update.

akademi, s. academy; **-ker,** s. academic; graduate; **-sk,** adj. academic.

akavet, adj. awkward, clumsy.

akkompagnere, v. t., mus. accompany.

akkord, s. contract; mus. chord; *arbejde på ~,* do piecework; **-arbejde,** s. piecework.

akkumulere, v. t. accumulate.

akkurat, adj. exact, accurate, precise; adv. exactly, precisely, just.

aks, *s., bot.* ear; spike.

akse, *s.* axis.

aksel, *s., mek.* shaft; axle.

akt, *s.* act; document.

akti|e, *s.* share; stock; **-eselskab,** *s.* limited (liability) company; **-eudbytte,** *s.* dividend; **-onær,** *s.* shareholder.

aktion, *s.* action; **-ere,** *v. i.* take action, go into action.

aktiv, *s.* asset; *adj.* active; **-ere,** *v. t.* activate; **-itet,** *s.* activity.

aktuel, *adj.* topical; current; relevant.

akustik, *s.* acoustics.

akut, *adj.* acute.

akvarel, *s.* watercolour.

akvarium, *s.* aquarium, fish tank.

al, *adj.* all; ~ *mulig,* every.

alarm, *s.* alarm; noise, uproar; **-erende,** *adj.* alarming.

albue, *s., anat.* elbow.

aldeles, *adv.* quite, completely; altogether; utterly; ~ *ikke,* not at all.

alder, *s.* age; **-dom,** *s.* old age; **-shjem,** *s.* old people's home; **-sgrænse,** *s.* age limit; **-sklasse,** *s.* age group; **-strin,** *s.* age (level); **aldrende,** *adj.* ageing.

aldrig, *adv.* never; ~ *mere,* never again; no more; ~ *så snart,* no sooner.

alene, *adj.* alone; *adv.* only, solely.

alf, *s.* fairy.

alfabet, *s.* alphabet; **-isk,** *adj.* alphabetical.

alfons, *s.* pimp.

alge, *s., bot.* alga; seaweed.

alibi, *s.* alibi.

alk, *s., zoo.* auk, razorbill.

alkohol, *s.* alcohol; spirits; **-fri,** *adj.* non-alcoholic; **-iker,** *s.* alcoholic.

alle, *adj.* all; everybody; anybody; **-hånde,** *s., kul.* allspice; *adj.* all manner of, all kinds of; **-sammen,** *pron.* all, everybody; **-stedsnærværende,** *adj.* omnipresent, ubiquitous; **-vegne,** *adv.* everywhere.

allé, *s.* avenue.

aller|bedst, *adj. & adv.* very best; best of all; **-først,** *adj. & adv.* very first; first of all; **-helvedes,** *adj., S* infernal; **-mest,** *adj. & adv.* most of all; **-sidst,** *adj. & adv.* last of all; **-værst,** *adj. & adv.* worst of all.

allerede, *adv.* already; by now; even; ~ *dengang,* even then.

allergi, *s.* allergy; **-ker,** *s.* allergic; **-sk,** *adj.* allergic.

alli|ance, *s.* alliance; **-ere,** *v. i.* ~ *sig med,* ally oneself with; **-eret,** *s.* ally; *adj.* allied.

alligevel, *adv.* still, yet, all the same; anyway; after all.

allike, *s., zoo.* jackdaw.

almanak, *s.* almanac.

almen, *adj.* general, common; public; **-gyldig,** *adj.* universal; **-nytte,** *s.* public utility.

almindelig, *adj.* common; ordinary; plain; general; **-vis,** *adv.* generally, in general.

almisse, *s.* alms, charity.

almue, *s.* common people; peasants; ~ -, *adj.* rustic.

almægtig, *adj.* almighty, omnipotent.

alpehue, *s.* beret.

alsidig, *adj.* versatile; allround; **-hed,** *s.* versatility.

alskens, *adj.* all kinds of.

alt, *s., mus.* contralto; *adj.* all, everything; anything; ~ *for*, far too; ~ *i* ~, altogether.

altan, *s.* balcony.

alter, *s., rel.* altar; **-gang**, *s.* (Holy) Communion; **-kalk**, *s.* chalice; **-tavle**, *s.* altarpiece.

alternativ, *s. & adj.* alternative.

altid, *adv.* always; ever.

alting, *pron.* everything.

altmuligmand, *s.* handy man; odd-job man.

altomfattende, *adj.* all-embracing, universal.

altså, *adv.* consequently, accordingly, therefore, so, then; that is; really.

aluminium, *s.* aluminium; *U.S.* aluminum.

alverden, *s.* all the world; *hvad i* ~, what on earth; *hvorfor i* ~, whatever for.

alvidende, *adj.* omniscient.

alvor, *s.* seriousness; earnestness; **-lig**, *adj.* serious; ~ *talt*, seriously.

amatør, *s.* amateur.

ambassade, *s.* embassy; **-dør**, *s.* ambassador.

ambition, *s.* ambition; **-øs**, *adj.* ambitious.

ambolt, *s.* anvil.

ambulance, *s.* ambulance.

ambulant, *adj.* mobile; ~ *patient*, outpatient.

Amerika, *s.* America; **amerikaner**, *s.* American; **-sk**, *adj.* American.

amme, *v. t.* nurse, suckle, breastfeed.

ammoniak, *s., kem.* ammonia.

ammunition, *s.* ammunition; munitions.

amok, *adv.* gå ~, run amuck.

amputere, *v. t.* amputate.

amt, *s.* region; county; **-mand**, *s.* prefect; **-sråd**, *s.* county council.

amulet, *s.* charm.

analfabet, *s.* illiterate; **-isme**, *s.* illiteracy.

analog, *adj.* analogous.

analyse, *s.* analysis; **-re**, *v. t. & i.* analyse.

ananas, *s., bot.* pineapple.

anarki, *s.* anarchy.

anatomi, *s.* anatomy.

anbefale, *v. t.* recommend; **-et**, *adj.* ~ *brev*, registered letter; **-ing**, *s.* recommendation; reference.

anbringe, *v. t.* put, place; invest; fit; seat.

anciennitet, *s.* seniority.

and, *s., zoo.* duck; *fig.* hoax; **-emad**, *s., bot.* duckweed.

andagt, *s.* prayers; rapt attention.

andel, *s.* share, part; quota; **-s-**, *adj.* co-operative.

anden, *pron.* other; *num.* second; *en* ~, another; somebody else; *en eller* ~, somebody; *hver* ~, every other; **-hånds**, *adj.* second-hand; **-klasses**, *adj.* second-class; **-rangs**, *adj.* second-rate.

anderledes, *adj.* different; *adv.* otherwise, differently.

andet, *pron.* other; *et* ~, another; *et eller* ~, something or other; *alt* ~ *end*, anything but; *noget* ~, something else; **-steds**, *adv.* elsewhere.

andre, *pron.* other; *alle* ~, everybody else.

andrik, *s., zoo.* drake.

andægtig, *adj.* devout; attentive.

ane, *s.* ancestor; *v. t.* suspect; anticipate, guess;

sense; *jeg -r det ikke,* I haven't the faintest idea; **-lse,** *s.* suspicion, foreboding; touch.

anerkend|e, *v. t.* acknowledge; recognize; appreciate; **-else,** *s.* acknowledgement; recognition; appreciation; **-t,** *adj.* approved; recognized; accepted.

anfald, *s.* attack; fit.

anfør|e, *v. t.* state; allege; mention; lead; command; head; **-eselstegn,** *s., gram.* inverted commas, quotation marks; **-er,** *s.* leader; *sport.* captain; **-sel,** *s.* leadership.

anger, *s.* remorse, regret; **-fuld,** *adj.* repentant, remorseful.

angive, *v. t. & i.* state, give; mention; report; indicate; profess; inform against; **-ligt,** *adv.* ostensibly; allegedly; **-lse,** *s.* statement; specification.

angre, *v. t. & i.* repent of, regret.

angreb, *s.* attack, assault; raid; onset.

angribe, *v. t.* attack; raid; affect, injure; damage; **-r,** *s.* aggressor; attacker.

angst, *s.* fear, anxiety, dread; *adj.* anxious, apprehensive, afraid.

angå, *v. t.* concern; **-ende,** *præp.* regarding, concerning, about.

anholde, *v. t.* arrest; **-lse,** *s.* arrest.

anhænger, *s.* trailer.

anke, *s.* complaint; appeal; *v. i.* complain; appeal.

ankel, *s., anat.* ankle.

anker, *s.* anchor; *cast ~,* cast anchor; *lette ~,* weigh anchor; **-plads,** *s.* anchorage; **-spil,** *s.* wind-

lass.

anklage, *s.* accusation, charge; *v. t.* accuse, charge; *under ~,* on trial; **-bænk,** *s.* dock; **-r,** *s.* accuser; prosecutor; **-t,** *adj. den -de,* the accused, the defendant.

ankom|me, *v. i.* arrive; **-st,** *s.* arrival.

ankre, *v. i. (~ up),* anchor.

anledning, *s.* occasion; cause, reason; opportunity.

anliggende, *s.* affair, business; matter.

anlæg, *s.* talent; plant, works; system; gardens, grounds; layout; **-ge,** *v. t.* found, establish; lay out; *~ sag mod,* sue; *~ skæg,* grow a beard.

anløb|e, *v. t.* call at; *v. i.* be tarnished; **-sbro,** *s.* jetty.

anmarch, *s. være i ~,* be approaching.

anmassende, *adj.* importunate; presumptuous.

anmelde, *v. t.* report; announce; enter; register; review; **-lse,** *s.* notification; entry; registration; review; **-r,** *s.* critic, reviewer; informer.

anmod|e, *v. t. ~ om,* ask for, request; **-ning,** *s.* request.

annonce, *s.* advertisement, *T* ad; **-bureau,** *s.* advertising agency; **-re,** *v. i.* advertise; announce.

annullere, *v. t.* cancel.

anonym, *adj.* anonymous; **-itet,** *s.* anonymitet.

anordning, *s.* device.

anret|ning, *s.* course; arrangement; **-te,** *v. t.* serve; cause.

anse, *v. t.* consider, regard, look upon; **-else,** *s.* reputation; prestige;

standing; **-lig,** *adj.* considerable; impressive; **-t,** *adj.* distinguished.

ansigt, *s., anat.* face; **-sbehandling,** *s.* facial (treatment); **-sfarve,** *s.* complexion; **-stræk,** *s.* feature.

ansjos, *s., zoo.* anchovy.

anskaffe, *v. t.* ~ *sig,* get; purchase; **-lse,** *s.* procurement; purchase; acquisition.

anskrig, *s.* outcry; *gøre* ~, give the alarm.

anskuelig, *adj.* lucid, intelligible; clear.

anskuelse, *s.* opinion, view; **-sundervisning,** *s., fig.* object lesson.

anslag, *s.* scheme, design, plot; *mus.* touch.

anslå, *v. t.* estimate, value; *mus.* strike.

anspore, *v. t.* stimulate; spur on.

anspænd|e, *v. t.* strain; **-else,** *s.* strain, exertion; **-t,** *adj.* tense.

anstalt, *s.* institution; **-er,** *pl.* arrangements, preparations; fuss.

anstand, *s.* dignity; decorum; **-sdame,** *s.* chaperon.

anstreng|e, *v. refl.* ~ *sig,* endeavour, exert oneself; make an effort; *v. t.* strain; exert; tire; **-else,** *s.* effort, exertion; strain; **-ende,** *adj.* trying; strenuous; tiring; **-t,** *adj.* tense; forced; strained.

anstrøg, *s.* touch.

anstændig, *adj.* decent.

anstød, *s.* offence.

ansvar, *s.* responsibility; liability; blame; **-lig,** *adj.* responsible; **-sløs,** *adj.* irresponsible.

ansætte, *v. t.* employ; ap-

point; assess; estimate, value; **-lse,** *s.* employment; appointment; assessment; estimate.

ansøg|e, *v. t. & i.* apply; **-ning,** *s.* application; *-sskema,* *s.* application form.

antage, *v. t.* accept; engage; adopt; suppose, assume; **-lig,** *adj.* acceptable; considerable; *adv.* probably.

antal, *s.* number.

antaste, *v. t.* accost.

antenne, *s., TV.* aerial; *U.S.* antenna.

antibiotika, *s. pl., med.* antibiotics.

antik, *adj.* antique; **-ken,** Antiquity; **-var,** *s.* second-hand bookseller; **-variat,** *s.* second-hand bookshop; **-veret,** *adj.* obsolete; antiquated; **-vitet,** *s.* antique; antiquity; **-vitetshandel,** *s.* antique shop.

antipati, *s.* antipathy; dislike.

antiseptisk, *adj.* antiseptic.

antistatisk, *adj.* antistatic.

antistof, *s., med.* antibody.

antræk, *s.* get-up.

antyd|e, *v. t.* hint; suggest; indicate; **-ning,** *s.* hint, suggestion; indication; touch.

antænde, *v. t.* set on fire; ignite; **-lig,** *adj.* inflammable; **-lse,** *s.* ignition.

anvende, *v. t.* use; spend; apply; **-lig,** *adj.* useful; applicable; **-lse,** *s.* use, application.

anvis|e, *v. t.* assign; show; **-ning,** *s., merk.* money order; cheque; direction, instructions.

aparte, *adj.* odd, peculiar.

apatisk, *adj.* apathetic.
apostrof, *s.*, *gram.* apostrophe.
apotek, *s.* chemist's (shop); pharmacy; *U.S.* drugstore; **-er**, *s.* dispensing chemist; pharmacist; *U.S.* druggist.
apparat, *s.* device; instrument; machine; **-ur**, *s.* apparatus.
appel, *s.*, *jur.* appeal; **-ere**, *v. t. & i.* appeal.
appelsin, *s.*, *bot.* orange; **-marmelade**, *s.*, *kul.* marmalade.
appetit, *s.* appetite; **-lig**, **-vækkende**, *adj.* appetizing.
april, *s.* April; **-snar**, *s.* April fool.
apropos, *adv.* by the way.
ar, *s.* scar.
arab|er, *s.* Arab; **Arabien**, *s.* Arabia; **-isk**, *s.* Arabic; *adj.* Arab, Arabian.
arbejd|e, *s.* work; labour; employment; job; *v. i.* work; labour; **-er**, *s.* worker; workman, hand; *-klasse*, *s.* working class; *-parti*, *s.* labour party; **-sanvisning**, **-sformidling**, *s.* employment exchange; job centre; **-sbesparende**, *adj.* labour-saving; **-sdag**, *s.* working day; **-sgiver**, *s.* employer; **-skonflikt**, *s.* labour conflict; industrial dispute; **-skraft**, *s.* labour; manpower; **-sløn**, *s.* wages; **-sløs**, *adj.* unemployed; redundant; *være* ~, be out of a job; **-sløshed**, *s.* unemployment; redundancy; *-skasse*, *s.* unemployment fund; *-sunderstøttelse*, *s.* unemployment benefit; *få* ~, *T* be on the dole; **-smarked**, *s.*

labour market; **-som**, *adj.* hard-working; **-splads**, *s.* place of work; **-stid**, *s.* working hours; **-stilladelse**, *s.* work permit; **-sværelse**, *s.* study.
areal, *s.* area; acreage; floorage.
Argentina, *s.* Argentina; the Argentine; **argenti-n|er**, **-sk**, *s. & adj.* Argentine; Argentinian.
argument, *s.* argument; **-ere**, *v. i.* argue; reason.
arie, *s.*, *mus.* aria.
aristokrat, *s.* aristocrat; **-i**, *s.* aristocracy; **-isk**, *adj.* aristocratic.
aritmetik, *s.* algebra.
ark, *s.* sheet; ark.
arkitekt, *s.* architect; **-ur**, *s.* architecture.
arkiv, *s.* archives, records; files; **-ere**, *v. t. & i.* file.
arkæolog, *s.* archaeologist; **-i**, *s.* archaeology; **-isk**, *adj.* archaeological.
arm, *s.*, *anat.* arm; **-bevægelse**, *s.* gesture; **-bånd**, *s.* bracelet; **-båndsur**, *s.* (wrist) watch; **-hule**, *s.*, *anat.* armpit; **-læn**, *s.* armrest; **-sved**, *s.* body odour.
armere, *v. t.* arm; armour; *-t beton*, *s.* reinforced concrete.
arne, *s.* hearth.
aroma, *s.* flavour; **-stof**, *s.* flavouring.
arrangere, *v. t. & i.* arrange; organize.
arrest, *s.* arrest, seizure; custody; prison; **-ere**, *v. t.* arrest; **-ordre**, *s.* warrant.
arrig, *adj.* bad-tempered.
art, *s.* sort, kind; nature; *bot.* species.
arte, *v. refl.* ~ *sig*, behave; shape; develop; turn out.
artig, *adj.* well-behaved,

good.

artikel, *s.* article; commodity; item; paper.

artiskok, *s., bot.* artichoke.

artist, *s.* artiste.

arv, *s.* inheritance; legacy; *fig.* heritage; **-e,** *v. t.* inherit; come into; **-eafgift,** *s.* death duty; **-efølge,** *s.* (line of) succession; **-elig,** *adj.* hereditary; **-eløs,** *adj.* disinherited; **-ing,** *s.* heir; heiress.

A/S, *s. (fk.f.* aktieselskab), *s.d.*

asbest, *s.* asbestos.

ase, *v. i.* toil, struggle.

asen, *s.* ass; *dit heldige ~ !* you lucky devil!

asfalt, *s.* asphalt; **-ere,** *v. t. & i.* asphalt.

asi|at, *s.* Asian; **-isk,** *adj.* Asian; **Asien,** *s.* Asia.

asie, *s., kul.* pickled gherkin.

ask, *s., bot.* ash.

aske, *s.* ashes; ash; **-bæger,** *s.* ashtray; **A ~ pot,** *s.* Cinderella; **-skuffe,** *s.* ashpan.

asketisk, *adj.* ascetic.

asocial, *adj.* anti-social.

asparges, *s., bot.* asparagus.

aspirant, *s.* candidate; probationer.

assiste|nt, *s.* assistent; clerk; **-re,** *v. t. & i.* assist.

assurance, *s.* insurance.

astma, *s., med.* asthma; **-tisk,** *adj.* asthmatic.

astrologi, *s.* astrology.

astronaut, *s.* astronaut.

astronomi, *s.* astronomy.

asyl, *s.* asylum.

at, *konj.* that; *for ~,* in order that; *(foran infinitiv, erstattes ofte med ing-form),* to; *han elsker ~ synge,* he loves to sing *el.* he loves singing.

atelier, *s.* studio.

Atlanterhavet, *s.* the Atlantic (Ocean).

atlas, *s.* atlas.

atlet, *s.* athlete; **-ik,** *s.* athletics; **-isk,** *adj.* athletic.

atmosfære, *s.* atmosphere.

atom, *s.* atom; **-alderen,** *s.* the Atomic Age; **-bombe,** *s.* atom(ic) bomb; nuclear bomb; **-drevet,** *adj.* atompowered; **-energi,** *s.* nuclear energy; **-fri,** *adj.* denuclearized; **-fysik,** *s.* nuclear physics; **-kraft,** *s.* nuclear power; **-værk,** *s.* nuclear power station, atomic power plant; **-krig,** *s.* nuclear war; **-våben,** *s. pl.* nuclear weapons.

atten, *num.* eighteen.

attentat, *s.* assassination; attempt.

atter, *adv.* again, once more; *~ og ~,* over and over again.

attest, *s.* certificate; **-ere,** *v. t.* certify, attest.

attrap, *s.* dummy.

attrå, *s.* desire; longing; *v. t.* desire, covet; **-værdig,** *adj.* desirable, covetable.

auditorium, *s.* lecture room; audience.

august, *s.* August.

auktion, *s.* auction sale; **-arius,** *s.* auctioneer.

aula, *s.* assembly hall.

Australien, *s.* Australia; **austral|ier,** *s.* Australian; **-sk,** *s. & adj.* Australian.

autentisk, *adj.* authentic.

autograf, *s.* autograph.

autohandler, *s.* car dealer.

automat, *s.* slot machine; vending machine; **-isk,** *adj.* automatic.

automekaniker, *s.* motor

mechanic.

automobil, *s.* (motor) car; **-forhandler,** *s.* car dealer; **-værksted,** *s.* garage.

autoriseret, *adj.* authorized; licensed.

autorit|et, *s.* authority; **-etstro,** *adj.* orthodox; **-ær,** *adj.* authoritarian.

autoværn, *s.* crash barrier.

avance, *s.* profit; **-ment,** *s.* promotion; **-re,** *v. i.* be promoted; **-ret,** *adj.* advanced; sophisticated.

avertere, *v. t. & i.* advertise.

avis, *s.* (news)paper; **-and,** *s.* hoax; **-handler,** *s.* newsagent; **-kiosk,** *s.* newsstand; **-overskrift,** *s.* headline; **-spalte,** *s.* column; **-udklip,** *s.* cutting; *U. S.* clipping.

avl, *s.* crop; growing; breeding; **-e,** *v. t.* breed; raise, grow; procreate; **-sgård,** *s.* home farm.

avocado, *s., bot.* avocado.

B, *s., mus.* B flat; ~ *-dur,* B flat major; ~ *-mol,* B flat minor; (*fortegn*) flat.

bacille, *s.* germ.

bad, *s.* bath; shower; swim; *tage* ~, have a ba⁺h; **-e,** *v. t. & i.* bathe; have a bath; bath; **-eanstalt,** *s.* baths; **-ebukser,** *s. pl.* bathing trunks; **-edragt,** *s.* swimsuit; **-ested,** *s.* seaside resort; **-ehætte,** *s.* swimming cap; **-ekar,** *s.* bath tub; **-ekåbe,** *s.* bathrobe; **-ested,** *s.* seaside resort; spa; **-estrand,** *s.* beach; **-eværelse,** *s.* bathroom.

bag, *s.* back; behind; backside; bottom; *præp.* behind, at the back of; *adv.* behind; **-efter,** *adv.* afterwards; behind; (too) late; slow; in arrears; **-est,** *adj.* hindmost; *adv.* at the back; **-fra,** *adv.* from behind; **-i,** *adv.* in the back; **-om,** *adv.* behind; **-over,** *adv.* backwards; **-på,** *adv.* behind; on the back; **-ud,** *adv.* to the rear; in arrears; **-ude,** *adv.* behind; **-ved,** *adv.* behind.

bagage, *s.* luggage; *U.S.* baggage; **-bærer,** *s.* carrier; luggage rack; **-hylde,** **-net,** *s.* (luggage) rack; **-rum,** *s.* boot; *U.S.* trunk.

bagatel, *s.* trifle.

bagben, *s.* hind leg.

bagbinde, *v. t.* pinion.

bagbord, *s., naut.* port.

bagdel, *s.* backside, seat, bottom; *fig.* drawback.

bage, *v. t. & i.* bake; **-form,** *s.* (baking) tin; **-opskrift,** *s.* (baking) recipe; **-ovn,** *s.* oven; **-pulver,** *s.* baking powder; **-r,** *s.* baker; **-rbutik,** *s.* baker's (shop); **-ri,** *s.* bakery.

baggrund, *s.* background.

baggård, *s.* backyard.

baghjul, *s.* rear wheel.

baghold, *s.* ambush.

baghånd, *s., sport.* backhand; *have noget i -en,* have sth up one's sleeve.

bagklap, *s.* tailgate; hatch.

bagklog, *adj.* wise after the event.

baglygte, *s.* rear light; tail light.

baglæns, *adv.* backwards.

baglås, *s. gå i* ~, jam.

bagrude, *s.* rear window.

bagside, *s.* back; back page; reverse.

bagslag, *s.* recoil; *fig.* repercussion; backlash.

bagstavn, *s., naut.* stern.

bagsæde, *s.* back seat; pillion.

bagtale, -vaske, *v. t.* slander, defame.

bagtanke, *s.* ulterior motive.

bagvendt, *adv.* the wrong way; awkwardly.

bagværk, *s., kul.* pastry.

bajer, *s., T en ~ ,* a beer; a lager.

bajonet, *s.* bayonet.

bakgear, *s.* reverse gear.

bakke, *s.* hill, rise; tray; *v. t. & i.* reverse, back; puff; **-drag,** *s.* range of hills; **-serviet,** *s.* tray cloth; **-skråning,** *s.* hill side, slope; **-t,** *adj.* hilly.

bakkenbarter, *s. pl.* (side)whiskers.

bakse, *v. i.* manoeuvre; handle; *~ med,* struggle with.

bakspejl, *s.* rear-view mirror.

bakterie, *s.* germ.

bal, *s.* dance; ball.

balance, *s.* balance; **-re,** *v. i.* balance, poise.

baldakin, *s.* canopy.

balde, *s., anat.* ball; buttock, cheek.

balje, *s.* bowl; basin; tub.

balkon, *s.* balcony; *teat.* dress circle.

ballade, *s.* row; ballad; *lave ~ ,* kick up a row.

balle, *s.* bale; *få en ~ , S* be ticked off.

ballet, *s.* ballet; **-danser,** *s.* ballet dancer.

ballon, *s.* balloon.

balsam, *s.* balsam, balm; hair conditioner; **-ere,** *v. t.* embalm.

balstyrig, *adj.* unruly, ungovernable.

bambus, *s., bot.* bamboo.

bamse, *s.* bear; teddy bear.

banal, *adj.* commonplace, trite, banal.

banan, *s., bot.* banana;

-stik, *s., elek.* banana plug; jack plug.

bandage, *s.* bandage.

bande, *s.* gang; barrier; *v. i.* swear, curse.

bandit, *s.* bandit, scoundrel; rascal.

bandlyse, *v. t.* excommunicate; ban.

bane, *s.* track, course, path; career; orbit; railway; length; *sport.* ground, field; pitch; court; rink; course, links; *v. t.* level, clear; *~ vej, fig.* pave the way; *~ sig vej,* force one's way; **-bryder,** *s.* pioneer; **-gård,** *s.* railway station.

bange, *adj.* afraid, scared, frightened; *gøre ~ ,* frighten, alarm; **-buks,** *s.* coward.

bank, *s.* bank; beating, thrashing; **-assistent,** *s.* bank clerk; **-bog,** *s.* savings book. **-ier,** *s.* banker; **-konto,** *s.* bank account.

banke, *v. t. & i.* beat, thrash; knock, rap, tap; throb; **-kød,** *s., kul.* stewed beef.

bankerot, *s.* bankruptcy; *adj.* bankerot.

banket, *s.* banquet.

banko(spil), *s.* bingo.

banner, *s.* banner.

bar, *s.* bar; *adj.* bare, naked; sheer, pure; **-benet,** *adj.* bare-legged; **-fodet,** *adj.* barefoot(ed).

barbar, *s.* barbarian; **-isk,** *adj.* barbaric.

barber, *s.* hairdresser, barber; **-blad,** *s.* razor blade; **-creme,** *s.* shaving cream; **-e,** *v. t. (~ sig),* shave; **-kniv,** *s.* razor; **-kost,** *s.* shaving brush; **-maskine,** *s., elek.* electric shaver; **-skum,** *s.*

shaving foam; **-sprit,** s. after-shave (lotion).

bardun, s. stay; rope, wire; *naut.* backstay.

bare, *adv.* just, only; *konj.* if only; *vent ~! you just wait!*

bark, s., *bot.* bark; **-et,** *adj.* horny(-handed).

barm, s., *anat.* bosom; bust.

barmhjertighed, s. compassion; mercy; pity; charity.

barn, s. child, infant, baby; *T* kid; **-agtig,** *adj.* childish, puerile; **-dom,** s. childhood; *gå i ~,* be in one's dotage; **-ebarn,** s. grandchild; **-ebillet,** s. half ticket; **-edåb,** s. christening; **-emad,** s. infant food; *fig.* child's play; **-epige,** s. nurse; nanny; **-epleje,** s. child care; **-eseng,** s. cot; **-evogn,** s. pram; **-eværelse,** s. nursery; **-lig,** *adj.* childlike; childish.

barok, *adj.* baroque; grotesque.

barometer, s. barometer.

barre, s. bar; ingot; *sport.* parallel bars; uneven bars.

barriere, s. barrier.

barrikade, s. barricade; **-re,** *v. t.* barricade.

barsel, s. childbirth; confinement; **-sorlov,** s. maternity leave.

barsk, *adj.* rough; harsh; stern; tough.

bas, s., *mus.* bass.

basar, s. bazaar.

base, s. base; **-re,** *v. t.* base; found, rest.

basis, s. basis, foundation, base; **-k,** *adj.* alkaline.

baske, *v. i.* flap.

bassin, s. pool; basin.

bast, s. raffia; bast.

basta, *int. (og dermed ~!)* and that's flat!

bastant, *adj.* substantial; stout.

bastard, s. hybrid, crossbreed; bastard.

basun, s., *mus.* trombone.

batte, *v. i.* have effect; do the trick; *så det -r,* with a vengeance.

batteri, s. battery.

bavian, s., *zoo.* baboon.

bearbejde, *v. t.* work up; revise; adapt; work on; **-lse,** s. revision; adaptation; manipulation; persuasion.

bebo, *v. t.* live in, inhabit, occupy; **-elig,** *adj.* habitable; **-else,** s. habitation, residence, living quarters; *-sejendom,* s. block of flats, *U.S.* apartment house; *-skvarter,* s. residential area; **-er,** s. occupant, resident; inmate; inhabitant; **-et,** *adj.* occupied; inhabited.

bebrejde, *v. t.* reproach; blame; **-lse,** s. reproach; **-nde,** *adj.* reproachful.

bebude, *v. t.* announce; herald, proclaim; **-r,** s. herald, harbinger.

bebygge, *v. t.* build on; develop; **-lse,** s. building; buildings, houses; built-up area; **-t,** *adj.* built-up; developed.

bebyrde, *v. t.* burden; *fig.* trouble; encumber.

bed, s. bed.

bedding, s., *naut.* slip-(way).

bede, *v. t.* ask, beg; pray; *jeg be'r!* don't mention it! **-mand,** s. undertaker; **-nde,** *adj.* pleading, entreating.

bedrag, s. deception; delusion, deceit; **-e,** *v. t.* deceive, cheat, take in; defraud, swindle; delude; be unfaithful to; **-er,** *s.* swindler; fraud; impostor; **-eri,** *s.* deceit; fraud, swindle.

bedre, *adj. & adv.* better; *blive ~* , improve; *få det ~,* get better; **-vidende,** *adj.* know-all.

bedrift, *s.* achievement, exploit; concern, works, farm.

bedring, *s.* improvement, convalescence, recovery.

bedrøve, *v. t.* sadden; distress, grieve; **-lig,** *adj.* sad; sorry; **-t,** *adj.* sad.

bedst, *adj. & adv.* best; *i -e fald,* at best; *du gør ~ i,* you had better; **-e,** *s.* good, benefit; *T* granny; **-efar,** *s.* grandfather; **-emor,** *s.* grandmother.

bedømme, *v. t.* judge; estimate; assess; mark, grade; **-lse,** *s.* assessment; judgement.

bedøve, *v. t.* stun; drug, dope; *med.* anaesthetize; **-lse,** *s.* anaesthesia; **-lsesmiddel,** *s.* anaesthetic.

bedåre, *v. t.* charm; captivate; deceive; **-nde,** *adj.* charming, bewitching, enchanting.

befale, *v. t.* command, order; **-ing,** *s.* command; order.

befinde, *v. refl. ~ sig,* be; feel; find oneself.

befippelse, *s.* perplexity, nervousness.

befolkning, *s.* population.

befordre, *v. t.* convey, carry; *fig.* promote; **-ing,** *s.* conveyance, transport; **-ingsmiddel,** *s.* means of transport.

befri, *v. t.* free; release, liberate; rid; relieve; **-else,** *s.* liberation.

befrugte, *v. t.* fertilize; **-ning,** *s.* fertilization; *kunstig ~,* insemination.

befærdet, *adj.* crowded, busy.

beføjelse, *s.* authority.

begavet, *adj.* gifted, talented, intelligent.

begejstret, *adj.* enthusiastic; **-ing,** *s.* enthusiasm.

begge, *pron.* both, either; *i ~ tilfælde,* in both cases; in either case.

begive, *v. refl. ~ sig,* go; *~ sig på vej,* set out.

begivenhed, *s.* event; incident.

begrave, *v. t.* bury; **-lse,** *s.* funeral; burial; **-lsesplads,** *s.* graveyard, cemetery.

begreb, *s.* notion, idea; conception.

begribe, *v. t.* understand; comprehend; grasp.

begrunde, *v. t.* give a reason for, motivate; **-lse,** *s.* reason.

begrænset, *adj.* limited; **-ning,** *s.* limitation, restriction.

begynde, *v. t.* start, begin, commence, open; **-lse,** *s.* beginning, start, outset; *i -n,* at first, in the beginning; **-lsesbogstav,** *s.* initial; **-r,** *s.* beginner.

begær, *s.* desire, craving; lust; **-lig,** *adj.* greedy; eager, desirous.

begå, *v. t.* commit; perpetrate; make; *~ sig,* get on.

behag, *s.* pleasure; *efter ~,* as you like; **-e,** *v. t. & i.* please, appeal to; **-elig,** *adj.* pleasant, agreeable; comfortable.

behandl|e, *v. t.* treat, use; discuss; **-ing**, *s.* treatment; discussion.

beherske, *v. t.* rule (over); control; master; ~ *sig*, control oneself; **-t**, *adj.* restrained, moderate, guarded.

behold, *s. i god* ~, safe and sound; **-e**, *v. t.* keep, retain; **-er**, *s.* container; **-ning**, *s.* stock, supply.

behov, *s.* need.

behændig, *adj.* dexterous; agile; nimble.

behøve, *v. t.* need, want, require; have (got) to; *det -s ikke*, there is no need.

bejdse, *v. t.* stain.

bejle, *v. i.* ~ *til*, court, woo; **-r**, *s.* suitor.

bekende, *v. t.* confess; admit; **-lse**, *s.* confession.

bekendt, *s.* acquaintance; *adj.* well-known; familiar; *mig* ~, as far as I know; **-gøre**, *v. t.* announce; **-gørelse**, *s.* announcement, proclamation, notice; **-skab**, *s.* acquaintance.

bekkasin, *s., zoo.* snipe.

beklage, *v. t.* deplore; regret; pity; be sorry for; **-lig**, *adj.* regrettable, unfortunate; **-lse**, *s.* complaint; pity; regret.

beklemt, *adj.* anxious, uneasy, oppressed.

beklæd|e, *v. t.* cover; hold, occupy; **-ning**, *s.* clothing; covering; lining; casing; facing.

bekomme, *v. i.* ~ *vel*, agree with.

bekostning, *s.* cost, expense; *på* ~ *af*, at the expense of.

bekræfte, *v. t.* confirm, corroborate; certify; **-lse**, *s.* certification; confirm-

ation; verification; **-nde**, *adj.* affirmative; *adv.* in the affirmative.

bekvem, *adj.* convenient; comfortable; **-melighed**, *s.* comfort, convenience.

bekymr|e, *v. refl.* ~ *sig*, worry; concern oneself; **-et**, *adj.* worried; concerned; anxious; **-ing**, *s.* worry; anxiety.

bekæmpe, *v. t.* fight; oppose; control.

belast|e, *v. t.* load, strain; **-ning**, *s.* load, weight; strain.

belave, *v. refl.* ~ *sig på*, prepare for.

belejlig, *adj.* convenient, opportune; *snarest -t*, at your earliest convenience.

belejr|e, *v. t.* besiege; **-ing**, *s.* siege.

belemre, *v. t.* encumber, hamper, burden.

Belgien, *s.* Belgium; **belgi|er**, *s.* Belgian; **-sk**, *adj.* Belgian.

beliggenhed, *s.* situation, site; position.

bellis, *s., bot.* daisy.

belys|e, *v. t.* light up; illuminate; *fot.* expose; *fig.* elucidate, illustrate; **-ning**, *s.* light, illumination; exposure; illustration.

belæg|ge, *v. t.* cover; coat; occupy; *fig.* support; **-ning**, *s.* cover(ing); coat(ing); surface.

belære, *v. t.* instruct, teach.

belæsse, *v. t.* load.

belæst, *adj.* well-read.

beløb, *s.* amount.

belønn|e, *v. t.* reward; **-ing**, *s.* reward.

bemand|e, *v. t.* man; **-ing**, *s.* crew; manning.

bemidlet, *adj.* well off, well-to-do.

bemyndige, *v. t.* authorize, empower; commission; **-lse,** *s.* authorization; authority; warrant.

bemægtige, *v. refl.* ~ *sig,* take possession of.

bemærk|e, *v. t.* notice; note; remark, observe; **-elsesværdig,** *adj.* notable, remarkable; **-ning,** *s.* remark, comment, observation.

ben, *s:,* *anat.* bone; leg; *fig.* sideline; **-brud,** *s., med.* fracture; **-e,** *v. i.* run; hare; scamper; **-fri,** *adj.* boneless; **-klæder,** *s. pl.* trousers.

benytte, *v. t.* make use of, employ, use; ~ *lejligheden,* take the opportunity.

benzin, *s.* petrol; benzine; *U. S.* gas(oline).

benægte, *v. t.* deny; **-lse,** *s.* denial; **-nde,** *adj.* negative; *adv.* in the negative.

benævne, *v. t.* name, call, designate.

benåde, *v. t.* pardon.

beordre, *v. t.* order.

beplant|e, *v. t.* plant; **-ning,** *s.* planting; plantation.

bered|e, *v. t.* prepare; cause, give; **-skab,** *s.* readiness; *i* ~, on standby; **-t,** *adj.* ready, prepared; **-villig,** *adj.* ready, willing.

beregn|e, *v. t.* calculate, work out; estimate; **-t til,** intended for; **-ende,** *adj.* calculating; designing; **-ing,** *s.* calculation; *uden* ~, free of charge.

beret|ning, *s.* report; account, story; **-te,** *v. t.* tell, relate.

berettige, *v. t.* entitle; **-lse,** *s.* right; justice; **-t,** *adj.* entitled; justified; just.

berigtige, *v. t.* correct, rectify; adjust; settle.

bero, *v. i.* be pending; ~ *på,* depend on; be due to.

berolige, *v. t.* calm (down); reassure, appease; sedate; **-lse,** *s.* reassurance; **-nde,** *adj.* reassuring; ~ *middel,* sedative.

beruset, *adj.* drunk, tipsy, intoxicated.

berygtet, *adj.* notorious; disreputable.

berøm|me, *v. t.* praise; **-melse,** *s.* fame; **-t,** *adj.* famous, celebrated, renowned; **-thed,** *s.* celebrity.

berør|e, *v. t.* touch; affect; **-ing,** *s.* touch, contact.

berøve, *v. t.* deprive of.

besat, *adj.* possessed; obsessed; occupied, taken.

bese, *v. t.* view, inspect, survey, look over.

besegle, *v. t.* seal.

besejre, *v. t.* defeat, beat, conquer; *fig.* overcome.

besidde, *v. t.* possess; hold; have; **-lse,** *s.* possession; **-r,** *pl.* property.

besigtige, *v. t.* inspect, survey.

besinde, *v. refl.* ~ *sig,* change one's mind; collect oneself; think twice; **-lse,** *s.* composure; reflection; *tabe -n,* lose one's head.

besindig, *adj.* cool, steady, sober-minded.

besk, *adj.* bitter, acrid.

beskadige, *v. t.* damage; injure, hurt.

beskaffenhed, *s.* nature; condition; description.

beskat|ning, *s.* taxation; **-te,** *v. t.* tax.

besked, s. message; information; directions, instruction; *få* ~, be told; *sende* ~, send word.

beskeden, adj. modest; moderate; **-hed,** s. modesty.

beskidt, adj. dirty, filthy.

beskrive, v. t. describe; **-lse,** s. description; account.

beskyld|e, v. t. ~ *for*, accuse of, charge with; **-ning,** s. accusation.

beskytte, v. t. protect, guard; shelter; **-lse,** s. protection; **-lsesrum,** s. air-raid shelter; **-r,** s. protector; patron.

beskæftige, v. t. employ; occupy; keep occupied; **-lse,** s. occupation; employment.

beskære, v. t. cut; prune; reduce.

beslag, s. fitting; studding; *lægge* ~ *på*, confiscate; *fig.* take up; **-lægge,** v. t. seize; confiscate.

beslut|ning, s. decision; resolution; **-som,** adj. resolute, determined; **-te,** v. t. decide; resolve; determine; ~ *sig*, make up one's mind.

beslægtet, adj. related; congenial.

besnære, v. t. ensnare, infatuate, captivate; **-nde,** adj. captivating; plausible.

bespare|lse, s. economy; saving; cut. **-nde,** adj. economical.

bespise, v. t. feed.

bespottelse, s. blasphemy.

bestalling, s. commission; licence.

bestand, s. stock; population; **-del,** s. ingredient, component, element,

constituent; **-ig,** adj. constant; perpetual; unceasing; *for* ~, for good.

bestemme, v. t. & i. decide; determine; fix, arrange; define; ~ *sig*, make up one's mind; **-lse,** s. decision; determination; provision, regulation; **-lsessted,** s. destination.

bestemt, adj. certain; definite; firm; decided; positive; fixed, appointed; particular; adv. definitely; decidedly; certainly.

bestige, v. t. climb; mount; ascend.

bestik, s. cutlery; *tage* ~ *af*, size up.

bestikke, v. t. bribe, corrupt; **-lse,** s. bribery; **-nde,** adj. plausible.

bestill|e, v. t. do; order; book; **-ing,** s. work; job, occupation; order, commission.

bestride, v. t. deny; dispute, challenge.

bestræbe, v. refl. ~ *sig*, endeavour; **-lse,** s. endeavour, effort, exertion.

bestrål|e, v. t. irradiate; X-ray; **-ing,** s. irradiation.

bestyre, v. t. run; manage, be in charge of; administer; **-lse,** s. committee; management; *merk.* board (of directors); **-lsesmedlem,** s., *merk.* director; **-r,** s. manager, director; principal; *jur.* trustee.

bestyrke, v. t. confirm, bear out; corroborate.

bestyrtet, adj. startled, astounded.

bestøve, v. t. pollinate.

bestå, v. t. & i. exist; last, continue; endure; pass; ~ *af*, consist of.

besvare, v. t. answer, reply

to; return; **-lse,** *s.* answer; return; paper.

besvime, *v. i.* faint.

besvær, *s.* trouble, inconvenience; effort; difficulty; **-lig,** *adj.* troublesome; difficult.

besynderlig, *adj.* strange, odd, queer.

besætning, *s.* crew; (live)-stock; trimming.

besætte, *v. t.* occupy; fill; **-lse,** *s.* occupation; obsession; possession; squatting; **-r,** *s. se* BZ'er.

besøg, *s.* visit, call; **-e,** *v. t.* visit; call on; drop in on; **-ende,** *s.* visitor, caller; **-stid,** *s.* visiting hours.

besørge, *v. t.* see to; attend to; do; relieve oneself.

betage|lse, *s.* thrill, fascination; excitement; **-nde,** *adj.* moving; impressive.

betal|e, *v. t. & i.* pay; settle; **-ing,** *s.* payment; pay, fee; fare; charge; **-ingsbalance,** *s.* balance of payments; **-ingsmiddel,** *s.* means of payment; legal tender.

betegne, *v. t.* indicate; denote; mark; describe; **-lse,** *s.* name; symbol; indication; **-nde,** *adj.* significant; characteristic; suggestive.

betinge, *v. t.* determine; ~ *sig,* stipulate; reserve the right to; **-lse,** *s.* condition; term; provision; qualification; **-t,** *adj.* qualified; conditional.

betjen|e, *v. t.* serve; wait on; ~ *sig af,* make use of; **-ing,** *s.* service, attendance; operation.

betjent, *s.* policeman; (police) officer; constable.

beton, *s.* concrete; *armeret* ~, reinforced concrete.

beton|e, *v. t.* accentuate, emphasize, stress; **-ing,** *s.* emphasis.

betragte, *v. t.* look at; consider, view, regard.

betragtning, *s.* consideration; *i* ~ *af,* considering.

betro, *v. t.* entrust to; confide in; entrust with.

betryggende, *adj.* reassuring; adequate.

betræk, *s.* cover; **-ke,** *v. t.* cover.

betuttet, *adj.* perplexed, puzzled.

betyd|e, *v. t.* mean; indicate; stand for; imply; *det* ~*r ingenting,* it doesn't matter; **-elig,** *adj.* considerable, appreciable; outstanding; **-ning,** *s.* meaning, sense; significance; importance.

betændelse, *s., med.* inflammation.

betænk|e, *v. t.* consider, bear in mind; ~ *én,* remember sby; ~ *sig,* hesitate; consider; change one's mind; **-elig,** *adj.* critical; uneasy; dangerous; **-ning,** *s., pol.* report; *uden* ~, without hesitation; **-som,** *adj.* thoughtful, considerate.

beundr|e, *v. t.* admire; **-ing,** *s.* admiration.

bevare, *v. t.* keep, preserve; *-s!* by all means!

bevidne, *v. t.* testify; certify.

bevidst, *adj.* conscious; deliberate; **-hed,** *s.* consciousness; *komme til* ~, come round; **-løs,** *adj.* unconscious.

bevil|ge, *v. t.* grant; **-ling,** *s.* grant; licence.

bevirke, *v. t.* bring about, cause.

bevis, *s.* proof; evidence;

-e, *v. t.* prove.
bevogte, *v. t.* guard, watch.
bevoks|et, *adj.* overgrown;
-ning, *s.* growth.
bevæbnet, *adj.* armed.
bevæge, *v. t.* move; in-
duce; ~ *sig,* move; **-lig,**
adj. movable, mobile;
-lse, *s.* movement; mo-
tion; exercise; emotion;
-t, *adj.* moved, affected;
eventful.
bevært|e, *v. t. & i.* enter-
tain, treat; **-ning,** *s.* pub-
(lic house); entertain-
ment; food and drink.
beære, *v. t.* honour.
bh, *s., T* bra.
bi, *s., zoo.* bee; *adv.* stå ~,
stand by; **-avl,** *s.* bee-
keeping.
bibeholde, *v. t.* retain.
bibel, *s.* bible; **-sk,** *adj.*
biblical.
bibliotek, *s.* library; **-ar,** *s.*
librarian.
bid, *s.* bite; bit; edge; **-e,**
v. t. & i. bite; ~ *efter, ad,*
snap at; ~ *én af,* snub
sby; ~ *i sig,* swallow;
~ *tænderne sammen,*
clench one's teeth; **-ende,**
adj. biting, cutting; ~
koldt, bitterly cold.
bidrag, *s.* contribution;
maintenance; alimony;
-e, *v. i.* contribute.
bidsel, *s.* bit, bridle.
bidsk, *adj.* snappish;
fierce.
bierhverv, *s.* sideline.
bifald, *s.* applause; cheers;
approval.
biflod, *s.* tributary.
bigami, *s.* bigamy.
bihule, *s., anat.* sinus; **-be-
tændelse,** *s., med.* sinusi-
tis.
biks, *s.* small shop; rub-
bish; **-e,** *v. t.* ~ *med,* fid-
dle with; ~ *noget sam-*

men, throw sth together;
-emad, *s., kul.* hash.
bikube, *s.* beehive.
bil, *s.* car; taxi; *køre* ~,
drive a car; *køre i* ~, go
by car; **-dæk,** *s.* tyre; **-ist,**
s. motorist; **-kørsel,** *s.*
motoring; **-tur,** *s.* drive;
-ulykke, *s.* car accident;
-værksted, *s.* garage.
bilag, *s.* voucher; appen-
dix; enclosure.
bilde, *v. t.* ~ *én ind,* make
sby believe; ~ *sig ind,*
imagine, fancy.
billard, *s., sport.* billiards;
-kugle, *s.* billiard ball;
-kø, *s.* cue.
bille, *s., zoo.* beetle.
billed|e, *s.* picture; image;
photo(graph); **-hugger,** *s.*
sculptor; **-huggerkunst,**
s. sculpture; **-lig,** *adj.* fig-
urative; metaphorical;
-skærer, *s.* carver;
-sprog, *s.* figurative lan-
guage, imagery.
billet, *s.* ticket; **-kontor,** *s.*
box office; booking of-
fice; **-kontrollør,** *s.* ticket
collector; **-pris,** *s.* fare;
admission; **-tere,** *v. t. & i.*
collect fares.
billig, *adj.* cheap, inexpen-
sive; **-bog,** *s.* paperback;
-e, *v. t.* approve of; **-t,**
adv. cheap(ly).
bilægge, *v. t.* settle, make
up.
bims, *adj., T* crazy, nuts;
dizzy; confused.
bind, *s.* bandage; sanitary
towel; binding, cover;
volume; **-e,** *v. t.* bind; tie;
stick; jam; ~ *for øjnene,*
blindfold; **-ord,** *s., gram.*
conjunction; **-estreg,** *s.,
gram.* hyphen; **-ings-
værk,** *s.* half-timbering.
binyre, *s., anat.* adrenal
gland.

biodynamisk, *adj.* biody-
namic.
biograf, *s.* cinema.
biografi, *s.* biography.
biokemi, *s.* biochemistry.
biologi, *s.* biology; **-sk,** *adj.*
biological.
biord, *s., gram.* adverb.
birk, *s., bot.* birch.
biskop, *s.* bishop.
bismag, *s.* after-taste;
tang.
bisp, *s.* bishop; **-edømme,**
s. diocese.
bisse, *s.* rough, hooligan,
thug.
bistand, *s.* assistance, aid,
support; social security;
-shjælp, *s.* social securi-
ty; *U.S.* welfare; **-skon-
tor,** *s.* social security of-
fice.
bister, *adj.* fierce, grim,
gruff.
bistå, *v. t.* aid, assist.
bisættelse, *s.* interment;
funeral (service).
biting, *s.* detail, trifle.
bitter, *adj.* bitter; acrid.
bivej, *s.* secondary road,
byway.
bivirkning, *s.* side effect.
bjerg, *s.* mountain; hill;
-bestiger, *s.* mountain-
eer; **-kløft,** *s.* ravine;
gorge; **-kæde,** *s.* moun-
tain range; **-ryg,** *s.* moun-
tain ridge; **-skred,** *s.*
landslide; **-top,** *s.* moun-
tain peak.
bjæffe, *v. i.* yelp, bark, yap.
bjælde, *s.* bell.
bjælke, *s.* beam; balk;
rafter; **-hus,** *s.* loghouse.
bjærge, *v. t.* rescue; sal-
vage.
bjørn, *s., zoo.* bear; **-etje-
neste,** *s.* disservice.
blad, *s.* leaf; blade; paper;
magazine; **-e,** *v. t. & i.*
turn over the pages; ~

igennem, leaf through;
-handler, *s.* newsagent;
-lus, *s., zoo.* greenfly.
blaffe, *v. t. & i.* hitchhike;
-r, *s.* hitchhiker.
blafre, *v. i.* flicker; flap.
blakket, *adj.* dull; blurred;
fig. shady, wooly.
blamere, *v. t.* disgrace; ~
sig, make a fool of one-
self.
bland|e, *v. t.* mix, mingle,
blend; shuffle; ~ *sig,*
meddle; interfere; **-et,**
adj. mixed, blended; as-
sorted; doubtful; **-ing,** *s.*
mixture, blend, com-
pound; medley.
blandt, *præp.* among; ~
andet, among other
things.
blank, *adj.* shining, bright;
glossy; blank; **-e,** *v. t.*
polish.
blanket, *s.* form.
blase, *s.* blister.
blaseret, *adj.* blasé.
ble, *s.* nappy; *U.S.* diaper;
-bukser, *s. pl.* nappy
pants; **-snip,** *s.* nappy
holder.
bleg, *adj.* pale; **-e,** *v. t.*
bleach; **-fed,** *adj.* flabby;
-ne, *v. i.* turn pale; fade.
blender, *s.* liquidizer; *U.S.*
blender.
blid, *adj.* gentle, mild, soft;
kind.
blik, *s.* look, glance, eye;
tin, tin-plate; sheet-met-
al; **-dåse,** *s.* tin; *U.S.* can;
-stille, *adj.* dead calm.
blikkenslager, *s.* plumber.
blind, *adj.* blind; ~ *mak-
ker,* *s.* dummy; ~ *passa-
ger,* *s.* stowaway; ~ *vej,* *s.*
dead end, cul-de-sac; *i* -*e,*
in the dark; blindly;
-ebuk, *s.* blind man's
bluff; **-skrift,** *s.* touch-
typing; **-tarm,** *s., anat.*

appendix; -sbetændelse, s., med. appendicitis.

blink, s. flash; gleam; wink; **-e,** v. i. wink; blink; flash; **-lys,** s. flashlight; indicator.

blist, s. blister.

blitz, s., fot. flash; **-pære,** s. flashbulb.

blive, v. i. become; be; get; remain, stay; turn, grow; ~ 'til, be born; come into being; ~ ved, go on, continue, keep; ~ 'væk, be lost; disappear; **-nde,** adj. lasting, permanent.

blod, s., anat. blood; **-bad,** s. massacre; **-donor,** s. blood donor; **-dråbe,** s. drop of blood; **-ig,** adj. blood-stained, bloody; gory; **-kar,** s. blood vessel; **-legeme,** s. blood corpuscle; **-mangel,** s., med. anaemia; **-omløb,** s. circulation; **-prop,** s., med. blood clot; thrombosis; **-prøve,** s. blood test; **-skam,** s. incest; **-sprængt,** adj. bloodshot; **-tryk,** s. blood pressure; **-type,** s. blood group; **-tørstig,** adj. bloodthirsty; **-åre,** s. vein.

blok, s. block; pad; **-bogstaver,** s. pl. block capitals.

blokade, s. blockade; **-vagt,** s. picket.

blokere, v. t. & i. block; boycott.

blokfløjte, s., mus. recorder.

blomkål, s., bot. cauliflower.

blomme, s., bot. plum; (egg) yolk.

blomst, s. flower; blossom, bloom; **-erbed,** s. flowerbed; **-erhandler,** s. florist; **-erløg,** s. bulb; **-er-**

støv, s. pollen; **-re,** v. i. flower, bloom; flourish; **-rende,** adj. flourishing; flowering; blooming; **-ret,** adj. flowered; with a floral pattern; **-ring,** s. flowering; bloom.

blond, adj. fair, blonde; **-ine,** s. blonde.

blonde, s. lace.

blot, adj. bare, naked; mere, pure, sheer; very; adv. only, merely, barely; hvis ~, if only; so long as.

blotte, v. t. uncover; expose; reveal; betray; ~ sig, blunder; give oneself away; **-lse,** s. exposure; **-r,** s. flasher; **-t,** adj. bare, naked; -t for, devoid of, without.

blufærdig, adj. bashful, modest.

blund, s. nap; **-e,** v. i. doze, take a nap.

blus, s. blaze, flame; fire; jet; torch; **-se,** v. i. blaze; blush; **-sende,** adj. blushing; flushed; blazing.

bluse, s. blouse; shirt; jersey.

bly, s. lead; adj. bashful, shy; **-indfattet,** adj. leaded.

blyant, s. pencil; **-spidser,** s. pencil sharpener.

blæk, s. ink; **-hus,** s. inkwell, inkpot; **-sprutte,** s., zoo. cuttlefish, squid; octopus; luggage holder, spider.

blænde, v. t. blind; dazzle; board up; **-er,** s., fot. aperture, stop; **-værk,** s. delusion.

blære, s., anat. bladder; blister; bubble; fig. showoff; **-t,** adj. conceited, stuck-up.

blæse, v. t. & i. blow; sound; det -r jeg på, I

couldn't care less; **-e-bælg,** s. bellows; **-ein-strument,** s., *mus.* wind instrument; **-er,** s., *mus.* wind player; **-evejr,** s. windy weather; **-t,** s. wind.

blød, *adj.* soft; weak; sensitive; silly; *lægge i ~,* soak, steep; *lægge hovedet i ~,* rack one's brains; **-dyr,** s., *zoo.* mellusc; **-gøre,** *v. t.* soften; **-søden,** *adj.* soft, sloppy.

bløde, *v. i.* bleed; **-er,** s., *med.* haemophiliac; **-ning,** s. bleeding; haemorrhage; menstruation, period.

blå, *adj.* blue; *-t øje,* black eye; *-t mærke,* bruise; **-bær,** s., *bot.* bilberry; **-klokke,** s., *bot.* bluebell; **-lig,** *adj.* bluish; **-ne,** *v. t.* blue; **-øjet,** *adj.* blue-eyed; naïve.

BNP, (*fk.f.* bruttonational-produkt), gross national product, GNP.

bo, s. home; *jur.* estate; *v. i.* live; stay.

boble, s. & *v. i.* bubble.

bod, s. booth, stall; shop; penance; fine; *råde ~ på,* remedy, make good.

bog, s. book; *bot.* beech mast; **-bind,** s. cover, binding; **-binder,** s. book-binder; **-finke,** s., *zoo.* chaffinch; **-føre,** *v. t.* enter; **-handel,** s. bookseller's, bookshop; bookselling; **-handler,** s. book-seller; **-holder,** s. book-keeper; **-hvede,** s., *bot.* buckwheat; **-hylde,** s. bookshelf; **-lig,** *adj.* academic; theoretical; **-mærke,** s. book mark(er); **-orm,** s. bookworm; **-reol,** s. bookcase; **-tryk-**

ker, s. printer.

bogstav, s. letter; character; **-elig,** *adj.* literal; **-eligt,** *adv.* literally.

bohave, s. furniture.

boks, s. box; safe-deposit box; call box, telephone booth.

bokse, *v. t. & i.* box; **-ehandske,** s. boxing glove; **-ekamp,** s. boxing match; **-er,** s. boxer; **-ning,** s. boxing.

bold, s. ball; **-træ,** s. bat.

bolig, s. residence, dwelling; house; flat; **-anvis-ning,** s. housing bureau; **-forhold,** s. *pl.* housing (conditions); **-haj,** s. slum landlord; **-kvarter,** s. residential area; **-mangel, -nød,** s. housing shortage; **-sanering,** s. slum clearance.

bolle, s., *kul.* bun; roll; dumpling; *v. t. & i., vulg.* screw.

bolsje, s. sweet.

bolt, s. bolt.

boltre, *v. refl. ~ sig,* romp about.

bolværk, s. wharf; bulwark.

bom, s. bar; gate; beam; barrier.

bombe, s. & *v. t.* bomb; **-angreb,** s. bombing raid; **-fly,** s. bomber; **-sikker,** *adj.* bomb-proof; *fig.* dead certain.

bommert, s. blunder.

bomstille, *adj.* stock-still.

bomstærk, *adj.* strong as a horse.

bomuld, s. cotton; **-sspin-deri,** s. cotton mill.

bon, s. ticket, voucher.

bonde, s. farmer, peasant; (*skak*) pawn; **-fange,** *v. t.* con; *-ri,* s. confidence tricks; **-gård,** s. farm;

-rose, s., bot. peony.
bone, v. t. polish; **-voks**, s. floor polish.
boplads, s. settlement.
bopæl, s. address.
bor, s. drill; kem. boron.
bord, s. table; dække ~, lay the table; tage af -et, clear the table; gøre rent ~, make a clean breast of it; banke under -et, touch wood; **-bøn**, s. grace; **-dug**, s. tablecloth; **-plade**, s. table top; **-tennis**, s., sport. table tennis.
borde, v. t., naut. board.
bordel, s. brothel.
bore, v. t. & i. bore, drill; **-maskine**, s., elek. power drill; **-platform**, s. oil rig; **-tårn**, s. derrick.
borg, s. castle; stronghold.
borger, s. citizen, subject; **-krig**, s. civil war; **-lig**, adj. civil; middle-class, bourgeois; homely, plain; **-repræsentant**, s. town councillor; **-ret**, s. citizenship.
borgmester, s. mayor.
bornholmer, s. native of Bornholm; **-ur**, s. grandfather clock.
bort, s. border; ribbon; adv. away, off; **-e**, adj. away, gone, absent; blive ~, disappear; stay away; langt ~, far away; **-føre**, v. t. abduct; kidnap; **-lede**, v. t., fig. divert; **-lodning**, s. lottery; raffle; **-rejst**, adj. out of town, away; **-set**, adv. ~ fra, apart from, except for; **-vise**, v. t. turn away; turn out; expel; send off.
bosætte, v. refl. ~ sig, settle.
botani|k, s. botany; **-sk**, adj. botanical.
bouillon, s., kul. stock;

beef tea.
bourgogne, s., kul. burgundy.
bov, s., kul. shoulder; naut. bow.
boycotte, v. t. boycott.
brag, s. crash; bang.
brak|mark, s. fallow field; **-næse**, s. snubnose; **-vand**, s. brackish water.
branche, s. line; trade.
brand, s. fire; sætte i ~, set fire to, set on fire; komme i ~, catch fire; **-alarm**, s. fire alarm; **-bil**, s. fire engine; **-dør**, s. fire door; **-fare**, s. danger of fire; **-farlig**, adj. inflammable; **-korps**, s. fire brigade; **-mur**, s. firewall; **-sikker**, adj. fireproof; **-slange**, s. fire hose; **-slukker**, s. fire extinguisher; **-station**, s. fire station; **-stiftelse**, s. arson; **-stige**, **-trappe**, s. fire escape; **-sår**, s. burn; **-væsen**, s. fire brigade.
branke, v. t. singe, burn, scorch.
bras, s. rubbish, junk.
brase, v. t. fry; v. i. rush; barge; crash.
brat, adj. sudden, abrupt; steep, precipitous; adv. suddenly.
bratsch, s., mus. viola.
brav, adj. honest, worthy, good.
bred, s. bank; shore; adj. broad, wide; vidt og -t, far and wide; **-de**, s. breadth, width; geo. latitude; i -n, across; **-degrad**, s., geo. degree of latitude; **-e**, v. t. (~ ud), spread; ~ sig, broaden; take up room; be long-winded.
bregne, s., bot. fern, bracken.
bremse, s., zoo. horsefly; brake; v. t. & i. brake;

-pedal, s. brake (pedal); **-spor,** s. skid marks.

brev, s. letter; note; **-due,** s., zoo. carrier pigeon; **-kasse,** s. letter box; post box; pillar box; **-kort,** s. postcard; **-papir,** s. notepaper; **-presser,** s. paperweight; **-sprække,** s. letter slot; **-veksling,** s. correspondence.

brik, s. man, piece; platter; table mat; fig. pawn.

briks, s. plank bed; couch.

brille|r, s. pl. spectacles, glasses; -etui, case; -glas, lens; -stel, frame.

bringe, v. t. bring; take; fetch; ~ et offer, make a sacrifice; ~ det vidt, go far; ~ ud, deliver.

brint, s., kem. hydrogen; **-bombe,** s. hydrogen bomb, H-bomb; **-overilte,** s. (hydrogen) peroxide.

brise, s. breeze.

brisling, s., zoo. sprat.

brist, s. flaw; defect; **-e,** v. i. burst, crack; snap; break; fail.

brit|e, s. Briton; **-isk,** adj. British.

bro, s. bridge.

broche, s. brooch.

brochure, s. booklet, pamphlet, leaflet, brochure.

brod, s. sting.

broder (el. bror), s. brother; **-datter,** s. niece; **-lig,** adj. brotherly, fraternal; **-part,** s. lion's share; **-skab,** s. brotherhood, fraternity; **-søn,** s. nephew.

broder|e, v. t. & i. embroider; **-i,** s. embroidery.

broget, adj. multicoloured; colourful; varied; motley; confused.

brok, s., med. hernia; fig. bungling; mess; **-kasse,** s. scrapheap.

brokke, v. refl. ~ sig, grouse, grumble; complain.

brolægge, v. t. pave.

brombær, s., bot. blackberry; **-busk,** s. bramble.

bronkitis, s., med. bronchitis.

bronze, s. bronze.

bror, s. (= broder, s.d.), brother.

brosten, s. paving stone.

brud, s. bride; break; leak; fracture; bursting; quarry; fig. breach; **-ekjole,** s. wedding dress; **-epar,** s. bride and groom; newlyweds; **-epige,** s. bridesmaid; **-gom,** s. bridegroom.

brudstykke, s. fragment.

brug, s. use; application; usage; **-bar,** adj. usable, serviceable; practicable; useful; **-e,** v. t. use; spend; apply; wear; take; **-s,** s. co-op; **-sanvisning,** s. directions for use; **-sforening,** s. co-operative society; **-t,** adj. used, second-hand.

brumme, v. t. & i. growl, grumble; hum, buzz.

brun, adj. brown; ~ bønne, bot. kidney bean; **-e,** v. t. & i. brown; tan; fry; -de kartofler, kul. caramelled potatoes.

brunkul, s. lignite.

brunst, s. rut; heat.

brus, s. roar; fizz; **-e,** v. i. roar; fizz; spray; **-ebad,** s. shower; **-er,** s. shower.

brusk, s. gristle; anat. cartilage.

brutal, adj. brutal, bullying; **-itet,** s. brutality.

brutto, adj. gross.

Bruxelles, *s.* Brussels.

bryde, *v. t. & i.* break; refract; ~ *hovedet*, worry, speculate; ~ *af*, break off; ~ *ind*, break in; interrupt; ~ *løs*, break (out); ~ *op*, leave; break open; ~ *sammen*, break down; ~ *ud*, break out; ~ *sig om*, like, care for; mind, care; pay attention to; **-kamp,** *s.* wrestling match; **-r,** *s.* wrestler; **-ri,** *s.* trouble.

bryg, *s.* brew; **-ge,** *s.* wharf, quay; *v. t. & i.* brew; **-geri,** *s.* brewery; **-gers,** *s.* scullery.

bryllup, *s.* wedding; **-sdag,** *s.* wedding anniversary; **-srejse,** *s.* honeymoon.

bryn, *s., anat.* eyebrow; fringe (of a wood).

brynje, *s.* coat of mail.

brysk, *adj.* blunt, brusque.

bryst, *s., anat.* breast; chest; **-holder,** *s.* brassiere, bra; **-kasse,** *s.* chest; **-svømning,** *s.* breast-stroke; **-vorte,** *s.* nipple; **-værn,** *s.* parapet.

bræ, *s.* glacier.

brædde|r, *s. pl.* boards; **-gulv,** *s.* wooden floor.

bræge, *v. i.* bleat.

bræk, *s.* burglary, break-in; tripe, bilge; vomit; **-jern,** *s.* crowbar; **-ke,** *v. t. & i.* break; snap; ~ *sig*, vomit, be sick; **-middel,** *s.* emetic.

bræmme, *s.* border, fringe.

brænd|bar, *adj.* combustible; inflammable; **-e,** *s.* firewood; fuel; *v. t. & i.* burn; be on fire; scorch; cremate; sting; distil; roast; be on; **-eknude,** *s.* log; **-emærke,** *s. & v. t.* brand; **-enælde,** *s., bot.* nettle; **-eovn,** *s.* stove;

kiln, furnace; **-eskur,** *s.* woodshed; **-evin,** *s.* spirits; **-ing,** *s.* surf; burning; **-punkt,** *s.* focus; **-sel,** *s.* fuel; **-stof,** *s.* fuel.

bræt, *s.* board.

brød, *s., kul.* bread; *et* ~ , a loaf; *ristet* ~ , toast; **-kasse,** *s.* bread bin; **-rister,** *s.* toaster.

brøde, *s.* guilt; **-betynget,** *adj.* guilty, conscience-stricken.

brøk, *s.* fraction; **-del,** *s.* fraction.

brøl, *s.* roar, bellow; **-e,** *v. t. & i.* roar; shout; low; **-er,** *s.* blunder, howler.

brønd, *s.* well; **-karse,** *s., bot.* watercress.

bud, *s.* message; messenger; offer; bid; delivery man; *rel.* commandment; *sende* ~ *efter*, send for.

buddhist, *s.* Buddhist.

budding, *s., kul.* pudding.

budget, *s.* budget; **-tere,** *v. i.* budget.

budskab, *s.* news; message.

bue, *s.* arch; curve; bow; *v. t. & i.* arch, curve; **-for-met,** *adj.* curved, arched; **-gang,** *s.* arcade, cloister; **-skydning,** *s.* archery; **-skytte,** *s.* archer.

buffet, *s.* sideboard; buffet.

bug, *s., anat.* stomach; abdomen.

bugne, *v. i.* bulge, swell; ~ *af*, abound in.

bugser|båd, *s.* tug, tugboat; **-e,** *v. t.* tow, tug; **-ing,** *s.* towing.

bugspytkirtel, *s., anat.* pancreas.

bugt, *s.* gulf, bay; creek; curve, bend; *få* ~ *med*, get the better of; **-e,** *v. refl.* ~ *sig*, wind; **-et,** *adj.* winding.

bugtaler, s. ventriloquist.

buk, s. bow; *zoo.* billy goat; buck; trestle; box; *springe ~*, play leapfrog.

buket, s. bunch (of flowers), bouquet.

bukke, *v. t. & i.* bend; bow; *~ sig*, stoop, bend down; *~ under*, succumb.

buksbom, s., *bot.* box.

bukser, s. *pl.* trousers, pants.

buldre, *v. i.* rumble; roar; bluster.

bule, s. bump, lump; dent; joint; *v. i. ~ ud*, bulge; **-t**, *adj.* dented.

bullen, *adj.* swollen.

bulne, *v. i.* swell; fester; bulge.

bums, s. pimple; bum; thud; *int.* bang!

bund, s. bottom; ground; *i ~ og grund*, completely, thoroughly; **-e**, *v. i.* touch bottom; *~ i*, be due to; **-fald**, s. sediment, deposit; **-løs**, *adj.* bottomless.

bundt, s. bunch; bundle.

bunke, s. heap, pile; lot.

bunker, s. bomb shelter.

buntmager, s. furrier.

bur, s. cage.

burde, *v. i.* ought to.

bureau, s. office; **-krati**, s. bureaucracy; red tape.

burre, s., *bot.* burdock.

bus, s. bus; coach.

buse, *v. i. ~ ud med*, blurt out.

busk, s., *bot.* bush, shrub; **-ads**, s. thicket, shrubbery; **-et**, *adj.* bushy.

bussemand, s. bogeyman; nose pick.

busseronne, s. smock.

buste, s. bust.

butik, s. shop; *U. S.* store; *gå i -ker*, go shopping; **-spris**, s. retail price; **-styv**, s. shoplifter.

butterdej, s., *kul.* puff pastry.

butterfly, s. bow tie.

buttet, *adj.* chubby, plump.

by, s. town, city; *gå i -en*, go shopping; go out; **-dreng**, s. messenger boy; delivery boy; **-mæssig**, *adj.* urban; *~ bebyggelse*, built-up area; **-område**, s. urban area; **-råd**, s. town council; **-våben**, s. town (city) arms.

byde, *v. t.* command, order, bid; ask, invite; offer; **-nde**, *adj.* commanding; urgent.

byg, s., *bot.* barley; **-gryn**, s. barley groats.

byge, s. shower.

bygge, *v. t.* build, construct; **-grund, -plads**, s. (building) site; **-ri**, s. building; **-tilladelse**, s. building permit.

bygkorn, s., *med.* sty.

bygning, s. building; **-sentreprenør**, s. building contractor; **-skommission**, s. housing committee; **-ssnedker**, s. joiner; **-sværk**, s. building.

byld, s., *med.* boil, abscess.

bylt, s. bundle.

bynke, s., *bot.* wormwood, mugwort.

byrde, s. burden, load.

bytte, s. exchange; booty, spoils, prey, loot; *v. t. & i.* change, exchange; **-penge**, s. *pl.* change.

BZ'er, s. squatter.

bæger, s. cup.

bæk, s. brook; *~ og bølge*, seersucker.

bækken, s. bedpan; *anat.* pelvis; *mus.* cymbal.

bækørred, s., *zoo.* trout.

bælg, s. pod; **-e**, *v. t.* shell; **-mørk**, *adj.* pitch dark; **-øjet**, *adj.* wall-eyed.

bælte, s. belt; track; zone; **-dyr**, s., zoo. armadillo.

bændel, s. tape; **-orm**, s., zoo. tapeworm.

bænk, s. bench, seat; **-e**, v. t. seat; **-evarmer**, s. wallflower.

bær, s., bot. berry.

bære, v. t. & i. carry; endure, bear; wear; ~ sig ad, behave; ~ sig ad med, go about sth, manage; **-pose**, s. carrier bag; **-sele**, s. carrying sling.

bæst, s. beast, brute.

bæve, v. i. tremble, shake, quiver.

bæver, s., zoo. beaver.

bævre, v. i. quiver.

bøddel, s. hangman, executioner.

bøde, s. fine, penalty; v. t. ~ for, pay for; ~ på, mend, remedy.

bøf, s., kul. steak.

bøffel, s., zoo. buffalo.

bøg, s., bot. beech; **-etræ**, s. beech; beechwood.

bøje, s., naut. buoy; v. t. bend, bow; gram. inflect, conjugate; ~ sig, bend; give in; **-elig**, adj. flexible; **-ning**, s. bending; bow; gram. inflection.

bøjle, s. hanger; med. brace.

bølge, s. wave; v. i. wave; **-blik**, s. corrugated iron; **-bryder**, s. breakwater; **-gang**, s. swell, rough sea; **-kam**, s. wavecrest; **-længde**, s. wavelength; **-pap**, s. corrugated cardboard; **-t**, adj. undulating, wavy.

bølle, s. rough, hooligan, thug.

bøn, s., rel. prayer; request; appeal; plea; **-falde**, v. t. beseech, implore; **-høre**, v. t. grant, hear.

bønne, s., bot. bean; **-bog**, s. prayerbook; **-spirer**, s. pl., bot. bean sprouts.

børn, s. pl. children; **-ebegrænsning**, s. birth control; **-ebidrag**, s. maintenance; **-ebog**, s. children's book; **-ebørn**, s. pl. grandchildren; **-eforsorg**, s. child care; **-ehave**, s. kindergarten; **-ehaveklasse**, s. nursery school; **-elæge**, s. paediatrician; **-erim**, s. nursery rhyme; **-esygdom**, s. children's disease; **-etilskud**, s. family allowance; **-værelse**, s. nursery.

børs, s. exchange; **-mægler**, s. stockbroker; **-notering**, s. exchange quotation.

børste, s. brush; bristle; roughneck; v. t. brush.

bøsse, s. gun; box; castor; T gay; **-løb**, s. gun barrel.

børte, s. bin; tub; pot; hold din ~ ! S shut up!

bøvs, s. burp; belch; **-e**, v. i. burp; belch.

båd, s. boat; **-smand**, s. boatswain.

både, adv. both; either.

bål, s. fire, bonfire.

bånd, s. string; tape; ribbon; band; **-lægge**, v. t. tie up; entail; **-optager**, s. tape recorder.

båre, s. stretcher; bier.

bås, s. stall; box; bay.

C, s., mus. C; ~ -dur, C major; ~ -mol, C minor.

C., (fk.f. Celcius), centigrade.

ca., (fk.f. cirka), adv. approximately.

camouflage, s. camouflage; **-ere**, v. t. camouflage.

camp|ere, *v. i.* camp; **-ing-plads**, *s.* camping ground; caravan site; **-ingvogn**, *s.* caravan.

cand., (*fk.f.* candidatus), *s.* ~ *jur.*, *sv.t.* Bachelor of Laws; ~ *mag.*, *sv.t.* Bachelor of Arts *el.* Master of Arts; ~ *polit.*, *sv.t.* Bachelor of Science (Econ.); ~ *scient.*, *sv.t.* Bachelor of Science *el.* Master of Science.

celcius, *s.* centigrade.

celle, *s.* cell.

cell|ist, *s.*, *mus.* cellist; **-o**, *s.* cello.

cembalo, *s.*, *mus.* harpsichord.

cement, *s.* cement; **-ere**, *v. t.* cement.

cens|or, *s.* censor; external examiner; **-ur**, *s.* censorship; marking; *U.S.* grading; **-urere**, *v. t.* censor; mark.

center, *s.* centre; *U.S.* center.

central, *s.* exchange; central office; *adj.* central; crucial; **-isere**, *v. t. & i.* centralize; **-varme**, *s.* central heating.

centrifuge, *s.* centrifuge; spin drier.

centrum, *s.* centre; *U.S.* center.

ceremoni, *s.* ceremony, rite.

cerut, *s.* cheroot.

chalup, *s.*, *naut.* barge.

champignon, *s.*, *bot.* mushroom.

chance, *s.* chance; opportunity.

charcuteri, *s.* delicatessen (shop).

charme, *s.* charm; **-re**, *v. t.* charm; **-rende**, *adj.* charming.

chart|er-, *adj.* charter; **-re**, *v. t.* charter.

chatol, *s.* bureau.

chauffør, *s.* driver; chauffeur; delivery man.

check, *s.* cheque; check; **-e**, *v. t. & i.* check; **-hæfte**, *s.* cheque book; **-konto**, *s.* cheque account.

chef, *s.* head, boss; employer; executive.

chiffer, *s.* cipher; code.

chik, *adj.* stylish, smart.

chikanere, *v. t.* spite; harass; bully.

chimpanse, *s.*, *zoo.* chimpanzee.

chok, *s.* shock; *T* turn; **-ere**, *v. t.* shock.

choker, *s.*, *mek.* choke.

chokolade, *s.*, *kul.* chocolate; **-forretning**, *s.* sweet shop.

ciffer, *s.* figure, number; digit.

cigar, *s.* cigar.

cigaret, *s.* cigarette; *S* fag; **-skod**, *s.* cigarette end, butt; **-tænder**, *s.* lighter.

cirka, (*fk.* ca.), *adv.* about, approximately.

cirkel, *s.* circle; *ond* ~, vicious circle; **-rund**, *adj.* circular.

cirkul|ere, *v. i.* circulate; **-ære**, *s.* circular.

cirkus, *s.* circus.

cisterne, *s.* cistern, tank.

cit|at, *s.* quotation; **-ere**, *v. t.* quote.

citron, *s.*, *bot.* lemon; **-presser**, *s.* lemon squeezer; **-skal**, *s.* lemon peel; **-syre**, *s.*, *kem.* citric acid.

civil, *adj.* civilian; civil; in plain clothes.

civilis|ation, *s.* civilization; **-isere**, *v. t.* civilize.

clementin, *s.*, *bot.* clementine.

clips, *s.* clip.

cognac, *s.*, *kul.* brandy; cognac.

computer, *s.*, *edb.* computer.

container, *s.* container.

cottoncoat, *s.* waterproof (raincoat).

cowboy, *s.* cowboy; **-bukser**, *s. pl.* jeans; **-film**, *s.* western; **-stof**, *s.* denim.

CPR-nummer, *s.* civil registration number.

creme, *s.* cream; polish; *kul.* custard.

cykel, *s.* bicycle, *T* bike; **-lygte**, *s.* bicycle lamp; **-løb**, *s.* bicycle race; **-rytter**, *s.* racing cyclist; **-skur**, *s.* bicycle shed; **-stativ**, *s.* bicycle stand; **-sti**, *s.* bicycle path; **cykle**, *v. i.* cycle, ride a bicycle; *T* bike.

cyklus, *s.* cycle.

Cypern, *s.* Cyprus.

cølibat, *s.* celibacy.

D, *s.*, *mus.* D; ~ *-dur*, D major; ~ *-mol*, D minor.

da, *adv. & konj.* then; when; as; since; *nu* ~, now that; *nu og* ~, now and then; *netop* ~, just as.

da capo!, *int.* encore!

daddel, *s.*, *bot.* date.

dad|el, *s.* blame; **-le**, *v. t.* blame.

dag, *s.* day; *hele -en*, all day (long); *en af -ene*, one of these days; *god* ~ *!* hello! *i* ~, today; *i vore -e*, nowadays; *om -en*, by day, in the daytime; **-blad**, *s.* daily (paper); **-bog**, *s.* diary, journal; **-driver**, *s.* idler; **-es**, *v. i.* dawn; **-gry**, *s.* dawn, daybreak; **-lig**, *adj.* daily; everyday; *adv.* a day; *til* ~, ordinarily; **-ligdags**,

adj. everyday; commonplace; **-ligstue**, *s.* living room; **-penge**, *s. pl.* sickness benefit; unemployment benefit; **-pleje**, *s.* day care; child-minding; **-slys**, *s.* daylight; **-sorden**, *s.* agenda.

daggert, *s.* dagger.

dal, *s.* valley.

dale, *v. i.* fall, go down, sink.

dam, *s.* pond; (game of) draughts; *U.S.* checkers; **-bræt**, *s.* draughtboard.

dame, *s.* lady; (kort) queen; *mine -r!* ladies! **-cykel**, *s.* lady's bicycle; **-frisør**, *s.* (ladies') hairdresser; **-skrædder**, *s.* dressmaker; **-sko**, *s. pl.* ladies' shoes; **-taske**, *s.* handbag; **-toilet**, *s.* ladies' room.

damp, *s.* steam; *for fuld* ~, at full speed; **-e**, *v. i.* steam; smoke; **-er**, *s.* steamer, steamship; **-kedel**, *s.* boiler; **-kraft**, *s.* steam power; **-maskine**, *s.* steam engine; **-strygejern**, *s.* steam iron.

Danmark, *s.* Denmark.

danne, *v. t.* form, make; shape, mould; create; **-lse**, *s.* formation; education; culture; good manners; **-t**, *adj.* cultured; educated; well-bred.

dans, *s.* dance; dancing; **-e**, *v. t. & i.* dance.

dansk, *adj.* Danish; ~ *vand*, *s.*, *kul.* mineral water; **-er**, *s.* Dane.

dase, *v. i.* laze.

dask, *s.* slap; **-e**, *v. t.* slap; *v. i.* dangle, flap.

data, *s. pl.* facts; *edb.* data; **-base**, *s.* data base; **-behandling**, *s.* data processing; **-logi**, *s.* computer science; **-maskine,** *s.* computer; **-styret,** *adj.* computerized.

datere, *v. t.* date.

datid, *s., gram.* the past tense, the preterite.

dato, *s.* date.

datter, *s.* daughter; **-datter,** *s.* granddaughter; **-selskab,** *s.* subsidiary company; **-søn,** *s.* grandson.

dav(s), *int.* hello; hi.

DDR, *s.* the GDR.

de, *pron. & best. art.* they; those; the; **De,** *pron.* you.

debat, *s.* debate; discussion; **-tere,** *v. t. & i.* debate.

debit|ere, *v. t.* debit; **-or,** *s.* debtor.

debut, *s.* first appearance; début; **-ere,** *v. i.* make one's début; come out.

december, *s.* December.

decideret, *adj.* decided, pronounced, marked.

dedicere, *v. t.* dedicate.

defekt, *s.* defect, fault; *adj.* defective.

defin|ere, *v. t.* define; **-ition,** *s.* definition.

definitiv, *adj.* final, definite.

degenerere, *v. i.* degenerate.

degn, *s.* parish clerk.

dej, *s.* dough; pastry.

dejlig, *adj.* lovely, beautiful; nice, fine; delicious.

deklaration, *s.* announcement; declaration (of contents); informative label.

dekor|ation, *s.* decoration; ornament; set, scenery; **-ativ,** *adj.* ornamental, decorative; **-ere,** *v. t.* decorate.

dekret, *s.* decree.

del, *s.* part; proportion; share; section; *en* ~, quite a number, quite a few; *begge -e,* both; *en af -ene,* one or the other; *ingen af -ene,* neither; *for største -en,* mostly; *til -s,* partly; **-agtig,** *adj.* involved, concerned; **-agtighed,** *s.* complicity.

dele, *v. t. & i.* divide; split (up); share; ~ *ud,* distribute, hand out; **-lig,** *adj.* divisible.

delegere, *v. t.* delegate; **-t,** *s.* delegate; *adj.* delegated.

delfin, *s., zoo.* dolphin.

delikat, *adj.* delicious; delicate; **-esse,** *s.* delicacy.

delle, *s., anat.* roll of fat.

dels, *adv.* partly.

deltage, *v. i.* take part, participate; **-lse,** *s.* participation; sympathy; **-nde,** *adj.* sympathetic; **-r,** *s.* participant; competitor; entrant.

dem, *pron.* them; ~ *der,* those who; **Dem,** *pron.* you.

dement|ere, *v. t.* deny; **-i,** *s.* denial.

demokrati, *s.* democracy; **-sk,** *adj.* democratic.

demonstr|ation, *s.* demonstration, *fk.* demo; **-ere,** *v. t. & i.* demonstrate.

den, *pron. & best. art.* it; that; he, she; the; ~ *som,* he (she) who.

denatureret, *adj.* ~ *sprit,* methylated spirits.

dengang, *adv.* then; at that time; *konj.* when.

denne, *pron.* this; the latter; **-s,** *s.* of this month.

deodorant, *s.* deodorant.

departementchef, *s.* permanent secretary.

deponere, *v. t.* deposit.

depositum, *s.* deposit.

deprimeret, *adj.* depressed.

der, *adv.* there; *pron.* who, which; that; that; ~ *siges,* it is said; **-af,** *adv.* of this, of that; thereof; **-efter,** *adv.* after that, afterwards; accordingly.

deres, *pron.* their(s); **Deres,** *pron.* your(s).

derfor, *adv.* therefore, so; yet, all the same; *det var* ~, that was why; **-fra,** *adv.* from there; **-hen,** *adv.* (over) there; **-iblandt,** *adv.* including; **-imod,** *adv.* on the other hand; **-med,** *adv.* with that; so saying; **-næst, -på,** *adv.* then, next, after that; **-omkring,** *adv.* thereabouts; **-som,** *konj.* if, in case; **-til,** *adv.* to that; there; besides; **-udover,** *adv.* in addition to that; **-ved,** *adv.* in that way; **-værende,** *adj.* local.

des, *adv.* the; *jo mere* ~ *bedre,* the more the better.

desertere, *v. i.* desert; **-ør,** *s.* deserter.

desinficere, *v. t.* disinfect; **-nde,** *adj.* ~ *midler,* disinfectants.

deslige, *adj.* such, the like.

desorienteret, *adj.* confused, perplexed.

desperat, *adj.* desperate.

dessert, *s., kul.* sweet, dessert.

destillere, *v. t. & i.* distil.

desto, *adv.* the; *ikke* ~ *mindre,* nevertheless.

destruere, *v. t.* destroy.

desuden, *adv.* besides, in addition, moreover.

desværre, *adv.* unfortunately.

det, *pron. & best. art.* it; he;

she; that; ~ *regner,* it is raining; *hvorfor* ~ *?*why? *hvordan* ~ *?* how come?

detail, *s., merk.* retail; **-handler,** *s.* retailer.

detalje, *s.* detail; **-ret,** *adj.* detailed; *adv.* in detail.

detektiv, *s.* detective.

dette, *pron.* this.

devaluering, *s.* devaluation.

dia, *s., fot.* slide.

diabetiker, *s.* diabetic.

diagnose, *s.* diagnosis.

diagram, *s.* diagram; chart; graph.

dialekt, *s.* dialect.

dialog, *s.* dialogue.

diamant, *s.* diamond.

diameter, *s.* diameter; **-ral,** *adj.* diametric(al).

diapositiv, *s., fot.* slide.

diarrè, *s., med.* diarrhoea.

die, *v. t. & i.* suck.

dig, *pron.* you; yourself.

dige, *s.* dike.

digt, *s.* poem; fiction; **-e,** *v. t. & i.* compose; write; write poetry; invent; **-er,** *s.* poet; writer.

dikke, *v. i.* tick; tickle.

dikkedarer, *s. pl.* frills, fuss.

diktat, *s.* dictation; **-ator,** *s.* dictator; **-atur,** *s.* dictatorship; **-ere,** *v. t.* dictate.

dild, *s., bot.* dill.

dilemma, *s.* dilemma.

dilettant, *s.* amateur.

diligence, *s.* stage-coach.

dille, *s.* craze.

dimension, *s.* dimension; proportion; scale.

dims, *s.* thingummy, gadget.

din (dit, dine), *pron.* your(s).

dingle, *v. i.* dangle; totter; stagger; reel.

diplom, *s.* diploma.

diplomat, *s.* diplomat; **-i,** *s.*

diplomacy; **-isk,** *adj.* diplomatic.

dippedut, *s.* thingummy, gadget.

direkte, *adj.* straight, direct; immediate; outright; *adv.* directly; downright; ~ *udsendelse,* live transmission.

direkt|ion, *s.* management; **-ør,** *s.* managing director, manager.

dirige|nt, *s.* chairman; *mus.* conductor; **-re,** *v. t.* conduct; direct.

dirk, *s.* skeleton key; **-e,** *v. t.* pick; **-efri,** *adj.* burglar-proof.

dirre, *v. i.* tremble, quiver.

dis, *s.* haze, mist; **-et,** *adj.* hazy, misty.

disciplin, *s.* discipline.

disk, *s.* counter.

diskant, *s., mus.* treble; **-nøgle,** *s.* treble clef.

diske, *v. t., sport., S* disqualify; *v. i.* ~ *op,* dish up, serve up; **-r,** *s., T* disco fan.

diskette, *s., edb.* floppy disk.

diskonto, *s.* discount.

diskotek, *s.* discotheque.

diskret, *adj.* discreet; **-ion,** *s.* discretion.

diskriminere, *v. t. & i.* discriminate.

disku|ssion, *s.* discussion; **-tere,** *v. t. & i.* discuss; argue.

diskvalificere, *v. t.* disqualify.

dispens|ation, *s.* dispensation; **-ere,** *v. t.* exempt.

disponere, *v. t. & i.* dispose; arrange, organize.

disposition, *s.* disposal; arrangement; layout.

disputats, *s.* thesis.

disse, *pron.* these.

dissonans, *s., mus.* disso-

nance; *fig.* discord.

distance, *s.* distance; **-ret,** *adj.* distant.

distra|here, *v. t.* distract; **-ktion,** *s.* absent-mindedness.

distrikt, *s.* district, region, area; round.

distræt, *adj.* absent-minded.

dit, *pron.* your(s).

divan, *s.* couch.

diverse, *adj.* various.

dividere, *v. t. & i.* divide.

diæt, *s.* diet; *holde* ~ , be on a diet; diet.

djævel, *s.* devil, fiend; **-sk,** *adj.* devilish; *adv.* like hell.

dobbelt, *adj.* double; dual; *adv.* double; twice; **-billet,** *s.* return ticket; **-hage,** *s., anat.* double chin; **-radet,** *adj.* double-breasted; **-seng,** *s.* double bed; **-spil,** *s.* double-dealing; **-tydig,** *adj.* ambiguous.

doble, *v. t.* ~ *op,* double.

doce|nt, *s.* reader; **-re,** *v. i.* lecture.

dog, *adv.* however, yet, still, after all; really; *hvad mener du* ~ *?* what on earth do you mean?

dok, *s., naut.* dock.

doktor, *s.* doctor; **-afhandling,** **-disputats,** *s.* thesis (for a doctorate).

dokument, *s.* document; **-arfilm,** *s.* documentary; **-arisk,** *adj.* documentary; **-ere,** *v. t.* document; prove; substantiate; **-mappe,** *s.* briefcase.

dolk, *s.* dagger, knife; **-e,** *v. t.* stab.

dom, *s.* judg(e)ment; sentence; verdict; decision, opinion; **-fælde,** *v. t. & i.* convict; **-hus,** *s.* court-

(house); **-kirke,** s. cathedral; **-medag,** s. Judgment Day; Doomsday; **-mer,** s. judge; justice; sport. referee; umpire; **-provst,** s. dean; **-stol,** s. court (of justice), law court.

dominere, v. t. dominate; bully; predominate; **-nde,** adj. dominant; domineering; predominating.

dompap, s., zoo. bullfinch.

domæne, s. domain.

Donau, s. the Danube.

donkraft, s., mek. jack.

dorsk, adj. indolent, sluggish.

dosis, s. dose.

doven, adj. lazy, idle; flat, stale; **-dyr,** s., zoo. sloth; fig. lazybones; **-skab,** s. laziness.

drab, s. killing; murder, homicide; manslaughter.

drabelig, adj. formidable; colossal.

drag, s. breath; pull; puff; draught.

drage, s. dragon; kite; v. t. draw, pull, drag; v. i. go; ~ af sted, set out; ~ fordel af, profit from; ~ i tvivl, question; **-nde,** adj. fascinating; compelling; **-flyvning,** s., sport. hang gliding; **-r,** s. porter.

dragkiste, s. chest of drawers.

dragt, s. dress; costume; suit.

dram, s., kul. drink.

drama, s. drama; **-tiker,** s. dramatist; **-tisere,** v. t. dramatize; **-tisk,** adj. dramatic.

dranker, s. drunkard.

drapere, v. t. drape, hang.

drastisk, adj. drastic.

dratte, v. i. ~ ned, tumble down; ~ om, drop, flop

down; ~ ind, drop in.

dreje, v. t. turn; dial; ~ af, turn (aside); ~ om, round, turn; hvad -r det sig om? what is it about? **-bog,** s., film. script; **-bænk,** s. lathe; **-lig,** adj. revolving; **-r,** s. turner; **-skive,** s. turntable; potter's wheel; dial; **drejning,** s. turn, turning; rotation.

dreng, s. boy, lad.

dressere, v. t. train.

dreven, adj. skilled; practised; shrewd.

drift, s. instinct, urge; running, working, operation; traffic; service; ude af ~, not working; out of order; af egen ~, on one's own initiative; **-ig,** adj. active, enterprising; **-sleder,** s. manager; **-somkostninger,** s. pl. running costs; **-sikker,** adj. reliable, dependable.

drik, s. drink; beverage; **-fældig,** adj. addicted to drink; T on the bottle; **-ke,** v. t. & i. drink; **-kelig,** adj. drinkable; **-kepenge,** s. pl. tip; give ~, tip; **-kevand,** s. drinking water; **-kevarer,** s. pl. drinks; beverages.

drillagtig, adj. teasing; tricky; **-le,** v. t. tease; **-lepind,** s. tease.

driste, v. refl. ~ sig til, presume to; venture to; dare to; **-ig,** adj. bold, daring.

drive, s. drift; v. t. drive; force; work; run; v. i. idle, loaf, saunter, hang about; drift; **-ende,** adj. driving; soaking; fig. drivelling; **-fjeder,** s. (main) spring; fig. incentive; **-hus,** s. hothouse, greenhouse;

-kraft, *s.* drive; motive (power); **-våd,** *adj.* dripping wet, drenched.

dronning, *s.* queen.

droppe, *v. t.* drop, throw over; *T* ditch.

droske, *s.* (taxi)cab.

drossel, *s., zoo.* thrush.

drue, *s., bot.* grape; **-klase,** *s.* bunch of grapes; **-sukker,** *s.* glucose.

druk, *s.* drinking; **-ken,** *adj.* drunk; **-kenbolt,** *s.* drinker, drunkard.

drunkne, *v. t.* drown; *v. i.* be drowned.

dryp, *s.* drop, drip; dripping; **-pe,** *v. t. & i.* drip, drop; baste; **-sten,** *s.* stalactite; **-tørre,** *v. t. & i.* drip-dry.

drys, *s.* powder; sprinkle; *fig.* slowcoach; **-se,** *v. t. & i.* sprinkle; fall; *fig.* dawdle.

dræbe, *v. t.* kill; **-nde,** *adj.* deadly, fatal; *fig.* boring.

drægtig, *adj.* pregnant, with young; **-hed,** *s.* pregnancy.

dræn, *s.* drain; **-e,** *v. t.* drain; **-rør,** *s.* drainpipe.

dræve, *v. i.* drawl.

drøbel, *s., anat.* uvula.

drøfte, *v. t.* discuss; **-lse,** *s.* discussion.

drøj, *adj.* tough; coarse; economical.

drøm, *s.* dream; **-me,** *v. t. & i.* dream; **-seng,** *s.* camp bed.

drøn, *s.* boom; roar; **-e,** *v. i.* boom, roar; race, rip; **-nert,** *s.* oaf.

drøv, *s.* cud; *tygge* ~ , chew the cud; ruminate; **-tygger,** *s., zoo.* ruminant.

dråbe, *s.* drop.

ds., *(fk.f.* dennes), of this month.

du, *pron.* you; *v. i.* be good,

be fit; *det -er ikke,* it's no good; **-elig,** *adj.* fit, able.

duble|ant, *s., teat.* understudy; **-re,** *v. t. & i.* double; understudy; **-t,** *s.* duplicate.

due, *s., zoo.* pigeon; dove; **-slag,** *s.* pigeon house, dovecot.

duel, *s.* duel; **-lere,** *v. i.* duel.

duft, *s.* scent; odour; perfume; **-e,** *v. i.* smell; emit odour; **-ende,** *adj.* fragrant; odorous.

dug, *s.* (table-)cloth; dew; steam, mist; **-ge,** *v. i.* mist up, steam up; **-get,** *adj.* dewy, steamy, misted.

dukke, *s.* doll; dummy, puppet; *v. t. & i.* duck; dive; ~ *frem,* emerge; ~ *sig,* duck; **-hus,** *s.* doll's house; **-rt,** *s.* dive, plunge; *give én en* ~ , duck sby; **-teater,** *s.* toy theatre; puppet theatre; **-vogn,** *s.* doll's pram.

duknakket, *adj.* stooping.

duks, *s.* top boy (girl).

dulle, *s., T* doll; floosie.

dulme, *v. t.* ease, soothe; **-nde,** *adj.* soothing.

dum, *adj.* stupid, silly, foolish; **-dristig,** *adj.* foolhardy, rash; **-hed,** *s.* stupidity; **-me,** *v. refl.* ~ *sig,* make a fool of oneself; **-rian,** *s.* fool, blockhead, ass.

dump, *adj.* dull; hollow; muffled.

dumpe, *v. t. & i.* fall; fail; dump.

dun, *s.* down; **-et,** *adj.* downy; **-hammer,** *s., bot.* bulrush, reed-mace.

dundre, *v. i.* thunder; rumble; hammer; bang; **-nde,** *adj., fig.* splitting.

dunk, *s.* can, jar; knock,

thump; **-e**, *v. t. & i.* thump, knock; pound; throb.

dunkel, *adj.* dark, dim, obscure; faint, vague.

dunst, *s.* vapour; reek; **-e**, *v. i.* stink; reek.

dup, *s.* knob, button, tag, stud.

dupere, *v. t.* impose on, bluff; impress.

duplikere, *v. t. & i.* duplicate.

duppe, *v. t.* dab.

duppedit, *s.* thingummy, gadget.

dur, *s., mus.* major.

durkdreven, *adj.* crafty, cunning.

dus, *adv.* *være* ~ *med*, be on first name terms with; *fig.* be familiar with.

dusin, *s.* dozen; **-vis**, *adv. i* ~, by the dozen.

dusk, *s.* tuft, wift, sprig; tassel.

dusør, *s.* reward.

duve, *v. i., naut.* pitch.

dvale, *s.* lethargy; hibernation; *ligge i* ~, hibernate.

dvask, *adj.* sluggish; lethargic.

dvæle, *v. i.* linger; ~ *ved*, dwell on.

dværg, *s.* dwarf, midget; **-høns**, *s. pl., zoo.* bantam fowl.

dy, *v. refl.* ~ *sig*, help oneself; resist; *kan du* ~ *dig!* behave yourself!

dyb, *s.* deep; depth; abyss; *adj.* deep; profound; low; *i* ~ *søvn*, fast asleep; **-de**, *s.* depth; **-frost**, *s.* deep freeze; *-varer*, *s. pl.* frozen foods; **-fryse**, *v. t.* deep-freeze; *-r*, *s.* deep freeze, freezer; **-havs**, *adj.* deep-sea; **-sindig**, *adj.* profound; **-t**, *adv.*

deep(ly); **-tgående**, *adj.*, *fig.* thorough, profound.

dyd, *s.* virtue; **-ig**, *adj.* virtuous; **-smønster**, *s.* paragon of virtue.

dygtig, *adj.* good; clever; able, capable; skilful.

dykke, *v. i.* dive; plunge; **-r**, *s.* diver.

dynamisk, *adj.* dynamic.

dynamit, *s.* dynamite.

dynamo, *s., mek.* dynamo, generator.

dynd, *s.* mud.

dyne, *s.* continental quilt; duvet; **-betræk**, *s.* quilt cover.

dynge, *s.* heap, pile; *v. t.* ~ *op*, pile up, heap (up).

dyngvåd, *adj.* drenched.

dyppe, *v. t.* dip; immerse.

dyr, *s., zoo.* animal, beast; deer; *adj.* expensive, dear; **-ebar**, *adj.* dear, precious; **-ehandel**, *s.* pet shop; **-ehave**, *s.* deer park; **-ekreds**, *s., astr.* zodiac; **-ekøbt**, *adj.* hardearned; **-ekød**, *s., kul.* venison; **-eliv**, *s.* wildlife; **-passer**, *s.* keeper; **-eryg**, *s., kul.* saddle of venison; **-isk**, *adj.* animal; beastly; **-læge**, *s.* vet, veterinary surgeon; **-plageri**, *s.* cruelty to animals; **-skue**, *s.* cattleshow; **-tid**, *s.* high prices, time of dearth; *-sportion*, *s.* threshold payment; *-sregulering*, *s.* cost-of-living adjustment; *-stillæg*, *s.* cost-of-living allowance.

dyrke, *v. t.* grow, cultivate; *fig.* worship; go in for, practise.

dysse, *s., hist.* dolmen; *v. t.* lull; hush.

dyst, *s.* combat, fight.

dyster, *adj.* sombre, gloomy.

dyt, *s.* honk, toot; **-te**, *v. i.* honk, toot.

dæk, *s.* deck; tyre; **-jern**, *s.* tyre lever; **-navn**, *s.* cover name, alias.

dække, *s.* cover, covering; *v. t.* cover; ~ *bord*, lay the table; ~ *omkostninger*, meet expenses; **-n**, *s.* cloth; **-nde**, *adj.* adequate; suitable; **-serviet**, *s.* place mat; **-tøj**, *s.* table linen.

dækning, *s.* covering; payment; coverage; *gå i* ~, seek cover; **-sløs**, *adj.* ~ *check*, *T* rubber check.

dæksel, *s.* cover, lid.

dæm|me, *v. t.* ~ *op*, dam up; *fig.* check; **-ning**, *s.* dam, embankment.

dæmpe, *v. t.* muffle; damp; subdue; mute; curb; **-r**, *s.* damper; *mus.* mute.

dæmr|e, *v. i.* dawn; **-ing**, *s.* dawn.

dø, *v. i.* die; pass away; ~ *af sult*, starve to death.

døbe, *v. t.* christen, baptize; **-font**, *s.* baptismal font.

død, *s.* death; *adj.* dead; **-bider**, *s.* dope, stick-in-the-mud; **-bleg**, *adj.* deathly pale; **-bringende**, *adj.* deadly, lethal; **-drukken**, *adj.* dead-drunk; mortal; fatal; **-elighed**, *s.* mortality; **-født**, *adj.* stillborn; **-kedelig**, *adj.* deadly dull; **-sannonce**, *s.* death notice; **-sbo**, *s.* estate of deceased person; **-sdom**, *s.* death sentence; **-sdømt**, *adj.* sentenced to death; *fig.* doomed; **-sfald**, *s.* death; **-shjælp**, *s.* euthanasia; mercy killing; **-skamp**, *s.* death struggle; **-sstraf**, *s.*

capital punishment; **-ssyg**, *adj.* mortally ill; *fig.*, *T* lousy, rotten, awful; **-træt**, *adj.* tired to death; *T* dog-tired; **-vægt**, *s.* dead weight.

døgenigt, *s.* good for nothing.

døgn, *s.* day and night; 24 hours; **-boks**, *s.* night safe; **-drift**, *s.* round-the-clock work; **-flue**, *s.*, *zoo.* May fly; **-kiosk**, *s.* all-night shop.

døje, *v. t.* put up with; endure, suffer; stand.

døjt, *s.* bit, rap.

dømme, *v. t. & i.* judge; sentence; condemn; convict; *sport.* referee; **-kraft**, *s.* judg(e)ment, discernment.

dønning, *s.* swell; *fig.* repercussion.

dør, *s.* door; **-fylding**, *s.* panel; **-greb**, *s.* door handle; door knob; **-hammer**, *s.* knocker; **-håndtag**, *s.* door handle; **-karm**, *s.* doorframe; **-klokke**, *s.* door bell; **-måtte**, *s.* door mat; **-slag**, *s.* colander; **-trin**, **-tærskel**, *s.* threshold; doorstep; **-åbning**, *s.* doorway.

døs, *s.* doze; **-e**, *v. i.* doze; **-ig**, *adj.* drowsy.

døv, *adj.* deaf; **-hed**, *s.* deafness; **-nælde**, *s.*, *bot.* dead-nettle.

då, *s.*, *zoo.* doe.

dåb, *s.* christening; baptism; **-sattest**, *s.* birth certificate.

dåd, *s.* deed; feat.

dådyr, *s.*, *zoo.* fallow deer.

dåne, *v. i.* faint, swoon.

går|e, *s.* fool; **-skab**, *s.* folly.

dårlig, *adj.* bad; poor; ill; unwell; *blive* ~, get sick;

be taken ill; **-t**, *adv.* ~ *nok*, hardly.

dåse, *s.* box; tin, can; **-mad**, *s.* tinned (canned) food; **-åbner**, *s.* tin (can) opener.

E, *s.*, *mus.* E; ~ *-dur*, E major; ~ *-mol*, E minor.

ebbe, *s.* ebb, low tide; *v. i.* ~ *ud*, ebb away.

ed, *s.* oath; *aflægge* ~ , take the oath, swear.

edb, *s.* electronic data processing, EDP; **-anlæg**, *s.* computer (system); **-maskine**, *s.* computer; **-styret**, *adj.* computerized.

edder|dun(sdyne), *s.* eiderdown; **-fugl**, *s.*, *zoo.* eider; **-kop**, *s.*, *zoo.* spider; **-koppespind**, *s.* spider's web, cobweb; **-spændt**, *adj.* livid; furious.

eddike, *s.*, *kul.* vinegar; **-sur**, *adj.*, *fig.* acid; **-syre**, *s.*, *kem.* acetic acid.

EF, *s.* the EEC.

efeu, *s.*, *bot.* ivy.

effekt, *s.* effect, result; **-er**, *pl.* belongings, things; goods; *merk.* securities.

effektiv, *adj.* effective; efficient; **-itet**, *s.* efficiency; effectiveness.

efter, *præp.* after; behind; according to; for; by; *adv.* after(wards); *en* ~ *en*, one by one; *lidt* ~ *lidt*, by degrees.

efterabe, *v. t.* ape, mimic; imitate.

efterbehandling, *s.* finishing treatment; aftercare.

efterforske, *v. t.* investigate, inquire into.

efterfølger, *s.* successor.

eftergive, *v. t.* remit.

eftergivende, *adj.* indulgent; permissive.

efterhånden, *adv.* gradually, by degrees; by now; eventually.

efterkommer, *s.* descendant.

efterkrav, *s.* cash on delivery, C.O.D.

efterlade, *v. t.* leave (behind); abandon; **-nde**, *adj.* negligent.

efterlign|e, *v. t.* imitate, copy; **-ing**, *s.* imitation, copy.

efterlys|e, *v. t.* advertise for; call a search for; **-ning**, *s.* search.

efterløn, *s.* early retirement; redundancy pay.

eftermiddag, *s.* afternoon; *i* ~ , this afternoon; *om -en*, in the afternoon.

efternavn, *s.* surname, family name.

efternøler, *s.* latecomer; afterthought.

efterret, *s.* second course; sweet, dessert.

efterretning|er, *s. pl.* intelligence; news; information; **-stjeneste**, **-svæsen**, *s.* intelligence service.

efterse, *v. t.* inspect, examine; check.

eftersende, *v. t.* forward.

efterskole, *s.* continuation school.

efterskrift, *s.* postscript.

efterslægt, *s.* posterity.

eftersmag, *s.* aftertaste.

eftersom, *konj.* as, since.

efterspil, *s.*, *fig.* sequel.

efterspore, *v. t.* track, trace.

eftersp|urgt, *adj.* in demand; **-ørgsel**, *s.* demand.

eftersyn, *s.* inspection; examination; overhaul; view; *til* ~ , on view; for inspection.

eftersynkronisere, *v. t.* dub.

eftersøg|e, *v. t.* search (for); **-ning,** *s.* search; **-t,** *adj.* wanted.

eftertanke, *s.* reflection; *ved nærmere ~*, on second thoughts.

eftertragtet, *adj.* sought after, in great demand.

eftertryk, *s.* emphasis, stress; *~ forbudt*, all rights reserved; **-kelig,** *adj.* emphatic.

eftertænksom, *adj.* pensive; thoughtful.

eftervirkninger, *s. pl.* after-effects.

efterår, *s.* autumn; *U.S.* fall.

eg, *s., bot.* oak.

ege, *s.* spoke.

egen (eget, egne), *adj.* own; odd, peculiar; particular.

egenart, *s.* peculiarity.

egenhændig, *adj.* personal; in one's own handwriting; **-t,** *adv.* in person, personally.

egenkærlig, *adj.* selfish.

egennavn, *s., gram.* proper name.

egen|rådig, -sindig, *adj.* self-willed, headstrong.

egenskab, *s.* characteristic; quality, property; capacity.

egentlig, *adj.* real, actual; positive; *adv.* really, actually, after all; exactly.

egern, *s., zoo.* squirrel.

egn, *s.* area; district; region.

egne, *v. refl. ~ sig til*, be fit for; be suitable for.

egois|me, *s.* egoism, selfishness; **-t,** *s.* egoist; **-tisk,** *adj.* egoistic, selfish.

Egypten, *s.* Egypt; **egyp-** t|er, *s.* Egyptian; **-isk,** *s. & adj.* Egyptian.

ej, *adv.* not; *~ heller*, nor.

eje, *s.* possession; *v. t.* own, possess.

ejendele, *s. pl.* belongings.

ejendom, *s.* property; *fast ~*, real estate.

ejendommelig, *adj.* curious, strange.

ejendomsmægler, *s.* estate agent.

ejer, *s.* owner, proprietor; **-lejlighed,** *s.* owner-occupied flat; *U.S.* condominium.

ekko, *s.* echo.

eksamen, *s.* examination, exam.

eksem, *s., med.* eczema.

eksempel, *s.* example, instance; *for ~*, for example, for instance.

eksemplar, *s.* copy; *bot.* specimen; **-isk,** *adj.* exemplary.

eksercits, *s., mil.* drill.

eksil, *s.* exile.

eksiste|ns, *s.* existence; **-nsminimum,** *s.* subsistence level; **-re,** *v. i.* exist.

ekskludere, *v. t.* exclude; expel.

eksklusiv, *adj.* exclusive; **-e,** *adv.* exclusive of.

eksotisk, *adj.* exotic.

ekspe|dere, *v. t.* serve; carry out; attend to; dispatch; **-dient,** *s.* shop assistant; **-dit,** *adj.* prompt; **-dition,** *s.* office; service; attendance; dispatch.

eksperiment, *s.* experiment; **-ere,** *v. i.* experiment.

ekspert, *s.* expert; **-ise,** *s.* expert knowledge.

eksplo|dere, *v. t. & i.* explode; **-sion,** *s.* explosion; **-siv,** *adj.* explosive.

eksport, *s.* export; **-ere,**

v. t. & i. export; **-ør,** *s.* exporter.

ekspres, *adj.* express; **-brev,** *s.* special delivery letter.

ekstase, *s.* ecstasy.

ekstern, *adj.* external.

ekstra, *adv. & adj.* extra; spare; **-arbejde,** *s.* extra work; **-fin,** *adj.* superior; **-nummer,** *s.* special (issue); encore; **-ordinær,** *adj.* extraordinary; **-tog,** *s.* special train; **-udgave,** *s.* special edition.

ekstrakt, *s.* extract; abstract.

el, *s., bot.* alder; *elek.* electricity; **-komfur,** *s.* electric cooker; **-kraft,** *s.* electric power; **-værk,** *s.* electric power plant.

elas|tik, *s.* elastic; rubber band; **-tisk,** *adj.* elastic.

elefant, *s., zoo.* elephant.

elegant, *adj.* elegant.

elektri|citet, *s.* electricity; **-ker,** *s.* electrician; **-sk,** *adj.* electric.

elektrode, *s.* electrode.

elektron, *s.* electron; **-ik,** *s.* electronics; **-isk,** *adj.* electronic.

element, *s.* element; cell, battery; unit.

elementær, *adj.* elementary; basic.

elendig, *adj.* wretched, miserable; *T* rotten, lousy; **-hed,** *s.* wretchedness; misery.

elev, *s.* pupil; student; apprentice.

elevator, *s.* lift; *U.S.* elevator.

elfenben, *s.* ivory.

elg, *s., zoo.* elk, moose.

elite, *s.* élite.

eller, *konj.* or; *enten .. ~,* either .. or; *hverken .. ~,* neither .. nor.

ellers, *adv.* or (else); otherwise; if not; generally; *~ tak,* thank you all the same.

elleve, *num.* eleven.

ellevild, *adj.* wild.

elm, *s., bot.* elm.

elsk|e, *v. t. & i.* love; make love; **-elig,** *adj.* lovable; **-er,** *s.* lover; **-erinde,** *s.* mistress; **-ov,** *s.* love; **-værdig,** *adj.* kind; amiable, lovable.

elv, *s.* river.

em, *s.* vapour; **-hætte,** *s.* cooker hood.

emalje, *s.* enamel.

emballage, *s.* packing, wrapping.

embede, *s.* office, post; *på -s vegne,* officially.

embedsmand, *s.* official; civil servant.

emblem, *s.* badge.

emigr|ant, *s.* emigrant; **-ere,** *v. i.* emigrate.

emne, *s.* subject, theme, topic; matter; material; candidate.

emsig, *adj.* officious.

en (et), *ubest. art.* a(n); *num.* one; *pron.* one, you; somebody, someone; *~ af dagene,* one of these days.

end, *konj. & adv.* than; but; -ever; *hvad ~,* whatever; *hvem der ~,* whoever; *~ ikke,* not even.

endda, *adv.* even; at that; *ikke så slemt ~,* not so bad after all.

ende, *s.* end; behind, bottom; *v. t. & i.* end; finish; **-fuld,** *s.* spanking; **-lig,** *adj.* final, ultimate, definitive; finite; *adv.* at last; finally; **-løs,** *adj.* endless, interminable; **-station,** *s.* terminus; **-vende,** *v. t.* turn upside down.

endnu, *adv.* yet; still; only; even.

endog, *adv.* even.

ene, *adj.* alone; by oneself; only; ~ *og alene,* solely.

enebarn, *s.* only child.

eneboer, *s.* hermit; recluse.

enebær, *s., bot.* juniper.

eneforhandler, *s.* sole agent.

enemærker, *s. pl.* property; domain.

ener, *s.* one; *han er en ~,* he goes his own way.

eneret, *s.* monopoly; exclusive rights.

energi, *s.* energy; **-sk,** *adj.* energetic.

enerverende, *adj.* enervating; trying; nerve-racking.

enes, *v. i.* agree; get on.

eneste, *adj.* only, sole; single; *ikke en ~,* not one; not a single; *den ~,* the only one; *hver ~,* every (single) (one).

enestående, *adj.* unique, exceptional.

enetale, *s.* monologue; soliloquy.

enevælde, *s.* absolute monarchy.

enfoldig, *adj.* simple; **-hed,** *s.* simplicity; simple-mindedness.

eng, *s.* meadow.

engage|ment, *s.* commitment; involvement; engagement; **-re,** *v. t.* engage; **-ret,** *adj.* involved; committed.

engang, *adv.* once; one day; some day; *ikke ~,* not even; ~ *imellem,* sometimes.

engangs-, *adj.* disposable, throwaway; non-returnable; sole, one-off.

eng|el, *s.* angel; **-leagtig,** *adj.* angelic; **-leskare,** *s.* heavenly host.

engelsk, *adj.* English; ~ **-dansk,** *adj.* Anglo-Danish; **-sindet,** *adj.* Anglophile, pro-English; **-sproget,** *adj.* English-speaking; English-language; **England,** *s.* England; **englænder,** *s.* Englishman.

en gros, *adv.* wholesale.

enhed, *s.* unity; unit; **-s-pris,** *s.* standard price.

enhjørning, *s., zoo.* unicorn.

enhver (ethvert), *pron.* every; each; any; everyone; everybody; anyone, anybody; *alle og ~,* everybody, anybody; *til ~ tid,* any time.

enig, *adj.* unanimous; united; *være ~ (om),* agree; **-hed,** *s.* agreement; unity; harmony; unanimity; *nå til ~,* come to an agreement.

enke, *s.* widow; **-dronning,** *s.* queen dowager; queen mother; **-mand,** *s.* widower.

enkel, *adj.* simple, plain; **-hed,** *s.* simplicity.

enkelt, *adj.* single; simple; individual; **-billet,** *s.* single (ticket), one-way ticket; **-e,** *pl.* some, a few; **-hed,** *s.* detail, particular; **-vis,** *adv.* singly, one by one; **-værelse,** *s.* single room.

enlig, *adj.* single; solitary; ~ *forsørger,* single parent.

enorm, *adj.* enormous, gigantic, huge.

enrum, *s. i ~,* in private, privately.

ens, *adj.* alike; identical, the same; **-artet,** *adj.* homogeneous, uniform.

ensbetydende, *adj.* synonymous; *være ~ med,* mean.

ensfarvet, *adj.* plain.

ensformig, *adj.* monotonous; **-hed,** *s.* monotony.

ensidig, *adj.* unilateral; one-sided; biassed.

ensom, *adj.* lonely; *U.S.* lonesome; **-hed,** *s.* solitude; loneliness.

ensporet, *adj.* single-track; one-track.

ensrette, *v. t.* unify, standardize; *-t færdsel,* one-way traffic.

enstemmig, *adj.* unanimous; **-hed,** *s.* unanimity.

ental, *s., gram.* the singular.

enten, *adv.* either; *~ .. eller,* either .. or; *hvad ~,* whether.

entré, *s.* hall; admission; entrance fee; **-dør,** *s.* front door; **-nøgle,** *s.* latchkey.

entreprenør, *s.* contractor.

entusiasme, *s.* enthusiasm; **-tisk,** *adj.* enthusiastic.

enzym, *s.* enzyme.

enægget, *adj. -de tvillinger,* identical twins.

epidemi, *s.* epidemic; **-sk,** *adj.* epidemic.

episode, *s.* episode; incident.

epoke, *s.* epoch; **-gørende,** *adj.* epoch-making.

erantis, *s., bot.* winter aconite.

eremit, *s.* hermit.

erfare, *v. t.* experience; learn; **-en,** *adj.* experienced; **-ing,** *s.* experience; **-ingsmæssig,** *adj.* empirical.

ergoterapeut, *s.* occupational therapist, *T* O.T.

-pi, *s.* occupational therapy.

erhverv, *s.* profession; occupation; industry; **-e,** *v. t. & refl. (~ sig),* acquire; **-else,** *s.* acquisition; **-sarbejde,** *s.* paid work; **-sdrivende,** *s.* businessman, tradesman; **-sgren,** *s.* (branch of) industry; **-sliv,** *s. -et,* business; industry; **-spraktik,** *s.* work experience; practical trainee work; **-vejledning,** *s.* vocational guidance.

erindre, *v. t.* remember, recollect; bear in mind; **-ing,** *s.* memory; souvenir, keepsake; *til ~ om,* in memory of; *-er, pl.* memoirs.

erkende, *v. t.* acknowledge; own, admit; realize; recognize; **-lse,** *s.* acknowledgment; recognition; realization.

erklære, *v. t.* declare; state; **-ing,** *s.* declaration; statement.

ernære, *v. t.* feed; support; provide for; **-ing,** *s.* nutrition; nourishment.

erobre, *v. t.* conquer; win; capture; **-er,** *s.* conqueror; **-ing,** *s.* conquest.

erotik, *s.* eroticism, sex; **-sk,** *adj.* erotic.

erstatning, *s.* compensation; damages; replacement; substitute; **-te,** *v. t.* replace; compensate for, make up for.

es, *s.* ace; *i sit ~,* in one's element.

esdragon, *s., bot.* terragon.

eskadre, *s.* squadron.

eskorte, *s.* escort; **-re,** *v. t.* escort.

espalier, *s.* trellis, espalier.

et (*se også* en), *med* ~, all
of a sudden; *under* ~,
altogether.

etablere, *v. t.* establish.

etage, *s.* storey, floor;
-ejendom, *s.* block of
flats.

etape, *s.* stage; **-vis,** *adj. &
adv.* (*el.* i -r), by stages.

etik, *s.* ethics.

etiket, *s.* label; *sætte* ~ *på,*
label.

etikette, *s.* etiquette.

etui, *s.* case.

Europa, *s.* Europe; **-rådet,**
the Council of Europe;
europæ|er, *s.* European;
-isk, *adj.* European.

evakuere, *v. t.* evacuate.

evangelium, *s.* gospel.

eventuel, *adj.* possible; **-t,**
adv. if necessary, if pos-
sible; possibly, perhaps.

eventyr, *s.* adventure;
fairy-tale; story; **-er,** *s.*
adventurer; **-lig,** *adj.* fan-
tastic.

evig, *adj.* eternal, perpetu-
al, everlasting; *hver -e,*
every single, *T* every
mortal; **-hed,** *s.* eternity; *i
-er,* for ages.

evindelig, *adj.* eternal,
everlasting.

evne, *s.* ability; power; ca-
pacity; faculty; *T* knack;
efter bedste ~, to the best
of one's ability; **-svag,**
adj. mentally handi-
capped.

excellere, *v. i.* excel.

excentrisk, *adj.* eccentric.

exceptionel, *adj.* excep-
tional.

exe, *v. t. & i.* buckle; **-t,**
adj., S være ~ *med,* be
nuts about.

F, *s., mus.* F; ~ *-dur,* F
major; ~ *-mol,* F minor.

fabel, *s.* fable; **-agtig,** *adj.*

fabulous.

fable, *v. i.* rave.

fabrik, *s.* factory, plant;
mill; **-ant,** *s.* manufactur-
er, maker; factory owner;
-at, *s.* product; make,
brand; **-ation,** *s.* manu-
facture; **-ere,** *v. t.* make,
manufacture; fabricate;
-sarbejder, *s.* factory
hand, factory worker;
-sfremstillet, *adj.* facto-
ry-made.

facade, *s.* front, facade.

facit, *s.* answer; total, re-
sult; **-liste,** *s.* key.

facon, *s.* shape; manner.

fad, *s.* dish; basin; cask,
barrel, vat; *adj.* insipid;
-øl, *s., kul.* draught beer.

fadder, *s.* godfather; god-
mother.

fader (*el.* far), *s.* father; *T*
dad(dy); **-lig,** *adj.* father-
ly, paternal; **-skab,** *s.* pa-
ternity; **-vor,** *s., rel.* the
Lord's Prayer.

fadæse, *s.* blunder.

fag, *s.* trade; line; profes-
sion; subject; *af* ~, by
profession; **-bog,** *s.* refer-
ence book; (*tlf.*) yellow
pages; **-forening,** *s.* trade
union; **-kyndig,** *adj.* ex-
pert; **-lig,** *adj.* technical;
professional; *-t møde,*
union meeting; **-littera-
tur,** *s.* non-fiction; **-lært,**
adj. skilled; **-mand,** *s.* ex-
pert; professional; **-sko-
le,** *s.* vocational school;
technical college; **-ud-
dannelse,** *s.* vocational
training; **-udtryk,** *s.* tech-
nical term.

fagot, *s., mus.* bassoon.

fajance, *s.* faience.

fakkel, *s.* torch.

faktisk, *adj.* actual, real;
adv. as a matter of fact,
actually.

fak|tor, s. factor; typ. foreman; **-tum**, s. fact.

faktur|a, s. invoice; **-ere**, v. t. invoice.

fakultet, s. faculty.

fald, s. fall, drop; decrease, decline; case; *i ~*, in case; *i al ~*, in any case, at any rate; *i bedste ~*, at best; *i så ~*, in that case; **-dør**, s. trapdoor; **-e**, v. i. fall, drop, tumble; go down; *~ af*, fall off, come off; *~ for*, fall for; *~ fra*, drop out; *~ hen*, doze off; drop off; *~ igennem*, fail; *det -r mig ind*, it occurs to me; *det kunne ikke ~ mig ind*, I wouldn't dream of; *~ om*, fall down; drop; collapse; *~ sammen*, collapse; fall in; *~ sammen med*, coincide with, clash with; *~ til*, settle down; *~ ud*, fall out; turn out; **-efærdig**, adj. ramshackle; **-grube**, s. pitfall; **-lem**, s. trapdoor; **-skærm**, s. parachute; *-sudspringer*, s. parachutist.

falk, s., zoo. falcon.

fallit, s. bankruptcy; adj. bankrupt.

fallos, s. phallus.

falme, v. i. fade.

falsk, adj. false, fake, sham, bogus; counterfeit, forged; **-neri**, s. forgery.

famili|e, s. family; relatives; *i ~ med*, related to; **-eforsørger**, s. breadwinner; **-emedlem**, s. member of the family; **-ær**, adj. familiar.

famle, v. i. grope; falter, hesitate; fumble.

famøs, adj. famous; notorious.

fanati|ker, s. fanatic; **-sk**, adj. fanatic.

fandeme, int., S I'll be damned.

fanden, s. the devil; Old Nick; *for ~!* damn! hell! *som bare ~*, like hell; *gå ~ i vold*, go to hell; **-ivoldsk**, adj. reckless, devil-may-care; **-s**, adj. & adv. damn(ed), blasted, bloody.

fane, s. banner, flag; colours.

fanfare, s. flourish, fanfare.

fang|e, s. prisoner; captive; v. t. catch; mil. capture; **-ehul**, s. dungeon; **-elejr**, s. prison camp; **-enskab**, s. captivity; imprisonment; **-er**, s. sealer; whaler; **-evogter**, s. gaoler, U.S. jailer; **-st**, s. catching; capture; catch, haul.

fantas|ere, v. i. rave, be delirious; fantasize; **-i**, s. imagination; fantasy; **-ifuld**, adj. imaginative; inventive; **-iløs**, adj. unimaginative; **-t**, s. visionary, dreamer; **-tisk**, adj. fantastic.

far, s. (= fader, s. d.), father.

farbar, adj. passable; navigable.

fare, s. danger, jeopardy, peril; risk; hazard; v. i. rush, dash, dart; speed; *~ op*, start up; fly into a rage; *~ sammen*, start; *~ vild*, lose one's way; *bringe i ~*, put in danger, jeopardize; **-truende**, adj. menacing; ominous.

farfar, s. (paternal) grandfather.

farlig, adj. dangerous; risky; awful.

farmor, s. (paternal) grandmother.

fars, s., kul. forcemeat;

-ere, v. t. stuff.

fart, s. speed; hurry, haste; naut. headway; bestemme -en, set the pace; i en ~, in a hurry, quickly; sætte -en op, hurry up; speed up; **-begrænsning,** s. speed limit; **-plan,** s. timetable.

farte, v. i. ~ omkring, gad about.

fartøj, s. vessel, craft.

farvand, s. water; fairway, channel.

farve, s. colour; dye; colouring; (kort) suit; v. t. colour; dye; **-blind,** adj. colour-blind; **-blyant,** s. crayon; **-bånd,** s. ribbon; **-fjernsyn,** s. colour-TV; **-handel,** s. paint shop; **-lade,** s. paintbox; **-lægge,** v. t. colour; **-rig,** adj. colourful; **-stof,** s. dye; colouring; **-t,** adj. coloured; ~ hår, dyed hair; **-ægte,** adj. colour-fast.

farvel, s. goodbye; int. bye-bye; U.S. so long.

fasan, s., zoo. pheasant.

fascinerende, adj. fascinating.

fascisme, s. fascism; **-t,** s. fascist; **-tisk,** adj. fascist.

fase, s. phase, stage.

fast, adj. firm; solid; tight; fixed; permanent; regular; holde ~ ved, stick to; insist on; sidde ~, be stuck; ~ ansættelse, permanent employment; ~ ejendom, real estate; **-ansat,** adj. employed on a regular basis.

faste, v. i. fast; **-lavn,** s. Shrovetide; på -nde hjerte, on an empty stomach.

faster, s. (paternal) aunt.

fastholde, v. t. keep; stick to; stand by; maintain, insist (on).

fastland, s. continent; mainland; **-sklima,** s. continental climate.

fastlægge, v. t. lay down; fix; determine; appoint.

fastslå, v. t. establish; prove; state.

fastsætte, v. t. fix; lay down.

fat, adv. få ~ i, get hold of; tage ~, get down to it; tage ~ i, catch hold of; tage ~ på, get down to.

fatning, s. composure; elek. socket.

fatte, v. t. understand; grasp; **-s,** v. t. lack, want; v. i. be missing; **-t,** adj. composed, calm, collected.

fattig, adj. poor; **-dom,** s. poverty; **-hjælp,** s. poor relief; **-kvarter,** s. slum, poor district.

favn, s. fathom; embrace, arms; i min ~, in my arms; **-e,** v. t. embrace.

favorisere, v. t. favour; **-t,** s. favourite.

fe, s. fairy.

feber, s. fever, temperature; have ~, run a temperature.

febrilsk, adj. feverish.

februar, s. February.

fed, s. skein; kul. clove; adj. fat; S great; ~ kost, rich diet; fatty food; **-e,** v. t. fatten; **-me,** s. fatness; obesity.

fedt, s. fat, grease; lard; **-e,** v. t. & i. grease; ~ for, fawn on, make up to; **-et,** adj. greasy; slippery; stingy, mean; **-plet,** s. grease spot; **-stof,** s. fat; kul. shortening; **-væv,** s., anat. fatty tissue.

fej, adj. cowardly; **-hed,** s. cowardice.

fejde, s. feud; controversy.

feje, *v. t.* sweep; **-bakke**, *s.* dustpan; **-kost**, *s.* broom; **-nde**, *adj.* sweeping, dashing.

fejl, *s.* error, mistake; fault, defect; *tage ~*, be wrong, be mistaken; *adj.* wrong; *adv.* wrong(ly); mis-; **-agtig**, *adj.* wrong; **-e**, *v. i.* err; miss; *hvad -r han?* what is the matter with him? **-fri**, *adj.* faultless, perfect; **-greb**, *s.* error, slip; **-læsning**, *s.* misreading; **-tagelse**, *s.* mistake, **-trin**, *s.* misstep, slip

fejre, *v. t.* celebrate; commemorate.

felt, *s.* field; sphere, province; square; **-flaske**, *s.* canteen; **-råb**, *s.* password; **-seng**, *s.* camp bed; **-tog**, *s.* campaign.

fem, *num.* five; *ikke ved sine fulde ~*, not all there; **-kamp**, *s., sport.* pentathlon; **-kant**, *s.* pentagon; **-linger**, *s. pl.* quintuplets; **-te**, *num.* fifth; **-tedel**, *s.* fifth.

femten, *num.* fifteen.

fennikel, *s., bot.* fennel.

ferie, *s.* holiday(s), *U.S.* vacation; **-dag**, *s.* holiday; **-koloni**, **-lejr**, *s.* holiday camp; **-penge**, *s. pl.* holiday allowance; **-re**, *v. i.* be on holiday; **-sted**, *s.* holiday resort.

ferm, *adj.* smart, clever.

fernis, *s.* varnish; **-ere**, *v. t.* varnish; **-ering**, *s.* private view, preview.

fersk, *adj.* fresh; insipid; *på ~ gerning*, in the act, red-handed; **-vands-**, *adj.* freshwater.

fersken, *s., bot.* peach.

fest, *s.* party, celebration; festival; **-forestilling**, *s.*

gala performance; **-ival**, *s.* festival; **-lig**, *adj.* festive; very funny; **-måltid**, *s.* feast, banquet.

fetere, *v. t.* fête, make a fuss of, celebrate.

fiasko, *s.* failure.

fiber, *s.* fibre; **-rig**, *adj.* high-fibre.

fidus, *s.* tip; confidence; trick; **-mager**, *s.* charlatan; cheat.

fif, *s.* trick; **-fig**, *adj.* cunning, clever, sly, shrewd.

figen, *s., bot.* fig; **-blad**, *s.* figleaf.

figur, *s.* figure; diagram; *i bar ~*, naked; **-ere**, *v. i.* figure.

fiks, *adj.* smart; dexterous; **-fakserier**, *s. pl.* hanky-panky; fuss.

fiksere, *v. t.* fix.

fiktiv, *adj.* fictitious.

fil, *s.* file; **-e**, *v. t.* file.

filet, *s., kul.* fillet.

filial, *s.* branch.

filipens, *s.* pimple, spot.

film, *s.* film; *U.S.* movie; **-apparat**, *s.* projector; **-atisere**, *v. t.* film; **-e**, *v. t. & i.* film; flirt; **-fotograf**, *s.* cameraman; **-instruktør**, *s.* (film) director; **-stjerne**, *s.* filmstar, moviestar.

filolog, *s.* philologist; **-i**, *s.* philology.

filosof, *s.* philosopher; **-i**, *s.* philosophy.

filt, *s.* felt.

filter, *s.* filter; filter tip; *cigaretter med ~*, filter-tipped cigarettes; **-trere**, *v. t.* filter.

filur, *s.* slyboots, sly dog.

fimre, *v. i.* vibrate, quiver.

fims, *s.* stink; wind; **-e**, *v. i.* stink; break wind.

fin, *adj.* fine; choice; delicate; distinguished; fashionable; *-e venner*, great friends.

finale, s. finale; *sport.* final.

finans|er, s. *pl.* finances; **-iere**, *v. t.* finance; **-loven**, s. the Budget; **-år**, s. fiscal year.

finde, *v. t.* find; think; ~ *for godt*, think proper; ~ *sig i*, put up with; ~ *sted*, take place; ~ *ud af*, find out; discover; make out, *U.S.* figure out; **-løn**, s. reward; **-s**, *v. i.* exist.

finér, s. veneer.

finger, s., *anat.* finger; **-aftryk**, s. fingerprint; **-bøl**, s. thimble; *bot.* foxglove; **-ere**, *v. t.* finger; **-færdig**, **-nem**, *adj.* dexterous, deft; **-peg**, s. hint.

fingere, *v. t.* simulate; **-t**, *adj.* mock, feigned, simulated; faked.

finke, s., *zoo.* finch.

Finland, s. Finland; **fin|ne**, s. Finn; **-sk**, s. & *adj.* Finnish.

finne, s., *zoo.* finn.

finte, s. feint; trick.

firben, s., *zoo.* lizard.

fir|e, *num.* four; *v. t. & i.* ease off; lower; **-kantet**, *adj.* square, rectangular; *fig.* awkward; crude; simplistic; **-kløver**, s., *bot.* four-leaf clover; *fig.* quartet; **-linger**, s. *pl.* quadruplets; **-skåren**, *adj.* square-built, thickset; **-stemmig**, *adj.*, *mus.* four-part.

firma, s. firm; **-bil**, s. company car; **-mærke**, s. trade mark.

firs, *num.* eighty.

fis, s. fart, wind; *lave ~ med én*, *T* have sby on; **-e**, *v. i.* fart; **-efornem**, *adj.* stuck-up.

fisk, s., *zoo.* fish; *gå i ~*, go to pot, go haywire; **-e**, *v. t. & i.* fish; *fig.* angle; **-efars**, s., *kul.* creamed fish; **-efilet**, s., *kul.* fillet of fish; **-egarn**, s. fishing net; **-ehandler**, s. fishmonger; **-ekrog**, s. fish hook; **-ekutter**, **-erbåd**, s. fishing boat; **-er**, s. fisherman; **-eri**, s. fishing; **-erihavn**, s. fishing port; **-erkone**, s. fisherman's wife; fishwife; **-esnøre**, s. fishing line; **-estang**, s. fishing rod; **-etur**, s. *tage på* ~, go fishing.

fjantet, *adj.* silly, foolish; giggling.

fjas, s. foolery; flirting.

fjed|er, s. spring; **-rende**, *adj.* elastic, springy.

fjeld, s. mountain, hill; rock.

fjend|e, s. enemy; **-skab**, s. enmity; **-tlig**, *adj.* hostile; enemy; **-tlighed**, s. hostility.

fjer, s. feather; plume; *have en ~ på*, be tipsy; **-bold**, s., *sport.* shuttlecock; **-dragt**, s. plumage; **-kræ**, s., *zoo.* poultry.

fjerde, *num.* fourth; **-del**, s. fourth.

fjern, *adj.* far-off, distant, remote; faraway; **-e**, *v. t.* remove; ~ *sig*, go away, withdraw; **-seer**, s. viewer; **-skriver**, s. teleprinter; **-styret**, *adj.* remote-controlled; **-syn**, s. television; *T* telly; **-santenne**, s. television aerial; **-sapparat**, s. television set; **-slicens**, s. television licence fee; **-sskærm**, s. screen; **-sprogram**, **-sudsendelse**, s. television programme; **-varme**, s. district heating.

fjoget, *adj.* silly, foolish.

fjolle, *v. i.* ~ *rundt*, fool around; **-ri**, *s.* nonsense; tomfoolery; **-t**, *adj.* silly, foolish.

fjols, *s.* fool.

fjor, *s. i* ~ , last year.

fjord, *s.* firth, fiord; inlet.

fjorten, *num.* fourteen; ~ *dage*, a fortnight.

f. Kr., *(fk.f. før Kristus)*, before Christ, B.C.

flabet, *adj.* cheeky, impertinent; **-hed**, *s.* cheek.

flad, *adj.* flat; insipid; *T fig.* broke; **-fisk**, *s., zoo.* flatfish; **-lus**, *s., zoo.* crab louse; **-pandet**, *adj.* shallow; **-trykt**, *adj.* flattened.

flade, *s.* expanse; surface; flat.

flag, *s.* flag; **-dug**, *s.* bunting; **-spætte**, *s., zoo.* woodpecker; **-stang**, *s.* flagpole.

flage, *s.* flake; floe; *v. i.* fly a flag.

flagermus, *s., zoo.* bat; **-lygte**, *s.* hurricane lantern.

flagre, *v. i.* flutter, flap; flit.

flakke, *v. i.* flicker; wander; ~ *om*, roam, rove.

flamme, *s.* flame; jet.

flankere, *v. t.* flank.

flaske, *s.* bottle; flask.

flatterende, *adj.* becoming; flattering.

flere, *adj.* more; several; various; *hvem* ~ *?* who else? **-stavelses**, *adj.* polysyllabic; **-stemmig**, *adj., mus.* polyphonic; ~ *sang*, part-singing; **-tal**, *s.* majority; *gram.* the plural; **-tydig**, *adj.* ambiguous.

flest, *adj.* most; *de -e*, most (people).

fletning, *s.* plait, braid; plaiting.

flette, *v. t.* plait, braid; ~

fingre, hold hands; **-værk**, *s.* wickerwork.

flid, *s.* hard work; diligence; industry; application.

flig, *s.* flap, corner; lobe.

flikke, *v. t.* patch; mend, cobble.

flimre, *v. i.* flicker.

flink, *adj.* nice, kind; clever, good.

flint, *s.* flint; *fare i* ~ , fly into a rage.

flintre, *v. i.* ~ *af sted*, tear along.

flip, *s.* collar; *ude af -pen*, in a fluster; **-pe**, *v. i., S (~ ud)*, flip (out), freak out.

flirt, *s.* flirtation; **-e**, *v. i.* flirt.

flis, *s.* splinter, chip.

flise, *s.* flag(-stone); tile.

flitsbue, *s.* bow.

flitter(stads), *s.* tinsel.

flittig, *adj.* hard-working; diligent; industrious.

flod, *s.* river; flood; high tide; **-bred**, *s.* river bank, riverside; **-bølge**, *s.* tidal wave; **-hest**, *s., zoo.* hippopotamus; **-krebs**, *s., zoo.* crayfish; **-munding**, *s.* estuary; river mouth.

flok, *s.* crowd; group; troop; herd; flock; pack; **-ke**, *v. refl.* **-s**, flock; crowd.

flonel, *s.* flannel.

florere, *v. i.* flourish; be rampant.

flormelis, *s., kul.* icing sugar.

floskel, *s.* empty phrase.

flosse, *v. t. & i.* fray.

flot, *adj.* elegant, dashing, smart; lavish; generous; fancy, fine; nonchalant, offhand; **-te**, *v. refl.* ~ *sig*, do things in style; ~ *sig med at købe*, treat oneself to.

flov, *adj.* ashamed; embarrassed; embarrassing; *fig.* flat.

flue, *s., zoo.* fly; **-smækker,** *s.* fly-swatter; **-svamp,** *s., bot.* amanita.

flugt, *s.* escape, flight; *på* ~, on the run; **-bilist,** *s.* hit-and-run driver; **-e,** *v. i.* be flush; *sport.* volley; **-stol,** *s.* deck chair.

flunkende, *adj.* ~ *ny,* brand new.

fluor, *s., kem.* fluorine; *-tandpasta,* fluoride toothpaste.

fly, *s.* aeroplane; **-bortfører, -kaprer,** *s.* hijacker; **-styrt,** *s.* air crash.

flyde, *v. i.* flow, run; float; swim; be in a mess; ~ *med,* be littered with; **-nde,** *adj.* fluid, liquid; fluent.

flygel, *s.* grand piano.

flygt|e, *v. i.* flee; fly; run away; escape; **-ig,** *adj.* volatile, fleeting; casual, passing; **-ning,** *s.* refugee; fugitive; *-elejr,* *s.* refugee camp.

flynder, *s., zoo.* flounder.

flytte, *v. t. & i.* move; remove; shift; transfer; ~ *sig,* move; ~ *sammen med,* move in with; ~ *fra hinanden,* split up; **-mand,** *s.* removal man; **-vogn,** *s.* pantechnicon (van), furniture van.

flyve, *v. i.* fly; rush, dart, dash; **-billet,** *s.* plane ticket; **-båd,** *s.* hydrofoil; hovercraft; **-færdig,** *adj.* fledged; **-leder,** *s.* air traffic controller; **-maskine,** *s.* aeroplane; *U.S.* airplane; **-nde,** *adj.* flying; *i* ~ *fart,* at top speed; **-plads,** *s.* airport; **-r,** *s.* aeroplane; pilot; **-rdragt,**

s. snowsuit; **-tur,** *s.* flight; **-våben,** *s.* air force; **flyvning,** *s.* aviation; flight.

flæbe, *v. i.* blubber, snivel.

flække, *s.* small town; *v. t.* split, cleave.

flæng, *s. i* ~, at random.

flænge, *s.* slash, gash, scratch, tear; *v. t.* tear, scratch, gash.

flæse, *s.* ruffle.

flæsk, *s., kul.* pork; bacon; **-efars,** *s.* minced pork; **-esteg,** *s.* roast pork; **-esvær,** *s.* crackling.

fløde, *s., kul.* cream; **-chokolade,** *s.* milk chocolate; **-is,** *s.* ice cream; **-karamel,** *s.* toffee; **-skum,** *s.* whipped cream.

fløj, *s.* wing; leaf; **-dør,** *s.* folding door, double door.

fløjl, *s.* velvet; corduroy; **-sbukser,** *pl.* corduroys, *T* cords.

fløjte, *s.* whistle; *mus.* flute; *v. t. & i.* whistle; **-nist, -spiller,** *s.* flautist, flute player.

flå, *v. t.* skin; flay; tear; *fig.* fleece.

flåde, *s.* fleet; navy; raft.

FN, (*fk.f.* Forenede Nationer), the UN.

fnat, *s., med.* scabies; **-tet,** *adj.* lousy.

fnise, *v. i.* giggle.

fnug, *s.* fluff; flake; speck; **-get,** *adj.* fluffy.

fnyse, *v. i.* snort.

fod, *s., anat. & mål* foot; ~ *for* ~, step by step; *på stående* ~, offhand; *stå på en god* ~, be on good terms; *til* -*s,* on foot; **-bremse,** *s.* foot brake; pedal brake; **-bold,** *s.* football; soccer; *-bane,* *s.* football ground; *-hold,* *s.* football team; **-folk,** *s.,* *mil.* infantry; **-fæste,** *s.* footing; **-gænger,** *s.* pedestrian; *-overgang,* *s.* pedestrian crossing, zebra crossing; *-tunnel,* *s.* subway; **-note,** *s.* footnote; **-panel,** *s.* skirting board; **-pleje,** *s.* pedicure; **-skammel,** *s.* footstool; **-spor,** *s.* footprint; **-tøj,** *s.* footwear.

foder, *s.* fodder; feed; **-stof,** *s.* feeding stuff.

fodre, *v. t.* feed.

foged, *s.* bailiff.

fok, *s., naut.* foresail.

fokus, *s.* focus; **-ere,** *v. i.* focus.

fold, *s.* fold, crease; pleat; pen; **-e,** *v. t.* fold; pleat; ~ *sammen,* fold up; ~ *ud,* unfold; **-er,** *s.* folder.

folie, *s.* foil.

folio, *s.* foolscap, folio.

folk, *s.* people; men, staff, crew, hands; **-e-,** *adj.* national; popular; **-eafstemning,** *s.* referendum; **-edans,** *s.* folk dance; country dancing; **-edragt,** *s.* national costume; **-ehøjskole,** *s.* folk high school; **-ekirke,** *s.* national church, established church; **-elig,** *adj.* popular; simple; **-emængde,** *s.* population; crowd; **-epension,** *s.* old age pension; **-epensionist,** *s.* old age pensioner, O.A.P.; **-eregister,** *s.* national registration office; **-eskole,** *s.* primary and lower secondary school; **-eslag,** *s.* people; **-eting-get,** *s.* the Danish parliament; **-etælling,** *s.* census; **-evandring,** *s.* migration; **-evise,** *s.* ballad, folksong.

fond, *s.* fund; foundation;

-s, *s. pl., merk.* stocks; **-sbørs,** *s.* stock exchange.

for, *s.* lining; *præp.* for; at; before, in front of; to; from; of; *konj.* because, for; *adv.* ~ *(meget),* too (much); ~ *at,* (in order) to; so that, in order that; *én gang* ~ *alle,* once and for all; *dag* ~ *dag,* day by day; ~ *længe siden,* long ago.

foragt, *s.* contempt, disdain; **-e,** *v. t.* despise, disdain, scorn; **-elig,** *adj.* despicable, contemptible.

foran, *præp.* in front of; before; ahead of; *adv.* ahead; in front.

foranderlig, *adj.* changeable, variable.

forandr|e, *v. t.* change, alter; ~ *sig,* change; ~ *sig til,* change into; **-dring,** *s.* change; *til en* ~, for a change.

foranledning, *s.* occasion, cause.

foranstalt|e, *v. t.* arrange, organize; **-ning,** *s.* arrangement; step, measure.

forarbejd|e, *s.* preliminary work; sketch; study; *v. t.* make; work up; **-ning,** *s.* manufacture, making; working (up).

forarge, *v. t. & i.* shock; offend; **-lse,** *s.* scandal; indignation.

forbande, *v. t.* curse; **-lse,** *s.* curse; **-t,** *adj.* damned, confounded.

forbarme, *v. refl.* ~ *sig over,* take pity on.

forbavse, *v. t. & i.* surprise, astonish; **-lse,** *s.* surprise, astonishment; **-nde,** *adj.* surprising, astonishing; **-t,** *adj.* surprised, astonished.

forbedr|e, *v. t.* improve; ~ **sig,** improve; **-ing,** *s.* improvement.

forbehold, *s.* reservation; **-en,** *adj.* reserved.

forberede, *v. t.* prepare; **-lse,** *s.* preparation; **-nde,** *adj.* preparatory, preliminary.

forbi, *præp. & adv.* past; by; over; finished; *skyde* ~, miss.

forbifart, *s. i -en,* in passing.

forbigå, *v. t.* pass over; overlook; **-ende,** *adj.* passing, temporary.

forbilled|e, *s.* model, pattern, example; **-lig,** *adj.* exemplary.

forbind|e, *v. t.* connect, combine, associate; join; dress, bandage; **-else,** *s.* connection; service; link; communication; relations; context; *kem.* compound; *sætte sig i* ~ *med,* get in touch with; **-ing,** *s.* dressing, bandage; **-skasse,** *s.* first-aid box.

forbipasserende, *s.* passer-by.

forbistret, *adj.* confounded.

forbitre|lse, *s.* indignation; **-t,** *adj.* bitter; indignant; furious.

forbjerg, *s.* headland, promontory.

forblive, *v. i.* remain, stay.

forbløffe, *v. t.* startle, amaze, astound; disconcert; **-lse,** *s.* amazement, astonishment.

forbogstav, *s.* initial.

forbrug, *s.* consumption; **-e,** *v. t.* consume; **-er,** *s.* consumer; **-safgift,** *s.* excise duty; **-sgoder,** *s. pl.* consumer goods; consumer durables.

forbryde, *v. refl.* ~ *sig,* offend, commit an offence; **-lse,** *s.* crime; offence; **-r,** *s.* criminal.

forbrænding, *s.* combustion; incineration.

forbud, *s.* prohibition; ban; embargo; **-t,** *adj.* prohibited, forbidden; *adgang* ~, no admittance.

forbund, *s.* union, league; alliance; federation; **-et,** *adj.* connected; joined; combined; **-sfælle,** *s.* ally; **-srepublik,** *s.* federal republic.

forbyde, *v. t.* forbid, prohibit, ban.

forbøn, *s.* intercession.

force, *s.* strong point, forte; **-re,** *v. t.* force; **-ret,** *adj.* forced.

fordampe, *v. t. & i.* evaporate.

fordel, *s.* advantage; *til* ~ *for,* in favour of; **-agtig,** *adj.* advantageous, profitable; **-e,** *v. t.* distribute, share out; divide; **-ing,** *s.* distribution; division.

fordi, *konj.* because.

fordoble, *v. t.* double.

fordom, *s.* prejudice; **-sfri,** *adj.* unprejudiced, openminded.

fordrage, *v. t.* stand, bear.

fordre, *v. t.* claim; demand; require.

fordreje, *v. t.* distort, twist; misrepresent.

fordring, *s.* claim, demand; **-sfuld,** *adj.* demanding.

fordrive, *v. t.* ~ *tiden,* pass the time.

fordufte, *v. i.* evaporate, disappear into thin air.

fordyb|et, *adj.* absorbed; engrossed; **-ning,** *s.* dent, groove; hollow; depression.

fordægtig, *adj.* suspicious,

dubious.

fordærve, *v. t.* spoil; deprave; corrupt; **-lig**, *adj.* pernicious; perishable; **-t**, *adj.* depraved, corrupted; bad.

fordøje, *v. t.* digest; **-lig**, *adj.* digestible; **-lse**, *s.* digestion; *dårlig ~*, indigestion.

fordøm|me, *v. t.* condemn; doom; damn; denounce; **-t**, *adj.* condemned; damned.

fore, *v. t.* line; wad; fur.

forebygge, *v. t.* prevent; **-nde**, *adj.* preventive; prophylactic.

foredrag, *s.* talk; lecture; *mus.* execution.

foregive, *v. t.* pretend, simulate; sham; **-nde**, *s.* pretext.

foregribe, *v. t.* anticipate.

foregå, *v. i.* take place, happen; go on; **-ende**, *adj.* previous; preceding.

forehavende, *s.* project, enterprise.

forekomme, *v. i.* happen, occur; seem, appear; **-nde**, *adj.* obliging, courteous.

forel, *s.*, *zoo.* trout.

foreligge, *v. i.* be; be available.

forelske, *v. refl.* ~ *sig*, fall in love; **-t**, *adj.* in love.

forelægge, *v. t.* introduce; present.

forelæsning, *s.* lecture.

foreløbig, *adj.* temporary, provisional; *adv.* temporarily, for the present; for the time being; so far.

foren|e, *v. t.* unite, join; combine; **-elig**, *adj.* consistent; **-ing**, *s.* society; club; union; combination.

forenkl|e, *v. t.* simplify;

-ing, *s.* simplification.

foresat, *s. & adj.* superior.

foreskrive, *v. t.* dictate, prescribe; order.

foreslå, *v. t.* suggest; propose; move.

forespørgsel, *s.* inquiry.

forestill|e, *v. t.* introduce; represent; ~ *sig*, imagine; **-ing**, *s.* performance; show; conception, idea; introduction.

forestående, *adj.* imminent, approaching.

foretag|e, *v. t.* make, carry out; undertake; perform; **-ende**, *s.* undertaking, entreprise; business; **-som**, *adj.* enterprising.

foretrække, *v. t.* prefer.

forevige, *v. t.* perpetuate; photograph.

forevis|e, *v. t.* show, produce; **-ning**, *s.* showing.

forfader, *s.* ancestor.

forfald, *s.* decay; decline; **-e**, *v. i.* become delapidated; fall into decay; fall due; **-en**, *adj.* decayed, dilapidated; due, payable; ~ *til*, given to, addicted to; **-sdag**, *s.* day of maturity, day of payment.

forfalsk|e, *v. t.* fake; falsify; forge; counterfeit; adulterate; **-ning**, *s.* fake; forgery.

forfatning, *s.* state, condition; constitution.

forfatter, *s.* author, writer.

forfinet, *adj.* sophisticated.

forfjamske|lse, *s.* confusion; **-t**, *adj.* flurried, flustered, confused.

forfordele, *v. t.* treat unfairly.

forfra, *adv.* from in front; (over) again, from the beginning.

forfremme, *v. t.* promote;
-lse, *s.* promotion.
forfrisk|e, *v. t.* refresh,
freshen up; **-ende,** *adj.*
refreshing; **-ning,** *s.* re-
freshment.
forfr|ossen, *adj.* chilled,
perished (*el.* numb) with
cold; **-ysning,** *s.* frostbite.
forfægte, *v. t.* assert;
maintain; champion.
forfængelig, *adj.* vain;
-hed, *s.* vanity.
forfærde, *v. t.* terrify, ap-
pal; shock; **-lig,** *adj.* aw-
ful, dreadful, terrible,
horrible; *adv.* terribly,
awfully; **-lse,** *s.* horror,
terror; **-t,** *adj.* horrified,
terrified.
forfølge, *v. t.* chase, pur-
sue; pester; persecute;
haunt; follow up; **-lse,** *s.*
chase, pursuit; persecu-
tion; **-lsesvanvid,** *s., med.*
persecution mania, para-
noia.
forføre, *v. t.* seduce; **-lse,** *s.*
seduction; **-nde, -risk,**
adj. seductive.
forgabet, *adj.* infatuated;
besotted.
for|give, -give, *v. t.* poison;
-giftning, *s.* poisoning.
forglem|me, *v. t.* forget;
ikke at ~, last but not
least; not forgetting;
-melse, *s.* oversight;
-migej, *s., bot.* forget-me-
not.
forgodtbefindende, *s. efter*
~, at pleasure, at one's
discretion.
forgribe, *v. refl.* ~ *sig på,*
make free with; lay
hands on; assault.
forgude, *v. t.* idolize.
forgyld|e, *v. t.* gild; **-t,** *adj.*
gilt.
forgængelig, *adj.* perish-
able; transitory.

forgænger, *s.* predecessor.
forgæves, *adj.* vain; *adv.* in
vain.
forgå, *v. t.* perish; *ved at* ~
af skam, dying with
shame.
forgårs, *s. i* ~, the day
before yesterday.
forhadt, *adj.* hated.
forhal, *s.* hall, vestibule.
forhale, *v. t.* delay.
forhammer, *s.* sledge
hammer.
forhandl|e, *v. i.* negotiate;
deal in; discuss; **-er,** *s.*
negotiator; dealer; agent;
-ing, *s.* negotiation, *T*
talk; sale; discussion;
bargaining; **-ingsproto-
kol,** *s.* minutes.
forhaste, *v. refl.* ~ *sig,* be
rash, be over-hasty; **-t,**
adj. rash, hasty; prema-
ture.
forhekse, *v. t.* bewitch;
charm.
forhen, *adv.* formerly;
-værende, *adj.* former,
late; ex-.
forhindr|e, *v. t.* prevent;
hinder; **-ing,** *s.* preven-
tion; obstacle; *-sløb, s.,
sport.* obstacle race.
forhippet, *adj.* ~ *på,* keen
on, eager to.
forhistorisk, *adj.* prehis-
toric.
forhjul, *s.* front wheel.
forhold, *s.* conditions, cir-
cumstances, situation;
scale, proportion, ratio;
relations, relationship;
matter, fact; *have et* ~ *til,*
have an affair with; *have
et godt* ~ *til,* be on good
terms with; *i* ~ *til,* com-
pared to; **-e,** *v. refl.* ~ *sig,*
behave; do; be; **-smæs-
sig,** *adj.* proportional;
relative; **-sord,** *s., gram.*
preposition; **-sregel,** *s.*

measure, precaution; -stalsvalg, s. proportional representation; -svis, adv. relatively; comparatively.

forhud, s., anat. foreskin, prepuce.

forhæng, s. curtain.

forhærdet, adj. inveterate; hardened, callous.

forhøj|e, v. t. raise; increase; -ning, s. rise; platform, dais.

forhør, s. examination; interrogation, inquiry; -e, v. t. examine; interrogate; question; ~ sig, enquire, ask.

forhåbentlig, adv. I hope, hopefully.

forhånd, s., sport. forehand; (kort) lead; på ~, beforehand, in advance; -enværende, adj. available; present.

forinden, adv. before; previously; konj. before.

forjaget, adj. rushed, hurried; harassed.

fork, s. pitchfork.

forkalket, adj., med. sclerotic; senile.

forkaste, v. t. reject; -lig, adj. objectionable; reprehensible.

forkert, adj. wrong; adv. wrong(ly); mis-.

forklar|e, v. t. explain; -ing, s. explanation; evidence; -lig, adj. explicable.

forklejne, v. t. disparage, belittle.

forkludre, v. t. bungle, mismanage, make a mess of.

forklæd|e, s. apron; pinafore; v. t. disguise; -ning, s. disguise.

forkommen, adj. famished, perished, exhausted.

forkorte, v. t. shorten, abridge, abbreviate; -lse, s. abridgement, abbreviation.

forkullet, adj. charred.

forkynde, v. t. announce, proclaim; rel. preach.

forkæle, v. t. spoil, pamper; -t, adj. spoilt.

forkæmper, s. champion; advocate.

forkærlighed, s. partiality.

forkøb, s. komme i -et, forestall; anticipate; -s-ret, s. first refusal; preemption; option.

forkøle|lse, s. cold, chill; -t, adj. blive ~, catch (a) cold; være ~, have a cold.

forkørselsret, s. right of way.

forlad|e, v. t. leave, quit; desert, abandon; -else, s. pardon, forgiveness; om ~ ! I'm sorry! -t, adj. deserted; abandoned.

forlag, s. publishing house; -sboghandler, s. publisher; -sredaktør, s. publishing editor; -sret, s. copyright.

forlange, v. t. ask (for), demand; require, claim; charge; expect; -nde, s. demand, request.

forleden, adj. ~ dag, the other day.

forlegen, adj. shy, selfconscious; -hed, s. shyness; trouble; difficulty.

forlig, s. compromise, deal, agreement; reconciliation; -e, v. t. reconcile; -es, v. i. agree, get on; -skommission, s. conciliation board; -smand, s. mediator; conciliation officer.

forlis, s. shipwreck; -e, v. i. be shipwrecked.

forloren, *adj.* false, mock, sham, bogus.

forlove, *v. refl.* ~ *sig,* get engaged; **-de,** *s.* fiancé(e); **-lse,** *s.* engagement; **-r,** *s.* best man; **-t,** *adj.* engaged.

forlydende, *s.* report, rumour.

forlygte, *s.* headlight.

forlyste, *v. t.* amuse; entertain; **-lse,** *s.* amusement, entertainment.

forlægge, *v. t.* mislay; remove, transfer; publish; **-r,** *s.* publisher.

forlænge, *v. t.* lengthen; extend; prolong; **-lse,** *s.* extension; lengthening.

forlængst, *adv.* long ago.

forlæns, *adv.* forward(s).

forløb, *s.* course; progress; sequence; *inden et års* ~, within a year; **-e,** *v. i.* pass; go; *v. refl.* ~ *sig,* forget oneself, be carried away; **-er,** *s.* forerunner.

forløse, *v. t.* release; deliver; *rel.* redeem; **-ning,** *s.* redemption; delivery.

form, *s.* form; shape; kind; mould; tin; *i fin* ~, in good shape; *i* ~ *af,* in the shape of; **-alitet,** *s.* formality.

formand, *s.* chairman, president; foreman; **-skab, -spost,** *s.* presidency, chairmanship.

formane, *v. t.* admonish, warn; **-lse,** *s.* admonition, warning.

formaste, *v. refl.* ~ *sig,* presume to; **-lig,** *adj.* presumptuous.

format, *s.* size, scale; format; calibre; standing.

forme, *v. t.* form, fashion, shape; mould.

formedelst, *præp.* for; by means of.

formel, *s.* formula; *adj.* formal.

formelig, *adv.* positively, literally, downright.

formentlig, *adv.* presumably, I believe, I think.

formere, *v. t.* form; increase; multiply; *v. refl.* ~ *sig,* reproduce; breed; multiply.

formfuldendt, *adj.* elegant, impeccable.

formgiv|e, *v. t.* design; **-er,** *s.* designer; **-ning,** *s.* design.

formiddag, *s.* morning; *i -(s),* this morning.

formidl|e, *v. t.* effect; promote; arrange; communicate; **-ing,** *s.* arrangement; communication; promotion.

formilde, *v. t.* soothe, calm, appease, mitigate; *-nde omstændigheder, s. pl.* mitigating circumstances.

formindske, *v. t.* diminish, lessen, reduce.

formning, *s.* forming, shaping; *(fag)* art.

formod|e, *v. t.* suppose, presume; **-entlig,** *adv.* probably, presumably; **-ning,** *s.* supposition; guess; theory.

formue, *s.* capital; fortune; property; **-nde,** *adj.* affluent, wealthy.

formular, *s.* form, formula.

formulere, *v. t.* express; word; formulate.

formynder, *s.* guardian.

formørke, *v. t.* darken, obscure; **-lse,** *s.,* *astr.* eclipse.

formå, *v. t.* be able to; induce, persuade.

formål, *s.* purpose, object, aim; **-sløs,** *adj.* pointless, aimless; **-stjenlig,** *adj.*

expedient, suitable.

fornavn, *s.* Christian name, first name.

forneden, *adv.* below, at the bottom.

fornem, *adj.* noble, distinguished.

fornemme, *v. t.* feel, sense; perceive; **-lse,** *s.* feeling; sensation.

fornuft, *s.* reason; *sund ~,* common sense; **-ig,** *adj.* reasonable; sensible.

forny, *v. t.* renew; renovate; replace; **-else,** *s.* renewal; renovation; replacement.

fornægte, *v. t.* deny; disown.

fornærme, *v. t.* insult, offend; **-lse,** *s.* insult, offence, affront; **-t,** *adj.* insulted, offended; *T* in a huff, miffed.

fornøden, *adj.* necessary.

fornøje, *v. t.* please; amuse; delight; **-lig,** *adj.* amusing; pleasant, delightful; **-lse,** *s.* pleasure; amusement; *god ~ !* have a good time! **-t,** *adj.* happy; pleased, content.

forord, *s.* preface; foreword.

foroven, *adv.* above, at the top.

forover, *adv.* forward.

forpagte, *v. t.* rent, farm, take lease of; *~ bort,* lease; **-r,** *s.* tenant.

forpeste, *v. t.* infect, poison.

forpint, *adj.* tortured, racked.

forpjusket, *adj.* rumpled, tousled.

forplant|e, *v. refl. ~ sig,* breed, reproduce; *fig.* spread; travel; **-ning,** *s.* reproduction; transmission.

forplejning, *s.* board, keep, food.

forpligte, *v. t.* bind; *v. refl. ~ sig,* commit oneself; **-lse,** *s.* obligation, commitment; **-t,** *adj.* bound.

forplumre, *v. t.* muddle, make a mess of.

forpost, *s., mil.* outpost.

forpurre, *v. t.* frustrate, thwart; prevent.

forpustet, *adj.* breathless.

forrest, *adj.* foremost, front; *adv.* in front, first.

forret, *s., kul.* first course, starter; priority.

forretning, *s.* business; deal, transaction; shop, *U.S.* store; **-sdrivende,** *s.* businessman; shopkeeper; **-sgang,** *s.* routine; procedure; **-smand,** *s.* businessman; **-smæssig,** *adj.* businesslike; business; **-srejse,** *s.* business trip.

forrette, *v. t.* perform; do; *~ sin nødtørft,* relieve nature.

forrige, *adj.* previous; *~ uge,* last week.

forringe, *v. t.* reduce; depreciate; **-lse,** *s.* reduction; depreciation.

forrude, *s.* windscreen.

forrygende, *adj.* furious; *fig.* fantastic.

forrykke, *v. t.* disturb, dislocate.

forrykt, *adj.* crazy, mad.

forræder, *s.* traitor; **-i,** *s.* treason; treachery; **-isk,** *adj.* treacherous.

forråd, *s.* store, stock; supply.

forråde, *v. t.* betray; give away.

forrådnelse, *s.* putrefaction, rot.

forsagt, *adj.* timid; despondent.

forsalg, *s.* advance sale.

forsaml|e, *v. t.* gather; ~ *sig,* meet, assemble; **-ing,** *s.* meeting, gathering; assembly; audience; crowd, *T*lot; *-shus, s.* village hall.

forsatsvinduer, *s. pl.* double glazing.

forse, *v. refl.* ~ *sig,* offend, do wrong; **-else,** *s.* offence.

forsegle, *v. t.* seal (up).

forsendelse, *s.* sending; shipment; consignment; item of mail; parcel.

forside, *s.* front, face; front page.

forsigtig, *adj.* careful; cautious; prudent; gentle; guarded; **-hed,** *s.* care; caution; **-hedsregel,** *s.* precaution.

forsik|re, *v. t.* insure; assure; **-ring,** *s.* insurance; assurance; **-ringspolice,** *s.* insurance policy; **-ringsselskab,** *s.* insurance company.

forsin|kelse, *s.* delay; **-ke,** *v. t.* delay; **-ket,** *adj.* late, behind time; overdue.

forskanse, *v. t.* entrench, barricade, ensconce.

forsk|e, *v. t. & i.* do research; **-er,** *s.* researcher, research worker; scientist; scholar; **-ning,** *s.* research.

forskel, *s.* difference; **-lig,** *adj.* different; distinct; *-e,* different; various.

forskrift, *s.* directions; regulation.

forskrække, *v. t.* frighten, scare; **-lse,** *s.* fright; **-t,** *adj.* frightened, scared.

forskræmt, *adj.* scared.

forskud, *s.* advance.

forskærerkniv, *s.* carving knife.

forskåne, *v. t.* spare.

forslag, *s.* proposal; motion; *parl.* bill.

forslidt, *adj.* worn-out; *fig.* hackneyed, trite.

forslå, *v. i.* suffice; go a long way; be enough.

forslået, *adj.* bruised, battered.

forsmag, *s.* foretaste.

forsmå, *v. t.* disdain; refuse.

forson|e, *v. t.* reconcile; **-ing,** *s.* reconciliation; **-lig,** *adj.* conciliatory.

forsorg, *s.* care; *social* ~, welfare.

forspand, *s.* team.

forspil, *s.* prelude.

forspilde, *v. t.* waste.

forspring, *s.* lead; head start.

forstad, *s.* suburb; *-s, adj.* suburban.

forstand, *s.* intellect; intelligence; mind; reason; sense; *have* ~ *på,* know about; **-ig,** *adj.* sensible; intelligent.

forstander, *s.* principal; headmaster, headmistress; director.

forstavelse, *s., gram.* prefix.

forstavn, *s., naut.* bow.

forsten|e, *v. t.* petrify; fossilize; **-et,** *adj.* petrified; fossilized; *fig.* paralysed; **-ing,** *s.* fossil.

forstille, *v. refl.* ~ *sig,* dissemble; sham, simulate.

forstmand, *s.* forester.

forstokket, *adj.* obdurate.

forstoppe, *v. t.* choke up; block (up); *med.* constipate; **-lse,** *s.* constipation.

forstrække, *v. t., med.* strain; *fig.* advance.

forstue, *s.* hall.

forstuv|e, *v. t., med.* sprain; **-ning,** *s.* sprain.

forstvæsen, s. forestry.

forstyrre, v. t. disturb; interrupt; disorganize; upset; **-lse,** s. disturbance; **-t,** adj. confused; flustered; crazy.

forstærk|e, v. t. strengthen; reinforce; increase; amplify; **-er,** s., radio. amplifier; **-ning,** s. reinforcement, strengthening.

forstørre, v. t. enlarge; **-lse,** s. enlargement; **-lsesglas,** s. magnifying glass.

forstøve, v. t. atomize; **-r,** s. atomizer.

forstå, v. t. & i. understand; realize; **-elig,** adj. intelligible; comprehensible; understandable; **-else,** s. understanding; **-ende,** adj. understanding.

forsvar, s. defence; **-e,** v. t. defend; **-er,** s. defender; jur. counsel for the defence; **-lig,** adj. defensible, justifiable; secure; **-svåben,** s. defensive weapon.

forsv|inde, v. i. disappear, vanish; go away; get lost; **-undet,** adj. lost; missing.

forsyn, s. providence;

forsyn|e, v. t. supply, furnish, provide; ~ sig, help oneself; **-ing,** s. supply; **-er,** pl. supplies, provisions.

forsæt, s. purpose, intention; med ~, on purpose; **-lig,** adj. intentional, deliberate; wilful.

forsøg, s. attempt; trial; test, experiment; mislykket ~, failure; **-e,** v. t. & i. try, attempt; **-sdyr,** s. laboratory animal; **-skanin,** s., fig. guinea-pig.

forsøm|me, v. t. neglect, omit; miss; be absent; **-melse,** s. neglect; absence; **-t,** adj. neglected; dilapidated.

forsørge, v. t. support; keep, provide for; **-lse,** s. maintenance, support; **-r,** s. breadwinner; enlig ~, single parent.

forsåle, v. t. sole.

fort, s. fortress, fort.

fortabt, adj. lost; dejected.

fortage, v. refl. ~ sig, wear off; die down.

fortale, v. refl. ~ sig, give oneself away; make a slip of the tongue.

fortegn, s., mus. key signature; mat. sign; med modsat ~, fig. (in) reverse.

fortegnelse, s. list, inventory, catalogue.

fortid, s. past; gram. the past (tense).

fortie, v. t. keep secret; suppress; be silent about.

fortil, adv. in front.

fortilfælde, s. precedent.

fortjen|e, v. t. deserve, merit; earn; **-este,** s. profit, earnings; merit; det er hans ~, it is due to him; **-t,** adj. gøre sig ~ til, deserve.

fortløbende, adj. consecutive.

fortolde, v. t. pay duty on; declare.

fortolk|e, v. t. interpret; **-er,** s. interpreter; **-ning,** s. interpretation.

fortone, v. refl. ~ sig, fade out of sight.

fortov, s. pavement; U. S. sidewalk.

fortrin, s. advantage; **-lig,** adj. superior, excellent; **-sret,** s. priority; **-svis,** adv. chiefly; preferably.

fortrolig, adj. confidential;

intimate; familiar; **-hed,** *s.* confidence.

fortrop, *s., mil.* vanguard.

fortrukken, *adj.* distorted; contorted.

fortryde, *v. t.* regret; **-lse,** *s.* regret; annoyance; resentment.

fortryllende, *adj.* charming, enchanting.

fortræd, *s.* harm; *gøre én* ~, harm sby, hurt sby.

fortræffelig, *adj.* excellent.

fortrække, *v. i.* go away; retire; *v. t.* distort, twist; *ikke* ~ *en mine,* not turn a hair; keep a straight face.

fortrænge, *v. t.* drive out; crowd out; oust; displace; *fig.* repress.

fortsat, *adj.* continuous; continued; *adv.* constantly; still.

fortsætte, *v. t. & i.* continue, go on; **-lse,** *s.* continuation.

fortvivle, *v. i.* despair; **-lse,** *s.* despair; **-t,** *adj.* despairing, in despair.

fortynd|e, *v. t.* dilute; thin; **-er,** *s.* thinner; **-ning,** *s.* dilution.

fortæl|le, *v. t.* tell, relate; narrate; **-ling,** *s.* story, tale.

fortære, *v. t.* consume; devour.

fortærsket, *adj.* trite, hackneyed.

fortøje, *v. t.* moor.

fortørnet, *adj.* angry, infuriated.

forud, *adv.* in advance; ahead; **-anelse,** *s.* presentiment; **-bestemt,** *adj.* predestined; predetermined; **-bestille,** *v. t.* book, reserve; order in advance; **-betalt,** *adj.* prepaid; **-e,** *adv.* ahead;

-en, *præp.* besides; **-fattet,** *adj.* preconceived; **-gående,** *adj.* previous; **-sat,** *adj.* provided; **-se,** *v. t.* foresee; **-sige,** *v. t.* predict; **-sætning,** *s.* assumption; condition; basis; *-er, pl.* background; qualifications; **-sætte,** *v. t. & i.* presuppose; assume; imply; depend on.

forulempe, *v. t.* molest.

forulykke, *v. i.* crash; be wrecked; have an accident; be killed.

forunderlig, *adj.* strange; singular; odd; wonderful, marvellous.

forundr|e, *v. refl.* ~ *sig,* wonder, be surprised; **-et,** *adj.* surprised; **-ing,** *s.* surprise.

foruren|e, *v. t.* pollute; contaminate; **-ing,** *s.* pollution.

foruroligende, *adj.* disturbing, alarming.

forvalt|e, *v. t.* manage, administer; **-er,** *s.* manager, steward; (farm) bailiff; **-ning,** *s.* administration.

forvandl|e, *v. i.* change; transform; ~ *sig,* change; **-ing,** *s.* change; transformation.

forvaring, *s.* keeping; custody.

forvej, *s. i -en,* beforehand; ahead; already.

forveksle, *v. t.* mistake; confuse; mix up.

forvent|e, *v. t.* expect; **-ning,** *s.* expectation.

forvilde, *v. refl.* ~ *sig,* lose one's way.

forvir|re, *v. t.* confuse; **-ring,** *s.* confusion.

forvis|e, *v. t.* exile; deport; **-ning,** *s.* exile.

forvisse, *v. refl.* ~ *sig om,* make sure.

forvolde, _v. t._ cause, bring about.

forvride, _v. t._ twist; distort.

forvrænge, _v. t._ distort; misrepresent.

forvrøvlet, _adj._ confused, muddled.

forvænt, _adj._ spoilt.

forvær|re, _v. t._ aggravate, make worse; impair; **-ring,** _s._ worsening; aggravation.

forynge, _v. t._ rejuvenate.

forældet, _adj._ obsolete; out of date, outdated.

forældre, _s. pl._ parents; **-løs,** _adj._ orphan(ed); **-myndighed,** _s._ custody.

forær|e, _v. t._ give; make a present of; **-ing,** _s._ gift, present.

forøge, _v. t._ increase; **-lse,** _s._ increase.

forår, _s._ spring.

forårsage, _v. t._ cause, bring about.

fos, _s._ waterfall; cataract; **-se,** _v. i._ gush, pour.

fos|fat, _s., kem._ phosphate; **-for,** _s._ phosphorus.

fost|er, _s._ embryo; foetus; **-re,** _v. t._ produce.

foto, _s._ photo; **-celle,** _s._ photoelectric cell; **-graf,** _s._ photographer; _TV._ cameraman; **-grafere,** _v. t. & i._ photograph; **-grafi,** _s._ photograph, photo; **-grafiapparat,** _s._ camera; **-kopi,** _s._ photocopy, xerox.

fr, (fk.f. frøken el. fru), Ms.

fra, _præp._ from; off; since; _adv._ off.

fradrag, _s._ deduction; allowance; **-e,** _v. t._ deduct; **-sberettiget,** _adj._ tax-deductible.

fragt, _s._ freight; carriage; cargo; **-e,** _v. t._ carry; **-gods,** _s._ goods; **-mand,** _s._

carrier; **-skib,** _s._ freighter; **-vogn,** _s._ carrier's van.

frakke, _s._ coat.

frakørsel(svej), _s._ exit, slip road.

fralandsvind, _s._ off-shore wind.

fralægge, _v. refl._ ~ _sig,_ disclaim; refuse to take on.

frank|ere, _v. t._ stamp; **-o,** _adv._ postage free.

Frankrig, _s._ France.

fransk, _s. & adj._ French; **-brød,** _s., kul._ white bread; **-e kartofler,** _s. pl., kul._ crisps, _U.S._ chips; **-mand,** _s._ Frenchman; ~ **visit,** _s._ flying visit.

fraregnet, _adv._ excluding, apart from.

fraråde, _v. t._ dissuade; advise against.

frase, _s._ phrase; empty phrase, cliché.

frasige, _v. refl._ ~ _sig,_ renounce.

fraskilt, _adj._ divorced.

fraskrive, _v. refl._ ~ _sig,_ renounce.

frastødende, _adj._ repulsive; forbidding.

fratage, _v. t._ deprive of.

fratræde, _v. t. & i._ retire (from); resign.

fravær, _s._ absence; **-ende,** _adj._ absent; _fig._ absentminded.

fred, _s._ peace; _lade være i_ ~, leave alone; **-e,** _v. t._ preserve; protect; **-elig,** _adj._ peaceful; peaceable; **-løs,** _adj._ outlawed; **-ning,** _s._ preservation; **-sbevarende,** _adj._ peacekeeping; **-sbevægelse,** _s._ peace movement; **-sdommer,** _s._ justice of the peace; **-sommelig,** _adj._ peaceable.

fredag, _s._ Friday.

fregat, s. frigate.
fregne, s. freckle; **-t**, adj. freckled.
frejdig, adj. cheerful; dauntless.
frekven|s, s. frequency; **-tere**, v. t. frequent.
frels|e, s. rescue; salvation; v. t. save; rescue; **-er**, s. saviour; **-t**, adj. saved, rescued; self-righteous.
frem, adv. forward(s); on; out.
fremad, adv. forward(s); on; ahead; **-skridende**, adj. progressive, advancing; **-stræbende**, adj. ambitious, up-and-coming.
frembringe, v. t. produce, make; generate; **-lse**, s. production; product.
frembrud, s. outbreak; mørkets ~, nightfall; efter mørkets ~, at night.
frembyde, v. t. present, offer.
fremdrage, v. t. point out, call attention to.
fremdrift, s. propulsion; fig. energy, enterprise.
fremelske, v. t. promote; encourage.
fremfor, præp. before; rather than; ~ alt, above all.
fremfusende, adj. impetuous.
fremføre, v. t. advance; state; present.
fremgang, s. progress, advance, headway; success; **-småde**, s. method; procedure.
fremgå, v. i. appear.
fremherskende, adj. predominant, prevailing.
fremhæve, v. t. accentuate; show off; set off; emphasize, stress.
fremkalde, v. t. cause; in-

duce; bring about; evoke; fot. develop; teat. give a call; **-lse**, s. development; curtain call.
fremkomme, v. i. appear; ~ med, advance, put forward; **-lig**, adj. passable.
fremleje, v. t. sublet.
fremlægge, v. t. produce; present; submit.
fremme, s. advancement; adv. in front; out; on view; in the news; ahead; about; v. t. further, forward, promote; advance.
fremmed, s. stranger; foreigner; visitor; adj. foreign; alien; strange; **-arbejder**, s. foreign worker, immigrant worker; **-gørelse**, s. alienation; **-legeme**, s. foreign body; **-ord**, s. foreign word; **-politiet**, s. the Aliens Police; **-sprog**, s. foreign language.
fremmelig, adj. advanced, forward; precocious.
fremmest, adv. først og ~, first and foremost, primarily.
fremover, adv. ahead; in the future.
fremragende, adj. prominent, outstanding.
fremsende, v. t. forward; send.
fremsige, v. t. recite.
fremskaffe, v. t. procure.
fremskreden, adj. advanced.
fremskridt, s. progress.
fremskynde, v. t. hasten, accelerate; speed up.
fremspring, s. projection.
fremstil|le, v. t. make, produce; describe; represent; **-ing**, s. production; representation; account.
fremstød, s. drive, thrust, offensive; campaign.

fremsætte, v. t. propose, put forward; introduce.

fremtid, s. future; **-ig**, adj. future.

fremtrylle, v. t. conjure up.

fremtrædende, adj. prominent, conspicuous; distinctive.

fremture, v. i. ~ i, persist in, persevere in.

fremtvinge, v. i. force.

fremvise, v. t. exhibit, show; **-er**, s., film. projector; **-ning**, s. show, presentation.

fri, adj. free; disengaged; available; v. i. propose; holde ~, take time off; ude i det ~, out in the open (air); jeg vil helst være ~, I would rather not.

friaften, s. evening off.

fridag, s. day off; holiday.

frier, s. suitor; **-i**, s. proposal.

frigive, v. t. (set) free, release; emancipate; legalize.

frigjort, adj. emancipated; liberated.

frigørelse, s. emancipation; liberation.

frihed, s. freedom, liberty; leisure; licence; **-skamp**, s. struggle for liberty; resistance; **-skæmper**, s. patriot, resistance fighter; freedom-fighter.

frihjul, s. free wheel; køre på ~, coast.

frikadelle, s., kul. rissole; fig. ham.

frikassé, s., kul. stew.

frikende, v. t. acquit; **-lse**, s. acquittal.

frikvarter, s. break, recess, interval.

frilandsmuseum, s. open-air museum.

frilufts-, adj. outdoor;

open-air.

frimodig, adj. frank, open; cheerful.

frimurer, s. freemason.

frimærke, s. stamp; **-automat**, s. stamp machine; **-hæfte**, s. book of stamps.

frisag, s. klare ~, get off, be in the clear.

frisere, v. t. comb; ~ sig, comb one's hair.

frisindet, adj. broad-minded, liberal.

frisk, adj. fresh, fit; well; lively, cheerful; **-e**, v. t. & i. ~ op, refresh; freshen up; brush up.

frist, s. time, respite; deadline.

friste, v. t. tempt; **-lse**, s. temptation; **-nde**, adj. tempting.

fristed, s. haven; refuge; sanctuary.

frisure, s. hairdo; **-ør**, s. hairdresser.

fritage, v. t. exempt, excuse.

fritid, s. leisure (time), spare time; **-sbeskæftigelse**, s. hobby; spare-time occupation; **-shjem**, s. after-school centre; **-shus**, s. weekend cottage.

fritte, s., zoo. ferret; v. t. ~ ud, pump, question.

friturestege, v. t. & i. deep-fry.

frivillig, s. volunteer; adj. voluntary.

frk. (fk.f. frøken), Miss.

frodig, adj. vigorous; fertile; buxom.

frokost, s. lunch, luncheon; **-pause**, s. lunch break.

from, adj. pious; gentle, meek; **-hed**, s. piety.

fromme, s. på lykke og ~, at random, haphazardly.

front, s. front; *gøre ~ mod,* face; **-al,** *adj.* frontal; head-on.

frost, s. frost; **-boks,** s. freezer; **-vejr,** s. frosty weather; **-væske,** s. anti-freeze.

frotté, s. towelling, terry cloth; **-re,** *v. t.* rub.

fru, s. Mrs; **-e,** s. mistress; wife; madam.

frugt, s. fruit; *fig.* product, fruit(s); **-bar,** *adj.* fertile; **-barhed,** s. fertility; **-handler,** s. fruiterer; **-have,** s. orchard; **-kød,** s. fruit pulp; **-saft,** s. fruit juice; **-sommelig,** *adj.* pregnant; **-træ,** s. fruit tree.

frustreret, *adj.* frustrated.

fryd, s. joy, delight; **-e,** *v. t.* delight; *~ sig over,* enjoy; gloat over; **-efuld,** *adj.* joyful, delightful.

frygt, s. fear, dread; **-e,** *v. t.* fear, dread, be afraid of; **-elig,** *adj.* frightful, terrible, dreadful; **-indgydende,** *adj.* terrifying; **-som,** *adj.* timid.

frynse, s. fringe; **-gode,** s. fringe benefit.

fryse, *v. i.* freeze; be cold; **-punkt,** s. freezing point.

fræk, *adj.* cheeky; impudent; daring; fresh; **-hed,** s. cheek, impudence; daring.

fræse, *v. t., mek.* mill, cut; *~ af sted, T* tear along.

frø, s., *zoo.* frog; *bot.* seed; **-mand,** s. frogman.

frøken, s. miss, young lady; *(tiltale)* Miss.

fråde, s. froth, foam.

frådse, *v. i.* gorge; **-ri,** s. gluttony; waste.

fuge, s. joint; notch; *v. t. & i.* joint.

fugl, s., *zoo.* bird; **-ebur,** s.

bird-cage; **-eflugtslinie,** s. bee line; *i ~,* as the crow flies; **-enæb,** s. bill; beak; **-erede,** s. bird's nest; **-eskræmsel,** s. scarecrow; **-etræk,** s. migration.

fugt, s. moisture; damp; **-e,** *v. t.* moisten, make wet, damp; **-ig,** *adj.* moist, damp; **-ighed,** s. dampness, humidity; *-screme,* s. moisturizer; *-småler,* s. hygrometer.

fuld, *adj.* full; crowded; drunk; **-automatisk,** *adj.* fully automatic; **-blods,** *adj.* thoroughbred.

fuldbyrde, *v. t.* accomplish; consummate.

fuldend|e, *v. t.* complete, finish; **-t,** *adj.* complete; perfect.

fuldkorn, s., *kul.* wholemeal; whole grain.

fuldmagt, s. power of attorney; authority; proxy.

fuldmægtig, s. head clerk; principal.

fuldmåne, s. full moon.

fuldskab, s. drunkenness.

fuldskæg, s. full beard.

fuldstændig, *adj.* complete; perfect; *adv.* completely; entirely; utterly.

fuldtallig, *adj.* complete.

fuldtids-, *adj.* full-time.

fuldtræffer, s. direct hit.

fum|le, *v. i.* fumble; fiddle; **-melfingret,** *adj.* butterfingered.

fund, s. find; bargain.

fundament, s. foundation, base; basis; **-al,** *adj.* fundamental.

fundere, *v. i.* found, base; ponder.

fungere, *v. i.* act; work; function.

funkle, *v. i.* sparkle, glitter.

funktion, s. function; duty; functioning.

funktionær, s. white-collar worker; office worker, clerk; official.

fup, s. cheat; trickery, hanky-panky; **-pe,** v. i. cheat.

fure, s. furrow; groove; line.

fus, s. *tage -en på dem,* take them by surprise; **-e,** v. i. ~ *ud,* fizzle out.

fusion, s. merger; **-ere,** v. t. & i. merge.

fuske, v. i. bungle; ~ *med,* dabble in; **-ri,** s. bungling; cheating.

fut, s. go, pep; *sætte ~ i,* jazz up.

fy, *int.* ugh! shame!

fyge, v. i. drift.

fyld, s. stuffing; filling; rubbish; **-e,** s. abundance; wealth; v. t. fill; stuff; take up room; **-epen,** s. fountain pen; **-est,** s. satisfaction; *-gørende, adj.* adequate; **-ig,** adj. plump; copious; full-bodied; **-t,** adj. full; filled.

fylding, s. panel.

Fyn, s. Funen; **fynbo,** s. native of Funen.

fyndig, adj. pithy; terse.

fyr, s. fellow, chap, bloke; light; lighthouse; *bot.* pine, deal; **-aften,** s. closing time, T knocking-off time; **-e,** v. t. & i. fire, heat; sack; **-ig,** adj. fiery, ardent; fervent; **-retræ,** s., *bot.* pine; *-smøbler,* s. *pl.* deal furniture; **-rum,** s. boiler room; *naut.* stokehold; **-skib,** s. lightship; **-tårn,** s. lighthouse; **-værkeri,** s. fireworks.

fyrre, *num.* forty.

fyrste, s. prince; **-inde,** s. princess.

fysik, s. physics; physique, constitution; **-ker,** s. physicist; **-sk,** adj. physical.

fysiolog, s. physiologist; **-isk,** adj. physiological.

fysioterapeut, s. physiotherapist.

fæ, s. ass, fool, idiot.

fædreland, s. native country; **-skærlighed,** s. patriotism.

fægte, v. i. fence; fight; **-er,** s. fencer; fighter; **-ning,** s., *sport.* fencing.

fæl, adj. grim, nasty.

fælde, s. trap; v. t. fell, cut down; shed; pass; moult; **-nde,** adj. damning.

fælg, s. rim, felloe.

fælle, s. fellow, companion.

fælled, s. common.

fælles, adj. common, joint; united; **-marked,** s. *-et,* the Common Market, the Community; **-skab,** s. community; *i ~,* together; **-skole,** s. coeducational school.

fænge, v. i. catch fire, kindle.

fængsel, s. prison, gaol; *U.S.* jail; **-sle,** v. t. imprison; *fig.* fascinate, absorb; **-slende,** adj. fascinating.

fænomen, s. phenomenon; **-al,** adj. phenomenal.

færd, s. journey; expedition; *fra første ~,* from the beginning; *være i ~ med,* be doing; *hvad er der på -e?* what's the matter? what's going on?

færdes, v. i. move (about); walk; travel.

færdig, adj. ready; done, finished; **-hed,** s. skill; proficiency; **-syet,** adj. ready-made.

færdsel, s. traffic; **-sloven,** s. the Road Traffic Act;

the Highway Code; **-sregler,** *s. pl.* traffic regulations; **-stavle,** *s.* traffic sign; **-uheld, -ulykke,** *s.* road accident; **-såre,** *s.* arterial road; thoroughfare.

færge, *s.* ferry.

færing, *s.* Faroese.

færre, *adj.* fewer; **-st,** *adj.* fewest.

fært, *s.* scent; *få -en af,* get wind of.

Færøerne, *s. pl.* the Faroe Islands; **færøsk,** *s. & adj.* Faroese.

fæste, *v. t.* fasten, secure, fix; ~ *sig ved,* notice.

fæstning, *s.* fortress, fort.

fætter, *s.* cousin.

føde, *s.* food; *v. t.* feed; give birth (to); support; **-afdeling,** *s.* maternity ward; **-by,** *s.* native town; **-sted,** *s.* birthplace; **-varer,** *s. pl.* provisions, victuals; *T* foodstuffs.

fødsel, *s.* birth; delivery; **-sattest,** *s.* birth certificate; **-sdag,** *s.* birthday; **-slæge,** *s.* obstetrician; **-stal,** *s.* birth rate; **-sveer,** *s. pl.* labour pains.

født, *adj.* born; née.

føj, *int.* ugh!

føje, *v. t.* humour, indulge; give in to; ~ *sammen,* put together; join; ~ *til,* add; **-lig,** *adj.* indulgent; compliant.

føjte, *v. i.* ~ *om(kring),* gad about.

føl, *s., zoo.* foal.

føle, *v. t. & i.* feel; ~ *sig,* feel; **-horn,** *s., zoo.* antenna; **-lig,** *adj.* perceptible; serious; **-lse,** *s.* feeling; emotion; **-lsesbetonet,** *adj.* emotional; **-lsesløs,** *adj.* numb.

følfod, *s., bot.* coltsfoot.

følge, *s.* succession; consequence, result; escort; *v. t. & i.* follow; succeed; accompany, escort; **-lig,** *adv.* consequently; **-nde,** *adj.* following.

føljeton, *s.* serial (story).

følsom, *adj.* sensitive.

før, *præp. & adv. & konj.* before; earlier on; sooner, rather; *ikke* ~, not until; not before.

føre, *s.* state of the roads; *v. t.* lead, guide; carry; take; carry on; **-r,** *s.* leader; guide; driver; **-rbevis,** *s.* driving licence; **-rhus,** *s.* driver's cab.

førend, *konj.* before.

føring, *s.* lead.

førlighed, *s.* health, vigour.

først, *adj.* first; *adv.* at first; not until; ~ *lige,* only just; **-efødt,** *adj.* first-born; **-ehjælp,** *s.* first aid; **-eklasses,** *adj.* first-class, first-rate; **-epræmie,** *s.* first prize; **-kommende,** *adj.* next.

førtidspension, *s.* early retirement.

få (færre, færrest), *adj.* few; a few; *v. t.* get; have, receive; obtain; acquire; catch; *på må og* ~, at random; ~ *fat på,* get hold of; catch; pick up; grasp; **-mælt,** *adj.* taciturn, silent; **-tal,** *s.* minority.

får, *s., zoo.* sheep; **-ehyrde,** *s.* shepherd; **-ekylling,** *s., zoo.* cricket; **-ekød,** *s., kul.* mutton; **-esyge,** *s., med.* mumps.

G, *s., mus.* G; ~ *-dur,* G major; ~ *-mol,* G minor.

gab, *s.* mouth; chasm; **-e,** *v. i.* yawn; gape; open one'd mouth; be wide open.

gade, s. street, road; *gå over -n,* cross the street; **-dør,** s. front door; **-kryds,** s. crossroads; **-lygte,** s. street lamp.

gaffel, s. fork.

gage, s. salary, pay.

gal, *adj.* angry; mad; wrong; crazy; **-skab,** s. madness, lunacy; rage, fury; **-t,** *adv.* wrong(ly); *komme ~ af sted,* get hurt; get into trouble.

galant, *adj.* courteous.

galde, s., *anat.* bile; gall; **-blære,** s. gall bladder; **-sten,** s., *med.* gallstone.

gale, *v. i.* crow; *~ op,* shout; **-anstalt,** s. madhouse; *S* loony bin.

galge, s. gallows.

galla, s. gala; **-dragt,** s. full dress; **-forestilling,** s. gala performance.

galleri, s. gallery.

gallupundersøgelse, s. Gallup poll; opinion poll.

galop, s. gallop; **-bane,** s. racecourse; **-ere,** *v. i.* gallop.

gamacher, s. *pl.* leggings; spats.

gammel, *adj.* old; ancient; former; second-hand; aged; stale; **-dags,** *adj.* old-fashioned.

gane, s., *anat.* palate.

gang, s. walk(ing); gait; course; pace; running; progress; time; path; passage; hall; corridor; *én ~ for alle,* once and for all; *en ~ imellem,* now and then, sometimes; *gå i ~ med,* set to work on; *komme i ~,* get started, get going; *sætte i ~,* start, set going; *to -e,* twice; *mange -e,* many times; **-sti,** s.

footpath.

gange, *v. t.* multiply.

ganske, *adv.* quite; fairly; very; absolutely; *~ vist,* certainly; of course.

garage, s. garage.

garant|ere, *v. t.* guarantee; vouch for; **-i,** s. guarantee; security.

garde, s. guard; **-r,** s. guardsman; **-re,** *v. t & i.* guard.

garderobe, s. wardrobe; cloakroom; **-skab,** s. wardrobe.

gardin, s. curtain; **-stang,** s. curtain rod, curtain rail.

garn, s. yarn; thread; wool; cotton; net.

garnere, *v. t.* trim; garnish.

garnison, s. garrison.

gartner, s. gardener; nurseryman; **-i,** s. nursery; market garden.

garve, *v. t.* tan; **-syre,** s., *kem.* tannic acid; **-t,** *adj.* tanned; *fig.* hardened.

gas, s. gas; *tage ~ på én, T* have sby on; **-apparat,** s. gas ring; **-beholder,** s. gasometer; **-blus,** s. gas jet; **-hane,** s. gas tap; **-komfur,** s. gas cooker; **-maske,** s. gas mask; **-vandvarmer,** s. gas water heater.

gase, s., *zoo.* gander.

gave, s. present, gift; **-kort,** s. gift voucher.

gavl, s. gable.

gavmild, *adj.* generous, open-handed.

gavn, s. use, benefit, good; *have ~ af,* benefit from; *gøre ~,* be useful; **-e,** *v. i.* benefit, be good for; be of use (to); **-lig,** *adj.* useful; beneficial; wholesome.

gav|strik, -tyv, s. rogue.

gaze, *s.* gauze; **-bind,** *s.* gauze bandage.

gear, *s.* gear; **-e,** *v. t. & i.* ~ *op,* change up; ~ *ned,* change down; *-t, adj., fig.* strung; **-kasse,** *s.* gear box; **-stang,** *s.* gear lever.

gebis, *s.* denture, false teeth.

gebrokken, *adj.* broken.

gebyr, *s.* fee.

ged, *s., zoo.* goat; **-ebuk,** *s.* billy-goat; **-ehams,** *s.* hornet; **-ekid,** *s.* kid.

gedde, *s., zoo.* pike.

gehør, *s.* ear; *spille efter* ~, play by ear.

gejstlig, *adj.* clerical; **-hed,** *s.* clergy.

gelé, *s., kul.* jelly.

geled, *s.* rank.

gelænder, *s.* railing; banister(s).

gemen, *adj.* low, mean.

gemme, *v. t.* hide; keep; save; **-sted,** *s.* hiding place.

gemyse, *s., kul.* vegetables.

gemyt, *s.* temper; nature; disposition; **-lig,** *adj.* jovial.

gen, *s., bio.* gene; **-splejsning,** *s.* genetic engineering.

genbo, *s.* opposite neighbour.

genbrug, *s.* recycling; **-e,** *v. t.* recycle, reuse; **-sbutik,** *s.* second-hand shop; **-sflaske,** *s.* returnable bottle.

gene, *s.* inconvenience; nuisance.

general, *s.* general; **-prøve,** *s., teat.* dress rehearsal; trial run; **-sekretær,** *s.* secretary general.

generalisere, *v. i.* generalize.

generation, *s.* generation; **-skløft,** *s.* generation gap.

genere, *v. t.* bother; disturb; annoy; hamper; ~ *sig,* be shy, feel embarrassed.

generel, *adj.* general.

genert, *adj.* shy; bashful.

genforen|e, *v. t.* reunite; **-ing,** *s.* reunion.

genfærd, *s.* ghost.

gengive, *v. t.* reproduce; represent; report; repeat.

gengæld, *s.* return; retribution; *gøre* ~, get one's own back, retaliate; *til* ~, in return; on the other hand; in turn; **-e,** *v. t. & i.* repay; return; pay back; **-else,** *s.* retaliation.

geni, *s.* genius; **-al,** *adj.* ingenious; brilliant.

genitiv, *s., gram.* the genitive.

genkalde, *v. t.* ~ *sig,* recall.

genkende, *v. t.* recognize; **-lse,** *s.* recognition.

genklang, *s.* echo; *vinde* ~, meet with sympathy.

genlyd, *s.* echo; **-e,** *v. i.* resound.

gennem, *præp.* through.

gennemblødt, *adj.* wet through, soaked.

gennembore, *v. t.* pierce.

gennembrud, *s.* breakthrough.

gennemfør|e, *v. t.* carry through; **-lig,** *adj.* practicable, feasible.

gennemgang, *s.* passage; going through (*el.* over).

gennemgribende, *adj.* thorough; radical.

gennemgå, *v. t.* go over, check; go through, undergo; **-ende,** *adj.* through; common; *adv.* generally; on average.

gennemkørsel, *s.* passage, thoroughfare; ~ *forbudt,* no thoroughfare.

gennemrejse, *s.* passage; transit.

gennemse, *v. t.* look over; revise; view.

gennemsigtig, *adj.* transparent.

gennemsnit, *s.* average; **-lig**, *adj.* average; *adv.* on average.

gennemtræk, *s.* draught.

gennemtrænge, *v. t.* penetrate, pierce.

gennemtænke, *v. t.* think out, consider thoroughly.

genop|bygge, *v. t.* rebuild; reconstruct; **-live**, *v. t.* revive, resuscitate; **-rette**, *v. t.* re-establish, restore; **-tage**, *v. t.* take up again; resume; revive; **-trykke**, *v. t.* reprint; **-træne**, *v. t.* rehabilitate.

genpart, *s.* copy.

gense, *v. t.* see again, meet again.

gensidig, *adj.* mutual, reciprocal.

genspejle, *v. t.* reflect.

genstand, *s.* object, thing; subject; drink; **-sled**, *s.*, *gram.* object.

genstridig, *adj.* obstinate, stubborn.

gensyn, *s.* meeting again, reunion; *på ~ !* see you!

gentage, *v. t.* repeat; *~ sig*, recur, happen again; **-lse**, *s.* repetition.

genudsendelse, *s.*, *TV.* repeat.

genvalg, *s.* re-election.

genvej, *s.* short cut.

genvinde, *v. t.* regain; recover; reclaim.

genvordigheder, *s. pl.* troubles.

gerne, *adv.* gladly; readily, willingly; usually; *jeg vil ~*, I should like to; *du må ~*, you may.

gerning, *s.* act, action;

work; *på fersk ~*, red-handed; **-smand**, *s.* culprit, perpetrator.

gerrig, *adj.* avaricious; stingy; **-hed**, *s.* avarice; stinginess.

gesandt, *s.* envoy; **-skab**, *s.* legation.

gesims, *s.* cornice.

geskæftig, *adj.* officious.

gest|ikulere, *v. i.* gesticulate; **-us**, *s.* gesture.

gevaldig, *adj.* tremendous, enormous.

gevind, *s.*, *mek.* thread; *gå over ~*, *fig.* go off the rails.

gevinst, *s.* profit, gain(s); prize; winnings.

gevir, *s.*, *zoo.* antlers.

gevær, *s.* gun; rifle.

gid, *adv.* I wish (that); if only.

gide, *v. t. & i.* be bothered to; feel like; *jeg gad vide*, I wonder.

gidsel, *s.* hostage.

gift, *s.* poison; *adj.* married; **-e**, *v. refl. ~ sig*, marry, get married; **-er-mål**, *s.* marriage; **-fri**, *adj.* non-poisonous; **-ig**, *adj.* poisonous; venomous; toxic; **-stof**, *s.* poison.

gigantisk, *adj.* gigantic.

gigt, *s.*, *med.* rheumatism; gout, arthritis; **-svag**, *adj.* rheumatic.

gilde, *s.* party.

gips, *s.* plaster; **-bandage**, *s.* plaster cast.

giraf, *s.*, *zoo.* giraffe.

giro, *s.* giro; **-konto**, *s.* giro account; **-kort**, *s.* giro form; giro cheque.

gispe, *v. i.* gasp.

gitter, *s.* grille, grating; grate; lattice.

give, *v. t.* give; yield; *(kort)* deal; *~ hånden*, shake hands; *~ efter*, give in, yield; ~ *igen*, give change; return; pay back; ~ *op*, give up; ~ *penge ud*, spend money; ~ *sig*, give in; groan; ~ *sig til*, start, begin; **-t**, *adj.* given; certain; *tage for* ~, take for granted; **-tvis**, *adv.* certainly, clearly.

gjalde, *v. i.* resound, ring.

gjord, *s.* girth; webbing.

glad, *adj.* happy, glad; cheerful; pleased; delighted.

glans, *s.* gloss, shine; radiance; lustre; splendour; **-billede**, *s.* coloured scrap; **-nummer**, *s.* star turn; *fig.* specialty; **-papir**, *s.* glazed paper.

glarmester, *s.* glazier.

glas, *s.* glass; jar; **-fiber**, *s.* fibre glass; **-skår**, *s.* piece of glass; broken glass.

glasur, *s.* glazing; *kul.* icing.

glat, *adv.* smooth; slippery; straight, sleek; oily; **-barberet**, **-raget**, *adj.* clean-shaven; **-strikning**, *s.* stocking stitch; **-te**, *v. t.* smooth.

glem|me, *v. t.* forget; leave; **-mebog**, *s. gå i -en*, be forgotten; **-sel**, *s.* oblivion; **-som**, *adj.* forgetful.

gletscher, *s.* glacier.

glide, *v. i.* slip; slide; glide; skid; **-bane**, *s.* slide.

glimmer, *s.* tinsel.

glimre, *v. i.* glitter; shine; **-nde**, *adj.* splendid, excellent, brilliant.

glimt, *s.* gleam, glimpse, flash.

glip, *s. gå* ~ *af*, miss; **-pe**, *v. i.* fail; blink.

glo, *v. i.* stare; gape.

globus, *s.* globe.

gloende, *adj.* redhot; ~ *varm*, burning hot.

glorie, *s.* halo.

glorværdig, *adj.* glorious.

glose, *s.* word; **-forråd**, *s.* vocabulary.

glubende, *adj.* ravenous.

glubsk, *adj.* ferocious.

glæde, *s.* joy, delight; pleasure; *v. t.* please; make happy; ~ *sig til*, look forward to; **-lig**, *adj.* happy; joyful, pleasant; ~ *jul!* merry Christmas! **-strålende**, *adj.* radiant, beaming.

glød, *s.* glow; fervour; ember; **-e**, *v. i.* glow; **-etråd**, *s., elek.* filament.

gnaske, *v. t.* munch.

gnave, *v. t. & i.* gnaw; chafe; grumble; **-n**, *adj.* cross, fretful, peevish; sulky; **-r**, *s., zoo.* rodent.

gnid|e, *v. t.* rub; **-ning**, *s.* friction; rubbing; **-sløs**, *adj., fig.* smooth.

gnidret, *adj.* cramped, close; finicky.

gnier, *s.* miser.

gnist, *s.* spark.

gnubbe, *v. t.* rub.

g-nøgle, *s., mus.* treble clef.

gobelin, *s.* tapestry.

god, *adj.* good; ~ *dag!* hello! how do you do! good morning! *(etc.)*; *vær så* ~, here you are; dinner is ready; *vær så* ~ *at*, please; **-artet**, *adj.* benign; **-e**, *s.* advantage; blessing; *have til* ~, have sth coming; **-gørenhed**, *s.* charity; **-kende**, *v. t.* sanction; approve; **-modig**, *adj.* good-natured; **-troende**, *adj.* naïve, gullible; **-villig**, *adj.* voluntary, willing.

gods, *s.* goods; property; estate, manor; **-banegård**, *s.* goods station;

-ejer, s. landowner; **-tog,** s. goods train; **-vogn,** s. goods wagon.

godt, adv. well; rather more than, a good; *kort og* ~, in short; **-er,** s. pl. sweets; **-gørelse,** s. compensation; fee; allowance.

gold, adj. barren; sterile.

golf, s., sport. golf; **-bane,** s. golf links, golf course; **-spiller,** s. golfer.

gonorré, s., med. gonorrhea.

gorilla, s., zoo. gorilla.

gotte, v. refl. ~ sig, gloat.

goutere, v. t. relish; enjoy, appreciate.

graciøs, adj. graceful.

grad, s. degree; rank; grade; shade; *i høj* ~, very; extremely; *i nogen* ~, to some extent; **-inddeling,** s. graduation; **-vis,** adj. gradual; adv. gradually, by degrees.

grafi|ker, s. (litho)graphic artist; **-sk,** adj. graphic.

gram, s. gramme.

grammatik, s. grammar.

grammofon, s. record player, gramophone; **-plade,** s. record.

gramse, v. t. & i. paw.

gran, s. bit, grain; bot., spruce, fir; **-kogle,** s. spruce cone; **-nål,** s. spruce needle; **-træ,** s. spruce, fir.

granat, s. garnet; mil. shell; **-æble,** s., bot. pomegranate.

grand danois, s., zoo. Great Dane.

grand|onkel, s. great-uncle; **-tante,** s. great-aunt.

granit, s. granite.

granske, v. t. scrutinize; examine.

gratiale, s. bonus, gratui-ty.

gratis, adj. free; adv. free of charge, for nothing.

gratulere, v. t. congratulate.

grav, s. grave, tomb; pit, ditch; moat; trench; **-e,** v. t. & i. dig; **-emaskine,** s. excavator; **-er,** s. sexton, grave-digger. **-hund,** s., zoo. dachshund; **-høj,** s. barrow; burial mound; **-skrift,** s. epitaph.

gravere, v. t. engrave.

graverende, adj. aggravating; grave.

gravid, adj. pregnant; **-itet,** s. pregnancy.

greb, s. grasp, grip; hold; handle; knob; fork; fig. knack.

grejer, s. pl. gear, things, tackle.

grel, adj. glaring, loud.

gren, s. branch, bough; twig.

grev|e, s. count; **-inde,** s. countess; **-skab,** s. county.

grib, s., zoo. vulture.

gribe, v. t. & i. catch, seize, grip, grasp, snatch; move, affect; ~ *chancen,* take an opportunity; ~ *ind,* interfere; intervene; ~ *om sig,* spread; ~ *til,* resort to; **-nde,** adj. moving; stirring.

grifle, v. t. & i. scribble.

grill|e, s. whim; fad; v. t. & i. grill; **-stegt,** adj. grilled.

grim, adj. ugly; nasty; plain, homely.

grimasse, s. grimace; *skære -r,* make faces.

grin, s. laugh; *til* ~, ridiculous; **-agtig,** adj. funny; **-e,** v. i. laugh.

gris, s., zoo. pig; **-e,** v. i. mess; ~ *sig til,* get dirty; **-eri,** s. mess; **-et,** adj.

dirty.

grisk, *adj.* greedy; **-hed,** *s.* greed.

gro, *v. i.* grow.

grosserer, *s.* wholesaler.

grotte, *s.* cave; grotto.

grov, *adj.* coarse; rough; crude; gross; rude; *i -e træk,* roughly; **-brød,** *s., kul.* wholemeal bread; **-hed,** *s.* coarseness, rudeness; **-kornet,** *adj., fig.* coarse; **-smed,** *s.* blacksmith; **-æder,** *s.* glutton.

gru, *s.* horror; **-e,** *v. i.* ~ *for,* dread; **-elig,** *adj.* awful; **-fuld,** *adj.* horrible; **-opvækkende,** *adj.* horrifying.

grube, *s.* pit, mine.

gruble, *v. i.* ponder; brood.

grums, *s.* dregs, sediment, grounds; **-et,** *adj.* muddy.

grund, *s.* ground; plot, site; soil; foundation; reason; cause; shoal; *i -en,* after all, really; *på ~ af,* because of; **-e,** *v. t.* found; establish; prime; ponder; **-ejer,** *s.* landowner; house owner; **-flade,** *s.* base; **-ig,** *adj.* thorough; radical; **-lag,** *s.* foundation, basis; **-led,** *s., gram.* subject; **-lov,** *s.* constitution; *-sforhør, s., jur.,* preliminary questioning; **-lægge,** *v. t.* found; establish; **-skyld,** *s.* land tax; **-stamme,** *s.* stock; nucleus; **-sten,** *s.* foundation stone; **-stof,** *s., kem.* element; **-tone,** *s., mus.* keynote; **-træk,** *s.* outline; characteristic (feature); **-vand,** *s.* ground water.

gruppe, *s.* group; **-arbejde,** *s.* group work; **-re,** *v. t.* group; **-rejse,** *s.* party tour.

grus, *s.* gravel; **-vej,** *s.* gravel road.

grusom, *adj.* cruel; **-hed,** *s.* cruelty.

gry, *s.* dawn; *v. i.* dawn, break.

gryde, *s.* pot; saucepan; casserole; **-lap,** *s.* kettle holder, pot holder; **-låg,** *s.* lid; **-ret,** *s., kul.* casserole; **-ske,** *s.* ladle; **-steg,** *s., kul.* pot-roast.

gryn, *s., kul.* meal; grits.

grynte, *v. i.* grunt.

græde, *v. i.* cry, weep.

Grækenland, *s.* Greece; **græker,** *s.* Greek.

græmme, *v. refl.* ~ *sig,* grieve; be vexed; **-lse,** *s.* grief; vexation.

grænse, *s.* frontier; border; boundary; *fig.* limit; *v. i.* ~ *op til,* border on; **-løs,** *adj.* boundless, infinite.

græs, *s.* grass; **-gang,** *s.* pasture; **-hoppe,** *s., zoo.* locust, grasshopper; **-kar,** *s., bot.* pumpkin; marrow; **-plæne,** *s.* lawn; **-rods-,** *adj.* grassroots; **-se,** *v. i.* graze; **-slåmaskine,** *s.* lawn mower; **-tue,** *s.* tuft of grass; **-tørv,** *s.* turf.

græsk, *s. & adj.* Greek.

grævling, *s., zoo.* badger.

grød, *s., kul.* porridge; stewed fruit; **-et,** *adj.* thick, mushy.

grøft, *s.* ditch; **-ekant,** *s.* roadside.

grøn, *adj.* green; **-kål,** *s., bot.* kale; **-skolling,** *s.* greenhorn; **-svær,** *s.* turf; **-thandler,** *s.* greengrocer; **-tsager,** *s. pl.* vegetables.

Grønland, *s.* Greenland; **grøn|landsk,** *s. & adj.* Greenland(ic); **-lænder,** *s.* Greenlander.

grå, *adj.* grey; **-håret**, *adj.*
grey-haired; **-ne**, *v. i.*
turn grey; **-sprængt**, *adj.*
with a touch of grey;
-spurv, *s., zoo.* sparrow;
-vejr, *s.* overcast.

gråd, *s.* crying, weeping;
tears.

grådig, *adj.* greedy; **-hed**,
s. greed.

gud, *s.* god; *for G~s skyld*,
for God's sake; *G~ ske
lov*, thank God; **-dom-
melig**, *adj.* divine; **-elig**,
adj. pious; religious;
sanctimonious; **-far**, *s.*
godfather; **-frygtig**, *adj.*
godfearing, pious; **-inde**,
s. goddess; **-mor**, *s.* god-
mother; **-sforladt**, *adj.*
godforsaken; **-stjeneste**,
s. (divine) service.

guf, *s.* sweets; **-fe**, *v. t. & i.*
~ i sig, stuff oneself.

guitar, *s., mus.* guitar; **-ist**,
s. guitar player.

gul, *adj.* yellow; **-sot**, *s.*,
med. jaundice.

guld, *s.* gold; **-barre**, *s.* gold
bar; **-bryllup**, *s.* golden
wedding; **-fisk**, *s., zoo.*
goldfish; **-medalje**, *s.*
gold medal; **-plombe**, *s.*
gold filling; **-randet**, *adj.*
gilt-edged; **-regn**, *s., bot.*
laburnum; **-smed**, *s.*
goldsmith; *zoo.* dragon-
fly.

gulerod, *s., bot.* carrot.

gulv, *s.* floor; **-belægning**,
s. flooring; **-bræt**, *s.* floor
board; **-klud**, *s.* floor-
cloth; **-skrubbe**, *s.* scrub-
bing brush; **-spand**, *s.*
bucket; **-tæppe**, *s.* carpet.

gumle, *v. i.* munch.

gumme, *s., anat.* gum.

gummi, *s.* rubber; **-bånd**, *s.*
rubber band, elastic
band; **-celle**, *s.* padded
cell; **-støvle**, *s.* welling-

ton.

gunst, *s.* favour; **-ig**, *adj.*
favourable.

gurgle, *v. t.* gargle.

gurkemeje, *s., kul.* tur-
meric.

gusten, *adj.* sallow, wan.

gut, *s.* boy, lad.

guvernante, *s.* governess.

guvernør, *s.* governor.

gyde, *s.* alley; *v. t. & i.*
spawn.

gylden, *adj.* golden, gold.

gyldig, *adj.* valid; **-hed**, *s.*
validity.

gylp, *s.* fly; vomit; **-e**, *v. t. &
i. (~ op)*, vomit.

gymnasium, *s.* upper sec-
ondary school; grammar
school; *U.S.* high school.

gymnastik, *s.* gymnastics,
T gym; exercises; physi-
cal education, *T* PE;
-dragt, *s.* gym suit; **-sal**, *s.*
gymnasium; **-sko**, *s.* gym
shoe.

gynge, *s.* swing; *v. t. & i.*
swing; rock; roll; **-hest**, *s.*
rocking horse; **-stol**, *s.*
rocking chair.

gynækolog, *s., med.* gyn-
aecologist.

gys, *s.* shiver, shudder;
thrill; **-e**, *v. i.* shiver,
shudder; be thrilled;
-elig, *adj.* hideous; atro-
cious; **-er**, *s.* thriller.

gysser, *s. pl., T* brass, tin.

gyvel, *s., bot.* broom.

gæld, *s.* debt; **-sbevis**, *s.*
IOU (= I owe you).

gælde, *v. t. & i.* apply; hold
good; be valid; be effec-
tive; count; concern; *~
for*, pass for; apply to;
-nde, *adj.* valid; in force;
current; *gøre ~*, assert;
maintain.

gælle, *s., zoo.* gill.

gængs, *adj.* current; pre-
valent, prevailing; com-

mon.

gær, s. yeast; **-e,** v. i. ferment; *der er noget i ~,* there is sth brewing; **-ing,** s. fermentation.

gærde, s. fence; *sport.* wicket; **-smutte,** s., *zoo.* wren.

gæst, s. guest; visitor; **-earbejder,** s. guest worker; **-etoilet,** s. extra toilet; **-eværelse,** s. spare bedroom; **-fri,** adj. hospitable; **-frihed,** s. hospitality.

gæt, s. guess; **-te,** v. t. & i. guess; *~ en gåde,* solve a riddle.

gø, v. i. bark.

gøde, v. t. & i. fertilize; **-ning,** s. manure; fertilizer; fertilization.

gøg, s., *zoo.* cuckoo.

gøgle, v. i. juggle; play the buffoon; **-r,** s. juggler; buffoon.

gøre, v. t. do; make; *~ ondt,* hurt; *det gør mig ondt,* I'm sorry; *det gør ikke noget,* it doesn't matter; *~ plads,* make room; *jeg kan ikke ~ for det,* I can't help it; *~ sig,* be a success; *~ sit,* do one's best; *~ det af med,* get rid of, dispose of; *~ efter,* imitate; *~ om,* repeat, do over again; *~ omkring,* turn (a)round; turn about; *~ op med,* settle with; *~ det ud for,* serve as.

gå, v. i. go; walk; pass; run; leave; do; be on; *hvordan -r det?* how are you? how are things? *~ af,* go off; come off; retire; resign; *hvad -r der af dig?* what is the matter with you? *~ an,* do; *~ bort,* die, pass away; *~ for,* pass for; go

for; *hvad -r der for sig?* what is going on? *~ fra,* come loose; come unstuck; leave; desert; *~ frem,* advance, go forward; make progress; proceed; *hvor -r du hen?* where are you going? *~ i,* *~ med,* wear; *~ ind,* enter, go in; *~ ind for,* go in for; *~ ind på,* *~ med til,* agree to; *~ ned,* go down; set; *~ op,* go up; open; come undone; come right; rise; *det er -et op for mig,* I have realized; *~ over,* pass (off); *~ over gaden,* cross the street; *~ ud,* go out; die; be left out; *~ ud fra,* assume; *~ ud over,* affect; *~ til,* walk faster; happen, come about; be required; be spent; affect; *~ ud på,* aim at; *det -r ud på,* the idea is; **-ende,** s. pedestrian; adj. walking, going; *holde ~,* keep going; **-gade,** s. pedestrian street; **-påmod,** s. drive, push, go; enterprise.

gåde, s. riddle; puzzle; mystery; **-fuld,** adj. mysterious, puzzling.

går, s. *i ~,* yesterday.

gård, s. yard; court(yard); playground; farm; estate; **-ejer, -mand,** s. farmer; **-have,** s. patio; **-splads,** s. yard; courtyard.

gås, s., *zoo.* goose; **-egang,** s. single file; **-ehud,** s. goose flesh; **-eøjne,** s. *pl.,* *gram.* inverted commas, quotation marks.

H, s, *mus.* B; **~-dur,** B major; **~-mol,** B minor.
habil, adj. capable, competent.

habit, *s.* suit.

had, *s.* hatred; **-e,** *v. t.* hate; **-efuld,** *adj.* spiteful.

hage, *s.* hook; *anat.* chin; *fig.* snag; **-kors,** *s.* swastika; **-smæk,** *s.* bib.

hagl, *s.* hail; shot; **-byge,** *s.* hail shower, hailstorm; **-bøsse,** *s.* shotgun; **-e,** *v. i.* hail.

haj, *s., zoo.* shark; **-tænder,** *s. pl.* give-way markings.

hak, *s.* notch, nick; chip; dent; *ikke et ~*, not a bit; *falde i ~*, fall into place, click; **-ke,** *s.* hoe; *v. t. & i.* hack, hoe; peck; chop, mince; *~ i det,* stammer; **-kebræt,** *s.* chopping board; **-kebøf,** *s., kul.* hamburger steak; **-keorden,** *s.* pecking order.

hale, *s.* tail; bottom, behind; *v. t. & i.* haul, pull; drag; *~ ind på,* gain on; **-tudse,** *s., zoo.* tadpole.

hallo, *int.* hello!

halløj, *s.* fun; row, hubbub; *int.* hello!

halm, *s.* straw; **-strå,** *s.* straw.

hals, *s., anat.* neck; throat; *det hænger mig ud af -en,* I'm fed up with it; **-betændelse,** *s., med.* laryngitis; tonsillitis; **-brækkende,** *adj.* breakneck; **-bånd,** *s.* collar; necklace; **-e,** *v. i.* bark; rush; *~ af sted,* pant along; **-hugge,** *v. t.* behead; **-kæde,** *s.* necklace; **-tørklæde,** *s.* scarf; muffler; **-udskæring,** *s.* neckline.

halt, *adj.* lame, limping; **-e,** *v. i.* limp.

halv, *adj.* half; *~ otte,* half past seven; **-anden,** *adj.* one and a half; **-cirkel,** *s.* semicircle; **-del,** *s.* half;

-fems, *num.* ninety; **-fjerds,** *num.* seventy; **-kugle,** *s.* hemisphere; **-leg,** *s., sport.* half; halftime; **-måne,** *s.* crescent, half-moon; **-node,** *s., mus.* minim; **-tag,** *s.* leanto; porch roof; **-treds,** *num.* fifty; **-vej,** *s. på -en,* half-way; **-s,** *adv.* halfway; half; **-ø,** *s.* peninsula; **-år,** *s.* six months; *-lig, adj.* half-yearly; *adv.* every six months.

ham, *s., zoo.* slough; *pron.* him.

hamle, *v. i. ~ op med,* be a match for; cope with.

ham|mer, *s.* hammer; **-re,** *v. i.* hammer.

hamp, *s., bot.* hemp.

hamster, *s., zoo.* hamster.

hamstre, *v. t. & i.* hoard.

han, *s.* he, male; cock; *pron.* he; **-kat,** *s., zoo.* tomcat; **-køn,** *s.* male sex; *gram.* the masculine; **-s,** *adj.* male; **-s,** *pron.* his.

handel, *s.* trade, commerce; traffic; business; bargain; **-sbalance,** *s.* balance of trade; **-sflåde,** *s.* merchant navy; **-sgartner,** *s.* market gardener; **-shøjskole,** *s.* commercial college; **-srejsende,** *s.* commercial traveller; **-sskib,** *s.* merchant ship; **-svare,** *s.* commodity.

handicap, *s.* handicap; **-pet,** *adj.* handicapped; disabled.

handle, *v. i.* act; trade, deal, do business; go shopping; *hvad -r det om?* what is it about? **-kraft,** *s.* energy; push, drive; **-nde,** *s.* tradesman; shopkeeper.

handling, *s.* action, act; plot, story; ceremony.

handske, s. glove; **-rum,** s. glove compartment.

hane, s. tap; *U.S.* faucet; *zoo.* cock.

hang, s. inclination; propensity.

hangarskib, s., *mil.* aircraft carrier.

hank, s. handle, ear; **-e,** *v. i.* ~ *op i,* lift, grab.

hapse, *v. t.* grab, snatch.

hare, s., *zoo.* hare; **-skår,** s., *med.* harelip.

harm|dirrende, *adj.* trembling with indignation; **-e,** s. indignation; resentment; *v. t.* make indignant, vex; **-es,** *v. i.* feel indignant; ~ *over,* resent; **-løs,** *adj.* harmless.

harmon|ere, *v. i.* harmonize, be in harmony; **-i,** s. harmony; **-isk,** *adj.* harmonious.

harmonika, s., *mus.* accordion; concertina; **-sammenstød,** s. multiple collision, *T* pile-up.

harpe, s., *mus.* harp; *fig.* bitch, harridan.

harpiks, s. resin.

harsk, *adj.* rancid.

harve, s. harrow.

hasard|eret, *adj.* rash; **-spil,** s. gambling.

hasselnød, s., *bot.* hazelnut.

hast, s. haste, hurry; **-e,** *v. i.* hasten, hurry; *-r! int.* urgent! **-ig,** *adj.* hasty; quick; **-ighed,** s. speed; *-sbegrænsning,* s. speed limit; **-værk,** s. haste; hurry.

hat, s. hat.

hav, s. sea; ocean; *et* ~, *fig.* heaps, lots; **-frue,** s. mermaid; **-skildpadde,** s., *zoo.* turtle; **-snød,** s. distress (at sea).

havari, s. loss, damage; breakdown; shipwreck.

have, s. garden; *v. t. & aux.* have; possess; have got; be; *hvad vil du* ~ *?* what do you want? ~ *imod,* mind; ~ *på,* wear; **-fest,** s. garden party; **-forening,** s. allotment society; **-gang,** s. garden path; **-låge,** s. gate.

havn, s. harbour, port; **-e,** *v. i.* land, end up; **-earbejder,** s. docker; **-eby,** s. port.

havre, s., *bot.* oats; **-gryn,** s., *kul.* oatmeal; **-grød,** s., *kul.* (oatmeal) porridge.

hebraisk, *adj.* Hebrew.

hed, *adj.* hot; **-e,** s. heat; heath, moor; **-ebølge,** s. heatwave; **-eslag,** s. heatstroke; **-vin,** s., *kul.* dessert wine.

hedde, *v. i.* be called; *hvad -r du?* what is your name?

hed|ensk, *adj.* heathen; **-ning,** s. heathen, pagan.

heftig, *adj.* violent, impetuous; acute, intense.

hegn, s. fence; hedgerow.

hejre, s., *zoo.* heron.

hejse, *v. t.* hoist; **-værk,** s. hoisting apparatus.

heks, s. witch; *gammel* ~, hag; **-e,** *v. i.* practise witchcraft; *fig.* work miracles; **-eri,** s. witchcraft, sorcery; **-eskud,** s., *med.* lumbago.

hektisk, *adj.* hectic.

hel, *adj.* whole, entire; complete; *en* ~ *del,* quite a few; *i det -e taget,* on the whole; *over det -e,* all over; **-dags-,** *adj.* fulltime; **-e,** s. whole; **-hed,** s. whole; **-skindet,** *adj.* unhurt, unscathed; **-t,** *adv.* quite, entirely, completely; altogether; totally;

fairly; **-tids-**, *adj.* full-time; **-ulden**, *adj.* pure-wool; **-årlig**, *adj.* annual.

helbred, *s.* health; constitution; **-e**, *v. t.* heal; cure; **-else**, *s.* cure; recovery; **-sattest**, *s.* health certificate.

held, *s.* luck; success; ~ *og lykke!* good luck! **-ig**, *adj.* lucky; **-igvis**, *adv.* fortunately.

helgen, *s.* saint.

helikopter, *s.* helicopter.

helle, *s.* refuge, island.

helle|fisk, *s.*, *zoo.* Greenland halibut; **-flynder**, *s.*, *zoo.* halibut.

heller, *adv.* ~ *ikke*, nor, neither, not .. either.

hellere, *adv.* rather, sooner; *jeg må* ~, I had better.

hellig, *adj.* holy; sacred; **-brøde**, *s.* sacrilege; **-dag**, *s.* holiday; **-dom**, *s.* sanctuary; **-e**, *v. t.* dedicate; devote; **-trekongersaften**, *s.* Twelfth Night; **-ånden**, *s.* the Holy Ghost, the Holy Spirit.

helme, *v. i. jeg* -*r ikke*, I won't stop; I won't be satisfied.

helse|center, *s.* health centre; **-kost**, *s.* health food.

helst, *adv.* preferably, for choice; *jeg vil* ~ *have*, I prefer; I would rather.

helt, *s.* hero; **-emodig**, *adj.* heroic; **-inde**, *s.* heroine.

helvede, *s.* hell; **-s**, *adj.* damned, infernal; a hell of a; *adv.* damned, like hell.

hemmelig, *adj.* secret; clandestine; **-hed**, *s.* secret; secrecy; **-hedsfuld**, *adj.* mysterious, secretive.

hen, *adv.* ~ *ad*, along; ~ *imod*, towards; ~ *over*, across; ~ *til*, up to; over to; round to; **-ad**, *præp.* towards; **-imod**, *præp.* towards; nearly; **-ne**, *adv. der* ~, over there; *hvor er du* ~ *?* where are you? *4 måneder* ~, 4 months gone.

henblik, *s. med* ~ *på*, concerning; against, with a view to.

hende, *pron.* her; **-s**, *pron.* her, hers.

henføre, *v. t.* refer; class; date.

hengiv|en, *adj.* devoted; *Deres* -*ne*, Yours sincerely.

henhold, *s. i* ~ *til*, with reference to; according to; **-svis**, *adv.* respectively.

henkaste, *v. t.* let fall, drop; observe casually.

henkoge, *v. t.* preserve; tin, can.

henlede, *v. t.* direct; draw.

henlægge, *v. t.* store; shelve; drop.

henrette, *v. t.* execute; **-lse**, *s.* execution.

henrivende, *adj.* charming, lovely.

henrykt, *adj.* delighted.

henseende, *s.* respect.

hensigt, *s.* intention; purpose; intent; **-smæssig**, *adj.* suitable, appropriate.

henstand, *s.* respite.

henstille, *v. i. & t.* suggest; recommend; request.

hensyn, *s.* consideration; *af* ~ *til*, because of; *med* ~ *til*, concerning; as regards; *tage* ~ *til*, consider; *uden* ~ *til*, regardless of; **-sfuld**, *adj.* considerate; **-sløs**, *adj.* inconsiderate; reckless; ruthless.

hente, *v. t.* fetch; get; pick up; collect.

hentyd|e, *v. i.* ~ *til,* refer to; hint at; **-ning,** *s.* reference; hint.

henvende, *v. t.* address, direct; ~ *sig,* enquire; apply; **-lse,** *s.* enquiry; application; communication; letter.

henvis|e, *v. t.* refer; **-ning,** *s.* reference.

her, *adv.* here; ~ *i landet,* in this country; **-af,** *adv.* from this; **-efter,** *adv.* after this; in future, from now on; **-fra,** *adv.* from here; **-hen,** *adv.* this way, (over) here; **-hjemme,** *adv.* at home, here; in this country; **-iblandt,** *adv.* including, among these; **-imod,** *adv.* against this; **-ind(e),** *adv.* in here; **-med,** *adv.* with this; so saying; **-ned(e),** *adv.* down here; **-om,** *adv.* about this; this way; **-kring,** *adv.* hereabouts; **-op(pe),** *adv.* up here; **-over, -ovre,** *adv.* over here; **-til,** *adv.* here; for this purpose; to this; **-ud(e),** *adv.* out here; **-under,** *adv.* under here; including; **-ved,** *adv.* by this; hereby.

herberg, *s.* inn; hostel.

herkomst, *s.* birth, origin.

herlig, *adj.* excellent; magnificent; glorious; wonderful.

herre, *s.* gentleman; lord; master; *H~n,* the Lord; *min ~,* sir; *mine -r!* gentlemen! **-dømme,** *s.* command; control; **-gud,** *int.* dear me! after all; **-gård,** *s.* manor house; **-mand,** *s.* squire; **-toilet,** *s.* men's room, *T* gents; **-tøj,** *s.*

men's clothes. **-værelse,** *s.* study.

herse, *v. i.* ~ *med,* order about.

herskab, *s.* master and mistress; **-elig,** *adj.* luxurious.

herske, *v. i.* rule; reign; prevail; be; **-nde,** *adj.* ruling; prevailing; **-r,** *s.* ruler; **-rinde,** *s.* mistress; **-syg,** *adj.* domineering.

hertug, *s.* duke; **-inde,** *s.* duchess.

hest, *s., zoo.* horse; *sport.* vaulting horse; *til ~,* on horseback; **-ehale,** *s.* horsetail; *fig.* ponytail; **-ekraft,** *s.* horsepower, h.p.; **-stald,** *s.* stable; **-evogn,** *s.* horse cart; **-væddeløb,** *s., sport.* horse-race.

HF, (*fk.f.* Højere Forberedelseseksamen), Higher Preparatory Examination.

hi, *s.* lair; *gå i ~, fig.* go underground; *ligge i ~,* hibernate.

hids|e, *v. t.* excite; make angry; ~ *sig op,* get excited; work oneself up; **-ig,** *adj.* hot-headed, hot-tempered; heated.

hidtil, *adv.* as yet, up to now, so far.

hige, *v. i.* ~ *efter,* aspire to; desire, crave for.

hikke, *s.* hiccup; *v. i.* hiccup; *have ~,* have the hiccups.

hilse, *v. t.* say hello; greet; *hils din kone!* give my regards to your wife! *hils hjemme!* give my love to your family! **-n,** *s.* greeting; nod; compliments, kind regards; *med venlig ~,* yours truly; yours sincerely; best regards.

himmel, s. heaven; sky; **-blå,** adj. sky-blue, azure; **-falden,** adj. amazed; **-fart,** s. Kristi H~ sdag, Ascension Day; **-legeme,** s. celestial body; **-råben-de,** adj. glaring, crying; **-seng,** s. four-poster; **-sk,** adj. heavenly; celestial; **-vid,** adj. enormous.

hinanden, pron. each other, one another; falde fra ~, go to pieces.

hindbær, s., bot. raspberry.

hinde, s. membrane; film.

hindr|e, v. t. prevent; hinder; impede, obstruct; **-ing,** s. prevention; obstacle, obstruction; hindrance.

hingst, s., zoo. stallion.

hinke, v. i. limp; play hopscotch.

hirse, s., bot. millet.

hist, adv. ~ og her, here and there.

histori|e, s. history; story; affair; **-sk,** adj. historical.

hitte, v. t. find; ~ på, think of; think up; ~ ud af, find out; make out; **-barn,** s. foundling; **-gods,** s. lost property.

hive, v. i. pull; tug; heave; v. t. ~ efter vejret, gasp, pant.

hjelm, s. helmet.

hjem, s. home; adv. home; **-ad,** adv. homeward; **-kalde,** v. t. recall; **-kundskab,** s. home economics; **-land,** s. native country; **-lig,** adj. domestic; cosy, snug, comfortable; **-me,** adv. in, at home; høre ~, belong; **-mearbejde,** s. homework; **-mebane,** s., sport. home ground; **-hjælper,** s. home help; **-melavet,**

adj. home-made; **-me-sko,** s. slipper; **-mestyre,** s. Home Rule; **-mesyge-plejerske,** s. district nurse; health visitor; **-meværn,** s. Home Guard; **-stavn,** s. home; native soil; **-sted,** s. domicile; **-ve,** s. homesickness.

hjerne, s., anat. brain; fig. brains; **-blødning,** s., med. cerebral haemorrhage; **-rystelse,** s., med. concussion; **-skade,** s., med. brain injury; **-skal,** s., anat. skull; **-vask,** s. brainwashing.

hjerte, s., anat. heart; på ~, on one's mind; **-an-fald,** s., med. heart attack; **-banken,** s., med. palpitation; **-lig,** adj. hearty; heartfelt, sincere; **-r,** s. (kort) hearts; **-skærende,** adj. heart-rending; **-slag,** s., med. heartbeat; heart failure; **-stop,** s., med. heart failure; **-tilfælde,** s., med. heart attack.

hjord, s. herd; flock.

hjort, s., zoo. deer; hart, stag; **-etaksalt,** s., kul. ammonium carbonate.

hjul, s. wheel; **-benet,** adj. bow-legged; **-damper,** s. paddle steamer; **-ege,** s. spoke; **-kapsel,** s. hub cap; **-mager,** s. wheelwright; **-nav,** s. hub; **-pi-sker,** s. (rotary) beater; **-spor,** s. wheel track; car track.

hjælp, s. help; aid, assistance, support; rescue; use; ved ~ af, by means of; **-e,** v. t. & i. help; assist, aid, support; rescue; be of use; det -r ikke, it's no good; **-eløs,** adj. helpless; **-emiddel,** s. aid; **-som,**

adj. helpful.

hjørne, *s.* corner; *fig.* humour, mood; **-spark,** *s.,* *sport.* corner; **-tand,** *s.,* *anat.* eye tooth.

hob, *s.* crowd; multitude; lot; **-e,** *v. refl.* ~ *sig op,* accumulate, pile up.

hof, *s.* court; **-dame,** *s.* lady-in-waiting; **-leve-randør,** *s.* purveyor to the court.

hofte, *s.,* *anat.* hip; **-holder,** *s.* girdle.

hold, *s.* team; group, party, crew; relay; shift; hold, grasp; quarter; *med.* pain; *fig.* substance; **-bar,** *adj.* durable; non-perishable; tenable; fast; **-e,** *v. t. & i.* hold; keep; take; stop; last; wear; wait; ~ *af,* be fond of, love; ~ *fast,* hold on to; ~ *hen,* put off; ~ *igen,* hold back; ~ *inde,* cease, stop; ~ *med,* side with; ~ *op,* stop, leave off; ~ *på,* hold on to; insist; bet on; ~ *sammen,* stick together; ~ *til,* stay; stand; ~ *tilbage,* hold back; give way; ~ *ud,* hold out; stand, bear; ~ *ude,* keep out, exclude; ~ *sig,* keep; last; stay; contain oneself; **-en,** *adj.* prosperous; *helt og* **-t,** entirely, altogether; **-e-plads,** *s.* taxi-rank; stop; halt; **-epunkt,** *s.* basis; clue; **-er,** *s.* subscriber; holder; clip; **-ning,** *s.* posture, bearing; conduct; attitude; position, stand.

Holland, *s.* Holland; **hollandsk,** *s. & adj.* Dutch; **-ænder,** *s.* Dutchman.

holm, *s.* islet.

homofil, *s. & adj.* homophile; **-gen,** *adj.* homogeneous; **-seksuel,** *s. & adj.* homosexual.

honning, *s.,* *kul.* honey; **-kage,** *s.,* *kul.* gingerbread.

honnør, *s.,* *mil. gøre* ~ *for,* salute.

honorar, *s.* fee; **-ere,** *v. t.* pay; fulfil.

hoppe, *s.,* *zoo.* mare; *v. i.* jump; leap; skip; hop; bounce; ~ *over,* *fig.* skip; ~ *på,* *T* buy.

hor, *s.* adultery; **-e,** *v. i.* fornicate.

horisont, *s.* horizon; **-al,** *adj.* horizontal.

hormon, *s.* hormone.

horn, *s.* horn; *mus.* (French) horn; *mil.* bugle; *kul.* croissant; **-blæser,** *s.,* *mil.* bugler; **-fisk,** *s.,* *zoo.* garfish; **-hinde,** *s.,* *anat.* cornea; **-orkester,** *s.* brass band.

horoskop, *s.* horoscope.

hos, *præp.* by, with; at; *på besøg* ~, visiting.

hospital, *s.* hospital.

hoste, *s.,* *med.* cough; **-anfald,** *s.* fit of coughing; **-saft,** *s.* cough mixture.

hotel, *s.* hotel; **-værelse,** *s.* hotel room.

hov, *s.,* *zoo.* hoof; *int.* hey!

hoved, *s.,* *anat.* head; *på* **-et,** upside down, on its head; ~ **-,** *adj.* chief, main, principal; **-bane-gård,** *s.* central station; **-bestyrelse,** *s.* executive committee; **-brud,** *s.* trouble; puzzle; **-bund,** *s.,* *anat.* scalp; **-dør,** *s.* front door; **-fag,** *s.* major subject; **-gade,** *s.* main street; **-indgang,** *s.* main entrance; **-kulds,** *adj. & adv.* headlong; **-kvarter,** *s.* head quarters, H.Q.; **-ledning,** *s.* main; **-nøgle,**

s. master key; **-pine,** s.,
med. headache; **-pude,** s.
pillow; **-regning,** s. men-
tal arithmetic; **-rengø-
ring,** s. spring cleaning;
-rolle, s. leading part;
-sag, s. main thing; **-sa-
gelig,** adv. chiefly, main-
ly; **-salat,** s., bot. lettuce;
-stad, s. capital; -s, adj.
metropolitan; **-stød,** s.,
sport. header; **-telefoner,**
s. pl. earphones; **-trappe,**
s. front stairs; **-træk,** s. i
~, in outline; **-vej,** s.
main road; major road.
hoven, adj., fig. arrogant.
hovere, v. i. gloat.
hovmester, s., naut. stew-
ard.
hovmodig, adj. haughty,
arrogant.
hovne, v. i. ~ op, swell.
hr., (fk.f. herre), Sir; Mr;
Esq.
hud, s., anat. skin; hide;
-afskrabning, s. abra-
sion; **-farve,** s. colour (of
the skin); complexion;
-læge, s. dermatologist;
-løs, adj. raw; **-pleje,** s.
skin care; **-sygdom,** s.
skin disease.
hue, s. cap; v. t. please.
hug, s. stroke, blow; slash;
cut; sidde på ~, squat;
-ge, v. t. & i. cut; chop;
pinch; -t sukker, lump
sugar; **-orm,** s., zoo. viper;
adder; **-tand,** s. tusk;
fang.
huj, s. i ~ og hast, hurried-
ly; helter-skelter; **-e,** v. i.
hoot, yell.
hukommelse, s. memory.
hul, s. hole; gap; blank;
leak; puncture; det er ~ i
hovedet, it is crazy; adj.
hollow; concave; **-ning,** s.
hollow; **-rum,** s. cavity;
-ske, s. skimmer; **-søm,** s.

hemstitch.
hule, s. cave, cavern; den;
v. t. hollow out.
hulk, s. sob; **-e,** v. i. sob.
hulter, adv. ~ til bulter,
pellmell; helter-skelter.
human, adj. human; hu-
mane; **-iora,** s. pl. the
humanities; **-istisk,** adj.
humanistic; **-itær,** adj.
humanitarian.
humle, s., bot. hop(s); **-bi,**
s., zoo. bumble-bee.
hummer, s., zoo. lobster;
fig. den.
humor, s. humour; **-istisk,**
adj. humoristic; ~ sans,
sense of humour.
humpe, v. i. limp, hobble.
humpel, s. chunk, hunk.
humør, s. mood; spirits.
hun, s. she, female; hen;
pron. she; **-hund,** s., zoo.
bitch; **-køn,** s. female sex;
gram. the feminine.
hund, s., zoo. dog; røde -e,
med. German measles;
-eangst, adj. in a blue
funk; **-egalskab,** s., med.
rabies; **-ehus,** s. kennel;
-ehvalp, s., zoo. puppy;
-ekold, adj. beastly cold;
perishing; **-ekunster,** s.
pl. hanky-panky; mon-
key-tricks; **-estejle,** s.,
zoo. stickleback; **-esul-
ten,** adj. famished.
hundred|e, num. hundred;
-vis, adv. hundreds;
-årsdag, s. centenary.
hundse, v. i. ~ med, bully.
hunger, s. hunger; starva-
tion; **-snød,** s. famine.
hurlumhej, s. hubbub,
hullabaloo.
hurra, s. cheer; int. hur-
rah! råbe ~ for ham,
cheer him.
hurtig, adj. quick, fast;
prompt; speedy, rapid;
adv. quickly; soon; fast;

-**løber,** s., *sport.* sprinter.
hus, s. house; building;
-**assistent,** s. maid, domestic help; -**behov,** s. *til*
~, barely sufficient;
moderate; -**bestyrerinde,** s. housekeeper; -**besætter,** s. squatter; -**blas,**
s., *kul.* gelatine; -**dyr,** s.
domestic animal; -**e,** v. t.
house, accomodate, put
up; -**ere,** v. i. ravage; be at
work; -**gerning,** s. housework; domestic science;
-**hjælp,** s. maid; charwoman, *T* daily; -**holderske,**
s. housekeeper; -**holdning,** s. housekeeping;
-**leje,** s. rent; -**lig,** *adj.*
domestic; -**ly,** s. shelter;
-**mand,** s. smallholder;
-**mor,** s. housewife; -*aflø-
ser,* s. home help; -**stand,**
s. household; -**vild,** *adj.*
homeless.
huske, v. t. remember, recollect; ~ *på,* bear in
mind; -**seddel,** s. shopping list; note.
hustru, s. wife; -**bidrag,** s.,
jur. alimony.
hvad, *pron.* what; ~ *! int.*
what! eh? I beg your
pardon? ~ *end,* whatever; ~ *enten,* whether;
~ *som helst,* anything;
whatever.
hval, s., *zoo.* whale; -**fanger,** s. whaler.
hvalp, s., *zoo.* puppy.
hvalros, s., *zoo.* walrus.
hvas, *adj.* sharp, keen,
acute.
hvede, s., *bot.* wheat;
-**brød,** s., *kul.* white
bread; -**brødsdage,** s. *pl.*
honeymoon.
hvem, *pron.* who; ~ *der
end,* whoever; ~ *som
helst,* anybody.
hveps, s., *zoo.* wasp; -**ere-**

de, s. wasp's nest; *fig.*
hornet's nest.
hver, *pron.* every; each; ~
for sig, separately.
hverdag, s. weekday; -**s-,**
adj. everyday.
hverken, *konj.* neither; ~
.. *eller,* neither .. nor.
hverv, s. task, assignment;
commission; -**e,** v. t., *mil.*
enlist; recruit; *pol.* canvass.
hvid, *adj.* white; -**e,** s., *kul.*
(egg-)white; -**evarer,** s.
pl. linen; (kitchen) hardware; -**glødende,** *adj., fig.*
livid; -**kalket,** *adj.* whitewashed; -**kål,** s., *bot.* cabbage; -**løg,** s., *bot.* garlic;
-**te,** v. t. whitewash;
-**tjørn,** s., *bot.* hawthorn,
may; -**vin,** s., *kul.* white
wine.
hvil, s. rest; -**e,** v. t. & i.
rest, repose; ~ *sig,* rest;
-**eløs,** *adj.* restless.
hvilk|en (-et, -e), *pron.*
which, what; ~ *som
helst,* any.
hvin, s. shriek; -**e,** v. i.
shriek; screech; whistle.
hvirvel, s. whirl(pool),
eddy; *anat.* vertebra;
-**dyr,** s., *zoo.* vertebrate;
-**storm,** s. tornado; -**vind,**
s. whirlwind; **hvirvle,** v. t.
& i. whirl; ~ *op,* raise.
hvis, *pron.* whose; *konj.* if.
hviske, v. t. & i. whisper.
hvisle, v. i. hiss; whistle.
hvor, *adv.* where; how;
when; ~ *som helst,*
anywhere; ~ *kan det
være ..?* how come ..? -**af,**
adv. of what; of whom; of
which; -**dan,** *adv.* how; ~
kan det være ..? how
come ..? -**efter,** *adv.* after
which, whereupon; -**for,**
adv. why; -**hen,** *adv.*
where; -**i,** *adv.* wherein,

where; in what, in which;
-imod, *konj.* whereas;
-ledes, *adv.* how; **-når,**
adv. when; **-på,** *adv.* after
which, whereupon; **-til,**
adv. how far; what for;
for which; **-vidt,** *konj.*
whether.

hvælving, *s.* vault, arch.

hvæse, *v. i.* hiss.

hvæsse, *v. t.* sharpen,
whet.

hyacint, *s., bot.* hyacinth.

hyben, *s., bot.* hip; **-rose,** *s.,*
bot. dog rose.

hygge, *s.* cosiness, com-
fort; *v. i.* ~ *sig,* feel at
home; have a pleasant
time; **-lig,** *adj.* snug; cosy;
comfortable; nice.

hygiejn|e, *s.* hygiene;
-ebind, *s.* sanitary towel;
-isk, *adj.* hygienic, sani-
tary.

hykle, *v. t. & i.* feign, simu-
late; dissemble; **-r,** *s.*
hypocrite; **-ri,** *s.* hypoc-
risy; **-risk,** *adj.* hypocriti-
cal.

hyl, *s.* howl, yell; wail; **-e,**
v. i. yell, howl; wail.

hyld, *s., bot.* elder; **-ebær,**
s. elderberry.

hylde, *s.* shelf; *lægge på* *-n,*
shelve; *fig.* give up; *v. t.*
applaud; cheer; advo-
cate; **-st,** *s.* tribute, ova-
tion, applause.

hylle, *v. t.* ~ *ind,* wrap up,
cover; shroud.

hylster, *s.* case; holster.

hynde, *s.* cushion; bolster.

hyp, *int.* gee-up!

hypno|se, *s.* hypnosis; **-ti-**
sør, *s.* hypnotist.

hypokond|er, *s., med.* hy-
pochondriac; **-ri,** *s.* hypo-
chondria.

hypote|se, *s.* hypothesis;
-tisk, *adj.* hypothetical.

hyppig, *adj.* frequent;

-hed, *s.* frequency.

hyrde, *s.* shepherd; **-hund,**
s., zoo. sheepdog.

hyre, *s.* hire; wages, pay;
job; *v. t.* hire; **-vogn,** *s.*
taxi.

hysteri, *s., med.* hysteria;
hysterics; **-sk,** *adj.* hys-
terical.

hytte, *s.* hut; cottage; **-ost,**
s., kul. cottage cheese;
-sko, *s.* moccasin.

hæd|er, *s.* honour; **-erlig,**
adj. honourable; honest;
decent; **-re,** *v. t.* honour.

hæfte, *s.* booklet; note-
book; exercise book;
prison; *v. t.* fix, fasten;
staple; stick; stitch; be
responsible; **-klamme,** *s.*
staple; **-maskine,** *s.* sta-
pler; **-plaster,** *s.* sticking
plaster; **-t,** *adj.* paper-
bound; **-vis,** *adv.* in parts,
by instalments.

hæge, *v. t.* ~ *om,* take
good care of; cherish,
nurse.

hægte, *s.* hook; *v. t.* hook;
komme til -rne, recover.

hæk, *s.* hedge; *sport.*
hurdle; **-keløb,** *s., sport.*
hurdles.

hækle, *v. t. & i.* crochet;
-nål, *s.* crochet-hook.

hæl, *s., anat.* heel.

hæld|e, *v. i.* slant, slope;
incline, lean; pour; **-ning,**
s. slope; pitch; banking;
leaning.

hæler, *s., S* fence.

hæm|me, *v. t.* hamper; im-
pede; restrict; *psyk.* in-
hibit; **-met,** *adj.* inhibit-
ed; hampered; **-ning,** *s.*
restraint; inhibition.

hæmorroider, *s. pl., med.*
piles.

hænde, *v. i.* happen, oc-
cur; **-lig,** *adj.* accidental;
-lse, *s.* incident; occur-

rence.

hænge, *v. t. & i.* hang; ~ *fast,* stick, adhere; get stuck; ~ *sammen,* stick together; ~ *sig i,* make a fuss about; stand on; quibble over; **-bro,** *s.* suspension bridge; **-køje,** *s.* hammock; **-lås,** *s.* padlock; **-pil,** *s., bot.* weeping willow; **-røv,** *s., S* wet rag, softy.

hængsel, *s.* hinge.

hær, *s.* army.

hærde, *v. t.* toughen, harden; temper.

hærge, *v. t.* ravage, lay waste; rage.

hæs, *adj.* hoarse; **-blæsende,** *adj.* breathless; hurried.

hæslig, *adj.* ugly, hideous.

hætte, *s.* hood; cap.

hævde, *v. t.* maintain, assert, insist (on); claim.

hæve, *v. t. & i.* raise, lift (up); draw, cash; cancel; adjourn; swell; rise; *-t over,* beyond, above; **-lse,** *s.* swelling.

hævn, *s.* revenge; **-e,** *v. t.* revenge; **-gerrig,** *adj.* vindictive; **-tørstig,** *adj.* revengeful.

hø, *s., bot.* hay; *fig.* trash; **-feber,** *s., med.* hayfever; **-stak,** *s.* haystack; **-tyv,** *s.* hay fork.

høflig, *adj.* polite, courteous, civil.

høg, *s., zoo.* hawk.

høj, *s.* hill; hillock; *adj.* high; tall; loud; **-de,** *s.* height; elevation; altitude; level; *mus.* pitch; *på* ~ *med, fig.* equal to; **-dedrag,** *s.* ridge; range of hills; **-demåler,** *s.* altimeter; **-depunkt,** *s.* height, peak; *fig.* climax; highlight; **-deryg,** *s.*

ridge; **-despring,** *s., sport.* high jump; **-esteret,** *s., jur.* Supreme Court; **-fjeldssol,** *s.* mountain sun; sunray lamp; **-forræderi,** *s.* high treason; **-halset,** *adj.* high-necked; **-hed,** *s.* highness; **-hus,** *s.* high-rise (block); **-hælet,** *adj.* high-heeled; **-kant,** *s. på* ~, on edge; *fig.* at stake; **-land,** *s.* highland; **-lydt,** *adj.* loud; *adv.* loudly; **-lys,** *adj. ved* ~ *dag,* in broad daylight; **-ne,** *v. t.* raise; **-røstet,** *adj.* loud; **-skole,** *s.* (folk) high school; **-slette,** *s.* plateau; **-spænding,** *s., elek.* high voltage; **-st,** *adv.* highly, extremely, most; at (the) most; **-sæson,** *s.* peak season; **-t,** *adv.* highly; loudly; *læse* ~, read aloud; **-tid,** *s.* festival; **-tidelig,** *adj.* solemn; **-tidelighed,** *v. t.* ceremony. **-travende,** *adj.* high-flown, bombastic; **-tstående,** *adj.* high(-ranking); superior; **-ttaler,** *s.* loudspeaker; **-vande,** *s.* high tide.

højre, *adj.* right; *dreje til* ~, turn right; **-fløj,** *s., pol.* right wing; **-orienteret,** *adj., pol.* right-wing.

høn|e, *s., zoo.* hen; *kul.* chicken; **-s,** *s. pl.* chickens; **-ehund,** *s., zoo.* pointer; **-ehus,** *s.* hen house; **-eri,** *s.* poultry farm.

hør, *s., bot.* flax; **-frø,** *s., bot.* linseed.

høre, *v. t. & i.* hear; listen; ~ *ad,* enquire; ~ *efter,* listen; ~ *op,* stop, cease; ~ *sammen,* belong together; ~ *til,* belong (to); **-apparat,** *s.* hearing aid;

-lse, s. hearing; -spil, s. radio play; -vidde, s. earshot; -værn, s. hearing protection.

høst, s. harvest; crop; autumn; -e, v. t. harvest, reap; gather; *fig.* win.

høvding, s. chief.

høvl, s. plane; -e, v. t. & i. plane; -ebænk, s. workbench; -spån, s. shaving.

håb, s. hope; -e, v. t. hope; *det -r jeg ikke,* I hope not; -efuld, adj. promising, hopeful; -løs, adj. hopeless.

hån, s. scorn; disdain; -e, v. t. scorn, mock; sneer at; -lig, adj. scornful.

hånd, s., *anat.* hand; -arbejde, s. needlework; -bog, s. handbook, manual; -bold, s., *sport.* handball; -elag, s. knack, skill; -flade, s., *anat.* palm; -fuld, s. handful; -gribelig, adj. tangible; -hæve, v. t. assert; enforce; -jern, s. *pl.* handcuffs; -klæde, s. towel; -kraft, s. *ved ~,* by hand; -køb, s. *i ~,* without a prescription; -led, s., *anat.* wrist; -skrift, s. handwriting; -slag, s. handshake; -srækning, s. (good) turn; (helping) hand; -sving, s. crank; -sæbe, s. toilet soap; -tag, s. handle; -taske, s. handbag; -tere, v. t. handle; -tryk, s. handshake; -vask, s. wash basin; washing one's hands; -værk, s. trade, craft; -værker, s. tradesman; craftsman.

hår, s., *anat.* hair; -bund, s., *anat.* scalp; -børste, s. hairbrush; -bånd, s. ribbon; -farve, s. hair colour; hair-dye; -lak, s.

hair spray; -nål, s. hairpin; -rejsende, adj. hairraising; -sløjfe, s. bow; -spænde, s. hair clip; hair slide; -tørrer, s. hair-drier; -vask, s. shampoo.

hård, adj. hard; rough, harsh; severe; heavy; -før, adj. hardy, robust; -hudet, adj., *fig.* thickskinned; -hændet, adj. rough; -kogt, adj. hardboiled; -knude, s. tangle; deadlock; -nakket, adj. persistent; obstinate; -t, adv. hard; badly.

i, *præp.* in; at; into; to; inside, within; during; for; of; ~ *aften,* tonight, this evening; ~ *aftes,* last night; ~ *dag,* today; ~ *al fald,* at any rate; ~ *det mindste,* at least; ~ *lige måde,* not at all; the same to you; ~ *stykker,* broken; ~ *øvrigt,* besides; moreover; incidentally.

iagttage, v. t. observe; notice; watch; -lse, s. observation.

ibenholt, s. ebony.

iberegne, v. t. include.

iblandt, *præp.* among.

idé, s. idea, notion; -rig, adj. inventive.

ideal, s. ideal; adj. ideal; -isme, s. idealism; -ist, s. idealist; -istisk, adj. idealistic.

ideel, adj. ideal, perfect.

identi|ficere, v. t. identify; -sk, adj. identical; -tet, s. identity; *-skort,* s. identity card.

ideologi, s. ideology; -sk, adj. ideological.

idet, *konj.* as.

idiot, s. idiot, fool; -i, s. idiocy; -isk, adj. idiotic, foolish.

ID-kort, *s.* identity card.
idol, *s.* idol.
idræt, *s.* athletics, sports; games; **-sfolk,** *s. pl.* athletes; **-sgren,** *s.* discipline.
idyl, *s.* idyll; **-lisk,** *adj.* idyllic.
idømme, *v. t.* sentence to; ~ *bøde,* fine.
ifølge, *præp.* according to.
iføre, *v. refl.* ~ *sig,* put on.
igangsætte, *v. t.* start.
igen, *adv.* again; re-; *slå* ~, return a blow; *give* ~, give change.
igennem, *adv.* through; throughout.
igle, *s., zoo.* leech.
ignorere, *v. t.* ignore.
ihjel, *adv.* to death; *kede sig* ~, be bored stiff; *slå én* ~, kill sby.
ihændehaver, *s.* holder, bearer.
ihærdig, *adj.* energetic; persistent.
ikke, *adv.* not; non-; no; ~ *mere,* no more; no longer; ~ *noget,* nothing; no; ~ *det?* really? *det mener du* ~ *!* you don't say (so)! ~ **-ryger,** *s.* non-smoker; ~ **-vold,** *s.* non-violence.
ild, *s.* fire; light; **-fast,** *adj.* fireproof; ovenproof; **-hu,** *s.* fervour, enthusiasm; **-rager,** *s.* poker; **-slukker,** *s.* fire extinguisher; **-spåsættelse,** *s.* arson; **-sted,** *s.* fireplace; furnace.
ilde, *adj.* bad; *adv.* ill, badly; **-befindende,** *s.* indisposition; **-brand,** *s.* fire; **-lugtende,** *adj.* evil-smelling; **-set,** *adj.* disliked, unpopular; **-varslende,** *adj.* ominous.
ile, *v. i.* hasten, hurry; **-gods,** *s.* express goods;

-tog, *s.* fast train, express train.
illegal, *adj.* illegal.
illegitim, *adj.* illegitimate.
illoyal, *adj.* disloyal.
illudere, *v. t. & i.* create an illusion.
illuminere, *v. t.* illuminate.
illustrere, *v. t.* illustrate.
ilt, *s., kem.* oxygen; **-apparat,** *s.* resuscitator; **-flaske,** *s.* oxygen cylinder.
ilter, *adj.* hot-headed; fiery.
imellem, *præp. & adv.* between, among; *engang* ~, now and then, sometimes.
imens, *adv. & konj.* in the meantime, meanwhile; while; whereas.
imidlertid, *adv.* however; still; in the meantime.
imitation, *s.* imitation; **-ere,** *v. t.* imitate; **-eret,** *adj.* imitation.
immigrant, *s.* immigrant; **-ere,** *v. i.* immigrate.
immun, *adj.* immune; **-itet,** *s.* immunity.
imod, *præp. & adv.* against; towards; compared with; to; *kæmpe* ~, fight; ~ *syd,* south; *det er mig* ~, I object to it; *have ngt* ~, mind.
imperialisme, *s.* imperialism; **-t,** *s.* imperialist; **-tisk,** *adj.* imperialist(ic).
implicere, *v. t.* involve; **-t,** *adj.* involved; party to.
imponere, *v. t. & i.* impress; **-nde,** *adj.* impressive, imposing.
import, *s.* import; **-ere,** *v. t. & i.* import; **-ør,** *s.* importer.
impotent, *adj.* impotent.
improvisere, *v. t. & i.* improvise.

imprægneret, *adj.* water-proof; fireproof.

impuls, *s.* impulse; **-iv,** *adj.* impulsive.

imødegå, *v. t.* oppose, meet, counter; refute.

imødekommende, *adj.* obliging, accommodating; forthcoming.

imødese, *v. t.* anticipate; look forward to; expect.

ind, *adv.* in; ~ *ad*, in at; in by; in through; ~ *i*, into.

indad, *adv.* in, inward(s); **-til,** *adv.* inwardly; internally; **-vendt,** *adj.* introvert.

indbefatte, *v. t.* include; comprise.

indbegreb, *s.* essence; embodiment; sum.

indberetning, *s.* report.

indbetal|e, *v. t.* pay (in); **-ing,** *s.* payment.

indbild|e, *v. refl.* ~ *sig*, imagine; **-ning,** *s.* imagination; **-sk,** *adj.* conceited; **-t,** *adj.* imagined, imaginary.

indbind|e, *v. t.* bind; **-ing,** *s.* binding.

indblanding, *s.* interference; intervention.

indblik, *s.* insight.

indbo, *s.* furniture.

indbringe, *v. t.* bring in; fetch; **-nde,** *adj.* lucrative, profitable.

indbrud, *s.* burglary; **-styv,** *s.* burglar.

indbyde, *v. t.* invite; **-lse,** *s.* invitation.

indbygger, *s.* inhabitant; **-tal,** *s.* population.

indbygget, *adj.* built-in.

indbyrdes, *adj.* mutual, reciprocal.

inddata, *s. pl., edb.* input.

inddele, *v. t.* divide; classify; graduate.

inddrage, *v. t.* confiscate; stop, close; suspend; involve.

inddrive, *v. t.* collect; recover.

inddæmme, *v. t.* dike; reclaim.

inde, *adv.* in, within; indoors; *holde* ~ *(med)*, stop; ~ *i*, inside; **-fra,** *adj.* from within.

indebære, *v. t. & i.* imply; mean.

indehaver, *s.* owner, proprietor; holder.

indeholde, *v. t.* contain, hold.

indeklemt, *adj.* jammed in; cramped; *fig.* pent-up, suppressed.

indeklima, *s.* indoor climate.

indeks, *s.* index.

indelukke, *s.* enclosure; **-t,** *adj.* close, stuffy; *fig.* reserved.

inden, *adv., konj. & præp.* before; within; by; ~ *for*, ~ *i*, inside; ~ *under*, underneath; **-ad,** *adv. kunne læse* ~, be able to read; **-bys,** *adj.* local; **-dørs,** *adj.* indoor; *adv.* indoors; **-arkitekt,** *s.* interior designer; **-for, -i,** *adv.* inside; **-landsk,** *adj.* home, domestic, inland; **-rigsminister,** *s.* Home Secretary; *U.S.* Secretary of the Interior.

inder, *s.* Indian.

inderlig, *adj.* deep; sincere; heartfelt.

inderst, *adj.* inmost; ~ *inde*, deep down; at heart.

indesluttet, *adj., fig.* reserved, withdrawn.

indespærre, *v. t.* shut up, confine; imprison.

indestængt, *adj.* pent-up.

indestå, *v. i.* ~ *for*, vouch

for, guarantee; **-ende,** s. deposit.

indeværende, adj. this, the present.

indfald, s. fancy; thought, whim; mil. invasion, raid; **-en,** adj. haggard; hollow; **-svej,** s. approach (road).

indfat|ning, s. setting; rim; frame; casing; border; **-te,** v. t. frame, mount; set; edge, border.

indfiltre, v. t. entangle.

indfinde, v. refl. ~ sig, appear; come.

indflydelse, s. influence.

indfri, v. t. redeem; pay; meet.

indfødsret, s. citizenship; få ~, become naturalized.

indfødt, s. & adj. native.

indføje, v. t. insert.

indfør|e, v. i. import; introduce; enter; **-ing,** s. introduction; **-sel,** s. import.

indgang, s. entrance, entry.

indgreb, s. intervention; interference; med. operation.

indgroet, adj. ingrown; inveterate.

indgå, v. t. & i. enter into; make; **-ende,** adj. thorough, exhaustive; detailed; incoming.

indhegn|e, v. t. enclose, fence; **-ing,** s. fence; fencing.

indhente, v. t. catch up with; make up for; obtain; gather; invite.

indhold, s. contents; content; matter; substance; **-sfortegnelse,** s. (table of) contents.

indhug, s. inroad.

indhylle, v. t. wrap up; muffle up; envelop.

indianer, s. (Red) Indian, American Indian.

Indien, s. India.

indigneret, adj. indignant.

indirekte, adj. indirect; adv. indirectly.

indisk, s. & adj. Indian.

individ, s. individual; **-uel,** adj. individual.

indkalde, v. t. summon; mil. call up, draft; **-lse,** s. summons; calling up.

indkassere, v. t. collect.

indkast, s., sport. throw-in.

indkomst, s. income; **-skat,** s. income tax.

indkvartere, v. t. accomodate, put up.

indkøb, s. purchase; gå på ~, go shopping; **-scenter,** s. shopping centre; **-spris,** s. cost price; **-staske,** s. shopping bag; **-svogn,** s. shopping trolley; U.S. pushcart.

indkørsel, s. drive(way); entrance; ~ forbudt, no entry.

indlade, v. refl. ~ sig med, have to do with; ~ sig på, engage in; enter into; **-nde,** adj. communicative; inviting.

indlagt, adj. inlaid; in hospital.

indland, s. ind- og udland, at home and abroad; **-sfly,** s. domestic flight; **-sis,** s. ice cap.

indled|e, v. t. & i. begin, start off; open; **-ende,** adj. introductory; opening; preliminary; **-ning,** s. beginning; introduction.

indlevere, v. t. hand in, deliver.

indlysende, adj. obvious.

indlæg, s. contribution; letter; article; speech;

med. arch support.

indlægge, *v. t.* put in, enclose; send to hospital, hospitalize; install; **-lse**, *s.* admission, hospitalization.

indløb, *s.* entrance.

indløse, *v. t.* cash.

indlån, *s.* deposit.

indmad, *s.*, *kul.* offal; pluck; giblets; *fig.* insides; stuffing.

indmelde, *v. t.* report; enter, register; ~ *sig*, enter, join; **-lse**, *s.* enrolment, registration; **-sblanket**, *s.* registration form.

indordne, *v. t.* arrange, fit; ~ *sig*, adapt oneself; ~ *sig under*, conform to.

indpakning, *s.* wrapping.

indpisker, *s.*, *parl.* whip.

indprente, *v. t.* impress on; ~ *sig*, make a note of; memorize.

indramme, *v. t.* frame.

indre, *s.* interior; *adj.* inner, interior; internal; inward.

indrejse, *s.* entry; **-tilladelse**, *s.* entry permit.

indret|ning, *s.* arrangement; decoration; contraption; **-sarkitekt**, *s.* interior designer; **-te**, *v. t.* arrange; decorate, furnish; ~ *sig på*, adapt oneself to; prepare to.

indrykke, *v. t.* insert.

indrømme, *v. t.* admit, confess; acknowledge; grant.

indsamling, *s.* collection.

indsats, *s.* stake; effort, contribution.

indse, *v. t.* see, realize.

indsejling, *s.* entrance.

indsende, *v. t.* send in; submit; contribute; **-r**, *s.* sender; contributor; correspondent.

indsigelse, *s.* objection; protest.

indsigt, *s.* insight.

indskrift, *s.* inscription.

indskrive, *v. t.* enter; inscribe; register.

indskrænk|e, *v. t.* reduce; limit; confine; **-et**, *adj.* limited; *fig.* stupid, narrow-minded; **-ning**, *s.* reduction; limitation.

indskud, *s.* deposit; stake.

indskyde, *v. t.* remark; pay in; **-lse**, *s.* impulse; idea.

indskærpe, *v. t.* emphasize, stress; impress on.

indslag, *s.* element; *TV.* feature.

indsmigrende, *adj.* ingratiating.

indsnit, *s.* cut; notch; dart.

indsnævre, *v. t.* narrow down.

indspille, *v. t.* produce; record.

indsprøjt|e, *v. t.* inject; **-ning**, *s.* injection.

indstifte, *v. t.* institute.

indstill|e, *v. t.* propose, nominate; recommend; stop; call off; suspend; adjust; focus; tune in; **-ing**, *s.* nomination; stopping; adjustment; attitude.

indsætte, *v. t.* put in, insert; imnprison; install; deposit.

indsø, *s.* lake.

indtage, *v. t.* take up, occupy; take in; eat, drink; take; adopt; **-nde**, *adj.* charming.

indtaste, *v. t. & i.*, *edb.* key in.

indtegne, *v. t.* enter; ~ *sig*, enrol.

indtil, *præp. & konj.* until, till; to, as far as; up to.

indtryk, *s.* impression.

indtræde, *v. i.* join; occur,

set in.

indtræffe, *v. i.* happen, occur, take place.

indtrængende, *adj.* earnest, urgent; *mil.* invading.

indtægt, *s.* income; revenue; profit; proceeds; **-er,** *pl.* earnings; **-sbestemt,** *adj.* earningsrelated; **-skilde,** *s.* source of income.

industri, *s.* industry; **-el,** *adj.* industrial; **-land,** *s.* industrialized country.

indvandr|e, *v. i.* immigrate; **-er,** *s.* immigrant; **-ing,** *s.* immigration.

indvend|e, *v. t.* object; **-ig,** *adj.* internal; inside; interior; **-ing,** *s.* objection.

indvi, *v. t.* consecrate; ordain; open; initiate; ~ *én i,* let sby in on.

indviklet, *adj.* complicated, complex.

indvillige, *v. i.* consent, agree.

indvinde, *v. t.* gain; reclaim; make up for; recover.

indvirke, *v. i.* ~ *på,* act on, influence, affect.

indvolde, *s. pl., anat.* entrails, bowels.

indvortes, *adj.* internal.

indynde, *v. refl.* ~ *sig,* ingratiate oneself.

indædt, *adj.* suppressed; savage.

indøve, *v. t.* practise, train; exercise; *mil.* drill.

indånde, *v. t.* breathe in; inhale.

infam, *adj.* low-down, vile; foul.

infanteri, *s., mil.* infantry.

infektion, *s.* infection; **-ssygdom,** *s., med.* infectious disease.

inficere, *v. t.* infect.

infiltrere, *v. t.* infiltrate.

infinitiv, *s., gram.* the infinitive.

inflation, *s.* inflation.

influenza, *s., med.* influenza, *T* flu.

inform|ation, *s.* information; **-ere,** *v. t. & i.* inform.

ingefær, *s., bot.* ginger.

ingen, *pron.* nobody, no one; *adj.* no; none; neither.

ingeniør, *s.* engineer.

ingenting, *pron.* nothing.

inhabil, *adj.* disqualified.

initiativ, *s.* initiative; **-rig,** *adj.* enterprising; **-tager,** *s.* initiator.

injurie, *s.* libel; slander.

inkarneret, *adj.* inveterate.

inklu|dere, *v. t.* include; **-sive,** *adv.* inclusive of; including.

inkonsekvent, *adj.* inconsistent.

insekt, *s., zoo.* insect; **-middel,** *s.* insecticide.

insinuere, *v. t.* hint at, insinuate.

insistere, *v. i.* insist.

insp|ektion, *s.* inspection; **-ektør,** *s.* inspector; **-icere,** *v. t.* inspect.

inspir|ation, *s.* inspiration; **-ere,** *v. t.* inspire.

install|ation, *s.* installation; **-atør,** *s.* electrician; **-ere,** *v. t.* install, put in.

instans, *s.* instance.

instinkt, *s.* instinct; **-iv,** *adj.* instinctive.

institut, *s.* institute; **-ion,** *s.* institution.

instru|ere, *v. t. & i.* instruct; direct; **-ktion,** *s.* instructions; *-sbog,* *s.* manual; **-ktør,** *s.* instructor; director; producer.

instrument, *s.* instrument;

-**bræt,** s. dashboard.
integrere, v. t. integrate.
intellektuel, adj. intellectual.
intelligen|s, s. intelligence;
-**t,** adj. intelligent.
intens, adj. intense; -**itet,**
s. intensity; -**iv,** adj. intensive.
interes|sant, adj. interesting; -**se,** s. interest; -**sere,**
v. t. interest; ~ sig for, be
interested in.
interimistisk, adj. provisional, temporary.
intern, adj. internal.
international, adj. international.
interval, s. interval.
intet, pron. nothing; adj.
no; none; -**anende,** adj.
unsuspecting; -**køn,** s.,
gram. the neuter; -**sigende,** adj. meaningless,
pointless; insignificant;
-**steds,** adv. nowhere.
intim, adj. intimate; -**itet,**
s. intimacy.
intolerant, adj. intolerant.
intrige, s. intrigue; plot.
intuit|ion, s. intuition; -**iv,**
adj. intuitive.
invalid, s. disabled person;
adj. disabled; -**epension,**
s. invalidity pension; disablement pension.
inventar, s. furniture;
equipment; fast ~, fixtures.
invester|e, v. t. & i. invest;
-**ing,** s. investment.
invit|ation, s. invitation;
-**ere,** v. t. invite, ask.
involvere, v. t. involve.
ir, s. verdigris.
Irak, s. Iraq; **irak|er,** s.
Iraqui; -**isk,** s. & adj.
Iraqui.
Iran, s. Iran; **iran|er,** s.
Iranian; -**sk,** s. & adj.
Iranian.

irer, s. Irishman; -**ne,** pl.
the Irish.
irettesætte, v. t. reprimand, reprove, rebuke.
Irland, s. Ireland.
ironi, s. irony; -**sk,** s. ironical.
irrit|abel, adj. touchy,
edgy, irritable; -**ation,** s.
irritation; -**ere,** v. t. irritate, annoy; -**erende,** adj.
irritating, annoying.
irsk, adj. Irish.
is, s. ice; ice-cream; -**afkø-
let,** adj. chilled, iced;
-**bjerg,** s. iceberg; -**bjørn,**
s., zoo. polar bear; -**bry-
der,** s. icebreaker; -**flage,**
s. floe; -**fugl,** s., zoo. kingfisher; -**glat,** adj. icy;
-**hav,** s. the Arctic (or
Antarctic) Ocean; -**kage,**
s. ice cream; -**kiosk,** s.
ice-cream booth; -**kold,**
adj. icy; -**nende,** adj. freezing, icy; -**pind,** s. ice
lolly; -**slag,** s. glaze, black
ice; -**tap,** s. icicle; -**ter-
ning,** s. ice cube; -**tid,** s.
Ice Age; -**vaffel,** s. icecream cone; ice-cream
wafer.
iscenesætte, v. t. & i. direct, produce; stage.
isenkr|am, s. hardware;
-**æmmer,** s. ironmonger.
iskias, s., med. sciatica.
Islam, s. Islam.
Island, s. Iceland; **is-
l|andsk,** s. & adj. Icelandic; -**ænder,** s. Icelander;
Iceland sweater; zoo. Iceland pony; -**ænding,** s.
Icelander.
isol|ation, s. insulation;
isolation; -**ere,** v. t. insulate; isolate.
isse, s., anat. crown, top.
istandsætte, v. t. repair;
renovate; redecorate.
især, adv. particularly,

especially; *hver* ~, each; separately.

Italien, *s.* Italy; **italien|er,** *s.* Italian; **-sk,** *s. & adj.* Italian.

itu, *adj.* broken, in pieces, to pieces, torn.

iv|er, *s.* zeal, eagerness; **-rig,** *adj.* eager, keen; zealous.

iværksætte, *v. t.* carry out; start; organize; institute.

iøjnefaldende, *adj.* conspicuous; glaring; striking.

iørefaldende, *adj.* catchy.

ja, *int.* yes; well; certainly; ~ *tak!* yes please!

jag, *s.* hurry, rush; twinge; **-e,** *v. i. & i.* chase; hurry, rush; hunt; **-er,** *s., mil.* fighter; destroyer.

jagt, *s.* chase; hunting, shooting; hunt; **-bøsse, -gevær,** *s.* sporting gun; hunting rifle; **-hund,** *s., zoo.* sporting dog; hound; **-taske,** *s.* game bag; **-tegn,** *s.* game licence.

Jakel, *s. Mester* ~ *teater,* Punch and Judy show.

jaket, *s.* morning coat; *U.S.* cutaway.

jakke, *s.* coat, jacket; **-sæt,** *s.* suit.

jalou|si, *s.* jealousy; (Venetian) blind; **-x,** *adj.* jealous.

jamen, *int.* but; why; well.

jam|mer, *s.* lamentation; misery; **-merlig,** *adj.* miserable, wretched; pathetic; **-re,** *v. i.* wail; moan.

januar, *s.* January.

Japan, *s.* Japan; **japan|er,** *s.* Japanese; **-sk,** *s. & adj.* Japanese.

jarl, *s.* earl.

jaske, *v. t.* scamp, be slop-

py; **-t,** *adj.* sloppy.

ja|så, *int.* indeed; I see; **-vel,** *int.* yes; yes sir.

jeg, *s.* self, ego; *pron.* I.

jer, *pron.* you; *refl.* yourselves; **-es,** your(s).

jern, *s.* iron; *fig.* hard worker; **-bane,** *s.* railway; *-fløjl,* *s.* corduroy; *-færge,* *s.* train ferry; *-linie,* *s.* railway line; *-station,* *s.* railway station; **-beton,** *s.* reinforced concrete; **-helbred,** *s.* iron constitution; **-hård,** *adj.* iron; as hard as nails; **-malm,** *s.* iron ore; **-støberi,** *s.* iron foundry; **-tæppe,** *s.* safety curtain; *-t, pol.* the Iron Curtain.

jet|fly, *s.* jet plane; **-jager,** *s.* jet fighter; **-motor,** *s.* jet engine.

jeton, *s.* counter.

jo, *int. & adv.* yes; you know; *konj.* the; *du har* ~ *været der,* you have been there, haven't you? ~ *mere* ~ *bedre,* the more the better.

job, *s.* job.

jod, *s.* iodine.

jogg|e, *v. i.* jog; **-ingdragt,** *s.* track suit.

jokke, *v. i.* tramp; trample; ~ *i spinaten,* put one's foot in it; ~ *på,* step on.

jolle, *s.* dinghy.

jomfru, *s.* virgin; **-dom,** *s.* virginity; **-elig,** *adj.* virgin; virginal; **-hummer,** *s., zoo.* Norway lobster; **-nalsk,** *adj.* old-maidish, spinsterish; **-rejse,** *s.* maiden voyage; **-tale,** *s.* maiden speech.

jongl|ere, *v. i.* juggle; **-ør,** *s.* juggler.

jord, *s.* earth; ground, land; soil; **-brug,** *s.* agri-

culture, farming; **-bund,**
s. soil; **-bunden,** *adj.*
down-to-earth; earth-
bound; materialistic;
-bær, *s., bot.* strawberry;
-e, *v. t., fig.* floor; **-efærd,**
s. funeral; **-egods,** *s.*
landed property, land;
-emoder, *s.* midwife;
-forbindelse, *s., radio.*
earth connection; *have*
~, be down-to-earth; be
grounded; **-isk,** *adj.*
earthly; worldly; **-klode,**
s. globe; **-ledning,** *s., elek.*
earth wire; underground
wire; **-nær,** *adj.* down-
to-earth; **-nød,** *s., bot.*
peanut; ~**-og-betonar-**
bejder, *s.* navvy; **-skred,**
s. landslide; **-skælv,** *s.*
earthquake; **-slået,** *adj.*
mouldy; fusty.
journal, *s.* journal, record.
journalist, *s.* journalist,
reporter; **-ik,** *s.* journal-
ism.
jovial, *adj.* jovial, jolly,
hearty.
jub|el, *s.* cheers; hilarity;
enthusiasm; **-ilar,** *s.* per-
son celebrating his jubi-
lee; **-ilæum,** *s.* jubilee;
anniversary; centenary;
-le, *v. i.* shout with joy,
cheer.
jugoslav, *s.* Yugoslav;
J~ien, *s.* Yugoslavia;
-isk, *s. & adj.* Yugoslav.
juks, *s.* trash, rubbish.
jul, *s.* Christmas; **-eaften,**
s. Christmas Eve; **-edag,**
s. Christmas Day; *anden*
~, Boxing Day; **-eferie,** *s.*
Christmas holiday(s);
-egave, *s.* Christmas
present; **-ekort,** *s.* Christ-
mas card; **-emanden,** *s.*
Santa Claus, Father
Christmas; **-epynt,** *s.*
Christmas decorations;

-esalat, *s., bot.* chicory;
-etræ, *s.* Christmas tree.
juli, *s.* July.
juni, *s.* June.
jur|a, *s.* law; **-idisk,** *adj.*
legal; law; **-ist,** *s.* lawyer;
-y, *s.* jury; **-medlem,** *s.*
juror.
justere, *v. t.* adjust.
justits, *s.* order, discipline;
holde ~, keep order;
-minister, *s.* Minister of
Justice; **-mord,** *s., jur.*
judicial murder.
juvel, *s.* jewel; gem; **-ér,** *s.*
jeweller('s shop).
jyde, *s.* Jutlander; **Jylland,**
s. Jutland; **jysk,** *adj.* Jut-
landic.
jæger, *s.* hunter; sports-
man; game-keeper.
jævn, *adj.* even, level;
smooth; steady, con-
stant; plain; simple;
moderate; mediocre;
-aldrende, *adj.* of the
same age; **-byrdig,** *adj.*
equal; even; **-døgn,** *s.*
equinox; **-e,** *v. t.* level,
smooth; *kul.* thicken;
-føre, *v. t.* compare; **-ing,**
s., kul. thickening; **-lig,**
adj. frequent; *adv.* fre-
quently; **-strøm,** *s., elek.*
direct current.
jød|e, *s.* Jew; **-inde,** *s.* Jew-
ess; **-isk,** *adj.* Jewish.

kabale, *s.* patience.
kabel, *s.* cable.
kabine, *s.* cabin.
kabinet, *s.* cabinet.
kabliau, *s., zoo.* cod.
kabys, *s., naut.* galley.
kadet, *s.* midshipman; ca-
det.
kafé, *s.* café, restaurant.
kaffe, *s., kul.* coffee; **-bar,**
s. café; **-fløde,** *s., kul.*
cream; **-kande,** *s.* coffee
pot; **-kop,** *s.* coffee cup;

-**maskine,** *s.* percolator; coffee maker.

kage, *s., kul.* cake; biscuit, cookie; -**dåse,** *s.* biscuit tin; -**rulle,** *s.* rolling pin; -**tallerken,** *s.* tea plate.

kagle, *v. i.* cackle.

kahyt, *s., naut.* cabin; -**sjomfru,** *s.* stewardess; -**strappe,** *s.* companion ladder.

kaj, *s.* quay, wharf; -**plads,** *s.* moorage; berth.

kajak, *s.* kayak.

kakao, *s., kul.* cocoa.

kakerlak, *s., zoo.* cockroach.

kakkel, *s.* tile; -**bord,** *s.* tile-top table; -**ovn,** *s.* stove.

kaktus, *s., bot.* cactus.

kald, *s.* call; vocation; living; -**e,** *v. t. & i.* call; ~ *på,* call.

kaleche, *s.* hood.

kalender, *s.* calendar.

kaliber, *s.* calibre, bore; *fig.* stamp, kind.

kalk, *s.* lime; mortar; whitewash; plaster; *kem.* calcium; *rel.* chalice; cup; -**e,** *v. t.* whitewash; -**grube,** *s.* lime pit; -**maleri,** *s.* fresco; -**sten,** *s.* limestone.

kalker|e, *v. t.* trace; -**papir,** *s.* carbon paper.

kalkulere, *v. i.* calculate.

kalkun, *s., zoo.* turkey.

kalv, *s., zoo.* calf; *kul.* veal; -**eknæet,** *adj.* knockkneed; -**ekød,** *s., kul.* veal; -**skind,** *s.* calfskin; -**esteg,** *s., kul.* roast veal.

kam, *s.* comb; crest; *kul.* loin, back.

kamel, *s., zoo.* camel; -**uld,** *s.* camel hair.

kamera, *s.* camera.

kamille, *s., bot.* camomile.

kamin, *s.* fireplace; -**git**ter, *s.* fender; -**hylde,** *s.* mantelpiece.

kammer, *s.* chamber; (small) room; -**musik,** *s., mus.* chamber music; -**tjener,** *s.* valet; -**tone,** *s., mus.* concert pitch.

kammerat, *s.* friend; comrade, *T* chum, buddy, pal; -**skab,** *s.* good fellowship, comradeship.

kamp, *s.* fight, struggle; *mil.* combat; action; *sport.* match, game; -**fly,** *s., mil.* fighter; -**vogn,** *s., mil.* tank.

kampagne, *s.* campaign.

kanal, *s.* canal; channel; *K*~*en,* the Channel.

kanariefugl, *s., zoo.* canary.

kande, *s.* jug; pitcher; pot.

kandidat, *s.* candidate; graduate.

kane, *s.* sledge, sleigh.

kanel, *s., kul.* cinnamon.

kanin, *s., zoo.* rabbit.

kannibal, *s.* cannibal.

kano, *s.* canoe.

kanon, *s., mus.* round; *mil.* gun; cannon; *S en stor* ~ , a big shot; -**fuld,** *adj.* dead drunk.

kant, *s.* edge; border; rim; region; part; *komme på* ~ *med,* fall out with; -**e,** *v. t.* border, edge; -**et,** *adj.* edged; *fig.* awkward; -**sten,** *s.* kerb(stone); *U.S.* curb(stone).

kantarel, *s., bot.* chanterelle.

kantine, *s.* canteen.

kanyle, *s.,* hypodermic needle.

kao|s, *s.* chaos; -**tisk,** *adj.* chaotic.

kap, *s.* cape, headland; *løbe (etc.) om* ~ , race; -**gang,** *s., sport.* race walking; -**løb,** *s.* race;

-roning, s., sport. boat race; **-sejlads**, s., sport. regatta.

kapacitet, s. capacity; authority.

kapel, s. chapel; mortuary; orchestra; **-lan**, s. curate; **-mester**, s. conductor.

kapers, s., kul. capers.

kapital, s. capital; **-anbringelse**, s. investment; **-isme**, s. capitalism; **-ist**, s. capitalist; **-istisk**, adj. capitalist(ic).

kapitel, s. chapter.

kapitulere, v. i. capitulate, surrender.

kappe, s. cloak, mantle; cap; gown; v. t. cut; poll; **-s**, v. i. compete; **-strid**, s. competition.

kapre, v. t. seize, capture; get hold of; hijack; S pinch.

kaprifolium, s., bot. honeysuckle.

kapsel, s. capsule; cap; top, crown cork; case.

kaptajn, s. captain.

kaput, adj. washed out; done for.

kar, s. vessel; vat; **-klud**, s. dishcloth.

karaffel, s. decanter, carafe.

karakter, s. character, disposition; marks, grade; **-bog**, s. school report; **-egenskab**, s. characteristic; **-isere**, v. t. characterize; **-istisk**, adj. characteristic; **-styrke**, s. strength of character, T guts.

karamel, s., kul. caramel; toffee.

karantæne, s. quarantine.

karat, s. carat.

karbad, s. bath.

karbonade, s., kul. rissole; cutlet.

karbonpapir, s. carbon paper.

karburator, s., mek. carburettor.

kardanaksel, s., mek. propeller shaft.

kardemomme, s., kul. cardamom.

karet, s. coach.

karikatur, s. caricature.

karl, s. farmhand; fig. chap, bloke.

karm, s. door-casing; window frame; windowsill.

karnapvindue, s. bay window.

karneval, s. carnival; fancy-dress ball.

karosseri, s., mek. body work.

karré, s. block.

karriere, s. career.

karrusel, s. merry-goround; roundabout.

karry, s., kul. curry.

karse, s., bot. cress; **-hår**, s. crew cut.

kartoffel, s., bot. potato; **-mel**, s., kul. potato starch; **-mos**, s., kul. mashed potatoes, T mash; **-skræller**, s. potato peeler.

karton, s. cardboard (box); carton.

kartotek, s. card index; file; **-skort**, s. index card.

kaserne, s., mil. barracks.

kasket, s. cap.

kasse, s. box; (packing) case; chest; crate; cash desk; et par på **-n**, a box on the ear; **-apparat**, s. cash register; **-beholdning**, s. cash in hand; **-kredit**, s. cash credit; overdraft.

kassere, v. t. chuck out, scrap; reject; **-r**, s. cashier; teller; treasurer.

kasserolle, s. saucepan.

kassette, *s.* cassette;
-bånd, *s.* cassette tape;
-båndoptager, *s.* cassette
recorder.

kast, *s.* throw; toss; gust;
give sig i ~ med, tackle;
-e, *v. t.* throw, toss, pitch,
fling; **-espyd,** *s., sport.*
javelin; **-evind,** *s.* gust.

kastanie, *s., bot.* chestnut.

kastel, *s.* citadel, fortress.

kastrere, *v. t.* castrate.

kasus, *s., gram.* case.

kat, *s., zoo.* cat; **-tekilling,**
s. kitten; **-teøje,** *s.* cat's
eye; reflector.

katalog, *s.* catalogue, list.
-isere, *v. t.* catalogue, list.

katapult, *s.* catapult;
-sæde, *s.* ejection seat.

katar, *s., med.* catarrh.

katastrofal, *adj.* disas-
trous, catastrophic; **-e,** *s.*
disaster, catastrophe.

kateder, *s.* lectern; teach-
er's desk.

kategori, *s.* category; **-sk,**
adj. categorical.

kateter, *s., med.* catheter.

katolik, *s.* Roman Cath-
olic; **-sk,** *adj.* Catholic.

kaution, *s.* security; guar-
antee; *jur.* bail; **-ere,** *v. i.*
guarantee; stand surety.

ked, *adj.* *~ af,* tired of;
sorry about; *~ af det,*
unhappy, sad; *led og ~
af,* sick and tired of; fed
up with; **-e,** *v. t.* bore;
-elig, *adj.* boring; tire-
some, tedious; dull; drab;
unpleasant; awkward;
annoying; **-somhed,** *s.*
boredom.

kedel, *s.* kettle.

kegle, *s.* cone; *sport.* nine-
pin, skittle; **-bane,** *s.,*
sport. skittle alley; **-for-
met,** *adj.* conical.

kejser, *s.* emperor; **-døm-
me,** *s.* empire; **-inde,** *s.*
empress; **-lig,** *adj.* im-
perial; **-snit,** *s., med.*
Caesarian.

kejtet, *adj.* awkward,
clumsy; **-håndet,** *adj.*
left-handed.

kemi, *s.* chemistry; **-kalie,**
s. chemical; **-ker,** *s.*
chemist; **-sk,** *adj.* chemi-
cal; *~ rensning,* dry-
cleaning.

kende, *s.* trifle, bit; *v. t. & i.*
know; recognize; *lære at
~,* get to know; *~ skyl-
dig, jur.* find guilty; **-lig,**
adj. recognizable; appre-
ciable; *adv.* considerably;
-lse, *s., jur.* verdict; deci-
sion; **-r,** *s.* connoisseur;
-tegn, *s.* characteristic;
sign, mark.

kendling, *s.* acquaintance;
-sgerning, *s.* fact; **-skab,**
s. knowledge; **-t,** *adj.*
(well-)known, famous;
familiar.

kennel, *s.* kennels.

keramik, *s.* pottery; ce-
ramics.

kerne, *s.* kernel; pip; seed;
grain; stone; *fys.* nucleus;
fig. core; *sagens ~,* the
crux of the matter, the
point; **-familie,** *s.* nuclear
family; **-fysik,** *s.* nuclear
physics; **-hus,** *s.* core;
-kraft, *s.* nuclear power;
-våben, *s.* nuclear weap-
on.

ketsjer, *s., sport.* racket.

KFUK, *(fk.f.* Kristelig
Forening for Unge Kvin-
der), YWCA.

KFUM, *(fk.f.* Kristelig
Forening for Unge
Mænd), YMCA.

kid, *s., zoo.* kid.

kidnappe, *v. t.* kidnap.

kig, *s.* peep; *få ~ på,* catch
sight of; **-ge,** *v. i.* look,
glance, peep; peer; gaze;

-hoste, s., *med.* whooping cough.

kikkert, s. telescope; field glasses; binoculars; opera glasses.

kiks, s., *kul.* biscuit; miss; **-e,** v. i. miss.

kilde, s. spring; source; authority; v. t. & i. tickle; **-n,** adj. ticklish; *fig.* delicate, awkward; **-skat,** s. Pay-As-You-Earn tax, *fk.* P.A.Y.E.

kile, s. wedge.

killing, s., *zoo.* kitten.

kilo, s. kilogram(me); **-meter,** s. kilometre.

kim, s. germ, embryo; seed; **-plante,** s., *bot.* seedling.

kime, v. i. ring; peal.

kimse, v. i. ~ ad, turn up one's nose at; *ikke til at ~ ad,* not to be sneezed at.

Kina, s. China; **kines|er,** s. Chinese; firecracker; **-isk,** s. & adj. Chinese.

kind, s., *anat.* cheek; **-tand,** s., *anat.* molar.

kinin, s., *med.* quinine.

kiosk, s. kiosk; newsstand.

kirke, s. church; chapel; **-bog,** s. parish register; **-gård,** s. churchyard; graveyard, cemetery; **-lig,** adj. church, ecclesiastical; **-skib,** s. nave; **-stol,** s. pew; **-tårn,** s. steeple; tower; belfry; **-værge,** s. churchwarden.

kiropraktor, s., *med.* chiropractor.

kirsebær, s., *bot.* cherry.

kirtel, s., *anat.* gland.

kirurg, s., *med.* surgeon; **-i,** s. surgery; **-isk,** adj. surgical.

kisel, s. silicon.

kiste, s. chest; coffin.

kit, s. putty; **-te,** v. t. putty.

kittel, s. smock; overall; coat.

kiv, s. quarrel; *yppe* ~, pick a quarrel.

kjole, s. dress, gown; frock; dress coat; ~ *og hvidt,* tails, evening dress; **-sæt,** s. dress suit.

kjortel, s. tunic.

kladde, s. (rough) draft; **-hæfte,** s. notebook.

klage, s. complaint; lament; wailing; v. i. complain; wail, lament; moan; ~ *sig,* wail; **-nde,** adj. plaintive; complaining; **-r,** s., *jur.* plaintiff; **-sang,** s. elegy.

klam, adj. damp, clammy; dank.

klammeri, s. quarrel; brawl.

klamre, v. *refl.* ~ sig, cling.

klang, s. sound, ring; **-fuld,** adj. sonorous; **-løs,** adj. dull, toneless.

klap, s. flap; patch; leaf; valve; pat; *mus.* key; *ikke et* ~, not a scrap; *der gik en* ~ *ned,* my mind went blank; I had a mental block; **-jagt,** s. battue; **-pe,** v. t. & i. applaud, clap; pat; go smoothly; ~ *i,* shut up; ~ *sammen,* fold up; **-perslange,** s., *zoo.* rattlesnake; **-salve,** s. round of applause; **-stol,** s. folding chair; **-vogn,** s. pushchair.

klapre, v. i. clatter, rattle; chatter.

klar, adj. clear; bright; plain, evident; ready; *blive* ~ *over,* realize; *være* ~ *over,* be aware of; **-e,** v. t. clear, clarify; manage, cope with; ~ *sig,* do; manage, get along; **-hed,**

s. brightness; clarity; **-lægge,** v. t. explain; **-synet,** adj. clear-sighted.
klarinet, s., *mus.* clarinet.
klase, s. bunch.
klask, s. slap; splash.
klasse, s. class; form; **-forskel,** s. class distinction; **-kammerat,** s. classmate; **-kamp,** s. class struggle; **-lærer,** s. form master; **-værelse,** s. classroom.
klassificere, v. t. classify, class.
klassisk, adj. classic(al).
klat, s. bit; lump; blot; **-maler,** s. dauber; **-papir,** s. blotting paper.
klatre, v. i. climb; **-tyv,** s. cat burglar.
klatte, v. i. stain, blot; ~ *væk,* fritter away.
klatøjet, adj. bleary-eyed.
klausul, s. clause; proviso.
klav|er, s., *mus.* piano; **-iatur,** s. keyboard.
klejnsmed, s. locksmith.
klem, s. hug; *på* ~ , ajar.
klemme, s. clothes peg; grip, clip; sandwich; fix, scrape; *i* ~ , trapped; stuck; in trouble; in a hole; v. t. & i. squeeze; pinch; hug; ~ *på,* set to work, work away, get on.
klemte, v. i. peal; clang.
klenodie, s. jewel, treasure, gem.
kleppert, s. hefty fellow.
kliché, s. block; *fig.* cliché; set phrase.
klid, s., *bot.* bran.
klient, s. client.
klik, s. click, snap; *slå* ~ , misfire; fail; *det slog* ~ *for ham,* he broke down; **-ke,** v. i. misfire; click, snap; fail.
klike, s. set; clique.
klima, s. climate; **-anlæg,** s. air-conditioning.

klimaks, s. climax.
klimpre, v. i. strum.
klinge, s. blade; sword; *gå på -en,* press, question; v. i. sound, ring; **-nde,** adj. sonorous.
klinik, s. clinic; nursing home; **-dame, -assistent,** s. assistant; receptionist.
klink, s. *ikke en* ~ , not a penny.
klinke, s. latch; clinker; v. t. rivet; v. i. touch glasses.
klint, s. cliff.
klip, s. cut; punch; **-fisk,** s., *kul.* split cod; **-ning,** s. clipping; haircut.
klippe, s. rock; v. t. cut, clip, shear; **-blok,** s. boulder; **-kort,** s. punch ticket; **-væg,** s. rock wall.
klirre, v. i. clink, jingle, clank; rattle.
klist|er, s. paste; **-ermærke,** s. sticker; **-re,** v. t. & i. paste; stick; cling; **-ret,** adj. sticky.
klit, s. dune.
klo, s. claw; *fig.* scrawl.
kloak, s. sewer; **-afløb,** s. drain; **-vand,** s. sewage.
klode, s. globe; planet.
klodrian, s. bungler.
klods, s. block; toy brick; *fig.* bungler; big lump; *på* ~ , *S* on tick; **-et,** adj. clumsy; awkward.
klog, adj. wise; prudent; clever, intelligent; *ikke rigtig* ~ , not quite right in the head; *blive* ~ *på,* make out.
klokke, s. bell; *hvad er -n?* what's the time? *-n er mange,* it is late; **-r,** s. sexton; bellringer; **-slæt,** s. hour; *på* ~ , punctually; **-tårn,** s. belfry.
klor, s., *kem.* chlorine.
kloster, s. monastery; con-

vent; **-gang,** s. cloister;
-kirke, s. abbey.
klov, s., zoo. hoof.
klovn, s. clown.
klub, s. club.
klud, s. rag; cloth.
klud|der, s. muddle, mess;
-re, v. i. bungle; make a
mess.
klukke, v. i. cluck; chuck-
le; gurgle.
klump, s. lump; **-e,** v. i.
clot; ~ sig sammen,
huddle together; **-fod,** s.,
anat. club foot.
kluns, s., S togs, things.
kluntet, adj. clumsy, awk-
ward.
klynge, s. cluster; crowd,
group; v. refl. ~ sig, cling.
klynke, v. i. whimper;
whine.
klæb|e, v. t. & i. stick; glue,
paste; cling; **-ebånd,** s.
adhesive tape; **-rig,** adj.
sticky.
klæd|e, s. cloth; v. t. clothe,
dress; suit; ~ sig på,
dress; ~ sig af, undress;
~ sig om, change;
-edragt, s. dress, cloth-
ing; **-elig,** adj. becoming;
-er, s. pl. clothes; cloth-
ing; **-eskab,** s. wardrobe;
-ning, s. clothing; suit of
clothes.
klæg, adj. pasty; sticky,
clayey.
klø, s. beating; v. t. & i.
scratch; itch; thrash,
beat; **-e,** s. itch(ing).
kløft, s. cleft; ravine;
gorge; canyon; dimple;
fig. gap; **-et,** adj. forked.
kløgtig, adj. shrewd; clev-
er, bright.
klør, s. (kort) clubs.
kløve, v. t. cleave, split; ~
brænde, chop wood.
kløver, s., bot. clover, tre-
foil.

knag, s. brick; dab hand.
knage, s. peg; v. i. creak;
-me, int. den ser ~ god
ud! it looks jolly good!
-nde, adv., T jolly, awful-
ly.
knald, s. bang; crack; re-
port; pop; vulg. screw; ~
eller fald, touch-and-go;
-e, v. t. & i. bang; crack;
break; slam; vulg. screw;
-roman, s. thriller.
knallert, s. moped; (fyr-
værkeri) cracker.
knap, s. button; knob; adj.
scanty, scarce; adv. hard-
ly, scarcely; barely; **-hul,**
s. buttonhole; **-pe,** v. t.
button (up); ~ op, unbut-
ton; **-penål,** s. pin.
knas, s. sweets; crackling;
friction; **-e,** v. t. crunch;
v. i. crackle.
knast, s. knot.
knastør, adj. bone-dry.
kneb, s. trick; pinch; colic.
kneb|el, s. gag; tongue; **-le,**
v. t. gag.
kneben, adj. narrow;
scanty; small.
knejpe, s. pub, joint.
knejse, v. i. strut; tower.
knibe, s. tight spot, fix; v. t.
& i. pinch; squeeze; det -r
for ham, he is in trouble.
knibtang, s. (pair of) pin-
cers.
knipling(er), s. (pl.) lace.
knippe, s. bunch; bundle;
truss.
knippel, s. truncheon;
club; adj., T thumping,
tip-top.
knips, s. fillip; flick; snap;
-e, v. i. snap; flick; pluck.
knirke, v. i. creak; squeak;
crunch.
knitre, v. i. crackle; rustle;
crunch.
kniv, s. knife; **-spids,** s.
point of a knife; fig.

pinch; **-stik,** s. stab.

kno, s., anat. knuckle; **-jern,** s. knuckle duster.

knob, s. knot.

knogle, s., anat. bone.

knokle, v. i. slave away.

knop, s. bud; knob; pimple.

knubs, s. knock, blow.

knud|e, s. knot; bun; med. lump, tumour; gøre -r, fig. make trouble; **-ret,** adj. knotty; intricate.

knuge, v. t. press, squeeze; hug; depress; oppress.

knur|re, v. i. growl; rumble; grumble; **-hår,** s. pl. whiskers.

knus, s. hug; **-e,** v. t. crush, smash; break; hug; **-en-de,** adj. crushing; shattering; smashing; tremendous.

knyst, s., anat. bunion; malleolus.

knytnæve, s. fist.

knytte, v. t. tie; knot; clench; fig. attach; establish.

knæ, s., anat. knee; **-beskytter,** s. knee-pad; **-bukser,** s. pl. breeches; **-bøjning,** s. knee bend; rel. genuflection; **-hase,** s., anat. hollow of the knee; **-kort,** adj. knee-length; **-skal,** s., anat. knee cap.

knægt, s. lad, boy; (kort) jack.

knæk, s. crack; bend; fold; fig. blow; **-brød,** s., kul. crispbread; **-ke,** v. t. & i. crack, break; snap.

knæle, v. i. kneel.

knøs, s. lad.

ko, s., zoo. cow; **-ben,** s. crowbar; **-driver,** s., bot. cowslip; primrose; **-fanger,** s. bumper; **-stald,** s. cowshed; **-vending,** s., fig. about-turn; **-øje,** s.,

naut. porthole.

kobbel, s. couple; leash; pack.

kobber, s. copper; **-stik,** s. copperplate; print.

koble, v. t. couple, link; ~ af, relax; ~ fra, disconnect.

kobling, s. coupling; mek. clutch.

kode, s. code; **-lås,** s. combination lock; **-ord,** s. code word; **-skrift,** s. cipher, code.

koge, v. t. & i. boil; cook; **-bog,** s. cookery book; **-grejer,** s. pl. cooking utensils; **-kunst,** s. cookery, cooking; cuisine; **-plade,** s. hotplate; **-punkt,** s. boiling point.

kogger, s. quiver.

kogle, s., bot. cone.

kok, s. cook, chef; **-kepige,** s. cook.

kokain, s. cocaine, T snow.

koket, adj. flirtatious; **-tere,** v. i. flirt.

kokos|mel, s., kul. desiccated coconut; **-nød,** s., bot. coconut.

koks, s. coke; der gik ~ i det, T it went haywire; **-e,** v. i. ~ i det, T bungle; ~ ud, T flake out.

kolbe, s. butt; flask.

kolbøtte, s. somersault.

kold, adj. cold; chilly; **-blodig,** adj. cool, composed; **-brand,** s., med. gangrene.

kolibri, s., zoo. hummingbird.

kollega, s. colleague.

kollegium, s. hall of residence; college.

kollektiv, s. commune; adj. collective; ~ trafik, public transport.

kolli|dere, v. i. collide; **-sion,** s. collision.

kolon, s., *gram.* colon.
koloni, s. colony; community; **-alvarer**, s. *pl.* groceries; **-have**, s. allotment; **-sere**, v. t. colonize.
kolonne, s. column; gang.
kolos, s. colossus; **-sal**, *adj.* colossal, enormous.
kombin|ation, s. combination; **-ere**, v. t. combine.
komedie, s. comedy, play; row; **-spil**, s. play-acting; bluff.
komet, s. comet.
komfur, s. kitchen range, cooker.
komi|k, s. comedy; **-ker**, s. comedian; **-sk**, *adj.* comic(al), funny.
komité, s. committee.
komma, s., *gram.* comma; *mat.* point; *nul ~ fem*, no time.
kommand|ere, v. t. command; *~ med*, order around; **-o**, s. command.
komme, s. approach; coming; v. t. & i. come; get; arrive; put; *kom nu!* come on! *~ sig*, recover; *det -r af*, it is because; *~ af med*, get rid of; *~ an på*, depend on; *~ bort fra sagen*, wander, digress; *~ frem*, get through; get on; be revealed; *~ ind*, get in; *~ ind i*, enter; *~ ind på*, touch on; *~ 'med*, come along; *~ sammen*, meet, get together; *~ sammen med*, go steady with; *~ til sig selv*, come to, come round; *~ tilbage*, return; *~ ud for*, meet with; *det -r ikke dig ved*, it's none of your business; **-nde**, *adj.* coming, future; next.
kommen, s., *bot.* caraway seeds.

komment|ar, s. comment; **-ator**, s. commentator; **-ere**, v. t. comment on.
kommerciel, *adj.* commercial.
kommis, s. shop assistant.
kommission, s. commission, board.
kommode, s. chest of drawers.
kommun|al, *adj.* local, municipal; *-bestyrelse*, s. town council; *-valg*, s. local election; *-e*, s. municipality; local authority; **-eskat**, s. rates; local tax; **-eskole**, s. municipal school; local school.
kommunik|ation, s. communication; *-smiddel*, s. means of communication; **-ere**, v. i. communicate.
kompagni, s. company; **-skab**, s. partnership.
kompagnon, s. partner.
kompakt, *adj.* compact; solid.
kompas, s. compass.
kompens|ation, s. compensation; **-ere**, v. i. compensate.
kompeten|ce, s. competence; authority; **-t**, *adj.* competent, qualified.
kompleks, s. block (of houses); complex; *adj.* complex.
komplet, *adj.* complete; sheer; *adv.* completely, utterly.
kompliceret, *adj.* complicated, complex.
kompliment, s. compliment; **-ere**, v. t. compliment.
komplot, s. plot, conspiracy.
kompon|ere, v. t. & i. compose; **-ist**, s. composer.
kompot, s., *kul.* stewed

fruit.

kompromis, *s.* compromise.

komsammen, *s.* get-together.

koncentr|ation, *s.* concentration; **-ere,** *v. t.* concentrate; ~ *sig,* concentrate.

koncern, *s.* concern, group.

koncert, *s.* koncert; *mus.* concerto; **-mester,** *s.* (orchestra) leader; **-sal,** *s.* concert hall.

kondensvand, *s.* condensed water, condensation.

kondi, *s.* fitness; **-løb,** *s.,* *sport.* jogging; **-rum,** *s.* exercise room.

konditor, *s.* confectioner; **-i,** *s.* confectioner's; tearoom; **-kage,** *s., kul.* fancy cake.

kondom, *s.* sheath, condom.

konduktør, *s.* conductor; ticket collector.

kone, *s.* wife; woman; domestic help, charwoman.

konfekt, *s., kul.* chocolates; *lakrids-,* liquorice allsorts.

konfektion, *s.* ready-made clothing; *T* off-the-peg.

konference, *s.* conference, congress.

konferere, *v. t. & i.* confer; compare.

konfirm|and, *s., rel.* candidate for confirmation; newly confirmed person; **-ation,** *s.* confirmation; **-ere,** *v. t.* confirm.

konfiskere, *v. t.* confiscate.

konflikt, *s.* conflict; **-e,** *v. i.* take industrial action, strike.

konfront|ation, *s.* confrontation; **-ere,** *v. t.* confront.

front.

konge, *s.* king; **-borg,** *s.* royal castle; **-dømme,** *s.* kingdom; monarchy; **-familie, -hus,** *s.* royal family; dynasty; **-krone,** *s.* royal crown; **-lig,** *adj.* royal; **-ligt,** *adv., fig.* immensely; **-loge,** *s., teat.* royal box; **-par,** *s.* royal couple; **-rige,** *s.* kingdom; **-slot,** *s.* royal palace; **-tro,** *adj.* loyal; royalist; **-ørn,** *s., zoo.* golden eagle.

kongres, *s.* congress, conference.

konjunk|tion, *s., gram.* conjunction; **-tiv,** *s., gram.* the subjunctive.

konjunktur, *s.* state of the market; *høj-,* boom; *lav-,* depression.

konklu|dere, *v. i.* conclude; **-sion,** *s.* conclusion.

konkret, *adj.* concrete; definite.

konkurre|nce, *s.* competition; **-deltager,** *s.* competitor; **-dygtig,** *adj.* competitive; **-nt,** *s.* competitor; rival; **-re,** *v. i.* compete.

konkurs, *s.* bankruptcy; *adj.* bankrupt.

konkylie, *s., zoo.* conch, shell.

konsekven|s, *s.* consequence; consistency; **-t,** *adj.* consistent.

konservativ, *adj.* conservative.

konservatorium, *s.* academy of music.

konserve|re, *v. t.* preserve; **-ring,** *s.* preservation; *-smiddel,* *s.* preservative; **-s,** *s.* tinned food; *-dåse, s.* tin.

konsistens, *s.* consistency.

konsonant, *s., gram.* consonant.

konsortium, *s.* syndicate.
konstant, *s. & adj.* constant.
konstatere, *v. t.* establish; ascertain; find; state, note.
konstitueret, *adj.* acting; temporary.
konstru|ere, *v. t.* construct; **-ktion,** *s.* construction; **-ktiv,** *adj.* constructive.
konsulent, *s.* adviser, consultant.
konsultation, *s.* consultation; surgery; **-stid,** *s.* surgery hours.
kontakt, *s.* contact; *elek.* switch; *få ~ med,* get in touch with; **-e,** *v. t.* contact; **-linse,** *s.* contact lens.
kontant, *adj.* cash; *fig.* straightforward; concrete; **-er,** *s. pl.* cash.
kontingent, *s.* subscription.
konto, *s.* account; **-kort,** *s.* credit card.
kontor, *s.* office; **-assistent,** *s.* typist; **-chef,** *s.* head of an office; assistant secretary; **-ist,** *s.* clerk; **-stol,** *s.* swivel chair; **-tid,** *s.* office hours.
kontra, *præp.* versus; **-bas,** *s., mus.* double bass; **-ordre,** *s.* counterorder; **-punkt,** *s., mus.* counterpoint; **-spionage,** *s.* counter-espionage.
kontrakt, *s.* contract; **-mæssig,** *adj.* contractual.
kontrast, *s.* contrast.
kontrol, *s.* control; supervision; check(-up); **-lere,** *v. t.* control; check (up on); supervise; test; monitor; **-lør,** *s.* attendant; ticket collector; gate-

man; inspector, supervisor; **-ur,** *s.* time clock.
kontur, *s.* outline.
konvers|ation, *s.* conversation; **-sleksikon,** *s.* encyclopaedia; **-ere,** *v. i.* chat, converse (with).
konvertere, *v. i.* convert.
konvolut, *s.* envelope.
koordinere, *v. t.* co-ordinate.
kop, *s.* cup; *et par -per,* a cup and saucer.
kopi, *s.* copy; **-ere,** *v. t.* copy; imitate; **-maskine,** *s.* photocopier.
kopper, *s. pl., med.* smallpox.
kor, *s., mus.* chorus; choir; *arkit.* chancel; **-degn,** *s.* sexton; *-ekontor, s.* parish office; **-musik,** *s.* choral music; **-pige,** *s.* chorus girl.
korende, *s., bot.* currant.
koreograf, *s.* choreographer; **-i,** *s.* choreography.
kork, *s.* cork; **-prop,** *s.* cork.
korn, *s., bot.* corn; grain; **-avl,** *s.* cultivation of grain; **-blomst,** *s., bot.* cornflower; **-et,** *adj.* granular, grainy; **-mark,** *s.* corn field; **-neg,** *s.* sheaf; **-sort,** *s.* cereal.
korporlig, *adj.* corporal.
korps, *s.* corps, body.
korrekt, *adj.* correct; accurate.
korrektur, *s.* proof; **-læser,** *s.* proofreader.
korresponde|nce, *s.* correspondence; **-nt,** *s.* correspondent; **-re,** *v. i.* correspond.
korridor, *s.* corridor.
korrigere, *v. t.* correct.
korru|pt, *adj.* corrupt; **-ption,** *s.* corruption; **-mpere,** *v. t.* corrupt.

kors, *s.* cross; ~ *! int.* God!
over ~, crossed, cross-
wise; **-e,** *v. refl.* ~ *sig,* be
shocked; **-fæste,** *v. t.* cru-
cify; **-fæstelse,** *s.* cruci-
fixion; **-tog,** *s.* crusade;
-vej, *s.* cross-roads.
korset, *s.* corset; girdle.
kort, *s.* card; map; chart;
ticket; postcard; *adj.*
short; brief; *om* ~ *tid,*
shortly, soon; *for* ~ *tid
siden,* recently; ~ *sagt,* in
short; ~ *for hovedet,*
curt; **-bølge,** *s.* short
wave; **-fattet,** *adj.* con-
cise, brief, succinct;
-fristet, *adj.* short-term;
-hed, *s.* shortness; *fatte
sig i* ~, be brief; **-klippet,**
-håret, *adj.* short-haired;
close-cropped; **-lægge,**
v. t. map; **-sigtet,** *adj.*
short-term; **-slutning,** *s.,*
elek. short circuit; **-slut-
te,** *v. t.* short-circuit;
-spil, *s.* card game; **-va-
rig,** *adj.* brief; transitory,
short-lived.
kosmeti|k, *s.* cosmetics;
-sk, *adj.* cosmetic.
kosmisk, *adj.* cosmic.
kost, *s.* food, diet; board;
broom; brush; **-bar,** *adj.*
precious, valuable; ex-
pensive; **-e,** *v. t. & i.* cost;
hvad -r det? how much is
it? ~ *med,* order about;
-eskab, *s.* broom cup-
board; **-eskaft,** *s.*
broomstick; **-skole,** *s.*
boarding school.
kostume, *s.* costume; **-bal,**
s. fancydress ball.
kotelet, *s., kul.* cutlet,
chop.
krabat, *s.* fellow, chap.
krabbe, *s., zoo.* crab.
kradse, *v. t. & i.* scratch;
scrape; irritate; be
scratchy; ~ *af, T* kick the

bucket; ~ *ned,* jot down.
kraft, *s.* strength; force;
elek. power; *i* ~ *af,* by
virtue of; *træde i* ~, come
into force; *sætte ud af* ~,
annul, cancel; suspend;
-anstrengelse, *s.* exer-
tion; **-idiot,** *s.* blithering
idiot; **-ig,** *adj.* vigorous;
powerful; strong; stout,
heavy; **-udtryk,** *s.* oath,
swearword; **-værk,** *s.*
power station.
krage, *s., zoo.* crow; **-tæer,**
s. pl., fig. scrawl.
krak, *s.* crash, failure; **-ke,**
v. i. crash, fail, *T* go bust.
krakilsk, *adj.* quarrel-
some, cantankerous.
kram, *s.* stuff, things; hug;
-me, *v. t.* crumple; crush,
squeeze; hug, cuddle.
krampagtig, *adj.* forced.
krampe, *s., med.* convul-
sions; spasm; cramp;
-latter, *s.* hysterical
laughter; **-trækning,** *s.*
spasm.
kran, *s.* crane; **-vogn, -bil,**
s. breakdown van.
krani|ebrud, *s., med.* frac-
tured skull; **-um,** *s., anat.*
skull.
krans, *s.* wreath; **-e,** *v. t.*
wreathe; surround; **-e-
kage,** *s., kul.* almond
cake.
kras, *adj.* harsh; stark.
krat, *s.* thicket, coppice;
brushwood, scrub.
krav, *s.* claim; demand;
requirement.
krave, *s.* collar; **-ben,** *s.,*
anat. collar bone.
kravle, *v. i.* crawl; ~ *op i,*
climb; **-dragt,** *s.* rompers;
-gård, *s.* playpen.
kreativ, *adj.* creative.
kreatur, *s.* head of cattle;
-er, pl. cattle, livestock.
krebs, *s., zoo.* crab, cray-

fish.

kredit, s. credit; **-kort,** s. credit card; **-or,** s. creditor.

kreds, s. circle, ring; sphere; district; *pol.* constituency; **-e,** *v. i.* circle; **-løb,** s. circulation; *elek.* circuit; *astr.* orbit.

krepere, *v. i.* die, *T* kick the bucket; annoy.

krible, *v. i.* tingle, prickle; itch.

kridt, s. chalk; **-e,** *v. t.* chalk; **-pibe,** s. clay pipe.

krig, s. war; warfare; **-er,** s. warrior; **-erisk,** *adj.* warlike; belligerent; militant; **-sfange,** s. prisoner of war; **-sførelse,** s. warfare; strategy; **-shumør,** s. *være i* ~, be on the warpath; **-sinvalid,** s. disabled soldier; **-smaling,** s. warpaint; **-sret,** s. court martial; **-skib,** s. warship; **-sti,** s. *på -en,* on the warpath; **-tid,** s. wartime.

krikke, s. jade, hack.

krimi, s., *T* whodunit; **-nal-,** *adj.* crime; criminal; *-assistent,* s. detective inspector; *-film,* s. detective film; *-politi,* s., criminal police; *-roman,* s. detective story; *T* whodunit; **-nel,** *adj.* criminal.

kringle, s., *kul.* pretzel; *v. t.* fix; **-t,** *adj.* intricate.

krinkelkroge, s. *pl.* nooks and crannies.

krise, s. crisis; *merk.* depression, slump.

kristen, s. Christian; **-dom,** s. Christianity; **-hed,** s. Christendom;

kristtorn, s., *bot.* holly.

Kristus, s. Christ.

kriti|k, s. criticism; review; **-ker,** s. critic; reviewer;

-sere, *v. t. & i.* criticize; **-sk,** *adj.* critical; crucial.

kro, s. inn; pub; *zoo.* crop; **-ejer, -vært,** s. innkeeper; publican; **-stue,** s. tap room.

krog, s. corner, nook; hook; catch; **-et,** *adj.* crooked.

kroket, s., *sport.* croquet.

krokodille, s., *zoo.* crocodile.

krokus, s., *bot.* crocus.

krom, s., *kem.* chromium.

kronblad, s., *bot.* petal.

kron|e, s. crown; top; chandelier; *plat eller* ~ , heads or tails; *v. t.* crown; **-hjort,** s., *zoo.* red deer; stag; **-ing,** s. coronation; **-prins,** s. crown prince.

kronik, s. feature article.

kronisk, *adj.* chronic.

kronologisk, *adj.* chronological.

krop, s., *anat.* body; trunk; **-sbygning,** s. build; **-slig,** *adj.* physical.

krudt, s. gunpowder; *fig.* pep, go.

krukke, s. jar; pot; *fig.* affected person; **-t,** *adj.* affected.

krum, *adj.* bent, curved, crooked; **-bøjet, -rygget,** *adj.* bent; **-me,** *v. t.* bend, bow; curve; **-ning,** s. bend; curve; bending; **-spring,** s. caper; **-tap,** s., *mek.* crank.

krumme, s. crumb; *-r, fig.* guts.

krus, s. mug; tankard; **-e,** *v. t. & i.* frizzle; ruffle; **-edulle,** s. flourish; *tegne -r,* doodle; **-et,** *adj.* frizzy; ruffled.

kry, *adj.* pert; cheeky.

kryb, s., *zoo.* vermin; **-dyr,** s., *zoo.* reptile; **-e,** *v. i.* crawl; creep; *fig.* cringe;

shrink; ~ *sammen*, huddle; **-skytte,** *s.* poacher.

krybbe, *s.* manger, crib.

krydder, *s., kul.* big rusk; **-i,** *s., kul.* spice, seasoning; **-nellike,** *s.* clove; **-urt,** *s.* herb; **krydre,** *v. t.* season; **-t,** *adj.* spicy.

kryds, *s.* cross; crossing; *naut.* cruise; *anat.* loin; *mus.* sharp; **-e,** *v. t. & i.* cross; *naut.* beat; cruise; ~ *af,* tick off; **-er,** *s.* cruiser; **-finér,** *s.* plywood; **-forhør,** *s.* crossexamination; **-ild,** *s.* cross-fire; ~ **-og-tværs,** *s.* crossword puzzle; **-togt,** *s.* cruise.

krykke, *s.* crutch.

krympe, *v. i.* shrink; *v. refl.* ~ *sig,* shrink; wince; **-fri,** *adj.* non-shrink.

krypt, *s.* crypt; **-isk,** *adj.* cryptic.

krystal, *s.* crystal; **-lisere,** *v. t. & i.* crystallize.

kryster, *s.* coward.

kræ, *s.* creature.

kræft, *s., med.* cancer; **-fremkaldende,** *adj.* carcinogenic; **-svulst,** *s., med.* tumour.

kræmmerhus, *s.* cornet; cone.

krænge, *v. i.* turn inside out; *naut.* careen; heel (over); *fly.* bank.

krænke, *v. t.* hurt, offend; outrage; violate; break; **-lse,** *s.* offence; outrage; violation; breach; **-nde,** *adj.* insulting, offensive.

kræs, *s.* titbits, delicacies; **-e,** *v. i.* ~ *op for,* do proud.

kræsen, *adj.* particular; fastidious; choosy.

kræve, *v. t.* claim; require; demand; call for; **-nde,**

adj. demanding.

krøbling, *s.* cripple.

krølle, *s.* curl; crease; *v. t.* curl; crease, crumple; **-jern,** *s.* curling iron.

kub|e, *s.* hive; **-ikmeter,** *s., mat.* cubic metre; **-ikrod,** *s., mat.* cube root.

kue, *v. t.* cow, subdue.

kuffert, *s.* suitcase; trunk; bag.

kugle, *s.* globe; ball; bullet; **-formet,** *adj.* ball-shaped, globular; **-leje,** *s.* ball-bearing; **-pen,** *s.* ball-(point) pen, biro; **-ramme,** *s.* abacus; **-stød,** *s., sport.* shot-putting.

kujon, *s.* coward.

kuk, *s. ikke et* ~, not a word; **-ur,** *s.* cuckoo clock.

kukkelure, *v. i.* mope.

kul, *s.* coal; charcoal; *kem.* carbon; **-brinte,** *s., kem.* hydrocarbon; **-dioxid,** *s., kem.* carbon dioxide; **-hydrat,** *s., kem.* carbohydrate; **-ilte,** *s., kem.* carbon monoxide; **-mine,** *s.* coal mine, colliery; **-sort,** *adj.* pitch-black; **-stof,** *s., kem.* carbon; **-syre,** *s., kem.* carbonic acid; carbon dioxide; *T* fizz.

kuld, *s.* brood; litter.

kuld|e, *s.* cold; **-egysning,** *s.* shiver; **-skær,** *adj.* sensitive to cold; **-slå,** *v. t.* take the chill off.

kuldkaste, *v. t.* frustrate, upset.

kulegrave, *v. t.* trench; go deeply into.

kuling, *s.* breeze, wind.

kulisse, *s., teat.* wing; set piece.

kuller, *s., zoo.* haddock.

kulminere, *v. i.* culminate.

kulret, *adj.* crazy.

kultiveret, *adj.* cultured;

cultivated.
kultur, s. culture; civilisation; **-el,** adj. cultural; **-historie,** s. history of civilization.
kultveilte, s., kem. carbon dioxide.
kulør, s. colour; kul. browning; **-t,** adj. coloured.
kumme, s. bowl; basin; **-fryser,** s. chest freezer.
kun, adv. only; just; merely.
kunde, s. customer; patron.
kundskab, s. knowledge; information; **-er,** s. pl. knowledge.
kunne, v. i. be able to; know; may; will; ~ med, get along with; **-n,** s. ability, competence; knowledge.
kunst, s. art; skill; trick; **-akademi,** s. art school; **-anmelder,** s. art critic; **-art,** s. (branch of) art; **-færdig,** adj. ingenious; elaborate; **-genstand,** s. objet d'art; **-greb,** s. artifice, trick; **-gødning,** s. artificial fertilizer; **-historie,** s. art history; **-håndværk,** s. arts and crafts; handicraft; **-ig,** adj. artificial; synthetic; imitation; man-made; false; **-industri,** s. applied art; **-let,** adj. affected; **-læder,** s. imitation leather; **-maler,** s. artist, painter; **-museum,** s. art gallery; **-ner,** s. artist; **-nerisk,** adj. artistic; **-silke,** s. artificial silk, rayon; **-skøjteløb,** s. figure skating; **-stoffer,** s. pl. synthetic materials; plastics; **-stykke,** s. trick; **-værk,** s. work of art.

kup, s. coup; scoop; coup d'état.
kupé, s. compartment.
kuperet, adj. undulating, hilly; zoo. docked.
kupon, s. coupon.
kuppel, s. dome; cupola; globe.
kur, s. cure, treatment, (slanke-) diet; court; gøre ~ til, make love to, court; **-ere,** v. t. cure; **-sted, -anstalt,** s. health resort; sanatorium.
kuriositet, s. curio(sity).
kurs, s. course; merk. rate of exchange; have ~ mod, be heading for; være i ~, be popular; ude af ~, off course; out of fashion.
kursiv, s. italics.
kursus, s. course, class.
kurv, s. basket; give en ~, turn down, send packing; **-emøbler,** s. pl. wicker furniture; **-estol,** s. wicker chair, basket chair.
kurve, s. curve; bend.
kusine, s. (female) cousin.
kusk, s. driver; coachman.
kusse, s., vulg. cunt.
kustode, s. attendant.
kutter, s., naut. cutter.
kutyme, s. custom; usage; practice.
kuvert, s. cover; envelope; **-afgift,** s. cover charge.
kvadrat, s. square; **-isk,** adj. square; **-meter,** s., mat. square metre; **-rod,** s., mat. square root; **kvadrere,** v. t. square.
kvaj, s. ass, fathead; **-e,** v. refl. ~ sig, make an ass of oneself.
kvaksalver, s. quack.
kval, s. agony, anguish; trouble.
kvalifi|cere, v. t. qualify; ~ sig, qualify; **-kation,** s.

qualification.

kvalitet, *s.* quality.

kvalm, *adj.* close, stuffy; **-e,** *s., med.* nausea; *have* ~, feel sick; **-ende,** *adj.* sickening.

kvant|itet, *s.* quantity; **-um,** *s.* quantity.

kvark, *s., kul.* quarg.

kvart, *s.* quarter; *mus.* fourth; **-al,** *s.* quarter, three months; **-er,** *s.* quarter (of an hour); district; *mil.* quarters; **-et,** *s., mus.* quartet.

kvarts, *s.* quartz.

kvas, *s.* brushwood; **-e,** *v. t.* squash; crush.

kvast, *s.* tassel; puff.

kvidre, *v. i.* chirp, twitter.

kvie, *s., zoo.* heifer; *v. i.* ~ *sig ved,* shrink (back) from.

kvik, *adj.* quick; bright; well; **-ke,** *v. t. & i.* ~ *op,* stimulate; cheer up; pick up; **-sølv,** *s., kem.* mercury.

kvindagtig, *adj.* effeminate.

kvinde, *s.* woman, female; **-bevægelsen,** *s.* women's lib; feminism; **-bedårer,** *s.* lady-killer; **-kønnet,** *s.* the female sex; **-lig,** *adj.* female, woman; womanly; feminine; **-lighed,** *s.* femininity; **-læge,** *s.* gynaecologist; **-sagen,** *s.* feminism; **-sagskvinde,** *s.* feminist; women's libber; **-sygdom,** *s.* women's disease.

kvint, *s., mus.* fifth; **-et,** *s., mus.* quintet.

kvist, *s., bot.* twig; attic, dormer; **-lejlighed,** *s.* attic (flat).

kvit, *adj. nu er vi* ~, now we are quits; *blive én* ~, get rid of sby; **-te,** *v. t. & i.*

give up, quit.

kvitter|e, *v. t. & i.* give a receipt, sign; *fig.* repay; **-ing,** *s.* receipt.

kvæg, *s., zoo.* cattle; **-besætning,** *s.* livestock.

kvæk, *s.* croaking; *ikke et* ~, not a word; **-ke,** *v. i.* croak.

kvæl|e, *v. t.* strangle; suffocate, smother, choke, stifle; **-erslange,** *s., zoo.* boa constrictor; **-stof,** *s., kem.* nitrogen.

kværn, *s.* mill; grinder.

kværulere, *v. i.* make a fuss, be cantankerous.

kvæste, *v. t.* injure, bruise; **-lse,** *s.* injury, bruise; *med.* contusion.

kyle, *v. t.* fling, hurl.

kylling, *s., zoo.* chicken; **-esteg,** *s., kul.* roast chicken.

kyndig, *adj.* skilled, expert; knowledgeable.

kyni|ker, *s.* cynic; **-sk,** *adj.* cynical; **-sme,** *s.* cynicism.

kys, *s.* kiss; **-se,** *v. t. & i.* kiss.

kyse, *s.* bonnet; *v. t.* scare, frighten.

kysk, *adj.* chaste; **-hed,** *s.* chastity.

kyst, *s.* coast; shore; seaside; **-klima,** *s.* coastal climate; **-linie,** *s.* coastline; **-vagt,** *s.* coastguard.

kæbe, *s., anat.* jaw.

kæde, *s.* chain; *v. t.* ~ *sammen,* link up; **-brev,** *s.* chain letter; **-forretning,** *s.* chain store; **-kasse,** *s.* chain guard; **-reaktion,** *s.* chain reaction; **-ryger,** *s.* chain-smoker; **-sting,** *s.* chain stitch.

kæft, *s.* jaw; *hold* ~ *!* shut up! *ikke en* ~, not a soul; not a thing.

kæk, *adj.* brave, bold.
kælder, *s.* cellar; basement; **-etage,** *s.* basement; **-rum,** *s.* cellar.
kæle, *v. t.* ~ *for,* cuddle; pet; caress; fondle; **-dyr,** *s.* pet; **-dægge,** *s.* pet, darling; **-n,** *adj.* loving, affectionate; amorous; languishing; **-navn,** *s.* pet name.
kælk, *s.* sledge, toboggan; **-e,** *v. i.* sledge, toboggan.
kælling, *s.* old woman; hag; cow.
kæltring, *s.* villain, scoundrel.
kælve, *v. i.* calve.
kæmme, *v. t.* comb.
kæmpe, *s.* giant; *v. i.* fight, struggle; contend, compete; **-høj,** *s.* barrow; **-mæssig,** *adj.* gigantic, enormous, huge.
kænguru, *s., zoo.* kangaroo.
kæntre, *v. i.* capsize.
kæp, *s.* stick; cudgel; **-hest,** *s.* hobbyhorse; **-høj,** *adj.* pert, stuck-up.
kær, *s.* pool, pond; *adj.* dear; sweet; **-este,** *s.* fiancé(e), sweetheart; boy friend, girl friend; **-kommen,** *adj.* welcome; **-lig,** *adj.* loving, affectionate; **-lighed,** *s.* love, affection; **-tegn,** *s.* caress; **-e,** *v. t.* caress.
kærnemælk, *s., kul.* buttermilk.
kærre, *s.* cart.
kærv, *s.* slot, notch, nick.
kætter, *s.* heretic.
kø, *s.* queue, line; *sport.* cue; *stå i* ~, queue up.
køb, *s.* buying; purchase; bargain; *oven i* *-et,* into the bargain; **-e,** *v. t.* buy, purchase; ~ *ind,* go shopping; **-ekraft,** *s.* pur-

chasing power; spending power; **-er,** *s.* buyer; **-esum,** *s.* purchase price; **-mand,** *s.* grocer; merchant; **-shandel,** *s.* grocer's (shop), general store; **-slå,** *v. i.* bargain; **-stad,** *s.* town; borough.
København, *s.* Copenhagen.
kød, *s.* meat; flesh; **-ben,** *s.* bone; **-bolle,** *s., kul.* meat ball; **-elig,** *adj.* bodily; carnal; **-fars,** *s., kul.* forcemeat; **-gryde,** *s.* fleshpot; **-hammer,** *s.* tenderizer; **-maskine,** *s.* mincer; **-suppe,** *s., kul.* meat broth, soup; **-ædende,** *adj., bot.* carnivorous.
køje, *s.* berth; bunk; *gå til køjs,* turn in; **-seng,** *s.* bunk bed.
køkken, *s.* kitchen; **-bord,** *s.* kitchen table; **-have,** *s.* vegetable garden; **-rulle,** *s.* kitchen roll; **-trappe,** *s.* backstairs; **-udstyr,** *s.* kitchenware, kitchen utensils; **-vask,** *s.* sink.
køl, *s., naut.* keel; **-vand,** *s.* wake.
køle, *v. t.* cool, chill; **-anlæg,** *s.* refrigerating plant; **-disk,** *s.* refrigerated counter; **-r,** *s.* radiator; **-hjelm,** *s.* bonnet, *U.S.* hood; **-væske,** *s.* antifreeze; **-rum,** *s.* cold(-storage) room; **-skab,** *s.* refrigerator, *T* fridge; **kølig,** *adj.* cool, chilly.
kølle, *s.* club; mallet; bludgeon; *kul.* haunch, leg.
køn, *s.* sex; *gram.* gender; *adj.* pretty; nice, fine; **-sdele,** *s. pl., anat.* genitals; **-slig,** *adj.* sexual; **-sliv,** *s.* sex life; **-sorgan,** *s., anat.* sexual organ;

-srolle, *s.* sex role; **-ssygdom,** *s., med.* venereal disease, VD.

køre, *v. t. & i.* drive; ride; go; travel; leave; ~ *galt,* have an accident; ~ *én over,* run over sby; run sby down; **-bane,** *s.* roadway; lane; **-kort,** *s.* driving licence; **-plan,** *s.* timetable; **-prøve,** *s.* driving test; **-stol,** *s.* wheelchair; **-tur,** *s.* drive, run; ride; **-tøj,** *s.* vehicle; **kørsel,** *s.* driving; haulage; traffic; *edb.* run.

kørvel, *s., bot.* chervil.

køter, *s.* cur.

kåbe, *s.* coat; cloak.

kåd, *adj.* playful, frisky; wanton.

kål, *s., bot.* cabbage; **-hoved,** *s., bot.* head of cabbage; **-orm,** *s., zoo.* caterpillar; **-rabi, -roe,** *s., bot.* swede.

kår, *s. pl.* circumstances.

kårde, *s.* sword, rapier.

kåre, *v. t.* choose, select; elect.

lab, *s.* paw; **-be,** *v. t.* ~ *i sig,* lap up.

laban, *s.* scamp, rascal.

laber, *adj., T* luscious; super.

laborant, *s.* laboratory technician; chemist's assistant; **-torium,** *s.* laboratory, *T* lab.

labskovs, *s., kul.* stew.

labyrint, *s.* maze.

lad, *s.* truck body; *adj.* lazy, indolent; **-vogn,** *s.* platform truck.

lade, *s.* barn; *v. t. & i.* let, allow to; pretend to be; seem; have; make; leave; load; ~ *én være,* leave sby alone; ~ *være at,* not do; refrain from; *jeg kan*

ikke ~ *være med at smile,* I can't help smiling.

ladning, *s.* cargo; load; *elek.* charge.

lag, *s.* layer; stratum; coat, coating; *i muntert* ~, in merry company; *gå i* ~ *med,* tackle; **-deling,** *s.* stratification; **-kage,** *s., kul.* layer cake; **-vis,** *adv.* in layers.

lage, *s., kul.* pickle.

lagen, *s.* sheet.

lager, *s.* stock; store; **-erbygning,** *s.* warehouse; storehouse; **-erøl,** *s., kul.* dark beer; **-re,** *v. t.* store; season, mature; **-ring,** *s.* storage; maturing.

lak, *s.* laquer; enamel; japan; polish, varnish; **-ere,** *v. t.* lacquer, japan, enamel; varnish; **-fjerner,** *s.* laquer remover; nail varnish remover; **-sko,** *s.* patent leather shoe.

lakaj, *s.* footman; lackey; flunkey.

lakrids, *s., kul.* liquorice; **-konfekt,** *s., kul.* liquorice allsorts.

laks, *s., zoo.* salmon; **-ørred,** *s.* salmon trout.

lakune, *s.* gap.

lalle, *v. i.* drivel; dawdle.

lam, *s., zoo.* lamb; *adj., med.* paralyzed; **-mekød,** *s., kul.* lamb; **-mesteg,** *s., kul.* roast lamb; **-meuld,** *s.* lambswool; **-slået,** *adj.* dumbfounded.

lamel, *s.* slat.

lamme, *v. t.* paralyse; **-lse,** *s., med.* paralysis.

lampe, *s.* lamp; **-feber,** *s.* stage fright; **-skærm,** *s.* lampshade; **-t,** *s.* bracket lamp.

lancere, *v. t.* introduce; launch.

land, s. country; land; *i* ~, ashore; *inde i -et*, inland; *(ude) på -et*, in the country; *her til -s*, in this country; **-befolkning,** s. rural population; **-bohøj-skole,** s. agricultural college; **-brug,** s. farming; farm; agriculture; **-bru-ger,** s. farmer; **-e,** v. i. land; **-eplage,** s. hit; pest, scourge; **-evej,** s. (country) road; highway; **-flyg-tig,** adj. exiled; **-gang,** s. landing; gangway; **-ing,** s. landing; *-sbane,* s. runway; **-kort,** s. map; **-krabbe,** s. landlubber; **-lig,** adj. rural; **-mand,** s. farmer; **-måler,** s. surveyor; **-sby,** s. village; **-sdel,** s. part of the country; **-sforræder,** s. traitor; **-shold,** s., *sport.* the (Danish) international team; **-skab,** s. landscape; scenery; **-skamp,** s., *sport.* international (match); **-smand,** s. fellow countryman; **-som-fattende,** adj. nationwide; **-sret,** s., *jur.* High Court; **-sted,** s. country house; **-stryger,** s. tramp.

lang, adj. long; tall; **-drag,** s. *trække i* ~, drag on, go on and on; **-e,** v. t. hand, pass; ~ *ud efter*, reach for; hit out at; **-finger,** s. middle finger; **-fredag,** s. Good Friday; **-fristet,** adj. long-term; **-håret,** adj. long-haired; **-rend,** s., *sport.* cross-country (skiing); **-sigtet,** adj. long-term; **-som,** adj. slow; **-strakt,** adj. lengthy; **-sy-net,** adj. long-sighted; **-t,** adv. far; by far; a long way; ~ *fra*, from a distance; ~ *nede,* de-

pressed; ~ *om længe*, at long last; ~ *ude,* far-fetched; **-tids-,** adj. long-term; long-range; **-truk-ken,** adj. lengthy, prolonged; **-varig,** adj. long, prolonged.

langs, *præp. & adv.* along; *på* ~, lengthwise.

lanse, s. lance, spear.

lanterne, s. lantern; light.

lap, s. patch; scrap of paper; **-pe,** v. i. patch, mend; **-pegrejer,** s. *pl.* repair outfit.

laps, s. dandy; **-et,** adj. foppish.

larm, s. noise; din; **-e,** v. i. make a noise; **-ende,** adj. noisy.

larve, s., *zoo.* caterpillar; *fig.*, bird.

las, s. rag; **-et,** adj. ragged, tattered.

laserstråle, s. laser beam.

lasket, adj. flabby.

last, s. weight, load; cargo; hold; vice; **-bil,** s. lorry, truck; van; **-e,** v. t. load; blame; **-rum,** s. hold.

lathyrus, s., *bot.* sweet pea.

latin, s. Latin; **-sk,** adj. Latin.

latter, s. laughter; laugh; **-lig,** adj. ridiculous.

laurbær, s., *bot.* bay; *pl.*, *fig.* laurels.

lav, s. guild; *bot.* lichen; adj. low; shallow; mean, base; **-komisk,** adj. burlesque; **-konjunktur,** s. depression; **-land,** s. lowland; **-pris-,** adj. cut-price, discount; **-tlønnet,** adj. low-paid; **-tryk,** s. depression; **-vande,** s. low water; ebb; **-t,** adj. shallow.

lava, s. lava.

lave, s. *af* ~, out of order; out of joint; v. t. make;

do; prepare; make up; cook; mend, repair; ~ *om*, change.

lavendel, *s., bot.* lavender.

lavine, *s.* avalanche.

le, *s.* scythe; *v. i.* laugh.

led, *s.* side, direction; link; generation; gate; *anat.* joint; *adj.* disgusting, odious; ~ *og ked af,* fed up with.

lede, *s.* loathing, disgust; *v. t.* lead, guide; manage; search; *elek.* conduct; ~ *efter,* search for, look for; **-lse,** *s.* guidance; management; **-r,** *s.* leader; leading article; *elek.* conductor; **-tråd,** *s.* guide; clue.

ledig, *adj.* vacant, unoccupied; free, disengaged; unemployed; **-gænger,** *s.* loafer; **-hed,** *s.* unemployment.

ledning, *s.* pipe, main; *elek.* wire; lead; flex, cord.

ledsage, *v. t.* accompany; escort; **-r,** *s.* companion; escort.

leg, *s.* game; play; **-e,** *v. t. & i.* play; pretend; **-ekammerat,** *s.* playmate; **-eplads,** *s.* playground; **-etøj,** *s.* toys.

legal, *adj.* legal; **-isere,** *v. t.* legalize.

legat, *s.* grant; scholarship.

legem|e, *s., anat.* body; **-lig,** *adj.* bodily, physical; **-sbygning,** *s.* build; **-sdel,** *s.* part of the body; **-sstor,** *adj.* life-size; **-søvelser,** *s. pl.* physical education, PE.

legende, *s.* legend.

legere, *v. t.* alloy; *kul.* thicken.

legitim, *adj.* legitimate;

-ation, *s.* identification (papers); **-ere,** *v. refl.* ~ *sig,* identify oneself.

lejde, *s. frit* ~, safe-conduct.

leje, *s.* bed; couch; berth; pitch; lease; rent; *v. t. & i.* hire; rent; ~ *ud,* let, hire out; **-kontrakt,** *s.* lease; hire contract; **-mål,** *s.* lease; **-r,** *s.* tenant; lodger; leaseholder; hirer; **-soldat,** *s.* mercenary.

lejlighed, *s.* opportunity, chance; occasion; flat; *U.S.* apartment; *benytte -en,* take the opportunity; *ved* ~, some day.

lejr, *s.* camp; **-bål,** *s.* camp fire; **-e,** *v. refl.* ~ *sig,* camp; lie down.

leksikon, *s.* encyclopaedia; dictionary.

lektie, *s.* lesson; homework; task.

lektion, *s.* lesson.

lektor, *s.* senior lecturer; senior teacher.

lem, *s.* shutter; hatch; *anat.* member, limb; *ud af -men!* get out! **-fældig,** *adj.* lenient; careless; **-læste,** *v. t.* multilate, maim.

lempe, *v. t.* adapt; ease; trim; **-lig,** *adj.* gentle; easy.

len, *s., hist.* entailed estate; **-svæsen,** *s.* feudalism.

ler, *s.* clay; **-et,** *adj.* clayey; **-klinet,** *adj.* mud-walled; **-varer,** *s. pl.* earthenware, pottery.

lesbisk, *adj.* lesbian.

let, *adj.* light; easy; slight; mild; **-fordærvelig,** *adj.* perishable; **-fordøjelig,** *adj.* digestible; **-hed,** *s.* lightness; easiness; ease; **-købt,** *adj.* cheap; **-matros,** *s., naut.* ordinary

seaman; **-mælk,** s., kul.
low-fat milk; **-sindig,** adj.
careless; rash; irrespon-
sible; **-te,** v. t. & i. lighten,
ease; facilitate; relieve;
lift; take off; ~ *anker,*
naut. weigh anchor; ~ *sit
hjerte,* unburden oneself;
det -de! what a relief!
-telse, s. relief; **-tet,** adj.
relieved; **-tilgængelig,**
adj. accessible; easily un-
derstood; **-troende,** adj.
credulous.

leve, s. cheers; *udbringe et
~ for,* long live; v. i. live;
be alive; ~ *af,* live on;
-brød, s. livelihood; job;
-fod, -standard, s. stand-
ard of living; **-nde,** adj.
living, alive; live; lively;
~ *lys,* candle; **-omkost-
ninger,** s. pl. cost of liv-
ing; **-tid,** s. lifetime; **-vej,**
s. vocation, living, career;
-vilkår, s. pl. conditions
of life; **-vis,** s. way of life.

lever, s., anat. liver; *tale
frit fra -en,* speak one's
mind; **-betændelse,** s.,
med. hepatitis; **-postej,** s.,
kul. liver pâté; **-tran,** s.
cod liver oil.

lever|andør, s. supplier;
contractor; **-e,** v. t. deliv-
er; furnish, supply; pro-
vide; produce; contri-
bute; **-ing,** s. delivery;
supply.

levn, s. relic; survival; **-e,**
v. t. leave. **-ing,** s. relic;
remnant; *-er,* pl. left-
overs.

levned, s. life; **-sløb,** s.
career; life; **-smiddel,** s.
foodstuff.

libanes|er, s. Lebanese;
-isk, s. & adj. Lebanese;
Libanon, s. Lebanon.

liberal, adj. liberal.

licens, s. licence.

lid, s. trust, confidence;
fæste ~ til, put one's
trust in, pin one's faith
on.

lide, v. t. & i. suffer; ~
nederlag, be defeated;
v. t. *kunne ~,* like; *jeg
kan bedre ~,* I prefer;
-lse, s. suffering; disease;
agony; misery.

lidenskab, s. passion; **-e-
lig,** adj. passionate.

liderlig, adj. lecherous, T
randy.

lidt, adj. little; adv. a little,
some; slightly; *om ~,*
shortly; in a minute; ~
efter ~, gradually; *for ~
siden,* a moment ago;
vent ~ ! just a moment!

liflig, adj. delicious.

lig, s. corpse; dead body;
adj. like; similar to; equal
to; *være ~,* mat. equal;
-bleg, adj. white as a
sheet, deathly pale;
-brænding, s. cremation;
-kiste, s. coffin; **-syn,** s.
inquest.

liga, s. league.

lige, s. match, equal; adj.
straight; direct; equal;
even; adv. straight; di-
rectly; equally; evenly;
just; exactly; right; *det er
~ meget,* it doesn't mat-
ter; ~ *nu,* right now; ~
ud, straight on; ~ *ved,*
near by, close to; ~ *et
øjeblik,* just a moment;
-berettigelse, s. equal
rights; **-frem,** adj. plain;
straightforward; adv.
simply; downright; liter-
ally; straight on; **-glad,**
adj. indifferent; careless;
-gyldig, adj. indifferent;
trivial, unimportant; ~
hvem, no matter who;
-ledes, adv. as well; also,
too; **-lig,** adj. equal; even;

fair; **-løn,** s. equal pay; **-sindet,** adj. like-minded; **-som,** adv. & konj. like, just as; as; sort of; a little, somewhat; **-stilling,** s. equal status; equal opportunity; **-så,** adv. the same, likewise; **-til,** adj. straightforward; simple, easy; **-vægt,** s. equilibrium, balance; **-vægtig,** adj. calm, well-balanced.

ligge, v. i. lie; stand, be, be situated; det -r ikke for mig, it's not my strong point; **-stol,** s. deck chair; **-plads, -vogn,** s. couchette.

lighed, s. likeness, resemblance, similarity; equality; **-spunkt,** s. point of resemblance; **-stegn,** s. equals sign.

ligne, v. t. resemble, be like, look like; take after; **-lse,** s. parable; **-nde,** adj. (the) like, similar.

ligning, s., mat. equation; assessment.

ligtorn, s., med. corn.

liguster, s., bot. privet.

likør, s., kul. liqueur.

lilje, s., bot. lily; **-konval,** s., bot. lily-of-the-valley.

lilla, adj. purple; mauve, lilac.

lille, adj. little, small; short; en ~ uge, just under a week; **-bitte,** adj. tiny; **-bror,** s. little brother, younger brother; **-søster,** s. little sister, younger sister.

lim, s. glue; **-e,** v. t. glue; **-farve,** s. distemper; **-ning,** s. gå op i -en, come unstuck; fig. fall apart; crack up; **-pind,** s., fig. hoppe på -en, be led up the garden path; **-stift,** s. glue stick.

lind, s., bot. lime; adj. soft, thin; **-e,** v. t. loosen; ~ på, open a little.

lindr|e, v. t. relieve, alleviate; ease; **-ing,** s. relief.

line, s. rope, line; **-danser,** s. tightrope walker.

lineal, s. ruler.

linie, s. line; ~ 2, number 2 (bus); **-re,** v. t. rule; **-skriver,** s., edb. line printer; **-vogter,** s., sport. linesman.

linned, s. linen.

linning, s. band.

linoleum, s. linoleum, T lino; **-ssnit,** s. linocut.

linolie, s. linseed oil.

linse, s. lens; bot. lentil.

lire, v. t. ~ af, reel off; **-kasse,** s., mus. barrel organ.

lirke, v. i. coax, work; wangle, worm; feel.

list, s. trick; cunning; **-ig,** adj. crafty, sly, cunning.

liste, s. list, inventory; strip; v. t. & i. creep, sneak, tiptoe; ~ sig væk, slip away; steal away.

liter, s. litre.

litograf, s. lithographer; **-i,** s. lithograph.

litteratur, s. literature; **-historie,** s. history of literature; **litterær,** adj. literary.

liv, s. life; anat. waist; bodice, top; fig. liveliness, spirit; tage -et af, kill; i -e, alive; føre ud i -et, put into effect; sætte ~ i, liven up; sætte til -s, consume; **-agtig,** adj. lifelike; **-lig,** adj. lively; brisk; vivid; **-løs,** adj. lifeless; dead; **-moder,** s., anat. uterus, womb; **-redder,** s. lifeguard; **-rem,** s. belt; **-ret,** s. favourite dish; **-sanskuel-**

se, *s.* philosophy; **-sfare,** *s.* mortal danger; **-sfarlig,** *adj.* (highly) dangerous; **-sforsikring,** *s.* life insurance; **-sglad,** *adj.* happy, cheerful; **-skraft,** *s.* vitality; **-sstil,** *s.* life style; **-stegn,** *s.* sign of life; **-svarig,** *adj.* lifelong; for life; **-vagt,** *s.* bodyguard.

L.O., *(fk.f.* Landsorganisationen), *sv.t.* TUC.

lod, *s.* lot; share; fate; weight; lead; plumb; *trække* ~, draw lots; *være i* ~, be plumb; **-ret,** *adj.* vertical; perpendicular; sheer; **-seddel,** *s.* lottery ticket.

lodde, *v. t.* solder; sound; plumb; *fig.* fathom; test.

lods, *s.* pilot; **-e,** *v. i.* pilot.

loft, *s.* ceiling; loft; attic; *lægge* ~ *over, fig.* put a ceiling on; **-skammer,** *s.* garret; **-vindue,** *s.* skylight.

loge, *s.* lodge; *teat.* box.

logere, *v. i.* lodge; **-nde,** *s.* lodger; **logi,** *s.* lodgings; accomodation.

logi|k, *s.* logic; **-sk,** *adj.* logical.

logre, *v. i.* wag the tail; *fig.* crawl, cringe.

lok, *s.* curl; lock.

lokal, *adj.* local; **-itet,** *s.* locality; **-nummer,** *s.* extension.

lokale, *s.* room; hall; office; **-r,** *pl.* premises.

lokalisere, *v. t.* locate.

lokke, *v. t. & i.* tempt; entice; seduce; coax; **-due,** *s.* decoy; **-mad,** *s.* bait.

lokomotiv, *s.* engine; **-fører,** *s.* engine driver.

lomme, *s.* pocket; **-bog,** *s.* notebook; **-kalender,** *s.* agenda; **-kniv,** *s.* pocket knife; **-lygte,** *s.* torch; **-lærke,** *s.* hip flask; **-penge,** *s. pl.* pocket money; **-regner,** *s.* pocket calculator; **-tyv,** *s.* pickpocket; **-tørklæde,** *s.* handkerchief, *T* hanky.

loppe, *s.,* *zoo.* flea; **-stik,** *s.* flea bite.

lort, *s.,* *vulg.* shit, crap; bastard.

los, *s.,* *zool.* lynx.

losse, *v. t. & i.* unload, discharge; **-plads,** *s.* rubbish dump.

lotteri, *s.* lottery; **-gevinst,** *s.* prize.

lov, *s.* law, statute, act; permission, leave; *få* ~ *til,* be allowed to; *bede om* ~, ask permission; *Gud ske* ~ *!* thank God! **-bog,** *s.* Statute Book; code; **-forslag,** *s.* bill; **-givning,** *s.* legislation; **-lig,** *adj.* legal; *adv.* rather; a bit too; **-overtrædelse,** *s.* offence; **-pligtig,** *adj.* compulsory; statutory; **-stridig,** *adj.* illegal; **-tale,** *s.* eulogy.

love, *v. t.* promise; **-nde,** *adj.* promising.

lp-plade, *s.* LP(-record), album.

lud, *s.* lye; *gå for* ~ *og koldt vand,* be neglected; **-doven,** *adj.* bone-lazy.

lude, *v. i.* stoop.

luder, *s.* prostitute; *T* pro, tart; *U.S.* hooker.

ludfattig, *adj.* penniless, destitute.

lue, *s.* flame; blaze.

luffe, *s.* mitten; *zoo.* flipper.

luft, *s.* air; *i fri* ~, in the open (air); *få* ~ *for,* give vent to; *sprænge (springe) i -en,* blow up; **-alarm,** *s.* air-raid warning, alert;

-art, s. gas; **-e,** v. t. & i. air; ~ *hunden,* take the dog for a walk; *det -r,* there is a light breeze; ~ *ud,* air, ventilate; **-forurening,** s. air pollution; **-havn,** s. airport; **-ig,** adj. airy; light; **-madras,** s. air mattress; **-post,** s. air mail; **-rør,** s., anat. windpipe; **-tom,** adj. -t rum, vacuum; **-tryk,** s. (atmospheric) pressure; **-tæt,** adj. airtight; adv. hermetically; **-våben,** s. air force.

luge, s. hatch; v. t. weed.

lugt, s. smell; scent, odour; **-e,** v. t. & i. smell; **-esans,** s. sense of smell.

lukaf, s., naut. cabin; forecastle.

lukke, s. fastening, lock; v. t. shut, close; close down; ~ *ind,* let in, admit; ~ *inde,* lock up; ~ *op for,* turn on; switch on; **-t,** adj. closed; fig. reserved; ~ *vej,* cul de sac, dead end; **-tid,** s. closing time; *efter* ~, after hours.

luksus, s. luxury.

lummer, adj. sultry, close.

lumpen, adj. dirty, mean.

lumsk, adj. cunning, deceitful; crafty, treacherous; ~ *mistanke,* hunch.

lun, adj. warm, mild; snug; sheltered; fig. humorous.

lund, s. grove. ·

lune, s. mood; humour; whim; v. t. & i. warm; **-fuld,** adj. freakish, capricious; unpredictable.

lunge, s., anat. lung; **-betændelse,** s., med. pneumonia; **-hindebetændelse,** s., med. pleurisy.

lunken, adj. lukewarm, tepid; fig. half-hearted.

lunte, s. fuse; v. i. jog, trot; **-trav,** s. jog-trot.

lup, s. magnifying glass.

lur, s. nap, snooze; *ligge på* ~, lie in wait.

lure, v. i. eavesdrop; peep; lie in wait; lurk; take in.

lurvet, adj. shabby; mean.

lus, s., zoo. louse; fig. creep; **-et,** adj. lousy; mean; measly.

luske, v. i. sneak; ~ *af,* slink away; ~ *sig til,* wangle.

lussing, s. box on the ear.

lut, s., mus. lute.

lutter, adj. nothing but, sheer, all.

luv, s. nap; pile; **-slidt,** adj. threadbare.

luvart, adj., naut. windward.

ly, s. shelter, cover.

lyd, s. sound; **-dæmper,** s. silencer; **-e,** v. i. sound; go; v. t. obey; ~ *et navn,* answer to a name; **-hør,** adj. attentive; sympathetic; **-ig,** adj. obedient; **-løs,** adj. silent; **-skrift,** s., gram. phonetics; **-tæt,** adj. soundproof.

lygte, s. light; torch; lamp; lantern; **-pæl,** s. lamp post.

lykke, s. happiness; (good) fortune; luck; success; *held og* ~ *!* good luck! *ønske til* ~, congratulate; **-dyr,** s. mascot; **-lig,** adj. happy; fortunate.

lykkes, v. i. succeed; be successful; T come off.

lyksalig, adj. blissful.

lykønske, v. t. congratulate.

lymfe, s., anat. lymph; **-kirtel,** s. lymph node.

lyn, s. lightning; **-afleder,** s. lightning conductor; **-e,** v. i. flash; ~ *op,* zip up; ~ *ned,* unzip; **-kursus,** s. crash course; **-lås,**

s. zip(per); **-tog**, s. high-speed train.

lyng, s., *bot.* heather.

lyri|k, s. lyric poetry; **-sk**, *adj.* lyric(al).

lys, s. light; lighting; candle; *tænde (slukke) -et*, switch on (off) the light; *adj.* light; bright; fair, pale; **-billed|e**, s. slide; *-apparat*, s. projector; **-e**, *v. i.* shine; **-eblå**, *adj.* pale (*el.* light) blue; **-edug**, s. table centre, mat; **-ekrone**, s. chandelier; **-ende**, *adj.* luminous; shining; bright; **-erød**, *adj.* pink; **-estage**, s. candlestick; **-håret**, *adj.* fair(-haired); **-kurv**, s. traffic light(s); **-måler**, s., *fot.* light meter; **-ne**, *v. i.* grow light; brighten (up); dawn; **-net**, s., *elek.* mains; **-ning**, s. light; dawn; improvement; glade, clearing; **-punkt**, s. bright spot; ray of hope; **-reklame**, s. neon sign; **-sky**, *adj.* shady; **-skær**, s. gleam; glare; **-stofrør**, s. fluorescent tube; **-styrke**, s. candlepower; wattage; **-vågen**, *adj.* wide awake; **-ægte**, *adj.* (colour-)fast.

lyske, s., *anat.* groin.

lyst, s. delight; pleasure; inclination; desire; *have ~ til*, feel like; want; *hvis du har ~*, if you like; **-båd**, s. yacht; **-fisker**, s. angler; **-hus**, s. summerhouse; arbour; **-ig**, *adj.* merry, gay; **-spil**, s. comedy.

lystre, *v. t.* obey.

lytte, *v. i.* listen; eavesdrop; **-r**, s. listener.

lyve, *v. i.* lie.

læ, s. shelter; *naut.* lee-ward, lee; **-hegn**, s. windbreak.

læbe, s., *anat.* lip; **-pomade**, s. lip balm; **-stift**, s. lipstick.

læder, s. leather.

læg, s. pleat, fold; *anat.* calf; *adj.* lay; **-folk**, s. *pl.* the laity; laymen.

læge, s. doctor; physician; surgeon; *praktiserende ~*, general practitioner, G.P.; *v. t. & i.* heal; cure; heal up; **-attest**, s. medical certificate; **-hus**, s. health centre; **-middel**, s. medicine; drug; **-undersøgelse**, s. medical (examination); **-vagt**, s. emergency medical service; **-videnskab**, s. medicine.

lægge, *v. t.* put, lay; *~ sig*, lie down; *~ sig ud*, put on weight; *~ sig ud med*, fall out with; **-t**, *adj.* pleated.

lægte, s. lath; batten.

læk, s. leak; *adj.* leaky; **-age**, s. leak; **-ke**, *v. i.* leak.

lækat, s., *zoo.* stoat.

lækker, *adj.* delicious; *T* tasty; smashing; **-bisken**, s. titbit; **-mund**, s. *være en ~*, have a sweet tooth.

lænd, s., *anat.* loin.

læne, *v. refl. ~ sig*, lean; **-stol**, s. armchair, easy chair.

længde, s. length; *geo.* longitude; *i -n*, in the long run; **-grad**, s., *geo.* degree of longitude; **-spring**, s., *sport.* long jump(ing).

længe, s. wing; *adv.* long; for a long time; *farvel så ~ !*so long! see you! *langt om ~*, finally, at long last; *sove ~*, sleep late; **-re**, *adj. & adv.* longer;

farther, further;

læng|es, *v. i.* long; yearn; ~ *efter at*, long to; **-sel**, *s.* longing.

lænke, *s.* chain; *v. t.* chain; **-hund**, *s.* watchdog.

lærd, *adj.* learned.

lær|e, *s.* lesson; teachings; doctrine; apprenticeship; *v. t.* teach; learn; ~ *udenad*, learn by heart; ~ *fra sig*, teach; ~ *at kende*, get to know; **-ebog**, *s.* textbook; **-er**, *s.* teacher; tutor; *-møde*, *s.* staff meeting; **-estreg**, *s.* lesson; **-ling**, *s.* apprentice.

lærk, *s., bot.* larch.

lærke, *s., zoo.* lark.

lærred, *s.* linen; canvas; screen.

læs, *s.* load.

læse, *v. t. & i.* read; study; ~ *højt*, read aloud; **-bog**, *s.* reader; **-hest**, *s.* bookworm; swot; **-lig**, *adj.* legible; readable; **-plan**, *s.* curriculum; **-r**, *s.* reader; **-rbrev**, *s.* letter to the editor; **-sal**, *s.* reading room; **-stof**, *s.* reading matter.

læsion, *s.* lesion, injury.

læske, *v. t.* quench; refresh; **-drik**, *s.* refreshing drink; soft drink.

læspe, *v. i.* lisp.

læsse, *v. t.* load; ~ *af*, unload; ~ *på*, load; **-vis**, *adv.* loads.

løb, *s.* run; running; course; channel; barrel; *sport.* race, heat; *i -et af*, during; *i det lange* ~, in the long run; **-e**, *v. t. & i.* run; **-ebane**, *s.* career; **-ehjul**, *s.* scooter; **-eild**, *s., fig.* wildfire; **-ende**, *adj.* running; current; **-e-nummer**, *s.* serial number; **-er**, *s.* runner; *(skak)* bishop; **-eseddel**, *s.* handbill; **-etid**, *s.* term; rutting season.

løbsk, *adj.* runaway.

lødig, *adj.* valuable; (of good) quality; serious.

løfte, *s.* promise; *v. t.* lift; raise; **-stang**, *s.* lever.

løg, *s., bot.* onion; bulb.

løgn, *s.* lie; fib; **-agtig**, *adj.* lying, mendacious; **-er**, **-hals**, *s.* liar.

løjer, *s. pl.* fun; **-lig**, *adj.* funny, odd, queer.

løjpe, *s.* ski run.

løjtnant, *s., mil.* lieutenant.

løkke, *s.* loop; noose.

lømmel, *s.* lout.

løn, *s.* wages; pay; salary; **-aftale**, *s.* wage agreement; **-arbejder**, **-modtager**, *s.* wage earner; **-forhøjelse**, *s.* wage increase, rise; **-ne**, *v. t.* pay; reward; **-ningsdag**, *s.* pay day; **-seddel**, *s.* pay slip; **-stop**, *s.* wage freeze; **-tillæg**, *s.* bonus, allowance.

lørdag, *s.* Saturday.

løs, *adj. & adv.* loose; slack; vague; rough; temporary; *gå* ~ *på*, go for; *hamre* ~, hammer away; **-e**, *v. t.* loosen, unfasten, untie; release; solve; **-elig**, *adj.* rough; **-epenge**, *s. pl.* ransom; **-lade**, *v. t.* release, set free; **-ne**, *v. t.* loosen; slacken; fire; relax; **-ning**, *s.* solution; **-revet**, *adj.* detached; out of context; **-rive**, *v. t.* ~ *sig*, break away; secede; **-sluppen**, *adj.* unrestrained; wild; abandoned; **-øre**, *s.* movables.

løv, *s., bot.* leaves, foliage; **-fældende**, *adj.* deciduous; **-sav**, *s.* fretsaw;

-skov, s. deciduous forest; **-stikke,** s., bot. lovage; **-træ,** s., bot. deciduous tree.

løve, s., zoo. lion; **-mund,** s., bot. snapdragon; **-tand,** s., bot. dandelion.

lådden, adj. hairy, furry, shaggy.

låg, s. lid; cover.

låge, s. gate, wicket; door.

lån, s. loan; **-e,** v. t. borrow; ~ ud, lend; **-er,** s. borrower; -kort, s. library card; **-eseddel,** s. pawn ticket.

lår, s., anat. thigh; kul. leg; **-ben,** s., anat. thighbone; **-kort,** adj. mini-.

lås, s. lock; padlock; catch; **-e,** v. t. lock; ~ op, unlock.

mad, s. food; lave ~, cook; smøre ~, spread sandwiches; varm ~, a hot meal; **-e,** v. t. feed; **-kasse,** s. lunch box; **-lavning,** s. cookery; cooking; **-opskrift,** s. recipe; **-pakke,** s. packed lunch; **-papir,** s. greaseproof paper; **-rester,** s. pl. left-overs; bits of food; **-varer,** s. pl. food; foodstuffs; **-æble,** s., kul. cooking apple.

maddike, s., zoo. maggot.

mading, s. bait.

madras, s. mattress.

mag, s. ease, leisure; i ro og ~, at (one's) leisure.

magasin, s. department store; magazine.

mage, s. match, equal; fellow; mate; husband, wife; -n til, exactly like; **-lig,** adj. comfortable, easy; indolent; **-løs,** adj. exceptional, unique; adv. extremely; wonderfully.

mager, adj. lean; meagre;

spare, thin; poor.

magi, s. magic; **-sk,** adj. magic; **-ker,** s. magician.

magister, s. Master of Arts (M.A.); Master of Science (M.Sc.).

magnet, s. magnet; **-isk,** adj. magnetic.

magt, s. power; might; control; stå ved ~, be in force; **-e,** v. t. manage, cope with; be equal to; **-esløs,** adj. impotent, powerless; **-haver,** s. ruler; -ne, pl. those in power; **-kamp,** s. power struggle; **-påliggende,** adj. important, urgent.

mahogni, s. mahogany.

maj, s. May.

maje, v. refl. ~ sig ud, doll oneself up.

majestæt, s. majesty; **-isk,** adj. majestic.

majs, s., bot. maize; U.S. corn; **-kolbe,** s. corn cob.

makaroni, s., kul. macaroni.

makke, v. i. ~ ret, behave; work.

makker, s. partner, mate; blind ~, dummy.

makrel, s., zoo. mackerel.

makron, s., kul. macaroon.

maksimalpris, s. ceiling price, maximum price.

makværk, s. botched work, mess.

malle, v. t. & i. paint; grind, crush; mill; ~ sig, make up; **-er,** s. painter; **-eri,** s. painting, picture; **-erisk,** adj. picturesque; **-erkunst,** s. painting; **-erpensel,** s. paintbrush; **-ing,** s. paint.

malke, v. t. & i. milk; **-ko,** s. milking cow.

malm, s. ore.

malplaceret, adj. out of place; ill-timed.

malt, s. malt; **-bolsje,** s., *kul.* barley sugar.

malurt, s., *bot.* wormwood.

man, *pron.* one; you; they; people; ~ *kan aldrig vide,* you never can tell.

manchet, s. cuff; **-knap,** s. cuff link.

mand, s. man; husband; *naut.* hand; **-dom,** s. manhood; **-drab,** s. manslaughter; **-e,** *v. refl.* ~ *sig op,* pull oneself together; **-folk,** s. man; **-ig,** *adj.* virile; macho; **-lig,** *adj.* male; masculine; **-schauvinist,** s. male chauvinist; **-skab,** s. men; crew; team.

mandag, s. Monday.

mandarin, s., *bot.* tangerine.

mandat, s. authority; *pol.* mandate; *parl.* seat.

mandel, s., *bot.* almond; *anat.* tonsil.

mane, *v. t. & i.* ~ *til,* give food for; call for.

manege, s. ring.

manér, s. fashion, way, manner; mannerism; trick; *-er, pl.* manners.

mang|e, *adj.* many, a lot (of); a great many; ~ *penge,* much money; *klokken er* ~, it is late; **-eartet,** *adj.* multifarious; **-foldig,** *adj.* multiple; *-gøre, v. t.* multiply; *-hed,* s. variety; **-ekant,** s. polygon.

mang|el, s. want, lack, shortage; need; scarcity; defect, flaw; shortcoming(s); **-elfuld,** *adj.* defective, faulty; insufficient; **-le,** *v. t. & i.* want, lack; need; be short of; be absent; be missing.

mani, s. craze; *med.* mania.

manipulere, *v. t.* ~ *med,* manipulate.

manke, s. mane.

mannequin, s. model; dummy; **-opvisning,** s. fashion show.

manuducere, *v. t.* coach.

manufakturhandel, s. draper's shop.

manuskript, s. manuscript.

manøvre, s. manouvre; **-re,** *v. t. & i.* manouvre.

mappe, s. briefcase; portfolio; file.

marchere, *v. i.* march.

marcipan, s., *kul.* marzipan; **-brød,** s. marzipan bar.

marengs, s., *kul.* meringue.

mareridt, s. nightmare.

margarine, s., *kul.* margarine, *T* marge.

margen, s. margin.

mariehøne, s., *zoo.* ladybird.

marin|ade, s., *kul.* marinade; dressing; **-ere,** *v. t.* pickle, marinate.

marine, s., *mil.* navy; **-soldat,** s. marine.

marionet, s. puppet.

mark, s. field; **-jord,** s. arable land.

markant, *adj.* marked, pronounced.

marked, s. fair; market; **-sanalyse,** s. market analysis; **-sføre,** *v. t.* market; **-sføring,** s. marketing.

markere, *v. t.* mark; show; demonstrate.

marketenderi, s. canteen.

markise, s. awning; sunblind.

marmelade, s., *kul.* jam; marmalade.

marmor, s. marble.

marokkan|er, s. Moroccan; **-sk,** s. & adj. Moroccan;

Marokko, s. Morocco.

marsk, s. marsh(land), fen.

marskandiser, s. second-hand dealer, junk dealer.

marsvin, s., zoo. guinea pig; (hval) porpoise.

marts, s. March.

marv, s., anat. marrow; bot. pith.

mas, s. trouble, bother; **-e,** v. t. squeeze; crush; pulp; press; push; strive.

maske, s. mask; mesh; stitch; holde -n, keep a straight face; **-rade,** s. masquerade; **-re,** v. t. mask; disguise.

maskinarbejder, s. mechanic; fitter.

maskin|e, s. machine; engine; **-el,** s. machinery; edb. hardware; **-gevær,** s. machine gun; **-ist,** s. engineer; **-mester,** s. chief engineer; **-pistol,** s. submachine gun; **-skrevet,** adj. typewritten; **-skriver,** s. typist.

maskulin, adj. masculine.

masochist, s. masochist.

mass|age, s. massage; -kli-nik, s. massage parlour; **-ere,** v. t. & i. massage; rub.

massakre, s. massacre; **-re,** v. t. massacre.

masse, s. mass, bulk; pulp; en ~, lots, a lot (of); -r af, lots of; **-medier,** s. pl. mass media.

massiv, adj. solid; massive.

mast, s. mast; elek. pylon.

mat, adj. weak; faint; dull; tired; frosted; (skak) mate; **-tere,** v. t. mat; frost.

matemati|k, s. mathematics, T maths; **-ker,** s.

mathematician; **-sk,** adj. mathematical.

materi|ale, s. material; **-alist,** s. druggist; drugstore; **-el,** s. equipment, supplies; stock; edb. hardware; adj. material.

materie, s., med. pus; fig. matter, substance.

matros, s., naut. sailor.

mave, s., anat. stomach, T tummy; belly; abdomen; paunch; **-kneb,** s. colic; **-pine,** s. stomach ache; **-sår,** s., med. (gastric) ulcer; **-tilfælde,** s., med. upset stomach.

med, præp. with; by; in; including; adv. along (with you etc.); kommer du ~? are you coming (along)? er du ~? you see?

medalje, s. medal.

medansvar, s. joint responsibility.

medarbejder, s. co-worker; colleague; associate; staff member.

medbestemmelse, s. participation.

medborger, s. fellow citizen.

medbringe, v. t. bring (along).

meddele, v. t. announce; inform; report; tell; **-lse,** s. message; announcement; report; (piece of) information.

medens (mens), konj. while; whereas.

medfart, s. treatment, handling.

medfødt, adj. innate, inherent; congenital.

medfølelse, s. sympathy.

medføre, v. t. imply; result in.

medhjælper, s. assistant.

medhold, s. support.

medicin, *s.* medicine; drug; **-er,** *s.* medical student; physician; **-sk,** *adj.* medical.

medikament, *s.* drug, medicine.

medisterpølse, *s., kul.* pork sausage.

meditere, *v. i.* meditate.

medlem, *s.* member; **-skab,** *s.* membership.

medlidenhed, *s.* pity; *have ~ med,* feel sorry for, have pity on, pity.

medmenneske, *s.* fellow (human) being.

medmindre, *konj.* unless.

medregne, *v. t.* include.

medskyldig, *s.* accomplice; *adj.* accessary.

medtaget, *adj.* worn out; damaged.

medvind, *s.* tail wind.

medvirke, *v. i.* co-operate; contribute; take part.

medynk, *s.* pity, compassion.

megen, *adj.* much.

meget, *adj.* much; a good deal; lots; *adv.* very; much; quite; a lot.

meje, *v. t.* reap, mow; **-tærsker,** *s.* combine.

mejeri, *s.* dairy; **-produkt(er),** *s. (pl.), kul.* dairy produce.

mejse, *s., zoo.* tit.

mejs|el, *s.* chisel; **-le,** *v. t.* chisel.

mekani|k, *s.* mechanics; mechanism; **-ker,** *s.* mechanic; **-sk,** *adj.* mechanical; **-sme,** *s.* mechanism.

mel, *s., kul.* flour; meal.

melankolsk, *adj.* melancholy.

meld|e, *v. t.* report, notify; announce; inform; *~ sig,* report; enter; *~ sig ind i,* join; **-ing,** *s.* report.

melis, *s., kul.* sugar; *stødt*

~, granulated sugar.

mellem, *præp.* between; among; **-akt,** *s.* interval; **M ~ europa,** *s.* Central Europe; **-gulv,** *s., anat.* diaphragm; **-komst,** *s.* intervention; **-landing,** *s.* touchdown; **-mad,** *s., kul.* snack; **-mand,** *s.* intermediary; go-between; mediator; **-rum,** *s.* interval; space; gap; *med ~,* at intervals; **-tid,** *s.* interval; *i -en,* in the meantime; **-ting,** *s. en ~ mellem,* something between; **M ~ østen,** *s.* the Middle East.

melodi, *s.* melody; tune; **-sk,** *adj.* melodious.

melon, *s., bot.* melon.

men, *s.* injury; *konj.* but; *~ dog!* dear me!

mene, *v. t.* think; believe; mean; *~ det alvorligt,* be serious.

mened, *s., jur.* perjury.

menig, *s., mil.* private; *adj.* ordinary, common; **-hed,** *s.* congregation; parishioners; church; **-mand,** *s.* the man in the street.

mening, *s.* opinion; sense; meaning; idea; *efter min ~,* in my opinion; **-sløs,** *adj.* senseless; meaningless, pointless; **-småling,** *s.* opinion poll.

menneske, *s.* man, human being; person; *alle -r,* everybody; **-abe,** *s., zoo.* anthropoid; **-alder,** *s.* generation; **-heden,** *s.* mankind, humanity; **-kærlig,** *adj.* humane, charitable; **-lig,** *adj.* human; humane; reasonable; **-mængde,** *s.* crowd; **-rettigheder,** *s. pl.* human rights; **-æder,** *s.* cannibal.

mens, *konj.* while; whereas.

menstruation, s. period.

menu, s. menu; **-kort,** s. menu.

mere, adj. & adv. more; aldrig ~, no more; ikke ~, no more.

mergelgrav, s. marl pit.

merian, s., bot. marjoram.

messe, s. fair; rel. mass; mil. mess; v. i. chant; **-hagel,** s. chasuble.

messing, s. brass; **-blæser,** s., mus. brass (player).

mest, adj. & adv. most; mostly, mainly; for det -e, mostly.

mester, s. master; sport. champion; **-lig,** adj. masterly; **-skab,** s. mastership; **-skytte,** s. crack shot; **-stykke,** s. masterpiece; **mestre,** v. t. master.

metal, s. metal; **-lisk,** adj. metallic; **-tråd,** s. wire.

meteorolog, s. meteorologist.

meter, s. metre; **-systemet,** s. the metric system; gå over til ~, go metric; **-varer,** s. pl. fabrics.

metod|e, s. method; system; **-isk,** adj. methodical.

midaldrende, adj. middle-aged.

middag, s. noon, midday; dinner; spise til ~, dine, have dinner; **-sbord,** s. dinner table; **-slur,** s. nap; **-smad,** s. dinner; **-stid,** s. noon; dinner time.

middel, s. means; remedy; adj. medium; mean, average; **-alderen,** s. the Middle Ages; **-alderlig,** adj. medieval; **M ~ havet,** s. the Mediterranean; **-mådig,** adj. mediocre;

indifferent; middling; **-vej,** s. middle course; den gyldne ~, the golden mean.

mide, s., zoo. mite.

midlertidig, adj. temporary; adv. temporarily.

midnat, s. midnight.

midt, adv. ~ for, right in front of; ~ i, på, under, in the middle of; ~ iblandt, among; ~ igennem, straight through; ~ imellem, halfway between; **-e,** s. middle, centre; **-punkt,** s. centre.

mig, pron. me; myself.

migræne, s., med. migraine.

mikro|bølgeovn, s. microwave oven; **-fon,** s. microphone, T mike; **-skop,** s. microscope; **-skopisk,** adj. microscopic.

mikstur, s. mixture.

mild, adj. gentle; mild; lenient; soft; **-ne,** v. t. relieve; soothe; mitigate.

mile|pæl, s. milestone; **-vidt,** adv. for miles.

militær, s. & adj. military; **-nægter,** s. conscientious objector; **-tjeneste,** s. military service.

miljø, s. environment; background; surroundings; atmosphere; **-ska-det,** adj. maladjusted; **-venlig,** adj. non-polluting.

milliard, s. milliard; U.S. billion.

million, s. million; **-ær,** s. millionaire.

milt, s., anat. spleen.

mimik, s. facial expression; **-er,** s. mime artist.

mimre, v. i. quiver, twitch.

min (mit, mine), pron. my, mine.

minarine, s., kul. low-fat

margarine.

minde, *s.* memory, remembrance; memorial; souvenir; *til ~ om,* in memory of; *v. t. & i.* remind; **-s,** *v. t.* remember, recall; be remembered; commemorate; **-smærke,** *s.* memorial.

mindre, *adj.* smaller, less, minor; younger; *ikke desto ~,* nevertheless; *med ~,* unless; **-tal,** *s.* minority; **-værdskompleks,** *s.* inferiority complex; **-årig,** *s.* minor.

mindske, *v. t.* reduce, diminish, lessen.

mindst, *adj. & adv.* smallest, least; (at) least; *i det -e,* at least.

mine, *s.* look, air; mine; **-arbejder,** *s.* miner; **-drift,** *s.* mining; **-spil,** *s.* facial expressions; **-stryger,** *s., naut.* minesweeper.

mineral, *s.* mineral; **-vand,** *s., kul.* mineral water.

mini‖golf, *s., sport.* midget golf; **-mal,** *adj.* minimal; **-mum,** *s.* minimum; **-skørt,** *s.* mini skirt.

minister, *s.* minister; secretary; **-ium,** *s.* ministry; cabinet.

mink, *s., zoo.* mink.

minus, *s.* minus; deficit; *fig.* drawback; *adv.* minus, less.

minut, *s.* minute; **-viser,** *s.* minute hand.

mirak‖el, *s.* miracle; **-uløs,** *adj.* miraculous.

mis, *s.* pussy.

misbillige, *v. t.* disapprove (of).

misbrug, *s.* abuse; misuse; **-e,** *v. t.* abuse; misuse.

misdannelse, *s.* deformi-

ty.

misfornøje‖lse, *s.* displeasure; **-t,** *adj.* displeased, dissatisfied.

misforstå, *v. t.* misunderstand; **-else,** *s.* misunderstanding.

mishag, *s.* displeasure; disapproval.

mishandl‖e, *v. t.* ill-treat; **-ing,** *s.* ill-treatment; cruelty.

miskendt, *adj.* unappreciated.

miskmask, *s.* jumble, hotchpotch.

miskredit, *s.* disrepute.

mislyd, *s.* discord.

mislykke‖s, *v. i.* fail, not succeed; **-t,** *adj.* unsuccessful.

mismodig, *adj.* despondent.

misse, *v. i.* blink.

missil, *s.* missile.

mission, *s.* mission; assignment; **-ær,** *s.* missionary.

mistanke, *s.* suspicion.

miste, *v. t.* lose.

mistelten, *s, bot.* misteltoe.

mistillid, *s.* mistrust, distrust; **-svotum,** *s.* vote of no confidence.

mistro, *s. & v. t.* mistrust, distrust; **-isk,** *adj.* suspicious.

mistænk‖e, *v. t.* suspect; **-elig,** *adj.* suspicious; **-som,** *adj.* suspicious; distrustful.

misunde, *v. t.* envy; **-lig,** *adj.* envious; **-lse,** *s.* envy.

misvisende, *adj.* misleading.

mit, *pron. se* min.

mjave, *v. i.* mew, miaow.

m/k, (*fk.f.* mand el. kvinde), m/f.

mod, *s.* courage; *præp.*

against; towards, to; *have*
~ *på*, have a mind to; *til*
-e, at ease.

modarbejde, *v. t.* oppose;
counteract.

modbevise, *v. t.* disprove.

modbydelig, *adj.* disgusting.

mode, *s.* fashion; **-butik**, *s.*
fashion shop; **-farve**, *s.*
blå er ~, blue is the
thing; **-journal**, *s.* fashion
magazine; **-opvisning**, *s.*
fashion show; **-skaber**, *s.*
fashion designer; **-varer**,
s. pl. millinery.

model, *s.* model; pattern;
stå ~ *til, fig.* stand for;
-lere, *v. t.* model; **-ler-**
voks, *s.* plasticine.

moden, *adj.* ripe; mature;
være ~ *til*, be ready for.

moder (*el.* mor), *s.* mother;
T mum(my); **-kage**, *s.*,
anat. placenta; **-lig**, *adj.*
motherly, maternal;
-mærke, *s.* birthmark;
-skab, *s.* motherhood; **-s-**
mål, *s.* native language.

modern|e, *adj.* modern,
contemporary; fashionable, in; **-isere**, *v. t. & i.*
modernize; renovate.

modgang, *s.* bad luck, adversity; hardship.

modgift, *s.* antidote.

modhage, *s.* barb.

modificere, *v. t.* modify.

modig, *adj.* brave, courageous.

modkandidat, *s.* opponent.

modløs, *adj.* discouraged;
despondent.

modne, *v. t.* ripen; **-s**, *v. i.*
ripen; mature.

modpart, *s.* opponent.

modsat, *adj.* opposite; *adv.*
the other way round; *i* ~
fald, if not; otherwise.

modsige, *v. t.* contradict;

-lse, *s.* contradiction.

modstand, *s.* resistance;
opposition; **-er**, *s.* opponent; **-sbevægelse**, *s.* resistance (movement);
-skraft, *s.* resistance.

modstrid, *s. i* ~ *med*, contrary to; **-ende**, *adj.* conflicting.

modstræbende, *adj.* reluctant.

modstå, *v. t.* resist; stand
up to.

modsæt|ning, *s.* contrast; *i*
~ *til*, contrary to; **-te**, *v.*
refl. ~ *sig*, oppose; resist.

modtage, *v. t.* receive; accept; meet; welcome;
-lig, *adj.* susceptible;
-lse, *s.* reception; receipt;
acceptance; welcome.

modvil|je, *s.* antipathy;
aversion; revulsion; **-lig**,
adj. reluctant.

modvind, *s.* headwind.

modvirke, *v. t.* counteract.

modvægt, *s.* counterbalance.

modværge, *s. sætte sig til*
~, resist, defend oneself.

mol, *s., mus.* minor.

mole, *s.* pier, jetty.

molekyle, *s.* molecule.

moms, *s.* value-added tax,
(VAT).

mon, *adv.* I wonder; ~
ikke! you bet!

monarki, *s.* monarchy.

mondæn, *adj.* fashionable.

monopol, *s.* monopoly.

monstrum, *s.* monstrosity.

mont|age, *s.* mounting,
installation; assembly;
montage; **-ere**, *v. t.* instal;
mount; fit (up); **-ør**, *s.* fitter; electrician.

montre, *s.* showcase.

monument, *s.* monument.

mopset, *adj.* bad-tempered, miffed.

mor, s. (= moder, s.d.), mother.

moral, s. ethics; morality; morals; morale; **-isere,** v. i. moralize; **-sk,** adj. moral.

morbær, s., bot. mulberry.

mord, s. murder, killing; **-er,** s. murderer, killer; **-erlig,** adv. jolly, awfully; **-forsøg,** s. attempted murder.

more, v. t. amuse; entertain; ~ sig, enjoy oneself, have fun.

morfar, s. (maternal) grandfather.

morfin, s., med. morphia.

morgen, s. morning; i ~, tomorrow; i ~ tidlig, tomorrow morning; **-bord,** s. breakfast table; **-brød,** s. breakfast rolls; **-dæmring, -gry,** s. dawn; **-frue,** s., bot. marigold; **-kåbe,** s. dressing gown; **-mad,** s. breakfast; **-mand,** s. early riser; **-sko,** s. slipper.

mormor, s. (maternal) grandmother.

mor|skab, s. amusement, fun; **-som,** adj. funny, amusing; entertaining; **-hed,** s. joke.

mos, s., bot. moss; kul. mash; **-e,** v. t. mash; **-groet,** adj. mossy.

mosaik, s. mosaic.

mose, s. bog; moor.

moské, s. mosque.

moskito, s., zoo. mosquito.

moskus, s. musk; **-okse,** s., zoo. musk ox.

Moskva, s. Moscow.

most, s. juice.

moster, s. (maternal) aunt.

motion, s. exercise; **-ere,** v. i. (take) exercise; **-ist,** s. jogger.

motiv, s. motive; subject; motif; **-ere,** v. t. justify, give reasons for.

motor, s. engine; **-bølle,** s. roadhog; **-båd,** s. motor boat; **-cykel,** s. motor cycle, motor bike; **-hjelm,** s. bonnet; U.S. hood; **-køretøj,** s. motor vehicle; **-sport,** s. motoring; **-stop,** s. engine failure; **-vej,** s. motorway, U.S. freeway.

mousserende, adj. sparkling.

mud|der, s. mud; **-derpøl,** s. puddle; **-ret,** adj. muddy.

mug, s. mould; **-gen,** adj. mouldy, musty, fusty; sulky; fishy; **-ne,** v. i. go mouldy.

muge, v. t. clean out.

muhamedan|er, s. Muslim; **-sk,** adj. Muslim.

muk, s. sound, syllable, word; **-ke,** v. i. grumble.

mukkert, s. maul.

mulat, s. mulatto.

muld, s. top soil; mould; **-jord,** s. mould, humus; **-varp,** s., zoo. mole; **-eskud,** s. molehill.

mule, s. muzzle, snout; v. i. pout; **-pose,** s. nosebag.

mulig, adj. possible; alt -t, all sorts of things; **-hed,** s. possibility; chance; opportunity; alternative; **-er,** pl. potential; prospects; **-vis,** adv. possibly; perhaps.

mumie, s. mummy.

mumle, v. t. & i. mumble; mutter; murmur.

mund, s., anat. mouth; hold ~! keep quiet! shut up! **-aflæsning,** s. lipreading; **-e,** v. i. ~ ud i, flow into; join; fig. end in; **-fuld,** s. mouthful; **-harmonika,** s., mus. mouth organ; **-held,** s. saying; **-ing,** s. mouth; estuary; muzzle; **-kurv,** s. muzzle;

-smag, s. taste; -stykke, s. mouthpiece; tip; ~ -til-mund-metode, s., T kiss of life; -tlig, adj. oral; -vig, s., anat. corner of the mouth.

mundering, s. kit; rig-out.

munk, s. monk; -ekloster, s. monastery; -ekutte, s. cowl.

munter, adj. lively; cheer-ful, merry, gay; -erhed, s. gaiety, cheerfulness; -re, v. t. ~ én op, cheer sby up; ~ sig, have fun.

mur, s. wall; -brokker, s. pl. rubble; -e, v. t. & i. build; do bricklaying; -er, s. bricklayer; -ske, s. trowel; -sten, s. brick.

mus, s., zoo. mouse; -efæl-de, s. mousetrap; -estille, adj. quiet as a mouse.

museum, s. museum; -sgenstand, s. museum piece.

musik, s. music; -alsk, adj. musical; -er, s. musician; -konservatorium, s. a-cademy of music.

muskat(nød), s., bot. nut-meg.

muskel, s., anat. muscle; -elkraft, s. physical strength; -eltrækning, s. spasm; -uløs, adj. muscu-lar.

muslimsk, adj. Muslim.

musling, s., zoo. mussel; cockle; bivalve; -eskal, s. (cockle)shell; scallop.

musvit, s., zoo. great tit.

mut, adj. sulky.

myg, s., zoo. mosquito, gnat; -gebalsam, s. insect repellant; -gestik, s. mos-quito bite.

mylder, s. crowd, swarm; -re, v. i. swarm, teem; flock; -tid, s. rush hour.

mynde, s., zoo. greyhound.

myndig, adj. authorita-tive; jur. of age; -hed, s. authority; jur. majority.

mynte, s., bot. mint.

myrde, v. t. murder.

myre, s., zoo. ant; -kryb, s. det giver mig ~, it gives me the creeps; -sluger, s., zoo. anteater; -tue, s. ant-hill.

mysterium, s. mystery; -isk, adj. mysterious; suspicious.

myte, s. myth; -ologi, s. mythology.

mytteri, s. mutiny.

mægle, v. i. mediate; -er, s. mediator; merk. brok-er; -ing, s. mediation; -sforslag, s. draft settle-ment.

mægtig, adj. powerful; huge, enormous; adv. im-mensely; ~ (god), jolly good, great.

mæle, s. speech, voice; v. t. speak.

mælk, s. milk; -ebøtte, s., bot. dandelion; -eflaske, s. milk bottle; -ekarton, s. milk carton; -esukker, s. lactose; -esyre, s., kem. lactic acid; -etand, s., anat. milk tooth; -evej, s., astr. galaxy; M~ en, the Milky Way.

mængde, s. quantity; amo-unt; volume; number; crowd; en ~, a lot, lots; -tal, s., mat. cardinal number.

mænge, v. refl. ~ sig, mix, rub shoulders.

mærkat, s. sticker.

mærke, s. mark, sign; notch; label; brand; make; bide ~ i, note; oppe på -rne, on one's toes; v. t. feel; notice; realize; sense; mark; -dag, s. red-letter day;

-lig, *adj.* strange, curious, odd; **-seddel,** *s.* label; tag.
mærkværdig, *adj.* odd, peculiar.
mæslinger, *s. pl., med.* measles.
mæt, *adj.* satisfied, full; **-te,** *v. t. & i.* satisfy; satiate; saturate; **-tende,** *adj.* filling; satisfying, substantial.
mø, *s.* maid, maiden, virgin; **-dom,** *s.* virginity.
møb|el, *s.* piece of furniture; **-elpolstrer,** *s.* upholsterer; **-lement,** *s.* furniture; suite; **-ler,** *pl.* furniture; **-lere,** *v. t.* furnish.
mødding, *s.* dunghill.
møde, *s.* meeting, encounter; appointment; *v. t. & i.* meet, come across; encounter; meet with; **-s,** meet; **-lokale,** *s.* conference room; **-protokol,** *s.* minutes; **-sted,** *s.* meeting place; rendezvous.
møg, *s.* dung, manure; muck; dirt; rubbish, trash; **-beskidt,** *adj.* filthy; **-vejr,** *s.* lousy weather.
møj|e, *s.* pains, trouble; **-sommelig,** *adj.* laborious.
møl, *s., zoo.* moth; **-kugle,** *s.* mothball.
mølle, *s.* mill; **-r,** *s.* miller.
mønje, *s.* minium, red lead.
mønst|er, *s.* pattern; design; model; **-erbeskyttet,** *adj.* registered; **-ergyldig, -erværdig,** *adj.* exemplary; **-re,** *v. t. & i.* examine; muster; inspect; **-ret,** *adj.* figured.
mønt, *s.* coin; currency; **-e,** *v. t. -t på,* aimed at; **-falskner,** *s.* forger; **-fod,** *s.* (monetary) standard; **-telefon,** *s.* pay phone;

callbox; **-vaskeri,** *s.* launderette.
mør, *adj.* tender, soft; done; crumbling; **-banke,** *v. t.* beat black and blue; **-brad,** *s., kul.* tenderloin; sirloin; **-dej,** *s., kul.* flaky paste, shortcrust paste.
mørk, *adj.* dark; **-e,** *s.* darkness; *i ~,* in the dark; **-ekammer,** *s., fot.* darkroom; **-lægge,** *v. t. & i.* black out; keep secret; **-ning,** *s.* twilight.
mørtel, *s.* mortar.
møtrik, *s.* nut.
må, *s. på ~ og få,* at random, haphazardly.
måbe, *v. i.* gape.
måde, *s.* way, manner, fashion; respect; *i lige ~,* the same to you; *på en eller anden ~,* some way or other, somehow; *på den ~,* that way; **-hold,** *s.* moderation; **-lig,** *adj.* middling, mediocre.
måge, *s., zoo.* seagull.
mål, *s.* measure(ment); purpose; aim; mark, target; objective; destination; *sport.* goal; finishing-line; **-bevidst,** *adj.* determined; **-e,** *v. t. & i.* measure; **-ebånd,** *s.* tape measure; **-er,** *s.* meter; **-estok,** *s.* standard; scale; **-gruppe,** *s.* target group; **-kast,** *s., sport.* goal throw; **-løs,** *adj.* speechless; **-mand,** *s., sport.* (goal)keeper; **-spark,** *s., sport.* goal kick; **-sætning,** *s.* objective.
måltid, *s.* meal.
måne, *s.* moon; **-skin,** *s.* moonlight; **-sarbejde,** *s.* moonlighting.
måned, *s.* month; **-lig,** *adj.* monthly; **-sløn,** *s.* salary;

monthly pay; **-svis,** *adj.*
monthly; *i* ~, for
months.

mår, *s., zoo.* marten.

måske, *adv.* perhaps,
maybe.

måtte, *s.* mat; *v. i. & aux.*
may; be allowed to; must;
have to.

nabo, *s.* neighbour; **-lag,** *s.*
neighbourhood.

nadver, *s.* supper; *den hel-
lige* ~, Holy Commu-
nion.

nag, *s. bære* ~, bear a
grudge; **-e,** *v. t.* prey,
rankle.

nagle, *s.* nail; rivet; spike.

naiv, *adj.* naïve; **-itet,** *s.*
naïvety.

nakke, *s., anat.* nape (of
the neck); back of the
neck; neck; *være på -n af*,
be after; **-støtte,** *s.* hea-
drest.

nap, *s.* nip, pinch; effort,
go; *give et* ~ *med*, lend a
hand; **-pe,** *v. t. & i.*
snatch; pinch; nick.

Napoli, *s.* Naples.

nar, *s.* fool; jester; *gøre* ~
af, make a fool of; **-agtig,**
adj. foolish; ridiculous;
-re, *v. t.* fool, take in;
deceive; **-restreger,** *s. pl.*
tomfoolery; tricks; **-re-
sut,** *s.* comforter, dummy;
fig. sop.

narko, *s., T* dope; **-for-
handler,** *s.* peddler, push-
er; **-man,** *s.* drug addict;
-tika, *s. pl.* drugs, nar-
cotics.

narkose, *s., med.* general
anaesthesic.

nasse, *v. i.* scrounge,
sponge; **-t,** *adj.* messy;
gooey.

nat, *s.* night; *i* ~, tonight; *i
går* ~, last night; **-arbej-**

de, *s.* nightwork; **-bord,** *s.*
bedside table; **-dragt,** *s.*
nightwear; sleeping suit;
-hold, *s.* night shift; **-kjo-
le,** *s.* nightdress; *T* nighti-
ie; **-klub,** *s.* night club;
-mad, *s., kul.* (midnight)
snack; **-svæermer,** *s., zoo.*
moth; **-tevagt,** *s.* night
watch, night duty; **-tog,** *s.*
night train; **-tøj,** *s.* night
clothes.

national, *adj.* national;
-bank, *s.* central bank;
-dragt, *s.* national cos-
tume; **-isere,** *v. t.* nation-
alize; **-isme,** *s.* national-
ism; **-itet,** *s.* nationality;
-sang, *s.* national an-
them; **-økonomi,** *s.* eco-
nomics.

natrium, *s., kem.* sodium;
-on, *s.* soda.

nattergal, *s., zoo.* nightin-
gale.

natur, *s.* nature; secenery;
disposition; **-folk,** *s.*
primitive people; **-fred-
ning,** *s.* nature conser-
vancy; **-gas,** *s.* natural
gas; North-Sea gas; **-ka-
tastrofe,** *s.* natural dis-
aster; **-kraft,** *s.* natural
forces; **-lig,** *adj.* natural;
simple; native; **-ligvis,**
adv. of course; naturally;
-reservat, *s.* nature re-
serve; **-stridig,** *adj.* unna-
tural; **-videnskab,** *s.* (na-
tural) science.

nav, *s.* hub.

navle, *s., anat.* navel;
-streng, *s.* umbilical cord.

navn, *s.* name; **-ebog,** *s.*
telephone directory; **-e-
opråb,** *s.* roll-call; **-eord,**
s., gram. noun; **-give,** *v. t.*
name; **-lig,** *adv.* especial-
ly, particularly.

ned, *adv.* down; *solen går*
~, the sun sets; ~ *ad*

trappen, downstairs; **-ad**, *adv.* downward(s); **-arvet**, *adj.* hereditary; **-bryde**, *v. t.* break down; destroy; **-bør**, *s.* rainfall, precipitation; **-e**, *adv.* down, below; *langt ~*, low down; *fig.* depressed; **-enfor**, *adv.* below; **-enstående**, *adj.* below; **-enunder**, *adv.* below, underneath; downstairs; **-erst**, *adj.* bottom, lowest; *adv.* at the bottom; **-fald**, *s.* fallout; *-en frugt*, windfall(s); **-gang**, *s.* decline; setting; fall, decrease; **-komme**, *v. i.* give birth; **-lade**, *v. refl.* ~ *sig til*, condescend to, stoop to; **-ladende**, *adj.* condescending; patronizing; **-lægge**, *v. t.* abolish; close (down); resign; preserve; kill; lay (down); ~ *arbejdet*, stop work, down tools, (go on) strike; **-løbsrør**, *s.* drainpipe; **-re**, *adj.* lower; **-rig**, *adj.* base, mean; **-ringet**, *adj.* low-cut; **-rive**, *v. t.* pull down, demolish; **-ruste**, *v. i.* disarm; **-rustning**, *s.* disarmament; **-skæring**, *s.* reduction, cut; **-slag**, *s.* rebate; **-slidt**, *adj.* worn down; **-slået**, *adj.* down-hearted, dejected; **-stamme**, *v. i.* be descended; be derived; **-stryger**, *s.* hacksaw; **-sætte**, *v. t.* reduce, lower; appoint; **-sættelse**, *s.* reduction; sale; **-sættende**, *adj.* derogatory; **-trapning**, *s.* de-escalation; *med.* withdrawal; **-trykt**, *adj.* depressed; **-tur**, *s.* descent; decline; *fig.* depression; **-værdige**, *v. t.* degrade;

~ *sig*, degrade oneself, stoop.
nederdel, *s.* skirt.
nederdrægtig, *adj. & adv.* beastly.
nederlag, *s.* defeat.
Nederlandene, *s. pl.* the Netherlands.
neg, *s.* sheaf.
neger, *s.* negro; black.
negl, *s., anat.* nail; *en hård ~*, a tough guy; **-e**, *v. t.* pinch; **-ebørste**, *s.* nail brush; **-elak**, *s.* nail varnish; **-esaks**, *s.* nail scissors.
nej, *s. & int.* no; ~ *da!* really! ~ *tak!* no thanks! *du kan tro ~!* not on your life! *sige ~ til*, refuse.
neje, *v. i.* curtsy.
nekrolog, *s.* obituary.
nellike, *s., bot.* carnation; *kul.* clove.
nem, *adj.* easy; simple; handy; **-hed**, *s.* ease; *for -s skyld*, for the sake of convenience.
nemlig, *adv.* that is; namely; you see; exactly.
nerve, *s., anat.* nerve; **-beroligende**, *adj.* soothing; **-pille**, *s., med.* tranquilizer; **-pirrende**, *adj.* thrilling; **-sammenbrud**, *s., med.* nervous breakdown; **-sygdom**, *s., med.* nervous disorder; **-system**, *s., anat.* nervous system; **-vrag**, *s.* nervous wreck.
nervøs, *adj.* nervous; **-itet**, *s.* nervousness.
net, *s.* net; rack; string bag; network, system; web; *adj.* neat, nice; **-hinde**, *s., anat.* retina.
netop, *adv.* just, exactly; precisely.
netto, *adv.* net; ~ *kontant*, net cash; **-fortjeneste**, *s.*

net profit; **-vægt,** s. net weight.

neuro|se, s., *med.* neurosis; **-tisk,** *adj.* neurotic.

neutral, *adj.* neutral; **-itet,** s. neutrality.

nevø, s. nephew.

ni, *num.* nine; **-ende,** *num.* ninth; **-endedel,** s. ninth.

niche, s. recess.

nid, s. envy, jealousy, spite; malice; **-kær,** *adj.* zealous.

niece, s. niece.

nik, s. nod; **-ke,** *v. t. & i.* nod.

nip, s. sip; *på -pet til,* on the point of; within an inch of; **-pe,** *v. t. & i.* nibble; sip; ~ *til,* pick at; **-tang,** s. pliers.

nips, s. knick-knacks, bric-a-brac; **-enål,** s. pushpin; **-genstand,** s. knick-knack; *fig.* doll.

nisse, s. pixy; goblin.

nitte, s. rivet; blank; *v. t.* rivet.

nitten, *num.* nineteen.

nive, *v. t.* pinch.

nive|au, s. level; **-llere,** *v. t.* level.

nobel, *adj.* noble, distinguished.

node, s., *mus.* note; **-r,** s. pl. music.

nog|en, *pron.* somebody, someone; anybody, anyone; some; any; **-enlunde,** *adv.* tolerably, fairly, more or less; **-et,** *pron.* something; anything; any; some; *adv.* rather, somewhat; **-le,** *pron.* some; ~ *få,* a few; ~ *og tyve,* some twenty, twenty odd.

nok, *adj. & adv.* enough; sufficient(ly); probably.

nonne, s. nun; **-kloster,** s. convent.

nord, s. & adv. north; *mod* ~, northward(s); **-bo,** s. Scandinavian; **N~en,** s. the North, Scandinavia; **-isk,** *adj.* Nordic, Scandinavian; **-lig,** *adj.* northern; in the north; **-mand,** s. Norwegian; **N~polen,** s. the North Pole; **-på,** *adv.* north; in the north; **-re,** *adj.* northern; **N~søen,** s. the North Sea.

Norge, s. Norway.

norm, s. standard; **-al,** *adj.* normal; standard; **-alløn,** s. standard wage; **-altid,** s. standard time; **-eret,** *adj.* prescribed; fixed.

norsk, s. & adj. Norwegian.

nosser, s. pl., *vulg.* balls.

nostalgisk, *adj.* nostalgic.

not, s. groove.

not|ar, s. notary; **-at,** s. note; **-e,** s. note; **-ere,** *v. t.* take down, make a note of; enter; **-esbog,** s. notebook; **-its,** s. notice; paragraph.

novelle, s. short story.

nr., s. (*fk.f.* nummer), number, No.

nu, s. moment, instant; *-et,* the present; *adv.* now; *kom* ~ *!* come on!

nuance, s. shade; nuance; **-ret,** *adj.* varied; sophisticated.

nudel, s., *kul.* noodle.

nul, s. zero; nought; *sport.* nil; love; *fig.* nonentity, nobody; **-punkt,** s. zero; **-vækst,** s. zero growth.

nulevende, *adj.* contemporary.

numerisk, *adj.* numerical.

nummer, s. number; issue; item, lot; size; *lave numre,* play tricks; **-ere,** *v. t.* number; **-orden,** s. nu-

numse, *s.* behind, bottom.

nusse, *v. i.* fiddle; ~ *om-kring*, potter about.

nusset, *adj.* tatty; untidy, slipshod.

nutid, *s.* present (day); *gram.* the present (tense).

nutildags, *adv.* nowadays.

nuttet, *adj.* darling, sweet, cute.

nuværende, *adj.* present; existing.

ny, *adj.* new; fresh; other; different; *i* ~ *og næ*, off and on; *på* ~, once more; **-begynder**, *s.* novice; **-bygger**, *s.* settler; **-erhvervelse**, *s.* new acquisition; **-født**, *adj.* newborn; **-gift**, *adj.* newly married; **-e**, *s. pl.* newly-weds; **-hed**, *s.* novelty; news; *en* ~, a piece of news; **-sud-sendelse**, *s.* news broadcast; **-lagt**, *adj.* freshly laid; **-lig**, *adj.* recent; *adv. for* ~, recently, lately; **-modens**, *adj.* modern; new-fangled.

nyde, *v. t.* enjoy; take, have; receive; gloat over; **-lig**, *adj.* nice, pretty; **-lse**, *s.* enjoyment, pleasure, delight; *-smiddel, s.* stimulant.

nynne, *v. t.* hum.

nyre, *s., anat.* kidney.

nys, *s.* sneeze; *få* ~ *om*, get wind of; **-e**, *v. i.* sneeze.

nysgerrig, *adj.* curious.

nyt|te, *s.* use, usefulness; benefit; *gøre* ~, be of use; *til ingen* ~, no use; *v. t. & i.* be of use; **-tig**, *adj.* useful.

nytår, *s.* New Year.

næb, *s., zoo.* beak, bill; *med* ~ *og kløer*, tooth and nail; **-bet**, *adj.* saucy,

pert, cheeky.

nægte, *v. t.* deny; refuse; ~ *sig skyldig, jur.* plead not guilty; **-lse**, *s.* denial; refusal; *gram.* negative.

nælde, *s., bot.* nettle; **-feber**, *s., med.* nettle rash.

næn|ne, *v. t.* have the heart; **-som**, *adj.* gentle.

næppe, *adv.* scarcely; hardly; ~ *.. før*, no sooner *..* than.

nær, *adj. & adv.* near, close; almost, nearly; *på* ~, except; **-billede**, *s.* close-up; **-butik**, *s.* local shop; **-gående**, *adj.* tactless; **-hed**, *s.* proximity; *i -en af*, close to; **-liggende**, *adj.* nearby; neighbouring; obvious; **-me**, *v. refl.* ~ *sig*, draw near; approach; come closer; **-mere**, *adj. & adv.* nearer, closer, more closely; further; rather; ~ *betegnet*, more precisely; *ved* ~ *eftertanke*, on second thoughts; **-mest**, *adj. & adv.* nearest, closest; almost; *præp.* nearest to, next to; **-synet**, *adj.* short-sighted; **-trafik**, *s.* local traffic; **-ved**, *adv.* close by, nearby; almost; **-vær(else)**, *s.* presence; **-værende**, *adj.* present; existing.

nære, *v. t.* feel; feed; ~ *sig*, behave; resist; **-nde**, *adj.* nourishing.

nærig, *adj.* stingy, mean.

næring, *s.* nourishment; food; trade; **-sbrev**, *s.* licence; **-sdrivende**, *s.* tradesman; **-smiddel**, *s.* foodstuff; **-sstof**, *s.* nutrient; **-svej**, *s.* trade, livelihood, profession.

næs, *s.* headland, cape; foreland.

næse, s., anat. nose; fig. reprimand; have ~ for, have flair for; **-blod,** s. nosebleed; **-ebor,** s., anat. nostril; **-horn,** s., zoo. rhinoceros.

næst, adv. ~ efter, next to; after; **-bedst,** adj. second best; **-e,** s. neighbour; adj. next; the following; **-ekærlighed,** s. charity; **-en,** adv. almost, nearly; ~ ikke, hardly; ~ ingen, hardly anybody; **-formand,** s. vice-president; **-kommanderende,** s. second in command; **-sidst,** adj. last but one.

næsvis, adj. impertinent.

næve, s. fist; **-nyttig,** adj. officious.

nævn, s. board.

nævne, v. t. name; mention; **-værdig,** adj. worth mentioning, noticeable.

nævning, s., jur. juror; -e, pl. jury.

nød, s., bot. nut; need, want; distress; i ~, in trouble; med ~ og næppe, only just; ~-, adj. emergency; **-bremse,** s. emergency brake; **-debusk,** s., bot. hazel-(shrub); **-deknækker,** s. nutcracker; **-deskal,** s. nutshell; **-e,** v. t. urge, press; force, compel; **-ig,** adv. reluctantly; unwillingly; **-landing,** s. forced landing; **-lidende,** adj. distressed; needy; **-løgn,** s. white lie; **-saget,** adj. compelled, forced; **-stilfælde,** s. emergency; **-t,** adj. være ~ til, have to; **-tørft,** s. forrette sin ~, relieve oneself; **-udgang,** s. emergency exit; **-vendig,** adj. necessary; essential; requisite; **-ven-**

dighed, s. necessity; **-vendigvis,** adv. necessarily; **-værge,** s. self-defence.

nøgen, adj. naked, nude.

nøgle, s. key; clue; ball; mus. clef; **-ben,** s., anat. collarbone; **-hul,** s. keyhole; **-knippe,** s. bunch of keys; **-ord,** s. keyword.

nøgtern, adj. sober.

nøjagtig, adj. exact, precise; accurate; adv. exactly; precisely.

nøje, adj. close; careful; adv. closely; carefully; exactly; strictly; **-regnende,** adj. particular.

nøjes, v. i. ~ med, be content with, do with.

nøjsom, adj. easily satisfied, modest; frugal.

nøle, v. i. hesitate; linger; play for time.

nå, v. t. & i. reach, get to; be in time for; catch; make; equal; achieve; get done; manage.

nå, int. well; why; oh; now then; I say; ~ sådan, I see.

nåde, s. grace; favour; mercy; **-ig,** adj. gracious, merciful.

nål, s. needle; pin; **-epude,** s. pincushion; **-eskov,** s. coniferous forest; **-estik,** s. (pin)prick; **-etræ,** s., bot. conifer; **-eøje,** s. eye of a needle.

når, konj. when; ~ bare, if only; ~ først, once; ~ som helst, whenever.

oase, s. oasis.

obduktion, s., med. autopsy; post-mortem.

oberst, s., mil. colonel; **-løjtnant,** s. lieutenant colonel.

objekt, s., gram. object.

objektiv, *s., fot.* lens; *adj.* objective.

oblat, *s., rel.* wafer.

obligation, *s.* bond.

obligatiorisk, *adj.* compulsory.

obo, *s., mus.* oboe.

observere, *v. t.* observe.

ocean, *s.* ocean.

od, *s.* point.

odde, *s.* point, tongue of land.

odder, *s., zoo.* otter.

offensiv, *s. & adj.* offensive.

offentlig, *adj.* public; *adv.* in public; *det -e,* the authorities; **-gøre,** *v. t.* publish; **-gørelse,** *s.* publication; **-hed,** *s.* publicity; *-en,* the public.

offer, *s.* sacrifice; victim; **-re,** *v. t. & i.* sacrifice; devote; spend.

officer, *s., mil.* officer.

officiel, *adj.* official.

ofte, *adv.* often, frequently.

og, *konj.* and.

også, *adv.* also; too; as well; *eller ~,* or else.

okse, *s., zoo.* ox; **-filet,** *s., kul.* fillet of beef; **-kød,** *s., kul.* beef; **-steg,** *s., kul.* roast beef.

oktav, *s., typ.* octavo; *mus.* octave.

oktober, *s.* October.

olde|barn, *s.* great-grandchild; **-far,** *s.* great-grandfather; **-mor,** *s.* great-grandmother.

olden, *s., bot.* mast; **-borre,** *s., zoo.* cockchafer.

oldfrue, *s.* matron.

olding, *s.* old man.

oldtid, *s.* antiquity.

olie, *s.* oil; **-boring,** *s.* oil drilling; **-farve,** *s.* oil colour; **-fyr,** *s.* oil burner; **-kilde,** *s.* oil well; **-kridt,**

s. crayon; **-maling,** *s.* oil(-based) paint; **-raffinaderi,** *s.* oil refinery; **-tankskib,** *s.* oil tanker; **-tøj,** *s.* oilskins.

oliven, *s., bot.* olive; **-olie,** *s., kul.* olive oil.

olympiske lege, *s. pl.* Olympic Games.

om, *konj.* whether, if; in case; *præp.* about; (a)round; of; in; on; *~ lidt,* soon, in a minute; *en gang ~ året,* once a year.

omadressere, *v. t.* forward.

omarbejde, *v. t.* revise.

ombestemme, *v. refl. ~ sig,* change one's mind.

ombord, *adv.* on board, aboard.

ombudsmand, *s.* ombudsman.

ombygge, *v. t.* rebuild.

omdanne, *v. t.* transform; convert; reorganize; reshuffle.

omdele, *v. t.* distribute.

omdrejning, *s.* revolution; rotation.

omdømme, *s.* reputation.

omegn, *s.* neighbourhood; environs.

omelet, *s., kul.* omelette.

omfang, *s.* circumference; proportions; extent; size; scope; scale; **-srig,** *adj.* voluminous; spacious.

omfartsvej, *s.* by-pass.

omfatte, *v. t.* include; cover; consist of; affect; **-nde,** *adj.* comprehensive; extensive; wide.

omfavne, *v. t.* embrace, hug.

omflakkende, *adj.* wandering; vagrant.

omformer, *s., elek.* converter.

omgang, *s.* round, turn; handling; *sport.* lap;

round; *i denne* ~, this time.

omgive, *v. t.* surround; **-lser,** *s. pl.* surroundings; environment.

omgængelig, *adj.* sociable, companionable.

omgående, *adv.* immediate; *adv.* immediately, promptly.

omgås, *v. t.* associate with, mix with; deal with; handle; get on with.

omhu, *s.* care.

omhyggelig, *adj.* careful.

omklædning, *s.* change of clothes; **-srum,** *s.* locker room.

omkomme, *v. i.* perish, die; get killed.

omkostninger, *s. pl.* expenses, costs.

omkreds, *s.* circumference.

omkring, *præp. & adv.* (a)round, about.

omkuld, *adv.* down, over; *vælte* ~, fall down; knock down.

omkvæd. *s.* refrain, chorus.

omkørsel, *s.* diversion.

omlægge, *v. t.* change; reorganize; relocate.

omløb, *s.* circulation; *have* ~ *i hovedet,* be bright.

omme, *adv.* over; at an end; out; up.

omregne, *v. t.* convert.

omrids, *s.* outline.

omringe, *v. t.* surround.

område, *s.* territory; area, region; *fig.* field; **-nummer,** *s.* area code.

omsider, *adv.* at last, finally.

omskiftelig, *adj.* changeable.

omskole, *v. t.* retrain.

omslag, *s.* cover; change; *med.* compress.

omsonst, *adv.* in vain.

omsorg, *s.* care; **-sarbejde,** *s.* welfare work; **-sfuld,** *adj.* considerate; solicitous.

omstille, *v. t.* connect; switch over; ~ *sig,* adapt; **-ing,** *s.* change-over; **-ingsbord,** *s.* switchboard.

omstrejfende, *adj.* vagrant, roaming; stray.

omstridt, *adj.* disputed, controversial.

omstyrte, *v. t.* overthrow.

omstændelig, *adj.* elaborate; lengthy; over-particular.

omstændighed, *s.* circumstance, fact; **-er,** *pl. under alle* ~, at any rate; at all costs; *være i* ~, be expecting.

omsvøb, *s.* beating about the bush; *uden* ~, straight out.

omsætning, *s.* turnover; trade, business.

omtale, *s.* mention; *v. t.* mention, speak of; *af* ~, by repute.

omtanke, *s.* consideration; care.

omtrent, *adv.* about; nearly; almost; approximately.

omtvistelig, *adj.* disputable.

omtåget, *adj.* fuddled.

omvandrende, *adj.* itinerant.

omvej, *s.* detour; roundabout way.

omvende, *v. t.* convert; **-else,** *s.* conversion; **-t,** *adj.* reverse; opposite; upturned; *adv.* the other way round; upside down; in reverse order; *og* ~, and vice versa.

omvæltning, *s.* revolution;

upheaval.

onan|ere, v. i. masturbate; **-i,** s. masturbation.

ond, adj. bad, nasty; evil, wicked; gøre -t, hurt; have -t, have a pain; have -t af, feel sorry for; **-artet,** adj. malignant, serious; vicious; **-e,** s. evil; **-sindet,** adj. ill-natured; **-skab,** s. wickedness, evil; malice; **-skabsfuld,** adj. malicious.

onkel, s. uncle.

onsdag, s. Wednesday.

op, adv. & præp. up; upstairs; ~ ad bakke, uphill; lukke ~, open; ~ af, out of; ~ med humøret! cheer up! **-ad,** adv. up; upwards.

opbakning, s. support, backing.

opbevar|e, v. t. keep; **-ing,** s. keeping, storage; safekeeping.

opblussen, s. fresh outbreak; flash.

opblæst, adj. conceited.

opbragt, adj. indignant; incensed.

opbrud, s. departure.

opdage, v. t. discover; detect; find out; spot; **-lse,** s. discovery, detection; **-r,** s. detective; discoverer.

opdigtet, adj. fictitious; invented.

opdrage, v. t. bring up; educate; train; **-lse,** s. upbringing; education; training.

opdrive, v. t. get hold of, find.

opdrætte, v. t. breed, rear.

opdyrke, v. t. cultivate.

opefter, adv. up; upwards.

opera, s. opera.

oper|ation, s. operation; gennemgå en ~, have surgery; **-sstue,** s. operating theatre; **-atør,** s. operator; **-ere,** v. t. & i. operate (on).

opfange, v. t. catch, pick up, intercept.

opfarende, adj. quick-tempered.

opfatte, v. t. understand; take in; perceive; catch, get; regard; interpret; **-lse,** s. understanding; interpretation; perception; notion, idea; efter min ~, in my opinion.

opfinde, v. t. invent; **-else,** s. invention; **-er,** s. inventor; **-som,** adj. inventive; ingenious; **-somhed,** s. ingenuity.

opfordr|e, v. t. ask, call on, invite; request; **-ing,** s. request.

opfriske, v. t. freshen up; brush up; revive, renew.

opfylde, v. t. fulfil, carry out; comply with; **-lse,** s. fulfiment; gå i ~, come true.

opfør|e, v. t. build, construct; perform; enter; ~ sig, behave; **-else,** s. building, construction; performance; **-sel,** s. behaviour, manners.

opgang, s. rise; increase, growth; stairs, staircase.

opgave, s. task, job; assignment; duty; problem; exercise; puzzle; sum.

opgive, v. t. & i. give up; drop; abandon; state, give; offer; **-lse,** s. giving up; statement.

opgør, s. scene; clash; encounter; showdown; **-e,** v. t. make up, settle; estimate; **-else,** s. making up; statement.

ophavs|mand, s. author, originator; instigator; **-ret,** s. copyright.

ophidse, *v. t.* excite, stir up; provoke; **-lse,** *s.* excitement; **-t,** *adj.* excited, upset.

ophobe, *v. t.* heap up, pile up.

ophold, *s.* stay; residence; stop, break; delay; **-e,** *v. t.* delay; ~ *sig,* stay; live; **-ssted,** *s.* whereabouts; residence; **-sstue,** *s.* living room; **-stilladelse,** *s.* residence permit.

ophovnet, *adj.* swollen.

ophugge, *v. t.* break up; scrap.

ophæve, *v. t.* break off; cancel; lift; abolish, repeal; **-lse,** *s.* abolition, repeal; cancellation; *gøre -r,* make a fuss.

ophør, *s.* end(ing), cessation; closing down; **-e,** *v. i.* stop, cease; close down; **-sudsalg,** *s.* clearance sale.

opinionsundersøgelse, *s.* opinion poll.

opkald, *s.* call; **-e,** *v. t.* name after.

opkast, *s.* vomit; **-ning,** *s.* vomiting.

opklare, *v. t.* clear up, solve; **-ing,** *s.* solution; clearing up.

opklæbe, *v. t.* paste up, stick; mount.

opkomling, *s.* upstart.

opkrævning, *s.* collection.

oplag, *s.* impression, issue; edition; circulation; stock, store.

oplagre, *v. t.* store (up).

oplagt, *adj.* obvious; evident; open-and-shut; in form, fit.

opland, *s.* surrounding area.

opleve, *v. t.* experience; have, meet with; live through; **-lse,** *s.* experi-

ence.

oplivende, *adj.* stimulating; bracing; amusing.

oplukker, *s.* tin opener; bottle opener.

oplyse, *v. t.* illuminate, light (up); enlighten, inform; state; explain; **-ning,** *s.* lighting; information; enlightenment; education; **-t,** *adj.* lit(-up); enlightened; educated.

oplæg, *s.* introduction; proposal; presentation.

oplære, *v. t.* train; bring up; educate; teach.

opløb, *s.* crowd, mob; *sport.* finish; *standse ngt i -et,* nip sth in the bud.

opløse, *v. t.* dissolve; **-elig,** *adj.* soluble; **-ning,** *s.* dissolution; solution; *gå i ~,* disintegrate; decay, rot; *-smiddel, s., kem.* solvent.

opmuntre, *v. t.* encourage; cheer up, enliven; **-ende,** *adj.* encouraging; **-ing,** *s.* encouragement.

opmærksom, *adj.* attentive; observant; considerate; *gøre ~ på,* draw attention to; *blive ~ på,* become aware of; **-hed,** *s.* attention; present.

opnå, *v. t.* get; obtain; gain; achieve; ~ *at,* manage to; **-elig,** *adj.* obtainable.

opofre, *v. refl.* ~ *sig,* make sacrifices; **-nde,** *adj.* self-sacrificing.

oppakning, *s.* pack; kit.

oppe, *v. refl.* ~ *sig,* make an effort; make progress; *adv.* up, above; upstairs; out of bed; *være længe ~,* stay up late; *højt ~,* high up; *fig.* in high spirits.

oppustet, *adj.* swollen; inflated; pompous.

opregne, *v. t.* enumerate.

oprejsning, *s.* satisfaction; rehabilitation.

opretholde, *v. t.* maintain, keep up; uphold; preserve.

opret(stående), *adj.* upright.

oprette, *v. t.* set up; establish; found; install; make; make up for; make good.

oprigtig, *adj.* sincere; candid; *adv.* ~ *talt*, frankly; honestly.

oprindel|ig, *adj.* original; **-se,** *s.* origin.

opringning, *s.* (phone) call.

oprust|e, *v. i.* (re)arm; **-ning,** *s.* (re)armament.

oprydning, *s.* clean-up; tidying-up.

oprykning, *s.* promotion.

oprør, *s.* rebellion, revolt, uprising; commotion; **-ende,** *adj.* outrageous; **-er,** *s.* rebel; **-sk,** *adj.* rebellious; **-t,** *adj.* rough; indignant.

opråb, *s.* appeal; roll-call; announcement.

opsat, *adj.* ~ *på*, set on, bent on; keen on.

opsige, *v. t.* give notice; terminate; cancel.

opsigt, *s.* sensation, stir; **-svækkende,** *adj.* sensational.

opskrift, *s.* recipe; pattern.

opskræmme, *v. t.* scare; alarm.

opslag, *s.* cuff; turn-up; lapel; poster; notice; **-sbog,** *s.* reference book; **-stavle,** *s.* notice board.

opslugt, *adj.* ~ *af*, absorbed in.

opslå, *v. t.* post, stick up; advertise.

opsnappe, *v. t.* intercept, pick up; get hold of.

opsnuse, -spore, -støve,

v. t. ferret out; track down, hunt down.

opsparing, *s.* savings; saving up.

opspind, *s.* fabrication.

opstand, *s.* (up)rising, revolt; rebellion; **-else,** *s.* commotion, stir, fuss; resurrection.

opstill|e, *v. t. & i.* set up, put up; arrange; draw up; line up; run; **-ing,** *s.* arrangement; lining up; drawing up; laying down; candidacy; deployment.

opstoppernæse, *s., anat.* snub nose.

opstrammer, *s.* pick-me-up.

opstyltet, *adj.* stilted.

opstød, *s.* burb; *surt* ~, *med.* acid regurgitation.

opstå, *v. i.* arise, crop up; break out; come into being.

opsving, *s.* boom.

opsvulmet, *adj.* swollen.

opsyn, *s.* supervision, superintendance; surveillance; attendant; **-smand,** *s.* keeper; attendant.

opsætsig, *adj.* disobedient.

opsættelse, *s.* delay, postponement.

opsøge, *v. t.* seek out; visit, call on.

optage, *v. t.* take up; admit; print; enter; adopt; take; absorb; occupy; record; film; **-lse,** *s.* taking up; admission; publication; adoption; assimilation; recording; photo; **-lseprøve,** *s.* entrance examination; **-r,** *s.* recorder; **-t,** *adj.* busy; engaged; absorbed.

optegnelse, *s.* note, memorandum; record.

opti|ker, s. optician; -sk, adj. optical.

optimis|me, s. optimism; -t, s. optimist; -tisk, adj. optimistic.

optog, s. precession; parade.

optrappe, v. t. escalate.

optrin, s. scene.

optryk, s. new impression, reprint.

optræde, v. i. & i. appear; act; perform; behave; occur; play up; -n, s. appearance; performance; behaviour; action.

optræk, s. der er ~ til uvejr, there is a storm brewing.

optrævle, v. t. unravel; uncover.

optælle, v. t. count.

optøjer, s. pl. riots.

opvakt, adj. bright.

opvarm|e, v. t. heat; -ning, s. heating.

opvarte, v. t. & i. wait (on), serve.

opvask, s. washing-up; tage -en, do the dishes; -ebalje, s. washing-up bowl; -børste, s. washing-up brush; -emaskine, s. dishwasher; -emiddel, s. washing-up liquid; -estativ, s. dish rack; -evand, s. dishwater.

opveje, v. t. counterbalance; make up for.

opvisning, s. display; show.

opvækst, s. childhood; youth.

opøve, v. t. train.

orange|ade, s., kul. orangeade; -marmelade, s., kul. marmalade.

ord, s. word; -blind, adj. word blind; dyslexic; -bog, s. dictionary; -forråd, s. vocabulary; -fører, s. spokesman; -knap, adj. taciturn; -kløver, s. hairsplitter, quibbler; -lyd, s. wording; -ret, adj. literal, verbatim; -rig, adj. wordy; -spil, s. pun; -sprog, s. proverb; -styrer, s. chairman.

orden, s. order; helt i ~, quite all right; for en -s skyld, as a matter of form; -smagten, s. the police; -sregel, s. regulation; -stal, s., mat. ordinal (number); -tlig, adj. tidy, orderly; regular; proper; nice, decent.

ordn|e, v. t. arrange; put in order; tidy (up); regulate; organize; see to; sort out; settle; -ing, s. arrangement; settlement, solution; scheme; system.

ordre, s. order.

organ, s. organ; -isk, adj. organic; -isme, s. organism.

organis|ation, s. organization; -ere, v. t. organize; -t arbejdskraft, union labour.

organist, s., mus. organ player.

orgasme, s. orgasm.

orgel, s., mus. organ.

orgie, s. orgy.

orient, s. -en, the East; -alsk, adj. Oriental.

oriente|re, v. t. & i. inform, brief; ~ sig, find one's bearings; be informed; -ing, s. information; -sløb, s., sport. orienteering.

original, s. & adj. original; eccentric.

orkan, s. hurricane.

orke, v. t. be able to; jeg -r ikke mere, I'm done in, I'm exhausted.

orkester, s. orchestra,

band; **-plads,** *s.,* *teat.*
stall.

orkidé, *s.,* *bot.* orchid.

orlov, *s.* leave.

orm, *s., zoo.* worm.

orne, *s., zoo.* boar.

ortodoks, *adj.* orthodox.

ortopædisk, *adj., med.* or-
thopaedic.

os, *s.* smoke; stench, reek;
pron. us; *refl.* ourselves;
-e, *v. i.* smoke; reek.

ost, *s., kul.* cheese;
-ehandler, *s.* cheese-
monger; **-emad,** *s., kul.*
cheese sandwich; **-e-**
skorpe, *s.* cheese rind;
-eskærer, *s.* cheese cut-
ter.

osv., *(fk.f.* og så videre),
and so on, etc.

otium, *s.* retirement; lei-
sure.

otte, *num.* eight; ~ *dage,* a
week; *i dag* ~ *dage,* today
week; **-kantet,** *adj.* octa-
gonal; **-nde,** *num.* eighth;
-ndedel, *s.* eighth.

oval, *s. & adj.* oval.

oven, *adv. for* ~, above; *fra*
~, from above; from the
top; ~ *i,* on top of; in
addition to; ~ *i hinan-*
den, in succession; ~ *i*
købet, into the bargain;
~ *på,* on top of; **-for,** *adv.*
above; **-fra,** *adv.* from
above; **-i,** *adv.* on top;
-lys(vindue), *s.* skylight;
-nævnt, *adj.* above-
(-mentioned); **-over,** *adv.*
above; **-på,** *adv.* upstairs;
above; afterwards; on
top.

over, *præp. & adv.* over;
above, across, by; at, of;
past.

overalt, *adv.* everywhere;
all over; ~ *hvor,* wher-
ever.

overanstreng|e, *v. t.* over-

work; ~ *sig,* overwork;
overstrain oneself; **-else,**
s. over-exertion; strain;
-t, *adj.* overworked.

overarbejde, *s.* overtime.

overbevis|e, *v. t.* convince;
-ning, *s.* conviction.

overblik, *s.* survey; gener-
al view; estimate.

overbærende, *adj.* indul-
gent; tolerant.

overdrage, *v. t.* make over;
transfer; turn over; dele-
gate; assign; entrust;
-lse, *s.* transfer; delega-
tion; assignment.

overdrive, *v. t. & i.* exag-
gerate; overdo (it); **-lse,** *s.*
exaggeration.

overdøve, *v. t.* drown,
shout down.

overdådig, *adj.* luxurious.

overens, *adv. komme* ~,
agree; *stemme* ~, tally.

overenskomst, *s.* agree-
ment; **-forhandlinger,** *s.*
pl., pol. collective bar-
gaining.

overensstemmelse, *s.*
agreement.

overfald, *s.* assault, attack;
mugging; **-e,** *v. t.* attack,
assault; mug.

overfart, *s.* crossing.

overflad|e, *s.* surface; **-isk,**
adj. superficial.

overflod, *s.* abundance,
plenty; affluence.

overflødig, *adj.* superflu-
ous.

overfor, *adv.* opposite.

overfuse, *v. t.* abuse.

overfyldt, *adj.* crowded;
packed; crammed.

overfølsom, *adj.* sensitive;
allergic; **-hed,** *s.* sensitiv-
ity; allergy.

overfør|e, *v. t.* transfer;
transmit; carry; **-t,** *adj.*
figurative.

overgang, *s.* crossing;

transition; time; *elek.* leak; *-salder, s.* climacteric.

overgive, *v. t.* hand over; entrust; give up; surrender; ~ *sig,* surrender; **-lse,** *s.* surrender.

overgå, *v. t.* surpass, outdo; happen to, overtake; change; pass.

overhal|e, *v. t.* overtake; **-ing,** *s.* overtaking; overhaul; *fig.* ticking-off.

overherredømme, *s.* supremacy.

overholde, *v. t.* keep; observe, respect.

overhoved, *s.* head; chief.

overhovedet, *adv.* at all; altogether.

overhus, *s., parl.* House of Lords.

overhængende, *adj.* impending, imminent.

overhøre, *v. t.* overhear; miss; ignore; test.

overhånd, *s. få* ~, get the upper hand; *tage* ~, get out of hand.

overilet, *adj.* rash, hasty.

overkomme, *v. t.* manage, cope with; afford; **-lig,** *adj.* practicable; feasible; manageable.

overkrop, *s., anat.* upper part of the body; torso.

overlade, *v. t.* entrust (with), leave (to); let have.

overlagt, *adj.* premeditated, wilful.

overlast, s. *lide* ~, be molested; suffer injury; be damaged.

overlegen, *adj.* superior; supercilious.

overleve, *v. t.* survive; outlive; **-lse,** *s.* survival; **-nde,** *s.* survivor; *adj.* surviving.

overlevere, *v. t.* deliver;

hand down.

overlyds-, *adj.* supersonic.

overlæg, *s. med* ~, deliberately, on purpose.

overlæge, *s.* (senior) consultant.

overlæsse, *v. t.* overload, crowd; overburden; overdecorate.

overløber, *s.* deserter; renegade.

overmagt, *s.* superiority; superior force.

overmand, *s.* superior; **-e,** *v. t.* overpower; overcome.

overmodig, *adj.* arrogant; reckless; hilarious.

overmorgen, *s. i* ~, the day after tomorrow.

overmåde, *adv.* exceedingly; very.

overnatte, *v. i.* stay the night.

overnaturlig, *adj.* supernatural.

overopsyn, *s.* supervision, superintendence.

overordentlig, *adj.* extraordinary; *adv.* extremely.

overordnet, *s. & adj.* superior.

overraske, *v. t.* surprise, astonish; take by surprise; **-lse,** *s.* surprise.

overrendt, *adj.* pestered; overrun.

overrisle, *v. t.* irrigate; sprinkle.

overrumple, *v. t.* take by surprise.

overrække, *v. t.* present with.

overse, *v. t.* survey; miss, overlook.

oversigt, *s.* survey; summary; review.

overskride, *v. t.* cross, go beyond; exceed; overrun.

overskrift, *s.* heading; headline.

overskrævs, *adv.* astride.

overskud, *s.* surplus; profit; *fig.* energy.

overskue, *v. t.* survey; estimate; foresee; **-lig,** *adj.* clear; foreseeable.

overskydende, *adj.* surplus.

overskyet, *adj.* overcast; cloudy.

overskæg, *s.* moustache.

overskæring, *s.* (level) crossing.

overslag, *s.* estimate.

overspændt, *adj.* highly strung.

overstadig, *adj.* hilarious; giddy.

overstige, *v. t.* exceed, surpass.

overstrege, *v. t.* cross out, strike out; delete.

overstrømmende, *adj.* exuberant; effusive.

overstråle, *v. t.* eclipse, outshine.

overstå, *v. t.* get through, get over.

oversvømme, *v. t.* flood; **-lse,** *s.* flood(ing).

oversætte, *v. t.* translate; **-lse,** *s.* translation.

oversøisk, *adj.* oversea(s).

oversået, *adj.* sprinkled, dotted.

overtag, *s. få -et,* get the upper hand.

overtage, *v. t.* take over; take possession of; take on; assume; **-lse,** *s.* taking over, takeover; possession.

overtal, *s. i ~,* in the majority; too many.

overtale, *v. t.* persuade; **-lse,** *s.* persuasion.

overtro, *s.* superstition; **-isk,** *adj.* superstitious.

overtræde, *v. t.* break; violate; **-lse,** *s.* breach; offence.

overtræk, *s.* cover; *kul.* coat(ing); *merk.* overdraft; **-ke,** *v. t.* cover; *kul.* coat; *merk.* overdraw.

overtøj, *s.* coat; outdoor things.

overveje, *v. t.* consider; **-lse,** *s.* consideration; **-nde,** *adj.* chiefly, mainly.

overvinde, *v. t.* defeat, conquer; *fig.* overcome; **-lse,** *s.* overcoming.

overvurdere, *v. t.* overestimate.

overvægt, *s.* overweight; excess weight; majority; **-ig,** *adj.* overweight.

overvælde, *v. t.* overwhelm; **-nde,** *adj.* overwhelming.

overvære, *v. t.* attend, be present at; watch; **-lse,** *s.* presence, attendance.

overvåge, *v. t.* watch (over); supervise; observe; monitor.

ovn, *s.* oven; stove; furnace, kiln; **-fast,** *adj.* heat-resistant.

ovre, *adv.* over.

pacifi|cere, *v. t.* pacify; **-st,** *s.* pacifist; **-stisk,** *adj.* pacifist.

padde, *s., zoo.* amphibian; **-hat,** *s., bot.* toadstool; mushroom; **-rokke,** *s., bot.* horse-tail.

padle, *v. t. & i.* paddle.

paf, *adj.* dumbfounded.

pagaj, *s.* paddle.

pagt, *s.* treaty; pact.

paillet, *s.* spangle, sequin.

pak, *s.* scum, mob; **-dyr,** *s.* pack animal; **-hus,** *s.* warehouse; **-kasse,** *s.* case; crate.

Pakistan, *s.* Pakistan; **pakistan|er,** *s.* Pakistani; **-sk,** *s. & adj.* Pakistani.

pakke, *s.* parcel, package,

packet; *v. t. & i.* pack; ~ *ind,* pack up, wrap up; ~ *op, ud,* unpack; **-nelliker,** *s. pl.* traps, odds and ends; **-post,** *s.* parcel post.

pakning, *s.* packing; gasket; washer.

palads, *s.* palace.

palet, *s.* palette; **-kniv,** *s.* slice, spatula.

palme, *s., bot.* palm; **-søndag,** *s.* Palm Sunday.

palmin, *s., kul.* vegetable fat.

palæ, *s.* palace; mansion.

Palæstina, *s.* Palestine; **palæstinens|er,** *s.* Palestinian; **-isk,** *adj.* Palestinian.

pamper, *s.* tycoon, careerist.

pande, *s., anat.* forehead; brow; *kul.* pan; *rynke -n,* frown; **-bånd,** *s.* sweatband; headband; **-hulebetændelse,** *s., med.* sinusitis; **-hår,** *s.* fringe; **-kage,** *s., kul.* pancake.

panel, *s.* panelling; skirting-board; dado; wainscot; panel.

panere, *v. t.* bread.

pani|k, *s.* panic; **-kslagen,** *adj.* panic-stricken, *T* panicky; **-sk,** *adj.* panic.

panser, *s.* armour (plating); *S* copper; **-vogn,** *s.* armoured car.

pant, *s.* security; mortgage; deposit; token; **-e-brev,** *s.* mortgage deed; **-efoged,** *s.* bailiff; **-elåner,** *s.* pawnbroker; **-sætte,** *v. t.* pawn; mortgage.

panter, *s., zoo.* panther.

pap, *s.* cardboard; *skære ud i ~, fig.* spell out.

papegøje, *s., zoo.* parrot.

papir, *s.* paper; stationery; security; **-handler,** *s.* stationer; **-kurv,** *s.* waste-

paper basket; **-lommetørklæde,** *s.* tissue; **-løs,** *adj.* leve -t, cohabitate, *T* live together; **-masse,** *s.* pulp; **-serviet,** *s.* paper napkin; **-spose,** *s.* paper bag.

par, *s.* pair; couple; *et ~,* a couple, a few; *et ~ kopper,* a cup and saucer; **-vis,** *adv.* in pairs; in couples; two by two.

paradis, *s.* paradise; **-æble,** *s., bot.* crab apple.

paraffin, *s.* paraffin (wax).

paragraf, *s.* section; article, clause.

parallel, *s. & adj.* parallel.

paranød, *s., bot.* Brazil nut.

paraply, *s.* umbrella.

parasit, *s.* parasite.

parasol, *s.* sunshade.

parat, *adj.* ready.

parcel, *s.* lot; allotment; plot; **-hus,** *s.* detached house.

parentes, *s.* bracket, parenthesis.

parere, *v. t. & i.* parry, ward off; ~ *ordre,* obey.

parfume, *s.* perfume; **-re,** *v. t.* scent; **-ri,** *s.* perfumery.

pari, *adv.* par.

park, *s.* park.

parker|e, *v. t.* park; **-ing,** *s.* parking; **-sbøde,** *s.* parking ticket; **-shus,** *s.* multi-storey carpark; **-splads,** *s.* parking space; parking bay; carpark; **-sskive,** *s.* parking disc; **parkometer,** *s.* parking meter.

parket, *s., teat.* stalls; **-gulv,** *s.* parquet floor(ing).

parlament, *s.* parliament; **-arisk,** *adj.* parliamentary; **-ere,** *v. i.* negotiate;

parley; **-svalg,** s. election.
parlør, s. phrase book.
parodi, s. parody; **-ere,** v. t.
parody.
parole, s. watchword;
password; order(s).
parre, v. t. pair, match; ~
sig, mate.
part, s. part, share; party;
-ere, v. t. cut up; **-haver,**
adj. partner; **-ner,** s. part-
ner.
parti, s. part; lot; party;
game; match; **-fælle,** s.
fellow party member;
-ledelse, s. party com-
mittee; **-sk,** adj. partial,
bias(s)ed.
partitur, s., *mus.* score.
paryk, s. wig.
pas, s. passport; *geo.* pass;
melde ~, *fig. & (kort)* say
no bid; give up; **-form,** s.
fit; **-foto,** s. passport pho-
to; **-kontrol,** s. passport
control.
pasning, s. care; *sport.*
pass.
passage, s. passage.
passager, s. passenger;
-fly, s. airliner.
passant, s. *en* ~, by the
way.
passe, v. t. & i. fit; be true;
apply; look after, mind,
nurse; operate; be in
charge of; attend to; be
convenient (to), suit; ~
sammen, go well toge-
ther; *pas på!* take care!
look out! *pas dig selv!*
mind your own business!
-nde, adj. suitable; con-
venient; decent, proper.
passer, s. (pair of) compas-
ses.
passere, v. t. pass (by);
pass through; cross; v. i.
occur, happen.
passioneret, adj. keen, en-
thusiastic.

passiv, adj. passive.
passus, s. passage.
pasta, s. paste.
pastelfarve, s. pastel.
pastil, s., *kul.* lozenge.
pastinak, s., *bot.* parsnip.
pastor, s. the Reverend;
-en, the vicar.
patent, s. patent; **-beskyt-
tet,** adj. patented; **-løs-
ning,** s. panacea.
patient, s. patient.
patriot, s. patriot; **-isk,** adj.
patriotic.
patron, s. cartridge; refill.
patrulje, s. patrol; **-re,** v. t.
& i. patrol; **-vogn,** s. pa-
trol car.
patte, s. teat; *-r, vulg.* tits;
v. t. & i. suck; **-barn,** s.
baby; **-dyr,** s. mammal.
pauke, s., *mus.* kettle-
drum.
pause, s. pause; stop; in-
terval; break; *mus.* rest.
pave, s. pope.
peber, s., *bot.* pepper;
-bøsse, s. pepper pot;
-frugt, s., *bot.* pepper;
-kværn, s. pepper mill;
-mynte, s. peppermint;
-mø, s. spinster; old
maid; **-nødder,** s. *pl., fig.*
peanuts; **-rod,** s., *bot.*
horse-radish; **-svend,** s.
bachelor.
pebret, adj. peppery; ex-
pensive; stiff.
pedal, s. pedal.
pedant, s. pedant; **-isk,**
adj. pedantic, *T* finicky.
pedel, s. caretaker, janitor.
pege, v. i. point; **-finger,** s.
forefinger, index finger.
pejle, v. t. & i. take a
bearing; **-vogn,** s. detect-
or van.
pejs, s. (open) fireplace.
pekingeser, s., *zoo.* peki-
nese, *T* peke.
pelargonie, s., *bot.* gerani-

um.

pels, s. fur; fur coat; **-dyr,** s. furred animal; **-værk,** s. furs.

pen, s. pen; **-neven,** s. pen pal.

penalhus, s. pencil case.

pend|le, v. i. shuttle; commute; **-ul,** s. pendulum; **-ulfart,** s. commutation; shuttle service.

penge, s. pl. money; mange ~, much money; rede ~, ready money, cash; **-af-presning,** s. blackmail; **-kasse,** s. money box; **-nød,** s. være i ~, be hard up; **-pung,** s. purse; **-sa-ger,** s. pl. money matters, finances; **-seddel,** s. bank note; **-skab,** s. safe; **-stykke,** s. coin.

pens|el, s. (paint) brush; **-le,** v. t. paint.

pension, s. pension; board; boarding house; **-at,** s. boarding house, pension; **-eret,** adj. retired; **-ist,** s. old-age pensioner (O.A.-P.); **-skasse,** s. pension fund; **-sordning,** s. pension scheme; **-ær,** s. boarder.

per, præp. by; per; a; on; near.

perfekt, adj. perfect.

pergament, s. parchment; **-papir,** s. grease-proof paper.

periode, s. period.

perle, s. pearl; bead; drop; fig. jewel, treasure; **-kæde,** s. string of pearls; **-mor,** s. mother-of-pearl; **-strikning,** s. moss stitch.

permanent, s., T perm; adj. permanent; **-e,** v. t. perm.

perpleks, adj. bewildered.

perron, s. platform.

persianer, s., zoo. Persian lamb.

persienne, s. Venetian blind.

persille, s., bot. parsley.

person, s. person; individual; character; **-ale,** s. staff; -chef, s. personnel manager; **-lig,** adj. personal; adv. personally; **-lighed,** s. character; personality; **-nummer,** s. civil registration number; **-tog,** s. passenger train.

perspektiv, s. perspective.

pertentlig, adj. meticulous; pernickety.

pervers, adj. perverted; ~ person, pervert; **-itet,** s. perversion.

pessar, s. diaphragm.

pessimist, s. pessimist; **-isk,** adj. pessimistic.

pest, s. plague, pestilence; **-ilens,** s. pestilence, abomination.

petroleum, s. paraffin, kerosene; **-slampe,** s. kerosene lamp; **-sovn,** s. paraffin heater.

pianist, s., mus. pianist, piano player.

pibe, s. pipe; v. i. pipe, whistle; whine; whimper; squeak; **-renser,** s. pipe cleaner; **-ryger,** s. pipe smoker; **-tobak,** s. smoking tobacco.

pible, v. i. trickle.

piccolo, s. bellboy, U.S. bellhop.

pift, s. whistle; **-e,** v. i. whistle.

pig, s. spike; zoo. spine; bot. prickle; **-dæk,** s. studded tyre.

pige, s. girl; maid; **-navn,** s. maiden name; **-spejder,** s. girl guide.

pighvar, s., zoo. turbot.

pigtråd, s. barbed wire.

pik, s., *vulg.* prick, cock.

pikant, *adj.* piquant; spicy.

pil, s. arrow; dart; *bot.* willow; **-e**, *v. i.* ~ *af sted*, dash off, run off; **-espids**, s. arrowhead.

pilgrim, s. pilgrim; **-srejse**, s. pilgrimage.

pille, s. pillar; pier; *med.* pill; *v. i.* pick; peel; finger, toy, meddle; **-arbejde**, **-ri**, s. fiddling; niggling work.

pilot, s. pilot; **-ering**, s. piling.

pilsner, s., *kul.* lager.

pimpe, *v. i.* booze.

pimpsten, s. pumice (stone).

pincet, s. (pair of) tweezers.

pind, s. stick; peg; needle; row; *ikke en* ~, not a word; **-ebrænde**, s. firewood; **-emad**, s., *kul.* canapé; **-svin**, s., *zoo.* hedgehog.

pine, s. pain; torment, agony; *v. t.* pain; torment, torture; **-bænk**, s. rack.

pingvin, s., *zoo.* penguin.

pinlig, *adj.* embarrassing; painful; awkward; meticulous.

pinse, s. Whitsun; *første -dag*, Whit Sunday; *anden -dag*, Whit Monday.

pioner, s. pioneer.

pip, s. chirp; peep; *få* ~, go crazy; *det er* ~, it is daft; **-pe**, *v. i.* chirp.

pirat, s. pirate.

pirke, *v. t. & i.* poke, prod.

pirre, *v. t. & i.* stimulate, tickle, excite; **-lig**, *adj.* irritable.

pis, s., *vulg.* piss; *sikke noget* ~ *!* bullshit! **-se**, *v. i.* piss; **-fuld**, *adj.* pissed; **-soir**, s. urinal.

pisk, s. whip; **-e**, *v. t. & i.* whip; whisk; beat; **-efløde**, s., *kul.* double cream; **-eris**, s. whisk.

pistol, s. pistol.

pive, *v. i.* whimper; whine; **-t**, *adj.* soft; wet.

pjalt, s. rag.

pjank, s. twaddle, nonsense; hankypanky; **-e**, *v. i.* fool around; **-et**, *adj.* giddy, silly.

pjask, s. splash; slush; **-e**, *v. i.* splash; **-våd**, *adj.* dripping wet.

pjat, s. nonsense; **-te**, *v. i.* fool around; **-tet**, *adj.* silly; ~ *med*, crazy about.

pjece, s. pamphlet, booklet.

pjok, s. sissy.

pjusket, *adj.* tousled; ruffled.

pjække, *v. i.* play truant, shirk.

placere, *v. t.* place; **-ing**, s. placing; situation.

pladder, s. mud, slush; nonsense; **-våd**, *adj.* sopping wet.

plade, s. plate; sheet; slab; top; leaf; record; bar; *fig.* fib; **-spiller**, s. record player; **-tallerken**, s. turntable.

plads, s. place; position; post; seat; space, room; square; *gøre* ~, make room; *tage* ~, take a seat; **-billet**, s. seat reservation; **-mangel**, s. lack of space.

plage, s. nuisance, bother; torment; *v. t.* torment; pester; plague; irritate; bother; **-ånd**, s. pest.

plagiat, s. plagiarism; **-ere**, *v. t.* imitate.

plakat, s. poster; notice; placard; bill; **-bærer**, s. sandwich man; **-søjle**, s. advertising pillar.

plan, *s.* plan; design; map; level; *adj.* even; level; plane; flat; **-ere,** *v. t.* level; **-lægge,** *v. t. & i.* plan; **-mæssig,** *adj.* scheduled; according to plan.

planet, *s.* planet.

planke, *s.* plank; **-værk,** *s.* hoarding, fence.

plantage, *s.* plantation.

plante, *s.* plant; *v. t.* plant; **-føde,** *s.* vegetable food; **-margarine,** *s.*, *kul.* vegetable margarine; **-skole,** *s.* nursery; **-vækst,** *s.* vegetation.

plapre, *v. i.* jabber; ~ *ud med,* blab out.

plask, *s.* splash; **-e,** *v. i.* splash; **-våd,** *adj.* dripping wet.

plaster, *s.* (sticking-)plaster.

plastic, *s.* plastic; **-maling,** *s.* emulsion paint; **-pose,** *s.* plastic bag, carrier bag.

plat, *s.* ~ *eller krone,* heads or tails; *slå ~ og krone,* toss a coin; *adj.* vulgar; **-fodet,** *adj.*, *anat.* flat-footed.

platin, *s.* platinum.

pleje, *s.* care, nursing; *v. t. & i.* take care of, nurse, tend; be used to; *som jeg -r,* as usual, as I usually do; *jeg -de at gøre det,* I used to do it; I would do it; **-barn,** *s.* foster child; **-forældre,** *s. pl.* foster parents; **-hjem,** *s.* foster home; nursing home.

plet, *s.* spot; stain; flaw; bull's eye; silver plate; *på -ten,* on the spot; **-fri,** *adj.* spotless; **-skud,** *s.* bull's eye; **-te,** *v. t. & i.* spot, stain; **-tet,** *adj.* spotted; stained; speckled; **-vis,** *adv.* in places.

pligt, *s.* duty; **-ig,** *adj.*

bound, liable; **-opfyldende,** *adj.* conscientious.

plisseret, *adj.* pleated.

plombe, *s.* lead seal; filling; **-re,** *v. t.* seal; fill.

plov, *s.* plough; **-fure,** *s.* furrow.

pludre, *v. i.* chat; chatter, babble.

pludselig, *adj.* sudden; *adv.* suddenly.

plukke, *v. t.* pick, gather; pluck; *fig.* fleece.

plump, *adj.* coarse, rude; clumsy; **-e,** *v. i.* plump; go splash; ~ *i,* *fig.* make a gaffe.

plumret, *adj.* muddy.

plus, *s.* plus; *adv.* plus.

plyndre, *v. t.* loot, plunder; rob; strip; fleece; rip off.

plys, *s.* plush; **-klippet,** *adj.* crew-cut.

plæne, *s.* lawn; **-klipper,** *s.* lawn-mower.

pløje, *v. t. & i.* plough; **-mark,** *s.* ploughed field.

pløk, *s.* peg.

pløre, *s.* mud, slush; **-t,** *adj.* muddy; *T* stoned, plastered.

pochere, *v. t.*, *kul.* poach.

poe|si, *s.* poetry; **-tisk,** *adj.* poetic(al).

point, *s.* point; **-e,** *s.* point; punchline; **-ere,** *v. t.* emphasize.

pokal, *s.* cup; **-finale,** *s.*, *sport.* cup final; **-kamp,** *s.*, *sport.* cup tie.

pokker, *s.* the devil; *hvad ~ !* what the hell! *give ~ i,* give a damn about; **-s,** *adj.* damned, blasted; *int.* damn!

pol, *s.* pole; **-arcirkel,** *s.* polar circle; *nordlige ~,* Arctic Circle; *sydlige ~,* Antarctic Circle; **Polarstjernen,** *s.*, *astr.* the Pole Star.

pol|ak, s. Pole; **Polen,** s. Poland; **-sk,** s. & adj. Polish.

polere, v. t. polish.

polet, s. token.

police, s. policy.

politi, s. police; **-afspær-ring,** s. cordon; **-assi-stent,** s. police inspector; **-betjent,** s. policeman, constable; **-mester,** s. chief constable; **-station,** s. police station; **-stav,** s. truncheon.

politik, s. politics; policy; **-er,** s. politician.

pollen, s., bot. pollen.

polstre, v. t. pad; uphol-ster; **-t,** adj. upholstered; padded.

polyp, s., med. polyp; **-per,** pl. adenoids.

pommes frites, s. pl., kul. (potato) chips.

pompøs, adj. stately, gran-diose.

pony, s., zoo. pony.

popmusik, s. pop music.

poppel, s., bot. poplar.

populær, adj. popular.

porcelæn, s. china, porce-lain.

pore, s., anat. pore.

porno, s., T porn; **-blad,** s. porno magazine; **-film,** s. porno film; **-grafi,** s. pornography.

porre, s., bot. leek.

port, s. gate, gateway; **-ier,** s. hall porter; **-ner,** s. doorkeeper; caretaker; **-stolpe,** s. gatepost.

porter, s., kul. stout.

portion, s. part, share; por-tion; helping; lot.

porto, s. postage; **-fri,** adj. post free, free of charge.

portræt, s. portrait; profi-le; **-tere,** v. t. portray.

Portugal, s. Portugal; **por-tugis|er,** s. Portuguese;

-isk, s. & adj. Portuguese.

portvin, s., kul. port.

portør, s. railwayman; hospital porter.

pose, s. bag; v. i. bag; puff out.

position, s. position; **-slys,** s. pl. parking lights.

positiv, adj. positive; sym-pathetic.

post, s. post; mail; tap; pump; entry; item; være på sin ~, be on one's guard; **-anvisning,** s. postal order; **-boks,** s. post-office box, (P.O. box); **-bud,** s. postman; **-e,** v. t. pump; post; **-evand,** s. tap water; **-hus,** s. post office; **-kas-se,** s. postbox; letter box; **-kort,** s. postcard; **-num-mer,** s. postal code; **-or-dre,** s. mail order; **-pak-ke,** s. parcel; **-stempel,** s. postmark; **-væsen,** s. mail services.

postej, s., kul. pâté.

postyr, s. commotion; fuss.

pote, s. paw.

potens, s. potency; mat. power; anden ~, the square; tredie ~, the cube; i højeste ~, to the highest degree.

potte, s. pot; pottie; **-ma-ger,** s. potter; **-mageri,** s. pottery; **-plante,** s. potted plant.

p-pille, s. contraceptive pill; T the pill.

pr., præp. (fk.f. per), s.d.

pragt, s. pomp, splendour; **-fuld,** adj. splendid; T gorgeous.

praje, v. t. hail.

prakke, v. t. ~ én ngt på, palm sth off on sby.

praksis, s. practice.

prakti|k, s. practice; train-ee service; work experi-

ence; **-kant,** *s.* trainee;
-sere, *v. t. & i.* practise;
-sk, *adj.* practical; ~ *talt,*
practically; so to speak.

pral|e, *v. i.* brag, boast; ~
med, show off; **-eri,** *s.*
boasting,   bragging;
-hals, *s.* boaster, brag-
gart; show-off.

pram, *s.* barge.

prangende, *adj.* showy,
ostentatious; gaudy.

prelle, *v. i.* ~ *af,* glance
off; be lost.

premier|e, *s.* opening
night; **-minister,** *s.* prime
minister.

pres, *s.* pressure; strain;
-se, *v. t.* press; squeeze;
-sefold, *s.* crease; **-seren-
de,** *adj.* urgent; **-sion,** *s.*
pressure.

presenning, *s.* tarpaulin.

presse, *s.* press; news
media;   reporters;   **-bu-
reau,** *s.* news agency.

prestige, *s.* prestige.

prik, *s.* dot; point; spot;
prick; *på en* ~, exactly, to
a nicety; *-ken over i'et,*
the finishing touch; **-ke,**
v. t. & i. prick; ~ *hul på,*
puncture.

prima, *adj.* first-class;
choice.

primitiv, *adj.* primitive.

primula, *s., bot.* primrose,
cowslip.

primær, *adj.* primary.

princip, *s.* principle; **-iel,**
adj. fundamental;   *-le
grunde,* grounds of prin-
ciple.

prins, *s.* prince; **-esse,** *s.*
princess.

priorite|re, *v. t. & i.* give
priority to; mortgage; **-t,**
s. priority; mortgage.

pris, *s.* price; rate; charge;
fare; prize; praise; *for
enhver* ~, at all costs;

sætte ~ *på,* value, set
store by; **-e,** *v. i.* praise;
~ *sig lykkelig,* count
oneself lucky; **-give,** *v. t.*
abandon, leave at the
mercy (of); **-klasse,** *s.*
price range; **-nedsættel-
se,** *s.* price reduction;
sale; **-skilt,** *s.* price label,
tag; show card; **-stigning,**
s. price increase; **-stop,** *s.*
price freeze; **-tal,** *s.* price
index.

privat, *adj.* private; *adv.*
privately, in private;
-chauffør, *s.* chauffeur;
-detektiv, *s.* private de-
tective, *S* private eye;
-isere, *v. t.* privatize;
-klinik, *s.* private clinic;
-mand, *s.* private individ-
ual; **-sag,** *s.* private mat-
ter; **-sekretær,** *s.* private
secretary; **-skole,** *s.* pri-
vate school.

privileg|eret, *adj.* privi-
leged; **-ium,** *s.* privilege.

problem,   *s.*   problem;
-atisk, *adj.* problematic.

procedure, *s.* procedure.

procent, *s.* per cent; **-del,** *s.*
percentage.

proces, *s.* process; *jur.*
case; *gøre kort* ~, make
short work.

procession, *s.* procession.

produce|nt,   *s.*   producer,
manufacturer; **-re,** *v. t.*
produce, manufacture.

produkt, *s.* product; **-ion,** *s.*
production, output, yield;
manufacture; **-ionsmid-
del,** *s.* means of produc-
tion; **-iv,** *adj.* productive.

profess|ion, *s.* trade; occu-
pation; profession; **-io-
nel,**   *adj.*   professional;
-or, *s.* professor.

profet, *s.* prophet; **-ere,**
v. t. & i. prophesy; **-i,** *s.*
prophecy.

profil, s. profile.
program, s. programme;
U.S. program; **-mel,** s.,
edb. software; **-mere,** v. t.
& i., edb. programme;
-mør, s., edb. programmer.
projekt, s. project; plan.
projektør, s. searchlight;
spotlight; headlight.
proklamere, v. t. proclaim.
proletar, s. proletarian.
promen|ade, s. promenade; **-ere,** v. i. promenade, stroll.
promille, s. per thousand;
alcohol level.
pronomen, s., gram. pronoun.
prop, s. cork; stopper;
plug; elek. fuse; få en ~,
have a fit; **-fuld,** adj.
brimful, crammed; **-pe,**
v. t. cork; stuff, cram;
-trækker, s. corkscrew.
propagand|a, s. propaganda; **-ere,** v. i. propagate,
advertise.
propel, s. propeller.
proper, adj. tidy; cleanly.
proportion, s. proportion.
prosa, s. prose; **-isk,** adj.
prosaic.
prosit, int. bless you!
prostitu|eret, s. & adj. prostitute; **-tion,** s. prostitution.
protein, s. protein.
protese, s. denture; artificial limb.
protest, s. protest; **-ant,** s.
Protestant; **-antisk,** adj.
Protestant; **-ere,** v. i. protest.
protokol, s. register; minutes; ledger; protocol.
proviant, s. provisions;
-ere, v. i. provision.
provins, s. province; **-by,** s.
provincial town.

provision, s. commission.
provisorisk, adj. provisional, temporary.
provok|ation, s. provocation; **-ere,** v. t. & i. provoke; **-erende,** adj. provoking.
provst, s. dean.
pruste, v. i. snort, puff.
prut, s. fart; **-te,** v. i. haggle, bargain; fart.
pryd, s. ornament; **-e,** v. t.
adorn; decorate.
prygl, s. beating, flogging;
-e, v. t. beat, thrash, flog.
præcis, adj. precise, punctual; exact; ~ klokken 3,
at 3 o'clock sharp; **-ere,**
v. t. specify; define; **-ion,**
s. precision; punctuality.
prædik|ant, s. preacher;
-e, v. t. & i. preach; **-en,** s.
sermon; lecture; **-estol,** s.
pulpit.
præfiks, s., gram. prefix.
præg, s. stamp; look;
character; **-e,** v. t. mark,
stamp; influence; characterize; strike.
prægtig, adj. magnificent;
fine.
præmie, s. premium; reward; prize; **-re,** v. t.
award a prize to.
præpar|at, s. preparation;
-ere, v. t. prepare; work
on; brief.
præposition, s., gram. preposition.
prærie, s. prairie; **-ulv,** s.,
zoo. coyote; **-vogn,** s.
prairie wagon.
præsens, s., gram. the
present (tense).
præsentere, v. t. introduce; present.
præservativ, s. contraceptive sheath, condom, T
rubber.
præside|nt, s. president;
-re, v. i. preside.

præst, s. clergyman; vicar, minister; priest; rector; **-egård,** s. vicarage, rectory; **-ekald,** s. living; **-ekjole,** s. cassock.

præst|ation, s. performance; achievement; **-ere,** v. t. perform; achieve; produce; manage.

præventi|on, s. contraception; **-v,** adj. contraceptive; prophylactic.

prøve, s. trial, test; proof; sample; teat. rehearsal; audition; på ~, on trial; v. t. & i. try; test; try on; teat. rehearse; **-klud,** s. guinea pig; **-køre,** v. t. test-drive; try out; **-lse,** s. trial; ordeal; **-løsladelse,** s. conditional release; **-rum,** s. fitting booth; **-sprængning,** s. nuclear test; **-tid,** s. trial period.

pseudonym, s. pseudonym, pen name.

p-skive, s. parking disc.

psyk|e, s. mind; mentality; **-iater,** s. psychiatrist; **-isk,** adj. mental, psychological; **-oanalyse,** s. psychoanalysis; **-olog,** s. psychologist; **-ologisk,** adj. psychological; **-opat,** s., med. psychopath; **-otisk,** s., med. psychotic.

pubertet, s. puberty.

publikum, s. the public; audience.

puddel, s., zoo. poodle.

pudder, s. powder; dust; **-dåse,** s. powder compact; **-kvast,** s. powder puff; **-sukker,** s., kul. brown sugar; **pudre,** v. t. & refl. ~ (sig), powder.

pude, s. cushion; pillow; **-betræk,** s. pillowcase.

puds, s. trick; practical joke; plaster; **-e,** v. t. plaster; finish; clean;

polish; blow (one's nose); **-ecreme,** s. polish; **-ig,** adj. funny.

puf, s. push, shove; **-fe,** v. t. & i. push.

pukkel, s. hump; fig. surplus; **-rygget,** adj. hunchbacked.

pukle, v. i. slave.

puld, s. crown.

pulje, s. pool.

puls, s. pulse; **-e,** v. i. puff; **-ere,** v. i. throb; **-slag,** s. pulse beat; throb of the pulse; **-åre,** s., anat. artery.

pult, s. desk.

pulterkammer, s. attic; boxroom.

pulver, s. powder; **-isere,** v. t. pulverize; smash up; **-kaffe,** s., kul. instant coffee.

pumpe, s. pump; v. t. pump; ~ op, inflate.

pund, s. pound.

pung, s. purse; bag; pouch; anat. scrotum; **-e,** v. i. ~ ud, fork out.

punkt, s. point; dot; item; respect; **-ere,** v. t. & i. puncture; have a puncture; dot; **-lig,** adj. punctual.

punktum, s., gram. fullstop, period.

pupil, s., anat. pupil.

puppe, s., zoo. chrysalis, pupa.

puré, s., kul. puree; **-re,** v. t. cream.

purk, s. little fellow.

purløg, s., bot. chive(s).

purpur, adj. purple; scarlet.

pus, s. pus; darling.

pusle, v. i. rustle; move about; v. t. change; nurse; coddle; **-spil,** s. jigsaw (puzzle).

pust, s. breath (of air);

breather; **-e**, *v. t. & i.*
blow; puff; pant; breathe;
~ *op*, inflate; **-erum**, *s.*
breathing space.

putte, *v. t.* put; tuck in; ~
sig, snuggle down, cud-
dle.

pyjamas, *s.* pyjamas.

pylre, *v. i.* fuss; **-t**, *adj.* soft.

pynt, *s.* point; finery; trim-
ming(s); ornament; **-e**,
v. t. & i. decorate; look
nice; ~ *på*, doctor, cook;
smarten up.

pyramide, *s.* pyramid.

pyroman, *s.* pyromaniac.

pyt, *s.* pool, puddle; *int.* ~
med det, never mind.

pæl, *s.* stake; pole; post.

pæn, *adj.* nice; neat; good;
pretty.

pæon, *s., bot.* peony.

pære, *s., bot.* pear; *elek.*
bulb; *fig.* brains; **-dansk**,
adj. very Danish; **-væl-**
ling, *s.* hotchpotch.

pøbel, *s.* mob, rabble.

pøl, *s.* pool; puddle.

pølse, *s., kul.* sausage;
-mand, *s.* sausage man,
hot-dog man.

pønse, *v. i.* ~ *på*, plan; be
up to.

på, *præp. & adv.* on, upon;
at; in; to; of; *tage tøj* ~,
put on clothes; ~ *landet*,
in the country; ~ *ny*,
afresh, anew; *tage* ~ *lan-*
det, go into the country.

påbegynde, *v. t.* begin.

påberåbe, *v. refl.* ~ *sig*,
refer to; plead; claim.

påbud, *s.* order; command.

pådrage, *v. refl.* ~ *sig*,
incur; catch.

påfaldende, *adj.* extraor-
dinary; striking.

påfugl, *s., zoo.* precock.

påfund, *s.* idea; whim;
fabrication.

pågribelse, *s.* seizure, ar-
rest.

pågældende, *adj.* in ques-
tion, concerned.

pågående, *adj.* pushing,
aggressive.

påhit, *s.* idea; whim.

påholdende, *adj.* careful,
close-fisted; stingy.

påhæng, *s.* appendages;
-smotor, *s.* outboard mo-
tor; **-svogn**, *s.* trailer.

påhør, *s.* hearing, pres-
ence.

påklædning, *s.* clothing,
dress; clothes.

påkrævet, *adj.* required;
necessary.

påkørsel, *s.* collision; run-
ning over.

pålandsvind, *s.* onshore
wind.

pålidelig, *adj.* trustworth-
y, reliable.

pålydende, *s.* face value;
denomination.

pålæg, *s.* order; rise; *kul.*
spread; filling; meat (for
sandwiches); **-ge**, *v. t.* in-
struct, enjoin; order; lay
on; impose.

påminde, *v. t.* remind.

påpasselig, *adj.* careful.

påpege, *v. t.* point out.

pårørende, *s.* relative.

påse, *v. t.* take care of,
attend to; see to.

påsejling, *s., naut.* colli-
sion.

påske, *s.* Easter; **-dag**, *s.*
Easter Day; *anden* ~,
Easter Monday; **-lilje**, *s.,*
bot. daffodil; **-æg**, *s.*
Easter egg.

påskud, *s.* pretext; excuse.

påskønne, *v. t.* appreciate.

påstand, *s.* claim, assert-
ion.

påstå, *v. t.* claim, allege;
maintain; declare; insist;
-elig, *adj.* stubborn; **-et**,
adj. alleged.

påtage, v. refl. ~ sig, undertake, assume, take on; **-t,** adj. affected; assumed.

påtrængende, adj. insistent, pushing; urgent, pressing.

påtvinge, v. t. force.

påtænke, v. t. contemplate; plan.

påvirk|e, v. t. influence, affect; **-ning,** s. influence.

påvise, v. t. show; prove; demonstrate.

rabalder, s. crash; racket.

rabarber, s., bot. rhubarb.

rabat, s. discount; border, verge, shoulder; **-kort,** s. reduced-rate ticket.

rable, v. i. det -r for ham, he is going off his rocker; v. t. ~ af sig, rattle off; **-nde,** adj. raving, stark staring.

race, s. race, breed; **-adskillelse,** s. segregation; **-diskrimination,** s. racial discrimination; **-hest,** s., zoo. thoroughbred; **-rbil,** s. racer (car); **-rbåd,** s. power boat; **-rcykel,** s. racing bike; **racis|me,** s. racism, racialism; **-t,** s. racist, racialist; **-tisk,** adj. racist.

rad, s. line, row; tier; chap, bloke; i, på ~, in a row; running; stille sig på ~, line up; en snu ~, a sly fox; **-brække,** v. t. maim; fig. murder; **-mager,** adj. skinny.

radar, s. radar.

rader|e, v. t. & i. erase; etch; **-ing,** s. etching.

radiator, s. radiator.

radikal, adj. radical.

radio, s. radio, wireless; **-aktiv,** adj. radioactive; **-avis,** s. news; **-bil,** s.

bumper car; **-licens,** s. radio licence fee; **-modtager,** s. radio set; **-program,** s. radio programme; **-sender,** s. radio transmitter; radio station; **-styret,** adj. radio-controlled; **-telegrafist,** s. wireless operator; T sparks; **-udsendelse,** s. radio programme.

radise, s., bot. radish.

radius, s. radius.

raffin|aderi, s. refinery; **-eret,** adj. refined; studied; smart; sophisticated.

rafle, s. cast dice; **-bæger,** s. dice cup.

rage, v. t. & i. rummage; ~ frem, protrude; ~ op, rise; tower; ~ uklar, fall out; hvad -r det dig? it's none of your business; det -r mig en fjer, I couldn't care less; **-kniv,** s. razor.

ragelse, s. junk, rubbish.

ragout, s., kul. stew.

rak, s. rabble, riff-raff.

raket, s. rocket; missile; **-drevet,** adj. rocket-propelled; **-våben,** s. missile.

rakke, v. t. & i. ~ ned (på), take apart; run down; ~ rundt, knock about; ~ til, ruin; dirty; tart up; **-rpak,** s. rabble.

rakle, s., bot. catkin.

ralle, v. i. rattle.

ram, s. få ~ på, get at; adj. acrid; rancid; i -me alvor, in dead earnest.

ramaskrig, s. outcry.

ramle, v. i. tumble down, fall; ~ sammen, collide; fight.

ramme, s. frame; setting; limit(s); v. t. hit, strike; overtake; affect, touch; **-nde,** adj. apt; precise; to the point.

rampe, s. ramp, slope; **-lys,** s. limelight.

ramponeret, adj. battered; damaged.

rand, s. edge; margin; border; brim, rim; verge, brink.

rang, s. rank; precedence; *første -s,* first-rate; **-ere,** v. t. & i. rank; shunt; **-følge,** s. order of precedence.

rangle, s. rattle; **-t,** adj. lanky.

rank, adj. straight, erect.

ranke, s., bot. vine; v. t. straighten; ~ *sig,* draw oneself up.

ransage, v. t. search, ransack.

rap, s. blow, rap; adj. quick; nimble; pert; smart; **-kæftet,** adj. pert; cheeky; **-pe,** v. i. quack; **-penskralde,** s. shrew.

rapport, s. report; **-ere,** v. i. report.

raps, s., bot. rape.

rapse, v. t. pilfer, filch.

raptus, s. fit, craze.

rar, adj. nice, good, kind; pleasant.

rase, v. i. rave; storm; rage; **-nde,** adj. furious; mad; **-re,** v. t. level; ravage, lay waste; strip; **-ri,** s. rage, fury.

rask, adj. healthy, sound, fit, well; quick; brisk; fast; plucky; *blive ~,* recover; adv. quickly; ~ *væk,* just like that.

rasle, v. i. rattle, clatter, clank; rustle; jingle.

rasp, s. rasp; *kul.* breadcrumbs; **-e,** v. t. grate, rasp.

rast, s. rest; *holde ~,* stop; **-eplads,** s. lay-by; **-løs,** adj. restless.

rat, s. (steering) wheel.

rate, s. instalment.

ration, s. ration; **-alisere,** v. t. & i. rationalize; **-el,** adj. rational; **-ere,** v. t. ration.

rav, s. amber; *lave ~ i den,* stir up trouble.

rave, v. i. stagger, reel.

ravn, s., zoo. raven; **-ekrog,** s. hole; **-emor,** s. unnatural mother.

razzia, s. raid.

reagere, v. t. react; **-ktion,** s. reaction; **-ktor,** s. reactor.

realisere, v. t. carry out; sell; ~ *sig,* fulfil oneself.

realisme, s. realism; **-tisk,** adj. realistic.

realitet, s. reality.

realløn, s. real wages.

reb, s. rope; **-e,** v. t. reef; **-stige,** s. rope ladder.

rebus, s. picture puzzle, riddle.

recept, s. prescription.

reception, s. reception (desk).

redaktion, s. editing; editorial staff; editorial office. **-tør,** s. editor.

redde, v. t. save, rescue; salvage.

rede, s. nest; *gøre ~ for,* explain; *få ~ på,* find out; get straight; v. t. comb; ~ *sig,* comb one's hair; adj. ready, prepared; *have ~ på,* know about; ~ *seng,* make the bed; ~ *penge,* ready money; **-gørelse,** s. account; report; **-lig,** adj. upright, honest; **-lighed,** s. honesty; mess.

reder, s. shipowner; **-i,** s. shipping company.

redigere, v. t. edit.

redning, s. rescue; salvation; *sport.* save; **-sbælte,** s. lifebelt; **-sbåd,** s. lifeboat; **-skorps,** s. salvage corps; rescue service; **-s-mand**, *s.* rescuer; **-svest**, *s.* life jacket.

redskab, *s.* instrument, tool; apparatus; utensil; **-sskur**, *s.* tool shed.

reel, *adj.* genuine, real; honest; reliable.

refer|at, *s.* report; **-ence**, *s.* reference; **-ere**, *v. t.* report; repeat; cover; **-ent**, *s.* reporter.

reflek|s, *s.* reflection; reflector; reflex; **-tere**, *v. i.* reflect; reply.

reform, *s.* reform; **-ere**, *v. t.* reform.

refræn, *s.* chorus, refrain; **-sanger**, *s.* crooner.

refu|ndere, *v. t.* reimburse; **-sion**, *s.* reimbursement.

regel, *s.* rule; regulation; *som ~* , as a rule; **-mæssig**, *adj.* regular.

regent, *s.* ruler, sovereign, regent.

reger|e, *v. t. & i.* govern, rule, reign; carry on; *~ med*, order about; bully; **-ing**, *s.* government; administration; reign.

regi, *s.* production; auspices.

regime, *s.* regime.

regiment, *s.* regiment.

region, *s.* region; **-al**, *adj.* regional.

regissør, *s.* stage manager.

regist|er, *s.* table of contents, register; index; file; *mus.* stop; **-rere**, *v. t.* register; note.

reglement, *s.* regulations; **-eret**, *adj.* regulation; prescribed.

regn, *s.* rain; **-bue**, *s.* rainbow; **-buehinde**, *s., anat.* iris; **-byge**, *s.* shower; **-dråbe**, *s.* raindrop; **-e**, *v. t. & i.* rain, pour; calculate; count, do sums; con-

sider; reckon; *~ for*, consider, regard, look upon; *~ med*, count on; allow for, provide for; reckon with; expect; *~ sammen*, add up; *~ ud*, figure out; work out; **-efejl**, *s.* miscalculation; **-emaskine**, *s.* calculator; **-eopgave**, *s.* arithmetical problem; sum; **-estok**, *s.* slide rule; **-estykke**, *s.* sum; **-frakke**, *s.* waterproof, raincoat, mac(kintosh); **-orm**, *s., zoo.* earthworm; **-skov**, *s.* rain forest; **-skyl**, *s.* downpour; **-tid**, *s.* rainy season; **-tæt**, *adj.* rainproof; showerproof; **-tøj**, *s.* rainwear; **-vejr**, *s.* rainy weather.

regning, *s.* artihmetic; calculation; bill, *U.S.* check; account; *på min ~*, on me.

regnskab, *s.* account(s); *gøre ~ for*, account for; *stå til ~ for*, answer for; **-sår**, *s.* fiscal year.

regulere, *v. t.* regulate, adjust.

regulær, *adj.* proper; regular; thorough.

reje, *s., zoo.* shrimp; prawn.

rejse, *s.* trip, journey; voyage; *v. i.* leave; go; travel, journey; depart; *v. t.* raise; put up, erect; *~ sig*, stand up, get up; rise; **-bureau**, *s.* travel agency; **-check**, *s.* traveller's cheque; **-fører**, *s.* guide; **-gilde**, *s.* topping-out ceremony; **-gods**, *s.* luggage; **-nde**, *s.* traveller, passenger; **-selskab**, *s.* party.

rejsning, *s.* raising; carriage; erection.

reklamation, *s.* complaint.

reklame, *s.* advertising,

publicity; advertisement; commercial; **-afdeling,** *s.* publicity department; **-bureau,** *s.* advertising agency; **-film,** *s.* commercial; **-re,** *v. t. & i.* advertise; boost; claim; **-skilt,** *s.* advertising sign; **-tegner,** *s.* commercial artist.

rekognoscere, *v. t. & i.* reconnoitre.

rekonstruere, *v. t.* reconstruct.

rekord, *s.* record.

rekreation, *s.* convalescence; **-shjem,** *s.* convalescence home; **-ere,** *v. refl.* ~ *sig,* recuperate.

rekrut, *s.* recruit; **-tere,** *v. t.* recruit.

rektangel, *s.* rectangle.

rektor, *s.* headmaster, headmistress; principal; head.

rekvirere, *v. t.* order; requisition.

rekvisit, *s.* requisite; **-ter,** *pl., teat.* props.

relativ, *adj.* relative; comparative.

relevant, *adj.* relevant.

relief, *s.* relief.

religion, *s.* religion; faith; creed; religious instruction; **-øs,** *adj.* religious.

relikvie, *s.* relic.

relæ, *s., elek.* relay.

rem, *s.* strap; belt.

remse, *s.* rigmarole; string of words; jingle; *v. t. & i.* ~ *op,* reel off, rattle off.

ren, *s., zoo.* reindeer; *adj.* clean; pure; sheer; mere. *mus.* in tune; **-t,** *adv.* quite, completely; *gøre* ~, clean the house; *synge* ~, sing in tune; ~ *ud,* straight, point-blank; ~ *ud sagt,* to put it bluntly.

rend, *s.* run; coming and going.

rende, *s.* channel; canal, drain; chute; groove; *v. t. & i.* run; leak; ~ *fra, fig.* shirk; ~ *og hop!* get lost! **-maske,** *s.* ladder; **-sten,** *s.* gutter.

rengøring, *s.* cleaning; **-skone,** *s.* char(woman).

renhed, *s.* purity; cleanness; **-holde,** *v. t.* keep clean; **-lig,** *adj.* cleanly, clean; **-lighed,** *s.* cleanliness.

renommé, *s.* reputation.

renovation, *s.* refuse collection; **-svogn,** *s.* dust cart.

rensdyr, *s., zoo.* reindeer.

rense, *v. t.* clean; cleanse; purify; rinse; clear; **-creme,** *s.* cleansing cream; **-lse,** *s.* clean(s)-ing; purification; **-middel,** *s.* cleansing agent; **-ri,** *s.* (dry-)cleaners; **-serviet,** *s.* cleansing tissue; **rensning,** *s.* cleaning.

rente, *s.* interest; **-fod,** *s.* rate of interest.

renæssance, *s.* renaissance.

reol, *s.* shelves; bookcase.

reparation, *s.* repair(s); mending; **-ere,** *v. t.* repair, mend.

repertoire, *s.* repertory.

repetere, *v. t. & i.* repeat; re-read; revise; **-ition,** *s.* repetition.

replik, *s.* reply; line(s).

reportage, *s.* reporting, report.

repos, *s.* landing.

repressalier, *s. pl.* reprisals.

reprimande, *s.* rebuke, reprimand.

reprise, *s.* repeat.

reproduktion, *s.* reproduction.

repræsent|ant, *s.* repre-sentative; agent; **-ant-skab,** *s.* council, board; **-ere,** *v. t. & i.* represent; be.

republik, *s.* republic.

reservat, *s.* reservation.

reserve, *s.* reserve; **-del,** *s.* spare part; **-læge,** *s.* registrar; **-re,** *v. t.* reserve; book; **-udgang,** *s.* emergency exit.

residens, *s.* residence.

resignere, *v. i.* give up; resign oneself; **-t,** *adj.* resigned.

resolut, *adj.* determined.

respekt, *s.* respect; **-abel,** *adj.* respectable; **-ere,** *v. t.* respect; **-indgyden-de,** *adj.* awe-inspiring.

ressourcer, *s. pl.* resources.

rest, *s.* rest, remainder; remnant; *for -en,* by the way; for that matter; besides; **-ance,** *s.* arrears; **-ere,** *v. i.* remain.

restaurant, *s.* restaurant.

resultat, *s.* result, outcome; achievement; effect.

ret, *s.* right; justice; (law)-court; *kul.* dish; *adj.* right; straight; proper; rightful; *adv.* straight; rather, pretty; rightly; *dagens* ~, today's special; *have* ~, be right; *have* ~ *til,* have a right to; *finde sig til -te,* settle in; *strikke* ~, knit plain; *i -te tid,* in time; *stå* ~, stand at attention; **-færdig,** *adj.* just; righteous; fair; **-færdiggøre,** *v. t.* justify; **-færdighed,** *s.* justice; **-maske,** *s.* plain stitch; **-mæssig,** *adj.* lawful, legitimate; rightful; **-sgyl-dig,** *adj.* valid; **-shjælp,** *s.*

legal aid; **-skaffen,** *adj.* upright, honest; **-skriv-ning,** *s.* orthography; spelling; **-slig,** *adj.* legal, judicial; **-smedicin,** *s.* forensic medicine; **-spleje,** *s.* administration of justice; **-ssag,** *s.* case; trial; lawsuit; **-ssal,** *s.* court (-room); **-svæsen,** *s.* judicial system.

retning, *s.* direction; tendency, trend; respect; *ngt i den* ~, sth like that; **-slinier,** *s. pl.* guidelines; instructions; lines.

rette, *v. t.* straighten; correct; mark; adjust; aim; address; ~ *sig,* straighten up; get better; ~ *sig efter,* obey; go by; ~ *op på,* rectify; ~ *på,* adjust; correct; ~ *til,* adjust; address to; **-lse,** *s.* correction; adjustment.

rettesnor, *s.* rule, guiding principle.

rettidigt, *adv.* punctually, on time; in time.

rettighed, *s.* right; privilege.

rettroende, *adj.* orthodox.

retur, *s.* return; *adv.* back; *tage ngt* ~, take sth back; *på* ~, declining; on the wane; **-billet,** *s.* return ticket; **-nere,** *v. t. & i.* return.

retvinklet, *adj., mat.* right-angled, rectangular.

rev, *s.* reef.

revalidering, *s.* rehabilitation; re-education.

revanche, *s.* revenge.

revers, *s.* lapel.

revi|dere, *v. t.* revise; audit; **-sion,** *s.* revision; audit; **-sor,** *s.* auditor; accountant.

revle, *s.* sandbank.

revne, *s.* crack, crevice, chink; chink; chap; tear; *v. i.* crack, split; burst; *fig.* break up.

revolution, *s.* revolution; **-ere,** *v. t.* revolutionize; **-ær,** *adj.* revolutionary.

revolver, *s.* revolver.

revy, *s., mil. & litt.* review; *teat.* revue, show.

ri, *v. t. & i.* tack, baste.

rib|be, *s.* rib; wall bar; *v. t.* rob, strip; string; **-bort,** *s.* ribbing; **-strikket,** *adj.* ribbed; **-strikning,** *s.* rib stitch.

ribben, *s., anat.* rib; **-ssteg,** *s., kul.* rib roast; **-sstyk-ke,** *s., kul.* spare rib.

ribs, *s., bot.* red currant.

ridder, *s.* knight; **-lig,** *adj.* chivalrous.

ride, *v. t. & i.* ride; **-bane,** *s.* arena, riding ground; **-bukser,** *s. pl.* riding breeches; **-hest,** *s.* mount, saddle horse; **-nde,** *adj.* mounted; **-pisk,** *s.* crop; **-sti,** *s.* bridle-path; **-stævne,** *s.* horse show; **-støvle,** *s.* riding boot; **-tur,** *s.* ride; **ridning,** *s.* riding.

rids, *s.* sketch; outline; **-e,** *s.* scratch; *v. t.* scratch.

riffel, *s.* rifle.

rift, *s.* tear, rent; scratch; ~ *om,* great demand for.

rig, *adj.* rich, wealthy; ~ *lejlighed,* ample opportunity; **-dom,** *s.* riches; wealth; fortune; abundance.

rige, *s.* realm; kingdom; empire.

rigelig, *adj.* plentiful, abundant; ample; plenty (of); generous; on the large side.

rigning, *s., naut.* rigging.

rigs|dag, *s.* parliament;

-dansk, *s.* standard Danish; **-våben,** *s.* national arms.

rigtig, *adj.* right, correct; regular; proper; true; real; *adv.* right; properly; quite; very; **-nok,** *adv.* certainly.

rille, *s.* groove; furrow.

rim, *s.* hoarfrost; *litt.* rhyme; **-e,** *v. t. & i.* rhyme; agree.

rimelig, *adj.* reasonable; **-vis,** *adv.* probably.

rim|frost, *s.* hoarfrost; **-tåge,** *s.* frosty mist.

rinde, *v. i.* run, flow; *-nde vand,* running water; *-nde øjne,* watery eyes.

ring, *s.* ring; circle; tyre; **-bind,** *s.* ring binder; **-brynje,** *s.* chain mail; **-e,** *v. t. & i.* ring; chime; phone, call; ~ *på,* ring; *adj.* small; slight; poor; humble; *i* ~ *grad,* little; **-eagt,** *s.* contempt, disdain; **-eklokke,** *s.* bell-push; **-forlovet,** *adj.* formally engaged; **-vej,** *s.* ring road, circular road.

rippe, *v. i.* ~ *op i,* rake up, stir up.

ris, *s., bot.* rice; brush-wood, twigs; **-engrød,** *s., kul.* rice pudding.

risik|abel, *adj.* risky; **-ere,** *v. t.* risk; run the risk of; **-o,** *s.* risk.

risle, *v. i.* run; murmur; purl.

rist, *s.* grating; gridiron; grill; **-e,** *v. t.* grill; roast; toast; *-t brød, kul.* toast.

rival, *s.* rival; **-isere,** *v. i.* rival, compete.

rive, *s.* rake; *v. t.* tear; grate; rake; ~ *til sig,* snatch; ~ *sig løs,* break loose; **-jern,** *s.* grater; **-nde,** *adj.* rapid; tearing; *i*

~ *udvikling*, developing rapidly.

ro, *s.* peace; rest; quiet, calm; *i ~ og mag*, at one's ease; *gå til ~*, retire; *tage den med ~*, take it easy; *falde til ~*, calm down; *v. t. & i.* row; **-båd**, *s.* rowing boat; **-er**, *s.* oarsman.

robot, *s.* robot.

robust, *adj.* robust.

rod, *s.* disorder, mess; thug; *bot.* root; **-e**, *v. t.* make a mess; root; rummage; ~ *med*, mess around with; ~ *sammen*, mix up; ~ *sig ind i*, get mixed up in; **-ebutik**, *s.* muddle, mess; **-ehoved**, *s.* untidy person; **-ekontor**, *s.* tax collector's office; **-eri**, *s.* mess, muddle, disorder; **-et**, *adj.* untidy, messy.

roe, *s.*, *bot.* beet; turnip; swede; **-sukker**, *s.*, *kul.* beet sugar.

rogn, *s.*, *kul.* roe.

rok, *s.* spinning-wheel.

rokke, *v. t. & i.* rock; shake; move.

rolig, *adj.* quiet, calm; still; steady; at ease; composed; *tag det -t!* take it easy!

rolle, *s.* part, rôle; *det spiller ingen ~*, it doesn't matter; **-besætning**, *s.* cast.

Rom, *s.* Rome; **romer**, *s.* Roman; **-sk**, *adj.* Roman; **-tal**, *s.* Roman numeral.

rom, *s.*, *kul.* rum.

roman, *s.* novel; **-forfatter**, *s.* novelist.

ror, *s.* rudder, helm; wheel; **-gænger**, *s.* helmsman; **-pind**, *s.* tiller.

ros, *s.* praise; **-værdig**, *adj.* praiseworthy.

rosa, *adj.* pink.

rose, *s.*, *bot.* rose; *v. t.* praise; **-nkrans**, *s.* rosary; **-nkål**, *s.*, *bot.* Brussels sprouts.

rosin, *s.*, *kul.* raisin.

rosmarin, *s.*, *bot.* rosemary.

rotere, *v. i.* rotate; **-nde**, *adj.* revolving.

rotte, *s.*, *zoo.* rat; *v. refl.* ~ *sig sammen*, gang up; **-fælde**, *s.* rat trap; **-gift**, *s.* rat poison; **-haler**, *s. pl.* pigtails; **-ræs**, *s.* ratrace.

rov, *s.* prey, spoils, plunder; **-drift**, *s.* exploitation; **-dyr**, *s.* beast of prey; **-fugl**, *s.* bird of prey.

ru, *adj.* rough; rugged; hoarse.

rub, *s.* ~ *og stub*, lock, stock, and barrel.

rubbe, *v. refl.* ~ *sig*, hurry up, look sharp.

rubin, *s.* ruby.

rubri|cere, *v. t.* classify; label; **-k**, *s.* space; paragraph; headline; article; **-kannonce**, *s.* small ad.

rude, *s.* pane; window; square; **-r**, *pl. (kort)* diamonds.

ruf, *s. i en ~*, in a jiffy.

rug, *s.*, *bot.* rye; **-brød**, *s.*, *kul.* rye bread.

ruge, *v. t.* brood; hatch; **-høne**, *s.*, *zoo.* sitting hen; **-maskine**, *s.* incubator.

ruin, *s.* ruin; **-ere**, *v. t.* ruin.

rulle, *s.* roll; roller; reel; spool; coil; *v. t. & i.* roll; **-bord**, *s.* tea trolley; **-gardin**, *s.* roller blind; **-krave**, *s.* polo neck; **-skøjter**, *s. pl.* rollerskates; **-sten**, *s.* cobble; pebble; **-stol**, *s.* wheelchair; **-trappe**, *s.* escalator.

rum, *s.* room; space; compartment; pigeon hole;

adj. i ~ *sø*, in the open sea; *en* ~ *tid*, quite some time; **-dragt**, *s.* space suit; **-fang**, *s.* volume; **-fart**, *s.* space travel; **-færge**, *s.* space shuttle; **-pilot**, *s.* astronaut; **-raket**, *s.* space rocket; **-rejse**, *s.* space flight; **-skib**, *s.* spaceship.

rumle, *v. i.* rumble.

rumme, *v. t.* contain, hold; *fig.* imply; involve; **-lig**, *adj.* roomy, spacious.

rumpe, *s.* behind, bottom.

rumstere, *v. i.* rummage.

rumæn|er, *s.* Romanian; **Rumænien**, *s.* Romania; **-sk**, *s. & adj.* Romanian.

rund, *adj.* round; **-del**, *s.* circus; **-håndet**, *adj.* generous; **-ing**, *s.* rounding; bend(ing); **-kreds**, *s.* circle; **-kørsel**, *s.* roundabout; **-rejse**, *s.* tour; **-ryg-get**, *adj.* stooping; **-sav**, *s.* circular saw; **-stykke**, *s.*, *kul.* roll; **-t**, *adv.* (a)round, about; *præp.* round; *hele året* ~, all the year round; *døgnet* ~, night and day; **-tosset**, *adj.* giddy, dizzy; confused; **-visning**, *s.* conducted tour.

runde, *s.* round; stroll; beat; *v. t. & i.* round; curve; ~ *af*, round off.

runge, *v. i.* resound, ring.

rus, *s.* intoxication; ecstasy; freshman, first-year student; **-gift**, *s.* drug.

ruse, *s.* trap.

ruske, *v. t. & i.* pull; jerk; shake.

ruskind, *s.* suede.

Rusland, *s.* Russia; **rus-s|er**, *s.* Russian; **-isk**, *s. & adj.* Russian.

rust, *s.* rust; corrosion; **-e**, *v. i.* rust; corrode; arm; prepare; **-en**, *adj.* rusty;

-fri, *adj.* stainless; **-ning**, *s.* armour; armament; **-skapløb**, *s.* arms race; **-vogn**, *s.* hearse.

rute, *s.* route; service; **-bil**, *s.* bus; coach; **-båd**, *s.* liner; **-fart**, *s.* regular service; **-fly**, *s.* airliner.

rutine, *s.* routine; **-mæs-sig**, *adj.* routine; **-ret**, *adj.* experienced.

rutsche, *v. i.* slide; skid; **-bane**, *s.* slide; switchback, *U.S.* roller coaster.

ry, *s.* reputation; fame.

rydde, *v. i.* clear; ~ *af vejen*, get rid of; ~ *op*, tidy (up).

ryg, *s.*, *anat.* back; ridge; **-hvirvel**, *s.*, *anat.* vertebra; **-læn**, **-stød**, *s.* back (-rest); **-marv**, *s.*, *anat.* spinal cord; **-rad**, *s.*, *anat.* spine; *fig.* backbone; **-svømning**, *s.* backstroke; **-sæk**, *s.* rucksack.

ryg|e, *v. t. & i.* smoke; rush; be lost; **-ekupé**, *s.* smoker; **-er**, *s.* smoker; **-ning**, *s.* smoking.

rygte, *s.* rumour; reputation; **-s**, *v. i.* be rumoured; get about.

ryk, *s.* pull; jerk; start; **-ind**, *s.* invasion; crowd; **-ke**, *v. t. & i.* pull, jerk; move; press; **-rbrev**, *s.* reminder; **-vis**, *adv.* in jerks.

ryle, *s.*, *zoo.* sandpiper.

rynke, *s.* wrinkle; furrow; gather; *v. t.* wrinkle; gather; ~ *panden*, frown; **-t**, *adj.* wrinkled; gathered.

rype, *s.*, *zoo.* grouse.

ryste, *v. t. & i.* shake; tremble; **-nde**, *adj.* shaking; appalling; harrowing; shocking; **-t**, *adj.* shaken; shocked, appalled.

rytm|e, s. rhythm; **-isk,** adj. rhythmical.

rytter, s. rider, horseman; **-i,** s. cavalry; **-statue,** s. equestrian statue.

ræbe, v. i. belch.

ræd, adj. scared, afraid.

ræddike, s., bot. black radish.

rædsel, s. horror, terror; monstrosity, nightmare, fright; **-sfuld,** adj. horrible, appalling, ghastly, awful; **-slagen,** adj. horror-struck, terrified.

række, s. row, series, range; line; number; v. t. & i. hand, pass; reach; stretch; go, be enough; carry; **-følge,** s. succession; order; i ~, by succession; in turns; **-hus,** s. terraced house; **-vidde,** s. reach; range; scope.

rækværk, s. railing, balustrade; banisters.

ræling, s., naut. gunwale.

ræs, s. race, rush; stå af -et, opt out.

ræv, s., zoo. fox; hun-, vixen; **-ehale,** s. fox's tail; fox brush.

røbe, v. t. reveal; betray; let on; give away; show.

rød, adj. red; scarlet; crimson; **-bede,** s., bot. beetroot; **-blond,** adj. sandy; **-brun,** adj. chestnut; **-bøg,** s., bot. copper beach; **R~e Kors,** the Red Cross; **-e hunde,** s., med. German measles; **-glødende,** adj. red-hot; **-håret,** adj. red-haired; ~ person, redhead; **-kælk,** s., zoo. robin; **-kål,** s., bot. red cabbage; **-me,** v. i. blush; flush; **-mosset,** adj. ruddy; **-spætte,** s., zoo. plaice; **-strømpe,** s. redstocking; **-vin,** s., kul.

red wine, claret, burgundy.

røg, s. smoke; **-e,** v. t. smoke; fumigate; **-else,** s. incense; **-forgiftning,** s., med. asphyxiation; **-fri,** adj. smokeless; **-slør,** s. smokescreen.

røgte, v. t. tend.

rømme, v. t. & i. run away; desert; evacuate; leave, clear; ~ sig, clear one's throat.

røn, s., bot. mountain ash; rowan; **-nebær,** s. rowanberry.

rønne, s. hovel.

røntgen, s. X-rays; **-bille-de,** s. X-ray, radiograph; **-fotografere,** v. t. X-ray; **-læge,** s. radiologist.

rør, s. tube, pipe; receiver; bot. reed; cane; int., mil. stand at ease! **-formet,** adj. tubular; **-høne,** s., zoo. moorhen; **-ig,** adj. active, agile; **-ledning,** s. pipeline; **-strømsk,** adj. sloppy; **-sukker,** s., kul. cane sugar; **-æg,** s., kul. scrambled eggs.

rør|e, s. commotion, stir; v. t. touch; move; stir; concern; ~ sig, move; **-else,** s. emotion; **-ema-skine,** s. mixer; **-ende,** adj. moving, touching; **-t,** adj. moved, touched.

røst, s. voice.

røv, s., vulg. arse; rend mig i -en! get stuffed! op i -en! stuff it! up yours! **-hul,** s., vulg. arsehole; **-rende,** v. t. ~ én, do the dirty on sby; do sby in the eye.

røve, v. t. & i. rob; steal; **-r,** s. robber; fig. rascal; **-rhi-storie,** s. cock-and-bull story; **-ri,** s. robbery; **-rkøb,** s. bargain.

rå, s., naut. yard; adj. raw;

crude; rude, coarse; rough, brutal; **-dyr,** *s.,* *zoo.* roe, roe-deer; *kul.* venison; **-gummi,** *s.* crepe rubber; **-kost,** *s., kul.* raw vegetables and fruit; *-jern, s.* grater, shredder; **-olie,** *s.* crude oil; **-stof, -vare,** *s.* raw material.

råb, *s.* call, shout; **-e,** *v. t. & i.* call (out), shout.

råd, *s.* advice; council, board; means, remedy; rot; *have ~ til,* be able to afford; **-den,** *adj.* rotten; **-denskab,** *s.* rottenness, decay; rot; **-e,** *v. t.* advise; reign, rule; obtain; prevail; *~ over,* have at one's disposal; **-giver,** *s.* adviser; **-hus,** *s.* town hall; **-ighed,** *s.* disposal; **-ne,** *v. i.* rot; decompose; **-slå,** *v. i.* consult, deliberate; **-vild,** *adj.* at a loss, irresolute.

råge, *s., zoo.* rook.

sabbat, *s.* Sabbath; **-år,** *s.* sabbatical (year).

sab|el, *s.* sabre; **-le,** *v. t. ~ ned,* butcher.

sabot|age, *s.* sabotage; **-ere,** *v. t.* sabotage.

sad|el, *s.* saddle; **-elmager,** *s.* upholsterer; **-le,** *v. t. & i.* saddle (up); *~ om,* change one's mind.

safran, *s., bot.* saffron.

saft, *s.* juice; sap; syrup; **-ig,** *adj.* juicy, succulent; *fig.* racy.

sag, *s.* matter; cause; case; subject; affair; business; thing; *lægge ~ an, jur.* sue; *det er min ~,* that's up to me; *for den -s skyld,* for that matter; **-esløs,** *adj.* innocent; unoffending; **-fører,** *s.* lawyer; so-

licitor; barrister; **-kundskab,** *s.* expert knowledge; **-kyndig,** *adj.* expert; **-lig,** *adj.* objective; matter-of-fact; factual; **-sanlæg,** *s.* legal action; **-sbehandler,** *s.* caseworker; **-søge,** *v. t., jur.* sue, bring an action against; **-søger,** *s.* plaintiff; **-søgte,** *s.* the defendant.

sagn, *s.* legend, myth.

sagt|e, *adj.* soft, gentle; slow; slight; low; **-modig,** *adj.* gentle, meek; **-ne,** *v. t. & i.* slacken; *~ farten,* slow down.

sagtens, *adv.* easily; I dare say; *du kan ~ !* lucky you!

sakke, *v. i. ~ bagud,* fall behind.

saks, *s.* (pair of) scissors.

sal, *s.* hall; floor.

salat, *s., bot.* lettuce; *kul.* salad; **-hoved,** *s., bot.* (head of) lettuce; **-sæt,** *s.* salad servers.

saldo, *s.* balance.

salg, *s.* sale; *til ~,* for sale; **-schef,** *s.* sales manager; **-spris,** *s.* retail price; **-sværdi,** *s.* market value.

salig, *adj.* blessed; blissful.

salme, *s.* hymn; psalm.

salmiakspiritus, *s., kem.* ammonia (water).

salpeter, *s.* salpetre; **-syre,** *s., kem.* nitric acid.

salt, *s. & adj.* salt; **-e,** *v. t.* salt; **-kar,** *s.* salt cellar; **-syre,** *s., kem.* hydrochloric acid.

salve, *s.* volley; *med.* ointment; *v. t., rel.* anoint.

salvie, *s., bot.* sage.

salær, *s.* fee, salary.

samarbejde, *s.* co-operation; *v. i.* co-operate.

samarit, *s.* first-aid man.

sambeskatning, *s.* joint

taxation.

sameje, *s.* joint owner-ship.

samfund, *s.* society; community; **-sfag,** *s.* social studies; **-smæssig,** *adj.* social; **-svidenskab,** *s.* social sciences; **-søkonomi,** *s.* economics.

samfærdsel, *s.* communication(s); traffic.

samkvem, *s.* communication; *have ~ med,* mix with; **-sret,** *s., jur.* visiting rights.

samle, *v. t.* collect, gather; assemble; *~ sig,* gather; pull oneself together; **-bånd,** *s.* assembly line; **-r,** *s.* collector; **-t,** *adj.* joint; total; assembled.

samleje, *s.* intercourse; *have ~ med,* have sex with.

samlever, *s.* common-law husband (wife).

samling, *s.* collection; accumulation; meeting, gathering, assembly.

samliv, *s.* life together; married life; cohabitation.

samme, *adj.* the same; *med det ~,* at once; *det kan være det ~,* never mind.

sammen, *adv.* together; jointly; *alt ~,* all (of it); *komme ~,* be going steady; *lægge ~,* fold up; *mat.* add up.

sammenbidt, *adj.* determined; dogged; *-e tænder,* clenched teeth.

sammenbrud, *s.* breakdown, collapse.

sammendrag, *s.* summary.

sammenfatte, *v. t.* summarize, sum up.

sammenføje, *v. t.* join, put together.

sammenhold, *s.* solidarity.

sammenhæng, *s.* connection; context; **-ende,** *adj.* coherent; connected; consecutive; continuous.

sammenklappelig, *adj.* folding; collapsible.

sammenkomst, *s.* gathering; reunion; get-together.

sammenkrøben, *adj.* huddled (up), crouching.

sammenlagt, *adj.* put together; folded; total.

sammenlign|e, *v. t.* compare; **-ing,** *s.* comparison.

sammensat, *adj.* composite; compound; complex.

sammenskudsgilde, *s.* Dutch party.

sammenslutning, *s.* union; fusion; merger; trust; association.

sammenstød, *s.* collision, clash; row.

sammensværge, *v. refl. ~ sig,* conspire; **-lse,** *s.* conspiracy, plot.

sammensæt|ning, *s.* composition; *gram.* compound; **-te,** *v. t.* put together; make up; draw up.

sammentræf, *s.* coincidence.

sammesteds, *adv.* in the same place.

samordne, *v. t.* coordinate.

samråd, *s.* consultation.

samspil, *s.* interaction; teamwork.

samt, *konj.* and; and also; plus; *med ~,* together with.

samtale, *s.* conversation; talk; **-anlæg,** *s.* intercom; **-emne,** *s.* topic.

samtid, *s.* our age; that age; **-sorientering,** *s.*

modern studies.

samtidig, *adj.* contemporary; simultaneous; *adv.* at the same time, simultaneously; on the other hand.

samtlige, *adj.* all.

samtykke, *s.* consent; *v. i.* consent.

samvirkende, *adj.* co-operative.

samvittighed, *s.* conscience; **-sfuld**, *adj.* conscientious; **-snag**, *s.* pangs of conscience; remorse, compunction.

sand, *s.* sand; *adj.* true; real; regular; veritable; *-t at sige*, to tell the truth; **-elig**, *adv.* indeed, truly; **-færdig**, *adj.* truthful; **-hed**, *s.* truth; **-kage**, *s.*, *kul.* sponge cake; **-kasse**, *s.* sandpit; **-papir**, *s.* sandpaper; **-siger**, *s.* soothsayer; **-strand**, *s.* sandy beach; **-synlig**, *adj.* likely, probable; **-synlighed**, *s.* probability; **-synligvis**, *adv.* probably; very likely.

saner|e, *v. t.* reconstruct; redevelop; **-ing**, *s.* reconstruction; redevelopment; (slum) clearance.

sang, *s.* song; singing; **-er**, *s.* singer; **-fugl**, *s.* songbird; **-kor**, *s.* choir; **-leg**, *s.* singing game; **-lærke**, *s.*, *zoo.* skylark; **-undervisning**, *s.* singing lessons.

sankt, *adj.* Saint, St.; **-hansaften**, *s.* Midsummer Eve; **-hansorm**, *s.*, *zoo.* glow worm.

sanktion, *s.* sanction; **-ere**, *v. t.* sanction.

sans, *s.* sense; **-e**, *v. t.* perceive; feel; **-ebedrag**, *s.* illusion, hallucination; **-elig**, *adj.* sensuous; sensual; **-eløs**, *adj.* frantic.

sardin, *s.*, *zoo.* sardine.

sarkas|me, *s.* sarcasm; **-tisk**, *adj.* sarcastic.

sart, *adj.* delicate, tender; sensitive; touchy.

sat, *adj.* sedate.

satan, *s.* Satan; *for ~!* damn it! *en ~*, a devil; **-s**, *adj.* damned, blasted; bloody; *det var ~!* I'll be damned!

satellit, *s.* satellite.

satir|e, *s.* satire; **-isk**, *adj.* satirical.

sats, *s.* rate; *typ.* composition; *mus.* movement; **-e**, *v. t. & i.* ~ *på*, bet on; aim at; stake on.

Saudi-Arabien, *s.* Saudi Arabia.

sav, *s.* saw; **-buk**, *s.* sawhorse; **-e**, *v. t. & i.* saw; **-smuld**, *s.* sawdust; **-takket**, *adj.* serrated; **-værk**, *s.* sawmill.

savl, *s.* saliva; **-e**, *v. i.* dribble, slaver, *U.S.* drool; ~ *over*, slobber over.

savn, *s.* want, lack; need; loss; **-e**, *v. t.* want, lack; miss; need.

scen|e, *s.* scene; stage; *lave en ~*, create a scene; *sætte i ~*, stage; produce; **-einstruktør**, *s.* producer; director; **-eri**, *s.* setting; scenery; **-ograf**, *s.* set designer.

Schweiz, *s.* Switzerland; **schweiz|er**, *s.* Swiss; **-isk**, *s. & adj.* Swiss.

schæfer(hund), *s.*, *zoo.* Alsatian.

score, *v. t. & i.* score.

se, *v. t. & i.* see; look; ~ *fjernsyn*, watch television; ~ *bort fra*, disregard, ignore; ~ *efter*, look after; look for; look over; ~ *frem til*, look forward to; ~ *ned på*, look down on; ~ *op til*, look up to; ~ *på*, look at; ~ *til*, look on, watch; ~ *ud*, look; seem; ~ *sig for*, look where one is going; ~ *sig om*, look around; travel around; ~ *til*, look on; ~ *ud*, look.

seddel, *s.* slip (of paper); note; label.

seer, *s.* viewer.

segl, *s.* seal; sickle.

segne, *v. i.* drop; **-færdig**, *adj.* ready to drop.

sej, *adj.* tough; dogged, stubborn, tenacious.

sejl, *s.* sail; **-ads**, *s.* navigation; sail; voyage; **-båd**, *s.* sailing boat; **-dug**, *s.* canvas; **-e**, *v. t. & i.* sail; **-garn**, *s.* string; **-løb**, **-rende**, *s.* fairway; **-skib**, *s.* sailing ship; **-sport**, *s.* sailing; **-tur**, *s.* sail.

sejr, *s.* victory; **-e**, *v. i.* win; ~ *over*, beat.

sekret, *s.* secretion.

sekretær, *s.* secretary; bureau.

seks, *num.* six; **-kant**, *s.* hexagon; **-løber**, *s.* six-shooter; **-t**, *s., mus.* sixth.

seksten, *num.* sixteen.

seksualitet, *s.* sexuality; **-el**, *adj.* sexual.

sekt, *s.* sect.

sekund, *s.* second; **-ant**, *s.* second; **-ere**, *v. t.* second; **-viser**, *s.* second hand; **-ær**, *adj.* secondary.

sele, *s.* strap; seat belt; sling; reins, carrying sling; **-r**, *pl.* braces, *U.S.* suspenders; **-tøj**, *s.* harness.

selleri, *s., bot.* celery.

selskab, *s.* company; society; party; association; **-elig**, *adj.* social; sociable; **-elighed**, *s.* parties;

entertaining; **-skjole**, *s.* evening gown; **-sleg**, *s.* parlour game; **-srejse**, *s.* conducted tour.

selv, *pron.* myself, yourself, himself, herself, itself, ourselves, yourselves, themselves; *adv.* even; *af sig* ~, of one's own accord; automatically; *ngt for sig* ~, sth out of the ordinary; *komme til sig* ~, recover; come round; ~ *om*, even if, even though; **-e**, *adj.* actual; very.

selv|angivelse, *s.* income tax return; income tax form; **-beherskelse**, *s.* self-control; **-betjening**, *s.* self-service; **-bevidst**, *adj.* self-assured; conceited; **-biografi**, *s.* autobiography; **-erhvervende**, *adj.* working; self-employed; **-forsvar**, *s.* self-defence; **-forsynende**, *adj.* self-sufficient; **-følge**, *s.* matter of course; **-følgelig**, *adj.* obvious; natural; *adv.* of course, naturally; **-hed**, *s.* obviousness; naturalness; **-glad**, *adj.* self-satisfied; **-isk**, *adj.* selfish; **-klæbende**, *adj.* self-adhesive; **-kritik**, *s.* self-criticism; **-lyd**, *s., gram.* vowel; **-lysende**, *adj.* luminous; **-mord**, *s.* suicide; **-mål**, *s., sport.* own goal; **-opofrende**, *adj.* self-sacrificing; **-optaget**, *adj.* self-centred; **-respekt**, *s.* self-respect; **-sikker**, *adj.* self-assured; **-skreven**, *adj.* obvious (choice); **-styre**, *s.* autonomy; home rule; **-stændig**, *adj.* independent; separate; **-hed**, *s.*

independence; **-tilfreds,** *adj.* complacent, smug; **-tillid,** *s.* self-confidence.

semikolon, *s., gram.* semicolon.

seminar, *s.* seminar; **-ium,** *s.* teacher training college.

sen, *adj.* slow; late; **-ere,** *adj.* later; subsequent; future; *adv.* later; afterwards; *i den ~ tid,* lately; *i de ~ år,* in recent years; *før eller ~,* sooner or later; **-est,** *adj.* latest; slowest; *adv.* at the latest; *i den -e tid,* lately; **-t,** *adv.* late; *for ~,* too late; *komme for ~,* be late; *komme for ~ til,* miss; *så ~ som,* only.

senat, *s.* senate; **-or,** *s.* senator.

send|e, *v. t.* send, forward; transmit; broadcast; **-e-bud,** *s.* messenger; **-er,** *s., radio.* transmitter; **-ing,** *s.* consignment, shipment.

sene, *s., anat.* sinew.

seng, *s.* bed; **-ehest,** *s.* bed guard; **-ekant,** *s.* bedside; **-etid,** *s.* bedtime; **-etæppe,** *s.* bedspread; counterpane; **-etøj,** *s.* bed linen.

senil, *adj.* senile; **-itet,** *s.* senility.

sennep, *s., kul.* mustard.

sensation, *s.* sensation; **-el,** *adj.* sensational.

sensibel, *adj.* sensitive.

sentimental, *adj.* sentimental.

separ|at, *adj.* separate; **-ation,** *s.* separation; **-ere,** *v. t.* separate.

september, *s.* September.

septim, *s., mus.* seventh.

sergent, *s., mil.* sergeant.

serie, *s.* series; batch; *TV.*

serial; **-fremstilling,** *s.* mass production.

seriøs, *adj.* serious.

serve, *s., sport.* service; *v. t. & i.* serve.

server|e, *v. t.* serve; wait at table; *~ for,* wait on; **-ing,** *s.* service; **-sdame,** *s.* waitress.

service, *s.* service; maintenance; (dinner) set.

serviet, *s.* napkin; tissue.

servitrice, *s.* waitress.

seværdighed, *s.* sight.

sex, *s.* sex; **-et,** *adj.* sexy.

sgu, *int., T* damn you; damned (well); bloody.

si, *s.* strainer; sieve; colander; *v. t.* strain, filter; sift.

sidde, *v. i.* sit; be; fit; *~ fast,* be stuck; *~ godt i det,* be well off; *~ inde,* do time; *~ inde med,* hold; **-nde,** *adj.* sitting, seated; present; **-plads,** *s.* seat.

side, *s.* side; page; aspect; quarter; point; *på den anden ~, fig.* on the other hand; *~ om ~,* side by side; *lægge til ~,* put aside; *ved -n af,* beside, next to; **-bygning,** *s.* wing; **-gade,** *s.* side street; **-linie** *s., sport.* touchline; **-læns,** *adv.* sideways; **-løbende,** *adj.* parallel; **-ordnet,** *adj.* coordinate; **-skib,** *s.* aisle; **-spor,** *s.* side track; **-spring,** *s.* digression; *T* a bit on the side; **-stykke,** *s., fig.* parallel; **-vej,** *s.* side road.

siden, *adv.* since; afterwards; presently; *præp. & konj.* since; *før eller ~,* sooner or later; *for længe ~,* a long time ago.

sidst, *adj.* last; latest; *adv.* last; *~ på,* at the end of *til* ~, at last.

sig, *pron.* oneself, himself, herself, itself, themselves.

sige, *v. t.* say; tell; mean: ~ *imod*, contradict; ~ *op*, give notice; **-nde,** *s. efter* ~, by all accounts; *det er efter* ~, it is said to be; *adj.* meaning; significant.

signal, *s.* signal; **-ement,** *s.* description; **-ere,** *v. i.* signal.

sigt, *s.* sight; visibility; *på langt* ~, in the long run; **-barhed,** *s.* visibility.

sigte, *s.* sieve; strainer; aim; sight; *v. t.* charge; sift; *v. i.* take aim; *få i* ~, catch sight of; ~ *efter*, aim at; ~ *imod*, aim to; ~ *til*, aim at, refer to; be getting at; **-lse,** *s., jur.* charge.

sigøjner, *s.* gipsy.

sikke(n), *adv.* how; *pron.* what a.

sikker, *adj.* safe, secure, sure, certain; confident; positive; **-hed,** *s.* safety; security; confidence; **-s-bælte,** *s.* seat belt; **-sforanstaltning,** *s.* precaution; **-snet,** *s.* safety net; **-snål,** *s.* safety pin; **-spolitik,** *s.* security policy; **-s-sele,** *s.* seat belt; **-t,** *adv.* probably; certainly; undoubtedly; safely.

sikre, *v. t.* make sure; guarantee; get; protect; fasten; ~ *sig*, make sure; get hold of, secure; **-ing,** *s.* protection; safety catch; *elek.* fuse.

siksak, *s. i* ~, zigzag; **-ke,** *v i.* zigzag.

sild, *s., zoo.* herring.

sile, *v. i.* pour down; seep; ooze.

silhouet, *s.* silhouette.

silke, *s.* silk; **-papir,** *s.* tissue paper.

simili, *s.* imitation; **-smykker,** *s. pl.* paste jewellery.

simpel, *adj.* simple, plain; mere; common, ordinary; **-t,** *adv.* ~ *hen*, simply.

simulere, *v. t. & i.* pretend to be; sham.

sin (sit, sine), *pron.* his, her, hers; its, one's; *hver* ~, each; separate.

sind, *s.* mind; temper; disposition; *have i -e*, intend; **-elag,** *s.* disposition; temper; **-et,** *adj.* minded, disposed; **-sbevægelse,** *s.* emotion; excitement; **-soprivende,** *adj.* nerve-racking; **-sro,** *s.* peace of mind; **-sstemning,** *s.* mood, frame of mind; **-ssyg,** *adj.* insane, mentally ill; mad, crazy; **-ssygehospital,** *s.* mental hospital; **-stilstand,** *s.* state of mind.

singularis, *s., gram.* the singular.

sinke, *s.* mentally retarded person; *v. t.* delay; detain.

sippet, *adj.* prudish; prim.

sirene, *s.* siren.

sirlig, *adj.* neat, trim; meticulous.

sirup, *s., kul.* treacle; syrup; molasses.

sitre, *v. i.* quiver, tremble.

situation, *s.* situation.

siv, *s., bot.* rush.

sive, *v. i.* ooze; filter; slope off; trickle off; ~ *ind*, sink in; ~ *ud*, leak; **-brønd,** *s.* cesspool.

sjak, *s.* gang.

sjal, *s.* shawl.

sjap, *s.* slush; **-pet,** *adj.* slushy.

sjask, *s.* slush; **-e,** *v. i.* splash; **-et,** *adj.* sloppy, slushy.

sjat, *s.* drop, spot.

sjette, *num.* sixth; **-del,** *s.* sixth.

sjippe, *v. i.* skip; **-tov,** *s.* skipping rope.

sjofel, *adj.* dirty; beastly; shabby; **-hed,** *s.* dirty trick; dirty story; obscenity.

sjokke, *v. i.* shuffle.

sjov, *s.* fun; *adj.* funny; fun; *for -s skyld,* for the fun of it.

sjover, *s.* bastard, swine.

sjus, *s.* whisky-and-soda.

sjusk, *s.* carelessness; scamped work; bungling; **-e,** *s.* slut; *v. i.* scamp one's work; be slovenly; **-efejl,** *s.* careless mistake; **-eri,** *s.* slovenliness; **-et,** *adj.* slovenly; untidy.

sjæl, *s.* soul.

sjælden, *adj.* rare; exceptional; remarkable; scarce; **-hed,** *s.* rarity; **-t,** *adv.* seldom, rarely; remarkably.

Sjælland, *s.* Zealand.

skab, *s.* cupboard, closet, cabinet; wardrobe; locker.

skabagtig, *adj.* affected.

skabe, *v. t.* create, make; cause; ~ *sig,* be affected; play the fool; make a fuss; carry on; play up; **-else,** *s.* creation; **-ende,** *adj.* creative; **-er,** *s.* creator, maker; **-ning,** *s.* creature.

skabelon, *s.* templet (*el.* -ate); shape.

skade, *s.* harm, damage; injury; *zoo.* magpie; *komme til* ~, get hurt; be injured; *v. t.* hurt, injure, damage, harm; **-dyr,** *s.*

pest; **-fro,** *adj.* gloating; malicious; **-fryd,** *s.* gloating; malice; **-lig,** *adj.* harmful; damaging; **-serstatning,** *s.* compensation; damages; **-stue,** *s.* casualty ward.

skaffe, *v. t.* get; procure; provide; find, raise; ~ *sig af med,* get rid of.

skafot, *s.* scaffold.

skaft, *s.* handle, shaft; stick; leg.

Skagen, *s.* the Skaw.

skak, *s.* chess; ~ *!* check! *holde i* ~, stall; **-brik,** *s.* chessman; **-bræt,** *s.* chessboard; **-mat,** *s.* checkmate.

skakt, *s.* shaft; chute.

skal, *s.* shell; peel; rind; skin; husk; *anat.* skull; **-dyr,** *s.* shellfish.

skala, *s.* scale.

skaldet, *adj.* bald; *fig.* wretched.

skalkeskjul, *s.* blind, cloak.

skalle, *s. nikke én en* ~, smash somebody's face in; *v. i. (*~ *af),* peel (off).

skalotteløg, *s., bot.* shallot.

skalp, *s.* scalp; **-ere,** *v. t.* scalp.

skam, *s.* shame, disgrace; *det er en* ~, it is a pity; *adv.* really, you know; **-fere,** *v. t.* disfigure; damage; **-fuld,** *adj.* ashamed; **-løs,** *adj.* shameless; **-me,** *v. refl.* ~ *sig,* be ashamed; **-mekrog,** *s.* the corner; **-melig,** *adj.* disgraceful.

skammel, *s.* stool.

skandale, *s.* scandal; **-øs,** *adj.* scandalous.

skandinav, *s.* Scandinavian; **Skandinavien,** *s.* Scandinavia; **-isk,** *adj.* Scandinavian.

skank, *s.* shank, leg.

skare, *s.* crowd; troop; band, flock.

skarlagen, *s. & adj.* scarlet; **-sfeber,** *s., med.* scarlet fever.

skarn, *s.* dirt; filth; refuse; dung; *fig.* beast, wretch; **-bøtte,** *s.* dustbin; *U.S.* garbage can; **-tyde,** *s., bot.* hemlock.

skarp, *adj.* sharp; keen; acute; **-sindig,** *adj.* acute, shrewd, penetrating.

skat, *s.* treasure; darling, dear, sweetheart; tax; rates; duty; **-kammer,** *s.* treasury; **-te,** *v. t.* esteem, appreciate; **-teborger,** *s.* taxpayer; **-tefradrag,** *s.* deduction; allowance; **-tefri,** *adj.* tax-free; **-telettelse,** *s.* tax relief; **-tepligtig,** *adj.* liable to pay tax; taxable; **-teprocent,** *s.* rate of taxation; **-tesnyderi,** *s.* tax evasion; **-tevæsen,** *s.* tax authorities; **-teyder,** *s.* taxpayer; **-teår,** *s.* fiscal year.

skavank, *s.* defect, flaw; fault; drawback; disability.

ske, *s.* spoon; *v. i.* happen, take place; *det kan* ~, maybe; **-fuld,** *s.* spoonful.

skede, *s.* sheat; scabbard; *anat.* vagina.

skel, *s.* boundary; barrier; **-sættende,** *adj.* epoch-making.

skel|e, *v. i.* squint; **-en,** *s.* squint; **-øjet,** *adj.* cross-eyed.

skelet, *s., anat.* skeleton; *fig.* framework.

skelne, *v. t. & i.* distinguish, make out.

skema, *s.* schedule; diagram; plan; timetable; **-tisk,** *adj.* schematic.

skep|sis, *s.* scepticism;

-tisk, *adj.* sceptical.

ski, *s.* ski; stå på ~, ski, go skiing; **-hop,** *s.* ski jump(ing); **-løb,** *s., sport.* skiing; **-er,** *s.* skier; **-sport,** *s.* skiing; **-stav,** *s.* ski stick.

skib, *s.* ship; nave; aisle; **-brud,** *s.* shipwreck; **-sbesætning,** *s.* crew; **-sfart,** *s.* shipping; navigation; **-sreder,** *s.* shipowner; **-srederi,** *s.* shipping company; **-sskrog,** *s.* hull; **-sværft,** *s.* shipyard.

skid, *s., vulg.* fart; shit; turd; *have en* ~ *på,* be pissed; **-e,** *adj.* bloody; *v. t.* shit; *det -r vi på!* to hell with it! ~ *være med det!* to hell with it! **-eangst,** *adj.* scared stiff; **-eballe,** *s. give én en* ~, tear sby apart; **-efuld,** *adj.* pissed; **-erik,** *s.* bastard.

skidt, *s.* dirt, filth; trash; ~ *med det!* never mind! *adj.* bad; *adv.* badly.

skifer, *s.* slate.

skift, *s.* change; shift; *på* ~, in turns; **-e,** *s., jur.* administration of an estate; change; *v. t. & i.* change; alter; shift; alternate; **-eholdsarbejde,** *s.* shiftwork; **-ende,** *adj.* varying, changing; changeable; **-enøgle,** *s., mek.* monkey wrench; **-eret,** *s., jur.* probate court; **-es,** *v. i.* take turns; **-espor,** *s.* points; switch; **-evis,** *adv.* by turns, alternately.

skik, *s.* custom; *få* ~ *på,* get into shape; **-ke,** *v. refl.* ~ *sig,* behave; conduct oneself; **-kelig,** *adj.* harmless, inoffensive.

skikkelse, *s.* form, shape; figure; state.

skild|erhus, s. sentry box; **-vagt,** s. sentry.

skilderi, s. picture.

skildpadde, s., zoo. tortoise; turtle; forloren ~, kul., mock turtle.

skildr|e, v. t. depict; describe; portray; **-ing,** s. description; picture.

skille, v. t. separate; part; divide; kul. curdle; blive skilt, be divorced; ~ ad, separate; take to pieces; ~ sig af med, get rid of; **-mønt,** s. small change; **-rum, -væg,** s. partition; **-s,** v. i. separate; be divorced; part company; split up; come apart; **-vej,** s. crossroads.

skilling, s. ikke en ~, not a penny; **-e,** v. i. ~ sammen, club together.

skilning, s. parting.

skilsmisse, s. divorce.

skilt, s. sign, signboard; signpost; advertisement board; nameplate; badge; **-e,** v. i. ~ med, display; show off.

skimmel, s., bot. mould.

skimte, v. t. see dimly; catch a glimpse of.

skin, s. light, glare, shine; fig. show, appearance; ~-, adj. pseudo-, sham, false; **-barlig,** adj. incarnate; **-død,** adj. apparently dead; **-hellig,** adj. hypocritical; sanctimonious; **-syg,** adj. jealous.

skind, s. skin; hide; fur; coat; leather; fig. poor thing, wretch; holde sig i -et, control oneself; behave oneself.

sking|er, adj. shrill; **-re,** v. i. shrill; **-rende,** adj. shrill.

skinke, s., kul. ham.

skinne, s. rail; med. splint;

v. i. shine; **-ben,** s., anat. shin; **-nde,** adj. bright, shining.

skitse, s. sketch; draft; **-re,** v. t. sketch, outline.

skive, s. disk; dial; target; kul. slice; rasher.

skjold, s. shield; coat of arms; stain, blotch; **-bruskkirtel,** s., anat. thyroid gland.

skjorte, s. shirt; **-bluse,** s. shirtblouse; **-bryst,** s. shirt front.

skjul, s. cover, shelter; hiding place; hide-and-seek; ikke lægge ~ på, make no secret of; **-e,** v. t. hide, conceal; cover up; ~ sig, hide; **-ested,** s. hiding place.

sko, s. shoe; v. t. shoe; **-creme,** s. shoe polish; **-mager,** s. shoemaker; **-pudser,** s. shoeblack; **-sv ærte,** s. shoe polish; **-tøj,** s. footwear; -sforretning, s. shoe shop.

skod, s. stump, butt; fagend; **-de,** s. shutter; v. i., naut. back the oars; v. t. butt, stub out.

skold|e, v. t. scald; scorch; **-kopper,** s. pl., med. chicken pox.

skole, s. school; **-elev,** s. pupil; **-gang,** s. schooling; **-gård,** s. playground; **-inspektør,** s. principal; head teacher; **-kammerat,** s. schoolmate; **-køkken,** s. domestic science; **-lærer,** s. schoolteacher; **-penge,** s. pl. school fees; **-pligtig,** adj. of school age; **-ridning,** s., sport. dressage; **-skema,** s. timetable; **-skib,** s. training ship; **-taske,** s. school bag; **-tid,** s. school hours; school days; **-time,** s. period, lesson; **-væsen,** *s.* educational system; education authorities.

skonnert, *s.* schooner.

skorpe, *s.* crust; scab; rind.

skorpion, *s., zoo.* scorpion.

skorsten, *s.* chimney; funnel; *U.S.* smokestack; **-s-fejer,** *s.* chimney-sweep.

Skotland, *s.* Scotland; **skot|sk,** *s. & adj.* Scottish; Scots; Scotch; **-skternet,** *adj.* tartan; **-te,** *s.* Scot(sman).

skotte, *v. i.* steal a glance.

skov, *s.* wood; forest; **-bevokset,** *adj.* wooded; **-bund,** *s.* forest floor; **-foged,** *s.* ranger; **-jordbær,** *s., bot.* wild strawberry; **-rider,** *s.* forester; **-skade,** *s., zoo.* jay; **-svin,** *s.* litter lout; **-syre,** *s., bot.* wood sorrel; **-tur,** *s.* picnic.

skovl, *s.* shovel; scoop; bucket; **-e,** *v. i.* shovel, scoop; ~ *ind,* rake in.

skrabe, *v. t. & i.* scrape; scratch; **-r,** *s.* nap; **-t,** *adj.* pared-down; **-æg,** *s., kul.* free-range egg.

skrald, *s.* clap; bang, crash; rubbish, garbage; **-e,** *s.* rattle; *v. i.* peal; rattle; **-ebøtte,** *s.* dustbin, rubbish bin; **-emand,** *s.* dustman; garbage man.

skramme, *s.* scratch; *v. t.* scratch.

skrammel, *s.* junk, rubbish; **-bil,** *s.* stock car.

skranke, *s.* bar, barrier; counter.

skrante, *v. i.* be ailing.

skrap, *adj.* sharp, keen; smart; hard; tough; stiff.

skratte, *v. i.* grate, jar; rattle; scratch.

skravere, *v. t.* hatch.

skred, *s.* landslide; avalanche; slump; skid.

skribent, *s.* writer.

skride, *v. i.* stride; slip; skid; pass; clear out, push off; *skrid!* get lost! ~ *fremad,* proceed; progress; ~ *ind,* step in, intervene; ~ *ud,* skid.

skridt, *s.* step; measure; *anat.* crotch; **-e,** *v. t. & i.* ~ *af,* pace out; ~ *ud,* step out; **-gang,** *s.* walking pace.

skrift, *s.* (hand)writing; type; publication; paper; **-lig,** *adj.* in writing, written; **-sprog,** *s.* written language; **-tegn,** *s.* character.

skrifte, *v. t. & i.* confess; **-mål,** *s.* confession; **-stol,** *s.* confessional.

skrig, *s.* cry; scream; shriek; yell; *sidste ~,* the latest craze; **-e,** *v. i.* cry; scream; yell; **-ende,** *adj.* crying; loud.

skrin, *s.* box; casket; chest; **-lægge,** *v. t.* shelve.

skrive, *v. t.* write; type; ~ *af,* copy; ~ *op,* write down; ~ *under,* sign; **-blok,** *s.* writing pad; **-bord,** *s.* desk; **-fejl,** *s.* slip of the pen; **-lse,** *s.* letter; **-maskine,** *s.* typewriter; **-papir,** *s.* notepaper; **-underlag,** *s.* blotting pad; **skrivning,** *s.* writing.

skrog, *s.* core; *fig.* wretch, poor thing; *naut.* hull, body; *fly.* fuselage.

skrot, *s.* scrap (iron).

skrub|be, *s.* scrubbing brush, scrubber; *zoo.* flounder; *v. t.* scrub; *skrub af!* get lost! **-tudse,** *s., zoo.* toad.

skrue, *s.* screw; *v. t. & i.* screw; ~ *af,* unscrew; ~ *ned,* turn down; ~ *op,* turn up; **-blyant,** s. propelling pencil; **-brækker,** s. scab; **-gang,** s. (screw) thread; **-is,** s. pack ice; **-låg,** s. screw top; **-nøgle,** s., *mek.* spanner; **-stik,** s. vice; **-trækker,** s. screwdriver; **-tvinge,** s. clamp.

skrummel, s. bulky thing, monstrosity.

skrumpe, *v. i.* ~ *ind,* shrivel, shrink.

skrupel, s. scruple; **-løs,** *adj.* unscrupulous.

skrup|forelsket, *adj.* madly in love; **-forkert,** *adj.* completely wrong; **-forvirret,** *adj.* scatterbrained; flustered; **-grine,** *v. i.* guffaw, laugh one's head off; **-skør,** *adj.* off one's rocker, nuts; **-sulten,** *adj.* ravenous, famished; **-tosset,** *adj.* mad as a hatter, crazy.

skryde, *v. i.* bray; brag.

skrædder, s. tailor; dressmaker; **-kridt,** s. tailor's chalk; **-syet,** *adj.* tailored; tailormade.

skræk, s. fear; terror; fright; scare; menace; **-indjagende,** *adj.* terrifying; **-kelig,** *adj.* terrible, dreadful; *adv.* terribly, dreadfully; **-slagen,** *adj.* terrified, terror-stricken.

skræl, s. peel; rind; skin; **-le,** *v. t.* peel, pare.

skræmme, *v. t.* scare, frighten; **-billede,** s. bogey.

skrænt, s. slope.

skræppe, s., *bot.* dock; *v. i.* quack; cackle.

skræve, *v. i.* straddle; ~ *over,* stride over; straddle.

skrøbelig, *adj.* fragile, brittle; frail, feeble.

skrøne, s. cock-and-bull story.

skrå, s. chewing tobacco; *adj.* sloping, slanting, inclined; oblique; *på* ~, obliquely; on the bias; *-t op! vulg.* stuff it! up yours! **-bånd,** s. bias strip; **-ne,** *v. i.* slope, slant; **-ning,** s. slope; **-plan,** s., *fig.* downward path; **-streg,** s., *gram.* slash; **-tobak,** s. chewing tobacco.

skrål, s. bawl, yell; **-e,** *v. i.* bawl, yell; **-hals,** s. bawler.

skub, s. push, shove; **-be,** *v. t. & i.* push.

skud, s. shot; *bot.* shoot; **-sikker,** *adj.* bulletproof; *fig.* cast-iron; watertight; **-t,** *adj.* være ~ *i,* have a crush on; **-vidde,** s. range; **-år,** s. leap year.

skude, s. small boat, ship; old tub.

skueplads, s. stage; scene.

skuespil, s. play; **-forfatter,** s. playwright, dramatist; **-ler,** s. actor.

skuffe, s. drawer; till; *v. t.* disappoint; **-jern,** s. hoe; **-lse,** s. disappointment; **-nde,** *adj.* disappointing; deceptive; striking.

skulder, s., *anat.* shoulder.

skule, *v. i.* scowl.

skulke, *v. i.* play truant.

skulle, *v. aux.* have to, be obliged to; must; should; ought to; be to; be said to; ~ *af,* be getting off; ~ *til,* be about to.

skulp|tur, s. sculpture; **-tør,** s. sculptor.

skum, s. foam; lather; froth; **-gummi,** s. foam rubber; **-me,** *v. t. & i.* skim; fowm; froth; **-metmælk,** s., *kul.* skimmed milk; **-sprøjt,** s. spray.

skumle, *v. i.* grumble, murmur.

skummel, *adj.* gloomy, sinister.

skumring, *s.* dusk; twilight.

skur, *s.* shed; shelter; lean-to; shack.

skure, *s.* groove; *v. t. & i.* scour, scrub; rub; grate; **-børste,** *s.* scrubbing brush; **-pulver,** *s.* scouring powder.

skurk, *s.* rascal, scoundrel; villain.

skurre, *v. i.* grate, jar.

skvadderhoved, *s.* twit, ass.

skvalderkål, *s., bot.* goutweed.

skvat, *s.* spineless individual, softy; *v. i.* fall; **-te,** *v. i.* fall; **-tet,** *adj., T* wet.

skvulpe, *v. i.* lap; splash.

sky, *s.* cloud; *kul.* gravy; jelly; *adj.* shy, timorous; *v. t.* avoid, shun; **-brud,** *s.* cloudburst; **-dække,** *s.* cloud ceiling; **-et,** *adj.* cloudy; **-fri,** *adj.* cloudless; **-klapper,** *s. pl.* blinkers; **-skraber,** *s.* skyscraper; **-sovs,** *s., kul.* gravy.

skyde, *v. t. & i.* shoot, fire; push, shove; ~ *af,* fire; ~ *forbi,* miss; ~ *til,* contribute; ~ *ud,* push out; put off; **-bane,** *s.* shooting range; **-dør,** *s.* sliding door; **-r,** *s.* gun; slide; **-skive,** *s.* target; **-skår,** *s.* gun slit; loophole; **-spænde,** *s.* hair slide; **-våben,** *s.* firearm; **skyd-ning,** *s., sport.* shooting; fire.

skygge, *s.* shade; shadow; brim; *v. t. & i.* shade; tail.

skyld, *s.* guilt; blame, fault; *give én* **-en,** blame sby;

for min ~, for my sake; **-e,** *v. t. & i.* owe; **-es,** *v. i.* be due to; **-ig,** *adj.* guilty; owing.

skylle, *s.* heavy shower, downpour; *fig.* ticking-off; *v. t. & i.* rinse, wash; pour; flush; ~ *ned* wash down; gulp down; pour down.

skynde, *v. t. & i.* ~ *sig,* hasten, hurry; *skynd dig!* hurry up! ~ *på,* urge on, hurry on.

skyts, *s.* artillery; **-helgen,** *s.* patron saint.

skytte, *s.* shot; rifleman; gamekeeper; **-grav,** *s.* trench.

skæbne, *s.* fate; chance; destiny; **-svanger,** *adj.* disastrous, fatal.

skæg, *s.* beard; moustache; whiskers; *fig.* fun; *adj.* funny; fun; **-get,** *adj.* unshaven; bearded; **-stubbe,** *s. pl.* stubble.

skæl, *s.* scale; *med.* dandruff.

skæld|e, *v. i.* scold; ~ *ud,* scold; **-sord,** *s.* term of abuse, swearword; **-ud,** *s.* scolding.

skælm, *s.* rogue; **-sk,** *adj.* roguish.

skælve, *v. i.* tremble, quiver, shake; shiver; **-nde,** *adj.* trembling, quivering, shaking; tremulous.

skæmme, *v. t.* disfigure, deform; blemish.

skæmt, *s.* jest, joke; **-e,** *v. i.* jest.

skænd|e, *v. t. & i.* scold; violate; desecrate; **-eri,** *s.* row, quarrel; argument; **-es,** *v. i.* argue, have a row; **-ig,** *adj.* disgraceful; outrageous.

skænk, *s.* sideboard; bar, buffet; drink; **-e,** *v. t. & i.*

pour (out); present with;
give (away); **-estue,** *s.*
taproom, (public) bar.

skær, *s.* rock; cutting edge;
glow; gleam; glare; *fig.*
touch; *adj.* sheer, pure;
clear; **-gård,** *s.* archipela-
go; **-mydsel,** *s.* tiff; quar-
rel; **-sild,** *s.* purgatory;
ordeal; **-torsdag,** *s.*
Maunday Thursday.

skære, *v. t. & i.* cut; carve;
~ *ansigt,* pull faces; ~
tænder, grind one's teeth;
-bræt, *s.* breadboard;
carving board; **-nde,** *adj.*
cutting; shrill; glaring.

skærf, *s.* sash.

skærm, *s.* screen; shade;
mudguard; fender; *edb.*
monitor, display; **-e,** *v. t.*
screen, shield, protect;
shade; **-terminal,** *s., edb.*
visual display unit.

skærpe, *v. t.* sharpen;
whet; tighten (up); inten-
sify; **-lse,** *s.* sharpening;
tightening.

skærver, *s. pl.* broken
stones.

skæv, *adj.* oblique; wry;
slanting; crooked; un-
equal; lopsided; high; **-e,**
v. i. cast a sidelong
glance; scowl; **-t,** *adv.*
aslant; awry; unequally;
wrongly; not straight; *gå*
~, go wrong; *se ~ til,*
look askance at, frown
on.

skød, *s.* lap, knee; womb;
tail, skirt; *fig.* bosom;
-ehund, *s.* lap-dog; **-es-
løs,** *adj.* careless, negli-
gent; sloppy; casual.

skøde, *s., jur.* deed (of
conveyance).

skøge, *s.* prostitute, harlot,
whore.

skøjte, *s.* skate; *løbe på -r,*
skate; **-bane,** *s.* ice rink;

-løb, *s., sport.* skating.

skøn, *s.* opinion; judge-
ment; estimate; assess-
ment; *adj.* beautiful,
lovely; *en -ne dag,* one
day; some day; one of
these days; *de -ne kun-
ster,* the fine arts; **-hed,** *s.*
beauty; *-sfejl, s.* blemish,
flaw; *-sklinik, s.* beauty
parlour; *-smiddel, s.* cos-
metic; *-splet, s.* mole; **-lit-
teratur,** *s.* fiction; **-ne,**
v. t. & i. estimate; judge;
-smæssig, *adj.* estima-
ted; **-som,** *adj.* judicious;
discriminating; **-ssag,** *s.*
matter of opinion.

skønt, *konj.* (al)though.

skør, *adj.* fragile, brittle;
crazy, daft, dotty, nuts;
-bug, *s., med.* scurvy.

skørt, *s.* skirt; underskirt;
-ejæger, *s.* womanizer.

skål, *s.* bowl, cup; basin;
toast; *drikke en ~,* drink
a toast, drink (to) some-
body's health; **-e,** *v. i.*
touch glasses; ~ *for,*
drink to.

skån|e, *v. t.* spare; take
care of; **-selsløs,** *adj.*
merciless; **-som,** *adj.*
gentle, forbearing; care-
ful; light.

skår, *s.* broken piece; chip;
-et, *adj.* chipped.

sladder, *s.* gossip; **-hank,** *s.*
tell-tale, sneak; **-kælling,**
s. gossip, scandalmonger;

sladre, *v. i.* gossip; tell
tales; ~ *om,* tell on.

slag, *s.* blow, stroke; hit;
shock; throb; battle;
cape; game; **-bor,** *s., mek.*
percussion drill; **-færdig,**
adj. quick-witted; **-kraf-
tig,** *adj.* powerful; **-mark,**
s. battlefield; **-ord,** *s.* slo-
gan; catchword; **-plan,** *s.*
plan of action; **-side,** *s.,*

naut. få ~, take a list; *fig.* get out of proportion; **-s-mål**, *s.* fight; **-tilfælde**, *s.*, *med.* stroke.

slagger, *s. pl.* cinders.

slags, *s.* sort, kind.

slagte, *v. t. & i.* slaughter, kill; butcher; **-r**, *s.* butcher; **-ri**, *s.* slaughterhouse.

slagtøj, *s.*, *mus.* percussion.

slalom, *s.*, *sport.* slalom.

slam, *s.* mud, ooze; sludge.

slange, *s.*, *zoo.* snake; serpent; hose(pipe); (inner) tube; *v. refl.* ~ *sig*, sprawl; **-bøsse**, *s.* catapult; **-gift**, *s.* venom; **-krøller**, *s. pl.* corkscrew curls; **-tæmmer**, *s.* snake charmer.

slank, *adj.* slim; slender; **-e**, *v. refl.* ~ *sig*, slim; grow thinner; **-ekost**, *s.* slimming diet.

slap, *adj.* slack, lax; loose, flabby; limp; sagging; **-hed**, *s.* slackness; laxity; looseness, **-pe**, *v. t. & i.* slacken, loosen, ease; relax; ~ *af*, relax; ease up; **-svans**, *s.* spineless individual.

slaske, *v. i.* flap, flop.

slatten, *adj.* flabby, limp; wobbly.

slav|e, *s.* slave; **-eri**, *s.* slavery; **-isk**, *adj.* slavish; Slavic.

sleben, *adj.* cut; polished; sharp.

slem, *adj.* bad, nasty; naughty; ~ *ved*, hard on; ~ *til*, given to.

slentre, *v. i.* stroll, saunter.

slesk, *adj.* fawning, grovelling; oily; **-e**, *v. i.* ~ *for*, fawn on.

slet, *adj.* bad, poor; wicked; evil; *adv.* badly; ~ *og ret*, simply, merely; pure and simple; ~ *ikke*, not at all; ~ *intet*, nothing at all.

slette, *s.* plain; *v. t.* strike out; rub out, erase; delete; cancel.

slibe, *v. t.* grind; sharpen; polish; cut; **-sten**, *s.* grindstone.

slid, *s.* wear; hard work; drudgery; grind; **-bane**, *s.* tread; **-e**, *v. t. & i.* wear; work hard; swot; **-er**, *s.* hard worker; swot; **-gigt**, *s.*, *med.* arthrosis; **-s**, *s.* slit; vent; **-stærk**, *adj.* hard-wearing, durable; **-t**, *adj.* worn; threadbare, shabby; frayed.

slik, *s.*, *kul.* sweets; *U.S.* candy; *for en* ~, for a song; **-butik**, *s.* sweet shop; **-ke**, *v. t. & i.* lick; eat sweets; ~ *solskin*, bask in the sun; **-ken**, *adj. være* ~, have a sweet tooth; **-kepind**, *s.*, *kul.* lollipop; **-mund**, *s. være en* ~, have a sweet tooth.

slim, *s.*, *anat.* mucus; phlegm; slime; **-hinde**, *s.*, *anat.* mucous membrane.

slingre, *v. i.* reel; sway; stagger; wobble; roll.

slip, *s. give* ~, let go; **-pe**, *v. t. & i.* let go (of); release; drop; get off; ~ *af med*, get rid of; ~ *bort*, escape; ~ *for*, escape; avoid; ~ *godt fra*, get away with; do well; ~ *løs*, break loose; ~ *med*, get off with; ~ *op*, run out; ~ *ud*, get out; leak out.

slips, *s.* tie.

slot, *s.* castle; palace; **-s-grav**, *s.* moat; **-splads**, *s.* palace square.

slubbert, *s.* scoundrel.

slubre, *v. t. & i.* slurp; flap; ~ *i sig,* gulp down.

slud, *s.* sleet.

slud|der, *s.* nonsense, rubbish; chat, talk; **-re,** *v. i.* talk nonsense; chat.

sluge, *v. t.* swallow; gulp down; *fig.* consume; devour.

slukke, *v. t.* put out; turn off; extinguish; satisfy; quench; **-t,** *adj.* out; off.

slukøret, *adj.* crestfallen.

slum, *s.* slum; **-kvarter,** *s.* slum area; **-stormer,** *s.* squatter.

slum|mer, *s.* slumber, doze; **-re,** *v. i.* slumber, doze.

slurk, *s.* swallow, gulp, pull, swig.

sluse, *s.* sluice; lock; *v. t.* ~ *ind,* let in.

slut, *s.* end, close; *til* ~, finally, in the end; *adj.* over; finished, at an end; **-ning,** *s.* end; conclusion; ending, close; **-te,** *v. t. & i.* end, finish; conclude, infer; enter into; ~ *af med,* end up with, finish up by; ~ *sig sammen,* unite; merge; ~ *sig til,* join; go along with.

slyng|e, *v. t.* hurl, fling, sling; ~ *sig,* wind; meander; ~ *om sig,* bandy; **-plante,** *s., bot.* twiner, climber, creeper.

slyngel, *s.* rascal, scoundrel.

slæb, *s.* toil, hard work, grind; train; *tage på* ~, take in tow; **-e,** *v. t. & i.* drag; tow; toil, work hard; ~ *sig af sted,* drag on; **-ebåd,** *s.* tug.

slæde, *s.* sledge; sleigh; toboggan; **-hund,** *s., zoo.* husky.

slægt, *s.* family; stock;

lineage; **-e,** *v. i.* ~ *på,* take after; **-led,** *s.* generation; **-ning,** *s.* relative; **-skab,** *s.* relationship; affinity; **-snavn,** *s.* family name.

slække, *v. t.* slacken, ease off; relax; ~ *på,* stretch; reduce.

slæng, *s.* crowd, set; **-e,** *v. t.* fling.

sløj, *adj.* slack, poor; unwell, poorly.

sløjd, *s.* woodwork.

sløjfe, *s.* bow; loop; *v. t.* demolish; leave out, omit; abolish.

slør, *s.* veil; *mek.* play; **-e,** *v. t. & i.* blur; dim; veil; **-et,** *adj.* husky; blurred.

sløse, *v. t. & i.* squander, waste; dawdle; be slovenly; **-ri,** *s.* slovenliness; negligence.

sløv, *adj.* blunt; dull; listless; apathetic; **-hed,** *s.* lethargy, dullness; bluntness.

slå, *s.* bolt; *v. t. & i.* beat, strike, hit; knock; hurt; throb; mow; ~ *alarm,* raise the alarm; ~ *fejl,* go wrong; ~ *an,* catch on; ~ *hen,* ignore; make light of; ~ *igennem,* get known, succeed; ~ *ihjel,* kill; ~ *ned,* knock down; suppress; *det slog ned i mig,* it occurred to me; ~ *ned på,* pounce on; ~ *om,* change; shift; ~ *op,* open; look up; ~ *op med,* break; ~ *til,* hit out; be enough; accept; come true; ~ *ud,* knock out; beat; come out in a rash; ~ *sig,* hurt oneself; ~ *sig ned,* sit down; ~ *sig sammen,* join forces; **-ende,** *adj.* striking; convincing.

slåbrok, *s.* dressing gown.

slåen, *s., bot.* sloe, black-thorn.

slås, *v. i.* fight; struggle.

smadre, *v. t.* smash (up).

smag, *s.* taste; flavour; liking; **-e**, *v. t. & i.* taste; ~ på, taste; **-fuld**, *adj.* in good taste; **-løs**, *adj.* tasteless, in bad taste; **-sprøve**, *s.* sample; **-sstof**, *s.* flavouring.

smal, *adj.* narrow; slender, slim; **-film**, *s.* cine film; **-sporet**, *adj., fig.* narrow-minded.

smaragd, *s.* emerald.

smart, *adj.* smart, clever.

smaske, *v. i.* eat noisily; smack one's lips.

smattet, *adj.* slippery.

smed, *s.* blacksmith; locksmith; **-ejern**, *s.* wrought iron; **-je**, *s.* forge, smithy.

smelte, *v. t. & i.* melt; **-ovn**, *s.* furnace; **-vand**, *s.* melt water.

smerte, *s.* pain, ache; *v. t. & i.* pain, ache; grieve; **-fuld**, *adj.* painful; **-lig**, *adj.* painful; sad; **-stillende**, *adj.* pain-killing.

smide, *v. t.* fling; throw, *T* chuck; toss; pitch; ~ ud, throw out; throw away.

smidig, *adj.* supple; flexible; plastic.

smiger, *s.* flattery; **-re**, *v. t. & i.* flatter.

smil, *s.* smile; **-e**, *v. i.* smile; **-ebånd**, *s. trække på -et*, smile; **-hul**, *s.* dimple.

sminke, *s.* make-up; *v. t. (~ sig)*, make up, paint; **-ør**, *s.* make-up artist.

smitsom, *adj.* infectious, contagious; catching; **-stof**, *s.* infectious matter; germs; **-te**, *s.* infection; *v. t. & i.* infect; be infectious, be catching; ~ af på, come off on; rub

off onto; **-tefarlig**, *adj.* contagious; **-tende**, *adj.* catching.

smoking, *s.* dinner jacket, *U.S.* tuxedo.

smuds, *s.* dirt; **-ig**, *adj.* dirty, filthy; sordid; **-omslag**, *s.* dust cover.

smug, *s. i* ~, secretly, *T* on the sly.

smugle, *v. t.* smuggle; **-r**, *s.* smuggler; **-ri**, *s.* smuggling.

smuk, *adj.* beautiful; handsome; pretty; fine; noble.

smuldre, *v. i.* crumble.

smule, *s.* bit, scrap; drop; trifle; *en* ~, a little.

smut, *s.* trip; flying visit; *slå* ~, play ducks and drakes; **-hul**, *s.* hiding place; *fig.* loophole; **-te**, *v. i.* pop, nip; slip; *jeg -r!* I'm off! ~ *mandler*, blanch almonds; **-ter**, *s.* slip; **-vej**, *s.* short cut.

smykke, *s.* piece of jewellery; ornament; trinket; *v. t.* decorate; **-r**, *pl.* jewels, jewellery.

smæk, *s.* rap, slap, smack; snap; bang; bib; spanking; **-ke**, *v. t. & i.* slap, rap; bang; slam; snap; spank; ~ *med*, slam; ~ *op*, throw open; **-kys**, *s.* smack; **-lås**, *s.* latch.

smæld, *s.* click, snap; bang; crack; **-e**, *v. i.* crack, bang; snap, click.

smøg, *s., T* fag.

smøge, *s.* alley, passage; *v. t.* ~ *af*, slip off; ~ *op*, turn up, turn back.

smøle, *v. i.* dawdle, linger.

smør, *s., kul.* butter; **-blomst**, *s., bot.* buttercup; **-e**, *v. t.* grease, oil; butter; spread; smear; rub; **-bræt**, *s.* platter;

-kniv, *s.* spreading knife; **-lse,** *s.* lubricant, grease; **-olie,** *s.* lubricating oil; **-ost,** *s., kul.* cheese spread; *-ri, s.* scribbling; daubing; **-rebrød,** *s., kul.* open sandwiches.

små, *adj. pl.* small, little; *så -t,* gradually; **-borgerlig,** *adj.* petty bourgeois; **-børn,** *s. pl.* little children, infants; **-kage,** *s., kul.* (sweet) biscuit, cookie; **-lig,** *adj.* narrowminded; petty; stingy; **-penge,** *s. pl.* change; *fig.* peanuts; **-regne,** *v. i.* drizzle; **-ting,** *s. pl.* small things; trifles; *-safdeling, s.* haberdashery counter; **-tosset,** *adj.* dotty, batty.

snabel, *s.* trunk.

snadre, *v. i.* cackle, quack.

snage, *v. i.* pry; nose about.

snak, *s.* talk; gossip; nonsense; **-ke,** *v. i.* talk, chat; gossip; talk nonsense; **-kesalig,** *adj.* talkative.

snappe, *v. t. & i.* snatch; snap; gasp.

snaps, *s., kul.* snaps.

snare|re, *adv.* sooner; rather; if anything; **-st,** *adv.* as soon as possible; if anything.

snarlig, *adj.* early, speedy; *adv.* soon.

snarrådig, *adj.* resourceful; resolute.

snart, *adv.* soon, shortly; shortly after(wards).

snavs, *s.* dirt, filth; **-e,** *v. t.* dirty; **-et,** *adj.* dirty, filthy; **-etøj,** *s.* washing, laundry.

sne, *s.* snow; *v. i.* snow; **-bold,** *s.* snowball; **-bær,** *s., bot.* snowberry; **-drive,** *s.* snowdrift; **-fnug,** *s.* snowflake; **-fog,** *s.* snow-drift; snowstorm; **-kæde,** *s.* snow chain; **-mand,** *s.* snowman; **-plov,** *s.* snow-plough; **-rydning,** *s.* snow clearing; **-skred,** *s.* avalanche, snowslide; **-storm,** *s.* snowstorm, blizzard; **-vejr,** *s.* snow.

snedig, *adj.* cunning, shrewd; sly; clever.

snedker, *s.* carpenter; joiner; cabinetmaker; **-ere,** *v. i.* do woodwork.

snegl, *s., zoo.* snail; slug; *en sær ~,* an odd fish; **-e,** *v. refl. ~ sig af sted,* crawl along; drag on; **-ehus,** *s.* snail shell.

sneppe, *s., zoo.* snipe.

snerle, *s., bot.* bindweed.

snerpe, *v. t.* purse; **-t,** *adj.* prudish.

snes, *s.* score.

snig|e, *v. refl. ~ sig,* sneak, steal, creep; **-ende,** *adj.* sneaking; **-morder,** *s.* assassin; **-skytte,** *s.* sniper.

snit, *s.* cut; *med.* incision; section; stamp; *se sit ~,* see one's chance; *i ~,* on an average; **-mønster,** *s.* pattern; **-sår,** *s.* cut; gash; **-te,** *s., kul.* canapé; *v. t.* cut (up); shred; carve; whittle.

sno, *v. t.* twist; *~ sig,* twist; wind; weave; **-et,** *adj.* twisted; winding; **-ning,** *s.* twisting; winding; cable stitch.

snob, *s.* snob; **-beri,** *s.* snobbery; **-bet,** *adj.* snobbish.

snog, *s., zoo.* grass snake.

snor, *s.* string; cord; line; leash.

snorke, *v. i.* snore.

snot, *s.* snot; **-dum,** *adj.* bone-headed; **-klud,** *s., T* snotrag; **-tet,** *adj.* snotty.

snu, *adj.* sly, cunning.

snuble, *v. i.* stumble.

snude, *s.* nose; snout; toe.

snue, *s.* cold.

snuppe, *v. t.* snatch, grab; pinch.

snurre, *v. i.* spin, whirl; whirr, hum; sing; simmer.

snus, *s.* snuff; **-e,** *v. i.* sniff; ~ *i,* pry into; ~ *rundt,* nose around; **-fornuftig,** *adj.* matter-of-fact; **-tobak,** *s.* snuff.

snusket, *adj.* scruffy; dingy; slovenly; sordid.

snyde, *v. t. & i.* cheat; **-r,** *s.* cheat; **-ri,** *s.* cheating.

snylte, *v. i.* be parasitic; sponge; **-dyr,** *s., zoo.* parasite.

snære, *v. i.* be too tight.

snærre, *v. i.* growl, snarl.

snæver, *adj.* narrow; tight; *i en* ~ *vending,* at a pinch; **-synet,** *adj.* narrow-minded.

snøft, *s.* sniff; **-e,** *v. i.* sniff; snort.

snøre, *s.* cord, line; *v. t.* lace up; **-bånd,** *s.* (shoe)lace; **-sko,** *s.* lace-up shoe.

snøvle, *v. i.* speak through one's nose; dawdle.

so, *s., zoo.* sow.

sober, *adj.* sober.

social, *adj.* social; **-forsorg,** *s.* social welfare; **-hjælp,** *s.* social security; **-isme,** *s.* socialism; **-istisk,** *adj.* socialist; **-kontor,** *s.* social security (office); **-rådgiver,** *s.* social worker.

sod, *s.* soot.

sodavand, *s., kul.* fizzy lemonade, *T* pop; soda water.

sofa, *s.* sofa; settee; **-bord,** *s.* coffee table; **-vælger,** *s.* non-voter.

sogn, *s.* parish; **-ekirke,** *s.* parish church; **-epræst,** *s.* vicar; parish priest; **-eråd,** *s.* parish council.

soja, *s., kul.* soy; **-bønne,** *s.* soy bean; **-sovs,** *s.* soy sauce.

sok, *s.* sock.

sokkel, *s.* base; plinth; *elek.* holder.

sol, *s.* sun; **-bad,** *s. tage* ~, sunbathe; **-briller,** *s. pl.* sunglasses; **-brændt,** *adj.* (sun)tanned; **-bær,** *s., bot.* black currant; **-creme,** *s.* suntan lotion; **-e,** *v. refl.* ~ *sig,* bask in the sun; **-eklar,** *adj.* crystal-clear; **-energi,** *s.* solar energy; **-formørkelse,** *s.* solar eclipse; **-hverv,** *s.* solstice; **-nedgang,** *s.* sunset; **-opgang,** *s.* sunrise; **-sikke,** *s., bot.* sunflower; **-skin,** *s.* sunshine; **-skoldet,** *adj.* sunburnt; **-sort,** *s., zoo.* blackbird; **-stik,** *s.* sunstroke; **-stråle,** *s.* sunbeam; **-tag,** *s.* sunroof; **-ur,** *s.* sundial.

soldat, *s.* soldier.

solde, *v. t. & i.* ~ *op,* throw away; *ude at* ~, out on the booze.

solid, *adj.* solid; strong; robust; substantial; reliable.

solidaritet, *s.* solidarity.

sol|ist, *s.* soloist; **-o,** *s. & adj.* solo.

som, *pron.* who, whom; which; that; as; *konj.* as; like; such as; ~ *om,* as if.

sommer, *s.* summer; *i* ~, last summer; this summer; *til* ~, next summer; **-dag,** *s.* summer's day; **-ferie,** *s.* summer holidays; **-fugl,** *s., zoo.* butterfly; **-hus,** *s.* summer cottage; **-tid,** *s.* summertime.

sommetider, *adv.* sometimes.

sondere, *v. t.* probe; sound.

soppe, *v. i.* paddle.

sopran, *s., mus.* soprano.

sorg, *s.* sorrow, grief; mourning; regret; worry; **-løs,** *adj.* carefree.

sort, *s.* sort, kind; brand; *adj.* black; **-børs,** *s.* black market; **-ne,** *v. i.* darken; **-seer,** *s.* pessimist; *TV.* licence dodger.

sorter|e, *v. t. & i.* sort; ~ *under,* belong under; **-ing,** *s.* quality; sorting.

sortiment, *s.* assortment.

sove, *v. i.* sleep, be asleep; ~ *over sig,* oversleep; **-pille,** *s., med.* sleeping pill; **-pose,** *s.* sleeping bag; **-sal,** *s.* dormitory; **-sofa,** *s.* bed settee; **-vogn,** *s.* sleeping car, sleeper; **-værelse,** *s.* bedroom.

sovjet|isk, *adj.* Soviet; **Sovjetunionen,** *s.* the Soviet Union.

sovs, *s., kul.* sauce; gravy; **-eskål,** *s.* sauceboat.

spade, *s.* spade.

spadsere, *v. i.* walk; stroll; **-dragt,** *s.* suit; **-tur,** *s.* walk, stroll.

spag, *adj.* meek, subdued; **-færdig,** *adj.* meek, mild, quiet.

spagat, *s.* gå i ~, do the splits.

spalt|e, *s.* crack; crevice; column; *v. t. & i.* split (up); **-ning,** *s.* splitting (up); *fys.* fission.

spand, *s.* bucket, pail; team; *neds.* banger; *være på -en,* be in a fix.

Spanien, *s.* Spain; **span|ier,** *s.* Spaniard; **-sk,** *s. & adj.* Spanish.

spanskrør, *s.* cane.

spar, *s. (kort)* spade(s).

spar|e, *v. t. & i.* save; spare; economize; **-ebøsse,** *s.* savings box; **-ekasse,** *s.* savings bank; **-epenge,** *s. pl.* savings; **-som,** *adj.* sparse; thin; **-sommelig,** *adj.* economical.

spark, *s.* kick; **-e,** *v. t. & i.* kick.

spartel, *s.* spatula; putty knife.

spas, *s.* joke, fun; **-mager,** *s.* joker.

spasti|ker, *s., med.* spastic; **-sk,** *adj.* spastic.

speaker, *s., TV. & radio.* announcer.

specialarbejder, *s.* semi-skilled worker.

speciale, *s.* specialty; dissertation, thesis.

speciali|sere, *v. refl.* ~ *sig,* specialize; **-st,** *s.* specialist; **-tet,** *s.* speciality.

speciel, *adj.* special; **-t,** *adv.* especially, particularly; specially.

specificere, *v. t.* specify; itemize.

specifik, *adj.* specific.

spedalsk, *s., med.* leper; **-hed,** *s.* leprosy.

speditør, *s.* shipping agent.

speed|er, *s.* accelerator; **-ometer,** *s.* speedometer.

spege|pølse, *s., kul.* salami; **-sild,** *s., kul.* salted herring.

spejde, *v. i.* look out, watch; **-r,** *s.* boy scout; girl guide.

spejl, *s.* mirror; **-billede,** *s.* reflection; **-e,** *v. t.* fry; ~ *sig,* be reflected; look in a mirror; **-glat,** *adj.* slippery; **-vendt,** *adj.* reversed, the wrong way round; **-æg,** *s., kul.* fried egg.

spektakel, s. noise; din; row; riots.

spekul|ation, s. speculation; **-ere,** v. i. think; ponder; puzzle; worry; speculate.

spendere, v. t. spend; ~ ngt på én, treat sby to sth.

spid, s. spit; **-de,** v. t. pierce.

spids, s. point; tip; end; top, summit; gå i -en, lead the way; gå op i en ~, fig. go off the deep end; stå i -en, be at the head; adj. pointed; sharp; tapering; **-e,** v. sharpen; prick up; **-findig,** adj. subtle; **-kål,** s., bot. spring cabbage; **-mus,** s., zoo. shrew (mouse).

spil, s. play; game; playing; acting; gambling; et ~ kort, a pack of cards; sætte på ~, put at stake; være på ~, be at work; **-le,** v. t. & i. play; act, perform; gamble; **-leautomat,** s. slot machine; **-ledåse,** s. musical box; **-lefilm,** s. feature film; **-lefugl,** s. gambler; **-lekort,** s. playing card; **-lelærer,** s. music teacher; **-ler,** s. player; gambler; **-lerum,** s. clearance, play; scope, margin; **-levende,** adj. full of life; **-opmager,** s. wag; **-opper,** s. pl. fun, tricks.

spild, s. waste; refuse; gå til -e, be wasted; **-e,** v. t. waste; spill; **-evand,** s. waste water; sewage.

spile, v. t. ~ ud, distend, stretch.

spinat, s., bot. spinach; træde i -en, fig. put one's foot in it.

spind, s. web; **-e,** v. t. & i. spin; purr; **-elvæv,** s. spider's web, cobweb; **-eri,** s. spinning mill; **-erok,** s. spinning wheel.

spinkel, adj. slender; slight; delicate.

spion, s. spy; **-age,** s. espionage; **-ere,** v. i. spy.

spir, s. spire.

spiral, s. spiral; med. coil, IUD.

spire, s. germ; sprout; shoot; v. i. sprout; germinate; fig. begin (to grow).

spiritus, s. alcohol, spirits; liquor, T booze; **-beskatning,** s. alcohol duty; **-bevilling,** s. licence; **-forbud,** s. prohibition; **-prøve,** s. breathalyzer; blood alcohol test.

spise, v. t. & i. eat; have (dinner etc.); dine; **-bestik,** s. cutlery; **-bord,** s. dining table; **-kammer,** s. larder; **-kort,** s. menu; **-krog,** s. dining alcove, dinette; **-køkken,** s. kitchen-dining room; **-lig,** adj. edible; eatable; **-pinde,** s. pl. chopsticks; **-rør,** s., anat. gullet; **-ske,** s. tablespoon; **-stel,** s. dinner service; **-stue,** s. dining room; **-tid,** s. mealtime; **-vogn,** s. dining car; buffet (car).

spjæld, s. damper; S clink.

spjætte, v. i. kick; twitch.

splejs, s. shrimp; **-e,** v. t. & i. splice; club together.

splid, s. conflict.

splint, s. splinter; fragment; **-erny,** adj. brandnew; **-re,** v. t. & i. splinter.

splitflag, s. swallow-tailed flag.

splitte, v. t. split; break up; divide; scatter; ~ ad, take to pieces; **-lse,** s. split; division; split-up;

-rgal, *adj.* stark staring mad; **-rnøgen,** *adj.* stark naked; **-rravende,** *adj.* stark staring; **-t,** *adj.* divided; split up.

spole, *s.* spool, reel; bobbin; coil; *v. t.* spool; reel; wind.

spolere, *v. t.* ruin, spoil.

spontan, *s.* spontaneous.

spor, *s.* footprint; track; mark, trace; *ikke* ~, nothing at all; not at all; -~et, *adj.* -lane; -track; **-e,** *s.* spur; *bot.* spore; *v. t.* track; scent; **-løst,** *adv.* without (a) trace; **-skifte,** *s.* points.

sport, *s.* sport(s); **-sfolk,** *s. pl.* sportsmen, athletes; **-sgren,** *s.* sport; **-shal,** *s.* sport centre; **-slig,** *adj.* sporting; **-smand,** *s.* athlete; **-sstrømpe,** *s.* kneestocking; **-sstævne,** *s.* sports meeting; **-støj,** *s.* sportswear; **-sudsendelse,** *s.* sportscast; **-svogn,** *s.* sports car.

spot, *s.* mockery, ridicule; **-pris,** *s.* til ~, for a song; **-sk,** *adj.* mocking; **-te,** *v. t.* mock; scoff; sneer at; blaspheme.

spraglet, *adj.* gaily coloured, gaudy; loud.

spred|e, *v. t.* spread; scatter; ~ *sig,* spread; scatter; **-ning,** *s.* spreading; scattering; *fig.* variation; **-t,** *adj.* scattered.

spring, *s.* jump; leap; vault; dive, plunge; *på* ~, ready; **-bræt,** *s.* springboard; **-e,** *v. i.* jump; spring; leap; play; burst; snap; blow up, explode; ~ *fra,* back out of; ~ *op,* fly open; ~ *over,* jump; skip; leave out; **-er,** *s.* jumper; *(skak)* knight;

-kniv, *s.* flick knife; **-madras,** *s.* spring mattress; **-vand,** *s.* fountain.

sprit, *s.* spirit, alcohol; spirits; **-bilist,** *s.* drunken driver; **-ter,** *s.* alcoholic.

sprog, *s.* language; speech; style; **-brug,** *s.* usage; **-lig,** *adj.* linguistic; **-lære,** *s.* grammar; **-videnskab,** *s.* linguistics.

sprosse, *s.* bar; rung.

sprudle, *v. i.* bubble; **-nde,** *adj.* bubbling; sparkling.

sprut, *s.,* T booze; **-te,** *v. i.* sputter; splutter.

sprække, *s.* crack; crevice; chink; slit; *v. i.* crack, burst.

spræl|le, *v. i.* kick about; flounder; wriggle; **-sk,** *adj.* lively; unruly.

spræng|e, *v. t.* burst; blow up; blast; explode; split; break open; break up; **-s,** burst; split; **-farlig,** *adj.* explosive; **-ladning,** *s.* explosive charge; warhead; **-stof,** *s.* explosive; **-t,** *adj., kul.* pickled, salted.

sprætte, *v. t.* ~ *op,* unstitch; slit open; cut the pages.

sprød, *adj.* brittle; crisp, crunchy.

sprøjt, *s.* splash; dishwater; **-e,** *s.* syringe; fire engine; *neds.* rag; *v. t. & i.* spray; squirt; splash; spatter; inject; **-emale,** *v. t.* spray (paint).

spule, *v. t.* wash down.

spurv, *s., zoo.* sparrow.

spyd, *s.* spear; *sport.* javelin; **-kast,** *s., sport.* (throwing the) javelin.

spydig, *adj.* sarcastic.

spyflue, *s., zoo.* bluebottle.

spyt, *s.* spittle; saliva; spit; **-kirtel,** *s., anat.* salivary gland; **-slikker,** s. lick-spittle; **-te,** v. t. & i. spit.

spæd, adj. tender; tiny; frail; **-barn,** s. baby, infant.

spæk, s. blubber; fat; **-ke,** v. t. lard; **-ket,** adj. ~ med, studded with; bristling with; **-kebræt,** s. trencher.

spænd|e, s. buckle; clasp; v. t. & i. stretch; tighten; clasp; buckle; strap; be tight; ~ ben for, trip up; **-ende,** adj. thrilling, exciting; **-etrøje,** s. strait-jacket; **-ing,** s. excitement; tension; tightening; elek. voltage; **-stig,** adj. elastic, springy; supple; **-t,** adj. curious; in suspense; tense; anxious; tight; **-vidde,** s. span.

spæne, v. i. bolt, run.

spær, s. rafter.

spærr|e, v. t. bar, block; obstruct; ~ inde, shut up; lock up; **-eild,** s. barrage; **-ing,** s. barring; blocking; road block; cordon.

spøg, s. joke; for ~, for fun; forstå ~, have a sense of humour; **-e,** v. i. joke; haunt; **-efugl,** s. joker; **-efuld,** adj. playful; joking, humorous; **-else,** s. ghost.

spørg|e, v. t. & i. ask; inquire; demand; question; ~ efter, ask for; ~ om vej, ask the way; ~ ud, question; **-ende,** adj. inquiring; **-eskema,** s. questionnaire; **-smål,** s. question; matter; **-stegn,** s., gram. question mark.

spå, v. t. & i. foretell; predict; prophesy; blive -et, have one's fortune told;

-kone, s. fortune teller.

spån, s. chip; shaving; **-plade,** s. chipboard.

stab, s. staff.

stab|el, s. pile; stack; løbe af -en, be launched; **-le,** v. t. (~ op), pile up.

stabil, adj. stable; steady; **-isere,** v. t. stabilize; **-itet,** s. stability.

stade, s. stand; stall; hive; plane.

stadfæste, v. t. confirm, corroborate, ratify.

stadig, adj. steady, constant; settled; continual; adv. constantly; still; **-hed,** s. steadiness; til ~, constantly, permanently; **-væk,** adv. still.

stadion, s. stadium.

stadium, s. stage, phase.

stads, s. finery; rubbish, trash; gøre ~ af, make much of.

stafetløb, s., sport. relay (race).

staffeli, s. easel.

stage, s. pole, stake; candlestick; v. t. pole, punt.

stagnere, v. i. stagnate.

stak, s. stack; rick; pile, heap.

stakit, s. fence, railing, paling.

stakkel, s. poor thing; poor creature; wretch; **-s,** adj. poor.

stak|ket, adj. brief; **-åndet,** adj. breathless, short of breath.

stald, s. stable; cowshed.

stamgæst, s. regular (customer).

stamme, s. stem; trunk; tribe; v. i. stutter, stammer; ~ fra, come from, descend from; be due to; date from; **-n,** s. stammer, stutter.

stampe, s. stå i ~, be at a

standstill, stagnate; *v. i.* stamp.

stam|tavle, *s.* pedigree; **-træ,** *s.* family tree.

stand, *s.* state, condition; position; class, rank; trade; profession; stand; *gøre i ~,* put in order; clean; redecorate; mend, repair; *gøre sig i ~,* clean up; dress; *være i ~ til,* be able to.

standard, *s.* standard; level.

stander, *s.* standard; pylon; pennant.

standhaftig, *adj.* firm, steadfast.

standpunkt, *s.* point of view; attitude; stand; stage; level; proficiency.

stands|e, *v. t. & i.* stop; pull up; come to a halt; cease; bring to a halt; arrest; hold up; **-ning,** *s.* stop, stopping; hold-up; pause; interruption.

stang, *s.* bar; pole; rod; crossbar; stick; *holde én -en,* hold sby at bay; **-drukken,** *adj.* dead drunk; **-e,** *v. t. & i.* butt; *~ tænder,* pick one's teeth; **-spring,** *s., sport.* pole vault(ing).

stank, *s.* stench, stink.

stankelben, *s., zoo.* daddy-long-legs.

stanniol, *s.* tinfoil.

start, *s.* start; **-bane,** *s.* runway; **-e,** *v. t. & i.* start (up); **-kapital,** *s.* initial capital; **-klar,** *adj.* ready to start; **-nøgle,** *s.* ignition key.

stat, *s.* state; *-en,* the State; the Crown; **-elig,** *adj.* imposing; **-sadvokat,** *s., jur.* Public Prosecutor; **-san-sat,** *s.* Government employee; *adj.* State-em-

ployed; **-sautoriseret,** *adj.* chartered; **-sbane,** *s.* national railway; **-sbor-ger,** *s.* citizen, subject; **-sforvaltning,** *s.* public administration; **-sgæld,** *s.* national debt; **-skas-sen,** *s.* the Exchequer; **-skirke,** *s.* State church; **-skundskab,** *s.* political science; **-skup,** *s.* coup d'état; **-slig,** *adj.* State, national; **-smand,** *s.* statesman; **-sminister,** *s.* prime minister; **-sstøtte,** *s.* State subsidy; **-stil-skud,** *s.* government grant; **-svidenskab,** *s.* political science.

station, *s.* station; **-car,** *s.* estate car; **-ere,** *v. t.* station; **-ær,** *adj.* stationary.

statisk, *adj.* static.

statist, *s.* extra, walk-on.

statisti|k, *s.* statistics; **-sk,** *adj.* statistical.

stativ, *s.* stand; rack; rest; *fot.* tripod.

statue, *s.* statue.

status, *s.* balance sheet; statement; stock-taking; state of affairs; status; **-symbol,** *s.* status symbol.

statut, *s.* statute; rules, regulations.

staude, *s., bot.* perennial; **-bed,** *s.* herbaceous border.

stav, *s.* stick; staff; truncheon; wand; baton; *falde i -er,* be lost in thought.

stav|e, *v. t. & i.* spell; **-efejl,** *s.* misspelling; **-else,** *s.* syllable; **-ning,** *s.* spelling.

stearin, *s.* stearin; **-lys,** *s.* candle.

sted, *s.* place, spot; *finde ~,* take place; *alle -er,* everywhere; *et eller andet* ~, somewhere; *komme galt af* ~, get hurt; get into trouble; *tage af* ~, leave, start; *i -et for*, instead of; *på -et*, on the spot; *til -e*, present; *ikke til -e*, absent; **-barn**, *s.* stepchild; **-fader**, *s.* stepfather; **-fortræder**, *s.* substitute, deputy; **-lig**, *adj.* local; **-moder**, *s.* stepmother; *-blomst*, *s., bot.* pansy; **-ord**, *s., gram.* pronoun; **-sans**, *s.* sense of direction; **-se**, *adv.* always; *for* ~, for ever; *-grøn*, *adj.* evergreen; **-vis**, *adj.* local; *adv.* locally, in places.

steg, *s., kul.* roast; joint; **-e**, *v. t. & i.* roast; fry; grill; **-efedt**, *s.* dripping; **-egryde**, *s.* stewpan; **-ende**, *adj.* ~ *varm*, baking hot; **-epande**, *s.* frying pan; **-espid**, *s.* spit, skewers.

stejl, *adj.* steep; obstinate.

stejle, *v. i.* rear; be staggered; ~ *over*, bridle at; boggle at.

stel, *s.* frame; set, service.

stemme, *s.* voice; vote; *mus.* part; *v. t. & i.* vote; be right; agree, balance; *mus.* tune; ~ *om*, put to the vote; **-bånd**, *s., anat.* vocal chord; **-gaffel**, *s., mus.* tuning fork; **-jern**, *s.* chisel; **-procent**, *s.* poll; turn-out; **-ret**, *s.* suffrage, the vote; **-seddel**, *s.* ballot paper.

stemning, *s.* mood; atmosphere; feeling; tuning; **-sfuld**, *adj.* poetic; moving; full of atmosphere.

stempel, *s.* stamp; piston; **-le**, *v. t.* stamp, brand, mark; label.

stemt, *adj.* tuned; *fon.* voiced; *fig.* disposed; *være* ~ *for*, be in favour of.

sten, *s.* stone; rock, boulder; pebble; brick; *sove som en* ~, sleep like a log; **-alder**, *s.* Stone Age; **-bider**, *s., zoo.* lumpsucker; **-bro**, *s.* pavement; **-brud**, *s.* quarry; **-et**, *adj.* stony; **-hugger**, *s.* stone mason; **-høj**, *s.* rockery; **-hård**, *adj.* hard as rock; **-kast**, *s.* stone's throw; **-rig**, *s., T* filthy rich; **-sikker**, *adj.* dead certain, positive; **-tøj**, *s.* stoneware.

stenograf, *s.* shorthand typist; **-ere**, *v. i.* write in shorthand; **-i**, *s.* shorthand.

step, *s.* tap-dancing; **-pe**, *s.* steppe; *v. i.* tap-dance.

stereoanlæg, *s.* stereo (set).

steril, *adj.* sterile; **-isere**, *v. t.* sterilize.

stewardesse, *s.* air hostess, stewardess.

sti, *s.* path.

stift, *s.* nail; tack; lead; *rel.* diocese; **-e**, *v. t.* found, establish; cause; start; incur; **-else**, *s.* foundation; **-ende**, *adj.* statutory; founding; **-er**, *s.* founder.

stigbøjle, *s.* stirrup.

stige, *s.* ladder; *v. i.* rise, go up, mount; increase; grow; ascend; ~ *af*, get off; ~ *i løn*, get a rise; ~ *i pris*, go up; ~ *om*, change; ~ *op*, go up; mount; ~ *op i*, climb into; ~ *på*, get on; ~ *ud*, get off; ~ *ud af*, get out of; **-ning**, *s.* rise; increase.

stik, *s.* stab; prick; sting, bite; twinge; engraving;

(kort) trick; *elek.* point; plug; *adv.* direct, right; ~ *imod*, dead against; directly contrary to; ~ *modsat*, directly opposite; ~ *øst*, due east; **-dåse,** *s., elek.* socket; **-kontakt,** *s., elek.* socket, point; plug; **-ling,** *s., bot.* cutting; **-ning,** *s.* seam; stitching; **-ord,** *s.* cue; headword; catchword; **-sregister,** *s.* subject index; **-pille,** *s., med.* suppository; *fig.* gibe; **-prop,** *s., elek.* plug; **-prøve,** *s.* spot test.

stikke, *v. t. & i.* stick; prick; stab; bite, sting; stitch; hand; put; inform on; ~ *af*, clear out; bolt; ~ *frem*, stick out; put out; ~ *i*, prod; ~ *i lommen*, pocket, put into one's pocket; ~ *ned*, stab; ~ *op*, stick up; ~ *til*, toy with; *fig.* get at; ~ *ud*, stick out; ~ *sig på*, prick oneself on; **-nde,** *adj.* pricking; shooting; *fig.* piercing; **-r,** *s.* informer; **-sting,** *s.* backstitch.

stikkelsbær, *s., bot.* gooseberry.

stil, *s.* style; manner; exercise; essay; theme; *i den* ~, along those lines; *i* ~ *med*, something like; *i stor* ~, on a large scale; **-art,** *s.* style; **-ebog,** *s.* exercise book.

stile, *v. t.* address; ~ *efter*, aim at, aspire to; ~ *mod*, make for; aim at.

stilethæl, *s.* stiletto heel.

stilfærdig, *adj.* gentle, quiet.

stilhed, *s.* silence; quiet, calm.

stilk, *s.* stem, stalk.

stillads, *s.* scaffold(ing).

stille, *adj.* quiet, calm; still; silent; *tie* ~, be quiet; *v. t.* place, put; turn up; set; satisfy; ~ *et spørgsmål*, ask a question; ~ *ind*, tune in; ~ *op*, form up; stand; run; do; *være dårligt -t*, be badly off; ~ *sig i række*, line up; **S~havet,** *s.* the Pacific (Ocean); **-stående,** *adj.* stationary; stagnant; stolid.

stilling, *s.* attitude; stand; situation; position; occupation; post; job; *sport.* score; *tage* ~, make up one's mind.

stilne, *v. i.* ~ *af*, calm down.

stilstand, *s.* standstill.

stiltiende, *adj.* tacit.

stime, *s.* shoal.

stimle, *v. i.* ~ *sammen*, crowd; **-mel,** *s.* crowd.

stimulans, *s.* stimulant; **-ere,** *v. t.* stimulate.

sting, *s.* stitch.

stinke, *v. i.* stink; **-dyr,** *s., zoo.* skunk.

stipendium, *s.* scholarship.

stirre, *v. i.* stare; gaze.

stiv, *adj.* stiff; rigid; *blive* ~, set; stiffen; **-e,** *v. t.* starch; ~ *af*, prop up; **-else,** *s.* starch; **-er,** *s.* rib; brace; prop; **-frossen,** *adj.* frozen stiff; **-krampe,** *s., med.* tetanus; **-ne,** *v. i.* stiffen; harden; set; coagulate; **-sindet,** *adj.* stubborn; headstrong.

stjerne, *s.* star; *typ.* asterisk; **-billede,** *s., astr.* constellation; **-klar,** *adj.* starry; **-skud,** *s.* shooting star.

stjæle, *v. t. & i.* steal, *T* pinch.

stodder, *s.* beggar; bloke.

stof, *s.* material, fabric; matter; substance; subject; **-fer,** *pl.* drugs; **-misbrug,** *s.* drug abuse; **-prøve,** *s.* sample; **-skifte,** *s.,* *anat.* metabolism; **-tryk,** *s.* textile printing.

S-tog, *s.* [the electrified train of Copenhagen].

stok, *s.* stick; cane; **-døv,** *adj.* stone deaf; **-konservativ,** *adj.* ultra-conservative; **-rose,** *s.,* *bot.* hollyhock.

stol, *s.* chair; **-e,** *v. i.* ~ **på,** trust; rely on, depend on; **-esæde,** *s.* seat.

stolpe, *s.* post.

stolpre, *v. i.* totter; toddle.

stolt, *adj.* proud; **-hed,** *s.* pride.

stop, *s.* stop; halt; fill; *køre på* ~, hitch-hike; **-forbud,** *s.* no waiting; **-fuld,** *adj.* crammed; packed; **-pe,** *v. t. & i.* stop; fill, cram, stuff; darn, mend; block; **-pegarn,** *s.* darning wool; **-penål,** *s.* darning needle; **-pested,** *s.* stop, halt; **-ur,** *s.* stopwatch.

stor, *adj.* big, large; tall; great; *typ.* capital; **-artet,** *adj.* splendid, grand; gorgeous; **S~britannien,** *s.* Great Britain; **-by,** *s.* metropolis, big city; **-ebror,** *s.* big brother; **-esøster,** *s.* big sister; **-etå,** *s.* big toe; **-hed,** *s.* greatness; glory; **-svanvid,** *s.,* *med.* megalomania; **-magasin,** *s.* department store; **-magt,** *s.* great power; **-politik,** *s.* high politics; **-ryger,** *s.* heavy smoker; **-slået,** *adj.* magnificent, grand; **-snudet,** *adj.* snooty, arrogant; **-stilet,** *adj.* large-scale; **-vask,** *s.* wash(ing);

-vildt, *s.* big game.

stork, *s., zoo.* stork.

storm, *s.* gale; storm; tempest; *fig.* assault; **-e,** *v. t. & i.* rush; storm; *det -r,* there is a gale blowing; **-ende,** *adj.* stormy; **-flod,** *s.* storm tide, flood, **-fuld,** *adj.* stormy; **-vejr,** *s.* stormy weather.

strabadser, *s. pl.* hardships.

straf, *s.* punishment; penalty; sentence; **-arbejde,** *s.* penal servitude; **-fe,** *v. t.* punish; **-fefange,** *s.* convict; **-fespark,** *s., sport.* penalty (kick); **-porto,** *s.* surcharge.

straks, *adv.* immediately, at once, right away; in a minute, presently; first thing; ~ *da,* the moment.

stram, *adj.* tight; taut; stiff; severe; strict; rank; **-me,** *v. t.* tighten; be too tight; ~ *sig op,* brace oneself; **-ning,** *s.* tightening.

strand, *s.* beach; shore; seaside; **-bred,** *s.* beach; **-e,** *v. i.* be stranded; *fig.* fail; **-ing,** *s.* wreck.

strategi, *s.* strategy; **-sk,** *adj.* strategic.

streg, *s.* line; streak; stroke; dash; trick; *gå over -en, fig.* overstep the mark; *slå en ~ over, fig.* forget, drop; *sætte ~ under,* underline; **-e,** *v. t.* strike out, delete.

strejfe, *v. i.* brush, touch; graze; touch on; roam.

strejke, *s.* strike; *v. i.* strike, go on strike; down tools; refuse to work; **-bryder,** *s.* scab; **-vagt,** *s.* picket.

streng, *s.* string; strand; *adj.* strict; severe; hard;

stiff; stern; -t *taget*, strictly speaking; **-hed**, *s.* strictness; sternness; severity.

stress, *s.* stress; **-et**, *adj.* under stress.

stribe, *s.* stripe; streak; **-t**, *adj.* striped; streaky.

strid, *s.* conflict; fight; argument, quarrel, dispute; *adj.* rough; stiff, bristly; rapid; harsh; *i ~ med*, against; **-e**, *v. i.* fight, struggle; **-s**, fight, quarrel; **-ig**, *adj.* headstrong; stubborn; **-sspørgsmål**, *s.* controversial issue; **-søkse**, *s. begrave -n*, bury the hatchet.

strigle, *v. t.* groom.

strikke, *s.* rope, cord; *v. t. & i.* knit; **-garn**, *s.* knitting yarn; knitting wool; **-opskrift**, *s.* knitting pattern; **-pind**, *s.* knitting needle; **-tøj**, *s.* knitting; **strikvarer**, *s. pl.* knitwear.

striks, *adj.* strict.

strimmel, *s.* strip; shred; tape; *film* reel.

stritte, *v. t. & i.* bristle; protrude; *~ med*, stick out; *~ imod*, resist; **-nde**, *adj.* bristly.

strofe, *s.* stanza.

strop, *s.* strap; loop; hanger; **-løs**, *adj.* strapless.

strube, *s., anat.* throat; **-hoved**, *s., anat.* larynx; **-lyd**, *s.* guttural (sound).

struds, *s., zoo.* ostrich.

struktur, *s.* structure; **-ere**, *v. t.* structure.

struma, *s., med.* goitre.

strunk, *adj.* erect, upright.

strutte, *v. i.* bulge; bristle.

stryge, *v. t. & i.* iron; stroke; cancel; strike out, delete; shoot, streak; **-bræt**, *s.* ironing board;

-instrument, *s., mus.* string instrument; **-jern**, *s.* iron; **-kvartet**, *s., mus.* string quartet.

stræbe, *v. i.* strive; exert oneself; *~ efter*, aim for, aspire to; strive for; **-r**, *s.* swot, careerist.

stræde, *s.* lane; alley; *naut.* strait.

stræk, *s.* stretch; *med.* traction; *i ét ~*, at one go; **-ke**, *v. t.* strech; draw out; make go further; *~ hånden ud*, reach out; *~ sig*, stretch (oneself); last; *~ til*, suffice; go a long way; **-ning**, *s.* stretch, length; distance; stretching.

strø, *v. t.* strew; sprinkle; *~ om sig med*, throw about.

strøg, *s.* stroke; touch; stretch; **-et**, *adj.* level.

strøm, *s.* river, stream; *elek.* current, power; **-afbrydelse**, *s., elek.* power cut; **-førende**, *adj., elek.* live; **-kreds**, *s., elek.* circuit; **-linet**, *adj.* streamlined; **-me**, *v. i.* stream, pour; flow; flock, crowd; **-ning**, *s.* flow; current; *fig.* trend; **-styrke**, *s., elek.* wattage; **-svigt**, *s., elek.* power failure.

strømpe, *s.* stocking; sock; **-bukser**, *s. pl.* tights; panty hose; **-bånd**, *s.* garter; **-holder**, *s.* suspender belt.

strå, *s.* straw; **-tag**, *s.* thatched roof; **-tækt**, *adj.* thatched.

stråle, *s.* ray; beam; jet; *v. i.* radiate; beam, shine; sparkle; **-glans**, *s.* radiance; **-nde**, *adj.* radiant, beaming; sparkling; brilliant; **stråling**, *s.* radiation.

stub, *s.* stubble; stump.

stud, *s., zoo.* bullock; *fig.* boor.

student, *s.* undergraduate, student; postgraduate; **-ereksamen,** *s.* school-leaving certificate; **-erråd,** *s.* students' council.

studere, *v. t. & i.* study; **-nde,** *s.* student.

studi|e, *s.* study; studio; **-elegat,** *s.* scholarship; **-erejse,** *s.* study trip; **-evært,** *s., TV.* host; **-um,** *s.* study; studies.

studse, *v. t.* trim; *v. i.* be taken aback; be surprised.

stue, *s.* room; ground floor; ward; **-antenne,** *s.* indoor aerial; **-etage,** *s.* ground floor; **-gang,** *s.* rounds; **-hus,** *s.* farmhouse; **-pige,** *s.* housemaid; chambermaid; **-plante,** *s.* house plant; **-ren,** *adj.* house-trained; **-temperatur,** *s.* indoor temperature; **-ur,** *s.* clock.

stuk, *s.* stucco.

stum, *adj.* mute, dumb; silent; **-film,** *s.* silent movie.

stump, *s.* stump; fragment; end; bit; tiny tot; pet; *adj.* blunt; obtuse; **-e,** *v. i.* be too short; **-næset,** *adj.* snub-nosed.

stund, *s.* time; while.

stutteri, *s.* stud farm.

stuv|e, *v. t.* stew; ~ *sammen,* pack; **-ning,** *s., kul.* white sauce.

styg, *adj.* ugly; naughty; bad; nasty.

stykke, *s.* piece, bit; scrap; slice; part; play; *et* ~ *mad,* a sandwich; *et* ~ *vej,* some distance; *i* -*r,* broken; out of order; *gå i* -*r,* go to pieces; *slå i* -*r,*

smash; ~ *ud,* parcel out; -*t, pr. styk,* each, a piece.

styr, *s.* handlebars; *få* ~ *på,* get control of; *holde* ~ *på,* manage, control; *sætte over* ~, lose; squander; **-bord,** *s., naut.* starboard; **-mand,** *s., naut.* mate; cox(swain).

styre, *s.* rule, government; management; *v. t. & i.* govern, rule; manage, control; guide; steer; ~ *sig,* control oneself; **-lse,** *s.* administration; management.

styrke, *s.* strength; power; volume; *v. t.* strengthen; fortify; refresh; **-nde,** *adj.* ~ *middel,* tonic; **-prøve,** *s.* trial of strength; **-r,** *pl., mil.* forces.

styrt, *s.* fall; crash; **-e,** *v. i.* fall down; tumble (over); rush, dash; *v. t.* overthrow; ~ *ned,* crash; be pouring down; **-ebad,** *s.* shower; **-hjelm,** *s.* crash helmet.

stædig, *adj.* stubborn, obstinate.

stængel, *s., bot.* stem, stalk.

stænk, *s.* stain, splash, spot; dash; touch; **-e,** *v. t.* sprinkle; splash.

stær, *s., zoo.* starling; *med. grøn* ~, glaucoma; *grå* ~, cataract.

stærk, *adj.* strong; vigorous; powerful; loud; *køre* -*t,* drive fast.

stævn, *s., naut.* bow, stem; stern.

stævn|e, *s.* meeting, rally; *sætte* ~, make an appointment with; *v. t.* summon; **-møde,** *s.* date; rendezvous; **-ing,** *s., jur.* writ; summons; subpoena.

støb|e, *v. t.* cast; mould; **-ejern,** *s.* cast iron; **-eri,** *s.* foundry; **-ning,** *s.* casting; cast.

stød, *s.* push, thrust; stab; bump; gust; blast; *elek.* shock; *fig.* blow; *fon.* glottal stop; *være i -et,* be in form; **-dæmper,** *s.* shock absorber; **-e,** *v. t. & i.* push, thrust; offend, hurt; pound; jolt; ~ *ind i,* collide with; ~ *op til,* adjoin; ~ *på,* come across; ~ *sammen,* collide; **-ende,** *adj.* offensive; **-pude,** *s.* buffer; **-t,** *adj.* bruised; ground; powdered; *fig.* offended; *blive* ~, take offence; **-tand,** *s.* tusk; **-vis,** *adv.* by fits and starts; jerkily; in gusts.

støj, *s.* noise; **-dæmper,** *s.* silencer; **-e,** *v. i.* make a noise; **-ende,** *adj.* noisy; **-sender,** *s.*, *radio.* jamming station.

stønne, *v. i.* moan, groan; pant.

stør, *s.*, *zoo.* sturgeon.

størkne, *v. i.* coagulate; clot; harden.

større, *adj.* greater, larger, bigger; taller; largish; considerable; **-lse,** *s.* size; bulk; height; quantity; extent; **-lsesforhold,** *s.* scale; dimensions; **-lsesorden,** *s.* magnitude, size.

størst, *adj.* biggest, greatest, largest; tallest; **-edel,** *s.* *-en,* the greater part; the majority.

støt, *adj.* steady.

støtte, *s.* support; pillar, column; statue; subsidy; *v. t. & i.* support; back up; ~ *sig til,* lean on; **-ben,** *s.* kick stand; **-pille,** *s.* buttress; **-punkt,** *s.* (point of) support.

støv, *s.* dust; **-bold,** *s.*, *bot.* puffball; **-drager,** *s.*, *bot.* stamen; **-e,** *v. t. & i.* raise dust; ~ *af,* dust; ~ *igennem,* search; ~ *op,* nose out; **-eklud,** *s.* duster; **-et,** *adj.* dusty; **-fang,** *s.*, *bot.* stigma; **-gran,** *s.* speck of dust; **-regn,** *s.* drizzle; **-suge,** *v. t. & i.* vacuum (-clean), *T* hoover; **-suger,** *s.* vacuum cleaner, *T* hoover.

støvle, *s.* boot; **-t,** *s.* bootee.

stå, *s.* *gå i* ~, stop; *v. i.* stand; be; say; take place; ~ *af,* get off; opt out; ~ *for,* stand for; be in charge of; resist; ~ *op,* stand; get up; rise; ~ *over for,* face; ~ *på,* get on; board; last; ~ *sammen,* stick together; ~ *ud,* get out; ~ *ved,* stand by; stick to; **-plads,** *s.* standing room.

ståhej, *s.* fuss; hullabaloo.

stål, *s.* steel; **-tråd,** *s.* (steel) wire; **-shegn,** *s.* wire fence; **-uld,** *s.* steel wool.

subjekt, *s.*, *gram.* subject; *fig.* sot.

substantiv, *s.*, *gram.* noun.

subtil, *adj.* subtle.

succes, *s.* success; hit.

suffl|ere, *v. t. & i.* prompt; **-ør,** *s.* prompter.

sug, *s.* suck; sip, swig; puff; **-e,** *v. t. & i.* suck; absorb; **-erør,** *s.* (drinking) straw; **-eskive,** *s.* suction pad; **-ning,** *s.* suction.

suk, *s.* sigh; **-ke,** *v. i.* sigh.

sukat, *s.*, *kul.* candied peel.

sukker, *s.*, *kul.* sugar; *hugget* ~, lump sugar; **-roe,** *s.*, *bot.* sugar beet; **-rør,** *s.*, *bot.* sugar cane; **-skål,** *s.* sugar bowl; **-syge,** *s.*, *med.* diabetes; **-sygepati-**

ent, *s.* diabetic.
sulfat, *s.*, *kem.* sulphate;
-o(sæbe), *s.* detergent.
sult, *s.* hunger; *være ved at
dø af* ~, be starving; -e,
v. t. & i. starve; -en, *adj.*
hungry; famished; -e-
strejke, *s.* hunger strike.
sum, *s.* sum; total.
summe, *v. i.* buzz, hum;
-tone, *s.* dialling tone.
sump, *s.* swamp; marsh;
-et, *adj.* swampy, marsh-
y.
sund, *s.* sound; *adj.* sound,
healthy; ~ *fornuft*, com-
mon sense; -e, *v. refl.* ~
sig, collect oneself; -hed,
s. health; -spleje, *s.* hy-
giene; -splejerske, *s.*
health visitor; -svæsen, *s.*
health service(s); health
authorities.
suppe, *s.*, *kul.* soup; -das, *s.*
mess, pickle; -terning, *s.*,
kul. stock cube; -urter, *s.*
pl. vegetables, potherbs.
suppleant, *s.* substitute;
-ment, *s.* supplement;
-re, *v. t.* supplement;
-rende, *adj.* supplemen-
tary.
sur, *adj.* sour; acid; cross;
blive ~, get cross; turn
(sour); -dej, *s.*, *kul.* lea-
ven; -hed, *s.* sourness,
acidity; crossness; -mu-
le, *v. i.* sulk, mope.
surre, *v. i.* hum, buzz; *v. t.*
secure.
suse, *v. i.* whistle; rush,
tear.
sut, *s.* comforter, dummy;
teat; slipper; sot; -te, *v. i.*
suck; -teflaske, *s.* feeding
bottle.
suveræn, *adj.* sovereign;
superior.
svag, *adj.* weak, feeble;
faint, slight; -elig, *adj.*
weakly, infirm, delicate;

-hed, *s.* weakness.
svaj, *s.* flare; -e, *v. i.* sway,
swing; -rygget, *adj.*
sway-backed.
sval, *adj.* cool; -e, *s.*, *zoo.*
swallow; *v. t.* cool.
svamp, *s.* sponge; *bot.* fun-
gus; mushroom; dry-rot;
-et, *adj.* spongy.
svane, *s.*, *zoo.* swan; -unge,
s. cygnet.
svang, *s.*, *anat.* arch.
svanger, *adj.* pregnant;
-skab, *s.* pregnancy; -sfo-
rebyggende, adj. contra-
ceptive; -sprøve, *s.* preg-
nancy test.
svar, *s.* answer, reply, re-
sponse; -e, *v. t. & i.* an-
swer, reply; ~ *igen*, an-
swer back; ~ *til*, corre-
spond to; fit.
sved, *s.* perspiration,
sweat; -e, *v. i.* perspire,
sweat; ~ *ud*, *fig.* forget;
-en, *adj.* scorched, burnt;
mischievous, pawky; -ig,
adj. sweaty.
svejse, *v. t.* weld.
svelle, *s.* sleeper.
svensk, *s. & adj.* Swedish;
-er, *s.* Swede; -nøgle, *s.*,
mek. adjustable spanner.
Sverige, *s.* Sweden.
sveske, *s.*, *bot.* prune.
svide, *v. t.* singe, scorch;
burn.
svie, *s.* smart; pain; *v. i.*
sting.
svig, *s.* deceit; -e, *v. t.* be-
tray.
svigerdatter, *s.* daughter-
in-law; -far, *s.* father-in-
law; -forældre, *s. pl.* par-
ents-in-law; *T* in-laws;
-inde, *s.* sister-in-law;
-mor, *s.* mother-in-law;
-søn, *s.* son-in-law.
svigte, *v. t. & i.* let down;
fail; break, go back on;
break down.

svim|lende, *adj.* dizzy, giddy; enormous; **-mel,** *adj.* dizzy, giddy; **-melhed,** *s.* dizziness, giddiness.

svin, *s.* pig; *kul.* pork; *fig.* swine; *dumt* ~, bastard; **-e,** *v. i.* mess about, muck about; ~ *til,* dirty, make a mess of; **-efedt,** *s., kul.* lard; **-eheld,** *s.* fluke; **-ekotelet,** *s., kul.* pork chop; **-ekød,** *s., kul.* pork; **-elæder,** *s.* pigskin; **-eri,** *s.* mess, filth; **-esti,** *s.* pigsty; **-sk,** *adj.* dirty; filthy.

svind, *s.* waste; loss; **-e,** *v. i.* vanish, fade away; decrease; decline; dwindle; pass.

svind|el, *s.* swindle; **-le,** *v. t. & i.* swindle, cheat.

sving, *s.* swing; turn, sweep; bend, turning; *sætte i* ~, set going; **-dør,** *s.* revolving door; swing door; **-e,** *v. t. & i.* swing; fluctuate; wave; turn; change; **-ning,** *s.* turn; swing; vibration.

svingom, *s.* dance.

svip|se, *v. i.* go wrong, fail; **-ser,** *s.* failure, flop; **-tur,** *s.* trip, flying visit.

svire, *v. i.* booze.

svirre, *v. i.* whir; buzz.

svoger, *s.* brother-in-law.

svovl, *s.* sulphur; **-syre,** *s., kem.* sulphuric acid.

svulme, *v. i.* swell.

svulst, *s.* growth; tumour; **-ig,** *adj.* pompous.

svæk|ke, *v. t.* weaken; **-kelse,** *s.* weakening, weakness; **-ling,** *s.* weakling.

svælg, *s.* abyss; *anat.* larynx, throat; **-e,** *v. t. & i.* swallow; ~ *i,* revel in.

svær, *s., kul.* rind; crackling; *adj.* difficult, hard; heavy, big; strong, substantial; stout; **-hed,** *s.* difficulty; heaviness; stoutness; **-industri,** *s.* heavy industry; **-t,** *adv.* heavily; stoutly; very, most; **-vægt,** *s., sport.* heavyweight.

sværd, *s.* sword.

sværge, *v. t. & i.* swear.

sværm, *s.* swarm; crowd; **-e,** *v. i.* swarm; ~ *for,* have a crush on; be crazy about; **-eri,** *s.* infatuation; flame; dreaming.

sværte, *s.* blacking; shoe polish; ink; *v. t.* black; blacken; smear.

svæve, *v. i.* hover; sail; float; glide; **-bane,** *s.* aerial ropeway; **-fly,** *s.* glider; **-flyvning,** *s., sport.* gliding.

svøbe, *v. t.* swaddle; wrap; **-lsesbarn,** *s.* infant (in arms).

svømme, *v. i.* swim; ~ *i, fig.* roll in; ~ *ovenpå,* float; *ude at* ~, all at sea; **-bassin,** *s.* swimming pool; **-bukser,** *s. pl.* swimming trunks; **-bælte,** *s.* swimming belt; **-fugl,** *s.* web-footed bird; **-hal,** *s.* swimming bath; **-hud,** *s.* web; **-r,** *s.* swimmer; **-tag,** *s.* stroke; **-tur,** *s.* swim; **svømning,** *s.* swimming.

sy, *v. t. & i.* sew; make; ~ *sammen,* sew up; **-erske,** *s.* dressmaker; seamstress; **-maskine,** *s.* sewing machine; **-ning,** *s.* sewing; needlework; seam; **-nål,** *s.* sewing needle; **-tråd,** *s.* sewing thread; **-tøj,** *s.* sewing.

syd, *s.* south; *mod* ~, southwards; S ~ **afrika,** *s.* South Africa; S ~ **amerika,** *s.* South America;

S~europa, s. Southern Europe; **-lig**, adj. southern; south; **S~polen**, s. the South Pole; **-på**, adv. (towards the) south; **-vendt**, adj. facing south.

syde, v. i. seethe.

syfilis, s., med. syphilis.

syg, adj. ill; sick; bad; sickly; være ~ efter, be dying to; **-dom**, s. illness, sickness; disease; **-edagpenge**, s. pl. sickness benefit; **-eforsikring**, s. health insurance; **-ehjælper**, s. assistant nurse; **-ehus**, s. hospital; **-eleje**, s. sickbed; **-elig**, adj. sickly; infirm; morbid, sick; **-emelding**, s. report of illness; **-emeldt**, adj. off sick; **-eorlov**, s. sick leave; **-epleje**, s. nursing; **-eplejerske**, s. nurse; **-esikring**, s. (public) health insurance; **-ne**, v. i. ~ hen, waste away.

syl, s. awl; **-espids**, adj. sharply pointed.

sylte, s., kul. brawn; v. t. preserve; pickle; fig. shelve; **-tøj**, s., kul. jam; **-tøjsglas**, s. jam pot, jam jar.

symbol, s. symbol; **-isere**, v. t. symbolize; **-sk**, adj. symbolic.

symfoni, s., mus. symphony.

symmetri, s. symmetry; **-sk**, adj. symmetrical.

sympati, s. sympathy, liking; **-sere**, v. i. sympathize; **-sk**, adj. likeable; nice; pleasant; attractive.

symptom, s. symptom.

syn, s. (eye)sight, vision; survey; inspection, MOT test; view; ude af -e, out of sight; komme til -e, appear; **-sbedrag**, s. optical illusion; **-sfelt**, s. field of vision; **-skreds**, s. horizon; **-sprøve**, s. eye test; **-spunkt**, s. point of view; **-svidde**, s. sight; uden for ~, out of sight; **-svinkel**, s., fig. angle, aspect.

synd, s. sin; det er ~, it is a pity; **-e**, v. t. & i. sin, commit a sin; **-ebuk**, s. scapegoat; **-er**, s. sinner; **-flod**, s. deluge, flood; **-ig**, adj. sinful; **-sforladelse**, s., rel. absolution.

synderlig, adv. ikke ~, not particularly; not much.

syne, v. i. look; v. t. inspect, view; appraise.

synes, v. i. think, find; seem, appear; som du ~, as you please; ~ om, like.

synge, v. t. & i. sing.

synke, v. t. swallow; v. i. sink; go down; fall.

synlig, adj. visible; apparent; blive ~, come into view.

synonym, s. synonym; adj. synonymous.

syntetisk, adj. synthetic.

syre, s. acid; **-regn**, s. acid rain.

syren, s., bot. lilac.

syrer, s. Syrian; **Syrien**, s. Syria; **-isk**, s. & adj. Syrian.

syrlig, adj. sour; acid.

sysle, v. i. ~ med, be busy with, occupy oneself with.

system, s. system; **-atisk**, adj. systematic.

sytten, num. seventeen.

syv, num. seven; **-ende**, num. seventh; **-endedel**, s. seventh. **-sover**, s. sluggard.

sæbe, s. soap; **-automat**, s. soap dispenser; **-boble**, s. soap bubble; **-pulver**, s. soap powder; **-skum**, s.

lather; **-spåner**, *s. pl.* soap flakes; **-vand**, *s.* soapsuds.

sæd, *s.* seed; grain; *anat.* sperm, semen; **-celle**, *s., anat.* sperm cell; **-elig**, *adj.* moral; *-hedsforbrydelse*, *s.* sex crime; *-hedspoliti*, *s.* vice squad.

sæde, *s.* seat.

sædvan|e, *s.* custom; **-lig**, *adj.* usual, customary; *som ~*, as usual; *ud over det -e*, out of the ordinary; **-ligvis**, *adv.* usually, generally.

sæk, *s.* bag; sack; **-kelærred**, *s.* sackcloth; **-kepibe**, *s., mus.* bagpipe.

sæl, *s., zoo.* seal; **-fangst**, *s.* sealing.

sælge, *v. t.* sell; **-r**, *s.* seller; salesman.

sælsom, *adj.* strange, singular, odd.

sænk|e, *v. t.* sink; lower; *~ sig*, fall; **-ning**, *s.* depression, hollow; lowering; sinking.

sær, *adj.* odd, queer, peculiar, strange; eccentric; cross; **-eje**, *s., jur.* separate estate. **-ling**, *s.* eccentric (person); **-nummer**, *s.* special issue; **-præg**, *s.* character; peculiarity; **-præget**, *adj.* individual; peculiar; curious; **-skilt**, *adj.* individual; separate, distinct; **-syn**, *s.* phenomenon; rarity; **-tog**, *s.* special train; **-tryk**, *s.* offprint.

særdeles, *adv.* very, extremely, highly; *i -hed*, in particular, especially.

særlig, *adj.* separate, distinct; special, particular; *adv.* (e)specially; *ikke ~*, not very.

sæson, *s.* season.

sæt, *s.* jump; start; set; *et ~ tøj*, a suit.

sætning, *s., gram.* sentence; clause.

sætte, *v. t.* set, place, put; suppose; postulate; *~ af*, drop; set aside; *~ fast*, fasten; arrest; *~ frem*, lay out, display; *~ ind i*, inform of, acquaint with; *~ op*, put up, raise; hang; increase; *~ vand over*, put the kettle on; *~ sammen*, put together; join; assemble; *~ til*, lose, waste; *~ til livs*, consume; *~ sig*, sit down; *~ sig fast*, become stuck; *~ sig for*, decide; *~ sig ind i*, get acquainted with; *~ sig til*, set about; start; **-maskine**, *s., typ.* typesetter; **-r**, *s., typ.* compositor.

sø, *s.* lake; sea; wave; pool; *~-*, *adj.* marine, naval; *i rum ~*, on the open sea; *til -s*, at sea; **-bred**, *s.* lakeside; **-dygtig**, *adj.* seaworthy; **-farer**, *s.* seaman, sailor; **-fart**, *s.* navigation; shipping; **-folk**, *s. pl.* seamen, sailors; **-gang**, *s.* sea; **-helt**, *s.* naval hero; **-kort**, *s* chart; **-løve**, *s., zoo.* sea lion; **-mand**, *s.* sailor, seaman; **-mil**, *s.* nautical mile; **-mærke**, *s.* beacon; buoy, navigation mark; **-officer**, *s., mil.* naval officer; **-pindsvin**, *s., zoo.* urchin; **-rejse**, *s.* voyage; **-ret**, *s., jur.* maritime court; **-røver**, *s.* pirate; **-slag**, *s.* naval battle; **-slange**, *s., zoo.* sea serpent; **-spejder**, *s.* sea scout; **-stjerne**, *s., zoo.* starfish; **-syg**, *adj.* seasick; **-sætte**, *v. t.* launch; **-tunge**, *s., zoo.*

sole; -værnet, s., *mil.* the Navy.

sød, *adj.* sweet; good; nice; dear; charming; cute; *-e sager,* sweets; **-e,** *v. t.* sweeten; **-emiddel,** s. sweetener; **-me,** s. sweetness.

søg|e, *v. t. & i.* look; search for; look for; attend; consult; seek; apply for; see; **-elys,** s., *fig. i -et,* in the limelight; **-ning,** s. custom; search(ing); **-t,** *adj.* in demand; popular; far-fetched; affected.

søjle, s. pillar, column; **-gang,** s. colonnade.

søle, s. mire, slush, mud; **-t,** *adj.* muddy, dirty.

sølle, *adj.* poor; paltry.

sølv, s. silver; **-bryllup,** s. silver wedding; **-papir,** s. tinfoil; **-smed,** s. silversmith; **-tøj,** s. silverware.

søm, s. nail; seam; hem; **-me,** *v. t. & i.* stitch; nail; ~ *sig,* be proper; **-melig,** *adj.* decent, proper.

søn, s. son.

søndag, s. Sunday; **-støj,** s. Sunday best.

sønder, *adv.* ~ *og sammen,* to bits.

sønderknust, *adj.* brokenhearted.

sørg|e, *v. i.* mourn; grieve; ~ *for,* take care of, look after; ~ *for at,* see to it that; **-edragt,** s. mourning; **-elig,** *adj.* sad; tragic; pitiful; **-modig,** *adj.* sad, sorrowful.

søskende, s. *pl.* brothers and sisters.

søster, s. sister; **-datter,** s. niece; **-søn,** s. nephew.

søvn, s. sleep; *falde i ~,* fall asleep; **-drukken,** *adj.* drowsy; **-dyssende,** *adj.* soporific; monotonous; **-gænger,** s. somnambulist, sleepwalker; **-ig,** *adj.* sleepy, drowsy; **-løshed,** s. insomnia.

så, *v. t. & i.* sow; *adv. & konj.* so, so that; then, next; as; *ja* ~ *!*indeed? ~, ~ *!* come, come!

sådan, *adj.* such; like that; *adv.* like this; like that; so much; ~ *!* that's it! ~ *da,* more or less; ~ *noget,* that sort of thing; *nå* ~ *!*I see! ~ *set,* in a way.

såfremt, *konj.* provided; if.

såkaldt, *adj.* so-called.

sål, s. sole.

således, *adv.* so, thus, like this, in this way.

såmænd, *adv.* really; I am sure.

sår, s. wound, cut; ulcer; **-bar,** *adj.* vulnerable; **-e,** *v. t.* wound; hurt; injure; offend; **-ende,** *adj.* wounding, hurtful; offensive.

såsom, *adv.* such as.

såvel, *adv.* ~ *.. som,* both .. and, as well as.

tab, s. loss; **-e,** *v. t.* lose; drop; ~ *sig,* lose weight; **-er,** s. loser.

tabel, s. table.

tablet, s. tablet, pill.

tabu, s. taboo.

taburet, s. stool; *fig.* office.

taffel, s. banquet.

taft, s. taffeta.

tag, s. roof; grasp, **grip,** hold; knack; *sport.* stroke; *få* ~ *i,* get hold of; **-bagagebærer,** s. roof rack; **-etage,** s. top floor; **-kammer,** s. garret; **-pap,** s. asphalt paper; roofing felt; **-ryg,** s. ridge; **-rende,** s. gutter; **-skæg,** s. eaves; **-spær,** s. rafter; **-sten,** s. tile; **-vindue,** s. skylight.

tage, *v. t.* take; charge; hold, contain; go; stand; ~ *af*, take off; decrease, reduce; ~ *af sted*, leave, start; ~ *for*, charge for; take for; ~ *for sig*, help oneself; ~ *imod*, receive, accept; meet; ~ *ind*, decrease; ~ *ind på*, put up at; ~ *med*, take, go by; bring along; ~ *op*, pick up; take up; take out; ~ *på*, put on weight, gain (weight); ~ *sig af*, take care of, see to; look after; worry about; ~ *sig sammen*, pull oneself together; ~ *sig ud*, look well; look like; ~ *ud*, take out; pick (out); increase; clear the table.

tagfat, *s.* tag; *lege* ~, play tag.

tak, *s.* thanks, *T* ta; cog, tooth; point; jag; reward; *mange* ~, thank you very much; *ja* ~ *!* yes please! *selv* ~, don't mention it; ~ *i lige måde*, the same to you; *tage til -ke*, make do with; **-ke,** *v. t. & i.* thank; *-t være*, thanks to; **-ker,** *pl., zoo.* antlers; **-ket,** *adj.* jagged, indented; perforated; **-nem(me)lig,** *adj.* grateful; thankful; rewarding; **-nem(me)lighed,** *s.* gratitude.

taks, *s., bot.* yew.

taksere, *v. t.* estimate, appraise, value.

takst, *s.* rate; fare; charge; **-zone,** *s.* fare stage.

takt, *s.* time; measure; tact; *mus.* bar; *gå i* ~, walk in step; *slå* ~, beat time; **-fast,** *adj.* measured; **-fuld,** *adj.* discrete, tactful; **-løs,** *adj.* indiscreet, tactless; **-slag,** *s.*

beat; **-stok,** *s.* baton.

takti|k, *s.* tactics; **-sk,** *adj.* tactical.

tal, *s.* number; figure, cipher; digit; *holde* ~ *på*, keep count of; **-løs,** *adj.* countless, innumerable; **-ord,** *s., gram.* numeral; **-rig,** *adj.* numerous.

tale, *s.* speech; talk; *det kan der ikke være* ~ *om*, it's out of the question; *v. t. & i.* speak, talk; ~ *sammen*, talk; **-fod,** *s. være på* ~, be on speaking terms; **-færdighed,** *s.* fluency; eloquence; **-måde,** *s.* phrase, turn of speech; **-nde,** *adj.* talking, speaking; talkative; eloquent; striking; significant; **-r,** *s.* speaker; **-rstol,** *s.* platform, rostrum; **-sprog,** *s.* spoken language.

talent, *s.* talent, gift; **-fuld,** *adj.* talented, gifted.

talg, *s.* tallow.

talje, *s., anat.* waist; waistline; *naut.* tackle.

talkum, *s.* talc(um powder).

tallerken, *s.* plate; *dyb* ~, soup plate; *flyvende* ~, flying saucer.

talon, *s.* counterfoil, stub.

talsmand, *s.* spokesman, advocate.

tam, *adj.* tame; domestic(ated).

tampon, *s.* tampon; swab.

tand, *s., anat.* tooth; *skære tænder*, grind one's teeth; **-byld,** *s.* gumboil; **-børste,** *s.* toothbrush; **-hjul,** *s.* cogwheel; **-krus,** *s.* tooth mug; **-kød,** *s., anat.* gum; **-læge,** *s.* dentist; **-pasta,** *s.* toothpaste; **-pine,** *s.* toothache; **-sten,** *s.* tartar; **-stikker,** *s.*

toothpick; **-tråd,** s. dental floss.

tang, s. (pair of) tongs, nippers, pliers, tweezers, pincers; *bot.* seaweed.

tange, s. isthmus; tongue (of land).

tange|nt, s., *mus.* key; *mat.* tangent; **-re,** v. t. touch (on); border on; equal.

tank, s. tank; petrol station; **-bil,** s. tanker; **-skib,** s. tanker; **-station,** s. petrol (*el.* filling) station; **-vogn,** s. tank wagon.

tanke, s. thought; idea; conception; intention; *komme i -r om,* (come to) think of; v. t. fill up; refuel; **-fuld,** adj. thoughtful, pensive; **-gang,** s. way of thinking; line of thought; mentality; mind; **-løs,** adj. thoughtless; **-streg,** s., *gram.* dash; **-tom,** adj. vacant, blank; **-torsk,** s. blunder; **-vækkende,** adj. thought-provoking.

tante, s. aunt.

tap, s. tap, spigot, faucet; pivot.

tapet, s. wallpaper; *på -et, fig.* on the order of the day; **-sere,** v. t. paper; **-sering,** s. paper-hanging.

tappe, v. t. draw (off), tap; *fig.* drain; ~ *på flaske,* bottle.

tapper, adj. brave, valiant; **-hed,** s. courage.

tarm, s., *anat.* intestine, gut; **-e,** *pl.* bowels; **-kanal,** s. intestinal canal; **-katar,** s., *med.* enteritis; **-slyng,** s., *med.* volvolus.

tartelet, s., *kul.* patty shell.

tarvelig, adj. simple, frugal; plain, modest; poor, inferior; mean.

taske, s. bag; handbag;

(brief)case; minx, hussy; **-nspiller,** s. conjuror.

tast|atur, s. keyboard; **-e,** s. key.

tatovere, v. t. tattoo.

tavle, s. board; blackboard; notice board.

tavs, adj. silent; tacit(urn); mute; **-hed,** s. silence; **-hedspligt,** s. professional secrecy.

taxa, s. taxi; **-chauffør,** s. taxi driver; **-holdeplads,** s. taxi rank.

te, s. tea; v. refl. ~ *sig,* carry on; behave; **-blad,** s. tea leaf; **-brev,** s. tea bag; **-dåse,** s. tea caddy; **-hætte, -varmer,** s. tea cosy; **-kande, -potte,** s. tea pot; **-køkken,** s. kitchenette; **-pause,** s. tea break; **-si,** s. tea strainer; **-ske,** s. teaspoon.

teater, s. theatre; stage; **-forestilling,** s. theatrical performance; **-kikkert,** s. opera glasses; **-plakat,** s. playbill; **-stykke,** s. play.

tegl, s. tile; brick; **-ovn,** s. brick kiln; **-sten,** s. tile; brick; **-værk,** s. tileworks.

tegn, s. sign, mark, indication; symptom; omen; character; signal; *gøre ~,* signal; *som ~ på,* as a token of; **-e,** v. t. & i. draw; outline, sketch; design; sign; promise; ~ *abonnement,* take out a subscription; ~ *til,* look like; **-eblok,** s. drawing pad; **-ebog,** s. wallet; **-efilm,** s. cartoon; **-er,** s. draughtsman, designer; artist; **-serie,** s. comic strip; **-estift,** s. drawing pin, thumbtack; **-ing,** s. drawing, sketch; plan; subscription; **-sprog,** s.

sign language; **-sætning,** s. punctuation.

teint, s. complexion.

teknik, s. technique; technology; **-iker,** s. technician; **-isk,** adj. technical; **-ologi,** s. technology; **-ologisk,** adj. technological.

tekst, s. text; caption; mus. words, lyrics; **-behandling,** s. word processing; **-e,** v. t. subtitle.

tekstil, s. textile; fabric.

telefon, s. telephone, T phone; tage -en, answer the telephone; **-bog,** s. telephone directory; **-boks,** s. phone booth; **-bombe,** s. bomb scare; **-bruser,** s. hand shower; **-central,** s. telephone exchange; **-ere,** v. i. (tele)-phone; ~ til, call; **-nummer,** s. telephone number; **-opringning,** s. call; **-rør,** s. receiver; **-skive,** s. dial; **-svarer,** s. answering machine.

telegraf, s. telegraph; **-ere,** v. i. telegraph, cable, wire; **-ist,** s. telegraph operator; radio officer, T sparks.

telegram, s. telegram, cable; **-bureau,** s. news agency.

telelinse, s., fot. telephoto lens; **-skop,** s. telescope.

telex, s. telex.

telt, s. tent; marquee; booth; **-lejr,** s. camp.

tema, s. theme, subject, topic.

temmelig, adv. rather, fairly, pretty.

tempel, s. temple.

temperament, s. temper.

temperatur, s. temperature.

tempo, s. pace, rate, speed;

mus. tempo.

tendens, s. trend, tendency.

tennis, s., sport. tennis; **-bane,** s. tennis court; **-ketsjer,** s. tennis racket; **-spiller,** s. tennis player.

teolog, s. theologian; **-i,** s. theology, divinity; **-isk,** adj. theological.

teoretisk, adj. theoretic(al); **-i,** s. theory.

termin, s. settling day; time; deadline.

terminal, s., edb. & fly. terminal.

termoflaske, s. thermos (flask); **-kande,** s. vacuum jug; **-meter,** s. thermometer; **-rude,** s. double glazing; **-stat,** s. thermostat.

tern, s. square; check pattern; **-et,** adj. checkered.

terning, s. die (pl. dice); cube.

terpe, v. t. & i. cram; swot.

terpentin, s., kem. turpentine, T turps; white spirit.

terrasse, s. terrace, patio.

terrin, s. tureen.

territorium, s. territory.

terror, s. terror; **-isere,** v. t. terrorize; **-isme,** s. terrorism; **-ist,** s. terrorist.

terræn, s. ground; country; **-gående,** adj. cross-country; **-løb,** s., sport. cross-country race.

terts, s., mus. third.

testamente, s. will, testament; **-re,** v. t. leave, bequeath.

testikel, s., anat. testicle.

Themsen, s. the Thames.

ti, num. ten; **-ende,** num. tenth; **-endedel,** s. tenth; **-kamp,** s., sport. decathlon; **-år,** s. decade.

tid, s. time; moment, hour; age; appointment; gram.

tense; *for -en*, at present; *i disse -er*, nowadays; *om kort ~*, shortly, soon; *på -e*, (high) time; *til sin ~*, in due course; *somme -er*, sometimes, at times; **-evand**, *s.* tide; **-nød**, *s.* *være i ~*, be pressed for time; **-s**, *adv.* *~ nok*, in time; **-salder**, *s.* age, era; **-sbegrænsning**, *s.* time limit; **-sfordriv**, *s.* pastime; **-sfrist**, *s.* time limit; **-skrævende**, *adj.* time-consuming; **-splan**, *s.* schedule, timetable; **-spunkt**, *s.* time, moment; point; **-sregning**, *s.* calendar; era; *før vor ~*, before Christ, B.C.; **-srum**, *s.* period; **-sskrift**, *s.* periodical; magazine; review; journal; **-sspilde**, *s.* waste of time; **-ssvarende**, *adj.* up-to-date.

tidlig, *adj. & adv.* early; *i morgen ~*, tomorrow morning; **-ere**, *adj.* earlier; previous; former; ex-; late; *adv.* earlier; formerly; previously; **-st**, *adj.* earliest; *adv.* at the earliest.

tidsel, *s.*, *bot.* thistle.

tie, *v. i.* be silent; stop talking; *ti stille!* be quiet! shut up!

tiere, *adj.* more frequently, more often.

tiger, *s.*, *zoo.* tiger.

tigge, *v. t. & i.* beg; **-r**, *s.* beggar.

tikke, *v. i.* tick.

til, *præp.* to; at, in; for; against; until, till; to; by; of; into; *spise ~ middag*, dine; *tage ~*, increase; *være god ~*, be good at; *af og ~*, (every) now and then; *adv. én ~*, another, a second, one more.

tilbage, *adv.* back; backward(s); behind; left (over); **-betale**, *v. t.* repay; **-blik**, *s.* retrospect; flashback; **-fald**, *s.* relapse; **-gang**, *s.* decline, fall(ing)-off; **-holde**, *v. t.* detain, hold back; keep back; **-holdende**, *adj.* reserved; modest; shy; **-kalde**, *v. t.* recall; call back; withdraw; revoke; call in; **-komst**, *s.* return; **-levere**, *v. t.* return; **-lægge**, *v. t.* cover; travel; do; **-lænet**, *adj.* reclining; **-rejse**, *s.* return journey; **-skridt**, *s.* step backwards; **-slag**, *s.* rebound; recoil; *fig.* setback, backlash; **-stående**, *adj.* backward, retarded; **-tog**, *s.* retreat; **-vej**, *s.* way back.

tilbede, *v. t.* adore, worship; **-r**, *s.* admirer; worshipper.

tilbehør, *s.* accessories; fittings.

tilberede, *v. t.* prepare; cook; make.

tilbringe, *v. t.* spend.

tilbud, *s.* offer; quotation; estimate; bid; *på ~*, on (special) offer.

tilbyde, *v. t.* offer; *~ sig*, volunteer.

tilbygning, *s.* addition; extension.

tilbøjelig, *adj.* *~ til*, inclined to; given to; liable to; **-hed**, *s.* inclination; tendency.

tildelle, *v. t.* give; allot; bestow; confer; award; **-ing**, *s.* allotment; award; bestowal.

tildragelse, *s.* occurrence.

tilegne, *v. t.* dedicate; *~ sig*, acquire; pick up; appropriate.

tilflugt, *s.* refuge; *tage sin*

~ *til*, resort to; **-ssted**, *s.* refuge.

tilfreds, *adj.* satisfied; content(ed), pleased; **-hed**, *s.* satisfaction; contentment; **-stille**, *v. t.* satisfy, please; **-stillende**, *adj.* satisfactory.

tilfæld|e, *s.* case, instance; chance; coincidence; accident, occurrence; *med.* fit, attack; *i* ~ *af at*, in case; *i hvert* ~, at any rate; anyway; *ved et* ~, by accident; **-ig**, *adj.* accidental, chance; occasional; **-t**, *adv.* by chance; at random; **-ighed**, *s.* coincidence; chance; **-igvis**, *adv.* by chance; accidentally; *jeg mødte ham* ~, I happened to meet him.

tilfælles, *adv.* in common.

tilføje, *v. t.* add; inflict on; cause; **-lse**, *s.* addition, supplement; appendix.

tilfør|e, *v. t.* supply; add; let in; **-sel**, *s.* supply; intake.

tilgang, *s.* increase; intake, accession.

tilgift, *s. i* ~, into the bargain, thrown in.

tilgive, *v. t.* forgive; pardon; **-lig**, *adj.* forgivable; **-lse**, *s.* forgiveness; pardon.

tilgodehavende, *s.* credit, amount due to one.

tilgroet, *adj.* overgrown.

tilgængelig, *adj.* accessible, available.

tilholdssted, *s.* haunt, resort.

tilhænger, *s.* supporter, *T* fan; follower.

tilhøre, *v. t.* belong to; **-r**, *s.* listener; **-ne**, *pl.* the audience.

tilintetgøre, *v. t.* destroy, wipe out; crush; frustrate; **-lse**, *s.* destruction.

tilkalde, *v. t.* call (in), send for.

tilkendegive, *v. t.* show; express; **-lse**, *s.* manifestation; expression.

tilknytning, *s.* attachment; connection.

tilkomme, *v. t. der -r mig*, I'm entitled to; **-nde**, *adj.* coming, future.

tillade, *v. t.* allow, permit; ~ *sig at*, take the liberty to; **-lse**, *s.* permission; permit.

tillid, *s.* confidence, trust, faith; **-sfuld**, *adj.* confident; trustful; **-skvinde, -smand**, *s.* shop steward.

tillige, *adv.* too, as well; in addition.

tillokkende, *adj.* attractive; tempting.

tillæg, *s.* addition; supplement; increase; rise; **-ge**, *v. t.* add; ~ *én ngt*, ascribe sth to sby; **-småde**, *s., gram.* participle; **-sord**, *s., gram.* adjective.

tilløb, *s.* approach; attempt; *sport.* run-up.

tilmed, *adv.* into the bargain; at that; even.

tilmelding, *s.* enrolment; **-sblanket**, *s.* application form.

tilnavn, *s.* epithet; nickname.

tilnærmelse, *s.* approach; **-r**, *pl., fig.* advances; **-svis**, *adj.* approximate, rough; *adv.* approximately.

tilovers, *adv.* left (over); spare; left out.

tilpas, *adj.* right, suitable; *adv.* at the right moment; sufficiently; *gøre* ~, please; **-se**, *v. t.* fit; adapt, adjust.

tilrettelægge, *v. t.* arrange, prepare; organize.

tilråb, s. call; cheer(ing).

tilråde, v. t. advise, recommend.

tilsagn, s. promise.

tilsammen, adv. in all; between them (you, us).

tilsidesætte, v. t. neglect, ignore.

tilsige, v. t., jur. summon.

tilsigte, v. t. aim at, intend.

tilskud, s. contribution; grant, subsidy.

tilskuer, s. spectator, onlooker; være ~ til, watch; witness; **-ne,** pl. the audience; **-plads,** s., teat. auditorium; -er, pl. seats.

tilskynde, v. t. encourage; urge; **-lse,** s. incentive, impulse; urge.

tilskære, v. t. cut out; fit; **-ing,** s. cutting out; fitting.

tilslutning, s. approval, consent; support; following; attendance; elek. connection; **-te,** v. t. connect; ~ sig, join.

tilsløre, v. t. veil; fig. disguise.

tilstand, s. state, condition.

tilstedeværende, adj. present.

tilstoppe, v. t. block up, clog up; stop (up).

tilstrækkelig, adj. sufficient, adequate; enough.

tilstrømning, s. rush; intake; crowd.

tilstøde, v. t. happen to; **-nde,** adj. adjacent; adjoining.

tilstå, v. t. confess; admit; **-else,** s. confession.

tilsvarende, adj. corresponding; similar.

tilsyn, s. supervision; inspection; **-sførende,** s. supervisor; inspector; **-sværge,** s. probation officer.

tilsyneladende, adj. apparent; adv. apparently.

tilsætning, s. addition; seasoning; -sstof, s., kem. additive; **-te,** v. t. add.

tiltage, v. i. increase; grow; **-nde,** adj. increasing, growing.

tiltale, s. address; jur. charge; v. t. address; please, attract; jur. prosecute; **-nde,** adj. attractive; nice.

tiltro, s. confidence, trust, faith; v. t. credit with.

tiltrække, v. t. attract, draw; **-kende,** adj. attractive; **-ning,** s. attraction, charm.

tiltænke, v. t. intend for.

tilvejebringe, v. t. procure, provide; raise; bring about.

tilvækst, s. growth, increase.

tilvænning, s. habituation; addiction.

tilværelse, s. existence, life.

time, s. hour; lesson; period; class; om en ~, in an hour; en halv ~, half an hour; i -n, per hour; an hour; for en ~ siden, an hour ago; **-glas,** s. hour glass; **-løn,** s. payment by the hour; **-plan,** s. timetable; **-s,** v. t. happen; **-vis,** adv. for hours.

timian, s., bot. thyme.

tin, s. tin; pewter.

tinde, s. peak, summit, pinnacle.

tinding, s., anat. temple.

tindre, v. i. sparkle.

ting, s. thing; object; matter; **-e,** v. t. bargain; haggle; **-est,** s. thing, thingummy(jig); gadget.

tinglyse, v. t., jur. register.

tip, s. tip; *give én et ~*, tip sby off; **-ning,** s. the pools; **-pe,** v. i. do the pools; **-skupon,** s. pools coupon; **-sresulta-ter,** s. pl. football results.

tipolde|barn, s. great-great-grandchild; **-far,** s. great-great-grandfather; **-mor,** s. great-great-grandmother.

tirre, v. t. tease; irritate, provoke.

tirsdag, s. Tuesday.

tis, s. pee; **-se,** v. i. piddle, pee; ~ *i*, wet; **-semand,** s., T willie.

tit, adv. often, frequently.

titel, s. title; **-blad,** s. title page; **-kamp,** s., sport. title match; **-melodi,** s. theme tune.

titte, v. i. peep.

tjat, s. flip, slap.

tjavs, s. wisp.

tjekk|er, s. Czech; **-isk,** s. & adj. Czech; **Tjekkoslova-kiet,** s. Czechoslovakia.

tjen|e, v. t. & i. serve; earn; ~ *penge*, make money; **-er,** s. waiter; man-serv-ant, footman; servant; **-este,** s. service; duty; favour; *-bolig,* s. official residence; *-folk,* s. ser-vants; *-mand,* s. official; civil servant; *-rejse,* s. business trip; **-stgøren-de,** adj. on duty; **-stlig,** adj. official; **-stvillig,** adj. helpful, willing.

tjære, s. tar.

tjørn, s., bot. hawthorn.

to, num. two; *begge ~*, both (of you); ~ *gange*, twice; **-sidet,** adj. two-sided; bilateral; **-sporet,** adj. two-lane; ~ *vej*, dual carriageway; **-sproget,** adj. bilingual.

tobak, s. tobacco; **-shand-**

ler, s. tobacconist.

tog, s. train; **-fører,** s. (chief) guard; **-konduk-tør,** s. ticket collector; **-kort,** s. season ticket; **-plan,** s. timetable; **-rej-se,** s. railway journey.

togt, s. cruise; expedition.

toilet, s. lavatory, toilet, T loo; men's room, ladies' room; **-artikler,** s. pl. toi-letries; **-bord,** s. dressing table; **-papir,** s. toilet paper; **-taske,** s. sponge bag, toilet bag.

told, s. (customs) duty; *-en*, the customs; **-betjent,** **-er,** s. customs officer; **-eftersyn,** s. customs check; **-fri,** adj. duty-free; **-pligtig,** adj. duti-able; **-væsen,** s. customs authorities.

toler|ant, adj. tolerant; **-ance,** s. tolerance; **-ere,** v. t. tolerate.

tolk, s. interpreter; **-e,** v. t. interpret.

tolv, num. twelve; **-te,** num. twelfth; **-del,** s. twelfth.

tom, adj. empty; blank; vacant; **-gang,** s. idling; **-hed,** s. emptiness; va-cancy; blankness; **-rum,** s. vacuum.

tomat, s., bot. tomato.

tomme, s. inch; **-stok,** s. folding rule.

tommelfinger, s., anat. thumb; *rejse på -en*, hitch-hike.

tomt, s. site, plot.

ton, s. ton(ne).

tone, s. sound, tone; note; pitch; form; v. t. & i. sound; tone; **-art,** s., mus. key; **-fald,** s. accent, tone of voice; **-højde,** s. pitch.

top, s. top, summit, peak; hairpiece; **-figur,** s. figurehead; **-hue,** s. pixie cap; **-løs,** adj. topless; **-mave,** s. potbelly; **-møde,** s. summit (meeting); **-nøgle,** s., mek. box spanner; **-punkt,** s. summit; fig. height, peak; **-ydelse,** s. top performance.

toppes, v. i. bicker; scrap.

torden, s. thunder; **-skrald,** s. thunder clap; **-vejr,** s. thunderstorm; **tordne,** v. i. thunder.

torn, s. thorn; spine; prickle; **T~erose,** s. Sleeping Beauty.

tornyster, s. knapsack.

torped|ere, v. t. torpedo; **-o,** s. torpedo; **-ojager,** s. destroyer.

torsdag, s. Thursday.

torsk, s., zoo. cod(fish); fig. fool; **-elevertran,** s. cod liver oil; **-erogn,** s. cod roe.

tort|ere, v. t. torture; **-ur,** s. torture.

torv, s. market (place); square.

tosse, s. fool; v. i. ~ rundt, fool around; **-ri,** s. tomfoolery; nonsense; **-t,** adj. foolish, silly, daft; crazy, Tnuts.

tot, s. tuft; wisp; ryge i -terne, fig. come to blows, scrap.

total, s. two; adj. total; **-t,** adv. totally, completely.

tov, s. rope; **-trækning,** s. tug-of-war; **-værk,** s. ropes.

tradition, s. tradition; **-el,** adj. traditional.

trafik, s. traffic; **-ant,** s. road user; **-eret,** adj. busy; heavily trafficked; **-forbindelser,** s. pl. communications; **-prop,** s. traffic jam; **-ulykke,** s. road accident.

trag|edie, s. tragedy; **-isk,** adj. tragic.

tragt, s. funnel; **-e,** v. t. strain; filter; v. i. ~ efter, aspire to; covet.

traktat, s. treaty.

trakte|ment, s. treat; **-re,** v. t. treat.

traktor, s. tractor.

trampe, v. t. & i. trample; stamp.

tran, s. train oil, whale oil.

tranchere, v. t. carve.

trane, s., zoo. crane; **-bær,** s., bot. cranberry.

trang, s. want, need; desire; adj. narrow; hard, difficult; tight.

trans|former, s. transformer; **-istor,** s. transistor; **-latør,** s. interpreter; **-mission,** s. transmission; broadcast; **-mittere,** v. t. transmit; broadcast; **-parent,** s. banner; transparency; **-piration,** s. perspiration; **-pirere,** v. i. perspire; **-plantation,** s. transplant(ation).

transport, s. transport, conveyance; shipment; **-abel,** adj. portable; movable; **-bånd,** s. conveyer belt; **-ere,** v. t. transport, carry; forward; transfer; **-middel,** s. means of transport.

trapez, s. trapeze.

trappe, s. staircase, stairs; steps; ned ad -n, downstairs; op ad -n, upstairs; **-afsats,** s. landing; **-gang,** s. staircase; **-sten,** s. doorstep; **-stige,** s. step ladder; **-trin,** s. step.

traske, v. i. trudge, plod.

trav, s. trot; sport. trotting; **-bane,** s. trotting course; **-e,** v. i. trot; **-esko,** s. walking shoe; **-etur,** s. hike; **-hest,** s. trotting horse; **-løb,** s. trotting.

travl, adj. busy; have -t, be busy; be in a hurry; **-hed,** s. bustle, press, rush.

tre, num. three; **-cifret,** adj. three-digit; **-dimensional,** adj. three-dimensional; **-dobbelt,** adj. triple; **-enighed,** s., rel. Trinity; **-fod,** s. tripod; **-hjulet,** adj. ~ cykel, tricycle; **-kant,** s. triangle; **-kløver,** s., bot. trefoil; fig. trio.

tredive, num. thirty.

tredje, num. third; **-del,** s. third; **-grads,** adj. third-degree; **-rangs,** adj. third-rate.

tremme, s. bar; rail; slat; **-kalv,** s. battery calf; **-seng,** s. cot, crib; **-værk,** s. lattice(work); trellis.

tres, num. sixty.

tretten, num. thirteen.

treven, adj. slow; sluggish; reluctant.

tribune, s. (grand)stand; platform; bandstand.

trikot, s. tights, U.S. leotard(s); **-age,** s. hosiery; knitwear.

trille, s. trill; warble; v. t. & i. roll; wheel; trickle; trill; warble; **-bør,** s. wheelbarrow.

trilling, s. triplet.

trin, s. step; rung; fig. stage; level; **-bræt,** s. footboard; halt.

trind, adj. round, plump.

trippe, v. i. trip, mince; toddle; patter; stå og ~, shuffle one's feet.

trisse, s. pulley; reel; v. i. ~ af, toddle off; ~ rundt, potter about.

trist, adj. sad; dreary, depressing; bleak; tedious.

trit, s. step; holde ~, keep pace; ude af ~, out of step.

triumf, s. triumph; **-ere,** v. i. triumph, exult; gloat.

trivelig, adj. plump; **-es,** v. i. thrive; prosper; get on well; be happy; **-sel,** s. well-being; growth; satisfaction; atmosphere.

trivialitet, s. tediousness; triteness; commonplace; **-el,** adj. trite, commonplace, trivial, banal.

tro, s. faith, belief; confidence; v. t. & i. believe; think; imagine; trust; adj. true; faithful; loyal; i god ~, in good faith; i den ~ at, thinking that; **-fast,** adj. faithful, loyal; **-løs,** adj. faithless; disloyal; treacherous; **-sbekendelse,** s., rel. creed; **-skab,** s. fidelity; faithfulness; loyalty; **-skyldig,** adj. simple-minded, innocent; unsuspecting; naïve; **-værdig,** adj. reliable, trustworthy; credible.

trods, s. defiance; præp. in spite of; til ~ for, in spite of; ~ alt, in spite of everything; after all; **-e,** v. t. defy; **-ig,** adj. defiant; refractroy; obstinate.

trofæ, s. trophy.

trold, s. goblin; troll; **-dom,** s. magic, sorcery; **-mand,** s. magician, sorcerer, wizard.

tromle, s. roller; drum; v. t. roll; ~ ned, fig. bulldoze.

tromme, s., mus. drum; v. t. drum; **-hinde,** s., anat. eardrum; **-hvirvel,** s. roll; **-stik,** s. drumstick.

trompet, s., mus. trumpet.

trone, s. throne; v. i. sit in state; **-frasigelse,** s. abdication; **-følger, -arving,** s. heir to the throne.

trop, *s.* squad; troop; *følge ~,* follow suit; keep up; **-pe,** *v. i. ~ op,* turn up; collect, gather; **-per,** *s. pl.* troops, forces.

trop|e-, *adj.* tropical; **-ehjelm,** *s.* topee; **-erne,** *s. pl.* the tropics; **-isk,** *adj.* tropical.

trosse, *s.* hawser.

true, *v. t. & i.* threaten; **-nde,** *adj.* threatening; imminent.

trug, *s.* trough.

trumf, *s.* trump.

trup, *s.* troupe, company.

trussel, *s.* threat; menace.

trusser, *s. pl.* panties, briefs.

trut, *s.* toot; honk, hoot; **-mund,** *s.* pout; **-te,** *v. t. & i.* toot, honk; hoot.

tryg, *adj.* secure, safe; confident; easy; **-hed,** *s.* security; safety.

trygle, *v. t.* beg, entreat.

tryk, *s.* pressure, strain; print; **-fejl,** *s.* misprint; **-fod,** *s.* presser foot; **-ke,** *v. t. & i.* press, squeeze; push; print; weigh on; *~ i hånden,* shake hands; *~ på,* press; **-kefrihed,** *s.* freedom of the press; **-kende,** *adj.* oppressive; close; **-keri,** *s.* printing works, printer's; **-ket,** *adj.* oppressed; ill at ease; depressed; **-knap,** *s.* pushbutton; **-koger,** *s.* pressure cooker; **-luft,** *s.* compressed air; **-luftbor,** *s.* pneumatic drill; **-lås,** *s.* press-stud; **-ning,** *s.* printing; **-sag(er),** *s. (pl.)* printed matter; **-svag,** *adj.* unstressed; **-sværte,** *s.* printer's ink; **-t,** *adj.* printed.

trylle, *v. t. & i.* conjure; **-drik,** *s.* potion; **-kunst,** *s.*

conjuring trick; **-kunstner,** *s.* conjurer; magician; **-ri,** *s.* magic; **-stav,** *s.* magic wand.

tryne, *s.* snout.

træ, *s., bot.* tree; wood; *af ~,* wooden; **-bevokset,** *adj.* wooded; **-blæser,** *s., mus.* woodwind (player); **-krone, -top,** *s.* treetop; **-kul,** *s.* charcoal; **-sko,** *s.* clog; **-sløjd,** *s.* woodwork; **-snit,** *s.* woodcut; **-sprit,** *s.* wood alcohol; **-stamme,** *s.* tree trunk; **-værk,** *s.* woodwork, panelling.

træde, *v. t. & i.* tread; step; *v. t.* thread; *~ frem,* step forward; *~ i kraft,* come into force; *~ nærmere,* approach, draw near; *~ tilbage,* stand back; resign; **-mølle,** *s.* treadmill.

træf, *s.* chance; coincidence; hit; get-together; **-fe,** *v. t.* hit; meet, come across; make; see; *-s,* meet; **-fende,** *adj.* apt; striking; **-fetid,** *s.* office hours; surgery hours.

træg, *adj.* slow; **-hed,** *s.* slowness; *fys. & fig.* inertia.

træk, *s.* pull; trait, feature; move; draught; migration; *i ~,* running; *i korte ~,* briefly; *i store ~,* broadly; **-basun,** *s., mus.* trombone; **-fugl,** *s.* migratory bird; **-harmonika,** *s., mus.* accordion; **-ke,** *v. t. & i.* pull, tug; draw; haul; drag; wheel; migrate; move; go on the streets; *det -r,* there is a draught; *~ lod,* draw lots; *~ for,* draw; *~ fra,* draw back; subtract; deduct; *~ op,* wind; draw; *~ op til,* look like; *~ på skuldrene,* shrug; *~ sig* *sammen*, contract; ~ *tilbage*, withdraw; ~ *sig tilbage*, retire; ~ *ud*, pull out; extract; *fig.* drag on; **-kes**, *v. i.* ~ *med*, be saddled with, have to put up with; **-ning**, *s.* twitch; spasm, convulsion; draw; *-sliste*, *s.* list of prizes; **-papir**, *s.* blotting paper; **-plaster**, *s.*, *fig.* attraction, draw; **-procent**, *s.* income tax rate; **-vind**, *s.* draught; **-vogn**, *s.* handcart; barrow.

træl, *s.* slave; **-dom**, *s.* bondage; **-le**, *v. i.* slave, drudge, toil; **-s**, *adj.* laborious; tiresome.

træn|e, *v. t.* train, practise; coach; exercise; **-er**, *s.* trainer, coach; **-ing**, *s.* training; practice; **-ings-dragt**, *s.* track suit.

trænge, *v. t. & i.* press, force; be in want; **-s**, crowd; ~ *igennem*, penetrate; ~ *ind*, *fig.* sink in; ~ *ind i*, enter, force one's way; ~ *til*, want, need; **-nde**, *adj.* needy; wanting.

trængsel, *s.* crowd; *fig.* hardship.

træt, *adj.* tired; *blive* ~ *af*, be fed up with; **-hed**, *s.* tiredness; fatigue; **-te**, *v. t.* tire; bore; **-tende**, *adj.* tiring; tiresome, boring; **-tes**, *v. i.* tire; quarrel.

trævl, *s.* thread; rag; *uden en* ~, without a stitch (on); **-e**, *v. t. & i.* fray; ~ *op*, unravel.

trøje, *s.* jacket; cardigan; jersey.

trøst, *s.* comfort; **-e**, *v. t.* comfort; **-esløs**, *adj.* hopeless; dreary.

tråd, *s.* thread; string;

wire; **-e**, *v. t.* thread; **-et**, *adj.* -ply; **-kurv**, *s.* wire basket; **-løs**, *adj.* wireless; **-rulle**, *s.* reel; coil.

tuba, *s.*, *mus.* tuba.

tube, *s.* tube.

tud, *s.* spout; nozzle; *T* conk; **-brøle**, *v. i.* howl; **-e**, *v. i.* howl, hoot; honk; cry; **-egrim**, *adj.* ugly as sin.

tudse, *s.*, *zoo.* toad.

tue, *s.* tuft; mound; hill.

tulipan, *s.*, *bot.* tulip.

tumle, *v. i.* tumble; *v. t.* manage; ~ *med*, struggle with; ~ *sig*, romp (about), gambol.

tummel, *s.* bustle; turmoil; **-umsk**, *adj.* bewildered; giddy.

tumult, *s.* uproar; riot.

tung, *adj.* heavy; hard, difficult; **-hør**, *adj.* hard of hearing; **-nem**, *adj.* slow-witted; **-sindig**, *adj.* melancholy.

tunge, *s.*, *anat.* tongue; *zoo.* sole.

tunnel, *s.* tunnel; subway.

tur, *s.* trip; walk; outing; voyage, sail; drive; turn; *køre en* ~, go for a drive; *efter* ~, in turns.

turde, *v. i.* dare; *det tør siges! I dare say!*

turist, *s.* tourist; **-bureau**, *s.* tourist agency; **-bus**, *s.* coach.

turkis, *s. & adj.* turquoise.

turné, *s.* tour.

turnering, *s.* tournament.

tusch, *s.* Indian ink.

tusind|(e), *s. & num.* thousand; **-ben**, *s.*, *zoo.* millipede; **-fryd**, *s.*, *bot.* daisy; **-vis**, *s. i* ~, thousands; by the thousand.

tusmørke, *s.* dusk, twilight.

tv, *s.* television, *T* telly; ~ -

avisen, s. the (television) news.

tvang, s. compulsion, coercion; restraint; **-fri,** adj. casual; informal; **-sarbejde,** s. forced labour; **-sauktion,** s. compulsory sale; **-sfodre,** v. t. force-feed; **-sindlægge,** v. t. commit to mental hospital; **-stanke,** s. obsession.

tve|bak, s., kul. rusk; **-lyd,** s. diphthong; **-tydig,** adj. ambiguous; **-ægget,** adj. two-edged.

tvilling, s. twin.

tvinge, v. t. force, compel.

tvist, s. dispute; cotton waste.

tvivl, s. doubt; uden ~, no doubt; **-e,** v. i. doubt; ~ på, doubt; **-rådig,** adj. irresolute, doubtful; **-som,** adj. doubtful, dubious, questionable.

tvungen, adj. forced, compelled; compulsory.

tvær, adj. sullen, sulky; **-e,** v. t. & i. crush; smear; ~ i det, rub it in; **-gående,** adj. transverse; cross; **-snit,** s. cross section; **-vej,** s. crossroad.

tværs, adv. ~ igennem, right through; på ~ af, across; contrary to, in opposition to.

tværtimod, adv. on the contrary.

ty, v. i. ~ til, resort to; turn to.

tyde, v. t. interpret; make out; ~ på, seem to show, suggest, point to; **-lig,** adj. plain; distinct, clear.

tyfus, s., med. typhoid fever.

tygge, v. t. & i. chew; ~ på, fig. think about; **-gummi,** s. chewing gum.

tyk, adj. thick; fat; **-hudet,**

adj. thick-skinned; **-kelse,** s. thickness; fatness, stoutness; diameter; depth; **-tarm,** s., anat. colon; **-tflydende,** adj. viscous, thick.

tyl, s. tulle.

tynd, adj. thin; skinny; lean; scattered; weak; sparse; **-slidt,** adj. threadbare; **-tarm,** s., anat. small intestine; **-tflydende,** adj. thin.

tyngde, s. weight, heaviness, gravity; **-kraft,** s. gravitation; **-punkt,** s. centre of gravity.

tynge, v. i. be heavy, weigh down; fig. weigh on.

typ|e, s. type, kind; **-ehus,** s. standard house; **-isk,** adj. typical.

typograf, s. typographer; **-i,** s. typography; **-isk,** adj. typographical.

tyr, s., zoo. bull; **-efægtning,** s. bullfight.

tyran, s. tyrant; bully; **-ni,** s. tyranny; **-nisere,** v. t. bully; **-nisk,** adj. tyrannical.

tyrk|(er), s. Turk; **Tyrkiet,** s. Turkey; **-isk,** s. & adj. Turkish.

tys, int. hush! **-se,** v. i. hush; ~ på, hush up.

tysk, s. & adj. German; **-er,** s. German; **Tyskland,** s. Germany.

tyttebær, s., bot. cowberry.

tyv, s. thief; burglar; **-ekoster,** s. pl. stolen goods; **-eri,** s. theft; burglary; -alarm, s. burglar alarm; **-starte,** v. i. start too early, jump the gun.

tyve, num. twenty.

tæge, s., zoo. bug.

tække, v. t. thatch.

tælle, v. t. & i. count; ~ efter, check; ~ med, include; ~ *sammen*, add up; **-apparat,** *s.* turnstile.

tælling, *s.* counting; count; census.

tæmme, *v. t.* tame, domesticate; break (in).

tænd|e, *v. t.* light; ignite; switch on; **-ing,** *s.* lighting; ignition; **-rør,** *s., mek.* spark(ing) plug; **-stik,** *s.* match; **-æske,** *s.* matchbox.

tænk|e, *v. t. & i.* think; believe; intend; ~ *sig,* fancy, imagine; **-elig,** *adj.* imaginable; possible; **-som,** *adj.* thoughtful; **-t,** *adj.* imaginary; ~ *som,* meant as.

tæppe, *s.* carpet, rug; blanket; quilt; curtain.

tær|e, *v. t. & i.* corrode; ~ *på,* eat into; *-s hen,* waste away; **-ing,** *s.* corrosion.

tærske, *v. t.* thresh.

tærskel, *s.* threshold.

tærte, *s., kul.* tart, pie.

tæsk, *s.* thrashing, beating; **-e,** *v. t.* thrash, beat.

tæt, *adj.* close; tight; near; dense; thick; **-befolket,** *adj.* densely populated; **-hed,** *s.* closeness; tightness; **-klippet,** *adj.* closecropped; **-ning,** *s.* tightening; stopping; sealing; *-sliste,* *s.* draught strip; **-pakket,** *adj.* packed; **-siddende,** *adj.* close-set; clinging.

tæv, *s.* beating.

tæve, *s., zoo.* bitch; *v. t.* thrash, beat up.

tø, *s. & v. t. & i.* thaw; **-sne,** *s.* sleet, slush; **-vejr,** *s.* thaw.

tøddel, *s.* jot.

tøffel, *s.* slipper.

tøj, *s.* cloth, material; clothes; clothing; **-klemme,** *s.* clothes-peg.

tøjle, *s.* rein; *v. t., fig.* curb, check; **-sløs,** *adj.* unbridled; licentious.

tøjre, *v. t.* tether.

tøjte, *s.* hussy; tart.

tømme, *s.* rein; *v. t.* empty; drain.

tømmer, *s.* timber; **-flåde,** *s.* raft; **-mænd,** *s. pl.* hangover; **-plads,** *s.* timberyard.

tømre, *v. t.* build, make; **-r,** *s.* carpenter.

tønde, *s.* barrel; drum.

tør, *adj.* dry; *løbe ~ for,* run out of; **-ke,** *s.* drought; **-mælk,** *s.* dried milk; **-re,** *v. t. & i.* dry; ~ *af,* wipe, dry; **-rehjelm,** *s.* hairdrier; **-reovn,** *s.* kiln; **-resnor,** *s.* clothesline; **-retumbler,** *s.* tumbler drier.

tørklæde, *s.* scarf.

tørst, *s.* thirst; **-e,** *v. i.* be thirsty; ~ *efter, fig.* crave for; **-ig,** *adj.* thirsty.

tørv, *s.* peat; turf.

tøs, *s.* girl, lass; *neds.* hussy, broad; **-edreng,** *s.* sissy.

tøve, *v. i.* hesitate; **-n,** *s.* hesitation; *uden ~,* without delay.

tå, *s., anat.* toe; *på ~,* on tiptoe; **-spids,** *s.* tip of the toe.

tåbe, *s.* fool; **-lig,** *adj.* foolish, stupid; **-lighed,** *s.* foolishness, stupidity, folly.

tåge, *s.* fog; mist; **-t,** *adj.* foggy, misty; *fig.* dim; vague.

tåle, *v. t.* bear, stand; suffer, endure; tolerate; put up with; *hun kan ikke ~ mælk,* milk doesn't agree with her; **-lig,** *adj.* tolerable, bearable; passable.

tålmodig, *adj.* patient;

-hed, *s.* patience.
tår, *s.* drop; drink.
tåre, *s.* tear; **-gas,** *s.* tear gas.
tårn, *s.* tower; steeple; belfry; *(skak)*rook, castle; **-e,** *v. refl.* ~ *sig op,* pile up; **-falk,** *s., zoo.* kestrel; **-høj,** *adj.* towering, skyhigh.

uadskillelig, *adj.* inseparable.
uafbrudt, *adj.* constant, continuous; continual; incessant.
uafgjort, *adj.* unsettled, undecided; pending; *sport.* drawn.
uafhængig, *adj.* independent; **-hed,** *s.* independence.
uafladelig, *adj.* incessant; continual.
uagtsomhed, *s.* inadvertence, negligence.
ualmindelig, *adj.* uncommon; unusual; exceptional.
uanet, *adj.* undreamt-of.
uanfægtet, *adj.* unaffected; unconcerned.
uanmeldt, *adj.* unannounced.
uanselig, *adj.* insignificant.
uanset, *præp.* regardless of; in spite of.
uanstændig, *adj.* indecent, improper; **-hed,** *s.* indecency.
uansvarlig, *adj.* irresponsible.
uappetitlig, *adj.* unsavoury.
uartig, *adj.* naughty, bad; rude; dirty.
ubarmhjertig, *adj.* merciless, pitiless.
ubeboelig, *adj.* uninhabitable; **-et,** *adj.* uninhabit-

ed.
ubegribelig, *adj.* incomprehensible.
ubegrundet, *adj.* unfounded.
ubegrænset, *adj.* unlimited.
ubehag, *s.* discomfort; distaste; **-elig,** *adj.* unpleasant, disagreeable, nasty; **-elighed,** *s.* unpleasantness; **-er,** *pl.* trouble.
ubehersket, *adj.* uncontrolled, unrestrained.
ubehjælpsom, *adj.* awkward, clumsy.
ubehændig, *adj.* clumsy; blundering.
ubehøvlet, *adj.* rude.
ubekendt, *adj.* unknown.
ubekvem, *adj.* uncomfortable; inconvenient; awkward.
ubekymret, *adj.* unconcerned; carefree; cheerful.
ubelejlig, *adj.* inconvenient; inopportune.
ubemidlet, *adj.* without means.
ubemærket, *adj.* unnoticed.
ubenyttet, *adj.* unused.
uberegnelig, *adj.* unpredictable; erratic.
uberettiget, *adj.* unwarranted, unjustified.
uberørt, *adj.* unaffected.
ubeskrivelig, *adj.* indescribable; unspeakable.
ubeslutsom, *adj.* irresolute, hesitant.
ubestem|melig, *adj.* indeterminable; nondescript; **-t,** *adj.* indefinite; vague.
ubestikkelig, *adj.* incorruptible.
ubestridt, *adj.* uncontested.
ubetinget, *adj.* unconditional; absolute; *adv.* ab-

solutely.

ubetydelig, *adj.* insignificant; trifling.

ubetænksom, *adj.* inconsiderate, thoughtless.

ubevidst, *adj.* unconscious.

ubevogtet, *adj.* unguarded; ~ *jernbaneoverskæring,* ungated level crossing.

ubevæbnet, *adj.* unarmed.

ubevægelig, *adj.* immovable; motionless.

ublid, *adj.* rough; hard.

ublu, *adj.* extravagant; stiff.

ubodelig, *adj.* irreparable.

ubrugelig, *adj.* useless.

ubuden, *adj.* uninvited.

ubøjelig, *adj.* inflexible; unyielding; rigid.

ubønhørlig, *adj.* inexorable; relentless.

u-båd, *s.* submarine.

uciviliseret, *adj.* uncivilized; savage.

ud, *adv.* out; *lige* ~, straight on; *tale* ~, finish speaking; *tale* ~ *med,* have it out with; ~ *for,* opposite; ~ *over,* more than; except; ~ *på landet,* (out) into the country; ~ *på natten,* late at night.

udad, *adv.* outwards; **-til,** *adv.* outwardly; **-vendt,** *adj.* extrovert.

udarbejde, *v. t.* work out, prepare, make.

udarte, *v. i.* degenerate; get out of control.

udbede, *v. refl.* ~ *sig,* request, ask for.

udbedre, *v. t.* mend; repair.

udbetale, *v. t.* pay (out); **-ing,** *s.* payment; down payment.

udbrede, *v. t.* spread (out);

~ *sig,* enlarge; **-else,** *s.* prevalence; incidence; circulation; distribution; **-t,** *adj.* widespread; prevalent.

udbringe, *v. t.* deliver; ~ *en skål,* propose a toast.

udbrud, *s.* exclamation; outbreak; eruption.

udbryde, *v. t. & i.* exclaim; cry out.

udbygge, *v. t.* enlarge; elaborate; **-ning,** *s.* extension; development; annex(e), outhouse.

udbytte, *s.* profit, yield; dividend; *v. t.* exploit.

uddanne, *v. t.* train, educate; ~ *sig til,* study; qualify for; **-lse,** *s.* training; education.

uddata, *s. pl., edb.* output.

uddele, *v. t.* distribute; hand out; award; **-ing,** *s.* distribution, handing out.

uddrag, *s.* extract; excerpt; abstract.

uddybe, *v. t.* elaborate, enlarge on.

uddød, *adj.* extinct.

ude, *adv.* out, outside, out of doors; up, over; ~ *af sig selv,* beside oneself; *være* ~ *efter,* be after; be out to; *være* ~ *om,* ask for; ~ *over,* past; ~ *på ngt,* up to sth.

udearbejdende, *adj.* working.

udeblive, *v. i.* stay away, fail to appear; not take place; **-lse,** *s.* absence; absenteeism; default.

udefra, *adv.* from (the) outside; from abroad.

udelade, *v. t.* leave out; omit.

udelukke, *v. t.* exclude, shut out; expel; **-nde,** *adj.* exclusive; *adv.* entirely;

-t, *adj.* out of the question.

uden, *præp.* without; except; but; not including; **-less; -ad,** *adv.* by heart; **-bys,** *adj. & adv.* out of town; ~ *samtale,* trunk call, *U.S.* long-distance call; **-dørs,** *adj.* outdoor; *adv.* out of doors; **-for,** *adv.* outside; left out; **-forstående,** *adj.* outsider; **-lands,** *adv.* abroad; **-om,** *adv.* round; **-på,** *adv.* outside, on the outside; **-rigsminister,** *s.* Minister of Foreign Affairs; *Engl.* Foreign Secretary; *U.S.* Secretary of State.

udfald, *s.* result, issue; **-svej,** *s.* arterial road.

udflugt, *s.* picnic; excursion, outing; *fig.* evasion.

udflåd, *s., med.* discharge.

udfolde, *v. t.* show, exert; display; ~ *sig,* let oneself go.

udfordr|e, *v. t.* challenge; **-ende,** *adj.* provocative; defiant; **-ing,** *s.* challenge.

udforme, *v. t.* work out, elaborate; draw up.

udforske, *v. t.* explore.

udfylde, *v. t.* fill in, complete; fill; fill up.

udfør|e, *v. t.* carry out, do; export; perform, accomplish; **-else,** *s.* carrying out, execution; workmanship; version; **-lig,** *adj.* detailed; full; **-sel,** *s.* export(ation); **-sforbud,** *s.* embargo.

udgang, *s.* exit; way out; *have* ~ *til,* open on to; *fig.* issue.

udgave, *s.* edition.

udgift, *s.* expense.

udgive, *v. t.* publish; ~ *sig*

for, pretend to be; **-lse,** *s.* publication; **-r,** *s.* publisher.

udgravning, *s.* excavation; dig.

udgyde, *v. t.* shed.

udgøre, *v. t.* constitute, make up; make out; amount to.

udgå, *v. i.* be left out, be omitted; emanate, come; **-et,** *adj.* out of stock; dead; ~ *for,* out of.

udholde, *v. t.* bear, stand, endure; **-nde,** *adj.* enduring; **-nhed,** *s.* endurance.

udhus, *s.* outhouse.

udhvilet, *adj.* rested.

udkant, *s.* outskirts.

udkast, *s.* draft, sketch.

udkig, *s.* look-out.

udklip, *s.* cutting.

udklække, *v. t.* hatch; *fig.* cook up.

udkomme, *v. t.* be published, appear.

udkørsel, *s.* exit, way out; drive; delivery.

udkørt, *adj.* exhausted, worn out.

udlandet, *s.* foreign countries; *i* ~, abroad.

udlej|e, *v. t.* hire out; let; **-ning,** *s.* letting, hiring; **-sbil,** *s.* hired car; **-sejendom,** *s.* tenement house.

udlever|e, *v. t.* deliver, hand over, give up; distribute; extradite; ~ *én,* compromise sby; **-ing,** *s.* delivery; distribution; extradition.

udlign|e, *v. t.* equalize; set off; balance; settle; **-ing,** *s.* equalization; settlement.

udlufte, *v. t.* air.

udlæg, *s.* outlay; **-ge,** *v. t.* lay out; interpret; **-ning,** *s.* laying out; interpretation.

udlænding, s. foreigner.

udlært, adj. skilled, trained.

udløb, s. outlet, mouth; expiration; end; **-e,** v. i. expire; **-er,** s., bot. runner; fig. offshoot.

udløs|e, v. t. release; start; relieve; **-er,** s., fot. (shutter) release; **-ning,** s. release; outlet; satisfaction.

udlån, s. loan; lending; **-e,** v. t. lend.

udmale, v. t. depict.

udmatte, v. t. exhaust; **-lse,** s. exhaustion; **-t,** adj. exhausted.

udmelde, v. t. take out; withdraw; **-lse,** s. withdrawal; resignation; secession.

udmærket, adj. excellent.

udnytte, v. t. utilize, make use of; exploit; draw on; **-lse,** s. utilization; exploitation.

udnævne, v. t. appoint; **-lse,** s. appointment.

udpege, v. t. appoint; point out.

udplyndre, v. t. rob.

udpræget, adj. marked, pronounced, distinct.

udredning, s. explanation.

udregning, s. calculation.

udrejse, s. departure.

udrette, v. t. do; achieve.

udringet, adj. low-cut.

udruge, v. t. hatch.

udrust|e, v. t. fit out, equip; **-ning,** s. equipment, outfit.

udrydde, v. t. exterminate, wipe out.

udrykning, s. turn-out; **-shorn,** s. siren.

udråb, s. (out)cry; exlamation; **-sord,** s., gram. interjection; **-stegn,** s.,

gram. exclamation mark.

udsagn, s. statement, utterance; **-sord,** s., gram. verb.

udsalg, s. sale; shop, store; **-spris,** s. retail price; sale price.

udsat, adj. exposed; put off, postponed.

udseende, s. appearance; look; af ~, by sight.

udsend|e, v. t. send out; publish; broadcast; **-else,** s. publication; broadcasting; programme; **-ing,** s. delegate; envoy.

udsigt, s. view; prospect; forecast.

udskifte, v. t. change; replace, substitute.

udskille, v. t. separate; remove; eliminate; isolate; secrete.

udskrift, s. copy; extract; address.

udskrive, v. t. levy; conscript, U.S. draft; write out, make out; discharge.

udskud, s. outcast; scum; dregs.

udskyde, v. t. postpone, put off.

udskæring, s. cutting out; carving; cut; neck.

udslag, s. deflection; result, effect; symptom; give sig ~ i, be reflected in.

udslette, v. t. wipe out, annihilate.

udslidt, adj. worn out.

udslip, s. leak(age).

udslukt, adj. extinct.

udslæt, s., med. rash.

udsmykke, v. t. decorate.

udsnit, s. section; sector; extract.

udsolgt, adj. sold out.

udspekuleret, adj. artful, crafty; sly.

udspil, s. lead; move; ini-

tiative; proposal; **-le,** *v.*
refl. ~ *sig,* take place.

udspionere, *v. t.* spy on.

udsprede, *v. t.* spread
(out); circulate.

udspring, *s.* dive, plunge;
source; jump; **-e,** *v. i.*
rise; ~ *af,* stem from.

udspørge, *v. t.* question.

udstede, *v. t.* issue, write
out.

udstil|e, *v. t.* exhibit,
show; **-ing,** *s.* exhibition,
show.

udstoppe, *v. t.* stuff.

udstrakt, *adj.* outstret-
ched; at full length; ex-
tensive; prone.

udstrækning, *s.* exten-
sion; extent.

udstrål|e, *v. t. & i.* radiate;
-ing, *s.* radiation; aura.

udstyk|ke, *v. t.* parcel out;
-ning, *s.* parcelling out;
development.

udstyr, *s.* outfit, equip-
ment, kit; get-up; acces-
sories; trousseau; lay-
ette; **-e,** *v. t.* equip; pro-
vide.

udstød|e, *v. t.* expel; give,
utter; heave; **-ning,** *s.* ex-
haust.

udstå, *v. t.* stand, bear;
endure, suffer; serve;
-ende, *adj.* protruding.

udsvævende, *adj.* dissi-
pated.

udsætte, *v. t.* postpone,
put off, defer; offer; evict;
mus. arrange; *have ngt at*
~, find fault; ~ *for,* ex-
pose to.

udsøg|e, *v. refl.* ~ *sig,* pick,
select; **-t,** *adj.* choice; ex-
quisite.

udtale, *s.* pronunciation;
v. t. & i. pronounce; say;
~ *sig,* express oneself;
make a statement; **-lse,** *s.*
pronouncement; state-

ment; remark.

udtryk, *s.* expression;
term; phrase; **-ke,** *v. t.*
express; **-kelig,** *adj.* ex-
plicit; *adv.* expressly.

udtræde, *v. i.* retire; se-
cede.

udtræk, *s.* extract; **-ke,** *v. t.*
extract.

udtænke, *v. t.* invent,
think up; think out.

uduelig, *adj.* incompetent,
incapable.

udvalg, *s.* selection,
choice; committee; **-t,**
adj. selected; choice.

udvandr|e, *v. i.* emigrate;
-er, *s.* emigrant; **-ing,** *s.*
emigration.

udvej, *s.* way; means; ex-
pedient; way out.

udveksle, *v. t.* exchange.

udvendig, *adj.* outside, ex-
terior, external; *adv.* on
the outside; externally.

udvide, *v. t. & i.* enlarge,
expand; stretch; ~ *sig,*
expand.

udvikl|e, *v. t.* develop; **-et,**
adj. developed; mature;
fuldt ~, full-grown; *tid-*
ligt ~, precocious; **-ing,**
s. development; *bio.* evo-
lution; *-sland, s.* develop-
ing country.

udvinde, *v. t.* extract.

udvise, *v. t.* show, display;
expel; *sport.* send off.

udvortes, *adj.* exterior, ex-
ternal; *til* ~ *brug,* for
external use.

udvælge, *v. t.* select, pick
out, choose; **-lse,** *s.* se-
lection, choice.

udødelig, *adj.* immortal.

udøve, *v. t.* exercise; prac-
tise.

udånde, *v. i.* expire.

ueffen, *adj. ikke så* ~, not
bad.

uegennytte, *s.* unselfish-

ness, altruism.
uegnet, *adj.* unfit; unsuit-
able.
uendelig, *adj.* infinite,
endless; boundless; **-hed,**
s. infinity; *i én ~,* for
ever; continuously.
uenig, *adj. være ~,* dis-
agree.
uens, *adj.* different, dis-
similar.
uerfaren, *adj.* inexperi-
enced.
uerstattelig, *adj.* irre-
placeable; irreparable.
ufaglært, *adj.* unskilled.
ufarlig, *adj.* safe, harm-
less.
ufattelig, *adj.* inconceiv-
able.
ufejlbarlig, *adj.* infallible.
ufin, *adj.* tactless.
uforand|erlig, *adj.* un-
changeable; invariable;
-ret, *adj.* unchanged.
uforbeholden, *adj.* unre-
served; unqualified.
ufordøjelig, *adj.* indigest-
ible.
uforenelig, *adj.* incompat-
ible; inconsistent.
uforfalsket, *adj.* genuine.
uforfærdet, *adj.* fearless,
undaunted.
uforglemmelig, *adj.* un-
forgettable.
uforgængelig, *adj.* inde-
structible; imperishable.
uforholdsmæssig, *adj.*
disproportionate.
uforklarlig, *adj.* inexplic-
able.
uforkortet, *adj.* una-
bridged; whole; entire;
complete.
uforlignelig, *adj.* incom-
parable; unequalled.
uformel, *adj.* informal.
uformelig, *adj.* shapeless.
uformindsket, *adj.* un-
diminished.

ufornuftig, *adj.* unreason-
able, unwise.
uforpligtende, *adj.* non-
committal; informal.
uforrettet, *adj. med ~ sag,*
without success.
uforsigtig, *adj.* careless,
imprudent; unguarded.
uforskammet, *adj.* inso-
lent, impudent, imperti-
nent.
uforsonlig, *adj.* implac-
able.
uforstå|elig, *adj.* unintel-
ligible, incomprehensi-
ble; **-ende,** *adj.* unsympa-
thetic.
uforsvarlig, *adj.* irrespon-
sible.
ufortjent, *adj.* undeserved,
unmerited.
uforudse|lig, *adj.* unfore-
seeable; **-t,** *adj.* unfore-
seen, unexpected.
uforudsigelig, *adj.* unpre-
dictable.
ufremkommelig, *adj.* im-
passable; impracticable.
ufri, *adj.* not free; con-
strained; inhibited; **-vil-
lig,** *adj.* involuntary, un-
intentional.
ufrugtbar, *adj.* barren,
sterile; *fig.* unprofitable.
ufuld|endt, *adj.* unfin-
ished; **-kommen,** *adj.* im-
perfect; **-stændig,** *adj.* in-
complete.
ufølsom, *adj.* insensitive.
uge, *s.* week; *om -n,* a
week; **-blad,** *s.* weekly
(magazine); **-dag,** *s.* day
of the week; **-løn,** *s.*
weekly pay; **-ntlig,** *adj.*
weekly, a week; **-penge,**
s. pl. weekly allowance;
-vis, *adv. i ~,* for weeks.
ugenert, *adj.* unembar-
rassed; undisturbed; un-
inhibited.
ugift, *adj.* single, unmar-

ried.

ugle, s., zoo. owl.

ugunstig, adj. unfavourable; adverse.

ugyldig, adj. invalid; void.

ugæstfri, adj. inhospitable.

uhelbredelig, adj. incurable.

uheld, s. bad luck; misfortune; accident; **-ig,** adj. unlucky, unfortunate; unsuccessful; bad; awkward; **-igvis,** adv. unfortunately.

uhensigtsmæssig, adj. inexpedient.

uhindret, adj. unhindered, unimpeded.

uhjælpelig, adj. hopeless; adv. irretrievably.

uholdbar, adj. untenable; perishable, not durable; intolerable.

uhumsk, adj. filthy.

uhygge, s. discomfort; sinister atmosphere; horror; **-lig,** adj. uncomfortable; sinister; uncanny.

uhygiejnisk, adj. insanitary.

uhyre, s. monster; adj. enormous, huge, tremendous; adv. enormously.

uhæderlig, adj. dishonest.

uhæmmet, adj. unrestrained; reckless; uninhibited.

uhøflig, adj. rude; impolite.

uhør|lig, adj. inaudible; **-t,** adj. unheard of; incredible.

uhåndgribelig, adj. intangible.

uhåndterlig, adj. unwieldy, unmanageable; bulky.

uigenkaldelig, adj. irrevocable.

uigennem|førlig, adj. impracticable; **-sigtig,** adj.

opaque; **-trængelig,** adj. impenetrable.

uimodståelig, adj. irresistible.

uimodtagelig, adj. insusceptible; immune.

uindfattet, adj. rimless.

uindskrænket, adj. unlimited, absolute.

uinteressant, adj. uninteresting.

ujævn, adj. uneven, rough; bumpy.

ukendt, adj. unknown; unfamiliar.

uklar, adj. vague; indistinct; obscure; dim; hazy; muddy; blurred; rage ~, fall out.

uklog, adj. unwise, imprudent.

uklædelig, adj. unbecoming.

ukristelig, adv. awfully; ungodly.

ukrudt, s., bot. weed(s); **-smiddel,** s. weed-killer.

ukuelig, adj. indomitable.

ukyndig, adj. ignorant; unskilled.

u-land, s. developing country.

ulastelig, adj. immaculate.

uld, s. wool; **-en,** adj. woollen; fig. vague; **-garn,** s. woollen yarn, wool; **-tæppe,** s. (woollen) blanket.

ulejlig|e, v. t. trouble, bother, inconvenience; **-hed,** s. trouble, bother, inconvenience.

ulempe, s. drawback.

ulidelig, adj. unbearable.

ulig, adj. unlike.

ulige, adj. unequal; mat. odd, uneven; ~ bedre, far better; **-vægtig,** adj. unbalanced.

ulme, v. i. smoulder.

ulogisk, adj. illogical.

ulovlig, *adj.* illegal.
ultralyd, *s.* ultrasound.
ulv, *s., zoo.* wolf.
ulydig, *adj.* disobedient.
ulykke, *s.* accident; crash; disaster; harm; misfortune; trouble; distress; **-lig,** *adj.* unhappy; unfortunate; miserable; **-ligvis,** *adv.* unfortunately; **-sforsikring,** *s.* accident insurance; **-sfugl,** *s.* bird of ill omen; accident-prone person; **-stilfælde,** *s.* accident.
ulyksalig, *adj.* unhappy; unfortunate.
ulækker, *adj.* unappetizing; unsavoury; *T* yukky.
ulæselig, *adj.* illegible.
ulønnet, *adj.* unpaid.
uløselig, *adj.* insoluble.
umage, *s.* pains; trouble; *gøre sig* ~, take pains; *adj.* odd.
umeddelsom, *adj.* incommunicative.
umedgørlig, *adj.* unmanageable, difficult to get on with.
umenneskelig, *adj.* inhuman.
umiddelbar, *adj.* immediate; direct; spontaneous; straightforward; **-hed,** *s.* spontaneity; **-t,** *adv.* immediately; at first.
umiskendelig, *adj.* evident; unmistakable.
umoden, *adj.* unripe; immature.
umoralsk, *adj.* immoral.
umotiveret, *adj.* uncalled for; unfounded.
umulig, *adj.* impossible.
umyndig, *s.* minor; *adj.* under age; **-gøre,** *v. t., jur.* incapacitate.
umærkelig, *adj.* imperceptible.
umættelig, *adj.* insatiable.

umøbleret, *adj.* unfurnished.
umådelig, *adj.* immense, enormous, huge.
unaturlig, *adj.* unnatural.
unddrage, *v. t.* deprive of; ~ *sig,* evade.
unde, *v. t.* give; wish; be pleased about; *ikke* ~, grudge.
under, *s.* wonder; marvel; *præp.* under; below; during; **-neden,** *adv.* below; underneath; **-st,** *adj.* lowest, bottom; *adv.* at the bottom.
underbevidst, *adj.* subconscious; **-hed,** *s.* subconsciousness; **-en,** the subconscious.
underbukser, *s. pl.* pants; briefs.
underdanig, *adj.* submissive; humble; servile.
underdrive, *v. i.* understate.
underernæret, *adj.* undernourished; **-ing,** *s.* malnutrition.
underforstå, *v. t.* understand, imply.
underfundig, *adj.* subtle; crafty.
undergang, *s.* destruction, ruin.
undergrave, *v. t.* undermine; sap; **-nde,** *adj.* subversive.
undergrund, *s.* subsoil; underground; **-sbane,** *s.* underground, *T* tube; *U.S.* subway.
undergå, *v. t.* undergo, go through.
underhold, *s.* support, maintenance; living; **-e,** *v. t.* entertain; support; keep; **-ende,** *adj.* entertaining; **-ning,** *s.* entertainment; **-sbidrag,** *s., jur.* alimony.

Underhuset, *s.*, *parl.* the House of Commons.

underhånden, *adv.* privately; confidentially.

underjordisk, *adj.* subterranean, underground.

underkaste, *v. t.* subject to; ~ *sig*, submit to.

underkjole, *s.* slip.

underkop, *s.* saucer.

underkue, *v. t.* subdue.

underlag, *s.* support; foundation; ground sheet; pad.

underlegen, *adj.* inferior.

underlig, *adj.* strange, queer, odd, funny.

underliv, *s.*, *anat.* abdomen.

underlæbe, *s.*, *anat.* lower lip.

underofficer, *s.*, *mil.* noncommissioned officer.

underordne, *v. refl.* ~ *sig*, submit to; **-t**, *s.* & *adj.* subordinate; minor; secondary.

underrette, *v. t.* inform; notify.

underskri|ft, *s.* signature; **-ve**, *v. t.* sign.

underskud, *s.* deficit; loss.

underskørt, *s.* underskirt, slip.

underslæb, *s.* embezzlement.

understrege, *v. t.* emphasize, stress; underline.

understøtte, *v. t.* support, back; prop; subsidize; **-lse**, *s.* support; grant; benefit; *være på* ~ , *T* be on the dole.

understå, *v. refl.* ~ *sig*, have the nerve to.

undersøge, *v. t.* examine; investigate; look into; test; inspect; search; check up on; **-lse**, *s.* examination; check-up; inquiry; search.

undersøisk, *adj.* submarine, underwater.

undersåt, *s.* subject.

undertegne, *v. t.* sign.

undertekst, *s.*, *film.* subtitle.

undertiden, *adv.* sometimes, now and then.

undertrykke, *v. t.* suppress; oppress; stifle.

undertrøje, *s.* vest.

undertøj, *s.* underwear.

undervands-, *adj.* submarine; **-båd**, *s.* submarine.

undervejs, *adv.* on the way.

undervis|e, *v. t.* teach; instruct; **-ning**, *s.* teaching; education; instruction; lessons.

undervurdere, *v. t.* underestimate.

underværk, *s.* wonder, miracle.

undfange, *v. t.* conceive; **-lse**, *s.* conception.

undgå, *v. t.* avoid; escape; *jeg kunne ikke* ~ *det*, I couldn't help it.

undlade, *v. t.* omit; fail; neglect; refrain from.

undre, *v. t.* surprise; ~ *sig (over)*, wonder.

undselig, *adj.* bashful, shy.

undskyld|e, *v. t.* & *i.* excuse; apologize; *undskyld!* sorry! excuse me! **-ning**, *s.* excuse, apology.

undslippe, *v. i.* & *t.* escape.

undsætning, *s.* rescue.

undtage, *v. t.* except; **-lse**, *s.* exception; **-lsestilstand**, *s.* state of emergency; **-lsesvis**, *adv.* exceptionally, as an exception; **-n**, *præp.* except.

undulat, *s.*, *zoo.* budgerigar, *T* budgie.

undvære, *v. t.* do without, dispense with, spare.

ung, *adj.* young; **-dom,** *s.* youth; **-dommelig,** *adj.* youthful; juvenile; **-karl,** *s.* bachelor.

ungarer, *s.* Hungarian; **Ungarn,** *s.* Hungary; **-sk,** *s. & adj.* Hungarian.

unge, *s.* young (one); kid; cub; *få -r,* have young ones.

uniform, *s.* uniform; **-eret,** *adj.* in uniform.

union, *s.* union.

univers, *s.* universe; **-al,** *adj.* universal; *-nøgle, s.* master key; *mek.* universal spanner.

universitet, *s.* university.

unormal, *adj.* abnormal.

unyttig, *adj.* useless.

unægtelig, *adv.* undeniably.

unødvendig, *adj.* unnecessary.

unøjagtig, *adj.* inaccurate.

unåde, *s.* disgrace.

uopdragen, *adj.* ill-mannered, rude.

uopfordret, *adj.* uninvited.

uophørlig, *adv.* incessantly.

uoplagt, *adj.* indisposed; not in form; off colour.

uopløselig, *adj.* insoluble.

uopmærksom, *adj.* inattentive.

uopnåelig, *adj.* unattainable.

uoprettelig, *adj.* irreparable.

uopslidelig, *adj.* imperishable.

uopsættelig, *adj.* urgent; pressing.

uorden, *s.* disorder; mess; *i ~,* out of order; in a mess; **-tlig,** *adj.* disorderly; untidy.

uorganisk, *adj.* inorganic.

uoverensstemmelse, *s.* discrepancy; disagree-

ment.

uoverkommelig, *adj.* insurmountable.

uoverlagt, *adj.* rash; unpremeditated.

uoverskuelig, *adj.* enormous; boundless; incalculable; confused.

uovertruffen, *adj.* unsurpassed.

uovervindelig, *adj.* invincible; insuperable.

upartisk, *adj.* impartial, unbiassed.

upassende, *adj.* improper; ill-timed; misplaced.

upersonlig, *adj.* impersonal.

upopulær, *adj.* unpopular.

upraktisk, *adj.* impractical; awkward.

upåklagelig, *adj.* irreproachable.

upålidelig, *adj.* unreliable; shifty; unsettled.

ur, *s.* watch; clock; *med -et,* clockwise; *mod -et,* anticlockwise; *~ -, adj.* primitive; primeval; **-mager,** *s.* watchmaker; **-rem,** *s.* watch strap; **-skive,** *s.* dial; **-skov,** *s.* jungle; primeval forest; **-viser,** *s.* hand; **-værk,** *s.* clockwork.

uran, *s.* uranium.

uredt, *adj.* ruffled, unkempt; unmade.

uregelmæssig, *adj.* irregular.

uregerlig, *adj.* unruly.

uren, *adj.* unclean; impure; *~ hud,* muddy complexion.

uret, *s.* injustice, wrong; *have ~,* be wrong; **-færdig,** *adj.* unjust, unfair; **-færdighed,** *s.* injustice.

urigtig, *adj.* wrong, incorrect.

urimelig, *adj.* absurd, unreasonable; unfair; exorbitant.

urin, *s.* urine; **-ere,** *v. i.* urinate; **-vejene,** *s. pl.,* *anat.* the urinary system.

urne, *s.* urn.

uro, *s.* restlessness; worry; anxiety; concern; unrest; stir; mobile; **-lig,** *adj.* troubled; restless; worried; uneasy; anxious; stormy, rough; noisy; **-ligheder,** *s. pl.* disturbances; riots.

urokkelig, *adj.* unshakeable, immovable; stubborn.

urt, *s., bot.* herb; **-eagtig,** *adj.* herbaceous; **-epotte,** *s.* flowerpot.

uråd, *s. ane* ~, smell a rat; *ikke ane* ~, suspect nothing.

usammenhængende, *adj.* incoherent.

usand, *adj.* untrue, false; **-hed,** *s.* untruth.

usandsynlig, *adj.* unlikely; *adv.* incredibly.

uselvisk, *adj.* unselfish.

uselvstændig, *adj.* dependent.

usigelig, *adj.* unspeakable.

usikker, *adj.* uncertain, doubtful; unreliable; unsteady; unsafe; insecure; risky.

uskadelig, *adj.* harmless; **-t,** *adj.* unharmed; uninjured.

uskik, *s.* bad habit.

uskyld, *s.* innocence; virginity; **-ig,** *adj.* innocent.

usmagelig, *adj.* unsavoury.

usoigneret, *adj.* slovenly; untidy.

uspiselig, *adj.* inedible, uneatable.

ussel, *adj.* poor, wretched,

miserable; mean.

ustabil, *adj.* unstable.

ustadig, *adj.* unsteady, unstable; inconstant.

ustandselig, *adv.* constantly.

ustyrlig, *adj.* unmanageable; unruly; *adv.* terribly.

usund, *adj.* unhealthy.

usvigelig, *adj.* unfailing.

usympatisk, *adj.* unpleasant, unattractive; repulsive.

usynlig, *adj.* invisible.

usædvanlig, *adj.* unusual, uncommon; extraordinary.

usømmelig, *adj.* indecent.

utaknem(me)lig, *adj.* ungrateful; **-hed,** *s.* ingratitude.

utal, *s. et* ~ *af,* countless, no end of, any number of; **-lig,** *adj.* innumerable, countless.

utid, *s. i -e,* at the wrong moment; *i tide og -e,* in and out of season; **-ig,** *adj.* ill-timed; fretful; indisposed, out of sorts.

utilbøjelig, *adj.* disinclined.

utilfreds, *adj.* dissatisfied.

utilgivelig, *adj.* unforgivable; inexcusable.

utilgængelig, *adj.* inaccessible.

utilladelig, *adj.* inadmissible; outrageous; disgraceful.

utilpas, *adj.* unwell; indisposed; uneasy.

utilregnelig, *adj.* insane.

utilsigtet, *adj.* unintentional.

utilsløret, *adj.* unveiled; undisguised, open.

utilstrækkelig, *adj.* insufficient; inadequate.

utiltalende, *adj.* unpleasant, unattractive; repulsive.

utraditionel, *adj.* unconventional, unorthodox.

utro, *adj.* unfaithful; **-skab,** *s.* infidelity; unfaithfulness; adultery.

utrolig, *adj.* incredible, unbelievable.

utryg, *adj.* insecure.

utrættelig, *adj.* indefatigable; untiring.

utrøstelig, *adj.* inconsolable.

utvivlsom, *adj.* undoubted.

utydelig, *adj.* indistinct.

utænkelig, *adj.* unthinkable, inconceivable.

utæt, *adj.* leaky; **-hed,** *s.* leak(age).

utøj, *s., zoo.* vermin.

utålelig, *adj.* intolerable, unbearable.

utålmodig, *adj.* impatient; **-hed,** *s.* impatience.

uudholdelig, *adj.* intolerable.

uudslettelig, *adj.* indelible.

uundgåelig, *adj.* inevitable.

uundværlig, *adj.* indispensable.

uvane, *s.* bad habit.

uvant, *adj.* unaccustomed.

uvedkommende, *s.* trespasser, intruder; *adj.* irrelevant; unauthorized.

uvejr, *s.* storm.

uven, *s.* enemy; *være -ner,* be on bad terms; **-lig,** *adj.* unfriendly, unkind; **-skab,** *s.* enmity.

uventet, *adj.* unexpected.

uviden|de, *adj.* ignorant; **-hed,** *s.* ignorance.

uvilje, *s.* reluctance; aversion; dislike.

uvilkårlig, *adj.* involuntary.

uvirksom, *adj.* idle; ineffective.

uvis, *adj.* doubtful, uncertain.

uvurderlig, *adj.* invaluable.

uvægerlig, *adj.* invariable; inevitable.

uvæsentlig, *adj.* unimportant; immaterial.

uægte, *adj.* artificial, imitation; false, fake.

uærlig, *adj.* dishonest.

uønsket, *adj.* unwanted; undesirable.

uøvet, *adj.* unpractised.

vable, *s., med.* blister.

vaccin|ation, *s., med.* vaccination; **-e,** *s.* vaccine; **-ere,** *v. t.* vaccinate.

vade, *v. i.* wade; ~ *i, fig.* be rolling in; **-sted,** *s.* ford.

vaffel, *s., kul.* wafer; waffle; cone.

vag, *adj.* vague.

vagabond, *s.* tramp.

vagt, *s.* watch, guard; duty; **-havende,** *adj.* on duty; **-hund,** *s.* watchdog; **-parade,** *s.* changing of the guard; **-post,** *s.* guard, sentry; **-som,** *adj.* watchful, vigilant.

vagtel, *s., zoo.* quail.

vaje, *v. i.* fly; wave.

vakle, *v. i.* totter, stagger; shake; falter, hesitate; **-vorn,** *adj.* rickety, ramshackle.

vaks, *adj.* bright, alert.

vakuum, *s.* vacuum.

valdhorn, *s., mus.* French horn.

valg, *s.* choice, option; alternative; election; **-bar,** *adj.* eligible; **-fri,** *adj.* optional; **-kamp,** *s.* election campaign; **-kreds,** *s.* constituency; **-ret,** *s.* suffrage; **-sprog,** *s.* motto;

-urne, *s.* ballot box.
vallak, *s., zoo.* gelding.
valle, *s.* whey.
valmue, *s., bot.* poppy.
valnød, *s., bot.* walnut.
vals, *s.* waltz; **-e,** *v. i.* waltz.
valse, *s.* cylinder, roller; platen.
valuta, *s.* currency, exchange; value.
vammel, *adj.* nauseous, sickly.
vampyr, *s.* vampire.
vand, *s.* water; *gå i -et,* bathe, go swimming; *lade -et,* pass water; *til -s,* by sea; *ved -et,* by the sea; **-beholder,** *s.* cistern; tank; **-damp,** *s.* steam; **-dråbe,** *s.* drop of water; **-e,** *v. t.* water; irrigate; **-et,** *adj.* watery; *fig.* thin, feeble; **-fad,** *s.* (wash) basin; **-fald,** *s.* waterfall, cataract; cascade; **-farve,** *s.* watercolour; **-fast,** *adj.* waterproof; **-forsyning,** *s.* water supply; **-forurening,** *s.* water pollution; **-hane,** *s.* tap; *U.S.* faucet; **-ing,** *s.* watering; irrigation; **-kande,** *s.* water jug, pitcher; watering can; **-kraft,** *s.* water power, hydropower; **-kraftværk,** *s.* hydroelectric power station; **-ladning,** *s.* urination; **-ledning,** *s.* water main; water pipe; conduit; **-løb,** *s.* stream; **-lås,** *s.* (water) trap; **-mand,** *s., zoo.* jellyfish; **-melon,** *s., bot.* water melon; **-post,** *s.* pump; **-pyt,** *s.* puddle; **-ret,** *adj.* horizontal, level; across; **-rør,** *s.* water pipe; **-skel,** *s.* watershed; **-skræk,** *s.* hydrophobia; **-slange,** *s.* (water) hose; **-stand,** *s.* water-level; **-tæt,** *adj.* waterproof;

watertight; **-værk,** *s.* waterworks.
vandre, *v. i.* walk; hike; **-hjem,** *s.* youth hostel; **-tur,** *s.* hike.
vane, *s.* habit, custom; practice.
vanille, *s., kul.* vanilla.
vanke, *v. i. der -r,* there will be; you will get.
vanlig, *adj.* usual, customary.
vanry, *s.* ill repute; **-røgt,** *s.* neglect; **-sire,** *v. t.* disfigure; **-skabt,** *adj.* deformed.
vanskelig, *adj.* difficult, hard; hard to please; **-gøre,** *v. t.* complicate; **-hed,** *s.* difficulty.
vant, *adj.* accustomed, used; usual.
vante, *s.* mitten.
vantro, *adj.* incredulous; *rel.* unbelieving; infidel.
vanvare, *s. af ~,* inadvertently.
vanvid, *s.* madness; insanity.
vanvittig, *adj.* insane, mad, crazy; *adv.* crazily, madly; awfully, terribly.
vanære, *s. & v. t.* disgrace.
vare, *s.* article; commodity; product; **-r,** *pl.* goods, merchandise; *v. i.* last; take; *~ ved,* go on, continue; *tage ~ på,* take care of; **-deklaration,** *s.* informative label; **-hus,** *s.* department store; **-lager,** *s.* stock; **-mærke,** *s.* trade-mark; **-prøve,** *s.* sample; **-tage,** *v. t.* take care of, look after; handle; **-tægt,** *s.* care; **-tægtsfængsel,** *s.* custody; **-vogn,** *s.* van.
variant, *s.* variant; **-ation,** *s.* variation; **-ere,** *v. t.* vary; **-eret,** *adj.* varied.

varieté, s. variety; music hall.

varig, adj. lasting; permanent; **-hed**, s. duration; term.

varm, adj. warm, hot; være ~ på, fancy; **-e**, s. heat, warmth; v. t. warm, heat; lukke op for -n, turn the heating on; **-eapparat**, s. radiator; heater; **-edunk**, s. hot-water bottle; **-een-hed**, s. caloric unit; thermal unit; **-efylde**, s., fys. specific heat; **-eovn**, s. stove, heater; **-epude**, s. electric pad; **-etæppe**, s. electric blanket.

vars|el, s. warning; notice; omen; **-le**, v. i. warn; notify; augur.

varsko, v. t. warn, give notice.

varsom, adj. cautious; gentle.

varte, v. i. ~ op, wait (on).

vase, s. vase.

vask, s. washing; laundry; sink; basin; gå i -en, come to nothing; fall through; **-e**, v. t. & i. wash; ~ op, do the dishes; ~ sig, wash; **-ebalje**, s. washbowl; **-ebjørn**, s., zoo. raccoon; **-eklud**, s. facecloth; **-ekumme**, s. (wash-)basin; **-emaski-ne**, s. washing machine; **-epulver**, s. washing powder, soap powder; **-eri**, s. laundry; **-etøj**, s. washing, laundry; **-eægte**, adj. fast; fig. genuine.

vat, s. cotton wool; wadding; **-pind**, s. cotton swab; **-tere**, v. t. pad, quilt; **-tæppe**, s. quilt.

vaterpas, s. spirit level.

ve, s. labour pain; have -er, be in labour.

ved, s. wood; præp. at; by; near; on; in; about; around; jeg var ~ at spise, I was eating; ~ siden af, next to, beside.

vedbend, s., bot. ivy.

vedblive, v. i. continue, go on.

vederlag, s. compensation; uden ~, free of charge.

vedholdende, adj. persistent.

vedhæng, s. appendage; pendant.

vedkende, v. refl. ~ sig, acknowledge.

vedkomme, v. t. concern; **-nde**, s. the person(s) concerned.

vedligeholde, v. t. keep; maintain, preserve; keep up.

vedlægge, v. t. enclose.

vedrøre, v. t. concern; **-nde**, præp. concerning; re; as regards.

vedtage, v. t. agree to; decide; pass; carry.

vedtægt, s. rule; regulation.

vedvarende, adj. constant; continued; ~ energi, renewable energy sources.

veg, adj. weak, yielding.

vege|tabilsk, adj. vegetable; **-tar**, s. vegetarian.

vegne, s. pl. alle ~, everywhere; ingen ~, nowhere; på mine ~, on my behalf.

vej, s. road; way, distance; route; hvad er der i -en? what is the matter? der er ngt i -en, sth is wrong; rydde af -en, get rid of; **-arbejde**, s. roadworks; **-bane**, s. carriageway; lane; **-belægning**, s. road surface; **-kant**, s. roadside; shoulder; **-kryds**, s. crossroads; **-skilt**, s. road sign; **-spærring,** s. road block; **-sving,** s. road bend; **-viser,** s. road sign, signpost; directory.

veje, v. t. weigh; ~ *meget,* be heavy.

vejled|e, v. t. guide; instruct; recommend; **-ning,** s. guidance; instruction.

vejr, s. weather; breath; *få -et, trække -et,* breathe; *ryge i -et,* blow up; *stige til -s,* go up; **-bidt,** adj. weather-beaten; **-e,** v. t. & i. scent; sniff; **-hane,** s. weathercock; **-kort,** s. weather chart; **-melding,** s. weather report; **-trækning,** s. breathing; **-udsigt,** s. weather forecast.

veksel, s., *merk.* bill (of exchange); **-erer,** s. stockbroker; **-kurs,** s. rate of exchange; **-strøm,** s., *elek.* alternating current; **-virkning,** s. interaction.

veksle, v. t. & i. change; exchange; alternate.

vel, s. welfare; well-being; *adj. & adv.* well; I hope; rather; probably; I suppose; surely.

velbefindende, s. well-being.

velbegavet, adj. bright, intelligent.

velbehag, s. pleasure; well-being.

velbeholden, adj. safe and sound; intact.

velegnet, adj. suitable; well qualified.

velfortjent, adj. well-deserved.

velfærd, s. welfare.

velgøre|nde, adj. refreshing; charitable; **-nhed,** s. charity; **-r,** s. benefactor.

velhavende, adj. well-to-

do; wealthy; affluent.

velholdt, adj. well-kept.

velkendt, adj. well-known.

velkom|men, adj. welcome; **-st,** s. reception, welcome.

vellidt, adj. popular.

vellignende, adj. life-like.

vellykket, adj. successful.

velopdragen, adj. well-bred; well-behaved; **-hed,** s. good manners.

veloplagt, adj. in good form; fit.

velplejet, adj. trim; well-cared-for.

velset, adj. welcome.

velsigne, v. t. bless; **-lse,** s. blessing.

velsmagende, adj. tasty, savoury; delicious.

velstand, s. wealth, affluence.

velstillet, adj. well-off.

veltalende, adj. eloquent.

veltilpas, adj. comfortable.

velunderrettet, adj. well-informed.

velvil|je, s. benevolence; kindness; good-will; **-lig,** adj. benevolent, kind.

velvære, s. comfort, well-being.

vemodig, adj. sad, melancholy.

ven, s. friend; *blive -ner,* make friends; **-inde,** s. friend, girlfriend; **-lig,** adj. kind, friendly; *vær så* ~ , please; **-hed,** s. kindness; **-skab,** s. friendship.

vend|e, v. t. & i. turn; shift; ~ *om,* turn back; ~ *ud til,* look out on; ~ *mod,* face; ~ *sig,* turn; ~ *sig om,* turn around; ~ *tilbage,* return; **-ekreds,** s. tropic; **-ekåbe,** s. turncoat; **-epunkt,** s. turning point;

-ing, *s.* turning; turn; phrase, turn of speech; *i en snæver* ~ , at a pinch.
vene, *s., anat.* vein.
Venedig, *s.* Venice.
venstre, *adj.* left; **-fløj,** *s., pol.* left wing; **-kørsel,** *s.* driving on the left; **-orienteret,** *adj., pol.* left-wing.
vente, *v. t. & i.* wait; expect; ~ *på,* wait for; ~ *sig,* expect; **-liste,** *s.* waiting list; **-sal,** *s.* waiting room; **-tid,** *s.* wait; **-tøj,** *s.* maternity wear; **-værelse,** *s.* waiting room.
ventil, *s.* valve.
ventilation, *s.* ventilation; **-ator,** *s.* ventilator; fan; **-ere,** *v. t.* ventilate.
veranda, *s.* veranda, porch.
verbum, *s., gram.* verb.
verden, *s.* world; *hvad i al-!* what on earth! **-sberømt,** **-skendt,** *adj.* world-famous; **-sdel,** *s.* continent; **-sfjern,** *adj.* secluded; unrealistic; **-shistorie,** *s.* world history; **-shjørne,** *s.* point of the compass; direction; **-skort,** *s.* world map; **-skrig,** *s.* world war; **-smester,** *s.* world champion; **-somspændende,** *adj.* world-wide, global; **-srekord,** *s.* world record; **-srum,** *s.* space.
verdslig, *adj.* secular, worldly.
vers, *s.* verse; stanza; **-emål,** *s.* metre; **-ere,** *v. i.* go round, circulate; **-ion,** *s.* version.
vest, *s.* waistcoat; west; *mod* ~ , westwards; west; **-envind,** *s.* west wind; **V**~ **erhavet,** *s.* the North Sea; **V**~ **europa,** *s.* West-

ern Europe; **-europæisk,** *adj.* West European; **V**~ **indien,** *s.* the West Indies; **-lig,** *adj.* western; west; **-på,** *adv.* west, westwards; in the west; **-tysk,** *adj.* West German; **V**~ **tyskland,** *s.* West Germany.
veteran, *s.* veteran; **-bil,** *s.* vintage car.
veto, *s.* veto; *nedlægge* ~ *mod,* veto.
vi, *pron.* we.
viadukt, *s.* viaduct.
vibe, *s., zoo.* lapwing, peewit.
vibrere, *v. i.* vibrate.
vice-, *præfiks* vice, deputy; **-præsident,** *s.* vice-president; **-vært,** *s.* janitor, caretaker.
vid, *s.* wit; *adj.* wide; large; loose; **-de,** *s.* width; expanse.
vide, *v. t.* know; *få at* ~ , learn, be told; *jeg gad* ~ , I wonder; **-begærlig,** *adj.* curious; eager to learn; **-n,** *s.* knowledge; **-nde,** *s.* knowledge; *adj.* well-informed; knowledgeable.
videnskab, *s.* science; **-elig,** *adj.* scientific; **-smand,** *s.* scientist.
videre, *adj. & adv.* wider; further, farther; on; *ikke* ~ , not very; *og så* ~ , and so on; *indtil* ~ , until further notice; so far; *komme* ~ , get on, make progress; **-føre,** *v. t.* continue; **-gående,** *adj.* further; **-kommen,** *adj.* advanced.
vidne, *s.* witness; *være* ~ *til,* witness; *v. i.* give evidence; testify; ~ *om,* indicate; **-forklaring,** *s.* evidence; **-sbyrd,** *s.* evidence; testimony; school

report; **-skranke,** s. witness box.

vidt, adv. far, wide; widely; for så ~, for that matter; hvor ~, whether; så ~, as far as; ikke så ~ jeg ved, not that I know of; **-gående,** adj. extensive; **-løftig,** adj. long-winded, detailed; dissipated; **-rækkende,** adj. far-reaching; **-strakt,** adj. extensive.

vidunder, s. wonder; **-lig,** adj. wonderful, marvellous.

vie, v. t. marry, wed; consecrate; devote; dedicate; **-lse,** s. wedding; **-lsesattest,** s. marriage certificate; **-lsesring,** s. wedding ring; **-vand,** s., rel. holy water.

vifte, s. fan; v. i. wave; fan.

vig, s. creek.

vige, v. t. & i. yield, give way; **-plads,** s. lay-by; **-pligt,** s. right of way; **-spor,** s. side-track.

vigte, v. refl. ~ sig, show off.

vigtig, adj. important, major; stuck-up, conceited; **-hed,** s. importance; conceit.

vikar, s. substitute, T temp; **-iat,** s. supply job; temporary job; **-iere,** v. i. substitute, replace.

viking, s. Viking.

vikle, v. t. wind, roll (up); twist.

viktualiehandler, s. delicatessen (shop).

vild, adj. wild; savage; fierce; fare ~, lose one's way; være ~ med, be crazy about; **-else,** s. delirium; **-farelse,** s. delusion; **-fremmed,** s. perfect stranger; **-lede,** v. t.

mislead; **-nis,** s. wilderness; tangle; **-rede,** s. være i ~, be at a loss; **-spor,** s. på ~, on the wrong track; **-svin,** s., zoo. wild boar.

vildt, s., zoo. game; kul. venison; **-handler,** s. poulterer; **-tyv,** s. poacher; **-voksende,** adj. wild.

vilje, s. will; få sin ~, have one's own way; med ~, on purpose; **-styrke,** s. will-power.

vilkår, s. pl. conditions; circumstances; **-lig,** adj. arbitrary; haphazard; any.

villa, s. house; villa; cottage; **-kvarter,** s. residential area.

ville, v. i. & aux. want (to); wish; be willing (to); will, would; shall, should.

villig, adj. willing; ready.

vilter, adj. giddy, wild; unruly.

vimpel, s. streamer.

vimse, v. i. bustle.

vin, s. wine; **-glas,** s. wineglass; **-gummi,** s., kul. fruit gum; **-gård,** s. vineyard; **-handel,** s. wine shop; **-høst,** s. vintage; **-kælder,** s. wine cellar; **-stok,** s., bot. vine.

vind, s. wind; **-fang,** s. windbreak; weather porch; **-jakke,** s. wind jacket; windcheater; **-kraft,** s. wind energy; **-mølle,** s. windmill; **-pust,** s. puff of wind; **-spejl,** s. windscreen; **-stille,** s. & adj. calm; **-styrke,** s. wind force; **-stød,** s. gust of wind; **-tæt,** adj. windproof.

vind|e, v. t. & i. win; gain; wind; ~ ind på, gain on; ~ over, beat; **-ebro,** s.

drawbridge; **-eltrappe**, *s.* spiral staircase; **-er**, *s.* winner; **-ing**, *s.* profit, gain.

vindrue, *s.*, *bot.* grape; **-klase**, *s.* bunch of grapes.

vindue, *s.* window; **-s-karm**, *s.* window-sill; **-spudser**, *s.* window cleaner; **-srude**, *s.* window pane; **-svisker**, *s.* windscreen wiper.

vinge, *s.* wing.

vink, *s.* wave; sign; hint; **-e**, *v. t. & i.* wave (one's hand); beckon.

vinkel, *s.*, *mat.* angle; *ret* ~, right angle; *spids* ~, acute angle; *stump* ~, obtuse angle; **-måler**, *s.* protractor; **-ret**, *adj.* ~ *på*, at right angles to.

vinter, *s.* winter; **-gæk**, *s.*, *bot.* snowdrop; **-have**, *s.* conservatory; **-sport**, *s.* winter sports; **-tøj**, *s.* winter clothing.

viol, *s.*, *bot.* violet; **-et**, *adj.* violet, purple.

violin, *s.*, *mus.* violin.

vippe, *s.* seesaw; diving board; *på -n*, touch and go; *v. t. & i.* tip; rock; seesaw.

vipstjært, *s.*, *zoo.* wagtail.

viril, *adj.* virile; **-itet**, *s.* virility.

virke, *s.* activity, work; *v. i.* act, work; look, seem; **-lig**, *adj.* real; actual; *adv.* really, actually; indeed; **-liggøre**, *v. t.* realize; **-lighed**, *s.* reality; *i -en*, in reality, actually.

virkning, *s.* effect; **-sfuld**, *adj.* effective; **-sløs**, *adj.* ineffective.

virksom, *adj.* active; effectual; **-hed**, *s.* activity; business, firm; concern;

factory; action; **-sledelse**, *s.* management.

virtuos, *s.* virtuoso; *adj.* brilliant.

virus, *s.*, *med.* virus.

virvar, *s.* confusion, chaos, mess.

vis, *s.* way, manner; *adj.* certain; sure; wise; **-dom**, *s.* wisdom; **-domstand**, *s.*, *anat.* wisdom tooth.

vise, *s.* song; ballad; *v. t.* show; indicate; exhibit; display; ~ *af*, signal; ~ *frem*, show; ~ *sig*, appear, turn up; show off; *det -r sig*, it appears; ~ *sig at være*, turn out to be; **-r**, *s.* pointer, needle; hand.

vished, *s.* certainty; *skaffe sig* ~, ascertain, make sure.

visir, *s.* visor.

visit, *s.* visit, call; *aflægge* ~, pay a visit; **-ere**, *v. t.* search; frisk; **-kort**, *s.* visiting card.

viske, *v. t.* ~ *ud*, erase, rub out; wipe out; **-læder**, *s.* eraser; **-r**, *s.* wiper; **-styk-ke**, *s.* dishcloth.

vis|ne, *v. i.* wither; die; **-sen**, *adj.* withered, dead.

vist, *adv.* probably; I think, I believe; certainly; **-nok**, *adv.* probably.

visum, *s.* visa.

vitamin, *s.* vitamin; *C-*~, vitamin C.

vits, *s.* joke.

vittig, *adj.* witty; **-hed**, *s.* joke; *-stegning*, *s.* cartoon.

vod, *s.* dragnet.

vogn, *s.* carriage; car; wa(g)gon; van; cart; cab; taxi; coach; trolley; shopping cart; **-bane**, *s.* lane; **-dæk**, *s.* car deck; **-lad-ning**, **-læs**, *s.* van load; **-mand**, *s.* haulage contractor; taxi owner; carrier.

vogte, *v. t.* watch, guard; ~ *sig,* take care; ~ *sig for,* beware of; **-r,** *s.* keeper; shepherd; *fig.* guardian.

vokal, *s.* vowel; *adj.* vocal.

voks, *s.* vax; **-dug,** *s.* oilcloth.

vokse, *v. i.* grow; ~ *fra,* outgrow; ~ *sammen,* heal; **-n,** *adj.* grown-up, adult.

volapyk, *s.* gibberish; double Dutch.

vold, *s.* violence, force; power; embankment; rampart; *med* ~, by force; **-e,** *v. t.* cause; **-gift,** *s., jur.* arbitration; **-grav,** *s.* moat; **-shandling,** *s.* act of violence; **-smand,** *s.* assailant; **-som,** *adj.* violent; tremendous; **-somhed,** *s.* violence; **-tage,** *v. t.* rape; **-tægt,** *s.* rape.

volumen, *s.* volume.

vom, *s.* paunch, belly.

vorden, *s. i sin* ~, in the making; **-de,** *adj.* future, to be; expectant.

vor(es) (vort, vore), *pron.* our(s).

Vorherre, *s.* God, the Lord.

vorte, *s.* wart.

votere, *v. t. & i.* vote; *jur.* consider the verdict.

vove, *v. t.* dare; risk; **-hals,** *s.* daredevil; **-stykke,** *s.* venture; **-t,** *adj.* daring, risky.

vovse, *s., T* doggie.

vrag, *s.* wreck; **-e,** *v. t.* reject; *vælge og* ~, pick and choose; **-gods,** *s.* wreckage.

vralte, *v. i.* waddle.

vrang, *s.* wrong side; reverse; **-forestilling,** *s.* delusion; **-maske,** *s.* purl; **-strikning,** *s.* purl knit-

ting.

vred, *adj.* angry; **-e,** *s.* anger, rage.

vride, *v. t.* twist; wring; ~ *om på,* twist; ~ *sig,* writhe.

vrikke, *v. t. & i.* wriggle; ~ *om på,* twist.

vrim|le, *v. i.* swarm, teem; **-mel,** *s.* swarm.

vrinske, *v. i.* neigh.

vrisse, *v. i.* snap.

vrist, *s., anat.* instep.

vriste, *v. t.* wrest, wrench.

vræl, *s.* roar, yell; **-e,** *v. i.* roar, yell.

vrænge, *v. t. & i.* sneer.

vrøvl, *s.* nonsense; trouble; *gøre* ~, protest; complain; grumble; make a fuss; **-e,** *v. i.* talk nonsense; **-ehoved,** *s. han er et* ~, he talks a lot of nonsense.

vugge, *s.* cradle; *v. t. & i.* rock; **-sang, -vise,** *s.* lullaby; **-stue,** *s.* crèche, day nursery.

vulgær, *adj.* vulgar.

vulkan, *s.* volcano.

vurder|e, *v. t.* estimate; *fig.* evaluate; **-ing,** *s.* estimate; evaluation; *efter min* ~, in my opinion.

væbne, *v. t.* arm.

vædde, *v. t. & i.* bet; **-løb,** *s.* race; **-løbsbane,** *s.* racecourse; **-mål,** *s.* bet, wager.

vædder, *s., zoo.* ram.

væde, *s.* moisture; *v. t.* wet, moisten.

væg, *s.* wall; **-getøj,** *s., zoo.* bedbugs; **-maleri,** *s.* mural (painting); **-skab,** *s.* wall cabinet; **-tæppe,** *s.* wall-hangings; tapestry.

væge, *s.* wick.

vægr|e, *v. refl.* ~ *sig,* refuse, decline; **-ing,** *s.* refusal.

vægt, s. weight, balance; scales; *lægge ~ på,* set store by; **-er,** s. night watchman; **-fylde,** s., *fys.* specific gravity; **-løftning,** s., *sport.* weightlifting.

væk, adv. away; gone; *blive ~,* be lost; stay away; disappear.

vække, v. t. wake (up); call; raise, cause, excite; arouse; **-lse,** s. revival; **-ur,** s. alarm clock.

vækst, s. growth; stature; plant.

væld, s. et ~ af, lots of; **-e,** v. i. well, spring.

vældig, adj. enormous, tremendous; adv. awfully.

vælge, v. t. choose, select; pick; elect; **-r,** s. elector, voter, constituent; **-rmøde,** s. election meeting.

vælte, v. t. upset, overturn; v. i. fall over, have a fall; ~ *sig i,* roll in.

væmme|lig, adj. disgusting, nasty; **-lse,** s. disgust; **-s,** v. i. ~ *ved,* be disgusted at, loathe.

vænne, v. t. accustom; ~ *af med,* get to stop; ~ *sig af med,* give up; ~ *sig til,* get used to; ~ *fra,* wean.

værd, adj. worth; worthy; *umagen ~,* worth while.

værdi, s. value; **-fuld,** adj. valuable.

værdig, adj. worthy; dignified; **-e,** v. t. deign; **-hed,** s. dignity.

værdiløs, adj. worthless.

værdipapirer, s. pl. securities.

værdsætte, v. t. appreciate.

være, v. i. & aux. be; have; *det kan ~,* maybe; ~ *med i,* take part in; ~ *til,* be, exist.

værelse, s. room.

væremåde, s. manner; personality.

værft, s. shipyard.

værge, s. guardian; v. t. ~ *for sig,* defend oneself; **-løs,** adj. defenceless.

værk, s. work(s); *sætte i ~,* set in motion; start; *skride til -s,* set to work; **-fører,** s. foreman; **-sted,** s. workshop; **-tøj,** s. tool(s).

værn, s. defence; protection; **-e,** v. t. & i. defend, protect; **-epligt,** s. compulsory military service; **-epligtig,** s. conscript.

værre, adj. worse; *en ~ én,* a bad one.

værsgo, int. here you are! help yourself! dinner is ready!

værst, adj. worst; *i -e fald,* at worst.

vært, s. landlord; host; **-inde,** s. hostess; landlady; **-shus,** s. pub(lic house), inn; **-shusholder,** s. publican, innkeeper.

væsel, s., zoo. weasel.

væsen, s. creature, being; nature, manners; department, service.

væsentlig, adj. essential; considerable; adv. considerably; much.

væske, s. liquid; fluid.

væv, s. loom; web, texture; *anat.* tissue; **-e,** v. t. & i. weave; *fig.* ramble; **-er,** s. weaver; adj. nimble, agile; **-eri,** s. mill.

våben, s. weapon; *mil.,* pl. arms; **-hus,** s. porch; **-kapløb,** s. arms race; **-magt,** s. military power; **-skjold,** s. coat of arms; **-stilstand,** s. artistice; ceasefire.

våd, *adj.* wet.

vådeskud, *s.* accidental shot.

våge, *s.* hole in the ice; *v. i.* be awake; keep watch.

vågen, *adj.* awake; watchful, vigilant; bright.

vågne, *v. i.* wake (up).

vår, *s.* spring; case, cover.

vås, *s.* nonsense; **-e,** *v. i.* talk nonsense.

walis|er, *s.* Welshman; *-ne,* *pl.* the Welsh; **-isk,** *s.* & *adj.* Welsh.

Warszawa, *s.* Warsaw.

wc, *s.* lavatory, toilet, *T*loo; **-kumme,** *s.* toilet bowl; **~ -papir,** *s.* toilet paper.

weekend, *s.* weekend; **-kuffert,** *s.* overnight bag.

whisky, *s.,* *kul.* whisk(e)y; *U.S.* bourbon; **-sjus,** *s.* whisky and soda; *U.S.* highball.

Wien, *s.* Vienna.

wiener|brød, *s.,* *kul.* Danish pastry; **-vals,** *s.* Viennese waltz.

wire, *s.* wire; cable.

xantippe, *s.* shrew.

xylofon, *s.,* *mus.* xylophone.

yde, *v. t.* yield, give; pay; do; afford; contribute; grant; **-evne,** *s.* capacity; performance; **-lse,** *s.* output, yield; performance; contribution; payment; benefit; service.

yder|bane, *s.* outside lane; **-dør,** *s.* outer door; front door; **-fløj,** *s.,* *pol.* extreme wing.

yderlig, *adj.* extreme, near the edge; **-ere,** *adj.* & *adv.* further; **-gående,** *adj.* extreme, radical; extremist; **-hed,** *s.* extreme.

yderside, *s.* outside; exterior.

yderst, *adj.* extreme; outer; utmost; *adv.* extremely, highly; most.

ydmyg, *adj.* humble; **-e,** *v. t.* humiliate; **-else,** *s.* humiliation; **-hed,** *s.* humility.

ydre, *s.* exterior; appearance; outside; *adj.* external, outer, outward.

ynde, *s.* charm, grace; *v. t.* like, be partial to; **-fuld,** *adj.* graceful; **-t,** *adj.* popular.

yndig, *adj.* lovely, delightful.

yndling, *s.* favourite.

yng|el, *s.* brood; fry; **-le,** *v. i.* breed; spawn; *fig.* multiply.

yngling, *s.* youth.

yng|re, *adj.* younger; youngish; **-st,** *adj.* youngest.

ynk, *s. det er en* ~, it's pathetic; **-e,** *v. t.* pity; **-elig,** *adj.* pitiful, pathetic.

yoghurt, *s.,* *kul.* yoghurt.

yppe, *v. t.* ~ *kiv,* pick a quarrel.

ypper|lig, *adj.* excellent, superb; capital; **-ste-præst,** *s.* high priest.

ytr|e, *v. t.* utter, express; show; ~ *sig,* appear, manifest itself; **-ing,** *s.* remark; manifestation; expression; **-sfrihed,** *s.* freedom of expression.

yver, *s.,* *zoo.* udder.

zebra, *s.,* *zoo.* zebra.

zigeuner, *s.* gipsy.

zink, *s.* zinc.

zone, *s.* zone; fare stage.

zoolog, *s.* zoologist; **-i,** *s.* zoology; **-isk,** *adj.* zoological; ~ *have,* zoo.

æble, *s., bot.* apple; **-mos,** *s., kul.* apple sauce; **-most,** *s., kul.* apple juice; **-skrog,** *s.* apple core; **-skræl,** *s.* apple peel; **-vin,** *s., kul.* cider.

æde, *v. t.* eat; guzzle, stuff oneself; **-dolk,** *s.* glutton.

ædel, *adj.* noble; **-modig,** *adj.* magnanimous, generous; **-sten,** *s.* precious stone, gem.

ædru, -elig, *adj.* sober.

æg, *s.* edge; selvedge; *kul.* egg; **-geblomme,** *s.* egg yolk; **-gebæger,** *s.* egg cup; **-gehvide,** *s.* egg white; **-stof,** *s., kem.* protein, albumen; **-gestok,** *s., anat.* ovary.

ægge, *v. t.* provoke; egg on, incite; **-nde,** *adj.* exciting, stimulating.

ægte, *adj.* genuine, real; authentic; pure; *v. t.* marry; **-fælle,** *s.* spouse; **-par,** *s.* married couple; **-skab,** *s.* marriage; **-stand,** *s.* matrimony.

ækel, *adj.* nasty, disgusting; *T* horrid.

ækvator, *s.* the Equator.

ælde, *s.* old age; **-es,** *v. i.* grow old; **-gammel,** *adj.* ancient; **-re,** *s.* elderly people, senior citizens; *adj.* older; elder; elderly; rather old; **-st,** *adj.* oldest, eldest.

ælling, *s., zoo.* duckling.

ælte, *s.* mud; *v. t.* knead.

ændre, *v. t.* change, alter; amend; ~ *sig,* change; **-ing,** *s.* change.

ængste, *v. t.* alarm; **-s,** be alarmed; **-lig,** *adj.* uneasy, anxious; apprehensive; timid; **-lse,** *s.* uneasiness; anxiety, apprehension.

ænse, *v. t. ikke* ~, pay no attention to, disregard; *uden at* ~, regardless of.

æra, *s.* era.

ærbar, *adj.* modest, demure.

ærbødig, *adj.* respectful, deferential; reverent; *Deres -e,* Yours faithfully.

ære, *s.* honour; credit; glory; *på* ~, honestly; *til* ~ *for,* in honour of; *v. t.* honour; **-frygt,** *s.* awe; **-indgydende,** *adj.* awe-inspiring; **-fuld,** *adj.* honourable; **-sborger,** *s.* honorary citizen; **-sgæst,** *s.* guest of honour; **-smedlem,** *s.* honorary member; **-sord,** *s.* word of honour.

ærgerlig, *adj.* annoying, irritating; annoyed; **-re,** *v. t.* vex, annoy; ~ *sig,* be vexed, be annoyed; fret; **-relse,** *s.* annoyance, vexation.

ærgerrig, *adj.* ambitious; **-hed,** *s.* ambition.

ærinde, *s.* errand; commission.

ærkebiskop, *s.* archbishop; **-engel,** *s.* archangel; **-fjende,** *s.* arch-enemy, arch-fiend.

ærlig, *adj.* honest; frank; sincere; *T* straight, square; ~ *talt,* honestly; **-hed,** *s.* honesty.

ærme, *s.* sleeve; **-gab,** *s.* armhole.

ært, *s., bot.* pea; **-ebælg,** *s.* pea pod.

ærværdig, *adj.* venerable; reverend.

æsel, *s., zoo.* donky; ass; **-øre,** *s.* dog-ear.

æske, *s.* box.

æstetisk, *adj.* aesthetic.

æt, *s.* family; birth; descent.

æter, *s., kem.* ether; **-isk**, *adj.* ethereal.

ætse, *v. t.* corrode; cauterize; etch; **-nde**, *adj.* caustic.

ævl, *s.* rubbish; **-e**, *v. i.* talk rubbish.

ø, *s.* island; **-boer**, *s.* islander; **-gruppe**, *s.* group of islands; **-hav**, *s.* archipelago.

øde, *adj.* deserted, empty; desolate; ~ ø, desert island; *lægge* ~, lay waste, devastate; **-lagt**, *adj.* destroyed, ruined; broken; worn out; **-lægge**, *v. t.* destroy, ruin; spoil; break; **-læggelse**, *s.* destruction; damage; **-mark**, *s.* wilderness.

øds|el, *adj.* extravagant; lavish; **-le**, *v. i.* be extravagant; squander, waste; lavish.

øg, *s.* old horse, jade.

øge, *v. t.* add to; increase.

øgenavn, *s.* nickname.

øgle, *s., zoo.* lizard; saurian.

øje, *s., anat.* eye; *for øjnene af*, in front of; *i mine øjne*, as I see it; *se i øjnene*, face; *holde* ~ *med*, keep an eye on; *få* ~ *på*, spot; **-blik**, *s.* moment; instant; *T* minute; *et* ~ *!* just a moment! **-blikkelig**, *adj.* immediate; instant; present; temporary; *adv.* immediately, at once; **-kast**, *s.* glance; *ved første* ~, at first sight; **-med**, *s.* purpose; **-nbryn**, *s., anat.* eyebrow; **-nlæge**, *s.* oculist, eye specialist; **-nlåg**, *s., anat.* eyelid; **-nskygge**, *s.* eyeshadow; **-nsynlig**, *adj.* obvious; apparent; **-nvipper**, *s. pl., anat.* eye-

lashes; **-syn**, *s. tage i* ~, inspect; **-æble**, *s., anat.* eyeball; **øjne**, *v. t.* see.

økolog, *s.* ecologist; **-i**, *s.* ecology; **-isk**, *adj.* ecological.

økonom, *s.* economist; **-a**, *s.* matron; catering officer; **-i**, *s.* economy; economics; finances; **-isk**, *adj.* economic(al).

økse, *s.* axe.

øl, *s., kul.* beer; ale; lager; *lyst* ~, light ale; *mørkt-* ~, brown ale; *fad-*, *s.* draught beer; **-dåse**, *s.* beer can; **-flaske**, *s.* beer bottle; **-glas**, *s.* tumbler, beer glass; **-kapsel**, *s.* beer-bottle cap; crown cork; **-kasse**, *s.* beer crate; **-oplukker**, *s.* bottle opener.

øm, *adj.* tender; sore; **-findtlig**, *adj.* sensitive; **-hed**, *s.* tenderness, love; affection; pain, ache; soreness; **-skindet**, *adj.* sensitive, touchy; **-tålelig**, *adj.* sensitive, delicate.

ønske, *s.* wish, desire; *v. t.* wish, desire; want; **-drøm**, *s.* pipe-dream, wishful thinking; **-lig**, *adj.* desirable; **-tænkning**, *s.* wishful thinking.

ør, *adj.* confused; giddy, dizzy.

øre, *s., anat.* ear; **-døvende**, *adj.* deafening; **-figen**, **-tæve**, *s.* box on the ear; **-flip**, *s., anat.* earlobe; **-læge**, *s.* ear specialist; **-ntvist**, *s., zoo.* earwig; **-pine**, *s.* earache.

Øresund, *s.* the Sound.

ørken, *s.* desert.

ørkesløs, *adj.* idle; vain, futile.

ørn, *s., zoo.* eagle; **-enæse**,

s. aquiline nose; **-erede,** *s.* eyrie; **-eunge,** *s.* eaglet.

ørred, *s., zoo.* trout.

øse, *v. t.* bale; scoop; draw; *-nde regn,* pouring rain.

øsken, *s.* eye.

øst, *s. & adv.* east; *mod ~,* eastwards; **-blokken,** *s.* the East bloc; **Ø~en,** *s.* the East; **-envind,** *s.* east wind; **-erlandsk,** *adj.* oriental; **Ø~ersøen,** *s.* the Baltic; **-fra,** *adv.* from the east; **-lig,** *adj.* east(ern); **-på,** *adv.* east(wards); in the east.

østers, *s., zoo.* oyster.

Østrig, *s.* Austria; **østriger,** *s.* Austrian; **-sk,** *s. & adj.* Austrian.

østtysk, *s. & adj.* East German; **-er,** *s.* East German; **Østtyskland,** *s.* East Germany.

øve, *v. t. & i.* practise; exercise, train; do; **-lse,** *s.* practice, exercise; **-t,** *adj.* skilled, experienced.

øverst, *adj.* top, uppermost, topmost; supreme, highest; *adv.* at the top; *stå ~ på,* head.

øvrig, *adj.* remaining; rest; remainder; *de -e,* the others; *for -t,* otherwise; incidentally; however; by the way; *i -t,* besides; **-hed,** *s.* authorities.

å, *s.* stream; brook.

åben, *adj.* open; *fig.* open-minded, frank; **-bar,** *adj.* evident, obvious; **-bare,** *v. t.* reveal; **-baring,** *s.* revelation; **-bart,** *adv.* evidently, obviously; apparently; **-hjertig,** *adj.* candid, frank, outspoken; **-lys,** *adj.* open, undisguised; obvious; **-mundet,** *adj.* indiscreet; out-

spoken; **-t,** *adv.* openly; *holde ~,* be open.

åbne, *v. t. & i.* open, unlock; *~ for,* turn on; **-ing,** *s.* opening; hole, gap; *-stid,* *s.* opening hours.

ådsel, *s., zoo.* carcass; carrion; **-grib,** *s., zoo.* vulture.

åg, *s.* yoke.

åger, *s.* usury; **-karl,** *s.* usurer; **-pris,** *s.* exorbitant price; *betale ~,* pay through the nose.

åkande, *s., bot.* water lily.

ål, *s., zoo.* eel; **-eglat,** *adj., fig.* slick.

ånd, *s.* spirit, mind; ghost; *mil.* morale; **-e,** *s.* breath; *v. t. & i.* breathe, respire; *holde i ~,* keep busy, keep at it; **-edrag,** *s.* breath; **-edræt,** *s.* breathing; *kunstigt ~,* artificial respiration; **-elig,** *adj.* mental, intellectual; spiritual; **-eløs,** *adj.* breathless; **-fuld,** *adj.* brilliant, witty; **-sbeslægtet,** *adj.* congenial; **-sevne,** *s.* mental faculty; **-sfraværende,** *adj.* absent-minded, preoccupied; **-snærværelse,** *adj.* presence of mind; **-ssvag,** *adj.* mentally deficient; stupid.

år, *s.* year; *et halvt ~,* six months; *i ~,* this year; *om -et,* a year; **-bog,** *s.* yearbook, annual; **-evis,** *adj. i ~,* for years; **-gang,** *s.* year; vintage; volume; **-hundrede,** *s.* century; **-lig,** *adj.* annual, yearly; *adv.* a year, annually; **-sdag,** *s.* anniversary; **-sskifte,** *s.* turn of the year; **-stal,** *s.* year; **-stid,** *s.* season, time of year; **-ti,** *s.* decade.

åre, *s. anat. & fig.* vein; artery; *naut.* oar; *bot.* grain; **-forkalkning,** *s., med.* arteriosclerosis; **-gaffel,** *s.* rowlock; **-knude,** *s., med.* varicose vein; **-tag,** *s.* stroke.

årsag, *s.* cause; reason; occasion; *af den* ~, for that reason.

årvågen, *adj.* alert, watchful.

ås, *s.* ridge.

åsyn, *s.* sight; countenance.

. ås *sight; counten* 3

BRUG AF ORDBOGEN

Opslagsord: Ord (eller endelser) med **halvfed** skrift.

Anvendte tegn i **halvfed** skrift:

~   betegner, at opslagsordet gentages.
Eksempel: (**best** adj. & adv. bedst);
      ~ **man**, s. forlover.

-       betegner, at (en del af) opslagsordet
gentages som en del af et sammensat ord.
Eksempel: (**belie**|**f**, s. tro); **-ve**, v. t. & i.
tro.

~-   betegner, at (en del af) opslagsordet
gentages med bindestreg.
Eksempel: (**broad**, adj. bred); ~-**min-**
ded,
      adj. tolerant.

| betegner, at den del af ordet, der står foran
stregen, i det følgende gentages ved -.
Eksempel: **belie**|**f**, s. tro; (**-ve**, v. t. & i.
tro.)

()   betegner, at de(t) ord, der er indeholdt i
parentesen, er en valgfri mulighed eller
yderligere forklaring.
Eksempel: **boa**, s., zoo (~-**constrictor**),
      kvælerslange.
      bishop, s. biskop; *(skak)* løber.

Ord og tegn i *kursiv* henviser til nærmest foranstående opslagsord.

Ordbogen er opbygget alfabetisk på den made, at fx. tal og forkortelser står på deres alfabetiske plads, men vil også kunne slås op samlet i afsnittet **Tid og tal**. Sammensatte ord med ens forstavelse står samlet i en artikel. Saledes kan SKILØB findes under SKI og foran SKIFTE.

Udtale

[']	betegner, at den følgende stavelse udtales med hovedtryk
[,]	betegner, at den følgende stavelse udtales med bitryk
[:]	betegner, at den foranstående vokal er lang
[æ]	som i hat [hæt]
[a:]	som i far [fa:]
[ai]	som i eye [ai]
[au]	som i owl [aul]
[ð]	som i the [ðə]
[θ]	som i thin [θin]
[dʒ]	som i gem [dʒem]
[ə]	som i about [ə'baut]
[ɛə]	som i bear [bɛə]
[ei]	som i late [leit]
[iə]	som i hear [hiə]
[ŋ]	som i singer ['siŋə]
[ɔ]	som i not [nɔt]
[əu]	som i know [nəu]
[ɔi]	som i boy [bɔi]
[ʃ]	som i she [ʃi:]
[tʃ]	som i chin [tʃin]
[z]	som i his [hiz]
[ʒ]	som i measure ['meʒə]
[ʌ]	som i cut [kʌt]

De øvrige lyde svarer til dansk udtale

I afledninger af hovedopslagsordene er lydskrift kun anvendt, hvis udtalen ændres på en måde, der ikke falder naturligt for en dansker.

Anvendte forkortelser

adj.	adjektiv, tillægsord
adv.	adverbium, biord
anat.	anatomi
arkit.	arkitektur
art.	artikel, kendeord
astr.	astronomi
aux.	hjælpe-
best.	bestemt
bio.	biologi
bot.	botanik
d.s.(s.)	det samme (som)
edb.	databehandling
el.	eller
elek.	elektricitet
eng.	engelsk
Engl.	England
etc.	etcetera, og så videre
f.eks.	for eksempel
fig.	figurligt, i overført betydning
film.	filmudtryk
fly.	flyudtryk
fk.(f.)	forkortet; forkortelse for
fon.	fonetik
fot.	fotoudtryk
fys.	fysik
geo.	geografi
gl.	gammel(dags)
gram.	grammatik
hist.	historie
i.	intransitivt, uden genstandsled
imp.	imperativ, bydeform
inf.	infinitiv, navneform
int.	interjektion, udråbsord
jur.	jura
kem.	kemi
konj.	konjunktion, bindeord
kul.	kulinarisk, madlavning
litt.	litteratur
mat.	matematik

med.	lægevidenskab
mek.	mekanik
merk.	merkantilt, handel
mil.	militært
mus.	musik
naut.	søfartsudtryk
neds.	nedsættende
ngl.	nogle
ngt.	noget
num.	numeralie, talord
parl.	parlamentarisk
part.	participium, tillægsform
pl.	pluralis, flertal
poet.	digterisk
pol.	politik
pron.	pronomen, stedord
præp.	præposition, forholdsord
psyk.	psykologi
radio.	radioudtryk
refl.	refleksivt, tilbagevisende
rel.	religion
S.	slang
s.	substantiv, navneord
sby.	somebody
s.d.	se dette
sg.	singularis, ental
Skot.	Skotland
sport.	sportsudtryk
sth.	something
sv.t.	svarer til
T	talesprog
t.	transitivt, med genstandsled
teat.	teater
TV.	fjernsynsudtryk
typ.	typografi
ubest.	ubestemt
U.S.	amerikansk
v.	verbum, udsagnsord
vulg.	vulgært
zoo.	zoologi
økon.	økonomi

TID OG TAL

Mængdetal		Cardinal numbers
en	1	one
to	2	two
tre	3	three
fire	4	four
fem	5	five
seks	6	six
syv	7	seven
otte	8	eight
ni	9	nine
ti	10	ten
elleve	11	eleven
tolv	12	twelve
tretten	13	thirteen
fjorten	14	fourteen
femten	15	fifteen
seksten	16	sixten
sytten	17	seventeen
atten	18	eighteen
nitten	19	nineteen
tyve	20	twenty
enogtyve	21	twenty-one
toogtyve	22	twenty-two
tredive	30	thirty
fyrre	40	forty
halvtreds	50	fifty
tres	60	sixty
halvfjerds	70	seventy
firs	80	eighty
halvfems	90	ninety
hundrede	100	a hundred
hundrede og en	101	a hundred and one
to hundrede	200	two hundred
to hundrede og en	201	two hundred and one
tusind	1000	a thousand
ti tusind	10.000	ten thousand
hundrede tusind	100.000	a hundred thousand
en million	1.000.000	a million
ti millioner	10.000.000	ten millions
en milliard	1.000.000.000	a billion [U.S. a milliard]

Ordenstal

Ordinal numbers

første	1st	first
anden	2nd	second
tredje	3rd	third
fjerde	4th	fourth
femte	5th	fifth
sjette	6th	sixth
syvende	7th	seventh
ottende	8th	eighth
niende	9th	ninth
tiende	10th	tenth
ellevte	11th	eleventh
tolvte	12th	twelfth
trettende	13th	thirteenth
fjortende	14th	fourteenth
femtende	15th	fifteenth
sekstende	16th	sixteenth
syttende	17th	seventeenth
attende	18th	eighteenth
nittende	19th	nineteenth
tyvende	20th	twentieth
enogtyvende	21st	twenty-first
toogtyvende	22nd	twenty-second
tredivte	30th	thirtieth
fyrretyvende	40th	fortieth
halvtredsindstyvende	50th	fiftieth
tresindstyvende	60th	sixtieth
halvfjerdsindstyvende	70th	seventieth
firsindstyvende	80th	eightieth
halvfemsindstyvende	90th	ninetieth
hundrede	100th	hundredth
tusinde	1000th	thousandth

Ugens dage	The day of the week
mandag	Monday
tirsdag	Tuesday
onsdag	Wednesday
torsdag	Thursday
fredag	Friday
lørdag	Saturday
søndag	Sunday

Årets måneder	The months of the year
januar	January
februar	February
marts	March
april	April
maj	May
juni	June
juli	July
august	August
september	September
oktober	October
november	November
december	December

Årstiderne	The seasons
forår	spring
sommer	summer
efterår	autumn, (U.S. fall)
vinter	winter

DE ENGELSKE VERBER

I nutid tredje person tilføjes -s.
I datid og i datids tillægsform ender regelmæssigt bøjede
verber på -ed.

Uregelmæssige verber

arise	(opstå)	arose	arisen
awake	(vågne)	awoke, -d	-d, awoken
be	(være)	was/were	been
bear	(bære, føde)	bore	born(e)
beat	(slå)	beat	beaten
become	(blive)	became	become
beget	(avle)	begot	begotten
begin	(begynde)	began	begun
bend	(bøje)	bent	bent
bet	(vædde)	bet	bet
bid	(byde, befale)	bade	bidden
bind	(binde)	bound	bound
bite	(bide)	bit	bitten
bleed	(bløde)	bled	bled
blow	(blæse)	blew	blown
break	(brække)	broke	broken
breed	(avle)	bred	bred
bring	(bringe)	brought	brought
build	(bygge)	built	built
burn	(brænde)	burnt, -ed	burnt, -ed
burst	(briste)	burst	burst
buy	(købe)	bought	bought
can	(kan)	could	(been able to)
cast	(kaste, støbe)	cast	cast
catch	(fange)	caught	caught
choose	(vælge)	chose	chosen
cleave	(kløve)	cleft, clove, -ed	cleft, cloven
cling	(klynge sig)	clung	clung
come	(komme)	came	come
cost	(koste)	cost	cost
creep	(krybe)	crept	crept
cut	(hugge, skære)	cut	cut

deal	(handle)	dealt	dealt
dig	(grave)	dug	dug
do	(gøre)	did	done
draw	(tegne, trække)	drew	drawn
dream	(drømme)	dreamt, -ed	dreamt, -ed
drink	(drikke)	drank	drunk
drive	(køre, drive)	drove	driven
dwell	(dvæle, bo)	dwelt	dwelt
eat	(spise)	ate	eaten
fall	(falde)	fell	fallen
feed	(fodre)	fed	fed
feel	(føle)	felt	felt
fight	(kæmpe)	fought	fought
find	(finde)	found	found
flee	(flygte)	fled	fled
fling	(slænge)	flung	flung
fly	(flyve)	flew	flown
forget	(glemme)	forgot	forgotten
freeze	(fryse)	froze	frozen
get	(få, blive, komme)	got	got
give	(give)	gave	given
go	(gå, rejse)	went	gone
grind	(male, knuse)	ground	ground
grow	(vokse, dyrke)	grew	grown
hang	(hænge)	hung, -ed	hung, -ed
have	(have)	had	had
hear	(høre)	heard	heard
hide	(gemme (sig))	hid	hidden
hit	(ramme)	hit	hit
hold	(holde, rumme)	held	held
hurt	(gøre ondt, skade)	hurt	hurt
keep	((be)holde)	kept	kept
kneel	(knæle)	knelt	knelt
know	(kende, vide)	knew	known
lay	(lægge)	laid	laid
lead	(føre)	led	led
lean	(læne)	leant, -ed	leant, -ed
leap	(hoppe)	leapt, -ed	leapt, -ed

learn	(lære)	learnt, -ed	learnt, -ed
leave	(forlade, tage af sted)	left	left
lend	((ud)låne)	lent	lent
let	(lade, udleje)	let	let
lie	(ligge)	lay	lain
light	(tænde)	lit, -ed	lit, -ed
lose	(tabe, miste)	lost	lost
make	(gøre, lave)	made	made
may	(kan, må gerne)	might	(been allowed to)
mean	(betyde, mene)	meant	meant
meet	(møde)	met	met
mow	(meje, slå)	-ed	mown, -ed
must	(må, skal)	must	(had to)
ought	(bør)	ought	
pay	(betale)	paid	paid
put	(lægge, sætte)	put	put
read	(læse)	read	read
rend	(rive itu)	rent	rent
rid	(befri)	rid	rid
ride	(ride, køre)	rode	ridden
ring	(ringe)	rang	rung
rise	(rejse sig, stå op)	rose	risen
run	(løbe)	ran	run
saw	(save)	-ed	sawn, -ed
say	(sige)	said	said
see	(se)	saw	seen
seek	(søge)	sought	sought
sell	(sælge)	sold	sold
send	(sende)	sent	sent
set	(sætte, gå ned)	set	set
sew	(sy)	-ed	sewn, -ed
shake	(ryste)	shook	shaken
shall	(skal)	should	(been obliged to)
shed	(udgyde)	shed	shed
shear	(klippe)	-ed	shorn, -ed
shine	(skinne)	shone	shone
shoot	(skyde)	shot	shot
show	(vise)	-ed	shown, -ed
shrink	(krympe)	shrank	shrunk
shut	(lukke)	shut	shut
sing	(synge)	sang	sung
sink	(synke)	sank	sunk
sit	(sidde)	sat	sat
sleep	(sove)	slept	slept

slide	(glide)	slit	slit
sling	(slynge)	slung	slung
slit	(flække)	slit	slit
smell	(lugte)	smelt, -ed	smelt, -ed
sow	(så)	-ed	sown, -ed
speak	(tale)	spoke	spoken
speed	(ile)	sped, -ed	sped, -ed
spell	(stave)	spelt, -ed	spelt, -ed
spend	(tilbringe, give ud)	spent	spent
spill	(spilde)	spilt, -ed	spilt, -ed
spin	(spinde)	spun	spun
spit	(spytte)	spat	spat
split	(splitte)	split	split
spoil	(ødelægge)	spoilt, -ed	spoilt, -ed
spread	(sprede, brede sig)	spread	spread
spring	(springe)	sprang	sprung
stand	(stå)	stood	stood
steal	(stjæle)	stole	stolen
stick	(klæbe, fæste)	stuck	stuck
sting	(stikke)	stung	stung
stink	(stinke)	stank	stunk
strike	(slå)	struck	struck
strive	(stræbe)	strove	striven
swear	(sværge, bande)	swore	sworn
sweep	(feje)	swept	swept
swell	(svulme)	-ed	swollen
swim	(svømme)	swam	swum
swing	(svinge)	swung	swung
take	(tage)	took	taken
teach	(undervise, lære)	taught	taught
tear	(rive itu)	tore	torn
tell	(fortælle)	told	told
think	(tænke, synes)	thought	thought
thrive	(trives)	throve, -ed	thriven, -ed
throw	(kaste)	threw	thrown
thrust	(støde)	thrust	thrust
tread	(træde)	trod	trodden
wake	(vågne, vække)	woke, -d	woken, -d
wear	(bære, have på)	wore	worn
weave	(væve)	wove	woven
weep	(græde)	wept	wept
will	(vil)	would	(wanted to)
win	(vinde)	won	won
wind	(sno, trække op)	wound	wound
wring	(vride)	wrung	wrung
write	(skrive)	wrote	written

HIPPOCRENE FOREIGN LANGUAGE DICTIONARIES
Modern • Up-to-Date • Easy-to-Use • Practical